宜昌市人民代表大会志

（1949—2016）

宜昌市人民代表大会志编纂委员会 编

方志出版社
Publishing House of Local Records

图书在版编目（CIP）数据

宜昌市人民代表大会志：1949—2016 / 宜昌市人民代表大会志编纂委员会编. -- 北京：方志出版社，2017.12

ISBN 978-7-5144-2688-5

Ⅰ. ①宜… Ⅱ. ①宜… Ⅲ. ①地方各级人民代表大会－工作概况－宜昌－1949—2016 Ⅳ. ①D624.633

中国版本图书馆CIP数据核字(2017)第279209号

宜昌市人民代表大会志（1949—2016）

编　　者： 宜昌市人民代表大会志编纂委员会
责任编辑： 顾 洁

出 版 人： 冀祥德
出 版 者： 方志出版社
地址　北京市朝阳区潘家园东里9号（国家方志馆4层）
邮编　100021
网址　http://www.fzph.org
发　　行： 方志出版社发行中心
电话（010）67110500
经　　销： 各地新华书店
印　　刷： 宜昌市广鹏印业有限公司

开　　本： 889×1194　　1/16
印　　张： 60.875
字　　数： 1010千字
版　　次： 2017年12月第1版　　2017年12月第1次印刷
印　　数： 0001～2000册

ISBN 978-7-5144-2688-5　　**定价：** 480.00元

2012年9月5日，宜昌市人大常委会在武汉市人大常委会学习外地人大工作宝贵经验

2007年10月18日，宜昌市人大常委会在宜昌召开的长江流域部分县（市、区）人大工作联席会第12次会议，学习外地人大工作经验

2013年9月25日，宜昌市人大常委会机关举办电子政务内网应用与保密培训班

2015年4月29日，宜昌市人大常委会机关举行守政治纪律和政治规矩培训及监督法考试

2014年8月20日，宜昌市人大常委会举行“人大讲堂”启动仪式

2001年3月27日，宜昌市二届人大常委会第三十一次会议首次设公民旁听席

1994年3月10日，宜昌市第一届评选宣传人民代表大会制度好新闻颁奖会

1995年3月24日，宜昌市地方人大工作研究会成立

1998年6月23日，宜昌市人大常委会召开全市人大工作理论研讨会

2012年4月20日，宜昌市人大常委会召开人大理论宣传工作会议

2015年5月28日，宜昌市人大地方立法研究院成立暨揭牌仪式

2015年6月4日，宜昌市人大常委会成立立法顾问组并聘任首批立法顾问

1996年7月30日，宜昌市乡镇人大工作经验交流会召开

2011年8月31日，宜昌市人大常委会召开全市县乡人大换届选举工作座谈会

2014年9月17日，宜昌市人大常委会召开全市人大代表工作座谈会

1996年12月26日，宜昌市人大常委会组织在宜全国人大代表和湖北省人大代表视察三峡工程秭归县新县城搬迁模型

2010年3月31日，市四届人大常委会第二十二次会议举行任职宣誓活动

2010年10月13日，宜昌市人大常委会举行2010年度工作评议动员大会

2011年8月25日，宜昌市人大常委会召开督办社区规范化建设与管理议案座谈会

2011年12月6日，宜昌市人大常委会组织人大代表测评群众满意机关

2013年2月20日，宜昌市人大常委会机关组织机关干部参加植树活动

2013年5月16日，宜昌市人大常委会组织人大代表“双百”帮扶签约活动即帮扶百名家庭特困职工和百名贫困大学生

2014年12月4日，宜昌市人大常委会召开纪念首个国家宪法日座谈会

2016年7月12日，宜昌市人大常委会在市优抚医院调研康养产业发展情况

2016年8月17日，市人大常委会办公室离退休干部管理科科长邓高荣（右一）到夷陵区分乡镇界岭村给帮扶贫困户崔明祥送去小型农用收谷机一台

2016年8月19日，宜昌市人大常委会组织调研全市环境保护情况

1994年5月24日，湖北省九市一州人大财经工作座谈会在宜昌召开

1997年10月，湖北省人大教科文卫工作研讨会在宜昌中大宾馆召开

1999年7月12日，湖北省人大民族工作座谈会在宜昌召开

2008年12月16日—17日，全国十八城市人大工作研讨会第二十二次会议在宜昌召开

2009年6月3日，湖北省人大预算业务培训班在宜昌龙泉山庄开班

2009年11月6日—7日，湖北省人大教科文卫工作座谈会在宜昌召开

2009年11月25日—26日，全国人大环资委在宜昌调研三峡工程水环境保护情况

2011年11月2日，湖北省人大城环工作座谈会在宜昌龙泉山庄召开

2012年6月28日，湖北省人大财经工作座谈会在宜昌龙泉山庄召开

2012年10月10日，全国人大外事工作培训班在宜昌市开班

2013年6月26日—27日，宜昌市人大常委会举行全市人大“创一流、促跨越”主题实践活动座谈会

2013年9月4日，湖北省人大常委会代工委主任余幼明（右一）主持研究“湖北省人大代表宜昌行”活动

2013年11月4日，宜昌市人大常委会邀请湖北省企业界人大代表参加“楚天行”宜昌项目签约仪式

2014年5月20日，全国人大办公厅《中国人大》工作座谈会在宜昌召开

2014年6月24日，十四省（区、市）人大常委会秘书长、研究室主任研讨会在宜昌召开

2014年7月18日，宜昌市人大常委会机关召开档案管理升省特级工作动员大会

2016年11月20日，《宜昌市人民代表大会志》评审会议召开

前　言

修志是中华民族的优良传统。《宜昌市人民代表大会志(1949—2016)》，在宜昌市历届人大常委会领导的关心支持、本届人大常委会主任会议的精心组织下，经过编纂人员辛勤笔耕、五易其稿，历经千余个日夜，终于成书付梓。本志是一部记载宜昌市人民代表大会及其常务委员会活动的专志，也是《宜昌市志》的一个重要组成部分。

人民代表大会制度是中华人民共和国的根本政治制度。我国宪法规定："中华人民共和国的一切权力属于人民。人民行使权力的机关是全国人民代表大会和地方各级人民代表大会。"实行人民民主专政的国体和人民代表大会制度的政体，是中国人民奋斗的成果和历史的选择，是符合中国国情的政治制度。历史的经验证明：没有共产党就没有新中国，只有社会主义才能救中国、发展中国，坚持共产党领导和社会主义制度，就必须坚持和完善人民代表大会制度这个根本政治制度。人民代表大会制度代表了人民的根本利益和愿望，具有无比的优越性和强大的生命力。

《宜昌市人民代表大会志（1949—2016）》上限为1949年10月，下限为2016年12月，记载了宜昌市人民代表大会68年的发展史实。宜昌市人民代表大会走过了过渡准备、正式创建、严重破坏、重新恢复和发展的曲折历史过程，大致可以分为五个阶段：

一是根据1949年12月2日中央人民政府委员会第四次会议通过的《市各界人民代表会议组织通则》的规定，从1949年10月至1954年6月间，市各界人民代表会议经历三届，共举行10次人民代表会议。各届各界人民代表会议的常设机构为协商委员会，共举行31次协商委员会会议。各届各界人民代表会议行使了部分人民代表大会的职权，为建立宜昌市人民代表大会发挥了过渡和准备的作用。

二是根据1954年9月15日第一届全国人民代表大会第一次会议通过的《中华人民共和国宪法》的规定，1954年7月至1967年12月间，市人民代表大会经历六届，共举行18次市人民代表大会会议。市人民代表大会的常设机构为市人民委员会，正式创建了宜昌市人民代表大会。

三是根据1966年5月16日中共中央政治局扩大会议通过的《关于无产阶级文化大革命的决定》的规定，1968年1月15日，市成立革命委员会，市人民代表大会被迫停止活动。嗣后，根据1975年1月第四届全国人民代表大会第一次会议通过的宪法关于"地方各级革命委员会是地方各级人民代表大会的常设机关，又是地方各级人民政府"的规定，1968年1月成立的市革命委员会属于市第七届人民代表大会的常设机构。1978年11月25日—28日，举行市八届人大一次会议，选举本届革命委员会组成人员，完成了恢复人民代表大会的历史任务。

四是根据1979年宪法规定，1981年2月至1992年8月间，市经历第九届至第十一届人民代表大会。市第九届人民代表大会第一次会议首次设立的市人民代表大会常务委员会为常设机构。在此期间，共举行12次市人民代表大会会议和83次常务委员会会议，使人民代表大会得以进一步发展。

五是根据1992年3月国务院《关于湖北省宜昌地市合并实行市领导县体制的批复》的规定，宜昌地区、市合并为新的宜昌市。1992年9月至2016年12月间，宜昌市经历第一届至第五届人民代表大会，市人民代表大会的常设机构为常务委员会。共举行30次市人民代表大会会议和167次常务委员会会议，对进一步完善人民代表大会制度进行了新的有益探索。

宜昌市人民代表大会从成立至今，始终坚持以经济建设为中心，以加强社会主义民主法治建设为根本任务，在中共宜昌市委的领导下和湖北省人大常委会的指导下，认真行使宪法和法律赋予的职权，在决定重大事项、强化法律监督和工作监督、选举和任免地方国家机关工作人员、制定地方性法规、宣传人民代表大会制度和推进依法治市等方面，做了大量富有成效的工作，充分发挥了地方国家权力机关的作用，为在本行政区域内保证宪法、法律、行政法规和上级人大及其常委会决议的遵守和执行，保障改革开放，促进经济发展，维护社会稳定，做出了积极的贡献。因此，客观地、全面地、准确地记载这一历史阶段的史料是非常必要的。

编写本志的宗旨是，以马克思列宁主义、毛泽东思想、邓小平理论、“三个代表”重要思想、科学发展观、习近平新时代中国特色社会主义思想为指导，坚持辩证唯物主义和历史唯物主义的立场、观点和方法，实事求是地钩沉史料，系统翔实地记述人民代表大会在宜昌市建立和发展的历程，全面综合地反映宜昌市人大及其常委会依法行使职权、不断探索前进的过程。它的面世将对宜昌市更好地坚持和完善人民代表大会制度，加强社会主义民主法治建设，推进全市改革开放和现代化建设事业，发挥资治当今、惠益后代、以史为鉴、继往开来的作用。

为了系统地反映宜昌市人大代表认真执行职务，了解民情、反映民意、集中民智，依法管理地方国家和社会事务的成绩，本志在谋篇布局的过程，采纳同类志书布局所长，征求专家同仁宝贵意见，最终将本志布局为7篇39章。加上概述和附录，全文字数达113万字。

国有史、郡有志，志书是传之千秋的历史文献。编写本志的目的在于，发挥地方志存史、资治、教化的作用，为坚持和完善人民代表大会制度，发展社会主义民主政治，完成社会主义现代化和中华民族伟大复兴的时代使命提供精神动力和智力支持。

凡　例

一、《宜昌市人民代表大会志（1949—2016）》（以下简称“本志”）的编纂坚持以马克思列宁主义、毛泽东思想、邓小平理论、“三个代表”重要思想、科学发展观、习近平新时代中国特色社会主义思想为指导，坚持辩证唯物主义和历史唯物主义的立场、观点和方法，准确地记述宜昌市人民代表大会制度的建设和发展情况。

二、本志编纂遵循实事求是、求真存实的原则，力求观点正确、内容翔实。志稿撰写坚持客观记述、不褒不贬，据实直书。

三、本志的时间断限为1949年10月—2016年12月。

四、本志采用章节体，一般分篇、章、节、目4个层次。记述体裁采用记、述、志、图、表、录等形式，志前有前言，志末有后记。

五、本志常用简称：

单位称谓一般采用记述对象当时的称谓，单位名称一般用全称或规范的简称。

1949年11月28日政务院第八次政务会议通过，1949年12月2日中央人民政府委员会第四次会议通过的《市各界人民代表会议组织通则》，简称1949年组织通则。

全国人民代表大会曾于1954年、1975年、1978年和1982年制定四部《中华人民共和国宪法》（其间，1979年进行过一次修正）。现行的1982年《中华人民共和国宪法》于1988年、1993年、1999年、2004年进行了四次修改。上述宪法均简称某年宪法。

全国人民代表大会曾于1954年制定《中华人民共和国地方各级人民代表大会和地方各级人民委员会组织法》，于1979年制定《中华人民共和国地方各级人民代表大会和地方各级人民政府组织法》，现行的1979年《中华人民共和国地方各级人民代表大会和地方各级人民政府组织法》于1982年、1986年、1995年、2004年、2015年进行了五次修改，均简称地方组织法或某年地方组织法。

《中华人民共和国全国人民代表大会和地方各级人民代表大会代表法》，简称代表法；《中华人民共和国全国人民代表大会和地方各级人民代表大会选举法》，简称选举法；《中华人民共和国立法法》，简称立法法；《中华人民共和国各级人民代表大会常务委员会监督法》，简称监督法。

中国共产党宜昌市委员会，简称中共宜昌市委或市委。人民代表大会，简称人大。人民代表大会代表，简称人大代表。人民代表大会及其常务委员会，简称人大及其常委会。

人民代表大会常务委员会，简称人大常委会。宜昌市人民政府简称市人民政府或市政府。中国人民政治协商会议，简称政协。人民政府、人民法院和人民检察院，简称为“一府两院”。湖北省人民代表大会常务委员会宜昌地区联络处，简称地区人大联络处或联络处。

宜昌市第一届人民代表大会第一次会议，简称市一届人大一次会议（对历届历次市人民代表大会会议，依次类推）。宜昌市第一届人民代表大会常务委员会第一次会议，简称市一届人大常委会一次会议（对历届历次市人大常委会会议，依次类推）。

六、1992年3月，宜昌地区与宜昌市合并，简称为地市合并。地市合并前的宜昌市行政区域为宜昌城区的区、乡。地市合并后的行政行政区域，包括5个区（夷陵区、西陵区、伍家岗区、点军区、猇亭区）、5个县（远安县、兴山县、秭归县、长阳土家族自治县、五峰土家族自治县）、3个县级市（宜都市、枝江市、当阳市）。宜昌市简称为市。

七、新中国成立初期，我国人民政府所属国家银行在1948年12月1日印制发行第一套人民币，1955年3月1日开始发行第二套人民币。第二套人民币和第一套人民币折合比率为：第二套人民币1元等于第一套人民币1万元。本志中表述的各项经济指标，均按不同历史时期当时币制计算，即1955年3月以前均按第一套人民币币制计算。

八、市历届各界人民代表会议历次人设有提案审查委员会，市历届人民代表大会历次会议设有议案审查委员会。审查委员会负责审查代表提出的“提案”和多名代表联名提出的“议案”。从1986年起，根据地方组织法的规定，改“提案”为“建议、批评和意见”（简称建议）。

九、本志使用文字为规范的简化字汉字，数字书写执行国家语言文字工作委员会制定的《出版物上数字用法的规定》，计量单位执行《中华人民共和国法定计量单位》，标点符号执行2011版国家标准《标点符号用法》。

十、本志中各种表格编号，均统一按“篇—章—号”方式编排。例如第一篇第一章中的第一张表格的编号为“1—1—1”，其余表格的编号依次类推。

十一、本志采用的资料主要来源于市档案馆、市人大常委会机关档案室和相关委室，部分采用报刊资料，并经核实考证，记述中不再注明出处。

目 录

第二篇　人民代表大会代表

第三篇　宜昌市人民代表大会历届历次会议

第四篇　宜昌市人民代表大会常务委员会

第五篇 湖北省人大常委会宜昌地区联络处

第六篇 宜昌市人大及其常委会的主要工作

第七篇 宜昌市人大及其常委会机构设置

大 事 记

1949 年

6 月 16 日，中共宜昌市委、市人民政府在当阳县芦家湾宣布成立。彭天琦任市委书记，刘真任市委副书记、市人民政府市长。

7 月 16 日，凌晨 1 时 30 分，中国人民解放军解放宜昌城区。

7 月 19 日，中共宜昌市委、市人民政府机关迁驻宜昌城区，随即对外办公。

7 月 22 日，成立中国人民解放军市军事管制委员会。彭天琦兼任主任，黄宏坤任副主任。

10 月 16 日—20 日，市第一届各界人民代表会议第一次会议在乐安戏院举行，出席各界代表 136 人。湖北省人民政府副主席聂鸿钧、湖北省军区参谋长张才千出席会议并讲话。会议围绕 4 个中心议题，听取工作报告 2 个和提案办理报告 1 个，做出决议 5 个，受理提案 96 案，推荐出席湖北省第一届各界人民代表会议代表 16 人。

11 月 21 日—24 日，市第一届各界人民代表会议第二次会议在乐安戏院举行，出席各界代表 102 人。会议解决的中心议题是码头和税收问题。会议通过 3 项决议。

12 月 28 日—30 日，市第一届各界人民代表会议第三次会议在乐安戏院举行，出席各界代表 103 人。会议解决的中心问题有贯彻劳资两利政策、冬防工作、房地产问题。

12 月 30 日，市第一届各界人民代表会议第三次会议成立市各界人民代表会议协商委员会。

1950 年

5 月 25 日—31 日，市第二届各界人民代表会议第一次会议在人民剧场举行，出席各界代表 100 人。会议中心议题：讨论今后 4 个月工作任务、调整公营与私营企业关系、保证完成国家财政任务、救济上海市及宜昌市失业工人。会议通过 5 个决议。

5 月 31 日，市第二届各界人民代表会议第一次会议成立市第二届各界人民代表会议协商委员会。

12 月 6 日—11 日，召开市第二届各界人民代表会议第二次会议，出席各界代表 109 人。会议中心议题：继续调整工商业、支持农村土地改革、镇压反革命活动、抗美援朝保家卫国。会议通过 7 项决议。

1951 年

7 月 13 日—17 日，市第二届各界人民代表会议第三次会议在光华电影院举行，出席各界代表 103 人。会议中心议题：开展民主改革、支援抗美援朝、开展镇压反革命运动、开展爱国主义增产运动。会议通过 3 项决议。

10 月 24 日—27 日，市第二届各界人民代表会议第四次会议在解放电影院举行，出席各界代表 140 人。会议中心议题：总结了抗美援朝、镇压反革命、爱国增产运动；部署今后工作任务。

1952 年

7 月 10 日—14 日，市第三届各界人民代表会议第一次会议在人民剧院举行，出席各界代表 214 人。会议中心议题：研究讨论恢复经济、发展生产；禁烟禁毒；私立中学经费；防疫；街道民主建设及思想改造工作等问题。

7 月 14 日，市第三届各界人民代表会议第一次会议成立市第三届各界人民代表会议协商委员会。

1953 年

1 月 10 日—11 日，召开市第三届各界人民代表会议第二次会议，出席各界代表 215 人。会议主要议题：贯彻省各界人民代表会议决议；讨论生产建设、文化教育、卫生工作、街道民主改革和民主建设。会议做出决议 1 个。

7 月 2 日—5 日，市第三届各界人民代表会议第三次会议在人民剧场举行，出席各界代表 217 人。会议中心议题：顺利渡过经贸淡季、文教卫生、港务及其他市政工作。会议通过 2 项决议。

1954 年

3 月至 5 月，进行市第一届人民代表大会代表选举，在全市 65 个选区中进行，经 55703 名选民投票选举，产生市一届人民代表大会代表 182 名。

7 月 2 日—7 日，召开市一届人大一次会议，出席代表 167 人。会议听取和审议报告 2 个，做出决议 3 个，受理提案 191 案，选举省人大代表 9 人。

1955 年

4 月 15 日—20 日，召开市一届人大二次会议，出席代表 140 人。会议选举市人民委员会组成人员 17 人和市人民法院院长 1 人。

4 月 20 日，组建市一届人民代表大会的执行机构——市一届人民委员会，朱青任市人民委员会市长。

9 月 20 日—22 日，召开市一届人大三次会议，出席代表 145 人。会议中心议题为：审议市人民委员会的工作报告，决定开展肃清一切反革命分子的运动。

1956 年

5 月 14 日—18 日，召开市一届人大四次会议，出席代表 132 人。会议审议市人民委员会工作报告和市人民法院工作报告。

8月至11月，进行市第二届人民代表大会选举，选举产生本届人大代表209名，加上部队选举的1名代表，合计代表为210名。

12月17日—22日，召开市二届人大一次会议，出席代表180人。会议审议报告4个，做出决议1个，受理提案186案，选举市人民委员会组成人员。

12月22日，组建市二届人民代表大会执行机构——市二届人民委员会。朱青任市人民委员会市长。

1957年

7月2日—5日，召开市二届人大二次会议，出席代表164人。会议中心议题为：动员全市人民继续开展增产节约运动；研究文教卫生问题。

12月28日—30日，召开市二届人大三次会议，出席代表192人。会议中心议题为：审议市政工作报告和市人民法院工作报告；讨论开展农业生产“大跃进”。

1958年

3月至5月，进行市第三届人民代表大会代表换届选举，选举产生本届人大代表211名。

6月30日—7月2日，召开市三届人大一次会议，出席代表172人。会议审查批准了市工业发展的“二五”规划《纲要》，听取和审议报告4个，通过决议3个，受理提案143案，选举省人大代表9人，选举市人民委员会组成人员19人、市人民法院院长1人。

7月2日，组建市人民代表大会执行机构——市三届人民委员会，赵茂林任市人民委员会市长。

12月27日—30日，召开市三届人大二次会议，出席代表105人。会议中心任务：总结1958年全市各项〉〉工作大跃进的成绩和经验，安排1959年各项任务。

1959年

8月28日—30日，召开市三届人大三次会议，出席代表201人。会议审议人民委员会工作报告、财政预决算报告、法院工作报告；做出《关于贯彻中共八届八中全会〈公报〉和〈关于开展增产节约运动的决议〉的决议》；王子才当选为市人民委员会市长。

12月29日—31日，召开市三届人大四次会议，出席代表198人。会议审议人民委员会工作报告、财政预决算报告、法院工作报告，做出《宜昌市三届人大四次会议决议》。

1960年

8月27日—30日，召开市三届人大五次会议，出席代表191人。会议审议市人民委员会工作报告、财政预决算报告和法院工作报告，并相应做出决议1个。

1961 年

7 月至 10 月，进行市第四届人民代表大会代表换届选举，全市选举产生本届人大代表 212 名。

12 月 25 日—28 日，召开市四届人大一次会议，出席代表 178 人。会议听取和审议报告 2 个，做出决议 2 个，受理提案 240 案。选举市人民委员会组成人员 25 人、市人民法院院长 1 人。

12 月 28 日，组建市四届人民代表大会执行机构——市四届人民委员会。邱文礼任市人民委员会市长。

1962 年

12 月 20 日—26 日，召开市四届人大二次会议，出席代表 176 人。会议审议市人民委员会工作报告、法院工作报告，做出 2 个决议，增补 2 名人民委员会组成人员。

1963 年

3 月至 5 月，市第五届人民代表大会代表换届选举，选举产生本届人大代表 212 名。

7 月 1 日—4 日，召开市五届人大一次会议，出席代表 192 人。会议听取和审议报告 3 个，做出决议 1 个，受理提案 129 案，选举产生湖北省第三届人大代表 12 人，选举市人民委员会组成人员 19 人、市人民法院院长 1 人。

7 月 4 日，组建市五届人民代表大会执行机构——市五届人民委员会。邱文礼任市人民委员会市长。

1964 年

12 月 17 日—19 日，举行市五届人大二次会议，出席代表 166 人。会议审议市人民委员会工作报告、财政工作报告和法院工作报告；通过决议 2 个。

1965 年

6 月 23 日—25 日，召开市五届人大三次会议，出席代表 167 人。会议审议市人民委员会工作报告，补选湖北省第三届人大代表 2 名。

10 月至 12 月，市六届人大代表换届选举，选举产生本届人大代表 211 名。

1966 年

1 月 10 日—12 日，召开市六届人大一次会议，出席代表 194 人。会议听取和审议报告 3 个，做出决议 2 个，选举市人民委员会组成人员 21 人、市人民法院院长 1 人。

1 月 12 日，组建市六届人民代表大会执行机构——市六届人民委员会。闫振江任市人民委员会市长。

1967 年

因进入“文化大革命”时期，市六届人民代表大会及其人民委员会受到严重冲击，不仅未能按期召开市六届人大二次会议，而且使人民代表大会闭会期间的各项工作处于停止状态。

1968 年

1 月 15 日，经武汉军区党委批准，宜昌地区革命委员会成立。按“军、干、群”三结合的原则，宜昌地区革命委员会由 75 名委员组成，戴凤岐任主任。

1 月 16 日，经湖北省军区临时党委批准，市革命委员会成立。按“军、干、群”三结合的原则，市革命委员会由 52 名委员组成，高尚志任主任。

1 月 16 日，宜昌地区和市革命委员会联合在铁路坝广场召开有 5 万人参加的成立大会。

1 月至 9 月，宜昌地区各县相继成立革命委员会。

1969—1977 年

因为正值“文化大革命”时期，没有选举人民代表大会代表，没有召开人民代表大会会议，所以市人民代表大会的职能被中断。嗣后，根据 1975 年宪法“地方各级革命委员会是地方各级人民代表大会的常设机关”的规定，将这一时期市革命委员会列为市第七届人民代表大会的常设机构。

1978 年

9 月至 11 月，选出市第八届人民代表大会代表 743 名代表。

11 月 25 日—28 日，召开市八届人民代表大会第一次会议，出席代表 684 人。会议听取和审议报告 1 个，做出决议 1 个，选举市革命委员会组成人员 49 人、市人民法院院长 1 人、市人民检察院检察长 1 人。

11 月 28 日，组建市八届人民代表大会常设机构——市八届革命委员会。张健任市革命委员会主任。

1979 年

4 月 19 日，中共中央副主席、中央军委副主席、全国人大常委会委员长叶剑英到宜昌视察正在兴建的长江葛洲坝工程。

1980 年

9 月至 11 月，市开展第九届人民代表大会代表选举工作，由选民直接选举产生市人大代表 250 名。

1981 年

2 月 19 日—25 日，召开市九届人大一次会议，出席代表 238 人。会议听取和审议报告 4 个，做出决议 3 个，受理提案 359 案，选举产生市九届“一府两院”负责人 9 名，选举市人大常委会组成人员 27 名。

2 月 25 日，市九届人大一次会议首次组建市九届人民代表大会常设机构——市人大常委会，朱青任市九届人大常委会主任。市人大常委会下设办公室。

5 月，根据省委关于在地委负责同志中安排一人为省人大常委会委员，另由地区配备几个工作人员，在地委领导下负责省人大联络工作”的规定，在地委办公室内正式设立省人大常委会宜昌地区联络机构。

7 月，市人大常委会设立办公室。办公室内设有秘书、代表联络、政法、财经等四个科。

是年，市人大常委会部分组成人员和有关的人大代表视察了整顿社会治安、整顿市容卫生和代表提案办理情况。

是年，市九届人大常委会召开第一次至第五次会议。

1982 年

2 月 18 日，湖北省五届人大四次会议补选张三杰（时任中共宜昌地委副书记）为省人大常委会委员，负责省人大常委会宜昌地区联络工作。

3 月 15 日—19 日，市九届人大二次会议在城区举行，出席代表 236 人。会议审议市人大常委会及“一府两院”工作报告 5 个，做出决议 4 个。

5 月，对市人大常委会组建以来所作 9 个决议、决定的执行情况进行检查。

6 月 13 日，全国人大常委会副委员长彭真视察宜昌。

是年，市人大常委会组织人大代表对“五讲四美”活动、城市集贸市场、食品卫生、质量管理等情况进行视察。

是年，市九届人大常委会召开第六次至第十四次会议。

1983 年

3 月 21 日—26 日，召开市九届人大三次会议，出席代表 230 人。会议审议市人大常委会及“一府两院”工作报告 5 个，做出决议 4 个，选举湖北省六届人大代表 25 名，补选市中级人民法院院长 1 人。

3月，宜昌地区九个县分别召开的人民代表大会会议共选举产生湖北省第六届人大代表43名。

是年，市人大常委会组织人大代表视察蔬菜生产与供应、市场管理与物价、社会治安与市容卫生、城市建设与植树绿化等问题和历次市人大常委会的决定、决议的执行情况。

是年，市九届人大常委会召开第十五次至第二十次会议。

1984 年

2月至4月，各选区由选民直接选举产生市第十届人民代表大会代表254名。

3月19日，中共宜昌地委召开县人大常委会主任座谈会。

4月27日，全国人大常委会副委员长王任重视察长江葛洲坝水利枢纽工程。

5月2日—7日，召开市十届人大一次会议，出席代表241人。会议听取和审议报告5个，做出决议4个，受理议案5件、提案239件，选举市“一府两院”负责人8人、市人大常委会组成人员31人。

5月7日，组建市十届人民代表大会常设机构——市十届人大常委会，郝逢武任市十届人大常委会主任。市十届人大常委会办公室内设秘书科、代表科、法制科、财政经济科、城乡建设科和教科文卫科等六个科。

8月4日，市十届人大常委会二次会议决定设立市人大常委会法制工作委员会、财政经济工作委员会、城乡建设工作委员会、教育科学文化卫生工作委员会。市人大常委会办公室的法制科、财政经济科、城乡建设科和教科文卫科，分别为各对口工作委员会的日常办事机构。

5月10日，中共宜昌地委办公室发文设立“湖北省人民代表大会常务委员会宜昌地区联络处”（简称宜昌地区联络处）。联络处在地委和省人大常委会的领导下开展工作。

6月16日，全国人大常委会副委员长、中国信托投资公司董事长、扬子江轮船公司总经理荣毅仁参观考察长江葛洲坝水利枢纽工程。

10月20日—25日，省人大常委会主任、省选举工作检查团团长韩宁夫率团检查宜昌地区及枝江、当阳、长阳、宜昌4个县的县乡两级人大换届选举工作。

11月14日，全国人大常委会副委员长廖汉生视察当阳县。

是年，市九届人大常委召开第二十一次至第二十二次会议，十届人大常委会召开第一次至第五次会议。

1985 年

3月25日—28日，召开市十届人大二次会议，出席代表236人。会议审议市人大常委会及“一府两院”报告6个，做出决议4个，补选市人大常委会委员3名。

5月30日　全国人大常委会副委员长阿沛·阿旺晋美视察宜昌。

是年，市十届人大常委会召开第六次至第十次会议。

1986 年

2月24—27日，全国人大常委会副委员长王任重视察宜昌。

3月13日—17日，召开市十届人大三次会议，出席代表233人。会议审议报告6个，做出决议5个，审批市“七五”计划纲要。

4月22日—5月1日，中共中央政治局常委、国务院总理赵紫阳，中共中央政治局委员、国务院副总理李鹏，全国人大常委会副委员长王任重视察宜昌。

4 月 30 日，全国人大常委会副委员长黄华视察葛洲坝工程。

12 月 13 日，国务院批准宜昌市设立西陵、伍家岗、点军三个市辖区。

是年，市十届人大常委会召开第十一次至第十八次会议。

1987 年

3 月 12 日—15 日，召开市十届人大四次会议，出席代表 228 人。会议审议工作报告 6 个，做出决议 5 个。

3 月，市人大常委会的工作机构和办事机构，设立法制工作委员会、财经工作委员会、城乡建设工作委员会、教科文卫工作委员会、办公室和秘书科、行政科、代表工作科。

7 月 3 日，宜昌地区联络处设立民族工作科。

8 月，市人大常委会开展执法检查。

11 月，各区召开首届人民代表大会第一次会议，选举产生市十一届人大代表 222 名。

是年，市十届人大常委会召开第十九次至第二十六次会议。

1988 年

1 月 15 日—21 日，召开市十一届人大一次会议，出席代表 211 人。会议听取和审议报告 6 个，做出决议 6 个，受理议案 3 件、提案 154 件，选举市出席湖北省人大代表 1 人，选举市“一府两院”负责人 8 人、市人大常委会组成人员 28 人，通过市人大专门委员会组成人员名单 44 人。

1 月 21 日，市十一届人大一次会议首次决定设立市人民代表大会法制委员会、财政经济委员会、城乡建设委员会和教育科学文化卫生委员会。

1 月 21 日，市十一届人大一次会议决定设立市十一届人大常委会，郝逢武任市十届人大常委会主任。市人大常委会下设办公室。

2 月，市人大常委会办公室内设人事任免科。

5 月 12 日，全国人大常委会委员长彭真为宜昌“五一广场”题名。

10 月，市人大常委会开展执法检查。

是年，市十一届人大常委会召开第一次至第六次会议。

1989 年

3 月 13 日—18 日，召开市十一届人大二次会议，出席代表 206 人。会议审议工作报告 6 个，做出决议 6 个。

10 月 27 日—28 日，中共宜昌地委召开全区人大工作会议。

是年，市十一届人大常委会召开第七次至第十四次会议。

1990 年

3 月 12 日—17 日，召开市十一届人大三次会议，出席会议 204 人。会议审议工作报告 6 个，做出决议 6 个。

是年，先后在全市范围内，检查制止“三乱”（乱收费、乱摊派、乱罚款）工作和刑事诉讼法、民事诉讼法、惩罚贪污罪贿赂罪的补充规定、治安管理处罚条例、国家行政机关工作人员贪污贿赂行政处罚暂行规定等法律法规贯彻实施情况。

是年，市十一届人大常委会召开第十五次至第二十二次会议。

1991 年

3 月 11 日—17 日，召开市十一届人大四次会议，出席会议 200 人。会议审议报告 7 个，做出决议 7 个，审批市“八五”规划纲要，补选市人大常委会组成人员 3 人。

8 月 22 日—28 日，省人大常委会主任黄知真等视察长阳、远安、当阳三个县（市）工作。

8 月，市人大常委会对食品卫生监督管理、生产经营、从业人员贯彻实施食品卫生法情况进行视察。

9 月 16 日—18 日，中共宜昌地委召开全区人大工作会议。

9 月 21 日，地区人大联络处召开地直机关实施行政诉讼法一周年纪念大会。

9 月，地区人大联络处与宜昌电视台启动拍摄反映人大代表工作和生活的电视剧《杜鹃》。

9 月，市人大常委会办公室增设信访科和老干部科。

是年，宜昌地区联络处改秘书科为办公室，增设代表工作科、法制工作科。

是年，市十一届人大常委会召开第二十三次至第二十九次会议。

1992 年

1 月 28 日，地区人大联络处组织召开地委统战部、行署民族宗教局负责同志座谈会。

3 月至 9 月，宜昌地市合并，在新的市委领导下，宜昌地区联络处工作人员与市十一届人大常委会机关工作人员一起，在市一届人大常委会筹备组领导下，共同筹备并召市一届人大一次会议。

3 月 10 日—15 日，召开市十一届人大五次会议，出席代表 176 人。会议审议报告 6 个，做出决议 6 个，补选戴振声、李家余为市人大常委会副主任。

3 月 20 日，中共湖北省委常委、省委组织部部长钟书樵在宜昌地、市负责干部大会上，宣读了宜昌地、市合并，实行市领导县的体制，建立新的宜昌市的决定；宣读了省委关于组建新的宜昌市领导班子的决定；宣布了省委提出的新宜昌市人民政府负责人的建议名单。艾光忠任市人大常委会筹备组组长。

5 月 24 日　全国人大常委会副委员长、中华全国总工会主席倪志福到宜昌视察。

6 月 9 日　全国人大常委会执法检查组来宜检查《中华人民共和国义务教育法》实施情况。

8 月，各县（市）区人民代表大会会议和驻宜昌部队军人代表大会选举产生市第一届人民代表大会代表 495 名。

9 月 12 日—15 日，市一届人大一次会议在城区西陵剧场召开。实有代表 495 人，出席代表 480 人。会议审议报告 2 个，做出决议 2 个；受理建议 18 件；选举市“一府两院”负责人 11 人、市人大常委会组成人员 44 人；通过市人大各专门委员会组成人员 31 人。

9 月 15 日，市一届人大一次会议决定设立市一届人民代表大会农村经济委员会、财政经济委员会、教育科学文化卫生委员会、城镇建设委员会、法制委员会和民族宗教外事侨务委员会，各专门委员会内设秘书科。

9 月 15 日，市一届人大一次会议选举产生市一届人大常委会组成人员，赵复武当选为市一届人大常委会主任。市人大常委会下设办公室、代表资格审查委员会、代表联络工作委员会。

10 月中旬，以艾德华为团长的英国众议院代表团一行到宜昌参观观访问。

11 月，市人大常委会办公室内设秘书科、调研科、干部人事科、信访科、新闻宣传科、接待科、行财科，代表联络工作委员会内设秘书科。

是年，市人大常委会先后在全市进行 3 次执法检查和视察。

是年，市十一届人大常委会召开第三十次至第三十五次会议，市一届人大常委会召开第一次会议。

1993 年

2 月 5 日，市人大常委会召开颁发市级国家机关工作人员任命书大会。

3 月 8 日—13 日，市一届人大二次会议在城区西陵剧场举行，出席代表 470 人。会议审议报告 6 个，做出决议 6 个，审批市“八五”规划纲要，选举产生湖北省第八届人民代表大会代表 61 人。

3 月上旬，市人大常委会组织编写的宣传人民代表大会制度的报告文学集《三峡风流》一书，由中国三峡出版社出版发行。

4 月，市人大常委会组织开展首届全市宣传人民代表大会制度好新闻评比活动。

11 月 26 日，全国人大常委会副委员长布赫视察三峡工程建设情况。

12 月 7 日，罗马尼亚加拉茨县议长勒斯万一行 6 人到宜昌参观观访问。

是年，市人大常委会先后对长阳、五峰两个土家族自治县及市县有关部门贯彻实施民族区域自治法和湖北省实施民族区域自治法的若干规定情况进行执法检查。

是年，市一届人大常委会召开第二次至第七次会议。

1994 年

3 月 7 日—11 日，市一届人大三次会议在城区西陵剧场举行，出席代表 462 人。会议审议报告 6 个，做出决议 6 个。

3 月 10 日，市人大常委会召开宜昌市第二届评选宣传人民代表大会制度好新闻颁奖大会，获奖作品 40 件。

4 月 27 日，原全国人大常委会副委员长廖汉生一行到宜昌考察。

6月，省人大常委会主任关广富一行到宜昌视察。

6月22日，全国人大常委会副委员长卢嘉锡视察宜昌。

9月14日，中共宜昌市委召开纪念人民代表大会成立40周年大会。

是年，先后对农业法、土地管理法、关于加强社会治安综合治理的决定、民族区域自治法、矿产资源法、统计法、测绘法、归侨侨眷权益保护法、教师法、消费者权益保护法、未成年人保护法、村民委员会组织法和律师暂行条例等法律法规贯彻实施情况进行检查。

是年，市一届人大常委会召开第八次至第十三次会议。

1995年

2月11日—15日，市一届人大四次会议在城区西陵剧场举行，出席代表437人。会议审议报告6个，做出决议6个，补选郭远章为市人民政府市长。

2月27日—3月4日，市人大常委会对部分县市《中华人民共和国妇女权益保障法》实施情况进行检查。

3月24日，宜昌市地方人大工作研究会成立。

4月，市人大常委会组织开展第三届全市宣传人民代表大会制度好新闻评比活动。

5月31日—6月2日，中共宜昌市委召开全市首次人大、政协工作会议。

7月20日—22日，省人大常委会主任关广富一行到宜昌视察。

11月7日，市人大常委会召开宜昌市地方人大工作研究会1995年年会暨理论研讨会。

是年，市人大常委会和市人大有关专门委员会先后检查妇女权益保障法、归侨侨眷权益保护法、农业法、农业技术推广法、湖北省实施农业技术推广法办法、湖北省农民负担管理条例、渔业法、教育法、税收征收管理法、环境保护法、湖北省国防教育条例、教师法、统计法、科技进步法、湖北省技术市场管理条例、妇女权益保障法、湖北省实施归侨侨眷权益保护法办法等法律法规贯彻实施情况。

是年，市一届人大常委会召开第十四次至第十九次会议。

1996年

1月22日，中共宜昌市委常委会会议听取市人大常委会党组工作汇报，并形成关于人大工作的会议纪要。

2月27日—3月3日，市一届人大五次会议在城区西陵剧场举行，出席代表417人。会议审议报告7个，做出决议7个，审批市“九五”规划纲要，补选市人大常委会组成人员5人。

4月，市人大常委会组织开展第四届全市宣传人民代表大会制度好新闻评比活动。

6月14日—17日，中共中央政治局常委、全国人大常委会委员长乔石，副委员长倪志福、王丙乾、王光英、布赫、铁木尔·达瓦买提、秘书长曹志等视察三峡工程建设情况。

6月，市人大常委会协助省人大常委会对全市贯彻实施文化市场管理条例情况进行检查。

10月8日，市人大常委会执法检查组检查宜昌县小溪塔镇社会治安综合治理情况。

10月16日—26日，省人大常委会主任关广富一行到宜昌视察。

11月，市一届人大常委会增设办事机构：市人大常委会研究室。

是年，市一届人大常委会召开第二十次至第二十六次会议。

1997年

1月12日，市人大常委会主任赵复武会见德国客人。

3月中旬，各县、市、区分别召开人民代表大会会议和驻宜昌部队军人代表大会，选举产生市二届人大代表396名。

3月25日—31日，市二届人大一次会议在城区西陵剧场召开，出席代表384人。会议审议报告6个，做出决议6个。选举产生市二届人大常委会组成人员，赵复武当选为市二届人大常委会主任。选举市人大常委会组成人员33人、市"一府两院"负责人10人。决定设立市二届人民代表大会法制委员会、财政经济委员会、教育科学文化卫生委员会、农村委员会、城乡建设环境资源保护委员会和民族宗教外事侨务委员会，各专门委员会内设秘书科。通过市人大专门委员会组成人员名单41人。

4月，市二届人大常委会设办公室和研究室。办公室内设综合科、政工科、文秘科、接待科和离退休干部管理科，研究室内设综合科、调研科、宣传科。

4月，市人大常委会组织开展第五届全市宣传人民代表大会制度好新闻评比活动。

5月29日，市二届人大常委会一次会议设立市人大常委会代表资格审查委员会。

5月13日，全国人大常委会副委员长吴阶平一行到宜昌视察。

6月5日，市人大常委会召开颁发任命书大会。

9月15日，美国众议院经济开发就业工商委员会主席、纽约州众议院代表团团长罗宾·史明哲一行来宜访问。

11月18日，美国参议院能源自然资源委员会代表团到宜昌考察。

11月25日，全国人大常委会副委员长吴阶平一行到宜昌视察三峡工程建设和检查食品卫生法实施情况。

12月12日，市人大常委会审议通过《关于加强依法治市的决议》。

12月13日—15日，市二届人大二次会议在城区西陵剧场召开，出席代表378人。会议选举湖北省第九届人大代表54名。

是年，市人大常委会和市人大有关专门委员会先后检查了妇女权利保护法、档案法、农业法、土地管理法、烟草专卖法，湖北省个体私营户和私营企业条例、减轻农民负担管理条例、劳务管理条例的贯彻实施情况。市人大常委会配合全国人大常委会和省人大常委会检查了食品卫生法、科技进步法、公司法、城市规划法、环境保护法和湖北省科学技术协会条例贯彻实施情况。

是年，市一届人大常委会召开第二十七次至二十八次会议，市二届人大常委会召开第一次至第五次会议。

1998 年

2月14日—19日，市二届人大三次会议在城区西陵剧场举行，出席代表385人。会议审议报告6个，做出决议6个，补选市人大常委会组成人员5人。

4月2日，全国人大常委会副委员长王汉斌一行到宜昌视察长江三峡工程建设情况。

4月14日，日本福冈县议会议员、水资源对策特别委员会委员长桥储和元一行到宜昌考察。

4月，市人大常委会组织开展第六届全市宣传人民代表大会制度好新闻评比活动。

5月上旬，市人大常委会举办全市乡镇人大干部培训班。

6月23日，市人大常委会召开全市人大工作理论研讨会。

10月8日，中共中央政治局常委、全国人大常委会委员长李鹏，全国人大常委会副委员长布赫一行到宜昌视察三峡工程建设。

是年，市人大常委会开展对防洪法、乡镇企业法和长江三峡工程建设移民条例等法律法规实施情况的检查；市人大有关专门委员会先后检查人民防空法、药品管理法、湖北省计划生育条例的贯彻实施情况；市人大常委会配合省人大常委会对统计法、母婴保护法、档案法、科技成果转化法、环境保护法、农业法和湖北省公路规费征收管理条例贯彻实施情况进行了检查。

是年，市二届人大常委会召开第六次至第十二次会议。

1999 年

2月27日—3月3日，市二届人大四次会议在城区召开，出席代表383人。会议审议报告6个，做出决议6个。

4月，市人大常委会组织第七届全市宣传人民代表大会制度好新闻评比活动。

5月4日，日本国会参议院议长斋藤十郎一行14人，来宜进行参观访问。

5月上旬，市人大常委会举办全市乡镇人大干部培训班。

6月中旬，市人大常委会举办全市人大通讯员培训班。

6月16日，市人大常委会组织对被任命干部进行法律知识考试。

7月14日，省人大常委会主任关广富一行到五峰土家族自治县视察。

8月6日，由宜昌市地方人大工作研究会组织编写的《人大机关公文写作概论》一书，由中国民主法制出版社出版发行。

9月7日，全国人大常委会副委员长蒋正华一行到宜昌视察环境污染问题。

9月，市人大常委会荣获省人大常委会颁发的全省人大宣传工作先进单位荣誉称号。

10月11日，中共中央政治局常委、全国人大常委会委员长李鹏率全国人大各专门委员会负责人60余人，到宜昌考察三峡工程和移民工作情况。

11月24日，市二届人大常委会举行第十九次会议，做出设立夷陵长江大桥项目贷款还贷专项资金的决定。

11月22日，市人大常委会主任赵复武率市人大代表团一行6人，赴德国、法国友好城市进行访问。

是年，市人大常委会和市人大各专门委员会先后检查土地管理法、刑事诉讼法、义务教育法、文化市场管理条例、防洪法、产品质量法、台胞投资保护法等20多部法律法规贯彻实施情况。市人大常委会配合全国人大民族委员会和省人大常委会检查民族区域自治法、产品质量法、计划生育管理条例、环境保护法的贯彻实施情况。

是年，市二届人大常委会召开第十三次至第十九次会议。

2000年

1月，市人大常委会对市人民检察院、市农业局、市文化局、市环境保护局4个单位的负责人进行述职评议。

2月23日—28日，市二届人大五次会议在城区召开，出席代表379人。会议审议报告6个，做出决议6个，补选王振有为市人民政府市长，补选市人大常委会组成人员4人。

3月27日，市人大常委会做出宜昌市创建中国优秀旅游城市的决议。

4月，市人大常委会组织开展第八届全市宣传人民代表大会制度好新闻评比活动。

8月3日，召开市人民政府听取市人大代表意见座谈会。

9月3日，省人大常委会主任关广富一行到宜昌视察民营企业发展情况。

9月4日，全国人大常委会副委员长铁木尔・达瓦买提一行到宜昌视察三峡工程。

10月17日—21日，全国人大常委会副委员长邹家华在宜昌视察。

11月11日—13日，中共中央政治局常委、全国人大常委会委员长李鹏视察宜昌和三峡工程建设工地，并为建设中的“夷陵长江大桥”题字。

12月，市人大常委会对市中级人民法院、市计划委员会、市计划生育委员会、市水利水电局、市人民政府外事（侨务）办公室等5个单位的负责人进行述职评议。

是年，市人大常委会开展土地管理法、旅游条例、基本农田保护条例和减轻农民负担的执法检查。配合全国人大有关专门委员会和省人大常委会对农业法、矿产资源法、乡镇企业法、民族区域自治法、农民承担费用和劳务管理条例、湖北省减轻农民负担管理条例等法律法规实施情况开展检查。

是年，市二届人大常委会召开第二十次至第二十八次会议。

2001年

2月23日—28日，市二届人大六次会议在城区召开，出席代表386人。会议审议报告6个，做出决议6个，审批市“十五”规划纲要，补选市人大常委会组成人员4人。

3月27日，市二届人大常委会三十一次会议首次设立公民旁听席。

4月16日，中共中央政治局常委、全国人大常委会副委员长姜春云一行到宜昌视察。

4月，市人大常委会组织开展第九届全市宣传人民代表大会制度好新闻评比活动。

5月16日，以高山日出德议员为团长的日本福冈县议会代表团一行16人来宜访问。

5月，市人大常委会对市教育委员会、市交通委员会、市劳动局、市土地管理局等4个单位的负责人进行述职评议。

8月14日—16日，省人大常委会主任关广富一行到宜昌视察五峰、长阳土家族自治县和宜都市潘家湾土家族乡民族工作。

8月25日，美国参议员代表团到宜昌参观观考察三峡工程建设情况。

9月，市人大常委会副主任柏世友应邀率团赴美访问芝加哥市议会、杜佩县议会、洛杉矶市议会。

10月31日—11月2日，全国人大常委会副委员长何鲁丽一行五人来宜，参加民革全国咨询机构企业家21世纪首次年会，并视察三峡工程、葛洲坝电厂、中华鲟。

是年，市人大常委会对种子法、中外合资经营企业法、中外合作经营企业法、外资企业法、中外合资经营企业法实施条例、外资企业法实施细则等法律法规实施情况进行检查。市人大常委会配合全国人大相关专门委员会和省人大常委会对土地管理法、旅游法、农业法和湖北省农民负担管理条例等法律法规实施情况开展检查。

是年，市二届人大常委会召开第二十九次至第三十五次会议。

2002年

3月，宜昌市进行市人大代表换届选举，选举市三届人大代表407名。

4月3日—10日，市三届人大一次会议在城区召开，出席代表394人。会议审议报告6个，做出决议6个，选举市人大常委会组成人员35人、市“一府两院”负责人11人，通过市人大各专门委员会组成人员名单37人。

4月10日，市三届人大一次会议决定设立市三届人民代表大会法制委员会、内务司法委员会、财政经济委员会、教育科学文化卫生委员会、农村经济委员会、城乡建设环境资源保护委员会和民族宗教外事侨务委员会。各专门委员会内设秘书科。

4月10日，市三届人大一次会议选举产生市三届人大常委会组成人员，孙志刚当选为市三届人大常委会主任。市三届人大常委会设有办公室和研究室。办公室内设综合科、政工科、文书科、接待科和离退休干部管理科，研究室内设综合科、宣传科、调研科。

4月，市人大常委会组织开展第十届全市宣传人民代表大会制度好新闻评比活动。

4月22日，全国人大常委会委员长李鹏邀请出席亚洲议会和平协会（AAPP）第三届年会的18个国家的议长到宜昌，在“宜昌世界和平公园”共同种下18棵和平树。

5月25日，市人大常委会召开颁发国家机关工作人员任命书大会。

5月25日，市三届人大常委会一次会议设立市三届人大常委会代表资格审查委员会。

7月11日，越南国会民族委员会主任居和韵一行8人到宜昌参观观访问。

12月18日—20日，市三届人大二次会议在城区召开，出席代表381人。会议选举产生湖北省第十届人大代表54人，补选郑少三为市三届人大常委会主任。

是年，市人大常委会及市人大各专门委员会对档案法、职业教育法、气象法、种子法、渔业法、湖北省老区建设条例、湖北省建设工程招标投标管理条例等10部法律法规的贯彻实施进行检查。市人大常委会配合全国人大相关专门委员会和省人大常委会对种子法、职业教育法、残疾人保障法、工会法等法律法规实施情况进行检查。

是年，市二届人大常委会召开第三十六次至第三十七次会议，市三届人大常委会召开第一次至第四次会议。

2003 年

3 月 15 日—19 日，市三届人大三次会议在城区召开，出席代表 378 人。会议审议报告 6 个，做出决议 6 个，补选李佑才为市人民政府市长。

4 月，市人大常委会组织开展第十一届全市宣传人民代表大会制度好新闻评比活动。

8 月，中共宜昌市委召开市委人大工作会议。

11 月 18 日，市三届人大常委会十一次会议设立市人大常委会预算工作委员会。

是年，市人大常委会检查水土保持法的贯彻实施情况。配合上级人大常委会检查了产品质量法、土地承包法、老年人权益保障法、传染病防治法、湖北省劳动力市场管理条例的贯彻实施情况。

是年，市三届人大常委会召开第五次至第十一次会议。

2004 年

1 月，市人大常委会对市民政局、市卫生局 2 个单位的负责人进行述职评议。

2 月 20 日—24 日，市三届人大四次会议在葛洲坝俱乐部召开，出席代表 383 人。会议审议报告 6 个，做出决议 6 个，补选市三届人大常委会组成人员 9 人、市人民政府市长 1 人。

3 月 24 日，市三届人大常委会十三次会议将市人大常委会代表联络信访人事任免工作委员会更名为代表联络人事任免工作委员会。

4 月 13 日，中共中央政治局常委、全国人大常委会委员长吴邦国一行在中共中央政治局委员、湖北省委书记俞正声等陪同下，考察三峡工程建设工地。

4 月，市人大常委会组织开展第十二届全市宣传人民代表大会制度好新闻评比活动。

9 月 13 日，中共宜昌市委召开纪念人民代表大会成立 50 周年大会。

11 月，市人大常委会对市财政局、市司法局、市民族宗教事务局 3 个单位的负责人进行述职评议。

是年，市人大常委会先后检查台湾同胞投资保护法、归侨侨眷权益保护法、价格法、专利法、统计法、烟草专卖法、档案法、气象法、土地承包法、农业技术推广法、城市规划法和湖北省集体合同条例、湖北省旅游管理条例、湖北省地质环境管理条例的贯彻实施情况。配合省人大农业执法检查组检查农业法的贯彻实施情况。

是年，市三届人大常委会召开第十二次至第十八次会议。

2005 年

2 月 25 日—3 月 1 日，市三届人大五次会议在城区召开，出席代表 369 人。会议审议报告 6 个，做出决议 6 个，接受赵复武辞去市三届人大常委会副主任职务，补选周水舟为市三届人大常委会副主任。

4月，市人大常委会组织开展第十三届全市宣传人民代表大会制度好新闻评比活动。

5月31至6月2日，中共宜昌市委召开市委人大工作会议，制订《中共宜昌市委关于进一步加强人大工作的意见》。

9月，市人大常委会对市发展和改革委员会、市审计局、市交通局、市农业局4个单位的负责人进行了述职评议。

10月28日，宜昌市人大常委会机关网站（http:www.ycsrd.gov.cn）正式开通。

是年，市人大常委会和市人大专门委员会检查残疾人保障法、消费者权益保护法、税收征管法、渔业法、动物防疫法、环境保护法、房地产管理法、民族区域自治法、归侨侨眷权益保护法、体育法、水污染防治法、水资源管理条例、宗教事务条例以及湖北省爱国卫生条例、湖北省道路运输管理条例、湖北省旅游条例和市人大常委会关于保护城区公共绿地的决定的贯彻实施情况。

是年，市三届人大常委会召开第十九次至第二十四次会议。

2006年

2月28日—3月4日，市三届人大六次会议在城区召开，出席代表394人。会议审议报告7个，做出决议7个，审批市“十一五”规划纲要，补选市人大常委会组成人员6人。

3月14日，市人大常委会召开贯彻实施监督法座谈会。

3月，市人大常委会组织开展第十四届全市宣传人民代表大会制度好新闻评比活动。

是年，市人大常委会对职业教育法、农业机械化促进法、节约能源法、民族区域自治法、农业法的贯彻实施情况进行检查。

是年，市三届人大常委会召开第二十五次至第三十一次会议。

2007年

1月15日前，宜昌市进行人大换届选举，选举市四届人民代表大会代表411名。

1月22日—28日，市四届人大一次会议在城区举行，出席代表393人。会议审议报告6个，做出决议6个，选举市人大常委会组成人员41人、“一府两院”负责人10人，通过市人大各专门委员会组成人员名单31人。

1月28日，市四届人大一次会议决定设立市四届人民代表大会内务司法委员会、财政经济委员会、教育科学文化卫生委员会、农村经济委员会、城乡建设环境资源保护委员会和民族宗教外事侨务委员会。各专门委员会内设工作科（2010年1月更名为办公室）。

1月28日，市四届人大一次会议选举产生市四届人大常委会组成人员，李佑才当选为市四届人大常委会主任。市四届人大常委会设有办公室、研究室、代表资格审查委员会、代表联络人事任免工作委员会、预算工作委员会和信访室。办公室内设综合科、政工科、文书科、接待科和离退休干部管理科，研究室内设理论和宣传科、调研科。

4月，市人大常委会组织开展第十五届全市宣传人民代表大会制度好新闻评比活动。

4月，全国人大常委会副委员长顾秀莲一行到宜昌视察。

5月，市人大常委会举办2007年全市人大干部培训班。

6月26日，议长克里斯蒂安·麦达尔率领丹麦议会主席团代表团来宜访问。

12月6日，市人大常委会召开2007年度市直群众满意机关人大代表测评大会。

是年，市人大常委会对会计法、矿产资源法、水法、义务教育法、国务院法律援助条例的实施情况进行检查。配合省人大常委会立法调研组对湖北省实施《中华人民共和国农民专业合作社法》办法（草案）提出修改意见，同时对湖北省合同监督条例、湖北省旅游条例进行立法质量评估。

是年，市三届人大常委会召开第三十二次会议，市四届人大常委会召开第一次至第六次会议。

2008年

1月2日—4日，市四届人大二次会议在城区召开，出席代表389人。会议选举湖北省第十一届人民代表大会代表53人。

2月，市人大常委会组织开展第十六届全市宣传人民代表大会制度好新闻评比活动。

3月25日—29日，市四届人大三次会议在城区召开，出席代表379人。会议审议报告6个，做出决议6个，补选郭有明为市四届人大常委会主任、李乐成为市人民政府市长。

5月15日，市人大常委会召开全市人大理论宣传暨宜昌市地方人大工作研究会换届工作会议。

7月12日，全国人大常委会副委员长路甬祥一行到宜昌考察三峡工程。

8月8日，市人大常委会召开人大代表议案建议督办月活动动员会，会议决定从2008年开始，将每年的8月定为市人大代表议案、建议督办月。

9月21日，全国人大常委会副委员长蒋树声一行来宜检查义务教育法贯彻实施情况。

11月3日，全国人大常委会副委员长周光召一行到宜昌视察三峡工程。

12月8日，市人大常委会召开2008年度市直群众满意机关评选人大代表测评大会。

是年，市人大常委会对政府采购法、劳动合同法、科技进步法、森林法和湖北省旅游条例贯彻实施情况进行检查。配合省人大常委会对农产品质量安全法、中小企业促进法和民族区域自治法实施情况进行检查。

是年，市四届人大常委会召开第七次至第十三次会议。

2009年

2月17日—21日，市四届人大四次会议在城区召开，出席代表377人。会议审议报告6个，做出决议6个，补选省第十一届人大代表2名，补选市中级人民法院院长1人。

3月，市人大常委会组织开展第十七届全市宣传人民代表大会制度好新闻评比活动。

4月15日，《人民日报》推介宜昌市人大工作经验文章：《宜昌市人大：连续三年三件议案促成惠民政策出台》。

6月5日，全国人大常委会副委员长华建敏一行到宜昌视察。

7月24日，市人大常委会做出批准市人民政府利用政府信用筹集平湖半岛棚户区改造等项目建设资金的决定。

8月6日，召开市人大常委会与市人民政府联席会议。

是年，市人大常委会对畜牧法、广播电视管理条例贯彻实施情况进行检查。配合上级人大常委会对食品安全法、招标投标法和湖北省旅游条例的贯彻实施情况进行检查。

是年，市四届人大常委会召开第十四次至第二十次会议。

2010年

2月22日—26日，市四届人大五次会议在城区召开，出席代表388人。会议审议报告6个，做出决议6个，选举市人大常委会组成人员2人。

3月，市人大常委会组织开展第十八届全市宣传人民代表大会制度好新闻评比活动。

5月19日,《人民日报》推介宜昌市人大工作经验文章:《重大事项决定权的宜昌样本——从“虚”到“实”，从程序性到实质性》。

7月16日，中共宜昌市委召开市委人大工作会议，做出《中共宜昌市委关于进一步加强和改进人大工作的决定》。

11月10日,《人民日报》推介宜昌市人大工作经验文章:《宜昌人大：菜市场里追踪议案办理》。

11月，市人大常委会对市物价局、市民政局、市工商行政管理局、宜昌供电公司4个单位进行专项工作评议。

11月29日，市人大常委会会议就“议案建议办理”，对市政府及相关部门开展专题询问。

12月9日，市人大常委会召开2010年度市直群众满意机关评选人大代表测评大会。

12月24日，召开市人大常委会与市人民政府联席会议。

是年，市人大常委会对食品安全法、水污染防治法的贯彻实施情况进行检查。

是年，市四届人大常委会召开第二十一次至第二十六次会议。

2011年

1月23日—26日，市四届人大六次会议在城区召开，出席代表386人。会议审议报告7个，做出决议7个，审议批准宜昌市“十二五”规划纲要，补选市人大常委会组成人员8人。

4月，市人大常委会组织开展第十九届全市宣传人民代表大会制度好新闻评比活动。

5月30日，市人大常委会会议就“食品安全”，对市政府及相关部门开展专题询问。

7月13日,《人民日报》推介宜昌市人大工作经验文章:《让老百姓找回食品安全感—湖北宜昌市人大常委会强化食品安全监督》。

9月，市人大常委会对市地方税务局、市教育局、市水利水电局、市卫生局、市规划局5个单位进行工作评议。

12月6日，市人大常委会召开市2011年度市直群众满意机关评选市人大代表测评大会。

12月13日，召开市人大常委会与市人民政府联席会议。

12月，宜昌市进行人大换届选举，选举市五届人大代表411名。

是年，市人大常委会对消防法、农产品质量安全法的贯彻实施情况进行检查。

是年，市四届人大常委会召开第二十七次至第三十三次会议。

2012 年

1 月 5 日—9 日，市五届人大一次会议在城区召开，出席代表 404 人。会议审议报告 6 个，做出决议 6 个，选举市人大常委会组成人员 41 人、“一府两院”负责人 10 人，通过市人大各专门委员会组成人员 42 人。

1 月 9 日，市五届人大一次会议决定设立市五届人民代表大会内务司法委员会、财政经济委员会、教育科学文化卫生委员会、农村经济委员会、城乡建设环境资源保护委员会和民族宗教外事侨务委员会。各专门委员会内设办公室。

1 月 9 日，市五届人大一次会议选举产生市五届人大常委会组成人员，郭有明当选为市五届人大常委会主任。市五届人大常委会设有办公室、研究室、代表资格审查委员会、代表联络人事任免工作委员会、预算工作委员会和信访室。办公室内设行财科、政工科、秘书科、接待科、信息科和离退休干部管理科，研究室内设理论和宣传科、调研科。

4 月，市人大常委会组织开展第二十届全市宣传人民代表大会制度好新闻评比活动。

5 月，市人大常委会检查建筑法贯彻实施情况。

6 月 21 日，全国人大常委会副委员长陈昌智一行来宜出席 2012 年屈原故里端午文化节开幕式暨纪念大会。

7 月，市人大常委会对市经济和信息化委员会、市质量技术监督局、市商务局、市旅游局、市烟草专卖局等 5 个单位进行工作评议。

8 月 28 日—29 日，市五届人大二次会议在城区召开，出席代表 392 人。会议补选黄楚平为市五届人大常委会主任。

9 月 20 日—22 日，市人大常委会党组书记、常务副主任张建一赴北京向全国人大常委会汇报“人大代表宜昌行”工作。

9 月 27 日，市人大常委会会议就“科技创新”，对市政府及相关部门进行专题询问。

10 月 11 日，《人民日报》推介宜昌市人大工作经验文章：《宜昌“两测评两公开”——人大监督凸显刚性》。

11 月 27 日，全国人大常委会副委员长盛华仁一行到宜昌视察。

是年，市五届人大常委会召开第一次至第六次会议。

2013 年

1 月 5 日—9 日，市五届人大三次会议在城区召开，出席代表 400 人。会议审议报告 6 个，做出决议 6 个，选举宜昌市出席湖北省第十二届人大代表 53 名。

2 月 28 日，市人大常委会召开全市人大“创一流、促跨越”主题实践活动电视电话动员大会。

3 月中旬，市人大常委会党组书记、常务副主任张建一赴京向全国人大汇报“创一流、促跨越”

活动情况，争取“全国人大代表宜昌行”活动。

4月，市人大常委会组织开展第二十一届全市宣传人民代表大会制度好新闻评比活动。

4月17日，市五届人大常委会十次会议将原代表选举联络人事任免工作委员会更名为代表工作委员会，另设立人事任免工作委员会、法规工作室。

4月24日—25日，市五届人大四次会议在城区举行，出席代表398人。会议补选马旭明为市人民政府市长。

5月16日，市人大常委会组织市人大代表帮扶百名家庭特困职工和百名贫困大学生的“双百”帮扶活动启动仪式。

6月21日到23日，市人大常委会组织第一次“人大代表宜昌行”活动。应邀的深圳市人大代表及企业家考察团一行37人莅临宜昌进行投资考察，并就9大项目签订意向性投资协议，投资金额约81.8亿元。

7月4日，德国联邦议会代表小组到宜昌参观观访问。

7月，市人大常委会对市国家税务局、市交通运输局、市城市管理局市、市房产管理局、市环境保护局5个单位进行工作评议。

8月23日，韩国议会代表团来宜访问。

9月25日，《人民日报》推介宜昌市人大工作经验文章：《人大监督重在跟踪督办》。

11月4日，市人大常委会组织第二次“人大代表宜昌行”活动，即承办“湖北省企业界人大代表宜昌行”活动。100多位在鄂的全国、省企业界人大代表及部分商界精英汇聚宜昌。此次活动共有55个项目正式签约，投资金额达528.9亿元。

11月19日，巴西众议院交通委员会代表团来宜访问。

11月27日，市人大常委会举行“农村饮水安全”专题询问会。

12月26日，召开市人大常委会与“一府两院”联席会议。

是年，市人大常委会对科学技术进步法、矿产资源法、湖北省气象灾害防御条例等法律法规实施情况进行检查。配合省人大常委会检查散居少数民族法规贯彻实施情况。

是年，市五届人大常委会召开第七次至第十四次会议。

2014年

1月12日—15日，市五届人大五次会议在城区召开，出席代表391人。会议审议报告6个，做出决议6个，补选市人大常委会组成人员4人。

1月11日，市人大常委会做出《关于表彰“创一流、促跨越”主题实践活动先进单位和先进个人的决定》，对2013年度“创一流、促跨越”主题实践活动进行总结表彰。

3月10日，市人大常委会机关专题研究部署2014年“创一流、促跨越”主题实践活动。

4月，市人大常委会组织开展第二十二届全市宣传人民代表大会制度好新闻评比活动。

4月27日，市人大常委会召开“人大代表宜昌行”签约项目推进座谈会。

5月7日，巴西参议院外事委员会代表团一行来宜访问。

5月30日，市人大常委会会议就“城区生态建设”，对市政府及相关部门进行专题询。

6月3日,《湖北日报》报道市人大常委会监督市人民政府治污问题。省委书记、省人大常委会主任李鸿忠当日批示:“这是发挥人大监督作用的好范例。”

8月20日，市人大常委会机关举行“人大讲堂”启动仪式。

9月23日，中共宜昌市委召开纪念人民代表大会成立60周年大会。

9月，市人大常委会对市司法局、市国土资源局、市农业局、市文化局、市食品药品监督管理局、中国人民银行宜昌市中心支行、宜昌海关7个单位进行工作评议。

11月2日，机关档案工作通过目标管理省特级评审。

11月19日,《人民日报》推介宜昌市人大工作经验文章:《宜昌人大:追踪督办,不止于“问”》。

11月25日，市人大常委会组织第三次“人大代表宜昌行”活动。来自省内外的100多名人大代表和企业家在人大代表宜昌行活动座谈会暨项目签约仪式上，现场签约项目36个，协议投资达230.4亿元。

12月4日，市人大常委会召开纪念首个国家宪法日座谈会。

是年，市人大常委会对动物防疫法、湖北省优化经济发展环境条例的实施情况进行检查。

是年，市五届人大常委会召开第十五次至第二十二次会议。

2015年

1月16日，市人大常委会组织市人大代表对市直十大品牌进行满意度测评。

1月19日，市人大常委会召开全市人大“创一流、促跨越”主题实践活动和市五届人大五次会议优秀议案、建议表彰会。

1月20日—23日，市五届人大六次会议在城区召开，出席代表387人。会议审议报告6个，做出决议6个，补选市人大常委会组成人员4人、市中级人民法院院长1人、市人民检察院检察长1人。

3月10日，市人大常委会机关专题研究部署2015年“创一流、促跨越”主题实践活动。

4月，市人大常委会组织开展第二十三届全市宣传人民代表大会制度好新闻评比活动。

4月13日，全国人大常委会副委员长陈昌智一行来宜调研。

5月28日，宜昌市人大地方立法研究院成立。

5月，市人大常委会对市住房和城乡建设委员会、市发展和改革委员会、市安全生产监督管理局、市科技局、市移民局、市国资委、市住房公积金管理中心、宜昌出入境检验检疫局、宜昌海事局等9个单位进行工作评议。

6月4日，市人大常委会举行立法顾问组聘任仪式。

7月24日，市人大常委会会议就“村民安置房”，对市政府及相关部门进行专题询问。

10月28日，市人大常委会组织第四次“人大代表宜昌行”活动。来自澳大利亚和北京、上海、广东、浙江、海南、江西等省市的100多名人大代表、企业家参加座谈会和项目签约仪式。签约项目达39个，协议投资271.9亿元。

11月4日,《人民日报》推介宜昌市人大工作经验文章:《宜昌人大专项工作评议整改见实效，六天出台一揽子惠民新政》。

11 月 23 日，中共宜昌市委召开市委人大工作会议，做出《关于进一步加强人大工作和建设的决定》。

12 月 1 日，市五届人大常委会会议就“审计整改”，对市政府及相关部门进行专题询问。

12 月 11 日，市五届人大常委会二十九次会议撤销市人大常委会法规工作室，设立市人大常委会法制工作委员会。

12 月 24 日，召开市人大常委会与市人民政府联席会议。

12 月 28 日，市人大常委会召开地方立法及规范性文件审查培训会议。

是年，市人大常委会对森林法、档案法、环境保护法的实施情况进行检查。

是年，市五届人大常委会召开第二十三次至第二十九次会议。

2016 年

1 月 20 日，市人大常委会召开全市人大“创一流、促跨越”主题实践活动和市五届人大六次会议优秀议案、建议表彰大会。

1 月 20 日—23 日，市五届人大七次会议在城区举行，出席代表 382 人。会议审议报告 7 个，做出决议 7 个，审批市“十三五”规划纲要，决定设立市五届人民代表大会法制委员会，补选市五届人大常委会组成人员 9 人，通过市人大专门委员会组成人员 9 人。

4 月 8 日，宜昌市第一部地方性法规《宜昌市人民代表大会及其常务委员会立法条例》正式公布实施。

5 月，市人大常委会对市财政局、市气象局、市审计局、市粮食局、市体育局、宜昌银监分局、市林业局、市人力资源和社会保障局、市邮政管理局、市民族宗教事务局 10 个单位进行工作评议。

9 月 18 日—20 日，全国人大常委会副委员长吉炳轩来宜检查道路交通法实施情况。

9 月 28 日，市五届人大常委会会议就专利法实施情况，对市政府及相关部门进行专题询问。

11 月 23 日，市人大常委会召开 2016 年全市人大“创一流 促跨越”主题实践活动总结交流经验会议。

11 月 25 日，市人大常委会召开《宜昌市人民代表大会志（1949—2016）》评审会。

12 月 8 日，宜昌市第二部地方性法规《宜昌市城区重点绿地保护条例》正式公布实施。

12 月，各县市区人民代表大会选举产生市六届人大代表 411 名。

是年，市人大常委会对专利法、种子法的实施情况进行检查。配合上级人大常委会对道路交通法、湖北省非物质文化遗产条例的实施情况进行检查。

是年，市五届人大常委会召开第三十次至第三十七次会议。

概 述

人民代表大会制度是我国的根本政治制度。在我国实行人民代表大会制度是历史的选择，是全国各族人民长期奋斗的结果，反映了全国各族人民的根本利益和共同愿望。人民代表大会制度是符合我国国情和实际、体现社会主义国家性质、保证人民当家做主、保障实现中华民族伟大复兴的好制度，是坚持党的领导、人民当家做主、依法治国有机统一的根本制度安排。1949年中华人民共和国的诞生，开创了我国历史上人民当家做主的新纪元。代行全国人民代表大会职权的中国人民政治协商会议第一届全体会议通过的具有临时宪法性质的《中国人民政治协商会议共同纲领》，确定了我国的政体是人民代表大会制度。1954年9月15日，第一届全国人民代表大会第一次会议在北京开幕，标志着我国以人民代表大会为基础的国家政权制度正式建立。1954年7月，宜昌市第一届人民代表大会第一次会议召开，人民代表大会在宜昌市正式建立。

一、宜昌市情简介

地理位置

宜昌市位于湖北省西南部，地处长江中、上游结合部，鄂西武陵山脉和秦巴山脉向江汉平原的过渡地带，素有“三峡门户”“川鄂咽喉”之称。地跨东经110° 15′ ～112° 04′ 、北纬29° 56′ ～31° 34′ 之间。东西最大横距174.08千米、南北最大纵距18.6千米。东与荆州市、荆门市相连，西与恩施土家族苗族自治州相接，南抵湖南省石门县，北靠神农架林区和襄阳市。以长江为纽带，上承重庆直辖市，下连华中重镇武汉市，为全国中西部地区的结合部，华南、华中的分界线，地理位置独特而优越。

全市有国土面积21083.4平方千米，其中山地14215平方千米，丘陵4788平方千米，平原2081平方千米。到2015年年底，全市户籍总人口3981773人，域内居民主要为汉族，其次是土家族，其他还有回族、蒙古族、满族、壮族、苗族等42个少数民族。

建置沿革

宜昌地、市行政隶属关系变更。中华人民共和国成立后，宜昌专员公署为湖北省8个行政区之一，辖宜昌、宜都、枝江、当阳、远安、兴山、秭归、长阳、五峰9县。同时，划出原宜昌县城区和近郊农村设立宜昌市，直属湖北省人民政府管辖。1954年11月，宜昌市改属宜昌专署管辖。此时，宜昌专署辖9县1市。1958年11月，将宜昌专员公署改设为宜都工业区行政公署，为副省级行政机构（管辖区域不变）。1961年5月，撤销宜都工业区行政公署，设立宜昌专员公署。1971年1月，神农架林区划归宜昌地区管辖，1972年3月，恢复为省属。1978年8月，撤销宜昌地区革命委员会，设立宜昌地区行政公署。1979年7月，宜昌市恢复为省辖市。1992年3月，为适应改革和三峡工程建设的需要，经国务院批准，宜昌地、市合并，实行市领导县体制。此时，宜昌市辖7县2市和3区。

县市区行政机构设立、行政区划和名称变更。1955年2月22日，经国务院批准，枝江县并入宜都县。1962年6月，国务院决定恢复枝江县，属湖北省宜昌专员公署管辖。1984年7月13日，撤销长阳县和五峰县，分别成立长阳和五峰两个土家族自治县。1986年12月13日，宜昌市设置西陵、伍家岗、点军3个县级行政区。1987年11月30日，撤销宜都县，建立枝城市（1998年6月11日更名为宜都市）。1988年10月22日，当阳县撤县设市。1995年3月21日，猇亭镇从枝江县划出，同时划出宜昌县的虎牙、长江、先锋、高湖、马鬃岭等村成立猇亭区。1996年7月30日，枝江县撤县设市。2001年3月22日，撤销宜昌县，设立夷陵区。至此，宜昌市辖5县（远安、兴山、秭归、长阳、五峰）、3市（宜都、枝江、当阳）和5区（夷陵、西陵、伍家岗、点军、猇亭）。

经济指标

人民代表大会制度的建立和完善，促进了宜昌市国民经济和社会的发展。

解放初期的第一个五年计划执行结果。1957年，宜昌专署全区（含所辖的宜昌市），工农业总产值合计为2.75亿元（1952年不变价）。其中：工业总产值达到5533万元，比1952年提高了5.6倍；农业总产值达到1.7亿元。

地市合并时的第八个五年计划执行结果。1995年，全市国内生产总值达到205.4亿元，按1990年不变价达到145.5亿元，年均增长17.26%。全市农业生产总产值达到42.1亿元（不变价），比1990年净增11.32亿元，年均增长6.5%。全市工业总产值达到198.49亿元（不变价），年均增长17.1%。财政收入完成12.7亿元，年均增长17.19%。全市城镇职工收入5077元，年均增长20.10%。农民人均纯收入1452元，年均增长19.7%。

第十二个五年计划执行结果。2015年，全市实现生产总值3384.8亿元（按当年价计算），是“十一五”末的2.2倍，年均增长12%（按可比价计算）。地方公共财政收入339.1亿元，是“十一五”末的4.8倍，年均增长32.5%。城镇居民人均可支配收入27275元，比上年增长9%；农村常住居民人均可支配收入12990元，比上年增长9.7%。

二、人民代表大会制度在宜昌的探索、建立和发展

宜昌是举世瞩目的三峡工程所在地，是湖北省域副中心城市、长江中上游区域性中心城市、世界水电旅游名城和正在建设中的现代化特大城市。

伴随着人民代表大会制度的建立和完善，宜昌不断发展和壮大。人民代表大会制度在我国走过了一个曲折发展的历史过程，与全国一样，这一制度在宜昌也经历过渡准备、正式建立、严重破坏、重新恢复和发展完善的历程。大致可以分为五个阶段。

第一阶段为建国初期的四年，宜昌市各界人民代表会议为人民代表大会制度的建立做了充分准备。1949年10月至1954年6月间，市各界人民代表会议经历三届，共召开10次人民代表会议。1949年12月，市第一届各界人民代表会议第三次会议选举产生第一届各界人民代表会议协商委员会，一届至三届累计当选的委员达96人次，共召开协商委员会会议31次。

第二阶段为1954年到1966年，人民代表大会制度在宜昌市的正式建立和曲折发展。从1954年4

月至6月，宜昌所辖各县在普选的基础上召开人民代表大会会议。同年7月，宜昌市及宜昌专署所辖各县先后召开第一届人民代表大会会议，标志着人民代表大会制度在宜昌市正式建立，揭开了地方政权建设的崭新一页。1954年7月至1967年12月间，市人民代表大会经历一届至六届，召开18次人民代表大会会议。

第三阶段为“文化大革命”的10年，人民代表大会制度受到影响和破坏。1966年5月，宜昌同全国各地一样开始进入“文化大革命”时期。1968年1月，市成立革命委员会，同年1至9月，宜昌地区九县一市相继成立革命委员会，实行党政一元化领导体制。在长达十余年的“文化大革命”期间，宜昌的人民代表大会制度被中断，各级人民代表大会会议没有召开，地方人大和其执行机关人民委员会被革命委员会所取代。

第四阶段为中共十一届三中全会以后，人民代表大会制度在宜昌市全面恢复和发展完善。粉碎江青反革命集团后，史无前例的“文化大革命”时期结束，各项事业拨乱反正，人民代表大会逐步恢复。1978年11月，召开市第八届人民代表大会第一次会议，宜昌市人民代表大会制度恢复。1981年2月，宜昌市第九届人民代表大会第一次会议，首次设立宜昌市人民代表大会常务委员会。1982年宪法以及在这前后修改的地方组织法和选举法，对完善人民代表大会制度做出一系列新的重要规定。至1992年8月，市经历第九届至十一届人民代表大会，共召开12次人民代表大会会议，依法认真履行地方国家权力机关的各项职责。市历届人大常委会共召开常委会会议83次，认真行使人大常委会的各项职权。

第五阶段为1992年3月按照中央和省委决定，宜昌地区、宜昌市合并以后。1992年9月，宜昌市召开地、市合并以后的第一届人民代表大会第一次会议，选举产生新的宜昌市国家机关工作人员，宜昌市人大工作进入了崭新的发展阶段，人民代表大会制度在实践中不断坚持和完善，人大工作得到显著发展、创新和加强。至2016年12月，宜昌市经历一届至五届人民代表大会。共召开人民代表大会会议30次，召开人大常委会会议161次。人民代表大会制度在宜昌市进一步发展和完善。

三、市人大及其常委会的主要工作成就

从创建到发展，再到破坏、恢复和完善，宜昌市人民代表大会走过了一段艰辛曲折的发展历程，更是赢来了蓬勃发展的崭新阶段。宜昌市人民代表大会及其常委会在宜昌地、市委的领导和湖北省人大常委会的指导下，以加强社会主义民主法治建设为根本任务，认真行使宪法、法律赋予的职权，在各个不同历史阶段均发挥了地方国家权力机关的重要作用。最近10年来，市人大及其常委会坚持党的领导、人民当家做主和依法治国有机统一，牢牢把握正确政治方向，始终服务发展大局，全面依法行使职权，各项工作取得显著成就，在全国有影响、在全省有地位、在全市有成效，促进了宜昌民主法治和现代化特大城市建设。

围绕中心推进人大工作成效卓著。中共十一届三中全会以后，市人民代表大会及其常务委员会注重围绕中心，服务大局，通过依法行使人大职权，保障、促进全市改革开放和社会主义现代化建设，发挥了重要作用。1992年9月宜昌地、市合并后召开的市一届人大一次会议做出《关于动员全市人民齐心协力支援三峡工程建设的决议》，拉开了宜昌人民全力支持三峡工程建设伟大序幕，市人大及其常委会多次听取市政府关于三峡移民、服务三峡工程建设情况的报告，对相关工作开展专题视

察和调研，为三峡工程建设做出了重要贡献。近些年来，常委会围绕市委提出的“三峡城市群”战略设想，组织动员省人大代表在省十二届人大三次会议上积极建言献策，被写入省政府工作报告，并被纳入省“十三五”规划，还先后多次赴全国人大常委会汇报，在《人民日报》高层内参刊发专文，助推“三峡城市群”上升为国家战略。围绕抢抓“长江经济带开放开发”重大战略机遇，组织在宜昌全国人大代表提出《关于将三峡综合运输枢纽打造成为长江经济带重要节点的建议》，被全国人大常委会办公厅列入20件重点建议予以督办。常委会精心组织，大力开展“创一流、促跨越”主题实践活动，形成了服务发展、促进发展、推动发展的强大气场，成功举办的4次“人大代表宜昌行”活动取得了丰硕成果，累计签约项目106个，成为全国、全省代表主题实践活动的一大亮点，打造“创促”活动品牌。

地方立法工作有效推进。地方立法是我国立法体制的重要组成部分，也是市级国家权力机关的一项法定职权。从20世纪90年代开始，市人大常委会就积极协调服务“较大市”的争取工作，为争取拥有地方立法权而努力。随着国家立法体制的调整，按照新的立法法和省人大常委会的决定，从2016年1月1日起，宜昌市可以就城乡建设与管理、环境保护、历史文化保护等方面的事项制定地方性法规，实现了宜昌争取多年地方立法权的夙愿。常委会从2015年起超前谋划，精心做好各项立法准备工作，组建立法工作机构，成立立法顾问组，与三峡大学合作共建宜昌市地方立法研究院，加强立法队伍建设，举办地方立法知识讲座，制订立法工作制度，拟订年度立法计划，确定2016年宜昌市首批三个地方立法项目，为科学立法、民主立法奠定了良好的基础。2016年1月，市五届人民代表大会第七次会议审议通过《宜昌市人民代表大会及其常务委员会立法条例》，并报湖北省第十二届人民代表大会常务委员会第二十一次会议批准，公布实施。9月，市五届人大常委会举行第三十五次会议审议通过《宜昌市城区重点绿地保护条例》，并报湖北省第十二届人民代表大会常务委员会第二十五次会议批准，公布实施。11月，市五届人大常委会举行第三十六次会议表决通过《宜昌市城区建筑物外立面管理条例》。

监督工作不断强化。保证宪法、法律的实施，监督“一府两院”的工作，是地方人大及其常委会的一项重要职权。市人大及其常委会采用多种形式，加大监督力度，围绕事关改革发展稳定和人民群众利益的重大问题，认真开展对地方国家行政机关、审判机关、检察机关的法律监督和工作监督。市人大及其常委会共听取和审议“一府两院”工作报告和法律法规执行情况的报告654个；组织对111件法律、法规和决定的执行情况进行了检查；对22名政府部门负责人进行述职评议，对45个部门开展工作评议；开展7次专题询问，有效地促进了依法行政和公正司法。特别是市五届人大以来，市人大常委会围绕中心、服务大局，积极探索、大胆实践，不断将监督工作的重点聚焦到现代化特大城市建设上来，通过综合运用调研、听取和审议专项报告、交办审议意见、跟踪督办议案等方式，推进了全市各项重大决策部署的贯彻落实。推行“两测评两公开”监督机制、以生态建设为主线谋划人大监督工作和开创的每年三个“专项整治”重点督办新模式。人民日报连续8年大篇幅宣传报道宜昌市人大工作经验文章9篇。2014年6月，《湖北日报》全面推介宜昌市生态建设专题询问的重要经验，省委书记、省人大常委会主任李鸿忠做出重要批示，充分肯定宜昌作法：“这是发挥人大监督作用的好范例”。

重大事项决定取得长足进展。讨论、决定本行政区域内的重大事项，是保证人民当家做主、管理国家事务的重要形式。市人大及其常委会围绕党的中心工作，将关系宪法和法律法规的遵守和执行，关系改革发展稳定大局、人民群众切身利益和社会普遍关注的重大事项，有计划地列入会议议程，听取和审议“一府两院”的工作报告，并适时做出相应决议、决定。市人大及其常委会积极审议和决定区域内重大事项，就涉及全市经济、政治、文化、社会、生态建设等方面的重大事项做出决议、决定240多项，把党的主张通过法定程序变成国家意志，既保证了人民行使当家做主、管理国家事务的权力，又支持了“一府两院”的工作，为推动宜昌市经济社会发展和现代化特大城市建设发挥了重要作用。2000年，市人大常委会在全国率先做出对城区公共绿地实施永久性保护的决定，从此，几届人大常委会致力于公共绿地永久性保护工作，累计已分5批做出决定，对建成的35块城区公共绿地依法进行永久性保护。最近几年来，市人大常委会以生态建设为主线谋划和推动人大工作，行使重大事项决定权注重由“虚”到“实”、从程序性到实质性转变，决定的内容更加具体，更加贴近实际，贴近群众，贴近民生。审议通过宜昌市环境总体规划，依法做出关于加强城区生态红线保护的决定，建立生态红线保护机制，对全市未来产业布局、城市建设进行顶层设计。围绕生态建设、绿色发展，常委会先后做出6个决议决定，力度之大，前所未有。在全省率先做出关于加强城区生态建设的决定，随后又依法做出加强城区山体及水域保护、对城区运河生态公园等第四批公共绿地实施永久性保护、批准置换王家河公园部分公共绿地等多项决定。2015年，人民网在重要位置，以《以生态建设为主线谋划监督大棋局》为题，大篇幅推介了宜昌市人大监督生态环境保护工作的经验。

选举任免工作有序进行。选举任免权是宪法和法律赋予地方人大及其常委会的一项重要职权。68年间，市人大及其常委会认真贯彻党管干部和依法任免相结合的原则，先后选举、任免和批准任免了3676人次，依法选举省人大代表372名。市人大及其常委会着眼务实规范，进一步完善人事任免工作机构，不断规范任免工作程序，积极探索市人大常委会所任命人员接受监督的有效方式和途径。坚持任职前法律知识考试和任职前供职发言制度，积极实施宪法宣誓制度，开展选举任命人员向市人大常委会述职工作。通过依法行使选举任免权，落实党委关于干部任用的意图，加强了地方政权建设，保证了地方国家机关工作的正常运转。

代表工作水平不断提升。代表工作是国家权力机关的一项基础性工作。市人大及其常委会按照上级统一部署，指导县级和乡级人大代表选举，保障了人民选举权利的行使。同时，密切同人大代表和人民群众的联系，不断加强代表工作，充分发挥代表作用，取得了明显成绩。历届人大常委会共督促办理议案26件、建议5895件。最近10年来，市人大常委会共督促办理代表议案12件，代表建议3140多件，受理人民群众来信来访19350多件次，促使一批重大民生问题有效解决，促成一大批民生工程的落实。常委会还积极组织开展多种形式的代表培训，组织五级人大代表开展集中视察、专题调研20多次。建设“宜昌人大代表履职服务平台”，于2016年1月召开的市五届人大七次会议上线运行，首次实现人大常委会联系代表、代表联系人民群众方式和本级国家机关服务代表履职手段的网络化、信息化，全面实现了代表议案建议处理一站式、无纸化。

自身建设力度不断加强。加强人大自身建设，对于更好地行使职权、提升人大工作水平至关重要。68年来，特别是近10年，市人大及其常委会适应人大建设和人大工作的需要，坚持不懈地加强人大及其常委会的自身建设，不断提升依法履职能力，为人大及其常委会依法行使职权提供了重要保障。为加强常委会组成人员和机关干部思想建设，提高坚持和完善人民代表大会制度的认识，举办“人大讲堂”、道德讲堂、成立市人大书画摄影院等活动，提高了干部队伍素质和活力。加强组织建设，自1988年市十一届人大一次会议决定设立法制、财政经济、城乡建设、教育科学文化卫生4个专门委员会以来，经过28年的运行实践，市人大及其常委会机构设置进一步优化，功能进一步健全，现有7个专门委员会、4个工作委员会、3个办事机构。加强作风建设，扎实开展党的群众路线教育实践活动、“三严三实”专题教育、“两学一做”学习教育活动，认真贯彻落实中央八项规定和省委六条意见，在全省市州率先出台关于加强常委会会风建设的意见，进一步规范了常委会会风、文风和作风建设。加强制度建设，制定完善了规范监督、讨论决定重大事项、选举人事任免等十几项工作制度，重申一系列机关管理工作制度，制度执行力和约束力得到增强。

第一篇　宜昌市各界人民代表会议

各界人民代表会议是军管会和市人民政府传达政策、联系群众的协议机关，履行了部分人民代表大会的职权：一是听取军管会及市人民政府关于施政方针、政策、计划及工作情况之报告，并进行讨论，提出批评和建议；二是向军管会及市人民政府反映人民的意见和要求，建议有关市政兴革事宜；三是向人民传达并解释市各界人民代表会议的决议，并协助市人民政府动员人民推行决议的执行。

1949年组织通则规定："市各界人民代表会议由市军事管制委员会及市人民政府召开之"，"市各界人民代表会议每三个月召开一次，但经市人民政府或各界人民代表会议1/3代表之提议，或协商委员会认为需要时，得提前或延期召集之。"据此，市各界人民代表会议于1949年10月至1954年6月间，经历三届，共召开10次市各界人民代表会议。详见表1。

市各界人民代表会议统计表

表1　　　　**单位：次、人次、个、件**

会议事项	第一届	第二届	第三届	合计
召开市各界人民代表会议次数	3	4	3	10
出席市各界人民代表会议代表	341	474	646	1461
会议中心议题	10	16	8	34
听取政府和军管会报告	5	10	4	19
听取提案办理报告	3	5	3	11
办理提案	296	378	345	1019
通过决议	11	18	5	34
选举协商委员会成员	32	27	37	96
推举出席省各届人民代表会议代表	16	22	—	38

每届各界人民代表会议均组建了人民代表会议的常设机构——协商委员会，共召开协商委员会会议31次。

第一章　宜昌市各界人民代表会议代表

市各界人民代表会议于1949年1月至1954年6月间，分别商定推选出了市一届至三届的市各界人民代表会议的代表。

第一节　市一届各界人民代表会议代表

市一届各界人民代表会议代表名单（109人，按姓名笔画排序）：马苍石、马鉴、王元良、王化行、王世焕、王在中、王启勋、王树远、王祥生、王德荣、左彦甫、邢郑民、成朝然、吕逸樵、朱青、朱明新、乔驿、任绍平、华长富、向执苏、刘世珍、刘华轩、刘国贵、刘明堃、刘泉顺、刘真、刘健雄、刘梅森、刘静、刘毅慈、江世炎、汤世民、许绍安、孙树堂、牟振玉、严星、苏斌、李长明、李农菴、李秀岚、李明青、李桂廷、李敬白、李德荣、杨实舜、肖长盛、肖松年、吴官美、吴熔陶、何纯尧、何庚三、邹德义、宋觉民、张久贤、张凡、张云清、张来升、张淑英、张蔚孙、陈义夫、陈友清、陈光辉、陈伯羽、陈明鼎、陈复九、陈剑琴、陈济平、林斌、尚冰如、易维林、罗宗永、金志坚、周太贵、周文苹、周远香、周俊、周逸红、周慕濂、郑在信、郑槐堂、郑零舟、屈家训、屈夔堂、项克涛、赵永才、赵仲云、赵春和、赵春珊、赵席珍、胡宏兰、段玉美、姚禾青、袁培瑞、袁瑞琪、聂琦生、徐汉香、郭世尧、常啸波、敏克、望作筠、望鼎元、蒋北庄、鲁明健、童子浩、谢質夫、雷春畴、雷曼峰、解莅民、戴思义（以上名单摘自宜昌市第一届各界人民代表会议第一次会议的会议资料）。

第二节　市二届各界人民代表会议代表

市第二届各界人民代表会议代表名单（140名，按姓名笔画排序）：马苍石、马鉴、王天钧、王元良、王世焕、王启勋、王君度、王绍才、王树人、王树远、王祥生、王道玺、王福惠、王德荣、毛自安、毛敬白、左彦甫、卢幼青、卢秀兰、卢敏斋、叶隆伟、冯锦卿、邢郑民、成朝然、朱明新、乔铎、华长富、向执苏、向自迩、向星若、邬光喜、刘静、刘世珍、刘华轩、刘国贵、刘忠、刘泉顺、刘健雄、刘淑珍、刘毅慈、闫永发、朱青、江世炎、汤大洪、许治安、孙树棠、牟振玉、严星、苏斌、李长明、李农菴、李秀兰、李明春、李敬白、李德荣、杨实舜、杨俊、杨淑轩、杨殿英、吴官美、吴熔陶、邱荣贵、何大坤、何大忠、何庚三、邹太贵、宋觉民、张久贤、张凡、张云清、张远扬、张志、张来升、张坤芳、张国良、张鹏、张蔚孙、陈义夫、陈必海、陈光辉、陈性真、陈复九、陈济平、林斌、尚冰如、易维林、罗文富、罗来永、罗敦娴、岳传岱、金志坚、周文苹、周汉甄、周俊、周清泉、周懋林、郑在信、郑克新、郑怀堂、郑容舟、屈家训、项克涛、赵长清、赵永才、赵春和、赵春珊、赵席珍、胡宏兰、段玉美、洪院凯、姚禾青、袁文海、袁陈氏、袁培瑞、袁瑞琪、聂琦生、柴大森、徐子泽、徐中球、徐汉香、郭世尧、黄晓、黄大成、萧长盛、萧宜秀、龚凤山、雪曼本、常啸波、敏克、望作筠、望鼎元、喻子凤、喻汉卿、傅世平、傅守恭、傅宝昌、童子浩、谢质夫、雷春畴、戴思义（以上名单摘自宜昌市第二届各界人民代表会议第四次会议的会议资料）。

第三节　市三届各界人民代表会议代表

市三届各界人民代表会议代表名单（217名，按姓名笔画排序）：丁云秀、丁克炳、丁惠卿、万家义、马苍石、马松侠、马惠君、马鉴、王子才、王天均、王元良、王少卿、王乐全、王秀英、王作林、王良甫、王君度、王金山、王宗刚、王树仁、王思清、王道玺、王新民、王毅夫、毛敬白、卞肇恕、文振藻、方大秀、邓为、卢幼青、卢洪兰、叶阴伟、田春远、田恒生、冯锦卿、邢庆云、邢郑民 、朱青、朱德远、向发元、向星若、向聚卿、刘正富、刘世珍、刘忠、刘建军、刘孟宇、刘荩臣、刘培德、刘殿海、刘精明、刘德昌、刘毅慈、闫大诚、闫大荣、闫永芳、闫锦华、江世炎、池汉波、汤大洪、许治安、孙书堂、孙仲卿、孙治卿、孙思贤、苏斌、杜盛远、李广印、李世玉、李林、李盛华、杨冰、杨宏才、杨启华、杨明松、杨定祥、杨俊、杨淑轩、肖伯勋、肖青、吴熔陶、邱义礼、何明福、何庚三、何顺修、何菊修、佘世福、余美阶、余锡华、闵翔、张九贤、张凡、张太泉、张正明、张世典、张永昌、张远扬、张志、张来升、张坤芳、张其国、张典、张学美、张家旺、张雯晴、张赐孝、张福祥、陈业成、陈必全、陈发海、陈光辉、陈纪如、陈明炎、陈佩英、陈沫潮、陈威公、邵世友、范司云、林斌、罗镜波、岳传岱、金志坚、周子超、周汉甄、周宗和、周俊、周继谈、周登科、郑克新、法正明、屈家柱、屈家顺、孟宪良、项克涛、赵开武、赵开源、赵少泉、赵长仁、赵长青、赵长福、赵仪君、赵永国、赵春和、赵春珊、赵勃、赵洁人、赵萍、赵喜珍、赵鹤秋、郝永科、胡大农、胡芝田、胡兆金、胡宏兰、胡思发、胡继才、胡盛海、胡敦学、柳英祥、钟昌炽、段大彪、俞福成、洪院凯、贺礼保、秦美寿、袁开全、袁文海、袁伯琤、聂世秀、徐超、徐瑞年、高秉举、高建业、郭久恒、郭世尧、唐原麒、陶大斌、陶秉翰、黄治禄、黄定海、黄敬安、曹华琔、曹德忠、龚永林、龚学云、常啸波、章居正、望作筠、梁长德、谌厚荣、彭少兰、彭辉秀、董正礼、董昭德、董家华、董斌、韩庆滋、韩启森、喻子凤、傅万金、童子浩、曾天福、曾繁荣、渝汉卿、谢质夫、蒲新城、解莅民、蔡哲生、廖多模、阚希舜、谭宜成、谭炳炎、谭振元、谭甦、熊明容、黎开智、黎祥厚（以上名单摘自宜昌市第三届各界人民代表会议第三次会议的会议资料）。

第四节　宜昌出席湖北省第一届、第二届各界人民代表会议代表

湖北省曾于1950年10月至1952年12月间召开两届各界人民代表会议计3次会议，宜昌地区各县和市均推选代表出席了上述会议。

一、宜昌出席湖北省第一届各界人民代表会议的代表名单

市出席湖北省第一届各界人民代表会议的代表（16人，按姓名笔画排序）：王化行、王道玺、左彦甫、卢敏斋、刘毅慈、江世炎、牟振玉、苏斌、杨殿英、陈光辉、周文苹、赵春珊、段玉美、姚禾青、蒋兆庄、傅宝昌。

宜昌地区各县出席湖北省第一届各界人民代表会议的代表（37人，按姓名笔画排序）：马及风、王东武、王者训、王新知、邓全秀、朱葆民、伍文宝、向昌应、杜逊、李宏记、李涵若、杨荣道、吴正武、汪登五、宋纯福、张明生、张博平、张斌小、陈天权、陈和术、陈厚成、陈善辉、周绍镛、周登华、郑之全、郑丹瑚、郝大均、胡宏佳、胡贤荣、姜朝虎、聂开举、高德彦、郭仁轩、蔡家秀、缪咏、黎仁浩、翼警民。

二、宜昌出席湖北省第二届各界人民代表会议的代表名单

市出席湖北省第二届各界人民代表会议的代表（22人，按姓名笔画排序）：马鉴、王君度、王绍才、卢秀兰（女）、刘忠、汤大洪、李长明、杨俊、吴熔陶、何庚三、陈性真（女）、罗敦娴（女）、周汉甄（女）、郑克新、赵长青、胡宏兰（女）、袁文海、柴大森、望作筠、喻子凤、傅世平、童子浩。

宜昌地区各县出席湖北省第二届各界人民代表会议的代表（31人，资料缺失，具体名单不详）。

第二章 宜昌市第一届各界人民代表会议历次会议

市第一届各界人民代表会议于1949年10月至1950年4月间共召开3次会议。详见表1—2—1：

市一届各界人民代表会议统计表

表1—2—1 单位：人次、个、件、人

市一届各界人民代表会议	一次会议	二次会议	三次会议	合 计
出席市各界人民代表会议代表	136	102	103	341
会议中心议题	4	2	4	10
听取政府和军管会报告	2	2	1	5
听取提案办理报告	1	1	1	3
办理提案	96	100	100	296
通过决议	5	2	4	11
选举协商委员会成员	—	—	32	32
推举出席省各届人民代表会议代表	16	—	—	16

第一节 市一届各界人民代表会议一次会议

1949年10月16日—20日，市军事管制委员会和市人民政府组织召开的市一届各界人民代表会议一次会议在乐安戏院举行。到会136名代表（含列席代表）。会议解决的中心问题：恢复与发展生产，实行劳资两利，沟通城乡贸易，恢复与改造工商业，打破资方顾虑，安定生产情绪；坚决肃清匪特，巩固社会秩序；实行精简节约，禁止铺张浪费；大力支援前线。湖北省人民政府副主席聂鸿钧、湖北省军区参谋长张才千出席会议并讲话。市长刘真作《市军管会及市人民政府三个月来的工作报告》。市军事管制委员会主任彭天琦作题为《发展生产，沟通城乡贸易，巩固与建设人民民主新宜昌的工作方针》的报告。会议通过4个决议。

一、会议机构及成员名单

市一届各界人民代表会议第一次会议主席团成员（8名）：刘真、解莅民、李东波、赵仲云、肖松年、宋宗洲、郑容舟、左彦甫。

二、开幕词

1949年10月16日，市军事管制委员会副主任黄宏坤在大会上讲话：

宜昌市各界人民代表会议，是全市人民渴望召开的会议，关系到宜昌将来的繁荣与发展。

扫除建设障碍的任务是要彻底铲除潜伏宜昌的特务破坏分子，安定社会秩序，完成建设的任务。

1949年10月16日，湖北省人民政府副主席聂鸿钧在大会上讲话：

宜昌市各界人民代表会议胜利召开，象征宜昌人民已经获得解放。这是宜昌人民有史以来第一次自己处理自己的事务。宜昌人民从此不再受到帝国主义、封建主义、官僚资本主义与国民党反动派的统治与压迫了，这是特别值得庆贺的大事。

这次会议是在中华人民共和国中央人民政府成立两周以后召开的。中国人民解放军已经打到了广东，解放了广州，今冬至明春就可以全部彻底消灭国民党反动派的残余，中国从此便得到了永久的和平，可以安居乐业安心生产了。我们必须变消费的宜昌为生产的宜昌，必须实行无产阶级领导的、以工农联盟为基础的人民民主专政。只有工人阶级及其先锋队共产党才能真正“为多数、看得远”。“为多数”，就是在农村实行土改，在城市实行劳资两利。“看得远”，就是不仅要着眼前的利益，更要着远大的将来。

会议叫各界人民代表会议，是因为在军管时期经过选派和聘请各界有代表性的代表，将来条件成熟后就可实行选举人民代表大会代表了。但不论是各界人民代表会议或者人民代表大会代表，都要能表达人民的意志和要求。

在城市里实行公私兼顾、劳资两利的政策，资本家要拿出全部资本来发展生产、扩充工商业，决不要像过去那样剥削与压迫工人。而工人也不有过高的要求和怠惰心理，应当遵守合理合法的厂规、店规，努力学习，提高自己的政治水平，增加工作效率。在共产党与人民政府领导之下，工人与资本家共同发展人民经济。这样，正当的商人就不必顾虑清算斗争了。至于对那些投机奸商、银圆贩子操纵物价、扰乱市场，当然要惩治。总之，一切政策要从发展人民经济（即新民主主义经济），改善人民生活出发的。

1949年10月16日，湖北省军区参谋长张才千在大会上讲话：

宜昌解放已3个月，战争的危险是没有了。今天召开具有历史意义的宜昌市各界人民代表会议，可说是在和平环境中举行的。

3个月中，虽然市军管会和市人民政府在建设方面尽了最大努力，但与人民的愿望还差得很远。因为旧宜昌受到帝国主义的压迫及国民党反动派20多年的统治，工业基础差，商业不繁荣，以致工人无工做、学生无书读，失学失业者触目皆是，因之市民穷困。今后的宜昌是人民的宜昌了，要向着建设的方向前进，这个责任不仅是军管会和市人民政府所能担当的，还需要各界代表和八万市民都负起责任来，共同努力订出方针和步骤，为建设新宜昌而奋斗！

宜昌是消费的城市，是武汉及四川的过路码头。我们要繁荣工商业，就应该按照全国一致的方针，公私兼顾、劳资两利。资方要照顾工人生活，不能轻视劳工；工人方面也要使资方有利可图。劳资双方除遵守政策法令外，还应共同协商订立合同并共同遵守。

宜昌在四川解放前生产是否能恢复呢？能！只要我们与广大的乡村联系起来，沟通城乡贸易，使货畅其流，将乡村许多土特产（如林木、木耳、棉花）集中组织起来，再运到汉口、上海去，就可以换来日常必需品。这些工作不但公营企业可做，私人也可做，这对于城乡都是有利的，这些问题在大会上都要研究讨论，得到解决。

三、政府工作报告

1949年10月17日，市长刘真作市军管会及市人民政府《三个月来的工作报告》:

宜昌市是一个遭受了国民党匪帮严重摧残破坏的城市。宜昌市初解放时的情形是：交通完全被破坏、匪徒宋希濂破坏了公私轮船9艘（其中属于宜昌市港口的轮船5艘）、木船300余只，占解放前所有船只的21%；青滩、泄滩的绞滩站被破坏，机器被拆散，宜昌市码头设备大部分被破坏；属于公路局的唯一的1辆汽车被毁，另被炸军用汽车28辆；宜昌市唯一与外地（武汉、沙市、襄樊）联系的公路的路基、桥梁、电信设备绝大部分被毁。周边土匪尚未肃清，社会秩序尚未安定，以致宜昌市与外地及四乡水陆交通，在刚解放时完全断绝。加之特务造谣，秩序未定、人心不安。全市各行各业解放后虽有1500至1600家（包括一部分摊贩在内），则几乎全部停业。这就形成城乡内外贸易停滞、生产萎缩、物价上涨，公私营航运业、公路运输及邮电营业也因之萧条。全市职工据现在估计，总数约15000人以上，当时失业可能3000人以上。在业者生活困苦，面临失业的严重威胁。公教人员自2月份起即未领到薪资，一部分人靠典当度日。人民解放军及政府机关在上述情况下进入宜昌市遇到极大的困难，部队机关一天只能吃两顿稀饭，吃苞谷、蚕豆，缺乏柴火，没有床铺、没有鞋子。

支援大军南进西进。这是关系全国人民最根本利益的问题，又是直接关系全宜昌市人民最根本利益及当前实际利益的问题。解放之初，大军云集，准备南进、西进，而城乡内外交通阻绝，军民供给困难，所以当前中心任务是解决支援军队的问题，并从支前工作中来逐步解决发展城乡贸易、恢复生产的问题。宜昌市人民在市人民政府、市总工会的领导下，十分热烈积极地参加了支前工作，码头工人在16天内18个工会出了2万多工；公私营大小轮船、木船400余艘（只），3700名海员船工积极进行运输，由于解放区粮食接济不上，工人全是只管饭的义务劳动，甚至有些工友连饭也吃不上；汽车站工人和全市劳力工人运输百万斤粮食入城，电讯员工在交通工具与器材极端缺乏的条件下，抢修了当阳县、宜都县、秭归县的路线，邮局也迅速恢复通各县的邮班，以便于军事通信联络；永耀电灯公司工人和资方尽全力安装并保证了供给市区部队机关的用电；不少市民最初在工商界几位先生的号召组织下，事后在区政府领导下，将房子让给军队住，欢聚如久别重逢的一家人；全市民共借出粮食10万余斤，家具3000件，并动员300余人去医院看护伤员。

接管与恢复公营企业生产。我们得到中国人民解放军第四野战军的大力帮助，共接管了54个单位。属于企业性质（工业与商业）的仅17个单位，另有学校、报社11个单位，2家医院，其余全部是国民党反动派统治的官僚机关。企业中已复业或部分复业的现有8个单位，即电信局、邮政局、航务处、招商局、汽车站、中国植物油厂、县合作社、民生纺织厂，共有职工600人。至今尚未复业的8个单位，即中央、中国、交通、农民、省、县等6家银行、民生贸易公司宜昌办事处、中国石油公司宜昌办事处，原有职工百余人，都是商业。

发动组织工人贯彻劳资两利恢复私营工商业。在私营企业中，我们强调了劳资两利。迅速成立了市总工会筹备处，由21名干部组成工作组，分到各个企业，在7000余职工中进行教育，组织工作，现已有38个公私营企业成立了职工代表会或职工会筹备会，还有60个单位未进行职工的组织工作。

工会工作一开始就配合行政搞复工就业，号召工人迅速行动，工人对此是拥护的。我们对职工进行了劳资两利、发展生产的教育，先后复业的工厂，仅以针织、棉织、碾米，刚解放时有44家柜子69部，现增至91家柜子230部，商店则由解放时估计的1500至1600家，到9月底则增至1719家。工会需要解决两个问题：坚决贯彻我党劳资两利、公私兼顾、发展生产的政策；采取说服教育，消除厂商对形势政策方针的顾虑与怀疑。

财政经济工作。解放军进入宜昌市后，在经济上面临着两个严重的困难：宜昌市是一个转口商业城市，经济上对四川省的依赖性极大；宜昌市早已成为银圆市场，人民盲目信仰银圆，供求发生严重的困难，引起8月上旬的物价波动。市军管会和市人民政府为了克服困难，以便有效支援战争、恢复生产，3个月来先后采取了下列措施：恢复水陆交通；迅速组建市贸易公司，并在军分区贸易公司协助下，自武汉运回盐、粮、布、蛋及日用品，自军分区运回粮食；人民银行虽因资金有限，仍举办了贷款汇兑，尽力援助了一部分公私营厂商，举办金银折实存兑，以吸收无用游资转入有用的生产；将职工、公教人员工薪予以评定，部分改发实物；8月下旬，人民掀起了禁用银圆运动，市军管会接受人民的要求，公布了禁用银圆令；自本月10日起，我们已经着手处理摊贩问题；宜昌市商业同业公会共计62个，很不健全，市人民政府拟加以整理，希望各位提出意见以便进行。关于税收与经费问题。我们的税收政策是保护工商业的，既考虑人民负担问题，又要保证政府开支。到9月底全市财政收入总计9500万元，支出15400万元，即使精简节约支出也不会减少，还须增加。因为支援战争、补助公营企事业尚须增加支出，每月将有赤字2500万元至3000万元，市政建设费尚不在内，赤字太大，光靠节约是不能解决问题的，希望各位代表能商讨一个最妥善的办法来。

巩固治安与肃清匪特。为了建立革命秩序，保障社会治安，我们宜昌警备司令部、市公安局和市民政科进行了下列工作：三个月来共遣送散兵游勇1306人，共收缴长短枪64支、轻重机枪2挺、各种子弹98616发、各种炮弹676发。另遣送战俘共6426人。共支出遣送费米8万余斤、款800余万元；救济难民111人，支出救济米1500斤，款21万元；进行过一次户籍调查，初步建立户籍管理工作；恢复交通秩序、整顿市区消防卫生已开始进行；为了加强交通、卫生、户籍的管理，市公安局重建了人民警察；敌军撤出宜昌市时，曾布置了匪特潜伏市区，伺机破坏。8月10日，我们破获匪特勾结散兵游勇阴谋暴动案，引起全市人民严重警惕。到现在为止，特务反动分子自动投案和侦捕的共计200余人。今后将有计划有步骤地进行这一工作，直至这些破坏分子完全肃清为止。

文化教育工作。我们接收了伪《和平日报》、查封了《川鄂日报》。我们在接收伪《和平日报》的基础上，发行《宜昌日报》62期。《宜昌日报》创刊之前发行新闻7期。从政策上和报纸具体工作上和宜昌市人民初步建立起联系。我们进城之初注重了职工教育，组织职工学校的第一期学生120人，最近已经毕业。宜昌市在国民党反动派统治时代原有中等学校3所、县立中学1所、县立小学4所，在新中国成立前1个月业已解体。我们进城后即刻一方面建立行政干部学校，招收青年知识分子200人，施以短期教育，以便参加新宜昌的建设工作，另一方面组织中小学教师研究会，共吸收中学教师87人、小学教师165人，学习成绩尚好，毕业后积极进行复校工作。现公立学校市内共有中等学校2所、小学4所，中学生728人、小学生2242人，连同私立中小学共有中学生915人、小学生4010人。宜昌市民主青联会已成立，开始在各企业、学校进行青年的教育组织工作。

可以说宜昌市最困难的日子已经过去或快要过去了，宜昌市从经济上翻身的日子不远了。前途是无限美好和光明的，只要我们各界人民在共产党和工人阶级的领导下，团结一致，正确执行毛主席的四面八方政策和中共宜昌市委的工作方针，我们就一定能够克服暂时的困难，而迅速实现建设新民主主义新宜昌市的任务。

1949年10月17日，军管会彭天琦主任作题为《发展生产，沟通城乡贸易，巩固与建设人民民主新宜昌的工作方针的报告》：

宜昌解放快三个月了，我们宜昌人民在共产党和毛主席的方针政策指导下，在中共湖北省委和野战军的领导和帮助下，在市军管会和市人民政府的直接领导下，顺利地完成了接管任务。同时野战军西进解放了秭归县、兴山县，保障了宜昌市的安全。惨遭敌军破坏的宜昌，三个月以来由于职工们、革命知识分子、进步的教育工作者们、进步的工商业界人士的努力，复工、复业、复航、复课、抢修车船，各种生产与文化事业都表现了各方面的积极性，特别是职工在抢修车船，工人农民在支援前线中涌现了许多功臣和模范劳动者。

形势。巩固宜昌市的民主秩序，建设人民新宜昌的有利条件是：革命战争日益向前推进；人民币日趋稳定、生产逐渐发展、交通逐渐恢复、人民的觉悟与团结逐步提高；宜昌市四周各县农村的反匪反霸斗争逐步开展，四川省不久即可解放，有利巩固与建设新宜昌。但不可否认一定时期的困难还是存在的：过去宜昌市是一个商业转运城市，是一切依靠外援的消费城市，四川、恩施、巴东交通不畅给宜昌市带来了困难；宜昌市周围各县都是新解放区，实行土地改革、农民彻底解放尚需时日，城市建设尚不能马上实现；国民党反动派在宜昌市曾有过长期的特务活动，一年以前即作撤走与潜伏打算，新中国成立后屡次捣乱金融、破坏生产、造谣惑众，阻碍民主秩序的顺利进行；战争尚未结束，四川省还未解放，军用必须大量供给，财政上不可能以最大资金来投向生产与城市建设，只有在不妨碍战争供给条件下尽可能的投资。

任务。在革命胜利的形势下宜昌市人民的基本任务是：支援战争与支援农村改革。如果没有战争的彻底胜利，宜昌市的巩固与建设是没有保证的。因此，一切必须服从战争，一切为了前线。同时，如果没有农村农民的解放，人民城市将孤立无援，因此必须支援农村以收城乡互相帮助之效。为了完成上述两大基本任务，我们宜昌市人民应当做好下列四件具体工作：最迫切的中心工作是进一步发展恢复工商业，特别是恢复、改造、发展商业；为了恢复与发展人民的经济事业，就必须肃清匪特、匪徒，巩固人民民主新秩序；为了支援战争与支持农村，必须厉行精简节约，树立艰苦、朴素、廉洁的作风，铲除官僚主义、文牍主义，便利直接与广大群众联系；文化教育事业尽可能恢复与发展。此外，各界人民必须进一步地组织起来，加强工会及各人民团体组织建设。

四、提案处理报告

1949年10月20日，市军管会主任彭天琦作《提案处理报告》：

此次会议共收到意见计96件。

首先，最重要、最迫切、马上就要办的57件意见，可分为三大类：一是恢复、改造、发展工商业。在这个任务中又偏重于沟通城乡贸易，在偏重中又特别注意劳资两利，劳资两利中又把工资作为中心问题。只有解决此问题，劳资才能协调，市面才能繁荣。为了使工资问题得到恰如其分的解决，唯有各行各业共同采纳实行武汉劳资协议办法较为适当，这个办法中关于劳资争议解决步骤有四：劳资双方有争议者，由劳资双方协商解决；如双方协议不成，则由双方团体及工会派人调解协商；再不能解决时，提送劳动局仲裁；仲裁仍不能解决者，可起诉司法机关。此外，如有其他行业工厂规则争议、开除辞退员工争议，可按其步骤解决。协商时由总工会派人指导，由工商行政管理局派人，民主整理旧商会及同业公会、各行厂规则及办法，使各方面都得到合理解决，解决了双方再订立新合同。二是肃清敌特工作。需采取四项办法：由市人民政府、市军管会、市公安局三机关来主办，进行伪党团及特务分子登记（国民党青年党民社党三青团）；我们各位代表及各机关团体均要参加肃清敌特运动，劝告匪特改邪归正、重新做人。千万不能容忍，因为容忍即是残忍；全市民均有权利义务检举匪特，不隐藏匪霸分子；实行具体政策，由市人民政府、市公安局准备妥当后，在《宜昌日报》发表。三是支前运输和精简节约。支前运输委员会由航政科主办，领导轮船木船业、煤运业等单位共同研究制定计划。精简节约，由各部队机关组织精简节约委员会，按工会精简节约的办法，坚决、彻底实行，至于各阶层人民中，可以提倡自觉地节省，发展生产，但不必强迫或限制。

其次，未经大会讨论而直接交给各专管业务机关分别办理的共39件。由相关单位根据不同情况进行办理：一是应办而可能办的要及时办理。二是应办可以缓办的由各有关机关研究处理者。三是从本会开幕时起到下一次代表会议前必须完成的几项意见，希望各位代表共同努力，按时完成。

五、会议决议

1949年10月20日，市第一届各界人民代表会议第一次会议通过4个决议：《关于实行劳资两利，恢复和发展生产的决议》《关于坚决肃清匪特的决议》《关于实行精简节约的决议》《关于大力支援前线的决议》。

六、闭幕词

1949年10月20日，湖北省人民政府副主席聂鸿钧在市第一届各界人民代表会议第一次会议闭幕时讲话。

发展生产、沟通城乡贸易。中心问题是劳资争议，资方可能顾虑很多问题：一是怕清算；二是怕工人无限制要求工资；三是怕税收过重；四是怕物价波动。各位代表只要切实协商解决了劳资问题，生产情绪自然安定，劳资双方的生产积极性自然能够发挥，由此，市面亦因之逐渐繁荣。

肃清匪特。最主要的是广泛深入宣传，必须使每一个人都知晓政府的宽大政策，使其悔过自新、改邪归正。

会议期间，分别发送了《致毛主席电》《致朱总司令电》《致解放军电》，报告宜昌市召开第一届各界人民代表会议第一次会议的情况。

第二节 市一届各界人民代表会议二次会议

1949年11月21日—24日，市一届各界人民代表会议二次会议在乐安戏院举行。到会代表102人。会议解决的中心议题是码头和税收问题，会议通过三项重要决议。

一、政府工作报告

1949年11月21日，市军管会主任彭天琦在市第一届各界人民代表会议第二次会议上作《一个月来的工作报告》:

恢复与发展工商业。摊贩减少，铺店营业正在恢复，8—9月比7月增加548户。棉织业也在发展，7月后半月恢复了21架织布机，8月份恢复了59架织布机，10月份又恢复了36架织布机，有4个厂新购织布机18架，全市织布机有145架，比新中国成立前增加了14架。

改善劳资关系。针织业劳资双方签订了集体合同，国营的机械翻砂业、棉布业、疋头业、杂货业、屠宰业、装卸业等30余个行业的职工均在协商劳资双方的意见，准备签订集体合同。还有大部分企业未订立劳资两利集体合同，其原因：市军管会和市人民政府对实行劳资两利工做准备不足，政策宣传、干部教育、组织准备不足；劳资双方思想顾虑没有消除。恢复发展生产，继续解决劳资纠纷，仍是各界人民代表的任务。任何不进行宣传、不深入工作、不深入群众进行工作的代表，都是不称职的，要随时改换不称职的代表。不走群众路线就会再犯强迫命令、包办代替的错误，那么群众仍然不会行动，劳资两利政策仍然不会顺利地推行。

肃清特务党团负责人。由于宽大政策的影响及代表的宣传和市公安局的努力，有些伪党团负责人和特务分子已交出证件，愿悔过自新，立功自赎。但有些伪党团负责人对政府重大政策仍有怀疑害怕等顾虑。希望各界代表继续深入宣传政府的政策，使他们觉醒过来，自己挽救自己。

迫切需要解决的问题。为继续努力完成支援军队的伟大而光荣的任务，这次会议必须解决两大问题：一是税收问题。一方面要解决全市2000多家工商业者缴纳税收的问题，另一方面要解决许多人对政府的税收政策认识不够的问题。二是码头问题。既关联着1000余码头工人和广大工商业者生计问题，又是繁荣宜昌经济必须解决的问题。

二、会议决议

1949年11月24日，市一届各界人民代表会议二次会议通过两项决议:《关于整顿税收，增加国家财政收入的决议》《关于废除封建把关制度，实行劳资两利，合理调整力资的决议》。

第三节 市一届各界人民代表会议三次会议

1949年12月28日—30日，市一届各界人民代表会议三次会议在乐安戏院举行，到会代表103人。会议中心议题：贯彻劳资两利政策、冬防工作、冬季卫生、房地产问题。刘真市长作《一个月来的工作报告》。会议通过民主协商，成立了由32位委员组成的市一届各界人民代表会议协商委员会，彭天琦任主席。

一、政府工作报告

1949年12月28日，市人民政府市长刘真在市一届各界人民代表会议三次会议上作《一个月工作报告》：

上次代表会议的执行情况。一是支前工作。解放军向大西南进军，11月起大批部队经过宜昌市，暂住市区的行军部队一个月以来通常在4万人以上。由于全市党政军民的努力，基本上完成应当承担的光荣而艰巨的支前任务。二是肃清敌特登记工作基本完成任务。三是订立集体合同，实现劳资两利。在20多个行业中，已有针织业、翻砂机器业和国药业等三个行业成功地订立了行业集体合同，四是整顿码头力资。这一决议的执行没有取得应有的成绩，基本未完成大会交给的任务。希望各界代表批评，并提出更多更好地意见。五是税收工作，三个月的工商业税，经三次评议，政府批准，税额3亿2760万元的任务已全部完成，并超过18万元。

以后工作方针与中心工作。今后工作方针是：恢复和发展工商业，以恢复发展商业为主。中心工作主要有四项。一是冬防，防火灾、防盗窃、防特务三者又是密不可分。二是冬季卫生，冬季卫生的中心工作是整修下水道。三是房地产权与房租。城市房产是劳动产品，房屋修建和经常修缮必须加以投资；房租问题必须合理解决；大官僚分子所有房产得予没收；公地公房经私人修建修缮住用者，分别核准其使用年限，满期后收归公有。房地产税根据《华中地区房地产缴收暂行办法》的规定，结合宜昌市情况，进行收缴。四是教育。学校教育建设、春节宣传教育、工人夜校、近郊农民冬学工作，以及各界代表的提案，交协商委员会研究，拟出方案，请政府采纳执行。

二、选举协商委员会成员

1949年组织通则规定："市各界人民代表会议休会期间，设市各界人民代表会议协商委员会，由市各界人民代表会议选举主席一人，副主席若干人及委员若干人组成之"。据此，市一届各界人民代表会议三次会议于1949年12月30日选举产生市第一届各界人民代表会议协商委员会组成人员（32名）：主席彭天琦；副主席刘真、卢举、王光藻；委员张凡、刘真、解莅民、任斌荣、彭天琦、赵仲云、魏真、张建祥、郭开友、张阴荪、李静白、王宝元、李德才、卢举、罗保珊、杨殿英、卢正发、韦玉发、王宏森、王光藻、黄显中、吴熔陶、刘梅森、朱白岩、郑荣洲、王树人、郑在信、肖松华、陈济平、方少斋、鄢子俊（女）、王开怀。

第三章　宜昌市第二届各界人民代表会议历次会议

市第二届各界人民代表会议于1950年5月至1952年6月间共召开4次会议。详见表1—3—1：

市第二届各界人民代表会议统计表

表1—3—1　　单位：人次、个、件、人

市二届各界人民代表会议	一次会议	二次会议	三次会议	四次会议	合　计
出席市各界人民代表会议代表	100	109	125	140	474
会议中心议题	5	4	4	3	16
听取政府和军管会报告	3	3	2	2	10
听取提案办理报告	1	2	1	1	5
办理提案	30	150	98	100	378
通过决议	5	7	3	3	18
选举协商委员会成员	27	—	—	—	27
推举出席省各届人民代表会议代表	—	—	—	22	22

第一节　市二届各界人民代表会议一次会议

1950年5月25日—31日，市二届各界人民代表会议第一次会议在人民剧场举行，出席各界代表100人（其中正式代表97人，特邀代表3人）。会议解决的中心问题：通过刘真市长关于今后四个月工作任务报告（主要内容为克服困难，发展生产）；调整公营与私营企业关系；保证完成国家财政任务；建立新的正常的劳资关系，维持与发展生产，克服不稳定现象；救济上海市及宜昌市失业工人。会议通过5个决议。会议还通过协商产生了由27人组成的市二届各界人民代表会议协商委员会，刘真任主席。

一、会议机构及成员名单

市二届各界人民代表会议一次会议主席团成员（8名）：刘真、解莅民、李东波、赵仲云、肖松年、宋宗洲、郑容舟、左彦甫。

二、政府工作报告

1950年5月25日，副市长解莅民在市第二届各界人民代表会议一次会议上作《关于四个半月政府工作报告》：

第一期公债。省分配给宜昌市的任务是十二万分，当场各界认购十二万七千五百分，现在已经购买十二万七千七百四十八分，超过认购数二百四十八分。认购和交款是两回事，交款的环节还要抓紧。

下水道修筑工程。拆卸盖石1960945米，输出污泥343316立方米，修补沟墙114892平方米，安放盖石1922875米，挖填土方137266立方米，砌做沟底11900米，三合土路面112540平方米。实做人工合计：10781075个工。待工程结束后再向各界报告。

房租调解委员会的工作。共有76件纠纷案：调解成功者51件，经说服双方申请撤销原案者3件，调解无效而转交司法机关判决者19件，须要调查事实者2件，消防产业纠纷转交消防委员会者1件。

冬防问题。从1949年12月至1950年3月底，破获抢劫案3起，盗窃案96起，毒品案件173起，处置火警17起。

1950年1月至3月，实现工商业税正税18亿元，市政建设5千万元，陶珠路修筑1亿5千万元，目前完成19亿2千万元，尚差8千万元和尾欠，尚希各界代表回去号召大家清理一下尾欠。

1950年5月25日，市二届各界人民代表会议一次会议听取市长刘真所作的《今后四个月工作任务的报告》：

工商业生产遇到相当严重的困难。分析困难的原因：由于美蒋的封锁骚扰；由于国民党反动派长期的罪恶统治，一方面形成了宜昌市某种程度的畸形的发展，另一方面造成广大工农群众的贫困；由于官僚资本的长期统治，十多年来的恶性通货膨胀，正当营业没有出路，投机倒把可发横财，形成某些商人的投机恶习和大部分商人以及一般市民的重货轻币的心理；由于劳资生产关系不稳定，也相当影响了工商业生产，增加了工商业困难。克服工商业困难的关键在于做好三项工作：一是本届各界人民代表会议应做出决议，建立救济上海市及宜昌市失业工人的委员会，推选各界人民代表组织，在政府及下届协商委员会指导之下进行募捐及各种救济工作。二是以工人互助，社会募捐为主，政府拨款为辅，筹集救济经费。大力开展救济失业工人的募捐运动，过去一个月募捐运动已初步开展，但主要是工人的互助，应当扩大为社会的救济运动。三是建议宜昌市总工会大力协助救济委员会的工作，并由工会组织失业工人进行各种劳动生产，以救济费为生产基金，反对单纯的恩赐和施舍。

1950年5月25日，刘真市长在市第二届各界人民代表会议第一次会议上作了《关于今后四个月工作任务报告的补充发言》：

工商业的困难。首先应当指出，全市当前工商业困难是有轻重不同的，而某些行业则由于季节性对它有利，或由于政府适时收购山货土产品的正确经济政策，实际是处于发展的情况。因此，我们应当采取实事求是、有区别、有不同目标的生产方针：对于困难较大的工商业，应当克服或减少困难，以达到维持生产；对于困难较小或者没有困难的工商业，应当争取尽可能的发展；有发展条件的工商业，应当全力发展生产。本着此目标，以规定合理的公私关系与劳资关系。其次应当指出：一般工商业的困难是由半殖民地半封建经济转变为新民主主义经济过程中所必然发生的困难，是由旧的经营方式转变为新的经营方式，是由投机取巧变为正当合法经营过程中所必然产生的困难。虽然在改造过程中有困难和痛苦，但那是胜利前进中的困难，是暂时的痛苦，我们不应悲观失望。我们应当本着这种精神，以规定合理的公私关系和劳资关系。

为了开源节流，一部分干部战士复原回家生产。政府在新编制下面，由进城时2000人减到现在800人，还是包干制。除一个人要做几个人的工作外，每人还要完成150斤细粮的生产任务。文教界也要精简减薪，工商界要纳税买公债。

公私关系。政府应当在财政金融及收购上对公私关系加以适当的调整：一是收购，公私企业要订立合同，组织联购联运或者代购代运。二是转业，公营企业有责任帮助某些不为人民所需要的私营工商业转业。“面向人民，面向农村”，凡是农民和城市劳动人民所需要的工商业，必定有发展的前途。

稳定劳资关系。必须取消旧的资方一利的劳资关系，建立新的劳资两利的劳资关系。双方都要从生产出发，协商合理解决转业与解雇问题。若资本家违法、违反合同是要接受批评、教育或处罚的。若劳方有违法、违反合同的也要接受批评、教育或处罚。

三、选举协商委员会成员

1950年5月31日，市二届各界人民代表会议一次会议选举市第二届各界人民代表会议协商委员会组成人员（27名）：主席：刘真；副主席：（空缺）；委员：刘真、解莅民、段玉美、成朝然、肖松年、杨殿英、魏真、王元良、姚河清、易维林、望作钧、刘国贵、吴官美、王宏森、刘梅森、王光藻、吴熔陶、项克涛、杜唐、刘毅慈、雷春畴、杨实舜、马苍石、胡宏兰（女）、邹德义、华长富、赵仲云。

四、会议决议

1950年5月31日，市二届各界人民代表会议第一次会议通过五项决议。

《关于今后四个月工作报告的决议》

会议全体代表一致同意刘真市长的报告和补充发言，认为完成报告提出的四个月三大工作任务，是克服困难，发展生产的具体道路，会议全体代表郑重表示愿意领导全市各界人民，为实现完成财政任务、调整公私关系、建立正常劳资关系的三个决议而奋斗。

《关于调整公营与私营企业的关系的决议》

决议明确，保护一切合法的公私贸易，实行对外管制，并采用保护贸易政策与国家统一的经济计划，实行国内的贸易自由，但对搞垄断市场的投机商业必须坚决取缔。国营贸易机关应负调节供求、稳定物价和扶助人民合作事业的责任。人民政府应当采取必要的办法鼓励人民储蓄，引导社会游资及无益于国计民生的商业资本投入工业及其他生产事业。

决议确定，成立公私关系研究委员会，其组成成分由协商委员会协商，该委员会除去调整公私企业之步调一致、业务范围和利润等问题外，并有责任经常调查产、运、销三者的结合，做到有计划地生产、运输、消费，指导公私企业有计划地发展。

《关于完成国家财政任务的决议》

决议强调，坚决执行和贯彻中央统一国家财政经济工作的决定，保证完成公债和税收任务。完成税收与公债任务，这不仅是私营企业的责任，也是公营企业和工人职员都应当负起的责任。

决议明确，全年全市工商业税任务（包括公营企业在内）为480万公斤大米，另附加市政建设费10%，应当争取全部完成。

决议确定，成立工商业税评议委员会，其组成成分，由协商委员会决定之，评议应当充分发扬民主，但必须依据实际材料，制定评议标准，以达到公平合理。

《关于建立新的劳资关系，维持与发展生产的决议》

决议强调，建立新的正常的劳资关系，其关键在于发展生产。只有搞好生产，才能达到两利，同时只有劳资关系两利，才能搞好生产。实行生产节约，是建立新的正常的劳资关系，维持与发展生产的关键。

决议指出，建立劳资协商会议，是建立新的正常的劳资关系的重要步骤。订立劳资集体合同或者临时协议，必须双方首先协商维持与发展生产的各种迫切具体问题，即如何具体实行生产节约的问题。

决议明确，为了建立新的正常劳资关系，维持与发展生产，市总工会筹委会、市工商联联合筹委会，争取在四个月内在主要行业及重要工厂、作坊、商店中完成订立劳资集体合同或者劳资临时协议，以及建立劳资协商会议的任务。

《关于救济上海市失业工人的决议》

同意市长刘真的提议，建立救济上海市及宜昌市失业工人委员会的组织和实际办法。此项工作由协商委员会负责实施。

五、闭幕词

1950年5月31日，副市长解莅民在市二届各界人民代表会议一次会议闭幕时讲话：

除会议五项决议以外，再提出几个具体问题。

关于公私关系中的订立合同和经营方法问题。必须加强公私关系研究委员会工作，达到发展生产的目的。一是关于代销代购合同问题。代购：今后的山货、土产、皮毛、茶叶、桐油、粮食等都是代购的对象。愿意从公私合营企业代购者，尽量代购，不愿代购者，自由经营。但代购时，必须是现款交易。供销：供销分两种，一是批发，二是供销，拿一定的手续费。批发公营企业必须掌握批发价格低于零售价格，使批发者可得一定利润。代销收取定额手续费。二是关于宜昌市棉纺织业，各公营企业应当尽量做到供给原材料，但收购成品要注意两点：代销，要注意产量与销路的结合问题。产品必须要有销路，公营企业替你打开场子，不作单纯收买，否则就会使公营企业赔钱。订购，以布来说，必须依公营企业的尺寸、质料，才能找到出路。三是关于贷款问题。要搞清哪些是主要贷款对象，哪些是次要贷款对象，哪些是不应贷款的。贷得正确是发展生产，贷得不正确是刺激物价，打击生产，今天的基本问题是吸收社会游资及存款，支持生产发展。

关于劳资关系中的生产节约问题。这个问题，劳资双方提议很多，具体内容都很好，一致认为发展生产与节约是搞好劳资关系的基本问题。必须劳资双方都要积极实行生产节约才行。

关于税收问题。首先应检讨政府在这方面的不够深入、细密。存在个别干部工作作风不好，特别在这次检查账目中，态度不和蔼，也发现个别干部经济手续不清，以及个别被开除的旧职员在税收工作中敲诈勒索。除政府本身必须克服以上情形外，希望各位代表会后传达对政府工作人员多提意见，鼓励举报，一经发现，我们必须严加处理，毫不放松。缴纳税款及公债任务，90%以上的人们能认识到这是对国家应负的责任。但是个别人表现不好。公债有尾欠的是工商业界及农民。税收方面不是完不成任务，而是个别工商业者及独立劳动者认识不够。希望代表回去以后纠正个别纳税不积极者。房地产税，我们发现有畸轻畸重现象，预备从房间的大小及营业情况来调整。

关于提案处理问题。一是关于戒烟戒毒，我们预备移交协商委员会具体讨论。二是关于部队、人民团体，在回教礼堂开会问题，由市军管会通知各机关部门执行。三是组建居民小组是一次社会改革的政治任务，会议一致拥护，并决议各位代表除宣传外，并全力支持完成这一任务，以便能迅速完成。四是这次提案共350余件，归纳有6大类，已由大会主席团分别交各部门处理。

第二节　市二届各界人民代表会议二次会议

1950年12月6日—11日，召开市第二届各界人民代表会议第二次会议。参加会议的代表 109人（其中正式代表107人，特邀代表2人）。会议的中心议题：继续调整工商业；支持农村土地改革；镇压反革命活动；抗美援朝保家卫国。刘真市长为会议致开幕词和闭幕词；解莅民副市长作《政府工作报告》；会议通过七项决议。

一、开幕词

1950年12月6日，市长刘真在市二届各界人民代表会议二次会议开幕时讲话。

从宜昌市第二届各界人民代表会议第一次会议闭幕以来，已整整半年了。大会的四项决议（完成国家财政任务，调整公私关系，调整劳资关系和救济失业工人），已取得实施的一定成绩。克服了四个月物价平稳以来的工商业困难，渡过淡月，并使正当工商业获得相当发展。

实行土改、努力推进企业改革和镇压反革命活动，是我们今后一定时期内的主要任务。这也是本次各界人民代表会议应当郑重讨论决定的三个主要问题。

二、政府工作报告

1950年12月6日，副市长解莅民在市二届各界人民代表会议二次会议上作《关于半年来政府工作报告》。

调整公私关系及财政税收。市第二届各界人民代表会议第一次会议成立了公私关系研究委员会，对公私关系进行协调。逐步克服了物价平稳后的工商业停滞现象，稳步过渡暮月，转入旺月。公营企业领导推动作用与政府采取有计划的重点扶持、扶助私营工商业，克服生产中的困难。银行5个月共贷款13019000000元。6至10月各种税收收入总计8889820365元（折大米572.51万公斤），公粮征收任务11万公斤大米，已完成85%。6至10月实际支出774111333元（资金来源：省人民政府拨给203690000元，地方各项收入总计391556198元）。

劳资争议的调处。6月至10月，共受理劳资纠纷144件，已经撤销及调解的135件，移送法院或者转其他机关处理9件。这些纠纷按其性质说，要求复工者24件，解雇的60件，属于工资及福利的37件，打骂14件，其他2件。

救济失业工人和知识分子。根据第二次统计，全市失业人员978人，半失业者111人。全市从6月1日起对于一般生活无着的失业工人和贫苦市民施以紧急救济，计717户、2153人，发放救济粮1278公斤。7月初，确定了以工代赈的办法，以生产自救方式组织失业工人1391人修马路，半年来共发放粮食9941公斤。帮助472户贷粮49684公斤。扶助还乡生产者196户，发放返遣粮10778公斤、救济粮13469公斤，帮助转业或者就业者766人。此外，关于农民贷粮者计206人，共贷粮9338公斤，救济者144人，发放救济粮2611公斤。

建设工作。6月份重点放在下水道疏浚工程，畅通10余年来淤塞的沟渠。6月以后，除继续完建暗沟4条，计长1471米、面积1414平方米外，重点放在修补道路上。半年来，完建煤渣路5条计18798米，面积12790.66平方米。还完成了三合土路和黄沙路各1条。还解决陶珠路工程的兴修问题。

治安与司法。基本做到社会安定有序。在对匪特的处理上，执行“首恶必办，胁从不问，立功受奖”的政策。在刑事案件上，至11月中旬止共破获123件，以烟毒犯为最多，盗窃案次之，计163件，其他杀人、伪造公文、金融、赌博案共75件，违警案件共发生813件。人民法院共受理民刑案件926件：民事案件633件，占全部案件的68.36%；刑事案件293件，占31.64%。民事案件方面审结案597件，占受理民事案件总收案件94.31%；刑事案件方面审结案254件，占受理刑事案件全部数的86.69%。

民政工作。继续完成上一阶段的遗留工作，共安置了426人，并解决了过境难民生活困难2379人。安置复员军人905人，宜昌专区379人，恩施专区522人，外省复员人员因病住院4人，协助转送复员人数31316人，解决了全市复员军人56人的住房及生活问题。收容乞丐232名，除资助回家外，现尚收容213人。

房租调解委员会的工作。在这一阶段中，处理案件总计263件，经调解成立的59件。移送司法部门解决的55件，自行协商的14件，未受理4件，消防协会自行处理1件，尚待调解处理7件。

文化教育卫生。中学由原27班增至32班，学生数由1141名增至1642名。小学生由原147班扩充至153班，学生数由6637名增至7195名。初级中学扩大收容新生400名，解决了春季小学毕业生升学问题。举办工人夜校15所39班，计1560人，农民夜校4所8班80人，人民补习学校4所4班227人，妇女夜校3所4班132人。全年进行防疫注射注射34608人，计注射霍乱单纯疾苗16334人、霍乱伤寒混合疫苗18274人。秋季种痘计划11730人，已完成9000人。开展医务人员审查登记347人，诊所及中西药商登记158户。8月开展一次大扫除运动，清除了过去堆积各处的垃圾，制作垃圾箱102个，修理旧有厕所6座，计划新建厕所10座及饮水消毒站3座。

三、镇压反革命工作报告

1950年12月6日，市公安局局长赵仲云在市二届各界人民代表会议二次会议上作《关于严厉镇压反革命分子的报告》：

前段工作情况。宜昌解放之初，对国民党反动派匪特分子和地主分别进行宽大、镇压、争取教育改造，获得了很大成绩。但由于我们在执行宽大与镇压相结合的政策中，镇压方面做得不够及时和坚决，使本应严厉镇压的反革命分子未得到应有的镇压，引起了群众不满。匪特反革命分子及不法地主则钻宽大政策的空子，在新中国成立后的一年中，利用公开的、秘密的、合法与非法的，以及利用反动封建迷信团体、会、道、门为掩护，大肆进行反革命活动。他们违抗政府法令，造谣惑众，组织反革命残余谋杀革命群众，煽动群众对政府不满，煽动群众打架闹纠纷，破坏政府各个时期中心工作，到处写反动标语。一部分匪特反动分子，经过登记、悔过、劳改或者训练之后，仍不交出证件、枪支，不坦白其组织关系及其罪恶行为，继续勾结匪特反动分子，进行反革命活动。一部分则对抗政府法令，拒不登记悔过，并寻求职业掩护，继续隐藏潜伏，进行反革命活动。少数匪特勾结流氓盗匪，公开进行抢劫、偷盗、大批贩卖毒品，违抗政府法令，扰乱社会治安，毒害人民。

以后工作安排。一是公安、司法机关必须认真、坚决、正确执行中央人民政府、政务院、最高人民法院关于严厉镇压反革命指示，不得打任何折扣、丝毫犹豫和有所偏差。二是各机关部队、人民团体必须积极协助。三是全体市民积极行动起来，检举、揭发和运用各种方法进行宣传，协助政府办理，检举有功者，应予以奖励。对少数包庇反革命罪犯分子，或袒护反革命分子罪恶行为者，同样予以坚决惩罚。自动报告投案者，则予以将功赎罪。四是对严厉镇压反革命的重大工作任务，必须明确了解它是全市十万军民和政府的共同任务。五是做好宣传工作，避免部分人的怀疑和恐惧。

四、前次会议提案办理报告

大会印发《宜昌市第二届各界人民代表会议第一次会议交政府执行各提案的执行情况》，将全部提案分为税收类、公私关系、工商业、劳资问题、经济建设、市政建设、文教类、失业问题、妇女、其他等10个大类30个案由，并逐一报告了执行结果。例如税务类中的“关于调整房屋税奖励建筑案”，执行结果为：“遵照第二届各界人民代表会议第一次会议决议减低1/3；有营业及住居之房屋，分别计算课税；作坊依华中房地产税征收暂行办法，一律课税。”

五、此次会议提案审查报告

1950年12月11日，大会讨论通过《关于提案审查的初步立案意见》。

此次会议截至12月4日止，共收到提案150件，依据提案性质大致分类如下：调整工商业类（包括公私关系、劳资关系、税收问题、城乡贸易等）计78件；土改类（包括减租、退庄、镇压反革命等）计16件；生产竞赛类（包括生产计划等）计10件；镇压反革命类（包括防匪、防特、防火、防盗、冬防和健全居民小组等）14件；文教卫生类计20件；其他类（包括市政建设）计12件。

审查后，提交大会讨论提案13件。请大会通过后交相关部门处理的33件：市工商行政管理局3件，市工商联1件，市文教局3件，市人民政府15件（内转省府2件），市卫生科1件，市妇联1件，市公安局1件，市人民法院1件，市总工会1件，市搬运公司1件，市人民银行1件，市税务局1件，市文教局与总工会会办1件，市工商联与市总工会会办1件，市劳动局与市总工会会办1件。

六、会议决议

1950年12月11日，会议通过如下七项决议

《关于继续调整工商业和完成税收政策任务的决议》

决议明确，继续调整工商业，是发展城乡贸易的中心环节。同意副市长解莅民所作的《关于半年来政府工作报告》。

决议强调，要简化税收手续，做到便商利民。商贩和工商业者，亦应遵守国法，按率交税，不得有偷漏行为。

《关于支持农民土地改革减租退押的决议》

决议指出，实行土地改革减租退押是农民群众自救解放的正确道路。实行土地改革，减租退押，解放农民发展生产，是发展城市工商业的重要前提。号召全市各界人民坚决支持农民彻底实行土地改革减租退押。组织工人学生下乡宣传或成立工作队，参加郊区减租退押工作。土改减租退押运动中必须认真执行保护工商业的政策。

《关于镇压反革命分子的决议》

决议认为，市公安局局长赵仲云所作的关于镇压反革命分子问题的报告，符合宜昌市各阶层人民的切身利益与迫切愿望。号召全市各阶层人民，分清敌我，同仇敌忾，坚决积极为完成镇压反革命这一重大政治任务而努力。

《关于继续开展抗美援朝保家卫国运动的决议》

决议明确，继续开展抗美援朝保家卫国运动是执行与完成今后中心工作任务的关键。成立中国人民保卫世界和平反对美帝国主义侵略委员会宜昌市支会，以统一领导全市抗美援朝保家卫国运动。

决议强调，要开展慰劳运动，支援中国人民志愿军和朝鲜人民军的英勇战斗，以迅速、干净、彻底地消灭敌人。

《关于冬防问题的决议》

决议强调，冬令已届，火、盗、毒、特之害，极应严防。市消防委员会，应重新整顿组织，使其有机地指挥防火工作。消防人员应进行政治及业务学习，提高消防人员政治认识与工作技能。部分年久失修的消防器材必须彻底修理，损坏的消防水池要设法从速修理，平时要将水储满。加强户口管理工作，对职业小偷可公开交群众监视，做到偷盗无处可藏。惩治贩卖大批毒品者与屡教不改者，将大批烟毒当众焚化。开展群众性追谣、揭谣、批谣运动，对散布亲美为其宣传播音的汉奸，给予适当处分。

《关于市政建设的决议》

决议强调，建议政府早日公布卫生管理规则，以便督促市民遵行。为防止疾病及避免明年春瘟的流行，在滨江路及若干交通繁盛的地区，修建新公共厕所，增加垃圾箱。政府要多准备各种防疫苗，加强防疫工作，并逐步充实人民医院设备，加强市内医药管理。

决议明确，因经费有限，故要统筹建设项目，除急需和能力可及者外，一般的则逐步实施。地方筹款增加附加百分之十以外，可增添一定数目附加税。

《关于文教工作的决议》

决议强调，同意副市长解莅民所作的关于文教部门工作报告。巩固现有学校，逐步求其发展。要加强对文教工作者的思想改造工作，建立其政治、业务方面的学习制度，鼓舞其学习热情，给予他们以学习的便利，这是改进文教工作的关键。注重解决好文教工作方面存在的具体问题，尽快成立科学实验馆一所，以利全市中等学校的科学实验，并逐步普及全市人民的科学教育。

七、总结报告

1950年12月11日，大会所作的《宜昌市第二届各界人民代表会议第二次会议总结报告》：

关于届次及日期。这次各界人民代表会议为宜昌市第二届第二次会议，依据每届四个月召开一次的决定，应于1950年10月份召开（第二届第一次会议是5月29日闭幕），但是由于整风运动、省各界人民代表会议及劝募寒衣运动一连串大事接踵而来，致拖延到12月6日才召开，12月11日闭幕，时间是6天，其中有一个星期日休息，所以实际只有5天。

关于会议中心内容。11月21日，宜昌市军管会、市人民政府联合召开第五次协商会议，提出四个中心议题：继续调整工商业；支持农村土改；镇压反革命活动；抗美援朝保家卫国报告，并且组织对美控诉运动。

为了广泛征求各界人民对政府的施政工作的意见，我们曾分别通知各单位普遍召开座谈会，各阶层人民均能热烈发言，提出很多意见，表示信任政府、爱护政府。

关于代表总数及其产生方法。这次会议代表的名额为109人（男103人、女6人），比二届一次会议增加2名。其中：政府代表3人（占2.75%），部队机关代表9人（占8.26%），职工代表36人（占33.03%），农民代表5人（占4.59%），妇女代表3人（占2.75%），青年代表5人（占4.59%），自由职业者代表4人（占3.67%），知识代表11人（占10.09%），回民代表1人（占0.92%），工商业界代表27人（占24.77%），党团代表5人（占4.59%）。代表产生方法：市第二届各界人民代表会议第一次会议代表经协商确定名额与分配数目后，由各界团体机关部队推选出来，经市军管会与市人民政府决定的，故所有代表都是有广泛的代表性与符合民主精神的。

主要成就与经验。主要成就有两点：一是明确了今后四个月的中心工作任务，通过七项重要决议。这七项决议中有一个共同的目的，就是为了搞好工商业；二是明确这一工作任务的关键，在于开展支持保家卫国运动，大会在自己的决议中明确指出：各界人民如何表达抗美援朝保家卫国的决心呢？主要就是立足在各个工作和生产岗位开展各种竞赛。几个经验：小组讨论必须有充分时间，使代表广泛发表意见，并进行大会发言。按问题划分小组，必须有领导、有组织配备适当政府党团机关代表，起启发与诱导作用，并解答一些可能解答的问题，这样能使代表知无不言，言无不尽，发表自己要说的意见。解决问题放在小组内，由小组拟出具体办法和决议，交主席团审核后提交会议讨论。

关于缺点。工商界提提案不够踊跃，认为以前提出的问题没有得到解决；文教界认为他们中心工作不很明确，开始情绪不高，后来增加文化内容，解决教学方针及兴办科学实验馆才好了一些。

八、闭幕词

1950年12月11日，市长刘真在市二届各界人民代表会议二次会议闭幕时讲话。

会议收获。明确了今后四个月中心任务，通过七项重要决议。完成今后工作任务的关键在于开展抗美援朝，保家卫国运动。这次会议也解决了一些具体问题。如彝陵医院的接管，永耀电气公司公私合营，回胞所提问题等，都获得适当的解决。

传达实行。完成会议决议，关键在于巩固和发展各界人民新民主主义革命的统一战线。在具体工作中，就是搞好劳资关系与公私关系。要办好这一件重要事情在于两个经验：一是实行公营企业领导，团结私营企业，分工合作，各得其所；二是无论是公营企业与私营企业，必须依靠工人群众，公营企业，搞好民主管理，私营企业搞好劳资协商。

第三节　市二届各界人民代表会议三次会议

1951年7月13日—17日，市二届各界人民代表会议三次会议在光华电影院举行。参加会议的代表103人。会议解决的中心问题：开展民主改革；支援抗美援朝；开展镇压反革命运动；开展爱国主义增产运动。刘真市长作《半年来政府工作报告》。会议通过三项决议。解莅民副市长致闭幕词。

一、政府工作报告

1951年7月13日，副市长解莅民在市二届各界人民代表会议三次会议上作《半年来政府工作报告》：

财经工作。1951年5月，全市工商业户为4251户，增加1.31%，即工业户1199户，增加5.26%；商业户3052户，减少0.16%。1月至5月，全市总交易额为2304亿元，较上年同期增加38.96%。土产山货交易额1745158640元，平均纯利润在10%以上。

在税收上开增地产税，简化税收手续，并协助工商业者建立账户，使用统一发货票，实行依率计征、合理负担的原则，以保证国家财政供给。半年共完成正税14236546000元，与上半年计划数比较，超过20.65%，占全年计划的48.96%。

合作工作方面，除整顿原有的搬运工人合作社、邮电工人合作社外，又陆续成立了机关干部合作社、海员工人合作社、文教医工会合作社、郊区农民供销合作社。社员人数已发展到13000多人。为调剂各基层社货物的供应，成立了合作总社。半年来，各社共完成交易额3249465901元。除减少中间剥削179202001元外，对市场物价稳定也起到一定作用。

劳动工作。半年来劳资情况大致可分三个时期：第一时期（元、二月份），劳资争议较多。经大力推动劳资协商，大部分得到圆满解决。第二时期（三、四月份），劳资争议较少。经检查工会法贯彻实施情况，促使许多行业均订立了合同，建立了协商会。第三时期（四月份以后），有部分行业进入暮月，解雇的工人达百人以上。协商处理劳资争议112件，人民法院判处6件。6月份后，始见扭转。

失业工人救济工作。半年共征收救济基金273160405元。失业工人救济以组织失业工人参加工赈及动员返乡生产为主。无劳动力而无法生活的，则施行紧急救济，发给救济粮。半年来，共组织失业工人278名参加工赈，开支粮食62130公斤。动员失业或半失业工人347人、家属527人返乡生产，发给路费及安家费（折粮）20327公斤。施行紧急救济170人、发放春节补助503人，共发放粮食9232公斤。

建设工作。半年内所做工作：一是颁布市区建筑临时管理规则及补充办法，纠正了市民乱拆乱建、乱挖路面、倾倒垃圾阻塞下水道等妨碍交通及卫生等现象。二是颁布营造业管理暂行规则及建筑师测绘员临时办法及补充办法，基本上制止了营造业抬标、杀标、夺标以及偷工减料等不良作风，促使其通过提高技术水平竞争业务。三是发动全民春季植树运动，栽树17230株，成活率达56.7%。建立了小型苗圃，已育有各种树苗60000株，为以后造林打下了基础。四是召开瓦窑厂户座谈会，统一砖瓦规格，提高了砖瓦品质。

关于民政工作。在春节、端午节开展两次对烈军家属的优抚及救济。两次送光荣牌和过节礼品及招待费共计39055180元，发放优待及救济粮14255公斤、款504000元。为照顾乞丐教养院的院民生活及身体健康，成立市生产救养院，生产收入已可补助全院开支1/3。在一般救济上，共救济贫苦市民698人，发放款项59974360元，转送过往流散人员2567人，支出款25158600元。市民医药费共开支4494320元，保健及安葬费195100元。从6月1日起开始办理社团登记工作，申请登记的共有人民群众团体14个、社会公益团体11个、文艺工作团体6个、宗教团体16个。

文化教育工作。市办小学7所（110班）、私办小9所（53班），共有学生8487人，比上学期增加17%。教职员285人，增加36人，省中二所（32班）、私中一所（8班），共有学生1528人，减少4人，教职员工99人。成立职工业余教育补习班16班，收学员768人。此外，搬运系统自行成立一班，收学员175人，民生强华等私营企业亦自行组织识字班三班，收学员187人。各学校共有在校学员1130人。共成立农民业余教育农校10所（13班），有学员14671人，6月份又增设五龙村农校1所。社教工作，半年来共放映《美帝国主义侵华史》《镇压反革命》《劳模事迹》等幻灯片532块。在学生中加强抗美援朝爱国主义教育。

卫生工作。春季种痘共接种70541人、夏令防疫注射霍乱单纯疫苗30054人、霍乱伤寒混合疫苗25294人，共54348人。成立市妇婴卫生保健站，共检查1282人，接生473人，保障了产妇安全及减少了婴儿死亡率。成立市卫生保健站，举办药剂生培训班。添置垃圾箱100个、垃圾车3部，继续完成上年厕所建设工程，新修小型厕所1座。春节发动清洁大扫除1次，公共厕所消毒1次，焚烧市内存柩70余具，清除了细菌繁殖场所，减少了疾病流行。加强对饮食摊贩店铺的卫生管理。接收彝陵医院与市人民医院合并，修复X光机，增添了血压表、显微镜及病床等设备。

支持农民土改及减租退押工作。根据上次市各界人民代表会议决议，1月成立了土改委员会，协助农民办理有关减租退押事宜。半年总计办理工作727件，协助退还农民押金款893045664元，折合稻谷计558150公斤。

二、镇压反革命工作报告

1951年7月13日，市公安局局长赵仲云在市二届各界人民代表会议三次会议上作《关于镇压反革命的工作报告》：

自宜昌市第二届各界人民代表会议第二次会议以来，市人民政府组织以公安、司法部门为主体，动员与发动各机关团体、各界人民紧张地进行镇压反革命工作，开展广泛的检举控诉声讨运动。逮捕一批罪大恶极、怙恶不悛、屡教不改的和继续进行反革命活动的反革命特务、恶霸、封建把头、惯匪、反动会道门头子，处决了一批血债累累的反革命分子。

自镇压反革命以来，在镇反运动中，出现了大批的积极分子检举密告，在各阶层中都有很多模范典型事实。

目前工作任务：一是清理积案，组织有各界参加的清案委员会和专门力量，根据上述原则和政策，分别加以清理。二是组织犯人劳动改造，分室内与室外劳改，罪恶轻者、年轻力壮者，放在室外劳改，罪恶重和年老体弱妇女，一般在室内劳改。三是管制工作，大批反革命分子，因为他们罪行较轻，但仍有罪恶而没有逮捕，这批人应加以管制，不能让其逍遥法外，胡作非为，继续骑在人民头上进行反革命活动。四是继续发动群众检举控诉，肃清暗藏在各界人民中的反革命分子，坚决为群众撑腰。

三、会议决议

1951年7月17日，市第二届各界人民代表会议第三次会议通过了3个决议。

《关于民主改革的决议》

决议强调，民主改革适合宜昌市的情况，而且必须经过民主改革，才能扫清发展生产道路上的障碍，铺平发展经济的道路。民主改革，是从政治上发动工人掀掉压在工人头上的石头，提高生产积极性，搞好生产；同时封建把头、特务分子、反动会道门头子也影响着各界人民的发展和进步。

决议指出，要明确反动会道门头目，不是一般的宗教团体成员，也不是一般被欺骗的群众，而是有反革命行为，群众痛恨的人员，才宣布为非法的反动会道门头目。

决议指出，要划清楚劳动人民和封建分子的界限。不是要打倒资本，而是经过投资从事正当经营。不是反对师傅带徒弟，反对的是让学徒去务农、做家务等。

《关于继续开展抗美援朝爱国主义运动的决议》

决议强调，抗美援朝工作，必须再接再厉继续加强，不能因停战谈判而松懈。同意副市长解莅民所作的开展抗美援朝爱国主义运动的报告。报告所提出的三点意见，在抗美援朝运动当中是必须落实。要普遍开展爱国公约运动、增产捐献运动、优抚运动。

《关于继续镇压反革命分子的决议》

决议强调，为了巩固半年来镇压反革命的成绩，必须继续肃清一切暗藏的反革命分子。同意市公安局局长赵仲云所作的半年来全市镇压反革命的工作报告。一要清理积案，对血债累累，罪恶十分严重，不杀不能平民愤者，立即判处死刑；对民愤不大，虽严重损害国家利益，但尚未达到严重的程度而其罪该杀者，则执行“判处死刑缓期二年，强迫劳动以观后效”的十六字政策。二要继续发动群众检举、控诉，肃清暗藏在各界人民中反革命分子，坚决为群众撑腰。

四、提案审查报告

1951年7月16日，会议审议通过市二届各界人民代表会议三次会议提案审查委员会《关于提案审查的报告》：

此次会议截至7月14日止，共收到各界提案98件（检举材料在外），经分类整理为49案：民主改革类12案整理为2案，工商类18案整理为8案，镇压反革命类14案整理为6案，劳资关系类5案整理为8案，公私关系类3案整理为2案，税收类4案整理为3案，市政建设类8案整理为8案，文教卫生类8案整理为6案，抗美援朝类1案整理为1案，其他类6案整理为5案。综合写成建议书的14件；不能成立者5件。拟交市人民政府有关机关执行或办理的14案，请市人民政府研究办理29案。提请会议公决的6案。

第四节 市二届各界人民代表会议四次会议

1951年10月24日—27日，市二届各界人民代表会议四次会议在解放电影院举行。参加会议的代表140人，列席旁听240人。会议总结了抗美援朝、镇压反革命、爱国增产运动；提出了今后工作任务；会议选举产生市出席湖北省第二届各界人民代表会议的代表共22人。

一、政府工作报告

1951年10月24日，市人民政府副市长解莅民在市二届各界人民代表会议四次会议上作《关于政府工作报告》：

选举湖北省各界人民代表会议代表。候选人的选举采取两种方式：一是大部分工会系统采取由基层选举，系统协商或互选，再由总的领导机构核定的方式。二是工商系统采用通过代表会议协商提出初步候选人名单，再分组协商，综合评定、大会通过的方式。候选人选举工作，自第七次协商委员会协商各界代表名额以来，经过一个星期的传达酝酿提名评选，除政府机关代表、特聘代表外，各界共选出代表候选人29人（回民青年选出列席候选人在外）。这次会议将正式决定宜昌市出席湖北省第二届各界人民代表会议的代表。

抗美援朝和增产捐献运动。自朝鲜战争爆发以来，宜昌市各界人民即开展轰轰烈烈的抗美援朝运动。特别是今年6月1日抗美援朝总会发出三大号召以来，宜昌市随即召开协商代表会，捐献运动迅速开展起来，使抗美援朝运动增加了新的内容。截至10月18日统计，已达到捐款16.1亿元，占全市35亿元捐款任务的46%。但与各中小城市比较还是很不够的，需要各界人民积极努力，争取按期完成任务。

关于税收工作。税收工作已超额完成上半年的任务，完成了全年任务的48.98%。订立了爱国公约和纳税互助公约，开展集体纳税运动，自发互相缉私，减少了偷税、漏税和克服了畸轻畸重现象。税收工作还有缺点：秋季税收仅完成计划的76.39%，9个月漏征印花税13.81%。所以提出如下办法：打破顾虑，积极经营；健全会计组织，建账、建票；互相监督，互相负责，杜绝偷税；切实检查一次纳税互助公约，继续扩大储税和集体纳税运动。

关于消防工作。成立了宜昌市消防委员会，建立了新的人民消防组织，添置了各类消防器材，充实了消防设备。现全市计有水池8个、机器1部，手摇水龙11部，灭火水枪16个。在组织上，全市共有民办消防队9个，共计消防队员1895人，为全市消防工作已打下了很好基础。

努力做好三项工作：一是继续开展更深入广泛的宣传工作，使每一名群众更进一步在思想上重视起来，提高警惕，做好消防安全工作。二是积极整顿消防组织，彻底肃清隐藏在消防组织中的反革命分子，培养青年积极分子参加消防工作。三是在消防设备上，动员各界人民大力资助，在民办公助的原则下，共同努力，搞好人民的消防事业。

二、公安工作报告

1951年10月24日，市公安局局长赵仲云在市二届各界人民代表会议四次会议上作关于《继续大张旗鼓镇压反革命，为彻底消灭反革命残余势力而奋斗》的报告：

前段工作情况。自1950年11月大张旗鼓地开展镇压反革命起，逮捕了一大批反革命骨干分子，并按其罪恶大小予以应有的惩罚。对匪特潜伏组织亦给予沉重打击，共破获了各种秘密特务组织14起，首犯50余人，均予以依法惩办。但由于镇压反革命工作进度不平衡，群众未能深入发动（先期是行政镇反，后期才转为群众性的镇反），对隐蔽的反革命分子则打击不够。

以后对敌斗争任务。今后对敌斗争总的任务是将暗藏在各个阶层、各个角落的反革命残余势力，加以彻底肃清。要继续开展大张旗鼓地镇压反革命运动，发动广大群众进行检举、密告、控诉、管制反革命，并积极防止反革命的报复破坏活动。要把罪该逮捕而又必须逮捕的反革命分子，坚决一律逮捕起来依法惩办；对该杀而又必须杀的反革命分子坚决杀掉，以泄民愤；对该管制而又必须管制者坚决一律管制起来；对混入或隐匿在机关团体军队学校中之罪大恶极的反革命分子，调查核实后依法惩办。建议在宜昌市建立市人民法庭，各民主改革系统和郊区建立人民法庭的分庭，以及时镇压反革命分子，支持民主改革和土地改革运动。

三、大会选举

1951年10月27日，市二届各界人民代表会议四次会议选举产生市出席湖北省第二届各界人民代表会议的代表共22人。其中：选举代表20名：郑克新、柴大森、傅世平、李长明、袁文海、胡宏兰（女）、王绍才、望作筠、汤大洪、卢秀兰（女）、金志坚、童子浩、何庚三、吴熔陶、喻子凤、周汉甄（女）、罗敦娴（女）、杨俊、赵长清、陈性真（女）；特邀代表2名：刘忠、王郡度。

第四章 宜昌市第三届各界人民代表会议历次会议

市三届各界人民代表会议于1952年7月至1954年6月间共召开3次会议。详见表1—4—1：

市第三届各界人民代表会议统计表

表1—4—1 单位：人次、个、件、人

市三届各界人民代表会议	一次会议	二次会议	三次会议	合计
出席市各界人民代表会议代表	214	216	217	647
会议中心议题	2	4	2	8
听取政府和军管会报告	1	1	2	4
听取提案办理报告	1	1	1	3
办理提案	150	100	95	345
通过决议	2	1	2	5
选举协商委员会成员	37	—	—	37

第一节 市三届各界人民代表会议一次会议

1952年7月10日—14日，市三届各界人民代表会议一次会议在人民剧院举行。参加会议的代表214人。会议主要内容是：研究讨论恢复经济、发展生产；禁烟禁毒；私立中学经费；防疫；街道民主建设及思想改造工作等问题。建议与决议有关市政兴革事宜。市长刘真致开幕词，李东波副市长作关于一年来政法文教卫生工作和今后任务报告。会议选举产生由37名委员组成的市第三届各界人民代表会议协商委员会，刘真任主席。会议还成立了禁烟禁毒委员会、防疫委员会、私立学校促进委员会。

一、会议机构及成员名单

市三届各界人民代表会议一次会议主席团成员（19名）：政府：解莅民、段玉美、刘忠、苏斌、赵春和、张志、贺礼保；共产党：王家吉、张凡；共青团：张九贤；总工会：张来升；工人：张家旺；农民：丁永秀、刘世珍；工商：童子浩；特邀：洪院凯、法正明、董绍德、赵春珊。

二、开幕词

1952年7月10日，市长刘真在市三届各界人民代表会议一次会议开幕时讲话。

根据协商委员会会议决议，市三届各界人民代表会议一次会议主要解决恢复经济，发展生产。会议还要讨论一些重要问题：一是开展群众性的禁烟禁毒运动，我们必须尽一切力量来完成这一任务。二是文教界的思想改造。三是开展爱国防疫卫生运动，防止美帝国主义的细菌战。

三、政府工作报告

1952年7月10日，市第三届各界人民代表会议一次会议听取副市长李东波所作的《关于一年来政法、文教、卫生工作和今后工作任务报告》：

开展大规模群众性禁烟禁毒运动。自1949年7月起，截至今年4月止，先后破获制造、贩运、吸食毒品案件1251件，抓获吗啡犯、烟土犯1854人，没收吗啡471两4钱1分、鸦片烟土1081两4钱7分、制造吗啡的沃水50箱又445瓶。虽然成绩很大，但是全市烟毒问题仍严重存在。制造吗啡、贩卖烟毒的罪犯及暗藏的反革命分子潜伏市内，大量贩运制造烟毒，毒害人民，甚至勾结国家机关工作人员，打入国家机关内部，里应外合，走私贩毒，贩运制造的吗啡有3800余两、鸦片烟达210余两、沃水110余磅。组建宜昌市人民政府禁烟禁毒委员会，推选李东波、赵仲云为正副主任委员，苏斌、刘忠、贺礼保、朱青、成朝然、彭璇、张典、郭世尧、张九贤、胡中惠、项克涛、杨宝舜等为委员。

文化教育工作和学校教职员工思想改造运动。一年来，增加了初中1所，中学生增加了334人，已达新中国成立前水平的90%；小学生增加了798人，超过新中国成立前水平34%；中小学教职员增加了58人；失学儿童就学者有779人，失业知识分子就业者80人，基本消灭了知识分子的失业现象。工农教育方面，经常学习文化的工人有2156人、农民有835人。增加文化站1个，添设图书代购处3个，图书流动站12个，扩音器由8个增加到16个。在全市范围内，都能听到当晚国内重要新闻和市内重要消息。和平汉剧团深入各县土改地区演出《血债血还》《白毛女》《血泪仇》等新剧，启发了农民的阶级仇恨。胜利京剧团也结合民主改革、“三反”“五反”运动等中心工作，上演《闯王进京》《将相和》。解放剧团演出了20多场《码头工人翻身记》、、10多场《糖衣炮弹》。目前文教界仍然存在着许多严重问题：一是各学校教职员工的思想状况还相当混乱有待进行思想改造。二是完成秋季招生任务的难度大。三是学校经费紧张。建议在原有私立中小学校校董事会的基础上，组建宜昌市私立学校促进委员会，主要任务是负责管理学校行政和筹措经费。

人民建政。过去一个时期政府与人民之间的联系存在着一些缺点：一是市人民政府以下没有一级政权组织。二是对人民代表大会是我们国家的根本政治制度与人民民主政权的基本组织形式的重要意义认识不足。为了加强政府与人民群众的联系，巩固人民民主专政，必须在完成民主改革和土地改革的基础上，建立区乡政权。在街道设立街道委员会，以统一派出所、民政、文教、卫生工作的领导。街道委员会以下，设居民代表会或居民小组。学校仍归文教局、工商业仍归工商行政管理局直接领导。郊区已完成土改和经过复查的乡，要建立乡人民政府。在全市范围内早日完成召开人民代表大会的准备工作。

郊区土地改革。自宜昌市第二届各界人民代表会议第四次会议以来，已完成土地改革试点。1952

年秋后，必须调配得力干部，集中力量争取全部完成郊区土地改革的历史任务。至于郊区土改的详细计划和步骤，建议留在下一次市各界人民代表会议讨论决定。因目前正处于农忙生产季节，此次会议只着重研究领导抗旱、除虫，保证完成爱国丰产任务的问题。

1952年7月11日，市第三届各界人民代表会议一次会议听取副市长解莅民题为《关于发展生产、劳资关系、公私关系等问题》的报告：

促进生产建设加速发展。1952年上半年，开展“三反”“五反”运动，清除了“三害”“五毒”。在“三反”运动方面，清除了大批贪污分子，纠正了铺张浪费和克服了官僚主义作风，从而树立了艰苦朴素、廉洁奉公、爱护公共财物、全心全意为人民服务的思想和观点。通过“五反”运动，清除了不法工商业户的违法行为，促使其从事有益国计民生的生产和经营。为今后经济建设开辟了更加有利的道路。全市总任务是发展生产，必须进一步依靠工人，调动工人和其他劳动人民的生产积极性，促进生产建设加速向前发展。

劳资关系。经过“五反”后的劳资关系，不同于从前私营厂店中传统的压迫工人的制度和强迫工人过度劳动，低廉的工资、立卖身契约、随意打骂、无理解雇、疾病不理的情况了，为建立正常的劳资关系准备了良好的条件。在新的劳资平等的关系未建立起来之前，解决劳资关系的方法：在保护国家财产和发展生产的前提下，适当照顾劳方福利，并照顾资方合法利润。要在工人阶级领导下，建立正当的、平等的协商制度。市各界人民代表会议结束后，由市劳动局、市总工会、市工商联等单位建立一个机构，妥善处理劳资关系方面的问题。签订集体合同后，双方必须遵守并保证执行。根据资方管理、劳方监督的原则，劳方必须尊重资方的“三权”，资方必须接受劳方的监督而积极地经营。

公私关系。加工订货要照顾合法利润和批发零售的差价。这次市各界人民代表会议后，由市工商行政管理局牵头，市总工会、公营企业、工商联参加，组织八个委员会，修正过去加工订货的合同，研究零售差价的合理比例，迅速解决公私关系的各种问题。

禁烟禁毒、防疫卫生、学校经费。同意副市长李东波的报告和各位代表讨论中的提议，成立了三个委员会，以有计划、有步骤地抓好这三项工作。

民政工作。一年来，烈军家属委员会给贫困烈军家属解决了不少困难，减轻了政府负担。希望烈军家属们继续努力，争取在祖国的建设中立功。少数民族和宗教团体所提出的尊重其风俗习惯问题是应当的，任何讽刺和不尊重少数民族的习惯都是不对的，应当纠正。

四、提案审查报告

1952年7月13日，会议听取市三届各界人民代表会议一次会议提案审查委员会《关于提案整理审查结果的报告》：

此次会议收到提案380件，经整理合并为150件：财政90件整理为48件；民政31件整理为15件；文教104件整理为44件；卫生59件整理为15件；建设47件整理为15件；公安17件整理为6件；其他9件整理为7件；未整理23件。

提案审查结果：请市人民政府或有关部门办理的25件、酌情办理的28件、研究办理的49件、参考办理的27件、注意和查明办理的6件；呈请上级人民政府参考的7件；暂缓办理的2件；交市协商委员会讨论2件；有较重大提案提请大会通过的4件，大会已分别做出决议交市人民政府及有关部门执行。尚有23件未予整理成提案，拟转市人民政府行政会议和市协商委员会研究解决。

五、选举协商委员会成员

1952年7月14日，市三届各界人民代表会议一次会议选举产生宜昌市第三届各界人民代表会议协商委员会组成人员（37名）：主席刘真；副主席（空缺）；委员刘真、解莅民、李东波、段玉美、刘忠、赵仲云、贺礼保、赵春和、张海峰、王家吉、肖松年、张九贤、徐瑞年、任仲修、胡兆松、万家义、望作钧、张来升、杨殿英、杨善德、汤大洪、卢秀兰（女）、童子浩、喻子凤、项克涛、李林、金志坚、陈沫潮、黄治禄、胡中慧（女）、王道玺（女）、王良甫、王哲夫、洪院凯、法正明、胡盛海、袁培瑞。

第二节　市三届各界人民代表会议二次会议

1953年1月10日—11日，召开市三届各界人民代表会议二次会议。会议主要议题：拥护省各界人民代表会议的决议；研究生产建设、文化教育、卫生、街道民主改革和民主建设等工作。

一、政府工作报告

1953年1月10日，市三届各界人民代表会议二次会议听取和审议市人民政府副市长解莅民所作的《关于活跃城乡物产交流和内外交流的报告》（资料缺失，内容不详）。

二、会议决议

1953年1月11日，市三届各界人民代表会议二次会议通过《对解莅民副市长关于活跃城乡物产交流和内外交流报告的决议》。

决议强调，迎接大规模经济建设，为国家工业化而努力奋斗。同意解莅民副市长所作的《关于活跃城乡物产交流和内外交流的报告》。要大力宣传克服保守思想。要开好物产交流大会。要组织好郊区农业生产

第三节　市三届各界人民代表会议三次会议

1953年7月2日—5日，市三届各界人民代表会议三次会议在人民剧场举行。参加会议的代表217人，参加旁听的273人。会议的中心议题：顺利渡过经贸暮月；讨论文教卫生港务及其他市政兴革事宜。市委第一副书记赵勃致开幕词。解莅民副市长作对今年7至9月全市任务建议的报告。会议通过两项决议。

一、会议机构及成员名单

市三届各界人民代表会议三次会议主席团成员（18名）：郭久恒、解莅民、赵春和、张志、苏斌、贺礼保、赵勃、张凡、马鉴、王子才、朱青、赵开武、张来升、万家义、刘世珍、边竞、童子浩、洪院凯。

市第三届各界人民代表会议第三次会议代表资格审查委员会成员（20名）：张凡、贺礼保、朱青、赵春和、王子才、段玉美、刘忠、张志、周俊、张来升、马鉴、望作筠、万家义、何明福、徐瑞莲、黄治禄、喻子凤、李林、项克涛、胡盛海。召集人：赵春和。

市第三届各界人民代表会议第三次会议提案审查委员会成员（18名）：张凡、赵春和、苏斌、王子才、刘忠、张志、张来升、张九贤、望作筠、胡宏兰、童子浩。召集人：王子才。

二、政府工作报告

1953年7月2日，市三届各界人民代表会议三次会议听取和审议市人民政府秘书主任赵春和所作的《关于上半年政府工作总结的报告》：

继续贯彻民主改革，为民主建政和大规模的经济建设奠定巩固的基础。一是选举成立19个居民委员会，以投票方式选出居民委员913名。二是取缔反动的一贯道、老母教、同善社、济公教4种，破获6个支会。严肃惩办了少数首恶分子，270个中心会首，自行办理登记有2124人，自觉声明退了道。共缴获反动证件14件，反动经书379件，沙盘5个及其他道具1部。三是司法和公安部门接到群众检举信3449件，在司法机关内检查了各种案件共3758件。四是全市开展贯彻实施婚姻法运动，过去家庭不和睦自动地转向了和睦家庭有331户。五是开展郊区土改工作，全郊区农民分得了土地，划分了阶级，建立了农会，巩固了农村政权。

活跃市场，繁荣经济，开展物资交流工作。一是调整贸易商业，缩减国营公司的零售业务，调整批零差价及批发起点，调整地区差价，总的零售幅度也有适当的调整。二是通过交流会的形式，满足了部分农民季节性需要。三是解决手工业方面的两个问题：在师徒关系上，经过调整有90%师徒关系签订了合同；在私营企业的产品、销路和资金周转上，政府也曾给予大力扶助。

开展增产节约与生产改革运动。国营公司在增产节约运动中找出漏洞的主要根源，提出了不少合理化建议；干部普遍在思想上和业务上都有提高。在生产改革中经过“三查”运动，定制度、订计划、整编定员，开展生产竞赛，再现了生产新气象。

开展“新三反”运动。经揭发，机关自上至下普遍存在着官僚主义。主要表现在高高在上，不深入基层。工作上布置多，检查少，部分领导干部靠开会听汇报，工作无计划，盲目混乱现象严重存在，在人民群众中造成极坏的影响。经开展批评与自我批评，工作有很大改进，提高了工作效率。

文教卫生。全市共有小学15所167班。在小学中均已开始了五年一贯制的实施，在4所小校4个班里实行了二部制。全市4所中学39班，学生计2624人，享受助学金人数有989人。特殊病号医药费补助110万元，解决了一部分贫苦学生的实际困难。全市共有工农职业学校计4班学生224人。经过开展爱国卫生运动，建立并加强了基层卫生组织，训练卫生员147人、妇幼保健员11人。建立了13个接生小组，春季种痘12631人，消灭了天花。

社会救济。对经常救济生活用品市民946户发放救济款达2293.76万元。贫苦市民去世安葬补助94人1798万元。遣送贫民返乡生产有35人发放安家生产费202.25万元。转送灾民295人，发放交通及生活费1685.97万元。春节前对贫苦群众1728户共发放救济款5397.76万元、救济粮13300公斤。从救济事业费抽出400万元分给了回族生产组和清真寺，帮助其生产自救。对贫苦家属进行了长期和临时补助668户救济费5990.27万元。免减就诊费1367人，家属子弟入学享受助学金有76人。春节时对烈军属进行慰问。烈属生产组成立两年来解决230人的职业和生活问题。在转业军人211人中由政府安排工作的有199人。全市共登记失业和无业人员达3692人，经过介绍就业和帮助返乡生产516人，得到救济的有469人（半年共发放救济款4081.46万元），训练失业工人437人，参加以工代赈失业工人261人。

市政建设。修建邮局巷清沟1378米、解放电影院明沟及坡路38米、解放路改建大沟6960米，修缮福绥路、二马路湖堤街以及搬运公司工人宿舍等。绿化方面，建苗圃17亩，栽树41524株。为保证建筑安全，成立了工程管理处。

1953年7月2日，市三届各界人民代表会议三次会议听取和审议市人民政府副市长解莅民所作的《对七至九月(暮月)的全市任务建议》的报告：

认清市场变化的规律。6月份进入淡月，7至9月是暮月；从10月起一个月比一个月旺，至第二年1月逐月下降，直至6月。这次各界人民代表会议，要以渡过暮月为中心议题，同时要对文教卫生问题做出适当的决议。

对渡过暮月的几点意见。一是今年第一、第二季度全市的市场情况比上年同期好，比1951年同期也好些。但是，暮月到来之后，困难将会更多。这些困难应当在这次各界人民代表会议中进行充分讨论，得出一致意见，共同克服。二是使公私关系正常化。自从去年12月调整市场后，在差价上有些过宽，消费者有意见。市工商行政管理局发了一个通知，要经过群众共同管理物价，采取议价的方式，避免互相倾轧和投机抬高的现象，以免过多的歇业和工人失业。三是生产教养院问题。生产教养院现有院民690人，其中60%是老弱残疾，不能参加生产。新社会的人民和人民政府不能使这些人流离饿殍，要一面生产，一面养着，原则是自食其力。四是银行贷款问题。为了顺利渡过暮月，市银行正请示省增加指标。贷款时间，可以根据具体情况放长。工商业者不能专靠贷款经营，必须设法吸收游资并加强资金周转。五是税收问题。群众办税，应当成为中心任务。在职工当中应开展护税运动，在工商业当中开展踊跃纳税反偷税漏税的运动，在税务局掌握税收当中，应当是既不多征也不少征，合乎税法。为了使这个问题解决好，必须发动群众共同监督。六是交通运输。为了及时解决市场上的供应和需要，特别是川货的需要，市工商行政管理局、市工商联经常把公私需运的数字交市港务局，由市港务局分批作承运计划，今后的运输任务逐渐繁重，市港务局要提出统一港区和作业区的方案。搬运力资仍应考虑降低，究应如何实现、并降低多少，由搬运系统提出具体意见。七是劳资协商，协调一致，渡过暮月。涨资问题现在还存在，劳资双方都这样做，个别店里涨资则占整个资金20—30%。这个现象不克服，一旦遇到困难就会关门，提议应在暮月中，停止这种现象。有些资方消极改行，不接受合理化建议，要加以纠正。个别青工劳动态度不好的，应早点纠正，免得暮月到了造成更大的被动。八是全市的公私营贸易，要明确一个任务：为工业服务。

文教卫生。现在小学（公私）共有学生6750人，未入学适龄儿童1835人，在校学生当中，有超龄儿童820人。1953年暑假作一次整顿，把超龄儿童单独编班，每个学校根据自己班次情况，办儿班二部制（即不同年级的学生在一个班里念书）。今年暑假调整毕业制度，今后寒假不招生。开展卫生运动。要经常进行防疫宣传教育工作，并经常注意环境卫生。根据可能条件，由各卫生机关提出卫生防疫计划。还要开展选举法的学习运动。

三、提案审查报告

1953年7月4日，市三届各界人民代表会议三次会议听取和审议市人民政府秘书主任赵春和所作的《提案审查书面报告》:

提案审查方式，采取会审办法，邀请有关单位列席。根据情况，能解决的就提出具体解决意见；与事实不相符合，需要调查了解的，或是建议性的提案，根据业务范围送交有关单位研究或参考解答；事关重大，涉及全市性质的就提交大会讨论解决。

提案分类：工商类原提案226件，整理为95案；政法文教卫生类，原提案209件，整理为49案；其他类原提案118件，整理为59案。

总共原有提案553件，整理为203案。另外19件，因是个人问题，已转交市人民政府办公室作为人民来信处理。

四、会议决议

1953年7月5日，市三届各界人民代表会议三次会议通过两项决议:《关于半年来政府工作总结报告的决议》《关于七至九月（暮月）全市任务建议的决议》。

五、会议总结

1953年7月5日，市三届各界人民代表会议三次会议听取《宜昌市第三届各界人民代表会议第三次会议总结报告》:

会前情况。根据宜昌市当前的实际情况，于6月19日召开第三届第四次协商委员会会议，商讨解决这一系列问题，并决定在7月上旬召开宜昌市第三届各界人民代表会议第三次会议，以如何迎接旺月为中心议题，结合解决文教卫生等问题，选举各界代表缺额。

抽调协商委员7人，专门负责在各界中配合各界代表，广泛宣传发动群众收集提案。

大会筹备情况。第四次协商委员会会议后，各协商委员配合各界代表分头于6月下旬到各界群众和单位中，发动群众收集提案。至7月1日止，各界共收到提案553件。6月27日召开提案审查委员会会议，研究决定将所有提案进行分类审查，到7月1日为止，经三次审查和复查，才告结束。从1952年宜昌市第三届各界人民代表会议第一次会议以来，各界代表中因公离宜或迁居离宜等原因而有所变动，各界将所新补送上的代表呈报协商会后，即于6月27日召开代表资格审查委员会进行细致的审查。

会议进行情况。会议于7月2日开幕，首先由中共宜昌市委第一副书记赵勃致开幕词，号召全体代表将这次会议的议题进行认真充分讨论，并开动脑筋，多想办法，克服困难，渡过暮月。继而由市人民政府秘书主任赵春和作关于政府半年来的工作总结后，由解莅民副市长作关于七至九月（暮月）全市任务建议的报告。全体代表着重围绕解莅民副市长的报告经过两天半小组讨论和大会发言。会议一致通过《半年来政府工作总结报告》和《今后七至九月（暮月）全市任务》的两个决议，并由解莅民副市长作大会闭幕词。

会议成绩和缺点。从这次会议所有提案数字看，已达550余件，比本届一次各界人民代表会议多50%，其中，有关工商业类达200余件，这说明在会前的宣传工作做得较好，这为会后掌握和处理问题提供了情况。在审查提案方面，过去只单纯进行审查，没有及时做出适当处理，会后处理时也没有做到条条有交代，导致代表有意见。这次会议为了纠正以往的缺点，所以在审查时强调指出必须做到有案必答。同时，在审查时，用会审的方法，邀请提案有关的单位负责人列席，这样更加便于研究问题、解决问题。会前和会中强调抓住重心，解决如何渡过暮月，迎接旺月的中心问题，以致全体代表都集中精力有中心的讨论问题，解决问题，使会议收到良好成绩。这次会议因着重解决如何渡过暮月问题，与文教界联系少，以致文教界代表劲头不大，在会上讨论时，坐冷板凳，不发言。

第五章　宜昌市各界人民代表会议机构设置

1949年组织通则规定："市各界人民代表会议休会期间，设市各界人民代表会议协商委员会。"市各界人民代表会议协商委员会"由市各界人民代表会议选举主席一人，副主席若干人及委员若干人组成之；其职权：（一）协助市人民政府实行市各界人民代表会议的决议；（二）协商并提出对市人民政府的建议；（三）协助市人民政府动员人民支援前线，建立革命秩序，镇压反革命并参加建设工作；（四）负责进行下届各界人民代表会议的准备工作；（五）负责进行本市民主统一战线工作。""市各界人民代表会议得设提案审查委员会及其他委员会。"据此，市历届各界人民代表会议均设立了常设工作机构，即协商委员会。详见表1—5—1：

市各界人民代表会议协商委员会统计表

表1—5—1　　单位：人、次

市各界人民代表会议届次	组建时间	组成人员人数	召开协商会议次数
市一届各界人民代表会议协商委员会	1949年12月30日	32	5
市二届各界人民代表会议协商委员会	1950年05月31日	27	10
市三届各界人民代表会议协商委员会	1952年07月14日	37	16

第一节　市一届各界人民代表会议

1949年12月30日，市一届各界人民代表会议三次会议协商产生了由32位委员组成的本届协商委员会。

主　席：彭天琦；

副主席：刘真、卢举、王光藻；

委　员：张凡、刘真、解莅民、任斌荣、彭天琦、赵仲云、魏真、张建祥、郭开友、张阴荪、李静白、王宝元、李德才、卢举、罗保珊、杨殿英、卢正发、韦玉发、王宏森、王光藻、黄显中、吴熔陶、刘梅森、朱白岩、郑荣洲、王树人、郑在信、肖松华、陈济平、方少斋、鄢子俊（女）、王开怀。

市一届各界人民代表会议协商委员会组建后共召开5次协商委员会会议。

第二节　市二届各界人民代表会议

1950年5月31日，市第二届各界人民代表会议一次会议协商产生了由27名委员组成的本届协商委员会。

主　席：刘真；

委　员：刘真、解莅民、段玉美、成朝然、肖松年、杨殿英、魏真、王元良、姚河清、易维林、望作钧、刘国贵、吴官美、王宏森、刘梅森、王光藻、吴熔陶、项克涛、杜唐、刘毅慈、雷春畴、杨实舜、马苍石、胡宏兰（女）、邹德义、华长富、赵仲云。

市二届各界人民代表会议协商委员会组建后共召开10次协商委员会会议。

第三节　市三届各界人民代表会议

1952年7月14日，市第三届各界人民代表会议第一次会议协商产生由37名委员组成的本届协商委员会。

主　席：刘真；

委　员：刘真、解莅民、李东波、段玉美、刘忠、赵仲云、贺礼保、赵春和、张海峰、王家吉、肖松年、张九贤、徐瑞年、任仲修、胡兆松、万家义、望作钧、张来升、杨殿英、杨善德、汤大洪、卢秀兰（女）、童子浩、喻子凤、项克涛、李林、金志坚、陈沫潮、黄治禄、胡中慧（女）、王道玺（女）、王良甫、王哲夫、洪院凯、法正明、胡盛海、袁培瑞。

市三届各界人民代表会议协商委员会组建后共召开16次协商委员会会议。

第二篇　人民代表大会代表

1953年选举法规定："全国人民代表大会之代表，省、县和设区的市人民代表大会之代表，由其下一级人民代表大会选举之。乡、镇、市辖区和不设区的市人民代表大会之代表，由选民直接选举之。"据此，市第一届至第十届人民代表大会的代表，因属于不设区的市，故实行直接选举的方式。1986年12月，国务院批准市设立西陵、伍家岗、点军三个市辖区。因此，市第十一届人民代表大会由各区人民代表大会选举产生，地市合并后新的宜昌市一届至五届人民代表大会的代表由各县市区人民代表大会选举产生。

第一章　宜昌市人民代表大会代表

市一届至六届人民代表大会代表，由各选区根据市人民委员会分配的名额选举产生。市八届人民代表大会代表，由各选区根据市革命委员会分配的名额选举产生。市九届至十届人民代表大会代表，由各选区根据市人大常委会分配的名额由选民直接选举产生。市十一届人民代表大会代表，设区以后由市辖各区人民代表大会根据市人大常委会分配的名额选举产生。

第一节　市一届人大代表

一、代表产生及构成

市一届人民代表大会代表的选举工作，于1954年3月至5月，在全市65个选区中进行，经55703名选民的投票选举，产生了市一届人民代表大会代表180名，加上军区选举的2名代表，合计代表为182名。在180名代表中，工人阶级代表109名（其中工人40人、干部69人），占代表总数60.56%；小资产阶级代表55名（其中农民12人、手工业者6人、文教界11人、科技工作者2人、学生3人、居民21人），占代表总数30.56%；资产阶级代表14名（其中商业资本家7人、工业资本家5人、民主同盟1人、宗教界1人），占代表总数的7.78%。在180名代表中，少数民族代表2名（回族），占代表总数的1.11%。在180名代表中，妇女代表29名，占代表总数的16.11%。

二、市一届人大代表名单（共182名，按姓名笔画排序）：

丁士昭、万家义、马惠君、马鉴、王子才、王元良、王西峰、王秀英、王秀荣、王作霖、王良甫、王秉衡、王金枝、王采新、王维顺、王道玺、王麟发、卞肇恕、邓义英、邓为、艾诗波、龙学钊、冯永发、冯锦卿、边境、邢庆云、邢郑民、毕庶伟、朱青、乔铎、乔能英、向大秀、刘大林、刘世珍、刘世亮、刘古珍、刘忠、刘建军、刘俊卿、刘度明、刘峻峰、刘海清、刘得胜、刘赓、刘毅慈、江书森、汤大元、许宝全、许超、芦开金、芦秀兰、杜怀志、李玉莲、李华荣、李应福、李良善、李林、李恒祥、杨长森、杨志德、杨实舜、杨春亭、杨竞先、杨淑轩、杨德山、肖伯勋、肖清、吴以平、吴仲辉、吴桂生、吴熔陶、余士福、谷英杰、邹大英、邹德操、汪兴道、沈丽伯、张三杰、张凡、张习忠、张玉、张正明、张在云、张寿人、张远扬、张志、张志明、张来升、张坤芳、张昌钧、张典、张学美、张荣锡、张品三、张瑞五、张锡素、陈万珍、陈光勋、陈光洪、陈光辉、陈怀桐、陈沫潮、武义绿、林明火、林斌、易维林、罗成仁、罗善芬、岳传岱、周文孝、周仲和、周运喜、周俊、周洪群、周登科、周福昌、法荣诚、屈旭华、项克涛、赵长仁、赵国强、赵春和、赵春珊、赵勃、赵萍、赵喜珍、赵畹华、郝永科、胡芝田、胡治春、胡继才、胡敦学、钟玉、段文彪、洪院凯、姚崇民、贺礼保、贺顺秀、秦延友、袁伯琤、聂堃玉、顾阿金、徐万春、徐宁生、徐瑞年、高长志、高尚志、高建业、高振东、黄云昌、黄敬安、鹿振中、望作安、阎文第、阎锦华、梁国治、彭万里、彭长大、彭正香、彭辉先、董光明、董素玲、韩启浩、韩超介、覃华英、粟征钦、喻子凤、傅义、傅守恭、童子浩、童沐天、曾益夫、游启满、谢永全、靳万春、虞中守、虞化农、路存廷、简少林、简肇湖、黎开智、薛守廉。

三、代表变动情况

市一届人民代表大会共召开过四次会议，第一次会议出席代表182名。因第二次至第四次会议的档案资料中均未保存《代表资格审查报告》，故代表变动情况不详。

第二节　市二届人大代表

一、代表产生及构成

市二届人民代表大会代表的选举工作，于1956年8月至11月在全市各个选区进行，经44965名选民投票选举，产生了市二届人民代表大会代表209名，加上军区选举的1名代表，合计代表为210名。在代表209人中，共产党员74名，占35.41%；共青团员14名，占6.69%；群众121名，占57.89%；工人38名，占18.18%；农民14名，占6.69%；工商企业界24名，占11.48%；民主党派9名，占4.31%；少数民族3名，占1.44%；文教卫生界22名，占10.53%；科学技术界10名，占4.78%；妇女51名占24.40%；连选连任的99名，占47.37%。

二、市二届人大代表名单（共210名）

驻宜昌部队选举军人代表1名：汪昌桂

各选区选举代表209名（按姓名笔画排序）：卜扬福、于从义、万明秀、马仓石、马志清、马惠君、王子才、王元良、王世双、王西峰、王秀英、王良甫、王玲、王维顺、王道玺、王德泽、卞家惠、文振藻、尹晶、邓家壤、石炳荣、龙绍卿、卢秀兰、田印潭、田祚禧、白厚福、冯信、冯锦卿、邢庆云、邢郑民、朱青、乔能英、伍清珍、任凤仙、向大秀、向桂珍、向聚卿、刘干、刘可成、刘攸添、刘国祯、刘建军、刘俊卿、刘彦群、刘海清、刘殿海、刘毅慈、闫锦华、江书森、汤如华、许宝权、许荣华、牟振玉、卢敏斋、杜文礼、李广印、李玉莲、李艾贞、李应福、李林、李顺发、李景钊、李善华、杨万玉、杨长森、杨文英、杨权清、杨权清、杨实舜、杨俊、杨竞先、杨培慎、杨焕其、杨淑轩、肖伯勋、肖青、肖焕章、吴以平、吴发秀、吴仲辉、吴安安、吴桂生、吴溶陶、何太寿、何位东、何鸣珂、余士福、邹大英、邹大珍、邹德操、闵明秀、汪光礼、汪兴道、汪家孝、沈丽伯、张三杰、张玉、张再荣、张光烈、张寿人、张远扬、张来升、张启英、张学美、张宗秀、张荣锡、张福祥、陈大香、陈万珍、陈光勋、陈光洪、陈光辉、陈光富、陈纪秀、陈启富、陈昌耀、陈法潮、陈桂昌、武义禄、林民亚、林雄成、林斌、尚彬如、罗邦兰、罗善芬、罗善美、岳传岱、金初发、周文孝、周宏秀、周宏群、周忠和、周绍华、周继钊、周善银、法正明、项克涛、赵明、赵春珊、赵萍、赵喜珍、赵惠林、赵畹华、郝明源、胡世发、胡宏春、胡教学、钟华坤、钟纯乾、姜太茂、洪院凯、贺顺秀、聂堃玉、夏发义、顾阿金、徐万春、徐贵秀、高尚志、高建业、高振东、郭玉才、郭华庭、涂良善、黄云昌、黄功孝、黄素玲、黄烈、黄敬安、梅祖秀、龚祖寿、崔传礼、望作安、阎文秀、阎文第、梁国治、梁德清、彭万里、彭泽生、彭德芳、董永祥、董家华、韩启浩、韩启菊、韩宝三、韩超介、覃其渭、粟征卿、喻子凤、喻信、傅义、傅守恭、傅连洪、童子浩、童沐天、曾益夫、游启满、谢永全、靳万春、雷鑫波、虞中守、虞化农、路存庭、简少林、简莹芳、蔡金先、蔡顺典、廖华珍、廖多模、潘忠国。

三、代表变动

市二届人民代表大会期间共召开过三次市人民代表大会会议。

召开第一次会议时实有代表210人。第一次会议至第二次会议之间减少2名代表：王玲、罗善芬。召开第二次会议时实有代表208人。第二次会议至第三次会议之间代表没有变化，召开第三次会议时实有代表208名。

第三节　市三届人大代表

一、代表产生及构成

市三届人民代表大会代表的选举工作，于1958年3月至5月在全市68个选区进行，经58359名选民投票选举，产生了市三届人民代表大会代表209名，加上军区选举的2名代表，合计代表为211名。在211名代表中：共产党员104名，占代表总数49.29%；非中共党员群众107名（共青团员11名、民主党派14名、群众82名）占代表总人数50.71%。男代表159名，占75.36%；女代表52名，占24.64%。连选连任的代表151名，占当选代表总数的71.56%；新当选的代表60名，占代表总数的28.44%。

二、市三届人民代表大会代表名单（211名，按姓名笔画排序）

卜扬福、于从义、马苍石、马惠君、王子才、王元良、王凤兰、王世双、王永祥、王秀英、王秀琴、王良甫、王学武、王玲、王祖秀、卞家惠、文振藻、尹晶、左彦甫、石炳荣、龙绍卿、卢明林、卢敏斋、田印潭、冯信、冯锦卿、邢庆云、邢郑民、毕庶伟、朱复华、朱铭贞、乔能英、伍荣华、伍清珍、向桂贞、向聚卿、刘干、刘世亮、刘可成、刘秀珍、刘建军、刘俊卿、刘祖秀、刘祖英、刘海清、闫文秀、闫文第、关明秀、江书森、汤大元、许明才、许宝全、许荣华、许荫民、孙长秀、牟振玉、杜文礼、杜华秀、李广印、李长寿、李艾贞、李若平、李林、李明钧、李恒祥、李家政、李景钊、李善华、李聚芳、杨长森、杨权卿、杨实舜、杨俊、杨桂卿、杨竞先、杨培侦、杨焕其、杨淑轩、肖伯勋、肖青、肖焕章、吴发秀、吴安安、何一樵、何太寿、何邦宁、何位东、何鸣珂、余世英、余斌、邹德搡、汪光才、汪兴道、汪昌桂、张九贤、张三杰、张开柱、张玉、张世立、张再云、张寿人、张远扬、张来升、张启英、张坤芳、张明一、张学美、张宗秀、张振山、张福祥、陈光勋、陈光洪、陈光辉、陈纪秀、陈启富、陈昌耀、陈沫潮、陈桂英、陈桂昌、林明亚、林雄成、林斌、尚彬如、易维林、罗邦兰、罗家珍、罗善美、岳传岱、金初发、周文孝、周宏秀、周忠和、周绍华、周洪群、周健、周继钊、周善银、郑大珍、法正明、项克涛、赵步云、赵茂林、赵萍、赵喜珍、赵惠林、胡思发、胡敦学、钟华坤、钟纯乾、侯占太、饶惠芳、姜泰茂、洪院凯、贺顺秀、袁本敬、聂堃玉、桂春山、夏发义、顾阿金、钱鸿翔、徐发银、徐贵秀、高尚志、高建业、高振东、郭玉才、黄云昌、黄功孝、黄代文、黄孝明、黄素玲、黄敬安、曹秀华、龚慧琴、鹿振中、望作安、梁国治、梁德清、超明、彭万里、彭泽生、彭宗英、彭香珍、彭彦、彭德芳、董家华、韩启浩、韩宝山、覃宗贞、粟钦、喻子凤、喻信、傅守恭、童子浩、童沐天、曾益夫、游启满、谢永全、靳万春、虞中守、路存廷、简少林、蔡大秀、蔡金先、蔡顺典、廖华珍、廖多模、谭受伦、潘忠国、薛坦、戴盛榜。

三、代表变动情况

市三届人民代表大会期间共召开过五次会议。

召开第一次会议时实有代表211名。

第一次会议至第二次会议之间代表变动：因行政区划变动，将宜昌县人大代表转为宜昌市人大代表16名：杨文秀、路成才、胡春桃、赵明年、谭斌、肖书吉、易平秀、李传秀、张炳仁、代光金、沈正寿、赵长贵、张国相、李先正、李有仁、吴作珍。另撤销代表职务2名：高尚志、文振藻。召开第二次会议时实有代表225名。

第二次会议至第三次会议之间，调离本行政区域代表2名：薛坦、何邦。召开第三次会议时实有代表223名。

第三次会议至第四次会议之间，去世代表1名：左彦甫。召开第四次会议时实有代表222名。

第四次会议至第五次会议之间代表变动：调离本行政区域代表4名：桂香山、邢庆云、朱夏华、李家政。去世代表1名：卢敏斋。召开第五次会议时实有代表217名。

第四节　市四届人大代表

一、代表产生及构成

市四届人民代表大会代表的选举工作，于1961年7月至10月在全市各个选区进行，经68243名选民投票选举，产生市四届人民代表大会代表212名。其中：妇女代表56名，占26.42%；共产党员130名，占61.32%；劳动群众38名，占17.92%；民主人士44人，占20.75%；连选连任的115名，占54.25%。

二、市四届人民代表大会代表名单（共193名，按姓名笔画排序）：

卜凡良、于从义、万家义、马仁居、马苍石、马惠君、王元良、王凤兰、王正金、王世双、王用予、王永延、王永祥、王良甫、王幸芝、王昌茂、王明湘、王秉衡、王金翠、王玲、王顺如、亢宏才、尹晶、邓礼兰、龙绍卿、田印潭、田英、丛树英、冯信、冯锦卿、邢郑民、朱铭珍、乔能英、伍清珍、华庭茂、向长庚、向桂珍、刘中奎、刘光荣、刘兴远、刘昌秀、刘显光、刘俊卿、刘祖英、刘福华、刘殿海、闫文秀、闫文第、闫金秀、闫钧、关明秀、江书森、许宝全、许宝秀、孙本镰、孙军、孙昌秀、孙浩、牟自富、牟振玉、芦秀兰、杜文礼、杜发秀、李大伦、李广印、李长桂、李克、李官祥、李恒祥、李爱珍、杨长森、杨权清、杨国义、杨实舜、杨俊、杨竞先、杨培真、杨焕其、杨淑轩、杨静林、肖伯勋、肖青、肖焕章、吴传典、邱文礼、何一樵、何大富、何太寿、何位东、余冰、汪光才、汪仲平、汪兴道、汪昌桂、宋怀钧、张玉、张世立、张再云、张寿人、张远扬、张志华、张坤芳、张明玉、张鸣谦、张学美、张品山、张家声、张德宽、陈光宗、陈光勋、陈光洪、陈光辉、陈纪秀、陈启富、陈忠贞、陈贵昌、陈基隆、陈瑞华、武荣华、范世美、林雄成、卓宇泉、易维林、罗邦兰、罗志远、罗善秀、罗善美、金初发、周文孝、周汉群、周全元、周宏秀、周昌介、周忠和、周绍华、周继钊、郑大珍、法正明、郎仁安、项克涛、赵茂林、赵明年、赵萍、赵喜珍、赵惠林、胡广品、胡兆清、胡思发、胡敦学、钟华坤、侯占太、姜朝熊、洪院凯、聂文亮、夏发义、高建业、郭敬信、陶玉萍、黄代文、黄孝明、黄声孝、黄秀英、黄素玲、梅祖秀、龚惠琴、鹿振中、望作安、梁德清、超明、彭万里、彭香珍、韩启英、韩宝三、粟征钦、喻子凤、傅守恭、童子浩、童沐天、曾益夫、曾德山、游启满、靳万春、蓝惟英、路存廷、简少林、简有山、蔡金先、蔡顺典、廖多模、谭受伦、颜士玉、潘桂英、魏文杰。

三、代表变动情况

市四届人民代表大会，共召开过两次会议。

各选区原投票选举产生的本届人大代表212名，后因白洋、点军、艾家等人民公社划入宜昌县而将宜昌市人大代表转为宜昌县人大代表19名：胡逢荣、李传祯、杨德才、吴祚珍、苗运福、黄启忠、罗成义、代光全、汪大定、蓝学坤、曾凡义、胡宏耀、覃秀英、陈世福、赵长贵、王世满、宋发义、林毓秀、胡家秀。召开第一次会议时实有代表193名。

第一次会议至第二次会议之间增选代表2名：亓连三、胡芝田。召开第二次会议时实有代表195名。

第五节 市五届人大代表

一、代表产生及构成

市五届人民代表大会代表的选举工作，于1963年3月至5月在全市各个选区进行，经65160名选民投票选举，产生市五届人民代表大会代表209名，加上军区选举的2名代表，驻宜武警部队选出代表1名，合计代表212名。其中连选连任的代表164人，占代表总数的77.6%；妇女代表59人，占代表总数的27.83%；共产党员121人，占代表总数的57.08%。此外，各民主党派、人民团体、工商企业界、科技界、医务界、教育界、文艺界、少数民族、人民武装力量、国家机关工作人员、宗教界、华侨界等等，都有相当的代表名额。既体现了以工人阶级为领导，以工农联盟为基础的人民民主专政的一面，也体现了人民代表大会广泛的人民代表性的一面。

二、市五届人大代表名单（共212名）

驻宜昌部队选出军人代表3名。

各选区选举代表209名（按姓名笔画排序）：卜凡良、于从义、于建忠、万家义、马苍石、马惠君、王元良、王凤兰、王正金、王永延、王永祥、王秀珍、王良甫、王明秀、王明湘、王秉衡、王金翠、王玲、亓连三、从树英、亢宏才、邓礼兰、邓顺兰、甘世新、龙绍卿、田生、田印潭、田秀英、田英、冯信、冯锦卿、邢郑民、朱明珍、乔能英、伍清珍、华廷茂、向长庚、向思可、刘玉寿、刘世亮、刘光荣、刘兴达、刘秀珍、刘昌秀、刘显光、刘俊卿、刘祖英、刘福华、闫文平、闫文秀、闫世玉、闫金秀、闫钧、江书森、汤大洪、许宝全、许荣华、孙兴仁、孙军、孙昌秀、孙浩、牟自符、牟振玉、芦秀兰、杜文礼、杜发秀、李大伦、李广印、李开秀、李凤林、李艾珍、李光秀、李光福、李家才、李新善、杨长森、杨实舜、杨俊、杨祖炎、杨竞先、杨培真、杨淑轩、杨静林、肖伯勋、吴传典、吴德盛、邱文礼、何一樵、何大富、何太寿、何汉民、何位东、余世英、余冰、余维秀、邹昌介、汪光才、汪仲平、宋光金、宋怀钧、张三杰、张玉、张世立、张再云、张寿人、张远杨、张志华、张坤芳、张明玉、张鸣谦、张学美、张品山、张家声、张福祥、张德宽、陈光宗、陈光勋、陈光辉、陈怀莲、陈启富、陈忠珍、陈泽耀、陈祖英、陈素秋、陈桂昌、陈基隆、陈翠华、武荣华、范世英、林雄成、易维林、罗邦兰、罗远志、罗善美、岳传岱、金祁发、周中和、周文孝、周玉清、周宏群、周绍华、周健、周继钊、郑大珍、郑昌秀、郑家玉、法正明、郎仁安、屈家凤、项克涛、赵明年、赵荣州、赵惠林、赵福经、郝永科、胡芝田、胡光品、胡兆清、胡思发、胡祖椿、胡敦学、钟华坤、段秀兰、姜朝雄、洪院凯、姚彩章、袁兆英、聂文亮、夏发义、徐保秀、高建业、高振东、郭敬信、陶玉平、黄代文、黄声孝、黄秀英、黄昌秀、黄素珍、黄静娟、鹿振中、望作安、超明、彭相珍、董世秀、韩材良、韩启英、韩宝山、韩斌、喻子凤、傅守恭、童子浩、童沐天、曾凡荣、曾光烈、曾益天、曾德山、游启满、靳万春、路存廷、简友山、简少林、蔡金先、廖多模、谭受伦、熊才杰、戴胜榜、魏文杰、魏树钦。

三、代表变动情况

市五届人民代表大会共召开过三次市人民代表大会会议。

召开第一次会议时实有代表212名。

第一次会议至第二次会议之间代表变动：去世代表3名：陈光勋、蔡金先、何太寿。调离和迁出本行政区域5名：周绍华、陈基隆、张德宽、洪院凯、胡广品。因犯有严重错误应予以撤换12名：王金翠、陈素秋、高建业、宋怀钧、华庭茂、向长庚、周忠和、易维林、周键、万家义、夏发义、熊才杰。有1名代表因有“四不清”问题而暂停代表职务。召开第二次会议时实有代表191名。

第二次会议至第三次会议之间，因《代表资格审查报告》缺失，故实有代表变动情况不详。

第六节　市六届人大代表

一、代表产生及构成

市六届人民代表大会代表的选举工作，于1965年10月至12月在全市各个选区进行，经68597名选民投票选举，产生市六届人民代表大会代表209名，加上驻军代表2名，合计代表为211名。其中，有连选连任的145名，有66名新当选代表。这66名新代表属于共产党员方面的4名，属于工会方面的9名，属于政府机关干部方面的有9名，属于农民方面的有8名，属于青年方面的有3名，属于妇女方面的3名，属于财贸方面的4名，属于手工业方面的6名，属于科技方面的5名，属于文教方面的4名，属于卫生方面的2名，属于驻军方面的1名，属于街道方面的8名。

二、市六届人大代表名单（211名，按姓名笔画排序）

于从义、于建忠、马苍石、马惠君、王元良、王曰志、王凤兰、王永延、王永祥、王冰、王秀珍、王良甫、王明秀、王秉衡、王玲、王玲蓉、王润清、王维顺、王铸九、王道秀、王德喜、亓连三、亢宏才、邓礼兰、邓顺兰、甘世鑫、石庭海、龙绍卿、田生、田印潭、田秀英、田英、冯信、冯锦卿、兰维英、邢郑民、朱平兰、朱青、朱铭贞、乔能英、伍清珍、向思可、向桂珍、刘小培、刘云锦、刘文清、刘世亮、刘光荣、刘昌秀、刘显光、刘俊卿、刘祖英、刘景钟、汤大洪、许宝全、许宝秀、许荣华、孙兴仁、孙军、孙昌秀、孙浩、牟自富、杜发秀、李万胜、李广印、李开秀、李艾贞、李兰芝、李民、李宝山、李春太、杨长森、杨实舜、杨春亭、杨俊、杨祖焱、杨竞先、杨静林、肖伯勋、吴传典、吴志文、吴德盛、何一樵、何大富、何汉民、何位东、余世秀、余冰、余维秀、邹昌介、汪永秀、汪仲萍、张三杰、张玉、张世立、张再荣、张寿人、张远扬、张志华、张坤芳、张明玉、张学美、张品三、张顺英、张振山、张家声、张福祥、陈义炳、陈元秀、陈光忠、陈光辉、陈怀莲、陈启孝、陈启富、陈泽耀、陈树民、陈祖英、陈桂昌、陈瑞华、武荣华、范士林、林树滋、林崇远、林雄成、罗邦兰、罗明贵、罗家珍、罗善美、金世龙、金初发、周文孝、周玉清、周继钏、郑大珍、郑家玉、法正明、郎仁安、屈定远、屈家凤、赵长仁、赵其玉、赵明年、赵海新、赵惠林、赵福经、郝永科、郝明源、胡芝田、胡兆清、胡志富、胡祖椿、胡敦学、柳金城、钟华坤、段秀兰、侯占太、姜朝雄、姚采章、姚诗华、袁绍英、聂文亮、钱东银、倪迎春、高振东、郭秀光、陶玉萍、黄代文、黄声孝、黄素玲、黄爱珍、黄能成、黄静娟、梅祖秀、鹿振中、章环珍、望作玉、望作安、望熙清、阎文弟、阎金秀、阎振江、梁光华、彭相珍、彭彦、董奎秀、蒋万春、韩村良、韩启英、韩斌、覃章源、喻子凤、傅守恭、童子浩、童沐天、曾凡秀、曾凡荣、曾质彬、曾益夫、曾德三、游启满、廖中华、廖多模、廖安荣、谭业富、谭受伦、黎开佩、黎其凯、颜仕玉、潘玉萍、戴胜榜、魏文杰。

三、代表变动情况

市六届人民代表大会期间，因只召开过一次市人民代表大会会议，故无代表变动情况的报告。

第七节　市七届人大代表

1966年5月，宜昌同全国一样进入了“文化大革命”时期，各地党政机关普遍受到冲击，政权机关陷于瘫痪，市人民代表大会也停止活动。1968年1月15日，经武汉军区党委批准，宜昌地区革命委员会成立；1月16日，经省军区党委批准，宜昌市革命委员会成立。1968年1月至9月，宜昌地区九个县一市（宜昌市）相继全部成立革命委员会。在长达10年的“文化大革命”期间，整个宜昌地区九个县一市均没有举行过人民代表大会代表选举，没有召开过一次人民代表大会会议，由革命委员会行使着各种权力。

1975年宪法规定：“中华人民共和国的一切权力属于人民。人民行使权力的机关，是以工农兵代表为主体的各级人民代表大会”“地方各级革命委员会是地方各级人民代表大会的常设机关，又是地方各级人民政府。”按照1977年10月中共中央召开的各省、市、自治区组织部长、统战部长会议关于人民代表大会有关问题的讨论意见，市革命委员会认定为市七届人民代表大会的常设机构。

第八节　市八届人大代表

一、代表产生及构成

1978年9月至11月，根据宪法规定和省委《关于召开县、市人民代表大会的通知》精神，经过充分酝酿，自上而下、自下而上的民主协商，广泛征求群众意见，选举市八届人民代表大会代表743名。其中：工农兵和其他劳动人民代表457名，占61.51%；知识分子代表74名，占9.96%；干部代表212名，占28.53%。代表中的妇女204名，占27.46%。

二、市八届人大代表名单（743名，在各代表团中按姓名笔画排序）：

地直、军分区代表团36名：丁保恒、于元盛、马昌久、王凌安、王静、邓启勋、石明光、冯振国、邢新年、华庆云（女）、向先明、刘天野、刘学纯、孙家党、杜照荣、李文清（女）、李明义、李善斌、杨长英（女）、吴保禄、吴章采、何士财、何大秀（女）、余秀山、宋兴发、张世卿、张和清、陆承裘、陈群如、林幼卿（女）、周和源、郑玉璋、徐汝潭、黄群（女）、曹素芬（女）、寇从桂（女）。

三三〇代表团20名：丁珍（女）、万兆樟、刘志毅、刘国强、李宝善、杨士斌、肖作仿、辛秀生、沈维义、易清和、周曰山（女）、郑进发、洪维刚、钱光义、徐良璧、唐家源、黄瑞荣、傅德兰（女）、曾维强、熊碧珍（女）。

市直机关代表团30名：万家义、王曰志、王占文、王淑珍（女）、王道良、亓连三、文振藻、亢宏才、冯锦卿、朱青、向发鄞、孙士钰、孙浩、杨本银、肖孚筐、宋玉琪、宋振忠、张健、陈维春、罗齐新、金正红、郑镐、秦燧泉、徐行、徐绍祥、高丕壮、黄显宁、董仁英（女）、喻子凤、童德秀（女）。

工业代表团72名：万启敏（女）、马中一、王远鑫、王林、王晓华、王维顺、毛树元、邓长城、龙家学、史道宁、代果能、冯宝山、朱世棣、向金运、邬炳南、刘发秀（女）、刘恭成、安持志、许学荣、孙会忠、孙忠洲、芦明林、杜开友、李凤英（女）、李永发、李达智、杨长英（女）、杨长森、杨国泽、肖典成、吴书诚、吴远朋（女）、吴志源、何华英（女）、何明协、何碧云、余明生、邹昌新、汪宏林、沈荣耀、陈世冲、陈明华、陈泉君、陈勤（女）、林曾兰（女）、周宗超、郑光军、郑兴坤、郑家才、赵文彬、胡运发、胡明泉、胡学荣、胡恒其、胡勇、胡森涛、俞斌、姜良才、徐宗连、徐炳昆、陶明远、黄国顺、黄选典、韩文炎、韩秀兰（女）、韩启斌、傅火林、谭宗秀（女）、熊传胜、熊国英（女）、熊德新、魏清华。

电子代表团20名：丁伟敏（女）、龙鸣、包世俊、许秀英（女）、苏开富、杜继旭、肖国民、张立鹏、张志林、张其英（女）、张锡城、陈正威、尚玉莲（女）、罗世孝、郑金健（女）、郭泗溢、龚道寿、梁振华、葛立民、谭明升。

化工代表团24名：丁云樵、马金波、王功杰、王国选、王明朋、刘道玉（女）、孙家念、李世俭、杨德本、宋邦煌（女）、张春基、张德英（女）、陈汝才、陈俊伯、陈祖耀、陈朝宜、金慈祥、郑立芬（女）、费世雄、袁怀金、晏开珍（女）、傅承保、曾庆琪、谢慧琴（女）。

纺织代表团35名：万玉珍（女）、万迺洪、山新田、王蘐斐（女）、朱太林、向永珍（女）、刘克诚、芦启云、苏丽琴（女）、李德炎、杨红卫、杨宗云（女）、杨淑轩（女）、余平章、余腊芝（女）、张正芹（女）、张明玉、张鹏芳、张新（女）、陈玉华（女）、罗圣英（女）、周玉兰（女）、赵祥兰（女）、柳发顺、高秉树、唐新民、黄平、黄立志（女）、黄发珍（女）、望西成、梁辉（女）、彭楚幼、谭圣齐、谭传英（女）、薛金娣（女）。

一轻代表团26名：马玉森、马孟玉、王达庆、王顺英（女）、兰世举、朱世树、刘宗伦、刘琴（女）、许宝全、严运舰、李光荣、杨本秀（女）、吴培德、张先录、张顺清、陈光秀（女）、陈华夏、郑岐山、屈定远、赵淑珍（女）、胡章禄、胡敦学、彭信义、韩启富、敦先春、谭振元。

二轻代表团35名：马桂生、王正善、王丕凡、王援吉、邓国富、卢永凡、白厚珍（女）、朱光寿、向宏珍（女）、刘广明、孙长福、杜远志、李明福、杨忱（女）、吴传芳（女）、吴作贵、何大金（女）、邹昌镇、张士亮、张祥芬（女）、陈华年、范庭元、欧阳本浩、周元章、屈克齐、袁洪章、高洪汉、郭望平、唐新富、黄英（女）、望作满、蒋成贵、傅汉、鲁巧云（女）、童惠芳（女）。

交通代表团22名：万德平、王长华、吕登安、乔士杞、向远圣、向思政、刘洪、江义贵、杜清远、闵成贵、汪清泉、张俊芳（女）、范义正、屈建、赵长庚、赵其双、胡发良、秦才富、徐昌仁、彭崇贵、韩永柱、翟秀龙。

基建代表团34名：山阳春、马苍石、王家兴、华连忠、向先明、向兴家、刘礼宝、芦开金、李明典、李建勋、李道秀（女）、杨培廉、吴绍宜、沈良珍（女）、沈明芝（女）、宋仁甫、宋振羽、陈华杰、陈启富、陈凯甲、林排生、周志平、周福昌、胡华清、黄正秀（女）、曹宜伦、望开森、彭宗财、韩永州、程开孝、敦先厚、黎祥兰（女）、潘正勤、魏兴凡。

城建房管代表团21名：王绍海、牛文全、向家才、刘长贵、刘昭万、祁启宽、苏长贵、李文和、何汉民、汪家发、张长富、张秀珍（女）、张启英（女）、陈欣钊、郑光凯、赵昌节、柳长明、俞大芝（女）、崔勤学、彭定祥、冀学新。

综合代表团（科委、计划委员会、劳动、物资）19名：卜凡良、方财兴、冯永新、吴文芳（女）、张永昌、张洪一、陈文忠、陈余碧（女）、罗良寿、洪学勤、顾玉庆、倪忠俊、高秉望、郭本惠（女）、郭金才、曹诗清、鹿振中、鲜于开复（女）、颜道行。

港务局代表团16名：于水香、王祖才、长春英（女）、刘又明、陈振兴、陈桂华（女）、周本裕、周荣华、周航、胡成孝、胡祖椿、桓大力、涂才兴、覃泽胜、路洪群、熊佳昆。

船厂、红光代表团16名：朱世亮、刘和岑（女）、苏立元、杜荣杰、李明柱、吴进洪、岑仲伏、佘青山、张庆安、张家荣、罗邦森、秦继红（女）、高炳焕、彭福喜、虞德海、魏青山。

棉纺、纺机代表团25名：王国栋、卞周钰、尹坚、代方秀（女）、冯友芹、刘长祜、孙梅娣（女）、李爱芝（女）、杨开珍（女）、杨仁智、杨汝洪、吴雅（女）、罗军（女）、周春香（女）、孟亚萍（女）、赵永智、赵华山、胡景友（女）、段鑫田、崔士田、董桂珍（女）、韩启慧（女）、傅仁礼、谢守镛、熊宝光。

红缆、五一五、开关代表团21名：王法章、尤先喜、朱纪龙、向阳、刘仁庆、李美侠（女）、何三荣（女）、张忠信、陈显卿、陈祥妊（女）、郑湣（女）、官其林、孟宪忠、赵怀权、钮曾荫、倪明之、徐传湘、曹林发、蒋和囡（女）、韩玉林、甄守德。

中南橡胶厂、宜昌药厂代表团20名：王才常、王国贵、王治登、王承力、王春松、吕绍先、朱兴和、刘作秋、江德贵、芦文乐、杨昌植、杨德明、宋景隆、易仁彪、屈克英（女）、姜奎凤（女）、袁业翠（女）、高玉环（女）、高宜新、黄定明。

农业代表团69名：王正玉（女）、王世兵、王乐安、文显文、邓茂亭、艾光金、向方清、刘传新、刘良才、刘宗高、许治佳、孙发富、牟少富、牟自楷、牟自槐、芦发文、杜培泽、李文学、李邦孝、李有仁、李承木、李新云、李德元、杨本英（女）、杨海远、杨家新、邹达浩、闵先荣、闵恕芝、汪敬祖、宋邦泉、张心美（女）、张秀英（女）、张炳仁、张冠明、陈元秀（女）、陈仁松、陈文发、陈世红（女）、陈光洪、陈佩兰（女）、范世英（女）、岳呈洪、周达告、周达菊（女）、周进昌、周连贵、周宏玉、周道秀（女）、郑吉品、屈家才、赵国强、赵敢英（女）、胡运金（女）、钟天林、袁明忠、倪文节、郭以琨、郭翠玉（女）、黄廷全、阎义章、童义如、简邦富、廖再新、谭宏道、谭宏勤、翟坤秀、潘良臣、穆运树。

宣教战线代表团54名：王为芳（女）、王正秀（女）、王永团、王有前（女）、王良甫、王学秀（女）、毛敬白、史元杰、朱明新、向永浩、刘传旺、刘志贵、刘英奇、刘美玉（女）、孙家杰、牟宗梁、杜汉一、李鉴、杨志远、杨实舜、杨竞先、肖铁生、吴仲辉、吴宪征、汪维安、宋燕盛、张义海、张世立、张其安（女）、张原、陈东湘、陈国璋、陈泽耀、陈耀南、罗正忠、罗家珍（女）、周良佐、胡希孟（女）、姚家荣、袁正新、徐源芬（女）、黄太年、黄韫英（女）、阎文弟、阎永敬、梁世能（女）、覃新梅（女）、曾绍松、靳万春、靳嘉熙（女）、路治国（女）、黎实夫、薛国楚、魏传华。

财贸战线代表团56名：王大富、王久玉（女）、王全梓、王冰（女）、王志学、王复华（女）、占庆元、田正华、田印潭、史昌远、白生瑞、任国英（女）、刘世平（女）、刘传燕（女）、刘阳富、刘学珍（女）、刘宜华（女）、孙承铨、杜荣琳（女）、李子华、李世珍（女）、李明伦、李培文、李绪平、李景钊、杨干生、杨昌槑、杨祥兰（女）、何思远、宋晋生、张世炎、张远扬、张宗贤（女）、张爱莲（女）、张家声、张赐奇、陈洪源、陈祖珍（女）、陈淑华（女）、范世林、罗明贵、周凤昌（女）、周汉生、屈林珍（女）、赵德仁、钟邦衡、姚崇民、贺云臣、徐品山、黄代福、黄明英（女）、曹秀华、曹燕叔、章奇林、韩邦杰、傅美章（女）。

政法街道代表团72名：丁华秀（女）、丁克炳、万培信、马惠君（女）、王子芳（女）、王先彩、王秀琴（女）、王明秀（女）、王建国、王振声、王铸九、孔祥珍（女）、艾祖斌、叶福旺、向培英（女）、刘秀祥（女）、刘修武、刘燕秋（女）、汤兆凤（女）、孙昌秀（女）、严珍菊（女）、杜开秀（女）、李关秀（女）、杨运惠（女）、杨国秀（女）、杨静林（女）、肖柏松、吴承秀（女）、何位东、何怀英（女）、谷元基、汪永秀（女）、汪仲萍（女）、张三英（女）、张玉贞（女）、张洁清、陈义炳、陈顺英（女）、陈祖英（女）、陈翠华（女）、范卫民、周玉清（女）、周盛英（女）、周勤（女）、郑家玉（女）、胡世立、胡学堂、段秀兰（女）、莫锦珍（女）、夏明照、高宏准、郭敬信、陶玉萍（女）、黄长兰（女）、黄正发、黄正华（女）、黄秀英（女）、黄明秀（女）、黄显秀（女）、黄辉秀（女）、崔平秀（女）、康孝华（女）、望熙珍（女）、阎文秀（女）、蒋国英（女）、谢国清（女）、简道秀（女）、廖素英（女）、谭秀光（女）、熊宏芬（女）、熊英秀（女）、熊昌驹。

三、代表变动情况

市八届人民代表大会期间，因只召开过一次人民代表大会会议，故无代表变动情况的报告。

第九节　市九届人大代表

一、代表产生及构成

1980年，首次实行由选民直接选举市人民代表大会代表。市九届人民代表大会代表的选举工作，于1980年9月至11月在全市147个选区进行，经217341名选民的投票选举，选举产生市九届人民代表大会代表250名。其中：工人85名，占34.00%；农民12名，占4.80%；干部56名，占22.40%；知识分子56名，占22.40%；军人3名，占1.20%；爱国人士7名，占2.8%；其他劳动者22名，占8.8%，归侨5名，占2.00%；少数民族4名，占1.60%。非中共党员80名，占32.00%；妇女68名，占27.20%。年龄在35岁以下的35名，占14.00%；36岁至55岁的161名，占64.40%；56岁以上的54名，占21.60%。大专以上56名，占22.40%；中专12名，占4.80%；中学125名，占50.00%；小学56名，占22.40%；文盲1名，占0.40%。

二、市九届人大代表名单（250名，按姓名笔画排序）：

丁少东、丁明秀（女）、万逎洪、万德平、马守丹、马苍石、马明顺、马彩霞（女）、马惠君（女）、王子兰（女）、王中沸、王长福、王正英、王贞孝（女）、王冰（女）、王远珍（女）、王远超、王宏兰（女）、王青松、王英华、王治元、王学秀（女）、王宗应、王振声、王根姐（女）、王梅地、王维顺、亓连三、牛书平、卞周钰、卞肇义（女）、文振藻、亢宏才、尹公月（女）、艾书林、古志文、石碧辉（女）、龙应华、龙鸣、帅业松、叶少云、叶圣玉（女）、叶伟明、叶钟珏、叶德复、申万铭、田印潭、付先伟、付莲凤、代善秀、代道富、冯锦卿、刑郑民、过文龙、吕德华、朱正懿、朱青、朱洪元、朱辕、华庆云（女）、华珂（女）、向桂珍（女）、向家全、向培英（女）、刘世亮、刘发兴、刘吉英（女）、刘达秀（女）、刘传旺、刘作秋、刘英奇、刘宜华（女）、刘润华（女）、刘家庆、刘崇智（女）、江再珍（女）、安持志、许国贤、许宝全、许宝秀（女）、许冠瑞、阮真新、孙长立、孙永太、孙昌秀（女）、孙承铨、孙品炎、孙继光、牟少富、芦正英（女）、芦明林、苏志爱、杜汉平、杜成章、杜远金、杜荣琳（女）、李木兰（女）、李曰刚、李仁芳、李文才、李永发、李民、李吉文、李作荣、李其木、李玲阁、李胜利、李道美、杨玉明（女）、杨自洲、杨守朴、杨宜发、杨实舜、杨俊、肖玉南（女）、肖铁生、肖镜明、吴作春、吴忠杰、吴恒钦、吴培德、邱生、邱振高、何位东、余世英（女）、余冰、余明生、狄成祥、邹美芸(女)、辛丹凤、辛根富、闵成贵、汪白若、汪敬祖、沈玉成、沈清濂、宋惠（女）、宋景隆、张三英（女）、张开龙、张天祥、张文发、张玉珍（女）、张世立、张远扬、张秀英（女）、张鸣谦、张星秀（女）、张选东、张俊丰、张洪一、张原、张健、张浩（女）、张道明、张键、张端英（女）、陆银如、陈士佳、陈义炳、陈世柱、陈永康、陈光珍（女）、陈传江、陈顺昌、陈祖英（女）、陈福久、陈群如、苑学景、范卫民、范世英(女)、林秀彬、明友荣、易夫、易继纯、罗成金、罗志琨、罗志琨、罗勤友、岳忠权、金桂兰（女）、周之清、周世锦(女)、周东波、周全昌、周绍良、周航、郑光凯、郑克惠、郑家玉（女）、屈大菊（女）、赵彤、郝贵庸、郝逢武、胡兴华、段素芳（女）、姜立忠、姜材熙、姜振孝、秦启厚、袁三大、袁世君（女）、袁传仁、袁家希、夏志亮、顾国钧、倪忠俊、徐成明、徐行、徐宇杰、郭敬信、唐春道、唐贵宝、唐家义、黄云昌、黄仁厚、黄韫英（女）、曹宜伦、曹宜美（女）、曹积成、曹家宽、常啸波、崔平秀（女）、崔传礼、鹿振中、章明洪、阎文弟、阎文锦、梁林珍（女）、蒋明德（女）、韩文炎、韩庆章、程伯中（女）、程忠诚、童沐天、童惠芳（女）、曾凡荣、曾绍松、曾德芳（女）、游德培、鄢国培、靳嘉熙（女）、鲍敬新、蔡体华、蔡琳花（女）、管志（女）、廖明秀（女）、廖素英（女）、熊天赉、樊哲英（女）。

三、代表变动情况

召开市九届人大一次会议时实有代表250名。

第一次会议至第二次会议期间的代表变动：去世代表3名：何汉明、刘会龙、过文龙。罢免代表2名：刘发兴、叶少云。补选代表6名：刘广明、周福昌、向兴家、金正红、宋世昌、冯章友。召开第二次会议时实有代表251名。

第二次会议至第三次会议期间代表变动：去世代表1名：杨俊。调离本行政区域代表4名：沈玉成、王梅地、姜材熙、邱生。补选代表1名：刘宗山。召开第三次会议时实有代表247名。

第十节　市十届人大代表

一、代表产生及结构

市十届人民代表大会代表的选举工作，于1984年2月至4月在全市153个选区进行，经246254名选民直接投票选举产生市十届人民代表大会代表254名。其中：共产党员代表165名，占64.96%。妇女代表71名，占代表总数的27.55%。工人代表61名，占24.02%；农民代表12名，占4.72%；知识分子代表62名，占24.44%；干部代表77名，占30.31%；解放军代表3名，占1.18%；其他劳动者代表18名，占7.09%；民主党派和无党派爱国民主人士代表9名，占3.54%；归侨台胞代表6名，占2.36%；少数民族代表6名，占2.36%。

二、市十届人大代表名单（254名，按姓名笔画排序）：

丁立新、丁雪群、万一之、马苍石、马金喜、马彩霞（女）、王子兰（女）、王曰志、王中沸、王正国、王正清、王功杰、王有前（女）、王自义、王冰（女）、王问娥（女）、王怀芳（女）、王明章、王治元、王定强（女）、王重农、王顺英（女）、王保禄、王俊峰、王维顺、王斯延、尤竹君、牛全贵、卞肇意（女）、方庆模、尹艳华（女）、孔祥英（女）、邓长城、左铁玉（女）、石碧辉（女）、卢兆策、叶传经、叶钟珏、叶家振、田义清、史昌远、付桂花（女）、代之材、乐厚海、冯中衡、冯永发、冯远汉、冯锦卿、兰毓斌、朱太义（女）、朱正懿、朱兴华、朱青、朱国炎、朱浩钧、华庆云（女）、向兴家、向秀云（女）、向育生、向桂珍（女）、向培英（女）、刘大勤、刘文渊、刘吉英（女）、刘达秀（女）、刘克诚、刘国斌、刘宜华（女）、刘笃仁、刘洪杰、刘艳芝（女）、刘康明、刘燕秋（女）、闫春林（女）、关仲元、江秀英（女）、汤联强、安特志、孙承铨、牟少富、牟立华、苏志爱、杜乃贵、杜开元、杜远金、杜锡慧（女）、巫明才、李万胜、李卫东、李木兰（女）、李文青、李双珍（女）、李守彬、李克、李作云、李其木、李茂和、李林（女）、李林斌、李国秀（女）、李明成、李明伦、李炎林、李建桥、李显明（女）、李泉、李惠文（女）、杨长森、杨玉明（女）、杨本玉、杨秀芹（女）、杨尚贤、杨宜发、杨承忠、杨桂均、杨浩忠、杨梅媛（女）、杨黑丽（女）、肖卫民、肖柏松、吴克家、吴怀亮、吴良英（女）、吴宪征、吴培德、吴菊麟、吴雅（女）、邱正华、邱孝光、何宏军、余庆富、余泽惠、冷孟祥、辛丹凤、汪元新、汪敬祖、汪福祥、宋景隆、张世湘（女）、张远扬、张运舒、张孝昌、张忠民、张鸣谦、张学琼（女）、张思锋、张淑贞（女）、张强、张键、陈义炳、陈义章、陈仁琪（女）、陈凤英（女）、陈永康、陈光迪、陈传江、陈作俊、陈宏森、陈泽耀、陈修伟、陈祖庆、陈颂清（女）、陈培根、陈维怡、陈福久、陈翠华（女）、范卫民、范世英（女）、范忠芳（女）、范庭元、范炳煊、范野萍（女）、范震福、林天枫、易礼金、易新元、罗世琨、罗家珍（女）、罗醒民、岳忠权、金正洪、周义新、周纪康、周宏宽、周国楷、周祖芹（女）、郑守仁、屈大珍（女）、孟亚萍（女）、项莉芳（女）、赵长全、赵长英（女）、赵世超、赵彤、赵益三、郝逢武、胡正美（女）、胡礼维、胡发全、胡君继、胡质彬（女）、钮曾荫、闻仁煊、姜振孝、祝国樑、费鑫培、秦刚、秦启厚、袁晓莲（女）、袁家希、夏小云（女）、顾国钧、钱石麟、倪忠俊、徐行、徐春浩、高华章、高运光、郭学韵（女）、郭德华、唐文高、涂燕（女）、容加利、黄洪一、曹积成、曹榆林、常立柱、崔传礼、章明洪、望开萍（女）、梁振华、梁继坪、彭彦（女）、董廷沛、董慕尧、韩文炎、韩永高、韩启华、覃鏑山、喻柏秀（女）、程灶清、曾德芳（女）、鄢国培、蔡琳花（女）、鲜于开馥（女）、廖自成、廖素英（女）、谭联喜、熊昌驹、黎和平、颜邦殿、颜钟一、潘运莲（女）、魏焰光。

三、代表变动情况

召开市十届人大一次会议时实有代表254人。

第一次会议至第二次会议之间代表变动：调离本行政区域代表2名：吴雅、鄢国培。去世代表1名：岳忠权。召开第二次会议时实有代表251人。

第二次会议至第三次会议之间未发生代表变化情况。召开第三次会议时实有代表251人。

第三次会议至第四次会议之间有3名代表调离宜昌市（在原《代表资格审查报告》中只写了代表增减人数而未写其姓名）。召开第四次会议时实有代表248人。

第十一节　市十一届人大代表

一、代表产生及构成

1986年12月，国务院批准市设立西陵、伍家岗、点军三个市辖区。1987年7月，区、乡两级人大换届选举同步进行，到1987年10月上旬，三个区共选举产生代表370人；四个乡共选举产生代表166人。1987年11月中旬，各区首届人大一次会议和各乡新的一届人大一次会议全部召开，完成了区级人大代表选举和乡级人大换届选举工作。在各区首届人大一次会议上选举产生市十一届人民代表大会代表222名。

222名代表的构成：中共党员152人，占68.47%；妇女57人，占25.68%；少数民族11人，占4.95%。按代表阶层划分：工人37人，占16.67%；农民13人，占5.86%；军人1人，占0.45%；干部80人，占36.04%；知识分子59人，占26.58%；归侨3人，占1.35%；其他29人，占13.06%。按年龄结构划分：35岁以下51人，占22.97%；36岁至55岁147人，占66.22%；56岁以上24人，占10.81%。按文化结构划分：小学10人，占4.50%；中学104人，占46.85%；中专29人，占13.06%；大专以上79人，占35.59%。

二、市十一届人大代表名单（222名，按姓名笔画排序）：

马苍石（回族）、马启英（女、回族）、马明亚、马彩霞（女、回族）、王久顺、王文兰（女）、王永祥、王启华（女）、王杰、王金华、王治文（女）、王振声、王家玉（女）、王淑珍（女）、王维顺、王辉荣（女）、王湘（女）、王瑞蓉（女）、韦有竹（女）、卞周钰、方学辉、方振东、邓少祥、邓贤金、石宝崑、冉隆群（女）、乐炳康、冯万英（女）、朱正懿、朱兆珍（女）、朱绍炎、朱盛怀、华仲伦、向林（女、土家）、刘一是、刘元香、刘孔杰、刘东南、刘民柱、刘光玉（女）、刘茂明、刘学文、刘养正、刘家修、刘家琴（女）、刘康民、闫章英（女）、米兆福、许忠正、阮祥润、孙承铨、牟少金、严永柱、芦志海、卢维珍（女）、杜乃贵、杜家梅（女）、杜祥云、杜德良、李万胜、李木兰（女）、李芝绪、李有亮（女）、李华春、李华章、李克、李良新、李玲阁、李荣珍（女）、李诵国、李家平、李清香（女，土家族）、李善述、李毓林、李德贵、杨天梅（女）、杨成南、杨华、杨守植、杨承忠、肖汉华、肖运梓、肖昌发、肖桂兰（女）、肖道根、吴宪征（土家族）、吴培德、邱忠安、何天成、何仁琼（女）、何凤琴（女）、何宏军、余士尉、余开先、余龙喜、余庆富、邹华敏（女）、邹旭昌、辛丹凤、汪家发、汪家会（女）、汪敬祖、汪道才、汪道全、宋玉琪、宋景隆、张开明、张少清、张世栋、张延年、张兆云、张兴本、张克俭、张连生、张忠民、张忠信、张岳忠（女）、张学琼（女）、张思锋、张振国、张海春、张琼龄、张锡成、张德林、陈义章、陈长太、陈光迪、陈远才、陈治平、陈祖庆、范卫明、范庭元、范炳煊、范家庆、林家瑜、罗枝福、罗泰富、罗家珍（女）、罗家烂、罗清泉、罗勤新、岳庆坡、岳祥松、金惠英（女）、周仁法、周光明、郑永都、郑启元、郑焕兰（女）、官昌贵、官德锦、屈鹏、屈耀富、赵近春、赵怀权、赵英桥、赵忠琪、郝逢武、胡发全、胡湘宜（女）、柳运秀（女）、柳祖凤（女）、战玉栋、段守明、段素芳（女）、姜建设（女）、姜跃塔、秦继满、秦燧泉、袁前玉（女）、聂国安、顾国钧、倪忠俊、倪高凤（女）、徐忠芳（女）、高宏准、高秉银、高德书（女）、郭海晏、唐文高（土家族）、涂玉玲（女）、陶柱云（女）、黄大钧、黄良荣、黄英（女）、黄承章（壮族）、黄壁君、梅元超、龚邦祯、崔传礼、笪云飞、望红（女）、梁永跃、梁继平、彭小勤（女）、彭涛（满族）、董华儒、蒋仲德、韩文炎、韩永高、韩德锋、覃卫、覃鹏（土家族）、程林发、程德文、鲁作青（女）、曾昭喜（女）、曾德芳（女）、游海萍（女）、谢远照、雷言弟、雷森策、简安琼（女）、廖元汇、谭玉梅（女）、谭昌炽、熊昌驹、熊秋慧（女）、黎庭芳（女）、戴振声、戴斌、魏靖。

三、代表变动情况

召开市十一届人大一次会议时实有代表222人。

第一次会议至第二次会议之间代表变动：调离本行政区域代表2名：王启华、张延年。去世代表1名：崔传礼。召开第二次会议时实有代表219名。

第二次会议至第三次会议之间代表变动：调离本行政区域代表4名：刘康民、张世栋、张振国、魏靖。罢免2名代表：牟少金、张锡成。补选1名代表：李达智。召开第三次会议时实有代表214名。

第三次会议至第四次会议之间代表变动：调离本行政区域代表1名：李毓林。去世代表1名：马苍石。罢免代表职务1名：乐炳康。补选代表6名：粟凯、汤涛、金泽兰、侯祖启、兰庆文、李清福。召开第四次会议时实有代表218名。

第四次会议至第五次会议之间代表变动：调离本行政区域代表1名：许忠正。去世代表1名：曾绍喜。补选代表3名：李家余、邹心荣、田夫。召开第五次会议时实有代表219名。

第二章　地市合并后
宜昌市人民代表大会代表

《中华人民共和国全国人民代表大会和地方各级人民代表大会选举法》规定："设区的市、自治州的人民代表大会的代表，由下一级人民代表大会选举。"据此，地市合并后的市一届至五届人民代表大会代表，由市辖各区、县（市）人民代表大会和中国人民解放军宜昌驻军等选举单位，根据市人大常委会分配的名额选举产生。

第一节　市一届人大代表

一、代表产生及构成

1992年3月，经党中央、国务院批准，宜昌地区与市合并，成立新的宜昌市，实行市领导县体制。

市一届人民代表大会代表选举工作，于1992年4月至8月在全市各县、市、区和中国人民解放军驻宜昌部队共17个选举单位中，选举产生市一届人民代表大会代表495名。其中：工农代表129名，占26.06%；干部代表131名，占26.46%；知识分子代表108名，占21.82；民主党派、无党派爱国人士、归国华侨代表15名，占3.03%；解放军代表5名，占1.01%；妇女代表107名，占21.62%；非中共党员代表132名，占26.67%；少数民族代表53名，占10.71%。

二、市一届人大代表名单（495名，在各代表团内按姓名笔画排序）：

宜昌县（55名）：王心敏、王世秀（女）、王世智、王家炎、王继雄、文成国（土家族）、邓守海、邓联合、甘立昌、艾光忠、田延龙、付高朗、皮祟斌、朱振兴、全世忠、刘长龙、刘兴虎、刘宗发、江明新、杜支明、杜银远、李诵国、杨一民、杨正英（女）、杨代平、肖家甫、何劲豪、冷孟祥、汪诗宜、宋聪远、陈华远、陈行镐、陈志全、陈国秀（女）、陈祖国、陈海科、庞代学、赵开伦、赵永海、赵金秀（女）、胡庭莲（女）、姜跃塔、聂开梅（女）、郭汉惠（女）、郭达新、郭定菊（女）、商志春（女）、商克勤、望西干、望运喜、阎永祥、彭永炎、雷红（女）、蔡开治、谭业明。

枝城市（39名）：王达轩、王兴培、王胜炎、王肇华、孔凡荣、邓绍芬（女）、冉绍荣、朱颖（女）、刘传华、江义珍、江代兰（女）、杜爱民（女）、李昌宽、李和奎、李振清、杨如意、吴淑光（女）、张仁毅、张昌富、陈国喜、周从金、周光球、周启圣、胡汉珍（女）、段绍珍（女）、徐宏金、徐荣耀、涂成义、黄春、曹光喜、龚尚玉、龚尚华、崔永祥、阎友法、喻可昶、程启木、谢远照、蔡秀顺、谭德绥。

枝江县（53名）：万可望、万忠玉（女）、马国菊（女、回族）、王明义、王梅春、方正美、方立红（女）、方绍祖、卢莲玉、冯心德、毕昌荣、朱政文、向大钦、刘玉桂（女，土家族）、刘克毅、刘秀兰（女）、刘灵芝（女，土家族）、刘德发、李万清、李业萍（女、回族）、李国普、李学良、李厚荣、李登兰（女）、李新卿、肖学松、肖顺发、何克发、何国秀（女）、余宏义、张子仪、张为民、张永政、张进国、张春梅（女）、陈安文、陈启贵、周围、周登品、郑兴华（女）、钟成国、洪秋华（女）、姚高奎、袁祖凤（女）、涂兴喜、曹玉、龚书玉（女）、蒋远华、覃祖文、傅昌杞、鲁永全、廖达凤（女）、潘勤（女）。

当阳市（47名）：万承全、王大海、王万泉、邓启勋、田科荣（土家族）、冯士明、冯淑珍（女）、吕宗林、朱吉祯、刘萍（女）、刘康明、许家美（女）、孙国芳（女）、李定钧、李建华、李爱华（女）、杨天芳（女）、杨述芬（女）、肖祖成、肖楚云、吴雁雁（女）、余世荣、邹运铮（女）、邹学勤、邹辑（女）、张宇平、林爱萍（女）、周云焕、周友金、周余贵、郑师华、孟丽萍（女）、胡传柱、胡学斌、洪义华、敖万建、唐开恕、黄久富、曹继禹、戚荣发、龚传喜、阎志华、阎德才、辜家美、曾宪荣、曾毅、谢发麟。

远安县（25名）：王远璋、王杰、方国兰（女）、邓作元、向有志、邬传荣、刘忠钰、江昌勤、李泽泉、杨先桃（女）、吴承富、汪正江、陈代英（女）、易绍训、罗道学、周述党、周宗龙、赵泽林、赵复武、胡长品、胡发喜、胡泽玉、黄金荣、傅家柏、廖智轩。

兴山县（21名）：王风满、申建国、刘代军、许代乾、李作志（土家族）、李德刚、杨宗焱、吴启雄、易行运、岳忠贤、柏世友、侯君莲（女）、郭子槐、郭文、黄代坤、黄家棣、曹向阳、龚福达、韩定慧、韩常干、谢化愚。

秭归县（40名）：马学海、马德钿、王大生、王启宝、王英（女）、邓柏华、艾铨勤、冯平（女）、向立坚、向京、向培英（女）、刘木添、许克棟、严千铭、杜远平、李应胜、李德炳、杨万贵、杨云峰、吴志国、何天诚、余庆富、汪元良、张涌（壮族）、陈华胜、周立成、郑光富、郑家圣、赵士胜、胡勇娥（女）、钟林（女）、秦学洪、袁学兴（女）、梅峰、梅敬威、龚超、彭会银、谭本宜、熊佳鋆、颜道隆。

长阳土家族自治县（42名）：王传汉（土家族）、王明菊（女，土家族）、王祥荣、孔凡荣（土家族）、邓帮国（土家族）、石慰平（女）、任平、向远菊（女）、向贤和（土家族）、向洪星（土家族）、刘书金、刘德春（土家族）、汤维才、许汝山（土家族）、孙金键、杜运成、李昌清（土家族）、李善林（土家族）、余礼富（土家族）、邹维端、张万里（土家族）、张桂珍（女）、张盛强（土家族）、张裕国（土家族）、陈鸿清、金克勤、周大斌、周荣桂（女）、郑举国、官小莉（女）、胡松源（土家族）、侯贵润（土家族）、姚文梅（女）、徐春浩、梁书瑜、彭传海（土家族）、彭根鹏、覃守宪（土家族）、覃晓红（女，土家族）、傅继涛、雷元海（土家族）、雷照军（土家族）。

五峰土家族自治县（24名）：于平（女）、文万照（土家族）、邓立新（土家族）、田开秀（女，土家族）、田纯晶（土家族）、宁定中、宁帮彦、朱常渭、向丽（女，土家族）、刘兴菊（女，土家族）、李绍忠、吴启华、邹昌奎、宋廷武、张兴旺、罗官章（土家族）、胡庆洋（土家族）、钟裕锟（土家族)、骆勋(女)、覃士林(土家族)、鲁国雄、鲁德喜、曾宪长、雷德全(土家族)。

西陵区(85名):马大铨、马明亚、马彩霞(女、回族)、王云霞(女)、王兴全、王进、王征(女、侗族)、王治山、王厚敏(女)、王敏、王雄凤(女)、方学辉、甘泽清、丘万昌、吕志荫、任康铭、任超男(女)、刘不朽、孙明明、孙朝元、杜乃玉(女)、杜宜生、杜德全、李芬林(土家族)、李家余、杨树鑫(白族)、杨继学、肖昌发、吴贵恩、何仁琼(女)、邹明武、邹明富、汪安华(土家族)、宋兴安、宋实海、张正安、张兴本、张杏芬(女)、张兵、张鸣谦、张金铸、张泽勇(土家族)、张美霞(女)、张敦阳、张瑞林(女、回族)、陈义章、陈长太、陈志万(女)、陈祖庆、陈益文、陈慕华(女)、范卫民、范钟明、林秀珍(女)、林家瑜、易仁华、罗其华、罗清泉、郑少明、郑焕兰(女)、赵先觉、赵妙仙(女)、赵新民、胡先锋、胡键、侯广忠、秦燧泉、柴广顺、钱金奎、唐文高(土家族)、黄扩明、曹卫东、崔树林、梁宗珍(女)、彭必源、董光波、蒋艳玲(女)、粟凯、程山、曾浩、游海萍(女)、詹佑华、熊长驹、黎新秀(女)、颜克鑫。

伍家岗区(42名):王合民、王金玉(女)、冉隆群(女)、朱达礼、朱忠尧、向启先、刘旭辉、刘顺萍(女)、刘家修、刘道荣、江秀芳(女)、李华章、李国树、李学新、李建英、李继中(土家族)、李景信、杨让尧、肖家栋、何业枞、张学琼(女)、张宜陵(女)、张敏成(回族)、陈正新、范庭元、林奇青、易继纯、周卜新、项莉芳(女)、赵桓忠、饶建年、姜正国、秦文英(女,土家族)、聂焱华、徐旭、郭启龙(女)、郭泗溢、黄忠富、崔瑞莲(女)、鲁正定(女)、薛果夫、戴振声。

点军区选举代表22名:王世才、王金华、王淑珍(女)、兰庆文、匡天文、吕志桂(女,土家族)、朱国珍(女)、朱德兵、李达智、李春堂、李家英(女)、杨守植、吴中海、吴建宁、罗家灿、周仁法、周兆发、侯祖启、姚代荣、程林发、傅显铭、裴学元(土家族)。

三、市一届人大代表变动情况

市一届人民代表大会共召开五次会议。

召开第一次会议时,实有代表495名。

第一次会议至第二次会议期间代表变动情况:补选代表2名:官德锦、雷森策。召开市一届人大二次会议时实有代表497名。

第二次会议至第三次会议期间代表变动情况:调离本行政区域的代表8名:姜跃塔、刘克毅、陈安文、邹学勤、黄代坤、艾铨勤、鲁德喜、林奇青。去世代表2名:王祥荣、侯君莲。补选代表1名:王道本。召开市一届人大三次会议时实有代表488名。

第三次会议至第四次会议期间代表变动情况:去世代表2名:全世忠、陈祖庆。补选代表7名:朱吉荣、郭远章、张天文、杨木生、王少愚、田太富、陈如意。召开市一届人大四次会议时实有代表493名。

第四次会议至第五次会议期间代表变动情况:去世代表2名:邓启勋、傅显铭。罢免代表1名:周仁法。调离本行政区域代表2名:潘勤、易继纯。补选代表6名:赵其燮、李亚隆、冯万林、杨诗亮、周其斌、曾庆年。召开市一届人大五次会议时实有代表494名。

第二节 市二届人大代表

一、代表产生及构成

1997年3月前，市人民代表大会代表进行了换届选举。各县市区人民代表大会和驻宜昌部队军人代表大会选举产生市二届人大代表396名，其构成是：工人农民160名，占代表总数的40.40%；知识分子77名，占代表总数的19.44%；干部136名，占代表总数的34.34%；人民解放军和武警5名，占代表总数的1.26%；归侨2名，占代表总数的0.51%；其他16名，占代表总数的4.04%。代表中，非中共党员107名，占代表总数的27.02%；少数民族代表47名，占代表总数的11.87%；妇女代表82名，占代表总数的20.71%。

二、市二届人大代表名单（396名，在各代表团内按姓名笔画排序）：

宜昌县（45名）：王乐才、王光元、王秀柱、王其均、王诗春、邓凯丰、艾自勤、田红、田震亚、朱吉荣、朱应同、刘明国、刘祖文、江明新、李卫、李德炳、肖家甫、别必雄、何劲豪、汪诗谊、张捍东、陈兰、陈华远、陈行镐、陈国秀、陈宪明、易仁和、庞志森、屈克义、柳纲、饶玉梅、秦玉龙、顾红、高先华、高秉琁、黄本南、黄成林、梅云年、商志春、彭永华、舒宜根、曾庆全、曾宪荣、简晓玲、熊从良。

枝城市（36名）：王宏源、王登英、王肇华、王德凤、文成国、刘世荣、刘传德、江义珍、江代兰、牟德贵、李大盛、李永华、李华雄、李启元、李和奎、李澍梅、杨如意、肖宁、肖振斌、肖道根、张宗亮、陈世梅、陈珞生、周存明、庞士益、郑献瑞、赵复武、段绍珍、曹莲君、龚福达、程启木、傅一鸣、谢永和、雷元海、蔡秀顺、谭春玉。

枝江市（47名）：马华琴、马国华、王必文、王明玉、王荣斌、王道本、方立红、田亚华、白小兵、朱政文、朱颖、刘文才、刘传松、刘蓉、孙志刚、杜国荣、杜昌清、李万清、李玉修、李艾琳、李早湘、李学良、杨世忠、杨定清、肖家凤、吴光明、何孔斌、张子仪、张玉明、张业玉、张春梅、张家明、陈本珍、陈燕、周围、周登品、郑兴华、胡兆满、钟成国、贺必森、袁祖凤、袁新民、徐玉兰、覃祖文、童登英、谢晓菊、谭志春。

当阳市（43名）：王升华、王凤琴、王建华、王厚军、方家平、卢景、叶兆全、叶兆清、冯淑珍、吕宗林、任萍萍、庄友焰、庄春虎、刘传静、刘灿、刘桂玉、闫志华、孙国芳、严义松、严尚春、杨荣辉、吴雁雁、张才新、张天文、陈圣文、陈金莲、周余贵、郑广玉、郑以进、赵君礼、胡学斌、贺楚莲、敖万建、袁和、郭勇、黄远华、黄利鸣、曹贤成、龚传喜、龚菊香、彭梅宜、詹贤望、熊和平。

远安县（22名）：王远璋、王彤宁、邓建华、向龙、刘木添、刘玉兰、李宏华、李泽泉、杨远堂、张开祥、张宁、张志敬、陈代英、陈德义、周宗龙、郑超、胡发喜、姜萍、高兴炎、谭思顺、潘德远、魏风钦。

兴山县（17名）：王风满、王学龙、王新华、申建国、宁平、刘代军、李作志、李国璋、李泉、杨宗焱、吴开保、吴启雄、易行运、胡庆华、袁裕香、聂心菊、黄惠宁。

秭归县（31名）：王大生、王大祥、王大鹏、王万修、王少愚、王玉华、王宏永、王启宝、王祖谟、邓乐之、任荣、向克清、杜远平、李德刚、杨万贵、吴志国、何雄、汪元良、宋文诏、张涌、罗泽华、胡勇娥、柏世友、洪昌福、秦移山、梅峰、董劲峰、韩永盆、韩裕玖、鲁作明、熊相军。

长阳土家族自治县（33名）：王传汉、王怀炳、王明菊、田大甲、田太富、田德宪、任平、向松林、刘书金、刘德俭、关成喜、孙明华、李昌清、李建国、李善林、余志鹏、张为民、张桂珍、林宁、林爱和、罗云、周水舟、周近群、孟远胜、赵久芹、洪丕源、郭明田、黄传林、黄昌桃、董俊波、覃春清、褚发清、谭徽在。

五峰土家族自治县（17名）：毛启龙、文万照、邓立新、宁邦彦、向丽、李志菊、李盈奕、杨万太、余萍、应代明、宋明义、张华、季建国、赵吉雄、胡庆洋、简群、裴德重。

西陵区（73名）：丁新中、王春彩、王厚敏、王敏、王黎明、车国荣、毛先桐、邓达明、甘茂华、甘泽清、石利群、田强、皮远衡、吕奎生、朱黎阳、邬永坤、刘中宝、刘旭辉、刘利名、刘建军、刘莲招、刘锦修、孙朝元、杜宜生、李玉清、李亚隆、李达智、李全新、李德忠、杨宗万、何天成、余汉浩、余银华、冷孟祥、宋发洪、宋兴安、张开明、张少清、张兴本、张进国、张金泉、陈邦峰、林放、欧阳廷亮、欧阳英、金和平、金惠梅、周宗华、郑丛玉、郑锦涛、赵方、赵连祥、赵盛华、胡生生、胡旭、胡芳池、胡学龙、夏明照、徐诗达、唐文高、曹卫东、曹凝蓉、符利民、望开伟、蒋艳玲、韩靖忠、喻柏秀、焦月平、曾小虎、谢兰连、蓝培忠、廖敏、穰晋甦。

伍家岗区、点军区、猇亭区（32名）：王金玉、邓青、艾苍松、田开武、匡天文、邢毅、朱忠尧、刘红、江秀芳、牟欣、杜培兴、李家余、李琴、杨志援、杨诗亮、杨绍安、汪元程、张永政、张再春、张光美、张顺翠、陈如意、陈振华、林相远、聂元华、柴广顺、徐顺祥、郭茂生、黄雪松、龚玉芹、韩德锋、程家勇。

三、市二届人大代表变动情况

市二届人民代表大会共召开六次会议。

召开第一次会议时实有代表396名。

第一次会议至第二次会议期间代表变动情况：调离本行政区域代表1人：褚发清。补选代表2人：段贤斌、王国斌。召开市二届人大二次会议时实有代表397名。

第二次会议至第三次会议期间代表变动情况：调离本行政区域代表1名：刘红。补选代表9名：刘仁新、朱守纪、张鹏、马宏彦、王全玖、邹旭昌、冯万林、李忠信、周其斌。召开市二届人大三次会议时实有代表405名。

第三次会议至第四次会议期间代表变动情况：去世代表1名：何孔斌。调离行政区域代表2名：王远璋、林放。补选代表5名：廖达凤、赵举海、杨保平、谭卫国、王德雍。召开市二届人大四次会议时实有代表407名。

第四次会议至第五次会议期间代表变动情况：去世代表2名：王其均、朱正文。调离本行政区域代表8名：田震亚、曾宪荣、张业玉、吴雁雁、应代明、余汉浩、刘锦修、徐顺祥。补选代表8名：邹正金、陈汝斌、甘家宽、王振有、龚尚玉、章更生、万九才、杨正谋。召开市二届人大五次会议时实有代表405名。

第五次会议至第六次会议期间代表变动情况：调离代表7名：李德炳、刘宪明、杨荣辉、汪元良、谭徽在、李达智、章更生。去世代表1名：刘士荣。罢免代表1人：胡庆洋。补选代表9名：彭明吉、王家元、齐福堂、王建民、刘维柱、袁春堂、程林发、杨明德、康义。召开市二届人大六次会议时实有代表405名。

第三节 市三届人大代表

一、代表产生及构成

2001年12月至2002年3月，市人民代表大会进行了换届选举。全市14个选举单位依法选举产生市三届人民代表大会代表407名。其中：中共党员代表323名，占79.36%；民主党派人士代表16名，占3.93%；普通群众代表68名，占16.71%；工人代表158名，占38.82%；农民代表23名，占5.65%；干部代表119名，占29.24%；教科文卫界的知识分子代表85名，占20.88%；武警和解放军代表6名，占1.47%；归侨代表2名，占0.49%；其他方面的代表14名，占3.44%；妇女代表85名，占20. 88%；少数民族代表34名，占8.35%；连选连任的代表96名，占23.59%。

二、市三届人大代表名单（407名，在各代表团内按姓名笔画排序）：

宜都市（36名）：王宏富、艾玉、史久坤、朱炳绪、刘仁新、刘晓虹（女）、江书林、孙晓蓉（女）、李广操、李永华、肖振斌、吴宏亮（土家族）、别必雄、余昌雄、邹志坚、张宗才、陈平、陈光荣、陈红林、陈迟、周水舟、周安楠、郑献瑞、赵复武、胡绍辉、钟世凤（女）、秦文煊（土家族）、袁道安、聂道兰（女）、翁世慧（女）、姬绪华（土家族）、阎姝艳（女）、蒋蓉（女）、鲁家奎、谢和平、熊承家。

枝江市（47名）：王艳（女）、王建民、王道本、田亚华、田益群、朱耀平、刘洪波、刘爱枝（女）、刘继全、刘维柱、刘景彬、刘德英（女）、闫友林、李万清、李佑才、李奎阳、肖道根、吴开兴、邹正金、张春梅（女）、张翠珍（女）、张德武、陈燕（女）、陈士新、陈耀文、周围、周宜发、周登品、郑大进、明季峰（土家族）、易卫民、胡礼富、胡兆满、夏玲（女）、徐浩、黄军、黄卫民、黄圣翠（女）、黄建民（回族）、黄春艳（女）、龚元华、望运华、董伟（女）、蒋红星、童登英（女）、谢良华、谭海燕（女）。

当阳市（43名）：马宏彦、王宏强、王振有、毛胜利、文媛（女）、叶程、叶兆清、冯士明、冯正宏、冯淑珍（女）、吕宗林、庄曰禄、刘祖春、李智勇、杨洪、杨圣新、杨保平、杨德生、吴太淑（女）、吴正新、张仁贵、张维礼、张然林、陈金莲（女）、林永智、金正红、郑以宏、孟远兰（女，土家族）、赵先会、赵迎春、胡国华（女）、袁卫东、袁春堂、席凤鸣（女）、曹杰（女）、覃波、程必金、程建平、谢仁贵、雷平、熊红玉（女）、熊和平、樊杰。

远安县（21名）：丁敦辉（土家族）、马学军、文启菊（女）、朱守纪、庄辉俊、刘学甫、许和明、孙咏平、吴康年、余幼明（女）、奂庆、汪开佑、张敏（女）、张治国、陈才华、陈代英（女）、陈真权、郑超、姜萍（女）、袁正泉、韩国穆。

兴山县（17名）：王恒宝、王家全、乔长虎、刘伟民、李泉、李国璋、杨万贵、吴开保、余丙军、张国强、易行运、郑之权、钟家菊（女）、郭有明、黄惠宁（女）、舒化彦、熊峰。

秭归县（31名）：王大生、王万修、王功桂（女）、王启宝、王厚军、王祖谟、王恩凤（女）、王耀群、邓斌、田兵、任荣（女）、任清平（女）、向祚林、李修武、李德刚、吴爱军（女）、余西龙、张鹏、陈振华、罗平烺、周功彪、郑琼（女）、郑之彪、姜朝平、袁中扬、贾庆生、陶丹（女）、梅常春、韩庆运、裴志勇、谭科。

长阳土家族自治县（33名）：王怀炳（土家族）、王新祝、文成国（土家族）、田科录（土家族）、田德宪（女，土家族）、付双耀（土家族）、冯平（女）、向钢、关成喜（土家族）、李云达（女，土家族）、李世金、李伦华（女，土家族）、李秀华、李和奎、李祖炳（土家族）、李善林（土家族）、杨明寿、吴旦旭（土家族）、何士会（女）、张为民、官守平（土家族）、赵久芹（女）、姜华（土家族）、涂伦仲、黄传林、曹宗芬（女）、曹凝蓉、彭林波（土家族）、韩定荣、覃勇（土家族）、谭卫国（土家族）、谭家荣、魏清国。

五峰土家族自治县（17名）：王成、王仁俊（土家族）、方学武、尹化海、孔福生、刘彦才（土家族）、李玉久、汪文明（土家族）、张廷瑜（女，土家族）、郑广玉、郑志章、段新华（女）、徐会英（女，土家族）、郭少华 、黄学（土家族）、梅蓉（女，土家族）、龚尚玉。

夷陵区（45名）：刁琼（女）、王光元、王国斌、王宗慧（女）、王家元、田红（土家族）、朱大青（女）、朱应华、齐福堂、汤先锡、孙志刚、刘建新（女）、李早湘、李全新、李旭春、李柏阳、李家洪、杨猛、杨泽洪、肖高沛、邱孑（女）、何劲豪、邹志权、宋志武、张华、张苏兰（女）、幸福、尚志芬（女）、罗泽旌、赵举海、胡玉波、胡家法、饶玉梅（女）、姚圣栋、聂君安、郭冬芝（女）、黄开坤、彭伏林、彭明吉、覃万桥（土家族）、程世山、简晓玲（女）、谭永奎、熊伟、蔡宏柱。

西陵区（69名）：丁先雄、马云晓（回族）、王勇、王庆玉、王声元、王宝生、王春彩（女）、王保清、王晓红（女）、甘泽清、田军、冯万林、冯发柱、兰发珍（女）、毕亚雄、朱泽红（女）、朱新泉、任建国、向常友、刘霆钧、许晓霜、孙元金、孙运平、李杰、李玉清、李业雄、李迎建、李明华、杨大刊、杨尚聘、杨建明、杨碧君（女）、肖贵昌、吴诗权、邹旭昌、张建军、张建国、张泽柏、陈萍（女）、陈卫东、陈邦峰、陈和春、欧阳自明（女）、尚葵（女）、罗从华（女）、郑爱琼（女）、胡方池 、段秋荣、洪菊生、郭权德、郭俊萍（女）、陶三发、黄涛、黄廷平、黄孝琼（女）、曹卫东、蒋光明、韩伟、韩银莲（女）、韩靖忠、景学镇、喻柏秀（女）、程林发、谢普乐、靳学群（女）、赖平、雷红、廖恒、谭光瑞。

伍家岗区（26名）：刘永生、刘克兢、孙俊梅（女）、杜培兴、李子龙、李亚隆、李克佑、杨智、汪元程、宋兴福、张再春、张光美、张治燕、陈德祥、周学文、赵晓俊（女，土家族）、胡学龙、俞学锋、高新平、彭泽清（女）、裴彦龙、廖达凤（女）、谭小舟、蔡建国、颜家万、戴丽莉（女）。

点军区（8名）：艾苍松、李忠信、张建一、屈鹏、赵长林、赵运福、胡达军、栗英（女）。

猇亭区（8名）：王传豪、王兴远、王松华、杜伟、杨小勤（女）、杨道健、周其斌、蒋远华。

解放军（6名）：邬永坤、李鹏、李大权、周光奉、钟成国、曹书林。

三、市三届人大代表变动情况

市三届人民代表大会共召开六次会议。

召开市三届人大一次会议时实有代表407名。

第一次会议至第二次会议期间代表变动情况：调离本行政区域代表4名：孙志刚、胡兆满、曹凝蓉、彭泽清。补选代表2名：郑少三、胡兴儒。召开市三届人大二次会议时实有代表405名。

第二次会议至第三次会议期间代表变动情况：调离本行政区域代表2名：王建民、王振有。辞去代表职务1人：郑志章。罢免代表职务1人：王兴远。补选代表1人：吴细华。召开市三届人大三次会议时实有代表402名。

第三次会议至第四次会议期间代表变动情况：调离本行政区域代表4名：别必雄、赖平、郑少三、孙俊梅。因退休辞去代表职务8名：袁春堂、陈振华、李善林、龚尚玉、齐福堂、王光元、丁先雄、程林发。罢免代表职务1人：罗从华。补选代表20名：宋文豹、黄金龙、姚永国、刘承元、罗毅、冯新华、徐萍、马尚云、向克林、牛建、陶远震、周青、范晓岚、林顺才、王明珍、谢祚剑、黄克、乔余堂、孙维全、张德林。召开市三届人大四次会议时实有代表409名。

第四次会议至第五次会议期间代表变动情况：补选代表1名：刘传法。罢免代表职务3名：胡礼富、杨大刊、周其斌。辞去代表职务1名：江书林。调离本行政区1名：李亚隆。召开市三届人大五次会议时实有代表405名。

第五次会议至第六次会议期间代表变动情况：调离本行政区域代表5名：朱耀平、文成国、孙运平、吴细华、周光奉。补选代表6名：洪昌福、庄光明、杨元堂、陈华、方正全、谢永和。召开市三届人大六次会议时实有代表406名。

第六次会议之后补选代表1名：韩庆解。市三届人大代表实有407名。

第四节　市四届人大代表

一、代表产生及构成

2006年12月至2007年1月，市人民代表大会代表进行了换届选举。全市14个选举单位选举产生市四届人民代表大会代表411名。其中：中共党员代表326名，占79.32%；民主党派人士代表16名，占3.89%；普通群众代表69名，占16.79%；工人代表71名，占17.27%；农民代表82名，占19.95%；干部代表150名，占36.50%；教科文卫界的知识分子代表77名，占18.37%；武警和解放军代表14名，占3.41%；归侨代表2名，占0.49%；其他方面的代表15名，占3.65%；妇女代表88名，占21. 41%；少数民族代表51名，占12.41%；连选连任的代表109名，占26.52%。

二、市四届人大代表名单（411名，在各代表团内按姓名笔画排序）：

宜都市（36名）：王大发、王道元、邓玉华、尹德斌(土家族)、白华、向红云、刘晓虹(女，土家族)、庄光明、李成、李华兵、李兴兵、李进新、李德金、杨南骄、严永权、肖玲(女)、肖振斌、余跃进、宋文豹、张红新、陈平、武书军、周朴华、周志蓉(女)、秦文煊(土家族)、陶远震、韩德锋、蒋正雄、鲁家葵、曾祥宇、谢莹(女)、谢辉喜、裴学中、谭春玉(女)、熊贞(土家族)、熊承家。

枝江市（46名）：丁桦(女)、马仕华、王松华、王荣斌、王燕(女)、石显银、乔余堂、刘传法、刘建新、刘洪波、刘景彬、闫友林、孙咏平、苏良龙、李中林(土家族)、李华锋、李军容(女)、李奎阳、李照善(土家族)、杨万新、杨玉娥(女)、杨尚聘、吴开保、邹家喜、宋远海、宋青梅(女)、陈启波、陈宏灿、陈明、明季峰(土家族)、易卫民、周永华(女)、周宜发、胡兴儒(土家族)、胡耀忠、施昌锦、贺友芳(女)、贺青燕(女)、徐浩、翁秀兰(女)、郭力军、黄卫民、黄宏亮、黄金龙、蒋红玉(女)、蒋红星。

当阳市（42名）：马宏彦、王云(女)、王芳(女)、王宏强、卢景、叶程、叶瑞春(女)、朱华明、刘文福、刘尧军、刘远立、刘宗林、刘承俊、刘祖春、李昌泉、杨洪、杨五一、杨亚平、杨保平、肖红菊(女)、汪伟、余华强、张耘、张金奎、陈刚、范晓岚(女)、孟远兰(女，土家族)、赵宏伟、胡琼(女)、胡国华(女)、姚丹(女)、袁卫东、徐萍(女)、郭有明、曹杰(女)、曹俊、覃玉蓉(女)、覃绪华(土家族)、童立新、廖良龙、谭卫国(土家族)、熊祖茂。

远安县（19名）：马学军、王杰、王旭新、邓兰(女)、皮祖武、刘学甫、许从亮、孙明琴(女)、杨敏(女)、杨诗龙、奂庆、张敏(女)、张学才、武步清、金祝、郑超、郑廷贵、胡仁义、夏禹璠(土家族)。

兴山县（17名）：王家全、向玲(女)、李宏萍(女)、李国璋、李修武、杨大银、杨万贵、杨栋三、杨美仁、余德芳、张立鑫(女)、陈华、罗毅、钟家菊(女)、彭业明、谢祚剑、熊瑛(女，土家族)。

秭归县（30名）：王万修、王功桂(女)、王功斌、王厚军、牛建、邓斌、朱复胜、任清平(女)、刘晓华、杜远平、李瑜(女)、杨兴国、佘西龙、宋文诏、罗平烺、罗联峰、郑琼(女)、郑之德、屈鹏、姜爱群(女)、秦晓梅(女)、袁中扬、郭从军、梅长青、梅俊芳(女)、龚民(女)、彭会银、韩庆解、程先勇、谭家军。

长阳土家族自治县（32名）：丁志明、马尚云(土家族)、王平昌、王新祝、毛爱萍(女)、田太富(土家族)、朱多春(女)、刘春阳(土家族)、关成喜(土家族)、许冰、苏开美、李兰林(土家族)、李作春(土家族)、杨明寿(土家族)、肖发喜(女，土家族)、张毅、张为民、张武先、林顺才、金克勤、官守国(土家族)、赵运红(女，土家族)、赵毓潮、秦伟文(土家族)、秦诗华(土家族)、郭荷香(女，土家族)、覃红(土家族)、覃宏明(土家族)、覃晓玉(土家族)、覃高轩(土家族)、喻成明、蔡金波。

五峰土家族自治县（17名）：王军、王俊(土家族)、孔福生、叶定华、刘琼(女，土家族)、李天津(土家族)、李文法(土家族)、李传文(土家族)、吴玉乔(女，土家族)、邹正金、沈厚锦(土家族)、陈亮(土家族)、赵吉雄(土家族)、姚永国、高声玉(女)、唐聪(女，土家族)、童孔玲。

夷陵区（44名）：丁建祥、万犁昌(女)、王军、王宏、王世钰、王宗慧(女)、王国斌、王恩军、尤永石、邓世宏、邓新礼、田红(土家族)、邢昊(回族)、伍万平、向光权、向洪星(土家族)、刘洪福、孙光骏、李全新、李佑才、李泽刚、肖勇、肖高沛、汪宏(女)、汪宏斌、宋志武、陈素萍(女)、张洪、张苏兰(女)、张德林、尚葵(女)、易万华、罗泽旌、周莲香(女)、赵毅、赵举海、饶玉梅(女)、袁世明、高先华、郭先友、望华(女)、望运锡、蔡宏柱、熊伟。

西陵区（73名）：丁晓艳(女，回族)、马骏、王小辉、王华利、王均成、王清敏、王德强、文耀清、邓宜平、艾苍松、甘泽清、龙小云(女)、冯波(土家族)、兰发珍(女)、伍炯、刘燕(女)、刘小红(女)、刘先哲、祁必清、孙元金、杜伟、李杰、李邦雄、李明华、杨发军、杨碧君(女)、杨燕军、吴玲(女)、余峰、宋军、宋涛、汪东平、汪淑华(女，满族)、张永红、张建一、张碧钧、张德才、陈邦峰、陈和春、范启敬、周青、周林波、周厚贵、郑良义、柳茜(女)、胡军、胡兴鹏、赵木森、赵冬菊(女，苗族)、姚华舟、夏姝彤、徐凤玲(女)、徐家成、郭俊萍(女)、高铁军、陶三发、曹卫东、望蓉(女)、韩银莲(女)、韩靖忠、彭桃香(女)、彭雪琴(女)、彭登华、覃林盛、程鹏、谢永和、谢普乐、鲍希安、廖恒、谭少华、谭光瑞、谭洪恩(土家族)、潘树强。

伍家岗区（27名）：王宏快、邓乐之、龙兵、刘克兢、牟敦莉(女)、李克佑、杨华明、何民珍(女)、张宏梅(女)、张鹏、陈勇、郑龙、赵晓俊(女，土家族)、胡学龙、俞学峰、梅卫民、彭仁贵、彭正平、董美阶(土家族)、蒋国平、傅景华(女)、裴彦龙、廖达凤(女)、熊晓东、蔡建国、樊启山、颜家万。

点军区（9名）：吕家安(女)、任军、向光玉(女，土家族)、李泉、吴康年、岳中键、周正英(女)、胡家法、高发族。

猇亭区（9名）：王邦景、王传豪、许志华、李启端、杨小勤(女)、张定斌、席承云、黄克、蒋远华。

驻宜昌部队（10名）：王建平、申立志、李建华、张大清、张新民、陈建超、周华品、赵志宏、程国庆、熊佳仁。

三、市四届人大代表变动情况

市四人民代表大会共召开六次会议。

召开市四人民代表大会第一次会议时实有代表411名。

第一次会议至第二次会议期间代表变动：调离本行政区域代表2名：王传豪、谭洪恩。因涉嫌违法犯罪辞去代表职务1名：李作春。召开市四届人大二次会议时实有代表408名。

第二次会议至第三次会议期间代表变动：调离本行政区域代表3名：李佑才、乔余堂、熊承家。补选代表2名：李乐成、刘俊刚。召开市四届人大三次会议时实有代表407名。

第三次会议至第四次会议期间代表变动：调离本行政区域代表8人：郭俊萍、胡兴儒、黄金龙、王小辉、彭仁贵、赵志宏、陈建超、张大清。因退休或转业辞去代表职务2名：韩庆解、程国庆。补选代表9名：李亚隆、裴缜、姚太和、刘明珠、张明家、闵捷、朱大学、傅伟远、汪建业。召开市四届人大四次会议时实有代表406名。

第四次会议到第五次会议期间代表变动：调离本行政区域代表9人：夏锡璠、杨万贵、刘俊刚、樊启山、赵冬菊、张明家、王建平、李昌泉、杨碧君。补选代表14名：蔡运华、蔚盛斌、吴锦、杨卫华、邓恢林、涂刚、吕学锋、秦大常、吴静、李天顺、周运学、梁华、罗志勇、曹宏伟。召开市四届人大五次会议时实有代表411名。

第五次会议到第六次会议期间代表变动：去世代表1名：姚丹。调离本行政区域12名：吴锦、李修武、程先勇、秦伟文、覃晓玉、陈亮、王清敏、宋军、刘明珠、蒋国平、李天顺、任军。因退休辞去代表职务11名：朱复胜、牟敦莉、陶远震、邓玉华、马仕华、杨尚聘、刘远立、徐萍、林顺才、张德林、熊佳仁。补选代表19名：姚莉、张正军、樊启山、郑西、斯平、袁汝海、罗春煨、赵儒铭、汪元程、陈红、王向前、张世敏、王华、张盛新、孙志中、李德国、李黎峰、谢继荣、刘雄武。到召开市四届人大六次会议时实有代表406名。

召开第六次会议以后代表变动：辞去代表职务1名：黄宏亮。去世代表1名：李华锋。市四届人民代表大会实有代表404名。

第五节 市五届人大代表

一、代表产生及构成

2011年12月至2012年1月，市人民代表大会代表进行了换届选举。

在全市14个选举单位中，选举产生市人民代表大会代表411名。其中：中共党员代表320名，占77.86%；民主党派人士代表11名，占2.68%；普通群众代表80名，占19.46%；工人代表74名，占18.00%；农民代表49名，占11.92%；干部代表219名，占53.28%；专业技术人员代表45名，占10.95%；武警和解放军代表13名，占3.16%；归侨代表4名，占0.97%；其他方面的代表7名，占1.70%；妇女代表90名，占21.90%；少数民族代表58名，占14.11%；连选连任的代表151名，占36.74%。

二、市五届人大代表名单（411名，在各代表团内按姓名笔画排序）：

宜都市（37名）：王长宏、王世林、王政权、邓玉华（女）、史毅斌、白华、向红云、庄光明、刘正国、刘晓虹（女，土家族）、李亚隆、李兴兵、李德金、肖玲（女）、余跃进、张祥艳、张崇超、陈世贵、陈平、武书军、罗联峰、周朴华、周德双、郑兴华（女）、秦文煊（土家族）、袁汝海、徐世英（女，土家族）、徐同森、徐佐刚、曹诗芬（女）、康芹华（女）、斯平、蒋正雄、曾祥宇、裴大春、廖晓路、谭春玉（女）。

枝江市（47名）：王永平、王军、王均成、王松华、王荣斌、王燕（女）、文媛（女）、刘建新、刘洪波、闫友林、孙勇、杜伟、杜松青、李长江、李乐成、李军容（女）、李绪双、李照善（土家族）、李微（女）、肖家春、时疆、吴开兴、吴开保、邹家喜、宋家芳（女）、张德才、陈成（女）、陈启波、明季峰（土家族）、罗世平、周京、赵进、胡庆平、姚璐（女）、奚海浩、翁秀兰（女）、郭力军、黄卫民、麻清文（苗族）、梁厚东（女）、揭桂莲（女）、董广平、蒋小丹（女）、蒋红星、腊秋菊（女）、廖忠民（女）、谭克焕。

当阳市（44名）：王云（女）、王东林（女）、王向前、王兴於、王宏强、牛建、文耀斌、尹万明、石显银、卢景、田兵、刘文福、刘伟、刘宗林、闫伟、孙清红、苏志强、李元刚、李春玲（女）、吴学春、余华强、汪革命、张金奎、陈丹丹（女）、陈红（女）、陈静（女，土家族）、郑小云（女）、郑廷贵、赵儒铭、胡亚玲（女）、胡军华、柯莉（女）、袁卫东、夏江华、顾华丽（女）、黄赤蓉（女）、彭玲莉（女）、韩成发、韩尚伦、覃波、覃绪华（土家族）、曾小平、谭建国、潘红俊。

远安县（19名）：王杰、王学周、方玲艳（女）、孔磊、邓德忠、任蔚（女）、刘学甫、肖鹏飞、邹德荣、汪洪军、张世权、张世敏、张军平、张敏（女）、周正英（女）、郝道云、黄冬梅（女）、曾祥坤、谢德胜。

兴山县（18名）：马宏彦、王福兰（女）、邓恢林、伍尉全、李方富（土家族）、李国璋、李俊昌、张立鑫（女）、张国强、张健、罗毅、彭业明、韩国俊（女）、舒化彦、舒刚、曾小燕（女）、谭业明、熊瑛（女）。

秭归县（35名）：丁建祥、万军、王万修、王太福、王功桂（女）、王冬梅（女）、王华、卢辉、任清平（女）、刘晓华、杜远平、李正伦、肖高沛、佘西龙、余志训、宋文诏、宋秀强、邵淑岩（女）、罗志勇、罗春烺、郑之彪、郑家奎、屈家喜、姜雅丽（女）、秦晓梅（女）、徐宏强、高长林、梅长青、龚万祥、龚民（女）、彭会银、程鹏、谢祚剑、蔚盛斌、谭云。

长阳土家族自治县（37名）：丁天宴、万丹（女，土家族）、马尚云（土家族）、马金珍（女，土家族）、王卫华、王功平（土家族）、王平昌、毛兴华（土家族）、邓衍贵（土家族）、田玉宇（土家族）、吕方武（土家族）、朱多春（女）、任忠良（土家族）、孙光骏、孙志中、苏开美、李柏红、李霞云（女，土家族）、吴平（女）、邹志坚、汪盛明（土家族）、宋文豹、张柏春（土家族）、周近群（土家族）、郑龙、郑保祯、赵吉雄（土家族）、赵运红（女，土家族）、姜华（女，土家族）、涂圣勤 、董新华（土家族）、覃艳（女，土家族）、覃益盛、覃新勤（土家族）、喻承明、程　刚、裴新颜（女，土家族）。

五峰土家族自治县（19名）：王应华、尹章洲（土家族）、田海荣（土家族）、吕学锋（土家族）、刘琼（女，土家族）、苏永军（土家族）、李天津（土家族）、李延恕、杨树人、汪应仙（女，土家族）、沈厚锦（土家族）、张万喜（土家族）、陈延斌（土家族）、陈华、陈赤清（土家族）、周志蓉（女）、姚永国、谭敦峰（土家族）、熊伟。

夷陵区（49名）：王凤军、王世钰、王国斌、王恩军、王覃、卢斌、帅永洲、白云静（女，回族）、邢昊（回族）、向洪星（土家族）、刘红、刘丽（女，土家族）、刘洪福、汤磊、李发兵、杨后荣（土家族）、杨泽洪、杨美仁、肖勇、邹正金、汪宏（女）、汪宏斌、宋志武、张业发、张立新、张鸣、张妮娜（女）、尚锦华、易春秀（女）、罗蓉（女）、周玉春（女）、郑全成、钟安荣、饶玉梅（女）、袁世明、郭有明、曹宏伟、望运锡、梁华、彭定新、韩占冰、韩松、覃万桥（土家族）、程涛、雷元海（土家族）、蔡宏柱、谭少华、翟前军、熊远春（女）。

西陵区（46名）：丁晓艳（女，回族）、马运生、王金建、王萍（女）、尤永石、邓宜平、刘宜（女）、江斌、许爱民、孙万清（女）、李小国（土家族）、李计划、李扬、李杰、杨少明、吴珊珊（女）、何克春、宋涛、张建一、张碧钧、张毅、陈芳兰（女）、陈杰贵、周云久、周东茂、周青、周赟鸿（女，土家族）、赵训刚、柯新宇、柳兵、姚金忠、徐刚、徐炜、高铁军、郭莎（女）、陶三发、梅军、董旭、蒋远华、韩靖忠、覃晟（女）、程少人、曾小虎、曾新建、裴缜、滕刚。

伍家岗区（22名）：何文忠、王红、龙兵、李克佑、杨杰、吴刚、何民珍（女）、张正军、张鹏、陈喻伟、周鸿（土家族）、赵长禄、赵正东、赵晓俊（女，土家族）、俞学锋、秦大常（土家族）、崔丽涛（女，满族）、彭正平、董美阶（土家族）、董新利、廖达凤（女）、熊晓东。

点军区（13名）：马学军、王怀炳（土家族）、刘圣喜、刘英（女）、李春兰（女）、杨昌茂、吴康年、余峰、陈达年、陈和春、岳中键、赵智慧（女）、胡志莉（女）。

猇亭区（12名）：王庆华、王玺玮、艾苍松、许志华、李小明、李卫南、李启端、杨青山、吴静（女）、张友兵、程燕云（女）、潘宜刚。

驻宜昌部队（13名）：马逵（土家族）、付伟远、刘雄武、孙峰、李海峰、李祥栋、李智、李黎峰、吴明达、张斌、欧高峰、蔡运华、黎孔泉。

三、市五届人大代表变动情况

市五届人民代表大会共召开七次会议。

召开第一次会议时实有代表411名。

第一次会议至第二次会议期间代表变动：补选代表1名：黄楚平。调离代表2名：郭有明、曾小虎。因涉嫌严重违纪违法辞去代表职务1人：王恩军。去世1人：杨泽洪。召开市五届人大二次会议时实有代表408名。

第二次会议至第三次会议期间代表变动：调离本行政区域3人：滕刚、李黎峰、李乐成。因涉嫌违纪违法辞去代表职务1人：王松华。补选代表5名：杜有福、李宏远、何强、杨慧、马旭明。召开市五届人大三次会议时实有代表409名。

第三次会议至第四次会议期间代表变动：因转业离开宜昌市的代表2名：李祥栋、刘雄武。补选代表2名：孟春林、付强。召开市五届人大四次会议时实有代表409名。

第四次会议到第五次会议期间代表变动：因涉嫌违纪违法辞去代表职务1名：潘宜刚。调离本行政区域代表3名：马运生、孙峰、董旭。去世代表4名：曹宏伟、斯平、程鹏、杜远平。补选代表8名：赵万华、宋玉山、毛传强、王安明、刘培林、李文立、熊涛、杨燕。召开市五届人大五次会议时，实有代表409名。

第五次会议至第六次会议期间代表变动：调离本行政区域8名：张正军、马尚云、孙光骏、裴缜、杜有福、程少人、赵长禄、李海峰。辞去代表职务6名：江斌、郑兴华、王宏强、熊伟、谭春玉、王凤军。退休代表3名：牛建、秦大常、蔡运华。去世1人：董新华。补选代表14名：李军、马明和、王波、王云清、王进平、刘启杰、李传文、张忠斌、尚葵、周柏翠、孟鸣、贾海涛、顾昶、潘尔龙。召开市五届第六次会议时实有代表405名。

第六次会议至第七次会议期间代表变动：退休代表14名：袁汝海、谭少华、秦文煊、吴开保、谭克焕、李俊昌、苏开美、张业发、邹正金、雷元海、杨美仁、李计划、董美阶、艾苍松。调离本行政区域9名：邓恢林、蔚盛斌、王安明、李小明、王永平、王兴於、李天津、覃晟、黎孔泉。去世代表1人：张军平。补选代表26名：杨子峰、王长镜、罗学忠、谭从彬、刘丰雷、黄逊志、苏海涛、陈道军、刘红洲、李兴慧、汪小波、吴海涛、杨勇、万红、贾立、黄传喜、刘佑锟、陈玥、汪元程、刘少魁、高杰、杨卫华、刘永生、黎开锋、郑鹏、刘俊武。召开市五届人大七次会议时，实有代表407人。

第七次会议以后代表变动：因涉嫌违纪违法辞去代表职务1名：毛传强；去世代表1名：李德金；退休代表1名：屈家喜；调离本行政区域代表1名：李文立。市五届人民代表大会代表实有代表403名。

第三章 宜昌选举的湖北省人民代表大会代表

1953年《中华人民共和国全国人民代表大会和地方各级人民代表大会选举法》规定："省、县和设区的市人民代表大会之代表，由其下一级人民代表大会选举之。"据此，宜昌市历届人民代表大会，选举产生宜昌出席湖北省历届人民代表大会的代表。

一、宜昌选举的省一届人大代表

1954年7月7日，市（当时为省辖市）一届人大一次会议，选举省一届人民代表大会代表（9名，按姓名笔画排序）：马苍石、朱青、吴熔陶、张来升、陈光勋、陈扶生、周杰、阎文弟、喻子凤。

宜昌地区九个县选举省一届人大代表（33人）。五峰县2名：高德贵、赵建华；宜昌县5名：刘东（女）、吴厚诗、郑玉章、胡广恩、熊筱固；宜都县5名：朱裕璧、罗均秀（女）、吴静澄（女）、陈子元、舒德全；枝江县4名：朱葆民、陈贤章、赵建英（女）、殷文迪；长阳县5名：丁锐、吴先孔、周启本、栗秀英（女）、阎振江；秭归县4名：耿天弼、桓兆荣、黄先、鲍海清；远安县2名：曾清选、黄成钻；当阳县4名：祁永明、陈克东、范怀一、涂天秀（女）；兴山县2名：万全知、王俊明。

宜昌地区和市选举的省一届人大代表变动情况：补选：兴山县董怀宗，宜昌县都中奇、陈志一，当阳县王云，宜都县艾刚春，秭归县王兰池。调离和迁出：秭归县耿天弼、兴山县董怀宗、宜昌县郑玉章、当阳县范怀一。撤销枝江县陈贤章的湖北省第一届人大代表职务。

二、宜昌选举的省二届人大代表

1958年7月，宜昌地区一市八县共选举省二届人民代表大会代表42名。市三届人大一次会议选举9名（按姓名笔画排序）：于从义、马苍石、王玲、冯锦卿、陈光勋、陈扶生、周杰、赵茂林、童子浩；宜昌县5名：杜德睿、都中奇、吴厚诗、杜远茂、龙金英（女）；宜都县9名：甘子衡、朱丕乎、艾刚春、吴静澄（女）、唐哲、张广元、阎振江、赵建英（女）、罗均秀（女）；五峰县2名：赵建华、高顺齐；兴山县2名：张振良、彭道煜；秭归县4名：王兰池、黄先、彭名锡、熊明钜；远安县2名：曾清选、黄承钻；当阳县4名：王云、戈爽轩、涂天秀（女）、陈克东；长阳县5名：石喜申、周启本、李和年、黄乃真、李顺莲（女）。

宜昌地区选举的省二届人大代表变动情况：调离和迁出：宜都县阎振江；去世：秭归县彭名锡、长阳县黄乃真；补选：宜都县的阎钧、肖世圣，秭归县的王开和。

三、宜昌选举的省三届人大代表

1963年7月，宜昌地区一市九县选举省三届人民代表大会代表54名。市五届人大一次会议选举12名（按姓名笔画排序）：于从义、马苍石、王玲（女）、丛树英（女）、冯锦卿、杨实舜、邱文礼、陈光勋、陈扶生、陈素秋（女）、周杰、童子浩；宜昌县6名：都中奇、吴厚诗、龙金英（女）、徐光全、黄书香、杜远茂；宜都县5名：吴静澄（女）、杨筱震、张恒印、黎应时、赵韵和（女）；枝江县6名：韩克华、唐哲、甘子衡、阎振江、罗均秀（女）、陈家栏；五峰县3名：赵建华、高顺齐、冯维华；兴山县4名：方敬之、叶康民、孙双仁、刘邦兴；秭归县4名：王兰池、熊明钜、杜保三、王功孝（女）；远安县3名：曾清选、汪一堂、陶子伦；当阳县6名：王云、杨桂生、朱海、涂天秀（女）、李晏堂、熊永秀（女）；长阳县5名：孙钦明、周启本、赵典五、方智珍（女）、王海澄（女）。

宜昌地区选举的省三届人大代表变动情况：调离和迁出：五峰县赵建华；免去职务：宜昌市陈素秋；去世：宜昌市陈光勋；补选：五峰县张志达，宜昌市李万胜、李兰芝（女）。

四、宜昌选举的省四届人大代表

1966年至1976年正处于“文化大革命”时期，其间湖北省没有召开过省人民代表大会会议。嗣后，将湖北省革命委员会认定为省四届人民代表大会，故没有选举省四届人民代表大会的代表。

五、宜昌选举的省五届人大代表

1977年底，宜昌地区九县一市（宜昌市）革命委员会分别召开常委会会议或者扩大会议，选举产生省五届人大代表共70名（按姓名笔画排序）：马苍石（回族）、马洪沃、王本立、王成凤（女）、王秀英（女）、王桂林（女）、王瑞雄、王群、文耀翠（女）、方大道、方焕发、龙德道、卢长奎、叶长万、兰德元、任祖雄、向性保、刘长祜、刘玉泉、孙家粹、严文格、李有仁、李述华、李国普、李朝忠、杨文英（女）、杨传珍（女）、杨兴发、杨君山、杨实舜、吴发林、何三荣（女）、何承砚、余明生、张永泰、张光明、张廷慧（女）、张忠民、陈友军、陈文梅（女）、陈祖珍（女）、邵荣华、易正华、罗昌荣、周良佐、周启本、周祖政、周清来、屈家剪、赵建华、段萍（女）、袁照臣、顾国钧、徐洪兰（女）、黄成英（女）、黄镇南、梅子峰、曹宜雄、龚宏昌、商克勤、彭家香、葛立民、韩永谓、覃祥官、曾凡荣、曾庆孔、曾信福、蔡家成、裴大沛、熊辉照。

六、宜昌选举的省六届人大代表

1983年3月26日，市（当时为省辖市）九届人大三次会议上选举产生省六届人民代表大会代表（25人，按姓名笔画排序）：马玉成（回族）、马苍石（回族）、田英、冯锦卿、汤正义、严文格、李永模、杨明尧、肖银玉（女）、吴雅（女）、何三荣（女）、张怀玉、张裕林、陈广洲、陈义炳、陈祖珍（女）、陈笑霖（女）、陈继烈、罗军（女）、郝逢武、侯文理、姜振孝、曹金祥、崔传礼、葛立民。

1983年3月，宜昌地区九个县分别召开人民代表大会会议选举省六届人大代表45名（按姓名笔画排序）：马良、马名禹、马维清、王祥、王大英（女）、王学茂、刘宏庚、刘明金、刘德莲（女）、安庆勋、宋太芹、宋永高、许德予、全世忠、乔克贵、朱国平、李明鉴、李家宾、杨文祥、杨发兴、杨吉翠（女）、杨传珍（女）、何劲豪、邱文礼、邹庆禅、张天曙、张忠民、陈文梅（女）、陈余生（女）、陈相炎、罗昌荣、周天全、明道雄、殷善堂、高登华、唐礼节、曹宜雄、彭之华（女）、彭郁华（女）、覃继兰（女）、覃德贤、谭贤茂、薛坦、聂武魁、聂武魁。

七、宜昌选举的省七届人大代表

市（当时为省辖市）选举省七届人大代表（共25名）：

1988年1月21日，市十一届人大一次会议选举产生省七届人民代表大会代表23名（按姓名笔画排序）：王广礼、王幼贤（女）、王启华（女）、王琼敏（女）、王肇棠、叶炳辉、刘莲香（女）、刘康明、苏孔光、李桦、汪家发、罗永秀（女）、罗兴邦、宛四安、郝逢武、侯文理、姜凯、姜振孝、祝立生、倪忠俊、崔传礼、崔延平、谢允坚。

市十一届人大常委会于1988年4月16日举行第二次会议，补选饶兴礼为省七届人大代表；于1990年4月10日—11日举行第十七次会议，补选孙化为湖北省第七届人大代表。

1987年12月至1988年1月，宜昌地区县、乡（镇）两级人民代表大会换届。全区九个县市，在新一届人民代表大会会议上选举产生省七届人民代表大会代表（42名，按姓名笔画排序）：马秀山、王连东、王作栋、方正美、方立红（女）、田英、田建国、白小玲（女）、冯友文、伍清廉、向京、向珍英（女）、刘德莲（女）、孙宜然、李成望、李作杰、李金梅（女）、吴昌铣、邱文礼、何衍正、余世荣、张丽华（女）、张昌富、张晶轩、陈支栋、陈水文、陈行镐、陈余生（女）、陈晓艳（女）、陈登蓉（女）、陈毅、罗道学、孟宪宝、胡松源、贾庆生、郭德明、陶作美、龚国兰（女）、商克勤、谢大新、谭复然、戴方兴。

八、宜昌市选举的省八届人大代表

1993年3月11日，地市合并后的宜昌市一届人大二次会议选举产生省八届人民代表大会代表61名（按姓名笔画排序）：马振祥、马骏、王少愚、王守宏、王连东、王作栋、王金玉（女）、王金建、王学惠（女）、王炳南、方立红（女）、邓中银（女）、艾汉金、艾光忠、宁邦彦、朱楚生、向珍英（女）、刘红星（女）、刘明新、杨宗焱、杨浩忠、吴淑光（女）、何劲豪、佘培兰（女）、邹学勤、应代明、张业玉、张治国、陈可元、陈代英（女）、陈华远、陈行镐、陈宏炳、陈范洪、陈晓艳（女）、陈登蓉（女）、陈毅、林春水、易行运、罗兴邦、罗清泉、周大仁、周坚卫、赵复武、胡光德、胡泽玉、钟书樵、侯君莲（女）、郭玉吉（女）、郭汉惠（女）、陶作美、黄家春、曹诗芬（女）、龚尚玉、龚超、傅纯诚、鄢国培、雷元海、薛传喜、戴维新（女、回族）、瞿蓓莉（女）。

九、宜昌市选举的省九届人大代表

1997年12月15日，市二届人大二次会议选举产生省九届人民代表大会代表54名（按姓名笔画排序）：马宏彦、王万修、王正、王先斌（土家族）、王学惠（女）、王恒意、文志英、艾苍松、叶兆清、田震亚、宁本新（女，土家族）、刘长建、刘志红、刘利人、孙志刚、苏达奇、李玉修、李亚隆、李华雄、李盈奕（土家族）、杨保平、肖振斌、别必雄、应代明、汪定国、沈虹光（女）、张正军、陈行镐、陈秉林、罗清泉、金梅（女）、周水舟、周坚卫、周其斌、周登品、郑超、孟美蓉（女）、赵复武、姜萍（女）、秦宏灿、袁振华、高传江、黄传喜（土家族）、望开东（女）、望蓉（女）、蒋再英（女）、蒋祝平、韩永、韩靖忠、曾宪荣、蔡宏柱、廖达凤（女）、谭徽在（土家族）、戴维新（女、回族）。

2001年1月17日，市二届人大常委会二十九次会议补选严煤为省九届人大代表。

2001年3月29日，市二届人大常委会三十一次会议通过《关于罢免望开东湖北省第九届人民代表大会代表职务的决定》。补选王振有为湖北省第九届人民代表大会代表。

十、宜昌市选举的省十届人大代表

2002年12月20日，市三届人大二次会议选举湖北省第十届人民代表大会代表54名（按姓名笔画排序）：马海扬、王功桂（女）、王怀炳（土家族）、王建民、王振有、王德奎（女，土家族）、尹德斌（土家族）、叶兆清、田明来、田震亚、毕亚雄、朱正义、朱耀仲、刘学甫、刘宗发、刘彦才（土家族）、刘德富、孙志刚、杜伟、李佑才、李杰、李国璋、李忠信、李宗柏、杨万贵、肖振斌、佘西龙、汪宏（女）、汪定国、沈虹光（女）、宋文豹、张仁江、张为民、张野、陈水文、陈生俊（女，土家族）、陈芝慧（女，土家族）、罗平焜、郑少三、赵复武、赵举海、赵晓俊（女，土家族）、侯丽（女）、饶玉梅（女）、秦宏灿、袁卫东、郭俊萍（女）、梁开全、蒋红星、蒋远华、韩永、韩靖忠、蔡建国、熊承家。

2005年5月27日，市三届人大常委会二十一次会议补选郭有明为湖北省第十届人民代表大会代表。

2006年11月18日，市三届人大常委会三十一次会议补选潘立刚为湖北省第十届人民代表大会代表。

2007年9月29日，市四届人大常委会四次会议接受汪定国辞去湖北省第十届人民代表大会代表职务的请求。

十一、宜昌市选举的省十一届人大代表

2008年1月4日，市四届人大二次会议选举湖北省第十一届人民代表大会代表53名（按姓名笔画排序）：马尚云（土家族）、王功桂（女）、王均成、王松华、王厚军、王洪山、尹汉宁、朱红菊（女）、朱琼英（女，土家族）、朱耀仲、乔余堂、庄光明、刘龙菊（女，土家族）、刘建新、刘洪福、刘晓华、许志华、孙光骏、李万清、李志英（女，土家族）、李佑才、李建林、肖振斌、佘克先（女，土家族）、张国强、张建一、张继年、张鹏、张曙光、陈华、范晓岚（女）、林放、罗清泉、罗辉、周正英（女）、周钰（土家族）、郑廷贵、赵吉雄（土家族）、胡兴儒（土家族）、俞学锋、徐麟、栾丽娜（女）、郭玉吉（女）、郭冬芝（女）、郭有明、龚书玉（女）、龚玉亮（土家族）、望蓉（女）、梁福林（回族）、蒋大国（女）、蒋远华、樊启山、潘立刚。

2009年2月11日，市四届人大常委会十五次会议，接受范晓岚辞去湖北省第十一届人民代表大会

代表职务的请求。补选李乐成为湖北省第十一届人民代表大会代表。

2009年2月21日，市四届人大四次会议选举孙建华、徐明华为湖北省第十一届人民代表大会代表。

2010年11月30日，市四届人大常委会二十六次会议，补选侯长安为湖北省第十一届人民代表大会代表。

2011年12月20日，市四届人大常委会三十三次会议，补选顾栋材为湖北省第十一届人民代表大会代表。

2012年11月27日，市五届人大常委会五次会议，接受王松华辞去湖北省第十一届人民代表大会代表职务的请求。

十二、宜昌市选举的省十二届人大代表

2013年1月9日，市五届人大三次会议，选举湖北省第十二届人大代表53名。其中，省委推荐的13名：文成国（土家族）、尹汉宁、朱耀仲、李佑才、杨万贵、余幼明（女）、罗清泉、周崇堂、栾丽娜（女）、郭玉吉（女）、郭有明、黄利鸣、黄楚平；市委推荐和代表联名推荐40名（按姓名笔画排序）：王劲松、王玺玮、文媛（女）、石显银、卢辉、卢斌、吕学锋（土家族）、朱琼英（女，土家族）、刘龙菊（女，土家族）、刘兴红（女）、孙光骏、李杰、李万清、李乐成、李志英（女，土家族）、肖勇、吴刚、何伟军、宋丹（女）、宋涛、张世敏、张建一、张曙光、罗联峰、和建生、赵吉雄（土家族）、胡志莉（女）、胡鸿琴（女）、段桂林、段绪卿（土家族）、俞学锋、郭冬芝（女）、黄圣翠（女）、黄昌炳、彭会银、蒋远华、韩靖忠、裴缜、谭少华、谭业明。

2013年3月，湖北省第十二届人民代表大会代表马旭明，由武汉市调入宜昌市相继担任中共宜昌市委副书记、市人民政府代理市长职务。

2013年12月，市五届人大常委会十四次会议，接受郭有明辞去湖北省第十二届人民代表大会代表职务；接受李乐成辞去湖北省第十二届人民代表大会代表职务；补选滕鑫曜为湖北省第十二届人民代表大会代表。

2015年1月，市五届人大常委会二十三次会议，接受裴缜和孙光骏辞去湖北省第十二届人民代表大会代表职务；补选市中级人民法院代理院长张忠斌、市人民检察院代理检察长孟鸣为湖北省第十二届人大代表。

2015年5月，市五届人大常委会二十五次会议审议通过《关于接受周崇堂辞去湖北省第十二届人民代表大会代表职务请求的决定》和《关于接受黄昌炳辞去湖北省第十二届人民代表大会代表职务请求的决定》。补选湖北省财政厅副厅长洪流（女）为湖北省第十二届人大代表。

2015年7月，市五届人大常委会二十六次会议，接受谭少华辞去湖北省第十二届人民代表大会代表职务的请求。

2016年1月，市五届人大常委会三十次会议，补选湖北省第十二届人民代表大会代表3名：王平昌、苏海涛、汪元程。

2016年6月，市五届人大常委会举行第三十三次会议，接受文成国辞去湖北省第十二届人大代表职务的请求。

2016年11月，市五届人大常委会三十六次会议，接受吕学锋辞去湖北省第十二届人民代表大会

代表职务的请求。

2016年12月23日，市五届人大常委会举行第三十七次会议，接受张建一、栾丽娜、孟鸣、谭业明、文媛、吴刚等4人辞去湖北省第十二届人民代表大会代表职务的请求。选补省人大代表6名：丁庆荣（土家族）、万红（土家族）、毕奎明、刘学甫、汤明（土家族）、曹宏伟。

第四章　宜昌当选的全国人民代表大会代表

《中华人民共和国全国人民代表大会和地方各级人民代表大会选举法》第十五条规定："全国人民代表大会的代表，由省、自治区、直辖市的人民代表大会和人民解放军选举产生。"据《湖北省人民代表大会志》记载，在湖北省历届人民代表大会选举产生的历届全国人民代表大会代表中包含有宜昌当选的全国人大代表。

一、宜昌当选的第三届全国人大代表

1964年9月14日，湖北省三届人大一次会议选举出席第三届全国人民代表大会代表中，宜昌地区（含宜昌市）的代表：任祖雄。

二、宜昌当选的第四届全国人大代表

1973年10月，"文化大革命"期间，湖北省革命委员会协商产生出席第四届全国人民代表大会代表中，宜昌地区的1名代表：覃祥官。

三、宜昌当选的第五届全国人大代表

1978年1月5日，湖北省第五届人民代表大会第一次会议选举出席第五届全国人大代表中，宜昌地区（含宜昌市）的3名代表：任祖雄、覃祥官、曹宏勋。

四、宜昌当选的第六届全国人大代表

1983年4月24日，湖北省第六届人民代表大会第一次会议选举出席第六届全国人大代表中，市（当时为省辖市）的3名代表：郝逢武、江兴凤（女）、曹宏勋；宜昌地区的4名代表：张忠民、王旭景（土家族）、张光明、陈忠信（土家族）。

五、宜昌当选的第七届全国人大代表

1988年6月11日，湖北省第七届人民代表大会第六次会议选举出席第七届全国人大代表中，市（当时为省辖市）的3名代表：罗清泉、杨浩忠、戴维新（女，回族）；宜昌地区的4名代表：陈水文、李道均（土家族）、张光明、曾祥芬（女，土家族）。

六、宜昌市当选的第八届全国人大代表

1993年1月11日，湖北省第八届人民代表大会第六次会议选举出席第八届全国人大代表中，宜昌市的8名代表：田震亚、李道均（土家族）、吴建宁、张光明、罗清泉、周大兵、郑燕珊（女）、覃立荣（女，土家族）。

七、宜昌市当选的第九届全国人大代表

1999年1月20日，湖北省第十届人民代表大会第一次会议选举出席第九届全国人大代表中，宜昌市的10名代表：朱黎阳、孙志刚、花禄生、张永政、陆佑楣、陈生俊（女，土家族）、陈笑霖（女）、黄利鸣、简群（女，土家族）、戴丽莉（女）。

八、宜昌市当选的第十届全国人大代表

2003年1月23日，湖北省第十届人民代表大会第一次会议选举出席第十届全国人大代表中，宜昌市的6名代表：戴丽莉、俞学锋、蔡鹍、向丽（女，土家族）、刘德春、蒋远华。

九、宜昌市当选的第十一届全国人大代表

2008年2月1日，湖北省第十一届人民代表大会第一次会议选举出席第十一届全国人大代表中，宜昌市的5名代表：郭有明、杨继学、李国璋、蔡宏柱、张琼（女，土家族）。

十、宜昌市当选的第十二届全国人大代表

2013年1月27日，湖北省第十二届人民代表大会第一次会议选举出席第十二届全国人大代表中，宜昌市的5名代表：丁焰章、李乐成、张琼（女，土家族）、姚鹃（女）、蔡宏柱。

第三篇　宜昌市人民代表大会历届历次会议

1954年地方组织法规定："地方各级人民代表大会会议由本级人民委员会召集。""省、直辖市、县、市、市辖区的人民代表大会会议每年举行两次，交通不便的省可以每年举行一次。""地方各级人民委员会如果认为必要或者有五分之一的代表提议，可以临时召集本级人民代表大会会议。""直辖市、县、市、市辖区、乡、民族乡、镇的人民代表大会每届任期两年。"据此：

市于1954年7月至1967年12月间经历第一届至第六届人民代表大会，共召开18次会议。详见表3—1：

市第一届至第六届人民代表大会统计表

表3—1　　单位：次、人次、个、件

市一届至六届人民代表大会	第一届	第二届	第三届	第四届	第五届	第六届	合计
召开市人民代表大会会议	4	3	5	2	3	1	18
应出席会议代表	728	626	1099	388	594	211	3646
实际出席会议代表	584	536	967	354	525	194	3160
听取和审议各种报告	9	9	16	5	7	3	49
听取和审议提案办理报告	4	3	5	2	3	—	17
办理提案	688	427	1015	450	679	—	3259
通过决议	11	5	7	4	3	2	32
选举省人大代表	9	—	9		14	—	32
选举市人民委员会组成人员	17	18	20	28	19	21	123
选举法院院长	1	—	1	1	1	1	5

市于1968年1月至1981年1月间经历第七届至第八届人民代表大会。"文化大革命"期间，虽然没有召开过一次市人民代表大会会议，但后来将革命委员会列为第七届人民代表大会的常设机构。"文化大革命"结束后召开市八届人民代表大会第一次会议（只召开过一次会议），应出席代表743人，实际出席代表684人。会议听取和审议市革命委员会的工作报告1个，并相应做出决议1个；选举宜昌市革命委员会的组成人员和"两院"负责人51人（其中：市革命委员会主任1人、副主任7人、委员41人，市人民法院院长1人，市人民检察院检察长1人）。

市于1981年2月至1992年8月间经历第九届至第十一届人民代表大会，共召开12次会议。详见表3—2：

从市十一届人民代表大会开始，组建市人大专门委员会4个，通过任命市人大专门委员会组成人员50人次，免去市人大专门委员会组成人员职务4人次。

地市合并后，宜昌市于1992年9月至2016年12月间经历第一届至第五届人民代表大会，共召开30次会议。详见表3—3：

市第九届至第十一届人民代表大会统计表

表3—2 单位：次、人次、个、件

市九届至十一届人民代表大会	第九届	第十届	第十一届	合计
召开市人民代表大会会议	3	4	5	12
应出席会议代表	748	1004	1095	2847
实际出席会议代表	704	938	997	2639
听取和审议“一府两院”报告	14	23	31	68
听取和审议议案办理报告	3	4	5	12
办理议案	—	32	5	37
办理建议、意见、批评	747	629	572	1948
通过决议	11	18	31	60
选举省人大代表	25	—	23	48
选举市人大常委会组成人员	27	34	35	96
设立市人大专门委员会机构	—	—	4	4
通过市人大专委会组成人员	—	—	50	50
选举市人民政府市长、副市长	7	6	6	19
选举法院院长、检察院检察长	3	2	2	7

市第一届至第五届人民代表大会统计表

表3—3 单位：次、人次、个、件

市一届至五届人民代表大会	第一届	第二届	第三届	第四届	第五届	合计
召开市人民代表大会会议	5	6	6	6	7	30
应出席会议代表	2467	2415	2434	2449	2858	12623
实际出席会议代表	2266	2295	2299	2312	2754	11926
听取和审议“一府两院”报告	27	30	31	31	31	150
办理议案	4	4	8	5	5	26
办理建议、意见、批评	842	866	1560	1464	1163	5895
通过决议	27	30	31	31	31	150
选举省人大代表	61	54	54	55	53	277
选举市人大常委会组成人员	49	46	52	52	59	258
设立市人大专门委员会机构	5	6	7	6	7	31
通过市人大专委会组成人员	31	44	42	36	53	206
选举市人民政府市长、副市长	10	9	11	9	9	48
选举法院院长、检察院检察长	2	2	2	3	4	13

第一章　宜昌市第一届人民代表大会历次会议

市一届人民代表大会，于1954年7月至1956年12月间共召开4次会议。详见表3—1—1：

市一届人民代表大会统计表

表3—1—1　　单位：人次、个、件

市一届人民代表大会	一次会议	二次会议	三次会议	四次会议	合　计
应出席会议代表	182	182	182	182	728
实际出席会议代表	167	140	145	132	584
听取和审议各种报告	2	2	2	3	9
听取和审议提案办理报告	1	1	1	1	4
办理提案	191	264	76	157	688
通过决议	3	2	3	3	11
选举省人大代表	9	—	—	—	9
选举市人民委员会组成人员	17	—	—	—	17
选举法院院长	1	—	—	—	1

第一节　第一次会议

经过选举，产生了市一届人民代表大会代表182名。

1954年6月30日至7月7日，市一届人大一次会议在工人文化宫举行。应出席会议代表182人，实际出席167人，列席会议人员72人。

会议听取和审议市人民政府一年来的工作报告；听取和讨论市委关于1954年下半年工作建议；选举产生出席湖北省第一届人民代表大会代表9名。

一、会议机构及成员名单

市一届人大一次会议主席团成员（按姓名笔画排序）：马鉴、王子才、王良甫、朱青、刘世珍、刘根、刘毅慈、杨春亭、张三杰、张志、张来升、张典、张赐孝、法正明、赵春和、赵春珊、赵勃、洪院凯、贺礼保、韩启浩、傅义、童子浩、虞中守。

市一届人大一次会议代表资格审查委员会名单（11人，按姓名笔画排序）：王子才、刘世珍、刘根、刘毅慈、张志、张来升、陈光勋、法正明、赵春和、童子浩、虞中守。以王子才、赵春和为召集人。

市一届人大一次会议提案委员会名单（21人，按姓名笔画排序）：马鉴、邓义英、龙学钊、邢郑民、乔铎、刘毅慈、李玉莲、李林、肖青、吴以平、张志、周俊、周登科、法正明、项克涛、赵春和、赵萍、胡芝田、阎锦华、喻子凤、傅义。以马鉴、赵春和为召集人。

二、市人民委员会工作报告

1954年7月2日，市一届人大一次会议第二次全体会议听取和审议副市长朱青所作的《宜昌市人民政府一年来的工作报告》：

对资本主义工商业和对个体小生产者的社会主义改造。1954年第一季度和去年同期比较：全市生产总值增加了238%，国营贸易营业额增加了23.66%，合作社的业务增加了85%，社会主义经济在各种经济中的比重（不包括农业），由26.99%增加到54.13%。在社会主义改造方面，对私人资本主义经济进行"利用、限制、改造"。全市已有8户公私合营企业（上年6户）由私营商业逐步转为工业。批准了57户转业，流动资金为42.40亿元，占全市商业资金的40%以上。其中新建工厂7个，新建手工业工厂2个，扩建工厂2个，扩建手工业工厂5个。1953年私营工业接受国家加工订货的产值占其总产值的81%。国营企业、公私合营、私营企业的工人、店员积极投入增产节约运动，开展合理化建议、挖潜力、找窍门、学习先进经验，大大推动了生产。1953年与1952年比较，公私合营工业的生产总值增长34.95%，私营经济营业额增加了31.11%，私营商业营业额下降了54.69%。1953年11月，实行了粮食计划供应，在1954年春季，实行食用油计划供应，保证了国家建设和人民生活的需要。全市从事手工业生产的共4177人，组织生产组37个共1261人、生产合作7个共343人。全市郊区有互助组207个共1331户、农业生产合作社3个共87户。已组织起来的农户占全市郊区总农户的63.47%。在全市范围内开展推销国家经济建设公债的认购工作，全市认购总额超过计划的37.7%。1952年国营、地方国营、公私合营企业工人的平均工资为1410分，1953年则为1764分，提高了25.11%。享受劳保福利的工人共有1094人。

加强政法工作，巩固人民民主专政。通过街道建政与选举运动，进一步巩固了人民民主专政。继续镇压反革命分子的破坏活动，打击各种社会不法分子，使生产秩序进一步巩固。取缔反动会道门，打击了各种刑事犯罪分子，处理合作社等单位的贪污盗窃案和不法资产阶级分子对社会主义改造的破坏案。在全市开展群众性的拥军优属活动，对转业军人大部分都作了适当安置，对家属生产组作了适当调整。1953年1月至1954年5月，对贫苦家属子弟入学学费的照顾、对贫苦家属医药照顾、军人抚恤、烈士运灵以及过往家属的补助等开支3.8亿元。对贫苦市民生产自救扶持款达9100万元。政府各项救济款项的开支总共达9.7亿元。

交通运输、文教卫生、市政建设。宜昌市是一个转口码头，在国家大规模经济建设的新时期，担任的运输任务是巨大的，加之陆上运输条件差，所以都集中在水路上。1953年完成的运输量等于1952年的两倍多。中学生较1950年的1250人增长一倍半；小学生较1950年的5520人增长了59%。全市拥有中学5所（其中高中1所、中等技术学校1所）62班；小学19所198班。1953年建立幼儿园2所，吸收幼儿225人。1953年市人民政府文化建设支出达57.6亿元，较1950年增加了四倍半以上。建立了

13个卫生小组，训练卫生员147人、妇幼保健员11人进行不同的季节的防疫工作。1953年基本建设投资达204.86亿元，较1952年增加了四倍半。修建一条马路、十几条下水道，修建了公共厕所、防火水池、菜市场，添置了垃圾箱等。

三、市委关于1954年下半年工作建议

1954年7月3日，市一届人大一次会议第三次全体会议听取了中共宜昌市委第一副书记赵勃所作的《市委关于1954年下半年工作建议》：

继续大力组织工农业生产。市场上出现的某些商品供应不足，就是由于生产增长的速度赶不上人民生活需要增长的速度所形成的。因此，必须加强对现有地方工业、手工业的领导，做好三项工作：对于地方工业生产，要充分发挥现有企业潜力；提高手工业生产的基本方法，是组织手工业合作社；加强对农业的社会主义改造，按照国家计划要求，全面发展农村生产，以便为工业建设和城乡人民需要提供更多的农产品和副食品。

继续执行食用油和粮食计划供应。全市食用油实行了计划供应，必须根据中央规定的标准重新核定。粮食计划供应，在城市实行划片定点供应，在郊区农村必须重新评议供应标准，以保证真正缺粮户有粮食吃。保证完成小麦收购任务。小麦收购必须与计划供应相结合，在做好计划供应的基础上完成小麦收购任务。

继续发展社会主义国营经济。私营商业走国家资本主义道路，从积极意义方面讲，不仅可以实现国营经济的领导和贯彻对私营商业的“利用、限制、改造”，同时还可以解决少数私营商业户萧条，营业额逐步下降的问题。随着国家经济建设高潮的到来，有组织的国家市场日益加强，但从旧社会遗留下来的私营商业，机构臃肿，组织庞大，人员过多。必须加速对私营商业转业工作的领导，私营商业应在政府领导、店员协助、国营企业的扶持下积极转业。

四、会议选举

1954年7月6日，市一届人大一次会议第六次全体会议通过《宜昌市一届人大一次会议选举省人民代表大会代表办法》。随后选举9名湖北省第一届人民代表大会代表：马苍石、朱青、吴熔陶、张来升、陈光勋、陈福生、周杰、阎文弟、喻子凤。

五、提案审查报告

1954年7月6日，此次会议第七次全体会议审议通过议案审查委员会所作的《宜昌市一届人大一次会议提案审查的报告》。共审查提案191案，其中：发展生产类64案，政法、市建、交通类72案，文教、卫生类40案，其他类15案。

六、会议决议

1954年7月6日，市一届人大一次会议第七次全体会议通过3项决议。

《关于宜昌市人民政府一年来工作报告的决议》

决议认为，市人民政府一年来，根据过渡时期的总任务，在增产节约、总路线宣传、粮食食用油的收购计划供应、农业及手工业和资本主义工商业的社会主义改造等各方面都取得了很大成就，有力地支持了国家工业化。同意副市长朱青所作的《宜昌市人民政府一年来工作报告》。

决议号召全市人民，在总路线的光辉照耀下，继续努力为争取更大的胜利而奋斗。

《关于宜昌市1954年下半年工作建议报告的决议》

决议强调，1954年是我们国家进入第一个五年建设计划的第二年。要认真贯彻落实市委第一副书记赵勃所作的《宜昌市1954年下半年工作建议的报告》中提出各项建议。

决议号召全市人民在中国共产党与人民政府领导下，大力组织工农业生产，以艰苦奋斗精神，为实现国家在过渡时期的总任务而奋斗。

《宜昌市一届人大一次会议关于拥护宪法草案的决议》

决议指出，宪法草案是中国人民在中国共产党和毛主席的英明领导下取得的人民革命和国家建设伟大胜利的成果之一。全市人民要积极开展热烈讨论、学习和宣传宪法草案，以保证全市人民遵守宪法，为完成国家过渡时期总任务，为建设伟大的美好的社会主义社会而奋斗！

七、总结报告

1954年7月7日，市一届人大一次会议第八次全体会议听取《大会总结报告》：

会议收获。这次会议，对政府工作和某些部门工作人员的工作作风，提出了很多宝贵的批评意见。这些问题，主席团认为基本上都是正确的，是值得政府检查和注意的。要教育干部改进工作作风方法，使政府与人民群众的关系进一步改善，使之更有利于国家建设。除此之外，主席团认为还需要说明以下几个问题：一是干部作风问题：这次会议反映出来的某些机关干部和国家机关工作人员的作风不好，政府须加以教育纠正，这是因为我们的国家机关与任何资本主义国家机关有着原则性区别。为此，需要各位代表和全体人民行使自己的公民权利，经常性地监督。二是某些企业部门经营作风问题：这次会议，代表们及时反映出个别企业部门经营作风不好，这是今后政府必须加以及时检查和纠正的，要加强政治思想教育、业务教育，改变经营作风。三是街道统一领导问题： 街道工作在这次会议上也反映得比较突出，多头领导，各强调各自的工作重要，造成下面工作忙乱，难以推行。今后街道工作要统一领导，统一安排，防止各自为政。

形势和任务。为什么说“141”是我们国家的命根子呢？因为我们的国家是一个拥有六亿人口的国家，同时又是一个经济落后的国家。“141”建设不仅关系着工业、交通运输业的发展，关系着农业、手工业的社会主义改造；关系着国防的巩固，关系着国家的命运和民族的存亡。在当前国家建设中，某些商品特别是主要农产品不足，如粮食、食用油问题，今后统购统销还必须继续扩大。必须坚定不移地保证工业化建设的速度，迅速改变国家落后状况。为了保证国家工业化，必须克服当前存在的某些实际困难，发扬艰苦奋斗精神。在新形势下工作指导思想的着眼点，是从形势出发的，满足群众生产与生活的要求。因此，要从当前某些商品生产不足，生产的发展赶不上生活的需要出发，大力领导生产，大力组织货源，加速对农业、手工业、资本主义工商业的改造。

会议传达。在按原选区分片传达的原则下，照顾工作的性质不同，可在自己本单位和性质相同的单位传达。

第二节　第二次会议

1955年4月15日—20日，举行市一届人大二次会议。应出席会议代表182人，实际出席代表140人。市政协委员、市人民政府各部门负责人列席了会议。大会主要议题为：传达湖北省第一届人民代表大会第一次会议的精神和决议；审查市人民政府五年来的工作报告和今后工作方针、任务；选举市人民委员会组成人员和选举市人民法院院长；审查宜昌市1954年财政决算和1955年财政预算；审查上次会议的提案办理情况和此次会议的提案审查情况。

一、会议机构及成员名单

市一届人大二次会议主席团（22名，按姓名笔画排序）：王子才、王良甫、邢郑民、朱青、刘世珍、刘建军、刘赓、刘毅慈、杨春亭、肖青、张三杰、张来升、张典、陈光勋、陈光辉、法正明、赵春珊、洪院凯、阎锦华、韩启浩、傅义、童子浩、虞中守。

市一届人大二次会议代表资格审查委员会名单（9名，按姓名笔画排序）：王西峰、毕庶伟、刘世珍、刘毅慈、张来升、陈光勋、法正明、童子浩、虞中守。召集人：毕庶伟、王西峰。

市一届人大二次会议议案审查委员会名单（21名，按姓名笔画排序）：王维顺、邓义英、龙学钊、刘毅慈、李玉莲、李林、杨长森、肖青、吴以平、张品三、周俊、周登科、法正明、项克涛、赵萍、高尚志、鹿振中、喻子凤、傅义、虞化龙、薛守廉。召集人：赵萍、项克涛。

二、人民委员会工作报告

1955年4月15日，市一届人大二次会议第二次全体会议听取和审议市人民委员会市长朱青所作的《政府工作报告》：

总结五年来工作。

接管工作。宜昌解放初期，首要任务是迅速地稳定秩序，恢复生产，支援中国人民解放军向西南进军，彻底推翻蒋介石反动政权。我们顺利地进行接管后，迅速地开展城乡交流，稳定了物价，活跃了市场。除在郊区土地制度改革外，还相继开展抗美援朝运动、镇压反革命运动、“三反”“五反”运动，以及社会改革运动，为经济恢复与建设工作创造了有利条件，为顺利完成国家第一个五年建设计划奠定了思想基础。

经济工作。工业生产总产值，以1952年为100，则1953年为143.95%，1954年为196.05%。1954年对地方工业的投资相当于1953年的2.36倍，较1951年增加了1倍。1953年国营商业商品零售总额较1950年增加了2.28倍；1953年合作社商业营业额比1952年增长了103.88%。1954年全市手工业生产总值较1952年上升了35.02%，手工业生产总值等于全部工业生产总值的51.29%。农业生产呈现了逐年上升的趋势，水稻每亩产量1950年为165公斤、1952年为185公斤、1953年为210公斤、1954年为203公斤。小麦每亩产量1952年为96公斤、1953年为115公斤、1954年为118公斤。1954年郊区卖出余粮

62679公斤大米、64802公斤小麦，缴纳农业税（原粮）262579公斤。宜昌港每年都完成和超额完成了国家交给的运输任务。1954年，装卸效率由每工时551公斤上升到774—800公斤；船舶的非生产停泊时间由过去的30小时降低到10多个小时。1955年全港货运量比1954年增加150.54%。1954年自办区内邮路比1950年增加了396%，市内电话用户比1950年增长了153%，发行报刊1895926份，比1952年增长了690%。1954年市财政收入完成省分配的101.32%，比1953年增加54.36%；财政支出比计划节余15.76%；收支相抵，略有余额。1954年在经济建设和社会事业方面的支出，占全年支出的75.11%。1954年存款实绩比1953年增长27.24%；贷款实绩比1953年增长41.77%，比1950年增长146.3倍；1954年储蓄比1953年增长18.49%。超额完成了历次公债在宜昌市的推销任务。政府用于基本建设的投资，1953年达204亿元，比1952年增加了4倍半。1954年基本建设工程总量完成原计划的111.68%，比1953年增加34.8%，建筑总面积完成原计划的122.61%，比1953年增加30.01%。

社会事业。1954年政府对文化建设支出达57.6亿元，比1950年增加4.5倍。1954年中等学校学生数比解放初的768人增加了4.7倍；小学学生数比解放初的3673人增加了2.9倍；幼儿园幼儿数由1950年的50人发展到688人，增加了13.7倍。随着抗美援朝运动的开展和深入，发动了群众性的拥军优属运动。优抚费开支16.6亿元，对无依靠、无法维持生活的孤残老幼和贫民共发放救济款14.08亿元，拨给教养院经费28.2亿元，发放棉衣、棉被等物6431件。

政权建设。市各界人民代表会议先后经历三届，共召开十次会议。全市成立了6个街道办事处、21个居民委员会、5个乡人民政府、83个居民小组，巩固了基层人民政权，密切了人民政府同人民群众的联系。1953年，宜昌市选举第一届人民代表大会代表，成立了市人民代表大会。加强司法机构，进行司法改革运动。

法治建设。贯彻实施婚姻法，纠正对待婚姻不严肃、不负责的态度。

三、财政预决算报告

1955年4月16日，市一届人大二次会议第三次全体会议听取和审议市财政局局长岳传岱所作的《宜昌市1954年决算和1955年预算的发言》：

1954年预算执行。核定的收入任务2042013.3万元，除省级补助和1953年结余外，超额完成了1.23%。从收入款项来看：地方税和工商营业税分成则超额1.48%，占总收入数46.13%；企业收入超额0.61%，占总收入25.10%；其他收入超额2.73%，占总收入7.75%；另外省级补助占总收入17.49%；上年结余占3.53%。支出指标为2042013.3万元，实际开支1926722.8万元，占预算指标94.35%。在实际开支中：经济建设投资占总支出的30.68%；社会文教投资占44.42%；行政机关经费占24.18%；其他支出占0.72%。年终结余占总支出预算的6.42%。存在的缺点：由供给财政转为建设财政转的不够；财政监督不严格，财务制度不够健全；工作尚欠深入。

1954年自筹经费。开始征收了工商业税、工商所得税、农业税7%的附加，开征渔业税共收入83470.6万元。实际支出50016.4万元，其中用于消防设备占17.78%，私立中学和民师训练占76.85%，体育占4.8%，其他0.75%。年终结余33454.2万元。

1955年预算草案（省分配宜昌市收支控制数）。收入1951100元，其中：各项税收占82.92%；地方国营企业收入占6.83%；其他收入占10.25%。支出1442792元，其中：经济建设类占4.64%，社会文

教类占53.49%，行政管理费类占40.41%，预备费占1.46%。收支余额为上交任务。

四、提案审查报告

1955年4月20日，此次会议第五次全体会议审议通过议案审查委员会所作的《宜昌市一届人大二次会议提案审查情况的报告》：

此次会议共收到提案546件，经综合整理成246案：解放台湾1案、工业类8案、手工业类5案、农业3案、商业类30案、合作类5案、粮食类11案、林业类3案、水利类2案、交通类15案、文化类13案、教育类26案、卫生类33案、财政类11案、民政类12案、公安类6案、司法类1案、市建类23案、劳动类10案、人事监察类14案、其他14案。另有23件属于个人问题，交市人民政府秘书室作为人民来信处理，并负责予以答复。

议案审查委员会审查意见：特别重大而具有全面性的问题，提请主席团讨论，共1案，即关于解放台湾；凡应办而又可能办或正在办的，交市人民委员会办理，共97案；限于目前条件一时不能办或者需要进一步研究的，交市人民委员会参考，共90案；不属市人民委员会管辖范围的，转有关部门处理，共15案；凡与现行法令有抵触的予以解释；凡目前肯定无条件办到的，予以明确答复，共43案。

五、会议选举

1955年4月20日，市一届人大二次会议第六次全体会议通过《选举市人民委员会组成人员、市人民法院院长的选举办法（草案）》，随后举行选举市人民委员会市长：朱青；副市长：邢郑民、陈光勋、阎锦华；委员：王子才、王西峰、王良甫、张寿人、陈光辉、岳传岱、法正明、赵萍、赵喜珍、高尚志、韩启浩、喻子凤、童子浩；市人民法院院长：王维顺。

六、会议决议

1955年4月20日，市一届人大二次会议第七次全体会议通过两项决议。

《关于宜昌市人民政府工作报告的决议》

决议批准市长朱青所作的《宜昌市人民政府工作报告》，批准市财政局局长岳传岱所作的《宜昌市1954年决算和1955年预算的报告》，批准议案审查委员会所作的《提案审查报告》。

《关于拥护周外长声明，反对美蒋战争条约，支援解放台湾的决议》

决议强调，衷心拥护国务院总理兼外交部部长周恩来在1953年12月8日和1955年1月24日的两次严正声明，对美蒋侵略集团签订的这一非法《共同防御条约》表示坚决的反对和抗议。

决议号召全市人民更加紧密地团结一致，进一步巩固与加强人民民主统一战线，继续发扬艰苦奋斗的精神，提高警惕，克服困难，做好各项工作，努力完成和超额完成国家计划，不断增强国家的经济力量和国防力量，积极支援中国人民解放军，为解放台湾，彻底消灭蒋介石卖国集团，粉碎美蒋战争条约，保卫亚洲和世界和平而奋斗！

第三节　第三次会议

1955年9月20日—22日，举行市一届人大三次会议。应出席代表182人，实际出席代表145人。大会主要议题为：听取和审议市人民委员会的工作报告；讨论和决议开展肃清一切反革命分子的运动。

一、会议机构及成员名单

市一届人大三次会议主席团、秘书长：主席团（21名，按姓名笔画排序）：王子才、王西峰、王良甫、邢郑民、朱青、刘世珍、杨春亭、肖青、陈光勋、陈光辉、岳传岱、法正明、赵春珊、赵萍、赵喜珍、高尚志、阎锦华、董光明、韩启浩、童子浩、虞中守。秘书长：赵萍。

市一届人大三次会议代表资格审查委员会名单（9名，按姓名笔画排序）：王维顺、毕庶伟、刘毅慈、张寿人、张品三、周忠和、周登科、高尚志、喻子凤。召集人：毕庶伟。

市一届人大三次会议议案审查委员会名单（15名，按姓名笔画排序）：王元良、邓义英、邢庆云、杨长森、杨竞先、肖青、谷英杰、武义禄、林民亚、周俊、项克涛、赵萍、阎文第、傅义、虞化龙。召集人：赵萍、项克涛。

二、人民委员会工作报告

1955年9月20日，市一届人大三次会议第一次全体会议听取和审议市人民委员会市长朱青所作的《市政工作报告》：

贯彻厉行节约方针。宜昌市于7月起在工厂、交通运输、手工建筑、国营商业、机关等单位开展全面节约的运动，提出下半年目标：市属10个工厂成本要在年度计划的基础上降低12.49%；国营贸易系统商品流转费用较上半年下降15.78%；建筑系统成本费用节约9.5%；交通企业管理费等节约204972元。手工业系统降低成本7.83%。加强全面的计划管理，争取全面完成和提前超额完成国家计划。

经济与社会事业。全市国营、地方国营、公私合营17个工业企业，上半年完成总产值较去年同期增加61.03%，劳动生产率提高37.84%。在节约原料、提高产量和质量方面均较去年有很大进步。上半年全市11个国营贸易公司购进计划完成114%，销售计划完成103.05%。截至6月底，全市代销、经销户229户，其中经销130户，代销26户，批购零销29户，互助组19户，经销小组25户。其他大部分商店也与国营商业建立了批购关系。8月25日国务院颁布了《城乡粮食定量供应暂行办法》。这是我国粮食工作上的重大措施，是城市计划供应的新发展，是解决城市粮食的根本办法。全市人民都要按定量标准来计算用粮，保证这个办法的顺利贯彻。1955年上半年市财政收入完成108.35%，占全年预算的46.31%，较去年同期上升103.04%。上半年支出实际较去年同期下降6.8%，占1955年全年预算的38.25%，支出的绝大部分是用于生产建设。推销1955年公债完成省分配任务的106.3%，到8月31日入库数占任务数的93.68%。储蓄较1954年底增长29.32%。上半年，宜昌港超额完成了国家运输计划。客运计划完成了135.64%，较去年同期增加7.9%。货运计划完成了103.71%，较去年同期增加66%。邮电局上半年邮政计划完成了105.74%。大力开展以互助合作为中心的农业增产运动，现在有生产合作社5个、互助组94个，组织起来的户数占全区总农户的71.24%，较去年增16.42%。到6月底手工业合作社已增至20个，社员809人，社的个数较1954年增加了7个；生产组增至49个，组员1014人，组数较1954年增加了3个。组织起来的人数占全市从事手工业总人数的50.4%（1954年为43.84%）。半年合作社总产值完成原计划的102.1%，生产组完成原计划的99.26%。在教育方面，中学现有学生3717人，较1954年增加了32.7%；小学现有学生11557人，较1954年增加了37.18%。在卫生方面，对工人进行了预防和防治工作；加强了饮水卫生管理和各种消毒工作；并在春季爱国卫生运动的基础上，开展夏秋季爱国卫生运动。半年来，政法工作以保卫生产建设为中心，结合各个时期的中心工作，对隐蔽敌人和各种危害社会治安分子进行了不懈的斗争，严厉打击了各种刑事犯罪的现行破坏活动。民政方面，截至6月底全市共救济灾民810户次，1907人次，3274元；贫民补助203人，845元；过往人员补助2976元。对复兴路大火受灾居民发放救济款13588元。享受补助的烈军属共有541户1520人，用款3108元。

肃反运动。动员全市人民，开展肃清和镇压一切反革命分子的运动，打击了那些在反动统治时期作恶多端，在群众面前无法隐藏的反革命分子。

三、肃反动员报告

1955年9月21日，市一届人大三次会议第二次全体会议听取和讨论了副市长阎锦华所作的《全市人民团结起来，为严厉镇压反革命活动，肃清一切反革命分子而斗争》的报告：

宜昌市经过镇压反革命运动后，反革命分子的活动已经受到了严厉的打击，人民民主专政的政权已经日益强大和巩固。

反革命分子为了实现他们的复辟，还特别针对我们人民民主专政的政权进行颠覆活动。他们就用凶杀、放火等暗害手段进行破坏。不法资产阶级分子、反动富农分子，抵抗社会主义改造的活动也十分猖狂。潜伏在宗教团体的反革命分子，披着宗教活动的外衣，也在进行着发展反革命秘密组织的阴谋。反动会道门的复辟活动也是十分严重的。

反革命分子不仅混入了革命阵营，混入了一般部门，而且还钻进了我们的要害部门，甚至共产党内。这些反革命分子都是抱着仇视革命，仇恨人民的心情打进来的，他们不仅混进内部，采取“钻进肚皮”的战术，暗藏下来，进行破坏，有的还相互勾结起来，组成小集团。

为了肃清反革命分子，要严格划清反革命的界线。反革命分子只能是少数，从我们工厂、企业、机关、团体、学校内部来讲，百分之九十几都是好人。要严办的只是那些真正罪该严办的反革命和其他犯罪分子。

为了加强镇压反革命的斗争，必须充分发动群众，使保卫治安的专门工作与广大群众的防奸反特斗争紧密结合起来。必须深入地开展镇压反革命的宣传教育工作。必须行动起来，动员全市人民团结一致，为严厉镇压反革命的破坏活动，肃清一切反革命分子而斗争！

四、提案审查报告

1955年9月22日，此次会议第三次全体会议审议通过议案审查委员会所作的《宜昌市一届人大三次会议提案审查情况的报告》：

这次大会共收到提案267件，整理分类19类76案：肃反类2案，手工业类1案，商业类6案，合作类1案，粮食类4案，林业类3案，水利类3案，交通类6案，文化类1案，教育类4案，卫生类9案，财政类1案，民政类5案，公安类5案，司法类1案，市政建设类11案，劳动类3案，人事监察类4案，其他类6案。另有42件属于个人问题的提案，作为人民来信交市人民委员会会后负责答复。

审查意见：一是提案性质特别重要，提请大会做出决议。二是提案与现行法令相符，又属必要，而且有条件办到者，则交人民委员会办理。三是提案可行，但限于目前条件尚难办到者，则做出肯定性的答复或作解释。四是对有关机关、单位工作、业务和生产上的批评建议、要求等，则按实际情况提出意见，交市人民委员会责成有关机关单位办理。

五、会议决议

1955年9月22日，市一届人大三次会议第四次全体会议通过3个决议。

《关于市政工作报告的决议》

决议批准市长朱青所作的《市政工作报告》。

决议号召全市人民在中国共产党和毛主席的英明领导下，更加紧密地团结起来，以紧张的斗争精神，积极地为严厉镇压反革命活动，肃清一切反革命分子而斗争！继续厉行全面节约，深入开展劳动竞赛，为保证实现国家国民经济的第一个五年计划而奋斗！

《关于开展肃清一切反革命分子运动的决议》

决议批准副市长阎锦华所作的《全市人民团结起来，为严厉镇压反革命活动，肃清一切反革命分子而斗争的报告》。

决议号召全市人民坚决贯彻“提高警惕，肃清一切特务分子；防止偏差，不要冤枉一个好人”的方针，将一切反革命分子清除出去，搞深、搞透、挖光，不让一个反革命分子漏网。

《关于宜昌市人民委员会提案执行情况报告的决议》

决议同意议案审查委员会所作的《宜昌市一届人大三次会议提案审查情况的报告》。认为市人民委员会对于上次会议的提案，执行得是认真的，做到了件件有着落、有交代。在改进和推动部门工作上，起了一定的积极作用，获得了不少成绩。

第四节　第四次会议

1956年5月14日—18日，举行市一届人大四次会议。应出席代表182人，实际出席代表132人，大会还邀请了市政协委员、机关、工厂、公司、学校和有关单位的负责人列席会议。大会主要议题为：审查和批准市人民委员会《市政工作报告》；审查和通过《宜昌市1956年财政预算和1955年财政决算的报告》；听取和审议《宜昌市人民法院的工作报告》。

一、人民委员会工作报告

1956年5月14日，市一届人大四次会议第一次全体会议听取和审议市人民委员会市长朱青所作的《市政工作报告》：

农业、手工业以及资本主义工商业的社会主义改造。在私营工业方面，将原20多个私营工厂，合并为6个工厂，全部实行了公私合营。在手工业方面，将全市3830个手工业劳动者全部组织起来，组织了26个高级社。在农业方面，全区组织了2039户参加了农业生产合作社，入社农户占全区农户99.73%，全部实现了社会主义性质的农业合作化。在私营商业方面，全市3000多户私商，也被分别进行了各种不同形式的社会主义改造。此外，对交通运输、民船方面也都进行了社会主义改造，民船的改造面已经扩大至80%以上。

1955年计划执行。国营、地方国营、合作社营、地方公私合营31个工厂，平均完成1955年工业总产值计划的102.45%，较1954年增长51.46%。手工业总产值完成国家计划的125.5%，较1954年增长21.49%。粮食总产量完成103.28%，棉花完成181.66%，油料作物完成118.72%。均超过了当年的计划指标。航运的客运完成计划的99.91%，较1954年增长34.7%。货运完成计划101.59%，较1954年增长61.07%。汽车运输，客运货运均未完成计划，与1954年比较：客运完成实绩增长52.13%，货运完成实际增长8.92%。邮电业务量完成102.07%，邮政业务量完成105.04%。基建投资总额完成99.02%，其中建筑工程完成102.19%，1955年全市完成房屋建筑面积21827平方米。国营商业购进计划完成112.48%，较1954年增长27.76%。零售计划平均完成112.54%，较1954年增长39.18%。财政收入完成106.02%，较1954年增加43.34%。财政总支出完成92.91%，为1954年的70.84%。在总支出中用于经济建设和文教事业方面的占56.34%。1955年信贷完成国家计划的97.09%，投放完成国家计划的133.75%。1955年普通中学在校的学生数比1954年增长2.22%，小学在校学生增长5.21%，职工业余学校在校学员增长96.89%，幼儿园幼儿数增长112.77%。

1956年发展国民经济计划的各项主要指标。1956年全市地方工业生产总产值计划为10924000元，较1955年增长45.02%。其中：地方国营工业增长27.14%、公私合营工业增长51.41%、新增公私合营工业增长16.31%。手工业生产总值计划为7500000元，较1955年增长6.13%。1956年郊区粮食作物总产量计划为1618100公斤，较1955年增长24.9%。1956年社会商品零售总额计划为27000000元，较1955年增长41.8%。1956年宜昌市预算收入1894742元，为1955年的77.34%。1956年小学学生计划新招4367人，普通中学学生计划新招1450人，业余中小学年末在校学员为3310人。医院病床数增至256张，并充分发挥社会医疗力量。

二、财政预决算报告

1956年5月14日，市一届人大四次会议第一次全体会议听取和审议副市长阎锦华所作的《宜昌市1955年财政决算和1956年财政预算（草案）的报告》：

1955 年决算

省分配财政收支任务完成情况。1955年省分配宜昌市财政收入任务2310735元，全年实际完成2449914元，超任务139179元，占省分配任务的6.02%。总的收入情况是：地方国营企业收入超过预算135.81%；工商税收超过预算 0 .8%，其他收入完成任务的91.58%。省分配宜昌市支出总指标1474091元，全年实际支出1369551元，为预算指标92.91%。指标结余104540元，占支出总指标的7.09%。财政收支不但是平衡且有结余。

地方自筹收支决算。1955年地方自筹收入140394元（工商税、农业税7%之附加收入），加上1954年结余33454元，共为173848元。实际支出127231元。收支相抵尚结存46617元。

1956 年度财政预算

省分配的财政收支任务。1956年收入任务省下达是1894742元（不包括上年结余），其中：地方税及分成比例收入1094413元；国营企业收入462809元，比上年决算增加90.49%；公债40%分成收入127120元（新增）；其他收入210400元。财政预算支出1940505元，比上年决算增长41.69%。其中：经济建设支出410997元，比上年决算增长272.88%；社会文教支出902478元，比上年决算增长27.24%；行政管理费支出579156元，比上年决算增长5.72%；其他支出25874元；总预备费22000元。几点说明：一是关于支出预算平衡问题，1956年总收入是1894742元，加上上年结余180113元，共计2074855元。1956年总支出是1940505元。收支相抵后尚余134350元，也就是说1956年除应支出外还有上缴任务134350元（因为财政制度上规定1955年结余归省）。二是关于收入分成问题，工商税收收入留地方的比例：1955年为45%、1956年改为10%，因而影响了收入总数比上年小。农业税、公债，省为了刺激地方的积极性，亦分别采取30%和40%的比例分成。

地方预算外收入及自筹收入预算。1956年地方财政收入877696元（包括1955年结余46617元）。其中：新增财源677812元。地方预算支出673727元。其中：用于发展生产增加社会财富方面有441223元，占支出总额65.48%；用于市政建设106000元；用于农村建设和文化教育61504元；用于消防支出30000元；其他支出35000元。收支平衡尚有结余203969元，可作特殊开支和用作1957年周转。

三、法院报告

1956年5月14日，市一届人大四次会议第一次全体会议听取和审议市人民法院院长王维顺所作的《一年多来法院工作的报告》：

1955年1月至1956年4月，共受理了刑事和民事案件1046件，其中审结刑事410件、民事562件、刑民案件未结的共74件，完成了繁重的审判任务。

前段工作。处理犯罪分子，是贯彻实施“镇压与宽大相结合”和“坦白从宽、抗拒从严、立功折罪、立大功受奖”的政策。对于极少数严重危害社会主义建设，罪大恶极，民愤很大，不杀不足以平民愤的反革命分子和重大刑事犯罪分子处于死刑。对关系人民群众物质、精神生活的一般刑、民事案件，贯彻了社会主义教育原则与增强人民内部团结和为生产服务的方针。只对少数调解不成的案件，才依照国家相应的法律和政策，给予合情合理的判决。法院设立了接待室，一年多来共处理人民来信、来访17件，简易案件98件。在机关团体、工厂、街道建立了固定人民陪审员50名的队伍。全市19个调解委员会共调解了各类纠纷2700余件。法院设立了公证室，举办了公证工作。

以后工作任务。一是在同反革命分子进行斗争中，必须全面贯彻实施“提高警惕、肃清一切反革命分子、防止偏差、不要冤枉一个好人”的镇反方针和相关政策。二是加强与巩固革命法制，在审判中必须依法实行公开审理、辩护、陪审、合议、回避等项审判制度。把人民法院的审判活动切实置于人民群众的监督之下。三是在保证办案质量的基础上，提高办案效率。

四、提案审查报告

1956年5月17日，此次会议第三次全体会议审议通过议案审查委员会所作的《宜昌市一届人大四次会议提案审查情况的报告》：

此次会议共计收到提案402件，经综合整理成11类157案：生产类11案、政经类27案、交通类13案、文教类17案、城市建设类24案、卫生类21案、公安司法类5案、民政类4案、劳动类5案、批评建议类26案、其他类4案。另有33案属于个人问题，仍作人民来信处理，并交市人委会办公室会后负责答复，使其有交代、有下落。

审查意见：与现行政策法令相符，又属必要而且有条件办到的提案，交市人委或主管机关办理；可行，但限于目前条件一时不能办到的提案，经讨论后作肯定答复或解释；对各机关、单位以及个人在工作、生产和工作作风上的批评和建议，交市人委责成有关机关、单位进行检查、教育、纠正。对粮食、医院、食品等单位的批评意见很多，大会主席团责成该单位在大会发言中加以答复和解释。

五、会议决议

1956年5月18日，市一届人大四次会议第四次全体会议通过3个决议。

《关于市政工作报告的决议》

决议通过市长朱青所作的《市政工作报告》。

决议号召全市人民和全体国家机关工作人员，进一步紧密团结，发挥社会主义积极性和创造性，共同努力，为胜利实现1956年的各项光荣任务而奋斗！

《关于宜昌市人民法院工作报告的决议》

决议批准市人民法院院长王维顺所作的《关于宜昌市人民法院工作的报告》。

《关于宜昌市 1955 年度财政决算与 1956 年度财政预算报告的决议》

决议批准副市长阎锦华所作的《关于宜昌市1955年度财政决算与1956年度财政预算的报告》。

六、给毛主席的致敬电

致敬电，向敬爱的毛主席汇报召开宜昌市一届人大四次会议的情况，汇报宜昌市国民经济和社会发展情况。决心在中国共产党和您的领导下，坚决依靠人民群众的创造性，努力克服工作中的困难和缺点，为把祖国建设为一个繁荣富强的社会主义国家做出更多的贡献。

第二章　宜昌市第二届人民代表大会历次会议

市二届人民代表大会，于1956年12月至1958年6月间共召开3次会议，详见下表3—2—1：

市二届人民代表大会统计表

表3—2—1　　单位：人次、个、件

市二届人民代表大会	一次会议	二次会议	三次会议	合　计
应出席会议代表	210	208	208	626
实际出席会议代表	180	164	192	536
听取和审议各种报告	4	2	3	9
听取和审议提案办理报告	1	1	1	3
办理提案	186	225	16	427
通过决议	1	3	1	5
选举市人民委员会组成人员	18	—	—	18

第一节　第一次会议

1956年12月17日—22日，举行市二届人大一次会议。应该出席代表210人，实际出席代表180人，列席会议人员90人。

大会主要议题为：听取和审议1956年选举工作报告；听取和审议上届人民代表大会第四次会议提案执行情况报告；听取和审议上届人民委员会的工作报告；听取和审议财政预决算报告；听取和审议法院工作报告；选举本届人民委员会组成人员。

一、会议机构及成员名单

市二届人大一次会议主席团成员和秘书长：主席团成员（按姓名笔画排序）：于从义、王子才、王西峰、王良甫、邢郑民、朱青、刘毅慈、卢敏斋、李景钊、杨实舜、肖青、汪昌桂、张三杰、张寿人、张来升、陈光勋、陈光辉、岳传岱、周绍华、法正明、赵春珊、赵萍、赵喜珍、贺顺秀、高尚志、郭玉才、阎锦华、彭泽生、韩启浩、喻子凤、童子浩、蔡金先、廖华珍。秘书长：赵萍。

市二届人大一次会议代表资格审查委员会名单（按姓名笔画排序）：王西峰、王维顺、乔能英、刘毅慈、杨俊、肖焕章、吴溶陶、张寿人、彭万里。召集人：王维顺。

市二届人大一次会议议案审查委员会名单（按姓名笔画排序）：马苍石、王元良、文振藻、尹晶、田祚禧、李玉莲、杨长森、杨竞先、何位东、张光烈、武义禄、周宏秀、周忠和、赵萍、夏发义、高振东、黄烈、彭泽生、傅义、童子浩。

二、人民委员会工作报告

1956年12月17日，市二届人大一次会议第二次全体会议听取和审议市长朱青所作的《向第二届人民代表大会第一次会议的工作报告》：

工农业生产。两年来，在工业、农业、建筑、交通运输等部门开展增加生产、保证质量、降低成本超额完成国家计划的运动。工厂个数由1952年的8个增加到今年的17个，在厂职工人数由556人增加到1886人。1955年全市工业总产值比1952年增加五倍多。1955年稻谷产量较1952年增长20.31%。1955年货运量较1952年增加五倍，客运周转量增长34.81%。

农业、手工业和资本主义工商业社会主义改造。一是通过农业社会主义改造，开展全面合作化运动，大大调动了广大农民的生产积极性。二是通过对手工业的社会主义改造，上半年完成的生产总值比上年同期增加43.94%，使89.29%的社员增加了收入。三是通过资本主义工商业的社会主义改造，全市有12%左右的人参加了公私合营企业，有3%左右的人直接过渡为国营企业的工作人员，有16%左右的人参加了集体共负盈亏的合作商店和合作小组，有54%左右的人参加了各负盈亏、分散经营的合作小组，有12%左右的人代销或经销国营的商品。

“镇反”“肃反”运动。全市集中开展两次巨大规模的镇压反革命运动：1950年，大张旗鼓地开展镇压反革命运动和肃清反动“会道门”的斗争，打击那些反动统治时期作恶多端，在群众面前无法隐藏的反革命分子。1955年，开展“镇反”“肃反”运动，惩办大批反革命分子和其他犯罪分子。

物质文化生活服务。全市中学学生已达3876人，小学学生已达13014人，幼儿园幼儿已达1798人。与1952年相比，全市中学生增加了1245人，小学生增加了375人，幼儿园幼儿数增加了1521人。干部、职工、市民等业余教育的在校人数已达到 4216人。现有大小医疗机构109个，病床345张，医师172人。1952年全市每215人有卫生人员1人，每471人有病床1张，1956年全市每159人有卫生人员1人，每298人有病床1张。1953年至1956年的四年中，国家和地方对城市建设的投资总额为483934元。截至1956年9月底，共新建、改建和翻修马路15条全长34348米，面积为49246平方米；新建、改建和疏通下水道共80条全长19575米。造林和植树造林968545株，绿化街道21条全长36360米，造林820.5亩，绿化长江两岸13080米。新建建筑面积为125217平方米。1955年在全市范围内全面地实行了“按人分等，以人定量”的粮食供应制度。今年社会商品零售总额，预计比1952年增加800万元左右，比1955年也要增加400万元左右。市区内有劳动力的一般都已就业。1956年第一、二季度，经劳动部门分配到各工厂、企业、建筑工地等方面工作或学习的就有1871人。两年来继续加强了社会救济、劳动教养、社会保险、人民储蓄等工作，在郊区实行了“五保”，建立了红十字会组织。

机关工作。在过去的两年中，作为地方权力机关的市一届人民代表大会实现了对政府工作的监督。市一届人民代表大会第四次会议为加强对政府工作的监督和进一步密切与选民的联系，责成市人民委员会制订了《联系选民的试行办法》。人民委员会自成立以来共开会15次，并建立了市长联合办公的制度。两年来，监察部门在反对官僚主义、反对铺张浪费的斗争中加强自身建设。

三、财政预决算报告

1956年12月18日，市二届人大一次会议第三次全体会议听取和审议副市长阎锦华所作的《宜昌市1954年、1955年财政决算和1956年财政预算及执行情况报告》：

1954年和1955年度财政决算。两年来，省共分配宜昌市预算收入任务3915244元，其中：工商税分成及地方税2943320元；地方企业及事业收入616634元；其他收入355290元。宜昌市实际收入4075646元，超省分配任务4.10%。其中：工商税分成及地方税实际收入2973267元，超任务1.02%；地方企业及事业实际收入759693元，超任务23.2%；其他收入实际完成342686元，占任务数96.45%。省分配宜昌市预算支出总额3519202元。其中：经济建设费707474元；社会文教费1647625元；行政管理费1105957元；其他支出15550元；预备费42596元。宜昌市实际支出总额3302777元，其中：经济建设费701436元，占92.49%，占总支出总额21.24%；社会文教费1565205元，占支出总额47.40%；行政管理费1020246元，占支出总额30.89%；其他支出15890元，占支出总额0.48%。

1956年财政预算预计执行。1956年市财政预算省核定收入任务是1761366元（其中：工商税分成和地方税977037元，比上年决算增加9.25%；地方企业及事业收入462809元，比上年决算增加90.69%；公债111120元；其他收入210400元，比上年决算增加9.75%）。如加上省补助334117元、上年结余230113元，则收入总额为2325596元。1956年市财政预算省核定支出总额是2329546元，比上年决算增加61.4%，其中：经济建设费支出465304元，增加322.15%；社会文教支出1020276元，增加44.35%；公安司法检察支出102145元；行政费691595元，增加25.33%；其他支出50226元。截至年底预计算收入可完成1600449元，占核定任务的90.91%。其中：工商税分成及地方税完成948887元，占核定任务的97.12%；地方企业及事业完成421262元，占核定任务的91.02%；公债收入完成117000元，占核定任务的105.3%；其他收入完成113300元，占核定任务的53.81%。总预算支出为2329546元，预计实支2309596元，占预算数99.14%。预计年终结余2万元左右。从预算支出占总预算比重分析：经济建设占20.28%，社会文教占42.68%，公安支出占4.26%，行政机关经费占31.62%，其他占1.16%。

1956年宜昌市地方收支。地方收入计划847000元（包括上年结余46600元在内），预计年终可收841300元，比1955年增加 4 .5倍。地方支出计划844000元，预计年底实支780000元，比1955年增加5.1倍。收支相抵，本年预计年终结余61300元，转作1957年继续使用。

四、法院报告

1956年12月18日，市二届人大一次会议第三次全体会议听取和审议市人民法院院长王维顺所作的《宜昌市人民法院工作报告》：

情况分析。以1953年为基础相比较：1954年的刑事案件上升1.3%，民事案件下降37%；1955年的刑事案件相等，民事案件下降50%；1956年的刑事案件下降30%，民事案件下降60%。受案率逐年下降，一是证明了历经的各项群众性的社会政治改革运动是完全必要正确的，运动的结果是胜利的。二是证明了人民民主专政更加巩固，同时体现了人民民主制度的优越。

所做工作。遵循“提高警惕，肃清一切反革命分子，防止偏差，不要冤枉一个好人”的方针和“镇压与宽大相结合”的原则，以及“坦白从宽，抗拒从严，立功折罪，立大功受奖”的政策，判处了一批反革命的案件。打击了贪污盗窃等侵犯公共财产和公民的合法利益的犯罪行为。严肃处理了侵犯人身权利的强奸妇女和奸淫幼女等流氓犯罪。调解了居民间、公私间的法律关系。附设了公证室，去年以来审查证明的361件（驳回或撤回19件）契约合同中，违约率在2%左右。完善审判活动，依法进行公开审判、陪审、合议、辩护的案件占法院审理案件总数的80%以上。调解委员会摸索出了一些经验：工作主动；弄清情况，辨别是非；态度诚恳，坚持说服教育；虚心学习，掌握政策。加强了审判监督制度建设。

以后工作任务。必须密切配合公安、检察机关，依靠广大群众，继续深入地开展对反革命分子和其他现行破坏分子的斗争；必须密切做好对国家领导下的自由市场的保卫工作，制止一切资本主义的投机活动；必须加强对刑事案件、民事案件的审理；必须切实改进工作作风，提高审判工作的质量和效率。

五、提案审查报告

1956年12月22日，此次会议第七次全体会议审议通过议案审查委员会所作的《宜昌市二届人大一次会议提案审查情况的报告》：

此次会议收到了代表和全市人民的提案1198件，综合整理为1148件：商业类174件，文教类123件，医药卫生类127件，劳动就业类93件，城市建设类92件，财政金融类76件，交通运输类56件，手工类53件，职工福利类55件，民政救济类26件，政法类20件，工业类16件，增产节约类75件，农业类13件，粮食类11件，宗教类3件，干部作风类68件，其他67件。

审查意见：对与政策相符，目前属于宜昌市需要和力所能及的606件提案，责成市人民委员会各工作部门进行处理；对虽属需要，但目前条件尚不具备，而需要研究办理的425件提案，交市人民委员会各工作部门研究处理；根据宜昌市情况，目前根本不可能办不到的共有111件提案；作为人民来信处理的13件，已经解决的6件；迟到的9件提案（即截止时间以后收到），转交市人民委员会办公室负责处理。

六、会议选举

1956年12月22日，此次会议第八次全体会议通过《宜昌市二届人大一次会议选举办法》。随后选举市人民委员会市长：朱青；副市长：邢郑民、陈光勋、赵惠林、阎锦华；委员：于从义、王子才、王西峰、王良甫、王玲、卢敏斋、张寿人、法正明、赵萍、赵喜珍、喻子凤、童子浩、廖华珍、潘忠国。

七、会议决议

1956年12月22日，此次会议第八次全体会议通过《宜昌市二届人大一次会议决议》。

决议通过市长朱青所作的《市政工作报告》、副市长阎锦华所作的《关于市财政预决算的报告》、市人民法院院长王维顺所作的《法院工作报告》、副市长邢郑民所作的《上届人民代表大会第四次会议提案执行情况的报告》、赵萍所作的《1956年选举工作报告》。通过市人民委员会《关于加强市人大代表对政府工作的监督和进一步密切代表与选民联系的试行办法》，责成本届市人民委员会颁发施行。

决议号召全市国家机关工作人员，在增产节约运动中，坚决地、有效地改进领导、改进工作，克服主观主义、官僚主义和宗派主义，依靠群众，关心群众，与群众同甘共苦；反对生活特殊化和铺张浪费，发扬艰苦朴素的作风，更好地为人民服务。合理地使用一切人力、物力、财力，为全面的提前完成第一个五年计划而斗争，为第二个五年计划做好一切准备，为早日实现我国工业化而努力。

第二节　第二次会议

1957年7月2日—5日，举行市二届人大二次会议。应该出席代表208人，实际出席代表164人，列席会议人员103人。大会中心议题为：动员全市人民继续开展增产节约运动；研究文教卫生问题。

一、会议机构及成员名单

市二届人大二次会议主席团成员和秘书长：主席团成员（按姓名笔画排序）：于从义、王良甫、卢敏斋、刘毅慈、李景钊、汪昌桂、张寿人、陈光辉、周绍华、法正明、赵春珊、赵萍、赵喜珍、洪院凯、高尚志、郭玉才、韩启浩、喻子凤、童子浩、廖华珍；秘书长：赵萍；副秘书长：项克涛。

市二届人大二次会议代表资格审查委员会名单（按姓名笔画排序）：王维顺、刘毅慈、杨俊、肖焕章、何位东、张寿人、张学美、周忠和、彭万里。召集人：王维顺。

市二届人大二次会议议案审查委员会名单（按姓名笔画排序）：王元良、文振藻、尹晶、李玉莲、杨长森、杨实舜、何鸣珂、张远扬、武义禄、林斌、周宏秀、项克涛、赵萍、夏发义、高振东、阎文第、董家华、傅义、虞化农、蔡金先、廖华珍。召集人：赵萍。

二、人民委员会工作报告

1957年7月2日，市二届人大二次会议第一次全体会议听取和审议市人民委员会市长朱青所作的《市政工作报告》：

增产节约运动。生产部门和企业部门方面：许多单位又认真地结合增产节约改进管理、改进技术；在解决关键问题的同时，努力地精打细算，贯彻全面节约精神，因而获得了显著的成绩。机关、团体、企业、事业的行政管理部门方面：经过春节整风和增产节约运动，工作作风、思想作风均有不同程度的转变，全市各行政部门还采取了若干节约行政管理费的措施，支出逐步下降。社会方面：经过增产节约运动，在开展“五好”活动、组织群众互助、节约粮食、实行储蓄、购买公债、节约消费等方面都取得了不小成绩。

文教卫生事业。在学校教育方面，进一步贯彻全面发展的教育方针，集中地对学生进行劳动教育、纪律教育和爱国主义与社会主义前途教育。加强对业余学校和扫盲工作的辅导。在文化工作方面，继续辅导工厂、企业等基层单位开展业余文化活动。在卫生工作方面，广泛地开展爱国卫生运动，有重点地对钩虫病和痢疾进行了调查、防治工作。在体育方面，继续开展群众性的竞赛活动等。

应届毕业生。宜昌市1957年高中毕业生246人，将有一部分人不能升入高等学校；初中毕业生930人中将有530人不能升入高中；小学毕业生1621人中将有521人不能升入初中。必须本着“统筹兼顾，适当安排”的方针，采取本地和外地相结合、城市和农村相结合、就业和在家自学相结合、动员社会力量安排和政府安排相结合等办法，鼓励和辅导学生家长和学生本人从多方面开辟安置门路。在民校就学、参加自学小组或居家复习，都是可行的出路。

三、财政预决算报告

1957年7月2日，市二届人大二次会议第一次全体会议听取和审议副市长邢郑民所作的《宜昌市1956年财政决算和1957年财政预算报告》：

1956年度财政决算。省分配宜昌市财政收入任务为1761366元，全年实际完成1574130元，占省分配任务89.37%，短收187236元。从分类完成情况看：工商税分成及地方税完成495966元，占核定任务97.6%；农业税完成10438元，占核定任务的133.19%；地方国营企业收入完成380191元，占核定任务82.15%；公债收入（40%分成收入）完成116901元，占核定任务105.2%；其他收入完成120634元，占核定任务57.34%。省补助收入450000元，上年结余230113元，合计决算收入2254243元。省分配财政支出总指标2336425元，全年实际支出2281486元，占指标91.65%（其中：经济建设支出471176元，占预算89.41%占支出总额20.65%；社会文教支出969309元，占预算 9 6.85%，占支出总额42.49%；行政费支出820206元，占预算98.99%，占支出总额35.95%；其他支出20295元，占预算73.60%，占支出总额0.91%）。年终结余预算资金54949元。以上决算情况说明，宜昌市1956年支出预算，除保证各项支出外，年终还略有结余。从资金分配上看，经济建设和社会文教支出占63.14%。这就保证了生产的发展和人民物质文化生活的提高。

1956年地方自筹收支决算。1956年地方自筹收入计划为621579元（不包括上年结余及省拨款116617元），全年实际收入562949元，占计划90.57%。其中：工商税及农业税附加收入139467元，地方企业及事业收入312937元，其他收入21175元，水产及渔税收入667元，另外根据省指示开征搬运附加收入88700元。收入虽然未完成计划，但比1955年地方收入却增长了3倍，增长的主要原因是：由于发展生产而增加了收入。支出计划为725968元（包括省拨款及上年结余），实际支出673988元，占计划92.3%。其中：地方企业投资524688元，占预算112.36%；城市建设及维护费118927元，占预算75.37%；文化教育卫生事业补助24324元；农田水利支出2059元；其他1342元；乡级行政机关补助1798元。收支相抵，年终结余5575元，1957年继续使用。

1957年度财政预算。省分配收入总任务2605741元，其中：各项税收（地方收入部分）875562元；企业及事业收入1489059元（包括建筑155811元、地方工业194036元、公私合营1122000元、文化企业17212元）；公债收入116120元；其他收入125000元。经研究只能完成2483985元，比省分配数差121756元。如果按照国民经济计划编制企业财务计划则共差231756元，其主要原因：一是税收省分配宜昌市总任务455万元，属地方财政收入为859700元，根据实际资料计算中央税可以超收（商品流通税和货物税），但地方税及工商税则完不成，由于省分配任务的不均衡，同时地方又无权调整，因此影响地方预算收入约69668元；其他收入省分配125000元，预计完成73000元，约差52000元，其主要原因是省分配过大；二是企业收入：以省下达生产计划指标所编制的财务计划与省下达的财政收入任务尚差11万元，如果企业能够增产节约补上这一部分差额才能完成。建筑企业收入155811元，还必须尽最大的努力才能实现。从上述情况看，1957年预算收入约差12万元至23万元，因此，我们意见：预算仍按省分配指标不动；要求市各工商系统继续深入贯彻增加生产，厉行节约，降低成本，扩大物资交流，超额完成商品流转计划，来增加国家积累；将具体情况专题向省报告，请省作必要的调整；财政部门包括税务部门，根据"当收者坚决收"的精神，继续挖掘财源，增加收入。1957年省分配宜昌市支出总指标2500795元，比1956年决算增长9.61%。其中：经济建设支出677772元，比上年决算增长43.85%；社会文教事业支出1155160元，比上年决算增长19.17%（其中文化较上年增长5.31%、教育增长15.27%、卫生增长36.55%、社会救济增长62.75%）；体育比上年支出决算略有降低；行政机关经费630592元，比1956年下降23.12%；总预备费2万元，较去年减少一半以上。从以上支出预算看，比1956年增长较大，标志着宜昌市国民经济在不断的发展和人民物质生活在不断地提高。但是财政支出的分配与当前客观需要和人民物质文化生活的满足仍然有一定的距离。因此我们必须提倡厉行节约、反对浪费、勤俭办一切事业。

1957年度地方自筹预算。计划收入总额700314元（包括上年结余5575元，1957年省拨款10万元），占上年收入决算的105.65%。其中：地方企业收入340863元，工商税及农业税附加收入137876元，地方公用事业附加收入110000元，其他及水产收入6000元。计划支出总额601370元，占上年决算89.23%。其中：地方企业投资301200元，城市公用事业支出175100元，文教事业补助102370元，农田水利支出1200元，其他支出21500元。收支相抵，预留后备基金98944元，以作特殊支出和1958年周转。

四、提案审查报告

1957年7月5日，此次会议第五次全体会议审议通过议案审查委员会所作的《宜昌市二届人大二次会议提案审查情况的报告》：

这次大会收到的提案508件，大会秘书处综合整理为16类226案：文教类31案，卫生类18案，工业类15案，商业类23案，农业类3案，粮食类7案，城市建设类15案，劳动类8案，公安类11案，民政救济类6案，政法类4案，手工业类10案，财经类9案，职工福利类8案，交通类28案，其他21案。

审查意见：对需要办、应该办，而且又可能办的108案，交市人民委员会责成有关部门办理的共；对尚须调查研究才能处理的80案，交市人民委员会转有关部门参考；对因受目前条件限制，但所提意见对政府工作有参考价值的27案，交市人民委员会转有关部门参考；目前无法处理的共10案。

五、会议决议

1957年7月5日，市二届人大二次会议第五次全体会议审议通过3个决议。

《关于市政工作报告的决议》

同意市长朱青所作的《市政工作报告》。

号召全市人民继续动员起来，紧密团结，艰苦奋斗，克勤克俭，进一步贯彻增产节约精神，与违反勤俭建国方针的一切浪费行为做斗争。为保证胜利地完成1957年计划和第一个五年计划，为第二个五年计划做好充分准备而奋斗！

《关于财政预决算报告的决议》

同意副市长邢郑民所作的《关于宜昌市1956年财政决算和1957年财政预算的报告》。批准宜昌市1956年的财政决算和1957年的财政预算。

《关于谴责右派分子反党反社会主义言论和行为的决议》

决议指出，正当全体人民根据中国共产党所作的关于整风的决定，善意地对党在工作中的某些缺点进行批评、建议，便于党更好地领导全国人民在社会主义革命和社会主义建设事业已经取得光辉成就的的时候，右派分子乘机大肆散播反党、反社会主义的言论，并且是有组织、有计划地向党、向社会主义发动进攻。他们一系列的反党、反社会主义的言行，激起了全体代表的无比愤怒，纷纷对他们提出谴责。

决议强调，反击右派分子的斗争，是一场尖锐的政治上的阶级斗争和思想上的阶级斗争。要认真学习毛主席关于正确处理人民内部矛盾问题的讲话来武装头脑。要坚决和右派分子划清思想界限，加强团结，积极投入反右派分子的斗争，粉碎右派分子的反党、反社会主义言论和行动，不获全胜，决不收兵。

第三节　第三次会议

1957年12月28日—30日，举行市二届人大三次会议。应该出席代表208人，实际出席代表192人，列席会议人员32人。大会主要议题为：听取和审议市政工作报告；听取和审议市人民法院工作报告；听取和讨论关于农业生产“大跃进”的报告。

一、会议机构及成员名单

市二届人大三次会议主席团成员（按姓名笔画排序）：于从义、王子才、王良甫、邢郑民、朱青、刘毅慈、卢敏斋、李景钊、汪昌桂、张三杰、陈光勋、陈光辉、周绍华、法正明、赵春珊、赵萍、赵喜珍、赵惠林、高尚志、郭玉才、阎锦华、韩启浩、喻子凤、童子浩、廖华珍。

市二届人大三次会议代表资格审查委员会名单（资料缺失，名单不详）。

市二届人大三次会议议案审查委员会名单（资料缺失，名单不详）。

二、人民委员会工作报告

1957年12月28日，市二届人大三次会议第一次全体会议听取和审议市人民委员会市长朱青所作的《宜昌市市政工作报告》：

全市人民行动起来，争取整风运动的全胜。全民整风运动在全市已开展四个月了。在全市各机关、企业、学校和文化艺术界已全部开展整风运动，尚未开展运动的居民及其他方面，也即将进行社会主义教育运动。四个月来的收获是很大的。一方面揭露和批判了各级领导人员在工作上和思想上的主观主义、官僚主义和宗派主义的作风。另一方面，绝大多数工农劳动群众，已经受到了一次深刻的社会主义教育，觉悟程度有很大的提高。要掀起一个全民性的社会主义大辩论的高潮。这次社会主义大辩论是解决人民内部的问题，必须坚持和风细雨的方法，团结—批评—团结的方法。要实行大鸣大放大争、开展批评与自我批评、摆事实、讲道理、以理服人等于方式。在辩论中要深入贯彻实施“百花齐放，百家争鸣”的方针。整风运动，要解决敌我之间和人民内部的两种不同性质的矛盾。除了人民内部的整风和社会主义教育运动外，还必须同时开展反击资产阶级右派分子的斗争。因此，必须分清敌我，划清界限，积极参加反右派斗争。

掀起新的生产高潮，支援农业生产的“大跃进”。一年来，围绕增产节约这一中心，取得了很大成绩。工农业生产超额完成了1957年的计划，预计全市工业总产值完成年计划的106.91%；手工业总产值完成年计划的113.18%；粮食产量达到1623720公斤，比1956年增产9.2%；棉花产量达到12293公斤，比1956年增产15.96%；油料产量达到28950公斤，比1956年增产17.55%；社会商品零售总额预计完成计划的103.5%。为支援农业生产大跃进提出了需要认真讨论的8个具体问题。

进一步巩固社会秩序，保障社会主义建设。今年以来，特别是整风运动开展大鸣大放以来，各种敌人的破坏活动又已经抬头。虽然反革命分子不多了，但是还有反革命。只要还有反革命，斗争就不会熄灭。为了保证反击地、富、反、坏的斗争正确进行，必须密切结合社会主义教育运动和反右派斗争进行。在斗争中，要认真贯彻“专门机关与广大群众相结合”的工作方法。在开展反击地、富、反、坏的斗争的同时，我们还必须向广大干部和群众进行法制宣传教育工作。必须做好“四防”工作，保证对敌斗争任务的胜利完成，保卫人民生命财产的安全，保障生产建设的顺利进行。

三、法院工作报告

1957年12月28日，市二届人大三次会议第一次全体会议听取和审议市人民法院院长王维顺所作的《宜昌市人民法院一年来工作主要情况及今后工作意见》的工作报告。

一年来的工作情况。共受理刑、民事案件513件（刑事119件、民事394件），已经审结471件，未结42件。惩办了进行破坏活动的现行反革命分子和残余未受打击的反革命分子以及各种刑事犯罪分子。将盗窃犯、诈骗犯、杀人放火犯、流氓集团和各种严重破坏社会秩序的坏分子列为专政对象。对于奸淫幼女的流氓犯罪，进行了严肃的处理。民事审判，主要内容是调处家庭婚姻、债务、房屋租佃等纠纷。在235件婚姻案件中，经过调解和好的有117件，经调解判决离婚的只有82件。存在的缺点和错误：对敌人的打击不力，惩办不严和个别案件该判不判，重罪轻判的倾向。

今后工作意见。一是结合社会主义教育运动，开展对敌斗争，坚决惩办反革命、不法地主、富农分子和其他坏分子的各种破坏活动。二是做好民事案件（纠纷）的处理。

四、上级领导讲话

1957年12月28日，市二届人大三次会议第二次全体会议听取中共宜昌地委书记张三杰所作的《关于农业大跃进》的报告：

八年来农业生产发展与农民生活情况。1949年至1957年的八年间：粮食产量，1950年全区产量为41677万公斤，而到1957年为76485万公斤，增加了83.54%，平均每年增加10.43%。今年还创造了高额丰产典型，千斤粮、百斤棉、万斤薯是过去从来都没有过的事情，也是不敢想象的事情。农民纯收入，1950年为31.9元，到1957年为53.8元，比1950年增加21.9元，提高68.6%。用粮水平，1950年每人每年平均206公斤，1956年每人每年平均326公斤，比1950年提高58.2%。1957年因旱灾减产大体上与1956年差不多。文化生活，1949年全区共有545所学校，学生38002人，1957年全区共有2233所学校，学生231474人，比刚解放1949年学校增加4倍多、学生增加6倍多。扫盲已毕业学生共47372人。全区共有文化馆9个，电影队29个，文化站22个，书店8个，业余剧团955个，俱乐部1257个，农业社的图书室423个，记者组210个。农业生产的发展存在着严重的不平衡，生产发展仍然落后于生活提高的需求，落后于国家建设的需要。

农业生产十年计划。宜昌地区农业发展方面的远景规划：主要农产品的产量在1958年、1962年、1967年间分别达到：粮食产量为9亿公斤、13亿公斤、17.5亿公斤；棉花产量为1750万公斤、2250万公斤、3000万公斤；油料产量为2850万公斤、4150万公斤、6000万公斤；猪出栏120万头、150万头、200万头。收入增加2至3倍，消灭荒山，消灭水旱灾害，基本上消灭贫困，达到丰衣足食的社会主义幸福生活。这个规划实现后：1958年全区230万人口粮可以达到300公斤，支援国家粮食0.5亿公斤、棉花1400万公斤，还存余粮1.6亿公斤。1962年全区240万人口粮325公斤，支援国家粮食2.5亿公斤、棉花2000万公斤，还可以留下0.65亿公斤储备粮。1967年全区250万人口粮350公斤，支援国家粮食4亿公斤、棉花2500万公斤，还可以留下1.85亿公斤储备粮。这一规划实现后，农业收入可以增加3倍。实现这个规划的基本措施：克服右倾保守思想，发扬革新精神；依靠合作化优越的社会主义制度；开展以旱改水为中心的“五改”运动；增加肥料，提高单位面积产量；向农业机械化和建立现代化农场方向努力。

组织农业生产大跃进。1958年粮食增加1.8亿公斤，棉花增加550万公斤，油料增加1100万公斤，农副业收入增加50%。这是“两三步当成一步走”而超过常年发展幅度，所以称为大跃进。实现1958年农业生产大跃进的基本措施：“三改一开”（旱改水、坡改梯、一季改双季、开荒造田），增产1亿多公斤粮食；增施肥料，改换良种，改进技术，增产粮食10280万公斤；提高生产力，解决劳力不足的矛盾：改良工具，加强劳动管理，增殖耕牛。

总之，实现远景规划，实现1958年农业生产“大跃进”，都必须是工农结合，城乡结合。全区要共同行动，共同努力，为把宜昌地区建设成为丰衣足食的社会主义的幸福新农村而奋斗！

五、提案审查报告

1957年12月30日，此次会议第三次全体会议审议通过议案审查委员会所作的《宜昌市二届人大三次会议提案审查情况的报告》：

这次大会共收到提案16案，除1案作为人民来信处理外，其余15案经整理为五类：政法类4案，商业类4案，文教卫生类3案，市政建设类3案，福利类1案。

审查意见：交市人民委员会责成有关部门处理的共5案；需要调查研究后才能解决的7案，交市人民委员会转有关部门研究处理；目前无法办理的或根本不能办理的3案。

六、会议决议

1957年12月30日，此次会议第四次全体会议通过《宜昌市二届人大三次会议决议》。

决议拥护中共宜昌地委书记张三杰所作的《关于农业生产大跃进的报告》，批准市长朱青所作的《市政工作报告》，批准市人民法院院长王维顺所作的《宜昌市人民法院一年来主要工作情况及今后工作意见》的报告。

决议认为，全市的整风运动发展是健康的，成绩是伟大的。通过整风，干部、职工、教职员、社员及全市人民社会主义觉悟大大提高，工作、生产热情普遍高涨，生产高潮普遍出现。通过整风也暴露出少数别有用心的反党反社会主义的右派分子，他们借整风之名，打着反三大主义的招牌，向党和国家进行了恶毒攻击。在大整大改之后必须给予严厉的驳斥。开展两条道路大辩论，把一切右派分子从政治上、思想上打倒，使其低头认罪，保证整风彻底胜利。

第三章　宜昌市第三届人民代表大会历次会议

市三届人民代表大会，于1958年6月至1961年12月间共召开5次会议。详见表3—3—1：

市三届人民代表大会统计表

表3—3—1　　单位：人次、个、件

市三届人民代表大会	一次会议	二次会议	三次会议	四次会议	五次会议	合　计
应出席会议代表	211	225	223	223	217	1099
实际出席会议代表	172	205	201	198	191	967
听取和审议各种报告	4	3	3	3	3	16
听取和审议提案办理报告	1	1	1	1	1	5
办理提案	143	396	109	73	294	1015
通过决议	3	1	1	1	1	7
选举省人大代表	9	—	—	—	—	9
选举市人民委员会组成人员	19	—	1	—	—	20
选举法院院长	1	—	—	—	—	1

第一节　第一次会议

1958年6月30日—7月2日，举行市三届人大一次会议。应出席代表211人，实际出席代表172人，列席会议人员42人。会议的中心任务：检查总结一年来政府各项工作；选举本届人民委员会组成人员、法院院长和湖北省第二届人大代表；修订和通过宜昌市第二个五年计划工业发展规划。

一、会议机构及成员名单

市三届人大一次会议主席团成员和秘书长：主席团（按姓名笔画排序）：于从义、王子才、王良甫、左彦甫、卢敏斋、邢郑民、肖青、张三杰、张来升、陈光勋、周绍华、法正明、赵茂林、赵萍、赵喜珍、赵惠林、侯占太、郭玉才、彭万里、韩启浩、童子浩、廖华珍、薛坦。秘书长：何一樵。副秘书长：项克涛。

二、"二五"工业规划

1958年6月30日，市三届人大一次会议印发和审议《宜昌市第二个五年计划工业发展规划（修正草案）》。

《规划》目录：总的任务和具体要求；实现规划任务的有利条件；几项主要措施；加强党的领导。

三、"二五"工业规划报告

1958年6月30日，市三届人大一次会议第一次全体会议听取了中共宜昌市委书记处书记张来升所作的《宜昌市第二个五年计划工业发展规划（修正草案）报告》：

总任务和要求。宜昌市在第二个五年计划期间，地方工业的基本任务是：优先发展机械工业、冶炼工业和化学工业，使其尽快地在几年之内能够生产拖拉机、抽水机及一般工农业生产所需要的机械设备，农业需要的化学肥料，对现有的基本化学工业继续进行扩建；新建碱类化学工业、炼油化学工业等。到第二个五年计划末，宜昌市将成为一个以化学工业为基础的工业城市。为了满足工业建设和人民生活需要，还要积极的发展建筑材料工业、纺织工业和其他轻工业。在主要产品方面，逐步向生产高级产品发展，在产品质量上，应向全国先进水平看齐，手工业亦应积极发展和提高，有条件的社应逐步走向半机械化或机械化，并逐步过渡为合作工厂或全民所有制的工厂。到1962年全市地方工业总产值保证达到2.5亿元，争取达到3亿元，这一指标实现后，将比1957年增长10—12倍。为了保证上述任务的实现，在第二个五年计划期间，用于工业基建的投资为7000万—8500万元（不包括省级以上的投资）。新建140个企业，原有企业将有31个进行扩建。宜昌市发展钢铁工业的修订规划是："苦战三个月，出钢又出铁；苦战半年，土炉五个，高炉六个；苦战一年，年产钢铁10万（吨）；苦战三年，每年钢铁25万。"

实现规划的措施。修正草案上面提出了五条，即：关于建设资金的筹集、关于加强技术培训和科学研究工作、关于基本建设、关于组织以生产为中心的全面跃进、关于加强资源的调查勘探工作。这里再补充几点：必须以鼓足干劲，力争上游，多快好省地建设社会主义总路线的精神，来加速地方工业的发展；必须保证整风的全面开展，并在整风运动取得全胜的基础上，掀起一个文化技术革命的高潮，掀起一个比先进、学先进、比多快好省的社会主义大竞赛；协作是保证实现发展地方工业规划的一个重要措施，也是我们建设社会主义的根本原则；生产是中心，一切工作都必须为生产服务，一切非生产部门都必须根据发展地方工业的规划，来规划自己的工作。

加强党的领导，是一切工作取得胜利的根本保证。历史的事实已经证明，我们的党不但能够领导群众打倒敌人，而且也能够领导群众建设社会主义。由于社会主义革命已取得基本胜利，今后党的领导，要集中主要力量到社会主义建设方面来了，特别是集中力量把技术革命和文化革命领导起来，为实现市委提出的"二五"规划而努力。

四、人民委员会工作报告

1958年6月30日，市三届人大一次会议第一次全体会议听取和审议市人民委员会副市长刑郑民所作的《宜昌市人民委员会工作报告》：

计划执行。宜昌市第一个五年计划的任务已胜利地超额实现。1957年地方工业总值完成年度计划的106.91%，比1952年增长6.65倍，五年内平均递增50.20%；手工业完成的生产总值比1952年增长1.66倍，五年内平均递增21.6%；粮食产量达到162.37万公斤，比1952年增长68.64%，五年平均递增11%；基本建设投资1200万元以上，比1952年增长2.83倍；交通运输部门的各项主要指标均已达到或超过了第一个五年计划所规定的1957年的水平；社会商品零售总额完成计划的103.5%，比1952年增长69.62%，每年平均递增11.2%；全市居民每人平均购买力比1953年提高30.20%；工业系统职工平均工资比1952年提高3.68%。全市1957年在校高中生比1952年增长1.05倍，初中生增长0.5倍，小学生增长0.64倍，幼儿园幼儿增长6.01倍。1953年到1957年介绍到市内和外地就业的达4100人左右。1950年到1958年5月，共接收、安置复员军人920人左右，1953年到1957年，共发放了社会救济款与救灾款216562元。

群众运动。在大鸣大放期间，宜昌市大多数群众提出了很多善意的批评和意见。这些批评和意见，是改进工作，整顿作风的动力。但是，在各部门有极少数别有用心的资产阶级右派分子，乘着整风之机，借整风之名，散布反党、反人民、反社会主义的荒谬言论。在这种情况下，全市形成了规模强大的、声势浩大的反右派斗争。全市共找右派分子257人，其中工商界和文教界117人。党的整风运动和反右派斗争，发展为全民的整风运动，而全民的整风高潮，推动了全民的生产和建设的高潮。

中心任务。全市人民和市人民委员会各工作部门的中心任务是：贯彻中共八大二次会议的精神，结合宣传、学习、贯彻党的社会主义建设总路线，把全民性整风运动坚持到全胜。贯彻群众路线的思想方法和工作方法，迎接技术革命和文化革命的新高潮，促进各项生产（工作）跃进，再跃进。

五、财政预决算报告

1958年6月30日，市三届人大一次会议第一次全体会议听取和审议市财政局局长张福祥所作的《关于1957年财政决算和1958年财政预算草案的报告》：

1957年地方预算收支决算。总预算收入任务为2585399元，实际完成2452829元，占收入预算的94.87%，短收132570元。从收入项目完成情况看：工商税分成及地方税完成101.57%，企业收入完成93.23%，公债分成收入完成107.18%，其他收入完成56.14%。1957年支出预算为2551406元，实际支出2424310元，占预算数的95.02%，节约和结余127096元，占预算支出的4.98%。从支出分类执行情况看：经济建设支出678274元，占预算97.87%；社会文教支出1133226元，占预算指标94.77%；行政费支出596684元。占预算指标93.86%；其他支出16127元，占预算支出82.36%。根据收支包干、结余不上交的规定，全年短收与结余相抵，加上农业税超收上解，全年决算赤字5948元。

1957年地方自筹收支决算。地方自筹收、支预算总额均为700314元（包括上年结余和省补助）。全年收入决算为641353元，完成收入预算数的91.58%。支出决算数为618675元，占预算数的88.34%。支出项目：用于地方企业及事业投资405111元，占支出总额65.48%；用于城市建设及维护支出99101元，占支出总额15.85%；用于文教事业补助支出98462元，占支出总额15.92%；用于其他支出14989元，占支出总额2.42%；水利支出1012元。执行结果，年终收支平衡，尚结余22678元

1958年地方预算安排。预算收入10733294元，与去年决算比较收入增长4.38倍。其中：固定收入2935050元，占年度预算的27.35%，比1957年决算（按可比因素，下同）增长69.08%（固定收入其中：地方税531250元，比1957年增长4.62%；企业收入2301800元，比1957年增长97.05%；其他收入102000元，比1957年增长71%）。调剂分成收入为228750元，占年度预算的2.13%（其中：工商四税分成212750元，农业税分成1400元，公债分成14600元）。省基建拨款和补助收入7430284元，占年度预算收入69.23%。超额分成收入139210元（根据省人委规定，工商税、公债、农业税超过省分配任务40%提成计算）。1958年预算支出10733294元，与去年决算比较增长4.34倍。其中：经济建设支出8714246元，占年预算的81.19%，比1957年增长11.85倍。经济建设支出中：地方工业支出8544000元，较去年增长14.46倍，为年预算的81.22%，占建设支出总数的98.05%；其他各方面投资支出170246元。社会文教卫生事业费支出为1189536元，占年预算的11.31%，较去年决算增长4.97%（其中：文化支出121609元，教育支出827813元，体育和卫生支出225580元，其他事业费支出14534元）；行政费支出568800元，占年预算的5.41%；其他支出21612元；分成上解支出214100元；预备费25000元。收支平衡。

1958年地方自筹预算安排。收入总预算数2362173元，比上年决算增长2.68倍（其中：各项附加收入211900元，占年预算的8.97%，比1957年增长5.96%；地方企业收入945195元，占年预算的40.01%，比上年增长197.33%；其他收入125500元，占年预算的5.31%，比1957年增长839.86%；动员各部门内部资金1056900元；上年结余22678元）。1958年地方自筹支出总预算数2362173元，比上年决算增长2.68倍（其中：工业投资2205800元，占年预算的93.38%，比上年增长6.6倍；城市公用事业支出44220元，占年预算的1.87%，比上年减少55.4%；文教事业支出25000元，占年预算的1.06%，比上年74.57%；其他支出32173元，占年预算的1.36%）。

六、法院工作报告

1958年6月30日，市三届人大一次会议第一次全体会议听取和审议谭受伦同志所作的《宜昌市法院工作报告》：

前段工作情况。1958年1月到五月共受理刑事、民事案件393件（刑事222件，民事171件），审结的366件，未结的只有27件，基本上没有积案。惩办了进行破坏活动的现行反革命分子和残余未受打击反革命分子81件。严厉打击了盗窃、诈骗、纵火、奸淫幼女等各种严重破坏社会秩序的刑事犯罪分子和依法惩办了破坏合作社、破坏市场管理的犯罪分子共141件。调处了大量的婚姻纠纷案件，调解和好的占60%以上，判决离婚与不离婚的只有3件。依法剥夺选举权的反革命分子26件，从而保卫了选举工作的顺利进行。存在的缺点或错误：对形势认识不足，思想落后于实际，工作上仍不够大胆；依靠群众不够，存在着孤立办案的倾向。

以后工作意见：深入开展对敌斗争，充分发挥专政威力，确保工农业生产大跃进的顺利进行；及时调处各种民事案件，进一步巩固人民内部团结，以利生产的顺利进行；配合公安、检察机关做好社会安全运动、推行爱国公约、建立调处委员会和改选人民陪审员等工作；纯洁组织，改进工作，发挥干部的主动性和创造性。

七、会议选举

1958年7月2日，此次会议第三次全体会议通过《宜昌市三届人大一次会议选举办法》。随后选举产生市人民委员会组成人员：市长赵茂林，副市长邢郑民、陈光勋、赵惠林，委员于从义、王子才、王良甫、王玲、卢敏斋、冯锦卿、何一樵、张寿人、周绍华、法正明、赵喜珍、郭玉才、童子浩、廖华珍、潘忠国；市人民法院院长：谭受伦；出席湖北省第二届人民代表大会代表：于从义、马苍石、王玲、冯锦卿、陈光勋、陈扶生、周杰、赵茂林、童子浩。

八、会议决议

1958年7月2日，市三届人大一次会议第三次全体会议通过3个决议。

《关于宜昌市第二个五年计划工业发展规划的决议》

决议拥护市委书记处书记张来升所作的《关于宜昌市第二个五年计划工业发展规划修正草案的报告》。

决议要求，全市各机关、企业、事业单位和学校，都应当适应目前的新形势。根据宜昌市第二个五年计划工业发展规划的各项要求，制定出本部门的生产和工作规划，把“二五”工业发展规划同群众的积极性结合起来，成为群众的自觉行动。

《关于 1957 年财政决算和 1958 年财政预算报告的决议》

同意并批准市财政局局长张福祥所作的《关于1957年财政决算和1958年财政预算草案的报告》。

决议号召全市人民和机关、工矿企业、事业单位、学校，根据鼓足干劲，力争上游，多快好省建设社会主义的方针，进一步地积极行动起来，深入开展增产节约运动，继续大力贯彻实施勤俭建国，勤俭持家的方针，为实现宜昌市1958年财政预算而努力。

《关于市人民委员会工作报告的决议》

同意和批准副市长邢郑民所作的《市人民委员会工作报告》。

决议要求全市人民必须继续团结在党的周围，同心同德，全力以赴，学习、宣传、贯彻党的社会主义建设总路线，把整风运动坚持到全胜。以总路线为纲，以生产为中心，充分发动和依靠群众，破除陈规旧章，大胆革新技术，把技术革命和文化革命推向新的高潮，以促进生产和工作的跃进再跃进。

九、提案审查报告

1958年7月2日，此次会议第三次全体会议审议通过议案审查委员会所作的《宜昌市三届人大一次会议提案审查的报告》：

这次大会收到的提案共516件，大会秘书处分类为116案14类：工业类10案，农业类10案，手工业类2案，商业类18案，交通类11案，建筑类2案，财政类8案，粮食类7案，劳动类4案，城市建设类7案，文教类9案，卫生类7案，公安司法类6案，民政类15案。

在审查中：对能办而且可以办理的提案提出了具体解决办法；对限于目前条件一时无法办到的

提出原因加以说明解释；对于那些限于条件目前不能办到的提案，予以答复目前不能办。另外，还有会期中送到的提案41件，拟交人委会办公室一并办理，连同上述提案办理结果，及时一一答复原提案人。

第二节 第二次会议

1958年12月27日—30日，市三届人大二次会议在城区召开。应出席代表225人，实际出席代表205人，列席会议人员82人。会议的中心任务：贯彻省人民代表大会的决议和精神；总结1958年宜昌市工农业生产及各项工作大跃进的成绩和经验，并讨论和安排明年的任务。

一、会议机构及成员名单

市三届人大二次会议主席团成员和秘书长：主席团（按姓名笔画排序）：于从义、王 玲、王子才、王良甫、左彦甫、卢敏斋、邢郑民、肖青、余 冰、汪昌桂、张三杰、张来升、张炳南、陈光勋、陈启富、周绍华、法正明、赵茂林、赵萍、赵喜珍、赵惠林、郭玉才、彭万里、廖华珍、薛坦。秘书长：何一樵。副秘书长：蔡金先。

市三届人大二次会议代表资格审查委员会名单（按姓名笔画排序）：毕庶伟、何位东、张久贤、张学美、陈光辉、彭万里、谭受伦。召集人：毕庶伟。

市三届人大二次会议议案审查委员会名单（按姓名笔画排序）：王永祥、卢明林、朱复华、李广印、李景钊、杨竞先、肖焕章、何一樵、何明珂、张远扬、张坤芳、张福祥、周健、夏发义。召集人:何一樵。

二、人民委员会工作报告

1958年12月27日，市三届人大二次会议第一次全体会议听取和审议市长赵茂林所作的《关于人民委员会工作报告》:

1958年工作。工业总产值预计完成4322万元，完成年计划的145.44%左右，比上年增长61.69%左右。新建立35个工业企业，其中部分工厂已经建成投产，还有部分工厂和车间正处于基建、生产同时并进中。7月份以来，全市掀起了以钢为纲、全民办工业的运动，共建立5—8立方米的高炉8座，5立方米以下的土高炉130多座，小土炉数百座，炼钢转炉8套，炼钢炉300多座。钢铁产量由日产100多斤到日产铁36吨。到12月20日累计铁产量2045吨，钢的生产量达到458吨，超额完成了上级分配的任务。粮食总产比上年增产达70%以上。下半年，全市46个农业生产合作社，工农商学兵三万六千多人建成了点军和东湖两个人民公社。人民公社化运动进一步推动了生产高潮，完成了抢收抢种两万余亩秋收作物和3万余亩冬播作物的任务，并腾出大量劳动力参加钢铁生产和运输以及宜官铁路和雾渡河水利工程的建设。截至11月底，财政收入完成省定保证数的110.43%，完成省核定争取数的101.09%，比上年同期增长58.89%，为国家积累了更多资金。到12月10日储蓄和公债入库都超额完成了省分配的全年任务数，储蓄超额6.85%，公债超额1.26%。财政支出方面，1至11月总共支出624万元，比上年同期上升127.92%。商业和物资供应，预计购进和销售计划完成实际都将比上年增长1倍左右，资金周转率比上年上升1.22个百分点。10月份市场零售物价水平比上年同期下降2.63%。交通运输，1至10月完成任务货运量达60多万吨，比上年同期增长1倍以上。学校教育质量有了显著提高。工农业余教育举办了20多所红专学校，学员3327人，有9894人摘掉了文盲帽子。今年公安平均破案率达97.5%，比上年提高了32.03%。到12月15日止，受理监察案件93起，已全部结案，结案率为100%。

1959年工作要点。报告分别对工业、基建、农业、水利交通、财经、劳动、文化教育卫生、政法、民政、公安、监察等方面提出了具体的工作意见和要求。

三、政治报告

1958年12月28日，市三届人大二次会议第二次全体会议听取了中共宜昌市委书记王子才所作的《政治报告》：

国际形势。国际形势仍是继续东风压倒西风，东风越吹越旺盛，西风越吹越衰退。两个阵营的情况：一个是社会主义阵营。内部政治团结加强，经济天天发展。特别莫斯科会议召开后，打退了帝国主义掀起的反共高潮，打退了匈牙利掀起的反社会主义的逆流，对南斯拉夫修正主义进行了批判，使我们工人阶级懂得了什么是马列主义，什么是修正主义。另一个是帝国主义阵营。内部矛盾重重，斗争剧烈。帝国主义的市场不断缩小，经济景象，与我们社会主义是相反的。帝国主义的战争政策越来越遭到和平人士的反对，也遭到本国人民的反对。

人民公社。关于过渡问题。人民公社是集体所有制，它是社会主义性质，不是共产主义性质，但有共产主义因素，而且不断增加。但不能增加那么快，如果一下子都变成全民所有制了，那是不利的。城市人民公社全民所有制多一些，要求高一些。城市人民公社基本上实行工资制，而农村实行的是供给制和工资制相结合。关于工资制和供给制。农村实行这一制度以来，劳力多的劳力少的人都满意，这两部分人的积极性都得到了发挥。至于城市，将来也要实行这种制度。目前农村工资部分的增长要大于供给部分的增长。关于集体化问题。五亿农民由个体到集体，由小集体到大集体，他们很满意，生产大发展了，生活水平大提高了，五亿农民是有亲身体验的。城市人民缺少体验，应当肯定集体化的道路是好的。全国人民过去走分散道路是吃了亏的，再把他们拉到分散的道路上去，是做不到的。

贯彻中共八届六中全会决议精神。八届六中全会决议“下一届不提毛主席当国家主席候选人”的精神传达后，绝大多数人表示同意，拥护六中全会的决议。毛主席不当国家主席担任党的主席，可以集中主要精力处理党和国家的大事，腾出更多的时间从事马列主义的研究。决议指出，主席担任党中央的主席，就是党的领袖，当然也是国家的领袖，是全国人民的领袖，不当国家主席，有更多时间接触群众、接触实际。大家爱护主席，符合广大群众的要求。六中全会决议还提出，在特殊情况下还是可以再当国家主席的。

1959年规划。1959年的工业生产总值在1958年的基础上增加70%，这是符合实际的。1959年是有条件完成这个70%指标的。1959年的任务是艰巨的也是光荣的。苦战三年已经过去了一年。1959年是关键的一年，一定要鼓足干劲，力争上游，为多快好省地完成1959年的计划而奋斗。

四、法院工作报告

1958年12月27日，市三届人大二次会议第一次全体会议听取和审议市人民法院院长谭受伦所作的《宜昌市人民法院工作报告》：

一年来的工作。一是在法院内部，从今年1月开始了反右派斗争，接着通过“双反”运动，猛攻“三风五气”，为司法工作大跃进奠定了思想基础。二是围绕党的中心工作，充分发挥审判职能作用。通过审判活动，打击了破坏社会主义建设和党的中心运动的反革命分子及其他各种刑事犯罪分子。判处了盗窃、贪污、诈骗、强奸、凶杀、放火等刑事犯罪分子。三是民事审判工作，对积压的各类民事案件100余件，以调解为主、判决为辅的原则进行了处理，再无积案。四是法制宣传和法治建设，全市召开千人以上公判大会有20次，万人以上的有线广播公开宣判大会2次。受教育达15万人次。公开审判和开展法制教育，打击了敌人，教育了群众，提高了群众的阶级觉悟。五是在全市建立了调处委员会47个，改选人民陪审员70名，迅速开展调处和陪审工作。

以后工作意见：坚决及时的打击各种犯罪分子的现行破坏活动；彻底肃清残余的反革命分子；做好民事纠纷和经济案件的审判工作；广泛深入地开展法制宣传教育；正确处理各种民事案件，增强人民内部团结。

五、提案审查报告

1958年12月30日，此次会议第四次全体会议审议通过议案审查委员会所作的《宜昌市三届人大二次会议提案审查情况的报告》：

此次会议共收到提案396件，整理分类为14类72案：工业6案，27件；交通6案，12件；商业14案，97件；建筑3案，3件；农业5案，12件；财政3案，14件；粮食6案，42件；劳动2案，19件；城建5案，29件；文教3案，22件；卫生1案，22件；公安政法1案，15件；民政4案，65件；其他13案，17件。

议案审查委员会根据以下原则进行了审查：属于需要处理，应该处理而又可能办到的问题，交市人民委员会责成主管部门研究办理，共47案，占提案总数的65.14%；所提问题实属需要，但因一时受人力、物力等条件限制，不能马上处理的则交人民委员会责成主管部门研究，积极创造条件，逐步办理共11案，占提案总数的15.35%；所提问题需要调查、研究后处理的，则交市人民委员会责成主管部门调查、研究，根据政策、需要和可能认真的处理。共7案占提案总数的9.75%；问题不属于市人民委员会管辖范围的，则交市人民委员会转有关部门研究办理。共4案，占提案总数的5.61%；所提意见，经提案委员会研究，认为目前不能办理，应向提案人解释的共3件，占提案总数的4.19%；对迟到提案41件提案，交市人民委员会并案综合，按照以上原则处理。

六、会议决议

1958年12月30日，市三届人大二次会议第四次全体会议通过《撤销反党分子高尚志、文振藻的宜昌市三届人民代表大会代表资格的决议》。决议撤销反党分子高尚志、文振藻二人的宜昌市三届人民代表大会的代表职务。

第三节　第三次会议

1959年8月28日—30日，市三届人大三次会议在城区召开。应出席代表223人，实际出席代表201人，列席会议人员107人。此次会议的议程是听取和审议人民委员会工作报告、财政预决算报告和法院工作报告；补选市人民委员会市长；通过会议决议。

一、会议机构及成员名单

市三届人大三次会议主席团成员和秘书长名单：主席团（按姓名笔画排序）：于从义、王子才、王良甫、卞家惠、左彦甫、卢敏斋、邢郑民、余斌、汪兴道、汪昌桂、张三杰、张来升、陈光勋、陈光辉、陈启富、法正明、赵茂林、赵喜珍、赵惠林、郭玉才、彭万里、童子浩、廖华珍。秘书长：何一樵。

市三届人大三次会议财政预决算审查委员会名单（按姓名笔画排序）：马苍石、王良甫、冯锦卿、张玉、张福祥、岳传岱、虞中守。召集人：张福祥

市三届人大三次会议议案审查委员会名单（按姓名笔画排序）：王永祥、朱复华、刘世亮、芦明林、李广印、杨实舜、肖焕章、何鸣珂、张远扬、张坤芳、周健、夏发义、曹秀华。召集人：张坤芳、杨实舜。

市三届人大三次会议代表资格审查委员会名单（按姓名笔画排序）：王永祥、毕庶伟、杨俊、肖青、何位东、张学美、陈光辉、彭万里、谭受伦。召集人：毕庶伟。

二、人民委员会工作报告

1959年8月28日，市三届人大三次会议第一次全体会议听取和审议副市长邢郑民所作的《宜昌市人民委员会工作报告》：

1958年经济状况。工业总产值比1957年增长了68%，达到了4428万元。陆地运输周转量比1957年增长近两倍。货运出口出境增加了两倍半。基本建设共完成投资额1074万元，为1957年的6.55倍，相当于第一个5年计划期间内的投资总额1145万元的93.86%。粮食、棉花、油料作物的总产量，都比1957年增加了20%左右。地方财政收入达到1575万元，比1957年增长71.78%，比第一个五年计划期间的财政收入总和1168万元多收入了407万元。全年实际支出为1957年的331.94%，其中，能源建设费支出占总支出的83.81%，为1957年的733.49%；工业支出占经济建设费支出的97.3%，为1957年的928.47%。商品流转购进比1957年增长104.12%，销售比1957年增长109.18%。社会商品零售总额由1957年的2489万元上升到2784万元，增加了11.46%。1957年粮食年度销售2259万公斤，1958年销售2816万公斤，比上年多销售了24.6%。工资总额由1957年413.9万元上升到776.2万元，增长了87.51%。城市居民购买力比1957年提高了14.51%。

1959年上半年情况。元至7月，工业生产总值完成了3822万元，占年度计划的53.46%，比上年同期增长1倍以上，比1957年全年的工业总产值2547万元还要多1275万元。基本建设投资总额为1057.99

万元，相当于上年全年投资总额1074.27万元的99%。水陆运输总产值为158万元，完成年计划的52.71%，比上年同期增长39.46%。运载量为60.51万吨，完成年计划的51.67%，比上年同期增长35.4%。周转量完成年计划的77.78%，比上年同期增长9.78%。财政预算收入完成867万元，占今年预算的54.05%，比上年同期增长63.47%。地方自筹收入完成228万元，比上年同期增长106.26%。商业系统购进4954.58万元，比上年同期增长1.24倍。社会商品零售总额为2005万元，比上年同期增长39.24%。粮食销售3316.46万斤，比上年同期增长1.24倍。文化工作、教育工作、卫生防疫工作、体育工作、街道工作、民政工作、政法公安工作等方面都做出很大成绩。

1959年全年任务。全市工业总产值安排为7148.76万元，比1958年增长69.06%，比1957年增长1.81倍。地方自筹基本建设投资调整为478.36万元，主要用于新建、扩建的重点项目和保证1959年工业生产、交通运输以及文教卫生事业发展计划的完成方面。计划运输量为113.55万吨，比1958年增长51.89%。粮食总产量950万—15万公斤，棉花总产量299450公斤，油料总产量310250公斤，蔬菜总产量4500万公斤，生猪年底存栏28000头。

贯彻落实中共八届八中全会精神。中共八届八中全会的公报和关于开展增产节约运动的决议，是反对右倾保守思想、厉行增产节约的锐利的思想武器。全市各机关、企业、学校、团体要立即认真地组织学习和讨论，以推动反右倾，鼓足劲，组织增产节约新高潮的群众运动的深入开展，决胜第三季度，用新的辉煌成就，迎接建国十周年。

三、财政预决算报告

1959年8月28日，市三届人大二次会议第一次全体会议听取和审议副市长赵惠林所作的《宜昌市1958年财政决算和1959年预算草案的报告》：

1958年财政决算。完成财政收入1575.7万元，为预算的119.36%，比1957年增长74.73%。其中：工商各税527.4万元，为预算的107.48%，比1957年增长11.62%；企业和事业收入874.3万元，为预算的137.97%，比1957年增长142.47%；农业税收入16.2万元，为预算的406.09%；公债收入34.2万元，为预算的114.04%；其他收入17.7万元，为预算的78.43%；各项附加收入25.8万元，为预算的121.58%；动员闲散资金80.1万元。在财政收入总数中，地方自筹收入为175.7万元。其中：来自工业企业的44万元，占自筹总收入的35.17%，比1957年增长94.39%。各项附加收入25.8万元，占自筹总收入的14.66%。1958年完成财政支出1034.7万元，为预算的84.37%，比1957年增长231.94%。其中：经济建设类支出867.1万元，占总支出的83.80%，为预算的96.09%；社会文教费类支出104.9万元，为预算的81.07%；行政管理费类支出56.6万元，为预算的99.43%；其他支出6.1万元，为预算的103.70%。在财政支出总数中，地方自筹支出153.1万元，其中：用于生产发展和建设投资138.3万元，占自筹总支出的90.33%，为预算的63.31%；各项事业补助开支14.8万元，为预算的117.31%。1958年财政预算的执行结果是收大于支，年终有余。

1959年财政预算安排。财政预算收入（包括地方自筹和上年结余在内）2071.2万元，财政预算支出（包括地方自筹）2188.7万元。与1958年比较，财政预算收入增加495.6万元，增长31.46%，若剔除不可比因素则增长49.12%；财政预算支出增长1153.9万元，增长111.52%。1959年地方预算收入安排为1604.7万元，比上年实际收入增长14.26%。若剔除不可比因素则增长32.27%。其中：地方企业及事业收入997.8万元，占预算总收入的62.18%，比上年增长22.80%，若剔除不可比因素则增长59.44%；各项税收583.1万元，占预算总收入的36.34%，比上年增长7.26%；其他收入23.8万元，占预算收入总数的1.48%，比上年增长148.19%。1959年地方自筹收入安排为466.5万元，比上年自筹收入增长165.51%。其中：企业和事业收入399.4万元，占自筹收入总数的85.62%，比上年增长5.46倍；各项附加收入23.1万元，占自筹收入总数的4.95%；其他收入4万元，占自筹收入总数的0.86%；动员资金40万元，占自筹收入总数的8.57%。1959年地方预算支出安排为1647.9万元（包括跨年基建）。其中：正常经费240.2万元，占预算支出总数的14.57%，比上年增长56.56%；基建投资1407.7万元，占预算总支出的85.43%，较上年增长91.59%。各类支出安排为：经济建设费类1395.4万元，占总数的84.68%，较上年增长98.61%；社会文教费类165万元，占总数的10.01%，较上年增长62.68%；行政管理费类70.3万元，占总数的4.27%，较上年增长4.39%；其他支出类6.8万元，占总数的0.41%，较上年增长127.41%；预备费类10.4万元，占总数的0.63%。1959年地方自筹支出安排为540.8万元，比上年增长253.25%。用于企业和事业基建478.4万元，占自筹支出总数的88.46%，比上年增长2.46倍。由上可以看出，在今年财政预算支出的整体安排上，基本建设占总支出的86.18%。其中，生产性的基本建设占基建支出的92.23%。

四、法院工作报告

1959年8月28日，市三届人大三次会议第一次全体会议听取和审议市人民法院院长谭受伦所作的《法院工作报告》：

1985年上半年工作。一是受理刑事案件比上年同期下降了70%，其中反革命案件下降62.96%；重大贪污盗窃案件下降87.18%；强奸案件下降44.44%；其他案件也有显著下降。运用审判职能，对于那些少数坚持反动立场，坚决与人民为敌继续进行破坏活动的反革命分子和坏分子给予了严厉的打击；对于那些贪污犯、盗窃犯、破坏社会治安的罪犯以及有破坏活动的坏分子，根据党的政策和国家法律分别给予了惩治。配合公安检察部门，取缔了大乘门、瑶池门、归粮门和奇缘道等四个反动会道门组织。二是民事纠纷与去年同期相比下降了40%。其中婚姻纠纷下降27.17%；房屋纠纷下降62.50%；其他纠纷也显著下降。审判的民事案件中，婚姻案件占民事案件的93.3%。配合公安检察部门，普遍推行了社会主义爱国公约。通过群众自我教育，自我约束，增强了人民群众守秩序守纪律，遵守法制，热爱劳动，团结互助新的道德风尚。三是加强法制宣传教育，对所办的案件，做到了100%的就地办案；除法律规定不能公开审理的案件外，做到了100%的公开审判。并组织广大群众参加旁听，达到了揭发犯罪，预防犯罪的目的。

以后的任务。围绕党在各个时期的中心，运用审判职能，积极主动、准确、及时地打击各种敌人的现行破坏活动；根据“两只手做事，两条腿走路”的方针，配合公安检察部门，同治安灾害做斗争；继续推行社会主义爱国公约，加强治保调处工作及时解决人民内部纠纷；结合党在各个时期的中心，不断开展法制宣传教育工作。

五、提案审查报告

1959年8月30日，此次会议第三次全体会议通过议案审查委员会所作的《宜昌市三届人大三次会议提案审查的报告》：

此次会议共收到提案528件，整理为13类共52案：工业3案20件，农业4案53件，商业4案183件，交通运输2案10件，文教5案10件，卫生6案42件，政法4案18件，城市建设4案38件，粮食3案66件，财政2案19件，劳动3案17件，民政7案32件，其他5案20件。

议案审查委员会对选民所提出的问题与要求，分别提出了处理意见：能及时办到和处理的301件，占提案总数的57%；目前由于条件限制，暂时不能解决的196件，占提案总数的37.1%；不能办到的31件，占提案总数的5.9%。对于因条件限制暂时不能解决的问题，请代表们向选民多做宣传解释工作。

六、会议选举

1959年8月30日，市三届人大二次会议第三次全体会议：审议中国政协宜昌委员会的《建议函》，同意其照顾宜昌市市长赵茂林因体弱多病而担任副市长的建议；同意将王子才作为宜昌市市长候选人的建议。讨论通过《宜昌市三届人大三次会议关于补选人民委员会市长的选举办法》。经过投票选举，王子才当选为宜昌市人民委员会市长。

七、会议决议

1959年8月30日，市三届人大二次会议第三次全体会议通过《关于贯彻中共八届八中全会〈公报〉和〈关于开展增产节约运动的决议〉的决议》。

决议拥护中共八届八中全会的《公报》和《关于开展增产节约运动的决议》。号召全市人民，认真学习八届八中全会的公报和决议，响应市委的号召，深入开展反右倾，鼓足干劲，把增产节约运动推向新的高潮，争取提前完成1959年的国民经济计划的主要指标，以辉煌的劳动成果迎接国庆十周年。

第四节　第四次会议

1959年12月29日—31日，市三届人大四次会议在城区召开。应出席代表223人，实际出席代表198人。此次会议的议程是听取和审议人民委员会工作报告、财政预决算报告和法院工作报告；通过会议决议。

一、会议机构及成员名单

市三届人大四次会议主席团成员和秘书长名单：主席团成员（按姓名笔画排序）：于从义、王子才、王良甫、卞家惠、卢敏斋、田英、冯锦卿、邢郑民、毕庶伟、肖青、何一樵、余斌、汪兴道、汪昌桂、张三杰、张寿人、张来升、陈光勋、陈光辉、陈启富、法正明、赵茂林、赵喜珍、赵惠林、彭万里、童子浩、廖华珍、谭受伦、潘忠国；秘书长：何一樵。

市三届人大四次会议代表资格审查委员会名单（按姓名笔画排序）：毕庶伟、刘世亮、杨俊、肖青、何位东、张学美、陈光辉、彭万里、谭受伦。召集人：毕庶伟。

市三届人大四次会议议案审查委员会名单（按姓名笔画排序）：朱复华、刘世亮、汤大元、李广印、杨实舜、肖焕章、何一樵、何鸣珂、张远扬、张坤芳、张福祥、周健、夏发义、高振东、曹秀华。召集人：张坤芳、杨实舜。

二、人民委员会工作报告

1959年12月29日，市三届人大四次会议第一次全体会议听取和审议副市长赵茂林所作的《宜昌市人民委员会工作报告》：

1959年工作。全年的工业总产值、基本建设项目、运输计划、农副产品收购和财政收入等主要指标，都分别提前30天、40天、50天超额完成了一年的计划。1959年劳动生产率比大跃进的1958年还提高了28.13%。工业总产值已经提前33天超额完成了规定计划，比上年同期增长98.33%；基本建设投资增长6.3%；交通货运量增长65%；农副业总产值增长17%，粮食产量维持在1957年的水平上，生猪增长2倍半；物资吞吐量完成计划的116.07%；财政收入可以完成2256.4万元，增长66.56%；财政支出完成2355.7万元，增长127.67%；城镇储蓄达到211.4万元，增长25.98%；社会商品零售总额3618万元，增长29.94%；高等学校在校学生达309人，中等学校在校学生达6761人，小学在校学生达21846人。全市各方面都实现了更大、更好、更全面的大跃进，为1960年的持续大跃进打下了良好的基础，创造了持续“大跃进”的局面，同时为1960年的特大跃进积累了丰富的经验。

以后目标任务。市三届党代表大会通过《宜昌市国民经济三年发展纲要（修正草案）》。这个纲要是一个标志着三年改变宜昌市经济面貌的纲领。1960年到1962年的时期内，全市人民的政治经济任务是：高举总路线的红旗，在1958年和1959年连续大跃进的基础上，苦战一年，基本改变面貌；苦战三年，彻底改观。力争在三年内把宜昌市建设成为全省新兴的工业基地之一。郊区农村基本实现机械化、水利化和电气化，从根本上改变宜昌市的经济面貌和市容面貌。为实现市三届党代表大会的决定，让我们高举总路线的旗帜，团结全市人民，为实现1960年持续大跃进和今后三年彻底改变宜昌市的面貌奋勇前进！

三、财政预决算报告

1959年12月29日，市三届人大四次会议第二次全体会议听取和审议副市长赵惠林所作的《宜昌市1959年财政预算执行情况的报告》：

1959年财政预算执行。预算收入可完成1710.3万元，为预算的106.61%，比1958年增长45.06%。其中：企业收入可完成974万元，比1958年增长55.64%；各项税收可完成721.8万元，比1958年增长32.78%；其他收入可完成14.5万元，比1958年增长51.04%。地方自筹收入可完成546.1万元，占年计划的117.06%，为1958年的3.1倍。其中：工交企业的收入449.6万元 ，占自筹总收入的82.33%，超额年计划的19.12%，比1958年增长6.3倍；各项附加收入为年计划的112.55%。1959年预计预算支出可以完成1735.3万元，为年预算的96.63%，比1958年增长96.83%。在财政支出总数中：经济建设费类占85.68%，为预算的96.97%，比1958年增长106.30%；社会文教费类占10.23%，为年预算的102.36%，比1958年增长75.03%；行政管理费类和其他支出类占预算支出的比重，比1958年下降2.66%。地方自筹支出预计可完成620.4万元，比1958年增长3倍。其中：用于基本建设投资的有567.8万元，占自筹总支出的91.52%，为1958年的410.26%，比1957年增长12倍。基本建设资金2091.6万元，占总支出（包括预算和自筹）的88.79%。其中：工业企业投资占基建投资的93.04%，新建扩建达43个项目，这些基建全部投产后，每年可增加产值550万元；在其他各项事业方面也作了相应的投资。今年财政对农业生产发放了无息贷款45000元，对农业生产和人民公社发展起了促进作用。总之，1959年财政预算执行情况是良好的。

1960年财政预算安排。预算收入安排为2250万元，比1959年增长33.11%，若剔除不可比因素则增长39.9%（其中：企业收入为1238.2万元，比1959年增长28.99%，若剔除不可比因素则增长49.54%；各项税收为1001.8万元，比1959年增长40.74%；其他收入为10万元，比1959年下降45.49%）。1960年预算支出安排为1235.6万元，比1959年增长327.00%（其中：正常经费比1959年增长79%；行政、事业、基建比1959年增长1.8倍）。1960年自筹收入，预计收入为1600万元，比上年增长293.09%，（其中：各项附加为32万元，比1959年增长23.08%；工业企业收入为1568万元，比1959年增长202.94%）。1960年的自筹支出安排为1600万元（其中：经济建设类占85.5%，比1959年增长148.59%；社会文教费类占8%，比1959年增长82.85%；行政和其他支出占2.5%；预备费占4%）。1960年预算和自筹的收支安排，仅仅是个初步意见，还要根据国民经济发展情况和上级厅局审查才能确定最后方案。

四、法院工作报告

1959年12月29日，市三届人大四次会议第二次全体会议听取和审议市人民法院院长谭受伦所作的《宜昌市人民法院工作报告》（因资料缺失，具体内容不详）。

五、提案审查报告

1959年12月31日，此次会议第三次全体会议通过议案审查委员会所作的《宜昌市三届人大四次会议提案审查情况的报告》：

这次会议共收到代表提案284件，经过归并分类，共整理为粮食、市场管理与物资供应、城市建设、交通运输、社会福利、文教卫生、劳动管理、干部作风以及其他等9类共55案。

审查意见：对应办而有条件办的，则交给政府督促有关部门限时办理；对需要办但一时还无条件办的，则交给政府参考；对于与政策精神有抵触的，则应通过各种形式向人民群众做好宣传解释工作。

六、会议决议

1959年12月31日，此次会议第三次全体会议审议通过《宜昌市三届人大四次会议决议》。

决议通过副市长赵茂林所作的《市人民委员会工作报告》、副市长赵惠林所作的《财政工作报告》、市人民法院院长谭受伦所作《法院工作报告》。

决议号召全市人民在生产战线上，在改变城乡面貌和一切工作中，高举党的总路线红旗，广泛开展“学、赶、超、帮”的社会主义劳动竞赛，苦干、实干、巧干，把以技术革新和技术革命为中心内容的增产节约运动推向新的高潮，为苦战一年基本改变面貌，为三年彻底改变面貌，为尽快地把我国建成一个具有现代工业、现代农业、现代科学文化的社会主义国家而奋斗!

第五节　第五次会议

1960年8月27日—30日，市三届人大五次会议在城区召开。应出席代表217人，实际出席191人，列席会议人员90人。此次会议的议程是听取和审议人民委员会工作报告、财政预决算报告和法院工作报告；通过会议决议。

一、会议机构及成员名单

市三届人大五次会议主席团成员和秘书长：主席团成员（按姓名笔画排序）：于从义、王子才、王良甫、卞家惠、田英、冯锦卿、邢郑民、毕庶伟、肖青、何一樵、余冰、汪兴道、汪昌桂、张三杰、张寿人、张来升、陈光勋、陈光辉、陈启富、法正明、赵步云、赵茂林、赵喜珍、赵惠林、彭万里、童子浩、廖华珍、谭受伦、潘忠国；秘书长：何一樵。

市三届人大五次会议代表资格审查委员会名单（按姓名笔画排序）：王良甫、毕庶伟、刘世亮、杨俊、肖青、何位东、张学美、赵喜珍、谭受伦。召集人：毕庶伟。

市三届人大五次会议议案审查委员会名单（按姓名笔画排序）：刘世亮、汤大元、李广印、杨实舜、肖焕章、何一樵、何鸣珂、张远扬、张坤芳、张福祥、周健、夏发义、高振东、曹秀华。召集人：张坤芳、杨实舜。

二、人民委员会工作报告

1960年8月28日，市三届人大五次会议第一次全体会议听取和审议副市长赵茂林所作的《鼓足革命干劲，为迅速掀起以保粮保钢为中心的增产节约运动而斗争》的工作报告。

1960年上半年工作。工业产值完成全年计划的43.66%，比上年同期增长112.54%，接近上年全年总生产水平。出现全市工业生产月月上升的新局面，打破了历来的所谓“前松后紧”的老常规，月产值每月递增14%左右。在农业战线上，在去冬今春大搞以水利建设为中心的三治运动，大搞水利基本建设，大搞积肥，夺取了今年夏季的大丰收。基本建设、交通运输、财贸、文化、教育、卫生等各项事业也都在工农业生产跃进的带动下，得到了全面跃进。由于两年来的大跃进和今年上半年的持续大跃进，为我们进行社会主义建设提供了丰富而宝贵的经验：高举毛泽东思想伟大红旗，坚决按照党的建设社会主义总路线办事，大搞群众运动；坚决贯彻实施党的一整套“两条腿走路”的方针；坚持不断革命观点，实行“两手抓”的工作方法；不断改进工作作风，以高度的革命热情对待革命事业。

1960年下半年任务。全市人民当前的任务是：要在取得今年前八个月胜利的基础上，继续坚持“工业以钢为纲、农业以粮为纲”的生产方针，立即开展一个轰轰烈烈的以保钢、保粮为中心的群众性的增产节约运动，为完成和提前超额完成全市今年国民经济计划而奋斗。1960年只有四个月了，全市人民要紧急动员起来，响应市委提出的“抓紧四个月，大战一百天”的号召，为保证实现今年各项事业的持续大跃进而奋斗！

三、财政预决算报告

1960年8月28日，市三届人大五次会议第一次全体会议听取和审议《宜昌市1960年国家预算草案和上半年执行情况的报告》：

1959年财政收支情况。财政收入完成2175万元，占年预算的107.08%，比1958年增长56.61%；财政支出完成1982万元，为年预算的90.43%，比上年增长91.57%。在支出总数中，基本建设投资1763万元，占89.96%，比1958年增长 1 倍多。

1960年预算和自筹收支安排。预算收入2236万元，比1959年增长37.78%，若剔除不可比因素，则增长61.56%（其中：各项税收为690万元，占总数的30.86%，比上年增长25.99%；企业收入1531万元，占总数的68.47%，比1959年增长100.95%；其他收入15万元，占总数的0.67%，比1959年增长4.03%）。1960年预算支出安排1661万元，比1959年增长24.52%（其中：安排基本建设投资1361万元，占支出总数81.9%，比1959年增长21.64%）。1960年地方自筹收入安排1640万元，比1959年增长196.94%（其中：各项附加收入为32万元，比1959年增长16.05%；企业收入1608万元，比1959年增长209.73%）。1960年自筹支出，除了弥补上年赤字32万元外，其余1618万元主要用于基建。基本建设投资1267万元（其中：工业投资534万元、农业投资100万元、交通运输投资195万元、市政建设投资160万元、社会文教卫生投资180万元，行政和其他支出只占3.39%）。

1960年上半年预算执行。元至6月预算收入完成1207.8万元，为年预算的54.02%，比上年同期增长95.58%（其中：企业收入完成708.7万元，为年预算的52.87%，比上年同期增长122.48%；各项税收完成493.2万元，为年预算的55.97%，比同期增长62.80%；其他收入完成5.9万元，为年预算的89.63%，比同期增长21.48%）。元至6月地方自筹收入完成556.9万元，虽然只占年预算的33.96%，但比同期增长188.78%（其中：企业收入完成538.4万元，比同期增长2倍；各项附加收入完成18.6万元，比同期增长59.30%）。元至6月预算和地方自筹支出共计完成1240万元（其中：自筹支出为578万元，为年预算的37.83%，比上年同期增长31.03%）。预算和自筹支出总数中，用于经济建设费类占80.27%，为年预算的37.91%，比同期增长17.84%；用于社会文教费类占11.43%，为年预算的37.26%，比同期增长126.95%；用于行政管理和其他支出类占8.80%，为年预算的37.89%，比同期增长62.06%。

四、法院工作报告

1960年8月28日，市三届人大五次会议第一次全体会议听取和审议市人民法院院长谭受伦所作的《宜昌市人民法院工作报告》：

1960年上半年主要工作。对全市五类分子进行了一次考察。其中表现好的比上年同期上升58.76%，表现坏的与去年同期下降了25.7%。有破坏活动的比上年同期下降50%。在各种犯罪分子的处理上，对于非杀不可，不杀不足以平民愤的罪恶严重，情节恶劣的罪犯坚决的杀掉；对于手段残忍，情节恶劣，后果严重，必须严办的坚决从严惩办；对于那些情节轻微，后果不严重，应该从宽处理也应该视其情节依法给予从宽处理。以分化瓦解敌人，促其向有利于社会主义建设的方向转化。在正确处理人民内部纠纷上，对婚姻纠纷从有利于生产建设，有利于保卫国防的原则出发，结合具体情况进行妥善处理。充分发挥了治保调处组织和爱国公约的作用。结合党的中心开展法制宣传教育，接待了许多来信来访，处理了不少简易纠纷。

以后工作意见。开展以保粮保钢为中心的增产节约运动和开展“新三反”运动；坚决及时的打击敌人的现行破坏活动；正确处理人民内部的纠纷；遵照“两条腿走路，两只手做事”的方针，一手抓审判，一手抓调处；大搞防范工作，大张旗鼓地开展法制宣传教育工作。

五、提案审查报告

1960年8月30日，此次会议第三次全体会议审议通过议案审查委员会所作的《宜昌市三届人大五次会议提案审查情况的报告》：

此次会议共计收到提案293件，按其性质分类：工业方面51件，财粮贸方面173件，政法方面10件，文教卫生方面39件，其他方面20件。

议案审查委员会审查意见：交人民委员会办理或交有关部门办理的64件，研究办理的189件，待研究的40件。对个别提案人要求增加粮食定量，增加布票供应标准问题，鉴于去年受旱灾情况，今后还必须继续节约粮食、节约用布。因此议案审查委员会建议在会后联系选民时，向有关提案人说明解释。

六、会议决议

1960年8月30日，此次会议第三次全体会议审议通过《宜昌市三届人大五次会议决议》。

决议批准副市长赵茂林所作的《鼓足革命干劲，为迅速掀起一个以粮为纲为中心的增产节约运动而斗争的报告》，批准《宜昌市1960年国家预算草案和上半年执行情况的报告》，批准市人民法院院长谭受伦所作的《宜昌市人民法院工作报告》。

决议号召全市人民，高举总路线、“大跃进”、人民公社的光辉旗帜，发奋图强，艰苦奋斗，自力更生，勤俭建设，迅速掀起以保粮、保钢为中心的增产节约运动高潮，为保证完成和超额完成1960年的国家计划而奋斗！

第四章 宜昌市第四届人民代表大会历次会议

市四届人民代表大会，于1961年12月至1963年7月间共召开2次会议。详见表3—4—1。

市四届人民代表大会统计表

表3—4—1　　　　单位：人次、个、件

市四届人民代表大会	单 位	第一次会议	第二次会议	合 计
应出席会议代表	人次	193	195	388
实际出席会议代表	人次	178	176	354
听取和审议各种报告	个	2	3	5
听取和审议提案办理报告	个	1	1	2
办理提案	件	240	210	450
通过决议	个	2	2	4
选举市人民委员会组成人员	人次	25	3	28
选举法院院长	人次	1	—	1

第一节 第一次会议

1961年12月25日—28日，市四届人大一次会议在工人文化宫举行。应出席会议的代表193人，实际出席代表178人，列席会议的有各机关、团体的负责同志125人和市政协全体委员。会议的中心议题：讨论和通过上届市人民委员会工作报告和法院工作报告；选举第四届人民委员会的组成人员和市人民法院院长。

一、会议机构及成员名单

市四届人大一次会议主席团成员（按姓名笔画排列）：于从义、马惠君（女）、王用予、王良甫、王明湘、王顺和、亢宏才、田英、丛淑英（女）、冯锦卿、邢郑民、闫钧、许宝秀（女）、孙军、孙浩、肖焕章、邱文礼、何一樵、余冰、汪昌桂、陈光勋、陈光辉、陈启富、赵茂林、赵萍、赵惠林、侯占太、洪院凯、彭万里、童子浩、曾德山；秘书长：赵萍；副秘书长：杨实舜。

市四届人大一次会议代表资格审查委员会名单（按姓名笔画排列）：何一樵、张学美、罗善美、谭受伦、魏文杰。召集人：何一樵。

市四届人大一次会议议案审查委员会名单（按姓名笔画排列）：卜凡良、万家义、马仁居、王衡、王永祥、王顺如、刘殿海、孙军、李恒祥、杨竞先、杨淑轩（女）、肖焕章、张远扬、张坤芳、陈光辉、项克涛、赵萍、洪院凯、郭敬信。召集人：赵萍。

二、人民委员会工作报告

1961年12月25日，市四届人大一次会议第一次全体会议听取和审议赵茂林所作的《宜昌市人民委员会工作报告》：

三年来工作。工业交通方面，1957年全市只有25个工厂，现在已有53个工厂了，增长了一倍多。工业系统的职工，由1957年的1278名增加到现在的5815名，增长3.55倍。在设备方面，1957年全市只有78台机床，现在有360台了，增长3.5倍。发电机容量1957年只有1000千瓦，现在有21400千瓦了，增长达20倍。电动机在1957年只有256台/1496千瓦，现在有4103台/12066千瓦了，增长7倍。在主要产品方面，1957年只有8种，现在增加到35种，增长3倍半。国营工业总产值在1957年只有854万元，今年预计可达到2383万元，增长190%。三年来全市基本建设投资总额为4368万元，相当于第一个五年计划期间投资总额的3倍。全市手工业也有很大的发展，1957年全市手工业厂房只有12栋，现在有51栋了。专业运输汽车1957年只有2辆，现在有36辆了，港口机械操作量增长168.61%，陆地运输货量增长308%。郊区农业方面，几年来虽然遭受了不同程度的自然灾害，但广大社员积极向灾害做斗争，大大减轻了受灾程度。贯彻实施农村工作“60条”以来，发展了生产，扩大了农业基本建设，农民生产积极性提高了。全市蔬菜面积由1957年2273亩，扩大到现在的6234亩。三年来兴建水库3处，新修和补修了小型农田水利设施280处，新建抽水机站9处，共904匹马力。为今后农业增产提供了有利条件。财贸方面，在“发展生产，保障供给，促进国民经济高速度发展”的方针下，为服务于党的中心，促进生产，安排人民经济生活，积累国民建设资金，均取得了一定的成绩。1960年与1957年比较：商品流转购进总额增长79.28%，商品流转销售总额增长127.39%，社会商品零售总额增长150%。人民的物质文化生活方面，尽管三年来连续遭受了自然灾害的严重袭击，造成了人民经济生活上的许多困难，但党和政府在改善人民生活方面仍然尽到了最大的努力。三年来，国家发放的社会救济款达10万元之多。对1956年发放支援贫农入社的“贫农合作基金”贷款4.2万元，全部免于归还，并退还了借据。1960年国家支付的工资现金比1957年增长75%，每年实支劳保福利与奖励费用达114万元。从1958年以来，国家投资修建了住宅4万平方米，新增道路长达22.53公里。全市医院病床由1957年的335张增加到现在的968张，增长1.9倍。小学在1957年只有26所，现在有39所了，增加50%。中学在1957年只有9所，现在有13所了，增加44%。中学生增长15%，小学生增长45%，学校教职员由1957年的652人增加到现在的982人。政法工作方面，加强了对地富反坏分子的社会改造，在治安灾害事故方面采取了一系列措施，取得了一定的效果。

下步工作意见。中心任务是：高举三面红旗，鼓足干劲，艰苦奋斗，奋勇前进，以促进社会主义生产建设的全面发展，为争取1962年农业大丰收和搞好城市工业生产而奋斗。为实现以上任务，要积极努力做好：继续贯彻以农业为基础和国民经济实行“调整、巩固、充实、提高”的方针；进一步安排好城市人民生活；提高群众觉悟，开展社会主义教育。

三、法院工作报告

1961年12月25日，市四届人大一次会议第二次全体会议听取和审议市人民法院院长谭受伦所作的《宜昌市人民法院工作报告》：

三年来工作。一是审判反革命和刑事案件。根据各种不同犯罪的具体犯罪情节依法给予了应得的惩罚。1957年全党开展整风运动时，资产阶级右派乘机向党向人民猖狂地进攻，我们采取有效措施，给了敌人一个沉重打击，敌人有所缩头了。1958年在敌人内部开展分化工作。1959年在办理案犯工作中贯彻了从宽的精神，并在国庆十周年的时候特赦了一批确实已经改恶从善的在押罪犯。1960年先后逮捕了一批反革命分子和其他刑事犯罪分子，有力地打击了敌人的嚣张气焰，巩固了社会治安，保卫了国家建设，保卫了党的整风运动的顺利进行。二是受理了大批的民事案件。在办理民事案件工作中贯彻了“以调解为主，判决为辅”的方针，使1959年发案率下降了51.9%。所办的民事案件中婚姻案件占总数的53.7%，对其多数案件都坚持以“调解和好”的原则进行处理。三是处理人民来信来访。三年来，接待人民来信来访511件。对于反映的各种问题我们都及时地进行了调查和处理，并将处理结果复告我们转告来信来访人。四是开展法制宣传教育。在审判的过程中，结合各个宣判会，运用口头宣传、电台广播、张贴布告、公告判决书等各种简单易行的方式，开展法制宣传教育。

以后工作任务。必须充分运用审判工作职能，切实做好几项主要工作：打击各种刑事犯罪活动，切实做好“生产自救、节约度荒”的保卫工作；大力做好民事纠纷的调处工作；做好基层组织建设和加强民事纠纷预防工作。

四、会议选举

1961年12月28日，市四届人大一次会议第六次全体会议进行选举。首先审议通过《宜昌市四届人大一次会议选举办法》。然后以无记名投票方法选举市人民委员会市长：邱文礼，副市长：亢宏才、邢郑民、陈光勋、赵茂林、赵惠林，委员：卜凡良、于从义、马惠君、王永祥、丛树英、冯锦卿、刘显光、许宝秀、孙浩、李克、杨实舜、何一樵、张玉、张寿人、陈光辉、陈启富、赵萍、郭敬信、童子浩；市人民法院院长：魏文杰。

五、提案审查报告

1961年12月27日，此次会议第四次全体会议通过议案审查委员会所作的《宜昌市四届人大一次会议提案审查情况的报告》：

此次会议共收到提案1122件，经过综合整理分为21类226案：工业12案、电业6案、手工业5案、交通邮电21案、城市建设17案、劳动10案、原材料5案、退赔方面5案、农业19案、商业21案、工商管理4案、粮食24案、财政3案、房地产8案、副业生产13案、文教11案、卫生18案、民政6案、政法11案、城市公社3案。另外有10份书面意见材料的零星建议和要求，经归纳为21个问题。

以上提案在召开这次会议以前，已经分别提交有关部门进行了研究处理。在226案中，由各部门作了处理或所提处理意见基本正确，审查委员会满意和通过的有193案，占85.39%；对于处理意见提得不适当或情况变化问题已经解决的提案，议案审查委员会已作了修改的有33案，占14.61%。为了使每件提案做到案案有交代、件件有着落，议案审查委员会建议大会把这些提案交市人民委员会责成有关部门进一步认真研究处理，并将处理结果答复代表和提案人。

六、会议决议

1961年12月28日，市四届人大一次会议第六次全体会议通过2个决议。

《关于市人民委员会工作报告的决议》

决议通过副市长赵茂林所作的《宜昌市人民委员会工作报告》。

决议号召全市人民，在党的领导下，继续高举总路线、“大跃进”、人民公社三面红旗，鼓足干劲，战胜困难，奋勇前进，努力促进社会主义生产建设的全面发展，为夺取1962年农业大丰收，夺取城市工业生产和各项社会主义事业的新胜利而奋斗。

《关于法院工作报告的决议》

决议批准市人民法院院长谭受伦所作的《宜昌市人民法院工作报告》。

决议号召全市人民提高政治警惕，积极协助政府开展法制教育，以教育人民群众自觉遵守法律。并加强民事纠纷调处工作，正确处理人民内部矛盾，加强人民内部团结，为建立良好社会秩序，为促进各项生产建设的新发展而努力。

第二节　第二次会议

1962年12月20日—26日，市四届人大二次会议在工人文化宫召开。应出席代表195人，实际出席代表176人，列席会议人员66人。会议听取和审议市人民委员会工作报告、法院工作报告，并相应做出2个决议；增补2名人民委员会的成员。

一、会议机构及成员名单

市四届人大二次会议主席团成员（按姓名笔画排序）：于从义、马惠君（女）、王明湘（女）、王顺如、亢宏才、田英、丛树英（女）、冯锦卿、邢郑民、许宝秀（女）、孙军、肖焕章、邱文礼、何一樵、余冰、汪昌桂、陈光勋、陈光辉、陈启富、赵萍、赵惠林、胡芝田、洪院凯、阎钧、童子浩；秘书长：邢郑民；副秘书长：赵萍、何一樵、杨实舜。

市四届人大二次会议代表资格审查委员会名单：主任委员：陈光勋；副主任委员：胡芝田；委员（按姓名笔画排序）：何一樵、张学美、罗善美（女）。

市四届人大二次会议议案审查委员会名单：主任委员：亢宏才；副主任委员：赵萍、项克涛；委员（按姓名笔画排序）：卜凡良、马仁居、王永祥、兰维英、刘殿海、李恒祥、杨竞先、肖焕章、张远扬、洪院凯。

市四届人大二次会议预决算审查委员会名单：主任委员：赵惠林；副主任委员：李克、冯锦卿；委员（按姓名笔画排序）：马苍石、张玉、张品三、鹿振中。

二、人民委员会工作报告

1962年12月21日，市四届人大二次会议第四次全体会议听取和审议市长邱文礼所作的《宜昌市人民委员会工作报告》：

1962年工作。在工业方面，产品成本也有所下降，劳动生产率也略有提高。国家下达的19种主要产品，有16项完成和超额完成了产品计划。25种主要手工业产品产量，有21种比1957年增长。在交通、邮电方面：全年的货运计划、物资搬运计划、周转量计划、货运计划、客运计划，均完成较好，有的已经超过。邮电部门在19项通信质量指标中，有12项超过了去年的水平。在国民经济的调整中，进行了精简职工和压缩城市人口工作。元至10月实际精简职工6470人，压缩城市人口5819人。全市有2000余名精简下来的职工和社会闲散劳动力，在政府的大力组织与安排下，参加了临时性的生产和服务性的工作。郊区各人民公社，继续贯彻实施了农村人民公社60条，开展以搞好生产队核算为中心内容的整社，进一步调动了广大社员的生产积极性。全年蔬菜产量达到2600万公斤，比上年增长13%。财政税务、金融工作、文教卫生、政法、市政建设做了大量工作，取得一定成效。

1963年工作任务。主要任务是：深入贯彻党的以农业为基础，以工业为主导的发展国民经济的总方针，继续鼓足干劲，把以支援农业，增产日用工业品为中心的增产节约运动，更加深入、更加扎实地开展起来，保证完成和超额完成国家计划；在发展生产的基础上，保证人民生活稳定在现有水平上，并且力争有所改善；继续深入开展社会主义教育，调动群众建设社会主义的积极性，争取经济形势的更大好转。

三、财政预决算报告

1962年12月23日，市四届人大二次会议第三次全体会议听取和审议副市长赵惠林所作的《宜昌市1960年、1961财政决算和1962年财政预算（草案）的报告》：

两年预算收支执行。1960年预算收入2236万元，实际完成1827.4万元，为预算的81.72%；预算支出1597.5万元，实际执行1373.7万元，为原预算的85.99%。按规定本年上解864.3万元，宜昌市留用963万元，留用款加上上级拨给的补助款72.7万元，市级财政资金收入共计1035.7万元。与当年实际支出数比较，支出大于收入338万元，这个差额是动用上年结余弥补的。1961年预算收入1065万元，实际完成1038.3万元，为原预算的96.59%；预算支出291.5万元，实际执行294.7万元，实际执行为294.7万元，超出原预算的0.58%。按规定本年上解864万元，市留用174.3万元。市留用款不足，上级补助105.6万元，加上其他调入资金0.9万元，市级财政资金收入共计280.8万元。与当年实际支出294.7万元比较，支出大于收入13.9万元，加上应结转继续使用的社会救济专款4.3万元，当年的差额应为18.2万元，这个差额是运用往年结余弥补的。1961年的收入和支出与1960年比较均有减少，主要原因：连续三年的自然灾害，农业给工业提供的原材料减少，部分工厂开工不足，影响财政收入；从1961年开始调整经济，宜昌市一部分企业停了下来，减少部分财政收入；根据上级缩短战线，支援农业的指示精神，1961年宜昌市没有基本建设任务，仅此一项支出减少1083.9万元。1960年地方自筹收入775.3万元，其中：各项附加收入35.2万元，自筹企业收入729.3万元，其他收入10.8万元。全年支出734.6万元，其中：基本建设投资565.4万元，占总支出的76.97%。当年收支相抵结余40.7万元。为了集中国家财力更好地进行建设，省决定从1961年起将原地方自筹工业企业纳入省级预算，因此，1961年地方自筹只有各项附加收入了。1961年全年收入32.9万元，为预算的99.4%，上级补助6.5万元；支出25.2万元，为年预算63.45%，收支相抵，结余14.2万元。

1962年的财政预算安排。宜昌市预算收入943万元，比1961年决算收入减少9.18%，其中：企业收入年度预算366万元，比1961年增加 1 .82%；各项税收年度预算560万元，比1961年减少15.6%；其他收入年度预算17万元，比1961年增加10.46%。1962年预算支出313.9万元，比1961年决算支出增加6.25%（其中行政事业正常经费251.5万元，比1961年决算支出减少4.66%）。分类安排如下：经济建设费类预算12.5万元，比1961年减少11.97%；社会文教费类预算157.9万元，比1961年减少1.86%；行政管理费类预算69万元，比1961年减少22.38%；其他支出类预算5.8万元；四项费用预算数62.4万元；总预备费预算6.3万元。今年上解任务677.2万元，市级财政留用265.8万元，上级补助宜昌市43.8万元，加上上年结转社会救济专款结余4.3万元，收支相抵平衡。全年自筹收入35.2万元，全部是附加收入。预算支出28.2万元，主要用于城市公用事业和补助教育卫生经费不足。留有预备费2.6万元。另外，省批准解冻上年结余4万元已另作安排。

四、法院工作报告

1962年12月23日，市四届人大二次会议第三次全体会议听取和审议市人民法院院长魏文杰所作的《宜昌市人民法院工作报告》：

一年来的工作。在刑事审判工作方面，根据“惩办与宽大”相结合的政策，对现行反革命分子、盗窃犯和其他犯罪分子，按照其犯罪情节的轻重，分别给予了不同程度的惩办。配合有关部门，加强了对地、富、反、坏分子的严格的监督改造与教育。办理了大批的民事案件，加强了对基层治保调处工作的业务指导，因此今年的民事案件比上年同期下降24%。在审判工作中，贯彻实施了人民陪审员制度，体现了社会主义国家法律制度的优越。法院还结合审判活动，经常地开展法制宣传教育工作。对所处理的案件，除依法不公开处理的以外，一般都是就地审理、公开宣判的。接待和处理了人民来信来访275件，基本上做到事事有交代、件件有着落，当事人满意。

以后工作任务。进一步巩固人民民主专政，加强对敌斗争，维护社会治安；加强民事纠纷的调处工作，正确处理人民内部矛盾，调动一切积极因素，更好地为生产建设服务；认真做好人民来信来访工作；积极开展公证工作。主要措施：认真学习与贯彻中共八届十中全会精神；充分依靠与发动广大人民群众，实行专门工作与群众路线相结合的工作方法；经常开展法制宣传教育，加强群众的法制观点；加强调查研究，努力改进审判工作，提高办案质量。

五、提案审查报告

1962年12月26日，此次会议第七次全体会议通过议案审查委员会所作的《宜昌市四届人大二次会议提案处理和审查情况的报告》：

此次会议共收到提案1113件。提案是分两批收到的，第一批提案为857件，并为210案：工业方面26案、交通邮电方面24案、财政方面4案、商业方面54案，粮食方面12案、城市建设方面10案、劳动方面4案、民政方面9案、政法方面5案、文教卫生方面30案、农业方面8案、房屋方面6案、其他方面18案。另外还有书面材料等17件，列为通讯类。从提案性质的分类，建议性的为919件，批评性提案194件。第二批提案为256件（其中与第一批内容相同的有108件），经过综合整理共分为21案。

在处理过程中，属于应该办理而又可能办理的有136案500件，占第一批提案的58.93%。限于条件不能马上进行处理，但已列入计划准备逐步解决的提案有67案249件，占第一批提案的29.12%。有些是需要经过研究，通盘考虑或者积极创造条件才能办到的，议案审查委员会分别提出了审查意见。建议把所有提案都交给市人民委员会依照审查意见切实处理，并在市人民代表大会下一次会议以前提出详细的处理情况报告。

六、会议选举

1962年12月26日，市四届人大二次会议第七次全体会议增选市人民委员会组成人员。副市长：孙浩、亓连三；委员：胡芝田。

七、会议决议

1962年12月26日，市四届人大二次会议第七次全体会议通过2个决议。

《关于宜昌市人民委员会工作报告的决议》

决议批准市长邱文礼所作的《宜昌市人民委员会工作报告》。

决议号召全市各界人民，在党和毛主席英明领导下，更加紧密团结起来，明确方向，接受经验，克服困难，鼓足干劲，努力增产节约，大力支援农业，为争取明年农业丰收，为争取国民经济的新发展，为争取我国社会主义事业的新胜利而英勇奋斗。

《关于宜昌市 1960 年、1961 年财政决算和 1962 年财政预算报告的决议》

决议批准副市长赵惠林所作的《宜昌市1960年、1961年财政决算和1962年财政预算报告》。

决议号召全市所有国家机关、企业、团体、学校和全市人民，都必须发扬艰苦奋斗的精神，努力增加生产，厉行节约，克勤克俭，进一步克服当前的困难，争取新的胜利。

第五章　宜昌市第五届人民代表大会历次会议

市五届人民代表大会，于1963年7月至1965年12月间共召开3次大会。详见表3—5—1。

市五届人民代表大会统计表

表3—5—1　　　　单位：人次、个、件

市五届人民代表大会	一次会议	二次会议	三次会议	合　计
应出席会议代表	212	191	191	594
实际出席会议代表	192	166	167	525
听取和审议各种报告	3	3	1	7
听取和审议提案办理报告	1	1	1	3
办理提案	129	508	42	679
通过决议	1	2	—	3
选举省人大代表	12	—	2	14
选举市人民委员会组成人员	19	—	—	19
选举法院院长	1	—	—	1

第一节　第一次会议

1963年7月1日—4日，市五届人大一次会议在市委会议室举行。应出席代表212人，实际出席代表192人。此次会议议程是：听取和审议市人民委员会工作报告、财政工作报告、法院工作报告和政治报告；选举市人民委员会市长、副市长、委员，人民法院院长和出席省人民代表大会的代表；通过会议决议。

一、会议机构及成员名单

市五届人大一次会议主席团成员（按姓名笔画排序）：于从义、马惠君（女）、王明湘（女）、亓连三、亢宏才、田英、丛树英（女）、冯锦卿、邢郑民、许宝秀（女）、孙军、孙浩、邱文礼、余冰、汪昌桂、张三杰、陈光勋、陈光辉、陈启富、陈泽耀、赵惠林、胡芝田、洪院凯、童子浩、曾德三；秘书长：邢郑民。

市五届人大一次会议副秘书长名单：何一樵、杨实舜。

市五届人大一次会议代表资格审查委员会名单：主任委员：陈光勋；副主任委员：魏文杰；委员（按姓名笔画排序）：张学美、罗善美（女）、赵福经。

市五届人大一次会议预决算审查委员会名单：主任委员：亓连三；副主任委员：岳传岱、冯锦卿；委员（按姓名笔画排序）：马苍石、张玉、张福祥、鹿振中。

市五届人大一次会议议案审查委员会名单：主任委员：亢宏才；副主任委员：何一樵、童子浩；委员（按姓名笔画排序）：卜凡良、于建中、王永祥、兰维英、李凤林、杨竞先、汪光才、张远扬、洪院凯、高振东。

二、人民委员会工作报告

1963年7月1日，市五届人大一次会议第一次全体会议听取和审议副市长孙浩所作的《宜昌市人民委员会工作报告》：

1963年上半年的工作。根据农业生产的需要和具体条件，制订了全市各行各业支援农业生产的规划。上半年，全市工业和手工业企业大力增加了农业生产资料和农民生活资料的生产，完成或超额完成了支援农业生产的产品产量计划。上半年工业生产的产品完成了年计划87%，46种可比产品产量与去年同期增长的有28种，占可比产品总数的60%。工业生产总产值出现了稳步增长的局面。全员劳动生产率比上年同期提高5%；可比产品成本，与去年同期比较下降6.5%；企业亏损面由31%缩小为13.8%，亏损金额与去年同期比较下降82%。交通运输部门的货运和周转计划都已接近完成或超额完成年计划。夏粮总产量预计可完成计划的105%。上半年蔬菜总产量完成计划的百分之百。上半年生猪比上年同期增长39%。商业、供销部门积极挖掘库存潜力，加强采购工作，扩大了经营范围，购进、销售等工作都接近完成或超额完成年计划，不少副食品和日用工业品的供应量比上年同期成倍增长。城市建设部门，投资5.8万元，维修、新建和改建了一部分道路和下水道，扩大了自来水的供水面，还发动群众开展绿化活动，植树16万余株。工商行政管理、银行、财政、税收、文教、卫生、民政、街道、政法、民兵等工作均取得一定成绩。

1963年下半年的工作意见。继续加强领导、发动群众、鼓足干劲、挖掘潜力，把全市范围内的增产节约运动推向一个新的阶段；同贪污盗窃、投机倒把行为做坚决的斗争；进一步开展社会主义教育；加强对敌斗争。

三、财政预决算报告

1963年7月1日，市五届人大一次会议第二次全体会议听取和审议市财政局局长张福祥所作的《宜昌市1962年度财政决算和1963年财政预算执行情况的报告》：

1962年财政决算。预算收入943万元，实际完成829万元，为预算的87.91%，比1961年减少20%。预算支出305.1万元，实际执行308.9万元，超过预算1.21%。按可比因素，比1961年下降4%。上级规定1962年上解任务677.1万元，实际完成595.3万元，为预算的87.91%。核定市级财政留用265.8万元，由于收入任务没有完成，不仅上解数减少，市级财政留用数也相应减少，年终决算市仅能留用233.7

万元，差额32.1万元，加上支出超过预算和结转下年度使用的专款8.7万元，1962年市级财政差额达40.8万元，这笔差额上级已拨款全部弥补了。1962年市级自筹决算收入48万元，比年度预算超收12.4万元。实际支出43.8万元（其中运用上年结余7.6万元），比年初预算多支出4.2万元。收支相抵，尚结余11.8万元。

1963年财政预算安排。宜昌市预算收入728.7万元，比1962年决算收入减少13.1%。其中：工业企业收入：年度预算206万元，比1962年减少27.3%；各项税收：年度预算460万元，比1962年减少14%；其他收入：全年预算23万元，比1962年增加12.44%；饮食服务收入：年度预算39.7万元。按照今年财政体制规定：饮食服务业收入从今年1月起交地方金库参加总额分成，农业税从下半年起参加总额分成。1963年上级分配预算支出234.9万元，比上年决算支出减少23.94%。1962年跨年经费14.3万元，两项合计249.2万元。分类安排如下：经济建设费类：预算数40万元，比1962年决算数减少45.55%，其中：四项费用27.6万元；社会文教费类：预算数144.5万元，比1962年决算数减少8.02%；行政管理费类：预算数50.6万元，比1962年决算数减少27.94%；其他支出类：预算数9.1万元；总预备费：预算数5万元。按照上级规定，今年上解568.4万元，市级财政留用160.3万元。上级补助宜昌市74.6万元，动用上年结余允许跨年的14.3万元，三项合计249.2万元。地方自筹全年预算收入30万元，支出主要项目安排：水厂投资6万元，民房拆建投资6万元，公共汽车投资2万元，街道维护补助1万元，民办教育补助6.2万元，居民委员会干部补助2.2万元，另列预备费3.3万元。

四、法院工作报告

1963年7月1日，市五届人大一次会议第二次全体会议听取和审议市人民法院院长魏文杰所作的《宜昌市人民法院工作报告》：

上半年工作。打击了现行反革命破坏和刑事犯罪分子，保证了社会秩序的安全。打击了以黄廷新为首组织的反革命集团。惩办了一批贪污、盗窃、投机倒把、强奸妇女等刑事犯罪分子。调解民事纠纷，是法院一项经常的重要工作。上半年办理了一批民事案件，从案件性质方面来看，婚姻家庭纠纷仍占90%以上。结合审判活动，开展法制教育，提高了群众的革命警惕性，加强了法制观念。配合市妇联和各个公社，大力开展婚姻法的宣传教育。认真处理人民的来信、来访工作，对群众的正当要求及时地作出解决和答复。认真处理了有关选举权的申诉案件，做到了“既不让一个不应给选举权的人，窃取政治权利；也不让一个不应剥夺选举权的人，被错误的剥夺庄严的选举权。”

以后工作安排。严厉打击反革命现行破坏和各种刑事犯罪分子，巩固人民民主专政，保卫社会主义建设；积极调处民事纠纷，更好地为生产与工作服务；加强婚姻法的宣传教育工作；做好人民群众的来信、来访工作。

五、会议选举

1963年7月4日，此次会议第六次全体会议通过《宜昌市五届人大一次会议进行无记名投票的选举办法》，随后选举市人民委员会市长：邱文礼；副市长：亓连三、亢宏才、邢郑民、孙浩、陈光勋、赵惠林；委员：于从义、马惠君（女）、丛树英（女）、冯锦卿、刘显光、许宝秀（女）、杨实舜、何一樵、张寿人、陈光辉、胡芝田、童子浩；市人民法院院长：魏文杰；出席湖北省第三届人大代表12人：于从义、马苍石、王玲（女）、丛树英（女）、冯锦卿、杨实舜、邱文礼、陈光勋、陈扶生、陈素秋（女）、周杰、童子浩。

六、提案审查报告

1963年7月4日，此次会议第六次全体会议通过议案审查委员会所作的《宜昌市五届人大一次会议提案情况的简要汇报》。

此次会议收到提案1346件，整理归纳为243案1346件：农业14案14件；工业5案25件；政法（包括政法、民政、街道）37案101件；文教10案90件；卫生13案105件；建设13案180件；劳动5案96件；粮食35案91件；房管21案96件；手工7案40件；电业2案31件；交通 1 6案85件；商业26案306件；市场管理12案30件；财政2案7件；其他25案49件。这些提案所涉及的范围非常广泛，对督促改进政府各部门的工作，对改进干部工作作风，都有着积极意义。

七、会议决议

1963年7月4日，此次会议第六次全体会议通过《宜昌市五届人大一次会议关于宜昌市人民委员会工作报告的决议》。

决议通过副市长孙浩所作的《宜昌市人民委员会工作报告》。

决议号召全市的工人、农民、知识分子、民主党派、一切爱国人士，紧密团结在党和政府的周围，继续发扬艰苦奋斗的光荣传统，鼓足干劲，力争上游，为争取1963年的新胜利而奋斗！

第二节 第二次会议

1964年12月17日—19日，市五届人大二次会议在市委会议室举行。应出席代表191人，实际出席代表166人，列席会议15人。此次会议的议程是听取和审议人民委员会工作报告、财政预决算报告和法院工作报告；通过会议决议。

一、会议机构及成员名单

市五届人大二次会议主席团成员（按姓名笔画排序）：马惠君（女）、亓连三、亢宏才、田英、冯锦卿、邢郑民、许宝秀（女）、孙浩、邱文礼、余冰、张三杰、陈光辉、陈启富、赵惠林、胡芝田、侯占太、阎钧、曾德三、魏文杰；秘书长：邢郑民。

市五届人大二次会议大会副秘书长名单：杨实舜。

市五届人大二次会议代表资格审查委员会名单：主任委员：亓连三；副主任委员：胡芝田、魏文杰；委员（按姓名笔画排序）：罗善美（女）、赵福经。

市五届人大二次会议预决算审查委员会名单：主任委员：亢宏才：副主任委员：冯锦卿、鹿振中；委员（按姓名笔画排序）：马苍石、王秉衡、张品三、陈光辉、郎仁安。

市五届人大二次会议议案审查委员会名单：主任委员：邢郑民；副主任委员：王永祥、刘显光；委员（按姓名笔画排序）：于建中、汪光才、郝永科、高振东。

二、人民委员会工作报告

1964年12月17日，市五届人大二次会议第一次全体会议听取和审议市长邱文礼所作的《宜昌市人民委员会工作报告》：

一年多来的工作。1964年，全市工业总产值预计全年可达到3437万元，为计划的107%，较1963年增长8.73%。基建总投资额增加到289万元，预计到年底可完成195万元。粮食产量增长14.7%，棉花产量达到32150公斤，增长38%。油料产量达到96200公斤，增长17.2%。全市预算收入完成年计划95.7%。储蓄存款今年比上年上升40万元。国家用于人民生活福利的投资逐年增加。国家用于城市公用事业和市政设施的投资为60.7万元，比上年51万元有所增加。文教、卫生、体育、政法等各部门的工作同样取得了很大成绩。主要缺点与问题：有的工业产品的年计划完成的不够好；财政收入没有完成计划；基本建设进度比较迟缓；某些单位中还存在不同程度的铺张浪费现象。

社会主义教育运动。全市人民的主要任务：高举毛泽东思想的伟大红旗，坚持以阶级斗争为纲，以生产为中心，鼓足革命干劲，抓革命，促生产，深入开展比学赶帮运动，促进生产高潮。将社会主义革命进行到底，放手发动群众，把社会主义教育运动搞深搞透。这次运动必须坚持以阶级斗争为纲，抓着“双十条”所规定的五个要点（即对敌斗争，社会主义教育，组织贫农、下中农阶级队伍，“四清”，干部参加劳动），解决一些主要问题。

积极组织生产高潮。生产是中心，必须通过抓革命，积极组织好生产高潮。交通运输、基本建设部门，应当把抓质量、抓管理、抓安全列入工作重点，努力完成各项计划指标；在郊区，调动社员集体生产的积极性，争取稳产高产，做到大面积增产；财贸部门要进一步贯彻“发展经济，保障供给”的财政经济工作的总方针，更好地为农业生产、工业生产和人民生活服务；文化教育部门，要进一步树立阶级观点和群众观点，更好地为社会主义革命和社会主义建设服务；体育工作应当进一步贯彻实施普及与提高相结合的方针，不断增强人民体质，为工农业生产和国防建设服务；街道是生产的后方，生活的场所，思想的阵地，要努力做好移风易俗的工作和生产自救工作；动员城市知识青年下乡参加农业生产，是一项经常性的工作，必须继续努力做好；政法部门，要进一步做好加强人民专政的工作。

三、财政预决算报告

1964年12月17日，市五届人大二次会议第一次全体会议听取和审议市财政局副局长李克所作的《宜昌市1963年财政决算和1964年财政预算（草案）报告》（因资料缺失，具体内容不详）。

四、法院工作报告

1964年12月17日，市五届人大二次会议第二次全体会议听取和审议市人民法院院长魏文杰所作

的《宜昌市人民法院工作报告》:

两年工作。阶级斗争是尖锐的、复杂的。1964年审理的反革命分子许明才案和胡兴反革命集团案，其反革命气焰十分嚣张。流氓强奸犯罪也很突出，对一批罪犯给予了严厉制裁。同时，在机关、工厂、企业内部，通过“五反”运动，清除了一批贪污、盗窃、投机倒把分子。对于破坏军婚的案件，处理是及时的、严厉的。公开处理了两批破坏军婚的案件。两年来，处理了大批民事案件。从当前民事案件来看，其中仍以婚姻家庭纠纷突出，仅这类案件占民事案件总数的80%以上。结合经常的审判活动，积极开展法制宣传工作。运用张贴判决书、罪犯相片、出布告和公开进行审判等多种形式，对广大群众进行法制宣传教育。接待和处理了大量的人民来信、来访，做到有问必答，当事人基本满意。

以后工作安排。依靠广大群众的力量，不断改变思想作风和工作作风，深入开展调查研究，加强学习，鼓足革命干劲，把工作任务完成得更好。

五、提案审查报告

1964年12月19日，此次会议第五次全体会议通过议案审查委员会所作的《宜昌市五届人大二次会议提案处理情况的报告》:

此次会议共收到提案508件，按性质分类：工业、交通方面的115件，财粮贸方面的200件，城市建设方面的65件，文教卫生方面的67件，政法、街道方面的51件，专、县单位的10件。另有选区选民会议记录和迟到提案109份，尚未分类。

议案审查委员会对以上提案进行了认真审查和慎重研究。为了使各类提案得到正确、及时的处理，建议大会将全部提案提交给市人民委员会，由市人民委员会根据政策和实际情况，全盘考虑各方面的意见，布置提案处理工作，责成各有关主管部门和领导同志亲自掌握，指定专人，调查研究，分别情况，逐件处理。全部提案的处理结果，请市人民委员会在下次会议上提出报告。

六、会议决议

1964年12月19日，市五届人大二次会议第五次全体会议通过2个决议。

《关于宜昌市人民委员会工作报告的决议》

决议批准市长邱文礼所作的《宜昌市人民委员会工作报告》。

决议号召全市人民和各个战线的全体职工，在新的一年里更加紧密地团结在党和政府的周围，更高地举起毛泽东思想红旗，认真读毛主席的书，听毛主席的话，按毛主席的指示办事，积极参加阶级斗争、生产斗争和科学实验这三项伟大革命运动，鼓足干劲，力争上游，为夺取社会主义革命和社会主义建设的更大胜利而奋斗。

《关于宜昌市 1963 年财政决算和 1964 年财政预算报告的决议》

决议批准市财政局副局长李克所作的《宜昌市1963年财政决算和1964年财政预算(草案)报告》。

决议号召全市人民努力增加生产，深入挖掘各方面的潜力，大力增加收入，厉行节约开支，争取在组织执行财政预算和建设社会主义事业中取得更大的成就。

第三节　第三次会议

1965年6月23日—25日，市五届人大举行第三次会议。应出席代表191人，实际出席代表167人，列席会议23人。此次会议的议程是听取和审议市人民委员会工作报告；选补湖北省第三届人大代表。

一、会议机构及成员名单

市五届人大三次会议主席团成员（按姓名笔画排序）：马惠君（女）、亓连三、亢宏才、田英、冯锦卿、邢郑民、许宝秀（女）、孙浩、杨实舜、邱文礼、余冰、张三杰、陈光辉、陈启富、赵惠林、胡芝田、侯占太、阎钧、童子浩、曾德三、魏文杰。

市五届人大三次会议代表资格审查委员会名单：主任委员：亓连三；副主任委员：胡芝田、魏文杰；委员（按姓名笔画排序）：罗善美（女）、赵福经。

市五届人大三次会议议案审查委员会名单（资料缺失，名单不详）。

二、人民委员会工作报告

1965年6月23日，市五届人大三次会议第一次全体会议听取和审议代理市长孙浩所作的《宜昌市人民委员会工作报告》：

形势。在国际上，全世界人民反对以美国为首的帝国主义及其走狗的斗争，和全世界马克思列宁主义者反对现代修正主义的斗争，经过了反复的严重的较量，都取得了伟大的胜利。马克思列宁主义的革命学说和革命队伍，在战胜赫鲁晓夫修正主义的斗争中，不断地发展壮大。近年来，我国对外工作取得了更为伟大的胜利，我们的朋友遍天下。1965年5月14日，我国又一颗原子弹在天空爆炸成功，对保卫祖国安全和世界和平做出又一个重大贡献，使全世界被压迫人民受到巨大鼓舞，使美帝国主义核讹诈遭到沉重的打击。国内形势也是很好的。去年全国粮食、棉花、猪肉、鸡蛋和其他农副产品大大增产，农业的生产条件也有很大改善。宜昌市和全国、全省、全专区一样，工农业生产高潮正在形成和发展。1965年1—5月全市工业、手工业总产值比上年同期增长了24%。20个主要产品产量比上年同期上升的有16个。夏收粮食总产量预计比上年增长14.2%，平均每亩单产增长25.4%。

任务。1965年全市人民的中心任务是：继续高举毛泽东思想的伟大红旗，以阶级斗争为纲，以“二十三”条为思想武器，以生产建设为中心，深入开展比学赶帮和增产节约的群众运动，进一步掀起工农业生产新高潮，全面超额完成国家计划，把各项工作做得比上年更进一步，用实际行动支援越南人民抗美爱国的正义斗争，为1966年开始的第三个五年建设计划创造有利条件。郊区的农业生产，应抓紧时机，加强领导，把农作物种好、管好。工业交通部门，要进一步把生产高潮推向更高的水平。财贸工作，要在进一步突出政治的前提下，认真改善企业的经营管理，切实做好商品的收购、销售、调运和储存工作，促进工农业生产的发展，更好地为城乡消费者服务。全市所有工作，都应当围绕生产中心，积极主动地为生产服务。全市人民还必须认真做好战备工作。

三、会议选举

1965年6月25日，市五届人大三次会议第四次全体会议选补湖北省第三届人大代表2名：李万胜、李兰芝（女）。

四、议案审查报告

1965年6月25日，市五届人大三次会议整理了一份《市人大代表在小组讨论中提出的意见》，将各讨论小组提出的意见归纳为7大类42条。

第六章　宜昌市第六届人民代表大会历次会议

1966年1月10日—12日，举行市六届人大一次会议（本届仅召开这一次会议）。应出席代表211人，实际出席代表194人。此次会议议程是：听取和审议市人民委员会工作报告、人民法院工作报告；选举市第六届人民委员会的组成人员和市人民法院院长。

一、会议机构及成员名单

市六届人大一次会议主席团成员（按姓名笔画排序）：于从义、马惠君、亓连三、亢宏才、田英、冯锦卿、邢郑民、朱青、刘显光、孙浩、李万胜、杨春亭、余冰、张三杰、陈元秀、陈光辉、陈泽耀、赵惠林、胡芝田、侯占太、阎振江、彭彦、童子浩、曾质彬、曾德三；秘书长：邢郑民。

市五届人大二次会议副秘书长名单（按姓名笔画排序）：王维顺、杨实舜、何一樵。

市五届人大二次会议代表资格审查委员会名单：主任委员：亓连三；委员（按姓名笔画排序）：李民、张学美、罗善美、赵福经、谭受伦、魏文杰。

市五届人大二次会议财政预算审查委员会名单：主任委员：赵惠林；委员（按姓名笔画排序）：马苍石、杨长森、张坤芳、张福祥、鹿振中、童子浩。

二、人民委员会工作报告

1966年1月10日，市六届人大一次会议第一次全体会议听取和审议副市长邢郑民所作的《宜昌市人民委员会工作报告》：

1965年工作。全市工业总产值比1964年增长28.7%，超额完成了国家计划11%。53种计划工业产品产量有46种完成或超额完成了年度计划，其中有38种主要产品产量比1964年有较大幅度的增长。全员劳动生产率比1964年提高12.6%。市属工业的可比产品总成本比1964年下降14%。全市工业利润比1964年增长43%。基本建设投资额增长1倍多。全年货运量增长24%，货运周转量增长8%。粮食产量达到315万公斤，增长27.27%，粮食单产增长29.43%。棉花总产量达到62600公斤，增长75.35%。油料总产量保持了上年水平。生猪和其他经济作物，也都有较大发展。1965年财政收支情况良好，保证了发展生产建设、改善人民生活的需要。金融管理工作有了较大进步，储蓄额也较1964年增长20%。1965年共维修民用住宅25000平方米，还新建了一部分住宅。

1966年任务目标。总任务：高举毛泽东思想伟大红旗，坚持抓革命，促生产，以阶级斗争为纲，以生产为中心，以赶上和超过先进水平为目标，努力加强备战，搞好“四清”，开展增产节约运动，更好地支援农业生产，支持国防建设，改善人民生活，为完成和超额完成1966年国民经济计划而奋斗。积极备战，是“三五”计划的中心。继续把“四清”运动搞深、搞透、搞彻底。努力完成和超额完成1966年的国民经济计划。要求工业总产值比1965年增长40%，劳动生产率提高20%—25%，成本降低10%—15%，主要产品产量也要较去年有不同程度的增长。基本建设工程28项，投资1100万元，还有一部分自筹基建任务需要完成。郊区农业，要求粮食产量达到367万公斤，较1965年增长16.3%，棉花产量达到66800公斤，较1965年增长30%，油料产量达到119250公斤，较1965年增长37.8%。生猪循环数达到25000头，鲜鱼、水果、耕牛也都有适当的增长。

1966年工作措施。突出政治，大学毛主席著作，大搞思想革命化；树立以生产为中心的思想，更好地为生产服务；深入广泛地开展比学赶帮超运动，大学大庆，大学大寨，大学解放军；改进领导作风，大反“五多”，大搞样板，大兴调查研究之风；培养无产阶级革命接班人，确保无产阶级对革命的领导权。

三、财政预决算报告

1966年1月10日，市六届人大一次会议第二次全体会议听取和审议副市长赵惠林所作的《宜昌市1965年财政决算和1966年财政预算（草案）报告》:

1965年财政决算。财政预算收入740.1万元，实际完成809.3万元，为预算的109.35%。超额完成国家计划69.1万元。财政预算支出487.6万元，实际执行433.7万元，为预算的88.95%。结余53.9万元。除结转下年度使用的48.3万元，年终净结余5.6万元。1965年地方自筹收入24.6万元，加上1964年结余24.1万元，合计为48.7万元。自筹支出38.1万元，本年收支相抵，尚结余10.6万元（其中：跨年经费2.4万元）。

1966年财政预算（草案）。省下达宜昌市财政收入任务951万元，比1965年实际完成数增长19%。其中：工交企业收入299万元，比1965年完成数增长39%；工商税收636万元，比1965年完成数增长10.9%；其他收入10万元，比1965年完成数增加2万元；公粮（即农业税）任务45万公斤，折合金额6万元，与1965年持平。1966年，省下达宜昌市支出指标342万元，其中两项生产性项目费用20万元，正常经费按可比因素比1965年减少0.81%。

四、法院工作报告

1966年1月10日，市六届人大一次会议第二次全体会议听取和审议市人民法院院长魏文杰所作的《宜昌市人民法院工作报告》:

1965年工作。严厉打击了敌人的现行犯罪活动。根据国家法律，杀掉了罪大恶极、不杀不足以平民愤的凶手祝发修和姜新根，杀掉了披着人民教师外衣进行残害少年的强奸犯陈润生。同时从严惩办了其他流氓强奸犯。调解和处理了大批的民事案件。当前在民事纠纷中仍以婚姻问题突出，即占85%以上。在实际办案中为了加强调解与预防纠纷的工作，依靠基层调解委员会，1965年调解纠纷的总数，相当于法院民事案件的四倍半。广泛深入开展法制宣传教育，对于打击震慑敌人、教育群众、预防犯罪等方面都起了积极的作用。接待和办理了人民来信、来访的工作，做到了件件有答复。依靠群众专政和依靠群众办案，在审判案件时充分依靠了群众的力量，对于可以判也可以不判或者按罪虽然该判，但能坦白认罪，民愤不大，愿意悔改的被告，没有给予判刑，而是放在劳动生产中依靠群众力量去监督改造他们，使矛盾不上交。

1966年工作安排。要进一步依靠广大群众，加强无产阶级专政，维护社会治安，为保卫第三个五年计划第一年的战斗任务的胜利完成而努力。

五、会议选举

1966年1月12日，此次会议第四次全体会议通过《宜昌市六届人大一次会议进行无记名投票的选举办法》。随后选举市人民委员会市长：阎振江；副市长：亓连三、亢宏才、邢郑民、赵惠林；委员：于从义、马惠君、田生、冯锦卿、刘显光、许宝秀、孙浩、李兰芝、杨实舜、何一樵、张寿人、陈光辉、彭彦、童子浩、曾质彬、谭受伦。选举市人民法院院长：陈义炳。

六、会议决议

1966年1月12日，市六届人大一次会议第四次全体会议通过2个决议。

《关于宜昌市人民委员会工作报告和财政预决算报告的决议》

决议批准副市长邢郑民所作的《宜昌市人民委员会工作报告》、副市长赵惠林所作的《宜昌市1965年财政决算和1966年财政预算报告》。

决议号召全市的工人、农民、革命知识分子和各界人民，高举毛泽东思想的伟大红旗，大学毛主席著作，将各项工作做得好上加好，为尽快地把宜昌市建设成为新的工业生产城市，把郊区建设成为社会主义新农村而奋斗！

《关于宜昌市人民法院工作报告的决议》

决议批准市人民法院院长魏文杰所作的《宜昌市人民法院工作报告》。

决议要求，人民法院必须进一步依靠革命人民群众，加强同现行反革命分子和其他刑事犯罪分子做斗争，把他们的绝大多数改造成为新人，对于极少数有严重破坏活动的分子，必须依法惩处。要加强调解组织，认真处理民事案件，增强人民内部团结。要加强法制宣传，减少违法，预防犯罪，更有效地发挥人民法院这一专政工具的威力，保证社会主义革命和社会主义建设的顺利进行。

第七章　宜昌市第七届人民代表大会

1966年5月，宜昌地区管辖的“九县一市”同全国一样进入了长达10年的“文化大革命”时期。

1967年，因受“文化大革命”的冲击，市六届人民代表大会及其人民委员会不仅未能按期召开市六届人大二次会议，而且使人民代表大会闭会期间的各项工作处于停止状态。

1968年1月15日，经武汉军区党委批准，宜昌地区革命委员会成立。按“军、干、群”三结合的原则，地区革命委员会由75名委员组成，戴凤歧任主任。1月16日，经湖北省军区临时党委批准，市革命委员会成立。按“军、干、群”三结合的原则，市革命委员会由52名委员组成，高尚志任主任。1月16日，地、市革命委员会联合在铁路坝广场召开有5万人参加的成立大会。从此，人民代表大会代表选举被停止；人民代表大会会议被中断；人民代表大会的执行机关人民委员会被革命委员会所替代。

1969 年—1977 年，宜昌市没有选举人民代表大会代表，没有召开人民代表大会会议，所以市人民代表大会的职能被中断。根据 1975 年宪法“地方各级革命委员会是地方各级人民代表大会的常设机关”的规定，市将“文化大革命”时期的宜昌市革命委员会列为市第七届人民代表大会的常设机构。

第八章　宜昌市第八届人民代表大会历次会议

1978年宪法规定："地方各级人民代表大会会议每年至少举行一次，由本级革命委员会召集。"据此，市八届人大一次会议（本届仅召开这一次会议）于1978年11月25日—28日，在工人文化宫举行。应出席代表743人，实出席代表684人。此次会议议程是：听取和审议革命委员会工作报告，并相应做出决议；选举本届革命委员会组成人员、人民法院院长和市人民检察院检察长。

一、预备会议

1978年11月25日下午，市八届人大一次会议举行预备会议。会议通过此次会议议程、大会主席团和秘书长名单、代表资格审查委员会名单，听取和审议《宜昌市八届人大一次会议代表资格审查报告》。

二、会议机构及成员名单

市八届人大一次会议大会主席团组成人员（按姓名画划为序）：主席：张健；副主席：卜凡良、马中一、王冰（女）、王维顺、卞周钰、孙承铨、孙浩、李永发、汪敬祖、宋玉琪、陈义炳、倪忠俊；秘书长：卜凡良（兼）；成员：丁保恒、于元盛、万培信、王曰志、王振声、王淑珍（女）、王铸九、王蔚斐（女）、亓连三、文振藻、亢宏才、方财兴、邓长城、冯锦卿、邢郑民、朱世亮、朱青、向先明、刘仁庆、刘志毅、刘作秋、刘宜华（女）、孙昌秀（女）、杜青平、李有仁、杨汝洪、杨实舜、杨德明、肖铁生、岑仲伏、余冰、谷元基、宋振忠、陈启富、陈泽耀、范世英（女）、金正红、郑玉璋、郑镐、官其林、段鑫田、徐行、唐家源、黄显宁、鹿振中、韩玉林、韩秀兰（女）、靳万春、路治国（女）、路洪群。

市八届人大一次会议代表资格审查委员会名单：主任委员：宋玉琪；副主任委员：卜凡良；委员（按姓名画划为序）：王曰志、王维顺、文振藻、刘宗高、李培文、陈泽耀。

三、革命委员会工作报告

1978年11月26日，市八届人大一次会议第一次全体会议听取和审议张键同志所作的《解放思想，加快步伐，向社会主义现代化奋勇进军》的工作报告：

十年来的斗争和抓纲治市的胜利

宜昌市革命委员会是1968年1月成立的，至今已有十年多了。这是极不平凡的十年，是两个阶级、两条路线激烈斗争的十年。

早在“文化大革命”初期，江青反革命集团就同林彪反党集团相勾结，歪曲毛主席的指示，用尽反革命伎俩，阴谋篡权复辟。他们在宜昌市的黑爪牙刘德光、高毅、谭超等一伙打着“造反”的旗号，大搞“怀疑一切”“打倒一切”“文攻武卫”、抢枪武斗，残酷镇压干部、群众，疯狂反军乱军，篡夺各级领导权，实行资本主义复辟。宜昌市革命委员会成立之时，这伙投机钻营残害人民的家伙，以“群众代表”自居，结帮拉派，争夺权力，钻进革命委员会，利用合法身份，肆无忌惮地进行破坏和捣乱。在他们的疯狂破坏和捣乱之下，生产倒退，收入下降，社会秩序混乱，人民不得安宁。1969年他们又刮起了所谓“反复旧”的妖风。1974年他们大翻“一打三反”的案，全盘否定“两清”成果，开脱自己的血腥罪责，大搞反攻倒算。在敬爱的周总理逝世前后，他们乘机兴风作浪，猖狂反扑。特别是毛主席逝世后，全国人民都悲痛欲绝，他们却暗中策划，加快篡权复辟的步伐。他们对全市的革命和生产的干扰破坏是严重的。在经济上，仅1974年和1976年，即损失工业产值2亿多元。

长期以来，全市广大干部和群众对他们的倒行逆施早已看在眼里，恨在心头，采取各种斗争形式，抵制他们的破坏，排除他们的干扰，坚持抓革命促生产，为建设社会主义贡献了力量，仍然在工农业生产和各方面的工作中取得了较大成绩。十年多来，工业企业由144个发展到260个，增加116个；主要工业产品达到200多种，增长两倍多；工业总产值由7700万元增加到5亿元，增长6倍以上，每年平均递增20%；全员劳动生产率提高了51%。全市财政收入增长32.9倍。总结市革命委员会十年的工作，集中到一点，革命委员会一定要全心全意地为人民服务。这是我们国家的性质所决定的。

粉碎江青反革命集团，人民再解放。使宜昌市政治、经济、思想、文化各个领域都发生了深刻变化，各条战线已走上大治的轨道，形势一派大好。

两年来，揭批江青反革命集团的斗争取得重大的胜利。1977年工业总产值达到48833万元，比1976年增长27%，比历史最高水平的1975年增长19.7%。1978年工业总产值预计可以超额完成国家计划。财政收入大幅度上升，1977年1至10月比上年同期上升37%。商业购进、销售、利润等指标和外贸出口任务都完成和超额完成了计划。科学教育文化事业出现欣欣向荣的景象。公安、政法工作的加强，社会治安秩序有所好转。

当前和今后一个时期的主要任务

夺取揭批江青反革命集团斗争的全胜。要抓好定案处理工作和思想转化工作；个别清查不彻底的要抓紧搞好；要进一步批判林彪、江青反革命集团假左真右的反革命修正主义路线；落实干部政策，纠正冤错案件。

加速发展工农业生产。1980年，工业总产值达到8亿元左右，有一批老产品进入国内先进水平，并努力发展一批新产品。郊区农业生产要加快步伐，迅速把郊区建设成为以菜为主的副食品基地。1980年，蔬菜品种多样化，总产7000万公斤，生猪年末存栏6万头，鲜鱼总产75万公斤，肉鸡年末存栏1万只，柑橘总产250万公斤，果用瓜总产365万公斤，粮食单产超500公斤，大力绿化荒山，发展林业。

大力发展社会主义科学教育文化事业。我们必须积极地提高全民的科学文化水平，繁荣社会主义科学教育文化事业，以适应实现四个现代化的迫切需要。搞好科技规划的制订与实施，尽快把宜昌市的科学技术事业提高到一个新的水平。教育战线要全面贯彻党的教育方针，努力提高各级各类学校的教育质量，加速培养德智体全面发展的、有社会主义觉悟的、有文化的劳动者。文化部门要丰富群众文化生活。卫生工作大力开展以除害灭病为中心的爱国卫生运动。体育工作，要普及与提高相结合，重点放在青少年身上，争取有一部分运动项目达到全省、全国的先进水平。要认真办好广播事业，充分发挥广播的宣传作用。

认真搞好后勤服务工作。财贸部门，要用大庆大寨精神办好财贸事业，当好新长征的后勤部。要积极主动地支援郊区搞好副食品基地的建设。对于农产品的收购，要实行合同制度，执行合理的价格政策，考虑农民的利益，使农民能增产增收。帮助工厂企业加强企业管理，搞好经营核算，增加盈利，消灭亏损。还要积极帮助发展出口产品的生产，提高出口产品的质量，引进技术设备，搞好来料加工，使宜昌市外贸有一个大的发展。要抓好财政收入，厉行节约，反对浪费，坚决同一切违反财经纪律的行为做斗争。要大力开展人民储蓄工作，支援社会主义建设。街道基层组织，要把工作重点转到各项服务事业上来，根据群众的需要，努力做好后勤工作。财贸部门要加以扶持，帮助解决一些实际问题。争取每年新建7万—10万平方米的住房，加强旧房的修缮和改造，逐步改善人民的居住条件。公共交通事业要进一步搞好，努力提高公共汽车完好率和出车率，改善服务态度，以方便群众，促进生产。

加快城市建设步伐。要抓紧几条主要干道的建设。要抓紧风景游览区的建设。要相应地搞好城市设施。全市人民还有一个重要任务，就是要大力支援国家在宜昌兴建的重点工程，为“330”水电工程早日建成发电贡献力量。

加强政权建设，加强全市人民的团结

实现社会主义的现代化，是一场根本改变我国经济和技术落后面貌的伟大革命。因此，我们必须在党的领导下，加强政权建设，搞好上层建筑领域的革命；加强全市人民的团结，发展革命统一战线，把各方面的积极因素都充分调动起来，向社会主义现代化的宏伟目标奋勇进军。

各级机关和所有干部都要高举毛主席的伟大旗帜，坚持“三要三不要”的原则，加强革命化，全心全意地为群众办事。充分发挥各行政部门的职能作用，做到职责分明，各尽其责。同时，要重视工会、贫协、共青团、妇联和其他人民团体的作用，使他们密切联系广大人民群众，做好各项工作。民政工作是党的一项重要工作，必须切实做好。

要加强全市人民的团结。必须深刻认识到，没有一个安定团结、生动活泼的政治局面，实现四个现代化是不可能的。必须认真落实毛主席关于统一战线的方针、政策，做好各方面的工作，团结一切可以团结的力量，调动一切积极因素，为社会主义事业服务。

四、会议选举

1978年11月28日，此次会议第三次全体会议通过《宜昌市八届人大一次会议选举办法》。随后选举市革命委员会组成人员：主任：张健；副主任：卜凡良、王冰、王维顺、李永发、汪敬祖、陈义炳、倪忠俊；委员：万培信、王淑珍、王蔚斐、文振藻、方财兴、邓长城、史昌远、冯锦卿、向家才、刘克诚、刘宗高、刘宜华、孙昌秀、芦明林、李有仁、李培文、李景钊、杨实舜、杨竞先、肖铁生、余明生、谷元基、闵恕芝、张永昌、陈文忠、陈启富、范世英、范庭元、金正红、周福昌、屈定远、高丕壮、高宏准、郭以琨、黄显宁、鹿振中、韩秀兰、傅承保、曾绍松、靳万春、路治国；市人民法院院长：王振声；市人民检察院检察长：王铸九。

五、会议决议

1978年11月28日，此次会议第三次全体会议通过《宜昌市八届人大一次会议关于市革命委员会工作报告的决议》。

决议通过张键同志所作的《解放思想，加快步伐，向社会主义现代化奋勇进军》的工作报告。

决议号召全市人民在新时期的总路线、总任务的指导下，同心同德，鼓足干劲，全力以赴，加快步伐，为把宜昌市建设成社会主义现代化的美丽的工业城市，为把我国建设成社会主义的现代化强国而努力奋斗，以优异成绩迎接我国建国三十周年大庆。

第九章　宜昌市第九届人民代表大会历次会议

1979年宪法规定："县和县以上的地方各级人民代表大会设立常务委员会，它是本级人民代表大会的常设机关，对本级人民代表大会负责并报告工作"，"地方各级人民代表大会会议每年至少举行一次，县和县以上的地方各级人民代表大会会议由本级人民代表大会常务委员会召集。"1979年地方组织法规定："地方各级人民代表大会会议每年至少举行一次。经过五分之一代表提议，可以临时召集本级人民代表大会会议"，"自治州、县、自治县、市、市辖区的人民代表大会每届任期三年。"据此，市九届人民代表大会于1981年2月至1984年4月间共召开3次会议。详见表3—9—1。

市九届人民代表大会统计表

表3—9—1　　　　单位：人次、个、件

市九届人民代表大会	一次会议	二次会议	三次会议	合　计
应出席会议代表	250	251	247	748
实际出席会议代表	238	236	230	704
听取和审议"一府两院"报告	4	5	5	14
听取和审议议案办理报告	1	1	1	3
办理建议、意见、批评	359	343	45	747
通过决议	3	4	4	11
选举省人大代表	—	25	—	25
选举市人大常委会组成人员	27	—	—	27
选举市人民政府市长、副市长	7	—	—	7
选举法院院长、检察院检察长	2	—	1	3

第一节　第一次会议

1981年2月19日—25日，市九届人大一次会议在宜昌城区举行。应出席代表250人，实际出席238人，列席会议人员82人。此次会议议程是：听取和审议政府工作报告；听取和审议财政预决算报告；听取和审议市中级人民法院工作报告和市人民检察院工作报告；选举宜昌市人大常委会组成人员；选举宜昌市人民政府市长、副市长；选举宜昌市中级人民法院院长和宜昌市人民检察院检察长；通过此次会议《决议》。

一、预备会议

1981年2月19日，市九届人大一次会议举行预备会议。会议通过此次会议议程、大会主席团和秘书长名单、代表资格审查委员会名单、议案审查委员会名单、财政预决算审查委员会名单。

二、会议机构及成员名单

市九届人大一次会议主席团组成人员：主席：张健；副主席：王冰（女）、卞周钰、朱青、孙承铨、杨实舜、汪敬祖、陈义炳、郝逢武、倪忠俊、徐行；秘书长：陈义炳（兼）；成员：马苍石、王英华、王振声、王维顺、亓连三、文振藻、亢宏才、冯锦卿、许冠瑞、杜远金、李永发、李明、杨守朴、余明生、辛丹凤、宋惠（女）、宋景隆、张端英（女）、范世英（女）、林秀斌、岳仲权、曹积成、崔传礼、鄢国培。

市九届人大一次会议代表资格审查委员会组成名单：主任委员：孙承铨；副主任委员：李民、罗志琨（女）；委员（按姓名笔画排序）：王维顺、文振藻、李永发、杨守朴、狄成祥、张端英（女）。

市九届人大一次会议议案审查委员会组成人员名单。主任委员：陈义炳；副主任委员：亓连三、徐行；委员（按姓名笔画排序）：文振藻、亢宏才、芦明林、杨实舜、汪敬祖、宋惠（女）。

市九届人大一次会议财政预决算审查委员会组成人员名单：主任委员：王冰（女）；副主任委员：李永发、倪忠俊；委员（按姓名笔画排序）：冯锦卿、余明生、岳忠权、郑光凯、崔传礼、鹿振中。

三、开幕词

1981年2月20日，中共宜昌市委书记张健在市九届人大一次会议开幕时讲话：

这次会议，将听取和审议“一府两院”的工作报告；选举宜昌市九届人大常委会组成人员；选举宜昌市人民政府市长和副市长；选举市中级人民法院院长和市人民检察院检察长。这对于加强宜昌市政权建设，加强社会主义民主与法制，调动各方积极性开展社会主义现代化建设，有着重要意义。

中央工作会议决定在经济上实行进一步调整、在政治上实现进一步安定团结，这是当前我国经济和政治的唯一正确的方针。这次会议要以这个方针为指导，认真讨论宜昌市当前的工作，动员全市人民把思想和行动统一到中央工作会议精神上来，同心同德，艰苦奋斗，进一步搞好经济调整，实现政治安定，为稳步健康的建设高度文明、高度民主的社会主义现代化强国而奋斗。

四、政府工作报告

1981年2月20日，市九届人大一次会议第一次全体会议听取和审议市长郝逢武所作的《宜昌市人民政府工作报告》：

两年工作回顾：组织100多名干部在公安、司法部门配合下，复查了“文化大革命”期间的各类冤假错案，按照实事求是的原则，做出平反纠正；对因冤假错案受到牵连的家属、子女，作了合情合理的解决。同时，完成了对右派的甄别改正工作和对改造好的地、富、坏分子摘帽工作，并解决了一批历史问题。对党的方针政策、知识分子政策、民族政策、侨务政策、民族宗教政策及原工商业者、国民党起义投诚人员的政策等，都分别进行了落实。

集中打击现行反革命分子以及杀人犯、强奸犯和其他严重破坏社会秩序的刑事犯罪分子，保障了人民的合法权利和四化建设的顺利进行。

开展以“十提倡十反对”为主要内容的社会主义道德风尚的教育，使资产阶级的歪风邪气受到社会舆论的抵制，为实现工作重点转移和国民经济的调整打下了政治基础。

1979年初开始，坚决把全市的工作重点转移到四化建设上来，对国民经济实行“调整、改革、整顿、提高”的方针。全市工业总产值1979年达到6.81亿元，比1978年增长17%；1980年达到7.83亿元，比1979年增长15%。交通运输在调整中努力完成货运周转量和客运周转量，港口建设和装卸机械建设都取得了较好地成绩。物资部门开展“两个调节”，在组织物资货源，推销地方产品，扩大服务项目。完成建筑面积44.8万平方米。沿江护岸工程完成投资400多万元，填土百万立方，砌筑基脚和棱体1.8公里，新建扩建城市道路64000多平方米，治泥巴路和脏臭坑300多条（处）。公共交通、城市供水和园林绿化工作也取得了一定成果。郊区农业生产，在连续两年遭受旱、涝灾害的情况下，仍获得了好收成。1980年蔬菜总产量达到4100万公斤，上市量比上年增加47万公斤，基本保证了全市人民的蔬菜供应。1980年社队企业收入比上年增长46%。1980年全郊区三级总收入比上年增长18%；人均收入达到165元，比上年增长8元。1979年度完成财政收入7079万元，1980年度完成8044万元，比1979年增长62%；出口产品由原来的30多种增加到50多种；商品销售额1979年比1978年增长24%。两年内安置待业人员1500多人，普遍实行了超额劳动奖和节约奖。1980年全市支出粮食、肉食、燃料、蔬菜和其他副食品差价补贴达500多万元。两年来兴建住宅投资2700多万元，新建住宅23万多平方米，使4000多户搬进了新房。银行储蓄1980年净增1078万元，比上年增长67%。社会购买力大有提高。科学、教育、文化、卫生、体育、广播电视等事业有了新的发展。独生子女办证率达到80%。1980年人口净增率比上年下降1.2‰。随着葛洲坝水利枢纽工程的日趋发展，自1979年以来，先后接待外宾200多人，发展了对外友好往来。

以后工作要点：基本建设要退够；行政费用要压缩；要以积极态度和有力措施，把工业生产搞上去；努力发展农业生产，尽快把郊区建设成为以蔬菜为主的稳产高产的副食品基地；财贸工作要适应调整需要，努力把经济搞活，把人民生活组织好；科学、教育、文化、卫生、体育等工作要在调整中不断前进；加强城市建设和管理；安排好人民生活。

改善政府工作：政府负责干部和所有政府工作人员，都要认真领会和坚决贯彻实施党的路线、方针和政策；必须坚持集体领导；必须进一步明确职权范围；必须发扬社会主义民主；要防止和克服官僚主义作风；要加强各级领导班子建设。

五、财政预决算报告

1981年2月21日，市九届人大一次会议第二次全体会议听取和审议市财政局局长史昌远所作的《宜昌市1980年财政收支执行情况和1981年财政预算的报告》：

1980年财政预算执行情况

财政收支预算执行情况。详见表3—9—2。

1980年财政收支预算执行情况汇总表

表3—9—2 单位：万元

财政收入项目		完成收入	占省分配任务%	财政支出项目		完成支出	为预算%
本市财政总收入		8044.5	106.55	本市财政总支出		2006.2	112.67
其中	上解省收入	5553.5	104.70	其中	工交商事业费等	140.0	—
	地方包干收入	2476.5	118.20		支农支出	143.5	151.70
	地方五种税	14.5	103.29		文教科卫事业费	668.0	131.80
					行政支出	347.3	—
					专用资金支出	391.0	—
					其他支出	316.4	—

从1980年1月起，省对宜昌市由过去“定收定支、超收分成、结余留用、一年一定”，改为“划分收支、分级包干、一定五年”新的财政体制。

1980年财政收支执行情况是好的，实现了“收支平衡，略有节余”。按照体制动用应得分成收入、超收分成收入和上年结余平衡以后，当年结余38.4万元，保证了各项事业发展和正常经费的支出。在专项资金方面省下达329万元，其中规定结转下年使用26万元，本年实际支出391万元，支出比指标多用88万元。

完成地方附加收入情况。按省规定，宜昌市还征收电力、自来水、公共汽车、电话、工商税等项税收的附加收入，用于城市维护和建设。1980年共收入253.7万元，用于城市维护248.3万元，当年结余5.4万元。

1981年财政预算（草案）

预算内收支安排。省分配宜昌市全年财政收入任务8894.7万元，减除上交折旧194万元后为8700.7万元，比1980年包干基数增长15.24%，比1980年实际完成数增长8.15%。按照新财政体制，宜昌市应得分成收入1494.6万元，用于安排财政支出。但今年支出中要扣除中央借款286.31万元，所以今年支出预算只能安排1208.3万元（不包括上级追加的专款指标），比1980年省下达预算数减少3.96%，比1980年实际支出减少18.65%。经测算，预算内必不可少的人员经费和业务费为1100万元，如果保证完成收入任务，支出扣紧一点，今年仍然可以做到“收支平衡，略有节余”。

发行债券任务。全省计划会议上分配宜昌市承担中央借款286.31万元，承购国库券263万元，共计549.31万元。资金来源：承担中央借款286.31万元，主要由市人民政府动用地方机动财力来负担，行政事业的人员经费和正常业务费不因借款而减少；承购国库券263万元，其中由市负担25万元（从1980年财政结余38.4万元中购买），其余238万元，在全市计划会上已分别落实到各应购单位。

地方附加收支安排。地方附加收入计划260万元，支出260万元，按国家规定全部用于城市维护项目。

六、法院工作报告

1981年2月21日，市九届人大一次会议第二次全体会议听取和审议市中级人民法院王振声同志所作的《宜昌市中级人民法院工作报告》：

工作回顾。1979年至1980年年底，共受理各类刑事案件304件。其中，杀人、抢劫、强奸等严重违反社会秩序的197件，占受理案件的64.8%。已审决275件结案率为89.7%。共判处刑事犯罪分子353名，其中，死刑2名，死缓3名，无期徒刑1名，6年以上有期徒刑90名，5年以下有期徒刑161名，拘役10名，管制5名，免予刑事处分29名，作其他处理40名。在判处353名犯人中，25岁以下青少年227名，占64.6%。在同一时期，共受理各类民事案件588件，其中，离婚案437件，占受案总数的74%。结案率为87%。我们加强了对人民调解工作的指导，健全了调解工作组织，培训了调解工作干部，仅1979年度，调处各种纠纷3947件。

1980年共受理各类刑事案件156件，审结各类刑事案件131件，结案率为91.8%，在审结的131件中，按规定公开审判的44件，全部实行了公开审判，其中，请律师辩护的7件，指定辩护人辩护的6件，被告亲属辩护的16件。在审结的131件中，法定时限内审理结案率占94.6%。按照刑事诉讼法的有关规定，在公诉案件中，退回检察机关补充侦察的16件；法院决定追诉捕判罪犯4人。检察院提出抗诉和被告提出上诉的17件，经二审法院审理，维持原判的11件，加重处罚1件，减轻刑罚的4件，宣告无罪的1件。

两年来对“文化大革命”期间，全市共判处的刑事案件653件（其中，反革命65件，普通刑事案588件），截至1980年底止，已复查611件，占应复查总数的93.6%。（有24件无档案未复查）。其中，反革命65件全部进行了复查，纠正冤假错案52件，占反革命案件总数80%。复查普通刑事案件546件，纠正冤假错案35件，占复查数的6.4%。复查同一时期普通刑事案件192件，改判纠正10件占5.2%。

两年来共受理刑事申诉案件532件。到1980年底，已复查424件，占刑事申诉案件的79.7%，其中，改判纠正冤、错案件25件，占5.9%；维持原判383件，占90%。接待处理人民来信来访6492件，其中，处理来信4646件，来访1846人次。

1981年工作要点：认真总结1980年实施刑法、刑事诉讼法的经验教训，努力全面实施“两法”；继续严厉制裁现行反革命分子，坚决打击现行刑事犯罪，维护社会治安秩序；加强民事审判工作，正确及时的处理人民内部纠纷；积极创造条件，全面开展经济审判工作；善始善终地完成复查冤、假、错案的工作，切实加强对人民来信来访的处理。

七、检察院工作报告

1981年2月21日，市九届人大一次会议第二次全体会议听取和审议市人民检察院杨守朴同志所作的《宜昌市人民检察院工作报告》：

1979年受理审查批捕案件114件，全部审结。其中，批准逮捕102人，占审结数的89%。受理起诉案件93件107人，审结76件90人，占受理数的82%。1980年批准逮捕各种刑事犯罪分子245人，比1997年的102人，增加140%。经审查决定提起公诉的各类刑事案犯149案224人，法院审理后，做出有罪判决的占98%。

加强对监所和劳改工作的监督和检查，1980年以来协同有关部门严肃处理在押犯的反改造活动，检查和纠正对人犯看管工作中的不当措施。

1980年3月，建立起经济检察和法纪检察的办事机构。检察机关直接受理贪污、渎职、侵犯公民民主权利等各种刑事案件。1980年以来，通过处理信访，及时掌握社会动态和群众的反映，还从中掌握了直接受理的案件线索。

八、会议选举

1981年2月24日，此次会议第三次全体会议通过《宜昌市九届人大一次会议选举办法》。随后选举市九届人大常委会组成人员（分别按姓名笔画排序）：主任：朱青，副主任：王冰、亓连三、亢宏才、李永发、杨实舜、陈义炳，委员：马苍石、文振藻、卞肇意（女）、龙鸣、冯锦卿、宋惠（女）、宋景隆、李民、陈传江、狄成祥、杜远金、苏志爱、肖铁生、张端英（女）、范世英（女）、郑光凯、林秀彬、岳仲权、曹积成、鄢国培；市人民政府市长：郝逢武，副市长（按姓名笔画排序）：王重农、王维顺、卞周钰、汪敬祖、倪忠俊、徐行；市中级人民法院院长：王振声；市人民检察院检察长：杨守朴。

九、提案审查报告

1981年2月25日，此次会议第四次全体会议审议通过议案审查委员会所作的《宜昌市九届人大一次会议提案审查情况的报告》：

此次会议共收到代表提案342件，大致可分为11类：工业生产、交通运输方面15件；郊区农副业生产方面20件；国民经济计划、市场、物价方面15件；城市建设和基本建设方面102件；财贸、商业方面35件；文化、教育、科技、体育方面56件；卫生、计生方面20件；政法、侨务、外事、人事方面36件；民兵建设方面1件；加强政权建设、工作作风方面8件；其他（如民政、婚姻、残疾人生活等）34件。

议案审查委员会的审查意见：对应当办而又可以办理的，交由有关部门认真的抓紧办理；对涉及面大，需由政府组织有关部门配合办理的，由政府主管部门同有关单位认真研究处理；对须经调查了解，然后确定能否办理的，交各有关单位进行调查研究；对需向上级请示的，及时请示。

建议大会将各项提案分别交由市人大常委会、市人民政府责成有关部门、有关单位按照上述意见进行研究处理，并向下次代表大会提出报告。

十、会议决议

1981年2月25日，市九届人大一次会议第四次全体会议通过3个决议。

《关于宜昌市人民政府工作报告的决议》

决议同意市长郝逢武所作的《宜昌市人民政府工作报告》。

决议号召全市人民和各级干部，紧密团结在党中央周围，在省、市委领导下，同心同德，为夺取国民经济调整的胜利，为加快把我国建设成为现代化的社会主义强国，做出更大贡献!

《关于 1980 年财政收支执行情况和 1981 年财政预算报告的决议》

决议批准市财政局局长史昌远所作的《1980年财政收支执行情况和1981年财政预算报告》。

决议号召全市人民在各级党委和行政部门的领导下，坚决贯彻落实在经济上实行进一步的调整、在政治上实现进一步的安定的重大方针，贯彻实施国家的各项经济政策，大力开展增产节约运动，努力实现增收节支，为完成1981年财政任务，夺取四化建设的新胜利而奋斗！

《关于市中级人民法院工作报告和市人民检察院工作报告的决议》

决议批准市中级人民法院王振声同志所作的《宜昌市中级人民法院工作报告》、市人民检察院杨守朴同志所作的《宜昌市人民检察院工作报告》。

决议认为，在全国工作重点转移之后，随着社会主义法制的逐步加强和完善，人民法院和人民检察院应当进一步发挥审判机关和法律监督机关的职能，切实做到有法必依、执法必严、违法必究，协同公安机关及时准确地依法惩办反革命和刑事犯罪分子，有效的保护人民利益，维护社会主义法制尊严，维护和发展安定团结的政治局面，巩固人民民主专政即无产阶级专政，保障四化建设的顺利进行。

十一、闭幕词

1981年2月25日，市人大常委会主任朱青在宜昌市九届人大一次会议闭幕时讲话：

会议审议政府工作报告；对地方财政1980年预算执行情况和1981年预算的报告，对市中级人民法院和人民检察院的工作报告，也进行了审议，会议批准了这些报告，并通过相应的决议。

代表们认真履行自己的职权，敞开思想，畅所欲言，对市八届人民代表大会以来的政府工作，肯定了成绩，指出了存在的问题，对今后的工作提出了很好的意见；代表们以当家做主的责任感提出了342件提案，对政府工作直接提出了批评和建议，发挥了人民代表对政府的监督作用。出席市七届一次政协会议的全体委员列席了这次会议，对政府工作也提出了很多批评和建议。市人民政府和有关部门将对这些批评、建议和提案，认真研究、办理和答复。

市九届人大一次会议根据地方组织法和选举法的规定，设立了宜昌市人民代表大会常务委员会，把市革命委员会改为人民政府。并选举市人大常委会主任、副主任和委员，选举产生市人民政府市长、副市长、市中级人民法院院长和市人民检察院检察长。我们决不辜负全体代表和全市人民的信任和期望。市人大常委会要密切同人民代表、人民群众的联系，监督政府工作，坚决执行中共十一届三中全会以来的路线、方针、政策和国家法律、法令，在四化建设中更好地发挥权力机关的职能作用。党中央十二月工作会议决定在经济上实行进一步调整，政治上实现进一步的安定的重大方针，这是当前我国经济和政治的唯一正确的方针。我们这次会议根据这个重大方针，对全市许多重大问题做出决定。大会以后，各位代表要把大会的精神向全市人民进行广泛深入的传达，为夺取国民经济调整的胜利，为把我国建设成现代化的社会主义强国，做出新的更大的贡献！

第二节　第二次会议

1982年3月15日—19日，市九届人大二次会议在城区举行。应出席代表251人，实际出席236人，列席会议人员108人。此次会议议程是：听取《关于代表和补选代表的资格审查报告》；听取和审议《市政府工作报告》；听取和审议《关于宜昌市1981年财政预算执行情况和1982年财政侨务的报告》；听取和审议《宜昌市九届人大常委会的报告》；听取和审议《宜昌市中级人民法院工作报告》；听取和审议《宜昌市人民检察院工作报告》；听取市九届人大二次会议议案审查委员会《关于提案审查情况的报告》；通过此次会议各项决议。

一、预备会议

1982年3月15日，市九届人大二次会议举行预备会议。会议通过此次会议议程、大会主席团和秘书长名单、代表资格审查委员会名单、议案审查委员会名单、财政预算审查委员会名单。

二、会议机构及成员名单

市九届人大二次会议主席团和秘书长。主席团成员（按姓名笔画排序）：马苍石、王冰（女）、王英华、亓连三、卞肇意（女）、文振藻、亢宏才、龙鸣、冯锦卿、朱青、许冠瑞、孙承铨、苏志艾、杜远金、李永发、李民、杨实舜、肖铁生、余明生、狄成祥、辛丹凤、宋惠（女）、宋景隆、张健、张端英（女）、陈义炳、陈传江、范世英（女）、林秀彬、岳仲权、郑光凯、曹积成、崔传礼、曾绍松、鄢国培；秘书长：文振藻。

市九届人大二次会议代表资格审查委员会组成人员名单。主任委员：陈义炳；副主任委员：罗志琨（女）、岳忠权；委员：李民、余明生、狄成祥、张端英（女）、陈传江、范世英（女）。

市九届人大二次会议议案审查委员会组成人员名单。主任委员：亢宏才；副主任委员：杨实舜；委员：文振藻、龙鸣、冯锦卿、宋惠（女）、宋景隆、陈传江、曹积成。

市九届人大二次会议财政预算审查委员会组成人员名单。主任委员：王冰（女）；副主任委员：亓连三、李永发；委员：冯锦卿、余明生、岳忠权、郑光凯、曹积成、崔传礼。

市九届人大二次会议副秘书长名单（按姓名笔画排序）：罗志琨（女）、岳忠权。

三、政府工作报告

1982年3月16日，市九届人大二次会议第一次全体会议听取和审议市长郝逢武所作的《宜昌市人民政府工作报告》：

1981 年工作情况

全市工业总产值（按1970年不变价算），完成了8.34亿元（不含葛洲坝电厂），比1980年增长6.45%。其中，轻纺工业产值达4.98亿元，增长了21.78%，在工业总产值中的比重由1980年的52.2%，上升到59.6%。地方国营工业上缴的利润增长17.8%；积累增长15.5%。全员劳动生产率达到11884元，增长1.74%。完成货运量233万吨，增长20.5%，货运周转量4399万吨，增长6.56%，营运收入完成940多万元，增长18.8%。除粮、棉、鱼、猪比上年有所减产外，其他主要项目都有不同程度的增长。蔬菜总产3832万公斤，增长3.26%；蔬菜上市量3218万公斤，增长2.21%；柑橘总产267万公斤，增长28.34%；奶牛发展到441头，增长90%以上，牛奶总产72万公斤，增长2.5倍；油料总产38.5万公斤，增长1.5倍；茉莉花总产22万公斤，增长2.5倍。三级收入2897万元，增长4.73%，其中，生产大队和生产队收入2150万元，增长7.82%。

在国家压缩基本建设规模情况下，全年共竣工139个项目，竣工面积达31万平方米，增长了6.76%。其中，市属项目113项，面积为263500平方米，增长1.25%。

全市完成财政收入8676万元，增长7.88%。其中，税收增长5.39%，地方固定税收增长13.3%。全市财政支出2470多万元，保证了正常费用的支出。完成了中央借款286.31万元和承购国库券238万元的任务。全市三家银行为支工、支农集聚资金2527万元，挖掘资金潜力1937万元。

商业服务网点增加534个，已达到1724个；商品零售总额达18500万元，增长6.7%；商业供销商品销售额15100万元，增长2.4%，个体商业发展到797户，919人，营业额达到475万元；集市贸易成交额达到1744万元，增长45%。商业供销纯购进增长25.7%，物资部门完成供销总额4660多万元，超计划37.8%。物价方面，经多次物价检查，基本稳定了市场物价。

基本完成了沿江护岸回填土方的任务；新建了五条与市内主干道连通的道路，面积为22800多平方米；维修了下水道1000多米，改善下水道580多米，新栽路旁树木1800多株；新修下水道1000多米，改善下水道580多米；扩大清扫面积21万多平方米。供水量增加到5300万吨，增长4.11%；公交客运量达到2200多万人次，增长8.86%；轮渡和三轮车也大幅度上升。对1500多单位进行了污染源调查，完成了36台一吨以上的锅炉的消烟除尘任务，对一部分排放超标的单位作了处理。

参加农村合作医疗人数达98.24%。组织209名体育运动员参加了全省比赛，获团体名次12个、单项名次52个。有效控制了人口增长，生育一胎的已达到91.6%，增长了11.43%；绝育率达到93.16%，增长11.37%；全市人口自然增长率控制在10.86‰。

全市共安置待业人员9820人，超过省下达计划的1.65倍。全市职工人数增加到16.59万人，增长3.56%；职工工资总额增长了8.79%；职工平均年工资和奖金增长6.24%。郊区社员分配为1008万元，增长8.86%，社员人平纯收入达250元以上。城乡储蓄集资达862万元。安排退伍军人734人；发放救灾款、救济款10万多元；社会福利生产完成产值90多万元，增长12.5%。调配了206名部队转业干部；办理了226名干部的退休手续；吸收了220名新干部；办理了246名机关干部和大、中专毕业生的转正定级。共接待了100多个国家和地区的外宾、华侨、台湾、港澳同胞833批，9409人。成立了市归侨联合会，进一步加强了侨务工作。

集中打击处理了643名罪犯，收容审查了1248名违法分子，先后召开11次公捕公判大会。发挥629个调解组织，2952名调解人员的作用，调解了各类纠纷和轻微刑事案件5900起，避免了可能发生的严重后果。各街道办事处对教育青少年、维护社会治安做出了一定贡献。

对“文化大革命”期间的冤假错案继续进行纠正和平反的同时，对历史遗留的624件各类案件，已复查处理了371件，占59.4%，还有207件正在复查。市人大常委会交政府的359件代表提案，已于去年10月底按照要求全部办理完毕。由于落实政策，人民来信来访由上年的2120人件减少到1778人件，下降了19.8%；赴省上访人员由上年的16人减少到6人。

1982 年工作要点

工业生产以提高经济效益为中心，狠抓调整、整顿，力争有一个扎扎实实的经济效益好的发展速度；加速郊区农业的发展，尽快把以蔬菜为主的副食品生产搞上去；服务中心，支援生产，增加财源，搞活经济；努力发展教育、科学、文化、卫生等事业，提高广大人民群众的科学文化和健康水平；认真抓好城市建设和人民生活。

四、财政预决算报告

1982年3月16日，市九届人大二次会议第一次全体会议听取和审议市财政局局长李克所作的《宜昌市1980年财政决算、1981年财政预算执行情况和1982年财政任务的报告》：

1980年财政收支决算情况

决算总收入8042.35万元，比上年增收963.56万元，增长13.61%，比省下达任务7549.7万元，超收492.65万元，超过6.5%。决算总支出为1976.96万元，比1979年1914.36万元增加62.6万元，增长3.27%。详见表3—9—3。

1980年财政收支决算情况汇总表

表3—9—3 单位：万元

财政收入项目		决算	占省分配任务%	财政支出项目		决算	比上年增长%
本市决算总收入		8042.35	106.50	本市决算总支出		1976.96	3.27
其中	企业收入	1976.61	108.96	其中	企业技改等支出	352.10	-26.17
	工商税收	5549.93	104.70		各部门事业费等	354.69	-13.32
	工商所得税	484.14	120.43		支农支出	113.53	87.94
	地方五种税	14.46	103.31		抚恤救济费	115.64	18.92
	罚款补税	1.38	—		文教科卫事业费	667.97	21.59
	农业税	9.95	—		行政管理费	373.03	16.10
	其他收入	5.88	117.40		其他支出		

财政收支平衡情况，详见表3—9—4。

1980年财政收支平衡情况汇总表

表3—9—4 单位：万元

资金来源		2210.74	资金运用		2172.10
其中	当年财政分成留用	1408.78	其中	当年支出	1976.14
	上年财政净结余	105.94		其他	195.96
	上年跨转的专款	71.35			
	省拨专款和单独结算	521.49			
	各种专项收入	103.18			
	农业税减免补助				
平衡	收支相抵净结余				38.64
	省审批决算时增加专项补助款				77.00
	合计结余				115.64

1981年财政预算执行情况

完成三项财政任务情况。一是省分配本市财政收入总任务8700.7万元，实际收了8676.36万元，完成99.72%，比1980年增长7.88%。二是完成了中央借款任务286.31万元。三是完成了承购国库券任务238万元。

财政收支预算执行情况，详见表3—9—5。

1981年财政收支预算执行情况汇总表

表3—9—5　　　　单位：万元

<table>
<tr><th colspan="2">财政收入项目</th><th>完成收入</th><th>占省分配任务%</th><th colspan="2">财政支出项</th><th>完成支出</th><th>为预算%</th></tr>
<tr><td colspan="2">本市财政总收入</td><td>8676.36</td><td>99.72</td><td colspan="2">本市财政总支出</td><td>2462.56</td><td>—</td></tr>
<tr><td rowspan="8">其中</td><td>企业收入</td><td>2293.85</td><td>111.35</td><td rowspan="8">其中</td><td>企业技改等支出</td><td>653.90</td><td>—</td></tr>
<tr><td>工商税收</td><td>5846.13</td><td>94.80</td><td>各部门事业费等</td><td>404.21</td><td>106.99</td></tr>
<tr><td>工商所得税</td><td>491.35</td><td>110.66</td><td>支农支出</td><td>191.06</td><td>223.07</td></tr>
<tr><td>地方五种税</td><td>16.91</td><td>120.78</td><td>抚恤救济费</td><td>125.53</td><td>169.29</td></tr>
<tr><td>罚款补税</td><td>4.22</td><td>—</td><td>文教科卫事业费</td><td>638.22</td><td>139.37</td></tr>
<tr><td>农业税</td><td>12.95</td><td>94.54</td><td>行政管理费</td><td rowspan="2">439.64</td><td rowspan="2">251.35</td></tr>
<tr><td>其他收入</td><td>10.95</td><td>156.39</td><td>其他支出</td></tr>
<tr><td></td><td></td><td></td><td>调整工资预留</td><td>10.00</td><td>—</td></tr>
</table>

财政收支平衡情况，详见表3—9—6。

1981年财政收支平衡情况汇总表

表3—9—6　　　　单位：万元

<table>
<tr><th colspan="2">资金来源</th><th>2699.00</th><th colspan="2">资金运用</th><th>2661.64</th></tr>
<tr><td rowspan="7">其中</td><td>当年财政分成留用</td><td>1598.43</td><td rowspan="7">其中</td><td>当年支出</td><td>2462.56</td></tr>
<tr><td>减去中央借款</td><td>-286.31</td><td>各项事业费结转下年使用</td><td>199.08</td></tr>
<tr><td>上年财政净结余</td><td>38.64</td><td>包干结余</td><td>—</td></tr>
<tr><td>上年跨转的专款</td><td rowspan="2">195.14</td><td></td><td></td></tr>
<tr><td>各单位包干结余</td><td></td><td></td></tr>
<tr><td>省增拨专款和补助</td><td>1076.1</td><td></td><td></td></tr>
<tr><td>省审批结算时追加专款</td><td>77.00</td><td></td><td></td></tr>
<tr><td colspan="5">收支相抵净结余</td><td>37.36</td></tr>
</table>

1982年财政预算（草案）

三项财政任务。一是财政收入：省分配宜昌市8821.7万元（不葛洲坝水电厂），减去折旧194万元，为8627.7万元，比上年完成数略有减少。二是中央财政借款：宜昌市承担215万元。三是承购国库券345万元，其中：分配给单位151万元（包括国营127万元，集体20万元，行政事业单位4万元），分配给个人194万元（包括职工186万元，农民8万元）。

五、常委会工作报告

1982年3月18日，市九届人大二次会议第二次全体会议听取和审议市人大常委会副主任陈义炳所作的《宜昌市人大常委会工作报告》：

1981 年工作回顾

定期举行市人大常委会会议，听取和审议市人民政府的工作报告，讨论、决定全市重大问题。

市人大常委会自从选举产生以来，共举行九次会议。按照法定程序，各次会议分别听取和审议市人民政府及其部门提出的工作报告，提出了许多很好的意见和建议，做出决议或决定。为了表彰先进，推进全市“两个文明”建设，市人大常委会第八次会议授予杜远金等39人“宜昌市劳动模范”称号。

制定《宜昌市人民代表提案工作暂行规定》。对市九届人大一次会议立案的331件提案进行了交办和督办，1981年6月向市人民政府和中级人民法院交办（其中向市人民政府交办329件，向法院交办2件）。到10月底，政府、法院按进度要求，办完了全部提案。市人民政府向市人大常委会第五次会议作了《关于办理市九届人民代表大会第一次会议代表提案情况的报告》。

建立并加强联系市人大代表的工作。制定《关于联系代表和处理代表意见的暂行办法》，向每个代表提供《市人大常委会公报》和有关文件。召开联系代表会议，将参加市九届人大一次会议的250名人大代表，按照区域就近，结合专业的办法，划编了37个代表小组。各小组开展接待选民、访问选民、召开选民座谈会等联系选民的活动。吸收市人大代表参加常委会会议，听取了他们的意见和要求。组织代表视察两次。建立“每周接待代表来访日”，共接待了代表和群众150人次，处理代表和人民来信40余件。为了维护人民代表的荣誉，保证人民代表的先进性，常委会查处了个别市人大代表的经济违法乱纪行为，并经过法定程序，罢免了其市人大代表资格。

任免本地国家机关工作人员。一年来，市人大常委会任命了65名负责干部。其中，人大常委会秘书长、副秘书长、办公室主任、正副科长7人；市人民政府副市长、秘书长、委办主任和局长22人；市中级人民法院副院长、庭长、副庭长、审判员13人；市人民检察院副检察长、检察委员会委员、检察员23人。免去职务的12人。

开展省人大常委会交办的征求相关立法意见的工作。根据省人大常委会的要求，市人大常委会先后就修改地方组织法、选举法的民法、国营工厂法、职工代表大会法、《湖北省各级法院审理经济纠纷案件收取诉讼费试行办法》《湖北省环境保护暂行条例》《湖北省关于排放污染物实行超标收费试行规定》等法律草案的修改问题，召集有关部门、单位参加的座谈会，进行了认真讨论。会后将收集的意见和建议及时报送了省人大常委会。

加强常务委员会自身的建设。学习、贯彻了地方组织法，进一步明确了市人大常委会的性质、职权和任务。建立健全了常务委员会会议的制度，常务委员会主任、副主任集体办公会议的制度，常务委员会负责同志轮流每周接待一次代表的制度，经常深入代表小组联系代表的制度，主任、副主任分工负责制度等。深入调查研究，市人大常委会在讨论、决定重大问题之前，进行了专题调查研究。设立了市人大常委会办公室，充实和加强了办事人员。同省内和省外的16个大中城市人大常委会保持了联系，交换公报。去年，市人大常委会部分领导同志先后到外省、市人大常委会学习考察；同时接待了多批外地人大常委会的来访。通过互相交流工作情况，取长补短，相互借鉴，对于改进工作起到了促进作用。

1982年工作要点

监督市人民政府和中级人民法院、人民检察院进一步加强和提高工作的责任和效率；对全市政治、经济、城市建设、文化教育、卫生、科技、民族、民政工作中的重大事项进行调查研究，听取汇报，做出决定；开展“五讲四美”活动，扎扎实实开展“全民文明礼貌月”活动，使干部作风、民风、社会风气有一个显著的转变；以提高经济效益为中心，促进调整见效，整顿挖潜工作，力争工农业生产和财政收入的增长速度高于去年；大力开展绿化植树、美化环境、整顿市容的全民义务运动，不断改善人民生产生活环境；大力支援葛洲坝工程的建设。

六、法院工作报告

1982年3月18日，市九届人大二次会议第二次全体会议听取和审议市中级人民法院院长王振声所作的《宜昌市中级人民法院工作报告》：

1981 年工作情况

受理各种刑事案件203件，加上原有旧存的未结案的29件，合计受案232件。共审结各类刑事案件217件，结案率为93.5%。共判处刑事犯罪分子311人。其中，判处死刑3人，死缓刑1人，无期徒刑4人，判16年以上20年以下徒刑16人、6年以上15年以下118人、5年以下徒刑和其他处罚的169人。召开公判大会10场，判处罪犯134人，参加公判大会的群众20万人次。

受理各类民事案件547件，加上原有旧存案件50件，合计为597件。审结各类民事案件520件，结案率为87.1%。

复查纠正冤假错案的工作，经过1979年、1980年两年的努力，已经基本结束。但历年来的刑事申诉案件仍有一些，去年共处理申诉案件150件，其中：维持原判的71件，改正刑事期计算的56件，改判免予刑事处分的4件，改判无罪的1件，作其他处理的19件。处理人民来信2410件，比上年3331件下降27.6%。接待来访1606人次，比上年1115人次上升35%。

1982 年工作要点

加强法院自身思想、组织建设，充实整顿和提高司法队伍；依照国家法律，坚决贯彻依法从重从快打击现行犯罪的方针；进一步做好民事审判工作，正确及时地处理人民内部纠纷；继续全面开展经济审判工作；进一步开展处理刑事申诉和人民来信来访工作。

七、检察院工作报告

1982年3月18日，市九届人大二次会议第二次全体会议听取和审议市人民检察院检察长杨守朴所作的《宜昌市人民检察院工作报告》：

1981 年工作情况

本院共受理公安机关报批捕人犯342人，其中，经审查批准逮捕人犯312人，比上年增加29.4%。受理起诉案件270案，430人，审结229案，357人，比上年增加45%。其中，经过审查决定向法院提起公诉的220案、331人，比上年增加47.7%。出席法庭支持公诉187案、279人，比上年增加1.5倍。在办理各类案件时，经过审查，对于报请批捕的人犯中决定不逮捕的11人，不起诉的2人。

受理经济案件28件，经审查，立案侦查11件、16人，批准逮捕9人。办理了法纪方面的案件9件，打击了犯罪分子，为国家挽回了损失26000多元。

会同公安司法部门对监所和劳教所的罪犯和劳教人员进行深入的宣传教育，促使罪犯和劳教人员增强守法观念。

1982 年工作要点

以继续整顿社会治安为中心，继续依法从重从快打击严重危害社会治安的重大刑事犯罪分子，要坚决打击、分化、瓦解破坏社会主义建设和破坏安定团结的反革命分子，要坚决惩治和防范其他各种刑事犯罪活动。加强监所检查工作，促进对犯罪分子的改造。进一步做好经济检察和法纪检察工作。抓好检察队伍的充实、整顿和提高工作。为争取社会治安在1982年内决定性好转，进而达到根本好转而努力奋斗。

八、议案审查报告

1982年3月19日，此次会议第三次全体会议审议通过议案审查委员会主任委员亢宏才所作的《宜昌市九届人大二次会议提案审查情况的报告》：

此次大会共收到市人大代表提出的议案原案476件，经过整理和审查，立案340件。将分别交由市人大常委会、市人民政府、市中级人民法院研究办理；其他列入意见的22件原案，也将根据其内容，分别交有关部门办理或参考。

提案办理结束后，各承办部门、单位应按程序，将办理情况和办理结果及时报告市人民政府，再由市人民政府统一报送市人大常委会，以便答复提案人。

九、会议决议

1982年3月19日，市九届人大二次会议第三次全体会议通过4个决议。

《关于宜昌市人民政府工作报告的决议》

决议批准市长郝逢武所作的《宜昌市人民政府工作报告》。

决议号召，全市人民进一步团结起来，在市委和市人民政府领导下，奋发图强，努力争取1982年全市社会主义物质文明建设和精神文明建设取得令人满意的新进展，为建设一个社会秩序良好、经济文化繁荣、环境优美、文明礼貌的美丽城市而努力奋斗!

《关于宜昌市 1980 年财政决算、1981 年财政预算执行情况和 1982 年财政任务的报告的决议》

决议批准市财政局局长李克所作的《关于宜昌市1980年财政决算、1981年财政预算执行情况和1982年财政任务的报告》。授权市人大常委会，在1981年财政决算和1982年财政预算草案正式编成后，予以审查批准。

《关于宜昌市九届人大常委会工作报告的决议》

决议批准市人大常委会副主任陈义炳所作的《宜昌市人大常委会工作报告》。

决议号召，全市人民在市委和市人民政府领导下，积极努力，完成此次会议确定的各项任务。

《关于宜昌市中级人民法院工作报告和宜昌市人民检察院工作报告的决议》

决议批准市中级人民法院院长王振声所作的《宜昌市中级人民法院工作报告》、市人民检察院检察长杨守朴所作的《宜昌市人民检察院工作报告》。

第三节　第三次会议

1983年3月21日—26日，市九届人大三次会议在城区举行。应出席代表247人，实际出席代表230人。此次会议议程是：审议市九届人大三次会议代表资格审查委员会作《代表和补选代表资格审查情况的报告（书面）》；听取和审议《宜昌市人民政府工作报告》；听取和审议《宜昌市1982年财政预算执行情况和1983年财政预算（草案）的报告》；听取和审议《宜昌市人大常委会工作报告》；听取和审议《宜昌市中级人民法院工作报告》和《宜昌市人民检察院工作报告》；选举宜昌市出席湖北省第六届人民代表大会代表；选举宜昌市中级人民法院院长；审议宜昌市人民政府《宜昌市九届人大二次会议提案办理情况的报告（书面）》；通过议案审查委员会《宜昌市九届人大三次会议提案审查情况的报告》；通过此次会议各项决议。

一、预备会议

1983年3月21日，市九届人大三次会议举行预备会议。会议通过此次会议议程、大会主席团和秘书长名单、代表资格审查委员会名单、议案审查委员会名单、财政预算审查委员会名单。

二、会议机构及成员名单

市九届人大三次会议主席团和秘书长。主席团成员（按姓名笔画为序）：马苍石、王冰（女）、王英华、亓连三、亢宏才、卞肇意（女）、文振藻、龙鸣、冯锦卿、朱青、孙承铨、汪敬祖、许冠瑞、陈义炳、陈传江、余明生、宋惠（女）、宋景隆、辛丹凤、李民、李永发、杜远金、肖铁生、苏志艾、狄成祥、金正红、韩文炎、杨实舜、张健、张端英（女）、范世英（女）、岳仲权、郑光凯、林秀彬、徐行、崔传礼、曹积成、曾昭松、鄢国培；秘书长：陈义炳。

市九届人大三次会议代表资格审查委员会组成人员名单（分别按姓名笔画为序）：主任委员：陈义炳；副主任委员：亢宏才、罗志琨、岳忠权；委员：李明、余明生、狄成祥、张端英（女）、陈传江、范世英（女）、金正红。

市九届人大三次会议议案审查委员会组成人员名单（分别按姓名笔画为序）：主任委员：李永发；副主任委员：文振藻、杨实舜；委员：龙鸣、冯锦卿、宋惠（女）、宋景隆、陈传江、曹积成。

市九届人大三次会议财政预算审查委员会组成人员名单（分别按姓名笔画为序）：主任委员：王冰（女）；副主任委员：亓连三；委员：王远超、冯锦卿、余明生、岳忠权、郑光凯、曹积成、崔传礼。

市九届人大三次会议副秘书长名单（按姓名笔画排序）：文振藻、罗志琨（女）、岳仲权、曾昭松。

三、政府工作报告

1983年3月22日，市九届人大三次会议第一次全体会议听取和审议市长郝逢武所作的《宜昌市人

民政府工作报告》:

1982 年工作情况

工业总产值达到10.82亿元，比1981年增长36.9%，扣除葛洲坝电厂不可比因素增长10.1%，水陆运输量和周转量分别增长29%和74%。完成年度科研计划49项，占全年计划项目的89.2%，有34项全部完成科研任务，当年试制成功、当年投产的有13项。全市评出科技成果92项，其中有5项达到国内先进水平。蔬菜产量4000万公斤，增长5.1%；蔬菜上市量完成3400万公斤，增长6.4%；鲜鱼产量64万公斤，增长18.6%；肥猪上交1660头，增长14%。郊区社员人平收入223元，增长18.6%。、完成财政收入9036万元，超过计划任务的8%，增长4.15%，其中税收增长19.12%。完成了中央财政借款215万元和承购国库券385万元的任务。商品零售总额2.09亿元，增长12.65%。外贸收购总值完成6715万元，增长20%。重点工程建设竣工105项，完成投资额5400万元。国家批准宜昌市试行从工商利润中提取5%作为城市维护和建设资金，这为宜昌市城市维护和建设创造了有利条件。全市扩建、新建道路5条，面积41500多平方米；维修路面93000多平方米，建设人行道路58000多平方米；疏浚下水道4500多平方米；新建、改建公共厕所17个；植树造林42万株。对生活困难的居民和社员651户、2194人进行了救济；社会福利生产产值增长22.7%，利润增长37倍；对葛洲坝工程征地移民中的问题和郊区征用、占用土地的情况进行了检查，为全市92个单位办理了征地手续，共征用土地310.12亩；安排军队转业干部82人，分配大、中专毕业生387人，引进科技人员102人；为547名技术人员办理了晋升技术职称的手续；按规定解决了部分专业技术干部的夫妻两地分居问题；完成了教育、卫生、体育三个行业部分职工的工资调整工作。安置待业人员9111人，全市职工人数达17.4892万人，比上年增加5.41%。全市共兴建住宅137万平方米，全市有4904户职工、居民搬进了新居。城乡人民的储蓄额比上年增长28.69%，郊区社员储蓄额比上年增长36%。进行了第三次人口普查，1982年7月1日零时，全市共有总人口363578人。办理了市人大常委会交办的328件代表提案。接待到宜昌参观观访问、观光游览的外国人、外籍华人和港澳台胞共7931人（其中地区和葛洲坝工程局接待5000多人）。深入持久的开展“文明礼貌月”和“五讲四美”活动，涌现了大批先进人物、先进集体，年终共评出杜远金、牟少富、杨茂极等先进生产（工作）者1500名。存在缺点和问题。部分企业利润下降，12个企业亏损；产品质量不适应市场竞争形势；生产、技术、管理水平落后；基本建设领域，造价高、浪费大、速度慢，致使效益不能发挥；流通领域，渠道不通，周转不活；城市建设和管理存在“脏、乱、差”现象；政府机构臃肿，办事拖拉，效率不高。

1983 年工作要点

主要指标：工业总产值计划12亿，比上年增长10.9%，力争达到12.5亿，增长15.52%。农业生产要在去年的基础上有一个大的发展，蔬菜总产量4500万公斤，每月上市量要保持300万公斤，柑橘总产量500万公斤，生猪出栏3.2万头，牛奶总产量225万公斤，鲜鱼85万公斤，三级总收入增长34%，社员分配达到400元。财政收入，要完成8329万元，按可比口径计算，比上年增长9.49%。

主要工作：加速郊区农业发展，为城市提供更多的蔬菜和其他副食品；放宽政策，搞活流通，积极支援生产，方便人民生活；加快城市建设步伐，适应对外开放的需要；大力发展科学技术，充分发挥科学技术对经济建设的促进作用；加强文化、教育、卫生、体育工作，努力建设社会主义精神文明；支援葛洲坝工程建设，为大坝全面竣工做出新的贡献。

四、财政预决算报告

1983年3月20日，市九届人大三次会议第一次全体会议听取和审议市财政局局长李克所作的《宜昌市1982年财政预算执行情况和1983年财政任务的报告》：

1982年财政预算执行情况

完成三项财政任务情况。一是完成财政收入7606.99万元，比省分配任务7205.7万元，增长5.57%。二是完成了中央借款任务215万元。三是省分配宜昌市承购国库券任务347.5万元，实际完成了380.51万元。

财政收支预算执行情况，详见表3—9—7。

1982年财政收支预算执行情况汇总表

表3—9—7　　单位：万元

财政收入项目		完成收入	占预算%	财政支出项目		完成支出	占预算%
本市财政收入		7606.99	105.57	本市财政支出		3327.94	—
其中	企业收入	20.16	—	其中	企业技改等支出	638.40	—
	企业亏损退库				各部门事业费等	965.21	—
	工商税收	7107.59	—		支农支出	180.88	—
	工商所得税	440.15	—		抚恤救济费	115.51	177.41
	地方五种税	15.76	—		文教科卫事业费	794.29	128.56
	罚款补税	4.64	—		行政管理费	625.32	—
	农业税	10.95	—		其他支出		
	其他收入	7.74	—		预留调整工资款	8.33	—

财政收支平衡情况，详见表3—9—8。

1982年财政收支平衡情况汇总表

表3—9—8　　单位：万元

资金来源		3554.47	资金运用		3510.53
其中	当年财政分成留用	1363.04	其中	当年支出	3328.14
	上年财政净结余	33.85		各项事业费结转下年使用	182.39
	上年跨转的专款	199.08		包干结余	
	各单位包干结余				
	省拨专款和单独结算	1878.5			
	省审批结算时追加专款	80.00			
	各种专项收入				
	农业税减免补助				
收支相抵净结余					43.94

1983年财政预算（草案）

四项财政任务：一是财政总收入为8329万元，比上年实际完成数增加722万元，增长9.49%。二是国库券发行任务359.4万元，其中向单位发行127.6万元，向个人发行231.8万元。三是国家能源交通重点建设基金征集任务261万元。四是承担中央借款158万元。

当年财政体制调整：宜昌市分成比例调整为21.1%。如果完成了当年的财政总收入，应上交省级财政6558.17万元，宜昌市可以留用1770.83万元。

全市财政收支预算安排，详见表3—9—9。

1983年全市财政收支预算安排汇总表

表3—9—9　　单位：万元

财政收入项目		收入安排	比上年增长%	财政支出项目		支出安排	比年年增长%
全市财政收入		8329	9.49	地方财政支出		1929.76	5.00
其中	地方企业收入	604	—	其中	工交商事业费等	151.40	6.45
	工商税收	7200	—		支农支出	34.11	-51.99
	工商所得税	483	—		文教科卫事业费	887.35	25.55
	地方五种税	17	—		城市维护费	140.0	-23.30
	农业税	15	—		优抚等事业费	110.19	44.02
	其他收入	10	—		武警、行政管理费	561.37	2.04
					其他部门事业费等	15.34	-24.73
					总预备费	30.00	—

财政收支平衡预测：总收入1958.97万元，其中：当年地方留用收入1770.83万元，上年增收144.2万元，净结余43.94万元。总支出1929.76万元。收支相抵，收大于支29.21万元。

五、常委会工作报告

1983年3月23日，市九届人大三次会议第二次全体会议听取和审议市人大常委会主任朱青所作的《宜昌市人大常委会工作报告》：

1982年工作回顾

《中华人民共和国宪法（修改草案）》公布后，及时组织2445名干部向群众宣讲宪法草案，全市应参加学习讨论的人数19.26万人，实际参加讨论有16.82万人，占87.34%。各方畅所欲言，各抒己见，共提出修改意见239条。

市人大常委会就贯彻实施《中华人民共和国环境保护法》《国家建设征用土地条例》和《湖北省环境保护暂行条例》等问题，进行多次研究，征求了各有关部门的意见。召集市经济委员会、法院、检察院、工商行政管理局等部门负责同志专题研究和部署了经济合同法的实施工作。在第十三次会议上原则批准了《宜昌市城市建设管理实施细则》和《宜昌市环境保护实施细则》。对市人大常委会所做的九个决议的实施情况进行了检查。

市人大常务委员会听取市人民政府关于经济建设、城市建设、精神文明建设等各项建设的13个报告，并进行认真地审议，根据需要做出相应的决议。常务委员会第十二次会议听取了市人民政府《关于1982年国民经济和社会发展计划安排及上半年执行情况的报告》和《关于1981年财政决算和1982年财政预算执行情况的报告》。经认真审议，做出《关于争取全面完成和超额完成宜昌市1982

年国民经济和社会发展计划的决议》和《关于批准市人民政府1981年财政决算、1982年财政预算草案的决议》。听取了市人民检察院、市中级人民法院的工作报告，并两次听取和审议市公安局关于整顿社会治安情况的汇报。就继续加强公安、司法工作、加强干警队伍建设，争取全市社会治安进一步好转提出了意见。

市人大常委会在第十次会议上，听取和审议市人民政府《关于进一步开展打击经济领域中严重犯罪活动的斗争的报告》，做出《关于坚决打击经济领域中严重犯罪活动的决议》。全市立案的462件经济犯罪案件（涉及金额47万元），审结案269件，结案率53.9%。经济罪犯受到惩处。

组织市人大代表视察了“五讲四美”活动情况，常务委员会第十二次会议听取了市人民政府《关于“五讲四美”活动的情况的报告》，并相应做出《关于深入持久开展“五讲四美”活动的决议》。

市人大常务委员会决定任命国家工作人员36人次，免去国家工作人员的职务6人次。加强联系代表工作，组织代表开展视察活动。认真处理代表来信63件，人民来信79件。接待人大代表和人民群众来访243人次。加强了对代表提案工作的交办、督促、检查，听取市人民政府关于代表提案办理情况的报告。提案办理完毕后，逐个进行审查，书面答复了代表。

1983年工作要点

市人大常务委员会要继续加强自身建设，积极参与各项改革工作，充分发挥地方权力机关的职能作用；要加强民主与法制的建设，制定和完善地方管理办法、实施细则；要做好本届代表大会的换届、选举工作；要继续深入调查研究，为解决全市人民生活中的突出问题尽职尽责。

六、法院工作报告

1983年3月23日，市九届人大三次会议第二次全体会议听取和审议市中级人民法院院长张浚所作的《宜昌市中级人民法院工作报告》：

1982年工作回顾

全年新受理各类刑事案件193件，比1981年的201件下降4%，加上1981年旧存案件38件，合计231件。年底共审结各类刑事案件195件279人，结案率为84.4%。共判处刑事犯罪分子279人，比上年299人下降7.1%。召开全市性公判大会11场，判处罪犯60余人，参会或受到教育群众达20余万人次。受理各类民事案件517件，加上81年旧存67件，合计584件。审结各类民事案件523件，审结率为89.6%。受理各类经济纠纷案件22件（含旧存案1件），年底审结18件，审结率为81.8%，争议标的总金额达69万多元。

受理人民来信2255件，接待来访2722人次，来信来访合计为1977件次。其中：作为民事案件立案受理的594件；作为经济案件立案受理的22件；作为自诉刑事案件立案受理的9件；作为刑事申诉立案受理的386件。接待室作口头、书面答复或作简易调解处理的3585件；作转办处理的381件。对市委和省高院交办的17件上访老户申诉案，已妥善处理15件。受理各类刑事申诉案件386件，已处理293件，其中驳回审诉、维持原判的235件，终止和纠正刑期计算的18件，改判的40件45人（宣告无罪10件12人，免予刑事处分3件3人，减轻刑罚27件30人）。

1983年工作要点

要把审判经济犯罪案件工作继续抓紧抓好；继续依法从重从快惩处重大现行刑事犯罪分子；重

视和做好民事审判工作；积极开展经济审判工作；切实做好信访申诉工作；加强法院思想、组织、业务建设。

七、检察院工作报告

1983年3月23日，市九届人大三次会议第二次全体会议听取和审议市人民检察院检察长杨守朴所作的《宜昌市人民检察院工作报告》：

1982年工作回顾

检察院直接受理经济案件34件。经审查，自行立案侦查严重经济犯罪22件25人（包括1981年结转的5件6人），其中贪污15件16人，行贿受贿5件6人，重大责任事故2件3人，已决定逮捕14人。办结15件17人，其中向法院提起公诉8件8人。为国家和集体挽回经济损失4万余元。

批准逮捕各类刑事案犯218人，决定起诉案159件223人，出庭支持公诉162件225人，及时有力地揭露和打击了各种刑事犯罪活动。

在开展对看守所、劳改劳教场所检查工作中，坚持以办案为重点，坚决打击重新犯罪。全年办重新犯罪案件5件，其中起诉加刑判处的2件，交有关单位作其他处理3件。还受理不服刑事判决和劳教处理的申诉案件9件，经审理，维持原判结论的7件，作其他处理的2件。

1983年工作要点

继续狠抓社会治安的整顿；认真坚持有法必依，执法必严，违法必究的原则；坚持从重从快地打击严重破坏社会秩序的罪犯；认真落实“综合治理”措施，积极开展法制宣传；抓好青少年教育，促进社会主义精神文明建设；坚决打击经济领域的严重犯罪活动，严惩严重破坏经济的罪犯；认真抓好检察队伍的整顿和训练，提高干警的政治素质和业务素质。

八、提案审查报告

1983年3月26日，此次会议第三次全体会议审议通过议案审查委员会主任委员李永发所作的《宜昌市九届人大三次会议提案审查情况的报告》：

此次大会共收到提案417件，经认真审查，立案47件。确定立案的提案，将分别交由市人大常委会、市人民政府研究办理。各承办部门、单位应按照程序将办理情况和结果及时报市人民政府，由市人民政府统一报送市人大常委会，以便答复提案人。

九、会议选举

1982年10月20日，市九届人大常委会十三次会议接受了王振声（因离休）辞去宜昌市中级人民法院院长职务的请求，并报市人民代表大会备案。

1983年3月26日，市九届人大三次会议第三次全体会议听取和审议市九届人大常委会主任朱青所作的《关于选举湖北省第六届人民代表大会代表的说明》；通过《宜昌市九届人大三次会议选举办法》。随后选举产生市中级人民法院院长：张浚；出席湖北省六届人大代表25名：马玉成、马苍石、冯锦卿、田英、汤正义、严文格、杨明尧、李永模、吴雅（女）、肖银玉（女）、何三荣（女）、张怀玉、张裕林、陈义炳、陈广洲、陈祖珍（女）、陈继烈、陈笑林（女）、罗军（女）、郝逢武、侯文理、姜振孝、曹金祥、崔传礼、葛立民。

十、会议决议

1983年3月26日，市九届人大三次会议第三次全体会议通过4个决议。

《关于宜昌市人民政府工作报告的决议》

决议批准市长郝逢武所作的《宜昌市人民政府工作报告》。

决议号召，全市人民在中共宜昌市委、市人民政府的领导下，齐心协力，奋发进取，为实现四化建设的宏伟目标，开创各项工作的新局面，为把宜昌市建设成为经济繁荣、文化发达、风气良好、环境优美的现代工业和旅游城市而努力奋斗!

《关于批准宜昌市人民政府1982年财政预算执行情况和1983年财政预算草案报告的决议》

决议同意市财政局局长李克所作的《关于1982年财政预算执行情况和1983年财政预算草案的报告》。授权市人大常委会，在1982年财政决算和1983年财政预算正式编定后，予以审查批准。

《关于宜昌市九届人大常委会工作报告的决议》

决议批准市人大常委会主任朱青所作的《宜昌市人大常委会工作报告》。

决议号召，全市人民在中共宜昌市委和市人民政府的领导下，奋发努力，为完成此次会议决定的各项任务，争取各项建设的新成绩而奋斗!

《关于宜昌市中级人民法院工作报告和宜昌市人民检察院工作报告的决议》

决议批准市中级人民法院院长张浚所作的《宜昌市中级人民法院工作报告》、市人民检察院检察长杨守朴所作的《宜昌市人民检察院工作报告》。

第十章 宜昌市第十届人民代表大会历次会议

市十届人民代表大会于1984年5月至1987年12月间共召开4次会议。详见表3—10—1。

市十届人民代表大会统计表

表3—10—1　　单位：人次、个、件

市十届人民代表大会	一次会议	二次会议	三次会议	四次会议	合　计
应出席会议代表	254	251	251	248	1004
实际出席会议代表	241	236	233	228	938
听取和审议“一府两院”报告	5	6	6	6	23
听取和审议议案办理报告	1	1	1	1	4
办理议案	5	14	10	3	32
办理建议、意见、批评	239	113	146	131	629
通过决议	4	4	5	5	18
选举市人大常委会组成人员	31	3	—	—	34
选举市人民政府市长、副市长	6	—	—	—	6
选举法院院长、检察院检察长	2	—	—	—	2

第一节　第一次会议

1984年5月2日—7日，市十届人大一次会议在城区举行。应出席代表254人，实际出席241人，列席会议人员96人。此次会议议程是：听取和审议《宜昌市人民政府工作报告》；听取和审议《宜昌市1983年财政预算执行情况和1984年财政预算（草案）的报告》；听取和审议《宜昌市人大常委会工作报告》；听取和审议《宜昌市中级人民法院工作报告》和《宜昌市人民检察院工作报告》；选举市十届人大常委会组成人员，选举市长、副市长，选举市中级人民法院院长、市人民检察院检察长；通过此次会议各项决议。

一、预备会议

1984年5月2日，市十届人大一次会议举行预备会议。会议通过此次会议议程、大会主席团和秘书长名单、代表资格审查委员会名单、议案审查委员会名单、财政预算审查委员会名单。

二、会议机构及成员名单

市十届人大一次会议主席团和秘书长。主席团成员（按姓名笔画排序）：王冰（女）、王曰志、王重农、王维顺、冯运汉、冯锦卿、朱青、孙承铨、杨浩忠、陈义炳、陈泽耀、陈传江、李明成、张健、张忠民、杜远金、汪敬祖、辛丹凤、郑守仁、范世英（女）、林天枫、金正洪、郝逢武、徐春浩、梁继平、曹积成、常立柱、彭彦（女）；秘书长：陈义炳（兼）。

市十届人大一次会议代表资格审查委员会组成人员名单。主任委员：陈义炳；副主任委员：冯运汉、辛丹凤、罗志琨（女）；委员：陈传江、范世英（女）、金正红、彭彦（女）。

市十届人大一次会议议案审查委员会组成人员名单。主任委员：汪敬祖；副主任委员：杨浩忠、吴宪征、常立柱；委员：马苍石、王有前（女）、朱正懿、杜远金、李显明（女）、宋景隆、林天枫、顾国钧、黄洪一、曹积成、鄢国培。

市十届人大一次会议财政预算审查委员会组成人员名单。主任委员：王维顺；副主任委员：史昌远、冯锦卿、岳忠权；委员：王正国、卞肇意（女）、冯中衡、苏志爱、袁家希、梁继坪、谭联喜。

市十届人大一次会议大会副秘书长（按姓名笔画排序）：史昌远、吴宪征、罗志琨。

三、政府工作报告

1984年5月3日，市十届人大一次会议第一次全体会议听取和审议代理市长王重农所作的《宜昌市人民政府工作报告》：

三年工作回顾

三年来，全市累计完成工业总产值33.07亿，比“五五”计划期间增长20%，比“四五”计划增长1.5倍。1983年，完成工业总产值14.35亿元，比上年增长32%，比1980年增长93%。除去葛洲坝新因素外，全市工业总产值突破了10亿。1983年水陆货运量完成502万吨，比上年增长9.2%，比1980年增长1.61倍。

1983年，蔬菜上市3226万公斤（不含外采），比1980年增长11%；生猪出栏3.3261万头，比1980年增长16%；鲜鱼总产73.5万公斤，比1980年增长29%；柑橘总产934.5万公斤，比1980年增长3.4倍；牛奶总产170.5万公斤，比1980年增长1.6倍；农村三级总收入4722万元，比1980年增长75%。集体提留和人平集体分配收入，也有较大幅度的增长。

三年共兴建和扩建道路61公里，面积达70万平方米。全市供水、排水情况有所改善。现在全市日供水已达22万吨，比1980年增长57%。全市日排水量达24. 3万吨，比1980年增长21%。植树137.6万株，建花坛1150个，全市绿化覆盖率由1980年9.7%提高到14.3%。公共交通比较畅通，1983年客运量为2565万人次，比1980年增长26%。已有15个严重污染环境的工厂（车间）迁往市郊，共处理废水112万吨、废气10.53亿立方米，利用废渣20万吨，改造锅炉147台。

三年来，全市共完成财政收入2.72亿元，年平均递增5.6%。每年都实现了财政收支平衡，并略有节余。认购国库券996万元，承担中央对地方的财政借款659万元。1983年交纳国家能源交通重点建设基金331万元。1983年社会商品零售总额达2.44亿元，平均每年递增9.6%。集贸市场成交额达1713万元，比1980年增长2.17倍。1983年出口商品收购额完成6373万元，比1980年增长70%，累计完成收购额1.76亿元，比计划增长24%。利用外资、引进技术和设备对外成交额达1148.7万美元。

三年来，劳动人事部门共安排25289人就业。职工月平均收入由1980年的56元增加到72元，增长了28.5%。1983年，城乡储蓄存款余额达到7597万元，比1980年增长1.16倍。粮油、食品、煤炭蔬菜等各种补贴4586万元，全市人平130余元。

各类托幼园所由1980年176所发展到238所，入托率由1980年的57%上升到68%，适龄儿童入学率在99.9%以上。三年来，从外地调聘科技人员547名，由国家统一分配大中专毕业生1426名，全市电大毕业生351名，壮大了科技力量。1980年，恢复了宜昌市报，建立了宜昌市广播电台。三年来，全市卫生技术人员增加了23%，病床增加了8%。1983年，全市人口自然增长率7.45‰，比1980年下降9.4‰。

1982年以来，在全市范围内开展打击严重经济犯罪活动的斗争，共揭露出各种经济违法案件563起，个人非法所得金额共计55万元。三年来，共安置复员退伍军人2153人，对252户生产、生活有困难的烈军属进行了优待；收容盲流人员5100多人，已将4200余人遣送回原籍；动员全市人民捐款23万元，捐衣物20万件，支援了汉江分洪灾区人民。城区各街道办事处组织居民“五讲四美三热爱”活动取得了新的成绩。街道工业产值三年累计达到6526万元。广泛开展创民兵工作“三落实”的活动。

三年来，共接待外宾、外国旅游者以及华侨、港澳同胞、台湾同胞和外籍华人共26666人。恢复、建立了侨务机构和侨联组织，贯彻了党的侨务工作的方针、政策。落实了党的民族政策，解决了回民食品供应、开斋节活动场所等问题，归还了部分宗教用房，补发了“文化大革命”中停付的宗教界人员生活费。共受理群众来信3345件，接待群众来访2046批次，解决了大量的实际问题。办理市人大代表的提案732件，78%已经解决和正在解决。

今后工作要点

动员全市人民，全面完成和超额完成宜昌市国民经济和社会发展的第六个五年计划，编制和执行第七个五年计划，以经济建设为中心，抓好“两个文明”建设，加速实现全市财政经济状况和社会风气的根本好转，开创全市现代化建设新局面。

四、财政预决算报告

1984年5月3日，市十届人大一次会议第二次全体会议听取和审议市财政局局长陈光迪所作的《宜昌市1983年财政决算和1984年财政预算草案的报告》：

1983年财政决算情况

完成三项财政任务情况。一是财政总收入，减除粮食、食品亏损的1621.89万元，实际完成7859.95万元，比省最后核定任务7829万元超收0.4%，比1982年增长3.33%；二是征集国家能源交通重点建设基金331.1万元，比省分配任务326.3万元，超额1.47%；三是承购国库券377.76万元（其中单位认购126.03万元，个人认购251.73万元），比省分配任务359.4万元多18.36万元，超额5.1%。按现行财政体制规定，完成上述财政收入任务后应上交省财政6187.05万元，地方可留用1672.9万元。

财政收支预算执行情况，详见表3—10—2。

1983年财政收支预算执行情况汇总表

表3—10—2 单位：万元

财政收入项目		完成收入	占预算%	财政支出项目		完成支出	占预算%
全市财政收入		7859.95	100.40	全市财政支出		4022.63	—
其中	企业收入	1705.23	—	其中	企业抚恤等	491.53	—
	亏损补贴	-1621.89	—		工交商等事业费	1098.52	315.00
	工商税	7056.52	—		农林水事业费等	280.71	—
	增值税	126.64	—		抚恤救济费	124.50	150.30
	工商所得税	510.02	—		文教科卫事业费	1045.46	116.74
	地方五种税	18.31	—		行政管理费	981.91	—
	罚款补税	4.76	—		其他事业费		
	农业税	11.89	—				
	其他收入	48.47	—				

财政收支平衡情况，详见表3—10—3。

1983年财政收支平衡情况汇总表

表3—10—3 单位：万元

资金来源		4189.92	资金运用		4167.03
其中	当年财政分成留用	1672.9	其中	当年支出	4004.1
	上年财政净结余	73.17		结转下年使用专款	162.93
	上年跨转的专款	182.39		各单位包干结余	
	各单位包干结余				
	省拨专款和单独结算	2156.73			
	省审批决算时增加补助	104.73			
收支相抵净结余					22.89

1984年财政收支预算（草案）

三项财政任务。一是财政总收入为8332万元，比上年实际完成数增加472.05万元，增长6%。二是国库券发行359.4万元，其中单位认购127.6万元，个人认购231.8万元。三是征集国家能源交通重点建设基金392.2万元。

财政收支预算安排，详见表3—10—4。

财政收支平衡预测。1984年宜昌市地方预算可用资金2562.43万元。其中：当年地方财政留用1773.83万元，增长分成100.18万元，省级重点税源及其他补贴452.6万元，上年净结余22.9万元，1983年结转各项专款162.92万元，调入预算外资金50万元。总支出2559.43万元。收支相抵，结余3万元。

1984年财政收支预算安排情况汇总表

表3—10—4　　　　单位：万元

财政收入项目		收入安排	比上年增长%	财政支出项目		支出安排	比上年增长%
全市财政收入		8332	6．00	地方财政支出		2559.43	4.48
其中	地方企业收入	1747	—	其中	企业建筑费等	283.08	—
	亏损补贴退库	-1440	—		工交商事业费		
	工商税	7490	—		农业事业费等	127.79	118.00
	工商所得税	490	—		文教科卫事业费	1032.61	6.26
	地方五种税	20	—		城市维护费	140.00	—
	农业税	15	—		优抚等事业费	109.34	—
	其他收入	10	—		城镇青年就业	34.41	—
					行政管理费	653.54	5.90
					其他事业费	148.66	—
					其他支出		
					总预备费	30.00	—

五、常委会工作报告

1984年5月5日，市十届人大一次会议第三次全体会议听取和审议市人大常委会副主任陈义炳所作的《宜昌市人大常委会工作报告》：

三年多来，市人大常委会共举行22次全体会议。听取和审议市人民政府及其各有关部门和中级人民法院、检察院的30多个工作报告，对各种重大事项，做出20多个决定或决议。

为了督促“一府两院”和政府有关部门贯彻实施好各项决定、决议，围绕着具有全局性、群众性和政策性强的一些问题，组织人大常委会委员和人大代表，多次进行有目的、有计划的调查研究和视察活动。着重调查研究了蔬菜生产与供应、市场管理与物价、社会治安与市容卫生、城市建设与植树绿化等问题，并对历次人大常委会的决定、决议的执行情况，进行了一次重点检查。

三年多来，动员组织全市人民学习讨论了宪法修改草案和贯彻实施了新宪法。组织2400多名干部向群众宣讲，有16.82万人参加了学习讨论，共提出并汇总上报了239条补充修改意见。新宪法公布后，市人大常委会做出《关于学习、贯彻实施新宪法的决议》。在民事诉讼法公布试行之前，市人大常委会于1982年8月20日听取了市中级人民法院《关于实施民事诉讼法准备工作情况的报告》，并做出决议。在经济合同法实施之前，市人大常委会召集法院、检察院、经委、工商行政管理局等有关部门的负责同志，专门研究了实施方案。对刑法、刑事诉讼法、食品卫生法、环境保护法、森林法等法律的实施情况进行了检查。对全国人大常委会和省人大常委会下达征求意见的十多个的法律草案，组织有关部门和有关人士进行了座谈讨论，并及时整理上报了修改意见。

三年多来，从7个方面开展代表工作：一是制定《关于联系代表和处理代表意见的暂行办法》，加强了与代表的联系。二是建立了“每周接待代表来访日”制度，接待来访的代表和群众。三是认真处理代表来信。四是将250名人大代表划分为37个代表小组，开展接待、访问选民和召开选民座谈会等活动。五是邀请有关代表列席人大常委会，参与有关问题的讨论研究。六是组织代表视察、监督“一府两院”和政府各部门的工作。七是制定《宜昌市人大代表提案工作暂行规定》，并受理代表提案746件，其中办得好的和办得比较好地有587件，其余的159件由于种种条件限制，有的还有待今后创造条件才能解决。

三年多来，先后任命了144名各级国家干部，其中有市人大常委会正副秘书长、办公室正副主任、正副科长10人；有市人民政府副市长、秘书长、办委主任、局长58人；有市中级人民法院副院长、正副庭长、审判员43人；有市人民检察院副检察长、检察委员会委员、检察员33人。免去各类职务41人，撤销副市长职务1人。此外，还依法罢免犯经济错误的人大代表2人。

在1982年和1983年先后召集了九届人大二次会议和三次会议，圆满地完成会议的预定任务。主持了本届人民代表大会代表选举工作，进行了第十届人民代表大会第一次会议的筹备工作，保证这次代表大会的胜利召开。

六、法院工作报告

1984年5月5日，市十届人大一次会议第三次全体会议听取和审议市中级人民法院代理院长余庆富所作的《宜昌市中级人民法院工作报告》:

1983年工作回顾

受理各类刑事案件586件968犯，审结549件884犯，结案率为93%。截至1984年2月，判决已发生法律效力的469件765人，结案率为94%。在判处的765名罪犯中，判处死刑27人，死缓10人，无期徒刑40人，15年至20年徒刑69人，10年至15年徒刑109人，5至10年徒刑281人，不满5年徒刑197人，其他处理32人。先后召开8次公开宣判大会，参加宣判大会的干部群众18万人次。受理各类民事案件581件，审结531件，结案率为91.3%，比1982年提高1.8%。尚存未结案50件，比1982底的71件少21件。受理经济合同纠纷案件和其他经济纠纷案件13件，审结11件，结案率为84%，比1982年的31.8%提高2.2%。

受理人民来信来访2027件，接待群众来访2812人次，其中作民事案件立案的74件。信访接待室作简易调解或作书面、口头答复的3723件次，作转办处理的432件，诉讼不清退回的68件，重复来信28件。受理各类刑事申诉案件167件（含82年旧存93件），已处理95件，其中驳回申诉、维持原判的42件，改判的9件（减轻刑罚的8件，不追究刑事责任的1件），纠正刑期计算的44件。

1984年工作要点

深刻认识严厉打击刑事犯罪分子的重大意义；突出打击重点，依法从重从快严惩严重刑事犯罪分子；要坚持“以事实为根据，以法律为准绳”的基本原则；执行区别对待的政策，挽救教育失足者；抓紧建设法院队伍，提高法院干警的战斗力。

七、检察院工作报告

1984年5月5日，市十届人大一次会议第三次全体会议听取和审议市人民检察院代理检察长杨承

忠所作的《宜昌市人民检察院工作报告》:

三年工作回顾

三年来，批准逮捕各种案犯1543名，决定起诉案犯1443名，免予起诉51名，不起诉3名，尚在办理的46名。自1983年3月至今年3月，全市共依法审查批准逮捕了各类刑事案犯892名，批准逮捕的人犯超过了1979年至1982年逮捕人犯的总和。提起公诉826名，经法院审理后，99.5%作了有罪判决。对严重违法犯罪的14名党员干部、94名干部子女进行了审查批捕和提起公诉。

三年来，立案侦查严重经济犯罪案件35件43人。其中贪污案件26件30人，受贿案件7件10人，重大责任事故2件3人。办结33件41人。其中，罪行严重依法提起公诉的23件26人，罪行轻微或投案自首的，能坦白认罪的，从宽免予起诉8件13人，撤销案件2件2人。为国家集体挽回经济损失13万余元。同时，审查批准公安机关逮捕一批重大诈骗、投机倒把、盗窃国家和集体财物等严重破坏经济的犯罪分子。

协助有关部门对关押、看守及劳教场所进行经常性地清查，对犯罪分子、收审人员加强管教，进行政策、认罪服法教育。接待人民群众来信来访，对控告、申诉案件784件，调查处理了102件，直接答复的104件，转其他部门处理468件。

下步工作要点

继续贯彻严厉打击刑事犯罪活动的决定，坚定的贯彻实施“从重从快，一网打尽”的方针，为争取全市社会治安的根本好转努力奋斗；经常分析社会动态和犯罪原因，提出预防措施，为党委当好参谋；进一步加强检察队伍建设；坚决贯彻“有法必依，执法必严，违法必究”和“公民在法律面前人人平等”的原则，秉公执法，为开创社会主义现代化建设新局面做更大贡献。

八、议案审查报告

1984年5月5日，此次会议主席团第三次会议审议通过议案审查委员会所作的《宜昌市十届人大一次会议议案审查情况的报告》:

此次大会共收到128件议案、建议和意见178件。大会议案审查委员会对以上128件议案提出了审查意见：一是对符合议案工作暂行规定的17件合并为6件。其中，“制定市区粪便管理条例案”属于人大常委会职权范围，交由市人大常委会研究办理；“成立宜昌市人民政府西坝办事处案”“加强苗圃建设、打好绿化基础案”“改善蔬菜生产与供应案”“解决城市街道干部问题案”“加速修建铁路坝小学案”等5件属于人民政府职权范围的工作，交由市人民政府研究办理。二是对市人民政府及各部门工作的具体建议和意见的97件，将作为代表建议和意见一并处理。三是对无法转交的4件，由市人大常委会办公室处理。代表提出的178件建议和意见，连同转作代表建议和意见处理的议案，均由市人大常委会整理后交市人民政府，由市人民政府分别转交各有关部门研究处理。

九、会议选举

1984年5月6日上午，此次会议第四次全体会议通过《宜昌市十届人大一次会议选举办法》，随后进行了预选。5月6日下午，此次会议第五次全体会议选举产生市十届人大常委会组成人员。主任:

郝逢武；副主任：王维顺、冯锦卿、杨浩忠、汪敬祖、陈义炳、常立柱；委员（24名，按姓名笔画排序）：马苍石、王正国、王有前（女）、卞肇意（女）、冯中衡、朱正懿、陈传江、李显明（女）、吴宪征、苏志艾、宋景隆、杜远金、范世英（女）、林天枫、金正洪、岳仲权、袁家希、梁继平、顾国钧、黄洪一、曹积成、彭 彦（女）、鄢国培、谭联喜；市人民政府市长：王重农；副市长（按姓名笔画排序）：吴雅（女）、倪忠俊、崔传礼、谢远照、颜钟一；市中级人民法院院长：余庆富；市人民检察院检察长：杨承忠。

十、会议决议

1984年5月7日，市十届人大一次会议第三次全体会议通过4个决议。

《关于宜昌市人民政府工作报告的决议》

决议批准代理市长王重农所作的《宜昌市人民政府工作报告》。

决议号召，全市人民积极行动起来，在市委领导下，同心同德，团结奋斗，解放思想，开拓前进，努力开创各项工作的新局面，为把宜昌市建设成为经济繁荣、文化发达、风气良好、环境优美的社会主义现代化工业城市和旅游城市做出新的贡献。

《关于宜昌市1983年财政预决算和1984年财政预算报告的决议》

决议批准市财政局局长陈光迪所作的《宜昌市1983年财政预决算和1984年财政预算草案的报告》。

《关于宜昌市人民代表大会常务委员会工作报告的决议》

决议批准市人大常委会副主任陈义炳所作的《宜昌市人民代表大会常务委员会工作报告》。

决议指出，为了加强法治建设，坚持依法办事，本届人大常委会，要进一步学习、宣传和贯彻实施宪法和各项法律，深入开展调查研究，密切同人大代表和人民群众联系，充分发挥地方国家权力机关常设机关的作用，更有效地支持和监督“一府两院”的工作，为全面开创全市社会主义现代化建设的新局面而努力奋斗。

《关于宜昌市中级人民法院工作报告、宜昌市人民检察院工作报告的决议》

决议批准市中级人民法院代理院长余庆富所作《宜昌市中级人民法院报告》、市人民检察院代理检察长杨承忠所作的《宜昌市人民检察院工作报告》。

第二节　第二次会议

1985年3月25日—28日，市十届人大二次会议在城区举行。应出席代表251人，实际出席代表236人。此次会议议程是：听取和审议《宜昌市政府工作报告》；听取和审议《宜昌市人大常委会工作报告》；审查《宜昌市1984年国民经济和社会发展计划执行情况与1985年国民经济和社会发展计划安排的报告（书面）》；审查《宜昌市1984年财政预算执行情况和1985年财政预算草案的报告》；审查《宜昌市中级人民法院工作报告》《宜昌市人民检察院工作报告》；审议《关于宜昌市十届人大一次会议议案办理情况的报告》；通过《宜昌市十届人大二次会议议案审查报告》；补选宜昌市十届人民代表大会常委会委员；通过此次会议各项决议。

一、预备会议

1985年3月25日，市十届人大二次会议举行预备会议。会议通过此次会议议程、大会主席团和秘书长名单、代表资格审查委员会名单、议案审查委员会名单、财政预算审查委员会名单。

二、会议机构及成员名单

市十届人大二次会议主席团和秘书长。主席团成员（按姓名笔画排序）：王冰（女）、王曰志、王重农、王维顺、冯运汉、冯锦卿、朱青、孙承铨、杨浩忠、陈义炳、陈泽耀、陈传江、张健、张忠民、杜远金、汪敬祖、辛丹凤、郑守仁、范世英（女）、林天枫、金正洪、郝逢武、徐春浩、梁继平、曹积成、常立柱、彭彦（女）；秘书长：陈义炳（兼）。

市十届人大二次会议代表资格审查委员会组成人员名单。主任委员：王维顺；副主任委员：冯运汉、辛丹凤、罗志琨；委员：陈传江、范世英（女）、金正红、彭彦（女）。

市十届人大二次会议议案审查委员会组成人员名单。主任委员：汪敬祖；副主任委员：杨浩忠、吴宪征、常立柱；委员：马苍石、王有前（女）、朱正懿、杜远金、李显明（女）、宋景隆、林天枫、顾国钧、黄洪一、曹积成。

市十届人大二次会议财政预算审查委员会组成人员名单。主任委员：陈义炳；副主任委员：史昌远、冯锦卿；委员：王正国、卞肇意（女）、冯中衡、苏志爱、梁继坪、谭联喜。

市十届人大二次会议副秘书长（按姓名笔画排序）：史昌远、吴宪征、罗志琨。

三、政府工作报告

1985年3月26日，市十届人大二次会议第一次全体会议听取和审议市长王重农所作的《宜昌市人民政府工作报告》：

1984年工作回顾

1984年，全市工农业总产值完成16.20亿元，比1980年增长了1倍，提前实现了2000年前工农业总产值的第一个翻番。完成工业总产值15.99亿元，为年计划的105%，比上年增长11.4%，比1980年增长1.6倍。市属预算内工业企业消灭了亏损户，销售收入增长9.7%，实现利润增长23%。市属交通运输企业完成水陆运输周转量9840万吨，比上年增长9%。邮电业务总量比上年增长11%。郊区农业十项经济指标超过历史最高水平，其中蔬菜集体上市量增长25%，油料总产量增长1倍，鲜鱼增长9.5%，乡镇企业总产值达4130万元。财政收入任务、国库券认购任务、能源交通重点建设和建设基金征集任务圆满完成。社会商品零售总额达到2.75亿元，比上年增长22%。全市共安置就业人员5747人。年末居民储蓄存款余额达1.12亿元，比上年末增长47%。全市新建住宅38.57万平方米，有2900余户1万多人搬进新居。

规划部门编制了7个小区和3条街景的详细规划，编制了3个乡的乡村规划。全年新扩建道路4.6万平方米、排水管道5500米。续建和新建的三峡宾馆、西陵饭店、南湖宾馆、西楚饭店、科技馆、伍临剧场等大部分已完成进度计划，城市面貌进一步改观。全年共植树110万株，植草皮1.8万平方米，市区绿化覆盖率进一步提高。2.8公里的护岸一期工程基本结束，沿江一带面貌一新。

年初安排的74个科研及技术开发项目，已完成55项。科技体制改革有了良好的开端。高等教育、中专、技校、职业高中班得到发展。市属医院设立了家庭病床，市血站成分输血获得成功。全市人民送走了血吸虫这个瘟神。在全国性体育竞赛中宜昌市获得金牌2块、银牌5块、铜牌8块。1984年全市人口自然增长率为6.32‰，人口增长得到有效控制。

政社分开、建立乡政府的工作顺利完成。在市郊建立了窑湾、伍家、点军、长岭、联棚五个乡人民政府和58个村民委员会。市区增设了16个居民委员会。现有人防工事的面积比上年增加34%。市区街道办事处，组织居民开展“五讲四美三热爱”活动。接待外宾、港澳同胞、台湾同胞和海外侨胞4200多人。共受理信访9430多件。制定政府各部门的“职责范围”，改进了工作作风，提高了工作效率。

1985年工作要点

努力推进全市经济体制改革；扎扎实实地做好经济工作；放开眼界抓好城市建设；积极发展科技教育文化事业；打击严重刑事犯罪和经济犯罪活动。

四、计划报告

1985年3月26日，市十届人大二次会议第一次全体会议印发和审查了市计划委员会主任郭泗溢提交的《宜昌市1984年国民经济和社会发展计划执行情况与1985年计划安排的报告》:

1984年计划执行情况

工业总产值完成15.99亿元(不包括在市地属企业)，完成年计划的105.1%，提前一年完成了“六五”计划规定的指标，比上年增长11.43%，比1980年增长1.15倍。其中：轻工业产值完成6.28亿元，为年计划的103%，比上年增长7.8%；重工业产值完成9.71亿元，为年计划的106.6%，比上年增长14%。农业总产值完成2163万元，比上年增长17%。蔬菜上市量为4311.5万公斤，增长25%；油料总产量101.5万公斤，增长95%；鲜鱼82万公斤，增长9.5%；牛奶产量为1495.5万公斤，生猪出栏4.5万头，肉鸡出栏15.8万只。乡镇企业总产值由上年的2991万元上升到4130万元，郊区农产品率由82%提高到85%。郊区人平收入由392元提高到420元。商品零售总额完成2.75亿元，增长22%，个体经济销售额为1295万元，增长69.5%。财政收入完成8463万元，为年计划的101.6%，比上年增长7.7%。其中企业收入增长9.7%；国库券承购完成任务的104.6%；能源交通基金征集完成任务的140.6%。年末银行的城市民居储蓄存款达1.12亿元。储蓄和保险事业的发展对全市经济也起到了明显的促进作用。

当年计划基本建设项目339个，年度投资额7286万元，实际完成投资额4500万元，占计划的62.5%。市人民政府确定的重点项目完成投资额1372万元，占年计划的91.2%。归口经委管理的技术改造年度计划投资额为1.04亿元，实际完成5163万元，占计划的49.4%。全年供应钢材3万吨，超计划5500吨。开展技术协作和物资协作，缓解了部分生产建设物资需求的矛盾。安排科技项目74个，完成科研和新技术推广任务64项，占计划86.5%。教育计划基本完成，职大招生160人，中专招生290人，技校招生760人，职业高中招生624人，为计划的136%。全市人口自然增长率为6.32‰，年末人口数达到38.95万人。

1985年计划安排

工业增长速度为6%，争取8%。总产值为16.95亿元，力求工业总产值过17亿大关。农业增长11.4%，农业总产值为2410万元。外贸出口增长8%。企业积累增长8%。财政收入增长8%。

五、财政预决算报告

1985年3月26日，市十届人大二次会议第一次全体会议听取和审议市财政局局长陈光迪所作的《宜昌市1984年财政预算执行情况和1985年财政预算草案的报告》：

1984年财政决算情况

完成三项财政任务情况：财政收入任务8332万元，实际完成了8463万元，超131万元，超计划1.58%，比1983年增加604万元，增长7.68%；承购国库券任务357.8万元，实际购买381万元，超过6.4%，其中单位购买117万元，个人购买264万元；能源交通重点建设基金征集任务389.2万元，实际完成406.9万元，超任务4.6%。

财政收支决算情况，详见表3—10—5。

1984年财政收支决算情况汇总表

表3—10—5　　单位：万元

财政收入项目		完成收入	占预算%	财政支出项目		完成支出	占预算%
全市财政收入		8463.00	101.58	全市财政支出		4451	—
其中	企业收入	1778.65	48.21	其中	工交商事业费等	609	—
	亏损补贴	-1630.63			农林水事业费等	431	117.44
	工商税	7512.50	100.3		城市建设维护费	764	119.90
	工商所得税	617.30	125.97		文教科卫事业费	1225	109.28
	农业税	13.80	94.6		城镇青年就业	88	139.68
	地方五种税	25.40	126.4		行政管理费	1108	144.08
	罚款补税				其他事业费		
	其他收入	19.18	191.8		优抚人防等事业费	226	121.51
	排污费收入	126.80	—				

收支相抵，全市财政支出大于收入计338万元。去年在编制年度预算时，考虑到省直接征收葛洲坝电厂税收的因素，已上报省财政厅要求省补助宜昌市300万元。年初省已同意补助200万元，尚有赤字138万元，拟请省财政厅在审批决算时如数补助，争取全年收支平衡。财政收支平衡情况，详见表3—10—6。

1984年财政收支平衡情况汇总表

表3—10—6　　　　单位：万元

资金来源		4150	资金运用		4488
其中	当年财政分成留用	1801	其中	当年决算支出	4451
	上年财政净结余	23		结转下年使用专款	25
	上年跨转的专款及各单位包干结余	163		各单位包干结余	—
	省拨专款和单独结算	2078		利税转移应补交省	12
	省审批决算时增加补助	35			
	预算外调入资金	50			
收支相抵出现赤字					338

1985年财政预算（草案）

三项财政任务。一是财政收入任务为8946.76万元，比上年实际完成数增加483.7万元，增长7.32%。二是国库券承购642.7万元，比上年实际完成增长68.7%，其中：单位购买129万元，与1984年持平；个人购买513.7万元，比1984年增长1.23倍。三是征集能源交通重点建设基金392.7万元，基本维持1984年任务不变。财政支出预算安排，详见表3—10—7。

1985年财政支出预算安排汇总表

表3—10—7　　　　单位：万元

财政收入项目		收入安排	比上年增长%	财政支出项目		支出安排	比上年增长%
全市财政收入		8946.76	7.32	地方财政支出		2500.00	3.52
其中	地方国营企业收入	1767.76	—	其中	工交商事业费	125.40	-20.60
	亏损补贴退库	-1466.00	—		农业事业费等	57.30	12.37
	工商税	8620.00	5.70		文教科卫事业费	1048.90	-3.31
	农业税	25.00	持平		优抚等事业费	111.30	-4.68
	其他收入				行政管理费	649.60	-9.30
					其他支出	252.50	-28.11
					预留调资及预备费	255.00	

财政体制调整。从1985年起，全国实行新的财政体制。采取“核定收支，分级包干，收大于支的定额上交，收不抵支的定额补贴，收入超基数部分按比例分成（达不到基数的不补），一定五年不变”的核定收支办法，以1983年决算收入为基础，按新的有关规定进行调整，核定收入基数；支出基数，就是按1983年参与总额分成的收入数和留成比例计算，收大于支的作为上交的定额。支大于收的部分，作为补贴的定额。收入实际完成数超过收入基数的部分，省规定宜昌市按倒四六分成，即上交省百分之六十，市留百分之四十，支出超过基数的用超收分成来弥补。

财政收支平衡预测。宜昌市地方预算可用资金2638万元（其中，当年地方财政留用1872万元，增长分成604万元，调入预算外资金162万元）。弥补上年赤字138万元后，总支出2500万元。收支相抵，实现当年平衡。

六、常委会工作报告

1985年3月26日，市十届人大二次会议第一次全体会议印发和审查了市人大常委会副主任陈义炳提交的《宜昌市人大常委会工作报告》：

1984年工作回顾

加强市人大常委会机关的自身建设。在市十届人大常委会二次会议上，做出《关于设立宜昌市人大常委会法制、财政经济、城乡建设、教科文卫四个工作委员会的决定》，并在市人大常委会办公室设了秘书、代表工作、法制、财政经济、城乡建设、教科文卫六个科，同时调进了一批工作人员，为深入开展人大工作创造了必要的条件。

一年来，市十届人大常委会共举行10次主任会议，并由主任会议决定，举行6次人大常委会会议。听取和审议市人民政府及有关部门关于全市经济体制改革、两个文明建设方面的14项重大事项的工作汇报、工作报告和行政法规，审议人大工作方面的20份报告、意见和制度规定；做出免去两名人大常委会委员职务、设立人大常委会4个工作委员会、召开市十届人大二次会议日期等四项决定；做出关于经济体制改革、开展法制宣传综合治理月活动、开展秋季爱国卫生运动等三项决议；通过关于人大常委会工作要点、加强代表联络工作、任免国家机关工作人员暂行办法、发展城乡个体经济的暂行规定等四个文件草案；并审议决定了125名国家机关工作人员的职务任免（其中任命104人、免职21人）。

市人大常委会召开代表联席会，划分代表小组，选出正副组长。召开代表小组组长联席会，讨论了人大常委会与代表加强联系和开展代表小组活动的内容、方法和制度。在市十届人大常委会二次会议上通过市人大常委会《关于加强同人大代表的联系充分发挥人民代表的作用的意见》。印发会议公报5期、学习资料5期、工作通讯11期，为代表提供了工作信息和学习资料。制发了宜昌市十届人民代表大会代表证，为代表开展工作提供了有效证件。处理代表来信40多件，向政府转达代表意见20多条。督办了市十届人大一次会议的6件议案、241件代表建议意见。组织在宜昌的全国人大代表、省人大代表、市人大代表进行了5次视察。

市十届人大常委会二次会议审议通过《宜昌市人大常委会任免国家机关工作人员暂行办法》，重新任命了政府工作人员，向被任命的人员颁发了任命书。

市人大常委会两次听取和审议关于严厉打击刑事犯罪活动的情况汇报，并在市十届人大常委会二次会议上，做出开展法制宣传、综合治理月活动的决议。12月4日，召开庆祝宪法颁布两周年座谈会，宣传了宪法的正确性和执行宪法所取得的成就，进一步提高了人们执行宪法的自觉性。对上级发来的国营工业企业法（讨论稿）、《中华人民共和国涉外经济合同法（草案）》和湖北省的交通管理条例、保护妇女儿童合法权益规定、文物保护管理办法、有线广播保护办法等征求意见稿，认真组织有关部门进行了讨论，收集了意见，并将意见及时整理上报。协助市人民政府制定关于发展城乡个体经济的暂行规定，推动了第三产业发展。

加强同各地人大常委会的联系。主要联系方法：参加区域性人大工作经验交流会；参加有关地区主办的地方政权建设理论讨论会；派出学习小组赴兄弟市巡回学习；互相赠寄会议公报、工作通讯和学习资料。现与宜昌市人大建立联系的省、市、县人大常委会已达100多个，其中互赠资料的为91个，分布在17个省、1个自治区。

1985年工作要点

必须进一步明确和认真行使法律赋予人大常委会的各项职权；必须进一步健全市人大常委会的办事机构，充实工作人员，并建立岗位责任制；围绕以城市为重点的经济体制改革，积极开展人大工作；加强调查研究工作，充分发挥各工作委员会的作用；在市委的领导下，更好地同政府协调工作。

七、法院工作报告

1985年3月27日，市十届人大二次会议第一次全体会议印发和审查了市中级人民法院院长余庆富提交的《宜昌市中级人民法院工作报告》:

1984年工作回顾

受理各类刑事案件332件487人，审结320件474人，结案率为96.4%。审结案件中，判决290件425人，按照法律规定退回检察院补充侦察，建议撤回起诉或用其他方式处理的31件49人。先后召开11次不同规模的宣判大会，张扬了法制，震慑了敌人，教育了群众。在审结的320件刑事案件中，建议检察机关撤回起诉和退回补充侦察的30件35人，占8.24%，改变起诉性质的25件31人。增加新罪数罪并罚的6件6人，否定部分犯罪事实的11件16人。因不构成犯罪商请检察院撤诉的9件13人。受理各类民事案件708件，审结649件，结案率为91.7%。收案数比1983年的523件增加127件，结案数比1983年的531件多审结118件。其中调解处理的511件；撤诉97件，移送有关单位处理1件。受理各类经济纠纷案件48件，其中购销合同纠纷23件，建设承包合同纠纷2件，借款合同纠纷1件，货物运输合同纠纷3件，财产租赁纠纷1件，买卖纠纷2件，其他合同纠纷11件，诉讼标的总金额为250余万元。审结46件，结案率为96%，收案数比1983年的13件增多35件，结案数比1983的11件多34件。

受理人民来信来访1241件，接待群众来访2484人次。其中，作民事立案受理的654件，作经济纠纷案件立案受理的46件，作刑事申诉案件立案受理的46件，作简易调解处理的257件，作书面或口头直接答复处理的2302件，诉讼不清退回的64件，转有关单位处理的403件。受理各类刑事申诉案件118件，审结113件，结案率为95.8%。对原判正确，驳回申诉的76件；对原判确有错误，实事求是地进行了纠正，其中免予刑事处分的2人，纠正刑期计算的35人。对上级交办的17件老上访户申诉案件，逐件进行了查证，全部做出结论。

复查起义投诚人员案件，查阅了刑事案卷3975份4415人，清查出被判刑的起义投诚人员案件的线索47件47人，并逐件进行详细登记。除做出结论的22件外，对其余25件25人的起义投诚问题，先后到四川、云南、湖南等地查阅历史档案，获取了大量的证据材料，已做出结论意见的21人，尚待继续查证落实的4人。

1985年工作要点

认真贯彻势行中共十二届三中全会的决定，继续贯彻坚定不移的执行依法“从重从快，一网打尽”的方针，稳、准、狠地惩治严重刑事犯罪分子，继续贯彻实施全国、全省民事审判、经济审判工作会议精神，为保卫和促进经济体制改革的顺利进行做出新贡献。

八、检察院工作报告

1985年3月27日，市十届人大二次会议第一次全体会议印发和审查了市人民检察院检察长杨承忠提交的《宜昌市人民检察院工作报告》:

1984年工作回顾

受理公安机关提请批准逮捕各类案犯380名，经审查批准逮捕297名，批捕率为90%。对公安机关移送起诉的390名案犯，审结382名，审结率为97.9%。其中起诉378名，占审结数的97.6%。提起公诉的案犯，经过法院审理后，作为有罪判决的为99.3%。

揭露违法犯罪线索700余件，其中1000元以上案件线索150余件。按管辖范围，本院查处了一批严重经济犯罪分子。受理法纪案件8件9人，其中立案并查处了2件3人，对未予立案的6件6人，积极协助有关单位作了严肃处理。做好监所检察工作，查处了再犯罪案件3件。有力地打击了劳改、劳教人员重新犯罪活动。接待人民群众来信来访的控告申诉案件129件，自行查处了66件，转有关部门处理63件。

1985年工作要点

继续深入地进行打击严重刑事犯罪活动的斗争；加强对经济犯罪行为的检察工作；要切实担负起宪法和法律赋予检察机关的法纪监督职责；要进一步加强检察队伍建设。

九、会议选举

1985年3月28日，市十届人大二次会议第二次全体会议采取差额选举办法，补选出3名人大常委会委员（按姓名笔画排序）：尤竹君、李启木、吴培德。

十、议案审查报告

1985年3月27日，此次会议主席团第二次会议通过议案审查委员会所作的《宜昌市十届人大二次会议议案审查情况的报告》:

此次大会共收到议案91件、建议和意见130条。审查意见：符合议案工作暂行规定的，有30件，经过归纳，可以合并为14件议案。这些议案交由市人民政府办理，并将办理结果报市人大常委会，由市人大常委会答复提出议案的代表。属于对人民政府及各有关部门工作具体建议和意见的，有45件，作代表建议和意见一并处理。属于内容不明确或不符合议案工作规定的，有16件，由市人大常委会办公室处理。

十一、会议决议

1985年3月28日，市十届人大二次会议第二次全体会议通过4个决议。

《关于宜昌市人民政府工作报告的决议》

决议批准市长王重农所作的《宜昌市人民政府工作报告》。

决议指出，必须遵循中共十二大提出的战略目标，积极而慎重地、有步骤地推进经济体制改革，力争在经济建设、城市建设、法治建设、科学、技术、教育、文化事业等方面取得一些突破性进展，为把宜昌市建设成为社会主义现代化城市做出了新的贡献。

《关于宜昌市1984年财政预算执行情况和1985年财政预算草案报告的决议》

决议批准市财政局局长陈光迪所作的《宜昌市1984年财政预算执行情况和1985年财政预算草案报告》。关于1984年的财政决算，责成市人大常委会审议。

《关于宜昌市人民代表大会常务委员会工作报告的决议》

决议批准市人大常委会副主任陈义炳所作的《宜昌市人大常委会工作报告》。

决议指出，市十届人大常委会要进一步加强自身建设；要进一步明确和认真行使法律赋予的各项职权；要加强调查研究，紧紧围绕以城市为重点的经济体制改革，积极开展人大工作；要在市委领导下，同"一府两院"更好地协调工作，为把宜昌市逐步建成社会主义现代化城市而努力奋斗。

《关于宜昌市中级人民法院工作报告和宜昌市人民检察院工作报告的决议》

决议批准市中级人民法院院长余庆富所作的《宜昌市中级人民法院工作报告》、市人民检察院检察长杨承忠所作的《宜昌市人民检察院工作报告》。

第三节　第三次会议

1986年3月13日—17日，市十届人大三次会议在城区举行。应出席代表251人，实际出席代表233人。此次会议议程是：审查《宜昌市人民政府工作报告》；审查《宜昌市人大常委会工作报告》；审查《关于宜昌市国民经济和社会发展七五计划纲要草案和1985年计划执行情况与1986年计划安排的报告》；审查《宜昌市1985年财政预算执行情况和1986年财政预算草案的报告》；审查《宜昌市中级人民法院工作报告》《宜昌市人民检察院工作报告》；审议《关于宜昌市十届人大二次会议议案办理情况的报告（书面）》；通过《宜昌市十届人大三次会议议案审查报告》；通过此次会议各项决议。

一、预备会议

1986年3月13日，市十届人大三次会议举行预备会议。会议通过此次会议议程、大会主席团和秘书长名单、代表资格审查委员会名单、议案审查委员会名单、财政预算审查委员会名单。

二、会议机构及成员名单

市十届人大三次会议主席团和秘书长。主席团成员（按姓名笔画排序）：王冰（女）、王曰志、王重农、王维顺、冯运汉、冯锦卿、朱青、孙承铨、杨浩忠、陈义炳、陈泽耀、陈传江、张健、张忠民、杜远金、汪敬祖、辛丹凤、郑守仁、范世英（女）、林天枫、金正洪、郝逢武、徐春浩、梁继平、曹积成、常立柱、彭彦（女）；秘书长：陈义炳（兼）。

市十届人大三次会议代表资格审查委员会组成人员名单。主任委员：王维顺；副主任委员：冯运汉、辛丹凤、罗志琨；委员：陈传江、范世英（女）、金正红、彭彦（女）。

市十届人大三次会议议案审查委员会组成人员名单。主任委员：汪敬祖；副主任委员：杨浩忠、吴宪征、常立柱；委员：马苍石、王有前（女）、朱正懿、杜远金、李其木、李显明（女）、宋景隆、林天枫、顾国钧、黄洪一、曹积成。

市十届人大三次会议财政预算审查委员会组成人员名单。主任委员：陈义炳；副主任委员：史昌远、冯锦卿；委员：王正国、卞肇意（女）、冯中衡、苏志爱、吴培德、梁继坪、谭联喜。

市十届人大三次会议副秘书长名单（按姓名笔画排序）：史昌远、吴宪征、罗志琨。

三、“七五”计划纲要

1986年3月13日，市十届人大三次会议印发和审查了《宜昌市国民经济和社会发展第七个五年计划纲要（草案）》（具体内容略）。

四、“七五”计划及当年计划报告

1986年3月13日，市十届人大三次会议第一次全体会议听取和审议副市长倪忠俊所作的《宜昌市国民经济和社会发展第七个五年计划纲要草案和1985年国民经济计划执行情况与1986年计划安排的报告》：

关于“七五”计划纲要（草案）的说明

宜昌市国民经济和社会发展第七个五年计划纲要（草案），是根据市七次党代会提出的“七五”期间奋斗目标和主要任务，结合宜昌市实际情况，经过较长时间调查研究，听取多方面意见后制定的。现作如下说明：

纲要回顾了“六五”期间取得的成绩，同时指出了前进道路上存在的问题。

纲要提出的“七五”计划的指导思想包括五个方面的内容：坚持把改革放在首位；“七五”期间进一步突出技术进步；强调大胆开放，不断扩大横向经济联系；对现有企业进行技术改造和改建扩建，壮大工业骨架；加强社会主义精神文明建设。

纲要提出了宜昌市“七五”计划的基本任务。1990年全市工业总产值达到30亿元，年平均递增11%；农业总产值5000万元，年平均递增16.8%。经“七五”计划期间的努力，工农业总产值将比1980年翻两番，提前十年实现中央提出的“翻两番”目标。

“七五”计划的主要指标：1990年，国民收入14.7亿元，年平均递增7.8%；财政收入1.9亿元，年平均递增8.9%；全市社会商品零售总额5.8亿元，年平均递增9%；外贸出口产品收购总值为1.5亿元，年平均递增22.9%；年末全市职工人数将达25万人，年平均递增3.8%；工资总额为3.65亿元，年平均递增10.9%；市属大专、中专、技校的在校学生分别为3000人、2100人和4000人；全市医院病床为3060张；人口控制在50万以内，人口自然增长率为10‰左右；1990年废水处理率、废气处理率及工业废渣综合利用率争取分别达到60%、90%和80%。

列入“七五”计划的主要工业产品产量有62种。列入“七五”计划的基本建设项目有55个，五年总投资12.7亿元。

“七五”计划提出的基本任务是实事求是的，经过努力也是完全可以实现的。

实现“七五”计划的基本任务后的预测：人均工农业总产值将达到6000元以上，人均国民收入近3000元；农民人平收入将由现在的500多元增加到800元左右，职工工资将由现在的1100多元增加到1500多元。

1985年计划执行情况

全年社会总产值达到 24.33亿元。工农业总产值完成18.02亿元，为年计划的103%、比上年增长11.3%。国民收入初步计算为10.09亿元，为年计划的105.3%，比上年增长12.5%。财政收入1.24亿元，为年计划的139.2%，剔除不可比因素，比上年增长11.3%。完成工业总产值17.79亿元，为年计划的105%，比上年增长11.3%，轻工业总产值6.92亿元，比上年增长10.2%，重工业产值10.87亿元，增长11.9%。完成农业总产值2305万元，比上年增长6.6%，乡镇企业总产值完成5714万元，比上年增长43.1%；郊区人平收入超过500元。完成固定资产投资8.3亿元，比上年增长31.4%。其中，基本建设投资6.64亿元，比上年增长26.1%；生产性建设投资4.86亿元，增长12.5%；住宅、学校、医院、城市公用设施的投资1.78亿元，增长87.5%。完成商品零售总额3.78亿元，为年计划的102%，比上年增长30.1%，剔除物价上涨因素增长17.7%。零售物价总指数比上年上涨10.6%。外贸出口收购总产值完成5349万元，为省计划的118.9%，比上年增长45%。

科研、新产品项目56个，投资163万元，实际完成85%。大专、中专和技校分别招生651人、396人和880人，职业中学、普通高中和初中分别招生984人、1699人和6977人，小学入学8823人。拥有病床3042张，比上年增加122张。年末，人口达到41.05万，比上年增加2.15万人，人口自然增长率4.84‰，比上年下降1.48‰。全年安置就业5149人，职工总人数20.72万人，工资总额达到7900万元。

1986年计划安排方案

工农业总产值19.25亿元，国民收入10.82亿元，财政收入1.49亿元，力争经济效益增长速度高于产值增长速度。工业增长速度确定为7%，实际按“保七争九”做工作。即工业总产值计划完成19至19.3亿元。农业总产值计划2500万元，增长8.46%；乡镇企业总产值7370万元，增长29%。固定资产投资，申报的基建投资计划9129万元，更新改造计划1.35亿元，需要安排的基建项目67个，商品住宅25万平方米。社会商品零售总额计划为3.96亿元，增长4.85%；出口商品收购总值计划为6226万元，增长16.4%，力争达到1亿元。科研计划新开工20项，投资127.8万元。大中专、技校、职业中学招生人数要有相当增长。年末全市人口控制数42万人，人口自然增长率为10‰。

上述指标都是预安排建议数，待计划会召开后正式下达。

五、政府工作报告

1986年3月13日，市十届人大三次会议第一次全体会议听取和审议市长王重农所作的《宜昌市人民政府工作报告》：

1985年工作情况

全市完成工农业产值18.03亿元，比上年增长11.3%。其中工业总产值17.80亿元，增长11.3%。完成物资运输量620万吨，比上年增长4.8%。蔬菜总产量0.58亿公斤，比上年增长1%；生猪出栏4.9万头，增长9.4%；鲜鱼总产量112.5万公斤，增长37%；柑橘产量达到721.5万公斤，比上年增长2%，郊区人平纯收入超过500元。财政收入完成1.39亿元，比上年增长46%，（剔除不可比因素，增长11.3%）。

社会商品零售总额达到3.78亿元，增长30%。全市共接待来自53个国家和地区的外宾、外国旅游者及港、澳、台同胞1.49万多人，比上年增长21%。全市职工平均工资达1141元，比上年增长13%。全市共安排待业人员5149人，职工总人数比上年增长3%。年末居民储蓄存款余额达1.42亿元，比上年末增长43%。

规划部门在积极准备修改城市总体规划的同时，编制了伍家岗、隆中路等四个小区详细规划。全年共植树131万株，开辟临街绿地26处，绿化覆盖率增加到16.25%。环保部门坚持“一管二帮”，积极帮助企业治理污染。新增公共汽车和出租汽车48辆，市内交通条件继续改善。科技教育文化事业有了新发展。社会治安和行政管理取得了较大的成绩。外事、侨务、民族宗教、人防、征地、档案、信访、接待、地方志编纂等部门做出了新的成绩。

主要抓了五个方面的工作：积极而稳妥地推进经济体制改革，把宏观控制和微观搞活有机地结合起来；坚持速度和效益的统一，引导企业向内使劲要效益；坚持“人民城市人民建，人民城市人民管”的方针，加速城市建设步伐；在抓社会主义物质文明建设的同时抓好社会主义精神文明建设，坚持两个文明一起抓；努力改进机关作风，为基层、群众办实事。

1986年工作要点

本着巩固、消化、补充、完善的原则，坚持把改革放在首位；以提高经济效益为中心，全面抓好经济建设；抓好城市重点建设工程，为全市人民办几件实事；重视和加强科技教育文化事业，认真抓好政法工作和其他社会工作。

六、财政预决算报告

1986年3月13日，市十届人大三次会议第一次全体会议听取和审议市财政局局长陈光迪所作的《宜昌市1985年财政预算执行情况和1986年财政预算草案的报告》:

1985年财政预算执行情况

完成三项财政任务情况。一是财政收入任务，市十届人大二次会议批准的1985年全市财政收入预算总额为8946.8万元。后来，随着几项新税开征和财政体制的调整，省属企业下放，省又按照新的口径，将宜昌市收入任务调整为12352万元。实际完成12386万元，为预算的100.27%，超收34万元。按可比口径计算，比1984年增长 11.34%。二是认购国库券715.4万元，比调整后的任务706万元，超过了1.29%。三是完成征集能源交通重点建设基金749万元，比任务569万元超收180万元，超过31.6%。

财政收支预算执行情况，详见表3—10—8。

1985年财政收支预算执行情况汇总表

表3—10—8　　单位：万元

财政收入项目		完成收入	占预算%	财政支出项目		完成支出	占预算%
全市财政收入		12375	100.27	地方财政支出		4119	108.50
其中	企业收入	499	57.82	其中	专用资金支出	86	-
	亏损补贴				工交商事业费等	127	—
	工商营业税	2113	99.42		城市维护建设费	1047	—
	产品税	5904			农林水事业费等	73	—
	增值税	1675			文教科卫事业费	1425	—
	工商所得税	577	105.60		行政管理费	761	—
	地方五种税	11	55.00		其他事业费	335	—
	奖金税	374	534.00		其他支出		—
	城市维护建设税	1053	112.04		排污费支出	106	—
	农业税	24	74.30		抚恤和社会福利救济费	159	
	其他收入	39	380.90				
	排污费收入	106	88.30				

收支相抵，全市财政支大于收334万元。其中80万元是上年结转，当年财政赤字254万元。财政收支平衡情况，详见表3—10—9。

1985年财政收支平衡情况汇总表

表3—10—9　　单位：万元

资金来源		4566	资金运用		4900
其中	当年财政分成留用	3771	其中	当年决算支出	4880
	上年财政净结余	-80		结转下年使用专款	20
	上年跨转的专款	25		各单位包干结余	
	省拨专款和单独结算	804		利税转移应补交省	
	省审批决算时增加补助	12			
	预算外调入资金	34			
收支相抵出现赤字					334

1986年财政预算（草案）

三项财政任务。一是财政收入预算为14893万元，按可比口径，比1985年增长12.02%。二是国库券任务727万元，比上年增加85万元，其中个人购买516万元，单位购买211万元。三是征集能源交通重点建设基金任务569万元，与1985年相同。

财政收支预算安排，详见表3—10—10。

1986年财政收支预算安排汇总表

表3—10—10 单位：万元

财政收入项目		收入安排	比上年增长%	财政支出项目		支出安排	比上年增长%
全市财政收入		14893	12.00	地方财政支出		4695	-3.00
其中	亏损补贴退库	-568	—	其中	专用资金支出	902	—
	工商税	10994	3.09		工交商事业费	160	26.00
	城市维护建设税	1110	5.41		农业事业费等	55	—
	工交等企业所得税	2846	17.60		文教科卫事业费	1291	-9.00
	商业企业所得税	466	42.00		优抚救济支出	160	—
	农业税	33	32.00		城市维护建设费	1055	0.80
	其他收入	12	-69.24		行政管理费	825	8.40
					其他事业费	52	-77.00
					其他支出	95	-11.00
					总预备费	100	—

财政收支出平衡预测。地方预算可用资金4775万元，其中：当年地方财政留用4755万元，上年结转专款20万元。总支出4685万元，弥补上年赤字80万元。收支相抵，实现当年收支平衡。

七、常委会工作报告

1986年3月15日，市十届人大三次会议第二次全体会议听取和审议市人大常委会主任郝逢武所作的《宜昌市人大常务委员会工作报告》：

1985年工作情况

通过整党，进一步增强了同中共中央在思想上、政治上保持一致的自觉性，深刻认识到端正党风的极端重要性，明确了人大常委会的业务工作的指导思想。

一年来，共举行8次市人大常委会会议，审议4个地方国家机关和政府所属部门各方面的工作报告、情况汇报和人事任免提议32件，并做出5项决议、7个决定。认真检查人民代表大会和人大常委会决议、决定的执行情况。

履行人大常委会的各项工作职责。一是在法治建设方面，除审议有关法律的实施情况，并做出贯彻实施的决议以外，还为全国和省新制定的7个法律（草案）和地方性法规（征求意见稿），征求、收集、整理了修改、补充意见。二是进一步加强了同人大代表的联系，印发市人大常委会会议公报7期、工作通讯8期、学习资料6期；处理了人民代表来信来访27件；并组织有关代表开展一些视察活动，协助各代表小组开展代表小组活动，较好地发挥了代表的作用。三是进一步贯彻实施了中共中央（1984）8号和9号文件，一年来，在人事任免方面，坚持了严格按照法律程序办理，对个别违反规定的现象，也做了及时纠正。

加强人大常委会自身建设。法制工作委员会已任命了专职正、副主任；城乡建设和科教文卫两个委员会也各任命了1名专职副主任，为逐步完善市人大常委会的工作机构和正常开展工作委员会工作打下了初步基础。

1986年工作要点

进一步加强人大常委会的自身建设；进一步增强依法履行职权的自觉性和责任感；进一步加强代表联络工作；督办市十届人大三次会议议案和代表建议、意见；做好市十一届人民代表大会代表选举和人大换届的各项准备工作。

八、法院工作报告

1986年3月15日，市十届人大三次会议第二次全体会议听取和审议市中级人民法院院长余庆富所作的《宜昌市中级人民法院工作报告》：

1985年工作回顾

受理各类刑事案件180件245人，审结172件229人，结案率95.5%。审结案件中，判决的148件192人，依照法律规定用其他方式处理的24件37人。在受理的刑事案件中，有经济犯罪案件6件10人，已全部审结，为国家和集体挽回经济损失5.5700万元。受理各类民事案件747件，审结640件，结案率85%。受理各类经济纠纷案件129件，比1984年的48件增加1.7倍，审结103件，审结率79.8%。已经结案中属购销合同纠纷66件，争议标的总金额达5.8954万元，比1984年增加2倍多。

受理各类刑事申诉案件163件，其中反革命申诉案件43件，普通刑事申诉案件120件，审结150件，结案率92%，维持原判的129件，改判的10件，纠正刑期计算的11件。对47件起义投诚人员案件，进行了复查，已做出结论的46件。受理人民群众来信1414件，接待群众来访2326人次，都分别情况进行了处理。

1986年工作要点

贯彻“从重从快”的方针，严厉惩治刑事犯罪分子和严重破坏经济的罪犯，对大案要案，做到快审快结；坚决依法严惩严重经济犯罪分子；积极审理民事案件和经济纠纷案件；加强法院干部队伍建设，提高干部的政治素质和业务素质。

九、检察院工作报告

1986年3月15日，市十届人大三次会议第二次全体会议听取和审议市人民检察院检察长杨承忠所作的关于《宜昌市人民检察院工作报告》：

1985年工作回顾

受理各类经济案件线索40余件，已开展立案侦查的15件，其中大案7件，重大诈骗案1件。正在做立案准备的5件。批准逮捕各类案犯238名，经过审查，批准逮捕221名，批捕率为92.9%，对公安机关移送起诉书222名案犯，审结203名，审结率为91.4%，其中起诉193名，免予起诉10名，起诉率为95%。提起诉讼的案犯，经法院审理后，对99.4%案犯作了有罪判决。

履行监所检察职能，积极查处再犯罪案件。检察院增设了控告申诉科，接待来信来访145件，自行处理56件，转处89件。

1986年工作要点

把打击严重经济犯罪活动作为主要任务，抓紧抓好；充分发挥刑事检察职能作用，绝不放松打击严重刑事犯罪活动；严肃查处国家机关工作人员中，以权谋私、渎职犯罪案件；进一步加强检察队伍建设。

十、议案审查报告

1986年3月17日，此次会议主席团第三次会议通过议案审查委员会所作的《宜昌市十届人大三次会议提案审查情况的报告》(资料缺失，内容不详)。

十一、会议决议

1986年3月17日，市十届人大三次第四次全体会议通过5个决议。

《关于宜昌市人民政府工作报告的决议》

决议批准市长王重农所作的《宜昌市人民政府工作报告》。

决议号召全市人民同心同德，迎难而上，坚韧不拔，开拓前进，为全面完成1986年国民经济和社会发展的各项任务而努力奋斗。

《关于宜昌市国民经济和社会发展第七个五年计划纲要草案和1985年国民经济计划执行情况与1986年计划安排的报告的决议》

决议批准副市长倪忠俊所作的《宜昌市国民经济和社会发展第七个五年计划纲要草案和1985年国民经济执行情况与1986年计划安排的报告》。

《关于宜昌市1985年财政预算执行情况和1986年财政预算草案的报告的决议》

决议批准市财政局局长陈光迪所作的《宜昌市1985年财政预算执行情况和1986年财政预算草案报告》。宜昌市1985年的财政决算，正式编定后，由市人大常委会审议。

《关于宜昌市人大常委会工作报告的决议》

决议批准市人大常委会主任郝逢武所作的《宜昌市人大常委会工作报告》。

决议指出，为了发展社会主义民主，健全社会主义法制，市人大常委会工作要进一步加强。要坚持严格依法办事，积极开展调查研究工作，认真履行法律赋予的各项职权和工作职责，以保证宪法和各项法律的实施。

《关于宜昌市中级人民法院工作报告和宜昌市人民检察院工作报告的决议》

决议批准市中级人民法院院长余庆富所作的《宜昌市中级人民法院工作报告》、市人民检察院检察长杨承忠所作的《宜昌市人民检察院工作报告》。

第四节　第四次会议

1987年3月12日—15日，市十届人大四次会议在城区举行。应出席代表248人，实际出席代表228

人，列席人员124人。此次会议议程是：听取和审议《宜昌市人民政府工作报告》；听取和审议《宜昌市人大常委会工作报告》；听取和审议《宜昌市1986年国民经济和社会发展计划执行情况及1987年计划安排的报告》；听取和审议《宜昌市1986年财政预算执行情况和1987年财政预算草案的报告》；听取和审议《宜昌市中级人民法院工作报告》《宜昌市人民检察院工作报告》；通过《宜昌市十届人大四次会议议案审查报告》；通过此次会议各项决议。

一、预备会议

1987年3月12日，市十届人大四次会议举行预备会议。会议通过此次会议议程、大会主席团和秘书长名单、议案审查委员会名单、财政预算审查委员会名单。

二、会议机构及成员名单

市十届人大四次会议主席团和秘书长。主席团成员（按姓名笔画为序）：王冰（女）、王曰志、王维顺、冯运汉、冯锦卿、朱青、孙承铨、杨浩忠、陈义炳、陈泽耀、陈传江、吴宪征、张健、张忠民、杜远金、汪敬祖、辛丹凤、郑守仁、范世英（女）、林天枫、金正洪、郝逢武、徐春浩、梁继平、曹积成、常立柱、彭彦（女）；秘书长：陈义炳（兼）。

市十届人大四次会议主席团常务主席（按姓名笔画排序）：王维顺、冯锦卿、杨浩忠、汪敬祖、陈义炳、郝逢武、常立柱。

市十届人大四次会议议案审查委员会组成人员名单（分别按姓名笔画为序）：主任委员：汪敬祖；副主任委员：杨浩忠、常立柱、彭彦（女）；委员：马苍石、朱正懿、杜远金、李其木、李显明（女）、宋景隆、林天枫、顾国钧、黄洪一、曹积成。

市十届人大四次会议财政预算审查委员会组成人员名单（分别按姓名笔画为序）：主任委员：陈义炳；副主任委员：史昌远、冯锦卿；委员：王正国、卞肇意（女）、冯中衡、苏志爱、吴培德、梁继坪、谭联喜。

市十届人大四次会议副秘书长名单（按姓名笔画排序）：史昌远、吴宪征、罗志琨（女）。

三、政府工作报告

1987年3月12日，市十届人大四次会议第一次全体会议听取和审议代理市长罗清泉所作的《宜昌市人民政府工作报告》：

1986年工作情况

全市有工业企业280个。1985年，全民所有制企业工业产值占全市工业总产值的87%；集体企业工业产值占全市工业总产值的12.9%。重点搞活的21个骨干企业销售收入和实现利税分别比上年增长16.2%和8.22%。市二轻系统1986年完成的工业总产值、销售收入和实现利税分别比上年增长17.2%、17.9%和14.3%。全市工业系统已组建横跨21个省市的经济联合体150多个。商业系统与20多个省市的千余家工商企业建立了购销轮作关系。交通系统也和外地建立多渠道、多层次的水陆运输网络。

1986年，完成工业总产值19.55亿元，比1985年增长9.6%（按新口径增长9%）；农业总产值比上年增长18.7%；上缴利税总额4.96亿元，比上年增长17%，其中地方财政收入完成1.44亿元，比上年增长16.5%（按可比口径增长8.7%）；商品零售总额为4.46亿元，比上年增长18.1%；外贸出口收购额达到1.1亿元；安排待业人员6443人，城市居民的就业面进一步扩大；职工人平年工资收入达到1366元，比上年增长19.5%；农民人平纯收入680元，比上年增长23.2%；年末城乡居民储蓄余额达2.01亿元，比上年增长41.4%。扣除社会物价总指数上升7.8%的因素，全市人民生活水平仍有不同程度的提高。

在做好城市总体规划修改的准备工作的同时，编制了西陵峡口风景区、江南新区、伍家岗中心区、九码头小区的规划方案及旧城区改造的详细规划方案。市人民政府决定抓好5项重点工程和10件实事的目标已经实现。

继续调整市内初中和高中的布局，缓解生产集中地段“入学难”的问题。新建校舍5700多平方米，扩建了小学3所，中小学和高校办学条件得到改善。全年共安排科技项目49个，经费总额达1072万元，超过“六五”期间国家在全市科技投资的总额。

1987年工作要点

增产节约、增收节支，全面抓好经济工作；突出重点，深化配套，继续推进经济体制改革；尽力而为，量力而行，提高城市建设的综合效率；坚持四项基本原则，认真落实精神文明建设规划。

四、计划报告

1987年3月12日，市十届人大四次会议第一次全体会议听取和审议市计划委员会主任刘康民所作的《宜昌市1986年国民经济和社会发展计划执行情况与1987年计划安排草案的报告》:

1986年计划执行情况

全年工业总产值完成19.56亿元，为年计划的102.9%，比上年增长9.8%。按统计口径考核的86种产品中，有60种比上年增产，占考核品种的70%。主要工业产品的质量稳定提高率达到83%，与上年持平；工业优质品产值增长46%，优质品率达到17.4%，超过计划的5.4%，比上年提高4.3%；万元产值综合能耗3.69吨，比上年下降2.6%；预算内工业企业总产值增长3.6%，实现利税增长3.2%，销售收入增长12.5%；全民所有制工业企业全员劳动生产率达到25217元/人，比上年增长7.3%。

农业总产值达到2736万元，为年计划的109.4%，比上年增长18.7%。农民纯收入达到680元，比上年增长23.2%。乡镇企业全年完成总产值5463万元，比上年增长4.1%，其中户办及联办企业产值达到972万元，比上年增长22.3%。

社会商品零售总额达到44611万元，为计划的105.5%，比上年增长18.1%；集市贸易成交额达到6765万元，增长57.2%。全年全社会商品零售物价总指数上升7.8%，比上年下降2.8%；职工生活费用价格指数上升9.1%，扣除生活费用价格指数的影响因素，实际增长了9.5%。

外贸出口商品收购总值达到1.1亿元，为省下达的年度计划6000万元的182.6%，比上年增长87.3%。

完成财政收入1.44亿元，比上年增长16.5%（剔除不可比因素，增长8.6%）实现了财政收支平衡，略有节余。年末银行存款余额达6.67亿元，为年计划的122.8%，比年初增加1.75亿元，上升35.6%。年末银行贷款总额达12.13亿元，比年初增加2.49亿元，上升25.8 %。

固定资产投资总规模完成7.83亿元（不含地直单位），比1985年7.79亿元，上升0.4%。其中市属固定资产投资完成2.28亿元，比上年1.98亿元上升15.2%。在市属固定资产投资中，生产性建设投资1.50亿元，占66%，比1985年提高了5.5%。

市属大中专、技校、普通高中、初中和小学均完成了招生计划。其中各类中专计划招生410人，实际招生505人；技校招生800人，实际招生855人；广播电视大学第一次招收应届高中毕业生140人，1986年省下达宜昌市大中专毕业生分配计划546人，实际报到565人（其中大专生119人，中专生446人）。医院病床数达到2770张，比上年增长6.7%。全市人口自然增长率为5.26‰，年末人口达到417410人。

1987年计划安排方案

主要目标：按工业总产值新口径计算，工农业总产值达到20.30亿元，比1986年增长10%，其中，农业总产值达到2950万元，增长8%。工业总产值达到20亿元，增长10%。

主要工作：进一步调整工业结构，狠抓产品战略，以提高经济效益为中心，发展工业生产；树立新的农业生产观念，增强农业生产的后劲，加速发展郊区农村多种经济；继续控制固定资产投资规模，合理调整投资结构，大力提高投资效益；抓好对外贸易，积极扩大出口创汇，增加外汇收入；重视智力开发，抓好一批重点科技项目，继续改善社会事业的基础条件。

五、财政预决算报告

1987年3月12日，市十届人大四次会议第一次全体会议听取和审议市财政局局长陈光迪所作的《宜昌市1986年财政预算执行情况和1987年财政预算草案的报告》：

1986年财政预算执行情况

完成三项财政任务情况。一是完成财政总收入28469万元，剔除葛洲坝电厂直接上解中央和省级收入14036万元外，市级财政收入为14433万元。二是征收能源交通重点建设基金569万元。三是发行国库券729万元。

财政收支预算执行情况，详见表3—10—11。

1986年财政收支预算执行情况汇总表

表3—10—11　　单位：万元

财政收入项目		完成收入	占预算%	财政支出项目		完成支出	占预算%
市级财政收入		14433	96.91	全市财政总支出		7684	—
其中	各项税收	12621	104.27	其中	专用资金支出	560	102.90
	地方国营企业收入	2900	87.58		各项差价补贴支出	1919	—
	国营企业亏损补贴	-1281	201.25		工交商事业费等	345	215.00
	农业税	19.80	60.15		城市维护建设费	1223	115.92
	其他收入	2	16.75		农林水事业费等	112	203.63
	排污费收入	171	61. 32		文教科卫事业费	1763	136.56
					行政管理费	957	116.00
					抚恤和社会福利救济费	231	144.37
					其他部门事业费	293	—
					其他支出	110	—
					排污费支出	171	—

财政收支平衡情况，详见表3—10—12。

1986年财政收支平衡情况汇总表

表3—10—12 单位：万元

资金来源		7735	资金运用		7726
其中	当年财政分成留用	5505	其中	当年决算支出	7684
	上年财政赤字	-171		结转下年使用专款	42
	上年跨转的专款	20			
	省拨专款和单独结算	2232			
	省审批决算时增加补助	10			
	预算外调入资金	139			
收支相抵，净结余					9

说明：财政收支收支相抵，净结余9万元。实现了当年财政收支平衡，略有结余，消除了连续两年的财政赤字。

1987年财政预算（草案）

四项财政任务。一是市级财政收入安排为16215万元，按可比口径比1986年增长12.35%。二是能源交通重点建设基金569万元，与上年任务相同。三是发行国库券购买任务736.4万元，比1986年增加7.8万元。四是承担中央向宜昌市借款438万元（连续借用三年，每年从下拨的专款中扣除）。

财政收支预算安排，详见表3—10—13。

1987年财政收支预算安排汇总表

表3—10—13 单位：万元

财政收入项目		收入安排	比上年增长%	财政支出项目		支出安排	比上年增长%
市级财政收入		16215	12.35	地方财政总支出		5992	-4.00
其中	工商税收	13580	7.61	其中	专用资金支出	106	67.60
	国营企业收入	2990	3.10		各项差价补贴支出	1422	-6.80
	国营企业亏损补贴	-553	-56.80		工交商事业费	157	10.30
	农业税	33	—		农业事业费等	49	-10.90
	排污费收入	150	—		文教科卫事业费	1597	-1.50
	其他收入	15	—		城市维护建设费	1101	-10.00
					优抚救济支出	170	0.90
					行政管理费	832	-10.00
					环境保护补助资金	150	—
					其他支出	308	-10.00
					总预备费	100	—

六、常委会工作报告

1987年3月14日，市十届人大四次会议第二次全体会议听取和审议市人大常委会主任郝逢武所作

的《宜昌市人大常委会工作报告》:

召开此次会议的说明

按照地方组织法规定，不设区的市人民代表大会每届任期三年，宜昌市十届人民代表大会今年4月即满任期，应该依法进行换届选举。但是，1986年12月，宜昌市经国务院批准，设西陵、伍家岗、点军三个区，1987年要全面开展建区工作，并依法由各区人民代表大会选出市十一届人民代表大会代表，然后才能召开市十一届人民代表大会第一次会议。市十一届人民代表大会第一次会议，待各区人民代表大会选出市十一届人民代表大会代表之后，再适时召开。

1986年工作情况

1986年，市人大常委会主持召开市十届人大三次会议。举行7次市人大常委会会会议，共听取和审议16个工作报告和工作汇报；听取和审议统计法、食品卫生法、计量法、义务教育法、渔业法等5件法律实施情况的报告；共做出决议3项、决定15项；审议人事任免提请和报告13个、常委会委员辞呈3个，共任命国家机关工作人员21名，免去国家机关工作人员职务9名，批准常委会委员辞职3名，撤销局长1名。

市人大常委会加强同人大代表的联系，发挥人民代表的作用。一年来，共编印发给代表《会议公报》7期、《工作通讯》6期、《学习资料》12期，组织代表座谈、视察10余次，还同代表进行信访联系150多人次。对市十届人大三次会议的10件议案和146件代表建议、意见进行了督促检查。

市人大常委会加强法律监督，一方面在常委会会议上审议有关法律的实施情况，另一方面还采取开座谈会、组织视察等形式，检查有关法律的贯彻实施情况，并写出专题材料转有关部门抓紧依法办理。协助省人大常委会在宜昌市进行了普法教育视察活动和召开全省法制工作委员会工作座谈会。完成了15项法律和地方性法规（草案）的征求意见工作。

加强人大常委会的机关建设，对法制、财经、城乡建设、教科文卫四个工作委员会和一个办公室，作了个别的人员调整和充实，办公室现在已设秘书、行政、代表联络三个科，并成立了代表资格审查委员会。

1987年工作要点

认真学习、宣传、贯彻全国人大常委会关于加强法制教育维护安定团结的决定；加强调查研究，及时开展视察活动；认真抓好区、乡两级直接选举工作，搞好市级国家机关的换届选举工作；认真坚持依法办事，对人事任免事项，严格按照法律规定和法律程序办理；检查督促议案和代表建议、意见办理工作；进一步加强同代表的联系，充分发挥代表的作用；进一步加强人大常委会机关建设。

七、法院工作报告

1987年3月14日，市十届人大四次会议第二次全体会议听取和审议市中级人民法院院长余庆富所作的《宜昌市中级人民法院工作报告》:

1986年工作情况

受理各类刑事案件306件467人，受案数比上年增多126件，上升70%。审结295件448人，结案率为96.4%，审结案件数比上年多129件。除退查外，已判决265件403人。判决发生法律效力的176件266人。受理各类民事案件877件，比上年增多130件，上升了17.1%。审结798件，结案率91%。审结数比上年增多158件。民事积案比上年减少26.1%。其中：调解结案的704件，占88.2%；判决的只12件，占1.5%；撤诉和终结的82件，占10.3%。受理经济纠纷案件171件，比上年增多42件，上升32.5%，结案率为91.2%，比上年多结案53件，结案率提高11.4%，积案减少42%。其中：调解结案的127件，占81.4%，判结的只4件，占3.1%，作其他处理的25件，占15.5%。审结的诉讼标的金额为6.7064万元。受理各类刑事申诉案件170件，审结140件，结案率为82.4%。其中：维持原判的97件，改判的25件26人，其他处理的18件。处理人民来信1995件，接待来访2875人次。

1987年工作要点

认真贯彻邓小平同志“一手抓建设，一手抓法制”的战略思想，坚定不移地坚持四项基本原则，旗帜鲜明地反对资产阶级自由化；继续贯彻依法“从重从快”的方针，对严重刑事犯罪分子和严重破坏经济的犯罪分子；努力做好各项审判工作，为保障和促进“两个文明建设”做出新贡献。

八、检察院工作报告

1987年3月14日，市十届人大四次会议第二次全体会议听取和审议市人民检察院检察长杨承忠所作的《宜昌市人民检察院工作报告》：

1986年工作情况

受理各类经济案件线索130件，调查了110件，从中立案55件68人，立案数是1985年的6倍。现在已办结51件，结案率93%，向法院移送起诉14件，免予起诉10件，逮捕严重经济犯罪分子52人，为国家和集体挽回经济损失62万多元。立案查处了大案要案23件，占立案数的41%。受理公安机关报批的各类人犯380名，经审查，依法批捕350名。受理公安机关移送起诉案犯394名，审结案374名，审结率为95%，其中起诉367名，免予起诉12名，提起诉讼的案犯经法院审理，99.6%都作了有罪判决。

受理法纪案件33件，查处了玩忽职守案、非法拘禁案、破坏通信自由案、重大责任事故等案件。开展对监所的检察工作，查处了再犯罪案件。加强了对“三所一站”安全、执法检查，对在押人犯集中开展法律教育、政策教育。接待群众来访407人次。对检察院重建前的免予起诉案件进行了复查。

1987年工作要点

提高干警坚持四项基本原则，反对资产阶级自由化的自觉性；坚持“两手抓”的方针，积极参与综合治理；继续打击经济领域的严重犯罪活动；严肃查处国家机关工作人员中，以权谋私、渎职犯罪案件。

九、议案审查报告

1987年3月15日，此次会议第三次全体会议通过议案审查委员会所作的《宜昌市十届人大四次会议议案审查情况的报告》：

此次会议共收到代表提出的议案24件。审查意见：将《关于加强宜昌市社会治安防范工作的议案》《关于成立宜昌市二社会福利院的议案》《关于成立宜昌市工读学校的议案》等3件作为方案处理，由市人民政府研究办理，并将办理结果报市人大常委会，由市人大常委会答复提出议案的代表；有

18件属于对各方面工作的建议、批评和意见，作为代表的建议和意见交有关部门研究处理；提出议案的代表不足10人的3件，交市人大常委会办公室处理。

此次会议收到代表提出的建议和意见118件，由市人大常委会办公室归纳后，交市人民政府办公室办理。

十、会议决议

1987年3月15日，市十届人大四次会议第三次全体会议通过5个决议。

《关于宜昌市人民政府工作报告的决议》

决议批准代理市长罗清泉所作的《宜昌市人民政府工作报告》。

决议号召，全市人民同心同德，团结一致，为全面完成宜昌市1987年国民经济和社会发展的各项任务而努力奋斗。

《关于宜昌市1986年国民经济和社会发展计划执行情况与1987年计划安排报告的决议》

决议批准市计划委员会主任刘康民所作的《关于宜昌市1986年国民经济和社会发展计划执行情况与1987年计划安排报告》。

《关于宜昌市1986年财政预算执行情况和1987年财政预算草案报告的决议》

决议批准市财政局局长陈光迪所作的《宜昌市1986年财政预算执行情况和1987年财政预算草案报告》。宜昌市1986年的财政决算正式编定后，由市人大常委会审议。

《关于宜昌市人大常委会工作报告的决议》

决议批准市人大常委会主任郝逢武所作的《宜昌市人大常委会工作报告》。

决议要求，为加强社会主义民主和社会主义法治建设，市人大常委会要充分发挥地方国家权力机关的作用，认真学习、宣传、贯彻《全国人大常委会关于加强法制教育维护安定团结的决定》，切实加强法律监督和对行政、审判、检察机关的工作监督，以保证宪法、法律的正确实施和全市两个文明建设顺利进行。

《关于宜昌市中级人民法院工作报告和宜昌市人民检察院工作报告的决议》

决议批准市中级人民法院院长余庆富所作的《宜昌市中级人民法院工作报告》、市人民检察院检察长杨承忠所作的《宜昌市人民检察院工作报告》。

第十一章 宜昌市第十一届人民代表大会历次会议

1982年地方组织法规定："设区的市的人民代表大会每届任期五年。"1986年12月，经国务院批准市设立了西陵、伍家岗、点军三个市辖行政区。据此，市十一届人民代表大会于1988年1月至1992年8月间共召开5次会议。详见表3—11—1。

市第十一届人民代表大会统计表

表3—11—1 单位：人次、个、件

市第十一届人民代表大会	一次会议	二次会议	三次会议	第次会议	五次会议	合 计
应出席会议代表	222	219	219	217	218	1095
实际出席会议代表	211	206	204	200	176	997
听取和审议"一府两院"报告	6	6	6	7	6	31
听取和审议议案办理报告	1	1	1	1	1	5
办理议案	3	2	—	—	—	5
办理建议、意见、批评	154	123	107	95	93	572
通过决议	6	6	6	7	6	31
选举省人大代表	23	—	—	—	—	23
选举市人大常委会组成人员	28	—	—	4	3	35
设立市人大专门委员会机构	4	—	—		—	4
通过市人大专委会组成人员	44	—	—	1	5	50
选举市人民政府市长、副市长	6	—	—	—	—	6
选举法院院长、检察院检察长	2	—	—	—	—	2

第一节 第一次会议

1988年1月15日—21日，市十一届人大一次会议在城区举行。应出席代表222人，实际出席211人，列席人员40人。会议审议市人大常委会和"一府两院"6个工作报告，并相应做出6个决议。会议选举市十一届人大常委会组成人员；决定设立四个专门委员会，并通过其组成人员名单；选举市人民政府市长、副市长、市中级人民法院院长和市人民检察院检察长；选举市出席湖北省第七届人民代表大会代表。会议印发市十届人大常委会二十六次会议通过的《关于宜昌市十一届人民代表大会代表资格的审查报告》和《关于宜昌市十届人大四次会议议案办理情况的报告》。

一、预备会议

1988年1月15日，市十一届人大一次会议举行预备会议。会议通过此次会议议程、大会主席团和秘书长名单、议案审查委员会名单、财政经济审查委员会名单。

二、会议机构及成员名单

市十一届人大一次会议主席团和秘书长。主席团成员（按姓名笔画排序）：马苍石、王维顺、王淑珍（女）、韦有竹（女）、刘一是、孙承铨、李华春、吴宪征、吴培德、宋玉琪、宋锦隆、肖桂兰（女）、张兴本、张忠民、汪敬祖、罗清泉、罗勤新、屈鹏、辛丹凤、郝逢武、郭海晏、崔传礼、顾国钧、梁继平、黄承章、韩文炎、韩德锋；秘书长：王维顺（兼）。

市十一届人大一次会议案审查委员会组成人员名单。主任委员：汪敬祖；副主任委员：林家瑜、岳庆坡；委员：马苍石、朱正懿、宋景隆、顾国钧。

市十一届人大一次会议财政经济审查委员会组成人员名单：主任委员：王维顺；副主任委员：李克、梁继平；委员：王淑珍（女）、李华章、肖昌发、吴培德、张兴本、韩文炎。

市十一届人大一次会议副秘书长名单：吴宪征、战玉栋、肖桂兰（女）。

三、政府工作报告

1988年1月16日，市十一届人大一次会议第一次全体会议听取和审议代理市长罗清泉所作的《宜昌市人民政府工作报告》：

四年工作回顾

国民经济。1987年全市工业总产值达到22.08亿元，比1986年增长21.07%。市工业企业四年累计创造积累约6.7亿元，其中1987年突破2亿元，比1986年增长18.6%，比1983年增长1.8倍。蔬菜总产量达5545万公斤、柑橘1900万公斤、鲜鱼150万公斤、牛奶250万公斤，分别比1983年增长28.07 %、97%、1.02倍、42%；农村社会总收入达1.1亿元，增长1.1倍。财政收入1.64亿元，比1983年增长1.08倍，收支平衡，并略有节余。国库券认购、重点建设债券发行及财政节支任务都已圆满完成。1987年银行各项存款余额达8.1亿元，比1983年增长1.1倍；各项贷款余额达14亿元，比1983年增长2.14倍。商品购进总额达4.9亿元，比1983年增加2倍。社会商品零售总额达5.2亿元，集市贸易成交额达7100万元，分别比1983年增长1.3倍和3.1倍。外贸出口收购额达到1.2亿元，比1983年增长1.5倍，年平均递增25.8%。人均收入达到1470元，比1983年的871元增长68.8%，扣除物价上涨因素外，仍有较大增长。四年来，共安置待业人员2.34万人。

经济体制改革。1984年以来，为搞活企业做了以下四方面工作：一是简政放权。二是政企分开，搞好企业外部的配套改革，如拨改贷、利改税。三是搞好企业内改革。四是推行承包、租赁等多种形式的经营责任制，促使企业所有权和经营权分离。1987年，预算内国营工业企业工业总产值比上年增长20.23%，产品销售收入增长26.69%，实现利税增长20.35%，并实现当年无亏损。从1984年开始，提出了“开拓、开放、开发”的指导思想，制定并修订关于与外地横向经济联合的十项优惠政策，制定欢迎三线军工企业迁入宜昌市或与宜昌市开展经济技术协作的优惠政策，市人民政府设立了经济技术协作专门机构。在生产领域发展到资金、技术、资源、人才等各种生产要素的广泛联合。

科技教育文化事业。认真贯彻“经济建设必须依靠科学技术，科学技术必须面向经济建设”的战略方针，使科技工做出现了蓬勃发展的新局面。教育事业迅速发展，智力开发受到重视。卫生事业有了较快发展。

城市基础设施的建设。市政府颁发了《宜昌市城市建设管理实施细则》《宜昌市建设拆迁安置管理办法》《关于在全市全面实行“门前三包”的决定》等一系列规范性文件，使城市管理逐步走上规范化和制度化。

安定团结的政治局面。过去四年中，我们按“两个文明”建设一起抓的指导思想，大力加强精神文明建设，全市社会风气明显好转。狠抓了“窗口”行业和职业道德教育。按照“精简、统一、效能”的原则，加强政权建设。经国务院批准，建立了西陵、伍家岗、点军三个区，组建了区政府职能部门，调整了街道、乡一级的区划和建制。民政部门在福利生产、社会救济、收容遣送、安置复退军人和军队转业干部、优抚烈军属、扶助贫困地区等方面做了大量工作。外事部门积极扩大对外经济、科技、文化等方面的交流。侨务部门落实了各项侨务政策。民兵、人防、民族宗教、保密、接待等方面的工作都有较大进展。

1988年工作要点

认真贯彻“经济要进一步稳定，改革要进一步深入”的方针；努力提高经济效益，稳步发展工业生产；进一步发展农村经济，千方百计提高农副产品自给能力；搞活财经贸易，保持社会需求与供给的基本平衡；以转变企业经营机制为中心，深化经济体制改革；坚持把科技、教育放在突出的战略位置；坚持城市建设与经济建设协调发展。

四、计划报告

1988年1月16日，市十一届人大一次会议第一次全体会议听取和审议市计划委员会主任刘康民所作的《宜昌市1987年国民经济和社会发展计划执行情况与 1988年计划安排草案的报告》：

1987年计划执行情况

四年来，全市地域由196平方公里扩大到330平方公里，人口由36万增加到42万。社会总产值由1983年的19.39亿元增加到1987年的28亿元。国民收入由6.86亿元增加到10.5亿元，工业固定资产由8.2亿元增加到11亿元（不含葛电）。1987年完成工业总产值22.08亿元，为年计划的110.4%，比上年增长21.7%，比1983年增长52.5%。其中轻工业完成8.69亿元，增长20.1%，重工业完成13.39亿元，增长22.8%。21个骨干企业的产值，占全市工业总产值的36.4%，比上年增长15.7%。农业总产值接近完成计划的2950万元，比上年增长7.8%，比1983年增长54.1%。商品零售总额预计达5.2亿元，比上年增长16.6%，比1983年增长1.13倍。出口商品收购总额1.24亿元，比上年增长12.7%，比1983年增长93.7%。完成地方财政收入1.64亿元，比上年增长13.4%，比1983年增长1.03倍。财政支出比上年增长19.4%。银行存款余额和贷款余额都有一定幅度的增长，存款增长幅度大于贷款。城镇居民储蓄存款余额达到2.72亿元，比上年增长35.3%，比1983年增长2.93倍。完成固定资产投资1.47亿元，投资完成率可达91%。

1987年社会发展方面，市属医院病床数达2775张，比上年增加3%，比1983年增长96%。市属人口42.2万人，比上年增加5000人，比1983年增长16.4%。科技、文化、广播、电视、新闻、体育事业等都取得了新的进展。

1988年计划安排方案

主要目标。工业生产提质降耗，确保工业总产值增长10%，由1987年的22.08亿元增加到24.2亿元以上；农业总产值由1987年的2950万元增加到3410万元，增长15.6%；固定资产投资控制在国家下达的规模以内；市场零售物价指数上升幅度控制在7%；地方财政支出从紧安排，适当控制。

主要工作。一是增加社会生产、改善社会供给，确保全市经济建设稳定发展：工业生产要以市场为导向，进一步调整产品结构；进一步加强郊区农业，千方百计提高全市农副产品自给能力；安排好城乡市场供应，努力使居民的实际生活水平继续提高；积极扩大出口，增加外汇收入。二是有效地抑制社会需求，实现供求大体平衡：继续控制固定资产投资规模，调整投资结构；适当控制消费资金的过快增长。

五、财政预决算报告

1988年1月16日，市十一届人大一次会议第一次全体会议听取和审议市财政局局长陈光迪所作的《宜昌市1987年财政预算执行情况和1988年财政预算草案的报告》：

1987年财政预算执行情况

完成三项财政任务情况。一是财政收入，市十届人大四次会议批准全市1987年财政收入预算为16215万元，执行结果为16370万元，完成预算的100.96%，比1986年增长13.42%，增收1937万元。二是征集能源交通重点建设基金1004万元，为任务数569万元的178.45%。三是发行国库券783万元，为任务数736万元的106.39%。

财政收支预算执行情况，详见表3—11—2。

1987年财政收支预算执行情况汇总表

表3—11—2　　　　单位：万元

财政收入项目		完成收入	占预算%	财政支出项目		支出小计	其中：地方支出	其中：为预算%
市级财政收入		16370.00	106.17	全市财政总支出		9177	7081	118.17
其中	工商税收	13069.00	106.17	其中	专用资金	3308	2001	119.25
	房产税等	474.00	189.54		工交商支出	339	181	115.28
	国营企业收入	2921.00	97.69		城市维护费	1518	1403	—
	企业亏损补贴	-1521.00	275.00		农业支出	181	97	197.86
	农业税	26.89	81.78		文科卫支出	2040	1836	114.96
	其他收入	14.37	95.80		行政管理费	1046	936	122.17
	排污费收入	181.00	129.30		抚恤和救济	243	243	—
	未列举事项	1204.74	—		其他支出	502	384	125.97

1988年财政预算（草案）

三项财政任务：市级财政收入安排为18247万元，比1987年实际完成数增长11.36%；能源交通重点建设基金征集任务569万元，与1987年计划相同；国库券购买任务1122万元，比1987年实际完成数783万元，增长43.3%，比1987年任务数736万元增长52.47%。

财政收支预算安排，详见表3—11—3。

1988年财政收支预算安排汇总表

表3—11—3　　单位：万元

财政收入项目		收入安排	比上年增长%	财政支出项目		支出安排	比上年增长%
市级财政收入		18274	11.36	地方财政总支出		8821	1
其中	工商税收	16100	9.46	其中	专用资金支出	1798	−4.00
	国营企业收入	3056	4.61		各项差价补贴支出	1678	2.00
	国营企业亏损补贴	−1068	−29.74		工交商事业费	191	6.00
	农业税	36	—		农业事业费等	52	−16.00
	排污费收入	140	—		文教科卫事业费	1853	1.00
	其他收入	10	—		城市维护建设费	1518	8.00
					优抚救济支出	179	13.00
					行政管理费	986	−3.00
					环境保护补助资金	140	—
					其他部门事业费	276	−29.00
					其他支出		
					总预备费	150	—

六、常委会工作报告

1988年1月18日，市十一届人大一次会议第二次全体会议听取和审议市人大常委会主任郝逢武所作的《宜昌市人大常委会工作报告》：

三年工作情况

发挥健全社会主义法制的作用。为使全市人民知法、守法，从1986年之初开始，认真抓了普及法律常识工作，并在市十届人大常委会十四次会议上做出《关于贯彻普法教育常识五年规划的决议》，在市十届人大常委会二十一次会议上做出《关于进一步抓好普法常识工作的决议》。全市已有14万人学完了规定的“九法一例”，占应普及对象的80%。去年10月，部署了农村普法工作。

指导区、乡选举和换届工作。全市各区、乡两级人大代表直接选举工作，从去年7月中旬全面铺开。市人大常委会组织全体机关干部分赴各区进行具体指导。10月中旬胜利完成了区、乡两级人大代表直接选举工作，共选出区级人大代表370名、乡级人大代表166名。11月份先后召开区、乡两级人民代表大会会议，选出了区人大常委会主任3名、副主任6名、委员28名、区长3名、副区长10名、区法院院长3名、区人民检察院检察长3名、乡长4名、副乡长13名。在各区一届人大一次会议上，选出了市十一届人大代表222名。各区选出的区人民检察院检察长，已由市十届人大常委会二十五次会议审议批准。

按时召开本级人民代表大会会议。市十届人大常委会，连同召开这次会议在内，共召开四次本级人民代表大会会议。在历次人民代表大会会议上，都听取和审议市人民政府、人大常委会、法院、检察院的工作报告、上年国民经济和社会发展计划执行情况及当年计划安排的报告、上年财政预算执行情况和当年财政预算草案的报告，并分别做出决议；审议上次会议议案办理情况的报告，审议通过此次会议议案审查情况的报告。

执行人大常委会的会议制度。截至这次会议前为止，市十届人大常委会共举行44次主任会议、26次常委会会议。在主任会议上，主要研究决定举行常委会会议的时间、议题和列席人员，并研究处理常委会机关建设及其他重要日常工作。在常委会会议上，则行使法律赋予人大常委会的决定权、监督权和任免权，共听取和审议人大常委会、政府、法院、检察院和政府各部门的各项工作报告、工作情况汇报、工作规划等91份，各项法律的执行报告8份，各国家机关工作人员的任免提请或报告51份。就重大事项和人事任免事项做出决议14项、决定36项，共决定任命国家机关工作人员169人，免去国家机关工作人员46人，批准人大常委会委员辞职6人，撤销局长职务1人。通过贯彻上述各项决议，推动了全市的物质文明建设、精神文明建设和法治建设。

加强法律监督和工作监督。市十届人大常委会，除主要采取在常委会会议上听取和审议各项法律贯彻情况和各项工作情况的报告和汇报的方式实行监督外，还采取督办议案和代表建议和意见、组织委员和有关代表及有关部门人员进行座谈、调查、视察等方式，加强了法律监督和对“一府两院”的工作监督。市十届人民代表大会共举行四次会议，共通过33项议案，收集了762件代表建议意见。

审议决定人事任免事项。在1984年人大刚换届时，重新任命了政府组成人员—秘书长、各委、办、局主任、局长。为了进行法制教育，隆重召开颁发任命书大会。每次决定任免的人员，都由市人大常委会采取发通知、发公报的方式予以公布，并在市报上登载，在电台广播，有的还在电视里播出。

加强同代表的联系。市人大常委会将254名市十届人大代表划分为34个代表小组，选出组长、副组长，规定每月由组长召集本组代表开展一次代表小组活动。还制发了代表视察证，代表可持证到宜昌市任何单位进行视察或调查了解有关问题的情况。1984年底，市人大常委会召开代表小组活动经验交流会。为了帮助代表提高参政、议政能力，给代表印发学习资料24期、会议公报25期、人大工作通讯30期。接待和处理代表来信来访374件（次）。组织有关代表座谈和视察10余次。

加强市人大常委会的机关建设。目前，市人大常委会设有一个办公室和法制、财政经济、城乡建设、教科文卫等四个委员会。办公室设有秘书、代表工作、行政等三个科。还设立了代表资格审查委员会，其成员均由人大常委会组成人员兼任。为了摸索人大工作规律、交流人大工作经验，加强了同外地人大常委会的联系。

以后工作建议

组织人大常委会组成人员和人大代表以及人大常委会机关工作人员，认真学习中共十三大文件，深刻领会十三大精神；建立健全人大常委会的各项制度，认真履行法律赋予的各项职权；加强调查研究，为常委会会议讨论问题掌握比较充分的资料和真实情况；逐步健全人大常委会的工作机构，充分发挥各专门委员会的作用；加强市人大常委会同市人大代表的联系；加强市人大常委会同各区人大常委会之间的工作联系；市人大常委会要经常向市委请示报告，加强党对人大工作的领导。

七、法院工作报告

1988年1月18日，市十一届人大一次会议第二次全体会议听取和审议市中级人民法院院长余庆富所作的《宜昌市中级人民法院工作报告》：

1987年工作情况

一年来，新收各类案件1899件，加年前旧存案135件，合计为2034件，新收案件比上年多529件，上升34.6%，审结1912件，比上年多审结523件，平均结案率为94%，结案比上年提高34.3%，年底未结案122件，比上年下降9.6%。各项审判工作的结案率都达到了90%以上。

新收刑事案件262件428人，加年前旧存案11件19人，合计为273件447人，受案数与上年基本持平。审结案269件440人，结案率为98.5%。年底未结案7人，积案比以往任何一年都少。判决的268件339人，判决发生法律效力的案犯323人，其中：判处死刑10人，死缓3人，无期徒刑1人，有期徒刑290人，其他处罚12人，免刑6人，宣告无罪1人。新收民事案件1005件，加年前旧存79件，合计为1084件，新收案件比上年增多235件，上升30.5%。审结995件，结案率达91.78%，存未结案89件，占受案率8.2%。新收经济案件170件，加旧存案15件合计为185件，审结案174件，结案率为94%，未结案11件。

受理各个时期的刑事申诉案236件，加旧存案30件，合计为266件。审结248件，结案率为93%，结案数比上年上升77.14%。处理人民群众来信来访5896人次，比上年上升21%。新成立的行政审判庭，受理行政案件7件，已全部结案。

1988年工作要点

继续坚持“两打”，加强民事、经济和行政审判工作；加强审判监督工作，努力提高干警素质；进一步改善法院的物质条件，充分发挥审判职能作用。

八、检察院工作报告

1988年1月18日，市十一届人大一次会议第二次全体会议听取和审议市人民检察院代理检察长赵开源所作的《宜昌市人民检察院工作报告》：

1987年工作情况

受理公安机关提请逮捕的人犯424人，经审查，依法批准逮捕396人；比1986年上升19%。受理公安机关移送起诉262件469人，审结251件453人，结案率为96%，其中决定起诉的366人，比上年354人上升3.3%，免予起诉15人，不予起诉1人。受理各种经济犯罪案件线索72件，立案侦查19件，其中大要案8件。挽回经济损失28万元。其中追缴赃款赃物价值26万元。

受理法纪案件34件，从中立案侦查了非法拘禁、重大事故、重婚等5件审结案，向法院起诉3件7人，均作了有罪判决。罪行轻微作免诉2件。对不构成犯罪29件线索交有关部门处理。对1986年法纪案件也进行了复查，未发现办案质量不高的问题。对监管场所的安全检查和执法检查，先后12次向公安机关提出了口头建议，促进了看守所、拘役所的文明管理。及时办理了2件罪犯逃脱后又犯罪的案件，经法院审判有2人被加刑。积极参与了对全市“劳改”“劳教”回归人员和“五种人”的情况调查，为制定社会治安综合治理的措施提供了依据。受理公民的来信来访362件次。到街道、郊区挂牌信访，宣传法律、政策，积极调处民事纠纷。对全市检察机关重建前免诉案件进行了复查。

1988年工作要点

进一步学好中共十三大文件，切实担负起宪法和法律赋予我们的职责；继续推进打击严重刑事犯罪和经济犯罪的斗争；推动各项检察业务工作的全面开展。

九、议案审查报告

1988年1月20日，此次会议第三次全体会议通过议案审查委员会所作的《宜昌市十一届人大一次会议议案审查情况的报告》：

此次会议共收到代表提出的议案42件。审查意见：将《关于解决长江南北两岸邮政电讯难的议案》《关于加速伍家岗区城市配套设施建设，以适应市工业区发展的需要的议案》《关于尽快建设全市副食品基地，改善市民生活的议案》等3件议案俟处理，交由市人民政府责成有关部门办理，并由承办部门负责答复；其余39件属于对各方面具体工作建议、批评和意见，作为代表建议和意见交有关部门认真研究处理。

此次会议还收到代表提出的建议和意见123件，归纳整理为120件，会后由市人大常委会办公室按其内容分别交有关部门处理，并负责答复。

十、会议选举

1988年1月18日，此次会议第二次全体会议通过《宜昌市十一届人大一次会议选举办法》。1月20日，此次会议第三次全体会议选举产生市十一届人大常委会组成人员。主任：郝逢武，副主任：王维顺、李华春、辛丹凤、汪敬祖、崔传礼，秘书长：吴宪征，委员：王淑珍（女）、朱正懿、李华章、李克、杨天梅（女）、肖昌发、吴培德、宋景隆、张开明、张世栋、张兴本、张琼龄、张锡成、陈长太、屈耀富、秦燧泉、顾国钧、高宏准、梁继平、韩文炎、黎廷芳（女）。选举产生市人民政府市长：罗清泉，副市长（按姓名笔画排序）：肖道根、倪忠俊、符利民、景学镇、谢远照。选举产生市中级人民法院院长：余庆富。选举产生市人民检察院检察长：雷森策。选举产生湖北省第七届人民代表大会代表23名（按姓名笔画排序）：叶炳辉、王广礼、王启华（女）、王幼贤（女）、王琼敏（女）、王肇棠、刘莲香（女）、刘康民、汪家发、苏孔光、李桦、谢允坚、罗永秀（女）、罗兴邦、宛四安、祝立生、侯文理、倪忠俊、郝逢武、姜凯、姜振孝、崔延平、崔传礼。

1988年1月18日，市十一届人大一次会议第二次全体会议通过《宜昌市十一届人大一次会议设立宜昌市十一届人民代表大会各专门委员会的决议》。1月20日，第三次全体会议通过各专门委员会组成人员名单。法制委员会主任委员：李华春（兼）；副主任委员：高宏准、官德锦；委员：邱忠安、陈祖庆、官昌贵。财政经济委员会主任委员：王维顺（兼）；副主任委员：李克、岳庆坡；委员：刘康民、陈光迪、宋景隆、吴培德、杨天梅（女）、郑永都、胡发全、秦继满、戴振声。城乡建设委员会主任委员：汪敬祖（兼）；副主任委员：林家瑜；委员：马苍石、刘家修、杜祥云、朱正懿、张世栋、周仁法、徐忠芳（女）、郭海晏、顾国钧、黄壁君、戴斌。教育科学文化卫生委员会主任委员：崔传礼（兼）；副主任委员：肖昌发、卢维珍（女）；委员：李华章、李诵国、陈长太、张连生、张琼龄、张锡成、杨守植、韩文炎、黎廷芳（女）、谭昌炽。

十一、会议决议

1988年1月20日，市十一届人大一次会议第三次全体会议通过6个决议。

《关于宜昌市人民政府工作报告的决议》

决议批准代理市长罗清泉所作的《宜昌市人民政府工作报告》。

决议要求，市人民政府和全体工作人员，要发扬艰苦奋斗、勤俭建国的优良传统。进一步改善机关工作作风，深入调查研究，扎实工作，努力提高工作质量和工作效率。全市人民同心同德，振奋精神，艰苦奋斗，开拓前进，圆满完成1988年的各项任务。

《关于宜昌市1987年国民经济计划执行情况与1988年计划安排的报告的决议》

决议批准市计划委员会主任刘康民所作的《宜昌市1987年计划执行情况和1988年计划安排的报告》。

《关于宜昌市1987年财政预算执行情况和1988年财政预算草案报告的决议》

决议批准市财政局局长陈光迪所作的《宜昌市1987年财政预算执行情况和1988年财政预算草案报告》。在执行财政预算过程中，如需调整或部分变更，应当按照地方组织法的规定，提交市人大常委会审查决定。对1987年的财政决算，授权市十一届人大常委会审批。

《关于宜昌市十届人大常委会工作报告的决议》

决议批准市人大常委会主任郝逢武所作的《宜昌市十届人大常委会工作报告》。

决议要求，市十一届人大常委会要带头学习和模范遵守宪法、各项法律和行政法规，严格依法办事；要进一步加强对政府、法院、检察院工作的法律监督；要继续加强对全市普及法律常识工作的指导；要进一步加强同全市人民代表和各区人大常委会的联系，使人大工作逐步实现制度化。为完善人民代表大会制度，促进精神文明和物质文明建设做出新的贡献。

《关于宜昌市中级人民法院工作报告的决议》

决议批准市中级人民法院院长余庆富所作的《宜昌市中级人民法院工作报告》。

决议要求，市中级人民法院要进一步加强自身队伍建设，谦虚谨慎，依法办事，树立人民法官的高大形象，为保证全市两个文明建设的顺利进行做出新的贡献。

《关于宜昌市人民检察院工作报告的决议》

决议批准市人民检察院代理检察长赵开源所作的《宜昌市人民检察院工作报告》。

决议要求，市人民检察院继续严格按照《中华人民共和国人民检察院组织法》的规定行使检察权。要抓紧打击严重刑事犯罪和严重经济犯罪的斗争。要进一步加强自身建设，通过认真履行职责，维护人民民主专政制度，维护社会主义法制，维护社会秩序和经济秩序，保证全市两个文明建设的顺利进行。

第二节　第二次会议

1989年3月13日—18日，市十一届人大二次会议在城区举行。应出席代表219人，实际出席206人，列席会议人员65人。此次会议议程是：听取和审议《宜昌市人民政府工作的报告》；听取和审议《宜昌市1988年国民经济和社会发展计划执行情况及1989年计划安排的报告》；听取和审议《宜昌市1988年财政预算执行情况和1989年财政预算草案的报告》；听取和审议《宜昌市人大常委会工作报告》；听取和审议《宜昌市中级人民法院工作报告》；听取和审议《宜昌市人民检察院工作报告》；审议通过《关于宜昌市十一届第二次会议议案审查情况的报告》；通过此次会议各项决议。

一、预备会议

1989年3月13日，市十一届人大二次会议举行预备会议。会议通过此次会议议程、大会主席团和秘书长名单、议案审查委员会名单。

二、会议机构及成员名单

市十一届人大二次会议主席团和秘书长。主席团成员（按姓名笔画为序）：马苍石、王维顺、王淑珍（女）、韦有竹（女）、刘一是、孙承铨、李华春、吴宪征、吴培德、宋玉琪、宋景隆、肖桂兰（女）、张兴本、张忠民、汪敬祖、罗清泉、罗勤新、屈鹏、辛丹凤、郝逢武、顾国钧、梁继平、黄承章、韩文炎、韩德锋；秘书长:王维顺（兼）。

市十一届人大二次会议议案审查委员会组成人员名单。主任委员：汪敬祖；副主任委员：林家瑜、屈耀富；委员：朱正懿、李华章、李诵国、邱忠安、顾国钧、黎庭芳（女）。

市十一届人大二次会议副秘书长名单（按姓名笔画排序）：肖桂兰（女）、吴宪征、战玉栋。

三、政府工作报告

1989年3月14日，市十一届人大二次会议第一次全体会议听取和审议市长罗清泉所作的《宜昌市人民政府工作报告》：

1988年工作情况

全市175户局属工业、交通、建筑、商业、物资企业，已有150户实行了承包经营责任制或租赁经营，承包面达85.7%。已同20多个省、市、自治区建立了220多个不同形式的经济联合组织，工业联合企业去年创产值8025万元，积累1100万元，均比1987年增长一倍。1988年8月建立了宜昌市经济技术开发区。由宜昌市牵头组建了“湖北省六城市三峡资金市场”，全年融通拆借资金比上年增长1.5倍。

全市社会商品零售总额达69470万元，比上年增长31.8%；集市贸易成交额达11533万元，增长55.5%；外贸完成出口收购总值14916万元，比上年增长21.5%；完成财政收入17049万元，比上年增长4.15%，实现了收支平衡；城乡居民人平生活费收入为1148.18元（含部分实物收入），比上年增长

26.46%，扣除城市居民生活费用价格总指数上涨26.8%的因素，城市居民人平生活费收入与上年基本持平。郊区经济总收入达15828万元，比上年增长25.6%；农民人平收入仍达770元；城乡居民年末储蓄存款余额36564万元，比年初上升31.7%。

1988年，提出7项工程和8件实事的实施目标均已完成。城市规划和管理工作取得了新的进展。土地部门开展土地调查、城镇国有土地使用权复核登记工作。

全年科技总投入3078万元，比上年增长71%。教育、文化、卫生防疫工作取得了可喜成绩，人口自然增长率为5.11‰，比上年下降1.78‰，计划生育率达98.73%。

转变政府职能，采取了一些措施。一是抓战略研究和长期发展规划。二是不断增强法制观念，改善和加强行政执法。三是细心听取群众的呼声，为人民排忧解难。四是按照廉政，改进政风。

1989年工作要点

坚持不懈地抓好治理整顿工作；扎扎实实推进经济体制改革；以提高经济效益为中心，保持经济稳定增长；量力而行，突出重点，有计划有步骤地推进城市建设；加速发展科技教育文化事业；加强区乡政权建设，抓紧社会治安综合治理；进一步改进政府工作，加强廉政建设。

四、计划报告

1989年3月14日，市十一届人大二次会议第二次全体会议听取和审议市计划委员会主任刘康民所作的《宜昌市1988年国民经济和社会发展计划执行情况及1989年计划安排的报告》：

1988年计划执行情况

全市完成工业总产值26.27亿元，比上年增长18.4%，完成调整后的年度计划的103%。工业优质品产值比上年增长27.5%，万元产值综合能耗下降8.8%；市属预算内工业企业总产值增长16.1%，销售收入增长28.8%，实现利税增长49.8%，资金利税率提高5%，定额流动资金周转加快18天，全市全民独立核算工业企业全员劳动生产率增长13.8%。农业完成总产值2473万元（不变价），完成调整后年度计划的103%。主要农产品产量除粮、油、柑橘外，其余品种均超额完成了年度计划。全市乡镇企业总产值达8829万元，完成年计划的104.6%，增长31.9%。农村经济收入15828万元，增长25.6%。社会商品零售总额达69470万元，为年计划的102.2%，比上年增长31.8%。全年社会零售物价总指数比上年上升27.6%，上升幅度过大。外贸系统完成出口贸易收购总值1.49亿元，基本完成年计划，比上年增长20.15%。财政收入完成17049万元，比上年增长4.15%，实现了收支平衡。市属固定资产投资完成额达5.57亿元，比上年增长84%。全年计划委员会下达建设项目230个，年度投资计划2.89亿元，实际完成投资额2.79亿元（未含商品房），比上年增长80%以上。

全年人口自然增长率为5.1‰。全市职工人平工资性收入达到1717元，比上年增长15.8%；郊区农民人平纯收入达770元。城乡人平储蓄850元，全市储蓄余额达3.66亿元，比上年增长31.7%。

1989年计划安排方案

国民生产总值计划比上年增长9%，达到14.39亿元；国民收入增长8.5%，达到12.48亿元；工农业总产值增长12.1%，达到29.73亿元，其中工业总产值增长12%，达到29.4亿元；社会商品零售总额计划8.3亿元，增长20%；地方财政收入计划18970万元，增长11.27%；全员劳动生产率计划增长6.5%以上。

五、财政预决算报告

1989年3月14日，市十一届人大二次会议第二次全体会议听取和审议市财政局局长陈光迪所作的《宜昌市1988年财政预算执行情况和1989年财政预算草案的报告》：

1988年财政预算执行情况

完成三项财政任务情况。一是财政收入，市十一届人民代表大会第一次会议批准的1988年全市财政收入预算为18274万元，预算执行结果为17049万元，为预算的93.3%，比1987年增长4.15%。二是能源交通重点建设基金完成845.9万元，为预算的148.6%。三是国库券发行了1173.2万元，为预算的104.55%。

财政收支预算执行情况，详见表3—11—4。

1988年财政收支预算执行情况汇总表

表3—11—4　　单位：万元

财政收入项目		完成收入	占预算%	财政支出项目		完成支出	其中：地方支出	其中：占预算%
全市财政收入		17049	93.30	全市财政支出		10084.86	7639.33	106.94
其中	工商、城建税	16508	102.53	其中	专用资金	3101.33	1523.00	84.71
	企业收入	2763	90.42		农业支出	350.89	145.39	279.60
	亏损补贴	−2529	237.00		工交商支出	368.89	214.00	112.04
	农、特产税	19	52.78		城市维护费	1847.02	1752.02	115.42
	排污费收入	224	160.00		文教科卫费	2123.49	2004.89	108.20
	其他收入	33	330.00		抚恤救济	287.78	173.80	97.10
	契税				行政管理费	1409.11	1364.72	138.36
	耕地占用税	31	−11.63		其他事业费	340.35	205.51	74.46
					其他支出			
					环境保护	256.00	256.00	182.86

1988年财政收支平衡结果。详见表3—11—5。

1988年财政收支平衡结果汇总表

表3—11—5　　单位：万元

资金来源		10340.10	资金运用		10338.56
其中	当年财政分成留用	6801.32	其中	当年决算支出	10081.86
	上年专项资金结余	244.74		结转下年使用专款	256.70
	省拨专款	2441.98			
	各项单独结算补助	852.10			
收支相抵，净结余					1.58

1989年财政预算（草案）

三项财政任务。一是市级财政收入安排为18985万元，比1988年实际完成数增长11.36%。二是能源交通重点建设基金征集任务569万元，与1988年任务相同。三是国库券发行任务1122.6万元，比1988年任务数增加0.4万元。

财政收支预算安排，详见表3—11—6。

1989年财政收支预算安排汇总表

表3—11—6　　　　单位：万元

<table>
<tr><th colspan="2">财政收入项目</th><th>收入安排</th><th>比上年增长%</th><th colspan="2">财政支出项目</th><th>支出安排</th><th>比上年增长%</th></tr>
<tr><td colspan="2">全市财政收入</td><td>18985</td><td>11.36</td><td colspan="2">市财政支出</td><td>8829</td><td>15.60</td></tr>
<tr><td rowspan="12">其中</td><td>工商税</td><td>18500</td><td>12.07</td><td rowspan="12">其中</td><td>专项资金支出</td><td>2294</td><td>50.00</td></tr>
<tr><td>国营企业收入</td><td>2612</td><td>持平</td><td>工交商事业费</td><td>197</td><td>-1.00</td></tr>
<tr><td>亏损补贴退库</td><td>-2871</td><td>33.52</td><td>城市维护费</td><td>1865</td><td>6.50</td></tr>
<tr><td>农业税和特产税</td><td>82</td><td>—</td><td>文教科卫事业费</td><td>1936</td><td>1.20</td></tr>
<tr><td>其他收入</td><td>20</td><td>—</td><td>农业事业费等</td><td>176</td><td>21.40</td></tr>
<tr><td>排污费收入</td><td>200</td><td>—</td><td>抚恤救济经费</td><td>186</td><td>-6.90</td></tr>
<tr><td>国家预算调节基金分成</td><td>442</td><td>—</td><td>行政管理费</td><td>1390</td><td>-1.10</td></tr>
<tr><td></td><td></td><td></td><td>环境保护补助</td><td>218</td><td>—</td></tr>
<tr><td></td><td></td><td></td><td>其他事业费</td><td rowspan="3">247</td><td rowspan="3">-27.40</td></tr>
<tr><td></td><td></td><td></td><td>其他支出</td></tr>
<tr><td></td><td></td><td></td><td>预留调整工资</td></tr>
<tr><td></td><td></td><td></td><td>总预备费</td><td>180</td><td>—</td></tr>
</table>

六、常委会工作报告

1989年3月16日，市十一届人大二次会议第三次全体会议听取和审议市人大常委会副主任王维顺所作的《宜昌市人大常委会工作报告》：

1988年工作回顾

执行法定的会议制度。市人大常委会根据工作需要举行主任会议制定《宜昌市人大常委会议事规则》，坚持每两个月至少举行一次常委会会议的制度。1988年共举行主任会议10次，举行常委会会议6次。在常委会会议上，除听取和审议“一府两院”专项工作报告，并对重要报告和人事任免做出决议、决定外，还传达贯彻了省人大常委会会议精神，学习有关法律和全国人大常委会领导同志的重要报告。市人大各专门委员会，根据工作需要和围绕常委会会议议题举行二至三次专门委员会会议，研究职权范围内的工作，审议“一府两院”的相关报告。

行使法定的各项职权。在1988年举行的6次常委会会议上，做出决议、决定14项。其中：审议通过《关于加强同代表联系和开展代表工作的意见》《关于成立宜昌市人大常委会代表资格审查委员会的决定》；审议批准了关于宜昌市1987年财政决算的报告和关于宜昌市1988年国民经济和社会发展计划部分变更的报告的决议；审议通过关于在全市开展执法检查和关于举行市十一届人大二次会议的决定；审议人事任免提议或报告12件，审议通过关于人事任免的决定7项，任命国家机关工作人员68人，免职7人，补充任命市人大城乡建设委员会委员1人，补选湖北省七届人大代表1人。

加强人大常委会机关建设。市十一届人大一次会议审议通过成立了法制、财经、城乡建设、教科文卫四个专门委员会和市人大常委会代表资格审查委员会。市人大常委会确定和配备了各专门委员会的工作人员。市人大常委会办公室进一步健全了机构，在原设秘书、代表联络两个科的基础上，增设了行政和人事任免两个科，并进一步充实了科的领导和工作人员。

加强同代表和各区人大常委会的联系。市人大常委会审议制定《关于加强同代表联系和开展代表工作的意见》，坚持执行接待代表日制度，共接待8批各代表小组代表64人次。代表们对全市各方面工作所提出的103条建议意见，均由市人大常委会办公室转给市人民政府和有关部门办理。市人大常委会举行例会时，邀请区人大常委会主任列席会议；区人大有些会议也邀请市人大的领导和有关同志参加。

1989年工作要点

加强对“一府两院”的法律监督和工作监督；严格执行人事任免制度；进一步加强同代表和区人大常委会的联系；进一步加强常委会的自身建设。

七、法院工作报告

1989年3月16日，市十一届人大二次会议第三次全体会议听取和审议市中级人民法院院长余庆富所作的《宜昌市中级人民法院工作报告》：

1988年工作情况

受理各类案件2333件（含旧存104件），审结2231件，结案率为95.62%，结案数增多304件。其中，刑事一审案件受理263件415人，已全部审结，收结案与1987年基本持平。判决案犯360名，在判决发生法律效力的321名。属于经济犯罪的126人，追回经济损失16.36万元。民事一审案件受理1599件，同1987年比新收案上升25.43%。审结1533件，结案率为95.87%。经济纠纷一审案件受理283件，同1987年比，新收案上升60%，审结265件，结案率为93.6%。刑事申诉案件受理169件，同1987年比，新收案下降36%，审结案153件，结案率为90.5%。此外，还受理各类二审案件13件，审结11件。受理行政案件6件，已全部审结。处理告诉申诉来信来访2595件次，比1987年上升13.6%，接待群众来访3943人次，比1987年上升8.71%。

1989年工作要点

继续坚持“严打”方针，以打击严重刑事犯罪和严重经济犯罪为重点，全面开展刑事、民事、经济、行政、告诉、申诉审判工作，经常地抓紧抓好办案效率和质量，充分发挥审判机关的职能作用；突出抓审判庭的建设，争取尽快改变局面，改善执法条件；加强思想政治工作，不断提高法院队伍的政治素质和业务素质，保证审判任务的顺利完成。

八、检察院工作报告

1989年3月16日，市十一届人大二次会议第三次全体会议听取和审议市人民检察院检察长雷森策所作的《宜昌市人民检察院工作报告》：

1988年工作情况

受理公安机关提请批捕人犯495人（含退查重报45人），经审查，批准逮捕的人犯401人，比1987年增加5人；受理公安机关移送起诉的案件261件451人，经审查，决定起诉241件374人，比1987年增加26件8人。一年来，采用书面和口头形式，向公安机关提出建议170多件次，向法院提出建议60多件次。在案件审理中，不批准逮捕人犯8人、追捕漏犯3人，不起诉1人，追诉3人。保证了法律正确的实施。受理经济案件线索70件，经审查决定立案侦查的经济案件22件34人（其中重大案件6件）。比1987年19件24人增长15.7%，犯罪分子人数增长41.7%，其中，贪污11件，受贿5件，两项合计占立案数的72.7%，依法逮捕的经济案犯19人。年终审结18件，结案率为81.8%，挽回经济损失40余万元。

开展法纪、监所、控告申诉、刑事侦查等检察业务工作。严肃地查处国家机关工作人员在公务活动中侵害公民民主权利、人身权利、玩忽职守及重大责任事故等构成犯罪的案件。对监管改造场所，坚持经常性的执法检查，发现问题及时纠正，认真负责地向公安机关提出意见和建议。认真受理和查处公民的控告申诉。积极配合刑事检察和自侦部门，对重大、疑难案件进行鉴定、勘查、检验各类案件170余件次，改变、补充公安鉴定结论2件，防止错案、保证了质量。

在刑事案件的审理中，提前介入公安机关的侦察活动；在自侦案件的审理中，改“一竿子插到底”为“分权制”；建立举报机构，成立了“国家机关工作人员职务犯罪举报中心”，三个区人民检察院和葛洲坝检察组相继成立了“举报站”；开展执法检查工作；建立了驻税务机关的派出机构。

1989年工作要点

加强思想政治工作，从严治检，提高干警的业务素质和执法水平；继续严厉打击严重经济犯罪活动；继续严厉打击严重刑事犯罪活动；全面开展各项检察业务工作。

九、议案审查报告

1989年3月18日，此次会议第四次全体会议审议通过议案审查委员会所作的《宜昌市十一届人大二次会议议案审查情况的报告》:

此次会议共收到代表10人以上联名提出的议案25件。审查意见：将《为搞好社会治安综合治理，应将法治建设纳入轨道》《要求解决城乡联办企业遗留问题》等2件作方案处理，由市人民政府责成有关部门办理，并由承办部门负责答复；其余23件作为代表建议和意见交有关部门认真研究处理，并负责答复。

此次会议还收到代表提出的建议和意见100件。会后由市人大常委会办公室按其内容分别交有关部门处理，并负责答复。

十、会议决议

1989年3月18日，市十一届人大二次会议第四次全体会议通过6个决议。

《关于宜昌市人民政府工作报告的决议》

决议批准市长罗清泉所作的《宜昌市人民政府工作报告》。

决议要求，1989年，市人民政府要认真贯彻中共十三届三中全会精神，坚持一手抓社会主义商品经济，一手抓思想政治领域里的工作。不断改进政府工作，坚持为政清廉，带领全市人民发扬艰苦奋斗的优良传统，努力完成全市1989年的各项任务。

《关于宜昌市1988年国民经济和社会发展计划执行情况及1989年计划安排报告的决议》

决议批准市计划委员会主任刘康民所作的《宜昌市1988年国民经济和社会发展计划执行情况及1989年计划安排的报告》。

《关于宜昌市1988年财政预算执行情况和1989年财政预算草案报告的决议》

决议批准市财政局局长陈光迪所作的《宜昌市1988年财政预算执行情况和1989年财政预算草案报告》。关于宜昌市1988年的财政决算，授权市人民代表大会常务委员会审批。

《关于宜昌市十一届人大常委会工作报告的决议》

决议批准宜昌市十一届人大二次会议审议市人大常委会副主任王维顺所作的《宜昌市十一届人大常委会工作报告》。

决议要求，市人大常务委员会要紧紧围绕治理环境、整顿经济秩序、全面深化改革这个重点，开展人民代表大会常务委员会工作。要深入调查研究，坚持依法办事，对行政、审判、检察机关实行法律监督和工作监督。要加强社会主义民主和法治建设，促进全市国民经济和各项事业在调整中稳步发展。

《关于宜昌市中级人民法院工作报告的决议》

决议批准市中级人民法院院长余庆富所作的《宜昌市中级人民法院工作报告》。

《关于宜昌市人民检察院工作报告的决议》

决议批准市人民检察院检察长雷森策所作的《宜昌市人民检察院工作报告》。

第三节　第三次会议

1990年3月12日—17日，市十一届人大三次会议在城区举行。应出席代表219人，实际出席代表204人，列席会议人员69人。此次会议议程是：听取和审议《宜昌市人民政府工作报告》；听取和审议《宜昌市1989年国民经济和社会发展计划执行情况及1990年计划安排的报告》；听取和审议《宜昌市1989年财政预算执行情况和1990年财政预算草案的报告》；听取和审议《宜昌市人大常委会工作报告》；听取和审议《宜昌市中级人民法院工作报告》；听取和审议《宜昌市人民检察院工作报告》；通过《关于宜昌市十一届人大三次会议议案审查情况的报告》；通过此次会议各项决议。

一、预备会议

1990年3月12日，市十一届人大三次会议举行预备会议。会议通过此次会议议程、大会主席团和秘书长名单、议案审查委员会名单。

二、会议机构及成员名单

市十一届人大三次会议主席团和秘书长。主席团成员（按姓氏笔画排列）：马苍石、王维顺、王淑珍（女）、孙承铨、李华春、吴宪征、吴培德、宋玉琪、宋锦隆、肖桂兰（女）、张兴本、张忠民、汪敬祖、杨承忠、罗清泉、罗勤新、屈鹏、辛丹凤、郝逢武、顾国钧、梁继平、韩文炎、韩德锋；秘书长：王维顺（兼）。

市十一届人大三次会议副秘书长名单（按姓名笔画排序）：肖桂兰（女）、吴宪征、战玉栋。

三、政府工作报告

1990年3月13日，市十一届人大三次会议第一次全体会议听取和审议市长罗清泉所作的《宜昌市人民政府工作报告》：

1989年工作回顾

去年4月至6月国内出现动乱和反革命暴乱，我们用中央精神统一全市干部群众的思想，全市机关、企事业单位和绝大多数学校坚持正常工作、生产、教学，没有停工、停产和停课现象，没有出现打砸抢烧、阻拦交通和冲击党政机关的混乱局面。坚决贯彻“两院”和监察部关于犯罪分子限期投案自首的通告，监察部门立案查处的行政干部违法违纪案件34件，给予行政处分的15人（其中副县级干部1人）。廉政建设和反腐斗争的开展，惩治了腐败，教育了干部，增强了人民群众的信心。

全市全年完成工业总产值28.09亿元，比上年增长6.94%。市属工业企业销售收入与产值同步增长，积累接近上年的水平。企业管理基础工作取得了新进步，有14个企业进入省选企业行列，9个企业跻身国家二级企业。

努力稳定市场，继续推进治理整顿。一是增加有效供给，特别是蔬菜和其他副食品供给。二是以整顿批发环节为重点，全面整顿流通秩序。三是加强物价管理，全年社会商品零售物价总指数上涨为16.7%，比上年的27.6%下降了10%。四是增收节支，财政收入完成1.86亿元，比上年增长8.84%。实现全年财政收支平衡，略有节余。五是大力控制社会需求，固定资产投资总额比上年下降50.5%。社会集团购买力支出为9331万元，比上年下降2.2%。个人消费趋于正常，全市商品零售总额7.71亿元，比上年增长10.95%。大多数群众生活水平并没有因此下降。城乡居民年末储蓄存款余额达4.56亿元，比年初增长24.64%。全市职工全年工资总额为4.15亿元，比上年增长18.6%。

推行承包责任制，兑现承包合同，并已着手开展新一轮承包工作。工资总额与效益挂钩办法，已在全民所有制企业中推广。经济技术开发区在宏观紧缩的形势下顽强起步。全年外贸收购总额达2.63亿元，比上年增长16.7%，年末外汇余额比上年末增长14.9%。

科技兴市大合唱的局面正在形成。加强学校科学管理，全面提高教学质量。幼教进入全国先进行列。卫生防疫工作有了新进展。计生工作实现了目标管理，全市人口出生率、自然增长率、计划生育率处于全省先进水平。举办了庆祝建国45周年全市建设成就展。狠抓“扫黄”和除“六害”的工作，整顿文化市场，加强社会综合治理，促进了社会风气进一步好转。

1990年工作要点

着重抓好9项工作：继续控制社会需求；大力调整经济结构；努力提高企业素质；认真整顿流通

秩序；继续深化改革；量力而行地安排城市基础设施建设；加强社会主义精神文明建设；抓好社会综合治理；努力改进政府工作。

四、计划报告

1990年3月13日，市十一届人大三次会议第二次全体会议听取和审议副市长、计划委员会主任李宗柏所作的《宜昌市1989年国民经济和社会发展计划执行情况与1990年计划安排草案的报告》：

1989年计划完成情况

1989年完成工业总产值28.9亿元，比上年增长6.94%，为年计划的95.5%。工业品销售额完成30.81亿元，比上年增长8%。完成货物运输量160.59万吨，比上年下降8.9%。邮电业务总量完成676万元，增长22.3%。

各部门对市郊区农业投入1230万元，比上年增长23%。全市农业机械总动力比上年增长9.7%，农业用电量增长39.3%，化肥施用量增长8.2%，改善了3000亩地的灌溉条件。1989年完成农业总产值3447万元，完成年度计划的110.2%；比上年增长39.38%。乡镇企业总产值9720万元，完成任务占年计划的92.6%，比上年增长9.3%。农村经济总收入为1.81亿元，为年计划的106.6%，比上年增长14.4%；郊区农民人均纯收入为898元，为年计划的99.8%，比上年增长16.6%。

完成商品零售总额77080万元，占年计划的92.9%，比上年增长10.9%。完成外贸出口收购总额（人民币）达15819万元，占年计划的87.88%，比上年增长13.5%。完成出口商品1.24亿元，为年计划的88.2%，比上年增长33.69%。社会零售物价指数为116.7%，比上年减少了10.9个百分点。

财政收入实现18556万元，为年计划的100.07%，比上年增长8.84%；财政支出为11137万元，比上年增长10.45%。全市银行存款余额达104229万元，比上年增长17.9%，各项贷款余额达182706万元，比上年增长11.6%。

完成市属固定资产投资12727万元，为年计划的133.5%。其中生产性投资为8648万元，非生产性投资为4079万元，比例为68：32。

1989年科技总投入3802万元，教育的各项招生计划圆满完成。人口自然增长率为8.63‰，全市年末人口为43.71万人，在计划控制数以内。年末全市人均储蓄达1245元，比上年增长24.6%。全市职工工资总额年增长18.6%。职工年人均工资达2020.9元，增长17.7%。

1990年计划安排方案

主要目标。全市工业总产值确保完成30亿元，力争增长8%，达到30.33亿元；农业总产值增长10.2%，达3800万元；投资规模、信贷规模严格控制在国家计划以内；控制物价新水平，全市物价涨幅控制在14%以内；完成省下达的财政收入任务，努力实现收支平衡并略有节余。

主要措施。大力支持农业，切实加强农副产品基地建设；精心组织工业生产，确保全市经济适度增长；对有限的投资规模巧作安排，尽量多办实事；加强统配物资计划管理，认真落实计划安排；继续扩大外贸出口，积极开展利用外资工作；进一步支持科技教育事业等社会事业，促进经济和社会事业协调发展；妥善安置待业人员，确保社会的稳定；努力做好“八五”计划工作。

五、财政预决算报告

1990年3月13日，市十一届人大三次会议第二次全体会议听取和审议市财政局局长陈光迪所作的《宜昌市1989年财政预算执行情况和1990年财政预算草案的报告》：

1989年财政预算执行情况

完成四项财政任务情况。一是财政收入，市十一届人大二次会议批准的1989年全市财政收入预算为18985万元，剔除年初预算中国家预算调节基金442万元（直接入省库部分），实际执行结果为18555.90万元，为预算的100.07%，比1988年增收1506.56万元，增长8.84%。二是债券收入：国库券入库767.5万元，为任务的97%；特种国债入库410.5万元，为任务的106%；保值公债完成了2012万元的任务。三是能源交通重点建设基金入库573.14万元，为任务的100.76%。四是国家预算调节基金入库605.4万元，为任务的68.48%。

财政收支预算执行情况，详见表3—11—7。

1989年财政收支预算执行情况汇总表

表3—11—7　　单位：万元

财政收入项目		完成收入	占预算%	财政支出项目		支出小计	其中：	
							本级支出	占预算%
全市财政收入		18555.90	100.07	全市财政支出		11135.13	9271.67	105.01
	工商、城建税	18500.71	100.00		专用资金	3778.30	2774.66	120.95
	企业收入	2446.39	93.66		农业支出	362.21	194.51	110.25
	亏损补贴	-2735.24	95.27		工交商支出	327.24	177.99	90.35
其	农、特产税	72.38	88.27	其	城市维护费	1950.31	1860.31	99.75
	排污费收入	221.65	110.83		文教科卫费	2347.04	2240.84	115.75
	其他收入	37.21	186.05		抚恤救济	338.03	212.23	114.10
	耕地占用税	7.90	—		行政管理费	1672.07	1637.73	117.82
中	契税	4.90	—	中	公检法支出			
					其他事业费	319.93	133.40	54.01
					其他支出			
					预留调工资	40.00	40.00	—

财政收入平衡结果，详见表3—11—8。

1989年财政收入平衡结果汇总表

表3—11—8　　单位：万元

资金来源		11069.00	资金运用		11235.03
	当年财政分成留用	7706.60		当年决算支出	11135.13
其	上年专项资金结余	127.80	其	结转下年使用专款	99.90
	省拨专款	1864.20			
中	各项单独结算补助	960.70	中		
	调入其他资金	409.70			
收支相抵，净赤字					166.03

说明：收支相抵，净赤字166.03万元。若剔除预留第四季度调整工资款40万元，赤字126.03万元，比上年赤字减少了2.83万元，实现了当年财政收支平衡。

1990年财政预算（草案）

四项财政任务。一是财政收入预算为19699万元，剔除入省库预算调节基金450万元，财政收入预算为19249万元，比1989年实际完成数增长3.74%。二是征集能源交通重点建设基金任务668.8万元（其中568.8万元全部上交中央，新增的100万元，30%上交中央、35%上交省、35%留用地方）。三是国库券和特种国债发行任务1123.6万元，与1989年任务相同。其中向待业保险基金和退休养老金两项结余发行的特种国债任务85.8万元，比上年增长67.65%。四是征集预算调节基金任务1178.5万元。其中：当年任务899.3万元，上年任务短收279.2万元。

财政收支预算安排，详见表3—11—9。

1990年财政收支预算安排汇总表

表3—11—9　　单位：万元

财政收入项目		收入安排	比上年增长%	财政支出项目		支出安排	比上年增长%
全市财政收入		19249	3.74	市财政支出		9967	7.50
其中	工商税和城建税	19963	7.90	其中	专项资金支出	2525	15.00
	国营企业收入	2708	10.69		工交商事业费	359	101.70
	亏损补贴退库	–3926	43.53		城市维护费	1842	–1.25
	农业税和特产税	109	50.59		文教科卫事业费	2229	–0.53
	其他收入	90	142.00		农业事业费等	203	4.37
	排污费收入	305	37.60		抚恤救济经费	245	9.26
					行政管理费	1831	11.80
					公检法支出		
					其他事业费	393	194.60
					其他支出		
					预留调整工资	160	—
					总预备费	180	—

六、常委会工作报告

1990年3月15日，市十一届人大三次会议第三次全体会议听取和审议市人大常委会主任郝逢武所作的《宜昌市人大常委会工作报告》：

1989年工作回顾

履行常务委员会的职权。一年来，共举行8次常委会会议，其主要内容有：听取了全国人大代表关于七届全国人大二次会议精神的传达报告和省人大代表关于省七届人大二次会议精神的传达报告；学习了邓小平同志在接见戒严部队军以上干部时的讲话和江泽民同志在庆祝中华人民共和国成立四十周年大会上的讲话；听取和审议市人民政府及其有关部门关于压缩固定资产投资规模清理在建项目、治理整顿流通金融领域、加强税收管理整顿税收秩序、加强物价管理、整顿清理公司、整顿文化市场、执行食品卫生法、社会治安综合治理、接转去年重点工程项目和今年办的八件实事、科技发展和执行星火计划、监察工作、粮食工作、近年中小学德育工作、计划生育工作、议案和代表建议意见办理工作和上半年执行财政预算、1至9月执行国民经济和社会发展计划、1988年财政决算情况等18个报告和汇报；听取和审议市人民检察院关于打击经济犯罪情况的汇报；审议关于举行代表大会有关事项；审议各国家机关提出的人事任免案18件。共通过议案7项，做出决议、决定10项，其中关于人事任免的决定8项，共任命国家机关工作人员11人，免去国家机关工作人员职务4人，批准辞去常委会委员职务1人，撤销市人大常委会委员职务1人。

加强主任会议的工作。一年来，共举行16次主任会议，研究提出了举行代表大会会议的有关事项；讨论提出了常委会文件草稿和常委会工作安排；确定了历次常委会会议的时间，并提出了会议议程的建议；安排历次视察活动；研究决定接待全国人大教科文卫委员会和省人大常委会等七个视察团的有关事项。讨论决定在全市开展第二次执法检查工作。

组织四次视察活动。去年3月，组织市人大城乡建设委员会组成人员和部分在市的全国人大代表、省人大代表及各区人大常委会主任，视察了宜昌市全民植树运动的开展情况。4月，安排在宜昌的省人大代表，视察了宜昌市工农业生产情况、财政收入情况、执行税法情况和教育工作情况。11月，组织常务委员会组成人员和在市的部分全国人大代表、省人大代表，视察了全市开展第二次执法检查工作的情况。今年2月，安排在宜的全国人大代表和省人大代表，视察了宜昌市1989年国民经济和社会发展计划及财政预算执行情况、区乡政权建设情况和清理整顿公司、惩治腐败、廉政建设情况。

深化代表联络工作。一年来共接待代表6批、34人次，代表提出建议50多条，经过座谈，当场解决45条，其余5条，有关部门在事后也都认真进行了办理，并由常委会办公室统一作书面答复。为向代表通报情况，常委会办公室去年编印《情况简报》6期。去年3月，在宜昌的全国人大代表和省人大代表成立了联合代表小组，进一步加强了常委会同全国人大代表和省人大代表的联系。

参与对法律法规草案的讨论。一年来，市人大常委会共为行政诉讼法、城市规划法、集会游行示威法、传染病防治法、人民代表法等五个国家法律草案，以及《湖北省各级人大常委会监督工作条例》《湖北省文化市场管理暂行条例》《湖北省乡镇人民代表大会主席团工作若干规定》等三个地方性法规草案，组织有关部门和有关人员进行讨论，并整理、上报了修改建议。

发挥人大各专门委员会的职能作用。一年来，各专门委员会加强了同法院、检察院及政府有关部门的联系。在全市开展第二次执法检查中，各专门委员会负责进行执法检查的具体工作。

接待上级视察团的视察。7月上旬，接受了省人大常委会执行技术合同法情况视察团的视察。7月末8月初，接受了省人大常委会工业生产情况视察团的视察。9月中旬，接受了由全国人大教科文卫委员会副主任委员刘冰率领的国家中小学教育五项督导检查组的检查。11月中旬，接受了省人大常委会工业生产情况视察团和省人大民族宗教委员会落实宗教政策情况视察团的视察。

1990年工作要点

坚决贯彻实施《湖北省各级人民代表大会常务委员会监督工作条例（试行）》，加强对“一府两院”的法律监督和工作监督；市人大各专门委员会要制定出年度计划，进一步发挥专门委员会的职能作用；坚持各项行之有效的制度和措施，进一步加强同人大代表的联系；指导各区搞好区、乡人大代表换届选举工作；加强人大常委会自身建设。

七、法院工作报告

1990年3月15日，市十一届人大三次会议第三次全体会议听取和审议市中级人民法院院长余庆富所作的《宜昌市中级人民法院工作报告》：

1989年工作回顾

受理刑事一审案件355件588人，已全部审结，结案率为100%。共判处被告人533人，比上年增加47.64%。对在服刑中确有悔改表现或立功表现的罪犯依法裁定减刑的5人，假释的1人。

受理一审民事案件1428件，占全年案件的63.41%，比上年增加8.26%。受理经济纠纷案件295件，比上年增加4.24%，审结275件，比上年增加4.16%，结案率93.22%。

行政审判工作。自1986年12月，中院成立行政审判庭以来，三年中全市法院共受理行政一审案件17件，均全部审结。

审判监督工作。1989年，中院共受理不服区法院一审判决的刑事、民事、经济纠纷、行政二审案件77件，已全部审结，结案率为100%。其中维持原判30件，占38.96%；改判16件，占20.77%；发回重审的8件。占10.38%；作其他处理23件，占29.87%。依照审判监督程序进行再审刑事申诉案件91件，其中维持原判的61件，占67.77%，改判的22件，占24.44%，作其他处理7件，未结1件，结案率为98.9%。

告诉申诉信访工作。1989年全市法院共处理人民来信2536件次，接待群众来访4285人次。信访数比上年上升4.32%。作立案处理的2058件，直接调处简易民事纠纷328件。全市法院执行了公开审判制度，刑事、民事、经济纠纷、行政一审案件依法应当公开审判的528件，已公开审判的480件，公开审判率为91%。

1990年工作要点

充分发挥审判机关的职能作用，全面开展刑事、民事、经济纠纷、行政、告诉申诉审判工作和审判监督工作；大力加强法院的自身建设和改革，不断提高全体干警的政治素质和文化业务素质。

八、检察院工作报告

1990年3月15日，市十一届人大三次会议第三次全体会议听取和审议市人民检察院检察长雷森策所作的《宜昌市人民检察院工作报告》：

1989年工作回顾

受理和立案查处的经济犯罪案件线索236件，比1980年增加156件。决定立案侦查107件，其中，贪污贿赂90件，比1988年增加74件，决定逮捕案犯43人。

受理公安机关提请逮捕人犯534人，受理内侦查部门提请逮捕贪污贿赂案件人犯50人，两项合计584人，比1988年的495人增加39人，审查批准逮捕人犯503人，比1988年的401人多批捕59人。刑事起诉部门受理447件765人，比1988年的261件451人增加81件181人，决定免诉59件80人。刑事检查部门提前介入了160多名刑事案犯的侦查预审活动，提出纠正违法建议43条，意见84件，不批捕9人，追捕4人，不起诉1人。

法纪检察工作，受理犯罪线索42件，处理39件，立案查处3件。监所检察工作，提出纠正违法建议17件次，办理两劳人员再犯罪案件2件；办理劳教人员犯罪案件1件，受理申诉案件24件，办结21件，对超过法定时限的案件除及时通报情况外，先后进行检察催办64件148人次，其中办结60件139人次。配合公安部门坚决打击了牢头狱霸，维护了监改场所的正常秩序。控告申诉检察工作，接待来信来访697件次，年内全部办结，从中提供犯罪线索50件；受理举报748件，在举报线索中立案查处49件。刑事技术工作，参与现场勘查43件次，法医复核检验、鉴定58件，文字检验15件，司法会计鉴定4件，刑事照相74件，做出鉴定书、分析意见书、勘验报告共30份，其中改变原结论1件，对原始结论提出修改意见3件。

存在问题：办案粗糙，个别案件存在错、漏；有的案件执法不严，打击不及时；有罪犯虽已批准逮捕，但没有及时逮捕归案；部分干警素质不高、侦查手段落后。

1990年工作要点

进一步增强党性观念和组织纪律观念；继续把反贪污、贿赂作为检察机关的工作重点；坚持依法从重从快打击刑事犯罪，维护社会治安；抓重点，全面开展检察工作。

九、议案审查报告

1990年3月17日，此次会议第四次全体会议审议通过议案审查委员会所作的《宜昌市十一届人大三次会议代表提出的议案处理意见的报告》：

此次会议共收到代表提出的议案13件。审查意见：将13件议案转为建议、批评和意见处理。此次会议还收到代表提出的建议、批评和意见91件，连同上述建议由议案转为建议、批评和意见处理的13件，共104件。由市人大常委会办公室、市人民政府办公室交有关单位研究处理，并负责认真答复代表。

十、会议决议

1990年3月17日，市十一届人大三次会议第四次全体会议通过6个决议。

《关于宜昌市人民政府工作报告的决议》

决议批准市长罗清泉所作的《宜昌市人民政府工作报告》。

决议号召，全市人民正确认识保持稳定和治理整顿的重要意义，坚定不移地以经济建设为中心，坚持四项基本原则，坚持改革开放，振奋精神，增强信心，顾全大局，真正过几年紧日子，同心同德，为完成治理整顿、深化改革、稳定政治、稳定经济、稳定社会的任务而奋斗。

《关于宜昌市1989年国民经济计划执行情况及1990年计划安排报告的决议》

决议批准副市长兼市计划委员会主任李宗柏所作的《宜昌市1989年计划执行情况和1990年计划安排的报告》。

《关于宜昌市1989年财政预算执行情况和1990年财政预算草案报告的决议》

决议批准市财政局局长陈光迪所作的《宜昌市1989年财政预算执行情况和1990年财政预算草案报告》。

《关于宜昌市十一届人大常委会工作报告的决议》

决议批准市人大常务委员会主任郝逢武所作的《宜昌市十一届人大常委会工作报告》。

决议要求，市人大常务委员会要认真贯彻实施党的“一个中心，两个基本点”的基本路线和十三届四中全会、五中全会、六中全会精神，以稳定政治、稳定经济、稳定社会作为中心任务，保证代表大会各项决议的切实贯彻实施。

《关于宜昌市中级人民法院工作报告的决议》

决议批准市中级人法院院长余庆富所作的《宜昌市中级人民法院工作报告》。

《关于宜昌市人民检察院工作报告的决议》

决议批准市人民检察院检察长雷森策所作的《宜昌市人民检察院工作报告》。

第四节　第四次会议

1991年3月11日—16日，市十一届人大四次会议在城区举行。应出席代表217人，实际出席200人，列席会议人员124人。此次会议议程是：听取和审议《宜昌市人民政府工作报告》；听取和审议《宜昌市1990年国民经济和社会发展计划执行情况及1991年计划安排的报告》；听取和审议《宜昌市1990年财政预算执行情况和1991年财政预算草案的报告》；听取和审议《宜昌市国民经济和社会发展十年规划和“八五”规划纲要（草案）》；听取和审议《宜昌市人大常委会的工作报告》；听取和审议《宜昌市中级人民法院工作报告》；听取和审议《宜昌市人民检察院工作报告》；审议通过《宜昌市十一届人大四次会议议案审查情况的报告》；补选宜昌市十一届人大常委会组成人员；通过此次会议各项决议。

一、预备会议

1991年3月11日，市十一届人大四次会议举行预备会议。会议通过此次会议议程、大会主席团和秘书长名单、议案审查委员会名单。

二、会议机构及成员名单

市十一届人大四次会议主席团和秘书长。主席团成员（按姓名笔画排序）：王维顺、王淑珍（女）、孙承铨、李华春、吴宪征、吴培德、邱忠安、余庆富、宋玉琪、宋景隆、肖桂兰（女）、张兴本、张忠民、汪敬祖、杨承忠、罗清泉、罗勤新、辛丹凤、郝逢武、顾国钧、梁继平、韩德锋、雷森策；秘书长：王维顺（兼）。

市十一届人大四次会议案审查委员会组成人员名单。主任委员：汪敬祖；副主任委员：林家瑜、屈耀富、高宏准；委员：朱正懿、李华章、李诵国、邱忠安、顾国钧、黎庭芳（女）。

市十一届人大四次会议副秘书长名单（按姓名笔画排序）：肖桂兰（女）、吴宪征、战玉栋、秦燧泉。

三、市“八五”计划纲要

1991年3月11日，市十一届人大四次会议印发和审查了《宜昌市国民经济和社会发展十年规划和“八五”计划纲要（草案）》。

《纲要》目录：八十年代经济建设和社会发展的回顾；指导思想和主要奋斗目标；经济发展的方向和重点；发展科技教育的方向和任务；发展社会事业，改善人民生活；进一步深化经济体制改革，扩大对外开放。

四、市“八五”计划纲要说明

1991年3月13日，市十一届人大四次会议第二次全体会议听取和审议副市长李宗柏所作的《宜昌市国民经济和社会发展十年规划和“八五”计划纲要（草案）的说明》。

关于《纲要（草案）》形成的过程

1986年，成立了全市战略研究小组。1987年初形成了《宜昌市经济、科技、社会发展战略纲要》，组织了专门班子，着手研究宜昌市“八五”发展的问题。1988年，提出了“八五”轮廓设想，年计划委员会拟定“八五”发展纲要讨论稿。1990年，年制定《宜昌市十年规划设想》和《宜昌市“八五”计划发展纲要（草案）》，市委常委会会议听取计划委员会汇报，并对草案提出重要的修改意见。1991年1月，市委八届二次全体（扩大）会议，提出了《中共宜昌市委关于制定宜昌市国民经济和社会发展十年规划和“八五”计划的建议》，市人民政府组织起草《宜昌市国民经济和社会发展十年规划和“八五”计划纲要（草案）》，提交市人民政府常务会议进行了审议，随后又进行了修改。

关于对形势的认识

纲要（草案），对宜昌市八十年代经济建设和各项社会事业所取得的主要成就，作了概括的阐述。在过去的十年中，胜利地完成了第一步战略目标，宜昌市已从一个规模较小、经济落后的城市，发展成为一个具有一定规模和经济实力的中等城市。

“八五”计划起步所面临的形势，存在着有利的一面，也存在着严峻的一面。宜昌市中长期发展的制约因素：经济结构的调整缺乏大的突破；发展后劲不足；基础设施相对薄弱；城市空间狭小。九十年代，宜昌市的发展面临三大机遇，具有四个有利条件。

三大机遇是：党中央、国务院把开发与开放上海浦东新区，发挥长江沿岸腹地的经济资源优势和科学技术优势，作为今后十年的一项重要任务；省委关于“在中部崛起”的战略目标的进一步开展，开放开发长江经济带的战备措施将进入全面实施阶段；国家加快了三峡水利枢纽工程的前期工作，许多方面与宜昌市发展有直接关系。

四个有利条件是：宜昌市处在黄金水道和焦柳铁路的结合部，又是宜昌至黄石高等级公路的起点，水陆交通条件将继续改善；市区和周围拥有丰富的水力、矿藏、森林和旅游资源，已经成为国家的水电开发建设基地；经过41年的社会主义建设，特别是11年改革开放，具备了较强经济技术实力和较好地投资环境，成为省内比较发达的中心城市之一；有党中央的正确领导，全市人民对实现第二步战略目标充满信心。

关于指导思想

关于制定十年规划和“八五”计划，中央指出了必须遵循的五条基本指导方针：坚定不移地走建设有中国特色社会主义道路；坚定不移地推进改革开放；坚定不移地贯彻实施国民经济持续、稳定、协调发展的方针；坚定不移地执行自力更生、艰苦奋斗、勤俭建设的方针，坚定不移地贯彻物质文明和精神文明建设一起抓的方针。省委、市委结合湖北、宜昌的实际，也分别提出了关于制定十年规划和“八五”计划的具体指导思想，我们在制定《纲要（草案）》时，都力求做到自觉遵循。

关于主要奋斗目标

九十年代，宜昌市国民经济和社会发展的基本目标是：国民生产总值比1990年再翻一番，全市人民生活普遍达到小康水平，部分人民生活达到富裕水平。国民生产总值安排平均每年增长6.8%（按1990年不变价计算）。2000年国民生产总值达到41.7亿元，比1990年增长0.85倍。按可比口径计算，比1980年翻两番多。

总的来讲，纲要（草案）中拟订的今后十年的奋斗目标，是比较符合宜昌市的实际情况和客观发展需要的，经过努力是完全可以达到的。

五、政府工作报告

1991年3月12日，市十一届人大四次会议第一次全体会议听取和审议市长罗清泉所作的《宜昌市人民政府工作报告》：

1990年工作情况

工业生产。1990年完成工业总产值28.65亿元（1990不变价为42.5亿元），比上年增长2.01%。企业素质有进一步提高，猴王焊接公司为宜昌市夺得第一块国家金牌。

郊区农业。在百日无雨灾害面前，努力奋斗减少损失，蔬菜等农副产品仍然获得好收成。副食品基地建设进一步加强。

财贸、金融。社会商品零售总额实现8.46亿元，比上年增长6.1%。集市贸易成交额完成1.78亿元，比上年增长4.5%。物价涨势明显回落，全年社会商品零售物价总指数上涨为3.2%，比上年下降13.5%。财政扭转大幅下降局面。银行年末存款余额为12.37亿元，比上年初增加17.95%；其中储蓄余额为5.84亿元，比年初增加28.2%。

固定资产投资。全年完成固定资产投资4.92亿元，比上年增长14.14%，全市基础设施进一步加强。年初提出的7件实事，全部达到工作进度。

改革开放。开展第二轮承包工作，已有71.2%的全民工交企业签订了第二轮承包合同，一批全民商业企业和集体企业也签订了新一轮承包合同。企业内部分配、劳动用工等改革继续深化，社会保障制度逐步健全。完成出口收购额2.84亿元，比上年增长7.9%；市外贸系统自营出口创汇312万美元，增长38.2%。全市 “三资企业”累计17家，注册资金1430万美元。全市接待外国人、海外侨胞、台胞、港澳同胞48574人。东山经济技术开发区获省政府批准，软硬环境逐步改善，示范效应开始发挥。

科技、教育和各项社会事业。“科技兴市”市策进一步贯彻，全年科技投入保持在3000万元以上。德育教育得到加强，小学教师学历提前达标。成功举办了湖北省“三峡艺术节”。坚持抓“扫黄”，净化文化市场。新闻坚持正确舆论导向，发挥了喉舌作用。抓了市容环境卫生整治。群众体育活动广泛开展，宜昌市在省“八运会”夺得团体第五名。卫生部门，引进新技术、新设备。计生工作，人口出生率等4项主要指标保持全省先进行列。人口普查质量验收合格。社会综合治理继续加强，严厉打击了严重刑事犯罪，严厉惩处了严重经济犯罪。

政府法治建设和机关作风建设。组织400多名干部到300多个单位调研，为基层和群众办实事。开展治“三乱”和纠正行业不正之风，监察、审计和物价部门，对51个执行罚款单位、45个行政事业收费单位和31个摊派项目，组织了自查自报和重点抽查，取消了45个不合理的收费项目。围绕贯彻实施行政诉讼法，建立了政府法制机构，对市人民政府及各部门发布的1400多件规范性文件进行了认真清理，明令废止了一批与现行法规不符的规范性文件。经研、对台、侨务、民族宗教、民政、人防、土地管理、环境保护、信访、档案、保密、地方志、接待、驻外机构等各方面工作都取得了新的进展。

1991年工作要点

广泛开展“质量、品种、效益年”活动，保持工业生产速度增长；进一步加强农业基础，加速城郊农业经济的发展；确保重点建设项目，增强经济发展后劲；进一步搞活流通，继续从严控制物价；努力实现财政收支平衡，积极筹措建设资金；围绕增强企业活力，深化经济体制改革；把握有利时机，加速开放开发；加强城市基础设施建设，提高城市管理水平；坚持科技兴市，发展教育事业；发展文化卫生体育事业，不断提高全市人民的素质；搞好社会综合治理，维护社会稳定；加强政府法治建设和作风建设，不断改进政府工作。

六、计划报告

1991年3月12日，市十一届人大四次会议第一次全体会议听取和审议市计划委员会主任姜跃塔所作的《宜昌市1990年国民经济和社会发展计划执行情况与 1991年计划安排草案的报告》：

1990年计划执行情况

1990年，全年国民生产总值预计完成15.56亿元（按1980年不变价），比上年增长5.8%，国民收入预计完成12.78亿元，比上年增长2.8%。

1990年，全市工业总产值完成28.65亿元，比上年增长2.01%。其中：轻工业完成116585万元，增长9.11%，为年计划的101.38%；重工业总产值完成169918万元，下降2.35%，为年计划的91.85%。预算内工业企业全年完成工业总产值13.1亿元，比上年同期上升8.1%；销售收入完成14.6亿元，下降7.5%；销售税金完成11996万元，增长8.9%；实现利润4318万元，下降66.2%；定额流动资金平均占用额上升22.2%，产成品资金占压过大，工资总额和职工人平工资上升的幅度，较多地超过劳动生产率上升的幅度，效益下降的状况还未得到根本扭转。

1990年，遇40年来特大干旱，农业总产值完成2654万元，比上年下降23%，没有完成计划；乡镇企业总产值1.15亿元，增长18.1%，基本完成年计划；农村经济总收入1.86亿元，比上年略有减少，为年计划的93%；农村人平纯收入789元，比上年有所下降，为年计划的78.9%。

完成固定资产投资17129万元，为年计划的150%。固定资产投资中商品房56项，实际完成4158万元，为年计划的99%；实际竣工面积12.67万平方米。

社会商品零售总额完成8.46亿元，比上年增长6.1%，市场物价涨幅得到有效控制，全年全社会零售物价总指数上涨3.2%，与上年相比，下降了13.5%。财政收入完成17817万元，比上年下降3.98%，财政支出11288.65万元，增长1.38%。完成外贸出口收购总额17022万元，增长7.6%，为计划的101.3%。新办三资企业8家，全市三资企业已达17家。东山经济技术开发区起步区建设正在顺利进行。

1990年科技投入保持在3000万元以上，已有一批科技成果进入生产应用。各类学校招生计划完成较好，其中大专招311人，中专招556人，对等培养和委托培养中专人才94人，技校招生670人，职业高中招生835人。年末人口总数达44.46万人，人口自然增长率为6.4‰，均控制在年度计划以内。

1991年计划安排方案

主要目标：全市国民生产总值比上年增长6%，国民收入增长5.7%；工业总产值计划安排45.07亿元（按1990年不变价），增长6%。农业总产值计划安排10400万元，增长25.1%；农村经济总收入2.1亿元，增长13%；增收节支，努力完成省政府下达的财政收入任务；调整投资结构，使全市固定资产投资在去年水平上有适当的增长；全市商品零售总额9.1亿元，增长7.5%；外贸系统出口总值1.8亿元，增长5.7%；社会商品零售物价总指数上涨幅度控制在6%以内。

主要措施：提高经济效益和经济素质；切实把主要精力放在结构调整上来；用好、用活、用足固定资产投资规模，加强重点工程建设；加强宏观调控，不断提高计划工作的水平。

七、财政预决算报告

1991年3月12日，市十一届人大四次会议第一次全体会议听取和审议市财政局局长陈光迪所作的《宜昌市1990年财政预算执行情况和1991年财政预算草案的报告》：

1990年财政预算执行情况

完成四项财政任务情况。一是财政收入17545.72万元，为预算的91.15%，比1989年下降5.44%。二是债券收入：国库券入库1000万元，为任务的141.5%；特种国债入库211.7万元，为任务的42.11%。三是能源交通重点建设基金入库568.83万元，为任务的100%。四是国家预算调节基金入库106.83万元，为任务的11.88%。

财政收支预算执行情况，详见表3—11—10。

1990年财政收支预算执行情况汇总表

表3—11—10　　单位：万元

<table>
<tr><th colspan="2" rowspan="2">财政收入项目</th><th rowspan="2">完成收入</th><th rowspan="2">占预算%</th><th colspan="2" rowspan="2">财政支出项目</th><th rowspan="2">完成支出</th><th colspan="2">其中：</th></tr>
<tr><th>本级支出</th><th>占预算%</th></tr>
<tr><td colspan="2">全市财政收入</td><td>17545.72</td><td>91.15</td><td colspan="2">全市财政支出</td><td>11006.80</td><td>8985.43</td><td>90.15</td></tr>
<tr><td rowspan="10">其中</td><td>工商、城建税</td><td>18718.20</td><td>93.77</td><td rowspan="10">其中</td><td>专用资金出</td><td>3117.10</td><td>1932.00</td><td>76.52</td></tr>
<tr><td>企业收入</td><td>1784.43</td><td>65.90</td><td>农业支出</td><td>376.38</td><td>208.18</td><td>102.55</td></tr>
<tr><td>亏损补贴</td><td>-3527.30</td><td>89.84</td><td>工交商支出</td><td>544.85</td><td>381.46</td><td>106.26</td></tr>
<tr><td>农、特产税</td><td>66.28</td><td>60.81</td><td>城市维护费</td><td>1968.88</td><td>1853.88</td><td>100.64</td></tr>
<tr><td>排污费收入</td><td>355.00</td><td>116.39</td><td>文教科卫费</td><td>2493.58</td><td>2389.55</td><td>107.20</td></tr>
<tr><td>其他收入</td><td>91.55</td><td>101.72</td><td>抚恤救济</td><td>357.58</td><td>243.07</td><td>99.21</td></tr>
<tr><td>耕地占用税</td><td>53.86</td><td>—</td><td>行政管理费</td><td rowspan="2">1774.74</td><td rowspan="2">1759.77</td><td rowspan="2">96.11</td></tr>
<tr><td>契税</td><td>3.68</td><td>—</td><td>公检法支出</td></tr>
<tr><td></td><td></td><td></td><td>其他事业费</td><td rowspan="2">373.68</td><td rowspan="2">217.52</td><td rowspan="2">96.11</td></tr>
<tr><td></td><td></td><td></td><td>其他支出</td></tr>
</table>

财政收支平衡情况，详见表3—11—11。

1990年财政收支平衡情况汇总表

表3—11—11　　单位：万元

资金来源		10674.00	资金运用		11398.80
其中	当年财政分成留用	7546.52	其中	当年决算支出	11278.22
	上年赤字	-108.73		结转下年使用专款	120.56
	省拨专款	2047.58			
	各项单独结算补助	436.84			
	调入其他资金	751.55			
收支相抵，净赤字					725.02

1991年财政预算（草案）

四项财政任务。一是财政收入预算为19002万元，比1990年实际完成数（含教育费附加收入271.43万元）增长6.65%。二是征集能源交通重点建设基金任务743.9万元。三是国库券和特种国债发行任务1382万元（含向待业保险基金和退休养老金两项结余发行的特种国债任务85.8万元）。四是征集预算调节基金任务1020.1万元。

财政收支预算安排，详见表3—11—12。

1991年财政收支预算安排汇总表

表3—11—12　　单位：万元

财政收入项目		收入安排	比上年增长%	财政支出项目		支出安排	比上年增长%
全市财政收入		19002	6.65	市财政支出		10312	8.70
其中	工商税和城建税	19834	5.96	其中	价格补贴	1591	3.65
	国营企业收入	2286	28.11		科技三项费	92	持平
	亏损补贴退库	-4187	18.70		工交商事业费	362	-5.10
	农业税和特产税	109	64.45		城市维护费	1984	7.02
	耕地占用税				文教科卫事业费	2502	4.71
	其他收入	160	74.77		农业事业费等	185	
	教育费附加	450	65.79		抚恤救济经费	291	19.72
	排污费收入	350	-1.41		行政及公检法支出	1927	9.50
					其他支出	303	—
					专款支出	875	—
					总预备费	200	—

八、常委会工作报告

1991年3月15日，市十一届人大四次会议第三次全体会议听取和审议市人大常委会主任郝逢武所作的《宜昌市人大常委会工作报告》：

1990年工作回顾

一年来，市人大常委会依法举行8次常委会会议、9次主任会议，共听取和审议“一府两院”、人大常委会办事机构工作报告35个，并相应就有关重大问题做出7个决定、1个决议；组织视察和检查4次，依法任免国家机关工作人员39人。

行使监督权和决定权。在法律监督方面：一是常委会听取和审议市人民政府、法院、检察院关于法律、法规执行情况的报告。先后听取了有关行政诉讼法、土地法、义务教育法、湖北省义务教育实施办法、传染病防治法、兵役法等6个法律、法规贯彻实施情况的报告。二是开展执法检查。检查了制止“三乱”（乱收费、乱摊派、乱罚款）的情况，检查了贯彻实施治安管理处罚条例、刑事诉讼法、民事诉讼法、惩罚贪污罪贿赂罪的补充规定、国家行政机关工作人员贪污贿赂行政处罚暂行规定的情况，检查了执法机关、执法人员的违法乱纪查处情况以及检察机关履行法律监督职能的情况。三是召开各种类型座谈会，对《中华人民共和国外商投资企业和外国企业所得税法》等三个法律法规（草案）征求修改意见。在工作监督方面：一是听取和审议有关部门的工作报告。常委会听取和审议市人民政府及有关部门所作的关于计划、财政、金融、物价、工商、农业、治安、行政监察、文化、教育、卫生、体育、土地管理、城市建设等方面的工作报告。二是对“一府两院”执法情况、全市蔬菜产销情况等重大问题，共组织了四次视察活动。

任免国家机关工作人员。一年来，共任免国家机关工作人员39人，其中：根据市长提请通过任命8人、免职6人；法院院长提请通过任命11人；检察院检察长提请通过任命10人，免职1人；市人大常委会主任会议提请通过免职2人。并补选省七届人大代表1人。

指导各区、乡两级人大换届选举。全市49.22万人，符合资格的选民有32.60万人，区、乡两级共设381个选区，参选率均达到90%以上。共选出区级人大代表490人、乡级人大代表203人。在此基础上，各区、乡举行新一届区、乡人大第一次会议，选举产生两级政权领导班子，圆满地完成了区、乡换届选举工作任务。

加强人大常委会自身建设，加强同人民代表及各方面的联系。加强主任会议的工作；加强各专门委员会工作有所；加强同各级人大代表和人民群众的联系，召开代表工作经验交流会议，坚持接待代表日制度，编印的公报、《人大工作通讯》《情况反映》，为代表们提供了有关情况和信息，组织视察、调查和检查时，请有关全国、省、市人大代表参加，督促议案、建议和意见的办理；加强与兄弟城市的交流。

1991年工作要点

指导思想。认真贯彻实施中共十三届七中全会和市委八届二次全体（扩大）会议精神，坚持把稳定政治、稳定经济、稳定社会作为人大工作的中心任务，把保证和促进治理整顿、深化改革、顺利发展作为首要职责，把抓好法律宣传教育工作提到重要议事日程，把自身建设放在重要位置。

主要工作。研究制订1991年度常委会工作要点；进一步加强法律监督和对“一府两院”的工作监督；进一步发挥专门委员会的职能作用；进一步加强同人大代表的联系；进一步加强人大常委会自身建设。

九、法院工作报告

1991年3月15日，市十一届人大四次会议第三次全体会议听取和审议市中级人民法院院长余庆富所作的《宜昌市中级人民法院工作报告》:

1990年工作回顾

受理各类一审刑事案件522件919人，比1989年的355件588人分别上升47.04%和56.29%，已全部审结。受理各类民事一审案件1587件，审结1520件，结案率为95.78%，与1989年比，新收案上升10.72%，结案增多171件，上升12.68%。受理经济纠纷一审案件299件，审结275件，结案率为91.91%，结案标的金额为1226.26万元。受理各类行政案件10件，其中，治安行政案件5件，土地、城市规划、工商行政案件1件，其他1件，比上年上升66.67%。审结9件（维持3件，撤销2件，撤诉4件）。受理行政机关申请人民法院强制执行的行政执行案件9件，已依法办理完毕。

受理人民来信2584件，接待群众来访3404人次，其中立案处理2190件，作简易民事纠纷调处112件。受理不服区法院一审判决的刑事、民事、经济纠纷、行政二审案件97件，比1989年上升25.97%，已全部审结。其中，维持原判的42件，占43.3%，改判的17件，占17.5%，发回重审的4件，占4.1%，调解、撤诉等处理34件，占35.1%。中院依照审判监督程序进行再审的刑事申诉58件，审结56件，结案率为96.55%，其中，维持原判的38件，改判的12件，其他处理6件，分别占67.86%、21.43%和10.71%。

1991年工作要点

充分发挥人民法院惩治犯罪、制裁违法、保护人民、促进改革、服务四化的职能作用；全面开展刑事、民事、经济、行政、告诉申诉等各项审判工作；全面推进各项审判工作的执法规范化；积极参与社会综合治理；进一步加强法院队伍建设。

十、检察院工作报告

1991年3月15日，市十一届人大四次会议第三次全体会议听取和审议市人民检察院副检察长肖柏松所作的《宜昌市人民检察院工作报告》:

1990年工作回顾

受理贪污、贿赂等经济犯罪案件136件，比1989年同期上升7%，立案侦查85件，其中贪污、贿赂罪71件，占83.5%，1990年立案中，大要案17件。已侦结91件（含1989年转结12件），移送其他检察院3件，待结3件。受理公安机关和自侦部门报捕人犯863人，比1989年上升140%。经审查批准决定逮捕773人，比1989年上升68%。受理移送起诉491件905人，比1989年上升65%，审结483件897人，案件审结率为98.4%。受理法纪案件43件，立案侦查7件，年内全部办结。

1991年工作要点

继续树立“稳定压倒一切”的思想，为政治、经济、社会发展服务；深入开展反贪污、反贿赂斗争；坚持依法从重从快打击严重刑事犯罪；加强“侵权”、渎职犯罪的查处；认真做好检察机关其他各项业务工作；严肃认真地抓好举报、控告申诉检察工作；抓好监所检察工作；加强技术检察工作。

十一、议案审查报告

1991年3月17日，此次会议第四次全体会议审议通过议案审查委员会所作的《宜昌市十一届人大四次会议议案的处理意见的报告》：

此次会议共收到代表提出的议案8件。审查意见：将8件议案作为建议和意见处理。

此次会议还收到代表提出的建议、批评和意见87件，连同上述由议案转为建议和意见处理的共95件，待大会闭会后，由市人大常委会办公室、市人民政府办公室分别交有关部门组织研究办理，书面答复代表。并由市人大常委会检查督促办理。

十二、会议选举

1991年3月15日，此次会议第三次全体会议通过《宜昌市十一届人大四次会议选举办法》。3月17日，此次会议第四次全体会议选举市十一届人大常委会副主任：粟凯，委员（按姓名笔画排序）：汤涛、张连生、金泽兰（女）。通过市十一届人大教科文卫委员会主任委员：粟凯（兼）。

十三、会议决议

1991年3月16日，市十一届人大四次会议第四次全体会议通过7决议。

《关于宜昌市国民经济和社会发展十年规划和“八五”计划纲要（草案）的决议》

决议批准《宜昌市国民经济和社会发展十年规划和“八五”计划纲要》。

决议号召，全市人民要在市委、市人民政府领导下，同心同德，艰苦奋斗，求实创新，奋力拼搏，为实现十年规划和“八五”计划而奋斗。

《关于宜昌市人民政府工作报告的决议》

决议批准市长罗清泉所作的《宜昌市人民政府工作报告》。

决议指出，1991年是实施十年规划和“八五”计划的第一年，任务是艰巨的，市人民政府要进一步解放思想，加快改革开放步伐，继续加强廉政建设，发扬党的优良传统，密切联系群众，虚心听取群众意见和建议，实实在在地为基层和群众办实事，全心全意为人民服务。

《关于宜昌市1990年国民经济计划执行情况与1991年计划安排的报告的决议》

决议批准市计划委员会主任姜跃塔所作的《宜昌市1990年计划执行情况和1991年计划安排的报告》。

《关于宜昌市1990年财政预算执行情况和1991年财政预算草案报告的决议》

决议批准市财政局局长陈光迪所作的《宜昌市1990年财政预算执行情况和1991年财政预算草案的报告》。

《关于宜昌市十一届人大常委会工作报告的决议》

决议批准市人大常委会主任郝逢武所作的《宜昌市十一届人大常委会工作报告》。

决议要求，市人大常委会要认真贯彻中共十三届七中全会和市委八届二次全体（扩大）会议精神，围绕进一步稳定政治、稳定经济、稳定社会的中心任务，开展人大常委会工作，认真行使宪法赋予的各项职权，保证代表大会各项决议的贯彻实施，为推动全市各项工作的顺利进行做出应有贡献。

《关于宜昌市中级人民法院工作报告的决议》

决议批准市中级人民法院院长余庆富所作的《宜昌市中级人民法院工作报告》。

《关于宜昌市人民检察院工作报告的决议》

决议批准市人民检察院副检察长肖柏松所作的《宜昌市人民检察院工作报告》。

第五节 第五次会议

1992年3月10日—15日，市十一届人大五次会议在城区举行。应出席代表218人，实际出席代表176人，列席会议人员127人。此次会议议程是：听取和审议《宜昌市人民政府工作报告》；听取和审议《宜昌市1991年国民经济和社会发展计划执行情况及1992年计划安排的报告》；听取和审议《宜昌市1991年财政预算执行情况和1992年财政预算草案的报告》；听取和审议《宜昌市人大常委会工作报告》；听取和审议《宜昌市中级人民法院工作报告》；听取和审议《宜昌市人民检察院工作报告》；审议通过《宜昌市十一届人大五次会议议案审查报告》；补选宜昌市十一届人大常委会组成人员，通过宜昌市十一届人大有关专门委员会组成人员人选；通过此次会议各项决议。

一、预备会议

1992年3月10日，市十一届人大五次会议举行预备会议。会议通过此次会议议程、大会主席团和秘书长名单、议案审查委员会名单。

二、会议机构及成员名单

市十一届人大五次会议主席团和秘书长。主席团成员（按姓名笔画为序）：王维顺、王淑珍（女）、孙承铨、李华春、李家余、汤涛、吴宪征、吴培德、邱忠安、余庆富、宋玉琪、宋景隆、肖桂兰（女）、张忠民、汪敬祖、杨承忠、辛丹凤、罗清泉、罗勤新、金泽兰（女）、郝逢武、顾国钧、梁继平、韩德锋、粟凯、雷森策、戴振声；秘书长：王维顺（兼）。

市十一届人大五次会议议案审查委员会组成人员名单（分别按姓名笔画为序）：主任委员：李华春；副主任委员：林家瑜、屈耀富、高宏准；委员：朱正懿、李华章、李诵国、邱忠安、顾国钧、黎庭芳（女）。

市十一届人大五次会议副秘书长名单（按姓名笔画排序）：吴宪征、张水松、战玉栋、秦燧泉。

三、政府工作报告

1992年3月11日，市十一届人大五次会议第一次全体会议听取和审议市长罗清泉所作的《宜昌市人民政府工作报告》：

1991年工作情况

工业。全年完成工业总产值43.73亿元，比上年增长3%，同时扭转了一年多来经济效益大幅度下滑的局面。

农业。全年农村经济总收入达2.1亿元，比上年增长13.1%。蔬菜产量6.3万吨，上市5.1万吨，比上年有较大幅度增长。农田水利基本建设掀起新的高潮，一年的投入相当于前三年的总和。农业综合开发工作迈出新的步伐，文佛山林场、农科中心和长江防护林工程的建设进度加快。

科技。全市实际投入技术改造的资金达1.55亿元，资金到位和进度情况均好于上年。稳步推进各类科技发展计划，全年共安排项目115项，投资额达3208万元。

固定资产投资。全年固定资产投资5.32亿元，比上年增长0.51%，其中市属投资增长4.2%。年初安排的11项重点工程，已有城市煤气等5项工程具备了投产或部分投产的条件，另外6项工程也取得较大进展。民用机场等5项已进入前期工作，聚酯切片等14项已批准立项，化纤二期工程等3项已批复设计任务书，钢琴厂等12项已批复新开工。

城管。年初提出的综合整治南湖等3项重点工程完成计划进度，开通江南公共汽车路线等8件实事基本完成。重要公共场所和主要路段的脏乱现象有所改变。大规模地开展植树造林活动，园林绿化工作有了可喜的进展。

改革。市属工交、建筑、商业、粮食、供销、物资等企业，有76%实行了新一轮承包或目标管理，其中国营工业企业新一轮承包的占89%。制定搞好大中型企业的新的政策措施，对15户重点骨干企业实行了“五定”承包，对3家企业实行了10年投入产出承包，对5家企业实行了5年投入产出承包。在11家工商企业中开展经营、价格、分配、用工“四放开”试点，对3户企业试行了岗位技能工资改革，对16家企业进行了兼并或合并，对1户企业实行了破产。

开放。全市外贸收购值完成3.88亿元，比上年增长37.4%；自营出口创汇503万美元，比上年增长27.3%。兴办“三资”企业11家，注册资本1686万美元，为上年的3倍。全年接待外国人、海外侨胞、台湾同胞、港澳同胞56731人，创历史最高水平。东山经济技术开发区建设进一步加快。

财贸、金融。全年社会商品零售额达8.89亿元，比上年增长5.2%。零售物价总指数上升5.6%，低于6%的计划控制目标。完成财政收入1.82亿元，比上年增长2.3%。金融部门年末银行存款余额达到14.32亿元，比年初净增1.76亿元，其中储蓄存款净增1.14亿元。

社会事业。小学入学率达到99.55%，初中入学率达到99%，全市普及九年制义务教育已达到合格要求。文化工作坚持为社会主义服务、为人民服务的方向，医疗卫生工作坚持以预防为主的方针，全市人口出生率等5项主要指标继续在全省保持领先水平。

社会治安。成立了葛洲坝公安分局，加强了葛洲坝坝面的交通和治安管理，加强了葛洲坝电厂、船闸等重要目标的安全保卫工作。全市刑事案件发案率比上年下降了15.1%，其中大要案下降11.6%。

政府机关。健全了政府系统规范性文件制定和备案制度，开展行政复议应诉工作，组织好行政执法检查，开展“二五”普法的各项准备工作。认真办理了人大代表和政协委员建议和提案，人大代表和政协委员对办理结果表示满意和基本满意的占98%。

1992年工作要点

以调整结构、提高效益为中心，确保工业稳定增长；深入贯彻中共十三届八中全会精神，大力发展城郊型农业；坚持科技兴市的基本市策，切实把经济发展转移到依靠科技进步和提高劳动者素质的轨道上来；改善服务，加强管理，抓好财贸工作；加大改革力度，加快改革步伐。进一步扩大对外开放；努力提高城市规划、建设和管理水平；发展教育、文化、卫生事业，进一步加强精神文明建设；推进社会主义民主与法治建设，进一步维护社会稳定；切实改进作风，加强廉政建设，确保今年各项任务的全面完成。

四、计划报告

1992年3月11日，市十一届人大五次会议第一次全体会议听取和审议市计划委员会主任姜跃塔所作的《宜昌市1991年计划执行情况和1992年计划安排的报告》：

1991年计划完成情况

1991年，预计全年国民生产总值完成18.62亿元（当年价），比1990年增长3%；国民收入完成14.46亿元，增长2.5%。全市完成工业总产值43.73亿元，比上年增长3%，为年计划的97%。农村经济收入实现21021万元，比上年增长3%，为年计划的100.1%；农业总产值完成10096万元，比上年增长21.5%，为年计划的97.1%；乡镇企业总产值完成13288万元，比上年增长15.7%，为年计划的106.3%；农村人平纯收入930元，比上年增长17.9%，为年计划的97.9%。地方货运量完成641万吨，比上年增长74%；地方货物周转量6.98亿吨公里，增长20.1%；客运量308.4万人，增长2.8%，客运周转量3.22亿人公里，增长9.9%；邮电业务总量1592万元，增长36.7%。固定资产投资完成5.34亿元，比上年增长0.41%，其中市属完成3.2亿元，增长3.94%。社会商品零售总额88990万元，比上年增长5.16%，为年计划的97.8%。社会零售物价总指数为105.6%，比上年上涨5.6%；人均生活费收入扣除物价因素后仍增长7.1%。全市外贸工作有较大进展，全年外贸出口收购总值完成26080万元，比上年增长53.2%，为年计划的144.9%；自营出口创汇503万美元，增长27.3%，为年计划的111.8%。地方财政收入18218万元，增长2.25%，为年计划的95.3%；财政支出11450万元，增长1.53%，为年计划的95%。银行各项贷款余额23.64亿元，增长14.7%，其中流动资金贷款16.70亿元，增长13.4%。

社会发展方面，各级各类学校招生计划基本完成；全市人口控制在计划以内，人口自然增长率7.3‰，比计划8‰有所降低。市属全民单位职工人数达95045人，比上年增加3832人，为年计划的102.7%；市属全民工业企业全员劳动生产率达36669元/人，增长0.25%，为年计划的96.4%。全年完成农转非3085人，比上年增加1090人。病床数3232张，比上年增长8.4%，为年计划的104.9%。

1992年计划安排方案

主要目标。全市国民生产总值比1991年增长5.6%，国民收入增长5.2%，工农业总产值增长6%，其中工业增长6%，达到46.53亿元；农业增长10%，达到1.1亿元。地方财政收入力争增长3.52%，努力缩小财政赤字。市属固定资产投资额增长10%，达到2.85亿元，力争超过3亿元。社会商品零售总额增长8%，达到9.6亿元；市外贸系统出口收购总值增长18.6%，达到2.15亿元。社会零售物价总指数上涨幅度控制在6%以内。全市人口自然增长率控制在8‰以内。

主要工作。重视农业，抓好基础，进一步搞好“菜篮子”工程；调整经济结构，储备发展后劲，推进“八五”建设项目；努力改善外部环境，搞好国营大中型企业；服务三峡工程，发展宜昌经济；推进开放开发，扩大外经外贸；继续调整投资结构，努力提高投资效益，确保全市重点建设。

五、财政预决算报告

1992年3月10日，市十一届人大五次会议第一次全体会议听取和审议市财政局局长赵泽黎所作的《宜昌市1991年财政预算执行情况和1992年财政预算草案的报告》:

1991年财政预算执行情况

完成四项财政任务情况。一是财政收入，市十一届人大四次会议批准的1991年全市财政收入预算为19002万元，实际执行结果为18218万元，完成预算的95.87%，比1990年上升2.25%。二是国库券入库1338万元，特种国债入库93万元，两项任务共计入库1431万元，为任务的103%。三是能源交通重点建设基金入库569万元。四是国家预算调节基金入库118万元。

财政收支预算执行情况，详见表3—11—13。

1991年财政收支预算执行情况汇总表

表3—11—13　　单位：万元

财政收入项目		完成收入	占预算%	财政支出项目		完成支出	其中：	
							本级支出	占预算%
全市财政收入		18218	95.87	市财政支出		11912	10083	97.78
其中	工商税城建税	19073	96.17	其中	专用资金支出	2890	2135	86.86
	国营企业收入	1797	78.60		农业事业费等	455	236	127.57
	亏损补贴退库	-3903	93.21		工交商事业费	487	315	87.02
	农业税特产税	105	96.46		城市维护费	2159	2022	101.92
	排污费收入	350	100.00		文教科卫支出	2838	2675	106.91
	其他收入	104	65.21		抚恤救济经费	448	303	104.12
	教育费附加	574	127.50		行政公检法支出	2177	2096	108.77
	耕地占用税契税	118	—		其他支出	458	301	99.34

财政收支平衡情况，详见表3—11—14。

1991年财政收支平衡情况汇总表

表3—11—14　　单位：万元

资金来源		10251	资金运用		12008
其中	当年财政分成留用	8029	其中	当年决算支出	11912
	上年赤字	-734		结转下年使用专款	96
	上年结转专款	121			
	省拨专款	1829			
	各项单独结算补助	167			
	省批决算补助款	53			
	调入其他资金	786			
收支相抵，赤字					1757

1992年财政预算（草案）

四项财政任务。一是财政收入预算为18859万元，比1991年实际完成数增长3.52%。二是征集能源交通重点建设基金任务568.8万元。三是征集预算调节基金任务884.6万元。四是国库券发行任务2014.7万元。

财政收支预算安排，详见表3—11—15。

1992年财政收支预算安排汇总表

表3—11—15　　单位：万元

<table>
<tr><th colspan="2">财政收入项目</th><th>收入安排</th><th>比上年增长%</th><th colspan="2">财政支出项目</th><th>支出安排</th><th>比上年增长%</th></tr>
<tr><td colspan="2">全市财政收入</td><td>18859</td><td>3.52</td><td colspan="2">市财政支出</td><td>11085</td><td>9.94</td></tr>
<tr><td rowspan="11">其中</td><td>工商税和城建税</td><td>20100</td><td>5.38</td><td rowspan="11">其中</td><td>专款支出</td><td>2134</td><td>持平</td></tr>
<tr><td>国营企业收入</td><td>2041</td><td>13.57</td><td>农业事业费等</td><td>303</td><td>28.39</td></tr>
<tr><td>亏损补贴退库</td><td>-4143</td><td>6.15</td><td>工交商事业费</td><td>345</td><td>9.52</td></tr>
<tr><td>农业税和特产税</td><td rowspan="2">181</td><td>-18.83</td><td>城市维护费</td><td>2027</td><td>0.25</td></tr>
<tr><td>耕地占用税</td><td>—</td><td>文教科卫事业费</td><td>2889</td><td>8.00</td></tr>
<tr><td>其他收入</td><td>130</td><td>25.00</td><td>抚恤救济经费</td><td>231</td><td>-23.76</td></tr>
<tr><td>教育费附加</td><td rowspan="2">550</td><td rowspan="2">—</td><td>行政管理费</td><td rowspan="2">2365</td><td rowspan="2">8.63</td></tr>
<tr><td>排污费收入</td><td>公检法支出</td></tr>
<tr><td></td><td></td><td></td><td>其他事业费</td><td rowspan="2">491</td><td rowspan="2">—</td></tr>
<tr><td></td><td></td><td></td><td>其他支出</td></tr>
<tr><td></td><td></td><td></td><td>总预备费</td><td>300</td><td>—</td></tr>
</table>

六、常委会工作报告

1992年3月13日，市十一届人大五次会议第二次全体会议听取和审议市人大常委会主任郝逢武所作的《宜昌市人大常委会工作报告》：

1991年工作回顾

法律监督。一是开展专项法律法规执法检查。8月中旬，市人大常委会组织3个检查组分赴西陵、伍家岗和点军区进行了检查，实地察看了3所初中和9所小学实施义务教育的情况；9月，常委会在第二十八次会议上，听取和审议检查组的报告。二是听取和审议“一府两院”有关法律法规实施情况的报告。常委会先后听取和审议有关义务教育法、文物保护法、技术合同法、专利法、计量法、标准化法、传染病防治法、计划生育条例等法律法规实施情况的报告。三是对法律法规和人大有关决议贯彻实施情况进行视察。8月中旬，对食品行业进行卫生监督管理和食品生产经营以及从业人员执行食品卫生法的情况进行视察；于12月中旬，组织两个视察组，对城市建设重点工程和八件实事的进展情况进行视察。四是参与有关法律法规草案的修改工作。按照全国人大和省人大常委会的要求，召开各种类型座谈会，按期完成了妇女权益保障法、湖北省计划生育条例等10个法律法规草案的征求意见工作。

工作的监督。一年来，共听取和审议有关计划、财政 、工业、民政、劳动、物价、教育、外经、园林绿化、廉政、治安、反贪污贿赂等方面的工作报告14个。常委会第二十六次会议听取和审议市司法局关于第一个五年普法实施情况和第二个五年普法规划的报告，审议通过《关于开展第二个五年法制宣传教育的决议》。

任免地方国家机关工作人员。一年来，共依法任免国家机关工作人员28人，其中，根据市长提请通过任命7人，免职6人；根据法院院长提请通过任命5人；根据检察院检察长提请通过任命5人，免职3人；根据人大常委会主任会议提请通过任命1人，免职1人。

加强同各级人大代表的联系。在加强人大代表工作方面着重抓了如下几项工作：认真办理了市十一届人大四次会议上代表们提出的95件建议、意见；坚持接待代表日活动，共接待代表8批、39人次，代表们共提出建议意见44条，有关部门认真进行了研究和办理；给代表寄送《公报》《工作通讯》《情况反映》和其他资料；加强代表小组活动的指导；召开全市代表工作表彰会，对70名先进人大代表、8个先进代表小组及14名先进联络秘书和联络员进行了表彰。

加强常委会自身建设。加强常委会思想建设；加强常委会作风建设；加强各专门委员会的自身建设。

1992年工作要点

指导思想。认真贯彻中共十三届七中全会、八中全会和中央经济工作会议精神，全面贯彻实施党的以经济建设为中心，坚持四项基本原则，坚持改革开放的基本路线，努力巩固和发展安定团结的政治局面，认真履行宪法和法律赋予的各项职权，进一步加强社会主义民主与法治建设，发挥地方国家权力机关的作用。

主要工作。认真研究制订1992年度常委会工作要点；切实加强对“一府两院”的法律监督和工作监督；认真行使常委会对重大事项的决定权；进一步发挥专门委员会的职能作用；密切同人大代表和人民群众的联系，自觉地接受人大代表和人民群众的监督；进一步加强常委会自身建设。

七、法院工作报告

1992年3月13日，市十一届人大五次会议第二次全体会议听取和审议市中级人民法院院长余庆富所作的《宜昌市中级人民法院工作报告》：

1991年工作回顾

受理各类案件2706件，审结2597件，结案率达到95.97%。其中：受理各类刑事一审案件435件735人，比上年同期下降16.67%。全年共审结434件734人，结案率为99.77%。受理各类民事一审案件1688件，比上年的1587件上升6.4%，审结1611件，结案率为95.44%。受理一审经济纠纷案件313件，比上年的299件上升4.7%，审结284件，结案率为90.73%，诉讼的标的总金额达1457.11万元。受理了宜昌市首例企业破产案件：市巾被总厂申请破产还债案。受理行政诉讼案件25件，已全部审结。受理了行政机关申请法院强制执行的行政执行案件22件，已全部办理。

处理人民来信1823件（次），接待群众来访3483人（次），受理各类申诉案件55件，审结54件，结案率98.18%。为认真解决“执行难”的问题，集中三个月的时间突击抓了执行经济纠纷积案工作，已全部执行109件，部分执行130件，执行和解6件，执行中止18件，执行终结4件，执行金额563.78万元。

1992年工作要点

进一步明确人民法院为党的中心工作服务的指导思想；进一步发挥审判机关的职能作用，继续严厉打击严重刑事犯罪和严重经济犯罪活动，为经济建设创造良好的社会环境；以参与社会治安综合治理为重点，全面开展刑事、民事、经济、行政、申诉等审判工作和执行工作；进一步加强思想政治工作和业务建设，提高干部队伍的政治素质和业务素质，增强反和平演变的能力；继续搞好司法行政和其他后勤保障工作。

八、检察院工作报告

1992年3月13日，市十一届人大五次会议第二次全体会议听取和审议市人民检察院检察长雷森策所作的《宜昌市人民检察院工作报告》：

1991年工作回顾

受理了贪污贿赂案件线索152件，比1990年同期上升11.7%；立案侦查84件100人，决定逮捕案犯32人，审结案75件87人，其中向人民法院提起公诉47件52人，决定免予起诉20件22人，为国家、集体挽回经济损失79万元。查办偷税、抗税案件，立偷税罪案2件2人，追回税款15.79万元。

受理公安机关和自侦部门提请逮捕人犯417件729人，审查批捕388件673人。受理公安机关和自侦部门移送起诉401件663人，经审查起诉369件606人。对公安机关提请逮捕和移送起诉的案件，经认真审查，对4名不构成犯罪或已构成犯罪不需要逮捕人犯，依法做出不批准逮捕决定。对1名人犯作了不起诉的决定。追捕犯罪分子8名，追诉3名。对公安机关侦查活动的违法情况提出纠正意见44条；对人民法院确有错误的判决、裁定提出抗诉2件，到12月底，已收到人民法院判决1件，其中改判1件。提前介入重特大刑事案件19件36人，加快了案件的审结，共出庭公诉325件。

受理法纪犯罪线索50件，立案5件，其中特大案件1件。监所检察工作以安全执法检查为重点，对办案超时限的47件115人次，提出口头或书面意见。同时配合公安机关对在押犯进行经常性的法制教育，查处再犯罪案件2件3人。认真查处控告申诉案件，共受理公民控告检举343件，其中属检察机关管辖的257件，转有关部门处理176件，移送自侦部门立案51件，作其他处理116件。受理申诉案54件（重复申诉23件），处理不服免诉2件，不服判决15件，不服逮捕3件，不服劳教1件，不服不起诉1件，其他9件。检察技术工作积极为办案服务，共进行法医鉴定32件，其中改变原结论2件，出具鉴定书13份，参与刑事照象、现场勘查19件次。

1992年工作要点

坚持深入开展反贪污斗争；坚决贯彻依法从重从快方针，继续坚持“严打”；继续加强法纪检察工作，突出查办刑讯逼供、非法拘禁、徇私舞弊、玩忽职守、重大责任事故犯罪案件；认真做好监所、控告申诉检察工作；继续深入做好干警的思想政治工作，继续加强领导班子建设。

九、会议选举

1992年3月13日，此次会议第二次全体会议通过《宜昌市十一届人大五次会议选举办法》。3月15日，此次会议第三次全体会议选补市十一届人大常委会副主任：戴振声、李家余，委员：田夫。通过《宜昌市十一届人民代表大会各专门委员会组成人员调整名单》，免去王维顺兼任的市十一届人民代表大会财政经济委员会主任委员职务，汪敬祖兼任的市十一届人民代表大会城乡建设委员会主任委员职务，李华春兼任的市十一届人民代表大会法制委员会主任委员职务，粟凯同志兼任的市十一届人民代表大会教科文卫委员会主任委员职务；任命李克为宜昌市十一届人民代表大会财政经济委员会主任委员，肖昌发为宜昌市十一届人民代表大会教科文卫委员会主任委员，官德锦为宜昌市十一届人民代表大会法制委员会主任委员，林家瑜为宜昌市十一届人民代表大会城乡建设委员会主任委员，邹心荣为宜昌市十一届人民代表大会城乡建设委员会副主任委员。

十、议案审查报告

1992年3月15日，此次会议第三次全体会议审议通过议案审查委员会主任委员李华春所作的《宜昌市十一届人大五次会议代表提出的议案处理意见的报告》：

此次会议共收到代表十人以上联名提出的议案6件。审查意见：将这6件议案，拟转为建议和意见处理。

此次会议还收到代表的建议、批评和意见101件，整理、归纳为87件，连同上述6件由议案拟作为建议、批评和意见处理的共93件，待大会闭会后，由市人大常委会办公室、市人民政府办公室分别交有关机关和组织研究处理，负责答复代表，并由市人大常委会督促办理。

十一、会议决议

1992年3月15日，市十一届人大五次会议第三次全体会议通过6个决议。

《关于宜昌市人民政府工作报告的决议》

决议批准市长罗清泉所作的《宜昌市人民政府工作报告》。

决议号召：全市人民在中共宜昌市委、市人民政府的领导下，进一步解放断想，深化改革，扩大开放，把握机遇，确保1992年各项任务的全面完成，为把宜昌市建设成为经济发达、文化繁荣、风尚文明、环境优美的社会主义现代化城市而努力奋斗，以实际行动迎接中共十四大的胜利召开！

《关于宜昌市1991年计划执行情况及1992年计划安排报告的决议》

决议批准市计划委员会主任姜跃塔所作的《宜昌市1991年计划执行情况及1992年计划安排报告》。

《关于宜昌市1991年财政预算执行情况和1992年财政预算草案报告的决议》

决议批准市财政局局长赵泽黎所作的《宜昌市1991年财政预算执行情况和1992年财政预算草案报告》。

《关于宜昌市十一届人大常委会工作报告的决议》

决议批准市人大常委会主任郝逢武所作的《宜昌市十一届人大常委会工作报告》。

决议要求，市人大常委会要继续贯彻中共十三届七中全会、八中全会和中央工作会议精神，坚持以经济建设为中心，坚持四项基本原则和改革开放；要根据宪法和法律、法规的规定，加强对“一府两院”的监督，保证宪法和法律、法规以及代表大会各项决议的贯彻实施；要进一步加强人大常委会和人大各专门委员会的制度建设，进一步发挥地方国家权力机关的作用；要进一步密切同各区人大常委会和人民代表、人民群众的联系，自觉接受代表和群众监督，不断改进工作；要进一步加强廉政建设，深入开展调查研究，切实改进思想作风和工作作风，为推进社会主义民主与法治建设，巩固和发展安定团结的政治局面，保障和促进改革开放与社会主义现代化建设的顺利进行做出贡献。

《关于宜昌市中级人民法院工作报告的决议》

决议批准市中级人民法院院长余庆富所作的《宜昌市中级人民法院工作报告》。

《关于宜昌市人民检察院工作报告的决议》

决议批准市人民检察院检察长雷森策所作的《宜昌市人民检察院工作报告》。

第十二章　地市合并后宜昌市第一届人民代表大会历次会议

1986年地方组织法规定："县级以上的地方各级人民代表大会会议由本级人民代表大会常务委员会召集"，"设区的市的人民代表大会每届任期五年"，"地方各级人民代表大会会议每年至少举行一次。经过五分之一代表提议，可以临时召集本级人民代表大会会议。"据此，市第一届人民代表大会于1992年9月至1997年2月间共召开5次会议，表3—12—1。

市一届人民代表大会统计表

表3—12—1　　单位：人次、个、件

市一届人民代表大会	一次会议	二次会议	三次会议	四次会议	五次会议	合　计
应出席会议代表	495	497	488	493	494	2467
实际出席会议代表	480	470	462	437	417	2266
听取和审议"一府两院"报告	2	6	6	6	7	27
办理议案	—	—	1	1	2	4
办理建议、意见、批评	18	302	222	169	131	842
通过决议	2	6	6	6	7	27
选举省人大代表	44	—	—	5	—	49
选举市人大常委会组成人员	474	—	—	—	—	474
设立市人大专门委员会机构	5	—	—	—	—	5
通过市人大专委会组成人员	31	—	—	—	—	31
选举市人民政府市长、副市长	9	—	—	1	—	10
选举法院院长、检察院检察长	2	—	—	—	—	2

第一节　第一次会议

1992年3月，经党中央、国务院批准，宜昌地、市合并，实行市领导县的体制。同年8月各县（市）区人民代表大会和驻宜解放军军人代表大会，依法选举产生新的宜昌市一届人大代表495名。

1992年9月12日—15日，市一届人大一次会议在西陵剧场隆重举行。应出席代表495人，实际出席代表480人，列席会议人员103人。中共宜昌市委书记艾光忠致开幕词。此次会议议程是：审议通过《宜昌市第一届人大一次会议选举办法》；审议通过《关于设立宜昌市第一届人民代表大会各专门委员会的决议》；审议通过《宜昌市第一届人民代表大会各专门委员会组成人员人选通过办法》；选举宜昌市人民代表大会常务委员会组成人员；选举宜昌市人民政府市长、副市长；选举宜昌市中级人民法院院长、宜昌市人民检察院检察长；通过宜昌市第一届人民代表大会各专门委员会组成人员人选；听取和审议《宜昌市人民政府关于动员全市人民齐心协力支援三峡工程的报告》；通过此次会议各项决议。

一、预备会议

1992年9月12日，市一届人大一次会议举行预备会议。会议听取了宜昌市人大常委会筹备组成员郝逢武所作的《宜昌市一届人大一次会议筹备工作报告》，通过此次会议议程、大会主席团和秘书长名单。

二、会议机构及成员名单

市一届人大一次会议主席团和秘书长。主席团成员(按姓名笔画为序)：王达轩、王治山、王敏、文万照（土家族）、邓启勋、艾光忠、冯淑珍（女）、吕志荫、朱达礼、向大钦、向京、刘木添、刘克毅、江秀芳（女）、李达智、李国树、李国普、李家余、吴承富、吴雁雁（女）、余庆富、邹学勤、张子仪、张万里（土家族）、张为民、张正安、张兴本、陈华远、易行运、易继纯、罗清泉、周云焕、柏世友、胡发喜、赵复武、侯广忠、徐春浩、龚尚玉、龚尚华、粟凯、程林发、鲁德喜、谢远照、雷元海（土家族）、廖达凤（女）、戴振声；秘书长：李国普。

市一届人大一次会议主席团常务主席名单（按姓名笔画排序）：王治山、邓启勋、艾光忠、向大钦、刘克毅、江秀芳（女）、李国普、李家余、吴承富、罗清泉、周云焕、赵复武、徐春浩、龚尚华、粟凯、鲁德喜、谢远照、戴振声。

市一届人大一次会议副秘书长（按姓名笔画排序）：王达轩（兼）、方正全、李家余（兼）、杨元寿、戴振声（兼）。

三、会议筹备报告

1992年9月12日，市一届人大一次会议举行预备会议听取市人大常委会筹备组成员郝逢武所作的《宜昌市一届人大一次会议筹备工作报告》：

省委、省人大常委会以省人大常委会办公厅鄂常办文（1992）15号文件，对筹备选举宜昌市一届人民代表大会和召开宜昌市一届人大一次会议提出了原则意见，明确选举宜昌市一届人民代表大会代表和市一届人大一次会议的筹备工作由市人大常委会筹备组主持，确定宜昌市一届人民代表大会代表名额为500名。根据15号文件关于“在市人大常委会筹备组下设选举办公室，其工作人员从市人大常委会机关、地区人大联络处和有关部门抽调”的精神，报经市委同意，成立了市人大常委会筹备组选举办公室，并抽调工作人员组成立了选举办事机构。随后，制定代表名额分配议案。

七月下旬，中共宜昌市委以宜市发（1992）12号文件转发了市人大常委会筹备组《关于宜昌市一届人民代表大会代表选举工作的意见》。召开宜昌市一届人民代表大会代表选举工作会议，研究、部署了选举工作。八月中下旬，各县市区和驻宜人民解放军按照市委的部署，分别召开人民代表大会和军人代表大会，依法选举产生本届人民代表大会代表。本届人大代表名额500人，实际选举产生代表495名，缺额5名。这次当选的市一届人大代表，充分体现了代表的广泛性和群众性。

市委宣传部和选举办公室联合以宜宣发（1992）11号文件印发《宜昌市一届人民代表大会选举工作宣传提纲》。据统计，筹备选举市人大代表和筹备首届市人民代表大会第一次会议期间，全市各级报刊、广播、电台、电视等，共采用新闻、通讯稿件420多条。

认真进行了召开代表大会前各项准备工作。一是及时成立了为代表大会服务的办事机构，组建了大会秘书处，负责大会的各项筹备工作。二是为大会做了大量的组织、文件、材料、会务、后勤等方面的准备。三是筹备组专题研究并向市委写出了《关于市一届人大一次会议有关事项的请示报告》，市委对此及时作了批复。四是对代表资格进行了审查，确认代表资格有效。

四、开幕词

1992年9月12日，中共宜昌市委书记艾光忠在市一届人大一次会议开幕时讲话。

这次会议的主要任务是：依法选举宜昌市一届人大常委会的组成人员；选举宜昌市一届人民政府领导人员；选举宜昌市中级人民法院院长、宜昌市人民检察院检察长。

各级党委和政府认真学习、深入贯彻邓小平南方视察重要谈话精神，积极适应长江流域开放、三峡工程即将上马和地市合并的新形势，加快改革开放和经济发展步伐，全市两个文明建设出现了新的局面。地市合并以来，到八月底止，全市完成工业产值66.3亿元，比上年同期增长12%。全市完成财政收入4.06亿元，比上年同期增长12%。上半年全市固定资产投资完成6.3亿元，比上年同期增长48%。经济体制改革取得新进展，对外开放迈出新步伐，精神文明建设取得新成绩。但是，也要清醒地看到，与全国迅猛发展的形势相比，与沿海发达地区相比，我们的差距还很大。

宜昌未来的发展目标是：到下一个世纪初叶，努力把宜昌建设成为全国一流水平、世界先进水平的社会主义现代化城市，长江经济带上第五大城市。到2000年和2010年，国民生产总值分别达到185亿元和400亿元，年递增率分别为11%和8%；工农业总产值分别达到320亿元和780亿元，年递增率分别为10%和9.5%；社会商品零售总额分别达到70亿元和370亿元，年递增率分别为10%和18%；外贸出口收购值分别达到30亿元和110亿元，年递增率分别为20%和14%。全市经济和社会发展的战略思路是：依托两江，开发开放，服务三峡，振兴宜昌。

为了实现全市发展战略目标，当前和今后一个时期，要切实抓好十项工作：进一步解放思想，更新观念；继续深化农村改革，促进农村经济全面发展；加快以转换企业经营机制为重点的经济体制改革，把企业推向市场；进一步扩大开放；调整产业结构，大力发展第三产业；服务三峡，发展自己；坚持“科技兴市”，把经济工作的重点转移到依靠科技进步和提高劳动者素质的轨道上来；加强城市基础设施建设，进一步改善投资环境；转变政府职能，改进领导作风；坚持两手抓，促进两个文明建设的协调发展。

进一步提高对人大性质和作用的认识；人大常委会要认真履行职责；各级党委要加强对人大工

作的领导；每个代表都要恪尽职守，做好本职工作，在改革开放和经济建设中发挥模范带头作用。

五、会议选举

1992年9月14日，此次会议第二次全体会议审议通过《宜昌市一届人大一次会议选举办法》。随后，选举产生市人大常委会主任：赵复武；副主任：王治山、邓启勋、江秀芳（女）、李国普、李家余、吴承富、周云焕、徐春浩、龚尚华、粟凯、谢远照、戴振声；秘书长：李国普（兼）；委员：邓联合、刘康明、刘德法、李善林、杨云峰、肖昌发、吴建查、何业枞、汪正江、张万里、张正安、张兴本、张鸣谦、陈祖庆、范钟明、林奇青、林家瑜、易继纯、罗官章、周大斌、周友金、赵先觉、侯广忠、秦燧泉、郭汉惠（女）、郭泗溢、龚福达、傅继涛、廖达凤（女）、廖智轩。选举产生市人民政府市长：罗清泉；副市长：朱常渭、刘克毅、杜云生、李宗柏、肖道根、吴雁雁（女）、张子仪、符利民。选举产生市中级人民法院院长：余庆富。选举产生市人民检察院检察长：雷森策。

1992年9月14日，此次会议第二次全体会议大会通过《设立宜昌市一届人民代表大会各专门委员会的决议》。随后通过农村经济委员会主任委员：汪正江；副主任委员：傅显铭；委员：邓联合、任康铭。财政经济委员会主任委员：刘康明；副主任委员：郭泗溢；委员：朱颖（女）、张兴本、周大斌、周光球、周宗龙。教育科学文化卫生委员会主任委员：徐春浩（兼）；副主任委员：肖昌发；委员：杨云峰、周友金、赵先觉、郭汉惠（女）。城镇建设委员会主任委员：李家余（兼）；副主任委员：林家瑜；委员：陈义章、张毓成、钱金奎。法制委员会主任委员：吴承富（兼）；副主任委员：陈祖庆；委员：冯淑珍（女）、陈华胜。民族外事侨务委员会主任委员：秦燧泉；副主任委员：李善林；委员：田延龙、林奇青、罗官章。

六、政府工作报告

1992年9月15日，市一届人大一次会议第三次全体会议听取和审议副市长李宗柏所作的《动员全市人民齐心协力支援三峡工程建设的报告》：

举世瞩目的三峡工程已经七届全国人大五次会议审议批准兴建。这一喜讯对于全国人民是一个巨大的鼓舞，对于三峡工程基地的宜昌人民更有着特殊的重大意义。三峡工程的效益主要表现在防洪、发电、航运等方面。首先是防洪，三峡工程能控制荆江河段洪水来量的95%以上，控制武汉灌水来量的2/3左右，特别是有效控制上游各支流水库以至下到坝址30万平方公里暴雨区产生的洪水。工程建成后可以将荆江河段的防洪标准由十年一遇提高到百年一遇。其次是发电，三峡工程年发电量840亿千瓦小时，约相当于1991年全国发电总量的1/8，对缓解华中、华东及川东地区能源供应紧张状况，减轻煤炭供应和运输压力具有重要的意义。第三是航运，三峡工程能改善宜昌至重庆660公里的通航条件，下水单向年通过能力可以从目前的1000万吨提高到5000万吨，万吨级船队有半年的时间可直达重庆，为发展西南的经济和繁荣长江航运事业创造了有利条件。还有供水、灌溉、旅游、发展库区经济等综合效益。

宜昌是三峡工程的基地，全市人民对支援三峡工程、服务三峡工程负有特殊的历史使命。市委、市人民政府号召全市人民，发扬当年支援葛洲坝工程建设的精神，在不同的战线、不同的岗位上，积极为三峡工程服务。从三峡工程开始论证以来，全市各条战线和全市人民从不同角度，为工程的论证调查工作提供方便，为工程的准备工作服务。一是在最短的时间内完成了地市合并，并明确了新宜昌的奋斗目标和发展思路。二是于5月19日，正式成立了宜昌市三峡工程工作委员会，直接负责全市行政区域内与支援和服务三峡工程有关的工作。三是进一步抓紧做好移民安置的调查、试点和规划工作。四是认真贯彻国务院办公厅14号文件和国务院三峡工程库区对口支援会议精神，为国务院各部委和全国各地对口支援三峡工程库区移民开辟途径，创造条件。

“依托两江，开发开放，服务三峡，振兴宜昌”已经通过市委、市人民政府讨论作为全市经济发展战略思想。“服务大三峡，建设新宜昌”是我们的奋斗目标。

服务大三峡为全市调整产业结构、重新合理安排生产力布局提供了机遇。总的思路是：稳定发展农业，加速发展工业，大力发展第三产业。在三大产业内部，也要根据服务三峡工程的需要和宜昌市情况，突出重点，抓出特色。

要进一步抓好三个方面的工作：牢固树立抓住机遇，加快建设新宜昌的指导思想；加快开放开发步伐；抓紧调整产业结构。

七、会议决议

1992年9月15日，市一届人大一次会议第四次全体会议通过2个决议。

《关于动员全市人民齐心协力支援三峡工程建设的决议》

决议批准副市长李宗柏所作的《动员全市人民齐心协力支援三峡工程建设的报告》。

决议号召，全市人民在中共宜昌市委、市人民政府领导下，立即行动起来，发扬当年支援葛洲坝工程建设的精神，在不同的战线、不同的岗位上，齐心协力，积极为三峡工程服务，用我们的智慧和汗水，为三峡工程建设一个良好的基地，保证三峡工程顺利建成，做出应有贡献。

《关于设立宜昌市一届人民代表大会各专门委员会的决议》

决定市一届人民代表大会设立法制委员会、财政经济委员会、教育科学文化卫生委员会、城镇建设委员会、农村经济委员会、民族外事侨务委员会。各专门委员会的任期与本届人民代表大会的任期相同。各专门委员会由主任委员一人、副主任委员若干人和委员若干人组成。

各专门委员会的主任委员、副主任委员和委员的人选，由市人民代表大会主席团在市一届人大代表中提名，大会通过。在大会闭会期间，常务委员会可以补充任命专门委员会的个别副主任委员和部分委员，由主任会议提名，常务委员会会议通过。

第二节　第二次会议

1993年3月8日—13日，市一届人大二次会议在西陵剧场举行。应出席代表497人，实际出席代表470人，列席会议人员166人。此次会议议程是：听取和审议《宜昌市人民政府工作的报告》；审查和批准《宜昌市国民经济和社会发展十年规划和第八个五年计划纲要》；听取和审议《宜昌市1992年财政预算执行情况和1993年财政预算草案的报告》；听取和审议《宜昌市人民代表大会常务委员会的工作报告》；听取和审议《宜昌市中级人民法院的工作报告》；听取和审议《宜昌市人民检察院的工作报告》；选举宜昌市出席湖北省第八届人民代表大会代表；通过此次会议各项决议。

一、预备会议

1993年3月8日，市一届人大二次会议举行预备会议。会议通过此次会议议程、大会主席团和秘书长名单、议案审查委员会名单。

二、会议机构及成员名单

市一届人大二次会议主席团和秘书长。主席团成员(按姓名笔画排序)：王敏、王达轩、王治山、文万照（土家族）、文成国、邓启勋、艾光忠、冯淑珍（女）、吕志荫、朱达礼、向京、刘木添、刘克毅、江秀芳（女）、李达智、李国树、李国普、李家余、吴承富、余庆富、邹学勤、张万里（土家族）、张为民、张正安、张兴本、柏世友、易行运、易继纯、罗清泉、周云焕、周登品、胡发喜、赵复武、侯广忠、徐春浩、商克勤、龚尚华、粟凯、程林发、谢远照、鲁德喜、雷森策、廖达凤（女）、戴振声；秘书长：李国普（兼）。

市一届人大二次会议主席团常务主席名单（按姓名笔画排序）：王治山、邓启勋、艾光忠、刘克毅、江秀芳（女）、李国普、李家余、吴承富、罗清泉、周云焕、赵复武、徐春浩、龚尚华、粟凯、鲁德喜、谢远照、戴振声。

市一届人大二次会议议案审查委员会组成人员名单。主任委员：周云焕；副主任委员：邓启勋；委员(按姓名笔画排序)：刘康明、肖昌发、林家瑜、官德锦、秦燧泉、龚福达、傅显铭。

市一届人大二次会议副秘书长（按姓名笔画排序）：方正全、邓学培、刘德法、柳定祥。

三、“八五”规划纲要目录

1993年3月9日，市一届人大二次会议印发《宜昌市国民经济和社会发展十年规划和第八个五年规划纲要（草案）》。

《纲要》目录：八十年代的成就；十年规划和“八五”计划的指导思想和主要目标；国民经济规划；经济体制改革规划；服务三峡工程规划；社会发展规划；社会主义精神文明建设规划。

四、“八五”规划纲要说明

1993年3月9日，市一届人大二次会议第一次全体会议听取了市计划委员会主任周围所作的《宜昌市国民经济和社会发展十年规划和第八个五年计划纲要（草案）的说明》。

关于十年规划和“八五”计划纲要（草案）修订的过程

市和宜昌地区分别制定国民经济和社会发展十年规划和第八个五年计划。去年3月，宜昌地市合并，实行市领导县的新体制，必须及时修订宜昌市十年规划和“八五”计划。

修订十年规划和“八五”计划，先后经历三个历史阶段：总体思路研究阶段；规划纲要研究阶段；规划纲要编制阶段。

提交给代表的《宜昌市国民经济和社会发展十年规划和“八五”计划纲要（草案）》是在各地、各部门规划的基础上，经市委、市人民政府多次专题办公会研究，征求人大、政协常委会的意见，六易其稿而形成的。

关于十年规划和“八五”计划纲要（草案）修订的依据

贯彻落实中共十四大精神，建立社会主义市场体制，是调整修订规划的前提；进一步深化改革和扩大开放，促进经济加速发展，是调整修订规划的核心；全市改革开放十四年以来取得的重大成就是调整修订规划的基础；全市的资源和技术依托是调整修订规划的优势。

关于十年规划和“八五”计划纲要（草案）修订特点

指导思想。突出了解放思想、抓住机遇、深化改革、扩大开放，发展社会主义市场经济，按照“依托两江、开放开发，服务三峡，振兴宜昌”的基本思路，实行高起点、高效益、高投入、高产出，做到坚持优化结构，提高效益；坚持科技兴市，教育为本；坚持合理布局，重点突出；坚持服务三峡，发展自己；坚持经济、科技、社会协调发展，使宜昌市发展为全国最大的水电能源基地、具有三峡特色的旅游风景区、长江经济带的主要工业基地、通江达海的商贸口岸、国家级经济技术开发区。

奋斗目标。“翻三番，达小康”；实行“两个高于”即：国民生产总值增长速度高于全国、全省平均水平；实现“两次翻番”，即国民生产总值1995年翻两番，2000年翻三番；全市经济实力和经济素质登上新台阶，人民生活水平达到小康水平。

生产力布局。坚持统筹规划、全面布局、重点突破，强调了加快“两江”的开发，以开放促开发，以开发促发展；强调了四类经济区要分类指导，协调发展，对于四类经济区的发展思路分别进行了规划。

产业结构。全市今后调整产业结构的方向，即稳定发展第一产业，优化提高第二产业，大力发展第三产业。

关于实施十年规划和“八五”计划纲要（草案）的可行性

在研究制定十年规划和“八五”计划的过程中，对全市各行业的发展方向，以及规划中的重点建设项目，进行了调查研究。今后十年的奋斗目标，是在经过充分调查、充分占有资料、充分研究分析的基础上提出来的，是有充分依据的。

从资金的供需平衡来看，上述经济发展目标也是可以实现的。

综上所述，宜昌市十年规划和“八五”计划纲要（草案）提出的发展目标，不仅符合国家、省对宜昌市的要求，而且符合宜昌市的实际，是积极的，也是可靠的。实现这些目标，不仅是必要的，而且是可能的。

五、政府工作报告

1993年3月9日，市一届人大二次会议第一次全体会议听取和审议市长罗清泉所作的《宜昌市人民政府工作报告》：

1992年工作回顾

改革。在广大农村，家庭联产承包责任制和统分结合的双层经营体制不断完善。企业改革取得新的成绩，全市35家转换经营机制试点的工业企业基本完成内部三项制度改革；有220家企业实行了企业第二轮承包，21家企业实行了投入产出总承包，有20家企业试行了股份制经营或股份合作制经营，对部分企业实施了兼并或破产，组建了11个企业集团。在352家国合商业企业推行了“四放开”改革，围绕深化企业改革，各项配套改革步伐加快。

开放。外贸收购额完成7.6亿元，比上年增长69.68%；自营出口创汇1488万美元，增长95.8%。新批准“三资”企业122家，是前13年总和的3倍多；累计兴办“三资”企业162家，协议利用外资9350万美元。开发区建设迅速推进，东山开发区进入自我积累、滚动发展的良性循环轨道。旅游业出现前所未有的热潮，国外境外来宜的客人达13万人之多，旅游创汇661.94万美元。

农业。各级财政对农业的总投入1.55亿元，比上年增长11.5%。农业总产值完成34亿元，比上年增长3.63%。乡镇企业总产值26.93亿元，比上年增长18.84%，其中乡镇工业总产值16.6亿元，增长16%。

工业。全市工业总产值完成111亿元，比上年增长13.4%。全市乡以上工业企业销售产值完成86.11亿元，增长12.21%，产销率达到95.19%；实现利税11.66亿元，增长11.2%；企业亏损面与上年基本持平，亏损额比同期减少20.73%。全市全年工业经济综合效益指数为100.7%，高于全省平均水平。全市预算内国有企业工业总产值增长8.32%；销售收入增长11.09%；实现利税增长14.33%，其中利润增长31.45%。

财贸。社会商品零售总额达到35.92亿元，比上年增长16.85%。国合商业企业购销额为63.68亿元，增长1.42%；物资系统购销额为19.47亿元，增长41.82%；城乡集市贸易成交额为7.82亿元，增长17.24%。财政收入完成6.96亿元，比上年增长12.4%；财政支出增长15.38%。银行年末存款余额为51.79亿元，比年初增加8.98亿元；贷款余额为93.32亿元，增加12.1亿元。

基础设施建设。宜黄公路的江宜段建设进展迅速，磨盘溪等码头、汉宜路等干线的改造进度加快，机场、江南路等项目的前期工作推进。宜昌至武汉的光缆通信设施开通，宜昌市与国内766个城镇和世界216个国家（地区）实现电话联网直拨；城区电话容量继续扩大，市话普及率达到4%，初步具备了移动电话和无线寻呼电话等先进通信手段。完成了一批城市道路、桥梁、供排水设施的新建和改造。社会固定资产投资完成30.72亿元，比上年增长53.88%。

社会事业。科技、教育、文化、卫生、体育等事业都取得长足进步。计划生育工作继续得到重视，全市计划生育率为97%，人口自然增长率为4.23‰，均达到省定目标。社会治安综合治理继续加强，全市刑事案件发案率比上年明显下降。人民武装、军民共建、“双拥”工作都取得了较大成绩。

服务三峡工程建设。在全市广泛开展支援、服务三峡工程的宣传和发动工作，成立了支援、服务三峡工程的专门机构。移民安置规划的编制工作进度加快，部分县城、乡镇迁移重建规划已经国家、省有关部门评审通过。移民试点工作在宜昌、兴山、秭归3个县的14个乡镇铺开。全市配套服务三峡工程建设的项目规划已编制完成，有129个基建项目列入了省的配套项目规划。

1993年工作部署

主要指标：国民生产总值83.6亿元，比上年增长10%；国民收入71.6亿元，增长9%。工农业总产值163.8亿元，增长12.7%。其中农业总产值36亿元，增长5.5%；工业总产值127.8亿元，增长15%，力争达到130亿元。财政收入7.68亿元，增长10.5%。社会商品零售总额41亿元，增长16%。自营出口创汇2300万美元，增长54.57%。地方全社会固定资产投资22.9亿元（不含中央、省属企业），增长30%。农村人均纯收入增加80元。

十项重点工作：牢固树立农业是基础的思想，全面振兴农村经济；以转换企业经营机制为重点，深化经济体制改革；抓好当前大好机遇，努力推进全方位开放开发；坚持效益、速度、后劲三统一，力争工业经济较快增长；加速培育市场体系，大力发展第三产业；全力支援、服务三峡工程，按计划完成移民任务；加快城市基础设施建设，进一步改善投资环境；继续推进科技兴市，大力发展科技、教育事业；坚持“两手抓”的方针，促进两个文明建设同步发展；搞好政府机关自身建设，加快转变政府职能。

“八五”计划

修订全市国民经济和社会发展十年规划和第八个五年计划，是当前的一项重要而紧迫的工作。

20世纪末的总体发展目标。按1990年不变价计算，1995年实现全市国民生产总值比1980年翻两番；2000年翻三番，达到小康水平；二十一世纪初叶，把宜昌建设成先进发达的社会主义现代化城市。

主要指标。到1995年和2000年，全市国民生产总值分别达到105亿元和220亿元，年平均增长分别为12.5%和13%；国民收入分别达到96亿元和176亿元，年平均增长分别为11%和12%；工农业总产值分别达到223亿元和493亿元，年平均增长分别为12.8%和15%；农业总产值分别达到40亿元和55亿元，年平均增长分别为5.5%和6%；工业总产值分别达到183亿元和438亿元，年平均增长分别为15%和17%；农民人平纯收入分别达到900元和1400元，年平均增长分别为9%和9.9%；总人口分别控制在416.7万人以内和436.5万人以内，城镇待业率控制在2.5以内。

主要措施。必须加快经济改革的步伐；必须进一步扩大开放；必须大力调整和优化产业结构；必须促进全市经济合理布局；必须大力加强基础设施建设，改善投资环境；必须用好、用足、用活各项有利于加快宜昌市发展的国家政策。

六、财政预决算报告

1993年3月9日，市一届人大二次会议第一次全体会议听取和审议市财政局局长胡庆洋所作的《宜昌市1992年财政预算执行情况和1993年财政预算（草案）的报告》：

1992年财政预算执行情况

全市完成四项财政任务情况。一是财政收入，全市1992年财政收入预算为65049万元，实际执行结果为69560万元，完成预算的107%，比1991年上升12.5%。其中：市级财政收入完成23640万元，完成预算的113%，比上年增长14.4%；县级财政收入完成45915万元，完成预算的104.7%，比1991年增长11.5%。二是国债入库5025万元，完成任务的100%。三是能源交通重点建设基金入库1282万元，为任务的103.47%。四是国家预算调节基金入库1072万元，完成全年任务1928万元的55.6%。

全市财政收支预算执行情况，详见表3—12—2。

全市财政收支平衡情况。按照财政体制算账，宜昌市1992年包括省补贴及专项支出指标，总收入来源85196万元（包括上交），总支出完成88989万元，收支相抵，累计滚存赤字3793万元，当年赤字1507万元。

1992年全市财政收支预算执行情况汇总表

表3—12—2　　单位：万元

财政收入项目		完成收入	占预算%	财政支出项目		完成支出	占预算%
全市财政收入		69555	107.0	全市财政支出		71078	111.6
分级	市级财政收入	23640	113.0	分级	市级支出	19303	113.3
	县级财政收入	45915	104.7		县级支出	51775	111.0
分项	工商税收入	63483	106.0	地方支出		64646	
	国营企业所得税	4550	90.5	分项	企业支出	8176	
	计划亏损补贴退库	–5437	99.5		农业支出	9790	112.1
	农业税	2060			城市维护费	3321	
	特产税	1244			文科卫事业费	21621	118.9
	排污费收入	621			行政管理费	11627	135.0
	教育费附加收入	1129			公检法支出	2967	124.2
	其他收入	1433	126.3		价格补贴	2492	86.2
	耕地占用税	410			抚恤救济费	2004	105.8
	契税	62			未列举事项	2648	

1993年财政预算（草案）

全市四项财政任务。一是财政收入，全年财政收入预算为76867万元，按可比口径比上年实际完成（下同）增长10.5%，其中，市级财政收入预算为26218万元，比上年增长10.9%。县级财政收入预算为50649万元，比上年增长10.3%。二是征集能源交通重点建设基金任务为668万元。三是征集预算调节基金任务为1516万元。四是国库券任务安排了5261万元。

全市财政收支预算安排，详见表3—12—3。

1993年全市财政收支预算安排汇总表

表3—12—3　　单位：万元

财政收入项目		收入安排	比上年增长%	财政支出项目		支出安排	比上年增长%
全市财政收入预算		76867	10.50	全市可以安排的财力		61959	
分级	市级财政收入	26218	10.90	全市财政支出预算		61934	1.50
	县级财政收入	50649	10.30	分项	挖革改支出	7502	10.20
分项	工商税收入	70344	10.80		科技三项费支出	182	7.10
	国营企业所得税	4419	–2.90		农业支出	6001	25.90
	亏损补贴退库	–5861	7.90		工交商事业费	984	25.50
	农业税、特产税	4265	13.00		城市维护费	3421	8.60
	耕地占用税				文科卫事业费	20980	22.70
	排污费收入	1750	—		行政管理费	10728	26.70
	教育费附加收入				公检法支出	2931	30.50
	其他收入、契税	1750	22.90		抚恤救济经费	1220	20.40
	土地有偿使用收入	200	—		其他部门事业费	4349	7.40
					其他支出		
					未列举事宜	3636	—

七、常委会工作报告

1993年3月11日，市一届人大二次会议第二次全体会议听取和审议市人大常委会主任赵复武所作的《宜昌市人大常委会工作报告》:

前段工作回顾

通过学习，进一步明确了中共十一届三中全会以来的伟大实践的基本经验，进一步明确了完善人民代表大会制度的重要性，进一步解放思想，转换脑筋，振奋了精神，增强了围绕经济建设做好人大工作的信心和决心。

1992年9月，省委召开全省人大工作会议，市委和各县市区党委十分重视，把贯彻省委人大工作会议精神摆在重要议事日程，作了统一部署和安排。市人大常委会抓住机遇迅速组织传达贯彻，提出具体建议意见，形成《关于人大工作的讨论纪要》，为保证全市人大工作的正常开展起到重要作用。

市人大常委会成立以来，共举行3次常委会会议，先后依法任命国家机关工作人员61人，其中，根据市人大常委会主任会议提请通过任命11人；根据市长提请通过任命39人；根据市中级人民法院院长提请通过任命5人；根据市人民检察院检察长提请通过任命6人。

市人大常委会制定《市人大常委会同市人大代表的联系办法》，将497名市人大代表编为64个小组，形成联系网络，并加强对代表小组活动的指导。将人大代表提出的18件建议转交市人民政府办公室，并分别答复了有关人大代表。加强对县市区人大工作的联系与指导，实行常委会正副主任分片联系人大工作制度。常委会受理人民群众来信100余件，接待群众来访30多人次，并按照“分组负责，归口处理”的原则进行了办理。还办理了省人大常委会交办的人民来信。

加强对人大工作和有关法律法规的宣传。除了办好公报、《人大工作》《人大主任会议纪要》外，还经常与党的宣传部门联系，同新闻界紧密配合，为记者的采访活动搞好服务。市一届人大一次会议以来，全市人大共在市级以上报刊、电台和电视台用稿600多篇，取得了良好的社会效果。在纪念现行宪法颁布十周年之际，市人大常委会开展多种形式的纪念活动。

加强机关的思想、作风、制度建设。认真组织常委会组成人员和机关干部职工学习党和国家的方针、政策、有关法律法规及人大业务知识，组织开展“二五”普法考试。除依法选举产生6个市人大专门委员会外，还设了代表资格审查委员会和代表联络工作委员会。市人大常委会办公室、各专门（工作）委员会均设立了相应的科室，充实了工作人员，基本上保证了人大工作的正常运转。在作风建设方面，坚持求真务实，深入基层调查研究。制定《市人大常委会主任、副主任工作职责及活动办法》《市人大常委会议事规则》《市人大常委会任免国家机关工作人员办法》《市人大常委会同市人大代表的联系办法》《市人大常委会同“一府两院”的联系办法》。

1993年工作要点

把认真学习贯彻中共十四大精神引向深入；围绕经济建设中心认真履行监督职能；加强代表工作；依法做好人事任免工作；加强对县（市）区人大工作的联系和指导；进一步加强人大常委会的自身建设。

八、法院工作报告

1993年3月11日，市一届人大二次会议第二次全体会议听取和审议市中级人民法院院长余庆富所作的《宜昌市中级人民法院工作报告》：

1992年工作回顾

全市法院共受案14974件，审结14218件，比上年上升3.23%，结案率为94.95%，比上年上升2.67个百分点。受理刑事一审案件1973件3078人，审结1907件3024人，结案率为98.45%。受理经济纠纷案件1793件，审结1368件，标底额12328.14万元，结案率91.63%。受理各类一审民事案件10193件，审结9648件，结案率94.65%。受理一审行政案件127件，审结121件，结案率95.28%。搞好告诉申诉审判工作，处理人民来信7419件次，共接待群众来访14937人次，受理各类申诉案件387件，审结354件。受理执行案件11339件（其中积案2463件），已执行9936件，执行率87.63%。受理不服一审判决的刑事、经济、民事、行政二审案件837件，比上年上升2.07%，审结820件，结案率97.97%。

1993年工作要点

坚持党委领导下的依法独立审判；严厉打击严重刑事犯罪分子，深入开展打击严重经济犯罪；继续加强审判监督和业务指导；加强科学管理，建立健全一系列规章制度；探索审判方式的改革，加强队伍建设。

九、检察院工作报告

1993年3月11日，市一届人大二次会议第二次全体会议听取和审议市人民检察院检察长雷森策所作的《宜昌市人民检察院工作报告》：

1992年工作回顾

受理贪污贿赂等经济犯罪案件774件，立案侦查250件273人。到去年底侦查终结255件278人（含1991年结转案件），其中送审起诉159件171人；移送免诉69件74人；撤案27件33人，逮捕经济案犯90名。审结案并向人民法院提起公诉126件139人；决定免予起诉87件93人。审结案件共追缴赃款赃物折合人民币444.57万元，比1991年增加43.2%。受理提请批捕人犯2471人，审结2470人，审结率为99.9%。其中批准逮捕2152人，比1991年减少4.1%；批捕重大、特大案犯598人，比1991年减少0.16%；受理审查起诉、免诉案1809件3045人，审结1796件3023人，审结率为99.3%。立案侦查“侵权”、渎职罪案39件59人，比1991年下降11.4%。受理控告检举案2336件，比1991年减少6.8%。立案侦查“侵权”、渎职罪案39件59人，比1991年下降11.4%。其中重大、特大案6件，比1991年增加50%。到去年底已经侦查终结38件57人，逮捕案犯16名。审结案并向人民法院提起公诉24件34人，决定免予起诉10件18人，撤案2件3人。

1993年工作要点

要坚持开展反贪污贿赂斗争；坚持严厉打击严重刑事犯罪活动；认真查处“侵权”、渎职犯罪案件；加强检察机关自身建设。

十、会议选举

1993年3月11日，此次会议第二次全体会议审议通过《宜昌市一届人大二次会议选举办法》。3月13日，此次会议第三次全体会议选出出席湖北省第八届人民代表大会代表（61名，按姓名笔画排序）：马振祥、马骏、王少愚、王守宏、王连东、王作栋、王金玉（女）、王金建、王学惠（女）、王炳南、方立红（女）、邓中银（女）、艾汉金、艾光忠、宁邦彦、朱楚生、向珍英（女）、刘红星（女）、刘明新、杨宗焱、杨浩忠、吴淑光（女）、何劲豪、佘培兰（女）、邹学勤、应代明、张业玉、张治国、陈可元、陈代英（女）、陈华远、陈行镐、陈宏炳、陈范洪、陈晓艳（女）、陈登蓉（女）、陈毅、林春水、易行运、罗兴邦、罗清泉、周大仁、周坚卫、赵复武、胡光德、胡泽玉、钟书樵、侯君莲（女）、郭玉吉（女）、郭汉惠（女）、陶作美、黄家春、曹诗芬（女）、龚尚玉、龚超、傅纯诚、鄢国培、雷元海、薛传喜、戴维新（女）、瞿蓓莉（女）。

十一、议案审查报告

1993年3月12日，此次会议主席团第四次会议审议通过议案审查委员会主任委员周云焕所作的《宜昌市一届人大二次会议代表提出的议案处理意见的报告》：

此次会议收到代表提出的建议、批评和意见252件，连同拟作建议处理的30件议案，共计282件。由市人大常委会办公室、市人民政府办公室分别交有关部门研究处理，并负责答复代表。

十二、会议决议

1993年3月13日，市一届人大二次会议第三次全体会议通过6个决议。

《关于宜昌市国民经济和社会发展十年规划和第八个五年计划纲要的决议》

决议批准《宜昌市国民经济和社会发展十年规划和第八个五年计划纲要》。

决议号召，全市人民积极行动起来，投身到宜昌的建设和改革实践中来，在中共十四大精神指引下，在中共宜昌市委的领导下，抓住机遇、迎接挑战、振奋精神、真抓实干，为全面完成宜昌市十年规划和“八五”计划而努力奋斗。

《关于宜昌市人民政府工作报告的决议》

决议批准市长罗清泉所作的《宜昌市人民政府工作报告》。

决议强调，全市各级人民政府及其工作人员，要牢固树立为改革开放服务、为基层服务、为人民服务的思想，廉政勤政。要按照社会主义市场经济的要求，自觉地转变政府职能。要切实改进作风，求真务实，坚决克服形式主义，要不断增强公仆意识和法制观念，自觉接受人大及其常委会的监督和人民群众的监督，严格依法办事。

《关于宜昌市1992年财政预算执行情况和1993年财政预算草案的决议》

决议批准市财政局局长胡庆洋所作的《关于宜昌市1992年财政预算执行情况和1993年财政预算草案的报告》，批准市人民政府提出的宜昌市1993年预算。

《关于宜昌市人民代表大会常务委员会工作报告的决议》

决议批准市人大常委会主任赵复武所作的《表宜昌市人民代表大会常务委员会工作报告》。

决议要求，市人大常委会要以中共十四大精神和邓小平同志建设有中国特色社会主义理论为指导，坚持党的基本路线，认真贯彻八届全国人大一次会议、省八届人大一次会议和省委人大工作会议精神，进一步解放思想，转换脑筋，充分发挥地方国家权力机关的作用，为完成此次会议确定的各项任务而奋斗。

《关于宜昌市中级人民法院工作报告的决议》

决议批准市中级人民法院院长余庆富所作的《宜昌市中级人民法院工作报告》。

《关于宜昌市人民检察院工作报告的决议》

决议批准市人民检察院检察长雷森策所作的《宜昌市人民检察院工作报告》。

第三节　第三次会议

1994年3月7日—11日，市一届人大三次会议在西陵剧场举行。应出席代表488人，实际出席代表462人，列席会议人员191人。此次会议议程是：听取和审议《宜昌市人民政府工作的报告》；听取和审议《宜昌市1993年国民经济和社会发展执行情况和1994年计划（草案）的报告》；听取和审议《宜昌市1993年财政预算执行情况和1994年财政预算草案的报告》；听取和审议《宜昌市人大常委会的工作报告》；听取和审议《宜昌市中级人民法院的工作报告》；听取和审议《宜昌市人民检察院的工作报告》；审议和通过《宜昌市人民代表大会议事规则》；通过此次会议各项决议。

一、预备会议

1994年3月7日，市一届人大三次会议举行预备会议。会议通过此次会议议程、大会主席团和秘书长名单、议案审查委员会名单。

二、会议机构及成员名单

市一届人大三次会议主席团和秘书长。主席团成员(按姓名笔画排序)：王敏、王达轩、王治山、文万照（土家族）、文成国、邓启勋、艾光忠、冯淑珍（女）、吕志荫、朱达礼、刘木添、刘宗发、江秀芳（女）、匡天文、李达智、李国树、李国普、李泽泉、李家余、李德炳、吴承富、张万里（土家族）、张为民、张正安、张兴本、汪元良、柏世友、易继纯、罗清泉、胡学斌、周云焕、周登品、赵复武、侯广忠、徐春浩、龚尚华、粟凯、谢远照、韩常干、戴振声；秘书长：李国普（兼）。

市一届人大三次会议主席团常务主席（按姓名笔画排序）：王治山、邓启勋、艾光忠、江秀芳（女）、李国普、李家余、吴承富、罗清泉、周云焕、赵复武、徐春浩、龚尚华、粟凯、谢远照、戴振声。

市一届人大三次会议议案审查委员会组成人员名单。主任委员：周云焕；副主任委员：邓启勋；委员（按姓名笔画排序）：刘康明、肖昌发、林家瑜、官德锦、秦燧泉、龚福达、傅显铭。

市一届人大三次会议副秘书长（按姓名笔画排序）：邓学培、刘德法、张成大、柳定祥、廖达凤（女）。

三、政府工作报告

1994年3月7日，市一届人大三次会议第一次全体会议听取和审议市长罗清泉所作的《宜昌市人民政府工作报告》：

1993年工作回顾

1993年全市实现国民生产总值84.7亿元，比上年增长11.2%；工农业总产值165.34亿元，增长14%。

农业。全年粮食总产量达到155.4万吨，是新中国成立以来第五个丰收年。乡镇企业全年总产值达到48亿元，比上年增长78%。农业总产值完成34.6亿元，增长1.88%。农村人均纯收入达到757元，比上年增长62元。

工业。完成工业总产值130.74亿元，比上年增长18.1%。其中乡及乡以上的工业总产值完成116.65亿元，比上年增长14%。全市预算内148户企业全年实现利税3.79亿元，增长25.5%。

财贸。社会商品零售总额达到41.53亿元，比上年增长15.6%。城乡集贸交易额10亿元，增长25%。财政收入8.66亿元，增长24.5%；财政支出9亿元，增长26.7%。年末银行和信用社各项存款余额68.2亿元，比上年净增18.18亿元，增长35.1%；各项贷款余额111.04亿元，比上年净增17.72亿元，增长17.38%。

对外开放。外贸自营出口达到2532万美元，比上年增长70.2%，新报批自营出口企业3家。新批“三资”企业208家，投资总额6.6亿美元；“三资”企业累计达到370家。

固定资产投资。完成固定资产投资65亿元，比上年增长113.2%。其中地方固定资产投资30.5亿元，比上年增长67.5%。固定资产投资的62%以上投向能源、交通、邮电、原材料等基础设施和基础产业以及一些支柱行业的重大技术改造。

社会事业。安排市以上科技计划项目118项，落实资金6110万元；获得市以上科技进步奖99项；技术市场成交额达3049万元。中小学教学质量有新的提高，职业教育逐渐形成专业特色，有7个县市区相继通过高标准扫除文盲验收，三峡大学筹办工作开始起步。计划生育率95%，人口自然增长率降至5‰以下。

1994年工作要点

主要目标。国民生产总值94亿元，比上年增长11%；工农业总产值196亿元，其中农业总产值36亿元，工业总产值160亿元，分别增长4%和22.36%；财政收入9.4亿元，按可比口径增长10.7%；社会商品零售总额49亿元，增长18.1%；自营出口总值4000万美元，增长57.36%；地方固定资产投资达到35亿元，增长14.68%；国有企业职工收入增长15%，农民人均纯收入增加100元；零售物价涨幅不高于全省平均水平；计划生育率达到 95%以上，人口自然增长率控制在8‰以下。

十项工作：以中共十四届三中全会决定为指导，扎扎实实推进几项重大改革；强化农业基础地位，全面振兴农村经济；坚持效益、速度、后劲三统一，促进工业经济快速增长；进一步扩大对外开放，努力发展外向型经济；加快城镇基础设施建设，努力改善投资环境；齐心协力为三峡工程建设服务，在服务中发展自己；坚持科教兴市，大力发展科技教育事业；坚持“两手抓，两手都要硬”

的方针，进一步加强社会主义精神文明建设；加强社会治安综合治理，推进民主法治建设；加强廉政建设，狠抓各项工作落实。

四、计划报告

1994年3月7日，市一届人大三次会议第一次全体会议听取和审议市计划委员会主任周国所作的《宜昌市1993年国民经济和社会发展计划执行情况与1994年计划草案的报告》:

1993年计划执行情况

实现国民生产总值84.7亿元，比上年增长11.2%，超计划5.9%；工农业总产值达到165.34亿元，比上年增长14%，超计划1%；财政收入8.66亿元，比上年增长24.5%，超计划12.7%。农业总产值达到34.6亿元，比上年增长1.9%，完成计划的96%；乡镇企业产值达到48亿元，比上年增长78%，超计划37.14%。工业总产值达到130.74亿元，比上年增长18.1%，超计划2.3%，其中乡及乡以上的工业总产值完成116.65亿元，增长14%。全市预算内企业实现利税3.79亿元，比上年增长25.5%。

全社会固定资产投资完成65亿元，比上年增长113.2%。其中地方固定资产投资完成30.5亿元，比上年增长67.5%，投资率为36%。

社会商品零售总额达到41.53亿元，比上年增长15.6%，完成年计划。全市“三资”企业累计已有370家，投资总额达9.74亿美元。自营出口总额完成2532万美元，比上年增长70.2%。

普通高校招生828人，普通中专招生4440人。小学毕业生升学率达86.9%，比1992年提高1.7个百分点。电视覆盖率达85.68%，比上年提高1.5个百分点。医院病床达12239张，比上年增加43张。职工人数59.21万人，比上年增加4.08万人。年末人口达到399.31万人，比上年净增1.44万人，自然增长率3.37‰。

职工平均工资2900元，比上年增长437元；农民人均纯收入757元，增加62元。竣工住宅面积47.22万平方米，城乡居住条件又有所改善，社会福利和保险事业得到进一步发展。

1994年计划安排方案

综合。国民生产总值（按不变价计算，下同）计划94亿元，比上年增长11%；工农业总产值196亿元，比上年增长18.5%；财政收入9.4亿元，按可比口径比上年增长10.7%；地方固定资产投资35亿元，比上年增长14.68%；农民人均纯收入增加100元。总人口控制在403万人以内。

农业。初步安排农业总产值36亿元，比1993年预计增长4%；乡镇企业总产值70亿元，增长44%。粮食产量160万吨，增长2.96%；棉花产量3.25万吨，增长24.52%；油料产量11.5万吨、肉类总产量19万吨，分别增长11.1%和16.1%。

工业。初步安排工业总产值160亿元，比1993年预计增长22.36%。其中乡及乡以上的工业总产值135亿元，增长15.73%。

固定资产投资。初步安排，1994年全市地方固定资产投资规模35亿元。

财贸。初步安排，1994年财政收入9.4亿元，按可比口径比上年增长10.7%；社会商品零售总额49亿元，增长10.1%；零售物价（总指标）涨幅不高于全省平均水平。

外经。初步安排，1994年自营出口计划4000万美元，比1993年实际增长57.36%；利用外资计划4693万美元，其中：利用国外贷款1013万美元，外商直接投资计划3600万美元。

社会事业。初步安排，1994年地方普通高校计划招生440人，与1993年持平；普通中专计划招生4500人，比1993年预计增长1.7%；技工学校招生2000人，比上年计划略有增加。初步安排，1994年年末人口控制在403万人之内，人口自然增长率控制在8‰以下。净增劳动就业人数2.2万人，比1993年增长3.7%；职工平均工资3500元，比1993年增加600元。

计划工作：进一步加强农业基础，加快农村经济发展；深化改革，转换机制调整结构，提高效益；积极筹措建设资金，加快重点项目建设；深化投融资体制改革，逐步建立新的投融资机制；加快市场建设，大力发展第三产业；进一步扩大对外开放，发展外向型经济；加快科技与经济结合步伐，大力发展各项社会事业；继续服务三峡工程的配套工作。

五、财政预决算报告

1994年3月7日，市一届人大三次会议第一次全体会议听取和审议市财政局局长胡庆洋所作的《宜昌市1993年财政预算执行情况和1994年财政预算草案的报告》：

1993年财政预算执行情况

全市完成四项财政任务情况：财政收入，1993年全市财政收入完成86570万元，为预算的112.6%（详见表3—12—4）；征集能源交通重点建设基金682万元，为任务的110.4%；征集国家预算调节基金1400万元，为任务的92.4%；发行国库券6461.5万元，完成任务的100%。

全市财政收支预算执行情况，详见表3—12—4。

1993年全市财政收支预算执行情况汇总表

表3—12—4　　　　单位：万元

<table>
<tr><th colspan="2">财政收入项目</th><th>完成收入</th><th>占预算%</th><th colspan="2">财政支出项目</th><th>完成支出</th><th>占预算%</th></tr>
<tr><td colspan="2">全市财政收入</td><td>86570</td><td>112.60</td><td colspan="2">全市财政支出</td><td>90018.00</td><td>129.50</td></tr>
<tr><td rowspan="2">分级</td><td>市级收入</td><td>32573</td><td>124.40</td><td colspan="2">地方财政支出</td><td>80232.00</td><td>129.50</td></tr>
<tr><td>县级收入</td><td>53997</td><td>106.60</td><td rowspan="2">分级</td><td>市级支出</td><td>26155.00</td><td>—</td></tr>
<tr><td rowspan="12">分项</td><td>工商税收入</td><td>80006</td><td>113.70</td><td>县级支出</td><td>54077.00</td><td>—</td></tr>
<tr><td>所得税</td><td>3800</td><td>86.00</td><td rowspan="11">分项</td><td>企业支出</td><td>9197.50</td><td>122.60</td></tr>
<tr><td>亏损补贴</td><td>-5459</td><td>93.10</td><td>科技三项费</td><td>200.30</td><td>110.10</td></tr>
<tr><td>农业税</td><td rowspan="3">4148</td><td rowspan="3">97.30</td><td>农业支出</td><td>6962.70</td><td>116.00</td></tr>
<tr><td>特产税</td><td>工交商支出</td><td>1103.80</td><td>112.20</td></tr>
<tr><td>耕地占用税</td><td>城市维护费</td><td>3740.00</td><td>109.30</td></tr>
<tr><td>排污费收入</td><td rowspan="2">2064</td><td rowspan="2">117.90</td><td>文科卫支出</td><td>26807.70</td><td>127.80</td></tr>
<tr><td>教育费附加</td><td>行政管理费</td><td>16476.20</td><td>153.60</td></tr>
<tr><td>其他收入</td><td rowspan="2">1713</td><td rowspan="2">97.90</td><td>公检法支出</td><td>4205.50</td><td>143.50</td></tr>
<tr><td>契税</td><td>抚恤救济费</td><td>1444.10</td><td>118.40</td></tr>
<tr><td>土地收入</td><td>298</td><td>149.00</td><td>其他部门</td><td rowspan="2">10094.20</td><td rowspan="2">232.10</td></tr>
<tr><td></td><td></td><td></td><td>其他支出</td></tr>
</table>

全市财政收支平衡情况。财政收入来源总计101837万元，总支出110007万元。收支相抵，累计

滚存赤字8170万元，当年赤字4762万元。

1994年财政预算（草案）

全市三项财政任务。一是财政收入，财政收入预算为94185万元，比1993年执行数85120万元，增长10.7%。二是能源交通重点建设基金安排350万元，下降52%。三是预算调节基金安排234万元，下降83%。

全市财政收支预算安排，详见表3—12—5。

1994年全市财政收支预算安排汇总表

表3—12—5　　单位：万元

财政收入项目		收入安排	比上年增长%	财政支出项目		支出安排	比上年增长%
全市财政收入		94185	10.70	地方财政支出		82408	2.70
分	工商税收入	80896	3.00	分	科技三项费支出	231	15.3
	国营企业所得税	5951	58.40		农业支出	7425	6.6
	企业亏损补贴退库	–5423	持平		文科卫事业费	30462	8.4
	“农业三税”及契税	8815	210.00		未列举事项	44290	−
项	土地有偿使用收入	580	—	项			
	排污费收入	673	持平				
	教育费附加收入	1317	–3.30				
	其他收入	1376	–14.50				

六、常委会工作报告

1994年3月9日，市一届人大三次会议第二次全体会议听取和审议市人大常委会主任赵复武所作的《宜昌市人大常委会工作报告》:

1993年工作回顾

一年来，围绕改革开放和市场经济建设这一主题，先后听取和审议市人民政府、市中级人民法院、市人民检察院及市县乡人大换届选举工作领导小组办公室工作报告27项，并就其中事关经济发展全局的3个重大事项做出相应的决议。深入开展调查和视察，听取并审议政府部门有关工作报告。做出《关于全面贯彻实施〈企业法〉和〈全民所有制工业企业转换经营机制条例〉的决议》《关于切实减轻农民负担的决议》。决定任免本级和依法批准任免下级国家机关工作人员194人次。先后召开主任会议17次，及时研究部署了历次人大会议、常委会会议的筹备事宜和机关重要日常工作等问题，保证了常委会各项工作的有序进行。

在工作监督方面，一是加强了对财政预算、国民经济计划执行情况的监督；二是对政治、经济、文化、教育、科技、卫生、民族以及社会治安等各个方面的工作进行全面监督；三是加强廉政监督，在加强自身廉政建设的同时，开展对“一府两院”的廉政监督工作；四是受理群众来信287件，接待来访115人次，并按照信访处理规定进行处理；五是支持代表依法行使询问权。在法律监督方面，一是先后听取和审议“一府两院”关于企业法、森林法等10个法律法规和上级人大决定实施情况的报告；二是开展3次执法检查和视察，共涉及法律13个；三是先后听取和审议市人民政府关于第二个五年普法规划执行情况的报告以及“两院”关于执法检查情况的报告；四是对上级人大常委会下发征求意见的《国家安全法》等14个法律法规草案，分别组织了座谈讨论，及时整理上报了修改意见；五是参与2个民族自治县的《长阳土家族自治县农村经济合同管理条例》和《五峰土家族自治县乡村公路管理条例》单行条例草案的起草工作。

市人大常委会落实了联系代表分工责任制，做到联系点、联系人、联系数量“三落实”。积极主动为代表依法执行职务搞服务，一是通过印发文件，寄送报刊资料，为代表学习、掌握党和国家的政策与法律，了解人大工作的动态，更好地知情知政和增强议政能力服务；二是为代表执行职务搞好舆论宣传方面的服务，提高代表威望，形成代表工作良好的社会舆论环境；三是制定市人大代表持证视察的办法，解决代表执行职务遇到的实际困难，发挥代表在管理国家事务和促进经济建设中的重要作用；四是召开全市人大代表工作经验交流会，总结推广组织代表评议“一府两院”和基层“七站八所”的工作、在各级人大代表中开展“争先创优”及向选民述职等活动的做法和经验；五是办理代表在市一届人大二次会议期间提出建议302件，绝大部分代表感到满意和比较满意。

1993年底，全市县乡两级人大都要换届。1993年7月，市人大常委会开始制定方案准备，9月上旬召开全市县乡人大换届选举工作会议，进行全面部署。全市选民登记率、参选率分别达98.7%和96.8%。有85.9%的选民直接到会投票，有85.5%的选民参加了酝酿提名代表候选人。选举产生的新一届县乡人大代表，个体素质明显提高，整体结构更加合理，较好地体现了以工农为主体的国家政权性质和广泛的代表性。

加强常委会自身建设。在思想建设上，常委会成立了由正副主任组成的中心学习小组，市人大机关制定政治学习制度。在作风建设上，坚持深入实际调查研究，使各项职权的行使建立在对客观情况充分了解的基础上。在廉政建设上，党组提出了加强廉政建设的五条意见，使勤政廉政建设得到切实加强。在制度建设上，先后制定6个规范性文件。机关各委办及科室也都分别制定必要的工作职责和管理制度。

1994年工作要点

抓大事，重实效，加强监督工作；强化法制监督，保障法律法规在全市的有效实施；密切联系代表，充分发挥代表在管理国家事务和经济建设中的作用；努力搞好自身建设。

七、法院工作报告

1994年3月9日，市一届人大三次会议第二次全体会议听取和审议市中级人民法院院长余庆富所作的《宜昌市中级人民法院工作报告》：

1993年工作回顾

受理各类一审案件、二审案件和申诉案件16147件，比上年15840件上升1.94%，审结15446件，结案率为95.66%。受理刑事一审案件1818件2862人，比上年1937件3078人下降6.14%，审结1790件2810人，结案率为98.46%。在全年判决发生法律效力的1198件1944名罪犯中，判死刑的44名（含死缓刑6名）、无期徒刑23名、五年以上重刑644名，上列罪犯占总数的36.57%。受理一审经济纠纷案件1905件，比上年1493件上升27.6%，审结1751件，结案率为91.92%，标的额14662.46万元。受理各类一审民事案件10470件，比上年10193件上升2.72%，审结率95.41%。受理不服一审判决的刑事、经济、民事、行政二审案件693件，比上年837件下降17.2%，审结675件，结案率97.4%。

1994年工作要点

强化对敌专政职能作用，加强刑事审判工作，维护社会稳定；充分发挥调节经济关系和社会矛盾的职能作用，促进社会主义市场经济的健康发展和三峡工程建设；严肃执法，进一步提高司法水平；开拓进取，进一步加强法院自身改革；从严治警，继续加强法院队伍建设；加强法院基本建设和后勤保障工作。

八、检察院工作报告

1994年3月9日，市一届人大三次会议第二次全体会议听取和审议市人民检察院检察长雷森策所作的《宜昌市人民检察院工作报告》:

1993年工作回顾

受理各种类经济犯罪案件线索845件，比上年744件上升9.17%。初查572件，占67.69%。立案侦查184件210人。已侦察终结174件199人（含上年积存17件），侦结率为86.57%，其中移送起诉97件112人。在办案过程中，反贪污贿赂部门为国家和集体挽回直接经济损失506.47万元，税务检察室为国家挽回税款187.4万元。受理公安机关和自侦部门提请批捕案1319件2202人，比上年1497件2471人分别下降11.89%和7.65%。审结1310件2200人，审结率为99.92%。经审查，决定逮捕1191件2012人（经济案件57件64人，法纪案件7件8人），比上年1313件2152人分别下降9.29%和6.51%。受理公安机关和自侦部门移送审查起诉、免诉案件1572件2738人，比上年1809件3045人分别下降13.1%和8.6%。审结1565件2760人，审结率为99.55%。向法院提起公诉1294件2202人，比上年1488件2447人下降13.03%和10.01%。免予起诉113件197人，比上年129件200人下降12.4%和1.5%。

开展各项检察业务工作。一是受理各类法纪案件278件，比上年246件上升13%。立案侦查38件51人，其中非法拘禁案11件19人，占5.26%；重大责任事故案18件20人，占47.37%；玩忽职守案5件7人，占13.16%；伪证案和妨害邮电通讯案各1件1人，占5.26%。侦破38件（含上年积存1件），移送起诉22件28人，移送免诉14件20人。二是加强对监狱、看守所的执法监督，纠正违法行为114次，办理申诉案件39件49人，办理在押人犯又犯罪案件12件17人，进行安全检察206次，发现隐患252起，消除隐患249起，对在押人犯进行法制宣传244场次，受教育达14092人次。三是受理控告检举案3004件（来信2001件，来访1003件），比上年上升28.59%。已处理2982件，转自侦部门立案侦查267件，移送其他检察院392件，转其他有关部门1550件，直接答复593件，作其他处理180件。受理申诉案444件，已处理422件，占95.05%。控申部门立案复查12件，维持原决定5件，改变原决定1件。四是受理已发生法律效力的申诉案38件，已经审结37件，占93.37%。同时接待并积极做好22人次的民事、行政纠纷的上访咨询和宣传工作。五是受理各类鉴定和检验757次，刑事照、录像264件，现场勘查123场次。出具检验书293件，改变原结论10件，提供侦查意见和证据188件。

1994年工作要点

继续把惩治贪污贿赂等经济犯罪作为检察机关工作重点；继续坚持“严打”方针，严厉打击严重刑事犯罪活动；加强法纪检察工作；统筹兼顾，努力搞好监所检察、控告申诉检察、刑事行政检察和检察技术等各项业务工作，全面履行法律监督职能。

九、通过人民代表大会议事规则

1994年3月11日，市一届人大三次会议第三次全体会议审议通过《宜昌市人民代表大会议事规则》。

十、议案审查报告

1994年3月11日，大会主席团第四次会议审议通过议案审查委员会主任委员周云焕所作的《宜昌市一届人大三次会议代表提出的议案处理意见的报告》：将《关于在全市设立见义勇为奖励基金和不记名人身保险的议案》，交法制委员会审议。将会议收到的代表提出的建议、批评和意见159件，连同拟作建议处理的35件议案，共计194件建议、批评和意见，由市人大常委会办公室、市人民政府办公室分别交有关部门和组织研究处理，并负责答复代表。

十一、会议决议

1994年3月11日，市一届人大三次会议第三次全体会议审议通过6个决议。

《关于政府工作报告的决议》

决议批准市长罗清泉市所作的《宜昌市人民政府工作报告》。

决议强调，全市各级人民政府及其工作人员，要以改革开放为己任，自觉服务经济建设，切实改进作风，廉政勤政，克己奉公，求真务实，坚决克服形式主义，要自觉接受人大及其常委会的监督和人民群众的监督，严格依法办事。

《关于宜昌市1993年国民经济和社会发展计划执行情况与1994年国民经济和社会发展计划的决议》

决议批准市计划委员会主任周围所作的《关于宜昌市1993年国民经济和社会发展计划执行情况与1994年国民经济和社会发展计划草案报告》，批准市人民政府提出的宜昌市1994年国民经济和社会发展计划。

《关于宜昌市1993年财政预算执行情况和1994年财政预算的决议》

决议批准市财政局局长胡庆洋所作的《关于宜昌市1993年财政预算执行情况和1994年财政预算草案的报告》，批准市人民政府提出的宜昌市1994年预算。

《关于宜昌市人民代表大会常务委员会工作报告的决议》

决议批准市人大常委主任赵复武会所作的《宜昌市人大常委会工作报告》。

决议要求，在新的一年里，市人大常委会要适应建立社会主义市场经济体制的需要，抓大事，重实效，进一步强化法律监督和工作监督，为把全市社会主义市场经济、社会主义民主政治、社会主义精神文明全面推向前进，为实现宜昌的第二次振兴做出更大贡献。

《关于宜昌市中级人民法院工作报告的决议》

决议批准市中级人民法院院长余庆富所作的《宜昌市中级人民法院工作报告》。

《关于宜昌市人民检察院工作报告的决议》

决议批准市人民检察院检察长雷森策所作的《宜昌市人民检察院工作报告》。

第四节　第四次会议

1995年2月11日—15日，市一届人大四次会议在西陵剧场举行。应出席代表493人，实际出席代表437人，列席会议人员189人。此次会议议程是：听取和审议《宜昌市人民政府工作的报告》；听取和审议《宜昌市1994年国民经济和社会发展执行情况和1995年计划（草案）的报告》；听取和审议《宜昌市1994年财政预算执行情况和1995年财政预算草案的报告》；听取和审议《宜昌市人大常委会工作报告》；听取和审议《宜昌市中级人民法院工作报告》；听取和审议《宜昌市人民检察院工作报告》；通过此次会议各项决议。

一、预备会议

1995年2月11日，市一届人大四次会议举行预备会议。会议通过此次会议议程、大会主席团和秘书长名单、议案审查委员会名单。

二、会议机构及成员名单

市一届人大四次会议主席团和秘书长。主席团成员(按姓名笔画排序)：王敏、王少愚、王风满、王达轩、王治山、文万照（土家族）、文成国、邓启勋、艾光忠、冯淑珍（女）、吕志荫、朱达礼、刘木添、刘宗发、江秀芳（女）、匡天文、李达智、李国树、李国普、李泽泉、李家余、李德炳、吴承富、张万里（土家族）、张为民、张正安、张兴本、柏世友、易继纯、罗清泉、胡学斌、周云焕、周登品、赵复武、侯广忠、徐春浩、郭远章、龚尚华、粟凯、谢远照、戴振声；秘书长：李国普（兼）。

市一届人大四次会议主席团常务主席名单（按姓名笔画排序）：王治山、邓启勋、艾光忠、江秀芳（女）、李国普、李家余、吴承富、罗清泉、周云焕、赵复武、徐春浩、郭远章、龚尚华、粟凯、谢远照、戴振声。

市一届人大四次会议议案审查委员会组成人员名单。主任委员：周云焕；副主任委员：邓启勋；委员（按姓名笔画排序）：刘康明、肖昌发、林家瑜、官德锦、秦燧泉、龚福达、傅显铭。

市一届人大四次会议副秘书长（按姓名笔画排序）：邓学培、刘德法、张成大、柳定祥、梅云年、廖达凤（女）。

三、政府工作报告

1995年2月11日，市一届人大四次会议第一次全体会议听取和审议代理市长郭远章所作的《宜昌市人民政府工作报告》：

1994年工作回顾

1994年，全市完成国民生产总值107亿元（1990年不变价），比上年增长22.2%，提前一年实现“八五”计划；工农业总产值200.8亿元，比上年增长21.7%；财政收入突破10亿元，达到10.36亿元，比上年增长21.7%。较好地完成了市一届人大三次会议确定的任务。

农业。粮食总产163.4万吨，比上年增长5.16%；棉花总产2.79万吨，比上年增长7.16%；油料总产13.69万吨，比上年增长14.6%。乡镇企业产值达到 100.2亿元，比上年翻一番。多种经营产值比重达到64.4%。农民人均纯收入达到1120元，增加363元，增加额度是历史上最高的一年。扶贫开发取得了新进展，全市贫困人数有所减少。

工业。完成工业总产值163.5亿元，比上年增长25.6%，产销率达到95.2%。工业企业实现利税比上年增长12%。工业企业生产规模不断壮大，企业集团已达50个。开发新产品、新品种425项。全年技改项目306项，完成投资10.1亿元，一批重点技改项目竣工投产，成为全市经济发展的增长点。

财贸。社会消费品零售总额达到56亿元，比上年增长45.1%；城乡集市贸易成交额13.6亿元，增长36%；财政税收超额完成任务。银行存款和贷款稳定增长，全市年末银行和信用社各项存款余额91.3亿元，比上年末净增30亿元，增长48.9%；各项贷款余额95.4亿元，比上年末净增17.4亿元，增长22.3%。加强了农副产品收购工作，完成了粮食定购任务。

改革开放。1994年8月，宜昌市被国务院批准成为沿江开放城市，库区三县被列为长江三峡经济开放区，宜昌市的改革开放进入了一个新的阶段。重点推进了财税、企业、住房、社会保险等方面的改革，取得了较大进展，积累了有益经验。财税改革方面，顺利实现了旧体制向新的过渡。企业改革方面，重点推进了股份制试点，全年新组建股份制企业112家，股份制企业总数已达182家。住房制度改革进展顺利，全市普遍推行了提高租金、实行公积金的改革措施，推进了公房出售。社会保障制度的改革加快，全市社会养老保险统筹面已达97%，有21.9万名职工参加失业保险，机关事业单位养老保险已经起步。外贸以自营出口为龙头，全方位开拓新的市场和货源基地，自营达到4522万美元，比上年增长77.9%。全市新批“三资”企业131家，投资总额2.68亿美元，“三资”企业累计达到501家。对外交流与合作进一步扩大。东山、猇亭等开发区一批项目开工或竣工投产。枝江、当阳坝陵开发区，进入省级和省管开发区行列。

基础设施建设。完成固定资产投资（市属）39.8亿元，比上年增长30.3%。宜黄公路（江宜段）、宜昌三峡机场建设进展顺利。邮电通讯能力迅速扩大，全市新增程控电话8.2万门，累计已达10.8万门，居全省领先水平。城市建设加大了投入，完成了西陵一路扩建等5项重点工程和5件实事。全年新开工商品房47万平方米，其中经济适用房6万平方米。

服务三峡工程。搬迁移民1.13万人、征地2.38万亩，坝区移民的生产生活初步得到了安置。坝区社会行政管理得到加强，库区移民基础设施起步较好地项目开始启动。对口支援与受援工作取得实质性进展，全市接待对口支援考察团507个，落实项目108个。

各项事业。全市科技投入总量超过7000万元，组织实施了5个为三峡工程配套服务的攻关项目，开发了10项高新技术产品。评出科技成果90项，其中15项达到国内先进水平。中小学教学质量有新的提高，职业教育得到进一步加强，成人教育和高等教育结构得到调整，全市提前6年基本扫除青壮年文盲，西陵、点军、伍家岗区、当阳市普及了九年义务教育。文体事业进一步繁荣，举办了省第九届运动会和第三届三峡艺术节。全市人口自然增长率降至5‰，计划生育各项指标继续在全省保持领先水平。医疗卫生、新闻出版、广播影视、环境保护、社会科学、档案、老龄等工作都取得了新成绩。

法治建设。社会治安综合治理工作进一步开展，开展“扫黄”“打非”（打击非法出版物）、“除六害”斗争，遏制了各种犯罪活动和社会丑恶现象的蔓延。执行县处级以上干部廉洁自律的各项规定，查处一批违法违纪案件。清理了用公款出国（境）、违规购置或更换小轿车、党政机关无偿占用企业财物和干部职工拖欠公款等问题。办理人大代表、政协委员的意见、建议和提案，加强了人民群众来信来访工作，密切了人民政府与人民群众的联系。

1995年工作要点

主要指标。国内生产总值120亿元（1990年不变价），比1994年增长12.1%；工农业总产值232亿元，增长15.5%，其中工业总产值192亿元，增长17.4%，农业总产值40亿元，增长7.2%。财政收入11.6亿元，增长12%，力争实现省分配任务11.75亿元；外贸自营出口总值6000万美元，增长33%；固定资产投资达到54亿元，增长35.6%；国有企业职工收入平均增长10%，农民人均纯收入增加150元；零售物价总指数控制在全省平均水平之内；人口自然增长率控制在8‰以下。

十项工作：加快"菜篮子"建设，抑制物价上涨；加强农业基础地位，促进农业和农村经济全面发展；在提高质量和效益的前提下，促进工业快速健康发展；建立效益财政，发展金融事业；以发展旅游业为突破口，突破性发展第三产业；进一步扩大对外开放，促进外向型经济快速发展；以移民工作为重点，支援和服务三峡工程建设；坚持建设与管理并重，加快现代化城市建设步伐；优先发展科技、教育，推动各项社会事业全面进步；加强社会主义民主和法治建设，转变政府职能。

四、计划报告

1995年2月11日，市一届人大四次会议第一次全体会议听取和审议市计划委员会主任周围所作的《宜昌市1994年国民经济和社会发展计划执行情况与1995年计划草案的报告》:

1994年计划执行情况

初步预计，1994年全市国内生产总值达107亿元（按1990年不变价，下同），完成年计划的110.3%，比上年实际增长22.2%。

农业。预计粮食总产可达到163万吨，比1993年增长5.2%，是历史第二个丰收年；棉花总产预计2.79万吨，比1993年增长7.16%；油料总产13.69万吨，比1993年增长14.6%，创历史最高水平。多种经营全面发展，生猪、水产品、家禽、蔬菜、禽蛋、蚕茧等六种主要产品产量均超历史。乡镇企业产值突破100亿元，比1993年增长108.3%。农业总产值预计可达37.3亿元，超过年计划3.6%，比1993年实际增长7.8%。农民人均纯收入达到1120元，比上年增加363元，增长48%。

工业。预计完成工业总产值163.5亿元，超计划2.2%，比上年实际增长25.6%。乡及乡以上的工业总产值完成133亿元，增长13.62%。

固定资产投。全社会固定资产投资总额预计可达到94.46亿元，比上年增长64.8%；地方固定资产投资完成39.82亿元，比上年同期增长30.3%，完成计划35亿元的113.77%。

财贸。全年社会消费品零售总额预计达56.07亿元，完成年计划116.81%，比上年实际增长45.1%。全年外贸出口预计可完成4522万美元，完成年计划113%，比上年实际增长78%。完成财政收入10.36亿元，比上年实际增长21.7%，其中，地方财政收入5.37亿元，增长37.5%；财政支出为10.8亿元，比上年增长21.9%。预计年末银行各项存款余额为102.92亿元，比年初增加35.9亿元，贷款余额为127.97亿元，比年初增加19.1亿元。

社会事业。"科教兴市"全面组织实施，全年的科技投入7062万元，组织实施验收科技项目30

项。高校、中专、技工学校招生三项指标均完成年计划。预计1994年末全市职工人数达58.95万人，职工平均工资达3880元，增长20.2%。预计全市人口自然增长率5‰。

1995年计划安排方案

综合指标。国民生产总值计划120亿元（按1990年不变价计算，下同），比1994年预计完成107亿元增长12.2%；工农业总产值232亿元，比1994年预计完成200.8亿元增长15.5%；地方固定资产投资54亿元，比1994年预计完成39.82亿元增长35.6%；外贸出口总额6000万美元，增长32.7%；财政收入11.8亿元，增长13.9%；零售物价总指数控制在全省平均水平之内；人口自然增长率控制在8‰以内。

农村经济：初步安排农业总产值40亿元，比1994年预计增长7.2%；乡镇企业总产值160亿元，增长60%。农民人均纯收入增加150元；粮食产量163万吨、棉花产量3.25万吨、油料产量13.5万吨、肉类总产量24万吨、水产品4.5万吨。

工业：初步安排工业总产值192亿元，比上年预计增长17.4%。其中乡及乡以上的工业总产值153亿元，增长15%。

固定资产投资：初步安排1995年全市地方固定资产投资规模54亿元，比上年预计增长35.6%。

财贸：初步安排1995年社会商品零售总额75亿元，比上年预计增长33.8%；商品零售物价涨幅控制在全省平均水平之内。财政收入11.8亿元，比1994年预计增长13.9%；银行存款余额140亿元，贷款余额154亿元，分别增长36%和20%。

外经：初步安排全市外贸出口总额6000万美元，比1994年预计增长32.7%；利用外资总额计划8140万美元，比1994年预计增长48%，其中：借用国外贷款1660万美元，外商直接投资6480万美元，分别增长66%和44%。

社会事业：初步安排1995年地方普通高校计划招生450人，与上年持平；普通中专计划招生4300人，技工学校招生2000人。初步安排1995年人口自然增长率控制8‰之内。职工人数增加17000人，比上年增长2.9%；职工工资总额28.12亿元，增加5.44亿元；职工平均工资达到4500元，比上年增加600元。

主要措施：坚决抑制通货膨胀，为改革和发展创造稳定宽松的社会和经济环境；切实加强农业这个国民经济的基础；加大结构调整的力度，努力提高经济效益；加快市场建设，进一步搞活流通；大力发展科技、教育，推进社会事业全面进步；继续调整投资结构，确保重点建设；进一步加大利用外资力度，加快外向型经济发展；利用三峡工程正式开工的契机，加大服务三峡工程工作力度，进一步做好支援、服务三峡工程工作。

五、财政预决算报告

1995年2月11日，市一届人大四次会议第一次全体会议听取和审议市财政局局长胡庆洋所作的《宜昌市1994年财政预算执行情况和1995年财政预算草案的报告》：

1994年财政预算执行情况

全市完成四项财政任务情况。一是财政收入，1994年全市财政收入完成103613万元，为预算的110%，超收9428万元，比1993年上升21.7%。其中：市级及城区财政收入完成38763万元，为预算的125.4%，比1993年增长22.8%；县（市）财政收入完成64850万元，为预算的102.8%，比1993年增长21.1%。二是征集能源交通重点建设基金348万元，为预算的99.4%。三是征集国家预算调节基金240

万元，为预算的102.6%。四是发行国库券6017万元，完成任务的100%。

全市财政收支预算执行情况，详见表3—12—6。

1994年全市财政收支预算执行情况汇总表

表3—12—6　　　　单位：万元

财政收入项目		完成收入	占预算%	财政支出项目		完成支出	占预算%
全市财政收入		103613.00	110.00	全市财政支出		107845.00	—
分级	市级收入	38763.00	125.40	地方财政支出		97822.00	118.70
	县级收入	64850.00	102.80	分级	市级及城区支出	30175.00	—
分项	工商税收入	87196.00	107.80		县级支出	67647.00	—
	所得税	6445.00	108.30	分项	企业支出	6301.00	100.50
	亏损补贴	-5270.00	97.20		科技三项费	231.00	100.00
	农业、特产税	8991.00	102.00		农业支出	8642.00	116.40
	契税				工交商支出	1397.00	119.40
	耕地占用税				城市维护费	3844.00	87.10
	排污费收入	871.00	129.40		文科卫支出	39119.00	128.40
	教育费附加	1556.00	118.20		行政管理费	20534.00	133.00
	其他收入	3229.00	234.70		公检法支出	5304.00	126.00
	土地收入	595.00	102.60		抚恤救济费	1912.00	125.90
					未列事项	10538.00	—

全市财政收支平衡情况。收入来源总计112667万元，总支出128722万元，收支相抵累计滚存赤字16055万元，当年赤字9448万元。

1995年财政预算（草案）

全市财政收支预算安排，详见表3—12—7。

1995年全市财政收支预算安排汇总表

表3—12—7　　　　单位：万元

财政收入项目		收入安排	比上年增长%	财政支出项目		支出安排	比上年增长%
全市财政收入		117531.00	13.40	地方财政支出		104811.00	7.10
分级	上划中央	56605.00	13.30	分项	企业挖革改支出	6420.00	1.90
	地方收入	60926.00	13.50		科技三项费支出	260.00	12.50
分项	工商税收入	98955.00	13.50		农业支出	7880.00	10.00
	国营企业所得税	6960.00	8.00		工交商事业费	1591.00	13.90
	亏损补贴退库	-5242.00	持平		城市维护费	4609.00	19.90
	农业税、特产税	10347.00	15.10		文科卫事业费	43594.00	11.40
	耕地占用税、契税				行政管理费	21929.00	6.80
	排污费收入	900.00	3.30		公检法支出	5676.00	7.00
	教育费附加收入	1700.00	9.30		抚恤救济经费	2098.00	9.70
	其他收入	3281.00	1.60		其他部门事业费	4494.00	10.20
	土地有偿使用收入	630.00	5.90		未列事项	6260.00	—

市直本级财政收支预算安排。财政收入37243万元，比1994年增长14.5%，其中地方收入20402万元，增长20.5%；上划中央16841万元，增长8%。地方财政支出预算为27030万元，比1994年增长8.8%。市直本级收支相抵，略有结余。

六、常委会工作报告

1995年2月13日，市一届人大四次会议第二次全体会议听取和审议市人大常委会主任赵复武所作的《宜昌市人大常委会工作报告》：

1994年工作回顾

一年来，市人大常委会围绕实施宜昌经济发展战略和建设社会主义精神文明等重大问题，认真行使了决定权。常委会第十三次会议在审议市人民政府关于文物保护法实施情况的报告基础上，做出《关于进一步贯彻实施〈文物保护法〉的决定》。常委会第十三次会议做出《关于批准〈宜昌市市民守则〉的决定》。

市人大常委会在抓好听取和审议市人民政府及执法主管部门关于法律法规实施情况报告的同时，有计划、有重点地开展对农业法、土地管理法、《全国人大常委会〈关于加强社会治安综合治理的决定〉》的贯彻实施情况进行了检查。市人大常委会组织各专门委员会配合上级人大常委会及有关专委，先后对全市民族区域自治法、矿产资源法、统计法、测绘法、归侨侨眷权益保护法、教师法、消费者权益保护法、未成年人保护法、村民委员会组织法和律师暂行条例等法律法规的贯彻实施情况进行了检查。

围绕改革和建设中的重大事项开展视察活动。6月上旬，常委会组织部分组成人员和市人大代表，分别到全市12个县市区31个乡（镇）63家乡镇企业，视察了乡村集体所有制企业条例的实施情况。9月上旬和10月上旬，常委会又分别组织视察团，到部分县市区就社会治安治理和土地管理的执法情况进行视察，并就如何依法妥善解决长阳隔河岩电站、工区移民安置存在的问题，向省人大常委会写出了专题报告。

开展地方性法规建设。目前，宜昌市人大尚无立法权，面临三峡工程上马的新形势，提请省人大常委会批准后，在调查研究的基础上，着手起草《三峡工程宜昌市库坝区建设管理若干规定》（代拟稿）。同时，市人大常委会认真参与了长阳和五峰两个少数民族自治县的4个单行条例草案的起草工作。常委会积极参与了国家和省的立法活动，先后对全国人大常委会和省人大常委会的10多项法律、法规草案进行了讨论研究，并将修改意见及时整理上报。在法律监督方面，全年共召开主任会议18次，先后听取和审议政府部门关于劳动法、房地产管理法实施前宣传贯彻情况和关于新税制贯彻实施情况的汇报。

开展工作监督。结合计划、财税体制的改革，加强对国民经济计划和财政预算执行情况的监督。着眼于中央和省、市委重大决策的贯彻实施认真开展审议工作。依法审查政府规范性文件，促进依法行政。

市人大常委会依法任免、决定任免和批准任免国家机关工作人员58人次。在人事任免工作中，常委会坚持并通过向被任命干部颁发任命书制度，努力增强被任命人员依法办事、为人民服务的意识。

加强代表工作，密切代表及人民群众的联系。一是召开代表联络工作会议，努力把全市人大代表工作提高到一个新水平。二是安排全体市人大代表分别于年初和年底集中围绕宪法和有关法律的实施、人大决议、决定的贯彻实施以及人民群众关心的问题开展2次视察活动，为他们出席即将召开的市人代会做准备。三是在组织常委会3次视察活动中吸收部分代表参加。四是抓好代表议案、建议、批评和意见的督办工作，不断提高办理质量。五是积极办理人大代表和人民群众的来信332件，接待来访130人次，接待处理代表来信来访20件次，解决了一些涉及群众切身利益的实际问题。

加强人大宣传和研究工作。一年来，市人大机关在报刊、电台和电视台刊播有关人大工作的新闻稿600多件，其中省级以上报刊登载46篇。开展纪念人民代表大会成立40周年的活动，将人大制度和人大工作引向深入。组织开展第二届宣传人民代表大会制度好新闻评比活动，共评出一等奖6件、二等奖8件、三等奖10件，优秀奖16件，推动了全市人大新闻宣传工作。积极开展成立宜昌市人大工作研究会的筹备工作。

密切与县市区人大常委会和乡镇人大主席联系与指导。年初，召开各县市区人大常委会负责人座谈会，明确新形势下人大工作的任务和要求。抓业务培训。5月，举办了由新一届县乡人大负责同志参加的全市人大干部培训班。6月份，常委会组织专班，分赴各县市区调查研究，帮助基层人大总结经验，共形成了25份典型材料，其中3份在全省人大工作经验交流会上交流推广。坚持邀请县市区人大常委会负责人列席常委会例会的制度。

加强常委会自身建设。在思想建设方面，坚持和完善了学习制度；在作风建设方面，坚持民主集中制原则；在廉政建设方面，从自身抓起，以实际行动维护权力机关的良好形象；在机关基础条件建设方面，根据工作需要，添置了部分办公设备。

1995年工作要点

强化监督工作，重点抓好法律监督；密切同代表的联系，充分发挥代表在管理国家事务和现代化建设中的重要作用；深入开展人大理论研究和宣传工作，使人民代表大会制度深入人心；坚持民主集中制原则，搞好常委会自身建设。

七、法院工作报告

1995年2月13日，市一届人大四次会议第二次全体会议听取和审议市中级人民法院院长余庆富所作的《宜昌市中级人民法院工作报告》:

1994年工作回顾

受理各类一审案件、二审案件和申诉案件15797件，审结15154件，结案率为95.93%。

受理各类一审刑事案件2179件3401人，审结2145件3343人，结案率为98.44%。受理案件和审结案件分别比上年上升19.86%和19.83%。受理各类经济犯罪案件355件529人。受理一审经济纠纷案件2088件，审结2006件，结案率为96.7%，标的额2540.04万元。受理各类一审民事案件10537件，审结10035件，审结率95.24%。受理行政一审案件93件，审结89件，结案率95.7%。办理行政机关申请人民法院强制执行的案件972件，维护了正常的行政管理秩序。

受理各类申诉再审案件184件，审结181件，结案率为98.37%。处理人民群众来信4381件次，接待群众来访15066人次，较好地解决了群众“告状难”“申诉难”的问题。受理各类执行案件7621件，已执行7118件，执行率为93.4%。

审理坝区、库区的刑事案件528件，经济纠纷案件387件，标的额为4215.34万元，民事案件3240件，调处简易纠纷305件，妥善处理闹事苗头或事件83件。

召开宣判大会82场，集中宣判案件479件778人，旁听群众52.1万人，震慑了犯罪，教育了群众。认真开展少年审判合议庭的工作，审判少年犯158人。

1995年工作要点

全市法院继续坚持服务中心，突出重心，强化措施，整体推进领导决策和工作布局，实行“一二三四五”的工作思路，即：围绕一个中心，强化两项职能，走好三条路子，把握好四个重点，实现五个突破。

八、检察院工作报告

1995年2月13日，市一届人大四次会议第二次全体会议听取和审议市人民检察院检察长雷森策所作的《宜昌市人民检察院工作报告》：

1994年工作回顾

受理各种类经济犯罪案件线索797件，初查568件，占71.27%。立案侦查241件263人，比上年184件210人分别上升30.98%和24.24%。已侦察终结243件266人（含上年积存27件），侦结率为90.67%。已侦结的案件中，移送审查起诉164件160人。为国家和集体挽回直接经济损失688万元，追缴偷漏税款200万元。

受理公安机关和自侦部门提请批捕案1643件2808人，比上年1319件2282人分别上升24.56%和23.05%。审结1638件2707人，审结率为99.67%。经审查，决定逮捕1470件2446人，比上年1191件2012人分别上升23.43%和21.57%。受理公安机关和自侦部门移送审查起诉、免诉案件1906件3194人，比上年1572件2783人分别上升21.2%和14.77%。审结1895件3176人，审结率为99.42%。其中向法院提起公诉1589件2587人，检察机关免诉139件255人，不诉3件7人，退查111件207人，移送单位撤回19件35人，移送他院34件85人，待结11件18人。针对严峻的治安形势，积极投入社会治安专项治理。

受理各类法纪案件线索266件，调查245件，占92.11%。立案侦查39件54人（含上年积存1件2人）。已侦结37件52人，其中移送起诉20件28人，移送免诉17件21人，销案3人，待结2件2人。

进行安全检察294次，消除隐患294起，纠正违法行为164次。对不按规定将罪犯交付劳改违法截留提出纠正意见42起，纠正39起。办理在押人犯又犯罪案件12件14人。受理在押人犯及其家属的控告申诉案件17件27人，立案复查10件12人，其中自行纠正2件2人，提请法院纠正1件1人，驳回7件7人，转有关单位处理 7 件15人。对在押人犯进行法制宣传教育185场次，受教育达16872人次。对151名减刑犯、37名假释犯和488名监外执行犯进行了考察，对其中4人进行纠正，对13人作了收监处理。

受理控告检举案2648件，比上年下降11.85%。已处理2523件，占95.28%。接待不服一审、二审法院和各级行政机关的判决、裁定的来信与来访110人次，受理已发生法律效力的民事行政案27件，立案侦查19件。受理各类鉴定和检验978次，办结830件，占84.87%。

1995年工作要点

坚持为改革开放和经济建设服务的指导思想；深化对“严格执法、狠抓办案”工作方针的认识，创造性地做好检察工作；在反腐斗争中突出查办大案要案；突出打击严重刑事犯罪活动，维护社会稳定；加强执法监督；加强队伍建设。

九、会议选举

此次会议印发市人大常委会《关于接受罗清泉辞去宜昌市人民政府市长职务的备案报告》。

1995年2月15日，此次会议第三次全体会议通过《宜昌市一届人大四次会议选举办法》。随后选举：郭远章为宜昌市人民政府市长。

十、议案审查报告

1995年2月14日，此次会议主席团第四次会议审议通过议案审查委员会主任委员周云焕所作的《宜昌市一届人大四次会议代表提出的议案处理意见的报告》：

此次大会共收到代表提交的建议、批评和意见79件，代表10人以上联名提出的议案43件。大会主席团会议听取并通过议案审查委员会所作的《关于宜昌市一届人大四次会议代表提出的议案处理意见的报告》：决定将《关于拆除人工河草埠湖、枝江段行洪障碍的议案》交给农村经济委员会审议；其余42件议案拟作建议、批评和意见处理。共计122件建议、批评和意见，由市人大常委会办公室和市人民政府办公室分别交有关机关和组织研究处理，并负责在有效法律期限内答复代表。

十一、会议决议

1995年2月15日，市一届人大四次会议第三次全体会议审议通过6个决议。

《关于政府工作报告的决议》

决议批准代理市长郭远章所作的《宜昌市人民政府工作报告》。

决议强调，要加强民主法治建设，进一步搞好社会治安综合治理，维护社会稳定。全市各级政府机关领导干部及工作人员要严以律己，廉洁自律，模范遵守各项廉政规定。要切实改进作风，坚决克服形式主义。要自觉接受人大及其常委会的监督和人民群众的监督，严格依法办事。

《关于宜昌市1994年国民经济和社会发展计划执行情况与1995年国民经济和社会发展计划的决议》

决议批准市计划委员会主任周围所作的《关于宜昌市1994年国民经济和社会发展计划执行情况与1995年国民经济和社会发展计划草案的报告》，批准市人民政府提出的宜昌市1995年国民经济和社会发展计划。

《关于宜昌市1994年财政预算执行情况和1995年财政预算的决定》

决议批准市财政局局长胡庆洋所作的《关于宜昌市1994年财政预算执行情况和1995年财政预算草案的报告》，批准市人民政府提出的宜昌市1995年预算。

《关于宜昌市人民代表大会常务委员会工作报告的决议》

决议批准市人大常委会主任赵复武所作的《宜昌市人大常委会工作报告》。

决议要求，市人大常委会在新的一年里，要继续把握“抓住机遇、深化改革、扩大开放、促进发展、保持稳定”这个大局，进一步处理好改革、发展、稳定的关系，认真履行宪法和法律赋予的各项职责，促进全市国民经济持续、快速、健康发展和社会全面进步，实现宜昌的第二次振兴，做出新的贡献！

《关于宜昌市中级人民法院工作报告的决议》

决议批准市中级人民法院院长余庆富所作的《宜昌市中级人民法院工作报告》。

《关于宜昌市人民检察院工作报告的决议》

决议批准市人民检察院检察长雷森策所作的《宜昌市人民检察院工作报告》。

第五节　第五次会议

1996年2月27日—3月3日，市一届人大五次会议在西陵剧场举行。应出席代表494人，实际出席代表417人，列席会议人员180人。此次会议议程是：听取和审议《宜昌市人民政府工作报告》；审查和批准《宜昌市国民经济和社会发展“九五”计划及2010年远景目标纲要》；听取和审议《宜昌市1995年国民经济和社会发展执行情况和1996年计划（草案）的报告》；听取和审议《宜昌市1995年财政预算执行情况和1996年财政预算草案的报告》；听取和审议《宜昌市人大常委会工作报告》；听取和审议《宜昌市中级人民法院工作报告》；听取和审议《宜昌市人民检察院工作报告》；补选宜昌市一届人大常委会组成人员；通过此次会议各项决议。

一、预备会议

1996年2月27日，市一届人大五次会议举行预备会议。会议通过此次会议议程、大会主席团和秘书长名单、议案审查委员会名单。

二、会议机构及成员名单

市一届人大五次会议主席团和秘书长。主席团成员(按姓名笔画排序)：王少愚、王风满、王达轩、王治山、文万照（土家族）、文成国、艾光忠、冯万林、冯淑珍（女）、吕志荫、朱达礼、刘木添、刘宗发、江秀芳（女）、李亚隆、李达智、李国树、李国普、李泽泉、李家余、李德炳、吴承富、张万里（土家族）、张为民、张正安、张兴本、柏世友、罗清泉、胡学斌、周云焕、周其斌、周登品、赵复武、侯广忠、徐春浩、郭远章、龚尚华、粟凯、谢远照、戴振声；秘书长：李国普（兼）。

市一届人大五次会议主席团常务主席（14人，以姓名笔画为序）：王治山、江秀芳（女）、李国普、李家余、吴承富、罗清泉、周云焕、赵复武、徐春浩、郭远章、龚尚华、粟凯、谢远照、戴振声。

市一届人大五次会议议案审查委员会组成人员名单。主任委员：周云焕；副主任委员：戴振声；委员（按姓名笔画排序）：刘康明、肖昌发、林家瑜、官德锦、秦燧泉、龚福达。

市一届人大五次会议副秘书长：刘德法、熊从艮、邓学培、王学龙、梅云年、张成大。

三、“九五”计划纲要目录

1996年2月27日，市一届人大五次会议印发《宜昌市国民经济和社会发展“九五”计划及2010年远景目标纲要（草案）》，其目录如下：

“八五”时期经济和社会发展主要成就及未来发展态势。“八五”时期经济和社会发展主要成就；今后十五年宜昌经济、社会发展面临的机遇和挑战

1996—2010年国民经济和社会发展的战略思路和战略目标。指导思想和基本方针；战略方向和区域布局；奋斗目标。

“九五”时期经济、社会发展的方向及主要任务。经济；科技；社会发展。

服务三峡工程规划。

实现“九五”计划的主要措施。

四、关于《纲要》的报告

1996年2月27日，市一届人大五次会议，听取副市长李宗柏所作的《关于宜昌市国民经济和社会发展“九五”计划及2010年远景目标纲要的报告》：

“八五”工作回顾

“八五”时期，全市农业总产值增长36.8%，平均每年增长6.5%。五年间工业总产值增长1.27倍，平均每年增长17.76%。国内生产总值年均增长17.26%，提前6年完成了原定到2000年翻两番的目标。

改革开放取得突破性进展。顺利完成了市领导县新体制的转换，形成了各种经济优势互补、城乡一体、共同发展的新格局。“八五”期间，宜昌市被国家批准为沿江开放城市，并争取到了沿江开放城市的一系列优惠政策，兴山、秭归、宜昌三县被列入三峡经济开放区，全市已有6个省级（省管）开发区、8个市级开发区和一批含苞开发区及开发小区。对外开放的县市已达90%，兴办“三资”企业561家，协议利用外资5.35亿美元，分别比“七五”末增长26.7倍和66.7倍。全市外贸自营出口1.46亿美元，比“七五”期末的848万美元增长16.3倍。

固定资产投资快速增长，基础设施明显改善。“八五”时期，全市固定资产投资总额达到339亿元，其中地方固定资产投资完成160.45亿元，是“七五”时期的三倍，超额完成“八五”计划23.42%，年均增长35.7%。

科技、教育等社会事业迅速发展，城乡居民生活水平稳步提高。科教兴市成效显著，工农业生产增长中的科技因素分别达到40%和35%。“八五”期间，职工工资年均增长21.3%，农民人均纯收入年均增长29.64%。

“九五”计划的指导思想和主要奋斗目标

指导方针。最根本、最关键的是要牢牢把握两点：必须始终不渝地贯彻落实中央提出的“20字”

方针，处理好改革、发展、稳定三者之间的关系；必须把经济体制和经济增长方式两个根本性转变放在突出位置，下大力提高经济增长的质量和效益。

基本目标：在20世纪内，宜昌初步建成全国最大的水电能源基地、新兴的工业基地、一流的风景旅游区、重要的交通枢纽和通江达海的商贸口岸，进入全国大城市行列。到21世纪初叶，初步建成与三峡水利枢纽相适应的以旅游为特色的经济繁荣、文化发达、环境优美、社会文明的国际性现代化大城市，实现宜昌第二次振兴。

具体目标：到2000年，全市的经济发展速度、经济效益、投入水平达到“三个高于”，即高于“八五”时期，高于全省平均水平，高于沿江中等城市的平均发展水平。国内生产总值提前实现翻三番，人民生活达到小康水平，初步建立社会主义市场经济体制，形成具有较强的经济实力和相应社会发展水平的大城市。到2010年，全市国内生产总值和人均国内生产总值在2000年的基础上再翻一番，经济实力居湖北省同类城市前列，人民生活由小康向富裕迈进，形成比较完善的市场经济体制，基本实现社会主义现代化。

经济发展的战略重点和布局

《纲要（草案）》突出强调了四个重点：切实加强农业，全面发展和繁荣农村经济；加快工业发展，全面提高经济实力；突破性发展第三产业，促进一、二、三产业协调发展；生产力布局总体上要按照四类经济区（城区经济、沿江经济、山区经济、库区经济）的格局进行规划。到2000年，全市城市化水平要提高到40%左右。

进一步深化改革，扩大开放

“九五”时期，必须以改革总揽全局，按照中央的总体部署，坚持整体推进与重点突破相结合，打好经济体制改革的攻坚战；进一步扩大对外开放，促进全市经济与国内外经济接轨和互补、

大力实施“科教兴市”战略

“科教兴市”战略是实现宜昌二次振兴的全局性战略。全市“九五”计划及2010年远景目标的实现，在很大程度上取决于科教兴市战略的全面实施。推进科教兴市战略的根本问题，就是要建立科技教育与经济紧密结合的机制，使全市经济发展切实转到领先科技进步和提高劳动者素质的轨道上来。

发展社会事业，促进社会全面进步

经济发展是社会发展的基础，社会发展是经济发展的保证。“九五”时期，要大力发展卫生、体育、文化、广播电视、新闻出版事业。

五、政府工作报告

1996年2月27日，市一届人大五次会议第一次全体会议听取和审议市长郭远章所作的《宜昌市人民政府工作报告》：

“八五”工作回顾

1995年完成国内生产总值205.4亿元（当年价），比“七五”末净增1.22倍，年均递增17.26%。工农业总产值240.6亿元，比“七五”末增长1倍。财政收入12.7亿元，比“七五”末增长1.21倍。农民人均纯收入由1990年的591元增加到1452元。人口自然增长率保持在5‰左右。各项经济社会指标全

面超额完成了“八五”计划。同时，我们还在许多方面取得了历史性突破：建立了适应大开放、大发展的领导体制；国民经济开始走上持续、快速、健康发展的轨道；改革开放出现了可喜的新局面；基础设施得到改善，城市化进程步伐加快；服务三峡工程成绩显著；各项社会事业全面进步；法治建设和廉政建设得到加强。

“九五”计划和2010年规划

奋斗目标。到2000年，全市的经济发展速度、经济效益、投入水平达到“三个高于”，即高于“八五”时期，高于全省平均水平，高于沿江中等城市的平均发展水平；国内生产总值提前实现翻三番，达到500亿元；财政收入达到25亿元；人民生活达到小康水平；初步建立社会主义市场经济体制，形成较强的经济实力和相应社会发展水平的大城市。到2010年，全市国内生产总值和人均国内生产总值在2000年的基础上再翻一番，经济实力跃居湖北省同类城市前列，人民生活由小康向富裕迈进，形成比较完善的社会主义市场体制，基本实现社会主义现代化。

政策措施：一是突出经济发展的产业重点。二是进一步深化改革，扩大开放。三是加速科技进步，优先发展教育。四是全面推进社会进步。五是集中力量打好扶贫攻坚战。六是把社会主义精神文明建设提高到突出的地位。七是积极推进社会主义民主和法治建设。

1996年工作安排

经济目标。国内生产总值256亿元（当年价），比1995年增长18.9%；工农业总产值293亿元（不变价），增长21.8%。其中工业总产值248亿元，增长24.9%，农业总产值45亿元，增长6.88%；乡镇企业产值300亿元，增长60%以上；全市固定资产投资73亿元，增长31.7%；社会消费品零售总额95亿元，增长26.3%；外贸出口7000万美元，增长31.4%；财政收入14.5亿元，增长14%；农民人均纯收入增加250元以上。

九项工作：以增产增收为目标，发展农村经济；深化改革，调整结构，促进工业经济快速健康发展；进一步搞好财税金融工作，为经济建设提供更多的资金支持；进一步扩大对外开放，促进外向型经济快速发展；以发展旅游为突破口，加快第三产业发展；以移民工作为重点，支援和服务三峡工程；坚持建设与管理并重，加快大城市建设步伐；把科技、教育放到优先发展位置，推动各项社会事业进步；加强民主与法治建设，转变政府职能，改进工作作风。

六、计划报告

1996年2月27日，市一届人大五次会议第一次全体会议听取和审议市计划委员会主任周围所作的《宜昌市1995年国民经济和社会发展计划执行情况与1996年计划草案的报告》：

1995年计划执行情况

初步预计，1995年全市国内生产总值达205.4亿元（当年价），按1990年不变价达到145.5亿元，完成年计划的121.25%，比上年增长30%。

农业。农业总产值完成42.1亿元，比上年增长6.5%；农民人均纯收入达1452元，比上年增加332元。

工业。工业总产值达198.49亿元，超额完成年计划的3.4%，比1994年增长24.85%，其中乡及乡以上的工业总产值完成155.54亿元，比上年增长18.48%，产销率为96.34%，比上年同期提高1.1个百分点。

固定资产投资。全社会固定资产投资完成132.22亿元，比上年增长38.62%，其中地方全社会固定资产投资完成55.43亿元，增长36.05%。一批骨干工程和重点项目建成或基本建成投产，相继发挥效益。

财贸。社会消费品零售总额完成75亿元的计划，达到75.2亿元，比上年增长33.1%。外贸出口交易额完成5326万美元，超额完成年计划的2.4%，比上年增长17.7%。物价涨幅逐月回落，由年初的28%回落到十二月份的9%，居民消费价格涨幅由30%回落到16.1%。全年物价总指数为18.9%，低于全市经济发展速度11个百分点。财政收入达到12.71亿元，比上年增长24.81%；财政支出11.96亿元，比上年增长11.13%；财政收大于支7387万元。金融机构年末各项存款余额139.62亿元，比上年增加33.32亿元；各项贷款余额170.23亿元，比年初增加41.76亿元。

社会事业。"八五"期末工农业生产增长中科技因素达到40%。各类教育事业获得新进展。全市人口自然增长率在5‰以下。

1996年计划安排方案

主要指标：1996年全市国内生产总值173亿元（系1990年不变价，按当年价为256亿元），比1995年增长18.9%。其中第一产业增加值为30亿元，第二产业增加值为108亿元，第三产业增加值为37亿元，分别增长5.3%、24.9%和21.3%。工农业总产值293亿元，增长21.78%。其中农业总产值45亿元，工业总产值计划248亿元，分别增长6.88%和24.94%。乡镇企业总产值300亿元，增长62.53%。全市地方固定资产投资73亿元，增长31.7%。财政收入14.5亿元，增长14.08%。外贸出口总额7000万美元，增长31.4%。实际利用外资1.2亿美元，增长33.3%。社会消费品零售总额95亿元，增长26.33%。零售物价涨幅力争控制在12%。全市人口自然增长率控制在省要求的范围内。农民人均纯收入1710元，比1995年增加250元以上。

主要措施：强化农业基础地位，大力发展农业和农村经济，增加农民收入；着力转换经济增长方式，加大调整、提高的力度，促进工业经济持续快速增长；进一步调整投资结构，抓好重大项目建设；进一步扩大对外开放，加快发展外向型经济；支援和服务三峡工程建设，在服务中加快自身发展步伐；加快实施"科教兴市"战略，促进社会事业全面进步。

七、财政预决算报告

1996年2月27日，市一届人大五次会议第一次全体会议听取和审议市财政局局长胡庆洋所作的《宜昌市1995年财政预算执行情况和1996年财政预算草案的报告》：

1995年财政预算执行情况。

全市四项财政任务完成情况。一是财政收入，全市财政收入完成127067万元，为预算的107.6%，超收8955万元，比1994年增长24.8%。其中：市直财政收入完成40400万元，为预算的108.5%，比1994年增长24.2%；县市区财政收入完成86667万元，为预算的107.2%，比1994年增长25.1%。二是征集能源交通重点建设基金128万元，为预算的113.3%。三是征集国家预算调节基金200万元，为预算的107.5%。四是发行国库券3202万元，完成任务的100%。

全市财政预算执行情况，详见表3—12—8。

1995年全市财政预算执行情况汇总表

表3—12—8　　单位：万元

财政收入项目		完成收入	占预算%	财政支出项目		完成支出	占预算%
全市财政收入		127067	107.60	全市财政支出		119646	—
分级	市直财政收入	40400	108.50	地方财政支出		108274	—
	县区财政收入	86667	107.20	分级	市直支出	27282	—
分项	工商税收入	106101	106.50		县区支出	80992	—
	企业所得税	6173	82.00	分项	企业挖革改	6248	97.20
	亏损补贴退库	–5316	102.70		科技三项费	507	173.60
	农业、特产税				农业支出	7999	102.50
	契税	9754	95.90		工交商事业费	1644	108.40
	耕地占用税				文科卫事业费	42891	103.10
	排污费收入	1182	133.30		其他部门事业费	6096	139.10
	教育费附加	2141	123.00		行政管理费	22711	110.90
	其他收入	6222	231.40		公检法支出	6329	113.50
	土地有偿使用	810	125.60		抚恤救济费	2219	129.30
					城市维护费	5488	113.00
					环境保护补助	1160	125.40
					价格补贴	415	286.20
					其他支出	4567	129.90

全市财政收支平衡情况：收入来源总计133651万元，总支出147491万元，收支相抵累计滚存赤字13840万元，将上年末滚存赤字16055万元消化了2215万元，实现了当年全市财政收支平衡。

1995年市直财政收支预算完成情况。财政收入完成40400万元，为预算的108.5%，比1994年增长24.2%。财政支出30791万元，减去中央、省拨专款3689万元后，地方财政支出27282万元，为预算的100.9%，比1994年增长14.2%。市直本级预算收支相抵，实现了当年财政收支平衡。

1996年财政预算（草案）

全市财政收支预算安排。财政收入14.5亿元，比1995年增加1.8亿元，增长14%，力争15亿元。财政支出12亿元，增长11%。收支相抵当年实现平衡。需要说明的是，以上全市总预算为初步计算结果，待各县市区人大会议召开后，再向市人大常委会报告全市正式总预算。

市直财政收支预算安排，详见表3—12—9。

1996年市直财政收支预算安排汇总表

表3—12—9　　　　　　　　　　　　　　　　　　　　　　　　　　单位：万元

<table>
<tr><th colspan="2">财政收入项目</th><th>收入安排</th><th>比上年增长%</th><th colspan="2">财政支出项目</th><th>支出安排</th><th>比上年增长%</th></tr>
<tr><td colspan="2">市直财政收入</td><td>45177</td><td>14.80</td><td colspan="2">市直地方财政支出</td><td>28194</td><td>3.30</td></tr>
<tr><td rowspan="2">分级</td><td>上划中央收入</td><td>19260</td><td>10.90</td><td rowspan="12">分项</td><td>科技三项费支出</td><td>270</td><td>8.00</td></tr>
<tr><td>地方财政收入</td><td>25917</td><td>12.50</td><td>工交商事业费</td><td>1380</td><td>4.20</td></tr>
<tr><td rowspan="10">分项</td><td>工商税收入</td><td>34019</td><td>14.90</td><td>农业支出</td><td>1060</td><td>8.10</td></tr>
<tr><td>企业所得税</td><td>2895</td><td>14.00</td><td>城市维护费</td><td>3300</td><td>14.50</td></tr>
<tr><td>亏损补贴退库</td><td>−3929</td><td>0.20</td><td>文科卫事业费</td><td>8920</td><td>7.00</td></tr>
<tr><td>农业税、特产税</td><td rowspan="2">86</td><td rowspan="2">53.00</td><td>其他部门事业费</td><td>2147</td><td>−13.80</td></tr>
<tr><td>耕地占用税、契税</td><td>行政管理费</td><td>5703</td><td>持平</td></tr>
<tr><td>排污费收入</td><td>700</td><td>−5.70</td><td>公检法支出</td><td>2252</td><td>2.00</td></tr>
<tr><td>教育费附加收入</td><td>1006</td><td>23.40</td><td>抚恤救济经费</td><td>838</td><td>3.00</td></tr>
<tr><td>国有土地有偿使用收入</td><td>200</td><td>100.00</td><td>环保补助</td><td>700</td><td>−5.70</td></tr>
<tr><td>其他收入</td><td>1200</td><td>−51.70</td><td>其他支出</td><td>1424</td><td>−8.10</td></tr>
<tr><td>未列举事项</td><td>9000</td><td>—</td><td>总预备费</td><td>200</td><td>—</td></tr>
</table>

说明：市直本级预算收支相抵，略有节余。

八、常委会工作报告

1996年3月1日，市一届人大五次会议第二次全体会议听取和审议市人大常委会主任赵复武所作的《宜昌市人大常委会工作报告》：

1995年工作回顾

法律监督。一是常委会先后听取和审议市人民政府关于科技进步法、统计法法律贯彻实施情况的报告。还组织检查组对妇女权益保障法、归侨侨眷权益保护法的贯彻实施情况进行了检查。二是有关专委听取和审议政府部门关于劳动法等3个法律法规执行情况的汇报。配合上级人大及有关专委，先后对科技进步法、湖北省技术市场管理条例等4个法律法规贯彻实施情况以及“二五”普法情况进行了检查。三是结合代表视察，对教育法、农业法等5个法律法规的执法情况进行了检查。

工作监督。全年共举行常委会会议6次，在听取和审议专项工作报告的过程中提出审议意见79条，从收到的反馈材料来看，大部分得到办理落实。一是加大了对农业法、农业技术推广法等有关农业法规和政策实施情况的调查研究力度，提出具体审议意见，并在市人大常委会第十九次会议上做出《关于加强耕地保护的决议》。二是听取和审议《关于上半年财政预算执行情况的报告》《关于预算外资金管理情况的汇报》《关于对外经济贸易工作情况的报告》《关于人事制度改革的报告》和《关于市场管理工作情况的报告》，分别提出了具体意见和建议。三是听取和审议市人民政府关于搞活国有工业企业情况的报告，提出依靠改革，积极搞好、搞活全市国有经济的要求。四是听取和审议市人民政府关于代表提出的议案和建议办理情况、关于司法行政与“二五”普法、关于广播电视事业发展等工作情况的报告。

审查地方规范性文件，参与立法活动。一是对《宜昌市鼓励外商港澳台同胞投资实施办法》等一些提请审议或报送备案的规范性文件进行了审查。二是市人大常委会第十五次会议通过审议，做出关于批准《宜昌市科学技术发展规划》和《宜昌市“科教兴市”实施方案》的决定。三是常委会认真参与了长阳和五峰土家族自治县的3个单行条例草案的起草工作。四是组织有关人员先后对全国人大和省人大常委会交付的《固体废物污染环境防治法》《湖北省村级经济管理办法》等12项法律法规草案进行了讨论研究，及时将意见整理上报。

维护公民合法权益。全年共接待群众来访136人次，收到来信268件，接待处理代表来信来访67件次。常委会坚持认真转办、交办和督办，对其中的重大问题，派人具体调查和催办。

履行人事任免权。先后依法任免、决定任免和批准任命国家机关工作人员61人次。通过对被任命人员颁发任命书和听取工作汇报等方式，加强了对被任命干部的教育和监督。还选补省八届人大代表2名。

代表工作。密切与代表的联系，为代表参政议政服务。组织代表开展形式多样的视察和调查活动。认真办理代表提出的议案、建议、批评和意见，保障代表依法行使职权。总结交流代表工作经验，推动代表工作。

宣传工作。加强法制宣传，采取举行座谈会、举办培训班、发表广播电视讲话等多种途径，广泛宣传并督促有关部门认真做好法律实施前的各项准备工作。实施“二五”普法规划，推动以宪法为核心、专业法为重点内容的法律宣传教育工作。开展第三届宣传人大制度好新闻评选活动，推动了全市人大新闻宣传工作的深入开展。3月下旬，正式成立了宜昌市地方人大工作研究会，并在11月中旬召开1995年度暨首届理论研讨会。

对县乡人大工作联系与指导。一是认真贯彻落实市委召开全市人大工作会议精神。二是举办了由各县市区人大常委会办公室、人大专委会负责人和部分乡（镇）人大主席参加的第二期人大干部培训班。三是充分利用《情况反映》和《宜昌人大工作》等刊物加强对基层人大工作经常性指导。四是指导猇亭区依法选举产生第一届人民代表大会代表。五是继续坚持邀请县市区人大负责人轮流列席市人大常委会会议的制度。六是召开全市人大法制工作座谈会、教科文卫工作研讨会和办公室主任会议。七是接待上级人大和全国各地人大有关领导及工作人员到宜昌考察工作214批1984人次，以交流人大工作的经验。

自身建设。一是在思想建设上，坚持和完善了市人大中心学习小组及常委会机关的学习制度。二是在作风建设上，常委会和各专委先后开展30项调查和视察活动，提高了常委会的议事质量，为推动“一府两院”的工作起了积极作用。三是在组织建设上，一方面健全和完善了加强常委会与“一府两院”、专委与对口部门的工作联系制度，另一方面进一步明确了常委会办事机构和人大各专委的工作职责，充分发挥了各个机构的职能作用。

1996年工作部署

加强执法监督，促进法律实施；加强工作监督，提高监督质量；加强对乡（镇）换届选举工作的指导，进一步做好联系代表和基层人大的工作；加强对人民代表大会制度的研究和宣传；加强常委会自身建设，提高工作质量和效率。

九、法院工作报告

1996年3月1日，市一届人大五次会议第二次全体会议听取和审议市中级人民法院院长余庆富所作的《宜昌市中级人民法院工作报告》：

1995年工作回顾

全市法院受理各类案件27820件，审结26563件，结案率为95.48%。收结案分别比上年的23419件和22273件上升18.79%和19.26%。

受理各类一审刑事案件1995件2996人，收案分别比上年的2179件3401人下降8.44%和11.91%。审结1969件2950人，结案分别比上年2145件3343人下降8.21%和11.76%，结案率为98.70%。在判决发生法律效力的1239件1975人中，处以死刑（含死缓）47名，处以无期徒刑42人，处以五年以上有期徒刑791名，上列罪犯占生效总数的44.78%。受理各类经济犯罪案件324件473人，在判决发生法律效力的193件290人中，处以五年以上有期徒刑至死刑的123人，占判处总数的6.23%。受理一审经济纠纷案件2732件，比上年2088件上升30.84%，审结2612件，比上年2066件上升26.34%，结案率为95.61%，标的额3.28亿元，比上年2.54亿元上升29.33%。受理各类一审民事案件12144件，比上年10537件上升15.25%，审结11588件，比上年10035件上升15.48%，审结率95.42%。受理行政一审案件158件，比上年93件上升69.89%，审结153件，比上年89件上升71.91%，结案率96.84%，同时还办理行政机关申请人民法院强制执行的案件1349件，维护了正常的行政管理秩序。

受理各类申诉再审案件188件，审结187件，结案率为99.47%。执行工作收到明显成效。受理各类执行案件9863件，比上年7621件上升29.4%，已执行9343件，比上年7118件上升31.26%，执行率为94.37%，执行的标的额为10014.81万元，比上年5833.16万元上升71.69%。受理不服一审判决和各类二审案件740件，比上年716件上升3.35%，审结720件，比上年698件上升3.15%，结案率为97.30%。

召开宣判大会79场（次），集中宣判案件353件632人，旁听群众53万人。抓好坝区、库区各类案件的审判工作，积极为三峡工程建设服务。

1996年工作要点

全面加强审判工作，进一步强化“严打”斗争，抓好经济犯罪大要案的审判，大力调节各种经济关系和社会矛盾，积极参与社会治安综合治理，加快推进审判方式改革和法官管理体制改革，切实加强队伍建设，确保严肃执法，努力提高司法水平，加快自身的基本建设与发展，为全市的经济建设、改革开放和社会稳定以及三峡工程建设提供更好地司法保障和法律服务，保障促进“九五”计划的顺利实现。

十、检察院工作报告

1996年3月1日，市一届人大五次会议第二次全体会议听取和审议市人民检察院检察长雷森策所作的《宜昌市人民检察院工作报告》：

1995年工作回顾

受理各种类经济犯罪案件线索938件，比上年797件上升17.7%。初查645件，占68.8%。立案侦查206件244人。侦结204件241人（含上年积存25件），侦结率为88.3%。已侦结的案件中，移送审查起诉152件184人。通过查办案件，为国家和集体挽回直接经济损失954万余元，追缴偷税骗税款315余万元，比上年分别上升38.7%和13.5%。

受理公安机关和自侦部门提请批捕案件1371件2186 人，比上年1643 件2808人分别下降16.6%和22.2%。审结1371件2186人，审结率为100%。其中批准逮捕1241件1943 人，比上年1470件2446人分别下降15.6%和20.9%。同时受理公安机关和自侦部门移送审查起诉、免诉案件1694件2673人，比上年1906件3194人分别下降11%和16.3%。审结1689件2667人，审结率为99.7%。其中提起公诉1377件2141人，免予起诉116件190人，不诉1件2人，退查116件 187人，移送单位撤回21件37人，移送给他院58件110人，待结5件6人。

受理各类法纪案件线索351件，调查324件，占92.3%。立案侦查34件46人，其中，非法拘禁案6件8人；玩忽职守案11件15人；重大责任事故案8件9人；刑讯逼供2件4人；非法侵入他人住宅4件5人；侵犯通讯自由案1件1人；其他2件4人。已侦结34件46人（含上年结存2件），占94.4%。其中移送起诉19件23人，移送免诉14件20人，撤案1件3人，待结2件。

对1056名监外执行人犯进行了考察，对其中21名消失监外执行条件和9名违法保外就医人犯作了收监处理。对27名应投劳而未投劳的人犯提出纠正意见，督促有关部门做出投劳处理。发现和纠正其他违法行为94起。全市进行安全检察235次，发现隐患137起，消除隐患136起。办理在押人犯又犯罪案件16件18人。

接待不服一审、二审法院判决、裁定的来信来访及法律咨询150人次，受理已发生法律效力的民事行政案33件，办结25件，占75.8%。受理人民群众来信来访2619件，比上年2648件下降1.1%，已处理2504件，占95.6%。受理申诉案224件，处理222件，占99.1%。办结各类检验鉴定1162件。

1996年工作要点

坚持“严格执法，狠抓办案”的工作方针；进一步把反贪污贿赂工作引向深入；坚持“严打”，维护稳定；继续加强法纪检察和各项检察业务工作；进一步加强检察队伍建设；大力加强检察机关建设和侦查装备设施建设。

十一、议案审查报告

1996年3月2日，此次会议主席团第四次会议审议通过议案审查委员会主任委员周云焕所作的《宜昌市一届人大五次会议代表提出的议案处理意见的报告》：

此次会议共收到代表提交的建议、批评和意见72件，代表10人以上联名提出的议案29件。会议决定将《关于要求市人民政府制定适当扶持少数民族地区经济和社会发展政策的议案》和《关于尽快统一编制街、巷名称和门牌号码的议案》，交由市人大民族外事侨务委员会和法制委员会分别办理；其余27件议案拟作建议、批评和意见处理，连同72件建议、批评和意见，共计99件，由市人大常委会办公室和市人民政府办公室分别交有关机关和组织研究办理，并负责在有效法律期限内答复代表。

十二、会议选举

1996年3月1日，此次会议第二次全体会议通过《关于接受李国普辞去兼任的市人大常委会秘书长职务、范钟明辞去市人大常委会委员职务请求的决定》。通过《宜昌市一届人大五次会议选举办法》。3月3日，此次会议第三次全体会议补选宜昌市一届人大常委会副主任：柏世友，秘书长：王少愚，委员（按姓名笔画排序）：朱吉荣、张天文、周登品。

十三、会议决议

1996年3月3日，市一届人大五次会议第三次全体会议审议通过7个决议。

《关于宜昌市人民政府工作报告的决议》

决议批准市长郭远章所作的《宜昌市人民政府工作报告》。

决议强调，全市各级人民政府要始终不渝地坚持两手抓、两手都要硬。加强社会主义法治建设，依法治市。加强廉政勤政建设，加大反腐力度，狠刹群众反映强烈的不正之风。

《关于宜昌市国民经济和社会发展“九五”计划及2010年远景目标纲要和关于〈纲要〉报告的决议》

决议批准《宜昌市国民经济和社会发展“九五”计划及2010年远景目标纲要》，批准副市长李宗柏所作的《关于宜昌市国民经济和社会发展“九五”计划及2010年远景目标纲要的报告》。

决议认为，市人民政府提出的《宜昌市国民经济和社会发展“九五”计划及2010年远景目标纲要》，是宜昌市实现社会主义现代化建设第二步、第三步战略目标的行动纲领，全市人民都必须坚决地认真地贯彻实施。会议责成市人民政府在第九个五年计划执行中，根据《纲要》逐年编制年度计划，提交市人民代表大会审查批准。

《关于宜昌市1995年国民经济和社会发展计划执行情况与1996年计划的决议》

决议批准市计划委员会主任周围所作的《关于宜昌市1995年国民经济和社会发展计划执行情况与1996年计划草案报告》，批准市人民政府提出的宜昌市1996年国民经济和社会发展计划。

《关于宜昌市1995年财政预算执行情况和1996年财政预算的决定》

宜昌市一届人大五次会议经过审议并根据市人大财政经济委员会审查报告，决定批准市人民政府提出的宜昌市1996年预算，批准市财政局局长胡庆洋所作的《关于宜昌市1995年财政预算执行情况和1996年财政预算草案的报告》。

《关于宜昌市人民代表大会常务委员会工作报告的决议》

决议批准市人大常委会主任赵复武所作的《宜昌市人大常委会工作报告》。

决议要求，市人大常委会在新的一年工作中，要突出抓好乡镇换届选举工作指导，切实加强基层政权建设，进一步做好同人大代表和基层人大的联系工作。

《关于宜昌市中级人民法院工作报告的决议》

决议批准市中级人民法院院长余庆富所作的《宜昌市中级人民法院工作报告》。

《关于宜昌市人民检察院工作报告的决议》

决议批准市人民检察院检察长雷森策所作的《宜昌市人民检察院工作报告》。

第十三章　地市合并后宜昌市第二届人民代表大会历次会议

市第二届人民代表大会于1997年3月至2002年3月间共召开6次会议。详见表3—13—1。

市二届人民代表大会统计表

表3—13—1　　单位：人次、个、件

市二届人民代表大会	一次会议	二次会议	三次会议	四次会议	五次会议	六次会议	合　计
应出席会议代表	396	397	405	407	405	405	2415
实际出席会议代表	384	378	385	383	379	386	2295
听取和审议“一府两院”报告	6	—	6	6	6	6	30
办理议案	1	—	2	—	1	—	4
办理建议、意见、批评	227	—	132	157	174	176	866
通过决议	6	—	6	6	6	6	30
选举省人大代表	—	54	—	—	—	—	54
选举市人大常委会组成人员	33	—	5	—	4	4	46
设立市人大专门委员会机构	—	6	—	—	—	—	6
通过市人大专委会组成人员	—	41	—	—	3	—	44
选举市人民政府市长、副市长	8	—	—	—	1	—	9
选举法院院长、检察院检察长	2	—	—	—	—	—	2

第一节　第一次会议

1997年3月25日—31日，市二届人大一次会议在宜昌城区举行。应出席代表396人，实际出席代表384会，列席会议人员184人。此次会议议程是：听取和审议《宜昌市人民政府工作报告》；听取和审议《宜昌市1996年国民经济和社会发展计划执行情况与1997年计划草案的报告》；听取和审议《宜昌市1996年财政预算执行情况和1997年财政预算草案的报告》；听取和审议《宜昌市人大常委会工作报告》；听取和审议《宜昌市中级人民法院工作报告》；听取和审议《宜昌市人民检察院工作报告》；选举宜昌市二届人大常委会组成人员，选举宜昌市人民政府市长、副市长，选举宜昌市人民法院院长和宜昌市人民检察院检察长；审议通过《设立宜昌市二届人民代表大会各专门委员会的决议》，通过市人大各专门委员会组成人员人选；通过此次会议各项决议。

一、预备会议

1997年3月25日，市二届人大一次会议举行预备会议。会议通过此次会议议程、大会主席团和秘书长名单、议案审查委员会名单、计划预算审查委员会名单。

二、会议机构及成员名单

市二届人大一次会议主席团和秘书长。主席团成员（按姓名笔画排序）：王少愚、王风满、王肇华、文万照(土家族)、文成国(土家族)、田震亚、冯淑珍（女）、艾苍松、刘利人、孙志刚、朱黎阳、江秀芳（女）、邬永坤、陈振华、李泉、李亚隆、李达智、李早湘、李家余、李德炳、吴雁雁（女）、张子仪、张为民、张业玉、张兴本、张永政、肖道根、汪元良、应代明、别必雄、周水舟、郑超、郑广玉、易行运、胡兆满、胡学斌、赵君礼、赵复武、柏世友、段贤斌、黄利鸣、符利民、韩德锋；秘书长：柏世友。

市二届人大一次会议常务主席（按姓名笔画排序）：田震亚、江秀芳(女)、孙志刚、李达智、李泉、李家余、应代明、周水舟、郑广玉、赵复武、柏世友。

市二届人大一次会议议案审查委员会组成人员名单。主任委员：李家余；副主任委员：龚福达；委员（按姓名笔画排序）：冯淑珍（女）、刘书金、李善林、别必雄、张兴本、梅云年。

市二届人大一次会议计划预算审查委员会组成人员名单：主任委员：柏世友；副主任委员：梅峰；委员（按姓名笔画排序）：王敏、王光元、车国荣、邓立新（土家族）、刘明国、周登品、褚发清。

市二届人大一次会议副秘书长（按姓名笔画排序）：王少愚、王学龙、熊从艮、戴保定。

三、政府工作报告

1997年3月25日，市二届人大一次会议第一次全体会议听取和审议代理市长孙志刚所作的《宜昌市人民政府工作报告》：

过去五年工作回顾

1996年国内生产总值180亿元，五年年均增长20%（1990年不变价，下同）。农业总产值年均增长61%，乡镇企业五年增长133倍，乡镇工业产值达154亿元。工业总产值达260亿，五年年均增长21.5%。工业产销率达95.65%，工业利税实现18.68亿元，比上年增长17.8%。财政收入保持了年均增长20%的发展速度，1996年达到15.38亿元，市财政消化了历年赤字。商品零售额达到88.68亿元，年均增长29%。物价涨幅逐年回落，1996年物价涨幅为7.7%，是五年来涨幅最低的一年。五年来社会固定资产投资476.75亿元，其中地方固定资产投资205亿元，技改42亿元。1996年三峡机场通航、宜黄高速全线贯通。全部乡镇和90%的行政村通了公路。市话交换机容量达23.1万门。1995年，经国务院批准设立了猇亭区，拓宽了城区面积。

以农村家庭承包责任制为基础的双层经营体制进一步巩固，农村产业化建设进程不断加快。以国企为重点的城市经济体制改革正处于攻坚阶段，转换经营机制、劳动用工、收入分配、社会保险等制度改革全面开展。现代企业制度试点和股份制企业正按规范化要求稳步推进。五年间，全市组建股份有限公司36家，其中2家成为上市公司；设立有限责任公司545家。1995年国务院批准宜昌为沿江开放城市。宜昌、秭归、兴山三县列入国家三峡经济开放区，宜昌已成为长江经济带开放开发的一个重要支点。五年间，全市兴办了3个省级开发区、3个省管开发区、8个市级开发区和开发园区。1996年宜昌海关正式开关。全市已兴办“三资”企业467家，累计利用外资2.9亿美元，外贸出口总额年均增长56.5%.

五年来，完成了坝区红线内征地、移民任务，共征地2.57万亩，搬迁安置移民13023人。库区移民全面开展，已搬迁11886人，安置8408人。秭归、兴山新县城及茅坪、太平溪等集镇的迁建，受淹企业的搬迁改造如期进行。对口支援落实项目539个，到位资金7.85亿元，100多个支援移民和库区经济发展项目列入国务院各部委和省配套发展规划，部分项目已开工建设。

1996年，城区人均生活费收入达到7484元，年均实际增长23.1%；全市农民纯收入达到1796元，年均实际增长22.1%；城乡居民储蓄存款余额达100亿元，年均增长31.5%。五年来，解决了36万人脱贫。

宜昌市已评为省级文明城市、全国卫生城市、全国双拥模范城市。科技投入3.44亿元，有近50项科研成果获国家、省科技进步奖和星火奖；1995年，宜昌市被评为全国“科技兴市先进城市”。全市已有7个县市区基本普及了九年义务教育，顺利完成了三峡学院的组建工作。文化艺术、社科、新闻出版、广播电视有较大发展。医卫、体育、计生有发展有提高。人民武装、防空成绩显著。环保、土地管理、统计、审计、档案、地方志、老龄、民族宗教、残疾人事业、侨务和对台、民政、信访工作都取得了新的成绩。

各级人民政府定期向人大常委会报告工作，向政协通报情况，重大决策事项向人大、政协报告和征求意见。五年来，共办理市人大代表建议、议案831件，政协委员提案619件，采取多种形式，完成了“二五”普法任务。依法打击各种经济、刑事犯罪，保持了社会稳定。全市各级政府认真执行反腐倡廉和纠风的各项规定，及时查处各种违法违纪案件，清理公款出国旅游、超标购车、建房，坚持了勤政廉政。

以后五年工作建议

指导思想。坚持“服务大三峡，建设大城市，促进大发展”的战略思路，加大改革，扩大开放，优化经济结构，实施“科技兴市”战略，促进国民经济持续、快速、健康发展和社会事业全面进步，在20世纪进入大城市行列。

主要任务。经济总量持续增长，综合实力显著增强；提前实现整体脱贫，人民生活达到小康水平；农业基础较为稳固，抵御自然灾害能力增强；转变经济增长方式取得成效，工业整体素质和效益不断提高；旅游开发成效显著，第三产业比重上升；深化改革，加快外向型经济发展；步入大城市行列，集聚辐射能力不断增强；科技教育加强，社会事业全面进步；依法治市取得进展，社会治安实现明显好转。

主要工作。必须以经济建设为中心，正确处理改革、发展与稳定的关系；必须大力推进两个根本转变，切实提高经济运行的质量和效益；必须全力支援服务三峡工程建设，在支援服务中发展壮大自己；必须正确处理经济建设与人口、资源、环境的关系，实现可持续发展战略；必须始终不渝地坚持两手抓好，两手都要硬。

1997年工作要点

主要指标。国内生产总值220亿元（按1990年不变价，下同），比1996年增长22.2%；工农业总产值368亿元，增长20.7%；其中农业总产值47亿元，增长6.6%；工业总产值320亿元，增长23.1%、其中乡及乡以上工业产值210亿元，增长18.3%；财政收入18亿元，增长17%；农民人均纯收入增加300元以上；外贸出口1亿美元，增长40.8%；物价涨幅控制在省下达的指标以内；人口自然增长率控制在7‰以内。

工作措施。强化农业基础，加速农业产业化进程；加大改革和调整的力度，搞活国有企业；做好财税金融工作，为经济建设提供资金支持；以旅游、商贸为重点，大力发展第三产业；进一步扩大对外开放，以开放促发展；加快基础设施建设，强化城市建设和管理；全力支援服务三峡工程，为确保大江截流创造条件；实施“科技兴市”战略，推进科教与经济结合；加强精神文明建设，推进社会事业全面进步；加强民主法治建设，切实转变政府职能。

四、计划报告

1997年3月25日，市二届人大一次会议第一次全体会议听取和审议市计划委员会主任周国所作的《宜昌市1996年国民经济和社会发展计划执行情况与1997年计划草案的报告》:

1996年计划执行情况

1996年，实现国内生产总值275亿元（按不变价为180亿元），按可比价格计算，比上年增长24.2%，增长幅度超额完成计划4个百分点。

农业总产值完成44.1亿元，比上年增加2亿元，增长4.8%；农民人均纯收入1796元，增加344元，超额完成1710元的计划目标。粮食总产量达到166.8万吨，与历史最高水平持平；棉花减产0.46万吨，总产为2.97万吨；油料总产15.6万吨，比上年下降10.43%。乡镇企业总产值325亿元，比上年增长81.8%。

工业增加值完成103.34亿元，比上年增长34.7%；工业总产值完成260亿元，比上年增长43.%。其中乡及乡以上工业总产值完成177.45亿元，比上年增长19.2%。工业企业亏损面、亏损额均在下降。

全社会固定资产投资156.12亿元，比上年增长16.7%，其中：地方固定资产投资69.45亿元，比上年增长23.5%。在固定资产投资总额中，基本建设投资103.06万元，比上年增长15.8%，更新改造投资13.71万元，比上年增长22.6%；房地产投资9亿元，比上年下降28.1%。1996年新开工项目676个，限额以上技改项目24个，建成投产项目684个。全年新增固定资产71.74亿元，比上年增长34.2%。

社会消费品零售总额完成88.68亿元，比上年增长17.9%，扣除物价因素后实际增长9.5%。物价得到有效控制，全年为7.7%，比上年回落11.2个百分点。

外贸出口总额7142万美元，比上年增长32.4%，其中出口总额7140万美元，增长34.1%。利用外资实际总额达到1.22亿美元，比上年增长22%。

财政收入增加2.68亿元，达到15.38亿元，比上年增长21.1%；财政支出14.39亿元，比上年增长20.9%，基本实现了当年财政收支平衡。年末金融机构各项存款余额达181.98亿元，比年初增加41.1亿元，上升29.1%，各项贷款余额203.18亿元，比年初增加30.9亿元，上升18%。

计划生育率为98.84%，人口自然增长率为1.22‰。适龄儿童入学率达99.8%，适龄少年入学率在

94%，普通中专招生人数5039人，高等教育招生人数达到2098人。劳动就业工作进一步加强，年末城镇失业率为1.84%。全年接待境外游客达到6.03万人次，创汇1611万美元。

1997年计划安排方案

1997年，全市国内生产总值220亿元（系不变价格，当年价格为340亿元），比1996年增长22.2%，其中农业总产值47亿元，增长6.6%；工业总产值320亿元，增长23.1%。乡镇企业总产值450亿元，比上年增长38.5%。固定资产投资90亿元，比上年增长30.4%。外贸出口总额1亿美元，比上年增长40.1%；实际利用外资1亿美元以上。社会消费品零售总额108亿元，增长21.8%。财政收入18亿元，比上年增长17.0%。零售物价涨幅控制在省下达的指标之内。农民人平纯收入增加300元，达到2100元。人口自然增长率控制在7‰以内。

农业总产值47亿，增长6.6%；乡镇企业总产值450亿元，增长38.5%，其中乡镇工业产值225亿元，增长45.2%；农民人均纯收入2100元，增加300元以上。

工业总产值320亿元，增长23.1%。其中乡及乡以上工业总产值210亿元，增长18.3%。

地方固定资产投资90亿元，增长29.6%。按投资性质分，基本建设投资37亿元，技术改造投资20亿元，房地产开发10亿元，其他投资23亿元。

社会消费品零售总额108亿元，增长21.5%；零售物价涨幅控制在省下达指标以内。

全市外贸出口总额1亿美元，增长40.1%；协议利用外资2亿美元，增长20%；实际利用外资达到1亿美元以上。

地方高等院校（三峡学院）招生1575人，普通中专招生5800人，技工学校招生2500人。人口自然增长率控制在7‰以内。全市职工工资总额计划36.5亿元，增长18%；全市职工平均工资达到6200元，增长12%。城镇登记失业率控制在3%以内。"农转非"2.8万人。城镇职工养老保险人数达到26.5万人，增长4%。全市接待国内旅游人数350万人次，接待境外旅游10万人次。

工作措施：优化经济结构，推进两个根本转变；大力开拓市场，培植新的增长点，促进经济快速增长；加大改革力度，努力搞好国有企业，提高工业经济的整体素质；进一步强化农业基础地位，全面发展农村经济；进一步优化投资结构，加强重点建设；进一步扩大对外开放，加快发展外向型经济；认真抓好大城市建设，积极推进城市化进程；巩固抑制通货膨胀成果，努力实现物价调控目标；以移民工作为重点，支援服务三峡工程；大力发展科技、教育和各项社会事业，促进经济和社会协调发展。

五、财政预决算报告

1997年3月25日，市二届人大一次会议第一次全体会议听取和审议市财政局局长胡庆洋所作的《宜昌市1996年财政预算执行情况和1997年财政预算草案的报告》：

1996年财政预算执行情况

全市财政收支预算执行情况，详见表3—13—2。

1996年全市财政收支预算执行情况汇总表

表3—13—2　　　　单位：亿元

财政收入项目		完成收入	占预算%	财政支出项目		完成支出	占预算%
全市财政收入		15.38	105.90	全市财政支出		14.47	114.50
分级	市直财政收入	4.66	103.10	地方财政支出		13.18	—
	县区财政收入	10.73	107.20	分级	市直支出	3.33	—
分项	工商税收入	12.65	103.20		县区支出	9.85	—
	企业所得税	0.63	—	分项	企业挖革改	0.59	97.70
	亏损补贴退库	-0.53	102.00		科技三项费	0.08	109.40
	农业、特产税	1.30	116.60		农业支出	1.05	118.80
	契税				工交商事业费	0.17	100.70
	耕地占用税				文科卫事业费	4.93	107.00
	排污费收入	0.12	97.70		其他部门事业费	0.49	106.10
	教育费附加	0.23			行政管理费	2.70	115.10
	其他收入	0.89	188.10		公检法支出	0.89	144.60
	土地有偿使用	0.09	77.60		抚恤救济费	0.26	110.70
					未列事项	2.02	—

全市财政收支平衡情况：收入来源总计16.54亿元，总支出运用17.01亿元，收支相抵累计滚存赤字4686万元，将上年末期滚存赤字1.38亿元消化了9154万元，实现了当年全市财政收支平衡。

市直财政收支预算执行情况，详见表3—13—3。

1996年市直财政收支预算执行情况汇总表

表3—13—3　　　　单位：亿元

财政收入项目		完成收入	占预算%	财政支出项目		完成支出	占预算%
市直财政收入		4.65	103.10	地方财政支出		3.66	118.10
分项	工商税收入	4.40	102.40	分项	省专款支出	0.33	—
	企业所得税	0.21	71.40		科技三项费	0.03	100.00
	亏损补贴退库	-0.39	—		农业支出	0.20	192.20
	农业税、特产税	0.02	283.70		工交商事业费	0.14	99.50
	契税	—	—		文科卫事业费	0.92	103.40
	耕地占用税	—	—		其他部门事业费	0.16	72.70
	排污费收入	0.07	100.00		行政管理费	0.70	122.70
	教育费附加	0.09	86.70		公检法支出	0.35	155.20
	其他收入	0.23	195.10		抚恤救济费	0.11	124.50
	土地有偿使用	0.02	100.00		城市维护费	0.33	100.00
					环境保护补助	0.07	100.00
					其他支出	0.32	—

市直预算收支相抵，不仅实现当年财政收支平衡，而且将历年财政赤字全部消化。

1997年财政预算（草案）

全市财政收支预算安排。财政收入18亿元，比1996年增长17%；地方财政支出14.3亿元，增长10%。实现当年收支平衡。需要说明的是，以上全市总预算为初步计算结果，待正式编制完成后，再向市人大常委会报告。

市直本级财政收支预算安排，详见表3—13—4。

1997年市直本级财政收支预算安排汇总表

表3—13—4 单位：亿元

财政收入项目		收入安排	比上年增长%	财政支出项目		支出安排	比上年增长%
市直财政收入		5.38	15.50	市直地方财政支出		4.02	20.80
分项	上划中央收入	2.14	11.90	分项	科技三项费支出	0.03	22.2
	地方财政收入	3.24	18. 1		农业事业费支出	0.32	66.60
	工商税收入	5.08	15.40		工交商事业费支出	0.16	32.70
	企业所得税	0.22	6.50		城市维护费支出	0.38	15.20
	亏损补贴退库	–0.39	1.50		文科卫事业费	1.1	28.8
	排污费收入	0.08	7.10		其他部门事业费	0.29	83.9
	“农业三科”及契税	0.01	–54.90		行政管理费	0.58	–9.1
	教育费附加收入	0.12	33.00		公检法支出	0.38	13.3
	土地有偿使用收入	0.03	50.00		其他支出	0.66	—
	其他收入	0.23	2.50		总预备费	0.12	—

市直本级财政预算收支相抵，略有节余。

六、常委会工作报告

1997年3月27日，市二届人大一次会议第二次全体会议听取和审议市人大常委会主任赵复武所作的《宜昌市人大常委会工作报告》：

五年工作回顾

市人常委会先后听取和审议“一府两院”关于企业法、森林法等23个法律法规执行情况的报告，开展6次执法检查、9次视察。市人大各专委配合上级人大及有关部门开展经常性的执法检查，共涉及环境保护法、商检法等法律法规53件次。受理人大代表来信来访及代表反映的人民群众的申诉、检举和控告1632件次，来访653人次。尤其是对其中判决明显不公的案件进行核查，由相关部门纠正了11起审判不当的案件。

先后对《宜昌市城区市容和环境卫生管理实施细则》等政府提请审议或报送备案规范化文件进行了审查，及时提出了处理意见。参与了长阳和五峰两个少数民族自治县7个单行条例草案的起草工作，还完成了上级人大交付征求意见的53个法律法规草案修改工作。从1996年下半年开始，在宜昌县进行了执法责任制的试点工作，为全面实施依法治市摸索了经验。

市人大常委会听取和审议“一府两院”工作报告55个；主任会议听取了政府部门和“两院”11

个方面的工作情况汇报；各专门委员会听取对口联系部门有关工作汇报77次。听取和审议市计划委员会关于编制“九五”计划及2010年长远规划纲要草案的情况汇报，提出了修改意见，为人代会审议“九五”计划和2010年长远目标纲要奠定了基础。听取和审议有关情况的报告，批准了《宜昌市科学技术发展规划》《宜昌市科技兴市实施方案》和《市民守则》，做出《关于继续开展法制宣传教育的决议》。

根据“一府两院”的提请，市人大常委会依法任免、决定任免和批准任免国家机关工作人员397人次。对任命的国家机关工作人员，加强监督教育，重视提高公仆意识、法制观念，做到依法行政，勤政廉政，全心全意为人民服务。

做好代表工作。一是制定《宜昌市人大常委会同市人大代表的联系办法》和《宜昌市一届人民代表大会代表持证视察办法》。二是将全市490名市人大代表，按地域关系编为64个代表小组，按组开展活动。三是吸收代表参加有关活动和列席有关会议，听取代表反映各方面的情况和意见。四是通过印发文件、寄送报刊资料，为代表更好地知情知政和增强议政能力服务。四是组织人大代表参加视察、执法检查和专题调查等活动。五是认真办理代表提出的议案、建议、批评和意见，历次人代会还收到代表提出的建议、批评和意见763件，均按时办理完毕并及时答复了代表。闭会期间的93件代表建议也都认真加以办理。六是召开3次代表工作会或经验交流会议，以不断拓宽代表工作的新路。

联系指导县乡两级人大工作。一是把1992年省委召开的全省人大工作会议和1995年市委召开的全市人大工作会议，作为促进全市人大工作深入开展的新契机，狠抓了这两次会议精神的深入贯彻落实。二是先后于1994年5月和1995年4月，两次举办全市人大干部培训班，分期分批对县乡两级人大干部进行轮训。三是密切与县乡人大的工作联系。通过实行常委会领导分片联系基层人大工作制度，坚持邀请县市区人大负责人和轮流邀请乡镇人大负责人列席市人大常委会例会，加强上下联系，交流工作信息。四是认真总结交流经验。常委会几次召开县市区人大常委会负责人座谈会，各专、工委和办公室多次召开有关工作研讨会，沟通情况，交流经验，做好指导工作。1996年7月，常委会召开全市乡镇人大工作经验交流会，明确了职责和任务，增强了做好乡镇人大工作的信心和决心。

努力搞好自身建设。把思想建设放在首位；加强作风建设，切实搞好调查研究；建立健全各项规章制度；充分发挥人大专门委员会、工作委员会的作用；大力开展人大新闻宣传和理论研究工作；搞好机关后勤工作改革。

今后工作建议

坚持以经济建设为中心，把握“九五”发展思路，依法加强对经济工作的监督；坚持以法律监督为重点，强化执法检查，推进依法治市；坚持以人民利益为根本，密切与人民群众的联系，充分发挥代表的作用；坚持以自身建设为基础，发挥国家权力机关的作用，推动人大工作上新台阶。

七、法院工作报告

1997年3月27日，市二届人大一次会议第二次全体会议听取和审议市中级人民法院代理院长胡兆满所作的《宜昌市中级人民法院工作报告》：

五年工作回顾

近五年来，全市人民法院共受理各类案件128272件，审结126589件，审结率为98.69%，合格率、执行率每年都实现了90%以上的目标。

受理一审刑事案件10090件，审结10063件，结案率为99.73%。审结刑事上诉案件1027件，其中，改判201件、维持717件，其他处理109件。在发生法律效力判决中，共判处被告10893人，其中判处死刑、无期徒刑405名，五年以上徒刑3963名。五年以下有期徒刑4689名，其他处罚1762名，宣告无罪74名。

受理一审经济犯罪案件1602件，审结1601件。受理检察机关起诉的贪污案件360件，审结306件；受理贿赂案件176件，审结176件；受理挪用公款案件113件，审结113件。审结诈骗公共财物案件74件，偷税、抗税案件23件，投机倒把案件6件，制造假冒伪劣商品案件11件。对涉及三峡工程建设的经济犯罪，始终坚持严厉惩治，共审结这方面的经济犯罪21件，标的额达350万元。

受理一审经济纠纷案件9461件，审结9359件；受理一审民事案件51604件，审结51077件；受理一审行政案件631件，审结628件；处理人民群众来信29483件次，接待群众来访103871人次；受理申请执行案件44265件，执行结案43394件，执行率为98.5%；起步开展国家赔偿工作。

化解矛盾1283起，调处纠纷1765起件，说服息诉10933件。依法做好减刑、假释工作，办理减刑案件1256件，1256人，办理假释案件148件，148人。

1997年工作要点

继续坚持严打斗争，深入推进审判方式改革，依法调节经济关系和社会矛盾；坚持严肃执法，不断提高司法水平，积极参与社会综合治理；努力建设一支高素质的法官队伍，更好地为宜昌的改革、发展、稳定服务，为三峡工程大江截流，提供有力地司法保障和法律服务。

八、检察院工作报告

1997年3月27日，市二届人大一次会议第二次全体会议听取和审议市人民检察院李早湘同志所作的《宜昌市人民检察院工作报告》：

五年工作回顾

1992年到1996年底，受理贪污贿赂等经济犯罪案件线索4372件，经初查，决定立案侦查1069件1190人。其中贪污案400件467人，占37.04%；贿赂案263件281人，占24.6%；挪用公款案220件239人，占20.6%；偷、抗、骗税案79件89人，占7.4%；假冒商标案16件，占1.5%。为国家直接挽回经济损失4118.62万元，挽回税款1692.7万元。五年来，共查办发生在党政机关、行政执法机关、司法机关和经济管理部门的犯罪案件135人，查办县处级干部犯罪要案26人。

受理公安机关和自侦部门提请批捕案7740件12392人，审结7740件12392人，决定批准逮捕6663件10902人；受理公安机关和自侦部门移送审查起诉、免诉案8858件14758人，审结8858件14751人，经审查决定提起公诉7290件11870人，决定免予起诉643件1049人。

受理各类法纪案件线索1483件，初查1359件，立案侦查183件，已侦查终结183件。通过办案为国家和集体挽回经济损失110万元。办理法医鉴定、文字检验、痕迹检验、理化检验、司法会计鉴定、现场摄像、照相和勘验4853件次。

1997年工作要点

坚持以经济建设为中心；坚持“严格执法，狠抓办案”的工作方针；认真履行法律监督职责，继续突出抓好查办贪污、贿赂、徇私舞弊等职务犯罪大案要案和打击严重刑事犯罪活动、执法监督三项重点工作；全面开展各项检察业务；坚决执行修改后的刑事诉讼法，提高执法水平，为保障改革开放，促进经济发展，维护社会稳定做出积极贡献。

九、会议选举

此次会议审议市一届人大常委会提交的《接受郭远章辞去宜昌市人民政府市长职务的备案报告》《接受余庆富辞去宜昌市中级人民法院院长职务的备案报告》。

1997年3月27日，此次会议第二次全体会议通过《宜昌市二届人大一次会议选举办法》。3月31日，此次会议第三次全体会议和第四次全体会议选举产生市二届人大常委会组成人员。主任：赵复武；副主任：江秀芳、李家余、肖道根、张子仪、赵君礼、柏世友、符利民；秘书长：王少愚；委员：王光元、王祖谟、王肇华、车国荣、邓立新、甘泽清、田太富、冯淑珍、匡天文、朱吉荣、邬永坤、刘明国、李作志、李泽泉、李善林、杨诗亮、别必雄、张天文、张兴本、陈如意、周登品、梅峰、黄利鸣、龚福达。选举产生市人民政府市长：孙志刚；副市长（按姓名笔画排序）：王传豪、朱常渭、吴雁雁、张为民、张建一、郑广玉、贾庆生。选举产生市中级人民法院院长：胡兆满。选举产生市人民检察院检察长：李早湘。

1997年3月27日，此次会议第二次全体会议通过《宜昌市二届人大一次会议关于设立各专门委员会的决议》。3月31日，此次会议第五次全体会议通过各专门委员会组成人员。法制委员会主任委员：匡天文；副主任委员：张兴本；委员：冯淑珍（女）、刘书金、张进国、洪昌福、聂心菊（女）。财政经济委员会主任委员：梅峰；副主任委员：陈如意；委员：王敏、朱颖（女)、周宗龙、徐顺祥、韩靖忠、褚发清。教育科学文化卫生委员会主任委员：刘明国；副主任委员：黄利鸣；委员：王学龙、王春彩(女)、宁邦彦、李和奎、胡旭（女）。农村委员会主任委员：王光元；副主任委员：杨诗亮；委员：吴启雄、郑以进、胡发喜、谢永和。城乡建设环境资源保护委员会主任委员：车国荣；副主任委员：甘泽清；委员：王远璋、向松林、刘旭辉、刘宪明(女)、黄传林。民族宗教外事侨务委员会主任委员：李善林(土家族)；副主任委员：邓立新(土家族)；委员：马国芹(女、回族)、何家豪(归侨)、郑锦涛、雷元海(土家族)。

十、议案审查报告

1997年3 月28 日，此次会议主席团第三次会议审议通过议案审查委员会主任委员李家余所作的《宜昌市二届人大一次会议代表提出的议案处理意见的报告》：

此次会议共收到代表10人以上联名提出的议案40件，收到代表提出建议、批评和意见145件。审议意见：将《关于要求加快乡村公路建设的议案》作议案处理，交由财政经济委员会办理；其余39件议案，连同建议、批评和意见共184件，都作为建议、批评和意见处理。此次会议闭幕后，由市人大常委会办公室和市人民政府办公室分别交有关机关和组织研究办理，并负责答复代表。

十一、会议决议

1997年3月31日，市二届人大一次会议第五次全体会议通过7个决议。

《关于宜昌市人民政府工作报告的决议》

宜昌市二届人大一次会议审议孙志刚代理市长代表市人民政府所作的《政府工作报告》。

会议认为，1992年以来，全市各族人民团结奋斗，抢抓机遇，改革开放和现代化建设取得新的进展，全面完成了市一届人大一次会议提出的各项任务，为实现“九五”计划和2010年远景目标开了一个好头。报告对过去五年工作的总结符合实际，指出的问题实事求是，提出的今后五年宜昌市国民经济和社会发展的总的指导思想、奋斗目标、主要任务切实可行，报告对今年各项工作的部署任务明确，措施具体。会议决定批准这个报告。

会议认为，宜昌市一届人民政府在中共宜昌市委的领导下，紧紧抓住三峡工程建设和国务院批准宜昌为沿江开放城市的历史机遇，带领全市人民认真贯彻党的基本路线，坚持以经济建设为中心，解放思想，深化改革，扩大开放，服务三峡，加快发展，圆满完成了“八五”计划，提前实现了国民生产总值翻两番的目标，并在1996年实现了“九五”计划的开门红。

会议指出，今后五年，是实现“九五”计划并迈向21世纪的五年，是加快建设大城市，实现经济大发展的五年；也是充满机遇和挑战的五年。在这承前启后、继往开来的关键时期，全市各级人民政府要坚持以邓小平同志建设有中国特色社会主义理论为指导，坚定不移地贯彻实施党的基本路线和基本方针，大力弘扬“湖北精神”，坚持“服务大三峡、建设大城市、促进大发展”的战略思路，加大改革力度，全面扩大开放，优化经济结构，实施“科技兴市”战略，促进国民经济持续、快速、健康发展和社会事业全面进步，在20世纪内进入大城市行列，以更加繁荣、开放、文明的姿态进入21世纪。努力完成此次会议确定的各项任务，坚定不移地把邓小平同志开创的社会主义改革开放和现代化建设事业推向前进。

会议指出，要实现宜昌市今后五年的宏伟目标，必须坚持发展是硬道理，以经济建设为中心，正确处理改革、发展与稳定的关系；大力推进两个根本性转变，切实提高经济运行的质量和效益；全力支援服务三峡工程建设，在支援服务中发展壮大自己；正确处理建设与人口、资源、环境的关系，实现可持续发展战略；始终不渝地坚持两手抓，两手都要硬。

会议强调，各级人民政府要集中精力抓好今年的经济工作，认真贯彻落实中共十四届五中、六中全会和全国、全省经济工作会议精神，稳中求进，紧中求活，好中求快，大力推进改革开放，大力调整经济结构，认真抓好两个文明建设，促进宜昌经济更快更好地发展和社会全面进步，确保实现经济建设投入、经济发展速度、经济效益高于全省平均水平，农业增产、农民增收、企业增效、财政增长，企业亏损面、亏损额大幅下降的“三高四增两降”奋斗目标。因此，要继续强化农业基础、加速产业化进程；加大改革和调整的力度，搞活国有企业；做好财税金融工作，为经济建设提供更多的资金支持；以旅游商贸为重点，大力发展第三产业；进一步扩大对外开放，以开放促开发；加快基础设施建设，强化城市建设和管理；全力支援服务三峡工程，为确保大江截流创造条件；实施“科教兴市”战略，推进科教与经济结合；加强精神文明建设和民主法治建设，继续贯彻计划生育和环境保护这两项基本国策，大力发展教育、文化、卫生、体育等各项事业，全面提高市民素质和城乡文明程度。

会议要求，各级政府要进一步树立艰苦奋斗、团结高效、廉洁务实的作风，加强调查研究，反对官僚主义、形式主义和浮夸作风；要坚持依法行政、勤政廉政，切实转变政府职能，进一步改进机关作风，努力提高办事效率；要密切联系群众，坚持不懈为民把事办好，妥善解决人民群众普遍关心的问题，创造性地做好各项工作。

会议号召，全市各族人民要继承邓小平的遗志，高举邓小平建设有中国特色社会主义理论的伟大旗帜，在以江泽民同志为核心的党中央领导下，把握大局，再接再厉，同心同德，开拓前进，为开创改革开放和社会主义现代化建设新局面努力奋斗！

《关于宜昌市1996年国民经济和社会发展计划执行情况与1997年计划的决议》

宜昌市二届人大一次会议经过审查并根据宜昌市二届人大一次会议计划预算审查委员会的审查报告，决定批准市人民政府提出的1997年国民经济和社会发展计划，批准市计划委员会主任周围受市人民政府委托所作的《关于1996年国民经济和社会发展计划执行情况与1997年计划草案的报告》。

会议同意市人民代表大会计划预算审查委员会在审查报告中为完成1997年计划提出的各项建议。会议要求，全市各级人民政府要坚决贯彻和认真落实全国、全省和全市经济工作会议精神，把经济工作的着眼点切实放到推进两个根本性转变、提高经济增长的质量和效益上来，稳中求进，紧中求活，好中求快，促进宜昌经济持续、快速、健康发展和社会全面进步。在计划执行过程中，要狠抓落实。要坚定不移地把农业放在经济工作的首位，继续增加农业投入，大力改善农业生产条件，加速农业产业化进程，提高农业生产力水平。深化农村改革，切实减轻农民不合理负担，进一步保护和调动农民生产积极性。要加大国有企业改革力度，按照“三改一加强”“抓大放小”的思路，推进国有企业战略性调整和改组，从整体上搞活国有企业，要加大经济结构调整的力度，进一步优化投资结构，加强重点建设，培育新的经济增长点。要关心群众生活，做好扶贫帮困工作，认真实施“再就业工程”，使人民生活水平继续有所提高。要认真做好移民工作，积极为三峡工程大江截流创造条件。要进一步做好社会发展工作，促进经济和社会协调发展。各级领导干部一定要把握大局，再接再厉，同心同德，开拓前进，动员和依靠广大干部群众，为全面完成1997年国民经济和社会发展计划而努力。

《关于宜昌市1996年财政预算执行情况和1997年财政预算的决议》

宜昌市二届人大一次会议经过审议并根据宜昌市二届人大一次会议计划预算审查委员会的审查报告，决定批准市人民政府提出的宜昌市1997年本级预算，批准市财政局局长胡庆洋所作的《关于宜昌市1996年财政预算执行情况和1997年财政预算草案的报告》。

会议同意宜昌市二届人大一次会议计划预算审查委员会在审查报告中为1997年预算提出的各项建议。会议要求各级人民政府严格执行《中华人民共和国预算法》，维护预算的严肃性，强化预算约束。在预算执行中，要切实贯彻适度从紧的财政政策，深化财税体制改革，努力开源节流、增收节支，严格依法治税，强化收入征管，把该收的收入全部收上来。严格预算管理，控制支出过快增长，提高资金使用效益。要整顿财经纪律，加强预算外资金管理。预算收入超收部分仍应坚持主要用于解决历史遗留问题、增加对农业的投入、支援经济不发达地区和少数民族地区等。市县两级人大常委会要加强对同级预算收入超收部分使用的监督。各级领导干部一定要把握大局，再接再厉，同心同德，开拓前进，认真执行财税法律、法规，严格财经纪律，发扬艰苦奋斗、勤俭节约的优良传统，扎实工作，动员和依靠广大干部群众，更好地实现1997年全市的财政预算。

《关于宜昌市一届人大常委会工作报告的决议》

宜昌市二届人大一次会议审议赵复武主任代表市一届人大常委会所作的工作报告，决定批准这个报告。

会议认为，宜昌市一届人大常委会在任期的四年多中，坚持以邓小平建设有中国特色社会主义理论和党的基本路线为指导，深入贯彻中共十四大及中央各次全会精神和“依法治国”的方针，认真履行宪法和法律赋予的职权，为推进全市的改革开放和现代化建设，加强社会主义民主法治建设与社会主义精神文明建设，做出不懈的努力，取得了应有的成效。

会议指出，宜昌市二届人大常委会任期的五年，是我国建设有中国特色社会主义的伟大事业迈向新世纪的五年。特别是1997年，我国将恢复对香港行使主权，我党将召开第十五次全国代表大会。因此，做好今年和今后五年的各项工作，具有极其重要的意义。

会议要求，宜昌市二届人大常委会要高举邓小平建设有中国特色社会主义理论的伟大旗帜，坚持党的基本路线、基本方针，认真贯彻落实中共十四届五中全会、六中全会和中央经济工作会议精神，按照中共宜昌市委的部署，把保障全市的改革开放和现代化建设顺利进行作为首要职责，牢牢把握改革、发展和稳定的大局，促进全市两个文明建设协调、健康发展。要继续认真贯彻党中央关于“依法治国，建设社会主义法治国家”的方针，把加强社会主义民主与法治建设作为根本任务，积极推进依法治市。要深入开展“三五”普法教育，切实改进和加强监督工作，督促行政机关依法行政，审判、检察机关公正司法。要围绕全市工作重点和群众关心的热点、难点问题，开展工作监督，切实提高监督实效。要加强对各县市区人大工作和换届选举工作的指导，密切同人大代表和人民群众的联系。要努力做好代表工作，深入开展代表视察、调查和评议等活动，充分发挥人大代表的作用。要深入研究人大理论，大力宣传人民代表大会制度和社会主义法制。要抓好常委会和各专门委员会的自身建设，不断改进工作作风，提高办事效率和工作水平，出色完成人大所担负的各项工作任务，为实现“九五”计划和跨世纪的宏伟目标做出新的更大贡献。

《关于宜昌市中级人民法院工作报告的决议》

宜昌市二届人大一次会议批准胡兆满代理院长所作的《宜昌市中级人民法院工作报告》。

《关于宜昌市人民检察院工作报告的决议》

宜昌市二届人大一次会议批准李早湘同志所作的《宜昌市人民检察院工作报告》。

《关于设立宜昌市二届人民代表大会专门委员会的决议》

根据《中华人民共和国地方各级人民代表大会和地方各级人民政府组织法》第三十条的规定作如下决议：

宜昌市二届人民代表大会设立法制委员会、财政经济委员会、教育科学文化卫生委员会、农村委员会、城乡建设环境资源保护委员会、民族宗教外事侨务委员会。专门委员会受市人民代表大会领导；在大会闭幕期间，受市人民代表大会常务委员会领导。专门委员会的任期与本届人民代表大会的任期相同。专门委员会由主任委员、副主任委员和委员组成。专门委员会的主任委员、副主任委员和委员的人选，由市人民代表大会主席团在市二届人大代表中提名，大会通过。

第二节　第二次会议

1997年12月13日—15日，市二届人大二次会议在城区举行。应出席代表397人，实际出席代表378

人（未安排列席人员参加会议）。此次会议议程是：选举宜昌市出席湖北省第九届人大代表。

一、预备会议

1997年12月13日，宜昌市二届人大二次会议举行预备会议。会议通过此次会议议程、大会主席团和秘书长名单。

二、会议机构及成员名单

市二届人大二次会议主席团和秘书长。主席团成员 (按姓氏笔画排序)：王少愚、王金玉（女）、王厚军、王肇华、文万照(土家族)、文成国 (土家族)、艾苍松、田震亚、冯淑珍（女）、朱黎阳、邬永坤、刘木添、刘利人、江秀芳（女）、孙志刚、李泉、李亚隆、李早湘、李达智、李家余、李盈奕(土家族) 、李德炳、肖道根、吴开保、吴雁雁（女）、别必雄、应代明、汪元良、张子仪、张为民、张永政、张兴本、陈华远、陈振华、易行运、周水舟、周登品、郑超、郑广玉、柏世友、胡兆满、赵君礼、赵复武、段贤斌、高秉琁、黄利鸣、符利民、韩德锋、曾宪荣、谭徽在（土家族）；秘书长：柏世友。

市二届人大二次会议常务主席（按姓名笔画排序）：江秀芳（女）、李家余、肖道根、张子仪、赵复武、柏世友、符利民。

市二届人大二次会议副秘书长（按姓名笔画排序）：王少愚、王学龙、邱忠安、张成大、戴保定。

三、会议选举

1997年12月15日，此次会议第二次全体会议通过《宜昌市二届人大二次会议选举办法》。随后，选举产生宜昌市出席湖北省第九届人民代表大会代表 (54人，按姓氏笔画为序)：马宏彦、王正、王万修、王先斌（土家族）、王学惠（女）、王恒意、文志英、艾苍松、叶兆清、田震亚、宁本新（女，土家族）、刘利人、刘长建、刘志红、孙志刚、杨保平、苏达奇、李玉修、李亚隆、李华雄、李盈奕（土家族）、肖振斌、别必雄、应代明、汪定国、沈虹光（女）、张正军、陈行镐、陈秉林、罗清泉、金梅（女）、周水舟、周坚卫、周其斌、周登品、郑超、孟美蓉（女）、赵复武、姜萍（女）、秦宏灿、袁振华、高传江、黄传喜（土家族）、望蓉（女）、望开东（女）、蒋祝平、蒋再英（女）、韩永、韩靖忠、曾宪荣、蔡宏柱、廖达凤（女）、谭徽在（土家族）、戴维新（女，回族）。

第三节　第三次会议

1998年2月14日—19日，市二届人大三次会议在西陵剧场举行。应出席代表405名，实际出席代表385人，列席会议人员148人。此次会议议程是：听取和审议《宜昌市人民政府工作报告》；听取和审议《宜昌市1997年国民经济和社会发展计划执行情况与1998年计划（草案）的报告》；听取和审议《宜昌市1997年财政预算执行情况和1998年财政预算（草案）的报告》；听取和审议《宜昌市人大常委会工作报告》；听取和审议《宜昌市中级人民法院工作报告》；听取和审议《宜昌市人民检察院工作报告》；补选和增补宜昌市二届人大常委会委员；通过此次会议各项决议。

一、预备会议

1998年2月14日，宜昌市二届人大三次会议举行预备会议。会议通过此次会议议程、大会主席团和秘书长名单、议案审查委员会名单。

二、会议机构及成员名单

市二届人大三次会议主席团和秘书长。主席团成员(按姓名笔画排序)：王少愚、王金玉(女)、王厚军、王肇华、文万照(土家族)、文成国(土家族)、田震亚、冯万林、冯淑珍(女)、朱黎阳、邬永坤、刘木添、刘利人、江秀芳（女）、孙志刚、李泉、李亚隆、李早湘、李达智、李家余、李盈奕（土家族）、李德炳、肖道根、吴开保、吴启雄、吴雁雁（女）、应代明、汪元良、张子仪、张为民、张永政、张兴本、陈华远、陈振华、易行运、周水舟、郑超、郑广玉、柏世友、胡兆满、赵君礼、赵复武、段贤斌、高秉琁、黄利鸣、符利民、韩德锋、曾宪荣、谭春玉(女)、谭徽在（土家族）；秘书长：柏世友。

市二届人大三次会议主席团常务主席（按姓名笔画排序）：田震亚、江秀芳（女）、孙志刚、李泉、李家余、肖道根、应代明、张子仪、赵君礼、赵复武、柏世友、符利民。

市二届人大三次会议议案审查委员会组成人员名单。主任委员：赵君礼；副主任委员：龚福达；委员（按姓名笔画排序）：王光元、车国荣、冯淑珍（女）、匡天文、刘明国、李善林、张兴本、张鹏、梅峰。

市二届人大三次会议副秘书长（按姓名笔画排序）：王少愚、王学龙、邱忠安、张成大、熊从艮、戴保定。

三、政府工作报告

1998年2月14日，市二届人大三次会议第一次全体会议听取和审议市长孙志刚所作的《宜昌市人民政府工作报告》：

1997年工作回顾

1997年，全市完成国内生产总值340亿元，比1996年增长18.6%；工农业总产值达551亿元，增长31.3%。基本实现了“九五”计划提出的国民生产总值提前三年翻三番的目标。

农业。全市实现了粮食、蔬菜、柑橘、生猪、肉类总产、烟叶、水产品、茶叶等“八超历史”。乡镇企业总产值达到558.1亿元，比上年增长47.4%。农业总产值99.9亿元，比上年增长9.4%。

工业。全市完成工业总产值451.1亿元，增长35.1%。工业增加值达到133.8亿元，增长23.4%。全市乡及乡以上独立核算工业企业亏损面为28.3%，比上年下降0.3个百分点，亏损额下降18.4%；实现利税总额20.5亿元，增长12.8%。

固定资产投资。全市固定资产投资完成174.2亿元，增长11.6%，其中地方投资完成82.5亿元，增长18.8%。全市人民盼望已久的宜昌长江公路大桥正式开工建设。

财贸。全市实现财政收入18.35亿元，增长19.3%。社会消费品零售总额达105.12亿元，增长18.2%。物价水平继续回落，物价涨幅为1.5%。

改革。农村进一步稳定完善了以家庭联产承包经营为主的双层经营体制。国有企业改革进入攻坚阶段，大力推进大集团、大公司战略。进一步抓好现代企业制度试点，全市组建股份有限公司49家，有限责任公司2077家。7家企业集团进入现代企业制度实施阶段。

开放。全市实际利用外资达1.34亿美元；外贸出口达1.02亿美元，分别比上年增长102.4%和43.2%。先后开通了国际铁路集装箱运输线和香港临时直航包机，保税库建成营运，初步建成了全方位、多层次开放格局。

三峡移民。截至9月11日，全部完成了库区一线水位移民搬迁安置任务，在大江截流前累计搬迁移民51661人。10月10日全面完成了库底清理任务。

民生。1997年城镇职工平均货币工资达5876元，比上年增长5.9%。农民人均纯收入达到2100元，比上年增加304元。宜昌、兴山、枝城、远安4县、都镇湾镇等10个特困乡镇实现了整体脱贫，减少农村绝对贫困人口12万人。解决了15万人的饮水困难。科教兴市、人民武装、老龄、民族宗教、侨务和对台事务等工作取得了新成绩。

社会事业。科教兴市”稳步推进；文化艺术、社会科学、新闻出版、广播电视等事业都有较大的发展；卫生、体育事业蓬勃发展，计划生育继续保持了全省领先水平。

1998年工作要点

主要指标：国内生产总值400亿元，财政收入21亿元，农民人平纯收入超2500元，国内生产总值增长18%，地方固定资产投资增长21.2%，财政收入增长14.4%，外贸出口增长17.4%，利用外资增长16.4%，全市零售物价控制在5.0%以内，人口自然增长率控制在7.5‰以内。

九项工作：大力推动农业产业化，全面发展农业经济；大力推进国有企业改革，从整体上搞活国有经济；大力调整经济结构，积极推进两个根本性转变；加强财政、金融工作，为加快经济发展提供有力地经济支持；强化城市管理，加快大城市建设步伐；扎实抓好二期移民的搬迁安置工作，为服务三峡工程建设做出新的贡献；继续实施“科教兴市”战略，推进科教与经济的结合；加强文化建设，推动社会各项事业全面进步；坚持依法治市，切实加强民主与法治建设。

四、计划报告

1998年2月14日，市二届人大三次会议第一次全体会议听取和审议市计划委员会主任周围所作的《宜昌市1997年国民经济和社会发展计划执行情况与1998年计划草案报告》：

1997年计划执行情况

1997年，全年国内生产总值完成340亿元的年度计划，比1996增长18.6%。（完成数为当年价，增幅为可比价，下同）。

农业总产值完成99.9亿元，增长9.4%；农民人平纯收入增加304元，达到2100元；粮食总产量达172.68万吨，棉花总产量达到3.18万吨，油料总产量达到17.32万吨，分别比上年增长3.5%、6.9%和11.1%。

工业总产值完成451.1亿元，占年度计划107.8%，比上年增长35.1%，其中，乡及乡以上工业完成230.9亿元，增长14.6%。企业亏损面28.3%，下降0.3个百分点。全年工业产品产销率为96.6%。

1997年完成固定资产投资174.2亿元，完成年度计划100%，比上年增长11.6%。其中地方固定资产投资完成82.5亿元，比上年增长18.8%。在地方固定资产投资中，基本建设投资完成28亿元，技改完成19亿元，分别增长33.3%和3.3%。房地产完成7.5亿元，比上年下降11.7%。

社会消费零售总额达105.02亿元，占年度计划97.2%，比上年增长百分之18.02%。外贸出口总额完成10225万美元，占年度计划102.3%，利用外资13418万美元，占年度计划92%，分别比上年增长43.2%和102.4%。全年接待境外游客12万人次，外汇收入达3069万美元，增长90.4%。

财政收入稳步增长，金融运行基本正常，物价涨幅进一步回落。财政收入达18.35亿元，增长19.3%。全市金融机构各项存款余额达211亿元，各项贷款余额达266亿元。全年物价涨幅为1.5%。城镇职工平均货币工资达5876元，增长3.9%；农民人均纯收入达2100元，比上年增加304元。

1998年计划安排方案

综合指标。国内生总值400亿元，增长18%；工农业总产值460.5亿元，增长16.2%；全市地方固定资产投资突破100亿元，增长21.2%；外贸出口总额增长17.4%，实际利用外资增长16.45%；社会消费零售总额125亿元，增长18.2%；财政收入21亿元，增长14.4%；个体私营经济销售总额160亿元，增长21.2%；商品零售价格涨幅控制在5%以内；乡镇以上工业产品产销率96%；城镇登记失业率控在3%以内；农民人均纯收入2500元，增加400元；人口自然增长率控制在7.5‰以内。

农村经济。农业总产值50.5亿元（不变价），比上年增长4.8%；乡镇企业总产值540亿元（新口径），增长32.2%，其中工业总产值300亿元，增长32.6%，农民纯收入2500元。粮食产量175万吨、棉花3万吨、油料18万吨、肉类27万吨、水产品7.5万吨。

工业经济。工业总产值410亿元（不变价，下同），比上年增长17.6%，其中，乡及乡以上工业总产值236亿元，增长15%。

固定资产投资。全市固定资产投资总规模195.23亿元，增长12.2%，其中地方固定资产投资100亿元，增长21.2%，按投资性质：基本建设投资33亿元，技改投资20亿元，房地产投资8亿元，其他投资39亿元。

外经。全市外贸出口总额1.2亿美元，增长17.4%；利用外资1.56亿美元，增长16.3%。

环境保护。全市工业废气处理率、工业废水处理率、工业废水排放达标率、工业固体废物综合治理率，分别达到76%、86%、55%和86%。二氧化硫、烟尘、工业粉尘、排放量控制在9.5万吨、7.2万吨和13.7万吨，工业固体废物排放量控制在54.6万吨。

社会发展。地方高校招生1700人，普通中专招生6100人。全市职工增加3000人，城镇登记失业率控制在3%以内，职工工资总额计划比上年增长15.5%。人口自然增长率控制在7.5‰以内。

主要措施：以开拓市场为重点，切实推进工业结构调整，从整体上搞活国有经济；以创峡江特色农业为重点，大力推进农业产业化，促进农业和农村经济全面发展；以完善、优化城市功能为重点，进一步加快大城市建设步伐；以培植经济发展后劲为重点，加强重点企业管理，调整优化投资结构；以招商引资为重点，大力实施“大经贸”战略，进一步提高对外开放水平；以广开就业渠道为重点，大力实施再就业工程，建立全社会保障体系；以开发移民为重点，继续加大对口支援力度，在支援和服务三峡工程建设上做出新贡献；以科技兴工、科技兴农为重点，继续实施科教兴市战略，全面发展社会事业。

五、财政预决算报告

1998年2月14日，市二届人大三次会议第一次全体会议听取和审议市财政局局长胡庆洋所作的《宜昌市1997年财政预算执行情况和1998年财政预算草案的报告》：

1997年财政预算执行情况

全市财政收支预算执行情况。财政总收入完成183544万元；地方财政支出完成156504万元，其中，农业、教育、科学技术等政策性支出均高于财政经常性收入增长14.2%的幅度，达到或超过了农业法、教育法、科技进步法的规定要求。

市直财政收支预算执行情况。财政收入完成56879万元；地方财政支出完成41840万元，主要政策性支出均高于财政经常性收入增长11.49%的幅度：一是农业支出2178万元，包括按年初预算项目改列县（市）级支出838万元，共支出3016万元，比上年增长13.44%。二是教育支出3741万元，比上年增长14.09%。三是其他支出都圆满完成了年度预算。

财政收支及平衡，详见表3—13—5。

1997年全市财政收支预算执行情况汇总表

表3—13—5　　单位：万元

项目		全市		市直	
		金额	占预算%	金额	占预算%
财政总收入		183544	104.69	56879	105.72
其中	上划中央收入	70240	98.58	21871	101.96
	地方收入	113304	108.88	35008	108.2
地方财政支出		156504	108.65	41840	102.42
平衡	收入来源总计	201368	—	61602	—
	支出总计	198503	—	61547	—
	当年结余	2865	—	55	—
	消化累计赤字	2865	—		

1998年财政预算（草案）

全市财政收支预算安排。财政收入21亿元。地方财政支出安排17.34亿元，其中，农业、教育、科学技术等政策性支出均高于财政经常性收入增长幅度。全市财政收支相抵，当年平衡，可基本消化老赤字。

市直财政收支预算安排。财政收入65200万元。地方财政支出45883万元，比1997年增长9.66%。重点保证了法律明确规定的农业、教育、科学技术等支出和正常的工资性支出：农业支出安排2514万元，比上年增长15.43%；教育支出安排6107万元，按可比口径比上年增长12.45；科学技术支出安排764万元，比上年增长46.64%，达到了农业法、教育法、科技进步法规定的增长幅度要求。收支相抵，当年平衡，略有结余。

财政收支及平衡预测，详见表3—13—6。

1998年全市财政收支预算安排汇总表

表3—13—6　　　　　　　　　　　　　　　　　　　　　　　　　　　　单位：万元

项目		全市		市直	
		金额	比上年增长%	金额	比上年增长%
财政总收入		210000	14.41	65200	14.63
其中	上划中央收入	77257	9.99	23828	8.95
	地方收入	132743	17.16	41372	18.12
地方财政支出		173400	10.80	45883	9.66
平衡	收入来源总计			65450	
	支出总计			65440	
	当年结余			10	

六、常委会工作报告

1998年2月17日，市二届人大三次会议第二次全体会议听取和审议市人大常委会主任赵复武所作的《宜昌市人大常委会工作报告》：

1997年工作回顾

服务党的中心工作。一是增强紧紧围绕市委中心工作履行人大常委会法定职权的自觉性。二是组织专班开展调查研究，审议政府有关工作报告，为推进农业产业化和深化企业改革献计出力。三是动员人大代表积极投身农业产业化的伟大实践，同时加强小康工作队和联系贫困乡镇、重点项目及基层组织建设等工作。

开展监督工作。一是制订和完善了《市人大常委会与一府两院工作联系办法》和《市人大常委会评议工作办法》等一系列规范性文件。二是强化对法律法规实施监督的力度，组织市人大常委会委员和部分人大代表对森林法、《市人大常委会关于切实减轻农民负担的决议》等10个法律法规和决定决议执行情况的检查。三是配合全国人大常委会和省人大常委会对宜昌市贯彻实施食品卫生法、湖北省科学技术协会条例等6个法律法规实施的情况进行视察。四是有关专委开展对妇女权益保障法、湖北省个体私营户和私营企业条例等5个法律法规的执法检查。五是常委会会议听取和审议市人民政府关于技术合同法等4个法律法规执行情况的报告，并提出了意见和建议。六是进一步完善了信访接待办法，受理代表和群众来信来访827件（次），对其中反映强烈的重要案件作为典型个案，依法对司法机关实施了监督。七是制定《宜昌市人大常委会监督司法工作暂行办法》，促进了司法监督工作的深入开展。八是加强工作监督，先后听取和审议“一府两院”8个方面的工作情况汇报。

加强社会主义法治建设。一是做出《关于加强依法治市的决议》，积极推动全市依法行政。二是认真执行《市人大常委会关于继续开展法治宣传教育的决议》，推动全市“三五”普法的深入开展。三是对上级人大常委会的17个法律草案，提出了修改意见，完成了修改任务。四是指导并参与了五峰土家族自治县农业特产税管理条例和城镇建设管理条例两个条例草案的起草工作。

行使人事任免权。市人大换届后，及时修订《市人大常委会任免国家机关工作人员办法》。严格坚持“四化”方针和德才兼备的标准，及时对“一府两院”的工作人员进行了任命。全年共任免国家机关工作人员107人次，其中，任命政府工作人员42人次；任免“两院”工作人员55人次。

做好代表工作。一是依法设立常委会代表资格审查委员会和常委会代表联络信访人事任免工作委员会。二是建立了市人大代表活动小组，保证市人民代表大会闭会期间代表活动有组织有计划地开展。三是实行领导分工、对口联系等方法，加强与人大代表的联系。四是制定《代表议案的提出和办理办法》《代表建议、批评和意见的提出及办理办法》，认真督办本届人大一次会上代表提出的建议219件。五是补选部分市人大代表和选举宜昌市出席省九届人大代表。

加强自身建设。一认真落实市人大常委会党组提出的《关于加强自身建设的意见》。二是加强理论学习，抓好领导班子建设。三是抓好作风建设，建立健全了下基层的工作制度。四是健全办事机构和工作机构，进一步理顺了工作关系。五是修订和完善《市人大常委会议事规则》《市人大常委会组成人员守则》《市人大常委会主任会议议事规则》等11项规章制度。六是加强人大工作的理论研究和宣传，促进民主法治建设。七是积极开展对外交往，加强与兄弟城市人大的工作联系，学习他们的工作经验。

1998年工作要点

积极推进依法治市，发挥地方国家权力机关的主导作用；围绕经济建设这个中心和群众关心的热点问题，发挥地方国家权力机关的促进作用；支持和促进“一府两院”的工作，发挥地方国家权力机关的监督作用；进一步做好代表工作，发挥人大代表在经济建设和社会生活中的主人翁作用；进一步加强自身建设，发挥地方国家权力机关的主观能动作用。

七、法院工作报告

1998年2月17日，市二届人大三次会议第二次全体会议听取和审议市中级人民法院院长胡兆满所作的《宜昌市中级人民法院工作报告》：

1997年工作情况

全市法院受理各类案件31004件，结案29006件，结案率为93.65%。

受理刑事一审案件1808件，审结1772件，在已生效的1664件判决中，共判处被告人1745人，其中判处死刑42人，死缓刑18人，无期徒刑63人，五年以上有期徒刑687人，重刑率为46.42%。受理一审民事案件14179件，审结13668件，结案率为96.40%。受案上升3.29%，结案上升3.58%。受理一审经济纠纷案件3439件，审结3320件，结案率为96.54%，结案标的总额9.1442亿元，结案标的上升99.99%。受理破产案件41件，结案27件。受理一审行政案件139件，审结131件，审结率为94.24%。受理国家赔偿案10件，结案9件，判决赔偿金额10万元。受理各类执行案件10150件，结案8854件，结案率为87.23%，执行标的1.39亿元，受案上升5.53%，执行标的上升38.73%。审结了292件再审案件、969件二审案件，改判和纠正了238件案件，其中，二审改判214件，改判率为22.08%；再审改判24件，改判率为25.81%。

1998年工作要点

抓好三项改革：继续抓好审判方式改革，继续深化人事制度改革，继续加强机关管理制度改革；坚持三项服务：坚持为稳定服务，坚持为改革服务，坚持为发展服务；实现四个提高：实现队伍素质的提高，实现办案质量的提高，实现管理水平的提高，实现办事效率的提高；突出两个改善：突出改善审判工作执法条件，进一步改善法官形象。

八、检察院工作报告

1998年2月17日，市二届人大三次会议第二次全体会议听取和审议市人民检察院检察长李早湘所作的《宜昌市人民检察院工作报告》：

1997年工作情况

受理贪污受贿和挪用公款等经济犯罪案件线索959件，初查779件，立案侦查181件203人（其中贪污案48件54人，贿赂案52件58人，挪用公款案51件59人）。立案侦查渎职、侵犯公民民主权利和人身权利等犯罪案件25件35人（其中玩忽职守案8件11人，徇私舞弊案1件1人，非法拘禁案7件10人，刑讯逼供案2件3人）。已侦查终结199件230人，向法院提起公诉104件124人。通过查办案件为国家、集体挽回经济损失3668.92万元。受理公安机关和自侦部门移送批捕案1305件1941人，经审查批准逮捕1198件1745人；受理移送起诉1384件2030人，经审查提起公诉的1188件1739人。

加强对刑事诉讼的监督，对违法情况提出纠正意见8件次，提出撤诉9件次，办理又犯罪案件5件6人，提出纠正违法意见132件次，受理不服法院生效的民事、行政判决裁定的申诉64件，立案26件，审查后，提请抗诉的12件，提出抗诉3件，经调解息诉12件，转有关部门处理6件。

1998年工作要点

继续查办贪污贿赂、渎职等职务犯罪，推动反腐败斗争深入发展；严厉打击严重刑事犯罪活动，始终把维护稳定作为一项重大任务抓紧、抓实；加强执法监督工作，大力推进依法治市进程；继续以讲学习、讲政治、讲正气、讲纪律为主题，坚持依法建院，从严治检，努力建设高素质检察队伍；进一步解放思想，更新观念，不断研究新情况，解决新问题。

九、会议选举

1998年2月17日，此次会议第二次全体会议通过《宜昌市二届人民代表大会第三次会议选举办法》。2月19日，此次会议第三次全体会议补选市二届人大常委会委员（按姓名笔画排序）：朱守纪、刘仁新、李忠信、邹旭昌、张鹏。

十、议案审查报告

1998年2月18日，此次会议主席团第三次会议审议通过议案审查委员会主任委员赵君礼所作的《宜昌市二届人大三次会议代表提出的议案处理意见的报告》：

此次会议收到10人以上联名提出的议案35件。审查意见：将《关于加强城区公厕规划、建设和管理的议案》和《关于统一规划、统一步调，促进大宜昌旅游资源整体开发的议案》作议案处理，分别交市人大城乡建设环境资源保护委员会和市人大民族宗教外事侨务委员会审议；其余33件议案作为建议、批评和意见办理。

此次会议还收到代表对各方面提出的建议、批评和意见94件，连同上述33件议案拟转作建议、批评和意见办理的共127件，大会闭会后，由市人大常委会办公室、市人民政府办公室分别交有关机关和组织研究办理，并在规定的期限内负责答复代表。

十一、会议决议

1998年2月19日，宜昌市二届人大三次会议第三次全体会议审议通过6个决议。

《关于宜昌市人民政府工作报告的决议》

宜昌市二届人大三次会议审议孙志刚市长代表市人民政府所作的工作报告。会议认为，报告实事求是地总结了市人民政府一年来的工作，恰当地肯定了取得的成绩，客观地分析了存在的问题，明确提出了1998年的奋斗目标，措施积极可行。会议决定批准这个报告。

会议认为，在中共宜昌市委领导下，1997年市人民政府带领全市各族人民抢抓机遇，开拓进取，全市的经济建设和社会各项事业都取得了显著成就，圆满完成了国民经济和社会发展的各项工作任务，并在许多方面取得了突破，为全面完成“九五”计划奠定了良好的基础。

会议指出，1998年是全面贯彻落实中共十五大精神的重要一年，也是实施“九五”计划十分关键的一年。宜昌市国民经济和社会发展面临着良好的机遇，要坚持“稳中求进、紧中求活、好中求快”的方针，进一步解放思想，深化改革，大力推动两个根本性的转变，加强精神文明建设和民主法治建设，实现全市国民经济和社会各项事业持续、快速、健康发展。

会议要求，要进一步稳定和加强农业的基础地位，大力推进农业产业化，促进乡镇企业的大发展、大提高，打好扶贫攻坚战，全面发展农村经济。要继续按照“抓大放小”和“三改一加强”方针，加大国有企业改革攻坚力度，从整体上搞活国有经济，继续推进大集团，抓好现代企业制度试点和优化资本结构试点工作。要加快社会保障制度改革，大力实施再就业工程，努力提高人民生活水平。要积极调整和优化经济结构，大力发展住宅、商贸及旅游等第三产业，突破性发展非公有制经济，培育新的经济增长点。要加强财政、金融工作，为经济发展提供有力地资金支持。要进一步扩大开放，力争在招商引资上实现新的突破。要进一步加快大城市建设步伐，抓好移民搬迁安置，在支援和服务三峡工程建设上做出贡献。

会议强调，市人民政府要坚持两手抓、两手硬的方针，切实加强精神文明建设和民主法治建设，促进各项事业协调发展。要继续推进科教兴市，把教育放在优先发展的位置，切实抓好计划生育、土地管理、环境保护等工作。要认真贯彻依法治市方略，搞好依法行政，抓好社会综合治理，维护社会稳定。要进一步加强公务员队伍建设和勤政廉政建设，加大行政监督和执法监督力度，切实转变政府职能，改进工作作风，提高办事效率。

会议号召，全市各族人民要高举邓小平理论伟大旗帜，在市委的领导下，抢抓机遇，团结实干，克难奋进，为全面完成1998年的各项工作任务而努力奋斗！

《关于宜昌市1997年国民经济和社会发展计划执行情况与1998年计划的决议》

宜昌市二届人大三次会议经过审查并根据宜昌市二届人民代表大会财政经济委员会的审查报告，决定批准市人民政府提出的宜昌市1998年国民经济和社会发展计划，同意市计划委员会主任周围所作的《关于宜昌市1997年国民经济和社会发展计划执行情况与1998年计划草案的报告》。

《关于宜昌市1997年财政预算执行情况和1998年财政预算的决议》

宜昌市二届人大三次会议经过审查，并根据宜昌市二届人民代表大会财政经济委员会的审查报告，决定批准宜昌市人民政府提出的宜昌市1998年本级财政预算，同意市财政局长胡庆洋所作的《关于宜昌市1997年财政预算执行情况和1998年财政预算草案的报告》。

《关于宜昌市人民代表大会常务委员会工作报告的决议》

宜昌市二届人大三次会议审议赵复武主任受市人大常委会委托所作的工作报告。会议认为，宜昌市二届人大一次会议以来，市人大常委会在市委的领导和省人大常委会的指导下，按照“把握大局、再接再厉、同心同德、开拓进取”的要求，坚持以邓小平理论为指导，全面贯彻落实中共十四大以来的一系列战略部署和中共十五大精神，积极履行宪法和法律赋予的职责，在切实加强监督职能、积极推进依法治市、依法任免国家机关工作人员、充分发挥人大代表作用和加强常委会自身建设等方面，做了大量富有成效的工作。报告对一年来的工作总结符合实际，对今后的工作安排切实可行。会议决定批准这个报告。

会议指出，1998年，是全面落实中共十五大精神的第一年，也是继续实施“九五”计划、开创改革开放和现代化建设新局面的重要一年。市人大常委会要高举邓小平理论的伟大旗帜，全面贯彻落实中共十五大精神和全国九届人大一次会议、湖北省九届人大一次会议精神，紧紧围绕经济建设这个中心和市二届人大三次会议确定的工作任务，认真履行宪法和法律赋予的职权，加强社会主义民主与法治建设，积极推进依法治市进程，促进改革开放、经济建设和各项社会事业的健康发展。

会议要求，在新的一年里，市人大常委会要进一步加强法律监督，认真开展执法检查、个案监督和述职评议等工作，建立部门执法责任制和冤案、错案责任追究制，继续抓好“三五”普法宣传教育，发挥地方国家权力机关在依法治市中的主导作用；要紧紧围绕经济建设这个中心，抓住影响全市国民经济和社会发展的重大事项和人民群众普遍关心的热点问题，采取审议、视察、调查和评议等多种形式，实施对“一府两院”的工作监督，支持和促进“一府两院”的工作，发挥地方国家权力机关的监督作用；要继续宣传贯彻执行代表法，组织代表视察、调查和执法检查等活动，认真督办代表议案、建议、批评和意见，进一步做好代表工作，为代表依法行使职权创造条件，发挥人大代表在经济建设和社会生活中主人翁作用；要切实加强人大常委会自身建设，抓好邓小平理论和法律法规的学习，健全人大常委会议事制度和工作制度，不断改善机关作风，努力提高工作效率，联系指导县乡人大工作，发挥地方国家权力机关的主观能动作用，为保障和促进全市改革开放、经济建设和各项社会事业的发展做出新的贡献！

《关于宜昌市中级人民法院工作报告的决议》

宜昌市二届人大三次会议批准胡兆满院长所作的《宜昌市中级人民法院工作报告》。

《关于宜昌市人民检察院工作报告的决议》

宜昌市二届人大三次会议批准李早湘检察长所作的《宜昌市人民检察院工作报告》。

第四节　第四次会议

1999年2月27日—3月3日，宜昌市二届人大四次会议在城区举行。应出席代表代表407名，实际出席代表383人，列席会议人员160人。此次会议议程是：听取和审议《宜昌市人民政府工作报告》；

听取和审议《宜昌市1998年国民经济和社会发展计划执行情况与1999年计划草案的报告》；听取和审议《宜昌市1998年财政预算执行情况和1999年财政预算草案的报告》；听取和审议《宜昌市人大常委会工作报告》；听取和审议《宜昌市中级人民法院工作报告》；听取和审议《宜昌市人民检察院工作报告》；通过此次会议各项决议。

一、预备会议

1999年2月27日，市二届人大四次会议举行预备会议。会议通过此次会议议程、大会主席团和秘书长名单、议案审查委员会名单。

二、会议机构及成员名单

市二届人大四次会议主席团和秘书长。主席团成员（按姓名笔画排序）：王少愚、王金玉(女)、王厚军、王肇华、文万照(土家族) 、文成国(土家族) 、田震亚、艾苍松、冯淑珍（女）、朱黎阳、邬永坤、刘木添、刘利人、江秀芳(女) 、孙志刚、李泉、李亚隆、李早湘、李达智、李家余、李盈奕(土家族)、李德炳、肖道根、吴开保、吴启雄、应代明、汪元良、张鹏、张子仪、张为民、张永政、张兴本、陈华远、易行运、周水舟、周其斌、郑超、郑广玉、柏世友、胡兆满、赵君礼、赵举海（土家族）、赵复武、段贤斌、高秉琁、黄利鸣、符利民、廖达凤(女)、谭春玉(女)、谭徽在（土家族）；秘书长：柏世友。

市二届人大四次会议主席团常务主席（按姓名笔画排序）：田震亚、江秀芳 (女)、孙志刚、李泉、李家余、肖道根、应代明、张子仪、赵君礼、赵复武、柏世友、符利民

市二届人大四次会议议案审查委员会组成人员名单。主任委员：赵君礼；副主任委员：龚福达；委员（按姓名笔画排序）：王光元、车国荣、冯淑珍（女）、匡天文、刘明国、李善林、张兴本、张鹏、梅峰。

市二届人大四次会议副秘书长（按姓名笔画排序）：王少愚、王学龙、邱忠安、张成大、陈振华、熊从艮、戴保定。

三、政府工作报告

1999年2月27日，宜昌市二届人大四次会议第一次全体会议听取和审议市长孙志刚所作的《宜昌市人民政府工作报告》：

1998年工作回顾

战胜特大洪灾。枝江、宜都等县市区干部、群众连续奋战60多天，谱写了抗洪抢险的英雄壮歌。长阳、秭归、宜昌县、市交通委员会等单位调用车辆1.9万次，疏散旅客46万多人次。灾后开展支援灾区工作，安排灾区群众生产自救、修缮和新建房屋，恢复生产。

农村改革。累计续签土地延包合同72.2万户。优化资本结构试点取得新进展，宜昌电子管厂破产终结；列入“全国计划”的12户企业核销呆坏账16950万元，分流下岗人员7656人。一批特困企业通过“三改一加强”，开始出现转机。商贸改革步伐加快，重组资产近40亿元。粮食流通体制改革顺

利。财政金融体制改革加快。社会保障体制进一步完善，全市建立再就业服务中心687个，托管下岗职工44063名，分流安置职工23353人，安置率达53%，筹集下岗职工基本生活保障和再就业资金3581万元，保证了下岗职工基本生活费的发放。对外开放力度加大，外贸出口完成1.1亿美元，增长7.7%；实际利用外资1.51亿美元，增长12.2%。

服务三峡工程。全年搬迁三峡库区移民17580人；搬迁高坝洲库区移民2251人。公路复建开工294公里，建成185公里。全年接待对口支援考察团352批2247人次，组织回访150批732人次，落实对口支援项目215个，到位资金2.26亿元，比上年增长35.3%，引进了森达、汇源等一批知名企业和名牌产品。

全市实现国内生产总值380.24亿元，比1997年年增长14.2%。农业总产值达到99.95亿元（现价），增长3.86%；油料、生猪、牛、羊、家禽、水产、蔬菜、茶叶等多种经济超历史；乡镇企业完成总产值565.28亿元，增长23%。全口径工业增加值完成148.3亿元，增长15.9%；产销率达到96.56%，比上年增加0.58个百分点；工业企业实现净利润3.8亿元。完成固定资产投资205亿元，增长17.7%。完成财政收入22.13亿元，增长20.6%，实现收支平衡。金融机构存款余额比年初增加25.5亿元，贷款余额增加26.8亿元，分别增长11.4%和9.6%。实现社会消费品零售总额116.9亿元，增长11.3%。民营经济迅速发展，个体工商户比年初增长11%，从业人员增长14.3%，私营企业达到3580家。城区市政建设的8项重点工程和8件实事取得较快进展。小城镇试点建设步伐加快。新增二级以上公路125公里，三峡机场客运量比上年上升32%。市话容量突破30万门，城区市话普及率居全国中等城市前列。

农民人平纯收入达到2229元，比上年增加129元。城乡居民存款余额达123.7亿元，比上年增长7.9%。枝江进入小康县市行列。全年有10万人摆脱绝对贫困，15万人解决饮水困难，100个村新通公路。支援民族地区累计办实事200多件，落实资金8000多万元。城区新开工安居房面积7.52万平方米，竣工10.64万平方米。

开展以创建文明城市、文明村镇、文明行业和“讲文明，树新风”为主要内容的群众性精神文明建设活动。科教兴市工作有新的成效，宜昌市被列为全国技术创新工程城市，再次获得科技兴市先进城市。文化、新闻出版、社科、广播电视、体育卫生均取得了进展。环境保护、土地管理、计划生育取得了新的成绩。计划生育率稳定在95%以上，人口自然增长率控制在2‰以下。

各级政府向人大及其常委会报告工作，重大决策事项征求人大、政协、民主党派、党外人士、民主团体、政策研究部门和广大公民的意见，做到重大决策民主化、科学化，坚持依法治市，广泛开展“三五”普法和行政监察法教育，增强行政公务人员法制观念，做到依法行政。公安、司法、统计、审计工作得到加强。民政、民族宗教、人民防空、国家安全、防震救灾、地矿、档案、地方志、气象、残疾人事业、外事、侨务和对台事务等工作到位。

1999年工作要点

主要目标。国内生产总值增长11.5%左右；工业产销率达96%以上；财政收入增长12%以上；外贸出口力争有所增长；社会消费品零售总额增长14%，居民消费价格涨幅控制在4%以内，商品零售价格涨幅控制在2%以内；全社会固定资产投资增长14%左右；农民人平纯收入净增200元；城镇登记失业率控制在3.5%以内；人口自然增长率控制在5‰以内。

十项工作：以农民增收和农村稳定为重点，切实抓好农村各项工作；抓好三峡工程的对口支援，促进工业结构调整；大力发展第三产业，培植新的经济增长点；以提高两个“比重”为目标，进一步抓好财政金融工作；加大固定资产投资力度，加强城乡基础设施建设；进一步扩大开放，努力提高对外开放水平；继续实行再就业工程，大力推进社会保障制度建设；切实抓好移民搬迁安置，全力支援和服务三峡工程建设；大力实施科技兴市和可持续发展战略，促进经济和社会协调发展；加强精神文明和法治建设，促进社会事业全面进步。

四、计划报告

1999年2月27日，市二届人大四次会议第一次全体会议听取和审议市计划委员会主任周围所作的《宜昌市1998年国民经济和社会发展计划执行情况与1999年计划草案的报告》：

1998年计划执行情况

1998年，全市国内生产总值达到380亿元（按当年可比价），比1997年增长14.2%。

全市农业总产值达48.89亿元(1990年价)，增长3.8%。十大类农产品三减七增：粮食减1.02%；棉花减52.75%；水果减21.43%。油料、茶叶、生猪、牛羊、家禽、水产和蔬菜等多种经济均有不同程度的增长。乡镇企业总产值达到565.28亿元，增长23%。农民人均纯收入2229元，比上年增加129元。

全市工业企业完成增加值148.6亿元，增长15.9%。工业产品产销率达96.56%，增长0.58个百分点。重点企业的改革与调整取得初步成效，80%的乡及乡以上企业完成改制，盘活企业1000多家，稳定职工10万人，筹集资金1.5亿元，重组资产过40亿元。

全市固定资产投资完成205.03亿元，增长17.7%。其中基建投资完成143.1亿元，增长25.4%；技改投资完成17.9亿元，增长15.6%；房地产投资完成6.26亿元，减少4.1%；全年施工项目1457个，比上年增长34.7%，其中新开工项目973个，比上年增长31.5%。全市30个重点基建项目和20个技改项目进展情况良好。重新筛选的80个基础产业和基础设施项目，已启动20项，落实资金22亿元。

全市财政收入22.13亿元，增长20.58%；财政支出完成20.26亿元，增长17.86%，收支基本平衡。全市金融机构各项存款余额248.96亿元，比年初增加25.51亿元，各项贷款余额306.46亿元，比年初增加26.79亿元。

全市社会消费品零售总额完成116.9亿元，增长11.32%。全市外贸出口1.1亿美元，增长7.67%。全年实际利用外资15060万美元，增长12.24%。宜昌二类水运口岸正式开放，宜昌长江港监局取得涉外港务监督权。

1998年全市完成三峡库区移民搬迁17580人，高坝洲库区移民搬迁2251人。秭归新县城搬迁提前结束，兴山新县城和18个集镇建设加快。全市落实对口支援项目215个，到位资金2.26亿元。民营经济超常规发展，全市个体私营户17.9万户，从业人员37.8万人，个体私营经济营业额176.66亿元，分别比上年增长19.6%、33.3%、73.1%。

1998年安置下岗职工23353人，筹集再就业基金3581万元，为316家企业、66519人次发放了基本生活费。

1999年计划安排方案

主要目标：国内生产总值比上年增长11.5%左右，其中第一产业增长4.5%，第二产业增长12%，第三产业增长14%。全社会固定资产投资增长14%。财政收入增长12%以上。社会消费品零售总额增长14%。外贸出口、利用外资力争比1998年有所增长。商品零售物价涨幅控制在2%以内，居民消费品价格涨幅控制在4%以内。城镇登记失业率控制在3.5%以内。人口自然增长率控在5‰ 。

主要措施：以增加农民收入为重点，促进农村经济全面发展；以调结构为重点，努力提高工业经济运行质量和效益；加大固定资产投资力度，保持宜昌经济发展后劲；加大市场开放力度，激活最终消费需求；贯彻"外向带动"战略，努力提高对外开放水平；突破性发展民营经济、特色经济，努力培育新的经济增长点；大力加强财力建设，进一步做好金融工作；大力实施科技兴市战略，积极发展各类社会事业；加大再就业实施力度，保持社会稳定。

五、财政预决算报告

1999年2月27日，市二届人大四次会议第一次全体会议听取和审议市财政局局长胡庆洋所作的《宜昌市1998年财政预算执行情况和1999年财政预算草案的报告》：

1998年财政预算执行情况

全市财政收支预算执行情况。财政总收入完成221318万元，地方财政支出完成185075万元，收支相抵，当年略有结余。

市直财政收支预算执行情况。财政收入完成67506万元。地方财政支出49906万元，主要政策性支出均达到规定的增幅：一是农业支出3437万元，比上年增长13.96%；二是教育支出7321万元，比上年增长28.85%；三是科学技术支出788万元，比上年增长37%。

财政收支及平衡情况，详见表3—13—7。

1998年全市财政收支预算执行情况汇总表

表3—13—7　　单位：万元

项目		全市		市直	
		金额	占预算%	金额	占预算%
财政总收入		221318	107.09	67506	103.54
其中	上划中央收入	76567	99.84	23447	98.4
	地方收入	144751	111.37	44059	106.49
地方财政支出		185075	112.55	49906	108.77
平衡	收入来源总计	242380		71177	
	支出总计	241880		71132	
	当年结余	500		45	

1999年财政预算（草案）

全市财政收支预算安排。财政收入安排248000万元。地方财政支出206550万元，其中，农业、教育、科学技术等政策性支出均高于经常性收入增长幅度。收支相抵，当年收支平衡。

市直财政收支预算安排。财政收入76285万元。地方财政支出54996万元，其中，农业支出比上年增长13.3%；教育支出比上年增长13%；科学技术支出比上年增长29.7%，均达到了法律规定的增长幅度。市直本级财政收支平衡预测情况。详见表3—13—8。

1999年全市财政收支预算安排汇总表

表3—13—8 单位：万元

项目		全市		市直	
		金额	比上年增长%	金额	比上年增长%
财政总收入		248000	12.06	76285	13
其中	上划中央收入	83460	9	25500	8.76
	地方收入	164540	13.67	50785	15.27
地方财政支出		206550	11.6	54996	10.2
平衡	收入来源总计			74744	
	支出总计			74724	
	当年结余			20	

六、常委会工作报告

1999年3月1日，市二届人大四次会议第二次全体会议听取和审议市人大常委会主任赵复武所作的《宜昌市人大常委会工作报告》：

1998年工作回顾

依法履行职责。市人常委会先后9次召开主任会议，传达市委一系列重大决策和指示精神，并结合人大工作实际组织贯彻落实。大常委会组织4个调查组，赴全市各县（市）区，就农业和农村工作、工业经济、三峡移民和九年义务教育情况深入开展调查，提出了意见和建议。6月，对防汛通信设施进行视察，并听取和审议市人民政府关于防洪法贯彻实施情况的报告。听取和审议市人民政府《关于发展民营经济的报告》，审议通过《关于突破性发展民营经济的决议》。听取并审议市人民政府《关于全市旅游工作情况的报告》，做出《关于宜昌市旅游业发展总体规划的决定》。

法律监督和工作监督。一是常委会听取和审议市人民政府关于人民防空法、湖北省建筑市场管理条例等9个法律法规执行情况的报告，经审议，作了出了相应的决议决定。二是市人大有关专委会听取了政府相关部门关于红十字会法等3个法律法规执行情况的报告，有针对性地提出了意见和建议。三是对市人大常委会对所做出的决定、决议、提出的意见和建议，进行了检查、视察。四是常委会先后组织部分组成人员和市人大代表对消费者权益保护法、湖北省个体经营户和私营企业条例等15个法律法规执行情况进行了检查。五是对司法机关办理案件的情况进行监督，市人大法制委员会先后向市、县两级司法机关转办、交办的投诉案40件，督促其依法办理。六是听取和审议“一府两院”工作报告，先后听取和审议《关于全市优化资本结构试点工作情况的报告》《关于全市外事工作情况的报告》等11个工作报告。七是主任会议听取了市中级人民法院、市人民检察院、市公安局、市粮食局等机关和部门的工作汇报。八是市人大各专委分别听取“一府两院”各对口联系单位工作汇报十多次。

依法行使人事任免权。一年来，市人大常委会共任免国家机关工作人员93人，其中，任命52名，批准任命4名，免去29名，批准免去8名。

加强代表工作。一是常委会工作机构通过接待代表来信来访及走访、召开座谈会等形式，与120

多位市人大代表进行了联系。二是邀请各级人大代表列席常委会会议。三是有计划、有重点地安排代表参加执法检查、调查活动。四是督办市二届人大三次会议的2件议案和135件建议。四是加强对人大代表先进事迹的宣传，完成了省人大常委会编辑的《人大代表风采录》一书在宜昌市的征稿工作。

加强对县乡人大工作的联系和指导。一是常委会主任、副主任和秘书长按照分工，加强与县市区人大工作联系和指导。二是邀请县市区人大常委会主任、副主任和乡镇人大主席列席市人大常委会会议。三是认真收集县乡人大工作中的新经验、新动态，通过编发《动态与信息》等形式，及时向各县市区人大常委会通报情况，介绍人大工作的新动态和新经验，以指导下级人大工作。四是指导县级人大换届选举工作。五是举办了全市乡镇人大主席和街道人大联络处主任培训班，推动了全市乡镇人大工作。六是召开经验交流会议，表彰人大工作的13个先进集体和21个先进个人。七是指导和参与了五峰土家族治县城镇建设管理条例和农业特产税管理条例两个单行条例的送审和报批工作。

加强常委会自身建设。一是把领导班子的思想建设放在首位。二是把作风建设作为加强自身建设的重要内容来抓。三是按照“民主、团结、求实、奋进”的精神加强机关建设。四是高度重视人大理论研究和宣传工作。

1999年工作要点

依法行使决定权，讨论决定重大事项；加强法律监督工作，保障法律、法规的实施；强化工作监督职能，促进“一府两院”的工作；认真做好人事任免工作，促进建设一支高素质的干部队伍；加强和改进代表工作，密切与县乡人大的联系；积极开展人大理论研究和宣传，推进全市民主与法治建设；努力抓好自身建设，更好地发挥地方国家权力机关的作用。

七、法院工作报告

1999年3月1日，市二届人大四次会议第二次全体会议听取和审议市中级人民法院院长胡兆满所作的《宜昌市中级人民法院工作报告》：

1998年法院工作回顾

受理刑事一审案件1969件，比上年同期1808件上升161件，审结1939件，涉及被告人2805人，其中判死刑30人，判处死缓刑8人，15年以上徒刑41人，10至15年徒刑121人；刑事二审受案320件，比1997年的236件上升35.59%。召开16次公判大会，将17名罪大恶极的犯罪分子执行枪决，惩治犯罪分子的嚣张气焰，鼓舞和教育人民群众，维护全市社会稳定。受理经济纠纷案件3342，审结3137件，结案率达94.94%，涉案标的11.6万元，比1997年的8.3万元上升39.8%。受理破产案件44件，标的4.94亿元，全部审结28件，结案率63.64%。受理民事纠纷12684件，审结12141件，结案率达95.72%。受理行政案件136件，结案132件。受理执行案件11145件，比1997年上升995件，执结9142件，已执行标的达3.6亿元，比1997的同期1.4亿元上升2.6倍，执结率达到82.03%。受理审判监督案件297件，办结257件，结案率达86.53%。

处理群众来信7760件次，接待群众来访25540人次，分别比1997年的4352件人次和25487人次有所上升；省高院、市委、市人大交办的26件已办结25件。

1999年主要工作任务

围绕审判“质量年”，着重抓好庭审质量、文书质量，提高接待当事人的质量；围绕“执行年”加强执行工作；重视人民法庭建设；加大法院人事制度改革力度，全面推行竞争上岗措施；加强机关管理，建立健全管理制度；加强领导班子建设，自觉接受党的领导；认真开展争创“全市文明机关”和争创人民满意的好法官、好法院活动。

八、检察院工作报告

1999年3月1日，宜昌市二届人大四次会议第二次全体会议听取和审议市人民检察院检察长李早湘所作的《宜昌市人民检察院工作报告》：

1998年工作回顾

全市检察机关受理各类经济案件线索735件，立案侦查131件141人，其中贪污案件47件，占35.9%；贿赂案件40件，占30.5%；挪用公款41件，占31.3%。已侦查终结114件，结案率为87%。通过办案，为国家和集体挽回经济损失1827.13万元。受理国家机关工作人员渎职犯罪线索131件，初查116件，从中立案侦查7件8人。已侦查终结7件9人，（包含去年积存1件），侦结率为88%。共立案查办司法人员犯罪3人，占37.5%，体现了严格执法，公正执法。

受理公安机关、自侦部门提请批捕案件1458件2236人，审结1409件2150人，审结率为96.6%。经审查，决定批捕1359件2044人。受理公安机关和自侦部门移送审查起诉案1476件2230人，审结1357件2034人，审结率为91.9%，共出庭支持公诉1221件，发表公诉词1221篇。

在立案监督中，受理立案监督案60余件，要求公安机关说明不立案理由的16件，公安机关已立案11件。在侦查监督中，对公安机关提请批捕和移送审查起诉的案件，因事实不清，证据不足，依法做出不批捕决定50件106人，退回补充侦查282件505人。对犯罪情节显著轻微、认罪态度好，不需要追究刑事责任的，做出不予起诉53件72人。同时，追捕漏犯22人，追诉漏犯25人。在刑事审判监督中，对人民法院确有错误的判决、裁定提出抗诉14件。在刑法执行监督中，对公、检、法机关在诉讼环节超期羁押人犯现象提出纠正意见，已纠正43起。对18个看守所留用的227名已判决犯进行了专项清理，督促投劳99人。对181名保外就医罪犯进行考察，对9名不符合保外就医条件的罪犯，建议主管部门作了收监处理。同时加强安全防范检查226次，对不安全因素提出纠正意见96件(次)；对在押人犯进行法制宣传教育137场次，有18名在押人犯检举他人犯罪线索65条，破积案15起，为国家挽回经济损失22万余元。在民事、行政诉讼法律监督中，受理当事人不服判决、裁定生效的民事行政案215件，立案审查106件，建议提请抗诉54件，提出抗诉15件。市中级人民法院已发回重审11件，审结8件，改判7件。

检察部门接待人民群众来信来访，共受理各类控告、举报案件线索3312件，比上年2695件上升22.9%，已审查处理3079件，占93%。同时，受理各类申诉案件232件，比上年上升50.3%，已处理212件，占91.4%。经过复查，维持原决定8件。六是检察技术部门积极为办案服务，办结各类检验鉴定1221件，共出具检验文书1174件，文证审检中改变原结论5件，检验鉴定中提供证据619件。

1999年工作要点

进一步加大查办贪污贿赂、渎职等职务犯罪的力度；坚持打击严重刑事犯罪活动，全力维护社会稳定；强化法律监督，维护司法公正；大力加强检察队伍建设；坚持党的领导，接受人大监督。

九、议案审查报告

1999年3月2日，此次会议主席团第四次会议审议通过议案审查委员会主任委员赵君礼所作的《宜昌市二届人大四次会议代表提出的议案处理意见的报告》：

此次会议共收到代表10人以上联名提出的议案24件。审查意见：将24件议案作为建议、批评和意见处理。连同大会期间收到代表提出（131件）建议、批评和意见（合计155件），待此次会议闭幕后，由市人大常委会办公室和市人民政府办公室分别交有关机关和组织研究处理，并负责在限期内答复代表。

十、会议决议

1999年3月3日，市二届人大四次会议第三次全体会议审议通过6个决议。

《关于宜昌市人民政府工作报告的决议》

宜昌市二届人大四次会议审议孙志刚市长代表市人民政府所作的《政府工作报告》。会议认为，刚刚过去的1998年，是极不平凡的一年，全市各族人民在市委的领导下，团结一致，顽强拼搏，克难奋进，经受了历史上罕见的特大洪水、亚洲金融危机和市场需求不足的严峻考验，夺取了抗洪斗争的全面胜利，各项工作取得了新的成绩。报告对1998年工作的总结实事求是，提出的1999年全市经济、社会发展的工作目标和主要措施切实可行，会议决定批准这个报告。

会议指出，1999年是我们党和国家历史上具有特殊意义的一年，将迎来建国五十周年和恢复对澳门行使主权两大盛事，做好今年的各项工作，具有十分重要的意义。全市各级人民政府要高举邓小平理论伟大旗帜，以中共十五大和十五届三中全会精神为指导，全面贯彻落实中央、省、市经济工作会议和省第七次党代会精神，紧紧围绕经济建设这个中心，抓住三峡工程机遇，继续推进改革开放，努力完成此次会议确定的各项任务，促进国民经济持续快速健康发展和社会全面进步。

会议要求，要进一步强化农业的基础地位，围绕提高农民收入和确保农村稳定，促进农业和农村经济的全面发展。要大力发展高产、优质、高效农业，调整和优化农业内部结构；大力推进农业产业化进程，发展贸工农一体化，实现农产品多层次增值；深化改革，以加强管理，加速技术进步为重点，积极推进乡镇企业“二次创业”；要牢固树立抗灾夺丰收的思想，以农田水利基本建设为重点，加强农业基础设施建设，提高农业抗灾能力；要加大产业化扶贫和科教扶贫力度，打好扶贫攻坚战；要全面落实党在农村的各项政策，切实保护农民利益，减轻农民负担，调动和激发农民的积极性；要完善农村财务公开和监督管理制度，加快农村基层民主政治和村民自治组织建设。

会议要求，要全面深化以国有企业改革为重点的各项改革。要以建立现代企业制度为方向，加大国有企业改革力度。同时，多种形式的放开搞活国有小企业。把改革、改组、改造与加强管理结合起来，抓好企业财务成本管理和质量管理，狠抓企业扭亏增盈。要加大实施再就业工程力度，认真落实再就业工作的各项政策，努力拓宽就业渠道，加快建立和完善养老保险、医疗保险以及失业保险和社会救济等社会保障体系，切实保障下岗职工的基本生活。要大力发展民营经济，支持和鼓励有发展前途的非公有制企业走集团经营的路子，支持民营企业以各种形式参与国有、集体企业改制，保护其合法权益。

会议要求，经济工作要着力提高经济运行的质量和效益，以市场需求为导向，大力调整优化经济结构。要把对口支援与结构调整结合起来，大力引进优势企业、优势产品、先进技术和管理方法，实施精品名牌战略。要加快“科技兴市”步伐，发展高新技术产业，切实把经济增长方式转移到依靠科技进步和提高劳动者素质上来。要积极发展第三产业，重点发展信息业、旅游业和住宅产业及民营经济，培植新的经济增长点。要加强金融监督，整顿金融秩序，防范和化解金融风险。要积极适应国家扩大内需的政策，全方位开拓城乡市场。要进一步扩大开放，在招商引资上实现新的突破。要加快大城市建设步伐，切实搞好环境保护，抓好移民搬迁安置，为支援和服务三峡工程做出新贡献。

会议强调，要切实加强社会主义精神文明建设和民主与法治建设，坚持用邓小平理论武装广大干部和群众，不断提高全民思想道德水平。要把教育事业的发展摆在重要的战略地位，加快文化、卫生和体育事业的发展步伐，进一步加大文明城市创建力度。要高度重视社会主义法治建设，坚持依法治市，搞好依法行政，建立和完善行政执法监督机制。要深入开展普法教育，严厉打击各种刑事犯罪和经济犯罪，抓好社会治安综合治理，维护社会稳定。

会议认为，全市今年改革、发展、稳定的任务繁重而艰巨，全面完成各项工作任务，关键是各级政府工作人员要认真转变工作作风，求真务实，真抓实干。市人民政府及其工作人员，要带头开展讲学习、讲政治、讲正气的活动，牢固树立全心全意为人民服务的思想，强化公仆意识，增强使命感和责任感。要深入实际，深入基层，深入群众，坚持讲实话，办实事、求实效。要进一步解放思想，更新观念，加强调查研究，积极探索适应市场经济规律的工作方法。要切实加强公务员队伍的廉政建设，深入持久地开展反腐败斗争，发扬艰苦奋斗、勤俭节约和关心群众疾苦的优良传统，严肃政风政纪，提高政府工作效率。

会议号召，全市各族人民积极行动起来，高举邓小平理论伟大旗帜，更加紧密地团结在以江泽民同志为核心的党中央周围，在中共宜昌市委的领导下，弘扬抗洪精神，团结一心，励精图治，知难而进，奋力拼搏，以新的优异成绩迎接建国五十周年，把全市的社会主义现代化建设事业全面推向21世纪！

《关于宜昌市1998年国民经济和社会发展计划执行情况与1999年计划的决议》

宜昌市二届人大四次会议经过审议并根据市人民代表大会财政经济委员会的审查报告，决定批准市人民政府提出的宜昌市1999年国民经济和社会发展计划。批准市发展计划委员会主任周围所作的《关于宜昌市1998年国民经济和社会发展计划执行情况与1999年计划草案的报告》。

会议同意市人民代表大会财政经济委员会在审查报告中对完成1999年预期目标所提出的各项建议。会议要求各级人民政府及其计划部门要严格按照本次人民代表大会会议批准的计划，认真组织实施。各地各部门要从实际出发，合理确定发展目标，既要积极进取，又要实事求是。要抓住三峡工程机遇，深化改革，扩大开放，优化结构，开拓市场，全面提高国民经济整体素质，为完成1999年全市国民经济和社会发展预期目标而努力奋斗。

《关于宜昌市1998年财政预算执行情况和1999年财政预算的决议》

宜昌市二届人大四次会议经过审议并根据市人民代表大会财政经济委员会的审查报告，决定批准市人民政府提出的1999年宜昌市财政预算，同意市财政局局长胡庆洋所作的《关于宜昌市1998年财政预算执行情况和1999年财政预算草案的报告》。

会议同意市人民代表大会财政经济委员会在审查报告中对完成1999年预算目标所提出的各项建议。会议要求各级人民政府要强化依法理财、民主理财的意识，严格执行《中华人民共和国预算法》，维护预算的严肃性。要严格依法治税，强化收入管理，优化财政支出结构，加强财政监督管理，严肃财经纪律。要艰苦奋斗，厉行节约，勤俭办一切事业。要加强财源建设，确保财政收入的稳定增长。要逐步提高财政收入占国内生产总值的比重，提高可用财力占财政总收入的比重，为落实中央提出的积极财政政策，促进全市的改革、发展、稳定，做出新的贡献。

《关于宜昌市人民代表大会常务委员会工作报告的决议》

宜昌市二届人大四次会议听取和审议赵复武主任代表市人大常委会所作的工作报告。会议认为，一年来，市人大常委会按照市二届人大三次会议决议的要求，紧紧围绕以经济建设为中心和全市工作的大局，认真履行宪法和法律赋予的职责，大力加强民主与法治建设，积极推进依法治市，努力提高监督实效，较好地地发挥了地方国家权力机关的职能作用，为保障和促进全市改革开放和社会主义现代化建设做出了重要贡献。报告对过去一年工作的总结实事求是，提出今年的工作任务切实可行。会议决定批准这个报告。

会议指出，1999年是我们党和国家历史上具有特殊意义的一年。做好今年的各项工作，对于实现宜昌市跨世纪宏伟目标，具有极其重要的意义。在新的一年里，市人大常委会要继续高举邓小平理论伟大旗帜，深入贯彻中共十五大、十五届三中全会、省七次党代会和九届全国人大二次会议、省九届人大二次会议精神，切实履行好宪法和法律赋予的各项职权，积极推进依法治市进程，保障和促进全市改革开放、经济建设的顺利发展和社会全面进步。

会议强调，市人大常委会要按照中共十五大提出的依法治国、建设社会主义法治国家的目标和要求，加大依法治市的力度。要把法律监督摆在重要位置，积极推进政府及司法机关实行执法责任制和冤案、错案责任追究制，继续加强执法检查和个案监督工作，促进行政机关依法行政和司法机关公正司法。要进一步加强对民族立法工作的指导。要围绕全市改革开放和经济建设的热点和难点问题加强工作监督。要切实行使好人事任免权，积极开展工作评议和述职评议，加强对被任命人员的考核和监督，努力增强国家机关工作人员的公仆意识、法律意识和勤政意识。要不断改进监督方法，加大监督力度，在增强监督实效上狠下功夫。

会议要求，市人大常委会要切实加强同人大代表的联系，为代表履行职责搞好服务，充分发挥代表的作用，要认真办理代表所提议案以及建议、批评和意见，虚心接受人大代表的监督。要进一步搞好自身建设，加强对下级人大常委会的联系和指导，注重调查研究，不断提高工作效率和议事水平，更好地发挥地方国家权力机关的作用，为胜利完成此次会议确定的各项任务和实现全市跨世纪的宏伟目标做出应有的贡献。

《关于宜昌市中级人民法院工作报告的决议》

宜昌市二届人大四次会议听取和审议宜昌市中级人民法院胡兆满院长所作的《关于宜昌市中级人民法院工作报告》。会议决定批准这个报告。

会议要求，全市各级人民法院要高举邓小平理论伟大旗帜，全面贯彻落实中共十五大、十五届三中全会和省第七次党代会精神，以维护稳定、服务大局为中心，依法履行审判职能，认真实施依法治国方略，积极推进依法治市进程，要继续严厉打击严重刑事犯罪和经济犯罪，全力维护社会稳定、政治稳定；要大力加强经济、民事、行政等审判工作和执行工作，维护社会主义市场经济秩序，保障公民、法人和其他组织的合法权益；要认真执行执法责任制和冤案、错案追究制，严肃执法，公正司法；要坚持不懈地抓好法院队伍建设，努力造就政治坚定、公正廉洁、业务精通的法官队伍，为保障和促进全市改革、发展、稳定做出新的贡献。

《关于宜昌市人民检察院工作报告的决议》

宜昌市二届人大四次会议听取和审议宜昌市人民检察院李早湘检察长所作的《宜昌市人民检察院工作报告》。会议决定批准这个报告。

会议要求，全市各级人民检察机关要高举邓小平理论伟大旗帜，深入贯彻落实中共十五大精神和江泽民总书记关于政法工作的一系列重要指示，牢固树立为改革开放和经济建设服务的思想，坚持“公正执法、加强监督、依法办案、从严治检、服务大局”的工作方针，全面履行各项检察职能，积极推进依法治市进程。要加大力量查办贪污、贿赂、渎职等职务犯罪大要案，努力做到办案的法律效果、政治效果、社会效果相统一，促进反腐败斗争纵深发展；要依法“从重从快”严厉打击各种严重刑事犯罪，努力维护社会稳定和政治稳定；要强化法律监督，坚决纠正执法中的有法不依、执法不严、违法不究和徇私枉法等现象，维护司法公正和法律的尊严；要进一步加强检察队伍建设，按照江泽民总书记关于“讲学习、讲政治、讲正气”的要求，努力提高检察队伍素质，为保障和促进全市的改革开放和社会主义现代化事业的顺利进行做出更大的贡献。

第五节　第五次会议

2000年2月24日—28日，市二届人大五次会议在城区举行。应出席代表405名，实际出席代表379人，列席会议人员165人。此次会议议程是：听取和审议《宜昌市人民政府工作报告》；听取和审议《宜昌市1999年国民经济和社会发展计划执行情况与2000年计划草案的报告》；听取和审议《宜昌市1999年财政预算执行情况和2000年财政预算草案的报告》；听取和审议《宜昌市人大常委会工作报告》；听取和审议《宜昌市中级人民法院工作报告》；听取和审议《宜昌市人民检察院工作报告》；补选宜昌市二届人大常委会组成人员，选举宜昌市人民政府市长；通过此次会议各项决议。

一、预备会议

2000年2月23日，市二届人大五次会议举行预备会议。会议通过此次会议议程、大会主席团和秘书长名单。

二、会议机构及成员名单

市二届人大五次会议主席团和秘书长名单：主席团成员(按姓氏笔画排序)：万九才、王少愚、王振有、王金玉（女）、王厚军、王肇华、文万照（土家族）、文成国（土家族）、艾苍松、甘家宽、甘泽清、冯淑珍（女）、邬永坤、刘木添、刘利人、江秀芳（女）、孙志刚、李泉、李达智、 李亚隆、李家余、李盈奕（土家族）、李德炳、肖道根、吴开保、汪元良、张鹏、张子仪、张永政、张兴本、杨保平、周水舟、周其斌、郑超、郑广玉、柏世友、赵君礼、赵举海（土家族）、赵复武、段贤斌、高秉琔、黄利鸣、符利民、廖达凤（女）、谭春玉（女）、谭徽在（土家族）；秘书长：柏世友。

市二届人大五次会议主席团常务主席（按姓名笔画排序）：江秀芳(女)、孙志刚、李家余、肖道根、张子仪、周水舟、赵君礼、赵复武、柏世友、符利民。

市二届人大五次会议副秘书长（按姓名笔画排序）：王少愚、吴玲、邱忠安、张成大、陈振华、熊从良、戴保定。

三、政府工作报告

2000年2月24日，市二届人大五次会议第一次全体会议听取和审议代理市长王振有所作的《宜昌市人民政府工作报告》：

1999年工作回顾

1999年，全年国内生产总值比上年增长8.5%，各项社会事业取得了新的成绩。

全市10大类主要农副产品，除油料外，均有不同程度增产；农业增加值达到59.81亿元，按可比口径比1998年增长3.9%。乡镇企业稳步发展，稻花香、玉阳实业等10家重点企业的增长速度和经济效益继续居全省100家重点企业前列。扶贫攻坚和对口支援少数民族地区工作成效显著。小城镇建设、农业产业化、科技推广应用、农业综合开发、菜篮子工程、林业生态工程建设都取得了新成绩。

市国有资产管理委员会及其办公室挂牌成立，夷陵国有资产经营公司组建营运，“三层结构”的国有资产管理、监督、营运体制基本形成；质量技术监督体制改革顺利完成；“优选闭合贷款法”的实施力度加大，为43家企业、45个产品落实封闭贷款6亿多元；兴发股票成功上市，当玻、安琪股票上市已报证监会，恒达石墨股票上市获省政府推荐；优化资本结构试点取得新突破，3家企业列入国家债转股企业名单。全面完成纺织压锭任务，基本完成煤炭关井压产、关闭“五小”工业、矿业秩序整顿、冶金和电子行业解困调整任务。全部国有控股工业和年产品销售收入500万元以上非国有控股工业完成工业增加值69.45亿元，比上年增长9.5 %；产销率达到97.96%，比上年提高1.75个百分点；实现利税20.95亿元，增长34.3%；工业用电上升9%；工业经济效益综合指数达到101.63，亏损企业亏损额大幅下降。

全年完成全社会固定资产投资212.1亿元，增长7.3%。新增二级以上公路137.87公里，顺利实现电信与移动通信的分离。宜昌长江公路大桥、宜化13万吨尿素、夷陵长江大桥、云集隧道、五一广场、黄家湾垃圾处理场、下百里堤防加固等进展顺利。

全市实现财政收入24.15亿元，增长9.1%，保证了工资发放，保证了社会保障资金等方面支出的需要，实现了全年收支平衡。积极防范金融风险，全市金融机构贷款余额比年初增加20.5亿元。

全年实现社会消费品零售总额126.28亿元，增长8.02%。全市农民人平纯收入2314元，增长85元；城镇居民人均可支配收入由上年5008元提高到5434元；18300名国有企业下岗职工实现再就业，筹集再就业资金8425万元，保障了国有企业下岗职工基本生活。建立了社会保险费征收新机制，保证企业离退休人员基本养老金按时足额发放。安居工程和经济适用房建设步伐加快，居民住房进一步改善。

全年外贸出口4295万美元，增长26.8%。签约外商投资项目31项，投资总额2.45亿美元，协议外资额1.37亿美元；新批外商投资企业16家，投资总额1.29亿美元，注册资本8336万美元；实际利用外资1亿美元。接待国内外游客502.6万人次，旅游创汇和国内旅游总收入分别比上年增长19.45%和15.22%。

三峡工程坝区社会治安、道路、交通、劳务市场等管理和服务协调工作进一步加强。完成三峡库区移民1.05万人，高坝洲库区移民2336人。全年落实对口支援项目165个，到位资金2.6亿元。

三峡民营科技园7家企业成为省级高新技术企业。全市提前一年实现了“普九”目标，成立了高等职业技术学院。计划生育率达到99.15%，人口自然增长率控制在1.44‰以内。环境保护、土地管理、矿产资源开发利用、广播电视、地方志、新闻出版、体育、卫生、民政、民族宗教、人民防空、国家安全、防震救灾、档案、气象、残疾人事业、外事、侨务和对台事务等工作取得了新的成绩。

宜昌市先后被评为“全国文明城市”“全国双拥模范城市”“湖北省卫生城市”；一批县市（区）、乡镇进入省“文明”“卫生”县市和乡镇行列。深入揭批“法轮功”邪教、取缔“法轮功”邪教组织，受到了群众的欢迎。用整风精神开展“三讲”教育，提高公务员的思想素质。开展“三五”普法教育。抓社会综合治理，维持社会稳定。

2000年工作要点

主要预期目标。国内生产总值增长9%左右；全社会固定资产增长10%；社会消费品零售总额增长10%左右；外贸出口（海关口径）增长10%；居民消费价格涨幅与去年持平；人口自然增长率控制在6.2‰以内；农民人平纯收入增长4.3%。

工作措施。扎实开展“项目年”活动，大力培植新的经济增长点；深入贯彻十五届四中全会精神，加快国有企业的改革和发展；以农业增效、农民增收和结构调整为重点，做好农业和农村工作；大力发展第三产业，积极扩大消费需求；积极扩大出口和利用外资，努力提高对外开放水平；做好税收金融工作，积极筹集建设资金；加强城乡基础设施建设，提高城市管理水平；抓好移民和对口支援工作，全力支援和服务三峡工程建设；实施“科教兴市”战略，全面推进科技创新与教育创新；加强精神文明与民主法治建设，促进社会事业全面进步。

四、计划报告

2000年2月24日，市二届人大五次会议第一次全体会议听取和审议市计划委员会主任周围所作的《宜昌市1999年国民经济和社会发展计划执行情况与2000年计划草案的报告》:

1999年计划执行情况

1999年，预计全市国内生产总值比上年增长8.5%。全市农业增加值比上年增长3.9%；农民人均纯收入2314元，增长85元。乡镇企业总产值605亿元，增长6.8%。完成三峡库区移民搬迁1.05万人，高坝洲库区移民搬迁2336人。

全市全部工业企业完成工业增加值123.5亿元，增长9.4%；国有工业及年销售收入500万元以上的非国有工业企业完成工业总产值221.05亿元，增长11.1%；工业产品产销率达97.9%，比上年提高1.75个百分点；独立核算工业企业实现利税20.95亿元，增长34.3%；亏损企业亏损额3.22亿元，下降

43.8%。落实对口支援165个，到位资金2.6亿元。

完成固定资产投资212.06亿元，增长7.3%。落实国债项目29项，落实国债资金2.5亿元。全市11个重点项目完成投资9.5亿元。社会消费品零售总额126.28亿元，增长8.02%，扣除物价因素，实际增长10.2%。商品零售价格总指数比同期下降2%，居民消费价格总指数比同期下降1.2%。外贸出口完成10248万美元，为年计划的93.2%，同比下降6.9%。全市利用外资10068万美元，其中，外商直接投资1972万美元，借用外国贷款8096万美元。

全市财政收入24.15亿元，增长9.13%。全市金融机构各项存款余额263.83亿元，比年初增加13.1亿元；各项贷款余额329.2亿元，比年初增加20.47亿元。

高校招生规模扩大，中等学校布局和结构调整迈出步伐。环境保护与综合治理得到重视，全市六个县市的国家生态环境综合建设工程全面开展。旅游业，接待海外游客7.11万人次，创汇1408万美元，增长19.45%；接待国内旅游者495.5万人次，增长18.3%，实现旅游收入30亿元，增长15.22%。城镇居民人均可支配收入5434元，增长8.5%。企业职工参加社会养老保险人数26.8万人，增长5.92%，国有企业下岗职工1.83万人实现了再就业。

2000年计划安排方案

宏观调控预期目标：国内生产总值增长9%左右，其中，第一产业增长2.8%，第二产业增长9.2%，第三产业增长13%；社会固定资产投资增长10 %左右；社会消费品零售总额增长10 %左右；出口总额（海关口径）增长10%左右；居民消费价格涨幅与去年持平；财政收入增长9 %左右；城镇登记失业率控制在3.5 %左右；人口自然增长率控制在6.2 ‰以内。

主要措施：以农业增效、农民增收为重点进行农业经济结构调整，促进农村经济全面发展；以实施精品名牌产品战略为重点，促进工业结构优化和升级；以提高企业竞争力为目标，加快国有企业改革和发展；保持投资稳步增长，千方百计扩大投资需求；大力开拓市场，努力扩大消费需求；加快实施外向带动战略，努力扩大出口和利用外资；努力做好财政金融工作，促进全市经济发展；继续实施科技兴市战略，促进各项社会事业全面进步。

五、财政预决算报告

2000年2月24日，市二届人大五次会议第一次全体会议听取和审议市财政局局长陈士新所作的《宜昌市1999年财政预算执行情况和2000年财政预算草案的报告》：

1999年财政预算执行情况

全市财政收支预算执行情况。财政收入完成241550万元；地方财政支出完成205966万元，为预算的107.3%，比上年增长11.3%。

市直财政收支预算执行情况。财政收入完成70778万元。地方财政支出完成53782万元，主要法定支出均达到规定的增幅：一是农业支出3712万元，比上年增长8%；二是教育支出8003万元，比上年增长9.3%；三是科学技术支出1024万元，比上年增长29.9%。

财政收支及平衡情况，详见表3—13—9。

1999年全市财政收支预算执行情况汇总表

表3—13—9　　　　单位：万元

项目		全市		市直	
		金额	占预算%	金额	占预算%
财政总收入		241550	99.6	70778	92.8
其中	上划中央收入	78345	92.1	21105	82.8
	地方收入	163205	103.7	49673	97.8
地方财政支出		205966	107.3	53782	97.8
平衡	收入来源总计	261917	—	77565	—
	支出总计	261176	—	77494	—
	当年结余	741	—	71	—

审批决算后，上述数字还会有些变化，再专题向市人大常委会报告。

2000年财政预算（草案）

全市财政收支预算安排。财政收入指导性计划安排为263，300万元。地方财政支出安排223，770万元，其中，农业、教育、科学技术等法定支出均高于财政经常性收入增长幅度。收支相抵，当年收支平衡。各县市区财政预算经同级人民代表大会审查批准后，市财政再汇总报市人大常委会备案。

市直财政收支预算安排。市直财政收入77，148万元。地方财政支出57，944万元，其中：农业支出比上年增长8.5%；教育支出比上年增长10%；科学技术支出比上年增长38.6%，均达到了法律规定的增长幅度。

财政收支及平衡预测情况，详见表3—13—10。

2000年全市财政收支预算安排汇总表

表3—13—10　　　　单位：万元

项目		全市		市直	
		金额	比上年增长%	金额	比上年增长%
财政总收入		263，300	9.00	77，148	9.20
其中	上划中央收入	85，000	8.50	23，510	11.40
	地方收入	178，300	9.20	53，638	8.00
地方财政支出		223，770	8.60	57，944	7.70
平衡	收入来源总计	—	—	77，656	—
	支出总计	—	—	77，623	—
	当年结余	—	—	33	—

六、常委会工作报告

2000年2月26日，市二届人大五次会议第二次全体会议听取和审议市人大常委会副主任柏世友所作的《宜昌市人大常委会工作报告》：

1999年工作回顾

推进依法治市进程。一是在市人大常委会第十六次会议上审议通过《宜昌市人大常委会行政执法监督暂行办法》。二是召开行政执法监督工作座谈会，交流了经验，明确了任务。三是加强信访工作。四是抓“三五”普法教育，增强法律意识，提高执法水平。

加强工作监督。1999年，市人大常委会召开7次会议，形成审议意见41条，做出7个决议、决定。听取和审议“一府两院”的 21个法律法规执行情况报告，开展18 次视察和检查。听取和审议宜昌市1997年市本级财政决算的报告、1998年财政预算执行和其他财政收支情况的审计工作报告、1998年本级财政决算和审计整改情况的报告、1999年上半年财政预算执行情况的报告，及时做出决定、决议，批准宜昌市1998年本级财政决算的报告。

依法行使人事任免权。全年共任免机关工作人员78人，其中，任命48人，批准任命12，免职18人。市人大常委会对任免工作有了新的改进，一是对被任免人员进法律常识考试；二是做出《关于宜昌市人大常委会任命的干部作书面述职的决定》，并开展对任命干部的述职评议工作。

切实加强代表工作。一是加强对市人大代表大会所提的议案、批评、意见和建议的督办。二是加强与人大代表的联系，为人大代表订阅相关刊物，通报市人大常委会的工作情况，并听取代表的意见和建议，帮助他们解决履职中的困难和存在的问题。三是请相关人大代表列席市人大常委会会议。

加强县乡人大工作的联系和指导。一是指导完成了县（市）区人大换届选举工作。二是召开乡镇人大换届选举工作座谈会，对乡镇人大换届选举工作进行了讨论研究，统一部署。三是举办了人大机关干部培训班，学法律、学业务，为新一届县（市）区人大机关开展工作打下了基础。四是对两个民族自治县的立法工作进行了指导和协调。

加强人大常委会的自身建设。5月和7月，以美国为首的北约轰炸我驻南联盟大使馆和“法轮功”邪教组织问题被揭露后，市人大常委会组织学习党中央领导的讲话及有关文件，使我们在复杂的环境下，有清醒的头脑、明确的方向。下半年，开展以讲学习、讲政治、讲正气为主要内容的党性党风教育。

2000年工作要点

进一步加大监督力度，增强监督工作的实效；切实做好代表工作，充分发挥代表的作用；认真讨论、决定重大事项，有效行使决定权；依法做好人事任免，加强任后监督工作；加强人民代表大会制度和民主法治建设的宣传，深入开展人大理论研究工作；继续搞好市人大常委会自身建设，努力提高效率和水平。

七、法院工作报告

2000年2月26日，市二届人大五次会议第二次全体会议听取和审议市中级人民法院院长胡兆满所作的《宜昌市中级人民法院工作报告》:

1999年工作回顾

全市法院共收案35203件，比1998年30639件增加4564件，上升14.9%；审结32837件，比1998年37818件增加5019件，上升18%；结案率为93.27%，比上年上升2.47%。中院1999年共收案2486件，比上年的2146件多340件，上升15.84%；审结2081件，1998年的1690件多391件，上升23.13%；结案率为83.71%，比上年上升4.96个百分点。

通过开展“审判质量年”活动。审判质量有了进一步的提高。通过开场“案件执行年”活动，执行案件收案12300件，比1998年的11145件多收1155件，上升10.36%，执结10800件，比1998年的9142件多1658件，执结率上升18.14%。

2000年工作要点

以服务为宗旨，通过发挥审判职能作用，为改革、发展和稳定创造良好的环境；以满意为标准，继续开展法院“三创”工作；以质量为根本，提高干警的业务素质，提高审判质量，加强质量监督；以改革为动力，全面推进法院的各项工作。。

八、检察院工作报告

2000年2月26日，宜昌市二届人大五次会议第二次全体会议听取和审议市人民检察院检察长李早湘所作的《宜昌市人民检察院工作报告》：

1999年工作回顾

受理贪污贿赂等经济案件线索726件，初查655件，立案侦查155件175人，比上年增长18.3%，已侦查终结148件，172人（含上年积存），侦结率为85.4%。为国家挽回经济损失2104.69万元。受理渎职案件117件，初查110件，立案侦查11件13人，比上年上升57%。

受理公安机关、自侦部门提请批捕案1498件2184人，比上年上升2.7%，已全部审结。决定批准逮捕1349件1945人，批捕率为96.5%；受理公安机关和自侦部门移送审查起诉1815件2818人，比上年上升5.6%，审结1794件2787人，审结率为98.8%，向法院起诉1377件2036人，不起诉28件46人，出庭支持公诉1215件。受理暴力犯罪、涉毒犯罪、带黑社会性质的犯罪、盗窃及抢劫犯罪案件1135件1736人，向法院起诉1104件1516人。提前介入重特大案件84件，加快了办案速度，提高了办案效率。

全市检察机关审查批捕部门受理立案监督案33件，要求公安机关说明不立案理由的23件，通知公安机关立案17件，公安机关已立案22件，比上年增加一倍。做出不批捕决定40件71人，退回补充侦查284件520人，追捕漏犯2人。对侦查活动中涉及的违法行为提出纠正意见100余次，发《检察建议书》15次。对人民法院确有错误的判决、裁定提出抗诉的6件8人，纠正1起重罪轻判案件。受理当事人不服法院生效的民事行政判决裁定415件，比上年上升93%。从中立案审查245件，比上年上升131%。经审查，提请抗诉119件，抗诉61件，比上年上升307%。经做工作，申诉人息诉115件。受理监管部门移送起诉的在押人犯又犯罪案件5件5人，向法院提起公诉后均作了有罪判决。对全市监管场所超期羁押问题进行全面清理，使超期羁押人犯问题得到纠正。对全市157名暂予监外执行罪犯进行严格考察，对其中即将到期需要续保的8名人犯，进行医疗复查，依法按程序办了续保手续，对5名保外条件消失的人犯建议主管部门收监。受理各类控告举报案件线索3339件，其中来信2616件，不定期访723件。控告举报3108件，申诉231件。按照归口办理原则，已审查处理3049件，举报中心初查140件，分送其他业务部门997件。控申部门立案复查7件，审结4件，维持原结论3件，改变原结论1件。

2000年工作要点

坚持“严打”方针，依法严厉打击严重危害社会治安的刑事犯罪活动；大力查办贪污贿赂渎职等犯罪大案要案，深入开展反腐败斗争；加强法律监督，维护司法公正和法制统一；进一步加大为国有企业改革和发展服务的力度；进一步加强基层院建设和队伍建设；要紧紧依靠党委领导，自觉接受人大的监督。

九、会议选举

2000年2月26日，此次会议第二次全体会议通过《宜昌市二届人大五次会议选举办法》《宜昌市二届人民代表大会部分专门委员会主任委员人选办法》。2月28日，此次会议第三次全体会议选举产生市人民政府市长：王振有；市人大常委会副主任：甘家宽，委员：杨正谋、陈汝斌、龚尚玉。通过市人大财政经济委员会主任委员：龚尚玉；教育科技文化卫生委员会主任委员：杨正谋；城乡环境资源保护委员会主任委员：陈汝斌。

十、议案审查报告

2000年2 月28 日，此次会议主席团第四次会议审议通过市人大常委会副主任赵君礼所作的《宜昌市二届人大五次会议代表提出的议案处理意见的报告》：

此次会议收到代表10人以上联名提出的议案30件。审查意见：将《关于把建设和保护城区永久性绿地列入全市法治建设的议案》作为议案处理；其余29条议案拟作建议、批评和意见处理，连同收到代表提出的建议、批评和意见134件共计163件，都作为建议、批评和意见处理。

此次会议收到询问案1件。随后，提出询问的代表将询问案撤回。

十一、会议决议

2000年2月28日，宜昌市二届人大五次会议第四次全体会议审议通过6个决议。

《关于宜昌市人民政府工作报告的决议》

宜昌市二届人大五次会议听取和审议王振有代理市长代表市人民政府所作的政府工作报告。会议认为，在过去一年里，市人民政府带领全市人民，顽强拼搏，克难奋进，国民经济保持稳定发展；各项社会事业取得了新的成绩。报告总结1999年的工作是实事求是的，提出2000年的指导思想、预期目标和工作措施切实可行，会议决定批准这个报告。

会议指出，2000年是世纪交替之年，也是完成“九五”计划、实现第二步战略目标的最后一年，做好今年各项工作，对于宜昌新世纪大发展具有重要意义。市人民政府要全面贯彻中共十五大和十五届三中、四中全会精神，紧紧围绕市二次党代会提出的三大目标、四大战略，进一步解放思想，抢抓机遇，正确处理改革、发展和稳定的关系，保持国民经济持续快速健康发展，促进社会全面进步，努力完成此次会议决定和各项任务。

会议要求，要把国有企业改革和发展作为各项工作的重中之重，全力以赴打好国有企业改革解困攻坚战。坚持“有进有退，有所为有所不为”的原则，大胆运用各种合乎社会化生产规律的经营方式和组织形式，从战略上调整国有经济布局和改组国有企业，提高国有资本运营质量。抓紧建立和完善国有资产监管营运体系，切实理顺股东会、董事会、监理会和经理层的权责关系，建立现代企业制度。抓好企业的成本管理、资金管理和质量管理上，建立和完善企业经营者激励、约束机制，推进企业管理创新。积极帮助企业解决生产经营中存在的突出问题，减轻企业负担，做好国有企业下岗职工再就业和基本生活保障工作，加快社会保障体系建设，为国有企业改革与发展创造良好环境。

会议指出，农业是经济发展和社会稳定的基础，要始终加强和巩固农业的基础地位。面向市场，大力推进农业和农村经济结构战略性调整，全面提高农业和农村经济的素质和效益，增加农民收入。继续坚持农业产业化、乡镇企业二次创业和小城镇建设三大战略一起抓，推动农村经济整体发展。继续坚持开发性扶贫方针，抓好扶贫开发成果的巩固提高工作。继续抓好以农田水利为重点的农业基础设施建设，提高农业抗御自然灾害的能力。认真落实党在农村的各项政策，切实减轻农民负担。

会议强调，要认真开展“项目年”活动，抓住国家实施积极财政政策、实施西部大开发战略、对口支援等机遇，大力引进高新技术项目、国内外知名企业或名优品牌，培植新的经济增长点。进一步加大对外开放力度，积极扩大出口和利用外资，提高对外开放水平。切实做好财政金融工作，依法理财，依法治税，支持经济发展。进一步加强城乡基础设施建设，提高城市管理水平。以旅游业为重点，大力发展第三产业。切实抓好移民工作，支援和服务三峡工程建设。

会议要求，要加速实施科教兴市战略，建立以企业为主体的技术创新体系，提高企业创新能力；努力办好高新技术开发区，大力发展高新技术产业。切实把教育放在优先发展的位置，深化教育体制改革，全面推进素质教育。认真贯彻落实计划生育、合理利用和保护土地资源、环境保护三项基本国策，实现经济社会可持续发展。

会议强调，依法行政是依法治国的重要组成部分。市人民政府要自觉接受市人大及其常委会的监督，认真贯彻依法治国方略；推进依法治市进程，努力提高依法行政水平。继续抓好社会治安综合治理，深入开展反腐败斗争，维护社会稳定。政府工作人员特别是领导干部，要坚持讲学习、讲政治、讲正气，努力提高适应新形势、创造新业绩的能力和水平，密切联系人民群众，自觉接受人民群众监督，全心全意为人民服务，树立“廉洁、勤政、务实、高效”的政府形象。

会议号召，全市各族人民要坚定不移地高举邓小平理论伟大旗帜，在中共宜昌市委和市人民政府的领导下，勤奋工作，开拓进取，为把宜昌市改革开放和社会主义现代化建设事业全面推向21世纪而努力奋斗！

《关于宜昌市1999年国民经济和社会发展计划执行情况与2000年计划的决议》

宜昌市二届人大五次会议经过审议并根据市人民代表大会财政经济委员会的审查报告，决定批准市人民政府提出的2000年国民经济和社会发展计划，同意市计划委员会主任周围受市人民政府委托所作的《关于宜昌市1999年国民经济和社会发展计划执行情况与2000年计划草案的报告》，同意市人民代表大会财政经济委员会在审查报告中提出的建议。

会议要求，各级人民政府要认真贯彻中央经济工作会议精神，坚持速度、效益和后劲的统一，正确处理改革、发展和稳定的关系。要抓住国家实施西部大开发机遇，加快全市经济发展。在计划执行过程中，要进一步落实党在农村的各项政策，科学、合理地调整农业结构，提高农业科技含量，搞好科技服务。要增加农业投入，加强以农田水利为重点的基础设施建设，搞活农产品流通，减轻农民负担，千方百计增加农民收入，保持农村稳定。要进一步解放思想，继续抢抓三峡工程机遇，认真开展“项目年”活动，大力培植新的经济增长点，突出抓好国有企业改革和发展。要加快建立现代化企业制度步伐，加大技术改造力度，建立技术创新机制，提高管理水平；要面向市场需求，以科技进步为动力，立足现有基础，着眼长远发展，进一步调整和优化经济结构，提高宜昌市经济整体素质。要大力实施科教兴市战略，加快科技成果转化步伐，努力发展高新技术产业，积极发展文化、卫生、体育事业，严格控制人口增长。要切实关心下岗职工生活，积极创造条件，帮助获取就业机会。要继续实施可持续发展战略，合理利用土地资源，保持生态平衡，促进环境、经济和社会协调发展，推进社会各项事业全面进步，为完成2000年全市国民经济和社会发展计划而努力奋斗。

《关于宜昌市1999年财政预算执行情况和2000年财政预算的决议》

宜昌市二届人大五次会议经过审议并根据市人民代表大会财政经济委员会的审查报告，决定批准市人民政府提出的2000年市本级预算，同意市财政局局长陈士新受市人民政府委托所作的《关于宜昌市1999年财政预算执行情况和2000年财政预算草案的报告》。

会议要求，各级人民政府要进一步贯彻实施《中华人民共和国预算法》。在预算执行过程中，要严格按照同级人民代表大会批准的预算执行，并接受人民代表大会及其常务委员会对预算执行的监督。要进一步强化税收征管，严格依法治税，确保应收尽收，不得擅自开减免税收的口子，不得预收税款，不得虚列财政收入。要严格支出管理，严肃财经纪律，合理调整支出结构，确保公教人员工资、国家机关运转、社会稳定等重点支出和教育、科技、农业等法定支出，压缩一般性行政事业费支出，保持财政收支平衡。要进一步强化财政监督管理，规范财政收支行为，提高财政资金使用效益。要严格执行“收支两条线”制度，加强预算外资金的管理和监督，坚决取缔各种形式的乱收费，减轻企业和农民负担。要坚定信心，实事求是，扎实工作，为完成2000年全市财政预算而努力奋斗！

《关于宜昌市人民代表大会常务委员会工作报告的决议》

宜昌市二届人大五次会议审议柏世友副主任代表市人大常委会所作的工作报告。会议决定批准这个报告。

会议认为，一年来，市人民代表大会常务委员会在中共宜昌市委的领导下，坚持以邓小平理论和中共十五大精神为指导，围绕经济建设中心和改革、发展、稳定的大局，认真履行宪法和法律赋予的职责，积极推进依法治市，在加强监督、代表工作、自身建设等方面都取得了新的成绩，为加强民主法治建设、保障和促进改革开放和社会主义现代化建设事业的顺利进行，发挥了地方国家权力机关的作用。

会议指出，面向新世纪，人大工作要有新的发展。市人民代表大会常务委员会要继续高举邓小平理论伟大旗帜，深入贯彻中共十五大和十五届三中、四中全会精神，在中共宜昌市委的领导下，依法履行职责，大力加强社会主义民主与法治建设，积极贯彻依法治国方略，促进全市经济持续、快速、健康发展和社会全面进步。

会议强调，市人大常委会要严格执行监督方面的法律法规，依法履行监督职能，加强和改进执法检查、视察等工作，完善人事任免制度，加大对重大违法案件的监督力度，通过行使法定职权加强对经济工作的监督，进一步加强对市人民政府和市中级人民法院、市人民检察院的监督，督促和支持“一府两院”依法行政、公正司法。积极探索和运用新的监督形式，努力增强监督实效。

会议要求，市人民代表大会常务委员会要进一步密切同人大代表、人民群众和基层人大的联系，支持并保障代表依法履行职责，自觉接受市人民代表大会、人大代表和人民群众的监督。要大力开展人民代表大会制度和社会主义民主与法制的宣传，提高全民的法制观念和法律意识。要进一步加强市人大常委会自身建设，坚持民主、务实的工作作风，努力开创人大工作新局面，为推进社会主义民主与法治建设，促进全市改革开放和现代化建设做出新的贡献。

《关于宜昌市中级人民法院工作报告的决议》

宜昌市二届人大五次会议听取和审议宜昌市中级人民法院院长胡兆满所作的《宜昌市中级人民法院工作报告》。会议认为，一年来，市中级人民法院认真履行宪法和法律赋予的职责，全面开展审判工作，严厉打击各类犯罪，调解各类纠纷，执行已经生效的法律文书，为促进宜昌的改革开放和经济建设，为维护社会政治稳定，做了大量的工作，法院工作取得了新的成绩。会议决定批准这个报告。

会议要求，市中级人民法院要继续高举邓小平理论伟大旗帜，认真贯彻中共十五大和十五届三中全会、四中全会精神，维护稳定，服务大局，依法履行审判职能，充分发挥审判机关在依法治市中的重要作用。要严格执法，继续严厉打击严重刑事犯罪和经济犯罪，加强经济、民事、行政等审判工作和执行工作，不断提高审判工作质量和效率，防止和纠正地方保护主义，切实做到公正司法、文明执法。要继续推行执法责任制和错案责任追究制，加强法院队伍自身建设，努力造就政治坚定、公正廉洁、业务精通的法官队伍，为保障全市的改革、发展和稳定做出更大的贡献。

《关于宜昌市人民检察院工作报告的决议》

宜昌市二届人大五次会议听取和审议宜昌市人民检察院检察长李早湘所作的《宜昌市人民检察院工作报告》。会议认为，一年来，市人民检察院认真履行宪法和法律赋予的职责，着力查办贪污、贿赂、渎职等职务犯罪大案要案，依法严厉打击严重刑事犯罪，认真开展法律监督，不断加强检察队伍建设，检察改革和为国有企业改革发展服务工作取得了较好地成绩，为促进全市改革开放和经济建设，为维护社会政治稳定做了大量工作，检察工作取得了新的成绩。会议决定批准这个报告。

会议要求，市人民检察院要高举邓小平理论伟大旗帜，认真贯彻中共十五大和十五届三中全会、四中全会精神，牢固树立为改革开放、经济建设和社会稳定服务的思想，依法履行各项检察职能，充分发挥检察机关在依法治市中的重要作用。要依法严厉打击严重刑事犯罪和经济犯罪，加大查办贪污、贿赂、渎职等职务犯罪的力度，强化法律监督职能，切实做到公正执法、文明执法、模范执法，确保法律统一正确实施。要切实加强检察队伍自身建设，努力提高队伍的整体素质，推行执法责任制和错案责任追究制，深化检察改革，为保障和促进全市的改革开放、社会主义现代化建设做出更大的贡献。

第六节　第六次会议

2001年2月24日—28日，市二届人大六次会议在城区举行。应出席代表405名，实际出席代表386人，列席人员167人。此次会议议程是：审查和批准《宜昌市国民经济和社会发展第十个五年计划纲要》；听取和审议《宜昌市2000年国民经济和社会发展计划执行情况与2001年计划草案的报告》；听取和审议《宜昌市2000年财政预算执行情况和2001年财政预算草案的报告》；听取和审议《宜昌市人大常委会工作报告》；听取和审议《宜昌市中级人民法院工作报告》；听取和审议《宜昌市人民检察院工作报告》；审议市人民政府《把建设和保护城区永久性绿地列入全市法治建设议案办理情况的报告》；补选宜昌市二届人大常委会组成人员；通过此次会议各项决议。

一、预备会议

2001年2月23日，市二届人大六次会议举行预备会议。会议通过此次会议议程、大会主席团和秘书长名单。

二、会议机构及成员名单

市二届人大六次会议主席团和秘书长名单：主席团成员(按姓氏笔画排序)：万九才、王少愚、王振有、王金玉(女)、王万修、王厚军、王肇华、文万照(土家族)、文成国(土家族)、艾苍松、甘家宽、甘泽清、冯淑珍(女)、邬永坤、刘利人、江秀芳(女)、孙志刚、李泉、李亚隆、李家余、李盈奕(土家族)、肖道根、吴开保、张鹏、张子仪、张永政、张兴本、杨保平、周水舟、周其斌、郑超、郑广玉、柏世友、赵君礼、赵举海(土家族)、赵复武、段贤斌、高秉琔　黄利鸣、符利民、廖达凤(女)、谭卫国、谭春玉(女)；秘书长：柏世友。

市二届人大六次会议常务主席（按姓名笔画排序）：甘家宽、江秀芳(女)、孙志刚、李家余、肖道根、周水舟、赵君礼、赵复武、柏世友。

市二届人大六次会议副秘书长（按姓名笔画排序）：王少愚、李和奎、吴玲、邱忠安、张成大、陈振华、熊从艮、戴保定。

三、“十五”规划《纲要》

2001年2月24日，市二届人大六次会议印发和审议《宜昌市国民经济和社会发展第十个五年规划纲要(草案)》。

《纲要》目录：经济和社会发展的奋斗目标与发展战略；经济和社会发展的方向与重点；经济和社会发展的环境建设；经济和社会发展规划的实施保障。

四、政府工作报告

2001年2月24日，宜昌市二届人大六次会议第一次全体会议听取和审议市长王振有所作的《宜昌市国民经济和社会发展第十个五年计划纲要的报告》：

“九五”时期的工作回顾

2000年，全市国内生产总值达到379.49亿元，年均增长13.34%。财政收入达到26.37亿元，年均增长15.72%。国内生产总值的一次、二次、三次产业比重由23.7：51.6：24.7调整为16.6：54.4：29。城镇居民人均可支配收入达到5828元，年均增长6.13%；农民人均纯收入达到2363元，年均增长10.23%。

2000年，全市公路通车里程达到7828公里；电信部门程控交换机容量达到60万门，是1995年的3.2倍；移动通信交换机容量达到31.5万门。宜黄高速公路、三峡专用公路、三峡机场等相继建成投入使用，宜昌、夷陵两座长江大桥即将建成通车，全市交通通信得到极大改善。一批市政基础设施项目相继竣工，城市功能日趋完善。小城镇建设初见成效。

国有企业改三年改革脱困目标基本实现。列入全国三年扭亏脱困指导企业名单的27户，有26户全面完成了改革脱困任务。财政、税务、金融、保险、物价、科技、教育等方面管理体制的改革都取得了阶段性成果。全方位对外开放格局基本形成，海关、商检等机构相继设立，二类水运口岸对外开放。2000年出口总额比1995年增长3倍。五年来，全市实际利用外资5.5亿美元，比“八五”时期增长2.1倍。

科教兴市工作稳步推进，科技进步在经济增长中的贡献率达到44%。提前一年实现普及九年义务教育目标，成功地组建了综合性的三峡大学。社区文明创建工作、民兵预备役工作、人民防空、国家安全、民政、监察、防震减灾、档案、地方志、气象、残疾人事业、外事、侨务和对台事务等工作都取得了新的成绩。五年来，宜昌市先后被评为全国科教兴市先进单位、全国全民健身先进单位、全国双拥模范城市、全国林业生态建设先进城市、全国卫生城市、全国文明城市、全国园林绿化先进城市。

服务三峡工程。五年来，全市共搬迁移民2万多户、7万多人，迁建企业75家。

“十五”时期的经济社会发展计划

奋斗目标。经济发展速度和综合经济效益高于全国全省平均水平，经济结构调整取得明显成效，改革开放取得重大突破，人民物质文化生活水平得到明显提高，社会事业全面进步，精神文明建设和民主法治建设取得明显进展。经过五年的努力，初步形成世界最大的水电基地，基本建成全国一流的旅游名城，成为长江沿线重要的经济强市，努力建设经济发达、文化繁荣、环境优美、社会文明的现代化大城市和富庶的新农村，实现宜昌的第二次振兴。

主要指标。力争到2005年，国内生产总值达到610亿元，年均增长10%；固定资产投资总规模累计达到1540亿元，年均增长10%；社会消费品零售总额达到235亿元，年均增长11%；出口总额达到1.2亿美元，年均增长10.7%；利用外资总额累计达到8亿美元，年均增长16%；财政收入达到42.4亿元，年均增长10%。力争到2005年，全市三次产业结构调整为12：55：33。确保到2005年，城镇居民人均可支配收入达到7800元，年均增长6%；农民人均可支配收入达到3070元，年均增长5.5%；城镇人均住房面积达到25平方米。

2001年的工作重点

继续大力开展“项目年”活动，培植经济增长后劲；加强农业的基础地位，努力增加农民收入；进一步深化国有企业改革，整体搞活国有经济；以旅游业为龙头，大力发展第三产业；加快科技进步与创新步伐，全面提高经济质量；积极做好财政金融工作，促进经济快速发展；以加入WTO为契机，积极发展开放型经济；加强城市建设与管理，推动城镇化进程；加快完善社会保障体系，努力扩大就业；继续做好移民和对口支援工作，服务三峡工程建设；加强社会主义精神文明建设，推动各项社会事业发展；加强民主法治建设，提高依法行政水平。

五、计划报告

2001年2月24日，市二届人大六次会议第一次全体会议听取和审议市计划委员会主任周围所作的《宜昌市2000年国民经济和社会发展计划执行情况与2001年计划草案的报告》：

2000年计划执行情况

2000年，全市国内生产总值达到379.49亿元，比上年增长9.37%。国民经济和社会发展主要指标达到预期目标。

全年完成农业增加值62.92亿元，比上年增长2.91%，高出计划目标0.11个百分点，比全省平均水平高0.41个百分点。

全市规模内工业企业完成增加值79.77亿元，同比增长11.12%，高于计划目标1.12个百分点。全年工业产品销售率达97.95%。规模内工业企业盈亏相抵实现利润7.81亿元，同比增长26.99%，亏损面下降到33.4%，缩小5.12个百分点，亏损额下降到4.32亿元，减亏7.11%。工业经济效益综合指数上升到102.2。工业企业完成工业增加值141.93亿元，比上年增长9.95%。

全市全社会固定资产投资完成229.37亿元，同比增长8.2%。其中，基本建设投资增长7.2%；更新改造和房地产投资增长分别达到10.7%和30.1%。深入开展“项目年”活动，纳入“项目年”考核的项目82个，完成投资18.6亿元。有36个项目按计划如期开工。

消费品零售总额139.03亿元，同比增长10.09%。接待海外游客12.96万人次，创汇2585万美元，同比分别增长82.3%、83.6%。接待国内游客600万人次，实现旅游收入35亿元。商品零售价格指数为99.2%，居民消费价格指数为99.1%。

利用外资总额达到10195万美元，同比增长1.26%，其中，直接利用外资4067万美元，利用外国政府贷款6128万美元。

完成财政收入26.37亿元，同比增长9.15%；财政支出24.31亿元，同比增长9%。全市金融机构各项存款余额299.7亿元，比年初增加36亿元，增长13.65%；各项贷款余额307.6亿元，比年初增加42.2亿元，增长15.9%。

全市人口自然增长率1.28‰。基本实现普及九年义务教育目标，小学适龄儿童入学率99.6%，初中适龄少年入学率95.3%；2000年全市高考录取率为67.5%，成功地组建了三峡大学。全市新安置下岗职工再就业4.35万人，安置城镇失业人员2.48万人，安置率达57.5%，登记失业率为3.5%。全年城镇居民人均可支配收入达到5828元，同比增长7.25%，农民人均纯收入2363元，同比增长2.12%。全市解决农村3万贫困人口温饱问题。

2001年计划安排方案

主要预期目标。国内生产总值增长9%左右，其中，第一产业增长3.1%，第二产业增长9.7%，第三产业增长11%；全社会固定资产投资增长9%左右；社会消费品零售总额增长11%；出口总额增长9.3%；财政收入增长9.1%；城镇人均可支配收入增长6.9%；农村人均纯收入增长3.5%；全市居民消费价格涨幅略高于去年水平；城镇登记失业率控制在3.5%左右。

主要措施：大力发展农村经济增加农民收入；加快科技创新，促进产业结构优化升级；继续开展“项目年”活动，保持投资需求的稳定增长；进一步扩大消费需求；认真做好加入世贸组织的应对准备工作，不断提高全市对外开放水平；努力做好财政金融工作，加大对经济发展的支持力度；加快建立健全社会保障体系，继续做好就业和再就业工作；坚持实施可持续发展战略，积极发展各项社会事业。

六、财政预决算报告

2001年2月24日，市二届人大六次会议第一次全体会议听取和审议市财政局局长陈士新所作的《宜昌市2000年财政预算执行情况和2001年财政预算草案的报告》:

2000年财政预算执行情况

全市财政收支执行情况。财政总收入完成263660万元，地方财政支出完成225872万元。市直财财政收入完成77660万元。地方财政支出完成60182万元，其中主要法定支出均达到规定的增幅：一是农业支出3632万元，比上年增长6%；二是教育支出8492万元，比上年增长6.1%；三是科学技术支出1409万元，比上年增长37.6%。

全市财政收支及平衡情况，详见表3—13—11。

2000年全市财政收支预算执行情况汇总表

表3—13—11　单位：万元

项目		全市		市直	
		金额	占预算%	金额	占预算%
财政总收入		263660	101.9	77660	100.7
其中	上划中央收入	86873	100.6	23895	101.6
	地方收入	176787	102.7	53765	100.2
地方财政支出		225872	104.9	60182	103.9
平衡	收入来源总计	287802	—	86283	—
	支出总计	287155	—	85928	—
	当年结余	647	—	355	—

2001年财政预算（草案）

全市财政收支预算安排。收入指导性计划安排287565万元。地方财政支出安排244550万元，其中：农业、教育、科学技术等法定支出均高于经常性收入增长幅度。全市财政收入减去上交后，收支相抵，当年收支平衡。

市直财政收支预算安排：收入84650万元，地方支出67895万元。详见表3—13—12。

2001年全市财政收支预算安排汇总表

表3—13—12　单位：万元

项目		全市		市直	
		金额	比上年增长%	金额	比上年增长%
财政总收入		287565	9.10	84650	9.00
其中	上划中央收入	93530	7.70	24763	3.60
	地方收入	194035	9.80	59887	11.40
地方财政支出		244550	8.30	67895	12.80
平衡	收入来源总计			86725	
	支出总计			86708	
	当年结余			17	

各县市区财政预算经同级人民代表大会审查批准后，市财政再汇总报市人大常委会备案。

七、常委会工作报告

2001年2月26日，市二届人大六次会议第二次全体会议听取和审议市人大常委会副主任柏世友所作的《宜昌市人大常委会工作报告》：

2000年工作回顾

决定重要事项。一是听取和审议市人民政府《关于创建中国优秀旅游城市工作的报告》，做出《关于创建中国优秀旅游城市的决议》。二是对《湖北省旅游管理条例》贯彻实施情况进行了检查。三是组织调查组对公共绿地的建设和保护工作进行了调查，摸清了情况，广泛征求了意见，做出《关于保护城区公共绿地的决定》。

做好监督工作。一是对预算法、湖北省农民负担管理条例等8个法律法规的贯彻实施情况进行了检查。二是听取和审议市人民政府关于湖北省行政执法条例贯彻实施情况的报告，听取了市工商行政管理局、市质量技术监督局关于执法情况的汇报。三是加强对司法机关和行政执法机关的监督。4月，组织常委会部分组成人员视察了市人民检察院的工作。7月，主任会议分别听取和审议市中级人民法院和市人民检察院半年工作情况的汇报。四是受理人民群众来访328人次、信访781件次。五是听取和审议市人民政府关于全市城市绿化、市直工业企业改革等方面的工作报告11个，有针对性地提出了审议意见和建议。六是组织各专门委员会开展执法检查、进行专题调查等工作。

做好人事任免工作。共任免和批准任免国家机关工作人员69人次，其中任命35人次，免去职务31人次，批准任命1人，批准免去职务2人。要求拟任人员在市人大常委会会议上作供职演说。对174名已任命和拟任命人员进行法律知识考试。2000年，常委会对市中级人民法院、市计划委员会、市计生委、市水利水电局、市外事办主要负责人开展述职评议。

做好代表工作。一是制定《宜昌市人大常委会代表工作暂行办法》。二是组织部分省市人大代表和市人民政府主要负责人座谈，市长向人大代表报告了市人民政府上半年的工作情况。三是加强代表议案和建议的督办工作。四是认真组织人大代表开展视察、调查活动，充分发挥人大代表在闭会期间的作用。五是保护人大代表的合法权益，对葛洲坝法庭侵犯了1名基层人大代表的合法权益的问题进行调查处理，追究了违法人员的责任。六是依法处置涉嫌犯罪的代表：因1名市人大代表涉嫌犯罪，及时批准司法机关《关于逮捕涉嫌犯罪的市人大代表的请示》；因1名省人大代表涉嫌犯罪，报经省人大常委会批准，司法机关及时拘留了涉嫌犯罪的省人大代表。

参与立法工作。一是先后完成了环境保护法、归侨侨眷权益保护法等10个法律草案的修改和立法案的调研任务。二是参与和协助民族自治县制定3个单行条例，经省人大常委会批准后，进行了公布实施。

加强常委会自身建设。一是集中开展“三讲”教育与“回头看”活动。二是深入学习和贯彻落实“三个代表”重要思想。三是加强经常性的政治、业务学习。

2001年工作要点

听取“一府两院”有关重大事项的报告并做出相应的决议决定；做好监督工作；做好任免工作；做好代表和换届选举工作；加强市人大常委会的自身建设。

八、法院工作报告

2001年2月26日，市二届人大六次会议第二次全体会议听取和审议市中级人民法院院长胡兆满所作的《宜昌市中级人民法院工作报告》:

2000年工作情况

全市法院共受案37262件，比1999年的35203件增加2059件，上升5.84%；审结33843件，比1999年的32873件多结970件，结案率为90.82%。其中，中院共受理各类案件2450件，审（执）结2178件，结案率为88.9%。在中院受理的案件中，刑事、民事、经济、行政等诉讼案件1915件，比1999年的1823件上升5.04%；审结1825件，比1999年的1725件上升5.79%，结案率为95.3%；执行受案535件，结案336件，执结率为65.98%，较上年上升12.29%。

2001年工作要点

继续发挥刑事审判的职能，坚决维护社会政治稳定；通过民事、行政审判，为“十五”计划的顺利实施，提供有力地司法保障和法律服务；继续深入贯彻中共中央（1999）11号文件和市委（1999）7号文件，加强和改善执行工作，完善统一管理和协调的执行工作新机制；积极贯彻落实《人民法院五年改革纲要》，加大改革力度，为确保司法公正创造良好的内部运行机制；大力加强法院队伍建设；加强对基层法院的指导。

九、检察院工作报告

2001年2月26日，市二届人大六次会议第二次全体会议听取和审议市人民检察院检察长李早湘所作的《宜昌市人民检察院工作报告》:

2000年工作情况

全市检察机关共受理贪污贿赂、渎职等职务犯罪案件线索928件，初查818件，立案侦查187件216人，比上年上升13%、15%。其中贪污案78件99人，占41.7%；贿赂案54件56人，占28.9%；挪用公款案35件40人，占18.7%；渎职案20件21人，占10.7%。已侦查终结195件225人(含上年积存23人)，侦结率为96%。查处涉嫌犯罪的县处级以上干部7人。通过办案，为国家挽回经济损失2175万元。

受理公安、安全机关、自侦部门提请批捕案件1720件2587人，比上年上升15%、19%；审结1640件2446人，审结率为95%；其中批准逮捕1574件2301人，批捕率为96%。受理公安、安全机关和自侦部门移送审查起诉、不诉案2079件3151人，比上年上升15%、12%；审结2074件3145人，审结率为99%；依法提起公诉1517件2213人，起诉率为97%。出庭支持公诉1203件。

在刑事侦查监督上，对不符合逮捕条件的66件145人做出不捕决定，对因事实不清、证据不力依法做出不起诉决定45件75人，退回公安机关补充侦查364件581人。在刑事审判监督上，提出刑事抗诉案件10件11人，维护了法律统一正确实施。在刑罚执行监督上，着力维护监管秩序和解决超期羁押问题。在民事、行政诉讼监督上，受理不服法院判决、裁定案件450件；立案审查262件，同比上升7%；提请上级检察院抗诉140件，比上年上升17%；提出抗诉68件，比上年上升11%。同时，对人民法院裁判正确的189件案件的申诉人做好息诉工作。在案件评查和“两保”执法检查上，对1999年度所办理的批捕、起诉、反贪、法纪、控申、民行等4148件案件进行了复查，发现并纠正超期羁押、违反程序、定性不准、文书质量不高等问题的案件75件。对三年来取保候审的403件473人进行检查，对150名保外就医罪犯进行了病情检查，对其中消失保外条件的5名罪犯作了收监处理。受理来信2628件，接待来访1649人次。受理举报线索2829件，审查处理2727件。

2001年工作要点

要始终把维护稳定放在首位，依法严惩各种严重刑事犯罪活动，为维护社会政治稳定做出新成绩；要坚持打防结合，标本兼治，在加大查处和预防贪污贿赂、渎职等职务犯罪中做出新贡献；要切实加强诉讼监督，在维护司法公正，维护法律统一正确实施上取得新成效；要加快检察改革和科技强检步伐，为检察工作的发展注入新活力；要深化队伍和基层院建设，进一步树立检察机关的新形象；要努力改进工作作风，推进检察事业的新发展。

十、会议选举

2001年2月26日，此次会议第二次全体会议通过《宜昌市二届人大六次会议选举办法》。2月28日，此次会议第三次全体会议选举产生市人大常委会秘书长：李和奎；委员：齐福堂、杨明德、袁春堂。

十一、议案审查报告

2001年2 月28 日，此次会议主席团第四次会议通过市人大常委会副主任甘家宽所作的《宜昌市二届人大六次会议代表提出的议案处理意见的报告》：

此次会议共收到代表10人以上联名提出的议案31件。同时，收到代表提出的对各方面工作建议、批评和意见142件。审议意见：将代表10人以上联名提出的31件议案，连同建议、批评和意见共173件，都转为建议、批评和意见处理。此次会议闭幕后，将由市人大常委会办公室和市人民政府办公室分别交有关机关和组织研究处理，并负责在有效法律期限内答复代表。

十二、会议决议

2001年2月28日，市二届人大六次会议第三次全体会议通过6个决议。

《关于宜昌市国民经济和社会发展第十个五年计划纲要及〈纲要〉报告的决议》

决议批准《宜昌市国民经济和社会发展第十个五年计划纲要》，批准市长王振有所作的《关于“十五”计划纲要的报告》。

决议强调，2001年是进入新世纪、实施“十五”计划的第一年，各级人民政府要按照已经确定的各项目标和任务，开好头，起好步，狠抓落实。为了全面完成纲要的各项任务，各级人民政府必须坚持依法行政、廉洁从政、从严治政。要进一步加强自身建设，改进工作作风，坚持实事求是，防止和克服官僚主义、形式主义，努力提高工作效率。

《关于宜昌市2000年国民经济和社会发展计划执行情况与2001年计划的决议》

决议同意市计划委员会主任周围受市人民政府委托所作的《关于宜昌市2000年国民经济和社会发展计划执行情况与2001年计划草案的报告》，批准市人民政府提出的2001年国民经济和社会发展计划。

《关于宜昌市2000年财政预算执行情况和2001年财政预算的决议》

决议同意市财政局局长陈士新受市人民政府委托所作的《关于宜昌市2000年财政预算执行情况和2001年财政预算草案的报告》，批准市人民政府提出的2001年市本级财政预算。

《关于宜昌市人民代表大会常务委员会工作报告的决议》

决议批准市人大常委会副主任柏世友所作的《宜昌市人大常委会工作报告》。

决议要求，市人大常委会要更加紧密地团结在以江泽民同志为核心的党中央周围，在中共宜昌市委的领导下，不断加强自身建设，依法履行职责，为保障宜昌市“十五”计划的实施，促进社会主义精神文明和民主法治建设做出新的贡献！

《关于宜昌市中级人民法院工作报告的决议》

决议批准市中级人民法院院长胡兆满所作的《宜昌市中级人民法院工作报告》。

《关于宜昌市人民检察院工作报告的决议》

决议批准市人民检察院检察长李早湘所作的《宜昌市人民检察院工作报告》。

第十四章　地市合并后宜昌市第三届人民代表大会历次会议

市三届人民代表大会于2002年4月至2006年12月间共召开6次会议。详见表3—14—1。

市三届人民代表大会统计表

表3—14—1　　单位：人次、个、件

市三届人民代表大会	一次会议	二次会议	三次会议	四次会议	五次会议	六次会议	合　计
应出席会议代表	407	405	402	409	405	406	2434
实际出席会议代表	394	381	378	383	369	394	2299
听取和审议“一府两院”报告	6	—	6	6	6	7	31
办理议案	4	—	1	1	1	1	8
办理建议、意见、批评	382	—	319	280	273	306	1560
通过决议	6	—	6	6	6	7	31
选举省人大代表	—	54	—	—	—	—	54
选举市人大常委会组成人员	35	1	—	9	1	6	52
设立市人大专门委员会机构	7	—	—	—	—	—	7
通过市人大专委会组成人员	37	—	—	5	—	—	42
选举市人民政府市长、副市长	9		1	1	—	—	11
选举法院院长、检察院检察长	2	—	—	—	—	—	2

第一节　第一次会议

2002年4月3日—10日，市三届人大一次会议在城区举行。此次会议应出席代表407人，实际出席代表394人。此次会议议程是：听取和审议《宜昌市人民政府工作报告》；听取和审议《宜昌市2001年国民经济和社会发展计划执行情况与2002年计划草案的报告》；听取和审议《宜昌市2001年财政预算执行情况和2002年财政预算草案的报告》；听取和审议《宜昌市二届人大常委会工作报告》；听取和审议《宜昌市中级人民法院工作报告》；听取和审议《宜昌市人民检察院工作报告》；选举宜昌市三届人大常委会组成人员，选举宜昌市“一府两院”负责人；通过宜昌市三届人大各专门委员会组成人员人选；通过此次会议各项决议。

一、预备会议

2002年4月3日，市三届人大一次会议举行预备会议。会议通过此次会议议程、大会主席团和秘书长名单、议案审查委员会名单、计划预算审查委员会名单。

二、会议机构及成员名单

市三届人大一次会议主席团和秘书长名单：主席团成员（41名，按姓名笔画排序）：马学军、王万修、王怀炳（土家族）、王松华、王厚军、王晓红（女）、王新祝、文成国（土家族）、甘泽清、艾苍松、史久坤、冯士明、冯淑珍（女）、邬永坤、孙志刚、李亚隆、李佑才、李和奎、李泉、肖道根、吴开保、别必雄、佘西龙、余幼明（女）、邹正金、张治国、张鹏、陈邦峰、陈和春、周水舟、周其斌、周学文、赵复武、赵举海、俞学锋、袁卫东、郭有明、蒋远华、景学镇、廖达凤（女）、熊承家；秘书长：肖道根。

市三届人大一次会议主席团常务主席（按姓名笔画排序）：王厚军、文成国（土家族）、孙志刚、李亚隆、李佑才、肖道根、余幼明（女）、周水舟、赵复武、郭有明、熊承家。

市三届人大一次会议议案审查委员会组成人员名单。主任委员：肖道根；副主任委员：程林发；委员（按姓名笔画排序）：王光元、冯淑珍（女）、李善林（土家族）、张宗才、张鹏、周学文、袁春堂。

市三届人大一次会议计划预算审查委员会组成人员名单：主任委员：李和奎；副主任委员：龚尚玉；委员（按姓名笔画排序）：丁先雄、马宏彦、齐福堂、陈振华、周围、周登品、曹凝蓉。

市三届人大一次会议副秘书长（按姓名笔画排序）：丁先雄、李和奎、杨智、吴玲（女）、张成大（土家族）、张宗才、张盛新、陈振华。

三、政府工作报告

2002年4月4日，市三届人大一次会议第一次全体会议听取和审议市长王振有所作的《宜昌市人民政府工作报告》：

过去五年工作回顾

2001年，全市国内生产总值达到410.34亿元，比1996年增长72.0%，年均增长11.5%。财政收入达到28.78亿元，比1996年增长87.1%，年均增长13.3%；税收占财政收入的比重达到86.5%，年年实现财政收支平衡。五年累计完成固定资产投资1066.67亿元，年均增长10.6%。

经济结构调整。六大特色产业优势逐步显现，特色产业产值占农业总产值的比重达到70.7%。农民纯收入中货币收入的比重达到62.0%，比1996年提高3个百分点；农民总收入中纯收入的比重达到78.9%，提高10.3个百分点。工业资产总额由200多亿元上升到400多亿元。2001年全市完成工业增加值78.7亿元，实现利润6.7亿元，工业经济效益综合指数达到104.8。水电、食品、化工、生物工程及新医药、建材、航天工程及海洋探测等六大优势产业得到长足发展。全市省级高新技术企业发展到16家，高新技术产业累计实现增加值31.1亿元，年均增长35%。2001年，接待国内外游客710.4万人次，实现旅游总收入44.0亿元，分别比1996年增长1.35倍和1.44倍，其中接待海外游客23.4万人次，创汇4799万美元，分别增长1.3倍和1.98倍。2001年实现社会消费品零售总额153.0亿元，比1996年增长72.1%，年均增长11.5%。五年来，三次产业结构由22.4：52.6：25调整为15.4：54.6：30。

改革开放。41家市直企业下放后，改革脱困取得明显成效。积极利用资本市场直接融资，5家企业成功上市。探索实施“优选闭合贷款法”，共为56家企业、60个产品实行封闭贷款26.46亿元。社会保障体系建设加强，养老、医疗、失业等社会保险覆盖面扩大，5.8万名城市居民纳入了最低生活保障范围。市、县、乡机构改革基本完成，医疗制度和药品流通体制改革不断深入，财政、税务、金融、保险、供销、物价、科技、教育、人事等方面管理体制的改革都取得了阶段性成果。2001年，外贸出口达到1.55亿美元，比1996年增长1.17倍，年均增长16.8%。实际利用外资1.46亿美元，比1996年增长1.21倍，年均增长17.2%。五年内新批外商投资企业157家，投资总额6.52亿美元，涉外税收比1996年增长1.22倍。宜昌高新技术产业开发区、猇亭经济技术开发区等开发区建设取得了新的成绩。

基础设施建设。2001年，全市公路通车里程达到7887公里，比1996年增加945公里；程控交换机容量达到57.32万门，增长74.9%；移动通信交换机容量达到66万门，增长25.4倍。撤销宜昌县，设立夷陵区，城区面积扩大到4249平方公里，城区人口达到133万人。宜昌、夷陵两座长江大桥建成通车，夷陵广场、五一广场、东山大道改造、发展大道、云集隧道、黄家湾垃圾处理厂等一批市政项目相继竣工。大力推进旧城改造，解决了近5000户居民的住房困难，建成了世纪花园、东山花园等一批设计新颖、设施齐全、环境优美的住宅小区。全市生态环境明显改观。县城及小城镇建设步伐加快。

服务三峡工程。五年来，全市共搬迁安置移民31381人，其中外迁1.8万人，迁建企业173家。秭归县城完成整体搬迁，兴山县城将于今年10月1日搬迁完毕，迁建集镇5座，新建房屋209万平方米，复建公路124公里，桥梁40座。

社会事业。提前一年基本普及九年义务教育，高中阶段教育较快发展。组建了三峡大学。社会科学、文学艺术、新闻出版、体育运动等社会事业蓬勃发展，实现了广播电视村村通。人口与计划生育、民族宗教、人民防空、国家安全、民政、监察、防灾减灾、环保、气象、信访、保密、老龄、档案、地方志、残疾人事业、外事、侨务和对台事务、红十字会等工作都取得了新的成绩。

文明建设。五年来，宜昌市先后被评为全国科教兴市先进城市、全国双拥模范城市、全国卫生城市、全国文明城市、中国优秀旅游城市和全国科技进步先进城市。

社会治安。深入开展“严打”整治斗争，严厉打击各类严重刑事犯罪，维护了社会治安稳定。坚持不懈地开展同“法轮功”等邪教组织的斗争。反腐败斗争不断深入，纠正部门和行业不正之风等工作进一步加强。

民生。2001年，城镇居民人均可支配收入和农民人平纯收入分别达到6187元和2413元，比1996年增长29.3%和34.4%。五年内有11.9万失业人员和6.9万下岗职工实现就业和再就业，下岗职工再就业率达到52.4%。城区居民人均住房面积五年提高4.0平方米。医疗卫生保健水平不断提高，实现了人人享有初级卫生保健的目标。解决了25万贫困人口的温饱和20万人的饮水困难，97.5%的村通了公路，100%的村通了电，7个贫困县市实现整体解决温饱目标，如期完成了“八七”扶贫攻坚计划。

今后五年工作要点

奋斗目标：全市完成“十五”计划、实施二次振兴的重要时期。

主要思路：坚持以发展为主题，努力实现社会生产力跨越式发展；坚持以调整为主线，全面提高国民经济的整体素质和竞争力；坚持以改革开放和科技进步为动力，努力实现经济增长方式的根本性转变；坚持以提高人民生活水平为根本出发点，使人民群众向更加宽裕的小康生活迈进；坚持"两手抓，两手都要硬"的方针，推动社会全面进步。

2002年工作要点

主要预期目标：国内生产总值增长8.5%，财政收入增长8.5%以上，农民人平纯收入增长3.3%，城镇登记失业率控制在4.5%以内。

十项重点工作：扎实开展"项目年"活动；加快农村经济结构调整，千方百计增加农民收入；不断深化国有企业改革，提高工业经济整体素质和竞争力；积极发展第三产业，努力扩大消费需求和外贸出口；加强城镇建设，推进城市化进程；继续推进科技创新和教育创新；加强财税金融工作和社会保障体系建设；扎实做好二期移民搬迁工作；加强社会主义精神文明建设和民主法治建设，全面发展各项社会事业；进一步转变政府职能，切实加强政风建设。

四、计划报告

2002年4月4日，市三届人大一次会议第一次全体会议听取和审议市发展计划委员会主任郑超所作的《宜昌市2001年国民经济和社会发展计划执行情况与2002年计划草案的报告》：

2001年计划执行情况

2001年，全年实现国内生产总值410.34亿元，比上年增长9.2%，各项社会事业也取得了新的进展，实现了"十五"计划的良好开局。

农业。全市实现农林牧渔业总产值98.91亿元，按可比价计算同比增长4.4%。

工业。全市规模以上工业企业完成总产值210.18亿元，同比增长15.34%，增幅比上年提高2.41个百分点；实现销售收入201.12亿元，同比增长13.45%；实现利税21.82亿元，同比增长70.25%。全口径工业增加值155.61亿元，同比增长11.4%。

固定资产投资。全市争取国债资金4.27亿元，带动了地方投资的稳定增长。全社会固定资产投资当年完成248.35亿元，同比增长8.28%。全市第一产业投资增长12.51%，第二产业投资增长8.94%，第三产业投资增长5.36%。

财贸。全市社会消费品零售额152.95亿元，同比增长10.01%。完成财政收入28.78亿元，同比增长9.14%；完成财政支出29.01亿元，同比增长13.92%。截至2001年年底，全市金融机构各项存款余额341.73亿元，较年初增加48.98亿元，增长16.73%；各项贷款余额332.23亿元，较年初增加31.02亿元，增长10.3%。

外贸。全市外贸出口总额15459万美元，同比增长114.2%。实际利用外资14635万美元，同比增长43.6%，其中：直接利用外资6436万美元，同比增长58.2%；间接利用外资8199万美元，同比增长33.8%。

社会事业。人口自然增长率和年末总人口控制在国家下达的计划之内。"普九"成果进一步巩固，小学适龄儿童入学率达100%，初中适龄少年入学率达98%，去年共有15156人参加高考报名，普通高校在宜昌市共录取新生9948人，比上年增长20%。深化城乡医药卫生体制改革，"五苗"基础免疫报告接种率达到99%，农村饮用水改水受益率达到83%。广播电视人口混合覆盖率达到95.8%。城镇居民人均可支配收入6187元，同比增长6.15%；农民人均纯收入2413元，同比增长2.12%。安置城镇失业人员24945人，比上年有所增加。

2002年计划安排方案

主要预期目标：国内生产总值增长8.5%，其中，第一产业增长3%，第二产业增长9.5%，第三产业增长10.5%；全社会固定资产投资增长7.7%；社会消费品零售总额增长10%左右；财政收入增长8.5%以上；城镇居民人均可支配收入增长6%左右；农民人均纯收入增长3.3%；全市居民消费价格涨幅略高于上年水平；城镇登记失业率控制在4.5%以内。全市一、二、三产业结构将由去年的15.4：54.6：30调整到14.7：54.6：30.7；高新技术产业增加值增长20%以上，城镇居民人均可支配收入增加373元，农民人均纯收入增加80元。

主要措施：以特色农业牵引农村经济结构调整，千方百计增加农民收入；以优势产业推动工业经济结构调整，努力提高工业经济运行的质量和效益；以高新技术产业的突起，培植新的经济增长源；以扎实的“项目年”活动，构建经济持续增长格局；以新型的商贸流通市场体系建设，拓展城乡消费市场；以加入世界贸易组织为契机，积极扩大对外开放；以基本社会保险为重点，加快建立健全社会保障体系；以人为本，进一步发展各项社会事业。

五、财政预决算报告

2002年4月4日，市三届人大一次会议第一次全体会议听取和审议市财政局局长陈士新所作的《宜昌市2001年财政预算执行情况和2002年财政预算草案的报告》：

2001年财政预算执行情况

全市财政收支预算执行情况。财政总收入完成287766万元，为年度预算的100.82%，比上年增长9.14%。其中：上划中央收入完成94850万元，为预算的100.21%；地方一般预算收入完成182360万元，为预算的101.42%。地方财政支出完成262698万元，为预算的109.56%。

市本级财政收支预算执行情况，详见表3—14—2。

2001年市本级财政收支预算执行情况汇总表

表3—14—2　　单位：万元

财政收入项目		完成收入	占预算%	财政支出项目		完成支出	占预算%
市本级财政收入		85446	—	市本级地方财政支出		70896	102.76
地方一般预算收入		60705	101.37	其中	农业支出	2998	107.69
其中	增值税 25%部分	8229	99.89		教育支出	10193	112.13
	工商各税	38382	96.89		卫生支出	4620	104.17
	企业所得税	9949	88.44		科学技术支出	1380	100.88
	企业亏损补贴	–3959	99.97		抚恤和救济费	1734	122.98
	罚没收入	4168	138.93		社会保障补助	3504	101.18
	专项收入	2661	116.20		行政管理费	9962	145.35
	其他收入	225	112.50		政策性补贴	456	100.00
	未列举事项	1050	—		未列举事项	36049	—

市本级财政收支平衡情况：资金来源89111万元，其中当年市本级地方一般预算收入60705万元，中央税收返还19968万元。资金运用88810万元，其中当年市本级支出70896万元，体制上交省财政12194万元，专项上交5720万元。资金来源和资金运用相抵，当年收支平衡，略有结余。以上收支情况，待决算办理完毕后，再报市人大常委会审批。

2002年财政预算（草案）

全市财政收收支预算安排。财政收入预算31亿元，比上年预算增长8.5%以上，其中地方一般预算收入安排19.6亿元，比上年预算增长8.93%。地方财政支出安排27.7亿元，比上年预算增长14.8%。

市直财政收支预算安排，详见表3—14—3。

2002年市直财政收支预算安排汇总表

表3—14—3　　单位：万元

财政收入项目		收入安排	比上年增长%	财政支出项目		支出安排	比上年增长%
市直财政收入		92750	—	市直地方财政支出		—	—
市直地方一般预算收入		69228	11.02	市直一般预算支出		76393	12.52
分项	增值税 25%部分	8738	6.07	其中	农业支出	3175	14.04
	其他工商各税	43155	16.27		教育支出	11101	22.12
	企业所得税	10155	-9.73		科技支出	1446	5.70
	行政性收费及罚没收入	4470	11.00		未列举项目支出	60671	—
	专项收入	2710	18.34				

市直财政收支平衡预测：资金来源总计95708万元，资金运用总计95688万元，收支相抵，略有结余。需要说明的是：以上预算草案是按现行体制和政策测算的。从今年起，中央实行所得税分享政策，省正在拟定相应的分享补充规定，新的政策出台后，全市和市直收支都可能发生变化，届时再按法定程序专题报告。

市直单位全面试行部门预算。市直部门的预算内外资金全部纳入预算管理，各单位人员经费据实安排，公用经费分类定额安排，项目经费根据财力适当安排。今年市直纳入部门预算的预算外资金3.78亿元，其中人员经费1.73亿元，公用经费3462万元，事业发展经费1.45亿元。事业发展经费由单位申报项目，按预算程序审核后下达项目预算。

六、常委会工作报告

2002年4月7日，市三届人大一次会议第二次全体会议听取和审议市人大常委会副主任肖道根所作的《宜昌市人大常委会工作报告》：

五年工作回顾

决定重大事项。五年来，市人大常委会共做出决议决定27个。2000年做出《关于创建中国优秀旅游城市的决议》《关于批准设立夷陵长江大桥项目贷款还贷专项资金的决定》《关于突破性发展民营经济的决定》《关于保护城区公共绿地的决定》，2001年做出《关于加强国家园林城市创建工作的决议》，1997年做出《关于加强禁毒工作的决定》《关于加强依法治市的决定》《关于进一步开展法制宣传教育的决议》《关于宜昌市旅游业发展总体规划的决定》等决议决定。

法律监督。一是开展执法检查。五年来，市人大常委会及各专委会共对80多部法律法规的执行情况开展检查、视察，配合全国人大常委会和省人大常委会对10多部法律的执行情况开展检查。2001年，市人大常委会重点围绕保障外资企业的合法权益，对外资企业法、合资企业法和合作经营企业法等涉外经济法律法规的执行情况开展检查。二是听取和审议关于技术合同法、科技进步法等24部法律法规执行情况的报告；还听取了市工商行政管理局、市质量技术监督局、市公安局、市物价局等行政执法单位关于执法工作情况的汇报。三是听取和审议市人民政府关于湖北省行政执法条例实施情况的报告、关于“三五”普法的工作报告。四是设立专门的信访工作机构，每年接待来信来访达1000多件（人）次，及时纠正了一些违法案件。

工作监督。一是制定《财政预算监督工作暂行办法》，对预算编制工作实施全程监督。二是加强对审计工作的监督，充分发挥审计工作对财政预算监督的作用。三是听取和审议“一府两院”工作报告68个，提出审议意见210条。四是开展视察20多次。五是制定《宜昌市人大常委会监督司法工作暂行办法》，先后召开两次司法监督工作座谈会和一次行政执法监督工作座谈会，督促“两院”积极建立内部约束机制。

人事任免。五年来，市人大常委会共任免国家机关工作人员542名，其中任命324名，批准任命22名；免去183名，批准免去13名。常委会还做出《关于宜昌市人大常委会任命的干部作书面述职的决定》，要求市人民政府组成人员、市中级人民法院副院长、市人民检察院副检察长，每年年底向常委会报送年度书面述职报告。通过审查述职报告，加强对述职人员的监督。

代表工作。五年来，市人大常委会共组织代表开展视察、调查、执法检查2000多人次。每次人代会召开前，要求各县、市、区组织代表就地开展视察；有计划地邀请部分代表列席市人大常委会会议；开展执法检查、评议、调查等大型活动时，就近安排人大代表参加。为拓宽闭会期间代表的知政渠道，2000年，市人大常委会组织召开部分市人大代表与市长座谈会。市长向代表通报了政府工作情况。

宣传和理论研究。一是每年召开一次人大宣传工作会议，开展一次人大好新闻评选活动；二是举办了全市人大通讯员培训班，加强人大宣传工作队伍建设；三是制定《宜昌市人大常委会宣传工作规则》等制度。四是设立了市人大常委会研究室，加强宜昌市人大工作研究会的工作指导。五是每年召开一次全市地方人大工作理论研讨会，推出一批研究成果。五年来，全市有二十多篇论文被评为全省地方人大工作理论研究优秀成果。

上下配合。一是参与了全国人大常委会和省人大常委会在宜昌市有关法律监督的调研工作，完成了上级人大常委会安排的10多部法律草案的修改工作。二是指导县乡人大完成了换届选举工作。换届选举后，及时举办了县市区人大干部培训班和乡镇人大干部培训班。三是坚持各县市区人大常委会一名副主任、两名乡镇人大主席列席市人大常委会会议。四是参与了两个自治县起草9部单行条例。

自身建设。一是集中开展“三讲”教育和“回头看”的教育活动。二是不断加强业务建设，在一些法律法规出台之际，邀请知名的专家教授进行专题讲座20多次。三是推进市人大常委会工作的规范化、制度化建设，共制定10多个制度。四是加强机关干部队伍建设和思想作风建设，充分调动各方面的积极性。五是改善常委会机关的办公条件，加强机关办公自动化建设。

2002年工作建议

认真履行法定职责，为全市改革和发展创造良好的环境；进一步加强监督工作，促进全市经济持续快速健康发展；进一步加强代表工作，促进代表行使职权，推进民主法治建设；按照“三个代表”的要求，不断加强自身建设，努力提高人大工作水平。

七、法院工作报告

2002年4月7日，市三届人大一次会议第二次全体会议听取和审议市中级人民法院负责人胡兴儒所作的《宜昌市中级人民法院工作报告》：

五年工作情况

五年来，全市法院共受案166466件，审（执）结153527 件 ，结案率为92.23 %。与前五年相比，收案增加38194件，上升29.78%，结案增加26938 件，上升21.28%。其中，中院受理各类案件9968件，审结9763件，结案率为98%。

受理刑事案件10549件，审结 10332件，结案率为97.94 %。依法对10134名刑事被告人进行了判决，167名罪大恶极的犯罪分子被判处死刑立即执行，重刑率（五年以上徒刑）为 30.9%。全市法院共召开公判大会254场次，宣判1388案2163人，旁听群众达77万人次。全市五年共审理经济犯罪案件494件，涉及被告726名。其中审理贪污、贿赂案件247件337人，涉及厅级干部1名，处级干部14 名。受理民事案件67173件，审结64780件，结案率为96.44%。共受理各类经济纠纷案件21198件，审结20360件，结案率为96.05%，涉案标的额达59亿元。共审理破产案件365件，审结193件，标的额达27.1亿元。共受理行政案件840件，审结805件，结案率为 95.83%。受理执行案件58974件，执行结案49802件，结案率为84.45%，执行标的额达21.5亿元。

审结涉及三峡工程的刑事案件1103件，其中经济犯罪案件21件，犯罪标的额3000余万元，结案率达到了100%。审结涉及三峡工程的经济纠纷案件901件，标的额为1.2亿余元；审结民事纠纷案件2000余件。

2002年工作要点

深入开展“作风教育整顿年”活动；以“严打”整治斗争为重点，全面开展法院各项审判工作；以教育培训为途径，牢固树立现代司法观念；以机构改革为契机，大力推进法院体制改革和制度创新；以“三创”活动为载体，推动整个法院工作上台阶。

八、检察院工作报告

2002年4月7日，市三届人大一次会议第二次全体会议听取和审议市人民检察院检察长李早湘所作的《宜昌市人民检察院工作报告》：

五年工作情况

全市检察机关共立案侦查贪污贿赂、渎职和侵犯公民人身权利、民主权利等职务犯罪案件896件，其中贪污案316件，贿赂案268件，挪用公款案200件，徇私舞弊案13件，玩忽职守案31件，滥用职权案21件，刑讯逼供案7件，非法拘禁案2件，破坏选举案2件，其他36件。通过办案为国家和集体挽回直接经济损失1.3亿元。共受理群众举报、控告线索14341件，其中来信12517件，来访1824件。已审查处理14321件。受理公安机关和自侦部门移送审查批捕8026件11917人，经审查批准逮捕7351件10710人；受理公安机关和自侦部门移送审查起诉、不起诉8361件12527人，经审查决定提起公诉7261件10723人。

在刑事立案监督工作中，对发现应当立案而没有立案的刑事案件，要求公安机关说明不立案理由180件，公安机关直接立案124件，理由不能成立的，通知公安机关立案52件。在侦查监督工作中，对公安机关和自侦部门提请审查批捕和审查起诉的案件做出不批捕决定292件582人，做出不起诉决定238件277人。注意深挖余罪漏犯，追捕35人，追诉53人。对侦查活动中的违法行为提出纠正意见55件次。在刑事审判监督中，对确有错误的刑事判决、裁定提出抗诉53件，法院已改判20件。对审判活动中的违法行为提出纠正意见28件次。在民事行政检察监督中，受理民事、行政申诉案1499件，立案审查817件，对人民法院确有错误的判决、裁定提出抗诉181件，法院已撤销原判、发回重审173件，改判72件。对人民法院的公正判决做好当事人息诉服判工作564件，维护了正确判决、裁定的严肃性。在刑罚执行监督中，积极开展“两保”案件专项执法检查，对违法减刑、假释、保外就医等情况提出纠正意见136件次。严厉打击各种又犯罪活动，起诉案件31件34人，维护了监管秩序。加强刑事申诉案件复查工作，受理各类申诉案1052件，已审查处理997件，其中由控申部门立案复查54件，维持原决定41件，对原决定确有错误的依法纠正13件，决定给予刑事赔偿5件。

2002年工作要点

深入推进“严打”整治斗争，努力维护社会稳定；坚定不移地查办和预防贪污贿赂、渎职等职务犯罪，促进反腐败斗争不断深入；全面加强诉讼监督，维护公正执法；积极做好加入世贸组织后的检察工作；以改进作风为重点，大力加强检察队伍建设。

九、会议选举

此次会议印发市人大常委会《接受朱常渭和刘旭辉辞去宜昌市人民政府副市长职务请求的备案报告》。

2002年4月7日，此次会议第二次全体会议通过《宜昌市三届人大一次会议选举办法》。4月9日—10日，此次会议第三次全体会议和第四次全体会议分别选举市三届人大常委会主任：孙志刚，副主任：李和奎、肖道根、张治国、周围、赵复武、黄传林、戴丽莉（女），秘书长：李业雄，委员（26人）：丁先雄、王光元、王家全、史久坤、冯淑珍（女）、邬永坤、刘仁新、齐福堂、杨建明、杨尚聘、李善林、肖振斌、吴诗权、邹旭昌、张再春、张建国、张鹏、陈和春、陈振华、尚葵（女）、周学文、周登品、袁春堂、龚尚玉、彭泽清（女）、程林发；市人民政府市长：王振有，副市长：王传豪、刘克刚、张为民、张建一、郑广玉、胡家法、黄利鸣、廖达凤；市中级人民法院院长：胡兴儒；市人民检察院检察长：李早湘。

2002年4月10日，此次会议第五次全体会议通过《设立宜昌市三届人民代表大会各专门委员会的决议》；通过《宜昌市三届人民代表大会各专门委员会人选通过办法》；通过市三届人大法制委员会主任委员：丁先雄，副主任委员：李忠信，委员：王声元、宋志武、裴彦龙；内务司法委员会主任委员：陈振华，副主任委员：邹旭昌，委员：杨道健、李大权、李鹏、陈德祥；财政经济委员会主任委员：龚尚玉，委员：庄辉俊、韩靖忠、廖恒、谭小舟；农村经济委员会主任委员：袁春堂，副主任委员：刘维柱，委员：田兵、杨洪、李旭春；城乡建设环境资源保护委员会主任委员：齐福堂，副主任委员：周安楠，委员：邓斌、向常友、陈燕（女）、胡玉波；教育科学文化卫生委员会主任委员：刘仁新，副主任委员：王家元，委员：王春彩（女）、宋兴福、陶三发；民族宗教外事侨务委员会，主任委员：李善林，副主任委员：李世金，委员：马云晓、郭少华、姬绪华。

十、议案审查报告

2002年4月10日，此次会议主席团第五次会议审议通过议案审查委员会主任委员肖道根所作《宜昌市三届人大一次会议代表提出的议案处理意见的报告》：

此次会议共收到代表10人以上联名提出的议案53件。审查意见：将《关于尽快出台宜昌市加强城市社区建设实施意见的议案》《关于在点军区设立一所普通高中的议案》《关于“加强江南基础设施建设，加快点军城市化进程”的议案》《关于尽快开辟农副产品“绿色通道”的议案》等4个议案立案，作为议案处理；其余49件议案转作建议、批评和意见处理，连同代表提出的建议、批评和意见279件共计328件作为建议、批评和意见处理的。此次会议闭幕后，这些建议、批评和意见将由市人大常委会办公室和市人民政府办公室分别交有关机关和组织研究处理，并负责在法定的期限内答复代表。

十二、闭幕词

2002年4月10日，中共宜昌市委书记、市人大常委会主任孙志刚在市三届人大一次会议第五次全体会议闭幕时讲话。

宜昌市三届人大一次会议，经过全体代表和与会同志的共同努力，已经圆满完成了各项议程。听取和审议政府和其他各项工作报告，审查批准了宜昌市2002年国民经济和社会发展计划及市级财政预算，通过各项决议，确定了全市今年的各项任务。会议依法选举产生新一届市人大常委会组成人员、市人民政府领导人员、市中级人民法院院长和市人民检察院检察长。

今年的奋斗目标已经确定，政策措施已经明确，关键是要狠抓落实。要充分看到加快发展的有利条件，坚定必胜的信心，沉着应对入世带来的挑战，从宜昌的实际出发，采取切实有效的措施，着力解决影响全市经济、社会发展全局的重点、难点问题。坚持把人民的根本利益放在一切工作的首位，切实保障人民群众的政治、经济和文化利益，不断提高人民群众的生活水平，特别要关心和保障困难群众和弱势群体的基本生活，正确处理和及时化解人民内部矛盾，保持社会政治稳定。扎实开展“转变作风年”和“调查研究年”活动，切实转变作风，确保各项工作任务的完成。

展望未来的五年，宜昌充满着机遇和希望，“三大目标”的宏伟蓝图将逐步变为现实，一个崭新的水电旅游名城将崛起于中华大地，任何艰难险阻都阻挡不了宜昌加快发展的步伐。现在全市上下政通人和，心齐气顺，夷陵大地充满无限生机，发展前景非常广阔，宜昌明天将会更加美好，更加灿烂，更加辉煌！

十一、会议决议

2002年4月10日，市三届人大一次会议第五次全体会议通过7个决议。

《关于宜昌市人民政府工作报告的决议》

决议批准市长王振有所作的《宜昌市人民政府工作报告》。

决议强调，市人民政府及其组成部门要坚持依法行政，从严治政，深入推进政府审批制度改革，切实把政府职能转到经济调节、市场监管、社会管理和公共服务上来。要切实加强作风建设，大兴调查研究之风，深入实际，深入基层，深入群众，及时了解和解决人民群众关注的热点难点问题。坚持实事求是，力戒形式主义和浮夸作风，使广大人民群众对政府工作更加满意。

《关于宜昌市2001年国民经济和社会发展计划执行情况与2002年计划的决议》

决议批准2002年国民经济和社会发展计划，批准《关于宜昌市2001年国民经济和社会发展计划执行情况与2002年计划草案的报告》。

《关于宜昌市2001年财政预算执行情况和2002年财政预算的决议》

决议批准2002年本级财政预算，批准《关于宜昌市2001年财政预算执行情况和2002年财政预算草案的报告》。

《关于宜昌市人民代表大会常务委员会工作报告的决议》

决议批准市人大常委会副主任肖道根所作的《宜昌市人大常委会工作报告》。

决议要求，市人大常委会要围绕市委的中心工作，进一步加大法律监督和工作监督力度，突出监督重点，改进和加强执法监督、个案监督、评议等工作，搞好对执法检查后整改情况和有关决议决定执行情况的跟踪监督，围绕营造良好的经济发展环境和人民群众普遍关注的热点问题，改进和加强对法律法规实施的监督和"一府两院"的工作监督，促进依法行政和公正司法，切实增强监督实效。

《关于宜昌市中级人民法院工作报告的决议》

决议批准市中级人民法院负责人胡兴儒所作的《宜昌市中级人民法院工作报告》。

《关于宜昌市人民检察院工作报告的决议》

决议批准市人民检察院检察长李早湘所作的《宜昌市人民检察院工作报告》。

《关于设立宜昌市三届人民代表大会各专门委员会的决议》

决定设立市三届人民代表大会法制委员会、内务司法委员会、财政经济委员会、教育科学文化卫生委员会、农村经济委员会、城乡建设环境资源保护委员会、民族宗教外事侨务委员会。专门委员会受市人民代表大会领导；在大会闭会期间，受市人民代表大会常务委员会领导。专门委员会的任期与本届人民代表大会的任期相同。专门委员会由主任委员、副主任委员和委员组成。专门委员会的主任委员、副主任委员和委员的人选，由市三届人大一次会议主席团在市三届人大代表中提名，大会通过。

第二节　第二次会议

2002年12月18日—20日，市三届人大二次会议在城区举行。此次会议应出席代表405人，实际出

席代表381名。此次会议议程是：选举宜昌市出席湖北省第十届人民大代表大会代表；选举宜昌市三届人民大代表会常务委员会主任

一、预备会议。

2002年12月18日，市三届人大二次会议举行预备会议。会议通过此次会议议程、大会主席团和秘书长名单。

二、会议机构及成员名单

市三届人大二次会议主席团和秘书长。主席团成员（按姓名笔画排序）：马学军、王万修、王松华、王厚军、王振有、王新祝、文成国（土家族）、艾苍松、冯淑珍（女）甘泽清、史久坤、李泉、李业雄、李亚隆、李佑才、李和奎、邬永坤、余幼明（女）、别必雄、肖道根、吴开保、邹正金、陈邦峰、陈和春、杨圣新、郑广玉、郑少三、周围、周水舟、周其斌、周学文、张治国、张建一、赵举海、赵复武、袁卫东、郭有明、黄传林、蔡建国、景学镇、熊承家、戴丽莉（女）；秘书长：肖道根。

市三届人大二次会议主席团常务主席（按姓名笔画排序）：王振有、李佑才、李和奎、肖道根、余幼明（女）、张治国、周水舟、周围、郑少三、赵复武、郭有明、黄传林、熊承家、戴丽莉（女）。

市三届人大二次会议副秘书长（按姓名笔画排序）：丁先雄、刘仁新、李业雄、杨智、吴玲（女）、张成大（土家族）、张宗才、张盛新（土家族）、陈振华。

三、会议选举

此次会议印发和审议市人大常委会《接受孙志刚辞去市三届人大常委会主任职务，彭泽清辞去市三届人大常委会委员职务请求的备案报告》。

2002年12月20日，此次会议第一次全体会议通过《宜昌市三届人民大代表会第二次会议选举办法》。随后，选举市三届人大常委会主任：郑少三；宜昌市出席湖北省第十届人民代表大会代表54人（按姓名笔画排序）：马海扬、王功桂（女）、王怀炳（土家族）、王建民、王振有、王德奎（女，土家族）、尹德斌（土家族）、田明来、田震亚、叶兆清、朱正义、朱耀仲、毕亚雄、孙志刚、刘宗发、刘学甫、刘彦才（土家族）、刘德富、李杰、李佑才、李宗柏、李国璋、李忠信、佘西龙、杜伟、汪宏（女）、汪定国、杨万贵、宋文豹、肖振斌、沈虹光（女）、张野、张仁江、张为民、陈水文、陈生俊（女，土家族）、陈芝慧（女，土家族）、罗平烺、郑少三、侯丽（女）、赵举海、赵复武、赵晓俊（女，土家族）、铙玉梅（女）、袁卫东、秦宏灿、郭俊萍（女）、梁开全、韩永、韩靖忠、蒋红星、蒋远华、蔡建国、熊承家。

四、闭幕词

2002年12月20日，中共宜昌市委书记、市人大常委会主任郑少三在市三届人大二次会议闭幕时讲话。

宜昌市三届人大二次会议，已经圆满完成了各项预定议程，依法选举产生宜昌市出席湖北省第十届人民代表大会的代表。

全市上下要紧密联系实际，用整风的精神落实中共十六大精神，研究新情况，解决新问题，奋力开创各项工作的新局面。市委二届七次全会确定了全市全面建设小康社会，创建世界水电旅游名城的总体思路和奋斗目标。

要坚定不移地贯彻落实全会精神，乘势而上，真抓实干，努力推进全市社会主义现代化建设。

要始终不渝地坚持和依靠党的领导，进一步坚持和完善人民代表大会制度，充分发挥地方国家权力机关在管理国家事务中的作用，发展社会主义民主政治，建设社会主义政治文明，大力推进依法治市进程。要进一步加强对"一府两院"的行政执法监督、司法监督和工作监督，做到有法必依、执法必严、违法必究，坚决维护宪法和法律的尊严。各级行政机关、审判机关和检察机关，都要认真执行本级人大及其常委会的各项决议、决定，坚持依法行政和公正司法，自觉接受监督。要进一步加强人大及其常委会的自身建设，提高素质，转变作风，不断提高工作效率和工作水平。

人民群众是改革和建设的主体，是我们党的力量源泉和胜利之本。各级国家机关及其工作人员，要始终把实现、维护和发展好最广大人民群众的根本利益作为全部工作的出发点和落脚点。要密切联系群众，关心群众疾苦，倾听群众呼声，真正做到一切为了群众，一切依靠群众，诚心诚意为群众谋利益。

人大代表是国家权力机关的组成人员，衷心希望各位人大代表加强学习，不断提高思想政治水平和依法履行代表职责的能力，行使好管理国家事务的权力。

让我们更加紧密地团结在以胡锦涛同志为总书记的党中央周围，在市委的领导下，团结奋斗，开拓创新，把宜昌的改革开放和现代化建设事业不断推向前进。

第三节　第三次会议

2003年3月15日—19日，市三届人大三次会议在城区举行。此次会议应出席代表402人，实际出席代表 378名，列席人员124名。此次会议议程是：听取和审议《宜昌市人民政府工作报告》；审查《宜昌市2002年国民经济和社会发展计划执行情况与2003年国民经济和社会发展计划草案的报告》；审查《宜昌市2002年财政预算执行情况和2003年财政预算草案的报告》；听取和审议《宜昌市人大常委会工作报告》；听取和审议《宜昌市中级人民法院工作报告》；听取和审议《宜昌市人民检察院工作报告》；选举宜昌市人民政府市长；通过此次会议各项决议。

一、预备会议

2003年3月15日，市三届人大三次会议举行预备会议。会议通过此次会议议程、大会主席团和秘书长名单。

二、会议机构及成员名单

市三届人大三次会议主席团和秘书长。主席团成员（按姓名笔画排序）：马学军、王万修、王松华、王厚军、王恩凤（女）、王晓红（女）、王新祝、文成国（土家族）、艾苍松、冯淑珍（女）、甘泽清、史久坤、孙俊梅（女）、毕亚雄、江书林、李泉、李业雄、李亚隆、李佑才、李和奎、邬永坤、余幼明（女）、别必雄、肖道根、邹正金、杨万贵、杨圣新、杨保平、陈邦峰、郑少三、周围、周水舟、周其斌、周学文、张治国、赵举海、赵复武、郭有明、黄传林、蔡建国、景学镇、蒋红星、熊承家、戴丽莉（女）；秘书长：肖道根。

市三届人大三次会议主席团常务主席（按姓名笔画排序）：李佑才、李和奎、肖道根、余幼明（女）、张治国、周水舟、周围、郑少三、赵复武、郭有明、黄传林、熊承家、戴丽莉（女）。

市三届人大三次会议副秘书长（按姓名笔画排序）：李业雄、杨智、张成大（土家族）、张宗才、张盛新（土家族）、张鹏。

三、政府工作报告

2003年3月16日，市三届人大三次会议第一次全体会议听取和审议代理市长李佑才所作的《宜昌市人民政府工作报告》：

2002年工作回顾

顺利完成市三届人大一次会议确定的各项工作目标。国内生产总值达到444.06亿元，比上年增长8.7%。社会事业全面进步。

农业。农业结构不断优化，六大特色产业得到长足发展。新增高效经济作物12万亩，养殖业占农业总产值的比重达到40%。农村经济发展环境进一步改善，基本实现城乡用电同网同价；农机总动力比上年增长4.4%；天然林保护和退耕还林进展顺利；复垦新增耕地720公顷；长江下百里堤防等重点水利工程竣工；解决了11万人的饮水困难。以农村税费改革为重点的各项改革不断深化。农民负担总额分别比1997年、1999年、2001年下降45.4%、45.2%、39.8%。

工业。规模内工业企业实现增加值84.8亿元，比上年增长11.9%。实现利税23.2亿元，比上年增长11.8%。完成全社会固定资产投资265亿元，比上年增长6.7%。国债项目建设完成投资25.1亿元。新建规模以上工业项目81个，投资22.5亿元。双汇食品等28个重点项目建成投产。宜万铁路等一批重大项目前期工作取得实质性进展。

旅游业。以旅游业为龙头的第三产业增加值比上年增长11.3%，占GDP的比重达到30.6%。接待国内外游客804万人次，实现旅游业总收入50.7亿元，分别比上年增长13.1%和15.2%。新批外商投资企业47家，直接利用外资7500万美元，比上年增长16.6%。完成外贸出口1.39亿美元。

财贸。完成市级地方一般预算收入15.7亿元，比上年增长5.5%。税收占财政收入的比重达到92%。科技、农业、教育和社保支出分别比上年增长10. 6 %、36.7%、24.9%和33%。金融机构各项存款余额比年初增加48.9亿元，增长14.3%。贷款余额384.7亿元，比年初增加51. 3 亿元，增长15.4%。累计发放贷款223.2亿元，比上年增加46. 5 亿元。。

服务三峡工程。二期清库任务全面完成，搬迁移民9125人。兴山县城、归州、峡口集镇完成搬迁；水田坝等集镇建设进展顺利；专业设施复建基本完成任务。到位对口支援资金2.1亿元。42个三峡库区地质灾害防治和环境治理项目开工建设。强化三峡坝区管理与服务，确保了坝区社会稳定。

民生。建成世界和平公园一期工程。东宜供水工程竣工。改造了珍珠路。兴建了城东大道上段，改建了城东大道中段，改造了南苑危桥。318国道点军段改造全线开工。中心城区至小溪塔和猇亭公交线路开通。小城镇建设步伐加快。城镇居民人均可支配收入6647元，农民人平纯收入2475元。安置城镇下岗失业人员6.9万人，纳入低保9.7万人，新增基本养老保险、失业保险和医疗保险参保人员11万人。扶贫攻坚、救灾济困、残疾人事业及援少工作有新的发展。市人民政府承诺的十件实事圆满完成。

社会事业。九年义务教育得到巩固，高中阶段教育加快发展，宜昌职业技术学院成立，三峡大学建设步伐加快。人口与计划生育、环境保护、国土资源管理工作扎实推进。广播电视、文化、新闻出版、社会科学、体育、医疗卫生有新的发展。民族、宗教、人民防空、国家安全、防震减灾、地方志、档案、气象、外事、侨务和对台事务等工作都取得了新的成绩。

法治建设。认真听取人大代表和政协委员的意见和建议，各项建议和提案全部办复。转变政府职能，清理和废止了一批审批事项。“四五”普法工作全面开展。整顿和规范市场经济秩序取得阶段性成果。积极开展国防教育和双拥工作，军政、军民关系进一步密切。大力开展社会治安综合治理，严厉惩治“法轮功”邪教组织顽固分子和其他各种犯罪活动，维护了社会稳定。

2003年工作要点

预期目标：国内生产总值增长8.5%左右，市县属固定资产投资增长9%以上；社会消费品零售总额增长10%；直接利用外资增长12%，外贸出口增长12%；地方一般预算收入增长8.9%，居民消费价格总水平上涨1%左右，城镇居民人均可支配收入增长6%，农民人平纯收入增长100元以上；城镇登记失业率控制在4.5%以内，全年净增就业岗位3万个；人口自然增长率控制在2.5‰以内。

工作措施。以项目建设为抓手，大力推进新型工业化；加快发展农业和农村经济，努力增加农民收入；壮大旅游支柱，扩大消费需求；加快拓宽城市骨架，不断提高城市品位；继续做好财税工作，切实改善银企关系；千方百计扩大就业，完善社会保障体系；支持和服务三峡工程，进一步做好移民工作；加强社会主义精神文明和民主法治建设，推进社会全面进步；加强政府自身建设，切实改善发展环境。

四、计划报告

2003年3月16日，市三届人大三次会议第一次全体会议印发和审议市发展计划委员会主任杨美仁提交的《宜昌市2002年国民经济和社会发展计划执行情况与2003年计划草案的报告》:

2002年计划执行情况

2002年，全市国内生产总值完成444.06亿元，同比增长8.7%，其中第一产业下降1.8%，第二、三产业分别增长10.2%和11.3%；GDP增速比年初预期目标高0.2个百分点。

农业。全年农林牧渔业总产值完成53.63亿元，同比下降4.5%；农业增加值完成62.01亿元，占年计划的95.4%，同比下降1.8%。全市县市以上龙头企业已发展到70余家，年销售收入45亿元，网络基地面积200多万亩，占农作物种植面积的30%；网络农户30多万户，占农户总数的50%以上。全市乡镇企业完成营业收入、实缴税金同比分别增长5.76%、4.33%。农村非农产业从业人数同比增加，全市外出务工农民约18.5万人，比上年新增1.3万人。农民人均纯收入2475元，同比增加62元。

工业。全市规模以上工业实现总产值（不变价）226.46亿元，同比增长15.09%。全市实现高新技术总产值34亿元，同比增长23.9%。累计实现增加值11.8亿元，同比增长25.3%，对工业增加值的贡献率为14.2%。全市工业经济效益综合指数达到112.26%，同比上升7.46个百分点。规模内工业实现利润总额6.39亿元，同比增长0.62%。实现利税总额23.22亿元，同比增长11.8%。规模内企业亏损总额4.99亿元，同比下降13%。全口径工业增加值同比增长10.7%，高于预期目标0.7个百分点。

服务业。2002年，全市实现社会消费品零售总额167.07亿元，同比增长9.23%。批发零售贸易业、餐饮业实现零售额同比分别增长10.74%和13.9%。全市接待国内外游客803.6万人次，同比增长13.1%；旅游总收入50.67亿元，同比增长15.2%。旅游创汇8394.2万美元，同比增长74.9%。全市完成邮政业务总收入1.31亿元，同比增长10.2%；移动通信完成业务总收入3.2亿元，同比增长18%；省电信公司宜昌分公司业务总量同比增长7.8%。全年第三产业增加值增长11.3%，高于预期目标0.8个百分点，占国内生产总值的比重达到30.6%，比上年提高近1个百分点。

固定资产投资。2002年全社会固定资产投资完成264.9亿元，同比增长6.7%。截至2002年年底，全市争取国债资金3.71亿元，其中基建国债资金3.28亿元，技改国债资金4300万元。

外贸。全年实际利用外资25533万美元，占年计划的212.8%。实际利用国外贷款18026万美元，同比增长119.9%。全年实现外贸出口13856万美元，占年计划的138.6%，同比下降10.4%。

财政金融。全年财政一般预算收入完成15.73亿元，按可比口径同比增长5.53%。年末金融机构存款余额390.11亿元，比年初增加48.90亿元；年末贷款余额384.74亿元，比年初增加51.26亿元。

劳动就业。2002年，全市国有企业下岗职工多渠道实现再就业1.8万人，共安置城镇失业人员6.94万人，培训各类人员8.84万人。确保了国有企业下岗职工基本生活费和企业离退休人员基本养老金按时足额发放。纳入低保8.56万人，实现应保尽保。全市城镇居民人均可支配收入为6646元，同比增长7.43%。

社会事业。普通高中、普通中专和技工学校招生规模同比增长5.7%、28.9%、64.3%；高考录取人数11929人，同比增长19.9%。人口自然增长率为2.09‰。

2003年计划安排方案

主要预期目标：国内生产总值增长8.5%，其中，第一产业增长3%，第二产业增长10%(其中工业10.5%)，第三产业增长10.5%；市县属固定资产投资增长9%左右；地方一般预算收入增长8.9%；社会消费品零售总额增长10%；外商直接投资增长12%；城镇居民家庭人均可支配收入增长6%；农民人均纯收入增长3.5%；城镇新增就业岗位3万个；城镇登记失业率控制在4.5%以内。

工作措施：抓好“三个主攻”，大力推进工业化；坚定不移地走“一主三化”之路，加快推进农业和农村经济结构调整；加快发展以旅游业为龙头的服务业，努力扩大消费需求；坚持不懈地改善投资环境，大力促进外向型经济和民营经济发展；进一步完善社会保障体系，促进经济与社会的协调发展。

五、财政预决算报告

2003年3月16日，市三届人大三次会议第一次全体会议印发和审议市财政局局长陈士新提交的《宜昌市2002年财政预算执行情况和2003年财政预算草案的报告》：

2002年财政预算执行情况

全市地方一般预算收支完成情况。地方一般预算收入完成15.73亿元，为年度调整预算（以下简称预算）的104.46%，比上年增长5.53%（可比口径）。地方财政支出完成29.1亿元，为年度预算的108.54%，比上年增长10.78%。

市本级地方一般预算收支完成情况。经市三届人大常委会四次会议批准，市本级财政2002年一般预算收入调整为52633万元；一般预算支出调整为72593万元。完成情况，详见表3—14—4。

2002年市本级地方一般预算收支执行情况汇总表

表3—14—4　　单位：万元

财政收入项目		收入	占预算%	财政支出项目		支出	占预算%
本级地方一般预算收入		59168	112.42	本级地方一般预算支出		76587	105.50
分项	增值税 25%部分	12027	—	分项	农业支出	3117	101.37
	营业税	19767	—		教育支出	11017	100.15
	企业所得税	5448	—		医疗卫生支出	4828	100.67
	企业亏损补贴	-3960	—		科学技术支出	1411	101.22
	行政性收费和罚没收入	4325	—		抚恤和救济费	1799	107.34
	专项收入	3386	—		社会保障补助	5129	127.40
	其他收入	18175	—		行政管理费	11713	124.66
					政策性补贴	486	100.00
					未列举事项	37087	—

市本级预算收支平衡情况，详见表3—14—5。

2002年市本级预算收支平衡情况汇总表

表3—14—5　　单位：万元

资金来源		94626	资金运用		94280
分项	地方一般预算收入	59168	分项	当年市本级支出	81972
	上级返还补助	2494		上交省财政	12194
	转移支付补助	5543		专项上交	114
	中央税收返还	19595			
	原体制补助	284			
	专项补助	4335			
	调入资金	3207			
平衡	资金来源与资金运用相抵，当年收支平衡，略有结余				

2003年财政预算（草案）

全市地方一般预算收支预算安排。地方一般预算收入安排16.3亿元，比上年预算（可比口径）增长8.9%。地方财政支出安排28.4亿元，比上年预算增长6%。各级财政预算经同级人民代表大会审查批准以后，市财政再汇总报市人大常委会备案。

市本级地方一般预算收支安排，详见表3—14—6。

2003年市本级地方一般预算收支安排汇总表

表3—14—6　　　　单位：万元

财政收入项目		收入安排	比上年增长%	财政支出项目		支出安排	比上年增长%
地方一般预算收入		66049	8.9	地方一般预算支出		78859	9.07
分项	增值税25%部分	12942	14.5	分项	农业支出	3384	6.38
	营业税	25546	7.7		教育支出	11476	4.32
	企业所得税	3081	32.5		科技支出	1503	7.82
	个人所得税	2947	21.90%		卫生支出	6369	32.8
	行政性收费	4250	–5		文体广播计生支出	2236	0.27
	罚没收入				工交商事业费	292	–25.32
	专项收入	3603	12.7		其他部门事业费	5833	–8.79
	企业亏损补贴	–3960	持平		抚恤和救济费	2205	31.56
	其他各项收入	17640	18		社会保障补助支出	8440	109.64
					行政管理费	9382	2.65
					公检法支出	6580	5.55
					政策性补贴	501	3.09
					排污费支出	650	14
					未列举事项	20008	—

市本级一般预算收支平衡情况。资金来源总计101083万元，资金运用总计101073万元，收支平衡，略有结余。

市直行政事业单位部门预算情况。纳入部门预算范围的有291个单位，资金总额104413万元，其中预算内经费38625万元，预算外资金33787万元，经营服务收入28319万元，上级补助及结余收入3682万元；部门支出中，人员经费45808万元，基本公用经费6013万元，项目及专项经费支出31830万元，经营成本支出20762万元。

六、常委会工作报告

2003年3月17日，市三届人大三次会议第二次全体会议听取和审议市人大常委会副主任肖道根所作的《宜昌市人大常委会工作报告》：

2002年工作回顾

监督工作。一是对全市“社会服务承诺制”、市直单位行政审批制度改革、市场秩序整顿、预算外资金“收支两条线”管理落实情况开展专项检查。二是开展对市质量技术监督局、宜昌供电局两个垂直管理单位的工作评议。三是有针对性地听取和审议“一府两院”的工作报告11个。四是认真开展对种子法、湖北省建设工程招标投标管理条例等10部法律法规的贯彻实施情况开展执法检查。五是先后对东宜输水工程建设、公安工作、人防工作、伍家岗区经济社会发展等情况开展6次视察，对税费改革、部分大型水库防汛准备、长江防汛等工作开展检查，对文化市场管理情况开展专题调研。

决定大事项。一是听取和审议市人民政府关于2002年宜昌市本级财政预算调整方案的报告。二是做出《关于对宜昌市城区白龙岗公园等4块公共绿地实施永久性保护的决定》，将城区白龙岗公园、欧阳修公园、合益园、滨河公园等4块公共绿地纳入全市二批实施永久性保护的范围。三是听取和审议市人民政府《关于贯彻实施市人大常委会〈关于宜昌市旅游业发展总体规划的决定〉和〈关于创建中国优秀旅游城市的决议〉执行情况的报告》，推进了常委会决议的贯彻实施。

人事任免。全年共任免国家机关工作人员201人次，其中任命110人次，免去职务82人次，批准免去职务7人次，接受辞职2人。

代表工作。一是制定市人大常委会接待代表日制度，全年共处理群众来信来访884件次，处理率达100%。二是督办了市三届人大一次会议期间代表提出的4件议案、381件建议，办结100%，代表满意率为98.3%。

工作指导。一是根据省九届人大常委会做出的关于换届选举的决定和工作部署，选举产生宜昌市出席省十届人民代表大会的代表54名。二是对乡镇人大换届选举工作加强了指导。

内外交流。一是市人大常委会积极主动地同县乡人大加强联系与沟通。二是认真配合全国、省人大常委会开展执法检查、视察和调查。完成了全国人大常委会关于行政强制法（征求意见稿）等5部法律（草案）和省人大常委会关于湖北省实施会计法办法（草案）等5项地方性法规征求修改意见的工作。三是主办了全国十九城市人大报刊宣传工作座谈会第十五次会议。四是到全国人大常委会争取出席AAPP会议的18个国家议会代表在宜昌参观游览三峡工程后，在宜昌城区世界和平公园开展植树等活动，产生了良好的国际影响。全国人大常委会办公厅为此发出感谢信，对宜昌市的接待工作给予了充分肯定。

自身建设。一是做出关于加强自身建设的决议。把加强政治学习作为大事来抓，用理论武装头脑，不断推进人大工作的创新和发展。二是狠抓作风建设，坚持和发扬求真务实的作风，重实效，反对形式主义；坚持和发扬深入基层、密切联系群众的作风；坚持和发扬艰苦奋斗的作风。三是进一步加强了人大常委会机关的建设。四是进一步加强地方人大工作理论研究和人大宣传工作。

2003年工作要点

深入学习贯彻十六大精神，推进人大工作与时俱进；改革和完善决策机制，积极行使重大事项决定权；进一步加强和改进监督工作，提高监督实效；依法进行人事任免，加强对选举和任命干部的监督；切实改进代表工作，充分发挥代表作用；不断适应新的形势，进一步加强常委会的自身建设。

七、法院工作报告

2003 年3月17日，市三届人大三次会议第二次全体会议听取和审议市中级人民法院院长胡兴儒所作的《宜昌市中级人民法院工作报告》：

2002年工作回顾

2002年，全市法院共受理各类案件26484件，审结24630件，结案率为93%。

受理各类一审、二审刑事案件2808件，审结2756件，结案率为98.1%。全年判处的贪污、受贿、挪用公款案件99件，犯罪金额达6419万多元，涉及各级国家公务人员126人，全部做出有罪判决。

受理民商事案件13686件，审结13178件，结案率为96.29%。受理“三农”案件1347件，审结1307件；受理融资租赁、劳务、保险、建筑工程等合同纠纷案件6309件，审结6055件，结案标的额为4.2亿元，为金融机构收回不良贷款9000多万元，为外来投资者挽回损失3000多万元；受理破产案件144件，审结80件，涉及总资产38.4亿元，总债务161亿元，协助各级政府和企业主管部门安置职工7.2

万多人；调解结案5307件，占可调解案件的36%；审结涉及三峡工程的刑事案件40件55人，民商事案件108件，标的额为1600多万元。

受理行政案件179件，审结173件，结案率为96.7%。受理再审案件256件，审结224件，结案率为87.5%，纠正了发生法律效力确有错误的裁判案件64件。受理国家赔偿案件8件，全部审结。

受理执行案件9333件，已执行8081件，执行率为86.59%，比上年上升0.93个百分点，执结标的额达4.85亿元。

2003年工作要点

以整治经济环境为重点，为改革发展和稳定服务；以法官职业化建设为核心，大力加强法官队伍建设；以维护公正提高效率为目标，继续推进司法改革和制度创新；以“两庭建设”为窗口，加强基础设施建设。

八、检察院工作报告

2003年3月17日，市三届人大三次会议第二次全体会议听取和审议市人民检察院检察长李早湘所作的《宜昌市人民检察院工作报告》：

2002年工作回顾

立案侦查职务犯罪226件242人，其中贪污贿赂案166件174人、挪用公款案26件26人、滥用职权案10件11人、玩忽职守案14件14人、徇私舞弊案6件6人、其他4件11人，为国家和集体挽回直接经济损失2343万元。着力查办大案要案，立案查处县处级以上领导干部要案7件7人，大案97件，其中贪污贿赂案88件，渎职侵权重特大案9件。

惩治严重刑事犯罪，一是依法批准逮捕1814件2583人，提起公诉1855件2685人。二是受理黑社会性质组织犯罪、严重暴力犯罪和影响群众安全的多发性犯罪等案件620件1039人，起诉520件875人，参与宣判大会17场次，对31名被执行死刑的严重刑事犯罪分子实行临场监督。三是依法批捕制售假冒伪劣、走私贩私犯罪，金融、财税、建筑、流通领域及文化市场和传销活动中的犯罪47件67人，起诉32件45人。

加强诉讼监督，一是对侦查机关应当立案而未立案的，依法监督立案148件；对不该立案而立案的，依法监督撤案5件；对侦查活动中的违法行为提出纠正意见14件19人；对应当批捕而未提请批捕的，依法追捕11人；对应当起诉而未移送审查起诉的，依法追诉31人；对不符合逮捕条件的47人依法不予批捕，对不构成犯罪的115人依法不起诉，对事实不清、证据不足的案件退回补充侦查309件次。二是在刑事审判监督中，对确有错误的刑事判决、裁定提出、提请抗诉17件32人，其中法院直接改判9件，发回重审2件，维持原判1件，尚在审理5件。三是在民事行政审判监督中，受理不服人民法院已经生效的民事、行政判决、裁定的申诉案件423件，经审查立案183件，提出抗诉22件；法院再审审结14件，其中直接改判4件，调解结案7件，维持原判3件；建议提请抗诉32件，提请抗诉61件；向人民法院发出检察建议22份；对法院公正判决经做工作申诉人息诉服判223件。四是查办发生在监管场所的各类违法行为17人次，依法提出纠正超期羁押187人；市人民检察院还与市中级人民法院共同对125名减刑、假释罪犯试行公开听证，达到减刑一人，教育一片的良好效果。五是加强刑事申诉案件复查，受理刑事申诉案件225件，已审查处理224件，审查后控申部门立案复查17件，经复查后维持原决定10件，提出抗诉1件，建议复议3件；受理刑事赔偿申请24件，经审查决定给予赔偿3件。五是对2001年办理的96件206人“死缓无”案件逐一进行检查，对检查中发现作降格处理的1件1人及时作了纠正。

2003年工作要点

坚持稳定压倒一切的方针，深入开展“严打”整治斗争；进一步加大查办和预防职务犯罪工作力度，推进廉政勤政建设；强化诉讼监督职能，维护司法公正和社会正义；继续深化检察改革，为检察事业发展提供强大动力；坚持从严治检，切实加强队伍建设和基层院建设。

九、会议选举

此次会议印发和审议市三届人大常委会提交的《接受王振有辞去宜昌市人民政府市长职务请求的备案报告》。

2003年3月17日，此次会议第二次全体会议通过《宜昌市三届人大三次会议选举办法》。3月19日，此次会议第三次全体会议补选李佑才为宜昌市人民政府市长。

十、议案审查报告

2003年3月19日，此次会议主席团第四次会议审议通过大会秘书处议案组组长程林发所作的《宜昌市三届人大三次会议代表提出的议案处理意见的报告》：

此次会议共收到代表10人以上联名提出的议案34件。审查意见：将《关于打通沿江大道，拓宽城市骨架，突出沿江特色的议案》列为议案，其余33件议案转作建议、批评和意见处理，连同大会期间收到的代表建议、批评和意见合计308件，由市人大常委会办事机构交由有关机关、组织研究处理，并负责答复代表。

十一、会议决议

2003年3月19日，市三届人大三次会议第三次全体会议审议通过6个决议。

《关于宜昌市人民政府工作报告的决议》

决议批准代理市长李佑才所作的《宜昌市人民政府工作报告》。

决议要求，市人民政府要牢固树立依法行政，从严治政，廉洁从政，执政为民的思想，切实加强自身建设，转变政府职能，提高依法管理经济社会事务的能力和水平。进一步转变作风，强化宗旨观念和公仆意识，力戒官僚主义、形式主义。坚持求真务实，真抓实干，要坚持艰苦创业，勤政为民，把群众的冷暖时刻放在心上，深入基层，联系群众，掌握实情，及时解决热点难点问题。

《关于宜昌市2002年国民经济和社会发展执行情况与2003年计划的决议》

决议同意《关于宜昌市2002年国民经济和社会发展计划执行情况与2003年计划草案的报告》，批准2003年国民经济和社会发展计划。

《关于宜昌市2002年财政预算执行情况和2003年财政预算的决议》

决议同意《关于宜昌市2002年财政预算执行情况和2003年财政预算草案的报告》，决定批准2003

年市本级财政预算。

《关于宜昌市人民代表大会常务委员会工作报告的决议》

决议批准市人大常委会副主任肖道根所作的《宜昌市人大常委会工作报告》。

决议要求，市人大常委会要以邓小平理论和“三个代表”重要思想为指导，认真贯彻中共十六大精神，围绕中共宜昌市委二届七次全会确定的全面建设小康社会，创建世界水电旅游名城的总体思路和奋斗目标，以经济建设为中心，切实履行宪法和法律赋予的各项职责，积极推进全市社会主义物质文明、政治文明、精神文明建设，保障和促进全市改革开放和现代化建设的顺利进行。

《关于宜昌市中级人民法院工作报告的决议》

决议批准市中级人民法院院长胡兴儒所作的《宜昌市中级人民法院工作报告》。

《关于宜昌市人民检察院工作报告的决议》

决议批准市人民检察院检察长李早湘所作的《宜昌市人民检察院工作报告》。

十二、闭幕词

2003年3月19日，中共宜昌市委书记、市人大常委会主任郑少三在市三届人大三次会议闭幕式时讲话。

宜昌市三届人大三次会议，在十六大精神的指引下，在市委的领导下，经过与会代表的共同努力，胜利完成了大会预定的各项任务，达到了预期目的，取得了圆满成功。

会议紧紧围绕贯彻落实中共十六大精神和市委二届七次全体会议提出的“全面建设小康社会，努力创建世界水电旅游名城”的战略部署，解放思想、实事求是、发扬民主、畅所欲言，共商发展大计。

会议审议批准了市人民政府工作报告、2003年国民经济和社会发展计划、2003年财政预算，审议批准了市人大常委会工作报告、市中级人民法院和市人民检察院工作报告。审议通过的各项决议决定。依法选举产生市人民政府市长，充分体现了全体代表的民主权利。

我们的奋斗目标已经明确，工作措施已经制定，关键是要把这次会议的精神真正落到实处。希望代表们回到各自的工作岗位后，积极宣传和带头贯彻实施大会通过的各项报告、决议，同全市人民一道，努力工作，共同完成大会确定的各项任务。

第四节　第四次会议

2004年2月19日—24日，市三届人大四次会议在城区举行。此次会议应出席代表409人，实际出席代表383名。此次会议议程是：听取和审议《宜昌市人民政府工作报告》；听取和审议《宜昌市2003年国民经济和社会发展计划执行情况与2004年计划草案的报告》；听取和审议《宜昌市2003年财政预算执行情况和2004年财政预算草案的报告》；听取和审议《宜昌市人大常委会工作报告》；听取和审议《宜昌市中级人民法院工作报告》；听取和审议《宜昌市人民检察院工作报告》；补选宜昌市三届人大常委会组成人员，补选宜昌市人民政府市长；通过宜昌市三届人大专门委员会主任委员人选；通过此次会议各项决议。

一、预备会议

2004年2月20日，市三届人大四次会议举行预备会议。会议通过此次会议议程、大会主席团和秘书长名单。

二、会议机构及成员名单

市三届人大四次会议主席团和秘书长。主席团成员（按姓名笔画排序）：马学军、王万修、王松华、王厚军、王国斌、王晓红（女）、王新祝、文成国（土家族）、史久坤、冯淑珍（女）、毕亚雄、乔余堂、邬永坤、杨智、杨万贵、杨圣新、杨保平、李泉、李业雄、李亚隆、李佑才、李和奎、肖道根、吴细华、佘西龙、余幼明（女）、邹正金、宋文豹、张治国、张建一、陈邦峰、陈和春、范晓岚（女）、周围、周水舟、周学文、郑超、郑广玉、赵举海、赵复武、郭有明、郭俊萍（女）、黄克、黄传林、蒋远华、蒋红星、景学镇、蔡建国、熊承家、戴丽莉（女）；秘书长：肖道根。

市三届人大四次会议常务主席（按姓名笔画排序）：文成国（土家族）、乔余堂、李佑才、李和奎、肖道根、余幼明（女）、张治国、周水舟、周围、赵复武、郭有明、黄传林、熊承家、戴丽莉（女）。

市三届人大四次会议副秘书长（按姓名笔画排序）：王宏强、刘宗林、李业雄、吴玲（女）、张宗才、张盛新（土家族）、赵长琴（女）、梁华。

三、政府工作报告

2004年2月21日，市三届人大四次会议第一次全体会议听取和审议代理市长郭有明所作的《宜昌市人民政府工作报告》：

2003年工作回顾

经济建设。全年GDP实现491亿元，比上年增长9.5%。全口径财政收入53.66亿元，增长12.95%；地方一般预算收入16.74亿元，增长9.8%。金融机构存款余额468.3亿元，贷款余额465.7亿元，分别比年初增长70.2亿元和63.3亿元。社会消费品零售总额174亿元，增长10.8%。完成市县属投资102.15亿元，增长17.5%。城镇居民人均可支配收入7033元，增加387元；农民人均纯收入2588元，增加113元。

结构调整。农业产业化向纵深推进，优势特色农产品基地建设卓有成效，六大特色产业占农业总产值的比重达到72%，农产品优质率提高。工业结构调整步伐加快。水电、载电体、化工、食品、建材等优势产业发展壮大。实现工业增加值106.97亿元，同比增长18.1%；实现利税48.35亿元，同比增长1.08倍。第三产业稳步发展，“大旅游”格局初步形成，全年接待国内外游客613万人次，实现总收入36.6亿元。

改革开放。市直28家国有工业企业改革成效明显，25家企业改革基本完成。农村税费改革扎实推进，农民人平负担比1999年下降42.3%，亩平负担下降36.7%。财政国库集中收付制度改革、城镇职工住房分配货币化改革已经启动，城镇职工医疗保险制度全面推开。党政机构精简66.3%，事业机构精简59.4%。实现外贸出口1.9亿美元，增长37.4%；直接利用外资8405万美元，增长12%。

发展环境。城市亮化一期工程、宜昌火车站广场改造、滨江公园双亭广场改造、城东大道大学路段和南苑路段等重点项目全面竣工，天然气利用工程顺利开工。城市环境综合整治力度加大，中心城区生活垃圾袋装化率达到92.4%。秭归茅坪港、兴山峡口港和宜昌港集装箱码头竣工并投入运行，高速公路建设、干线及县乡公路改造进展顺利。修订完善了鼓励外来投资的优惠政策，建立了市行政服务中心、国库收付中心和经济发展环境投诉中心。

服务三峡工程。二期移民清库工作圆满完成，完成了水库汛后蓄水位提高到139米的搬迁清库工作。加强坝区环境综合治理，各项社会行政管理更加规范。翻坝运输畅通，输变电工程建设进展顺利。库区地质灾害防治一、二期工程完工验收。

社会事业。教育结构进一步改善，九年义务教育完成率达到89%；高中阶段入学率稳步提高；三峡大学、宜昌职业技术学院建设步伐加快。科技项目、科技创新体系建设与改革取得实质性进展。全年新增就业岗位4.6万个，安置下岗失业人员4.5万人；将11.82万名困难群众纳入了城市低保；农村五保老人集中供养率由35%提高到65%；确保了3.45万名企业职工基本生活费和9.13万名离退休人员养老金按时足额发放；城镇登记失业率控制在4.3%以内。夺取了非典防治阶段性的重大胜利，新型农村合作医疗试点取得了明显成效。人口与计划生育综合改革取得阶段性成果，低生育水平进一步稳定。农村文化、社区文化有新的起色，民间文化资源抢救工作纳入全国试点。国防教育和“双拥”工作深入开展，军政、军民关系进一步密切。社会治安综合治理力度加大，安全生产得到加强。民政、民族、宗教、对台、外事、侨务、人防、档案、方志、保密、信访、老龄、残疾人等各项工作都取得了新的成绩。

2004年工作要点

主要预期目标。全市GDP增长12%，市县属固定资产投资增长15%，社会消费品零售总额增长10%，外商直接投资增长10%，外贸出口增长12%，地方一般预算收入增长11%，城镇居民人均可支配收入增长7%，农民人均纯收入增长4%，城镇新增就业岗位4.8万个，城镇登记失业率控制在4.3%以内，人口自然增长率控制在2.5‰以内。

六项工作：以推进新型工业化为着力点，提升综合实力；以推进农业产业化为主线，促进农村繁荣；以创建世界水电旅游名城为方向，打造城市品牌；以改革开放为突破口，增强发展活力；以经济社会协调发展为目标，发展社会事业；以财税、就业和移民等工作为重点，增加人民实惠；加强政府自身建设。

四、计划报告

2004年2月21日，市三届人大四次会议第一次全体会议听取和审议市发展计划委员会主任杨美仁所作的《宜昌市2003年国民经济和社会发展计划执行情况与2004年计划草案的报告》:

2003年计划执行情况

全市完成生产总值491亿元，同比增长9.5%，高于年初计划1个百分点，其中：第一产业增加值完成66亿元，同比增长6.7%，超计划3.7个百分点；第二产业增加值完成268亿元，同比增长8.4%；第三产业增加值完成157亿元，同比增长12.7%，超计划1.5个百分点。全社会固定资产投资250亿元，超额完成计划246亿元目标，其中市县属固定资产投资达到102.15亿元，增长17.5%，增幅高于计划8.5个百分点。地方一般预算收入16.7亿元，同比增长9.8%，增幅高于计划0.9个百分点。社会消费品零售总额174.14亿元，同比增长10.8%，增幅高于计划0.8个百分点。外贸出口1.9亿美元，同比增长37.4%，增幅高于计划25.4个百分点；直接利用外资0.84亿美元，同比增长12%，如期实现计划目标。城镇居民人均可支配收入7033元，同比增长5.8%；农民人均纯收入2588元，人均增收113元，同比增长4.6%，超额完成计划目标。人口自然增长率2‰，控制在2.5‰的计划目标内。城镇新增就业岗位4.6万个，超额完成年度计划，城镇登记失业率实际为4.3%，控制在4.5%的计划目标以内。

规模内工业企业完成工业增加值106.97亿元，同比增长18.1%；实现销售收入281.13亿元，同比增长29.3%；实现利润28.46亿元，同比增长2.76倍。

农林牧渔业总产值105.61亿元，同比增长11.6%。主要产品产量除粮食因面积调减和受灾减产外，其他大宗农产品全面增产，六大特色产业的产值占农业总产值的比重达72%。农业产业化有力地促进了农民增收。

市县属固定资产投资首次突破百亿元。全市共有507个项目前期工作扎实推进，获得省发展和改革委员会批复立项、可研、初设的项目253个，获得国家发展和改革委员会、省发展和改革委员会批复的国债项目130个、省统筹项目94个，共争取国债、省统筹等无偿资金6.33亿元。

全市有出口业绩的企业达70家。各县市生产总值和固定资产投资与去年相比，均有较大幅度增长。

全市共改造了13所中小学危房16571平方米；已建和在建88个乡镇发热门诊部、10个县级传染病区和10个市县疾病预防控制中心；17个县乡公路开工建设，完成通乡油路419公里；圆满完成了全市1964个村的农村电网"两改一同价"工作任务；完成退耕还林20万亩、荒山造林18.5万亩、天然林保护37.5万亩，解决了7.79万人饮水困难；完成了31个三峡库区地质灾害治理工程；建成了三峡库区6个污水处理厂和垃圾处理厂。

2004年计划安排方案

主要预期目标。全市生产总值551亿元，同比增长12%。其中，第一产业增长4%，第二产业增长14.8%，第三产业增长11%；地方一般预算收入按可比口径增长11 %；市县属固定资产投资增长15%；社会消费品零售总额增长10%；出口总额增长12%；外商直接投资增长10%；城镇居民家庭人均可支配收入增长7%；农民人均纯收入增长4%；人口自然增长率控制在2.5‰以内；居民消费价格总水平增幅3.5%左右；城镇新增就业岗位4.8万个，城镇登记失业率控制在4.3%以内。

主要工作措施：以培育市场主体为重点，大力推进新型工业化；以增加农民收入为核心，大力推进农业产业化；以项目建设为抓手，保持投资持续快速增长；以提高城市化水平为着力点，加快基础设施建设；以壮大旅游支柱为龙头，努力扩大消费需求；以改革开放为动力，增强经济社会发展活力；以人为本，促进经济和社会协调发展。

五、财政预决算报告

2004年2月21日，市三届人大四次会议第一次全体会议听取和审议市财政局局长陈士新所作的《宜昌市2003年财政预算执行情况和2004年财政预算草案的报告》：

2003年财政预算执行情况

全市地方一般预算收入完成情况。全市完成地方一般预算收入16.74亿元，为市三届人大三次会议批准预算的102.2%，比上年增长9.8%。

市级地方一般预算收支情况，详见表3—14—7。

2003年市级地方一般预算收支执行情况汇总表

表3—14—7　　单位：万元

财政收入项目			完成收入	占预算%	财政支出项目			完成支出	占预算%
市级财政总收入			106824	—	市级财政总支出			106806	—
1	地方一般预算收入		66051	100	1	一般预算调拨支出		23363	—
2	一般预算调拨收入		40773	—		其中	上缴省支出	17117	—
	其中	省补助收入	34962	—			补助县市区	6246	—
		县市区上缴	2792	—	2	地方一般预算支出		83443	105.80
		调入资金	3019	—		其中	农业支出	3419	101.00
							教育支出	11476	100.00
							科学技术支出	1487	100.00

总收入和总支出比较，当年收支基本平衡，略有结余。市级决算办理完毕后，上述数字还会有些变动，再专题向市人大常委会报告。

2004年财政预算（草案）

全市地方一般预算收入安排。全市地方一般预算收入计划为18.25亿元，增长11%，净增1.84亿元。各县市区财政预算经同级人民代表大会审查批准以后，市财政再汇总报市人大常委会备案。

市级地方一般预算收支安排。市级地方一般预算收支基本平衡。详见表3—14—8。

2004年市级地方一般预算收支安排汇总表

表3—14—8　　单位：万元

财政收入项目			收入安排	比上年增长%	财政支出项目			支出安排	比上年增长%
市级财政总收入			108936	—	市级财政总支出			108916	—
1	一般预算调拨收入		38095	—	1	地方一般预算调拨支出		20919	—
	其中	中央、省补助	35901	—		其中	上缴中央、省	17117	—
		市县企业结算	167	—			补助县市区	3802	—
		调入资金	2027	—	2	地方一般预算支出		87997	11.60
2	地方一般预算收入		70841	10		其中	企业挖革改支出	3150	14.75
	其中	增值税25%部分	10797	12.30			农业支出	3562	5.30
		营业税	26952	17			教育支出	12321	7.40
		企业所得税	3369	3.20			科技支出	1627	9.40
		个人所得税	2802	5.90			卫生支出	7287	14.40
		行政性收费	5050	3			文体广播计生	2312	12.20
		罚没收入					工交商事业费	281	-4.10
		专项收入	4348	18.50			其他部门事业费	7531	29.10
		企业亏损补贴	-2960	3.50			抚恤和救济费	2121	-3.80
		其他各项收入	803	-20.80			社会保障补助	5505	-34.80
		未列举事项	19680	—			行政管理费	10476	11.60
							公检法支出	7081	14.10
							预备费	2000	持平
							未列举事项	22743	—

六、常委会工作报告

2004年2月22日，市三届人大四次会议第二次全体会议听取和审议市人大常委会副主任肖道根所作的《宜昌市人大常委会工作报告》：

2003年工作回顾

行使监督职权。一是对上年开展的“社会服务承诺制”、行政审批制度改革、市场秩序整顿、预算外资金收支两条线管理等专项检查进行了“回头看”活动。二是就全市农业产业化、全市工业经济的运行、市直国有企业改革、市场秩序整顿等问题开展调查。三是对宜都、猇亭、东山开发区等地招商引资，引进项目，发展工业经济的情况开展视察。四是配合上级人大常委会对宜昌市贯彻实施产品质量法、土地承包法等法律法规的情况开展检查。五是听取和审议市人民政府关于贯彻实施市人大常委会关于突破性发展民营经济的决议情况的报告、关于市直国有企业改革情况的报告、关于农村税费改革试点工作情况的报告、关于上半年国民经济和社会发展计划执行情况的报告、关于全市2003年上半年财政预算执行情况的报告、关于2002年市级财政决算情况的报告、关于2002年度宜昌市本级预算执行和其他财政收支的审计工作报告，批准了2002年市级财政决算。

推进两个文明建设。一是坚持党的领导。认真贯彻落实市委于2003年8月召开的人大工作会议的精神，组织多个检查组分赴各县市区对市委人大工作会议精神的贯彻落实情况开展检查，并向市委写出了报告。认真贯彻市委《关于进一步加强和改进人大工作的意见》，进一步规范了市人大常委会接受市委领导的程序和制度。二是坚持人民当家做主。通过开好人民代表大会和人大常委会会议，促进人民当家做主的权利得以实现。督办了市三届人大三次会议期间和闭会期间人大代表提出的建议328件。2003年度共召开7次常委会会议，审议各项议题40多项，其中听取和审议“一府两院”工作报告16个，做出决议决定6个。自觉接受人大代表和人民群众的监督，组织驻会的常委会组成人员和市人大机关的全体市人大代表向原选举单位述职，接受评议。闭会期间，主动加强与人大代表的联系，认真组织代表开展活动，为代表行使职权提供服务。再次审议修改了《宜昌市人大常委会讨论、决定重大事项的规定》，不断完善民主制度。成立了换届选举工作领导小组办公室，确保换届选举取得圆满成功。三是推进依法行政、公正司法。常委会听取和审议市中级人民法院执行工作情况的报告，做出《宜昌市人大常委会关于加强预防职务犯罪工作的决定》。主任会议听取了市中级人民法院、市人民检察院上半年工作情况的汇报。市人大各专门委员会采取多种形式，对“一府两院”各对口单位推行执法责任制和错案责任追究制的情况开展全面检查，向常委会提交检查报告。四是行使人事任免权。2003年，人大常委会共依法任免国家机关工作人员72人次，其中任命32人次，批准任命7人次，接受辞职3人次，免去职务29人次，批准免去职务1人次。同时，为加强对被任命人员的监督，开展对市民政局和市卫生局局长述职评议工作。五是参与立法工作。协助全国人大常委会、省人大常委会完成了农业机械化促进法（草案）、湖北省电信管理条例（草案）等多部法律草案、修改案的征求意见工作。参与了两个民族自治县的4个单行条例的修改工作。

推进社会事业发展。一是及时组织5个调查组，深入非典型传染性肺炎防治第一线开展调查、视察和检查，听取和审议市人民政府关于“非典”防治工作情况的报告。二是通过调查，针对农村义务教育投入不足，事业单位的体制改革滞后等问题，提出了加快全市事业单位改革步伐的建议。三是常委会听取和审议市人民政府关于科技进步法贯彻实施情况的报告、关于三峡库区地质灾害防治和环保项目实施情况的报告、关于水土保持法贯彻实施情况的报告。四是主任会议听取了市人民政府关于沿江大道下段项目前期准备工作情况的报告、关于宜昌市城区近期规划情况的汇报，并同意报上级政府批准。五是常委会对高峡平湖新景观、城区亮化工程、基层派出所、禁毒工作分别开展视察。六是配合全国人大常委会和省人大常委会分别对全市贯彻实施老年人权益保障法、湖北省劳动力市场管理条例的情况开展检查。七是进一步加强了信访接待工作，2003年共处理了来信1211件，化解了一些社会矛盾。

加强自身建设。一是始终把加强学习放在首位，不断加强思想政治建设。二是坚持把调查研究作为搞好人大工作的基本方法，推进工作作风不断改进。三是认真总结工作经验，不断推进业务建设。四是完成了市人大机关的机构改革任务，进一步提高了机关的工作效率和服务水平。

2004年工作要点

深入学习贯彻中共十六大和十六届三中全会精神，用“三个代表”重要思想统领人大各项工作；完善监督职能，增强监督实效；依法行使好重大事项决定权；进一步加强和改进代表工作，充分发挥代表作用；进一步加强常委会的自身建设。

七、法院工作报告

2004年2月22日，市三届人大四次会议第二次全体会议听取和审议市中级人民法院院长胡兴儒所作的《宜昌市中级人民法院工作报告》：

2003年工作回顾

受理各类诉讼、执行案件25214件，标的额27.2亿多元，审、执结23584件，结案率为93.54%。其中中院受理2029件，标的额15.34亿多元，审、执结1734件，结案率为85.46%。

受理一、二审刑事案件2546件，审结2479件，结案率为97.37%。先后两次公开宣判并执行了一批死刑，震慑了犯罪，为维护社会稳定做出了不懈努力。审结国家机关工作人员贪污、贿赂、渎职等职务犯罪案件107件127人，比上年同期分别上升35.44%和29.59%，推动了反腐败斗争的深入开展。受理民商事一、二审案件13003件，审结12499件，结案率为96.12%，诉讼标的额23.1亿多元。受理企业破产案件145件，涉及债务总额337亿多元，涉及企业职工173.4万人，当年审结78件。受理行政一、二审诉讼案件202件，审结200件，结案率为99%。审结国家赔偿案件11件，审结再审案件185件，依法纠正了一部分判处不当的案件。受理执行案件9021件，执结8000件，结案标的额4亿多元，执结率达88.68%。其中中院执行庭执结206件，比上年上升37.3%，执行到位标的额达1.9亿多元，执行效率明显提高。

处理来信1982件，接待来访17613人次。调解结案5929件，占可调解案件的43.18%。做好未成年人犯罪案件审判工作，落实对未成年犯罪人的教育、感化、挽救措施。全年共对1070件案件的当事人减、免、缓诉讼费624.67万元。

自查2001年至2003年6月的各类案件50540件，坚持边查边整边改，对确属裁判不公的依法改判。

2004年工作要点

坚持审判立院，全面开展各项审判工作，为改革、发展和稳定大局服务；坚持政治建院，进一步加强法官队伍的革命化、职业化建设；坚持改革促院，进一步革除体制弊端，构建符合规律富有活力的新机制；坚持科技兴院，加强法院基层基础建设和司法物质保障。

八、检察院工作报告

2004年2月22日，市三届人大四次会议第二次全体会议听取和审议市人民检察院检察长李早湘所作的《宜昌市人民检察院工作报告》：

2003年工作回顾

全市检察机关共立案侦查涉嫌贪污贿赂、渎职侵权等职务犯罪案件180件199人，其中，贪污贿赂案157件175人，渎职侵权案23件24人，提起公诉134件154人。通过办案为国家挽回直接经济损失4075.85万元。共查办“两机关一系统”的工作人员涉嫌职务犯罪49件52人，其中行政执法机关23件25人，司法机关10件10人，金融保险系统16件17人。立案侦查县处级以上干部犯罪要案6件。全年共查办贪污贿赂5万元以上、挪用公款10万元以上、私分国有资产100万元以上的大案86件。共立案侦查国家机关工作人员涉嫌滥用职权、玩忽职守、徇私舞弊等犯罪案件23件24人。全年共查办窝案串案94件109人，占立办案件的59.9%。

依法批准或决定逮捕各类刑事犯罪嫌疑人2300人，提起公诉2356人。一是起诉黑恶势力犯罪，爆炸、杀人、抢劫等严重暴力犯罪，盗窃、抢夺以及毒品犯罪等三类犯罪983件1469人。二是批准逮捕破坏社会主义市场经济秩序犯罪案件26件50人。在全省开展经济犯罪立案监督“百日办案战役”专项行动中，监督执法机关依法立案28件。三是针对社会治安问题和管理漏洞，向有关单位和部门发出检察建议105份。开展“青少年维权岗”活动，对10名符合条件的在校学生试行了暂缓起诉，并协助落实帮教措施，维护了未成年人的合法权益。认真落实“首办责任制”，妥善处理重大节假日和敏感时期的告急访、集体访和上访老户31件次，为维护社会稳定。

全面加强诉讼监督。一是依法开展刑事诉讼监督，对公安机关应当立案而不立案的，监督立案111件，对公安机关不应当立案而立案的监督纠正44件，对检察机关侦查部门监督立案1件。开展刑事侦查活动和审判活动监督，对不符合逮捕条件的23人不予逮捕，对93人不起诉，追捕漏犯17人，追诉漏犯6人，退回补充侦查307件539人，提出抗诉11件，现已改判4件。在侦查监督活动中对有关部门违反办案程序提出纠正意见21件次。加强刑罚执行监督，查办发生在监管场所的在押人员又犯罪案件11件15人，办理申诉案件4件4人，对112名罪犯的减刑、假释试行了公开听证，对其中不符合条件拟作减刑、假释的5名罪犯提出检察建议，被法院采纳。彻底清理超期羁押，共纠正超期羁押52人，促进了监管场所公正执法，保护了在押人员的合法权益。二是开展民事审判和行政诉讼监督，共受理不服人民法院已经发生法律效率的民事、行政判决、裁定申诉案412件，立案审查211件，对人民法院裁判正确的案件认真做好当事人的服判息诉工作，息诉259件，维护了法律的权威。对人民法院确有错误的生效判决、裁定依法提出抗诉27件，法院经再审审结16件，其中改判12件，调解3件，维持原判1件。三是开展对检察机关自身执法活动的监督，防止滥用检察权。

2004年工作要点

坚决依法查办和积极预防职务犯罪，推进反腐败斗争的深入进行；认真抓好批捕、起诉工作，依法严厉打击严重刑事犯罪；全面强化法律监督，维护公平正义和法制统一；不断增强创新意识，继续深化检察改革；大力加强队伍建设，努力提高执法水平和办案质量；切实增强大局观念，自觉接受党的领导和人大的监督。

九、会议选举

此次会议印发和审议市三届人大常委会提交的《接受郑少三辞去宜昌市三届人大常委会主任职务请求的备案报告》《袁春堂等8人辞去宜昌市人大代表职务的备案报告》。

2004年2月22日，此次会议第二次全体会议通过《宜昌市三届人大四次会议选举办法》。2月24日，此次会议第三次全体会议补选市三届人大常委会主任：李佑才，委员（8名，按姓名笔画排序）：王道本、冯新华、向克林、刘承元、孙维全、张德林、范晓岚（女）、陶远震；市人民政府市长：郭有明。

2004年2月24日，此次会议第三次全体会议审议通过《通过宜昌市三届人民代表大会有关专门委员会主任委员人选办法》。随后，通过市三届人大法制委员会主任委员：张再春；内务司法委员会主任委员：刘承元；财政经济委员会主任委员：王道本；农村经济委员会主任委员：张德林；城乡建设环境资源保护委员会主任委员：孙维全；民族宗教外事侨务委员会主任委员：陶远震。

十、议案审查报告

2004年2月23日，此次会议主席团第四次会议审议通过秘书处组织议案组组长张宗才所作的《宜昌市三届人大四次会议代表提出的议案处理意见的报告》：

此次会议共收到代表10人以上联名提出的议案23件。审查意见：将《关于综合整治城区乱搭乱建，确保居民公共安全的议案》列为议案。请主席团交有关专门委员会进行调查论证，由有关专门委员会向市人大常委会提出报告，再由市人大常委会审议决定后交市人民政府办理；其余22件议案转作建议、批评和意见处理，连同大会期间收到的代表建议、批评和意见245件，由市人大常委会办事机构交由有关机关、组织研究处理，并负责答复代表。

十一、会议决议

2004年2月24日，市三届人大四次会议第三次全体会议审议通过6个决议。

《关于宜昌市人民政府工作报告的决议》

决议批准代理市长郭有明所作的《宜昌市人民政府工作报告》。

决议强调，各级人民政府要以贯彻实施《中华人民共和国行政许可法》为契机，转变政府职能，坚持依法行政，规范政府行为，树立为民、务实、清廉的政府形象。各级人民政府工作人员要牢记“两个务必”，树立正确的政绩观，发扬求真务实的精神，坚持讲实话、察实情、办实事、求实效，把维护好、实现好、发展好广大人民群众的根本利益作为一切工作的出发点和落脚点，竭尽全力解决好人民群众关心的实际问题。

《关于宜昌市2003年国民经济和社会发展计划执行情况与2004年计划的决议》

决议批准2004年国民经济和社会发展计划，批准《关于宜昌市2003年国民经济和社会发展计划执行情况与2004年计划草案的报告》。

《关于宜昌市2003年财政预算执行情况和2004年财政预算的决议》

决议批准2004年市级财政预算，同意《关于宜昌市2003年财政预算执行情况和2004年财政预算草案的报告》。

《关于宜昌市人民代表大会常务委员会工作报告的决议》

决议批准市人大常委会副主任肖道根所作的《宜昌市人大常委会工作报告》。

决议要求，市人大常委会要围绕改革发展稳定的重大问题，加强法律监督和工作监督，加强对政府重大投资项目和财政预算的监督，增强监督实效，保证法律法规的有效实施，促进依法行政、公正司法，为保障和促进全市物质文明、政治文明和精神文明建设，加快宜昌经济发展和社会全面进步做出新的贡献！

《关于宜昌市中级人民法院工作报告的决议》

决议批准市中级人民法院院长胡兴儒所作的《宜昌市中级人民法院工作报告》。

《关于宜昌市人民检察院工作报告的决议》

决议批准市人民检察院检察长李早湘所作的《宜昌市人民检察院工作报告》。

十二、闭幕词

2004年2月24日，中共宜昌市委书记、市人大常委会主任李佑才在市三届人大四次会议闭幕时讲话。

宜昌市三届人大四次会议，在市委的领导下，经过全体代表和与会人员的共同努力，已经圆满地完成了大会预定的各项议程。

会议审议批准的政府工作报告和其他报告，确定了今年和今后一个时期全市改革开放和现代化建设的任务。会议选举产生市人大常委会和政府的领导人员，选补部分市人大常委会委员，会议通过市人民代表大会部分专门委员会的组成人员，充分体现了全体代表的民主权利。这是一次民主和谐、团结鼓劲、务实高效的大会。

当前和今后一个时期，是宜昌市加快推进改革开放和现代化建设的最佳发展机遇期。刚刚结束的市委二届九次次全会号召全市人民抢抓机遇，励精图治，踏实苦干，奋力实现宜昌发展的新跨越。展望未来，我们肩负的任务光荣而艰巨。市人大及其常委会要进一步增强责任感和使命感，围绕改革发展稳定的大局，依靠全体代表和广大人民群众，认真履行宪法法律赋予的各项职权。要加强社会主义民主法治建设，坚持和完善人民代表大会制度，积极推进依法治市进程。认真贯彻实施《宜昌市人民代表大会常务委员会讨论、决定重大事项的规定》，积极审议、决定全市改革发展稳定中的重大事项，把市委的重大主张变为国家意志和全市人民的行动。

希望各位代表认真履行代表职责，积极宣传并带头贯彻落实这次会议通过的各项决议，深入了解民情，充分反映民意，广泛集中民智，通过自身的模范带头作用和富有成效的工作，团结带领广大人民群众为推动全市经济社会全面发展贡献力量。

第五节　第五次会议

2005年2月25日—3月1日，市三届人大五次会议在城区举行。此次会议应出席代表405人，实际出席代表369人，列席人员122名。此次会议议程是：听取和审议《宜昌市人民政府工作报告》；审查《宜昌市2004年国民经济和社会发展计划执行情况与2005年国民经济和社会发展计划安排的报告》；审查《宜昌市2004年财政预算执行情况和2005年财政预算的报告》；听取和审议《宜昌市人大常委会工作报告》；听取和审议《宜昌市中级人民法院工作报告》；听取和审议《宜昌市人民检察院工作报告》；补选宜昌市三届人大常委会副主任；通过此次会议各项决议。

一、预备会议

2005年2月25日，市三届人大五次会议举行预备会议。会议通过此次会议议程、大会主席团和秘书长名单。

二、会议机构及成员名单

市三届人大五次会议主席团和秘书长。主席团成员（按姓名笔画排序）：马学军、王万修、王传豪、王松华、王厚军、王国斌、王晓红（女）、王新祝、文成国（土家族）、艾苍松、毕亚雄、乔余堂、邬永坤、杨智、杨万贵、杨保平、李泉、李业雄、李佑才、李和奎、肖道根、吴细华、佘西龙、余幼明（女）、邹正金、宋文豹、张治国、张建一、陈邦峰、陈和春、尚葵（女）、范晓岚（女）、罗毅、周围、周水舟、周学文、郑超、赵举海、赵复武、郭有明、郭俊萍（女）、黄克、黄传林、蒋远华、蒋红星、景学镇、蔡建国、熊承家、戴丽莉（女）；秘书长：肖道根。

市三届人大五次会议主席团常务主席名单（按姓名笔画排序）：文成国（土家族）、乔余堂、李佑才、李和奎、肖道根、余幼明（女）、张治国、张建一、周水舟、周围、赵复武、郭有明、黄传林、熊承家、戴丽莉（女）。

市三届人大五次会议副秘书长名单（按姓名笔画排序）：王宏强、刘宗林、李业雄、张宗才、张盛新（土家族）、周向阳、赵长琴（女）。

三、政府工作报告

2005年2月26日，市三届人大五次会议第一次全体会议听取和审议市长郭有明所作的《宜昌市人民政府工作报告》：

2004年工作回顾

完成经济指标。2004年，实现生产总值588.68亿元，比上年增长17.5%。规模内工业企业增加值184.39亿元，增长71%。社会消费品零售总额197.8亿元，增长13.6%。全市固定资产投资271.28亿元，增长8.5%，其中市县投资133.79亿元，增长31%。地方一般预算收入19.13亿元，按可比口径增长20%。

区域内财政总收入79.7亿元，增长48.5%。金融机构年末存、贷款余额分别比年初增加54.87亿元和37.52亿元。吸收外商投资9305万美元，增长10.7%。外贸出口2.57亿美元，增长35.1%。农民人均纯收入2938元，增加350元。城镇居民人均可支配收入7592元，增长8%，其中城区城镇居民人均可支配收入8075元，增长10.6%。城市建设步伐加快，运用市场办法筹集资金10亿多元用于沿江大道延伸段、商业步行街建设。服务三峡工程建设和争取对口支援工作取得明显成效，搬迁农村移民2550人，坝区环境综合治理、生态环境建设等都取得了新的成绩。

主要工作。一手抓县域经济，一手抓城区经济，统筹城乡发展；加快经济结构战略性调整，提高经济增长质量和效益；大力开展招商引资和项目建设，培育发展后劲；高度重视民生问题，把造福群众作为政府工作的不懈追求；大力发展各项社会事业，推进经济社会协调发展。

2005年工作要点

主要预期目标。生产总值增长12%；市县属固定资产投资增长18%；社会消费品零售总额增长11%；吸收外商投资增长12%、外贸出口增长15%；地方一般预算收入增长12%以上；城镇居民人均可支配收入增长7%、农民人均纯收入增长5%；城镇新增就业6万人以上、城镇登记失业率在4.3%以内；人口自然增长率在2.5‰以内。

八项工作：加快发展农业与农村经济；加快推进新型工业化；加快发展以旅游业为龙头的第三产业；深入推进各项改革；加快推进对内对外开放；加快城市建设步伐；加强财税、金融和物价工作；大力推进和谐宜昌建设。

四、计划报告

2005年2月27日，市三届人大五次会议第一次全体会议印发和审查了市发展和改革委员会提交的《宜昌市2004年国民经济和社会发展计划执行情况与2005年计划草案的报告》：

2004年计划执行情况

综合。全市生产总值完成588.68亿元，同比增长17.5%，创近8年来历史新高；生产总值、工业增加值、地方一般预算收入增幅分别高于计划5.5、6.4和9.1个百分点，总量跃居全省第二位。市县属固定资产投资增长31%，社会消费品零售总额增长13.6%，高于计划16和3.6个百分点。地方一般预算收入增长20%，是2001年以来增长最快的一年。

农业。粮食产量达到145.6万吨，增产10.8%；农业增加值达到79.1亿元，增长9.8%；农民人均纯收入达到2938元，人平增收350元，增长13.5%；全市农民负担人平38.44元，亩平30.57元，分别比上年下降45.5%和43.3%。

工业。完成工业增加值240亿元，增长28.3%，，其中工业完成增加值184.4亿元，增长71%，扣除三峡发电因素，增长24.5%。规模以上工业完成利润59.1亿元，增长105%。

投资。完成固定资产投资271.3亿元，增长8.5%，高于计划6.5个百分点，其中市县固定资产投资完成133.8亿元，增长31%，高于计划16个百分点。全市争取国债和专项资金项目238个、资金5.85亿元，有效促进了固定资产投资持续增长。

外贸。全市引进投资500万元以上项目180个，协议投资额205亿元，到位资金45亿元。直接利用外资9305万美元，增长10.7%。外贸出口2.5亿美元，增长31.6%，高于计划增幅19.6个百分点。

环境。宜万铁路全线开工，沪蓉高速进展顺利，天然气工程已经通气，城区护岸工程、宜万铁路长江大桥、宜昌南站、沿江大道延伸段动工兴建，商业步行街项目正式启动，沙河污水处理厂、临江溪污水处理厂、黄家湾垃圾处理场二期工程、绿萝路改造等一批项目进展良好，胜利三路延伸段、伍临路改造已完工。全市房地产投资完成20.17亿元，增长57.6%，房地产施工面积276.26万平方米，增长32.2%，商品房销售面积92.43万平方米，增长14.7%。

消费。2004年全市实现社会消费品零售总额197.8亿元，增长13.6%，高于计划3.6个百分点。

金融。金融机构年末各项存款达到523.90亿元，比年初增加54.41亿元，增长11.6%。贷款首次突破500亿元贷款规模，为全市经济快速发展提供了有力支撑。

就业。全市新增城镇就业人员5.3万人，增长10.4%。社会保险覆盖面不断扩大，共征缴社会保险费10.97亿元，增长3.9%。城镇登记失业率控制在4.3%以内。

2005年计划安排方案

主要预期目标。全市生产总值增长12%，其中，第一产业增长6%，第二产业增长13%(其中工业17%)，第三产业增长12%；全社会固定资产投资增长5%，其中，市县属固定资产投资增长18%；地方一般预算收入增长12%以上；社会消费品零售总额增长11%；外贸出口增长15%；直接利用外资增长12%；城镇新增就业6万人，城镇登记失业率控制在4.3%以内；城镇居民人均可支配收入增长7%；农民人均纯收入增加150元以上，增长5%；居民消费价格增幅4%左右；人口自然增长率在2.5‰以内。

工作重点：全面实施“工业强市”战略，加快推进新型工业化；加快提升农业综合生产能力，建立农民增收长效机制；着力加强项目建设，确保全市固定资产投资稳定增长；加大“三产兴城”力度，提高第三产业在GDP中的比重；强化城市建设与管理，奋力创建国家文明城市；继续推进各项改革，不断扩大对外开放；坚持以人为本，促进经济社会协调发展；建立健全目标管理责任制，促进各项工作任务的落实；认真做好“十一五”规划的编制工作。

五、财政预决算报告

2005年2月27日，市三届人大五次会议第一次全体会议审查了市财政局提交的《宜昌市2004年财政预算执行情况和2005年财政预算草案的报告》：

2004年财政预算执行情况

市级地方一般预算收支执行情况，详见表3—14—9。

按照预算法的规定，2004年市级财政增设了预算周转金1000万元。收支相抵，结余1048万元。市级决算办理完毕后，上述数字还将会有些变动，届时再专题向市人大常委会报告。

全市地方一般预算执行情况。财政收入完成19.13亿元，为预算的107.8%，增长14.3%。其中：增值税17%部分完成27157万元；营业税70%部分完成51982万元；企业所得税25%部分完成12051万元；个人所得税25%部分完成6808万元；农业四税完成22032万元。全市地方财政支出完成389204万元（含省专款安排的支出），比上年增长13.5%。

2004年市级地方一般预算收支执行情况汇总表

表3—14—9　　　　单位：万元

财政收入项目		完成收入	占预算%	财政支出项目		完成支出	占预算%
市级财政总收入		127144		市级财政总支出		125096	—
1	地方一般预算收入	74569	105.30	1	地方一般预算调拨支出	25575	—
2	一般预算调拨收入	52575	—	其中	上缴省支出	17117	—
其中	省补助收入	45928	—		补助县市区支出	3605	—
	县市区结算收入	159	—		省专款支出	4853	—
	调入资金	4018	—	2	地方一般预算支出	99521	113.10
	上年结余	2470	—	其中	农业支出	3665	110.70
					教育支出	10270	104.40
					科学技术支出	1627	100.00

2005年财政预算（草案）

市级地方一般预算收支安排。2005年市级预算收支平衡，结余30万元。详见表3—14—10。

2005年市级地方一般预算收支安排汇总表

表3—14—10　　　　单位：万元

财政收入项目		收入安排	比上年增长%	财政支出项目		支出安排	比上年增长%
市级财政总收入		127862	—	市级财政总支出		127832	—
1	市级一般预算调拨收入	44342	—	1	一般预算调拨支出	22307	—
其中	中央、省补助收入	39795	—	其中	上解省支出	17197	—
	调入资金	3499	—		补助县市区支出	5110	
	上年结余	1048	—				—
2	地方一般预算收入	83520	12.00	2	地方一般预算支出	105525	15.70
其中	增值税 25%部分	13477	12.00	其中	农业支出	3664	11.40
	营业税	30400	12.00		教育支出	14194	9.80
	企业所得税	4683	-7.00		科技支出	1902	6.40
	个人所得税	3818	5.70		医疗卫生支出	7764	6.50
	行政性收费	4615	32.60		抚恤和救济费	2297	5.10
	罚没收入				社会保障补助支出	5957	8.00
	企业亏损补贴	-2960	持平		公检法支出	10804	—
	未列举事项	29487	—		未列举事项	58943	—

全市地方一般预算收支安排。地方一般预算收入21亿元，可比增长12%以上。地方一般预算支出43.6亿元（含省拨专款安排的支出），比上年增长12%。各县市区财政预算经同级人民代表大会审查批准以后，市财政再汇总报市人大常委会备案。

六、常委会工作报告

2005年2月27日，市三届人大五次会议第二次全体会议听取和审议市人大常委会副主任肖道根所作的《宜昌市人大常委会工作报告》：

2004年工作回顾

推进政治文明建设。一是坚持党的领导。年初将工作要点报市委转发执行，年度主要工作情况向市委二届十次全会作了书面报告，重大事项及时向市委请示报告。每次人大常委会例会情况，党组都及时向市委写出专题报告。协助市委召开人民代表大会成立50周年纪念大会。组织两个调查组，对2003年8月召开的市委人大工作会议精神贯彻落实情况开展一次全面调查，实事求是地向市委写出了调查报告。二是坚持人民当家做主。认真筹备和成功召开市三届人大四次会议。认真行使人事任免权，2004年共任免本级国家机关工作人员107人次。认真行使重大事项决定权，先后在人民代表大会和人大常委会会议上对全市经济和社会发展、财政预算、决算等重大事项做出相应的决议、决定，并督促市政府办理落实。加强和改善对"一府两院"等国家机关的监督，召开市人大常委会与市政府的联系会议。主任会议听取和审议市中级人民法院、市人民检察院上半年工作和司法为民情况的汇报。对"一府两院"已出台的45个规范性文件进行了审查，有效地维护了法制的统一。

行使人大监督职权。一是对"三农"工作加强监督。二是对工业经济和重点项目建设加强监督。三是对财政预算及预算执行情况加强监督。四是对发展环境加强监督。五是围绕中心工作开展专题调研和视察。紧紧围绕社会全面、协调、可持续发展履行监督职能。一是对生态环境保护和城市建设工作加强监督。二是对各项社会事业发展加强监督。三是对民族、宗教等工作加强监督。

发挥人大代表作用。一是坚持请代表列席常委会会议、组织代表对建议办理工作开展视察的制度。常委会组织在宜昌的全国、省人大代表和宜昌市人大代表，用一周的时间，深入开展视察和调查，准备议案和建议，为出席各级人代会做准备。二是组织市人大常委会机关的市人大代表回原选举单位述职。三是常委会领导和代表工作机构先后专门走访代表80多名，征求代表对常委会及其他国家机关工作的意见和建议。四是认真督办代表议案和建议。五是召开县市区人大常委会代工委主任座谈会。六是开展评选优秀市人大代表、先进人大代表工作者活动，对26名市人大代表和15名先进人大代表工作者进行了表彰。七是为人大代表征订人大刊物，印发有关学习资料，积极为代表执行职务提供服务。

提高自身工作水平。一是坚持常委会集中学习制度，先后组织了宪法修正案、行政许可法、预算法及预算知识、人民代表大会制度及其发展历程、十六届四中全会决定等专题知识讲座。切实加强常委会的作风建设。一是坚持求真务实的工作作风，深入基层、深入实际开展调查研究。二是坚持密切联系群众的工作作风，当年常委会共接待群众来信来访2012件次，所有信访件已督促有关单位办结和答复，一次性结处率达80%以上。三是加强人大理论研究和宣传工作，在全市范围内开展纪念人大成立50周年征文活动，参加全省"纪念人民代表大会成立50周年人大和法律知识大赛"活动。四是充分发挥人大各专工委的作用，深入开展各项调查，积极开展执法检查和各种视察活动。五是加强对基层人大工作的指导与联系，举办了全市人大干部培训班。六是搞好对外接待工作，加强了宜昌市与外地人大工作的联系与交流，推进了宜昌市人大工作发展。七是积极推进机关办公自动化建设，努力提高机关工作效率。

2005年工作要点

结合人大工作实际，贯彻落实市三次党代会精神；围绕改革和发展的重点，积极行使重大事项决定权；围绕事关全局的热点和难点问题，认真行使监督权；坚持与时俱进，不断加强常委会的自身建设。

七、法院工作报告

2005年2月27日，市三届人大五次会议第二次全体会议听取和审议市中级人民法院院长胡兴儒所作的《宜昌市中级人民法院工作报告》：

2004的工作回顾

全市法院受理各类案件23490件，审执结22241件，结案率为94.68%，结案标的为52.51亿元

依法、全面开展各项审判执行工作。共审结一审刑事案件2038件，判决生效的2306人中，判处死刑、无期徒刑及五年以上有期徒刑392人，占17%。

集中处理涉法上访工作。处理来信2762件，比上年上升49.78%，接待来访15776人次，比上年上升65.40%。立案再审275件，审结251件，其中改判、纠正裁判错误案件76件，占再审案件的30.28%。省、市交办的涉法上访重点案件280件，办结256件，结案率91.43%。

制定《关于进一步落实司法为民要求的若干意见》，提出了40项为民、便民、利民的措施。全市法院共对1000件案件的当事人缓交、减交、免交诉讼费1142.56万元，保证了一些困难群众打得起官司。同时，全市法院加大了拖欠工程款和农民工工资案件的审理、执行力度，兑付农民工工资276万余元。

2005年工作要点

以加强司法能力建设为重点，全面推进各项审判执行工作；以保持共产党员先进性教育为载体，进一步加强法官队伍建设；以推进司法改革为动力，努力构建公正高效、运转协调的司法体制和工作机制；以加强基层建设为着力点，全面提升全市法院基层建设水平。

八、检察院工作报告

2005年2月27日，市三届人大五次会议第二次全体会议听取和审议市人民检察院检察长李早湘所作的《宜昌市人民检察院工作报告》：

2004年工作回顾

受理职务犯罪案件线索480件，立案查处156件163人，其中，贪污贿赂案件138 件145人，渎职侵权案件18件18人，通过办案为国家挽回直接经济损失917.78万元。

受理侦查机关提请批捕各类犯罪嫌疑人2532人，经审查，决定、批准逮捕2342人，共受理移送

审查起诉3083人，提起公诉2603人。受理黑社会性质组织犯罪和流氓恶势力犯罪案件 938 件1531人，起诉800件1302人。受理“涉毒”案件33件47人，批捕46人，起诉41人。受理“涉赌”案件36件50人，批捕40人，公诉52人。受理破坏市场经济体制犯罪案件36件55人，起诉25件38人。积极参与社会治安综合治理，办理群众举报、控告申诉以及其他来信来访1692件，其中，办理刑事申诉37件，刑事赔偿35件，返还、补偿和赔偿金额70余万元。

2005年工作要点

积极查办和预防职务犯罪，促进反腐败斗争深入开展；认真做好批捕、起诉工作，全力维护社会稳定；全面强化诉讼监督，维护司法公正和社会公平正义；加强队伍和基层院建设，为履行法律监督职能提供保障；深化检察改革，为强化法律监督注入新的活力。

九、会议选举

2005年2月27日，此次会议第二次全体会议审议通过《接受赵复武辞去市三届人大常委会副主任的决定》《宜昌市三届人大五次会议选举办法》。3月1日，此次会议第三次全体会议补选周水舟为市三届人大常委会副主任。

十、议案审查报告

2005年2月28日，此次会议主席团第五次会议审议通过大会秘书处冯新华所作的《宜昌市三届人大五次会议代表提出的议案处理意见的报告》：

此次会议共收到代表10人以上联名提出的议案24件。审查意见：将《关于建设廉租房促进棚户区改造的议案》议案。建议主席团交有关专门委员会进行调查论证，并向市人大常委会提出报告，由市人大常委会审议决定后交市人民政府办理；其他23件议案转作建议、批评和意见处理，连同大会期间收到的代表建议、批评和意见，由市人大常委会办事机构交由有关机关、组织研究处理，并负责答复代表。

十一、会议决议

2005年3月1日，市三届人大五次会议第三次全体会议通过6个决议。

《关于宜昌市人民政府工作报告的决议》

决议批准市长郭有明所作的《宜昌市人民政府工作报告》。

决议号召，全市各族人民紧密团结在以胡锦涛同志为总书记的党中央周围，在中共宜昌市委的领导下，坚持以邓小平理论和“三个代表”重要思想为指导，认真贯彻中共十六大和十六届三中、四中全会精神，全面落实科学发展观，进一步解放思想，开拓创新，抓住机遇，加快发展，为把宜昌建成世界水电旅游名城，构建和谐宜昌而努力奋斗。

《关于宜昌市2004年国民经济和社会发展计划执行情况与2005年计划的决议》

决议批准2005年国民经济和社会发展计划，批准《关于宜昌市2004年国民经济和社会发展计划执行情况与2005年计划草案的报告》。

《关于宜昌市2004年财政预算执行情况和2005年财政预算的决议》

决议批准2005年市级财政预算，同意《关于宜昌市2004年财政预算执行情况和2005年财政预算草案的报告》。

《关于宜昌市人民代表大会常务委员会工作报告的决议》

决议批准市人大常委会副主任肖道根所作的《宜昌市三届人大常委会工作报告》。

《关于宜昌市中级人民法院工作报告的决议》

决议批准市中级人民法院院长胡兴儒所作的《宜昌市中级人民法院工作报告》。

《关于宜昌市人民检察院工作报告的决议》

决议批准市人民检察院检察长李早湘所作的《宜昌市人民检察院工作报告》。

十二、闭幕词

2005年3月1日，中共宜昌市委书记、市人大常委会主任李佑才在市三届人大五次会议闭幕时讲话。

大会审查和批准了政府工作报告、市人大常委会工作报告、市中级人民法院工作报告、市人民检察院工作报告；审查和批准了宜昌市2004年国民经济和社会发展计划执行情况的报告与2005年国民经济和社会发展计划；审查了宜昌市2004年财政预算执行情况和2005年财政预算草案的报告；批准了2004年市级财政预算执行情况的报告和2005年市级财政预算；。

今年是全面完成“十五”计划、衔接“十一五”发展的基础年，也是实现市三次党代会提出的目标任务的开局之年。现在，发展的蓝图已经绘就，发展的思路已经明确，发展的措施已经制定，今后的关键在于狠抓落实。

大会向全市人民庄严承诺，坚决全面贯彻中共十六大、十六届三中、四中全会和市三次党代会精神，树立和落实科学发展观，加快全面建设小康社会和建设世界水电旅游名城步伐，努力构建和谐宜昌。

第六节　第六次会议

2006年2月28日—3月4日，宜昌市三届人大六次会议在城区举行。此次会议应出席代表406人，实际出席代表394人，列席人员126人。此次会议议程是：听取和审议《宜昌市人民政府工作报告》；审查和批准《宜昌市国民经济和社会发展第十一个五年规划纲要》；审查《宜昌市2005年国民经济和社会发展计划执行情况与2006年计划草案的报告》；审查《宜昌市2005年财政预算执行情况和2006年财政预算草案的报告》；听取和审议《宜昌市人大常委会工作报告》；听取和审议《宜昌市中级人民法院工作报告》；听取和审议《宜昌市人民检察院工作报告》；补选宜昌市三届人大常委会组成人员；通过此次会议各项决议。

一、预备会议

2006年2月28日，市三届人大六次会议举行预备会议。会议通过此次会议议程、大会主席团和秘书长名单。

二、会议机构及成员名单

市三届人大六次会议主席团和秘书长。主席团成员（按姓名笔画排序）：王万修、王传豪、王松华、王厚军、王国斌、王晓红(女)、王新祝、艾苍松、毕亚雄、乔余堂、邬永坤、刘学甫、杨万贵、杨保平、李泉、李佑才、李和奎、吴康年、佘西龙、余幼明(女)、邹正金、宋文豹、张治国、张建一、陈邦峰、陈和春、尚葵(女)、范晓岚(女)、罗毅、罗平烺、周围、周水舟、周学文、郑超、赵举海、郭有明、郭俊萍(女)、黄克、黄传林、蒋远华、蒋红星、蔡建国、熊承家、戴丽莉(女)；秘书长：张治国。

市三届人大六次会议主席团常务主席（按姓名笔画排序）：乔余堂、李佑才、李和奎、余幼明(女)、张治国、张建一、周水舟、周围、郭有明、黄传林、熊承家、戴丽莉(女)。

市三届人大六次会议副秘书长名单（按姓名笔画排序）：马学军、刘宗林、余跃进、张宗才、张盛新(土家族)、周向阳、赵长琴(女)。

三、"十一五"规划《纲要》

2006年3月1日，此次会议印发和审议《宜昌市国民经济和社会发展第十一个五年规划纲要(草案)》。

《纲要》目录："十一五"时期经济和社会发展的基础条件；"十一五"时期经济和社会发展的总体要求与发展目标；强力推进新型工业化；努力建设社会主义新农村；大力发展以旅游业为龙头的现代服务业；加强基础设施建设；统筹区域协调发展；大力推进科教兴市和人才强市战略；进一步深化改革和扩大开放；统筹人口资源环境协调发展；全面推进和谐社会建设；健全规划实施机制。

四、政府工作报告

2006年3月1日，市三届人大六次会议第一次全体会议听取和审议市长郭有明所作的《宜昌市人民政府工作报告》：

"十五"时期工作回顾

经济发展。"十五"时期全市生产总值年均增长11.5%，人均生产总值突破1.5万元。2005年区域内财政总收入105.5亿元，年均增长31.9%，其中地方一般预算收入22.5亿元，年均增长12.7%。2005年农业增加值85亿元，年均增长6.7%。粮食综合生产能力逐步增强。六大特色产业实现产值占农业总产值的72%。规模内农产品加工企业达到148家，其中12家销售收入过亿元。2005年实现增加值242.8亿元，比"九五"期末增长2.1倍；实现利税129.7亿元，增长4.1倍。2005年第三产业实现增加值213.1亿元，年均增长11.7%；社会消费品零售总额226.5亿元，年均增长10.3%。累计完成固定资产投资1330亿元，比"九五"时期增长36.2%。

改革开放。国有企业和国有资产管理体制改革深入推进。市县政府机构改革扎实推进。农村税费改革全面完成。行政审批制度改革力度加大，取消行政审批事项438项。市场流通、财政体制等改革逐步深入。城镇职工基本医疗保险制度建立。住房分配货币化改革顺利实施。国土资源管理体制、粮食流通体制、教育体制、人口与计划生育、事业单位等各项改革都取得了显著成效。对外开放进一步扩大，累计利用外资13.7亿美元，年均增长27.2%；外贸出口10.6亿美元，年均增长40.1%。

城乡面貌。完成了城市总体规划修编，编制了宜昌都市区规划、交通规划及一批专项规划。县城和31个重点镇总规修编全部完成，100个中心村规划试点顺利推进。大力推进城市基础设施建设，建设重点项目50多个，进一步完善了城市功能，城市品位和形象得到提升。宜万铁路宜昌段全线开工，沪渝高速宜长段建成通车。公路总里程达到2.28万公里，比“九五”期末增长103.6%。森林覆盖率达到48.5%，城镇人均公共绿地面积达到8.4平方米。

服务三峡工程。三峡库区二期移民搬迁安置顺利完成，三期移民搬迁安置全面启动，城镇和工矿企业迁建、专业设施复建扎实推进。三峡库区二期地质灾害治理工程全面完成，三期工程进展顺利。认真做好三峡坝区管理工作，抢抓对口支援机遇，落实项目1089个，到位资金63.2亿元。

社会事业。以县为主的教育管理体制得到落实，组建了湖北三峡职业技术学院，三峡大学快速健康发展。科技创新和科技服务体系建设加强。一批重点文化基础设施开工建设。公共卫生体系建设扎实推进。人口持续保持低生育水平。民政、民族、宗教、对台、侨务、人防、档案、新闻出版、方志、保密、信访、防震减灾等各项工作都取得了新的成绩。

民生。2005年城镇居民人均可支配收入8156元，年均增长6.9%；农民人平纯收入3108元，年均增长5.6%。城乡居民储蓄存款五年增加185.7亿元，人均增加5011元。城镇居民人均住房使用面积22.1平方米，比“九五”期末增加7.6平方米。社会保险覆盖面扩大，城镇“低保”基本实现应保尽保。城镇登记失业率控制在4.3%以内，累计新增就业25万人。稳定解决了11.3万名贫困人口的温饱问题，解决了19.3万农村人口的饮水困难。妇女、儿童、老龄、残疾人等工作进一步加强。

文明建设。认真组织开展保持共产党员先进性教育活动，政府机关工作人员思想政治素质明显提高。深入推进精神文明创建活动，市民素质和城市文明程度进一步提升。坚持依法行政，自觉接受法律监督、工作监督、民主监督和舆论监督。着力维护社会稳定，切实抓好安全生产，创造了稳定的社会环境。国防教育和“双拥”工作深入开展。五年来，宜昌市荣获了“中国优秀旅游城市”“国家园林城市”“全国双拥模范城市”“全国科技进步先进城市”“全国创建文明城市工作先进城市”“全国民族团结进步模范集体”等一批荣誉称号。

“十一五”时期发展规划

市人民政府根据市委《关于制定全市国民经济和社会发展第十一个五年规划的建议》，制定《宜昌市国民经济和社会发展第十一个五年规划纲要(草案)》。

总体要求。坚持以发展为主题，以推进经济增长方式转变、提高经济增长质量和效益为主线，以改革开放和自主创新为动力，以改善城乡人民生活为根本出发点，着力推进新型工业化，着力建设社会主义新农村，着力发展现代服务业，着力提高城镇化水平，着力构建和谐宜昌，加快全面建设小康社会和创建世界水电旅游名城的步伐。

主要目标。生产总值年均增长11%以上，人均生产总值在2000年的基础上提前两年翻一番，地方一般预算收入年均增长12%以上。单位生产总值能耗比“十五”期末降低20%左右。城镇居民人均可支配收入年均增长8%，农民人均纯收入年均增长6%，城镇化水平达到48%。生态环境明显改善，民主法治建设和精神文明建设得到加强，社会治安和安全生产状况进一步好转，和谐宜昌建设取得明显成效。形成世界水电旅游名城的基本框架，建成世界最大的水电基地，初步建成国际性旅游名城和长江中上游的区域性中心城市。

政策措施。牢牢把握最佳发展机遇期，推动经济社会更快更好地发展；着力推进经济结构战略性调整，提升国民经济整体素质；切实加强“三农”工作，扎实推进社会主义新农村建设；加大改革开放和自主创新力度，为经济发展提供动力支撑；统筹区域协调发展，加快城市化进程；以提高人民生活水平为出发点，加快构建和谐社会。

2006年工作要点

主要预期目标。生产总值增长11%以上。市县属固定资产投资增长18%。地方一般预算收入增长12%。社会消费品零售总额增长12%。吸收外商直接投资增长10%，外贸出口增长15%。单位生产总值综合能耗下降4%左右。城镇居民人均可支配收入增长8%，农民人均纯收入增长6%。城镇新增就业7万人，城镇登记失业率控制在4.4%以内。

重点工作：强力推进新型工业化；努力推进社会主义新农村建设；加快发展和壮大服务业；加强城市规划建设管理；进一步深化改革和扩大开放；进一步做好财税、金融和物价工作；扎实推进和谐社会建设；切实加强政府自身改革和建设。

五、计划报告

2006年3月2日，市三届人大六次会议第一次全体会议印发和审查了市发展和改革委员会提交的《宜昌市2005年国民经济和社会发展计划执行情况与2006年计划草案的报告》:

2005年计划执行情况

综合。全市实现生产总值656亿元（全国经济普查调减为608亿元），同比增长13%，高于计划目标1个百分点。区域内财政总收入达到105.5亿元，同比增长32.4%，其中地方一般预算收入22.5亿元，同比增长17.8%，高于计划目标5.8个百分点。

工业。全市规模以上企业完成工业增加值242.8亿元，增长29.2%；实现利税129.7亿元，增长34.3%；实现利润90.3亿元，增长45.9%；工业经济效益综合指数为245.92，同比提高31.62点。

农业。全市农林牧渔业总产值138.6亿元，增长8.2%；六大特色农业产值占全市农业总产值的72%；全市农业产业化组织达到316个，实现销售收入55.6亿元，分别比上年增长23.9%和27.5%。全市农民人均纯收入3108元，比上年增加170元，增长5.8%，。全面取消农业税为全市农民减轻负担1.02亿元，人均减负38.44元。

区域经济。一是城区经济发展较快，城区规模以上工业企业完成工业增加值164.8亿元，增长28.1%；完成地方一般预算收入13.23亿元，增长19.3%。二是县域经济发展势头强劲。全市县域GDP增长11%以上，多数县市发展提速。

城市建设。2005年，宜昌市被评为国家园林城市，入选“中国十佳宜居城市”，荣获全国文明城市创建工作先进单位和全省城市规划建设管理“楚天杯”。

固定资产投资。完成固定资产投资295.8亿元，增长9%，高于计划目标4个百分点，其中市县属固定资产投资165.3亿元，增长23.5%，高于计划目标5.5个百分点。2005年招商引资到位资金55亿元，增长22.2%。全市吸收外商投资1.05亿美元，增长12.8%，高于计划目标0.8个百分点。

服务业。全年接待国内外游客878.4万人次，旅游综合收入57亿元，增长21%。社会消费品零售总额226.5亿元，增长12.7%，高于计划目标1.7个百分点；外贸出口3.2亿美元，增长24.5%，高于计划目标9.5个百分点。居民消费价格总水平上涨2.6%。城镇居民人均可支配收入8156元，增长7.4%。全市金融机构年末各项存款余额596.99亿元，比年初增加72.9亿元，各项贷款余额494.04亿元，比年初增加66.6亿元。

社会事业。一是全市城镇新增就业7.1万人，比计划目标多增1.1万人，同比增长16.8%。城镇登记失业率控制在4.3%以内，实现计划目标。二是各类社会保险覆盖面进一步扩大。三是人口与计划生育、教育、广播电视、文化、卫生、体育等各项社会事业得到加强。人口自然增长率1.8‰，全市九年义务教育完成率达到95.9%，均超额实现计划目标。四是加大生态建设、环境保护和资源综合开发力度，预计2005年万元GDP综合能耗下降3.5%；工业固体废物综合利用率达到74.6%。

2006年计划安排方案

主要预期目标。全市生产总值增长11%以上，其中，第一产业增长6%，第二产业增长12%，第三产业增长12%。全社会固定资产投资增长6%，其中，市县属固定资产投资增长18%。地方一般预算收入增长12%。社会消费品零售总额增长12%。外贸出口增长15%；吸收外商直接投资增长10%。城镇居民人均可支配收入增长8%；农民人均纯收入增长6%。居民消费价格总水平增幅4%。城镇新增就业7万人，城镇登记失业率控制在4.4%以内。人口自然增长率2.5‰。万元生产总值综合能耗下降4%左右。

重点工作：着力推进新型工业化；着力建设社会主义新农村；着力抓好项目建设；着力发展和壮大服务业；着力深化改革扩大开放；着力构建和谐社会。

六、财政预决算报告

2006年3月2日，市三届人大六次会议第一次全体会议印发和审查了市财政局提交的《宜昌市2005年财政预算执行情况和2006年财政预算草案的报告》：

2005年预算执行情况

全市地方一般预算收支完成情况。市地方一般预算收入实现22.5亿元，为预算的107.5%，比上年增长17.8%。主要税种完成情况是：增值税完成3.6亿元，营业税完成6.1亿元，企业所得税完成1.2亿元，农业四税完成1.6亿元。全市地方财政支出完成47.6亿元（含省专项补助安排的支出）。

市级地方一般预算收支完成情况，详见表3—14—11。

市级财政收支平衡情况。收支相抵，2005年结余1500万元。结余资金已转入2006年安排支出。市级决算办理完毕后，上述数字还会有些变动，再专题向市人大常委会报告。

市本级基金完成情况。总收入98366万元，其中本年收入95240万元，上级补助收入821万元，上年结余2305万元。2005年市本级基金总支出98366万元。基金收支平衡。

上级专项补贴情况。在2005年预算执行中，中央和省财政补助宜昌市专项资金达到17.36亿元，其中：社保资金3.44亿元，国债资金5.36亿元，结算补助1.76亿元，专项拨款4.9亿元，政策性激励性转移支付补助1.1亿元，“三奖一补”政策性转移支付补助0.8亿元。

2005年市级地方一般预算收支执行情况汇总表

表3—14—11　　　　单位：万元

财政收入项目			完成收入	占预算%	财政支出项目			完成支出	占预算%
市级财政总收入			149605	—	市级财政总支出			148105	—
1	一般预算调拨收入		60948	—	1	地方一般预算调拨支出		31533	—
	其中	省补助收入	53916	—		其中	上缴省支出	17492	—
		调入资金	3499	—			补助县市区支出	5541	—
		动用上年结余	3533	—			省补助专款支出	8500	—
2	地方一般预算收入		88657	106.20	2	地方一般预算支出		116572	110.50
	其中	—	—	—		其中	农业支出	3895	106.30
		—	—	—			教育支出	14362	101.20
		—	—	—			科学技术支出	1946	102.30

2006年预算（草案）

全市地方一般预算收支安排。地方一般预算收入25.2亿元，比上年增长12%。地方一般预算支出44.1亿元(含省补助安排的支出)，比上年增长12%。各县市区预算经同级人民代表大会审查批准以后，市财政局再将汇总的全市预算报市人大常委会备案。

市级地方一般预算收支安排，详见表3—14—12。

2006年市级地方一般预算收支安排汇总表

表3—14—12　　　　单位：万元

财政收入项目			收入安排	比上年增长%	财政支出项目			支出安排	比上年增长%
市级财政总收入			157129	—	市级财政总支出			157129	—
1	市级一般预算调拨收入		57829	—	1	一般预算调拨支出		23591	—
	其中	省补助收入	50145	—		其中	上解省支出	17510	—
		调入资金	6184	—			补助县市区支出	6081	—
		动用上年结余	1500	—	2	地方一般预算支出安排		133538	26.50
2	地方一般预算收入安排		99300	12.00		其中	农业支出	3961	8.10
	其中	各项税收	—	—			教育支出	15528	9.40
		其他各项收入	—	—			科技支出	2182	14.70

市级预算收支平衡：市本级基金总收入87777万元，市本级基金总支出86771万元，基金预算收支平衡，略有结余。

七、常委会工作报告

2006年3月3日，市三届人大六次会议第二次全体会议听取和审议市人大常委会副主任周水舟所

作的《宜昌市人大常委会工作报告》:

2005年工作回顾

贯彻中央文件精神。2005年5月，中共中央转发了《中共全国人大常委会党组关于进一步发挥全国人大代表作用，加强全国人大常委会制度建设的若干意见》，10月，中共湖北省委召开人大工作会议，制定《关于进一步加强人大工作的意见》。市委召开人大工作会议，并制定《中共宜昌市委关于进一步加强人大工作的意见》。市人大常委会认真学习贯彻上述文件和市委人大工作会议精神。一是开展保持共产党员先进性教育活动。二是组织各类调查20多次，形成调查报告20多份。三是高度重视信访工作，受理人民群众来信来访2245件次，接待处理率达到98%，主任会议组成人员接待来信来访77 件次。四是大力加强制度建设，制定《宜昌市人大常委会关于加强执法检查工作的若干规定》《宜昌市人大常委会评议工作办法》。五是加强人大宣传和理论研究工作，召开党委宣传部门和各新闻单位负责人参加的座谈会，在《宜昌日报》开辟了民主与法制专栏，开通了“宜昌人大”公众网站。六是加强对基层人大工作的指导，先后召开全市人大城乡建设环境资源保护工作座谈会、全市人大内务司法工作会议、全市人大农村工作座谈会、全市人大财经工作座谈会等会议。七是积极协助长阳、五峰两个土家族自治县向上争取民族政策。

行使各项职权。一是认真听取和审议“一府两院”专项工作报告。二是有重点地开展执法检查。三是围绕全局性的重大问题开展视察。四是加强对司法工作的监督。五是加强规范性文件的备案审查工作。六是指导、协助长阳和五峰两个土家族自治县做好人口与计划生育条例、民族民间文化保护条例、水电条例等单行条例的立法调研、起草和修订等相关工作。七是依法行使人事任免权，任免本级国家机关工作人员73名。其中：任命49名，免职24名。继续深入开展述职评议工作。还对4名政府组成人员开展述职评议。

代表工作。积极组织市人大代表开展“争先创优”活动。进一步加强与代表的联系，全年重点走访、接待市人大代表50多人次，征求代表的意见和建议。组织召开“全市人大代表活动现场会”，推介枝江开展“代表组活动”和西陵区建设“代表活动之家”的典型经验。编发《人大代表建言》3期，引起市人民政府及有关部门的高度重视。

2006年工作要点

深入贯彻中央文件和省委、市委人大工作会议精神；认真履行宪法和法律赋予的各项职责；进一步加强和改进代表工作；不断加强履行职责的能力建设。

八、法院工作报告

2006年3月3日，市三届人大六次会议第二次全体会议听取和审议中级人民法院院长胡兴儒所作的《宜昌市中级人民法院工作报告》:

2005年工作回顾

受理各类案件21829件，审执结20894件，结案率为95.72%，结案标的额为33.68亿元。一是依法惩治各类犯罪。审结刑事一审案件2061件，判处罪犯2486人。审结刑事二审案件313件，刑事一、二审案件结案率达到100%，无一件积案。组织了3次公开宣判执行死刑活动，极大地震慑了犯罪。加大了对贪污、受贿、挪用公款等职务犯罪的打击力度，共审结这类案件69件，判处罪犯79人，其中判处五年以上有期徒刑19人。二是加强民商事审判工作。审结一审和二审民事纠纷案件10986件。在民商事审判工作中，调解结案4800件，调解率达43.69%。三是积极开展行政审判工作。审结一审行政案件135件、二审行政案件50件，办理行政非诉执行案件898件，依法保障了行政管理活动的顺利进行。四是进一步加大执行工作力度。执行结案5675件，结案率93.32%，比上一年提高4个多百分点，执行到位标的额9.03亿元，其中中院执行结案135件，执行到位标的额3.2亿元，比上一年多执行1.27亿元。五是加强立案信访工作。加大司法救助力度，对891件案件的当事人缓减免交诉讼费用1774.41万元，保证了一些困难群众打得起官司。加强信访接待工作，处理群众来信2478件，接待来访11827人次，院长接待日共接待来访群众587人次，一大批上访老户息诉罢访，全年涉诉信访总量明显下降，同比降幅达20%。

2006年工作要点

全面做好各项审判工作，为实施“十一五”规划服务；更加注重法官队伍建设，加快法官队伍革命化、职业化进程；大力加强基层基础建设，不断改善执法条件。

九、检察院工作报告

2006年3月3日，市三届人大六次会议第二次全体会议听取和审议市人民检察院检察长李早湘所作的《宜昌市人民检察院工作报告》：

2005年工作回顾

立案侦查贪污贿赂、渎职侵权等职务犯罪155件166人，通过办案为国家挽回直接经济损失2453.12万元。主动预防职务犯罪。开展个案预防60项，专项预防63项，新开展系统预防13项。发现并移送职务犯罪案件线索7件，审查决定立案5件。注重发挥检察建议的作用，有49份检察建议被有关部门采纳。批捕各类刑事犯罪嫌疑人2203人，提起公诉2666人。打击严重刑事犯罪，批捕严重暴力犯罪、黑恶势力犯罪、“两抢一盗”等多发性侵财犯罪嫌疑人1056人，提起公诉1129人；打击严重经济犯罪，批捕破坏市场经济秩序犯罪嫌疑人56人，提起公诉69人（含上年积存）。

全面加强诉讼监督，一是加强侦查活动监督，监督侦查机关立案96件，监督侦查机关纠正不应当立而立案33件，监督检察机关职务犯罪侦查部门立案1件。对应当逮捕而未提请逮捕、应当起诉而未移送起诉的，决定追捕57人，追诉21人，对不符合逮捕条件的45人做出不批捕决定。二是加强刑事审判活动监督，向审判机关提出书面纠正意见10件次，按照二审程序、审判监督程序提出抗诉8件，审判机关审结6件，其中，改判2件，发回重审3件，维持原判1件。三是加强刑罚执行监督，监督纠正违法违规减刑、假释、保外就医、暂予监外执行16人次。严厉打击监管场所的“牢头狱霸”，起诉在押人员又犯罪4人。发现刑罚执行中各类违法29起，及时提出了纠正意见。四是加强民事审判和行政诉讼监督，对认为确有错误的生效民事、行政判决、裁定提出抗诉21件，向人民法院发出再审检察建议7件，法院已改判18件。对91件申诉案件认真做好当事人的服判息诉工作，依法维护人民法院的正确判决。对19件民事行政审判、执行人员涉嫌枉法裁判、滥用职权案件线索进行了初查，并立案2件。五是加强控告申诉检察工作，审查处理群众举报、控告、申诉1388件，其中，审查办理不服检察机关处理决定和法院生效刑事裁判的刑事申诉案件22件，提起抗诉1件（已获改判），改变原决定3件；受理刑事赔偿申请23件，决定予以赔偿6件，支付赔偿金2.43万元。集中开展处理涉法涉检上访工作，对117件涉检上访案件于去年11月底以前全部办结，并做好息诉工作。

2006年工作要点

依法打击各种刑事犯罪，促进社会和谐稳定；依法查办和积极预防职务犯罪，促进反腐倡廉工作深入开展；强化诉讼监督，促进社会公平正义；继续开展规范执法行为活动，促进严格公正文明执法；加强队伍和基层院建设，促进队伍整体素质提高。

十、会议选举

此次会议印发和审议市三届人大常委会提交的《接受肖道根等人辞职的备案报告》："接受肖道根辞去宜昌市三届人大常委会副主任职务；接受李业雄辞去宜昌市三届人大常委会秘书长职务；接受冯淑珍、史久坤、吴诗权辞去宜昌市三届人大常委会委员职务，报请宜昌市三届人民代表大会备案。"

2006年3月3日，此次会议第二次全体会议通过《宜昌市三届人大六次会议选举办法》。3月4日，此次会议第三次全体会议选举市三届人大常委会副主任：吴开保，秘书长：谢永和，委员（按姓名笔画排序）：方正全、杨元堂、洪昌福、蒋光明。

十一、议案审查报告

2006年3月3日，此次会议主席团第三次会议审议通过秘书处组织议案组组长张宗才所作的《宜昌市三届人大六次会议代表提出的议案处理意见的报告》：

此次会议共收到代表10人以上联名提出的议案40件。审查意见：将《关于继续实施社区建设"123"行动计划的议案》列为议案，建议主席团交市人大内务司法委员会进行调查论证，由内务司法委员会向市人大常委会提出报告，再由市人大常委会审议决定后交市人民政府办理，并提请下次人民代表大会会议备案；其他39件议案转作建议、批评和意见处理，连同大会期间收到的代表建议、批评和意见，由市人大常委会办事机构交由有关机关、组织研究处理，并负责答复代表。

十二、会议决议

2006年3月4日，市三届人大六次会议第三次全体会议通过7个决议。

《关于宜昌市人民政府工作报告的决议》

决议批准市长郭有明所作的《宜昌市人民政府工作报告》。

决议要求，全市各级人民政府要在市委的正确领导下，坚持以科学发展观统领经济社会发展全局，切实按照宜昌市经济和社会发展第十一个五年规划纲要和建设和谐社会的总体要求，抓住机遇，锐意进取，励精图治，开拓创新，确保实现"十一五"的良好开局，努力开创全市经济建设、政治建设、文化建设、社会建设的新局面！

《关于宜昌市国民经济和社会发展第十一个五年规划纲要的决议》

决议批准《宜昌市国民经济和社会发展第十一个五年规划纲要》。

决议号召，全市人民一定要紧密团结在以胡锦涛同志为总书记的党中央周围，在市委的正确领导下，高举邓小平理论伟大旗帜，全面贯彻“三个代表”重要思想，牢固树立和认真落实科学发展观，齐心协力，求真务实，开拓创新，扎实工作，为实现宜昌市经济和社会发展第十一个五年规划的宏伟蓝图而努力奋斗！

《关于宜昌市2005年国民经济和社会发展计划执行情况与2006年计划的决议》

决议批准2006年国民经济和社会发展计划，批准《关于宜昌市2005年国民经济和社会发展计划执行情况与2006年计划草案的报告》。

《关于宜昌市2005年预算执行情况和2006年预算的决议》

决议批准2006年市级预算，同意《关于宜昌市2005年预算执行情况和2006年预算草案的报告》。

《关于宜昌市人民代表大会常务委员会工作报告的决议》

决议批准市人大常委会常务副主任周水舟所作的《宜昌市三届人大常委会工作报告》。

决议要求，市人大常委会要紧紧围绕市委的中心工作，紧紧围绕社会主义民主法治建设，紧紧围绕全市改革发展稳定的大局，切实履行宪法和法律赋予的职责，为加快宜昌发展，为实现世界水电旅游名城的宏伟目标发挥积极作用。

《关于宜昌市中级人民法院工作报告的决议》

决议批准市中级人民法院院长胡兴儒所作的《宜昌市中级人民法院工作报告》。

《关于宜昌市人民检察院工作报告的决议》

决议批准市人民检察院检察长李早湘所作的《宜昌市人民检察院工作报告》。

十三、闭幕词

2006年3月4日，中共宜昌市委书记、市人大常委会主任李佑才在市三届人大六次会议闭幕时讲话。

会议审议批准了宜昌市人民政府工作报告、宜昌市国民经济和社会发展第十一个五年规划纲要的报告和其他报告，确定了今年和“十一五”时期宜昌市经济社会发展的目标任务。会议选举产生部分市人大常委会的领导人员，选补部分市人大常委会委员，充分体现了全体代表的民主权利。

要结合本地经济社会发展实际，积极审议、决定全市改革发展稳定中的重大事项，把市委的重大主张变为国家意志和全市人民的行动。

要进一步发挥人大代表的重要作用。人大代表集中了人民群众的意志和愿望，代表人民群众行使当家做主的权利。

让我们在市委的领导下，以邓小平理论和“三个代表”重要思想为指导，全面落实科学发展观，万众一心，开拓奋进，求真务实，不辱使命，为全面完成这次大会确定的各项任务而努力工作，不断开创人大工作新局面！

第十五章　地市合并后宜昌市第四届人民代表大会历次会议

市四届人民代表大会于2007年1月至2011年12月间共召开6次会议。详见表3—15—1。

市第四届人民代表大会统计表

表3—15—1　　单位：人次、个、件

市四届人民代表大会	一次会议	二次会议	三次会议	四次会议	五次会议	六次会议	合　计
应出席会议代表	411	408	407	406	411	406	2449
实际出席会议代表	393	389	379	377	388	386	2312
审议“一府两院”报告	6	—	6	6	6	7	31
办理议案	1	—	1	1	1	1	5
办理建议、意见、批评	327	—	309	321	264	243	1464
通过决议	6	—	6	6	6	7	31
选举省人大代表	—	53	—	2	—	—	55
选举市人大常委会组成人员	41	—	1	—	2	8	52
设立市人大专门委员会机构	6	—	—	—	—	—	6
通过市人大专委会组成人员	31	—	—	—	1	4	36
选举市政府市长、副市长	8	—	1	—	—	—	9
选举法院院长检察院检察长	2	—	—	1	—	—	3

第一节　第一次会议

2007年1月22日—28日，市四届人大一次会议在城区举行。此次会议应到代表411人，实际出席代表393人，列席人员143人，特邀人员30人。此次会议议程是：听取和审议《宜昌市人民政府工作报告》；审查《宜昌市2006年国民经济和社会发展计划执行情况与2007年计划草案的报告》；审查《宜昌市2006年财政预算执行情况和2007年财政预算草案的报告》；审议《宜昌市人民代表大会议事规则（修订稿草案）》；听取和审议《宜昌市人大常委会工作报告》；听取和审议《宜昌市中级人民法院工作报告》；听取和审议《宜昌市人民检察院工作报告》；选举市四届人大常委会组成人员，选举宜昌市“一府两院”负责人；通过市四届人大各专门委员会组成人员人选；通过此次会议各项决议。

一、预备会议

2007年1月22日，市四届人大一次会议举行预备会议。会议通过此次会议议程、大会主席团和秘书长名单、议案审查委员会名单、计划预算审查委员会名单。

二、会议机构及成员名单

市四届人大一次会议主席团和秘书长。主席团成员（按姓名笔画排序）：王万修、王传豪、王宏强、王国斌、王厚军、王新祝、艾苍松、乔余堂、向红云、刘学甫、孙光骏、李泉、李佑才、李建华、杨万贵、杨保平、吴开保、吴康年、佘西龙、邹正金、宋涛、宋文豹、张毅、张为民、张永红、张建一、张新民、陈亮(土家族)、陈和春、尚葵(女)、罗毅、罗平烺、周青、周华品、周厚贵、郑超、赵木森、赵举海、胡兴儒(土家族)、胡家法、俞学锋、袁卫东、郭有明、郭俊萍(女)、黄克、黄金龙、蒋远华、蒋国平、谢永和、蔡建国、廖达凤(女)、谭少华、谭春玉(女)、熊伟、熊承家；秘书长：吴开保。

市四届人大一次会议主席团常务主席（按姓名笔画排序）：王传豪、王厚军、乔余堂、李佑才、李建华、李泉、杨万贵、杨保平、吴开保、张建一、郑超、赵举海、胡家法、郭有明、郭俊萍(女)、熊承家。

市四届人大一次会议案审查委员会组成人员名单。主任委员：吴开保；副主任委员：田太富(土家族)；委员(按姓名笔画排序)：马仕华、马宏彦、向红云、宋涛、张毅、张学才、张德林、陈宏灿、尚葵(女)、陶远震。

市四届人大一次会议计划预算审查委员会组成人员名单：主任委员：谭春玉(女)；副主任委员：邓玉华；委员(按姓名笔画排序)：苏开美、李全新、屈鹏、俞学锋、秦诗华(土家族)、蒋远华、韩德锋、童孔玲、谢祚剑、谭卫国(土家族)。

市四届人大一次会议副秘书长（按姓名笔画排序）：马学军、刘宗林、余跃进、张宗才、张盛新(土家族)、周向阳、赵长琴(女)、谢永和。

三、政府工作报告

2007年1月23日，市四届人大一次会议第一次全体会议听取和审议市长郭有明所作的《宜昌市人民政府工作报告》：

过去五年工作回顾

综合实力。2006年，实现生产总值680亿元，是2001年的1.79倍，年均增长12.3%；区域内财政总收入147.5亿元，是2001年的3.34倍，年均增长27.3%；地方一般预算收入27.4亿元，是2001年的1.85倍，年均增长13.1%。农业产业化步伐加快，水果、畜牧、水产、蔬菜、茶叶、中药材6大特色产业占农业总产值的比重达到71%。工业经济快速发展。规模内工业企业实现增加值276亿元，年均增长29.1%；实现利税155.7亿元，年均增长45.1%。第三产业持续发展，累计接待国内游客3917万人次、海外游客131.1万人次，旅游总收入255.7亿元、创汇2.28亿美元。社会消费品零售总额262亿元，年均

增长11.4%。发展后劲明显增强，2006年实现市县属投资215亿元，年均增长17.7%。，

改革开放。县属国有企业完成改制任务，市直国有工业企业改制完成。国有资产监管体系基本建立，实现了国有资产保值增值。农村税费改革、乡镇综合配套改革、行政审批制度改革力度加大，财政与编制政务公开全面启动。城镇职工基本医疗保险制度逐步建立，住房分配货币化改革顺利实施。五年累计利用外资4. 73亿美元，年均增长11. 4%；外贸出口13. 06亿美元，年均增长30. 4%。开放一类航空口岸获得国家批准，“宜昌—香港”航线顺利开通。

城乡面貌。编制了城市总体规划、都市区规划、交通规划和一批专项规划。沪渝高速宜长段建成通车，宜万铁路、荆宜高速公路建设进展顺利。全市公路总里程达到2. 52万公里，比2001年增长54. 1%，实现了所有乡镇通柏油路、村村通公路，通村公路硬化率达到67. 6%。宜昌被评为“全国十佳宜居城市”。

社会事业。科技创新和服务体系初步建立，宜昌高新区创业服务中心被确定为国家级创业服务中心。公共卫生体系基本建立，突发公共卫生事件应急能力明显增强。“平安宜昌”创建扎实推进，社会治安综合治理成效明显。人口保持低生育水平。民政、民族、宗教、对台、侨务、人防、档案、新闻出版、方志、保密、信访、防震减灾等各项工作都取得新的成绩。

服务三峡工程。三期移民搬迁提前完成，确保了156米水位蓄水目标顺利实现。移民安置质量提高，后期扶持力度加大。坝区管理不断加强，为工程建设创造了良好环境。对口支援的一批名优企业落户宜昌。库区地质灾害治理扎实推进，生态建设进一步加强。

民生。2006年，城镇居民人均可支配收入8926元，比2001年增加2739元；农民人平纯收入3433元，增加1020元；城镇居民人均住房建筑面积27. 7平方米，增加5平方米。社保扩面新增73. 4万人次，参保人数达到179. 9万人次。城镇“低保”实现应保尽保。城镇新增就业33. 7万人，下岗失业人员实现再就业27万人，登记失业率控制在4. 3%以内。稳定解决了11. 3万名贫困人口的温饱问题。农村广播电视综合覆盖率达到95. 6%。妇女、儿童、老龄、残疾人等事业全面发展。

文明建设。坚持依法行政，自觉接受民主监督、法律监督、工作监督和舆论监督，认真听取人大代表和政协委员的意见和建议，各项建议和提案全部办复。国防教育和双拥工作深入开展，民兵预备役建设不断加强，军政军民关系更加密切。领导干部廉洁自律、源头治理腐败、纠正部门和行业不正之风等工作进一步深入。这五年，宜昌市先后荣获了中国优秀旅游城市、国家园林城市、全国双拥模范城市、全国创建文明城市工作先进城市、全国林业生态环境建设先进城市、全国科技进步先进城市等一批荣誉称号。

此后五年工作要点

奋斗目标。坚定不移地完成“十一五”规划。到2011年，建成世界最大的水电基地，初步建成国际性旅游名城和长江中上游区域性中心城市。2020年，实现世界水电旅游名城和全面小康社会的建设目标。

主要任务。全面提升综合实力，努力实现又好又快发展。着力增强发展活力，建立健全促进科学发展的体制机制。精心打造城市品牌，加快建设宜居、宜旅、宜业的现代化大城市。加快构建和谐社会，切实让改革发展的成果惠及宜昌人民。努力建设法治政府，营造良好的投资创业和发展环境。

2007年工作要点

主要预期目标。生产总值增长12%，单位生产总值能耗下降4%，主要污染物排放总量减少2%，市县属固定资产投资增长18%，社会消费品零售总额增长13%，吸收外商直接投资增长10%，外贸出口增长15%，地方一般预算收入增长15%，城镇居民人均可支配收入增长10%，农民人均纯收入增长6%，城镇新增就业7万人，城镇登记失业率控制在4.5%以内，人口自然增长率控制在4.5‰以内。

八项重点工作：促进产业结构优化升级；加快建设资源节约型和环境友好型社会；推动市域经济协调发展；深入推进改革开放和自主创新；扎实推进城市品牌建设；切实做好财政、金融和物价工作；加快和谐社会建设步伐；加强政府自身建设。

四、计划报告

2007年1月24日，市四届人大一次会议第一次全体会议印发和审查了市发展和改革委员会提交的《宜昌市2006年国民经济和社会发展计划执行情况与2007年计划草案的报告》：

2006年计划执行情况

综合。全年可完成生产总值680亿元左右，按可比口径比上年增长13%，超年度计划2个百分点。完成固定资产投资323.5亿元、增长10%，超年计划4个百分点，其中市县属固定资产投资215亿元、增长31.3%，超年计划13.3个百分点；地方一般预算收入27.37亿元、增长21.5%，超年计划9.5个百分点；居民消费品价格总指数为102，比年度计划低2个百分点；社会消费品零售总额262.24亿元、增长15.8%，超年计划3.8个百分点；外贸出口4.09亿美元、增长27.9%，超年计划12.9个百分点；吸收外商投资1.15亿美元、增长10%；城镇居民家庭人均可支配收入8926元、增长9.43%，超年计划1.43个百分点；农民人均纯收入3433元、增长10.5%，超年计划4.5个百分点；城镇新增就业7.9万人、增长11%，城镇登记失业率控制在4.3%；人口自然增长率为1.47‰；万元生产总值综合能耗、主要污染物排放总量分别实现下降4%、2%目标。全市万元生产总值能耗下降4%左右。

农业。全年粮食总产149.83万吨，增产2.89%，油料总产22.08万吨，增产3.52%，棉花增产29.6%，水果增产22.14%。农民人均纯收入增加325元，达到3433元。解决了1.1万绝对贫困人口温饱问题，帮助1.9万名低收入人口稳定解决温饱问题，118个重点贫困村整村推进工作全面开展，在贫困地区实施“五改三建”生态家园建设3200户。

工业。全市规模内工业企业完成工业增加值275.9亿元，增长15%，主营业务收入、利税、利润分别增长23.02%、19.83%、24.81%，亏损面同比下降6.28个百分点，工业品产销率达到98.39%，同比提高1.96个百分点，工业企业效益综合指数为251，同比提高11点。

第三产业。全市接待入境游客28.98万人次，增长59.3%，旅游创汇5319.6万美元，增长37.9%。社会消费品零售总额262.24亿元，增长15.8%。

城市建设。夷陵大道、胜利四路、港窑路、沿江大道中段改造以及三峡机场路扩建已全面完工，城东大道、宜昌东站、宜万铁路大桥、临江溪污水处理工程、黄家湾二期工程进展顺利，商业步行街项目正式开工建设。三峡机场一类口岸建设已通过验收，宜昌飞往香港的包机已正式首航。加大城市综合管理的力度，2006年宜昌首次荣获国家园林城市称号。

固定资产投资。市县属投资继续保持较快增长，全年完成215亿元，增长31.3%。纳入2006年市人民政府考核的41 个重点项目共完成投资59.13亿元，占年计划的114.69%，2006年计划新开工的20个重点项目已全部开工。

开放。完成出口总额4.09亿美元，增长27.9%。吸收外商投资1.15亿美元，增长10%。经过清理整顿，保留了宜昌经济开发区（东山、猇亭园区）等12家省级开发区，白洋化学工业园区已获省政府批准，开发区建设正朝着规范化方向发展。

改革。市人民政府出台了《关于深化投资体制改革的实施意见》，进一步落实了企业投资自主权。出台了《宜昌市企业国有资产监督管理暂行办法》，国有资产管理体制进一步完善。有4家国有控股上市公司全面完成股权分置改革任务；国企改革步伐加快，有5家企业正在进行方案审批。事业单位改革进展顺利，对行政管理类和社会公益类事业单位新进人员全面推行公开招聘制。财政“四项改革”进一步深化，财政与编制公开工作实施顺利。农村综合改革和乡镇综合配套改革取得阶段性成果。

财贸。全市区域内财政收入147.5亿元，增长39.8%，地方一般预算收入27.37亿元，增长21.5%。金融单位年末各项存款余额715.7亿元，各项贷款余额547.7亿元。居民消费价格总指数为102，服务项目价格指数为100.9，消费品价格指数为102.3，工业品出厂价格指数为101.4。

社会事业。一是坚决抑制教育乱收费，着力改善教学环境，促进了各类教育事业的协调发展。二是医疗保障体系逐步完善，农村医疗卫生条件继续改善。三是劳动和社会保障工作进一步加强。四是广电事业发展迅速。五是文化体育事业健康发展，群众文化生活更加丰富。六是加大经济适用房建设力度。

2007年计划安排方案

主要预期目标。全市生产总值增长12%，其中，第一产业增长3.4%，第二产业增长13%（其中:工业增加值增长15%），第三产业增长13%左右；全社会固定资产投资增长5%，其中:市县属固定资产投资增长18%；地方一般预算收入增长15%；社会消费品零售总额增长13%；外贸出口增长15%；吸收外商投资增长10%；城镇居民人均可支配收入增长10%；农民人均纯收入增长6%；居民消费价格总指数控制在103左右；城镇新增就业7万人，城镇登记失业率控制在4.5%以内；工矿万元生产总值综合能耗（标煤）1.86吨，下降4%，工业固体废物综合利用率71.77%；每亿元GDP生产安全事故死亡人数控制在0.57人以内。

主要措施：以调整产业结构为重点，强力推进新型工业化；以发展农村经济为重点，扎实推进社会主义新农村建设；以推进项目建设为重点，着力培植经济发展后劲；以发展旅游业和现代物流业为重点，促进服务业快速发展；以创建国家文明城市为重点，进一步加强城市建设和管理；以增强发展活力为重点，继续深化改革扩大开放；以节能降耗、环境保护为重点，大力发展循环经济；以解决民生问题为重点，加强和谐社会建设。

五、财政预决算报告

2007年1月24日，市四届人大一次会议第一次全体会议印发和审查了市财政局提交的《宜昌市2006年预算执行情况和2007年预算草案的报告》:

2006年预算执行情况

全市地方一般预算收支完成情况。地方一般预算收入实现27.37亿元，为预算的108.1%，比上年增长21.5%。主要税种完成情况是：增值税完成3.96亿元，营业税完成7.11亿元，企业所得税完成1.77亿元。全市地方财政支出完成62.37亿元（含省专项补助安排的支出）。

市级地方一般预算收支完成情况，详见表3—15—2。

2006年市级地方一般预算收支执行情况汇总表

表3—15—2　　单位：万元

<table>
<tr><th colspan="3">财政收入项目</th><th>完成收入</th><th>占预算%</th><th colspan="3">财政支出项目</th><th>完成支出</th><th>占预算%</th></tr>
<tr><td colspan="3">市级财政总收入</td><td>187014</td><td>—</td><td colspan="3">市级财政总支出</td><td>183404</td><td>—</td></tr>
<tr><td rowspan="4">1</td><td colspan="2">一般预算调拨收入</td><td>81797</td><td>—</td><td rowspan="4">1</td><td colspan="2">地方一般预算调拨支出</td><td>40057</td><td>—</td></tr>
<tr><td rowspan="3">其中</td><td>省补助收入</td><td>70634</td><td>—</td><td rowspan="3">其中</td><td>上缴省支出</td><td>17447</td><td>—</td></tr>
<tr><td>调入资金</td><td>5613</td><td>—</td><td>补助县市区支出</td><td>8604</td><td>—</td></tr>
<tr><td>动用上年结余</td><td>5550</td><td>—</td><td>省补助专款支出</td><td>14006</td><td>—</td></tr>
<tr><td rowspan="4">2</td><td colspan="2">地方一般预算收入</td><td>105217</td><td>106.00</td><td rowspan="4">2</td><td colspan="2">地方一般预算支出</td><td>143347</td><td>107.30</td></tr>
<tr><td rowspan="3">其中</td><td>各项税收</td><td>—</td><td>—</td><td rowspan="3">其中</td><td>农业支出</td><td>5243</td><td>132.40</td></tr>
<tr><td>企业亏损补贴</td><td>—</td><td>—</td><td>教育支出</td><td>20825</td><td>134.10</td></tr>
<tr><td>其他各项收入</td><td>—</td><td>—</td><td>科学技术支出</td><td>2202</td><td>100.90</td></tr>
</table>

市级财政收支平衡情况。收支相抵，2006年结余3610万元。结余资金已转入2007年安排支出。市级决算办理完毕后，上述数字还会有些变动，再专题向市人大常委会报告。

市本级基金完成情况。市本级基金总收入292269万元（其中本年收入278602万元，上级补助收入13667万元）。2006年市本级基金总支出221273万元。基金收支平衡，结余70996万元。

上级专项补贴情况。中央和省财政补助全市专项资金达到45.84亿元，其中：社保资金3.92亿元，国债资金2.46亿元，结算补助1.24亿元，专项拨款14.29亿元，缓解县乡财政困难“三奖一补”政策性转移支付补助1.13亿元，其他政策性激励性转移支付补助22.8亿元。

2007年财政预算（草案）

全市地方一般预算收支安排。地方一般预算收入31.3亿元，比上年增长14.5%；地方一般预算支出52.5亿元(不含省专款安排的支出)，比上年预算增长18%。各县市区预算经同级人民代表大会审查批准以后，市财政再将汇总的全市预算报市人大常委会备案。

市级地方一般预算收支安排，详见表3—15—3。

2007年市级地方一般预算收支安排汇总表

表3—15—3 单位：万元

<table>
<tr><th colspan="3">财政收入项目</th><th>收入安排</th><th>比上年增长%</th><th colspan="3">财政支出项目</th><th>支出安排</th><th>比上年增长%</th></tr>
<tr><td colspan="3">市级财政总收入</td><td>190055</td><td>—</td><td colspan="3">市级财政总支出</td><td>190055</td><td>—</td></tr>
<tr><td rowspan="4">1</td><td colspan="2">市级一般预算调拨收入</td><td>69055</td><td>—</td><td rowspan="3">1</td><td colspan="2">一般预算调拨支出</td><td>27867</td><td>—</td></tr>
<tr><td rowspan="3">其中</td><td>省补助收入</td><td>59962</td><td>—</td><td rowspan="2">其中</td><td>上解省支出</td><td>17830</td><td>—</td></tr>
<tr><td>调入资金</td><td>5483</td><td>—</td><td>补助县市区支出</td><td>10037</td><td>—</td></tr>
<tr><td>动用上年结余</td><td>3610</td><td>—</td><td rowspan="5">2</td><td colspan="2">地方一般预算支出安排</td><td>162188</td><td>21.50</td></tr>
<tr><td rowspan="4">2</td><td colspan="2">地方一般预算收入安排</td><td>121000</td><td>15.00</td><td rowspan="4">其中</td><td>农业支出</td><td>4638</td><td>17.10</td></tr>
<tr><td rowspan="3">其中</td><td>各项税收</td><td>—</td><td>—</td><td>教育支出</td><td>18755</td><td>20.80</td></tr>
<tr><td>企业亏损补贴</td><td>—</td><td>—</td><td>科技支出</td><td>2751</td><td>26.10</td></tr>
<tr><td>其他各项收入</td><td>—</td><td>—</td><td></td><td></td><td></td></tr>
<tr><td colspan="10">市级预算收支平衡</td></tr>
</table>

市本级基金收支预算安排，详见表3—15—4。

2007年基金收支预算安排汇总表

表3—15—4 单位：万元

基 金 项 目	基 金 收 入	基 金 支 出
合 计	181851	201361
散装水泥、墙体材料基金	520	520
地方水利建设基金	100	531
育林基金	80	81
森林植被恢复费	250	286
土地有偿使用基金	92126	118468
住房基金	2957	1034
残疾人就业保障金	600	600
城市公用事业附加	210	333
社会保障基金	85008	79508

市本级基金收支平衡预测：上年结余70996万元，当年收入181851万元，当年支出201361万元，结转下年51486万元。基金预算收支平衡，留有结余。

六、常委会工作报告

2007年1月25日，市四届人大一次会议第二次全体会议听取和审议市人大常委会副主任周水舟所作的《宜昌市人大常委会工作报告》：

五年工作回顾

五年来，共召集人民代表大会会议6次，举行常委会会议32次，听取和审议“一府两院”各项工作报告62次，做出决议决定40个，依法任免国家机关工作人员542人次，开展执法检查35次，组织专项视察29次，开展专题调研27次，充分发挥了地方国家权力机关的作用，促进了全市改革开放和现代化建设事业的顺利进行。

履行监督职能。一是听取和审议市人民政府关于创建世界水电旅游名城、全国环保模范城市、开展项目年活动及重大国债项目实施、市直工业企业改革、农村税费改革试点、耕地保护、退耕还林、三峡库区二期移民、三峡地质灾害防治、环保项目实施、非典型传染性肺炎防治、整治经济环境、行政审批制度改革、公安派出所和看守所工作情况的报告。二是听取和审议“两院”关于全市执行工作情况、民事行政检察工作情况的报告。三是听取和审议市人民政府关于贯彻实施食品卫生法、湖北省法制宣传教育条例等17个法律法规情况的报告。四是开展对农业法、突发公共卫生事件应急条例等13个法律法规贯彻实施情况的执法检查。还协助全国、省人大常委会完成了民族区域自治法等70多部法律、法规的执法检查和立法调研工作。五是开展规范性文件备案审查，对“一府两院”报送的《宜昌市城区住房货币化分配实施办法》《关于规范全市法院破产案件立案审查和请示工作的通知》等98件规范性文件进行了认真审查。六是协助长阳、五峰土家族自治县制定、修订8部单行条例和50多部行政规章。七是对沿江大道延伸段建设、东宜输水工程建设、旅游项目建设、供电、邮政、工商、质监、公安、司法行政、人防、社区建设、宜昌开发区建设等分别开展视察。八是对贯彻落实中央1号文件、执法责任制和错案责任追究制、预算外资金“收支两条线”落实情况，以及农村税费改革、农田水利基本建设、长江防汛等工作开展专项检查。九是对9名市人民政府组成人员进行了述职评议。对市质量技术监督局、市供电局、市城管局、林业局等4个部门开展工作评议。十是接待群众来信来访近万件次，接处率达100%。

决定重大事项。围绕国民经济和社会发展计划、财政预算编制及执行情况开展专题调研，并听取相关工作报告，批准上年度市级财政决算。支持审计部门独立行使审计监督权，对审计查出的违法违规问题及时做出要求整改的决议。积极探索部门预算监督审查工作的方式方法，自2004年开始，连续3年对部门预算开展审查。服务全市经济社会发展大局，做出《关于宜昌市城市总体规划（2005—2020年）的决议》《关于批准宜昌市人民政府申请国家开发银行贷款有关问题承诺函的请求的决定》。审查和批准了《宜昌市旅游业发展总体规划（2006—2020）》。为加强预防职务犯罪工作，做出《关于加强预防职务犯罪工作的决定》。还继续做出关于对宜昌市城区白龙岗公园等4块公共绿地实施永久性保护的决定，至此已将城区20块公共绿地纳入永久性公共绿地保护范围。

改进代表工作。一是通过走访代表、参加代表活动、邀请代表列席常委会会议、设立网上代表建言信箱、书信、通讯等形式，广泛联系代表，收集代表的意见和建议，并整理编辑《人大代表建言》，送“一府两院”等国家机关研究处理。二是为代表征订学习资料，组织部分全国、省、市人大代表参加“一府两院”的有关活动和会议，建立了“一府两院”向代表寄送资料、通报重要工作情况制度，拓宽了代表知情知政的渠道。三是积极组织代表开展活动，认真抓好代表培训，组织视察和调研活动，开展代表争先创优活动。四是认真办理代表议案和建议。五是创造和改善代表履职条件，加强代表活动阵地建设，创建了全国人大代表活动室。六是落实了代表培训专项经费，提高了代表活动经费标准。

组织换届选举。五年来，先后经历2002年乡级人大换届选举、2003年县级人大换届选举、2006年市、县、乡人大同步换届选举。常委会把坚持党的领导、充分发扬民主、严格依法办事有机统一起来，保证了换届选举工作的顺利进行。在依法任免国家机关工作人员中，坚持和完善了任前公示、法律知识考试、任前表态、颁发任命书、新任命人员就职宣誓等程序和制度。五年来，常委会依法任命国家机关工作人员296名，批准任命34名；免去190名，批准免去9名，接受辞职13名，圆满实现了市委人事安排意图。

加强自身建设。一是思想建设不断加强。二是制度建设不断完善。三是机关建设不断强化。四是宣传工作进一步深化。

今后工作建议

全面落实科学发展观，依法行使各项职权；认真实施监督法，进一步增强监督工作实效；不断加强和改进代表工作，充分发挥代表作用；更加重视常委会自身建设，努力提高工作水平。

七、法院工作报告

2007年1月25日，市四届人大一次会议第二次全体会议听取和审议市中级人民法院院长胡兴儒所作的《宜昌市中级人民法院工作报告》：

五年工作回顾

全市法院共受理各类案件116973件，结案116254件，结案率为99.3%。其中，市中级人民法院受理各类案件13227件，结案12983件，结案率为98.16%。一是严惩各类犯罪活动。全市法院审结一审刑事案件10583件，判处犯罪分子12077人，分别比前五年下降10.01%和19.17%。其中，判处五年以上有期徒刑、无期徒刑和死刑（含死缓刑）2274人。审结合同诈骗、非法经营、生产销售假冒伪劣产品等犯罪案件114件168人。在反腐败斗争中，依法打击各种职务犯罪，审结贪污、受贿、挪用公款等案件458件540人；对部分重大职务犯罪分子依法给予了从严惩处。二是调整民商事关系。全市法院审结各类民商事纠纷案件60597件，诉讼标的总金额达82.1亿元，比前五年上升18.13%。开展行政审判，保护当事人合法权益和促进依法行政。审结各类行政案件1028件，执结非诉行政执行案件5234件。在审结的775件一审行政案件中，判决变更、撤销或部分撤销、确认违法无效102件，判决维持、确认合法有效175件，驳回起诉或驳回诉讼请求131件，原告撤诉249件，其他处理118件。三是进一步解决“执行难”问题。共执结执行案件37070件，年均执结率达到90.2%，执结标的36.22亿元，比前五年上升了69.33%。四是处理群众来信10644件，接待群众来访56382人次，办结省、市涉讼上访重点案件360件，消化了一大批上访老户。调解、执行和解以及做息诉工作后当事人主动撤诉结案40318件，调解、撤诉率达43.2%。

2007年工作要点

发挥职能，服务中心，牢固树立和全面落实科学司法观；深化改革，促进公正，不断提高司法公信力；强化培训，严格教育，不断提高法官的司法能力和水平；加强基层，夯实基础，进一步改善基层法院的执法条件。

八、检察院工作报告

2007年1月25日，市四届人大一次会议第二次全体会议听取和审议市人民检察院代理检察长孙光骏所作的《宜昌市人民检察院工作报告》：

五年工作回顾

依法惩治刑事犯罪。受理公安、国家安全等侦查机关提请批准逮捕各类刑事犯罪嫌疑人12538人，批准逮捕11595人，提起公诉13036人。

查办和预防职务犯罪。立案侦查职务犯罪案件870件938人，其中贪污贿赂案件760件819人，渎职侵权案件110件119人，为国家和单位挽回经济损失10130.77万元。

2007年工作要点

围绕构建社会主义和谐社会，着力在加强和改进法律监督工作上下功夫；着力在推进检察工作机制改革上下功夫；着力在抓好检察队伍特别是领导班子建设上下功夫。

九、会议选举

此次会议印发和审议市人大常委会《接受焦红、杨智和李早湘辞职请求的备案报告》。2007年1月25日，此次会议第二次全体会议通过《宜昌市四届人大一次会议选举办法》。1月28日，此次会议第三次全体会议选举市四届人民代表大会常务委员会主任：李佑才，副主任：艾苍松、吴开保、邹正金、张为民、张建一、周厚贵、谭春玉(女)，秘书长：谢永和，委员：马仕华、王华利、邓玉华、龙兵、田太富(土家族)、吕家安(女)、朱复胜、向红云、刘远立、刘宗林、牟敦莉(女)、李中林(土家族)、李建华、杨尚聘、肖振斌、余跃进、宋涛、张毅、张学才、张德林、陈宏灿、陈和春、尚葵(女)、赵木森、胡仁义、俞学锋、陶远震、梅长青、望蓉(女)、蒋远华、童孔玲、谭少华；市人民政府市长：郭有明，副市长（按姓名笔画排序）：王传豪、王宏强、王国斌、张永红、胡家法、蒋国平、廖达凤(女)；市中级人民法院院长：胡兴儒；市人民检察院检察长：孙光骏。

2007年1月28日，此次会议第三次全体会议通过《设立宜昌市四届人民代表大会专门委员会的决定》；通过《各专门委员会组成人员人选通过办法》；通过市四届人大内务司法委员会主任委员：马仕华，副主任委员：韩庆解、牛建，委员：张洪、张宏梅(女)、范启敬；财政经济委员会主任委员：邓玉华，副主任委员：谢祚剑，委员：李杰、袁世明、高发族；教育科学文化卫生委员会主任委员：陈宏灿，副主任委员：丁建祥，委员：刘先哲、李启端、陶三发；农村经济委员会主任委员：张德林，副主任委员：林顺才，委员：孔福生、祁必清、汪宏斌；城乡建设环境资源保护委员会主任委员：张学才，副主任委员：姚永国，委员：王德强、李克佑、程鹏；民族宗教外事侨务委员会主任委员：陶远震，副主任委员：徐萍(女)，委员：李传文(土家族)、杨明寿(土家族)、赵冬菊(女，苗族)。

十、议案审查报告

2007年1月27日，此次会议主席团第四次会议审议通过议案审查委员会主任委员吴开保所作的《宜昌市四届人大一次会议代表提出的议案处理意见的报告》：

此次会议共收到代表10人以上联名提出的议案39件。审查意见：将《关于建立被征地农民社会保障制度的议案》列为议案，其余38件议案转作建议、批评和意见处理，连同大会期间收到的代表建议、批评和意见，由市人大常委会办事机构交由有关机关、组织研究办理，并负责答复代表。

十一、会议决议

2007年1月28日，市四届人大一次会议第四次全体会议审议通过7个决议和决定。

《关于宜昌市人民政府工作报告的决议》

决议批准市长郭有明所作的《宜昌市人民政府工作报告》。

决议要求，市人民政府要按照建设实力宜昌、活力宜昌、魅力宜昌的要求，抢抓机遇，加快发展，努力完成和超额完成“十一五”规划制定的各项经济和社会发展目标，努力走在中部地区同等城市发展前列。

《关于宜昌市2006年国民经济和社会发展计划执行情况与2007年计划的决议》

决议批准2007年国民经济和社会发展计划，批准《关于宜昌市2006年国民经济和社会发展计划执行情况与2007年计划草案的报告》。

《关于宜昌市2006年预算执行情况和2007年预算的决议》

决议批准2007年本级财政预算，同意《关于宜昌市2006年预算执行情况和2007年预算草案的报告》。

《关于宜昌市人民代表大会常务委员会工作报告的决议》

决议批准市人大常委会副主任周水舟所作的《宜昌市三届人大常委会工作报告》。

《关于宜昌市中级人民法院工作报告的决议》

决议批准市中级人民法院院长胡兴儒所作的《宜昌市中级人民法院工作报告》。

《关于宜昌市人民检察院工作报告的决议》

决议批准市人民检察院代理检察长孙光骏所作的《宜昌市人民检察院工作报告》。

《关于设立宜昌市四届人民代表大会专门委员会的决定》:

决定设立市四届人民代表大会内务司法委员会、财政经济委员会、教育科学文化卫生委员会、农村经济委员会、城乡建设环境资源保护委员会、民族宗教外事侨务委员会。各专门委员会受市人民代表大会领导；在大会闭会期间，受市人民代表大会常务委员会领导。各专门委员会的任期与本届人民代表大会的任期相同。各专门委员会由主任委员、副主任委员、委员组成。各专门委员会的主任委员、副主任委员和委员的人选，由市四届人大一次会议主席团在市四届人民代表大会代表中提名，大会通过。

十二、闭幕词

2007年1月28日，中共宜昌市委书记、市人大常委会主任李佑才在市四届人大一次会议闭幕时讲话。

这次会议认真总结了全市经济社会发展取得的成绩和经验，深入分析了当前形势，精心谋划了宜昌未来的发展。会议听取和审议政府工作报告和其他各项工作报告，通过各项决议，确定了宜昌市今后五年的奋斗目标和主要任务，明确了今年的工作重点。会议依法选举产生新一届市人大常委会组成人员、市人民政府领导人员、市中级人民法院院长和市人民检察院检察长。

市人大及其常委会要切实增强做好人大工作的责任感和使命感。全市各级人大及其常委会在过去的工作中，紧紧围绕全市工作大局，围绕人民群众关注的热点、难点问题，在审议决定重大事项、开展工作监督和法律监督等方面，依法履行职责，发挥了重要作用。

“一府两院”直接担负着组织运筹经济社会工作，为构建和谐社会保驾护航的重要职责。要牢固树立宪法观念，自觉接受市人大及其常委会、人大代表和人民群众的监督，把人民的希望、要求、呼声与建议当作鼓舞和鞭策，当作改进工作的动力，用好人民给予的权力，为人民群众多办事、办实事、办好事。

人大代表不仅是地方国家权力机关的组成人员，而且是党联系群众的重要桥梁和纽带。人大代表要不负重托，积极宣传党的路线、方针、政策和人大的决议、决定，努力使党委的决策和人民代表大会各项决议成为人民群众的自觉行动。

第二节　第二次会议

2008年1月2日—4日，市四届人大二次会议在宜昌城区举行。此次会议应出席代表408人，实际到会389人。此次会议议程是：选举宜昌市出席湖北省第十一届人民代表大会代表。

一、预备会议

2008年1月2日，市四届人大二次会议举行预备会议。会议通过此次会议议程、大会主席团和秘书长名单

二、会议机构及成员名单

市四届人大二次会议主席团和秘书长。主席团成员（按姓名笔画排序）：马学军、王万修、王宏强、王松华、王国斌、王厚军、王新祝、艾苍松、乔余堂、向红云、庄光明、刘学甫、许志华、孙光骏、李泉、李佑才、李国璋、李建华、杨万贵、杨保平、吴开保、吴康年、佘西龙、邹正金、宋涛、宋文豹、张毅、张为民、张永红、张建一、张新民、陈亮(土家族)、陈和春、尚葵(女)、罗毅、罗平烺、周青、周华品、周厚贵、郑超、赵木森、赵举海、胡兴儒(土家族)、胡家法、俞学锋、袁卫东、郭有明、郭俊萍(女)、黄克、黄金龙、蒋红星、蒋远华、蒋国平、谢永和、蔡宏柱、蔡建国、廖达凤(女)、谭少华、谭春玉(女)、熊伟；秘书长：吴开保。

市四届人大二次会议主席团常务主席（按姓名笔画排序）：王厚军、艾苍松、乔余堂、李佑才、李泉、吴开保、邹正金、张为民、张建一、周厚贵、郭有明、谭春玉（女）。常务主席会议召集人：李佑才。

市四届人大二次会议副秘书长名单（按姓名笔画排序）：张盛新(土家族)、陈朝银、周向阳、谢永和。

三、会议选举

2008年1月4日，此次会议第一次全体会议通过《宜昌市四届人大二次会议选举办法》；选举产生湖北省第十一届人民代表大会代表（53人，按姓名笔画排序）：马尚云（土家族）、王功桂（女）、王均成、王松华、王厚军、王洪山、尹汉宁、朱红菊（女）、朱琼英（女，土家族）、朱耀仲、乔余堂、庄光明、刘龙菊（女，土家族）、刘建新、刘洪福、刘晓华、许志华、孙光骏、李万清、李志英（女，土家族）、李佑才、李建林、肖振斌、佘克先（女，土家族）、张鹏、张国强、张建一、张继年、张曙光、陈华、林放、范晓岚（女）、罗辉、罗清泉、周钰（土家族）、周正英（女）、郑廷贵、赵吉雄（土家族）、胡兴儒（土家族）、俞学锋、徐麟、郭玉吉（女）、郭冬芝（女）、郭有明、栾丽娜（女）、龚书玉（女）、龚玉亮（土家族）、望蓉（女）、梁福林（回族）、蒋大国（女）、蒋远华、樊启山、潘立刚。

四、闭幕词

2008年1月4日，中共宜昌市委书记、市人大常委会主任李佑才在市四届人大二次会议闭幕时讲话。

宜昌市四届人大二次会议，在全体代表的共同努力下，已经圆满完成了预定议程。

会议期间，各位代表肩负全市人民的重托，以高度的政治责任感和历史使命感，认真履行宪法和法律赋予的职责，依法成功地选举产生宜昌市出席湖北省第十一届人民代表大会的代表，代表了全市人民的共同意愿。

各级党组织要充分发挥总揽全局、协调各方的领导核心作用，提高科学执政、民主执政、依法执政水平，保证党领导人民有效治理国家；坚持国家一切权力属于人民，从各个层次、各个领域扩大公民有序政治参与，最广泛地动员和组织人民依法管理国家事务和社会事务，管理经济和文化事业；坚持依法治国基本方略，树立社会主义法治理念，实现各项工作法治化，保障公民合法权益。要善于使党的主张通过法定程序成为国家意志。要保障人大代表依法行使职权，密切人大代表同人民的联系。

人大工作涉及社会主义经济建设、政治建设、文化建设、社会建设各个方面，关系到各项事业的全面协调可持续发展。人大及其常委会是国家权力机关，是担负宪法赋予的各项职责的工作机关，是保持党同人民群众密切联系的代表机关。要以经济建设为中心，切实履行宪法和法律赋予的各项职责，充分发挥地方国家权力机关在管理国家事务中的作用。大力推进依法治市进程，保证宪法和法律在本行政区域的正确实施，坚持公民在法律面前一律平等，维护社会公平正义。

人民群众是改革和建设的主体，是我们党的力量源泉和胜利之本。要密切联系群众，关心群众疾苦，倾听群众呼声，真正做到一切为了群众，一切依靠群众，诚心诚意为群众谋利益。

第三节　第三次会议

2008年3月25日—29日，市四届人大三次会议在城区举行。此次会议应到代表407人，实际出席代表379人，列席人员129名。此次会议议程是：听取和审议《宜昌市人民政府工作报告》；审查《宜昌市2007年国民经济和社会发展计划执行情况的报告与2008年国民经济和社会发展计划安排的报告》；审查《宜昌市2007年预算执行情况和2008年预算草案的报告》；听取和审议《宜昌市人大常委会工作报告》；听取和审议《宜昌市中级人民法院工作报告》；听取和审议《宜昌市人民检察院工作报告》；补选宜昌市四届人大常委会主任，补选宜昌市人民政府市长；通过此次会议各项决议。

一、预备会议

2008年3月25日，市四届人大三次会议举行预备会议。会议通过此次会议议程、大会主席团和秘书长名单。

二、会议机构及成员名单

市四届人大三次会议大会主席团和秘书长：主席团成员（按姓名笔画排序）：马学军、王万修、王宏强、王松华、王国斌、王厚军、王新祝、艾苍松、向红云、庄光明、刘学甫、刘俊刚、许志华、孙光骏、李泉、李乐成、李国璋、李建华、杨万贵、杨保平、吴开保、吴康年、佘西龙、邹正金、宋涛、宋文豹、张毅、张为民、张永红、张建一、张新民、陈华、陈亮(土家族)、陈和春、尚葵(女)、罗平烺 周青、周华品、周厚贵、郑超、赵木森、赵举海、胡兴儒(土家族)、胡家法、俞学锋、袁卫东、郭有明、郭俊萍(女)、黄克、黄金龙、蒋红星、蒋远华、蒋国平、谢永和、蔡宏柱、蔡建国、廖达凤(女)、谭少华、谭春玉(女)、熊伟；秘书长：吴开保。

市四届人大三次会议主席团常务主席（按姓名笔画排序）：王厚军、艾苍松、李乐成、李泉、吴开保、邹正金、张为民、张建一、周厚贵、郭有明、谢永和、谭春玉（女）。常务主席会议召集人：郭有明。

市四届人大三次会议副秘书长（按姓名笔画排序）：马学军、王明珍、刘宗林、余跃进、张盛新(土家族)、周向阳、赵长琴（女）、谢永和。

三、政府工作报告

2008年3月26日，市四届人大三次会议第一次全体会议听取和审议代理市长李乐成所作的《宜昌市人民政府工作报告》：

2007年工作回顾

发展速度。2007年，实现生产总值820.9亿元，增长15%；全地域财政收入164.35亿元，增长12%，其中地方一般预算收入35.57亿元，增长30%。实现工业增加值338.5亿元，增长23.9%；利税237.61亿元，增长47%；利润177.75亿元，增长54.4%。实现农业增加值110.3亿元，增长7.5%。六大特色产业占农业总产值的比重达到73.8%，成为农民增收的重要来源。接待国内外游客1034万人次，旅游总收入72亿元，分别增长11%和12%。实现社会消费品零售总额311亿元，增长18.7%。金融机构各项存款余额886亿元，比年初增加l71亿元；贷款余额675亿元，比年初增加127.5亿元。

发展后劲。完成全社会固定资产投资390.36亿元，增长20.7%；市县属投资290.48亿元，增长35.1%。

开工建设了一批关系长远发展的重大产业项目和基础设施项目，其中计划投资5000万元以上的项目287个，完成投资231.5亿元，已有83个项目竣工投产，成为经济社会发展的重要支撑。一批优势产业集群初步形成，磷化工等4个产业集群进入全省重点扶持范围。电力、化工、食品医药三大支柱产业占工业总产值的比重达到68.2%。

发展活力。县域经济发展加快，夷陵、宜都全地域财政收入过10亿元，当阳、枝江过8亿元。城区经济日益壮大，占全市经济总量的比重达到51%，辐射带动能力增强。现代企业制度逐步完善，国有资产监管体系基本建立。农村综合改革进一步深化，乡财县管试点扩大。义务教育新机制全面建立。集体林权制度改革全面推开。69家市直机关企事业单位脱钩改制扎实推进。投资体制、财政和编制政务公开等各项改革都取得新的成绩。实现进出口总额8.55亿美元，增长50.3%；外贸出口6.12亿美元，增长49.4%；直接利用外资1.36亿美元，增长17.9%；对外经济合作营业额2.89亿美元，增长1.3倍。

发展方式。高新技术企业快速成长，省级以上高新技术企业达到81家，新增17家；国家级高新技术企业达到10家，新增1家。新增省级以上企业技术中心6家，其中国家级1家。实现高新技术产业增加值50.9亿元，增长30.3%。宜昌开发区成为国家级循环经济示范区，宜化、兴发成为全国循环经济先进企业。省政府下达的“节能减排”任务完成情况良好。下大力淘汰落后产能，关闭小造纸、小水泥企业29家。临江溪污水处理厂投入运行，城区生活污水集中处理率达到80.4%。土地调控力度加大，节约集约用地水平提高。林业生态建设成效显著，森林覆盖率达到55.3%。

发展环境。完成交通投资41.5亿元，创历史新高。旧城改造步伐加快，城市骨架进一步拓展，综合服务能力显著增强。开发区园区基础设施建设加快，承载力和吸引力增强。白洋工业园区获得省发展和改革委员会批准。“三城联创”稳步推进，城市管理不断规范。机关效能建设得到加强，电子政务平台初步建立，软环境建设取得明显成效。

和谐社会。城镇居民人均可支配收入10241元，增长14.7%。农民人平纯收入4022元，增长17.2%。住房保障机制不断完善，城镇居民人均居住面积达到31.35平方米。城镇新增就业9.25万人，登记失业率控制在4.2%以内。城区被征地农民基本养老保险制度建立，农村“低保”制度基本建立，城镇“低保”实现应保尽保，惠及城乡困难群众18.66万人。企业离退休人员工资人/月平均提高233元。兴修通村公路2535公里，新增“一池三改”农户3万户，新建“末级渠道”500公里，解决了14.39万农村人口安全饮水问题。对118个贫困村实施“整村推进”开发式扶贫，解决了7900名绝对贫困人口的温饱和1.5万名低收入人口的脱贫问题。大中型水库农村“移民后扶”政策稳步实施，三峡工程四期移民搬迁扎实推进，坝区管理规范有序，对口支援卓有成效。

文明建设。坚持依法行政，自觉接受民主监督，政府执行力和公信力增强。认真听取人大代表和政协委员的意见和建议，各项建议、提案全部办复。深入开展群众性精神文明创建活动，市民思想道德素质明显提高。国防教育和双拥工作有序开展，再次荣获全国双拥模范城荣誉称号。民政、民族、宗教、对台、侨务、人防、档案、新闻出版、方志、保密、信访、防震减灾等工作都取得新的成绩，妇女、儿童、老龄、残疾人等事业全面发展。

2008年工作要点

主要预期目标。生产总值增长12%，市县属固定资产投资增长18%，社会消费品零售总额增长15.5%，外商直接投资增长10%，外贸出口增长13%，地方一般预算收入增长16%，城镇居民人均可支配收入增长10%，农民人均纯收入增长8%，居民消费价格涨幅控制在4.8%以内，城镇新增就业7.2万人，登记失业率控制在4.3%以内，万元生产总值综合能耗下降4.4%，化学需氧量排放总量减少3.1%，二氧化硫排放总量减少3%，人口自然增长率控制在4.5‰以内。

工作重点。坚持工业强市，加快推进新型工业化；坚持城乡统筹，加快社会主义新农村建设；坚持三产兴城，加快提升以旅游业为龙头的服务业；坚持改革创新，加快增强经济发展活力；坚持开放先导，加快承接国际国内产业转移；坚持可持续发展，加快建设“两型社会”；坚持建管并重，加快完善城市功能；坚持以人为本，加快和谐社会建设步伐。

四、计划报告

2008年3月26日，市四届人大三次会议第一次全体会议印发和审查了市发展和改革委员会提交的《宜昌市2007年国民经济和社会发展计划执行情况与2008年计划草案的报告》:

2007年计划执行情况

综合。实现生产总值820.9亿元，完成年计划的105.8%，比上年增长15%。规模以上工业企业实现利税237.61亿元，增长47%，实现利润177.75亿元，增长54.4%。地方一般预算收入35.57亿元，完成年计划的113%，增长30%。城镇居民人均可支配收入10241元，完成年计划的104.3%，增长14.7%。农民人均纯收入4022元，完成年计划的110.5%，增长17.2%，人均增收589元。

农业。农业获丰收。粮食总产160.86万吨，同增长7.37%。柑橘、茶叶、蔬菜等特色产业继续保持良好发展势头。出栏生猪505.2万头，比上年增加54万头。农村基础设施建设进一步加强，开工各类水利工程2.1万处，新建、改造硬化末级渠系500公里，新建水池（水窖）11940处，新增“一池三改”示范户3万户，实施了14.39万人饮水安全工程项目。全年外出务工46万人，务工收入18亿元，增长20%。

工业。完成工业总产值908.44亿元，增长32.6%；工业增加值338.51亿元，增长23.85%。新增规模企业81家，电力、化工、食品医药三大支柱产业产值占全市总量的68.2%。高新技术产业产值163.74亿元，增长27.4%，增加值50.95亿元，增长30.3%。服务业发展加快，三产业占GDP的比重达33.8%。淘汰落后产业和企业，关闭小煤矿38处、小水泥厂14家、小造纸企业15家。万元工业增加值能耗下降10%，单位GDP能耗下降6%。循环经济试点势头良好，兴发、宜化、楚星、安琪、三新、开元、稻花香等7家企业被列入省循环经济试点，宜昌开发区被批准为第二批国家循环经济试点单位。

消费、投资、外贸。社会消费品零售总额311.34亿元，完成年计划的114.2%，增长18.7%，增幅高于生产总值增幅。全社会固定资产投资390.36亿元，完成年计划的114.8%，增长20.7%，其中市县属固定资产投资290.48亿元，完成年计划的114.4%，增长35.1%。外贸出口总额达6.12亿美元，完成年计划的129.7%，增长49.4%。

环境。城东大道一期工程建成通车，港窑路（上段）、福绥路、环城东路、西陵后路等11条道路的综合改造工程完工，八一路、柏临路、五龙大道、夜明珠综合整治等项目进展顺利。临江溪污水处理厂、沙河污水处理厂投入运行，城区生活污水集中处理率提高到80.44%，生活垃圾无害化处理率达到89%。城区空气质量优良天数达到344天，比上年增加20天。新增公共绿地面积42万平方米。

改革开放。农村综合改革进一步深化，公益性服务以钱养事机制基本建立，“乡财县管”试点扩大，农村义务教育经费保障新机制初步形成，惠及全市30余万农村中小学生。积极稳妥地开展集体林权制度改革，推进了城中村、城郊村、园中村集体资产产权制度创新试点。市直机关所属企业脱钩改制工作全面启动，列入去年改制的45家企业已取得阶段性成果。全市签约招商项目80个，投资总额184亿元，实际到位资金86亿元。外商直接投资1.36亿美元，完成年计划的107.1%，增长17.9%。重要科技成果登记80项，其中21项获得湖北省2007年度科学技术进步奖，2项获得一等奖。专利申请达到1482件，授权734件，其中发明专利占10%以上。

民生。全市城镇新增就业人员9.25万人，完成年计划的129%，增长17%；城镇登记失业率为4.14%，控制在年计划以内。社会保险新增17.37万人，增长12%。全面建立了农村"低保"制度，共有34539户、77500人享受了农村"低保"救助。加强国民教育体系建设，"两基"工作高水平通过国家检查验收。不断完善公共卫生服务体系，全市参加合作医疗的农民总数达到240.23万人，参与率为90.89%。建立以社区卫生服务网络。全市人口出生率、人口自然增长率均控制在年计划以内，符合政策生育率99.08%。大力发展文化事业，开展群众性广场文化活动。城区在建和规划建设中的经济房小区3个，总面积32.8万平方米，总户数3352套，已建成并交付使用经济房12.8万平方米、1598套，累计为742户符合廉租住房保障条件的"低保"家庭发放租金补贴137万元，惠及1695人。扶贫搬迁完成1041户3645人，改造贫困户危房500户，全市绝对贫困人口减少7900人，1.5万名低收入人口实现稳定脱贫。

2008年计划安排方案

主要预期目标。全市生产总值增长12%；全社会固定资产投资增长10%，其中:市县属固定资产投资增长18%；社会消费品零售总额增长15.5%；地方一般预算收入增长16%；外贸出口增长13%；外商直接投资增长10%；城镇居民人均可支配收入增长10%；农民人均纯收入增长8%；城镇新增就业7.2万人，城镇登记失业率控制在4.3%以内；万元生产总值综合能耗下降4.4%，化学需氧量（COD）排放减少3.1%，二氧化硫（SO_2）排放量减少3%；人口自然增长率控制在4.5‰以内；居民消费价格总指数控制在104.8以内。

重点工作：推动产业集群和重大项目建设，促进工业结构优化升级；发展现代农业，促进农民增收，加快新农村建设步伐；加快发展旅游业，不断提升服务业水平；坚持不懈地抓投资增长，不断培育经济发展后劲；深入开展"三城联创"活动，进一步提高城市综合服务功能；扩大对外开放，推动改革创新，不断增强经济发展活力；强化节能减排，大力发展循环经济；着力改善民生问题，推进和谐社会建设。

五、财政预决算报告

2008年3月26日，市四届人大三次会议第一次全体会议印发和审查了市财政局提交的《宜昌市2007年预算执行情况和2008年预算草案的报告》：

2007年预算执行情况

全市地方一般预算收支完成情况。地方一般预算收入实现35.57亿元，比上年增长30%。其中：国税部门完成6.72亿元，地税部门完成22.71亿元，财政部门完成6.14亿元。全市地方财政支出完成79.78亿元（含省拨专项补助支出）。

市级地方一般预算收支完成情况，详见表3—15—5。

2007年市级地方一般预算收支执行情况汇总表

表3—15—5　　　　单位：万元

财政收入项目			完成收入	占预算%	财政支出项目			完成支出	占预算%
市级财政总收入			238636	—	市级财政总支出			232594	—
1	一般预算调拨收入		108979	—	1	地方一般预算调拨支出		57911	—
	其中	省补助收入	96447	—		其中	上缴省支出	17543	—
		调入资金	5483	—			补助县市区支出	11733	—
		动用上年结余	7049	—			省补助专款支出	28635	—
2	地方一般预算收入		129657	107.20	2	地方一般预算支出		174683	107.70
收支相抵结余 6042 万元，结余资金已转入 2008 年安排支出									

市级决算办理完毕后，上述数字若有变动，再专题向市人大常委会报告。

市本级基金完成情况。市本级基金总收入165297万元，其中：本年收入73147万元，上级补助收入21154万元，上年结转70996万元。市本级基金总支出99737万元。市本级基金结转下年65560万元。

上级专项补贴情况。2007年，中央和省财政补助宜昌市专项资金达到57.53亿元，其中：社保资金3.9亿元，国债及基本建设补助3.57亿元，专项补助17.1亿元，其他转移支付补助32.96亿元。

2008年预算草案

全市地方一般预算收支安排。地方一般预算收入41.34亿元，比上年增长16%；地方一般预算支出70亿元(不含省补助安排的支出)，比上年增长25%。市财政已经将汇总的全市预算报市人大常委会备案。

市级地方一般预算收支安排，详见表3—15—6。

2008年市级地方一般预算收支安排汇总表

表3—15—6　　　　单位：万元

财政收入项目			收入安排	比上年增长%	财政支出项目			支出安排	比上年增长%
市级财政总收入			222996	—	市级财政总支出			222996	—
1	市级一般预算调拨收入		72576	—	1	一般预算调拨支出		29979	—
	其中	省补助收入	61985	—		其中	上解省支出	17934	—
		调入资金	4549	—			补助县市区支出	12045	—
		动用上年结余	6042	—					
2	地方一般预算收入安排		150420	16.00	2	地方一般预算支出安排		193017	19.00
市级预算收支平衡									

市本级基金收支预算安排。市本级基金总收入125047万元，其中：本年收入59487万元，上年结转65560万元。市本级基金总支出83133万元。市本级基金结转下年41914万元。

六、常委会工作报告

2008年3月27日，市四届人大三次会议第二次全体会议听取和审议市人大常委会副主任张建一所作的《宜昌市人大常委会工作报告》：

2007年工作回顾

市人大常委会共听取和审议专项工作报告3项，对5个方面的法律法规实施情况进行了检查，加强计划预算执行情况的审查监督，对市人民政府报送的5件规范性文件进行了审查，视察了10多项人民群众普遍关心的热点难点问题，有力推动了“一府两院”依法行政、公正司法。

监督工作。一是围绕中心工作开展监督，听取和审议市人民政府关于全市社会主义新农村建设情况、城区工业经济结构调整情况的报告，视察了全市旅游业发展情况。二是加强对法律法规实施情况的监督，先后对矿产资源法、水法、会计法、义务教育法、国务院法律援助条例等5个方面的法律法规的贯彻实施情况进行了检查。三是加强对计划预算执行情况的监督，常委会听取和审议市人民政府关于2006年市级财政预算执行和其他财政收支的审计工作报告，关于2007年上半年国民经济和社会发展计划执行情况、关于2007年上半年预算执行情况的报告。主任会议听取和审议市人民政府关于2007年市直部门预算编制情况的汇报。四是加强事关民生问题的监督，围绕城区经济适用房和廉租房建设、三峡库区地质灾害防治、惠民医院、农村福利院建设、雷电灾害防御等工作进行视察。五是加强对司法工作的监督，常委会听取和审议市中级人民法院关于全市法院审判监督工作情况的专项工作报告。主任会议听取和审议市中级人民法院、市人民检察院上半年工作情况的报告。六是加强规范性文件备案审查监督，对市人民政府报送的《宜昌城区被征地农民基本养老保险办法》等5件规范性文件进行了审查。七是认真受理人民群众的申诉和意见，受理群众来信来访2155件（人）次。还根据市信访办的要求，到市集处中心接待上访人员81批次、203人次。办理了全国人大常委会办公厅、省人大常委会办公厅、市人大常委会主任会议组成人员交办的信访件128件次。

决定重大事项。一是常委会审议《市人民政府关于加强法制宣传教育的决议的议案》，做出《宜昌市人民代表大会常务委员会关于加强法制宣传教育的决议》。二是审查和批准决算，听取和审议市人民政府关于2006年市级决算情况的报告，批准了2006年市级决算。三是认真督促市四届人大一次会议各项决议的贯彻实施。

选举和任免。一是组织召开市四届人大二次会议，依法圆满选举出宜昌市出席湖北省第十一届人民代表大会的53名代表。二是任免本级国家机关工作人员95名，其中：任命64名，批准任命13名，免职17名，接受辞职1名。

代表工作。一是开展培训，提高代表履职能力。二是加强服务，为代表履职提供保障。三是扩大参与，夯实常委会工作的民意基础。四是完善制度，建立代表工作的长效机制。

自身建设。常委会依法做出《关于加强自身建设的决定》，努力加强思想、组织、作风及机关干部队伍建设。一是创新理念，用科学发展观统领人大工作。二是创新思路，努力增强人大工作实效。三是创新机制，推进人大工作规范化建设。四是创新理论，为完善人民代表大会制度提供理论支持。五是创新方法，加强与上下级人大常委会的联系和对外交流。

2008年工作要点

增强坚持和完善人民代表大会制度、做好人大工作的自觉性和责任感；围绕全市经济社会发展中的重大问题，依法行使决定权；增强监督工作实效，促进“一府两院”依法正确行使职权；保障人大代表行使职权，密切人大代表同人民群众的联系；加强常委会及机关建设，提高履职能力和工作水平。

七、法院工作报告

2008年3月27日，市四届人大三次会议第二次全体会议听取和审议市中级人民法院院长胡兴儒所作的《宜昌市中级人民法院工作报告》：

2007年工作回顾

全市法院受理各类案件20638件，结案20044件，收结案比上一年略有上升，结案率为97.12%。其中，市中级人民法院受理各类案件2876件，结案2672件，结案率为92.91%。一是依法惩治刑事犯罪。审结各类刑事案件2581件，与上年同比上升12.71%，结案率为99%。在判决生效的2719名被告人中，判处5年以上有期徒刑、无期徒刑、死刑（含死缓）378人，占13.90%。二是积极化解矛盾纠纷。审结各类民商事案件12041件，与上年同比上升6.61%，涉诉标的额32亿元，同比上升128.6%，结案率97.12%。调解撤诉率达64.48%。三是加强行政审判工作。审结各类行政案件214件，结案率97.28%；办理行政非诉执行案件629件，依法保障行政执法和管理活动的有序进行。四是加大执行工作力度。执行结案4532件，未执结243件，执行到位标的额9.6亿元，比上一年多执行1.9亿元，上升24.67%。五是认真办理信访申诉。处理群众来信来访1392件8447人次，比上年分别下降23.81%和19.56%；受理申诉复查案件111件，办结107件， 办结率96.40%。对申诉理由充分、裁判确有错误的，依法提起审判监督程序予以纠正，审结各类再审案件139件，改判45件，及时保护当事人的合法权益。

2008年工作要点

深入学习贯彻中共十七大精神，坚定法院工作的政治方向；认真履行审判职责，全力维护经济发展和社会和谐稳定；认真落实公正司法、一心为民要求，着力解决司法领域的民生问题；坚持不懈地狠抓教育管理，力争队伍建设取得新成效；深化司法体制和工作机制改革，推进公正高效权威社会主义司法制度建设。

八、检察院工作报告

2008年3月27日，市四届人大三次会议第二次全体会议听取和审议市人民检察院检察长孙光骏所作的《宜昌市人民检察院工作报告》：

2007年工作回顾

依法打击刑事犯罪。全年共批准和决定逮捕2117人，提起公诉2817人。依法批准逮捕故意杀人、放火、爆炸、强奸、绑架等严重暴力犯罪嫌疑人83人，提起公诉89人；依法批准逮捕抢劫、抢夺、盗窃等多发性侵财犯罪嫌疑人1031人，提起公诉1264人；依法批准逮捕涉毒犯罪嫌疑人74人，提起公诉78人；依法批准逮捕各类严重破坏社会主义市场经济秩序犯罪嫌疑人41人，提起公诉54人。对应予逮捕而未提请逮捕、应当起诉而未移送起诉的，依法决定追捕55人、追诉40人、追诉漏罪24起。依法不批准逮捕84人、不起诉151人。对31名未成年犯罪嫌疑人做出相对不起诉决定。

查办和预防职务犯罪。全年共立案侦查贪污贿赂、渎职侵权等职务犯罪案件161件170人，移送起诉155人，决定起诉132人，已判决108人。通过办案，为国家挽回直接经济损失1626万余元。坚决查办大案要案，立案侦查贪污贿赂犯罪大案91件，占立案总数的66.9%，同比上升14.3%；依法查处渎职侵权犯罪重特大案件18件18人，同比上升125%。共立案侦查商业贿赂犯罪75人。立案侦查司法与行政执法人员渎职犯罪19人。抓获在逃职务犯罪嫌疑人12人。与58家行政执法机关、企事业单位开展“共建学习型组织”活动。

强化对诉讼活动的法律监督。依法监督纠正不应当立案而立案的案件27件33人、应当立案而未立案的案件121件138人；与15家市直单位建立工作衔接机制，督促行政执法机关向公安机关移送涉嫌犯罪案件29件31人。对认为确有错误的刑事判决、裁定提出抗诉8件。督促监管机关纠正违规留劳1人，对74名罪犯的减刑、假释实行公开听证。纠正脱管漏管的监外执行罪犯197人。加强民事审判和行政诉讼监督，提出抗诉17件，提出再审检察建议7件，说服当事人息诉服判214件。

化解矛盾纠纷。全年妥善处理来信来访1131件，办结了各级交办、督办的信访案件46件，及时接待处理群体访、告急访11起，办理刑事赔偿案件8件，检察长接待群众47人次。

2008年工作要点

学习贯彻落实好中共十七大精神，确保检察工作的正确方向；围绕服务和谐社会大局，充分履行法律监督职能；围绕建设公正高效权威的检察制度，稳步推进各项检察改革；坚持以人为本，进一步抓好检察队伍建设；围绕检察工作长远发展，继续加强基层检察院建设和科技强检工作。

九、会议选举

此次会议审议宜昌市四届人大常委会备案事宜：常委会第三次会议提交的《关于接受王传豪辞去宜昌市人民政府副市长职务的决定》；常委会第七次会议提交的《关于接受蒋国平辞去宜昌市人民政府副市长职务的决定》；常委会第八次会议提交的《关于接受李佑才辞去宜昌市人民代表大会常务委员会主任职务、郭有明辞去宜昌市人民政府市长职务的决定》。

2008年3月27日，此次会议第二次全体会议审议通过《宜昌市四届人大三次会议选举办法》。3月29日，此次会议第三次全体会议选举市四届人大常委会主任：郭有明；市人民政府市长：李乐成。

十、议案审查报告

2008年3月28日，此次会议主席团第三次会议审议通过大会秘书处议案组组长马仕华所作的《宜昌市四届人大三次会议代表提出的议案处理意见的报告》：

本次共收到代表10人以上联名提出的议案39件。审查意见：将《关于加快建立宜昌市城镇居民基本医疗保障制度的议案》，交市人大内务司法委员会审议处理；其余38件议案作为建议处理。连同大会期间收到的代表建议、批评和意见，由市人大常委会办事机构交由有关机关、组织研究办理，并负责答复代表。市人大常委会将听取办理情况的报告。

十一、会议决议

2008年3月29日，市四届人大三次会议第三次全体会议审议通过6个决议。

《关于宜昌市人民政府工作报告的决议》

决议批准代理市长李乐成所作的《宜昌市人民政府工作报告》。

决议要求，市人民政府要进一步解放思想、抢抓机遇、扩大开放、务实创新，好中求快，着力提升经济总量，着力转变发展方式，着力增强发展活力，推进工业强市，强化农业基础，加快三产兴城，促进社会和谐，协调推进全市经济建设、政治建设、文化建设、社会建设，为把宜昌建设成为省域副中心城市和世界水电旅游名城，为实现宜昌走在中西部地区同等城市发展前列的宏伟目标，夺取全面建设小康社会的新胜利而努力奋斗。

《关于宜昌市2007年国民经济和社会发展计划执行情况与2008年计划的决议》

决议批准宜昌市2008年国民经济和社会发展计划，批准《关于宜昌市2007年国民经济和社会发展计划执行情况与2008年计划草案的报告》。

《关于宜昌市2007年预算执行情况和2008年预算的决议》

决议批准2008年市级预算，批准《关于宜昌市2007年预算执行情况和2008年预算草案的报告》。

《关于宜昌市人大常委会工作报告的决议》

决议批准市人大常委会常务副主任张建一所作的《宜昌市人大常委会工作报告》。

决议要求，市人大常委会要把监督工作放在更加重要的位置，对关系改革发展稳定大局和人民群众切身利益的重大问题，有针对性地依法开展监督。为推进社会主义和谐社会建设和民主法治建设，实现全市国民经济又好又快发展和社会全面进步做出新的贡献。

《关于宜昌市中级人民法院工作报告的决议》

决议批准市中级人民法院院长胡兴儒所作的《宜昌市中级人民法院工作报告》。

《关于宜昌市人民检察院工作报告的决议》

决议批准市人民检察院检察长孙光骏所作的《宜昌市人民检察院工作报告》。

十二、闭幕词

2008年3月29日，中共宜昌市委书记、市人大常委会主任郭有明在市四届人大三次会议闭幕时讲话。

市四届人大三次会议做出的各项决议和决定，体现了中共十七大和十一届全国人大一次会议精神，反映了全市人民的共同意志和根本利益。

过去的一年，市四届人大及其常委会认真履行宪法和法律赋予的职责，团结奋进，开拓创新，各项工作都取得了新的成绩，为全市改革开放和现代化建设做出了重要贡献。今后四年，我们肩负全面贯彻落实中共十七大和市四次党代会精神，加快建设省域副中心城市、努力走在中西部地区同等城市发展前列的重任。市人大及其常委会要紧紧围绕全市的工作大局和经济建设中心，在中共宜昌市委的领导下，继续把发展社会主义民主、健全社会主义法制作为根本任务，认真履行宪法和法律赋予的职责，努力开创全市人大工作的新局面。为此，必须努力做到：坚持理论武装，认真学习实践中国特色社会主义理论体系；坚持党的领导，切实依法履行职能；坚持以人为本，切实促进社会和谐。

希望大家回到各自的工作岗位后，积极宣传此次大会的精神，带头贯彻大会的决议，动员组织全市人民把思想统一到大会精神上来，把智慧凝聚到实现大会确定的各项目标任务上来，把力量集中到推动宜昌又好又快发展上来。

第四节　第四次会议

2009年2月17日—21日，市四届人大四次会议在城区举行。此次会议应出席代表406人，实际出席代表377人，列席人员155名，特邀人员23名。此次会议议程是：听取和审议《宜昌市人民政府工作报告》；审查《宜昌市2008年国民经济和社会发展计划执行与2009年国民经济和社会发展计划安排的报告》；审查《宜昌市2008年预算执行情况和2009年预算草案的报告》；听取和审议《宜昌市人大常委会工作报告》；听取和审议《宜昌市中级人民法院工作报告》；听取和审议《宜昌市人民检察院工作报告》；选举2名湖北省第十一届人民代表大会代表，选举宜昌市中级人民法院院长；通过此次会议各项决议。

一、预备会议

2009年2月17日，市四届人大四次会议举行预备会议。会议通过此次会议议程、大会主席团和秘书长名单。

二、会议机构及成员名单

市四届人大四次会议主席团和秘书长。主席团成员（按姓名笔画排序）：马尚云(土家族)、马学军、王万修、王宏强、王松华、王国斌、王厚军、艾苍松、朱大学、向红云、庄光明、刘学甫、刘俊刚、刘建新、许志华、孙光骏、李泉、李乐成、李亚隆、李国璋、杨万贵、杨保平、吴开保、吴康年、佘西龙、邹正金、闵捷、宋涛、宋文豹、张毅、张为民、张永红、张明家、张建一、陈亮(土家族)、陈和春、尚葵(女)、罗毅、罗平烺、周青、周厚贵、郑超、赵木森、赵举海、胡家发、俞学锋、袁卫东、郭有明、黄克、蒋红星、蒋远华、蒋国平、谢永和、蔡宏柱、蔡建国、裴缜、廖达凤(女)、谭少华、谭春玉(女)、熊伟；秘书长：吴开保。

市四届人大四次会议常务主席（按姓名笔画排序）：王厚军、艾苍松、李乐成、李亚隆、李泉、吴开保、邹正金、张为民、张建一、周厚贵、郭有明、谢永和、谭春玉（女）。常务主席会议召集人：郭有明。

市四届人大四次会议副秘书长（按姓名笔画排序）：王明珍、刘宗林、余跃进、张盛新(土家族)、陈朝银、周向阳、赵长琴（女）、望蓉（女）、谢永和。

三、政府工作报告

2009年2月18日，市四届人大四次会议第一次全体会议听取和审议市长李乐成所作的《宜昌市人民政府工作报告》：

2008年工作回顾

2008年实现生产总值1026.6亿元，比上年增长14.6%；全地域财政收入197.6亿元，增长20%；地方一般预算收入44.3亿元，增长24.5%。

工业。实现规模以上工业增加值452亿元，增长22.8%；利税236.9亿元，增长16.5%。电力、化工、食品医药三大支柱产业不断壮大，实现增加值340.6亿元，占规模以上工业增加值的75.3%。装备制造业增势强劲，年主营业务收入达到123.7亿元，增长51.7%。高新技术产业快速发展，实现增加值66.1亿元，增长29.8%。新增规模以上工业企业186家，达到847家。宜昌开发区等循环经济试点工作顺利推进，以宜化、兴发为代表的企业循环经济发展加快。

农业。实现农业增加值137亿元。粮油、水产、畜牧业增产增收。六大特色产业占农业总产值的比重达到74%，成为农民增收的重要来源。农业产业化向纵深推进，新增市级以上龙头企业22家、农民专业合作社161家。机械化作业综合水平达到50%。完成人工造林22万亩。农业科技贡献率达到56%。

第三产业。实现第三产业增加值338.2亿元，增长11.3%。全年接待境内外游客992.3万人次，实现旅游总收入65.1亿元。实现社会消费品零售总额388.2亿元，增长24.6%。金融稳健运行，盈利增加。

投资。完成固定资产投资523.5亿元，增长34.1%。市县属投资397.1亿元，增长36.7%。80个重点项目顺利推进，完成投资129.1亿元，占年计划的128.4%。新开工招商项目182个，实际到位资金118亿元，增长38.8%。

改革开放。行政审批改革不断深化，电子政务全面推行。国有资本经营预算制度不断完善，市直机关企事业单位脱钩改制工作稳步实施。农村公益性服务以钱养事新机制逐步健全，集体林权制度改革基本完成。投资、财税体制等各项改革深入推进。实现出口总额9.1亿美元，增长48%。新批外商投资企业17家，实际直接利用外资1.6亿美元，增长18%。完成对外经济合作营业额6.6亿美元，增长128%。交通基础设施建设完成投资45.5亿元。城市规划和管理加强。

社会事业。新增城镇就业8.4万人，新增农民转移就业8.7万人。城镇居民人均可支配收入11733元，增长14.6%。农民人均纯收入4686元，增长16.5%。社会保险“扩面”新增23.2万人，城镇居民医疗保险参保率达到54%。义务教育标准化学校建设加快，经费保障新机制实现城乡全覆盖。三峡职业技术学院成为省级示范高职学校，三峡旅游职业技术学院正式成立。新型农村合作医疗参与率达到94%。人口继续保持低生育水平。解决了1万名绝对贫困人口温饱和1.5万名低收入人口脱贫问题。

服务三峡工程。三峡库区四期移民搬迁安置和清库任务圆满完成，三峡工程175米试验性蓄水取得成功，26台机组全部投产。三峡坝区管理规范有序。大中型水库移民“后扶”政策全面落实。三峡坝区和隔河岩工区移民基本生活保障政策基本落实。对口支援三峡移民工作不断深化，落实对口支援项目381个，到位资金41.72亿元。

政府建设。政府系统机关效能建设加强，行政审批和服务效率提高。认真落实党风廉政建设责任制，领导干部廉洁自律意识进一步增强。国防教育和双拥工作加强，军政军民关系更加密切。民族、宗教、对台、侨务、人防、保密、信访、防震减灾等各项工作都取得新的成绩，人事、档案、新闻出版、方志、妇女、儿童、老龄、残疾人等事业全面发展。

2009年工作要点

主要预期目标：生产总值增长12%，全社会固定资产投资增长25%，地方一般预算收入增长14%，外贸出口增长12%以上，吸收外商投资增长12%，城镇居民人均可支配收入增长7%，农民人均纯收入增长7%，社会消费品零售总额增长18%以上，城镇登记失业率控制在4.5%以内，人口自然增长率控制在6‰以内，完成省政府下达的节能减排任务，保持物价水平总体稳定。

六项重点工作：加快推进项目建设，着力培植发展后劲；加快推进工业强市，着力壮大经济实力；加快建设现代农业，着力促进农民增收；加快完善城市功能，着力推进三产兴城；加快改革开放创新，着力增强发展活力；加快发展社会事业，着力提高民生水平。

四、计划报告

2009年2月18日，市四届人大四次会议第一次全体会议印发和审查了市发展和改革委员会提交的《宜昌市2008年国民经济和社会发展计划执行情况与2009年计划草案的报告》：

2008年计划执行情况

2008年，全市生产总值、工业总产值首次突破千亿元大关，除居民消费价格指数外，宜昌市四届人大三次会议审议通过的主要计划目标均完成或超额完成。

综合。2008年，实现地区生产总值1026.56亿元，占年计划的111.6%，同比增长14.6%。全社会固定资产投资首次突破500亿元，达到523.5亿元，增长34.1%，其中市县属投资397.1亿元，占年计划的116%，增长36.7%；社会消费品零售总额388.2亿元，占年计划的107.8%，增长24.6%；外贸出口额9.05亿美元，占年计划的131%，增长48%；直接利用外资1.6亿美元，占年计划的106.9%，增长18%。地方一般预算收入44.3亿元，占年计划的107.2%，增长24.5%；城镇居民人均可支配收入11733元，占年计划的104.2%，增长14.6%；农民人均纯收入4686元，占年计划的107.9%，增长16.5%；规模以上工业企业实现增加值452.2亿元，增长22.8%。

工业。一是培育产业集群，支柱产业进一步壮大。60家重点工业企业实现产值831.2亿元，同比增长38.7%，占全市的68.6%；60个重点工业项目完成投资93.17亿元，占全市工业投资的44.8%；8大产业集群快速发展，其中磷化工产业、装备制造业、建材产业、食品饮料产业增长33%以上。化工、电力、食品医药三大支柱产业增加值的比重达75.3%。二是依靠科技进步，高新技术产业快速发展。全市高新技术产业实现总产值221.88亿元，同比增长21.4%；实现增加值66.11亿元，同比增长29.8%。三是淘汰落后产能，工业结构升级。四是坚持自主创新，企业竞争能力不断增强。五是加强企业管理，运行质量提高。全市规模以上工业企业实现主营业务收入1004亿元，同比增长34.4%，实现利润171.35亿元，同比增长12.9%，企业亏损面为15.3%，为历史最低水平。

农业。实现农业增加值136.99亿元，同比增长5%。一是全市农业保持增产增收。粮食总产165万吨，增长2.5%；油料总产24.2万吨，增长10.7%；柑橘总产148万吨，增长8.8%；蔬菜总产251万吨，增长3.6%；茶叶总产2.3万吨，增长4.9%；生猪出栏540万头，增长10%；水产品产量17.5万吨，增长7.5%。二是产业化经营向纵深推进。三是农业基础设施建设得到加强。四是农民收入持续增长。五是扶贫开发成效明显，减少绝对贫困人口1万人，帮助1.5万名低收入人口实现脱贫。

投资、消费、出口。一是投资持续快速增长。全社会固定资产投资增长34.1%，市县属投资增长36.7%，发展后劲增强。投资结构改善，一、二、三产业投资同比分别增长51.1%、39.1%、25.5%。二是社会消费快速增长。实现社会消费品零售总额388.2亿元，同比增长24.6%，增幅同比提高5.9个百分点。三是外贸出口快速增长。出口总额9.05亿美元，同比增长48%。四是经济运行的协调性增强。财政收入快速增长，全地域财政收入完成197.6亿元，同比增长20%。地方一般预算收入完成44.3亿元，同比增长24.5%。金融形势稳定，宜昌市金融机构各项存款余额1002.4亿元，较年初增加119.17亿元；各项贷款余额698.41亿元，较年初增加52.54亿元。电量消耗稳步增长，共消耗电量142.5亿度，同比增长10.82%，其中工业用电123.3亿度，同比增长11.48%，占总用电量86.5%。

环保。一是"节能减排"任务完成较好。预计万元GDP能耗下降4.6%以上，可超额完成省政府下达的4.4%目标任务。预计二氧化硫排放总量控制在5.47万吨，同比下降3%；化学需氧量排放总量控制在2.36万吨，同比下降3.1%，可完成年度减排目标。二是企业能耗水平明显下降。三是"四个专项治理"成效显著。四是循环经济试点进展顺利。

改革开放。一是体制改革不断深入。二是对外开放进一步扩大。全市新批外商投资企业17家，合同外资1.6亿美元，同比增长17.6%，直接利用外资1.6亿美元，同比增长18%。全市进出口总额13.7亿美元，同比增长60.4%。三是推动企业上市工作有了较好地开端。

"三城联创"成效明显，城乡面貌大为改观。以创建国家环保模范城市、国家卫生城市和全国文明城市为契机，实施城市建设和管理综合治理工程，城市品位提高。

社会事业。一是劳动就业和社会保障工作得到加强。二是公共卫生服务体系进一步完善。三是教育投入进一步加大。四是全市人口继续保持低生、优育水平。人口自然增长率2.15‰，低于计划控制目标，全市出生人口性别比为106.14，保持正常比例。五是文化体育等社会事业进一步发展。六是出色地完成抗震救灾任务，组织实施10个援建项目。

2009年计划安排方案

主要预期目标。地区生产总值增长12%；全社会固定资产投资增长25%；社会消费品零售总额增长18%以上；地方一般预算收入增长14%；外贸出口增长12%以上；吸收外商投资增长12%；城镇居民人均可支配收入增长7%；农民人均纯收入增长7%；城镇新增就业6.3万人，城镇登记失业率控制在4.5%以内；单位生产总值综合能耗下降4%以上；人口自然增长率控制在6‰以内；物价水平保持总体稳定；每亿元GDP生产安全事故死亡人数控制在0.35人以内。

重点工作：抢抓机遇加快项目建设，着力促进投资快速增长；加快推进新型工业化，着力促进工业结构优化升级；大力发展现代农业，着力推进新农村建设；突破性发展现代服务业，着力促进消费需求快速增长；进一步深化改革扩大开放，着力破解发展难题；强化"节能减排"发展循环经济，着力转变发展方式；加快社会事业发展，着力改善民生。

五、财政预决算报告

2009年2月18日，市四届人大四次会议第一次全体会议印发和审查了市财政局提交的《宜昌市2008年预算执行情况和2009年预算草案的报告》：

2008年预算执行情况

全市地方一般预算收支完成情况。地方一般预算收入实现44.3亿元，比上年增长24.5%，其中：国税部门完成8.6亿元，地税部门完成28.4亿元，财政部门完成7.3亿元。全市地方一般预算支出完成105.9亿元（其中省补助专款支出25.8亿元）。

市本级地方一般预算收支完成情况。市级财政总收入293459万元，市级财政总支出287447万元。详见表3—15—7。

2008年市本级地方一般预算收支执行情况汇总表

表3—15—7 单位：万元

财政收入项目			完成收入	占预算%	财政支出项目			完成支出	占预算%
市级财政总收入			293459	—	市级财政总支出			287447	—
1	一般预算调拨收入		139722	—	1	地方一般预算调拨支出		82092	—
	其中	省补助收入	121159	—		其中	上缴省支出	17834	—
		调入资金	4549	—			补助县市区支出	10830	—
		动用上年结余	14014	—			省补助专款支出	53428	—
2	地方一般预算收入		153737	102.20	2	地方一般预算支出		205355	106.40
收支相抵结余6012万元，结余资金已转入2009年安排支出。									

市级决算办理完毕后，若有数字变动，再专题向市人大常委会报告。

市本级基金完成情况。市本级基金总收入142668万元，其中：本年收入55418万元，上级补助收入21690万元，上年结转65560万元。市本级基金总支出85984万元。市本级基金结转下年56684万元。

上级财政补助情况。中央和省财政补助宜昌市的专项转移支付总额达到32.9亿元，比上年增长92.4%，其中：一般预算 25.8亿元，基金预算7.1亿元。

2009年预算（草案）

市级地方一般预算收支安排，详见表3—15—8。

2009年市级地方一般预算收支安排汇总表

表3—15—8 单位：万元

财政收入项目			收入安排	比上年增长%	财政支出项目			支出安排	比上年增长%
市级财政总收入			248369	—	市级财政总支出			248369	—
1	市级一般预算调拨收入		73069	—	1	一般预算调拨支出		30179	—
	其中	省补助收入	63097	—		其中	上解省支出	18334	—
		调入资金	3960	—			补助县市区支出	11845	—
		动用上年结余	6012	—					
2	地方一般预算收入安排		175300	14.00	2	地方一般预算支出安排		218190	13.00
市级预算收支平衡									

市本级基金收支预算安排。总收入91539万元，其中：本年收入34855万元，上年结转56684万元。市本级基金总支出36197万元。结转下年支出55342万元。

全市地方一般预算收支安排。地方一般预算收入50.5亿元，比上年增长14%；地方一般预算支出82.2亿元，比上年增长17%。各县市区预算经同级人民代表大会审查批准后，市财政局再将汇总的全市预算报市人大常委会备案。

六、常委会工作报告

2009年2月19日，市四届人大四次会议第二次全体会议听取和审议市人大常委会常务副主任张建一所作的《宜昌市人大常委会工作报告》：

2008年工作回顾

一年来，常委会听取和审议“一府两院”专项工作报告和计划、预算执行及审计工作报告8个，组织开展5次法律法规实施情况的检查，对6件规范性文件进行了备案审查，围绕全市经济社会发展和人民群众普遍关心的问题开展视察14次，依法任免国家机关工作人员46人，对400多名市人大代表开展集中培训，较好地履行了宪法和法律赋予的职责，全面完成了年初确定的各项工作任务。

决定重大事项。一是召集市人民代表大会会议，审议决定全市重大问题。先后召集市四届人大二次会议和市四届人大三次会议，依法选举出宜昌市出席湖北省第十一届人民代表大会的53名代表和有关市级国家机关领导人员；确定了2008年的奋斗目标、主要工作任务及措施。二是依法召开常委会会议，保证重要决议决定贯彻实施。召开常委会会议7次，先后对30多项议题进行了审议，做出决议、决定7项，确保了市四届人大三次会议各项决议的贯彻实施。市人大常委会依法做出关于进一步加强“三城联创”工作的决议。三是认真行使人事任免权，依法任免本级国家机关工作人员。先后任命本级国家机关工作人员30名，免去本级国家机关工作人员16名。四是围绕经济社会发展和人民群众普遍关注的重要问题，加强和改进代表议案建议工作。督办了市四届人大三次会议提出的《关于加快建立宜昌市城镇居民基本医疗保障制度的议案》和310件建议，代表的满意率为95.5%，对办理结果的满意率为93.6%。

监督工作。一是认真听取和审议专项工作报告。听取和审议市人民政府关于全市推行新型农村合作医疗制度、农村生态家园建设、城区规划项目审批及监管情况的报告、市人民检察院关于全市职务犯罪预防和查处情况的报告等专项工作报告。首次对“一府两院”专项工作报告实行票决。二是深入开展执法检查。对中华人民共和国森林法、科学技术进步法、政府采购法、劳动合同法、湖北省旅游条例等法律法规贯彻实施情况进行了检查。同时，常委会注重对往年执法检查中提出的审议意见落实情况进行跟踪监督。三是加强和改进预算监督工作。听取和审议市人民政府关于2008年上半年国民经济和社会发展计划执行情况的报告、关于2007年市级决算情况的报告、关于2008年上半年预算执行情况的报告、关于2007年预算执行和其他财政收支的审计工作报告，批准了2007年市级决算。四是围绕发展和民生中的重大问题开展视察。对三峡库区兴山县高阳镇四期移民迁建、城区燃气供应、宜昌“迎奥运、促发展”、城区打造百亿企业、全市合力化解社会矛盾机制构建、建设用地节约集约利用、侨资企业发展、城区污染物总量减排、人民防空、农贸市场规划建设管理、食品药品“两网”建设、质量技术监督、物价监管、交通重点项目建设等工作进行视察，推进了相关工作的开展。五是加强规范性文件备案审查。对市人民政府报送的《宜昌市城镇居民基本医疗保险实施办法》《宜昌市机动车排气污染防治管理办法》《宜昌市城镇污水处理厂运行管理试行办法》《宜昌市无障碍设施建设和管理办法》《宜昌市城区燃放烟花爆竹管理办法》《宜昌市人民政府工作规则》等规范性文件进行了审查。六是不断改进监督工作。把接待处理来信来访作为改进监督工作的重要措施来抓，全年接待并处理群众来信来访1910多件次，督促解决了一批人民群众关心的热点、难点问题。

代表工作。一是加强代表培训工作。对县市区人大常委会分管代表工作的负责人和代工委负责人开展代表建议工作业务培训。委托各选举单位对市人大代表开展培训，并加强业务指导。二是密切与人大代表的联系。建立了常委会组成人员联系代表、联系选民（选区）的“双联”工作制度。常委会组成人员深入各县（市、区）走访人大代表。拓宽代表知情知政渠道，定期向代表书面通报市人大常委会和“一府两院”的工作情况，寄发常委会公报和《中国人大》《宜昌人大》和《民主与法制》杂志等学习资料。三是改进代表视察方式。组织市人大代表跨区域开展活动。组织在宜昌的省人大代表进行调研。组织在宜昌的全国、省人大代表和市人大代表参加市人大常委会执法检查、视察和调研等活动达230多人次。四是建立和完善代表工作考核机制。建立代表履职档案制度。加强代表工作绩效考核。

提高工作水平。一是坚持人大工作理念创新，服务工作大局。二是坚持人大工作机制创新，增强工作活力。三是坚持人大工作制度创新，规范工作程序。四是坚持人大工作理论创新，推进人大工作发展。

2009年工作要点

深入开展学习实践科学发展观活动，进一步推动人大工作创新和发展；依法行使职权，促进全市经济社会又好又快发展；强化服务意识，充分发挥代表作用；加强自身建设，提高履职能力。

七、法院工作报告

2009年2月19日，市四届人大四次会议第二次全体会议听取和审议市中级人民法院代理院长裴缜所作的《宜昌市中级人民法院工作报告》：

2008年工作回顾

全市法院共受理各类案件22960件，同比上升12.80%；结案22272件，同比上升15.64%；结案率为97%，同比上升2.38%。一是依法打击各类犯罪。受理一审刑事案件2012件，审结2001件。二是加大民商事案件审判力度。受理民商事案件14261件，审结13973件，结案率为97.98%。与上年度相比，收案上升15.02%，结案上升16.04%，结案率上升0.86%。三是推行行政诉讼协调新机制。受理行政案件192件，审结189件，结案率为98.43%。审查执结非诉行政执行案件909件，依法维护行政机关合法行政行为的效力。协调解决95件行政争议案件，协调率为50.26%。四是发挥执行威慑机制作用。共执结案件5441件，执结率93.84%，执结金额7.2亿多元，其中，执结2007年以前的积案775件，占执行结案的14.24%。五是切实做好涉诉信访工作。对排查出的24件涉诉重信重访案件、全国人大办公厅交办的41件重信重访案件和中央政法委交办的5件案件全部处理完结。市中院受理申诉案件206件，经认真复查，审结案205件，结案率99.51%。

规范审判质量管理。共审结二审案件 1684 件，改判率占一审结案的 1.54%，发回重审率占一审结案的 1.36%；审结再审案件 91 件，及时纠正错误，确保了案件质量。

全市法院民商事案件调解结案8846件，调解率达到64.2%，执行和解3746件，和解率为68.84%，强化了审判的社会效果，促进了社会和谐。

2009年工作要点

更加注重端正司法工作的指导思想；更加注重审判和执行工作；更加注重司法关注民生；更加注重法院队伍建设；更加注重审判质量效率管理；更加注重基层基础建设。

八、检察院工作报告

2009年2月19日，宜昌市四届人大四次会议第二次全体会议听取和审议市人民检察院检察长孙光

骏所作的《宜昌市人民检察院工作报告》:

2008年工作回顾

依法惩治刑事犯罪，批准和决定逮捕各类刑事犯罪案件1372件2080人，提起公诉1884件3079人。办理“两抢一盗”案件704件1282人，故意杀人、故意伤害、绑架等案件363件498人，涉黑涉恶案件17件92人。办理各类危害市场经济秩序犯罪案件42件57人。配合公安机关开展禁毒、禁赌专项整治，办理涉毒案件60件84人，涉赌案件35件95人。坚持该严则严、当宽则宽、区别对待、注重效果的办案原则，依法不捕117人，决定不诉114人。受理人民群众来信来访1019件；办理刑事申诉案件17件；办理国家赔偿案件4件。

查办和积极预防职务犯罪，立办职务犯罪案件153件169人。其中，贪污贿赂犯罪132件145人，渎职侵权犯罪21件24人。抓获在逃职务犯罪嫌疑人9人，通过办案为国家挽回经济损失1590.42万元。严查大案要案，立办贪污贿赂五万元以上、挪用公款十万元以上大案87件，重特大渎职侵权案件8件；立办县处级以上干部职务犯罪要案11件。查办民生领域职务犯罪51人，查办涉农职务犯罪40人。开展反渎职侵权专项行动，查办危害能源资源和生态环境渎职犯罪13人，查办司法与行政执法领域渎职犯罪11人，其中司法人员4人。为增强预防实效，召开座谈会15次，发出检察建议74份，帮助落实预防措施79项，提供行贿犯罪档案查询服务8次。积极探索职务犯罪预防新模式，与152家重点企业、国家机关开展学习型组织共建活动。

强化诉讼法律监督。依法监督侦查机关立案143件178人，监督行政执法机关移送涉嫌刑事犯罪案件73件87人， 监督侦查机关撤销案件37件43人，依法监督纠正漏捕87人、漏诉69人，追诉余罪33条。对刑事裁判提出抗诉8件，人民法院审结6件，改判5件。对民事、行政裁判提出抗诉25件，人民法院审结14件，其中改判9件，调解结案5件；对不服人民法院正确裁判的205件申诉。监督减刑、假释等罪犯363人，对其中的48人进行公开听证；纠正脱管漏管罪犯17人。加强对监管场所重点环节、重点部位安全防范措施落实情况检查，在380次安全检查中，发现安全隐患69次，并督促相关部门全部整改到位。

推进法律监督能力建设。一是完善检察工作一体化机制。查办贪污贿赂犯罪人数、要案数、有罪判决人数同比分别上升 0.7%、80%和 30.9%。二是完善法律监督调查机制。依法开展法律监督调查 146 件，其中侦查活动监督调查 109 件；民事审判、行政诉讼活动监督调查 21 件；刑罚执行和监管活动监督调查 16 件，从中发现并查办一起监管人员伙同他人贪污 11 万元职务犯罪大案。对诉讼活动中的违法情况提出纠正意见 81 件次。三是完善规范化管理机制。积极探索执法办案的绩效考核与办案质量、办案安全相结合的管理机制。

2009年工作要点

抓学习明方向；抓服务促发展；抓办案保稳定；抓监督护公正；抓改革增活力；抓素质树公信。

九、会议选举

此次会议印发和审议市人大常委会提交的《接受范晓岚辞去湖北省第十一届人民代表大会代表职务请求的备案报告》《接受胡兴儒辞去宜昌市中级人民法院院长职务请求的备案报告》。

2009年2月19日，此次会议第二次全体会议通过《宜昌市四届人大四次会议选举办法》。2月21日，此次会议第三次全体会议选举市中级人民法院院长：裴缜；湖北省第十一届人大代表：孙建华、徐明华。

十、议案审查报告

2009年2月20日，此次会议主席团第三次会议审议通过大会秘书处议案组组长马仕华所作的《宜昌市四届人大四次会议代表联名提出的议案处理意见的报告》：

此次会议共收到代表10人以上联名提出的议案22件。审查意见：将《关于大力推动全民创业，以创业促进城乡就业的议案》，交市人大内务司法委员会审议并向市人大常委会提出报告；将其余21件议案作为建议，连同大会期间收到的代表建议、批评和意见，按照《宜昌市人民代表大会代表建议、批评和意见处理办法》的规定处理。

十一、会议决议

2009年2月21日，宜昌市四届人大四次会议第三次全体会议审议通过6个决议。

《关于宜昌市人民政府工作报的决议》

决议批准市长李乐成所作的《宜昌市人民政府工作报告》。

决议指出，市人民政府要深入贯彻中共十七大和十七届三中全会精神，全面落实科学发展观，按照保增长、上水平、增活力、重民生的总体要求，抢抓发展机遇，积极应对挑战，认真落实各项工作措施，切实提高政府的执行力，努力完成全年经济社会发展目标任务。

《关于宜昌市2008年国民经济和社会发展计划执行情况与2009年计划的决议》

决议批准宜昌市2009年国民经济和社会发展计划，批准《关于宜昌市2008年国民经济和社会发展计划执行情况与2009年计划草案的报告》。

《关于宜昌市2008年预算执行情况和2009年预算草案的决议》

决议批准2009年市级预算，批准《关于宜昌市2008年预算执行情况和2009年预算草案的报告》。

《关于宜昌市人民代表大会常务委员会工作报告的决议》

决议批准市人大常委会常务副主任张建一所作的《宜昌市人大常委会工作报告》。

决议要求，市人大常委会要不断改进和创新人大工作；围绕经济社会发展中的重大问题，依法审议决定重大事项；继续加强和改进监督工作，不断增强监督实效；坚持党管干部和依法任免相统一的原则，认真行使任免权；切实做好代表工作，充分发挥代表作用；加强自身建设，提高常委会履职能力；为推进社会主义民主法治建设，推动宜昌经济社会全面发展做出新的更大的贡献！

《关于宜昌市中级人民法院工作报告的决议》

决议批准市中级人民法院代理院长裴缜所作的《宜昌市中级人民法院工作报告》。

《关于宜昌市人民检察院工作报告的决议》

决议批准市人民检察院检察长孙光骏所作的《宜昌市人民检察院工作报告》。

十二、闭幕词

2009年2月21日，中共宜昌市委书记、市人大常委会主任郭有明在市四届人大四次会议闭幕时讲话。

市四届人大四次会议，在全体代表和与会同志的共同努力下，圆满完成了各项预定议程，听取和审议并批准了市人大常委会工作报告、“一府两院”工作报告和其他相关报告，圆满完成了选举任务。

会议期间，来自各条战线的400多名代表，肩负着全市人民的重托，以饱满的政治热情和高度负责的主人翁精神，认真履行职责，积极建言献策，共商改革发展大计。会上提出的各项意见建议，反映了全体代表推动宜昌科学发展的真知灼见；会议通过的各项决议决定，体现了宜昌人民战胜各种困难和挑战、坚定不移加快发展的信心和决心；会议确定的各项目标任务，描绘了全市人民开创美好生活的宏伟蓝图。这是一次谋发展、惠民生、促和谐、图崛起的大会，是一次发扬民主、凝聚人心、团结奋进的大会，对于进一步激励和动员全市人民统一思想、坚定信心，抢抓机遇、科学发展，对于加快建设省域副中心城市、创建世界水电旅游名城，具有重大而深远的意义。

我们一定要坚定信心、科学应对，务实创新、开拓进取，努力开创各项工作的新局面。要深入学习实践科学发展观，以科学发展观统领工作全局。要积极应对国际金融危机挑战，推动经济社会又好又快发展。要坚持和完善人民代表大会制度，充分发挥人大机关和人大代表在促进科学发展中的重要作用。

第五节　第五次会议

2010年2月22日—26日，市四届人大五次会议在城区举行。此次会议应出席代表411人，实际出席代表388人，列席人员161名，特邀人员21名。此次会议议程是：听取和审议《宜昌市人民政府工作报告》；审查《宜昌市2009年国民经济和社会发展计划执行与2010年国民经济和社会发展计划安排的报告》；审查《宜昌市2009年预算执行情况和2010年预算草案的报告》；听取和审议《宜昌市人大常委会工作报告》；听取和审议《宜昌市中级人民法院工作报告》；听取和审议《宜昌市人民检察院工作报告》；补选宜昌市人大常委会组成人员；通过宜昌市人大民族宗教外事侨务委员会主任委员人选；通过此次会议各项决议。

一、预备会议

2010年2月22日，市四届人大五次会议举行预备会议。会议通过会议议程，通过大会主席团成员名单。

二、会议机构及成员名单

市四届人大五次会议主席团和秘书长。主席团成员（按姓名笔画排序）：马尚云(土家族)、马学军、王万修、王宏强、王松华、王国斌、王厚军、邓恢林、艾苍松、朱大学、向红云、庄光明、刘学甫、许志华、孙光骏、孙咏平、李泉、李乐成、李亚隆、李国璋、杨保平、吴静(女)、吴开保、吴康年、佘西龙、邹正金、闵捷、宋涛、宋文豹、张为民、张永红、张建一、陈亮(土家族)、陈和春、尚葵(女)、罗毅、罗平焜、罗志勇、周青、周厚贵、郑超、赵木森、赵举海、胡家法、俞学锋、袁卫东、郭有明、黄克、蒋红星、蒋远华、蒋国平、谢永和、蔡运华、蔡宏柱、蔡建国、蔚盛斌、裴缜、廖达凤(女)、谭少华、谭春玉(女)、熊伟；秘书长：吴开保。

市四届人大五次会议主席团常务主席（按姓名笔画排序）：王厚军、艾苍松、李乐成、李亚隆、李泉、吴开保、邹正金、张为民、张建一、周厚贵、郭有明、谢永和、谭春玉（女）。常务主席会议召集人：郭有明。

市四届人大五次会议副秘书长（按姓名笔画排序）：王明珍、刘宗林、刘建新、余跃进、张盛新(土家族)、赵长琴（女）、胡智斌、望蓉（女）、谢永和。

三、政府工作报告

2010年2月23日，市四届人大五次会议第一次全体会议听取和审议市长李乐成所作的《宜昌市人民政府工作报告》：

2009年工作回顾

2009年，提前一年实现“十一五”规划目标。完成生产总值1245.6亿元，增长15.1%；全地域财政收入235.7亿元，增长15.6%；地方一般预算收入54.9亿元，增长24.1%；社会消费品零售总额470亿元，增长21.1%；城镇人均可支配收入12843元，增长9.5%；农民人均纯收入5186元，增长10.7%。除外贸出口外，宜昌市四届人大四次会议确定的主要预期目标均已完成。

服务市场主体。受国际金融危机影响，年初不少企业陷入困境，1月份规模以上工业增加值增幅下滑到12.1%，财政收入增幅连续5个月低位徘徊。及时出台支持城区工业项目建设、稳定就业局势、促进创业带动就业等政策，减轻企业税费负担6.5亿元。积极搭建融资平台，帮助企业缓解资金压力。与5家金融机构建立了战略合作关系，新增授信额度800多亿元。建立了科技风险投资机构。完善中小企业融资担保体系，新增担保公司资本金6000万元。

增强发展后劲。完成固定资产投资750亿元，增长43.3%；其中市县属投资 614亿元，增长54.7%。新开工招商项目186个，到位资金216亿元，增长83%。利用外资1.8亿美元，增长13.3%。一批重点工业项目建成投产。

提升综合实力。一是加快推进新型工业化，规模以上工业增加值570亿元，增长24.9%。化工、电力、食品医药产业不断壮大，装备制造业突破性发展，四大支柱产业增加值占规模以上工业增加值比重达到85.1%。新增国家级高新技术企业17家，达到43家；实现高新技术产业增加值95.9亿元，增长45.1%。二是加快建设现代农业，实现农业增加值150.7亿元。农业生产再获丰收，柑橘、茶叶、畜牧、蔬菜总产创历史新高。三是加快发展现代服务业，接待游客1214万人次，实现旅游总收入78.5亿元，分别增长22.4%和20%。房地产业健康稳定发展。金融业发展加快。兴业银行、浦发银行相继在宜昌设立分支机构。金融机构存款余额1607亿元，增长59.6%；贷款余额1268亿元，增长79.3%。四是加快区域协调发展，县域经济实力增强。

优化服务功能。交通建设投资72亿元，创历史新高。城市管理进一步规范。“三城联创”成效显著，进入国家环保模范城市行列，连续四次获得“全国创建文明城市工作先进城市”，在全国公共文明指数测评中位居地级城市18位。

促进社会和谐。市级财政增加民生投入3.6亿元。新增城镇就业8.2万人。帮助失业人员再就业4.4万人。农村低保增加近2.5万人。新型农村合作医疗进一步巩固完善。解决了一批原城镇企业超龄职工等特殊群体的基本养老保险问题。大学生医疗保险工作顺利启动。城镇居民医疗保险覆盖率达到94%。城区城市低保标准由210元提高到245元，大病医疗救助和二次救助最高标准分别提高2000元、4000元。被征地农民保障制度逐步健全。住房保障力度加大。农村公益性服务以钱养事新机制进一步完善。义务教育学校绩效工资政策得到落实。义务教育经费保障水平提高。荣获“全国未成年人思想道德建设工作先进城市”。三峡大学发展加快。职业教育资源整合有序推进。改造乡镇综合文化站88个，建成农家书屋545个。市体育馆完成维修改造。新建或改造县级综合医院4所、县级中医院1所、乡镇卫生院41所、村卫生室27个、社区卫生服务中心7个。人口继续保持低生育水平。新增稳定脱贫人口2.5万人。食品、药品、餐饮卫生监管力度加大。市场物价平稳。安全生产形势总体稳定。深入开展打黑除恶专项治理，再次被评为全国社会治安综合治理优秀城市。落实对口支援三峡库区资金45.4亿元。落实援藏资金2900万元。援建四川汉源的10个项目全部完成。

提高执行能力。深入开展学习实践科学发展观活动。推进行政审批流程再造，调减市级审批项目108项，减少审批环节200个，审批时间压缩三分之二。坚持依法行政，从严治政，自觉接受人大、政协监督，政府执行力和公信力不断增强。认真落实党风廉政建设责任制，领导干部廉洁自律意识进一步增强。公务员队伍素质得到提高，涌现了一批“人民满意的公务员”和“人民满意的公务员集体”。国防教育和双拥工作不断加强，军政军民关系更加密切。民族、宗教、对台、侨务、人防、保密、信访、防震减灾等各项工作都取得新的成绩，人力资源、档案、新闻出版、方志、妇女、儿童、老龄、残疾人等事业全面发展。

2010年工作要点

主要预期目标。生产总值增长13%；全社会固定资产投资增长20%，其中市县属投资增长30%；社会消费品零售总额增长18%以上；地方一般预算收入增长14%；外贸出口增长15%；利用外资增长10%；城镇居民人均可支配收入增长8%；农民人均纯收入增长8%；城镇登记失业率控制在4.4%以内；万元生产总值综合能耗下降4%；保持物价水平总体稳定。

六项重点工作：坚持项目主导，加快培育发展后劲；坚持工业强市，加快提升工业经济规模和水平；坚持城乡统筹，加快促进农业增效农民增收；坚持完善功能，加快提升城市综合服务能力；坚持创新驱动，加快建设“两型社会”；坚持民生优先，加快促进社会和谐。

四、计划报告

2010年2月23日，市四届人大五次会议第一次全体会议印发和审查了市发展和改革委员会提交的《宜昌市2009年国民经济和社会发展计划执行情况与2010年计划草案的报告》：

2009年计划执行情况

全年实现地区生产总值1245.61亿元，增长15.1%，超年计划3.1个百分点；全社会固定资产投资完成750.3亿元，增长43.3%，超年计划18.3个百分点，其中市县属投资完成614.1亿元，增长54.7%，超年计划29.7个百分点；地方一般预算收入54.9亿元，增长24.1%，超年计划10.1个百分点；社会消费品零售总额470.4亿元，增长21.1%，超年计划3.1个百分点；外贸出口7.76亿美元，下降14.2%；实际利用外资1.81亿美元，增长13.3%，超年计划1.3个百分点；城镇居民人均可支配收入12843元，增长9.5%，超年计划2.5个百分点；农民人均纯收入5186元，增长10.7%，超年计划3.7个百分点；城镇新增就业8.2万人，城镇登记失业率、人口自然增长率分别控制在4.3%、2.5‰以内；万元生产总值综合能耗下降6.2%。主要指标提前一年超额完成“十一五”规划目标。

2010年计划安排方案

主要预期目标。地区生产总值增长13%；全社会固定资产投资增长20%，其中市县属固定资产投资增长30%；社会消费品零售总额增长18%以上；地方一般预算收入增长14%；外贸出口增长15%；吸收外商投资增长10%；城镇居民人均可支配收入增长8%；农民人均纯收入增长8%以上；城镇新增就业人员6.3万人，城镇登记失业率控制在4.5%以内；单位生产总值综合能耗下降4%；物价水平保持总体稳定。

重点工作：以项目建设为重点，推动产业结构调整；以产业振兴为重点，推动发展方式转变；以旅游和商贸物流为重点，推动服务业发展；以建设新农村为重点，推动城乡统筹发展；以体制创新为重点，推动省域副中心城市建设；以改善民生为重点，推动社会事业进步；着力抓好“十二五规划”编制工作。

五、财政预决算报告

2010年2月23日，市四届人大五次会议第一次全体会议印发和审查了市财政局提交的《宜昌市2009年预算执行情况和2010年预算草案的报告》：

2009年预算执行情况

全市地方一般预算收支完成情况。地方一般预算收入（电报数，下同）实现54.94亿元，比上年增加10.67亿元，增长24.1%。地方一般预算支出完成156.5亿元，比上年增加51.2亿元，增长49%。各县市区决算办理完毕，经同级人民代表大会审查批准后，市财政局再将汇总的全市2009年预算执行情况报市人大常委会备案。

市级地方一般预算收支完成情况，详见表3—15—9。

2009年市级地方一般预算收支执行情况汇总表

表3—15—9　　　　单位：万元

财政收入项目			完成收入	占预算%	财政支出项目			完成支出	占预算%
市级财政总收入			425267	—	市级财政总支出			421006	—
1	一般预算调拨收入		249938	—	1	地方一般预算调拨支出		126901	—
	其中	省补助收入	193246	—		其中	上缴省支出	18676	—
		调入资金	3960	—			补助县市区支出	10466	—
		动用上年结余	15732	—			省补助专款支出	79759	—
		债券转贷收入	37000	—			债券转贷支出	18000	—
2	地方一般预算收入		175329	100.00	2	地方一般预算支出		294105	124.00
	其中	各项税收	—	—		其中	教育支出	32708	102.60
		企业亏损补贴	—	—			科学技术支出	4023	101.10
		其他各项收入	—	—			农林水事务支出	9014	113.40

市级财政收支相抵，2009年结余4261万元。结余资金已转入2010年安排支出。市级决算办理完毕后，上述数字若有变动，我们将依法向市人大常委会报告。

市本级基金完成情况。市级基金总收入223817万元，其中：本年收入162770万元，上级补助收入4363万元，上年结转56684万元。市级基金总支出170457万元，其中：本级支出104164万元，补助区级支出61930万元。市本级基金结转下年53360万元。

上级专项补助情况。上级财政补助宜昌市的专项转移支付总额达到52.8亿元，比上年增长60%，其中：一般预算 48.2亿元，基金预算4.6亿元。

2010年预算（草案）

市级地方一般预算收支安排，详见表3—15—10。

2010年市级地方一般预算收支安排汇总表

表3—15—10　　单位：万元

财政收入项目			收入安排	比上年增长%	财政支出项目			支出安排	比上年增长%
市级财政总收入			271526	—	市级财政总支出			271526	—
1	市级一般预算调拨收入		71494	—	1	一般预算调拨支出		30979	—
	其中	省补助收入	63273	—		其中	上解省支出	18334	—
		调入资金	3960	—			补助县市区支出	12645	—
		动用上年结余	4261	—					
2	地方一般预算收入安排		200032	14.00	2	地方一般预算支出安排		240547	10.00
	其中	增值税 25%部分	—	—			农林水事务支出	8471	7.00
		营业税	—	—			科技支出	5471	37.00
		企业所得税	—	—			教育支出	34523	8.00
		其他收入					未列举事项	192082	—

说明：市级预算收支平衡。

市级基金收支预算安排。基金收入133118万元，其中：本年收入79758万元，上年结转53360万元。基金总支出90328万元。市本级结转下年支出42790万元。

全市地方一般预算收支安排。地方一般预算收入62.6亿元，比上年增长14%；地方一般预算支出96.7亿元，比上年增长18%。各县市区预算经同级人民代表大会审查批准后，市财政局再将汇总的全市预算报市人大常委会备案。

六、常委会工作报告

2010年2月24日，市四届人大五次会议第二次全体会议听取和审议市人大常委会常务副主任张建一所作的《宜昌市人大常委会工作报告》：

2009年工作回顾

2009年，共听取和审议市人民政府、市中级人民法院、市人民检察院10个工作报告，就经济社会发展的重大问题做出决议、决定5项，检查了2部法律法规的实施情况，审查了市人民政府报送的6件规范性文件，组织视察和专题调研9次，依法任免国家机关工作人员47人次，全面完成年初确定的各项工作任务。

推进经济社会发展。一是深入开展应对国际金融危机调查研究。围绕重点项目和招商引资、“三农”问题、劳动就业和社会保障、环境保护和保障性住房建设、财政和金融、工业和交通、商务市场、上半年经济运行、沮漳河流域血防“以机代牛”项目争取工作、生态家园建设、农民专业合作社法实施等情况开展专题调研，深入了解应对国际金融危机措施的落实情况，认真分析保增长中的热点难点问题。二是认真听取和审议市人民政府相关工作报告。听取和审议市人民政府关于扩内需调结构保增长、上半年计划及预算执行、中小型农田水利基础设施建设等情况的专项报告。三是及时审议决定市级预算调整方案。市人大常委会第十七次会议批准了市级预算调整方案。同意将省政府分配给宜昌市的3.7亿元地方债券纳入2009年市级预算。四是审查批准市人民政府向金融机构申请信用贷款。审查批准了市人民政府向国家开发银行湖北省分行等3家金融机构申请政府信用贷款，用于宜昌火车东站配套工程等5个项目建设。批准市人民政府向农业发展银行等金融机构贷款，用于平湖半岛棚户区改造等7项基础设施项目建设。五是积极促进重点项目建设。对湖北深圳工业园区内的三峡全通涂镀板等5个重点建设项目进行视察。还对后三峡时期库区经济发展情况进行视察。

推进解决民生问题。一是大力推动就业再就业工作。督办落实市四届人大四次会议提出的《关于大力推动全民创业，以创业促进城乡就业的议案》，全市新增城镇就业82215人，安置下岗失业人员再就业38592人，城镇登记失业率控制在4.24%以内，帮助7367名城乡劳动者成功创业，带动就业25118人，组织7732人参加了创业培训，累计发放小额担保贷款37351万元。二是大力推动保障性住房建设。组织部分组成人员、市人大代表对城区保障性住房建设情况进行专题视察和调研。三是大力推动农村公共文化服务体系建设。听取和审议市人民政府《关于全市农村公共文化服务体系建设工作情况的报告》。四是大力推动社会矛盾纠纷有效化解。接待处理群众来信来访1804件（人次），督促解决了一批人民群众关心的热点、难点问题，有效化解了社会矛盾。五是大力推动城区公共绿地永久性保护。将宜昌市城区滨江公园上段等六块公共绿地实施永久性保护。城区已拥有公共绿地821万平方米，其中永久性保护绿地达到182.36万平方米。

推进依法治市进程。一是建立依法行政情况报告制度。制定《宜昌市人民代表大会常务委员会听取和审议本级行政机关依法行政情况报告实施办法》。听取和审议市人民政府报告依法行政情况。二是认真开展执法检查。对《中华人民共和国畜牧法》、国务院广播电视管理条例实施情况进行了检查。配合上级人大常委会，对食品安全法、招标投标法、湖北省旅游条例等3部法律法规进行了检查。三是加强对司法工作的监督。主任会议听取了市中级人民法院、市人民检察院2009年上半年工作情况的报告。组织常委会部分组成人员对全市公安工作进行视察。

推进代表工作。一是改进代表联系工作。共走访市人大代表80多人次；组织在宜昌的全国和省、市人大代表参加市人大常委会组织的执法检查、视察和调研等活动达200多人次；邀请30多位全国、省、市人大代表列席市人大常委会会议；组织在基层工作的30多位市人大代表到外地开展学习考察活动。二是加强代表建议工作。建立优秀代表议案和建议评比表彰制度，对21件优秀议案、建议进行了表彰奖励。继续开展“代表议案建议督办月”活动，建立代表建议办理实效考评机制。三是拓展代表活动形式。常委会在伍家岗区召开全市人大代表小组工作座谈会，推广代表小组活动的经验。试行市人大代表在原选举单位的人民代表大会会议上进行述职。

加强自身建设。加强思想建设，进一步坚定正确的政治方向；加强制度建设，进一步规范、创新监督工作方法和工作程序；加强机关建设，进一步提高服务质量和水平。加强与各级人大及外国地方议会的工作联系和交流。

2010年工作要点

深入贯彻落实省委人大工作会议精神；进一步加强和改进监督工作；进一步做好重大事项决定和人事任免工作；不断提高代表工作水平；进一步加强自身建设。

七、法院工作报告

2010年2月24日，市四届人大五次会议第二次全体会议听取和审议市中级人民法院院长裴缜所作的《宜昌市中级人民法院工作报告》:

2009年工作回顾

全市法院共受理各类案件23634件，结案23008件，结案率97.35%，同比分别增长2.94%、3.3%和0.35%。其中，市中级人民法院（以下简称市中院）收案2331件，结案2240件，结案率96.1%。一是依法打击刑事犯罪。受理一审刑事案件2091件，审结2079件，判处罪犯3307人，其中判处五年以上有期徒刑366人。审结杀人、故意伤害、绑架等严重暴力犯罪案件556件。审结抢劫、抢夺、盗窃等多发性侵财犯罪案件834件。审结非法传销、制售假冒伪劣商品等破坏社会主义市场经济秩序犯罪案件53件。审结贪污贿赂、渎职等职务犯罪案件110件。二是依法化解民商事纠纷。受理民商事案件15371件，审结15055件，同比均增长6.61%。审结涉企业纠纷案件426件，涉案标的额42亿元，为企业挽回直接经济损失近10亿元。三是依法审理行政案件。审结125件行政诉讼案件。其中，判决维持具体行政行为的33件，判决具体行政行为违法的8件，经协调原告撤诉和作其他处理的84件。审结国家赔偿案件2件。四是全力打好执行攻坚战。全市6376件执行积案，全部按期执结。在抓好“清积”工作同时，新收执行案件5462件，执结5169件，执结率94.64%，执行标的到位金额7.3亿元。

2010年工作要点

在能动司法上狠下功夫，实现服务发展第一要务的新突破；在和谐司法上狠下功夫，实现推进社会矛盾化解的新进展；在为民司法上狠下功夫，实现保障民生的新进步；在公正高效司法上狠下功夫，实现审判质效的新跨越；在廉洁文明司法上狠下功夫，实现队伍素质的新提升。

八、检察院工作报告

2010年2月24日，市四届人大五次会议第二次全体会议听取和审议市人民检察院检察长孙光骏所作的《宜昌市人民检察院工作报告》:

2009年工作回顾

全年批准和决定逮捕刑事犯罪嫌疑人2042人，提起公诉3114人。批准逮捕黑社会性质和恶势力犯罪嫌疑人85人，提起公诉102人；批准逮捕毒品犯罪嫌疑人87人，提起公诉99人；批准逮捕故意杀人、绑架、爆炸、故意伤害等暴力犯罪嫌疑人308人，提起公诉506人；批准逮捕抢劫、抢夺、盗窃、诈骗等多发性侵财犯罪嫌疑人1013人，提起公诉1403人；批准逮捕危害人民群众生命财产安全的制假售假、金融诈骗、组织领导传销等犯罪嫌疑人31人，提起公诉34人。

全年立案侦查职务犯罪167人。其中，贪污贿赂大案92件，重特大渎职侵权案12件，县处级干部犯罪要案8人，大要案占案件总数的73.2%，同比上升3.9%。围绕发展大局，着力开展专项治理。

强化诉讼活动法律监督。一是加强刑事诉讼法律监督，督促行政执法机关移送涉嫌犯罪案件76人，同比上升1.3%；督促侦查机关依法立案和撤案182件，同比上升1.1%。纠正漏捕89人、漏诉132人，分别上升2.3%和91.3%。提出刑事抗诉12件，同比上升50%，发现职务犯罪线索2件3人。二是深化民事审判和行政诉讼法律监督，对民事行政裁判提出抗诉24件、提请抗诉46件，发出再审检察建议24件，对不服法院正确裁判的132件申诉案件认真做好服判息诉工作。三是强化刑罚执行和监管活动法律监督，开展监狱、看守所专项执法检查，加大对“牢头狱霸”、监管安全隐患等问题的排查处理力度。四是严肃查处司法工作人员职务犯罪，依法查处涉嫌贪赃枉法、徇私舞弊犯罪的司法工作人员5人。

2010年工作要点

积极服务经济平稳较快发展；积极维护社会和谐稳定；积极参与构建社会管理新格局；积极强化法律监督；积极加强执法公信力建设；积极推进检察改革。

九、会议选举

此次会议印发和审议市人大常委会提交的《接受陶远震、张毅等人辞职的备案报告》，市四届人大常委会十九次会议决定接受陶远震辞去市四届人大常委会委员、民族宗教外事侨务委员会主任委员职务；市四届人大常委会二十一次会议决定接受张毅辞去市四届人大常委会委员职务。《接受刘俊刚、廖达凤等人辞职的备案报告》，市四届人大常委会十七次会议决定接受刘俊刚、廖达凤辞去宜昌市人民政府副市长职务。

2010年2月24日，此次会议第二次全体会议通过《宜昌市四届人大五次会议选举办法》和《市人大民族宗教外事侨务委员会主任委员人选名单通过办法》。2月26日，此次会议第三次全体会议选举市四届人大常委会委员：罗志勇、秦大常；通过人大民族宗教外事侨务委员会主任委员：秦大常。

十、议案审查报告

2010年2月25日，此次会议主席团第三次会议审议通过大会秘书处议案组组长马仕华所作的《宜昌市四届人大五次会议代表联名提出的议案处理意见的报告》：

此次会议共收到代表10人以上联名提出的议案12件。审查意见：将《关于加强城区农贸市场建设与管理的议案》列为此次大会议案，交市人大财政经济委员会审议并向市人大常委会提出报告；其余11件议案作为建议，连同大会期间收到的代表建议、批评和意见，按照《宜昌市人民代表大会代表建议、批评和意见处理办法》的规定处理，并答复代表。

十一、会议决议

2010年2月26日，市四届人大五次会议第三次全体会议通过6个决议。

《关于宜昌市人民政府工作报告的决议》

决议批准市长李乐成所作的《宜昌市人民政府工作报告》。

决议要求，新的一年里，全市上下要更加注重提高经济增长质量和效益，更加注重调整经济结构和转变发展方式，更加注重改革开放和自主创新，更加注重改善民生和促进社会和谐，推动经济社会又好又快发展，努力在新的起点上推动发展新跨越。

《关于宜昌市2009年国民经济和社会发展计划执行情况与2010年计划的决议》

决议批准宜昌市2010年国民经济和社会发展计划，批准《关于宜昌市2009年国民经济和社会发展计划执行情况与2010年计划草案的报告》。

《关于宜昌市2009年预算执行情况和2010年预算的决议》

决议批准2010年市级预算，批准《关于宜昌市2009年预算执行情况和2010年预算草案的报告》。

《关于宜昌市人民代表大会常务委员会工作报告的决议》

决议批准市人大常委会常务副主任张建一所作的《宜昌市人大常委会工作报告》。

决议要求，市人大常委会要确保市委重大决策部署和本次代表大会决议的贯彻落实，为推进全市社会主义民主法治建设，促进宜昌经济社会又好又快发展做出新的更大的贡献！

《关于宜昌市中级人民法院工作报告的决议》

决议批准市中级人民法院院长裴缜所作的《宜昌市中级人民法院工作报告》。

《关于宜昌市人民检察院工作报告的决议》

决议批准市人民检察院检察长孙光骏所作的《宜昌市人民检察院工作报告》。

十二、闭幕词

2010年2月26日，中共宜昌市委书记、市人大常委会主任郭有明在市四届人大五次会议闭幕时讲话。

市四届人大五次会议审议批准了市人民政府工作报告、市人大常委会工作报告、市中级人民法院工作报告、是人民检察院工作报告，审查批准了计划报告和预算报告，完成了选举任务，确定了今年全市经济社会发展的奋斗目标和主要任务。

过去的一年，是新世纪以来全市经济社会发展最为困难的一年。但是全市上下坚定信心，克难奋进，危中寻机，化危为机，经济社会发展呈现出增长速度加快、质量效益提升、发展后劲增强、社会和谐稳定的良好态势，全面超额完成年初目标任务，主要经济指标提前一年实现“十一五”规划。全年实现生产总值1245.61亿元，同比增长15.1%，增幅创近五年新高；地方一般预算收入54.9亿元，增长24.1%。经济总量在长江沿线19座地级城市中同比由第5位上升到第4位，在中部77座地级城市中由第9位上升到第3位。在全省率先进入国家卫生城市和国家环保模范城市行列，在全国城市公共文明指数测评中位居地级城市18位。党的建设、民主法治建设、精神文明建设都取得新的成绩。这些成绩来之不易，是全市人民砥砺前行、同舟共济、共克时艰的结果，我们必须倍加珍惜。

今年是实施“十一五”规划的最后一年，是夺取应对国际金融危机冲击全面胜利、为“十二五”规划启动实施奠定良好基础的关键一年。我们必须抢抓发展机遇，坚定发展信心；必须加快经济发展方式转变，推动科学发展；必须坚持和改善党的领导，进一步加强干部作风建设；必须依靠全市人民，发挥人大代表作用，坚持好、完善好人民代表大会制度。

第六节　第六次会议

2011年1月23日—26日，市四届人大六次会议在宜昌城区举行。此次会议应到代表406人，实际出席代表386人，列席人员158名，特邀人员20名。此次会议议程是：听取和审议《宜昌市人民政府工作报告》；审查和批准《宜昌市国民经济和社会发展第十二个五年规划纲要》；审查《宜昌市2010年国民经济和社会发展计划执行与2011年国民经济和社会发展计划安排的报告》；审查《宜昌市2010年预算执行情况和2011年预算草案的报告》；听取和审议《宜昌市人大常委会工作报告》；听取和审议《宜昌市中级人民法院工作报告》；听取和审议《宜昌市人民检察院工作报告》；选举宜昌市四届人大常委会部分委员；通过宜昌市四届人民代表大会部分专门委员会主任委员人选；通过此次会议各项决议。

一、预备会议

2011年1月23日，宜昌市四届人大六次会议举行预备会议。会议通过会议议程；通过大会主席团成员名单。

二、会议机构及成员名单

市四届人大六次会议主席团和秘书长。主席团成员（按姓名笔画排序）：马尚云(土家族)、马学军、王万修、王宏强、王松华、王国斌、王厚军、邓恢林、艾苍松、向红云、庄光明、刘学甫、许志华、孙光骏、孙咏平、李泉、李乐成、李亚隆、李国璋、杨保平、吴静(女)、吴开保、吴康年、佘西龙、邹正金、闵捷、宋文豹、张永红、张正军、张建一、陈华、陈和春、尚葵(女)、罗毅、罗平煺、罗志勇、周青、周厚贵、郑超、赵木森、赵举海、胡家法、俞学锋、袁卫东、郭有明、黄克、蒋红星、蒋远华、谢永和、蔡运华、蔡宏柱、蔡建国、蔚盛斌、裴缜、廖达凤(女)、谭少华、谭春玉(女)、熊伟；秘书长：吴开保。

市四届人大六次会议主席团常务主席（按姓名笔画排序）：王厚军、艾苍松、李乐成、李亚隆、李泉、吴开保、邹正金、张建一、周厚贵、郭有明、谢永和、谭春玉（女）。常务主席会议召集人：郭有明。

市四届人大六次会议副秘书长（按姓名笔画排序）：王明珍、刘宗林、刘建新、余跃进、张盛新、胡智斌、望蓉(女)、谢永和。

三、“十二五”规划《纲要》

2011年1月24日，市四届人大六次会议印发和审议《宜昌市国民经济和社会发展第十二个五年规划纲要(草案)》。

《纲要》目录：加快转变经济发展方式，在新起点上实现发展新跨越；推进经济结构战略性调整，构建现代产业体系；统筹城乡发展，深入推进农业现代化；全面推进城市升级，大力推进新型城镇化；建设资源节约型和环境友好型社会，推进可持续发展；推进文化大发展大繁荣，提升宜昌文化软实力；全面落实科教兴市和人才强市战略，推进创新型城市建设；着力保障和改善民生，提升人民群众幸福指数；深入推进改革开放，增强经济社会发展动力和活力；规划实施与保障机制。

四、政府工作报告

2011年1月24日，市四届人大六次会议第一次全体会议听取和审议市长李乐成所作的《宜昌市人民政府工作报告》：

2010年和“十一五”时期工作回顾

2010年全面完成市四届人大五次会议确定的工作任务。完成生产总值1547.3亿元，增长15.8%。全社会固定资产投资949.5亿元，增长26.6%；全地域财政收入301.5亿元，增长27.9%；地方一般预算收入70.2亿元，增长27.9%；社会消费品零售总额550.8亿元，增长22.7%；城镇人均可支配收入14282元，增长11.2%；农民人均纯收入5980元，增长15.3%。

五年来，全市经济建设、政治建设、文化建设、社会建设和生态文明建设都取得重大进展。2010年，全市生产总值、全社会固定资产投资、地方一般预算收入、社会消费品零售总额分别是2005年的2.6倍、3.2倍、3.1倍和2.4倍；第一产业增加值、规模以上工业增加值、第三产业增加值分别是2005年的2.1倍、3.1倍和 2 .4倍；金融机构存贷款余额分别达到1923.1亿元和1426.8亿元，是2005年的3.2倍和2.9倍。

五年来，开工建设投资过5000万元的项目608个，是“十五”时期的2.1倍。综合实力进入全国百强。

过去的五年，是宜昌经济结构不断优化的五年；是宜昌改革开放深入推进的五年；是宜昌城乡面貌发生巨大变化的五年；是宜昌人民生活明显改善的五年；是宜昌精神文明和民主法治建设不断加强的五年。

全市的综合实力离省域副中心城市要求还有较大差距：国际金融危机影响深远，外部环境更具复杂性和不确定性；经济增长的资源环境约束显现，经济结构优化升级任务艰巨；制约发展的体制机制障碍仍然存在；政府服务、治理能力和机关办事效率有待进一步提高。

“十二五”时期发展目标与要求

今后五年，是宜昌大有可为的重要战略机遇期和发展黄金期。我们将牢牢把握五点基本要求：坚定不移推进跨越发展；坚定不移推进转型发展；坚定不移推进协调发展；坚定不移推进创新发展；坚定不移推进和谐发展。力争2015年生产总值超过3500亿元，城镇居民人均可支配收入达到24000元，农民人均纯收入10000元。

2011年工作任务

预期目标。生产总值增长13%；全社会固定资产投资增长20%，其中市县属投资增长30%；社会消费品零售总额增长18%；地方一般预算收入增长15%；外贸出口增长15%；利用外资增长10%；城镇居民人均可支配收入增长10%；农民人均纯收入增长9%；城镇登记失业率控制在4.2%以内；居民消费价格涨幅控制在4%左右；确保完成省政府下达的节能减排任务。

工作重点：强化项目主导，积极培育市场主体；着眼产业集聚，推动各类开发区加快发展；加快结构调整，着力提升工业整体竞争力；立足农民增收，扎实做好“三农”工作；围绕转型升级，大力发展现代服务业；坚持扩容提质，加快推进新型城镇化；突出改革创新，增强发展活力与动力；注重民生改善，全面发展社会事业；加强效能建设，努力塑造人民满意政府。

五、计划报告

2011年1月24日，市四届人大六次会议第一次全体会议印发和审查了市发展和改革委员会提交的《宜昌市2010年国民经济和社会发展计划执行情况与2011年计划草案的报告》：

2010年全市计划执行情况

综合。全年完成地区生产总值1547.32亿元，占年计划的109.4%，同比增长15.8%。三次产业结构调整为11.4：57.5：31.1，分别增长5.2%、19.1%和13.5%。完成植树造林22.85万亩，低产林改造6.89万亩，全市森林覆盖率有望达到58%，中心城区绿化覆盖率达到40.58%。城区与农村协调发展。

工业。完成规模工业增加值747.47亿元，增长25.5%。规模以上工业企业实现利税、利润增长30%以上。工业用电量增长20.7%，工业企业新报装用电230万千伏，比现有实际负荷增加1.5倍。

农业。完成农业增加值176.5亿元，增长5.2%。粮食总产量162.8万吨，比上年增加4.8万吨，增长3.04%。油料总产23.23万吨，增长0.64%。棉花总产3.08万吨，增长4.11%。生猪出栏555.45万头，增长2.28%。水产16.19万吨，增长7.86%。茶叶3.91万吨，增长15.01%。水果总产198.7万吨，增长9.44%。蔬菜总产285.23万吨，增长6.33%。农民人均纯收入达到5980元，人平增收794元，增长15.3%。

财贸。实现社会消费品零售总额550.79亿元，增长22.7%。居民消费价格总指数102.9，保持基本稳定。认真落实扩内需的政策，累计销售家电下乡产品52万台（件），销售金额11.3亿元，落实补贴资金1.3亿元。地方一般预算收入完成70.24亿元，同比增长27.9%，税收占比达到81.6%。全市金融机构存款余额1923.14亿元，增长19.7%；贷款余额1426.81亿元，增长12.5%。

外贸、旅游。出口13.02亿美元，增长67.7%。实际利用外资2.07亿美元，增长13.9%。接待国内外游客1522万人次，旅游总收入突破100亿元，同比分别增长25.4%和27.4%。

投资。完成全社会固定资产投资949.51亿元，增长26.6%。完成房地产投资105.78亿元，同比增长33.3%，商品房销售面积231.36万平方米、实现销售额86.96亿元，分别比上年同期增长13.4%和34.7%。

民生。全市社会保险扩面新增31.3万人次，征缴社保费37.8亿元，比上年增长21%。医疗保险参保人数达到131万人，其中居民参保56.3万人，参保率98%。城镇职工和城镇居民住院医疗报销水平分别达到75%和60%。新型农村合作医疗参保254.51万人，参合率97.23%。城镇新增就业人员9.4万人，城镇登记失业率3.1%。城镇居民人均可支配收入14282元，增长11.2%。

2011年计划安排方案

主要预期目标。地区生产总值增长13%，全社会固定资产投资增长20%，社会消费品零售总额增长18%，地方一般预算收入增长15%，外贸出口增长15%，利用外资增长10%，城镇居民人均可支配收入增长10%，农民人均纯收入增长9%，城镇登记失业率控制在4.2%以内，居民消费价格涨幅控制在4%左右；单位GDP能耗降低4%；化学需氧量、二氧化硫排放量削减1%；氨氮排放量削减0.5%、氮氧化物排放量削减0.5%；单位GDP二氧化碳减排4%。

重点工作：强化科学发展的项目支撑，确保固定资产投资持续快速增长；加快构建现代产业体系，加速推进新型工业化；统筹城乡协调发展，深入推进农业现代化；抢抓国家实施内需主导型战略机遇，加快发展现代服务业；全力加强城市基础设施建设，大力提升城市功能；切实抓好节能减排，大力建设生态文明；深入推进改革开放，努力破解瓶颈制约难题；保障和改善社会民生，努力构建和谐社会。

六、财政预决算报告

2011年1月24日，市四届人大六次会议第一次全体会议印发和审查了市财政局提交的《宜昌市2010年预算执行情况和2011年预算草案的报告》：

2010年财政预算执行情况

全市地方一般预算收支完成情况。地方一般预算收入（电报数，下同）实现70.2亿元，比上年增加15.3亿元，增长27.9%。地方一般预算支出完成195.2亿元，比上年增加38.8亿元，增长24.8%。各县市区决算办理完毕，经同级人民代表大会审查批准后，市财政局再将汇总的全市2010年预算执行情况报市人大常委会备案。

市级地方一般预算收支完成情况，详见表3—15—11。

2010年市级地方一般预算收支执行情况汇总表

表3—15—11　　单位：万元

财政收入项目			完成收入	占预算%	财政支出项目			完成支出	占预算%
市级财政总收入			544651	—	市级财政总支出			540151	—
1	一般预算调拨收入		342292	—	1	地方一般预算调拨支出		187000	—
	其中	省补助收入	304261	—		其中	上解支出	18380	—
		调入资金	3960	—			补助县市区支出	13905	—
		动用上年结余	12022	—			省补助专款支出	142104	—
		债券转贷收入	22049	—			债券转贷支出	12611	—
2	地方一般预算收入		202359	101.20	2	地方一般预算支出		353151	141.30

市级财政收支相抵，2010年结余4500万元。结余资金已转入 2011年安排支出。市级决算办理完毕后，上述数字若有变动，我们将依法向市人大常委会报告。

市本级基金完成情况。市级基金总收入393652万元，其中：本年收入331988万元，上级补助收入8304万元，上年结转53360万元。市级基金总支出333443万元，其中：本级支出181683万元，补助区级支出143456万元。市本级基金结转下年60209万元。

上级财政补助情况。上级财政补助宜昌市的专项转移支付总额达到66.3亿元，其中：一般预算59.9亿元，基金预算6.4亿元。

2011年预算（草案）

全市地方一般预算收支安排。全市地方一般预算收入93.8亿元，同比增长15%；全市地方一般预算支出129.8亿元，增长34%。按照预算法的有关规定，各县市区预算经同级人民代表大会审查批准后，市财政局再将汇总的全市预算报市人大常委会备案。

市级地方一般预算收支安排，详见表3—15—12。

2011年市级地方一般预算收支安排汇总表

表3—15—12　　单位：万元

财政收入项目			收入安排	比上年增长%	财政支出项目			支出安排	比上年增长%
市级财政总收入			411176	—	市级财政总支出			411176	—
1	市级一般预算调拨收入		119176	—	1	一般预算调拨支出		92525	—
	其中	省补助收入	110716	—		其中	上解省支出	76880	—
		调入资金	3960	—			补助县市区支出	15645	—
		动用上年结余	4500	—	2	地方一般预算支出		318651	27.00
2	地方一般预算收入		292000	15.00		其中	教育支出	35897	9.30
	其中	各项税收	—	—			科技支出	6322	18.00
		其他各项收入	—	—			农林水事务支出	8349	7.00

2011年市级预算收支平衡。

市级基金收支预算安排。市级基金收入270852万元，其中：本年收入210643万元，上年结转60209万元。市级基金总支出245020万元。结转下年支出25832万元。

七、常委会工作报告

2011年1月25日，市四届人大六次会议第二次全体会议听取和审议市人大常委会常务副主任张建一所作的《宜昌市人大常委会工作报告》：

2010年工作回顾

2010年，听取和审议法定工作报告4个、专项工作报告8个，做出决议决定10项，开展各项视察、调研16次，对2部法律法规实施情况进行检查，对市人民政府和下级人大常委会报送的11件规范性文件进行备案审查，任免地方国家机关工作人员97人次，较好地发挥了地方国家权力机关的作用。

服务中心。一是着力推进经济结构调整。常委会先后对生物产业园、白洋工业园及三峡全通、南玻多晶硅、联邦电缆、安琪、欧赛科技等重点园区和企业进行了调研、视察。在深入调研的基础上，听取和审议市人民政府关于市级政府投资项目建设情况的报告、关于鄂西生态文化旅游圈建设情况的报告，促进市人民政府修订完善了《宜昌市生态文化旅游发展总体规划》。二是大力促进经济社会可持续发展。常委会在深入调研的基础上，听取和审议市人民政府关于2010年上半年计划和预算执行情况的报告、关于2009年市级决算情况的报告、关于2009年市级预算执行和其他财政收支审计情况的报告，审查批准了2009年市级决算、2010年市级预算调整方案。听取和审议市人民政府关于“十二五”规划编制情况的报告，为本审查和批准全市国民经济和社会发展“十二五”规划奠定了基础。常委会对宜昌市生态文明建设情况进行了深入调研，对《中华人民共和国水污染防治法》贯彻实施情况进行了检查。对三峡旅游职业技术学院等3所职业院校及职教园规划建设情况进行视察。三是努力营造良好发展环境。常委会视察了市行政审批流程再造工作，听取和审议市人民政府关于城区建筑市场监督管理工作情况的报告。听取和审议市人民检察院关于全市检察机关开展诉讼法律监督工作情况的报告，制定《宜昌市人民代表大会常务委员会加强检察机关诉讼法律监督工作试行办法》。常委会还对全市开展“五五”普法、依法治市、市公安局特警支队组建等工作进行视察，推动了相关工作的开展。

关注民生。一是大力推进菜市场建设。市人大常委会做出《关于加强城区菜市场建设和管理工作的决定》。先后两次组织常委会组成人员和60多名市人大代表开展视察，促进市人民政府出台了《宜昌市城区菜市场管理办法》《宜昌市城区菜市场建设规范》和《宜昌市城区菜市场建设发展专项资金管理办法》，市区两级政府共投资2100万元，纳入当年建设改造计划的24家菜市场全部开工，已有20家竣工投入使用。二是加大食品安全执法检查力度。常委会开展对《中华人民共和国食品安全法》贯彻实施情况检查，促使市政府将食品安全法作为“六五”普法规划的重点内容。三是积极推动改善困难群体生产生活条件。常委会听取了市人民政府《关于全市扶贫开发工作情况的报告》，组织在宜昌全国、省、市三级人大代表就三峡库区蓄水后人民群众的生产生活情况进行了集中视察，还对全市创建全国残疾人工作示范城市进行视察。建立人大信访联席会议制度，接待处理群众来信来访1796件（人）次，督促有关部门解决了一批人民群众反映强烈的问题。四是努力推进失业保险体系建设。常委会听取和审议市人民政府关于完善失业保险体系建设情况的报告，促使市政府扩大了失业保险基金支出和覆盖范围，加强了社保经办机构和社区劳动保障服务平台建设，努力实现农民合同工与城镇职工同费率、同待遇。

代表工作。一是把闭会期间的代表活动作为要事来抓。扩大代表对常委会工作的参与度，组织在宜昌各级人大代表联合开展活动。开展“代表周”活动。二是把服务保障代表履职作为实事来抓。组织代表赴全国人大培训中心学习，对阻碍和干涉代表履职的行为依法追究责任，增加代表活动经费，提高无固定工资收入代表的补贴标准。坚持定期联系代表制度，认真听取代表意见，不断加强和改进代表服务保障工作。三是把代表议案建议工作作为大事来抓。进一步完善代表议案和建议督办方式，开展“代表议案建议督办月”活动。去年，市人大代表共提出建议263件，现已全部办结，见面率和办结率均达到了100%，满意率达到98%。

履行职责。一是贯彻落实市委人大工作会议精神。去年7月，市委召开全市人大工作会议，印发《中共宜昌市委关于进一步加强和改进人大工作的决定》。常委会召开全市县市区人大常委会主任座谈会，认真督促各项要求落到实处。二是创新完善监督工作方式。深入推进“两测评两公开”监督工作，开展专题询问。制定《宜昌市人民代表大会常务委员会加强检察机关诉讼法律监督工作试行办法》，有效促进了长期困扰检察机关诉讼法律监督工作难点问题的解决。对食品安全法、水污染防治法等法律实施情况进行市、县联动检查，收到良好效果。三是积极探索行使重大事项决定权。先后做出《关于加强城区菜市场建设和管理的决定》等10项决议决定，使常委会讨论决定重大事项更加贴近实际，更加贴近群众，更加贴近民生。四是健全规范人事任免工作制度。修订完善了《宜昌市人民代表大会常务委员会任免地方国家机关工作人员办法》，拟任职人员必须通过任前法律知识考试、必须作拟任职务发言、必须对任免职务逐人表决、必须现场颁发任命书。五是整体提升人大工作水平。常委会定期召开与“一府两院”的联席会议，加强与“一府两院”的联系和沟通；加强“五型”机关建设，加强人民代表大会制度宣传和理论研究工作，加强与各级人大常委会及外国地方议会的工作联系和交流，加强对县市区人大常委会工作的指导，有效推动了全市各级人大工作的开展。

2011年工作要点

以促进科学发展为主题，进一步增强监督工作实效；以人大换届选举为重点，进一步加强地方国家机关建设；以发挥代表作用为根本，进一步改进代表工作；以提高履职能力为基础，进一步加强常委会自身建设和机关建设。

八、法院工作报告

2011年1月25日，市四届人大六次会议第二次全体会议听取和审议市中级人民法院院长裴缜所作的《宜昌市中级人民法院工作报告》：

2010年工作回顾

全市法院共受理各类案件25647件，结案25240件，结案率98.4%，同比分别上升8.5%、9.7%和1.1%，收结案数均创历史新高。其中，中院受理案件2748件，结案2666件，结案率97%，同比分别上升17.9%、19%和0.9%。一是突出服务的实效性，创造良好发展环境。共审（执）结各类经济纠纷案件7343件，结案标的额达34亿元。通过办案，为企业挽回经济损失20多亿元。审结商标、专利、不正当竞争等知识产权案件66件，推动了宜昌市“品牌战略”的实施。二是履行打击职能，严格司法保稳定。共受理一、二审刑事案件2223件，同比下降了7.7个百分点；审结2213件，判处罪犯2660人。审结熊维江等33人、罗亚军等25人重大涉黑团伙案，分别判处罪犯熊维江、罗亚军有期徒刑20年和18年，共处罚金200万元、追缴非法所得500万元。审结抢劫、盗窃等多发性侵财犯罪案件700件。审结贪污贿赂、挪用公款、渎职等职务犯罪案件108件。先后对1044名初犯、偶犯、未成年犯以及轻微犯罪人员，依法判处非监禁刑或免予刑事处罚；对303名认罪服法、认真改造的罪犯减刑、假释；对判处缓刑、管制以及减刑、假释人员开展回访考察帮教124人次。三是履行调节职能，和谐司法解纷争。审结的16470件民事案件中，调解撤诉11220件，调撤率69.8%，同比提高4.6个百分点。共审结一、二审行政诉讼案件154件，其中判决维持具体行政行为的27件，判决具体行政行为违法的2件，经协调原告撤诉和作其他处理的125件。审结国家赔偿案件2件。受理6392件执行案件，执结5845件，执结率91.4%，执行标的额23.6亿元。全市法院涉诉信访量同比下降了4.3%。

2011年工作要点

更加自觉能动司法，服务跨越发展；更加有效化解矛盾，维护社会稳定；更加关注群众需求，提升为民水平；更加突出审判管理，确保司法公正；更加注重队伍建设，树立良好形象。

九、检察院工作报告

2011年1月25日，市四届人大六次会议第二次全体会议听取和审议市人民检察院检察长孙光骏所作的《宜昌市人民检察院工作报告》：

2010年工作回顾

办理侵害企业利益的刑事案件79件，办理国有企业刑事附带民事诉讼案件7件，办理督促行政作为、督促提起诉讼等案件5件，为国家挽回经济损失800余万元。批准逮捕各类刑事犯罪1248件1804

人，提起公诉1834件2949人；起诉组织领导黑社会组织犯罪6件71人，恶势力团伙犯罪1件16人。对124名未成年人犯罪嫌疑人等轻微犯罪做出不捕不诉决定；对112起因家庭积怨、乡邻纠纷引发的轻微刑事案件运用刑事和解手段调解处理。设立“社区矫正检察官办公室”14处，加强教育转化和管理控制。

立案查办职务犯罪133人，其中大案83件，要案6人。打击商业贿赂，立办行贿犯罪31人。建立警示教育基地，开展预防调查87次，开展法制宣传和警示教育396场次，发出预防检察建议178份，提供预防咨询396次。

2011年工作要点

更加注重服务大局；更加注重化解社会矛盾；更加注重司法保护；更加注重司法公正；更加注重队伍建设。

十、会议选举

此次会议审议市四届人大常委会备案事宜:《接受张为民辞去宜昌市四届人大常委会副主任职务请求的决定》《接受杨尚聘、刘远立、吕家安、张德林、陈宏灿、朱复胜、牟敦莉、马仕华、邓玉华、宋涛、王华利辞去宜昌市四届人大常委会委员职务请求的决定》《接受马仕华、邓玉华、陈宏灿、张德林分别辞去宜昌市四届人民代表大会内务司法委员会主任委员、财政经济委员会主任委员、教育科学文化卫生委员会主任委员、农村经济委员会主任委员职务请求的决定》《接受邱智坤辞去宜昌市人民政府副市长职务请求的决定》。

2011年1月25日，此次会议第二次全体会议通过《宜昌市四届人大六次会议选举办法》《宜昌市四届人民代表大会部分专门委员会主任委员人选名单通过表决办法》。1月26日，此次会议第三次全体会议选举市四届人大常委会委员（按姓名笔画排序）：王向前、张盛新、张德才、陈红、罗春焜、赵儒铭、姚莉、斯平；通过市四届人大内务司法委员会主任委员：赵儒铭；市四届人大财政经济委员会主任委员：斯平；市四届人大教育科学文化卫生委员会主任委员：姚莉；市四届人大农村经济委员会主任委员：王向前。

十一、议案审查报告

2011年1月25日，此次会议主席团第三次会议审议通过大会秘书处议案组组长秦大常所作的《宜昌市四届人大六次会议代表提出的议案处理意见的报告》:

此次会议共收到代表10人以上联名提出的议案13件。审查意见：将《关于推进社区规范化建设与管理的议案》交市人大内务司法委员会在此次大会闭会后审议处理，并向市人大常委会提出报告。其余12件议案作为建议，连同大会期间收到的代表建议、批评和意见，由市人大常委会办事机构交有关机关研究办理，并负责答复代表。

十二、会议决议

2011年1月26日，市四届人大六次会议第三次全体会议审议通过7个决议。

《关于宜昌市人民政府工作报告的决议》

决议批准市长李乐成所作的《宜昌市人民政府工作报告》。

决议号召，全市人民要紧密团结在以胡锦涛同志为总书记的党中央周围，高举中国特色社会主义伟大旗帜，在中共宜昌市委的领导下，进一步解放思想、坚定信心、团结拼搏、开拓进取，为全面完成今年全市经济社会发展的目标和任务，加快省域副中心城市建设而努力奋斗！

《关于宜昌市国民经济和社会发展第十二个五年规划纲要的决议》

决议批准《宜昌市国民经济和社会发展第十二个五年规划纲要》。

决议指出，“十二五”时期是宜昌加快转变经济发展方式，实现发展新跨越的重要战略机遇期，是加快建设省域副中心城市、全面建设小康社会的关键时期。全市上下要紧紧抓住和用好重要战略机遇期，妥善应对各种挑战，有效化解各种矛盾，聚精会神搞建设，一心一意谋发展，不断增强发展的全面性、协调性和可持续性，在新的起点上实现发展新跨越。

《关于宜昌市2010年国民经济和社会发展计划执行情况与2011年计划的决议》

决议批准宜昌市2011年国民经济和社会发展计划，批准《关于宜昌市2010年国民经济和社会发展计划执行情况与2011年计划草案的报告》。

《关于宜昌市2010年预算执行情况和2011年预算的决议》

决议批准批准2011年市级预算，批准《关于宜昌市2010年预算执行情况和2011年预算草案的报告》。

《关于宜昌市人民代表大会常务委员会工作报告的决议》

决议批准市人大常委会常务副主任张建一所作的《宜昌市人大常委会工作报告》。

决议强调，要认真履行宪法和法律赋予的职责，推动市委重大决策部署和本次代表大会决议的贯彻落实，为推进全市社会主义民主法治建设，促进宜昌经济社会又好又快发展做出新的更大的贡献！

《关于宜昌市中级人民法院工作报告的决议》

决议批准市中级人民法院院长裴缜所作的《宜昌市中级人民法院工作报告》。

《关于宜昌市人民检察院工作报告的决议》

决议批准市人民检察院检察长孙光骏所作的《宜昌市人民检察院工作报告》。

十三、闭幕词

2011年1月26日，中共宜昌市委书记、市人大常委会主任郭有明在市四届人大六次会议闭幕时讲话。

市四届人大六次会议审查批准了“十二五”规划纲要、政府工作报告和其他各项工作报告，通过各项决议，完成了选举任务，会议开得很好很成功，是一次民主团结、凝心聚力、求实奋进、共谋发展的大会，对于动员全市上下进一步坚定信心，乘势而上，决战“十二五”，推动新跨越，加快省域副中心城市建设，具有重要而深远的意义。

“十一五”时期是全市经济社会发展极不平凡、极不寻常的五年。全市上下深入落实科学发展观，始终坚持走生产发展、生活富裕、生态良好的文明发展道路，牢牢把握重大机遇，积极应对国际金融危机冲击，危中寻机，化危为机，在抢抓机遇中创造“宜昌速度”，在激烈竞争中实现“弯道超越”，在改革开放中发展环境不断优化，在科学发展中综合实力大幅提升，在统筹兼顾中社会更加和谐，“十一五”规划主要目标全面超额完成，为“十二五”在新起点上实现发展新跨越奠定了坚实基础。

“十二五”是宜昌加快省域副中心城市建设的重要战略机遇期。要认真贯彻落实市委四届十二次全会精神，以更加饱满的热情、更加科学的态度、更加务实的作风，决战“十二五”，推动新跨越，加快省域副中心城市建设步伐。

第十六章　地市合并后宜昌市第五届人民代表大会历次会议

市第五届人民代表大会于2012年1月至2016年1月间共召开7次会议。详见表3—16—1。

市第五届人民代表大会统计表

表3—16—1　　单位：人次、个、件

市五届人民代表大会	一次会议	二次会议	三次会议	四次会议	五次会议	六次会议	七次会议	合　计
应出席会议代表	411	408	409	409	409	405	407	2858
实际出席会议代表	404	392	400	398	391	387	382	2754
审议“一府两院”报告	6	—	6	—	6	6	7	31
办理议案	1	—	2	—	1	1	1	6
办理建议、意见、批评	321	—	252	—	277	313	366	1529
通过决议	6	—	6	—	6	6	7	31
选举省人大代表	—	53	—	—	—	—	—	53
选举市人大常委会组成人员	41	1	—	—	4	4	9	59
设立市人大专门委员会机构	6	—	—	—	—	—	1	7
通过市人大专委会组成人员	42	—	—	—	1	1	9	53
选举市人民政府市长、副市长	8	—	1	—	—	—	—	9
选举法院院长、检察院检察长	2	—	—	—	—	2	—	4

第一节　第一次会议

2012年1月6日—9日，市五届人大一次会议在宜昌剧院举行。此次会议应出席代表411人，实际到会404人，列席人员161人，特邀人员24人。此次会议议程是：听取和审议《宜昌市人民政府工作报告》；审查《宜昌市2011年国民经济和社会发展计划执行与2012年国民经济和社会发展计划安排的报告》；审查《宜昌市2011年预算执行情况和2012年预算草案的报告》；听取和审议《宜昌市四届人大常委会工作报告》；听取和审议《宜昌市中级人民法院工作报告》；听取和审议《宜昌市人民检察院工作报告》；选举宜昌市五届人大常委会组成人员，选举宜昌市“一府两院”负责人；通过《设立宜昌市五届人民代表大会专门委员会的决定》，通过市人大各专门委员会组成人员人选；通过此次会议各项决议。

一、预备会议

2012年1月5日，市五届人大一次会议举行预备会议。会议通过会议议程、大会主席团成员名单、议案审查委员会组成人员名单和计划、预算审查委员会组成人员名单。

二、会议机构及成员名单

市五届人大一次会议主席团和秘书长。主席团成员（按姓名笔画排序）：马尚云（土家族）、马学军、王万修、王兴於、王应华、王宏强、王松华、王国斌、邓恢林、艾苍松、任蔚(女)、向红云、庄光明、刘学甫、刘建新、刘洪福、刘晓华、许志华、孙光骏、李杰、李智、李乐成、李亚隆、李国璋、吴静(女)、吴开保、吴珊珊(女)、吴康年、邹正金、汪宏(女)、宋文豹、张鹏、张正军、张建一、陈华、陈和春、罗毅、罗志勇、周青、周正英(女)、郑兴华(女)、郑廷贵、赵训刚、俞学锋、姚金忠、袁卫东、郭有明、蒋红星、蒋远华、程少人、雷元海（土家族）、蔡运华、蔡宏柱、蔚盛斌、裴缜、廖达凤(女)、谭少华、谭春玉(女)、熊伟、滕刚；秘书长：吴开保。

市五届人大一次会议主席团常务主席（按姓名笔画排序）：王兴於、李乐成、李亚隆、吴开保、邹正金、张建一、郭有明、蔚盛斌、谭春玉（女）。常务主席会议召集人：郭有明。

市五届人大一次会议议案审查委员会组成人员名单。主任委员：邹正金；副主任委员：秦大常（土家族）；委员（按姓名笔画排序）：马宏彦、王向前、任蔚（女）、向红云、李俊昌、罗志勇、郑龙、屈家喜、赵儒铭。

市五届人大一次会议计划、预算审查委员会组成人员名单：主任委员：谭春玉（女）；副主任委员：斯平；委员（按姓名笔画排序）：马运生、杜伟、李杰、周赟鸿（女，土家族）、俞学锋、袁世明、韩靖忠、覃益盛、谢祚剑。

市五届人大一次会议副秘书长（按姓名笔画排序）：王均成、王明珍、刘宗林、余跃进、张盛新(土家族)、胡智斌、雷元海（土家族）。

三、政府工作报告

2012年1月6日，市五届人大一次会议第一次全体会议听取和审议市长李乐成所作的《宜昌市人民政府工作报告》：

过去五年工作回顾

2011年，预计地区生产总值突破2000亿元，比上年增长16%。一般预算收入114亿元，增长37.1%。全社会固定资产投资超过1150亿元，增长32%；社会消费品零售总额650亿元，增长18%；城镇居民人均可支配收入16300元，增长14%；农民人均纯收入7000元左右，增长15%以上。实现了“十二五”时期良好开局。

预计2011年全市生产总值、一般预算收入分别比2006年增长1.9倍和3.1倍。城区经济日益壮大，总量超过全市的51%。规模以上工业企业达到865家，增加值突破1000亿元、五年递增24.6%。高新技术产业发展加快，预计2011年实现增加值178亿元，比2006年增长3.6倍。农村经济稳步发展，粮食连续八年增产，水果、茶叶、蔬菜、畜牧、水产、中药材六大特色产业占农业总产值的75%以上。预计2011年实现农业增加值230亿元，比2006年增长1.5倍。第三产业全面提速，预计2011年接待国内外游客1900万人次，旅游收入138亿元，分别比2006年增长1.1倍。2011年社会消费品零售总额比2006年增长1.5倍。金融业健康发展，兴业、浦发、汉口等9家银行相继入驻宜昌。金融机构存贷款余额分别达到1780亿元和1250亿元，比2006年增长1.5倍和1.3倍。

五年完成全社会固定资产投资3760亿元，是上一个五年的2.7倍。兴建了一批打基础、利长远的产业项目和基础设施项目，开工建设投资过5000万元的项目692个，有576个项目建成投产，为全市经济社会持续发展提供了后劲支撑。着力转变发展方式，加大节能减排力度，单位生产总值能耗比2006年下降22%，化学需氧量和二氧化硫排放分别下降8%和4.8%，可持续发展能力不断增强。

五年引进市外投资1050亿元，引进专家、博士等高层次人才650人。预计2011年实现出口16亿美元，比2006年增长2.9倍。三峡库区对口支援工作卓有成效，五年落实援助资金294.3亿元。

全市高速公路总里程达到392公里，铁路总里程440公里，港口年吞吐量4600万吨，85%的县市区通达高速或一级公路，95%的县乡道路达到四级以上标准，所有行政村通达沥青或水泥路。五年筹资95亿元，开工建设城市基础设施项目200个。新建和改造中心城区道路245公里、城市排水排污管道420公里。城区垃圾无害化处理率达到91%，污水处理率90%。全市森林覆盖率58%，城区新增园林绿地1013公顷，人均公园绿地面积11平方米。城区集中式饮用水水源地水质达标率100%。城镇化率提高到50.8%。城区建成区面积拓展到110平方公里，常住人口超过100万。新农村建设扎实推进，55个村被纳入全省新农村建设示范村。新增"一池三改"农户21.9万户，农村人居环境普遍改善。

新闻传媒、演艺娱乐、图书音像等文化产业预计2011年实现增加值60亿元。医疗卫生服务体系建设加强，改造提升市县级医疗机构61家、乡镇卫生院99家，城镇社区全部配建卫生服务机构，99%的村卫生室达到甲级标准。新型农村合作医疗、国家基本药物制度实现全覆盖。5.8万残疾人接受康复服务，成为全国残疾人工作示范城市。

行政审批提速提效，审批环节减少20%，审批时限压缩68%。五年按期办复市人大代表建议1454件、市政协委员提案1995件，办结率100%。"五五"普法效果良好，市民法律意识普遍提高。社会治安综合治理力度加大，连续两届被评为"全国社会治安综合治理优秀市"。

新增城镇就业46万人，新增农村劳动力转移就业44万人，城镇登记失业率控制在4.3%以内。五项保险参保人数扩大到351.2万人次。城乡居民社会养老保险试点有序推进，参保人数达到108万人。落实社会救助资金20.4亿元。城镇低保应保尽保，农村低保扩大到16万人。建设经济适用房8249套、廉租房14640套，改造棚户区19027户，发放廉租房租赁补贴6623万元。城镇人均住房面积达到33平方米。落实各项惠农补贴30.3亿元。改造农村危房1.8万户。解决了103万人饮水安全问题。减少农村低收入和贫困人口13.3万人。落实民族地区对口帮扶资金7000万元。人均预期寿命达到74.5岁。

此后五年工作要点

奋斗目标。到2016年，全市生产总值占全省比重达到15%左右，地方一般预算收入突破300亿元，全社会固定资产投资年均增长23%，社会消费品零售总额年均增长18%，城镇居民人均可支配收入和农民人均纯收入年均增长11%以上。

工作措施：产业第一，转型发展，增强城市支撑力；东拓南展，扩容提质，增强城市承载力；

创新驱动，开放引领，增强城市内生力；繁荣文化，优化环境，增强城市软实力；关注民生，成果共享，增强城市吸引力。

2012年工作要点

主要预期目标。全市生产总值增长13%，全社会固定资产投资增长23%，社会消费品零售总额增长18%，地方一般预算收入增长15%以上，外贸出口增长15%，城镇居民人均可支配收入和农民人均纯收入增长11%，城镇登记失业率控制在4.2%以内，全面完成省政府下达的节能减排任务，努力保持经济快速发展和物价水平基本稳定，保持社会和谐稳定。

七项重点工作。坚持把项目建设摆在经济工作首位；着力提高工业经济质量和效益；突破性发展现代服务业；千方百计促进农业增效农民增收；继续加强城乡基础设施建设；切实抓好关系民生的各项工作；进一步加强政府自身建设。

四、计划报告

2012年1月6日，市五届人大一次会议第一次全体会议印发和审查了市发展和改革委员会提交的《宜昌市2011年国民经济和社会发展计划执行情况与2012年计划草案的报告》：

2011年计划执行情况

主要经济指标完成情况。2011年，预计地区生产总值突破2000亿元大关，占年计划的136%，同比增长16%；完成规模工业增加值1000亿元以上，占年计划的113%，增长26%；实现社会消费品零售总额650亿元，占年计划的100%，增长18%；居民消费价格总指数106，保持基本稳定。完成全社会固定资产投资1150亿元，占年计划的107%，增长32%；完成地方一般预算收入114亿元，占年计划的121%，增长37.1%。

全市经济社会发展特点。项目建设势头强劲，固定资产投资首次突破千亿元大关；工业经济高速增长，工业增加值实现历史性突破；农村经济全面发展，农民增收创造历史最好水平；城市建设再创佳绩，在全省率先进入全国文明城市行列；市场消费日趋活跃，现代服务业迈出新步伐；改革开放深入推进，发展活力在创新中增强；民生事业不断改善，社会建设取得显著成效。

2012年计划安排方案

主要目标建议。地区生产总值增长13%；全社会固定资产投资增长23%；社会消费品零售总额增长18%；地方一般预算收入增长15%以上；外贸出口增长15%；城镇居民人均可支配收入和农民人均纯收入增长11%；城镇登记失业率控制在4.2%以内；市场物价水平基本稳定；全面完成省政府下达的节能减排任务。

八项重点工作。坚持以项目建设为支撑，推动经济社会发展新跨越；坚持以结构调整为主线，加快转变经济发展方式；坚持以农民增收为目标，加快推进新农村建设；坚持以基础设施建设为重点，加快建设现代化特大城市；坚持以节能减排为抓手，促进资源环境可持续发展；坚持以文化建设为载体，着力提升城市软实力；坚持以改革开放为动力，推进体制机制创新；坚持以改善民生为根本，加快和谐社会建设步伐。

五、财政预决算报告

2012年1月6日，市五届人大一次会议第一次全体会议印发和审查了市财政局提交的《宜昌市2011

年预算执行情况和2012年预算草案的报告》：

2011年财政预算执行情况

全市地方一般预算收支完成情况。地方一般预算收入（电报数，下同）113.98亿元，可比增加30.9亿元，增长37.1%。地方一般预算支出238亿元，比上年增加42.8亿元，增长21.9%。各县市区决算办理完毕，经同级人民代表大会审查批准后，市财政局再将汇总的全市2011年预算执行情况报市人大常委会备案。

市级地方一般预算收支执行情况。完成市级财政总收入717450万元，市级财政总支出716905万元，详见表3—16—2。

2011年市级地方一般预算收支执行情况汇总表

表3—16—2 单位：万元

财政收入项目			完成收入	占预算%	财政支出项目			完成支出	占预算%
市级财政总收入			717450	—	市级财政总支出			716905	—
1	一般预算调拨收入		348984	—	1	地方一般预算调拨支出		279953	—
	其中	上级补助收入	325186	—		其中	上解支出	80142	—
		调入资金	3960	—			结算补助支出	20347	—
		动用上年结余	9313	—			省补助专款支出	136615	—
		债券转贷收入	10525	—			债券转贷支出	2849	—
							预算稳定调节基金	40000	—
2	地方一般预算收入		368466	126.20	2	地方一般预算支出		436952	133.90
	其中	增值税	37070	91.60		其中	一般公共服务支出	59309	159.90
		营业税	119265	126.20			公共安全支出	37959	142.70
		企业所得税	52568	128.50			教育支出	57206	159.40
		个人所得税	14814	87.10			医疗卫生支出	20566	129.20
		城市维护建设税	28533	114.10			科学技术支出	6910	109.30
		土地增值税	11387	136.00			社会保障和就业	76960	314.10
		契税	18713	113.40			节能保护支出	3664	206.90
		专项收入	16694	124.30			城乡社区事务支出	29552	104.30
		行政事业性收费	16590	146.80			农林水事务支出	10763	124.40
		国资有偿使用收入	13820	661.20			交通运输支出	23321	344.00
		未列举事项	39012	—			勘探电力信息等	64590	264.10
							未列举事项	46152	—

市级财政收支总量相抵，2011年结余 545万元。结余资金已转入2012年安排支出。市级决算办理完毕后，上述数字若有变动，将依法向市人大常委会报告。

政府性基金完成情况。市级政府性基金总收入325645万元，其中：本年收入241590万元；上级补助收入8827万元；上年结转75228万元。市级政府性基金总支出271419万元，其中：本级支出213706万元，补助区级支出57713万元。市级政府性基金结转下年54226万元。主要收支项目，详见表3—16—3。

2011年政府性基金执行情况汇总表

表3—16—3 单位：万元

基金项目	基金收入	基金支出
散装水泥、墙体材料基金	1982	414
地方水利建设基金	152	508
国有土地有偿使用权出让	221467	242437
残疾人就业保障金	2221	2221
城市基础设施配套费	7470	7470
地方教育附加	5581	5581

2012年财政预算（草案）

全市地方一般预算收支安排。地方一般预算收入131.3亿元，增长15%；地方一般预算支出162.6亿元，增长25%。各县市区预算经同级人民代表大会审查批准后，市财政局再将汇总的全市预算报市人大常委会备案。

市本级地方一般预算收支安排。市级财政收支总量相抵，预算收支平衡。详见表3—16—4。

2012年市本级地方一般预算收支安排汇总表

表3—16—4 单位：万元

财政收入项目		收入安排	比上年增长%	财政支出项目		支出安排	比上年增长%
市级财政总收入		580467	—	市级财政总支出		580467	—
1	市级一般预算调拨收入	155237	—	1	转移性支出	119505	—
其中	省补助收入	110732	—	2	地方一般预算支出安排	460962	—
	调入资金	3960	—	其中	一般公共服务支出	43094	16.0
	调入预算调节基金	40000	—		公共安全支出	29529	11.0
	动用上年结余	545	—		教育支出	51262	43.0
2	地方一般预算收入安排	425230	15.0		科技支出	9004	42.0
其中	增值税	42100	14.0		文化体育与传媒	10072	101.0
	营业税	146400	23.0		社会保障和就业	27682	13.0
	企业所得税	65200	24.0		医疗卫生支出	19500	22.0
	个人所得税	16300	10.0		节能环境保护支出	2016	14.0
	城市维护建设税	32800	15.0		农林水事务支出	8725	10.0
	土地增值税	14400	26.0		勘探电力信息等	45309	85.0
	契税	22500	20.0		预备费	4800	—
	专项收入	15140	—		国债还本付息支出	19853	—
	行政事业性收费	19220	16.0		其他支出	141375	—
	未列举事项	51170	—		未列举事项	48741	—

政府性基金收支预算安排。总收入282522万元，其中：上年结转54226万元；本年收入228296万元。总支出225922万元。结转下年56530万元。基金收支项目，详见表3—16—5。

2012年政府性基金收支预算安排汇总表

表3—16—5　　单位：万元

基　金　项　目	基　金　收　入	基　金　支　出
合　　计	282522	225922
散装水泥、墙体材料基金	1350	365
地方水利建设基金	120	120
国有土地有偿使用权出让	212160	210842
残疾人就业保障金	2500	2500
城市基础设施配套费	4800	4800
地方教育附加	3600	3600
未列举事项	57992	3695

六、常委会工作报告

2012年1月7日，市五届人大一次会议第二次全体会议听取和审议市人大常委会常务副主任张建一所作的《宜昌市人大会常委会工作报告》：

五年工作回顾

市四届人大常委会任期的五年，共召集市人民代表大会会议6次，召开市人大常委会会议33次，做出决议决定43项，听取和审议“一府两院”26个专项工作报告，检查16部法律法规实施情况，开展2次专题询问，对9个单位的专项工作进行了评议，组织各项视察、调研57次，对市人民政府和下级人大常委会报送的39件规范性文件进行备案审查，依法任免国家机关工作人员368人次，较好地发挥了地方国家权力机关的作用。

服务中心。一是全力促进经济总量快速增长。围绕应对国际金融危机挑战、招商引资等若干专题开展视察和调研，并听取和审议市人民政府相关专项工作报告，研究对策措施，提出了若干建议。坚持每年依法听取和审议市人民政府关于半年计划预算执行情况报告、年度市本级预算执行和审计工作情况的报告，审查、批准市本级决算，并先后审议批准2009年、2010年、2011年市级预算调整方案，促进了全市经济健康发展。二是强力推动经济发展方式转变。先后深入到生物产业园、深圳工业园等多个重点园区和企业进行调研、视察。听取和审议市人民政府关于城区工业经济结构调整、宜昌高新区发展情况等若干专项工作报告，相应提出了意见和建议。连续四年对旅游产业发展进行视察、调研，听取和审议市人民政府关于旅游产业发展情况的报告。对科学技术进步法、矿产资源法进行执法检查，积极推动发展方式的转变。三是大力促进城乡统筹发展。对“十二五”规划编制、城区总体规划修编工作提出了明确的建设性意见。支持市人民政府贷款37.66亿元。连续五年分别听取和审议市人民政府关于社会主义新农村建设、扶贫开发工作和耕地保护工作等专项工作报告。对贯彻实施森林法、畜牧法、水法等法律法规情况进行了检查，先后多次组织人大代表专题视察，对解决“三农”问题提出了许多指导意见和建议，推动了社会主义新农村建设。四是倾力助推经济社会协调发展。先后组织对义务教育法、广播电视条例等法律法规贯彻实施情况进行检查；对职业教育、学前教育、体育等工作进行视察；分别听取和审议市人民政府关于全市推行新型农村合作医疗制度情况、农村公共文化服务体系建设情况的报告。做出对城区新增公共绿地实施永久性保护的决定，使宜昌城区保护的永久性绿地达到26块，总面积182.36公顷。常委会还做出关于进一步加强“三城联创”工作的决议。

注重民生。一是大力度推进民生重点问题的破解。加强对就业、失业保险体系建设和劳动合同法贯彻实施情况的监督；开展义务教育法执法检查；加强对城区惠民医院建设、生育文明建设的视察和调研；加强对城区经济适用房和廉租房等保障性住房建设情况的监督；督办代表议案，有效破解了被征地农民养老和城镇居民医疗保障难题。二是大力度推进民生难点问题的化解。做出《关于加强城区菜市场建设与管理工作的决定》，计划三年新建、改造主城区菜市场61家，截至2011年年底，已有38家菜市场竣工投入使用。加大对代表相关建议的督办，促使增加3000多个停车泊位。三是大力度推进民生热点问题的消解。抓住城镇饮用水源保护、地沟油监管等人民群众关心的热点问题加强监督，每年突出一个重点，收到较好社会效果。做出《关于加强城区社区规范化建设与管理工作的决议》。听取和审议市人民政府关于农村公共文化服务体系建设情况工作报告，开展广播电视“村村通”工作视察。五年共受理人民群众来信5483件次，接待来访6137人次，促进了社会和谐稳定。

强化监督。一是建立依法行政情况报告制度。制定《宜昌市人大常委会听取和审议本级行政机关依法行政情况报告实施办法》。加强对规范性文件备案审查。二是深入开展执法检查。先后组织开展城乡规划法、水污染防治法等法律法规实施情况的检查，配合省人大常委会开展食品安全法等10多部法律法规的执法检查和调研。配合全国人大常委会、省人大常委会开展30多次立法调研，协助完成了60多部法律法规草案征求意见工作。三是加强对司法工作的监督。制定《宜昌市人大常委会加强检察机关诉讼法律监督工作试行办法》。先后听取和审议“两院”关于全市法院审判监督工作情况、关于全市职务犯罪预防和查处情况、关于全市检察机关开展诉讼法律监督工作情况以及反渎职侵权工作情况、关于全市法院涉诉信访工作情况的报告。重点督办了54件涉法信访件。对国务院法律援助条例贯彻实施情况进行检查，促进司法救助制度进一步完善。

代表工作。一是优化代表履职环境，保障代表依法履职。先后走访市人大代表300多人次，看望慰问家庭困难、生病住院的代表100多人次。组织部分市人大代表赴全国人大北戴河培训中心参加培训。邀请市人大代表列席常委会会议、专门委员会会议，参与常委会执法检查、视察和专题调研活动。将市人大代表活动经费从人均每年1000元提高到1500元。制定代表工作考核办法，促进了代表工作水平的提升。二是改进代表活动方式，丰富代表活动内容。组建全国、省、市人大代表活动小组101个，建立各级人大代表活动室、接访室和代表之家231个。有300多人次列席市人大常委会会议，1000多人次参加常委会组织的执法检查、视察和调研活动。将每年12月份的第一周定为“代表活动周”，围绕全市发展和民生问题开展视察、调研。三是加大督办力度，提高代表议案建议办理质量。五年来，每年突出督办一件民生议案，促成了一批惠民政策的出台和落实。市人大代表提出的1470件议案建议，当年已经解决和基本解决的661件，占45.12%；当年正在解决和列入计划解决的583件，占39.8%；条件暂时不具备，难以解决并向代表做出解释的163件，占11.13%；留作今后工作参考的58件，占3.95%。四是周密部署，精心组织和指导代表选举工作。先后组织对5名省十一届人大代表、42名市四届人大代表依法进行了增选和补选。2011年市、县、乡三级人大同步换届选举，首次实行城乡按相同人口比例选举人大代表，选举产生乡级人大代表 5382名、县级人大代表2457名、市级人大代表411名，新一届人大代表结构得到进一步优化，整体素质有新的提高。

提升工作。坚持和依靠党的领导，始终保持正确的政治方向；创新工作方式，增强履职活力；充分发挥职能，积极探索行使重大事项决定权；规范程序，依法做好人事任免工作；加强对外交流，努力扩大社会影响。

此后工作建议

突出重点，在依法决定重大事项方面有新作为；依法监督，科学监督，在增强监督实效上有新作为；强化责任，提升保障，在活跃代表工作上有新作为；以为立位，勇于担当，在树立地方国家权力机关形象上有新作为。

七、法院工作报告

2012年1月7日，市五届人大一次会议第二次全体会议听取和审议市中级人民法院院长裴缜所作的《宜昌市中级人民法院工作报告》:

五年工作回顾

五年来，中院共受理各类案件13145件，审执结12991件，比前五年（以下简称同比）分别上升16.88%和25.36%；全市各基层人民法院共受理各类案件113306件，审执结110325件，同比分别上升10.17%和11.06%。一是切实维护社会稳定。中院审结一、二审刑事案件1731件2390人。全市各基层人民法院审结一审刑事案件9842件12919人。审结非法传销、非法经营、制售假冒伪劣商品等破坏社会主义市场经济秩序犯罪201件258人审理贪污贿赂、渎职侵权等职务犯罪533件582人。二是着力促进社会和谐。中院审结各类民商事案件10046件，以调解撤诉方式结案4119件，调撤率41%，同比提高了10.8个百分点；全市各基层人民法院审结各类民商事案件74452件，以调解撤诉方式结案50627件，调撤率67.8%，同比提高了21.6个百分点。中院审结各类行政诉讼案件227件，全市各基层人民法院审结一审行政诉讼案件795件。三是主动服务经济发展。通过办案，为企业挽回经济损失20多亿元。依法审结商标、专利等知识产权案件247件。四是积极参与社会管理创新。全市法院与36个乡镇、29个社区、35所学校签订了共建协议。对涉案未成年人进行心理疏导，矫正不良心理。对判处缓刑、管制和假释人员，及时开展回访考察帮教，促使其改过自新，防止重新犯罪。

此后工作安排

准确把握新定位，更加充分发挥职能作用；着眼人民新期待，更加努力做到司法为民；牢牢瞄准新目标，更加有效提升司法水平；不断推出新举措，更加注重维护司法形象；主动顺应新形势，更加自觉接受各方监督。

八、检察院工作报告

2012年1月7日，市五届人大一次会议第二次全体会议听取和审议市人民检察院检察长孙光骏的所作的《宜昌市人民检察院工作报告》:

五年工作回顾

制定《充分发挥检察职能保障和促进宜昌经济平稳较快发展的意见》。深入开展法律监督“进社区、进企业、进学校、进农村”活动。开通“12309”检察服务热线，建立16个综合受理接待中心。

依法打击刑事犯罪。批准逮捕各类刑事犯罪嫌疑人9734人，提起公诉14491人。办理一批涉黑、涉恶犯罪案件，批准逮捕杀人、抢劫、盗窃、诈骗等犯罪嫌疑人5259人，提起公诉6717人。打击“黄赌毒”犯罪，批准逮捕590人，提起公诉637人。

严肃查办职务犯罪。立案侦查各类职务犯罪695件769人，其中，贪污贿赂犯罪案件589件649人，渎职侵权犯罪案件106件120人，为国家和集体挽回直接经济损失6963.15万元。

加强侦查活动和刑事审判监督。监督侦查机关立案641件、监督撤案166件。决定追加逮捕386人、追加起诉530人。监督行政执法机关移送涉嫌犯罪案件248件。对人民法院刑事判决提出抗诉60件。监督纠正减刑、假释、暂予监外执行不当37人次。对95名无继续羁押必要的犯罪嫌疑人向办案机关提出变更强制措施的意见，有效避免了超期羁押，促进了人权保障。

加强民事审判和行政诉讼活动监督。对人民法院民事、行政判决和裁定提出抗诉94件、提请抗诉153件。对审查认为人民法院裁判正确的426件群众申诉案件，耐心做好当事人的服判息诉工作，维护法律权威。

加强对诉讼活动中违法行为的监督。开展刑事、民事、行政诉讼法律监督调查397件，对违法情形提出纠正意见212件次。依法查处涉嫌贪赃枉法、徇私舞弊等犯罪的司法工作人员16人，全力维护司法公正。

着力化解社会矛盾。对犯罪情节轻微人员依法不批捕578人、不起诉606人，有效减少社会对抗。办理涉检信访4703件。组织法制宣传532场次。

注重源头治理。建立13个社区矫正检察室，有效防止社区矫正人员脱管、漏管和重新犯罪。积极预防青少年犯罪，建立16个青少年维权岗，保障青少年群体健康成长。

此后工作安排

以推动科学发展为根本，着力服务全市工作大局；以促进社会和谐为目标，着力加强社会管理创新；以保障民生民利为重点，着力推进惩防体系建设；以维护公平正义为主题，着力强化诉讼法律监督；以深化改革创新为动力，着力健全检察工作机制；以提升执法能力为基础，着力深化检察队伍建设。

九、会议选举

此次会议印发和审议市四届人大常委会《接受马仕华、邓玉华等人辞职的备案报告》：接受马仕华、邓玉华、宋涛、王华利辞去宜昌市四届人大常委会委员及马仕华、邓玉华分别辞去宜昌市人民代表大会内务司法委员会主任委员和宜昌市人民代表大会财政经济委员会主任委员职务；接受田太富辞去宜昌市四届人大常委会委员职务；接受童孔玲辞去宜昌市四届人大常委会委员职务。

2012年1月7日，大会第二次全体会议审议通过《宜昌市五届人大一次会议选举办法》《关于设立宜昌市五届人民代表大会专门委员会的决定》《宜昌市五届人民代表大会各专门委员会组成人员人选通过办法》。1月9日，大会第三次全体会议选举市五届人大常委会主任：郭有明，副主任：王宏强、吴开保、邹正金、张建一、陈和春、谭春玉（女），秘书长：雷元海(土家族)，委员：王向前、艾苍松、龙兵、任蔚（女）、向红云、刘宗林、李杰、李国璋、李柏红、李俊昌、吴珊珊（女）、余跃进、张业发、张德才、陈红（女）、罗志勇、罗春焿、郑龙、屈家喜、赵训刚、赵儒铭、俞学锋、姚金忠、秦大常（土家族）、梅长青、曹诗芬（女）、梁华、斯平、蒋远华、覃益盛、程少人、蔡运华、谭少华；市人民政府市长：李乐成，副市长：王应华、王国斌、宋文豹、张正军、郑兴华（女）、袁卫东、滕刚；市中级人民法院院长：裴缜；市人民检察院检察长：孙光骏。通过市五届人大内务司法委员会主任委员：赵儒铭，副主任委员：牛建、罗世平，委员：邓宜平、陈喻伟、曾新建、廖忠民（女）；财政经济委员会主任委员：斯平，副主任委员：谢祚剑，委员（按姓名笔画排序）：杜伟、李启端、周东茂、袁世明、韩靖忠；教育科学文化卫生委员会主任委员：李俊昌，副主任委员：丁建祥，委员：向洪星、（土家族）、吴平（女）、何克春、周云久、曹诗芬（女）；农村经济委员会主任委员：王向前，副主任委员：袁汝海，委员（按姓名笔画排序）：王华、王怀炳、陈世贵、彭正平、覃波；城乡建设环境资源保护委员会主任委员：刘宗林，副主任委员：姚永国，委员：江斌、李克佑、杨泽洪、张碧钧、徐刚；民族宗教外事侨务委员会主任委员：秦大常（土家族），副主任委员：韩松，委员：王功平（土家族）、李小国、（土家族）、李延恕、郭莎（女）、崔丽涛（女，满族）。

十、议案审查报告

2012年1月8日，此次会议主席团第三次会议审议通过议案审查委员会主任委员邹正金所作的《宜昌市五届人大一次会议代表提出议案处理意见的报告》：

此次会议共收到代表10人以上联名提出的议案31件。审查意见：将《关于综合整治宜昌运河的议案》列为此次大会议案，交市人大城乡建设环境资源保护委员会审议，并向市人大常委会提出报告；其余30件议案作为建议，连同大会期间收到的代表建议、批评和意见，由市人大常委会办事机构交由有关机关、组织研究办理，并负责答复代表。市人大常委会将听取办理情况的报告。

十一、会议决议

2012年1月9日，市五届人大一次会议第三次全体会议通过7个决议和决定。

《关于宜昌市人民政府工作报告的决议》

决议批准市长李乐成所作的《宜昌市人民政府工作报告》。

决议强调，宜昌正值决战“十二五”、推动新跨越、加快建设现代化特大城市的重要战略机遇期和黄金发展期。全市上下要以科学发展为主题，以转变经济发展方式为主线，以改革开放创新为动力，以改善民生为目的，牢牢把握开放引领、沿江突破、创新驱动、绿色繁荣战略要点，加快构建现代产业体系，加快新型城镇化步伐，全面推进经济总量、城市发展、发展方式、社会建设新跨越，把宜昌建设成为省域副中心城市、长江中上游区域性中心城市和世界水电旅游名城，加快向现代化特大城市迈进。

《关于宜昌市2011年国民经济和社会发展计划执行情况与2012年计划的决议》

决议批准《关于宜昌市2011年国民经济和社会发展计划执行情况与2012年计划草案的报告》，批准宜昌市2012年国民经济和社会发展计划。

《关于宜昌市2011年预算执行情况和2012年预算的决议》

决议批准《关于宜昌市2011年预算执行情况和2012年预算草案的报告》，批准2012年市级预算。

《关于市人大会常务委员会工作报告的决议》

决议批准市人大常委会常务副主任张建一所作的《宜昌市人大常委会工作报告》。

决议要求，市人大常委会要进一步加强和改进人大工作，突出重点，深入推进，在依法决定重大事项方面有新作为；依法监督，科学监督，在增强监督实效上有新作为；强化责任，提升保障，在活跃代表工作上有新作为；以为立位，勇于担当，在树立地方国家权力机关形象上有新作为，为坚持和完善人民代表大会制度，推进社会主义民主法治建设和依法治市进程，促进全市科学发展跨越式发展，加快建设现代化特大城市做出新的更大的贡献！

《关于宜昌市中级人民法院工作报告的决议》

决议批准市中级人民法院院长裴缜所作的《宜昌市中级人民法院工作报告》。

《关于宜昌市人民检察院工作报告的决议》

决议批准市人民检察院检察长孙光骏所作的《宜昌市人民检察院工作报告》。

《关于设立宜昌市五届人民代表大会专门委员会的决定》

决定设立市五届人民代表大会内务司法委员会、财政经济委员会、教育科学文化卫生委员会、农村经济委员会、城乡建设环境资源保护委员会、民族宗教外事侨务委员会。各专门委员会受市人民代表大会领导;在大会闭会期间，受市人民代表大会常务委员会领导。各专门委员会的任期与本届人民代表大会的任期相同。各专门委员会由主任委员、副主任委员、委员组成。各专门委员会的主任委员、副主任委员、委员的人选，由此次大会主席团在市五届人大代表中提名，大会通过。

十二、闭幕词

2012年1月9日，时任湖北省人民政府副省长、中共宜昌市委书记、市人大常委会主任郭有明在市五届人大一次会议闭幕时讲话。

市五届人大一次会议认真审议并通过政府工作报告和其他各项工作报告，选举产生新一届市人大常委会组成人员，市人民政府市长、副市长，市中级人民法院院长，市人民检察院检察长。

刚刚过去的五年是极不平凡的五年，是宜昌发展进程中综合实力提升最快、城乡面貌变化最大、人民群众受益最多的时期之一。全市上下抢抓发展机遇，打拼“宜昌速度”，推进弯道超越，办成了一批多年想办而没有条件办的大事，成功走出了一条符合科学发展要求和宜昌实际、具有宜昌特色的新路子，经济社会步入又好又快发展的良性循环轨道，在全省率先进入全国文明城市、国家环境保护模范城市、国家卫生城市行列。

五年来，宜昌市四届人大及其常委会围绕中心、服务大局，严格履行宪法和法律赋予的职责，认真审议决定重大事项，着力强化监督职能，充分发挥代表作用，不断加强自身建设，做了大量卓有成效的工作，有力推动了全市民主法治建设和经济社会又好又快发展。

当前和今后一段时期，是宜昌决战“十二五”、推动新跨越、加快建设现代化特大城市的重要战略机遇期和黄金发展期。我们要在中央和省委省政府领导下，高举中国特色社会主义伟大旗帜，以科学发展为主题，以加快转变经济发展方式为主线，以改革开放创新为动力，以民生幸福为根本，全面推进经济总量、城市发展、发展方式、社会建设“四大跨越”，努力实现省域副中心城市、长江中上游区域性中心城市、世界水电旅游名城“三大目标”，加快把宜昌建成经济发达、文化繁荣、环境优美、社会和谐、人民幸福、宜居宜业宜旅、具有较强影响力带动力的现代化特大城市。

人民代表大会制度是我国的根本政治制度，是推动发展新跨越、建设现代化特大城市的重要保障。进一步坚持和完善人民代表大会制度，高度重视人大工作，积极为人大及其常委会依法履职创造良好条件，充分发挥人大及其常委会的重要作用。进一步增强人大代表的政治意识、代表意识、法律意识，在推动科学发展跨越式发展实践中发挥模范带头作用，在密切党同群众联系中发挥桥梁纽带作用，带头学习、宣传、贯彻大会精神，求真务实，真抓实干，确保大会确定的各项目标任务圆满实现。

第二节　第二次会议

2012年8月28日—29日，市五届人大二次会议在宜昌剧院举行。此次会议应到代表408人，实际到会392人。此次会议议程是：选举宜昌市五届人大常委会主任。

一、预备会议

2012年8月28日，市五届人大二次会议举行预备会议。会议通过会议议程、大会主席团成员名单。

二、会议机构及成员名单

市五届人大二次会议主席团和秘书长。主席团成员（按姓名笔画排序）：马尚云（土家族）、马学军、王万修、王兴於、王应华、王宏强、王国斌、邓恢林、艾苍松、任蔚(女)、向红云、刘学甫、刘洪福、刘晓华、刘建新、庄光明、许志华、孙光骏、杨美仁、李杰、李智、李乐成、李亚隆、李国璋、吴静(女)、吴开保、吴珊珊(女)、吴康年、邹正金、汪宏(女)、宋文豹、张鹏、张正军、张建一、陈华、陈和春、罗毅、罗志勇、周青、周正英(女)、郑兴华(女)、郑廷贵、赵训刚、俞学锋、姚金忠、袁卫东、黄楚平、蒋红星、蒋远华、程少人、雷元海（土家族）、蔡运华、蔡宏柱、蔚盛斌、裴缜、廖达凤(女)、谭少华、谭春玉(女)、熊伟；秘书长：吴开保。

市五届人大二次会议主席团常务主席（按姓名笔画排序）：王兴於、王宏强、李乐成、李亚隆、吴开保、邹正金、张建一、陈和春、黄楚平、雷元海（土家族）、蔚盛斌、谭春玉（女）。常务主席会议召集人：黄楚平。

市五届人大二次会议副秘书长（按姓名笔画排序）：王均成、王明珍、肖高沛、余跃进、胡智斌、雷元海（土家族）。

三、会议选举

2012年8月29日，此次会议第一次全体会议通过《宜昌市五届人大二次会议选举办法》。随后，选举黄楚平为宜昌市五届人大常委会主任。

四、闭幕词

2012年8月29日，中共湖北省委常委、宜昌市委书记、市人大常委会主任黄楚平在市五届人大二次会议闭幕时讲话。

牢记职责使命，切实担负起时代和人民赋予的历史重任

今后五年是关键五年，未来十年是黄金十年，我们正面临着加快推进科学发展跨越式发展的重要战略机遇期。省委省政府对宜昌高度重视、寄予厚望。省第十次党代会明确提出要“支持宜昌加快建设省域副中心城市、长江中上游区域性中心城市和世界水电旅游名城，成为现代化特大城市。”

建设省域副中心城市，就是要全面提升宜昌综合实力、竞争力、影响力和带动力，力争在全省三个三分之一经济格局中发挥更大的作用，成为宜荆荆城市群和鄂西南区域性经济中心、交通枢纽中心和科教文化中心；建设长江中上游区域性中心城市，就是要积极呼应和对接武汉、重庆两大城市圈发展，借鉴汉渝、借力汉渝，同位交融、错位发展，努力成为长江中上游区域性经济强市、区域性综合交通枢纽和三峡现代物流中心；建设世界水电旅游名城，就是要以长江三峡和三峡工程为依托，以生态为支撑，以文化为内核，全面推进旅游业转型升级，努力把宜昌建成国际国内一流的旅游目的地城市；建设现代化特大城市，就是要进一步加快拓展城市骨架、完善城市功能、壮大综合实力、提升城市品位，切实做到特大特优特色特美，形成与现代化特大城市相匹配的综合实力、基本框架、服务功能和管理水平。

继续高举科学发展跨越式发展的大旗，加快建设现代化特大城市

旗帜引领方向，旗帜激发动力。当前，推进科学发展跨越式发展是湖北的主旋律，是指引我们发展的旗帜和方向。我们要认真贯彻落实省第十次党代会和市五次党代会精神，坚定不移地执行党中央、国务院和省委、省政府的决策部署，坚定不移地推进科学发展跨越式发展，坚定不移地加快建设省域副中心城市、长江中上游区域性中心城市、世界水电旅游名城和现代化特大城市，解放思想，创新思路，真抓实干，乘势而上，以一流的精神状态、一流的工作标准、一流的工作作风、一流的工作成效，不断开创宜昌经济社会科学发展新局面，创造跨越发展新辉煌，向党和人民交上一份满意的答卷。

坚持与时俱进、开拓创新，不断开创人大工作新局面

人民代表大会制度是我国的根本政治制度，是实现科学发展跨越式发展、建设现代化特大城市的重要保障。面对新形势新任务新要求，人大工作可以大有作为，应该大有作为，必须大有作为。我们要进一步统一思想认识，更好地坚持和完善人民代表大会制度，坚持党的领导、人民当家做主和依法治国有机统一，与时俱进地推动人民代表大会制度建设和人大工作，不断开创全市人大工作新局面。

第三节　第三次会议

2013年1月6日—9日，市五届人大三次会议在宜昌剧院举行。此次大会应到代表409人，实际到会400人，列席人员170人，特邀人员22人。此次会议议程是：听取和审议《宜昌市人民政府工作报告》；审查《宜昌市2012年国民经济和社会发展计划执行与2013年国民经济和社会发展计划安排的报告》；审查《宜昌市2012年预算执行情况和2013年预算草案的报告》；听取和审议《宜昌市人大常委会工作报告》；听取和审议《宜昌市中级人民法院工作报告》；听取和审议《宜昌市人民检察院工作报告》；选举宜昌市出席湖北省第十二届人民代表大会代表；通过此次会议各项决议。

一、预备会议

2013年1月5日，市五届人大三次会议举行预备会议。会议通过会议议程、大会主席团成员名单。

二、会议机构及成员名单

市五届人大三次会议主席团和秘书长。主席团成员（按姓名笔画排序）：马尚云（土家族）、马学军、王万修、王兴於、 王应华、王宏强、王国斌、邓恢林、艾苍松、任蔚(女)、向红云、刘学甫、刘洪福、刘晓华、刘建新、庄光明、许志华、孙光骏、杨美仁、李杰、李智、李乐成、李亚隆、李国璋、吴静(女)、吴开保、吴珊珊(女)、吴康年、邹正金、汪宏(女)、宋文豹、张鹏、张正军、张建一、陈华、陈和春、罗毅、罗志勇、周青、周正英(女)、郑兴华(女)、郑廷贵、赵训刚、俞学锋、姚金忠、袁卫东、黄楚平、蒋红星、蒋远华、程少人、雷元海（土家族）、蔡运华、蔡宏柱、蔚盛斌、裴缜、廖达凤(女)、谭少华、谭春玉(女)、熊伟；秘书长：吴开保。

市五届人大三次会议主席团常务主席（按姓名笔画排序）：王兴於、王宏强、李乐成、李亚隆、吴开保、邹正金、张建一、陈和春、黄楚平、雷元海（土家族）、蔚盛斌、谭春玉（女）。常务主席会议召集人：黄楚平。

市五届人大三次会议副秘书长（按姓名笔画排序）：王均成、王明珍、甘良新、肖高沛、余跃进、胡智斌、雷元海（土家族）。

三、政府工作报告

2013年1月6日，市五届人大三次会议第一次全体会议听取和审议市长李乐成所作的《宜昌市人民政府工作报告》：

2012年工作回顾

2012年，预计地区生产总值超过2500亿元，同比增长13%左右。地方公共财政预算收入153.2亿元，增长34.4%。预计全社会固定资产投资1600亿元，增长34.2%；城镇居民人均可支配收入1.87万元，农村居民人均纯收入8043元，均增长14%；外贸出口17.3亿美元，增长0.8%；社会消费品零售总额733亿元，增长16%。

增强经济活力。加快实施中小企业成长工程，净增规模以上工业企业145家，达到1010家；新增限额以上商贸流通企业300家以上，突破1650家；3739家个体工商户转型升级为企业。新增各类市场主体5.1万户，新增注册资本额同比增长77.8%。出台九条财政扶持措施，促进城区经济加快发展；出台扶持奖励措施，鼓励企业挂牌上市。完善中小企业融资担保体系，融资担保机构增资12.3亿元。深化银政企对接，银行业金融机构存款余额2010.3亿元，贷款余额1455.3亿元。引导金融机构加大支持中小微企业力度，中小微企业贷款占全部企业贷款比重达到59.8%。开展营业税改征增值税试点，近8000家企业受益。

狠抓项目建设。扎实开展“重大项目建设年”活动，全市施工亿元以上项目640个，增加284个，投资额增长55.7%；新开工亿元以上项目402个，增加224个。实施工业技改项目201个，完成投资146亿元。新签约投资亿元以上项目252个，协议总投资1862亿元。新开工亿元以上招商项目211个，到位资金342亿元。利用外资2.28亿美元，增长23%。争取中央和省预算内投资项目1012个，到位资金突破20亿元。落实三峡对口支援项目资金92亿元。“十二五”重点项目储备入库5365个，总投资2.58亿元。

调整经济结构。一是工业转型步伐加快。规模以上工业企业完成增加值1190亿元，增长16.6%。化工产业产值突破1000亿元。磷化工等7个产业集群进入省重点成长型产业集群。预计实现高新技术产业增加值260亿元，增长25%以上，占生产总值的比重提高0.8个百分点，达到10.4%。新增国家高新技术企业47家、国家技术创新示范企业3家。新增省级工程技术中心11家、省“两化融合”试点示范企业5家。新增中国驰名商标6件，达到25件。二是农村经济全面发展。粮食产量实现九连增，六大特色产业占农业总产值的比重达到78.7%，柑橘、茶叶、畜牧、蔬菜、水产总产再创历史新高。农业机械化作业综合水平提高到59.1%。实施土地开发整理项目17个，净增耕地面积2000公顷，除险加固小型水库66座，整治塘堰6783处，建设小水池4789处。新解决22.9万人饮水安全问题。治理水土流失面积80平方公里。完成县乡公路改造351公里、通村公路714公里。完成农村清洁能源入户工程3.5万户。三是第三产业发展加快。全年接待游客2600万人次，旅游总收入190亿元，分别增长34.7%和34.5%。新建乡镇商贸中心5家、县级配送中心1家，乡镇商贸中心和村级农家店累计达到1653家。文化产业增加值达到42.6亿元。组建了三峡农村商业银行，新成立保险业机构2家、村镇银行1家，开业运营小额贷款公司9家。四是区域经济协调发展，县域经济占全市比重达到49%。

完善基础设施。交通建设投资超过80亿元，汉宜城际铁路通车营运，陆渔一级公路基本建成。宜巴高速公路、保宜高速公路、紫云地方铁路建设顺利。宜张高速公路、至喜长江大桥、宜岳高速公路开工建设。创新理念、思路，强化现代化特大城市战略研究，完成城市总体规划修编。实施城区城建项目115个，完成投资30.5亿元。开工建设道路36条，总里程达89公里，其中13条道路竣工通车。生物产业园、白洋工业园、猇亭园区一批道路工程顺利推进。沙河整治工程、运河综合整治工程加快推进。猇亭、点军污水处理厂基本建成。新型城镇化进程加快，城镇化率提高到53%。城区新增建成区面积5平方公里。全市森林覆盖率达到65.7%，荣获“国家森林城市”称号。实施节能技改项目20个、减排项目87个，节能减排年度任务全面完成。

注重民生福祉。全年财政民生类支出205.5亿元，占地方公共财政预算支出总额的70%。新增城镇就业10万人，帮助失业人员和困难人员再就业5万人。城镇登记失业率降至3.1%。转移农村劳动力8.6万人。社保扩面新增24.4万人，五项保险参保达到366.5万人次。保障性住房开工2.96万套，竣工1.76万套，新增廉租房租赁补贴4000户。完成农村危房改造1.7万户。新建城郊蔬菜基地1万亩。市场物价总体平稳。全市当年稳定脱贫3.67万人。财政性教育支出增长31.7%。加快实施学前教育“三年行动计划”，新建、改扩建幼儿园30所，学前教育管理进一步规范。全市所有县市区均通过省级义务教育均衡发展合格县市区考评。创建现代化初中学校41所、小学70所。城区教育体制改革正式启动。公共文化服务体系进一步完善，文化体制改革顺利推进。 “六五”普法工作全面启动，公民法律意识进一步增强。社会管理综合治理成效明显，群众安全感和治安满意度稳步上升。

改进政务服务。取消市级行政审批事项20项，下放9项。加强电子政务建设，行政效率不断提高。坚持依法行政、从严治政，政府执行力和公信力不断增强。认真听取人大代表、政协委员意见和建议，按期办复人大代表议案建议320件、政协委员提案428件，办结率100%。行政监察和审计监督更加有力，治庸问责深入推进，党风廉政建设责任制全面落实。

强化各项工作。援藏援疆工作深入开展。国防动员、民兵预备役建设和双拥工作不断加强，连续五届荣获“全国双拥模范城”称号。出生人口性别比保持正常，人口和计划生育工作继续保持领先水平。对台、侨务、外事、保密、信访、档案、方志、统计、气象、人防、民族宗教、防震减灾等各项工作都取得新的成绩，妇女儿童、青少年、关心下一代、老龄、残疾人等各项事业全面发展。

2013年工作重点

主要预期目标。生产总值增长12.5%，全社会固定资产投资增长25%，社会消费品零售总额增长16%，地方公共财政预算收入增长14%，外贸出口增长10%，城镇居民人均可支配收入、农村居民人均纯收入增长与经济发展同步，城镇登记失业率控制在4.2%以内，物价水平基本稳定，全面完成省政府下达的节能减排任务，努力保持经济快速健康发展、社会和谐稳定。

五项重点工作。坚定不移地加快转型升级，推动经济发展新跨越；坚定不移地推进新型城镇化，奠定特大城市新格局；坚定不移地推进改革开放，增强跨越发展新动力；坚定不移地保障和改善民生，实现社会建设新进步度；坚定不移地推进勤政善政，塑造人民政府新形象。

四、计划报告

2013年1月6日，市五届人大三次会议第一次全体会议印发和审查了市发展和改革委员会提交的《宜昌市2012年国民经济和社会发展计划执行情况与2013年计划草案的报告》:

2012年计划执行情况

预计全年地区生产总值突破2500亿元，增长13%左右。规模工业增加值1190亿元以上，增长16.6%。全社会固定资产投资1600亿元，增长34.2%。社会消费品零售总额733亿元，增长16%。地方公共财政预算收入153.2亿元，增长34.4%。外贸出口17.3亿元美元，增长0.8%。新批项目9家，新增合同外资增资1.04亿美元。实际直接利用外资2.28亿美元，同比增长23%。全年接待国内外游客2600万人次，旅游总收入190亿元，分别增长34.7%和34.5%。城镇居民人均可支配收入1.87万元、农民人均纯收入8043元，均增长14%。人口继续保持低生育水平，全市人口出生率8.41‰，人口自然增长率2.7‰。12月末，金融机构各项存款余额2010.3亿元，增长14.8%；各项贷款余额1455.3亿元，增长20.01%。1—11月全市居民消费价格总水平（CPI）比上年同期上涨2.9%，涨幅较上年回落3.1个百分点。

2013年计划安排方案

主要预期目标。地区生产总值增长12.5%，全社会固定资产投资增长25%，社会消费品零售总额增长16%，地方公共财政预算收入增长14%，外贸出口增长10%，城镇居民人均可支配收入和农民人均纯收入分别增长11%，城镇登记失业率控制在4.2%以内，市场物价水平基本稳定，全面完成省政府下达的节能减排目标任务。

七项重点工作。突出项目兴市，全力推进跨越发展；壮大实体经济，加快产业转型升级；夯实“三农”基础，促进农民持续增收；提升城市功能，加快建设特大城市；推进节能减排，加快建设生态文明；深化改革开放，推动体制机制创新；切实改善民生，共建共享幸福宜昌。

五、财政预决算报告

2013年1月6日，市五届人大三次会议第一次全体会议印发和审查了市财政局提交的《宜昌市2012

年预算执行情况和2013年预算草案的报告》:

2012年财政预算执行情况

市级地方公共财政预算执行情况。市级公共财政收支总量相抵，2012年结余2279万元。结余资金已转入2013年安排支出。详见表3—16—6。

2012年市级地方公共财政预算执行情况

表3—16—6　　　　单位：万元

财政收入项目			完成收入	占预算%	财政支出项目			完成支出	占预算%
市级公共财政收入总量			898602	—	市级公共财政支出总量			896323	—
1	转移性收入		435744	—	1	转移性支出		319744	—
	其中	返还性收入	32084	—		其中	上解上级支出	95435	—
		转移支付收入	329714	—			转移支付支出	21531	—
		调入资金	3960	—			省补助专款支出	138972	—
		上年结余	9866	—			地方政府债券还本	19000	—
		调入预算调节基金	40000	—			转贷地方政府债券	4806	—
		转贷政府债券收入	20120	—			预算稳定调节基金	40000	—
2	本级公共财政预算收入		462858	109.0	2	本级公共财政预算支出		576579	121.0
	其中	增值税	40928	97.0		其中	一般公共服务	52359	121.0
		营业税	153584	105.0			公共安全支出	41419	140.0
		企业所得税	78658	121.0			教育支出	79367	155.0
		个人所得税	19386	119.0			医疗卫生支出	23784	122.0
		城市维护建设税	33021	101.0			科学技术支出	9660	107.0
		土地增值税	22188	154.0			社会保障和就业	88809	321.0
		契税	15768	70.0			节能保护支出	6168	306.0
		专项收入	16640	110.0			城乡社区事务	39875	104.0
		行政事业性收费	18663	110.0			农林水事务支出	11973	113.0
		国资有偿使用收入	10322	150.0			交通运输支出	14038	322.0
		未列举事项	53700	—			勘探电力信息等	69279	153.0
							未列举事项	139848	—

市级政府性基金预算执行情况，详见表3—16—7。

2012年市级政府性基金预算执行情况汇总表

表3—16—7　　　　单位：万元

基　金　项　目	基　金　收　入	基　金　支　出
散装水泥、墙体材料基金	2338	410
地方水利建设基金	196	120
国有土地有偿使用权出让	244476	246621
残疾人就业保障金	2619	2619
城市基础设施配套费	16148	16148
地方教育附加	3601	3601

全市地方公共财政预算执行情况。地方公共财政预算收入（电报数，下同）153.2亿元，比上年

增加39.3亿元，增长34.4%。其中：税收收入120.4亿元，增长28.7%；非税收入32.9亿元，增长60.6%。地方公共财政预算支出295.6亿元（含上级财政专项转移支付），比上年增加57.5亿元，增长24.2%。宜昌开发区地方公共财政预算收入3.8亿元，增长21.7%；地方公共财政预算支出5.5亿元（含上级财政专项转移支付），增长36.1%。各县市区决算办理完毕，经同级人民代表大会审查批准后，市财政局再将汇总的全市2012年预算执行情况报市人大常委会备案。

2013年财政预算（草案）

市级地方公共财政预算安排。收支总量相抵，预算收支平衡。详见表3—16—8。

2013年市级地方公共财政预算安排汇总表

表3—16—8 单位：万元

财政收入项目			收入安排	比上年增长%	财政支出项目			支出安排	比上年增长%
市级公共财政收入总量			681340	—	市级公共财政支出总量			681340	—
1	转移性收入		153340	—	1	转移性支出		137293	—
	其中	返还性收入	32381	—		其中	上解上级支出	108610	—
		转移支付收入	78680	—			转移支付支出	19645	—
		调入预算调节基金	40000	—			地方政府债券还本	9038	—
		动用上年结余	2279	—	2	市级公共财政预算支出		544047	—
2	市级公共财政预算收入		528000	14.0		其中	一般公共服务支出	50612	17.0
	其中	增值税	46914	15.0			公共安全支出	32709	11.0
		营业税	184235	20.0			教育支出	70022	37.0
		企业所得税	84386	7.0			科技支出	10927	21.0
		个人所得税	22900	18.0			文化体育与传媒	24247	141.0
		城市维护建设税	37000	12.0			社会保障和就业	31233	13.0
		土地增值税	26200	18.0			医疗卫生支出	22226	14.0
		契税	18600	18.0			节能环境保护支出	2332	16.0
		专项收入	17720	6.0			农林水事务支出	10806	24.0
		行政事业性收费	20623	11.0			勘探电力信息等	50366	11.0
		未列举事项	69422	—			国债还本付息支出	1670	—
							未列举事项	236897	—

政府性基金预算安排。基金总收入325055万元，其中：市本级当年基金收入268643万元；上年结转56412万元。基金总支出270010万元。基金结转下年55045万元。主要收支项目详见表3—16—9。

2013年政府性基金预算安排汇总表

表3—16—9 单位：万元

基金项目	基金收入	基金支出
散装水泥、墙体材料基金	1500	2342
地方水利建设基金	170	246
国有土地有偿使用权出让	250000	250000
残疾人就业保障金	2750	2750
城市基础设施配套费	5500	5500
地方教育附加	4000	4000

全市地方公共财政预算安排。地方公共财政预算收入安排175亿元，增长14%；地方公共财政预算支出安排213亿元，增长25%。宜昌开发区公共财政预算收入安排43382万元，增长15%；公共财政预算支出安排33322万元，增长10%。各县市区预算经同级人民代表大会审查批准后，市财政局再将汇总的全市预算报市人大常委会备案。

六、常委会工作报告

2013年1月7日，市五届人大三次会议第二次全体会议听取和审议市人大常委会常务副主任张建一所作的《宜昌市人大常委会工作报告》：

2012年工作回顾

一年来，共召集市人民代表大会会议2次，召开市人大常委会会议6次，做出决议决定19项，听取和审议市人民政府、市中级人民法院、市人民检察院12个工作报告，开展专题询问1次，检查1部法律法规实施情况，对5个单位的专项工作进行了评议，组织视察、调研17次，任免国家机关工作人员106人次，较好地发挥了地方国家权力机关的作用。

促进经济转型。一是促进新兴产业加快发展。听取和审议市人民政府关于宜昌三峡旅游度假区建设、科技创新等工作情况的报告，并就科技创新工作进行专题询问，促使市人民政府加大科技创新工作力度。全年新增高新技术企业47家，新增高新技术产业增加值260亿元，新增科技投入9548万元。二是发挥计划预算监督导向作用。听取和审议2012年上半年计划执行情况的报告，批准了2012年市级预算调整，批准将上级债券转贷收入20120万元列入市级财政预算。三是推进发展环境不断优化。针对中小企业融资难问题开展专题调研，并听取和审议市人民政府关于优化金融环境工作的专项工作报告，推动了企业融资难问题的有效缓解。全市中小企业贷款余额去年末比年初增长27%。做出《关于进一步加强法制宣传教育的决议》，听取和审议“一府两院”关于依法行政、审判监督和诉讼法律监督工作情况的报告，对中级人民法院文化建设、全市公安工作进行视察，推动了依法行政和公正司法。对市人民政府和下级人大及其常委会报送的14件规范性文件进行备案审查。指导和支持长阳、五峰自治县开展民族立法工作。接待处理群众来信来访1795件（人）次，推动了群众合理诉求的解决。

助推大城建设。一是审查城市总体规划修编。依法审议《宜昌市城市总体规划（2011–2030年）》二是推进城市基础设施建设。督办了《关于综合整治宜昌运河的议案》，促使市人民政府编制了《宜昌运河景观工程和整治规划》，计划用三年时间，将宜昌运河打造成城市河流生态廊道、城市景观休闲廊道和城市文化展示廊道。市人大代表多次提出加快江南交通建设的建议，对至喜长江大桥、合益路、城乡路二期、花溪路、职教园等重点项目建设情况开展专题视察。三是促进城市规范化管理。常委会采取市、县联动的方式，对《中华人民共和国建筑法》实施情况进行检查。听取和审议市人民政府关于城区控违拆违工作情况的报告，对城区物业管理工作开展调研和视察。

注重民生幸福。一是加强城区饮用水水源地保护。常委会连续两年对城区饮用水水源地保护工作开展调研和视察，做出《关于加强城区饮用水水源地保护工作的决定》。二是推动学前教育健康发展。常委会组织调查组对全市学前教育工作进行大量调查研究，听取和审议市人民政府关于学前教育工作情况的报告。市级财政安排 700 万元专项经费对城区学前教育进行补助和奖励。三是跟踪督办城区菜市场建设。自从 2010 年市人大常委会做出《关于加强城区菜市场建设的决定》的三年间，中心城区新建、改造标准化菜市场 50 家，面积 16.6 万平方米，累计投入资金 2.2 亿元，主城区已基本实现菜市场标准化建设改造全覆盖，极大地方便了群众生活。四是重视农产品质量安全工作。对农业投入品安全使用、农产品生产加工企业追溯、菜市场和大型超市市场准入等三项制度建设和落实情况进行督办检查，全市农产品质量安全工作有了明显改进。五是关注困难群体的生产生活。听取和审议市人民政府关于全市扶贫开发工作情况的报告，并对三峡库区后续规划实施情况进行视察，对长阳、五峰两个土家族自治县经济社会发展情况进行调研，对全市残疾人就业工作开展视察，促进了相关工作健康发展。

发挥代表作用。一是加强和改进代表议案建议工作。做出《关于加强和改进人大代表议案建议工作的决定》，督办了市五届人大一次会议代表共提出的议案建议 321 件，议案建议办理落实率达到 61.68%，高出上年度 4.65 个百分点。二是密切常委会与人大代表的联系。坚持邀请代表列席常委会会议制度，参与常委会组织的执法检查、视察和专题调研活动，去年列席常委会会议的各级人大代表达到 60 多人次，参加常委会活动的各级人大代表达 560 多人次。组织部分在宜昌的全国、省人大代表视察了城区社区规范化建设工作。三是努力提高代表服务保障水平。对新进人大工作的各县市区人大常委会主任、副主任、代工委主任及全市乡镇人大专职干部进行了为期一周的培训。将市、县、乡三级人大代表组建为 519 个代表小组。建立代表活动室和人大代表之家 617 个。常委会相关部门分别到各县市区进行集中走访慰问代表 1440 多人次。

提升履职能力。一是精心组织，成功召开市五届人大二次会议。二是创新方式方法，增强人大工作活力。三是加强机关建设，不断提升综合素质。四是加强对外交流，努力扩大社会影响。

2013年工作要点

深入学习贯彻中共十八大精神；积极推进市委重大决策部署的贯彻落实；努力增强监督工作实效；进一步做好代表工作；加强市人大常委会自身建设。

七、法院工作报告

2013年1月7日，市五届人大三次会议第二次全体会议听取和审议市中级人民法院院长裴缜所作的《宜昌市中级人民法院工作报告》：

2012年工作回顾

2012年，全市各级人民法院共受理各类案件38772件，审执结37714件，结案率97.27%，同比分别上升15.76%、15.55%和0.15%。

全市法院审结各类刑事案件2841件4046人，判处五年以上有期徒刑344人。审结黑社会性质组织犯罪等社会影响大的案件36件97人。审结生产销售有毒有害食品、制售假冒伪劣产品等危害民生案件127件153人。审结贪污、贿赂等职务犯罪案件114件164人。正确适用宽严相济刑事政策，对1535名主观恶性小、社会危害不大的被告人依法适用缓刑、罚金等非监禁刑，减少社会对抗。

审结各类民事案件 25593件，同比上升20.06%。审理道路交通事故、医疗纠纷等人身损害赔偿案件7529件。审理各类劳动争议案件843件。审结财产权属纠纷案件725件。审结婚姻、赡养、继承等案件5052件。审理中加大案件的调解力度，民事案件调撤率达到82.94%，同比上升4个百分点。

审结各类行政诉讼案件403件，其中判决维持具体行政行为的233件，判决具体行政行为违法的3件，经协调原告撤诉和作其他处理的137件。行政纠纷的诉前协调率达到64.57%。

审执结商事纠纷案件4673件，为企业挽回经济损失30多亿元。及时审结知识产权案件235件，同比上升87.9%。

执结各类执行案件6751件，执行到位标的额19.7亿元。

努力化解涉诉信访，及时处理人民群众来信来访3000多件（人）次。

2013年工作要点

强化服务大局意识，进一步坚定法院工作的政治方向；突出抓好执法办案，进一步营造和谐稳定的发展环境；深化司法为民理念，进一步加强法院司法公信力建设；创新审判管理机制，进一步提升执法办案实效；切实加强队伍建设，进一步确保廉洁文明司法。

八、检察院工作报告

2013年1月7日，市五届人大三次会议第二次全体会议听取和审议市人民检察院检察长孙光骏所作的《宜昌市人民检察院工作报告》：

2012年工作回顾

依法打击刑事犯罪，批准和决定逮捕刑事犯罪嫌疑人1692人，提起公诉3508人。准确适用宽严相济刑事政策，对犯罪情节轻微的初犯、偶犯、未成年犯，依法从轻从宽处理，不批捕155人，不起诉110人，有效减少了社会矛盾。依法打击侵犯知识产权、制售假冒伪劣商品等违法犯罪，批准逮捕17人，提起公诉13人，构建诚信有序的市场环境。立办相关渎职犯罪15人，起诉刑事犯罪59人。

立办职务犯罪175人，其中贪污贿赂犯罪140人、渎职侵权犯罪35人，同比分别上升44.33%和66.67%，为国家和集体挽回直接经济损失2590.51万元。立办大案83人、县处级以上干部要案9人。

不断强化诉讼监督。强化刑事立案和侦查活动监督，监督立案185件，监督撤案72件。强化刑事审判监督，对人民法院刑事判决、裁定提出抗诉17件。强化刑罚执行和监管活动监督，依法监督纠正提请减刑、假释、暂予监外执行不当38人次。强化民事和行政诉讼监督，对人民法院民事和行政判决、裁定提出抗诉15件。

完善12309检察服务热线，方便群众反映意见、表达诉求。妥善处理来信来访782件次。

2013年工作要点

强化大局意识，提高服务水平；强化法律监督，推进法治建设；强化机制创新，增强工作活力；强化队伍建设，提升执法能力；强化自身监督，保障规范执法。

九、会议选举

2013年1月7日，此次会议第二次全体会议审议通过《宜昌市五届人大三次会议选举办法》。1月9日，此次会议第三次全体会议选举宜昌市出席湖北省第十二届人民代表大会代表（53名，按姓名笔画排序）：王劲松、王玺玮、文成国、文媛、尹汉宁、石显银、卢辉、卢斌、吕学锋、朱琼英、朱耀仲、刘龙菊、刘兴红、孙光骏、李万清、李乐成、李志英、李佑才、李杰、杨万贵、肖勇、吴刚、何伟军、余幼明、宋丹、宋涛、张世敏、张建一、张曙光、罗清泉、罗联峰、和建生、周崇堂、赵吉雄、胡志莉、胡鸿琴、段桂林、段绪卿、俞学锋、栾丽娜、郭玉吉、郭冬芝、郭有明、黄圣翠、黄利鸣、黄昌炳、黄楚平、彭会银、蒋远华、韩靖忠、裴缜、谭少华、谭业明。

十、议案审查报告

2013年1月8日，此次会议主席团第三次会议审议通过大会秘书处议案组组长甘良新所作的《宜昌市五届人大三次会议代表联名提出的议案审查结果的报告》：

此次会议共收到代表10人以上联名提出的议案6件。审查意见：将《关于建设宜昌新区推动现代化特大城市跨越发展的议案》《关于加强社区卫生服务体系建设，解决看病难、看病贵等问题的议案》列为此次大会议案办理。建议大会主席团将议案分别交市人大城乡建设环境资源保护委员会、市人大教育科学文化卫生委员会办理。将其余4件议案作为建议，连同大会期间收到的代表建议、批评和意见，按照《宜昌市人民代表大会代表建议、批评和意见处理办法》的规定处理。

十一、会议决议

2013年1月9日，市五届人大三次会议第三次全体会议通过6个决议。

《关于宜昌市人民政府工作报告的决议》

决议批准市长李乐成所作的《宜昌市人民政府工作报告》。

决议号召，全市人民要紧密团结在以习近平同志为总书记的党中央周围，高举中国特色社会主义伟大旗帜，在中共宜昌市委的正确领导下，进一步解放思想、坚定信心、团结拼搏、克难攻坚，为全面完成今年宜昌市经济社会发展的目标和任务、加快建设现代化特大城市而努力奋斗！

《关于宜昌市2012年国民经济和社会发展计划执行情况与2013年计划的决议》

决议批准《关于宜昌市2012年国民经济和社会发展计划执行情况与2013年计划草案的报告》，批准宜昌市2013年国民经济和社会发展计划。

《关于宜昌市2012年预算执行情况和2013年预算的决议》

决议批准《关于宜昌市2012年预算执行情况和2013年预算草案的报告》，批准2013年市级预算。

《关于市人大常委会工作报告的决议》

决议批准市人大常委会常务副主任张建一所作的《宜昌市人民代表大会常务委员会工作报告》。

决议要求，市人大常委会要认真履行宪法和法律赋予的各项职责，积极推进市委重大决策部署的贯彻落实，努力增强监督工作实效，进一步做好代表工作，切实加强市人大常委会自身建设，为加快建设现代化特大城市，促进法治宜昌建设和社会全面进步做出新的更大的贡献。

《关于宜昌市中级人民法院工作报告的决议》

决议批准市中级人民法院院长裴缜所作的《宜昌市中级人民法院工作报告》。

《关于宜昌市人民检察院工作报告的决议》

决议批准市人民检察院检察长孙光骏所作的《宜昌市人民检察院工作报告》。

十二、闭幕词

2013年1月9日，中共湖北省委常委、宜昌市委书记、市人大常委会主任黄楚平在市五届人大三次会议闭幕时讲话：

凝聚共识，励精图治，加快推进现代化特大城市建设

我们要站在战略和全局的高度，紧紧围绕“既大又强、特优特美”的根本要求和后现代、产城共荣、共建共享的发展理念，大力实施开放先导、创新驱动、市场主导、人才引领和城乡一体战略，加快推进现代化特大城市建设。要全面提升综合实力和竞争力，推进新型工业化、信息化、城镇化、农业现代化“四化同步”，打造沿江万亿经济走廊，构建现代产业体系，形成一批全国全省重要的生产基地和区域中心，在全省三个三分之一经济布局中担负起应有的责任、发挥更大的作用。要加快推进城市扩容提质，高起点规划、高标准建设、高水平管理、高效益经营，创新城市建设体制机制，加快城市骨架拓展步伐，全面提升产业集聚能力、综合服务能力和辐射带动能力。要统筹区域经济发展，坚持不懈做强做大城区龙头，大力支持县域经济发展，加快新型城镇化和城乡一体化步伐。要不断增进民生幸福，切实把现代化特大城市建设与广大人民群众对美好生活的向往更好地结合起来，让发展成果更好地惠及人民群众，共建共享幸福美好新宜昌。

围绕中心，服务大局，充分发挥人民代表大会制度优势

各级人大及其常委会要进一步增强政治意识、大局意识和责任意识，充分发挥职能作用。要紧紧围绕现代化特大城市建设谋全局、议大事，充分发挥地方国家权力机关作用，依法行使决定权，及时做出决议决定，善于使党委的主张通过法定程序成为国家意志，推进市委重大决策部署的贯彻落实。要依法开展监督工作，创新方式方法，加强对热点难点问题和薄弱环节的监督，确保重大任务、重点工作全面落实。要扎实开展调查研究，深入基层，深入实际，深入群众，多谋跨越之举，多建睿智之言，多献务实之策，推动各项工作深入开展。要充分发挥人大代表根植人民、联系广泛的优势，听民声、察民意、访民情，更好地凝聚广大人民群众的智慧和力量。

求真务实，改革创新，全面加强人大自身建设

宏伟的蓝图、神圣的使命对人大工作提出了新的更高的要求。要始终坚持解放思想、与时俱进，求真务实、改革创新，加强自身建设，提升工作水平。要积极探索新时期人大工作的特点和规律，不断提高议事决策的科学性和有效性，推动人大工作的科学化、规范化。要认真贯彻民主集中制原则，自觉地把人大工作置于人民群众的监督之下，增强人大工作的公开性、透明度。要创新人大代表工作方式方法，高度重视闭会期间代表工作，加强人大常委会与人大代表的联系，密切人大代表与选民的联系，推进代表工作机制、载体和方式创新。要加强作风建设，继续保持清廉为民、求真务实的良好形象，进一步提升人大队伍的凝聚力和战斗力。

第四节　第四次会议

2013年4月24日—25日，市五届人大四次会议在宜昌剧院举行。此次会议应出席代表409人，实际到会398人。此次会议议程是：选举宜昌市人民政府市长。

一、预备会议

2013年4月24日，市五届人大四次会议举行预备会议。会议通过会议议程、大会主席团成员名单。

二、会议机构及成员名单

市五届人大四次会议主席团和秘书长。主席团成员（按姓名笔画排序）：马旭明、马尚云（土家族）、马学军、王万修、王兴於、王应华、王宏强、王国斌、邓恢林、艾苍松、任蔚(女)、向红云、刘学甫、刘洪福、刘晓华、刘建新、庄光明、许志华、孙光骏、杨美仁、李杰、李智、李亚隆、李国璋、吴静(女)、吴开保、吴珊珊(女)、吴康年、邹正金、汪宏(女)、宋文豹、张鹏、张正军、张建一、陈华、陈和春、罗毅、罗志勇、周青、周正英(女)、郑兴华(女)、郑廷贵、赵训刚、俞学锋、姚金忠、袁卫东、黄楚平、蒋红星、蒋远华、程少人、雷元海（土家族）、蔡运华、蔡宏柱、蔚盛斌、裴缜、廖达凤(女)、谭少华、谭春玉(女)、熊伟；秘书长：吴开保。

市五届人大四次会议主席团常务主席（按姓名笔画排序）：马旭明、王兴於、王宏强、李亚隆、吴开保、邹正金、张建一、陈和春、黄楚平、雷元海（土家族）、蔚盛斌、谭春玉（女）。常务主席会议召集人：黄楚平。

市五届人大四次会议副秘书长（按姓名笔画排序）：王均成、王明珍、李强、肖高沛、余跃进、胡智斌、雷元海（土家族）。

三、召集人会议

2013年4月24日，中共湖北省委常委、宜昌市委书记、市人大常委会主任黄楚平在市五届人大四次会议各代表团召集人会议上讲话：

会议任务。会议任务非常明确，就是要依法选举市人民政府市长，议程虽然单一，但意义非常重大。今年3月，省委统筹考虑全省工作大局和宜昌市领导班子建设实际，经过慎重研究，对市人民政府主要负责同志进行了调整，李乐成调任省发展和改革委员会主任、党组书记，任命原中共武汉市委常委、东湖新技术开发区党委书记马旭明为中共宜昌市委副书记，并提名为宜昌市人民政府市长候选人。省委决定以后，马旭明已于3月23日到宜昌开始工作。3月29日，宜昌市五届人大常委会八次会议高票通过马旭明任市人民政府副市长、代理市长的议案。

我们一定要站在讲政治、讲大局、讲纪律的高度，正确理解和认真贯彻省委、市委意图，认真筹备，精心组织，确保马旭明高票当选，确保会议圆满成功。

会议日程。这次会议安排会期两天，今天上午代表报到，下午分别召开各代表团会议、预备会议、中共党员代表会议、主席团第一次会议，会后还要召开各代表团中共党员负责人会议。明天上午召开各代表团会议，审议选举办法、酝酿讨论候选人、推荐监票人；召开主席团第二次会议，听取和审议和推荐情况，决定相关事宜。下午召开全体会议，通过选举办法（草案），进行大会选举；选举结束后举行闭幕式，新当选的市人民政府市长讲话，市委、市人大常委会主要负责同志致闭幕词。

几点要求。要切实增强政治意识和责任意识。人大代表依法出席人民代表大会会议，是人大代表履行职务的法定形式，也是应尽的法定职责。这次会议政治意义重大，法律要求严格，倍受广大人民群众、社会各界和新闻媒体关注。全体代表要以良好的精神风貌、饱满的政治热情和求真务实的作风，集中精力开好这次会议。各代表团团长以及与会的党员领导干部作为会议的领导者、组织者，要发挥好模范带头作用，从坚持党的领导和贯彻党管干部原则的高度，充分认识自己在此次大会上应当承担的重要政治责任，确保大会选举工作既充分体现党委意图，又符合全市人民的愿望和要求。

要自觉遵守会议纪律。良好的会风会纪是开好会议的重要保证。参加会议的全体同志要以严明的纪律、严谨的态度和良好的会风，按时参加会议和会议安排的各项活动。会议期间，各代表团召集人要切实负起责任，加强组织领导，严格按照会议议程和日常安排，组织好代表的审议、讨论活动，确保审议时间不打折扣，选举任务圆满完成。要发扬勤俭节约、艰苦奋斗的优良作风，严格贯彻执行中央八项规定精神。各代表团召集人要向本团各位代表传达好、宣传好会议各项要求，切实以良好的会风把这次会议开好。

要认真做好会议组织工作。此次会议时间紧、要求高，务必统筹协调，周密部署，积极稳妥地做好会议的各项工作。会议要自始至终在大会主席团的领导下进行，一切重大事项和重要活动都要由大会主席团决定。各代表团和各位代表都必须自觉服从大会主席团的领导，按照法律规定和大会主席团的部署行使好自己的民主权利。

要加强会议宣传报道。各新闻单位要加大宣传力度，准确、及时、全面报道大会盛况，充分展现人大代表依法履行职责的良好风采，充分反映广大人民群众的新要求新期盼，为此次会议的胜利召开营造良好的舆论氛围。

四、会议选举

此次会议印发和审议市人大常委会《接受李乐成的辞职的备案报告》。

2013年4月25日， 此次会议第一次全体会议通过《宜昌市五届人大四次会议选举办法》。随后，选举马旭明为市人民政府市长。

五、当选市长讲话

2013年4月25日，当选市长马旭明在市五届人大四次会议第一次全体会议上讲话：

感谢大家的信任，选举我担任宜昌市人民政府市长。我深知，这是各位代表对我的期望，凝聚着全市人民的重托。我将倍加珍惜这次机会，勤勤恳恳工作，踏踏实实做事，回报组织的关怀、代表的信任和人民的重托，切实做到：求真务实，开拓创新，亲民为民，依法行政，清正廉洁。

六、闭幕词

2013年4月25日，中共湖北省委常委、宜昌市委书记、市人大常委会主任黄楚平在市五届人大四次会议闭幕式上讲话：

市五届人大四次会议，圆满完成了既定议程。大会依法选举马旭明为宜昌市人民政府市长。

此次宜昌市人民政府主要领导的调整，是全市人民政治生活中的一件大事，充分体现了省委对宜昌的高度重视。希望全市广大干部群众特别是全体市人大代表，要切实把思想和行动统一到省委的决定和要求上来，结合贯彻落实中共十八大精神，进一步转变作风，解放思想，激情跨越，加快推进现代化特大城市建设。

我再讲几点意见，与大家共勉：进一步坚定加快建设现代化特大城市的信心和决心；全力以赴加快现代化特大城市建设步伐；全面形成加快建设现代化特大城市的强大气场。

宜昌正处在加快建设现代化特大城市的重要战略机遇期和黄金发展期。全市上下要进一步昂扬一流的精神状态、树立一流的工作标准、保持一流的工作作风、争创一流的工作成效，努力为推动全市科学发展跨越式发展、加快建设现代化特大城市做出新的更大的贡献！

第五节　第五次会议

2014年1月12日—15日，市五届人大五次会议在宜昌剧院举行。大会应出席代表409人，实际出席代表391人，列席人员173人，特邀人员19人。会议议程是：听取和审议《宜昌市人民政府工作报告》；审查《宜昌市2013年国民经济和社会发展计划执行与2014年国民经济和社会发展计划安排的报告》；审查《宜昌市2013年预算执行情况和2014年预算草案的报告》；听取和审议《宜昌市人大常委会工作报告》；听取和审议《宜昌市中级人民法院工作报告》；听取和审议《宜昌市人民检察院工作报告》；选举宜昌市五届人大常委会部分组成人员；通过宜昌市五届人大财政经济委员会主任委员人选；通过此次会议各项决议。

一、预备会议

2014年1月12日，市五届人大五次会议举行预备会议。会议通过会议议程、大会主席团成员名单。

二、会议机构及成员名单

市五届人大五次会议大会主席团和秘书长：主席团成员（按姓名笔画排序）：马旭明、马学军、王万修、王兴於、王应华、王宏强、王国斌、毛传强、邓恢林、艾苍松、石显银、向红云、庄光明、刘学甫、刘洪福、刘晓华、刘建新、许志华、孙光骏、李杰、李智、李亚隆、李国璋、杨美仁、吴静(女)、吴开保、吴珊珊(女)、吴康年、邹正金、汪宏(女)、宋文豹、张鹏、张正军、张建一、陈华、陈和春、罗毅、罗志勇、周青、周正英(女)、周赟鸿（女，土家族）、郑廷贵、孟春林、赵训刚、赵吉雄（土家族）、俞学锋、姚金忠、袁卫东、黄楚平、蒋红星、蒋远华、程少人、雷元海（土家族）、蔡宏柱、蔚盛斌、裴缜、廖达凤(女)、谭少华、谭业明、谭春玉(女)、熊伟；秘书长：吴开保。

市五届人大五次会议常务主席（按姓名笔画排序）：马旭明、王兴於、王宏强、李亚隆、吴开保、邹正金、张建一、陈和春、黄楚平、雷元海（土家族）、蔚盛斌、谭春玉（女）。常务主席会议召集人：黄楚平。

市五届人大五次会议副书秘长（按姓名笔画排序）：王均成、王明珍、甘良新、李强、李柏红、余跃进、胡智斌、陶三发、雷元海（土家族）。

三、政府工作报告

2014年1月13日，市五届人大五次会议第一次全体会议听取和审议市长马旭明所作的《宜昌市人民政府工作报告》：

2013年工作回顾

2013年，完成地区生产总值2818亿元，同比增长11.5%；地方公共财政预算收入206.3亿元，增长34.6%；全社会固定资产投资2107亿元，增长30%；城镇居民人均可支配收入20934元，农村居民人均纯收入9121元，分别增长11.5%和13.4%；外贸出口20.2亿美元，增长21.2%；社会消费品零售总额860亿元，增长14.9%。市五届人大三次会议确定的目标任务基本完成。

改革创新。一是进一步完善现代化特大城市建设目标思路、政策框架、体制机制，宜昌新区、宜昌高新区、三峡枢纽港区、三峡旅游新区“四大平台”建设全面铺开。二是规范建设7大市级国有投融资公司，当年融资150亿元。创新重点项目推进体制机制，“重大项目建设年”活动扎实有效。三是加快食品药品监管体制改革，全国最佳食品安全放心城市建设深入推进。四是医药卫生体制、文化体制等各项改革进展顺利。五是加大直接融资力度，本土企业发行债券33.6亿元，13家企业在武汉股权托管交易中心挂牌。六是出台16条政策措施，支持科技创新，成功进入国家创新型试点城市和全国创建质量强市示范城市行列。

发展质效。一是工业加快转型升级。完成规模以上工业增加值1405.8亿元，增长13.7%。精细化工、先进装备制造、食品生物医药、新材料四大产业工业增加值占比超过70%。二是农村经济全面发展。粮食产量实现“十连增”，柑橘、茶叶、蔬菜、水产、畜牧产品产量持续增长，农业生产全面丰收。农产品加工产值达到1200亿元。新增省级以上农业产业化龙头企业16家。三是第三产业发展提速。第三产业投资占比达到47.3%，同比提高3.3个百分点。文化旅游业发展加快，产值达到416亿元，增长29%。全年接待游客3320万人次，旅游总收入260亿元，分别增长25.8%和29.8%。乡镇商贸中心和村级农家店覆盖率分别达到90.7%和83.6%。金融机构存款余额2382亿元，贷款余额1749亿元，分别增长18.2%和19.8%。四是项目建设成效明显。投资亿元以上在建项目900个，增长40.6%。招商引资到位资金930亿元。争取中央和省预算内投资项目1283个，无偿资金26.5亿元。争取三峡后续工作补助资金10.6亿元。落实三峡对口支援资金96.2亿元。五是县域经济快速发展。

城乡统筹。一是宜昌城市总体规划和宜昌新区建设总体方案获省政府批准。新区规划公建项目总建筑面积54.8万平方米。城市综合管理考评连续三年位居全省前列，数字化城市管理信息系统建成并通过省级验收。二是新型城镇化进程加快，宜都市、枝江市、当阳市城镇建设实现新突破，五峰土家族自治县县城避险迁建进展顺利。三是宜昌市被确定为全国城镇低效用地再开发试点城市。全市单位GDP能耗下降5%、地耗下降8%以上。植树造林24.77万亩。治理水土流失面积62平方公里。四是实施减排项目139个。城区PM2.5监测全面启动。节能减排年度任务全面完成。

社会事业。全年财政民生类支出247亿元，增长20.3%。城镇新增就业10.3万人，城镇登记失业率降低至3%。五项社会保险参保人数达到380.7万人次。城乡居民社会养老保险适龄人员参保续保缴费率达到99.9%。新型农村合作医疗参合率达到99.5%。最低工资、社保待遇、城乡低保、医疗救助、临时救助等标准进一步提高。二是学前教育加快发展，新建、改扩建公办幼儿园44所，学前三年毛入园率达到83%。9个县（市、区）通过国家义务教育均衡发展合格县市区复核认定。县级公立医院综合改革试点顺利推进。公共文化服务体系不断完善。城乡社区建设水平不断提高，城乡网格员达到8709人。法治宜昌建设深入推进。安全生产形势总体稳定。

行政效能。再造行政审批流程，市级行政审批及管理服务事项办理时限压缩64%，政务服务标准化、信息化水平提升。清理规范行政权力，核减1710项，核减比例达到35%。服务三峡工程安全运行成效明显。援藏援疆工作深入开展。国防动员、民兵预备役建设和双拥工作不断加强。低生育水平持续稳定，生育文明建设和幸福家庭创建取得新突破。对台、侨务、外事、保密、信访、统计、档案、方志、气象、人防、粮食、民族宗教、防震减灾等各项工作积极推进，妇女儿童、青少年、关心下一代等各项事业健康发展。

2014年工作重点

主要预期目标。地区生产总值增长12%，全社会固定资产投资增长25%，社会消费品零售总额增长15%，地方公共财政预算收入增长12%，外贸出口增长12%，城镇居民人均可支配收入增长12%，农村居民人均纯收入增长12%以上，城镇登记失业率控制在4.2%以内，物价水平基本稳定，全面完成省政府下达的节能减排任务，保持经济持续健康发展、社会和谐稳定。

六项重点工作。突出转型发展，加快提升产业实力；突出城乡一体，加快建设特大城市；突出创新驱动，加快培育竞争优势；突出改革开放，加快释放发展活力；突出绿色发展，加快打造美丽宜昌；突出民生改善，加快增进人民福祉。

四、计划报告

2014年1月13日，市五届人大五次会议第一次全体会议印发和审查了市发展和改革委员会提交的《宜昌市2013年国民经济和社会发展计划执行情况与2014年计划草案的报告》:

2013年计划执行情况

2013年，预计全年实现地区生产总值2816亿元，增长11.5%。规模以上工业增加值1330亿元，增长13.6%。农业总产值575.6亿元，增长14.5%，农业增加值320.2亿元，增长5%。固定资产投资2100亿元，增长30%。社会消费品零售总额843亿元，增长15%。地方公共财政预算收入206.3亿元，增长34.6%。城镇居民人均可支配收入20840元，增长11%。农民人均纯收入9052元，增长12.5%。预计单位GDP能耗和二氧化碳排放分别下降5%，

全年在建重点招商项目投资总额3035亿元，同比增长39%。新开工亿元以上招商项目358个，实际到位外来资金930亿元，增长34%。

预计全年贸出口19.2亿美元，增长15.5%，全年外商直接投资2.7亿美元，增长18.04%。

中心城区实施城建项目183个，完成投资120亿元，在建城市道路254公里。城市污水集中处理率、生活垃圾无害化处理率分别达到90.48%、89.9%。猇亭、点军、花艳等污水处理厂投入试运行。

劳动和社会保障工作加强。各类教育、医疗卫生、文化事业、保障性住房建设有成效。

2014年计划安排方案

主要目标。地区生产总值增长12%；规模工业增加值增长15%；全社会固定资产投资增长25%；地方公共财政预算收入增长12%；社会消费品零售总额增长15%；外贸出口增长12%，直接利用外资增长15%；城镇居民人均可支配收入增长12%，农民人均纯收入增长12%以上；城镇登记失业率控制在4.2%以内；市场物价水平基本稳定；全面完成省政府下达的节能减排目标任务。

重点工作。加快推进项目兴市，保持投资较快增长；加快推进结构调整，促进产业优化升级；加快推进“三农”工作，全面建设新型农村；加快推进城镇建设，促进城乡统筹发展；加快推进改革开放，切实增强发展活力；加快推进社会建设，着力增进民生福祉。

五、财政预决算报告

2014年1月13日，市五届人大五次会议第一次全体会议印发和审查了市财政局提交的《宜昌市2013年预算执行情况和2014年预算草案的报告》：

2013年财政预算执行情况

全市地方公共财政预算执行情况。地方公共财政预算收入206.3亿元，比上年增加53.1亿元，增长34.6%。其中，税收收入152.3亿元，增长26.5%；非税收入54亿元，增长64.5%。地方公共财政预算支出360.8亿元（含上级财政专项转移支付），比上年增加65.2亿元，增长22.1%。宜昌高新区地方公共财政预算收入4.1亿元，可比增长34.6%；地方公共财政预算支出7亿元（含上级财政专项转移支付），增长26.9%。各县市区决算办理完毕，经同级人民代表大会审查批准后，市财政局再将汇总的全市2013年预算执行情况报市人大常委会备案。

市级地方公共财政预算执行情况。市级公共财政收支总量相抵，2013年结余2177万元。结余资金已转入2014年安排支出。详见表3—16—10。

2013年市级地方公共财政预算执行情况汇总表

表3—16—10　　单位：万元

		财政收入项目	完成收入	占预算%			财政支出项目	完成支出	占预算%
市级公共财政收入总量			1051741	—	市级公共财政支出总量			1049564	—
1	转移性收入		440232	—	1	转移性支出		423234	—
	其中	返还性收入	33122	—		其中	上解上级支出	112652	—
		转移支付收入	313558	—			补助下级支出	41386	—
		调入资金		—			转移支付支出	232467	—
		上年结余	16499	—			地方政府债券还本	9038	—
		调入预算调节基金	40000	—			转贷政府债券支出	7691	—
		转贷政府债券收入	37053	—			预算稳定调节基金	20000	—
2	本级公共财政预算收入		611509	116.0	2	本级公共财政预算支出		626330	109.0
	其中	增值税	49071	105.0		其中	一般公共服务	69812	138.0
		营业税	216158	117.0			公共安全支出	45301	138.0
		企业所得税	56738	67.0			教育支出	115683	154.0
		个人所得税	22108	97.0			医疗卫生支出	35175	158.0
		城市维护建设税	37699	102.0			科学技术支出	14492	133.0
		土地增值税	22042	84.0			社会保障和就业	32644	105.0
		专项收入	33730	190.0			节能保护支出	2727	117.0
		行政事业性收费	41783	203.0			城乡社区事务	51960	110.0
		国资有偿使用收入	45535	149.0			农林水事务支出	19075	177.0
		未列举事项	86645	—			交通运输支出	9369	145.0
							勘探电力信息等	63532	126.0
							未列举事项	166560	—

市级政府性基金预算执行情况。基金收入总量894664万元，其中：当年基金收入806243万

元；转移性收入32009万元；上年结转56412万元。基金支出总量809681万元，其中：当年基金支出746132万元；补助区级支出31540万元；转移性支出32009万元。基金收支总量相抵，结转下年使用84983万元。基金收支项目详见表3—16—11。

2013年市级政府性基金预算执行情况汇总表

表3—16—11　　单位：万元

基金项目	基金收入	基金支出
散装水泥、墙体材料基金	3084	2344
地方水利建设基金	569	170
国有土地有偿使用权出让	777125	753385
残疾人就业保障金	2929	2929
城市基础设施配套费	8482	8482
地方教育附加	7153	7153

2014年财政预算（草案）

全市地方公共财政预算安排。地方公共财政预算收入231.1亿元，增长12%；地方公共财政预算支出安排264.7亿元，增长24%。宜昌高新区公共财政预算收入安排9.4亿元，增长15%；公共财政预算支出安排4.6亿元，增长38%。各县市区预算经同级人民代表大会审查批准后，市财政局再将汇总的全市预算报市人大常委会备案。

市级地方公共财政预算安排。收支总量相抵，预算收支平衡。详见表3—16—12。

2014年市级地方公共财政预算安排汇总表

表3—16—12　　单位：万元

财政收入项目			收入安排	比上年增长%	财政支出项目			支出安排	比上年增长%
市级公共财政收入总量			765113	—	市级公共财政支出总量			765113	—
1	转移性收入		343113	—	1	转移性支出		120339	—
	其中	返还性收入	35283	—		其中	上解上级支出	72730	—
		转移支付收入	78753	—			补助下级支出	43771	—
		调入预算调节基金	20000	—			地方政府债券还本	3838	—
		上年结余	2177	—	2	市级公共财政预算支出		644774	—
		下级上解收入	206900	—		其中	一般公共服务支出	60112	19.0
2	市级公共财政预算收入		422000	12.0			公共安全支出	39955	22.0
	其中	增值税	26680	21.0			教育支出	77423	40.0
		营业税	158666	22.0			科技支出	14001	28.0
		企业所得税	24420	2.0			文化体育与传媒	6282	-74.0
		城市维护建设税	19103	7.0			社会保障和就业	34905	12.0
		土地增值税	1055	持平			医疗卫生支出	35804	61.0
		房产税	8333	14.0			节能环境保护支出	2649	14.0
		非税收入	151853	10.0			城乡社区支出	100602	149.0
		未列举事项	31890	—			农林水事务支出	15571	44.0
							勘探电力信息等	76974	53.0
							预备费	8000	—
							国债还本付息支出	10743	—
							未列举事项	161753	—

市级国有资本经营预算安排。经营预算收入5457万元，主要项目：利润收入1181万元；股利、股息收入4276万元。经营预算支出5360万元，主要项目：资本性支出5210万元；改革费用性支出50万元；其他支出100万元。国有资本结转下年97万元。

市级政府性基金预算安排。基金预算总收入807405万元，基金总支出722102万元，结转下年85303万元。基金收支项目，详见表3—16—13。

2014年市级政府性基金预算安排汇总表

表3—16—13　　单位：万元

政府性基金项目	基金收入	基金支出
散装水泥、墙体材料基金	1800	1800
地方水利建设基金	200	200
国有土地有偿使用权出让	700000	700000
残疾人就业保障金	2900	2900
地方教育附加	5000	5000

市级社会保险基金预算安排。基金预算收入331649万元，基金支出317469万元，结转下年14180万元。基金收支项目预算，详见表3—16—14。

2014年市级社会保险基金预算安排汇总表

表3—16—14　　单位：万元

社会保险基金项目	基金收入	基金支出
企业职工基本养老保险	216768	216542
失业保险	18081	11008
城镇职工基本医疗保险	74676	71296

六、常委会工作报告

2014年1月14日，市五届人大五次会议第二次全体会议听取和审议市人大常委会常务副主任张建一所作的《宜昌市人大常委会工作报告》：

2013年工作回顾

2013年，市人大常委会共召集市人民代表大会会议2次，召开市人大常委会会议8次，听取和审议“一府两院”工作报告14个，开展专题询问1次，对5个单位进行了专项工作评议，对2部法律法规贯彻实施情况进行了检查，做出决议、决定9项，组织视察、调研32次，对依法报送的6件规范性文件进行了审查，任免地方国家机关工作人员48人次，为加强全市社会主义民主法治建设，加快建设现代化特大城市做出了新的贡献。

开展“创一流、促跨越”主题实践活动。一是谋划活动主题。在全市三级人大机构、五级人大代表中，广泛开展以“九个一”“七进七访”和“人大代表宜昌行”为主要内容的“创一流、促跨越”主题实践活动。二是推进活动实施。先后 2 次深入基层调研，分类指导，检查督办；先后 3 次召开全市各县市区人大常委会主任和企业家人大代表专题座谈会，征求意见，交流经验；先后 2 次组织“人大代表宜昌行”活动，推动招商引资和项目建设；对“创一流、促跨越”主题实践活动进行总结表彰。三是注重活动实效。全市人大代表共走访企业 4100 多家，走访客商 7600 多人，走访农民 41 万人，走访居民 6 万多人，走访机关干部 1.8 万人，走访选民 61 万人，帮扶了近万名困难户，帮助企业解决了 3000 多个实际困难，办理实事 1.1 万件。全市人大代表共提出助推宜昌跨越式发展的建议 4800 多条，提出建设现代化特大城市的点子 3700 多个，提供招商引资信息 3100 多条。市、县两级人大常委会联系企业 128 家，联系项目 172 个。来自广东省深圳市和省内的企业界人大代表先后与宜昌市签订投资协议 64 个项目，签约资金 610.7 亿元，目前已经开工建设 23 个项目，投资总额 208.7 亿元。

推进城市建设。一是认真督办市人大代表关于加强宜昌新区建设的议案，对宜昌新区建设投入情况开展深入调研，听取和审议市人民政府关于宜昌新区建设投入情况的报告，组织部分在宜昌的全国、省人大代表和市人大常委会组成人员先后两次对宜昌新区建设情况开展视察。二是督办市人大代表关于整治运河的议案。对控违拆违工作审议意见落实情况开展检查，并做出《关于查处城区违法建设行为的决定》。认真审议市人民政府关于至喜长江大桥建设有关事宜的议案，并做出相关决定。三是听取和审议市人民政府关于城区工业经济发展情况的报告、关于宜昌市“十二五”规划实施情况的中期评估报告。加强对计划、预算的审查监督，批准了2013年市级预算调整方案。

回应群众关切。一是追踪城乡饮水安全，关注“喝”的问题。听取和审议市人民政府关于全市农村饮水安全情况专项工作报告，就人民群众普遍关注的饮水安全、政府投入、工程管护、污染治理等问题进行专题询问。二是力推“三年行动计划”，关注“学”的问题。常委会连续三年通过重点督办代表建议、听取和审议专项工作报告、组织专题视察等方式，推动了学前教育的发展。三是督促保障住房兑现，关注“住”的问题。几年来，常委会综合运用听取和审议专项工作报告、专题视察、工作评议等监督方式，对城区保障性住房建设进行监督。四是打造社区卫生网络，关注“医”的问题。对《关于加强社区卫生服务体系建设的议案》办理情况进行专题视察，促使市人民政府制定《关于进一步加强城区社区卫生服务体系建设的实施意见》，编制《宜昌市城区社区卫生服务发展规划》和《宜昌市城区社区卫生服务设施专项规划》。五是落实“窑湾蜜橘”保护，关注“吃”的问题。检查《市人大常委会关于加强“窑湾蜜橘”原产地保护工作的决定》实施情况，促使市人民政府制定《宜昌市窑湾蜜橘原产地保护方案》，划定控制范围红线图，永久保护面积达2548亩，抢救性保护了这一全国知名地产品牌。六是心系群众利益诉求，关注“访”的问题。受理群众来信822件次，接待群众来访889人次，认真督办群众来信来访中反映的突出问题。对城区公共文化服务体系建设等10个方面的工作进行视察和调研，促进了相关工作的开展。

依法履行职责。一是大力推进法治宜昌建设。先后对《中华人民共和国矿产资源法》《湖北省气象灾害防御条例》贯彻实施情况进行检查。加强对司法工作的监督，听取和审议“两院”关于全市法院量刑规范化工作、贯彻实施《中华人民共和国刑事诉讼法》情况的报告。加强对行政执法工作的监督，听取和审议市人民政府关于2012年度推进依法行政工作情况的报告。对市国家税务局、市交通运输局、市城市管理局、市环境保护局、市房产管理局等5个单位开展专项工作评议。总结2007年以来市人大常委会开展规范性文件备案审查工作经验，依法对报送的规范性文件进行审查。二是努力做好代表工作。邀请市人大代表列席市人大常委会会议、参与常委会组织的执法检查、视察和调研等活动200多人次。组织在宜昌的全国、省人大代表开展视察，加强代表小组和代表活动阵地建设。督办市五届人大三次会议代表提出的议案2件、建议253件，落实率达到63.64%，比上年度提高两个百分点。坚持优秀代表议案建议评选表彰制度，激励代表多提建议，提好建议。对新当选的200多名市人大代表进行了培训。定期给代表寄送有关资料，为人大代表知情知政提供服务。积极为在宜昌的全国、省人大代表做好参会服务工作。依法保障代表活动经费，代表履职保障水平不断提高。三是着力加强市人大常委会自身建设。主动适应新形势新任务的要求，围绕提高履职能力，坚持不懈地加强常委会自身建设。政治学习有新成效，履职水平有新提升，作风转变有新气象，组织建设有新突破，理论宣传有新起色。

2014年工作要点

认真学习贯彻中共十八届三中全会精神，扎实开展党的群众路线教育实践活动；紧紧围绕市委重大决策部署，切实增强依法履职实效；充分发挥代表主体作用，努力提高代表工作水平；完善人大工作制度和机制，进一步强化市人大常委会自身建设。

七、法院工作报告

2014年1月14日，市五届人大五次会议第二次全体会议听取和审议市中级人民法院院长裴缜所作的《宜昌市中级人民法院工作报告》：

2013年工作回顾

2013年，全市各级人民法院共受理各类案件44848件，审执结43707件，结案率97.46%，同比分别上升15.67%、15.89%和0.19个百分点。

依法审结各类刑事案件2538件4000人，判处五年以上有期徒刑至死刑的522人。审结黑社会性质组织犯罪等严重暴力犯罪案件425件577人，审结盗窃、诈骗等多发性犯罪案件645件1107人。积极参与反腐败斗争，依法审结贪污、贿赂等职务犯罪案件99件127人。

审结各类民商事案件36071件，审结劳动争议、医疗纠纷、道路交通事故等案件5539件，审结知识产权纠纷案件136件，审结婚姻、赡养、继承等案件4655件。

审结各类行政案件421件，其中判决维持具体行政行为的156件，判决具体行政行为违法的4件，经协调原告撤诉和作其他处理的261件。

受理各类执行案件6819件，执结6653件，执结率为97.57%，执行到位标的额54.8亿元。

2014年工作要点

强化政治意识，思想认识要有新提升；加强公正司法，执法办案要有新成效；践行为民宗旨，服务群众要有新举措；围绕自身职能，推进改革要有新作为；坚持从严治院，队伍建设要有新气象。

八、检察院工作报告

2014年1月14日，市五届人大五次会议第二次全体会议听取和审议市人民检察院检察长孙光骏所作的《宜昌市人民检察院工作报告》：

2013年工作回顾

依法打击刑事犯罪，批准和决定逮捕各类刑事犯罪嫌疑人1550人，决定不批准逮捕227人。提起公诉3403人，决定不起诉214人。批准逮捕生产销售伪劣产品、假冒注册商标、非法经营等犯罪嫌疑人103人，提起公诉182人。

立案侦查职务犯罪案件 151 件 174 人，其中，大案 119 件，县处级以上干部要案 5 人，为国家挽回直接经济损失 1910.73 万元。立案侦查贪污贿赂案件 116 件 133 人，立案侦查渎职侵权案件 35 件 41 人。

强化诉讼监督。一是加强刑事诉讼监督，监督侦查机关立案247件、监督撤案156件、监督纠正侦查活动违法175件次。监督行政执法机关移送涉嫌犯罪案件135件。提出刑事抗诉21件。二是加强民事行政诉讼监督，提请抗诉36件，提出抗诉6件，提出再审检察建议32件。办理民事执行监督案件64件，提请行政抗诉4件，提出再审检察建议39件。三是加强诉讼违法行为监督，开展法律监督调查572件次，纠正诉讼违法行为433件次。查处涉嫌贪赃枉法、徇私舞弊等犯罪的司法工作人员5人。受理接待并妥善化解群众来信来访865件次。

2014年工作要点

坚持服务大局不偏向，全力保障改革发展；坚持创建平安不懈怠，努力维护社会稳定；坚持法治建设不动摇，着力优化法治环境；坚持深化改革不停步，不断激发工作活力；坚持强基固本不放松，打造过硬检察队伍。

九、会议选举

此次会议审议市人大常委会备案事宜：接受赵彦博辞去宜昌市人民政府副市长职务；接受任蔚辞去宜昌市人民代表大会常务委员会委员职务；市五届人大财政经济委员会主任委员斯平因病去世。

2014年1月14日，此次会议第二次全体会议通过《宜昌市五届人大五次会议选举办法》《宜昌市五届人民代表大会财政经济委员会主任委员人选通过办法》。1月15日，此次会议第三次全体会议选补市五届人大常委会副主任：王金建，委员：邹志坚、张军平、周赟鸿（女，土家族）；通过张军平为市五届人大财政经济委员会主任委员。

十、议案审查报告

2014年1月14日，此次会议主席团第三次会议审议通过大会秘书处议案组组长陶三发所作的《宜昌市五届人大五次会议代表联名提出的议案审查结果的报告》：

此次会议共收到代表10人以上联名提出的议案12件。审查意见：将《关于加强宜昌生态建设，打造山绿水清天蓝城美宜人之城的议案》列为此次大会议案。建议大会主席团将此议案交市人大城乡建设环境资源保护委员会，在此次大会闭会后进行审议，向市人大常委会提出审议结果的报告。将其余11件议案转作建议，连同大会期间收到的代表建议、批评和意见，按照《宜昌市人民代表大会代表建议、批评和意见处理办法》的规定处理，并负责答复代表。

十一、会议决议

2014年1月15日，市五届人大五次会议第三次全体会议通过6个决议。

《关于宜昌市人民政府工作报告的决议》

决议批准市长马旭明所作的《宜昌市人民政府工作报告》。

决议认为，2014年是宜昌建设现代化特大城市“三年出形象、五年成规模”的关键之年。要突出转型发展，加快提升产业实力；突出城乡一体，加快建设特大城市；突出创新驱动，加快培育竞争优势；突出改革开放，加快释放发展活力；突出绿色发展，加快打造美丽宜昌；突出民生改善，加快增进人民福祉。

《关于宜昌市2013年国民经济和社会发展计划执行情况与2014年计划的决议》

决议批准《关于宜昌市2013年国民经济和社会发展计划执行情况与2014年计划草案的报告》，批准宜昌市2014年国民经济和社会发展计划。

《关于宜昌市2013年预算执行情况和2014年预算的决议》

决议批准《关于宜昌市2013年预算执行情况和2014年预算草案的报告》，批准2014年市级预算。

《关于宜昌市人民代表大会常务委员会工作报告的决议》

决议批准市人大常委会常务副主任张建一所作的《宜昌市人大常委会工作报告》。

决议要求，市人大常委会要在中共宜昌市委领导下，坚持人民主体地位，充分发挥人民代表大会制度的根本政治制度作用，认真履行宪法和法律赋予的各项职责，紧紧围绕市委重大决策部署，充分发挥代表主体作用，为加快建设现代化特大城市，促进法治宜昌建设和社会全面进步做出新的更大的贡献。

《关于宜昌市中级人民法院工作报告的决议》

决议批准市中级人民法院院长裴缜所作的《宜昌市中级人民法院工作报告》。

《关于宜昌市人民检察院工作报告的决议》

决议批准市人民检察院检察长孙光骏所作的《宜昌市人民检察院工作报告》。

十二、闭幕词

2014年1月15日，中共湖北省委常委、宜昌市委书记、市人大常委会主任黄楚平在市五届人大五次会议闭幕时讲话：

市五届人大五次会议审议通过市人民政府工作报告、市人大常委会工作报告和市中级人民法院、市人民检察院工作报告，批准了宜昌市2014年国民经济和社会发展计划及市级预算，依法选补1名市人大常委会副主任和3名市人大常委会委员，通过各项决议。

2013年，圆满完成了全年各项目标任务，经济社会发展稳中有进、进中向好，主要经济指标增幅高于全国全省、领先沿江中部，现代化特大城市建设实现了良好开局，各个领域、各个层级的工作亮点纷呈。

2014年是深入贯彻落实中共十八届三中全会精神、全面开启改革新政的改革元年，是宜昌现代化特大城市建设的关键之年。要切实加强和改善党对人大工作的领导。要充分发挥人大及其常委会职能作用。要把依法监督与支持“一府两院”工作有机统一起来。要大力加强人大自身建设。

第六节 第六次会议

2015年1月20日—23日，市五届人大六次会议在宜昌剧院举行。应到会代表405人，实际出席代表387人，列席人员176人，特邀人员17人。此次会议议程是：听取和审议《宜昌市人民政府工作报告》；审查《宜昌市2014年国民经济和社会发展计划执行与2015年国民经济和社会发展计划安排的报告》；审查《宜昌市2014年预算执行情况和2015年预算草案的报告》；听取和审议《宜昌市人大常委会工作报告》；听取和审议《宜昌市中级人民法院工作报告》；听取和审议《宜昌市人民检察院工作报告》；选举宜昌市五届人大常委会部分组成人员，选举宜昌市中级人民法院院长，选举宜昌市人民检察院检察长；通过宜昌市五届人民代表大会民族宗教外事侨务委员会主任委员人选；通过此次会议各项决议。

一、预备会议

2015年1月20日，市五届人大六次会议举行预备会议。会议通过会议议程、大会主席团成员名单。

二、会议机构及成员名单

市五届人大六次会议大会主席团和秘书长：主席团成员（按姓名笔画排序）：马旭明、马学军、王万修、王云清、王兴於、王应华、王国斌、王金建、毛传强、邓恢林、艾苍松、石显银、庄光明、刘学甫、刘洪福、刘晓华、刘建新、许志华、李杰、李智、李亚隆、李国璋、杨美仁、吴静(女)、吴开保、吴珊珊(女)、吴康年、邹正金、汪宏(女)、宋文豹、张鹏、张建一、张忠斌、陈华、陈和春、罗毅、罗志勇、周青、周正英(女)、周赟鸿（女，土家族）、郑廷贵、孟鸣、孟春林、赵训刚、赵吉雄（土家族）、俞学锋、姚金忠、袁卫东、黄楚平、蒋红星、蒋远华、雷元海（土家族）、蔡宏柱、蔚盛斌、廖达凤(女)、谭少华、谭业明；秘书长：吴开保

市五届人大六次会议常务主席（按姓名笔画排序）：马旭明、王兴於、王金建、李亚隆、吴开保、邹正金、张建一、陈和春、黄楚平、雷元海（土家族）、蔚盛斌。常务主席会议召集人：黄楚平。

市五届人大六次会议副秘书长（按姓名笔画排序）：王均成、王明珍、甘良新、李强、李柏红、余跃进、胡智斌、陶三发、雷元海（土家族）。

三、政府工作报告

2015年1月21日，市五届人大六次会议第一次全体会议听取和审议市长马旭明所作的《宜昌市人民政府工作报告》：

2014年工作回顾

过去的一年，我们全面贯彻落实省委、省政府和市委的决策部署，基本完成了市五届人大五次会议确定的目标任务。

综合实力。实现地区生产总值3132.2亿元，增长9.8%；地方公共财政预算收入271.5亿元，增长31.6%；固定资产投资2471亿元，增长22.1%；社会消费品零售总额964.5亿元，增长13.3%；外贸进出口27亿美元，增长14.8%；城镇居民人均可支配收入25025元，增长9.6%；农村居民人均可支配收入11837元，增长13.2%。

产业结构。一是发展重点产业。精细化工、食品生物医药、先进装备制造、新材料产业总产值占全市工业比重达到78%，精细化工、食品生物医药产业产值均突破1500亿元，先进装备制造业产值突破1000亿元，新材料、文化旅游、现代物流业产值保持两位数增长。高新技术产业增加值475.6亿元。规模工业增加值增长11.2%。净增规模工业企业181家、产值过亿元企业79家。第三产业增加值占生产总值比重提高1.4个百分点。全年接待游客4085万人次，旅游总收入336亿元。六大特色农业产业占农业总产值比重达到82.8%。农产品加工产值达到1600亿元。招商引资实际到位资金1239亿元，增长33%。投资亿元以上在建项目1126个，增加264个。二是跻身“中国最佳营商环境十大城市”。67个省市重点项目超额完成年度投资计划，南玻平板显示器、宜昌汽车产业园、人福药业出口生产基地等一批重点项目竣工或投产。宜昌高新区引进投资10亿元以上项目17个，开工建设重点产业项目63个。落实三峡对口支援资金99.6亿元，上海对口支援宜昌合作领域进一步拓展。争取到位三峡后续工作项目补助资金10.6亿元。三是推进质量强市。宜昌市被评为“2014年度全国质量魅力城市”。新增中国驰名商标4件，达到39件。资本市场多元发展，上市企业再融资12.1亿元，本地企业债券融资74亿元。

改革创新。一是市场准入、简政放权、投资制度、社会信用、行业监管、综合执法等改革加快推进。在全省率先实行“先照后证、三证合一”，新增市场主体8.9万家，民间投资、第三产业投资分别增长30.4%和21.4%。二是全市公共信用信息平台框架基本形成。市级国有投融资公司改革重组有序推进，全年融资220.6亿元。农村土地承包经营权确权登记颁证试点和农村集体建设用地、宅基地使用权确权登记工作顺利推进，全市土地流转面积达到75万亩，新增农民合作社722家、登记注册家庭农场588家。宜昌市被评为“2014中国十佳食品安全城市”。三是政府机构改革、事业单位分类改革、医药卫生体制改革进展顺利。新认定国家高新技术企业60家、国家级孵化器1家、省级工程技术研究中心11家、市级工程技术中心10家。新增孵化器面积20万平方米。新增发明专利授权276件、高新技术产品55个。安琪酵母产业化项目获国家科技进步二等奖。中国科学技术协会在宜昌设立“海智计划”工作站。新建院士专家工作站18家、博士后创新基地3家。新增省级以上专家11人。四是全市企业技能人才评价、非公企业职称评审工作全面推进。宜昌市获批创建全国生态文明建设先行示范区、国家新能源示范城市、国家电子商务示范城市，成为全国产学研合作创新示范基地、国家信息惠民试点城市、国家食品安全城市创建试点城市、全国养老服务业综合改革试点城市、全国基层卫生综合改革重点联系市。

大城建设。一是坚持把中心城区作为龙头来抓。宜昌新区新建续建项目202个，完成投资310亿元。开工建设城市道路121公里，竣工通车45公里，至喜长江大桥工程进度完成70%，东山大道BRT改造工程加快实施。开工建设大型公建项目18个，市规划展览馆、市博物馆主体结构基本完工，市奥体中心进入主体施工阶段。续建、新建安置房518万平方米，竣工69万平方米。城区建成区面积达到152.6平方公里。全市城镇化率达到55.65%。二是交通体系日趋完善。完成交通投资110亿元。宜巴、保宜高速公路建成通车，新增高速公路204公里。建成一级公路110公里，改造二级公路150公里，硬化农村公路900公里。三峡枢纽港区建设有序推进，宜昌长江干支流岸线规范整治全面启动，三峡现代物流中心基础设施建设项目获2亿美元世界银行贷款支持，三峡翻坝物流园建设上升为省级战略，白洋港一期、茅坪港二期加快建设。宜渝铁路开通动车。三峡机场被评为国际航空服务四星机场，年旅客吞吐量突破100万人次。城区公交新增12条线路，城际公交开通2条线路。三是村镇建设力度加大。基础设施建设投入13亿元。90%的村庄完成环境整治任务，63%的农村垃圾实现无害化处理。完成清洁能源入户工程2.5万户。治理水土流失51.22平方公里。建设末级渠系650公里，除险加固中小型水库41座。四是生态建设扎实推进。完成《宜昌市环境总体规划》编制。淘汰城区燃煤锅炉25台，关闭安能、美联热电等小火电机组8台、土砖窑39座。机动车环保标志管理全面实施，淘汰黄标车3.2万台。黄家湾垃圾填埋场提前封场。五峰县城避险迁建完成主体工程。3个村被纳入国家避险解困试点。市级以上生态村镇达到186个。6个村镇上榜“荆楚最美村镇”。全市单位生产总值能耗、地耗分别下降4.8%和8.43%。补充耕地9750亩，连续12年实现占补平衡。4家企业入选国家级绿色矿山试点单位。

民生。一是推进五大民生工程。全市财政民生支出增长23.5%，占地方公共财政支出总额的69.5%。居民消费价格涨幅回落至2.2%。城镇新增就业人员11万人，组织农村劳动力转移就业10.9万人，城镇登记失业率降至2.23%。社保扩面17.4万人次，城乡居民基本养老保险适龄人员参续保缴费率达到100%。职工省内异地就医、居民大病保险实现即时结算，全市医疗保险“一卡通”平台正式启用。新农合参合率99.8%，参合农民住院费用报销比例进一步提高。城乡低保对象、优抚对象和特殊困难群体救助保障水平稳步提升。建成城市社区养老服务中心207个、农村老年人互助照料活动中心708个。保障性住房和棚户区改造住房开工65188套，建成23301套，分配入住14383套。完成农村危房改造10962户。解决农村饮水安全26万人。30个特困村脱贫攻坚行动全面实施，4.5万贫困人口稳定脱贫。二是启动公共文化服务体系建设。完成15个街道文化站和342个村文化室改扩建。宜昌市成为全省义务教育均衡发展整体通过国家验收的唯一地级市。三峡大学整体进入一本招生，跻身“全国高校就业50强”。资助贫困学生12.8万人次、1.46亿元。宜昌0至3岁儿童早期教育纳入联合国儿童基金试点项目。三是城乡医疗卫生服务体系不断完善。村卫生室公有化建设强力推进，乡村医生定向委培三年计划全面启动。四是巩固“一本三化”服务体系，宜昌市在全国率先实现城乡网格化管理全覆盖，在全省率先实现农村光纤“村村通”。法治宜昌建设深入推进，办理法律援助案件2103件、法律援助事项19221件。

自身建设。一是深入贯彻落实中央关于改进工作作风、密切联系群众的八项规定精神，切实解决“四风”突出问题。清理规范行政权力，全面公开市级权力清单。取消和调整市级行政审批事项97项。优化行政审批流程，推行并联审批、网上审批，审批时限压缩75%。二是政务服务中心标准化、信息化建设稳步推进。出台行政机关首受责任制等51项制度，实施10项专项整治，开展政风行风评议和“电视问政”活动。全市“三公”经费下降28%，会议、文件、评比活动数量减少23%。三是行政监察和审计监督进一步加强。按期办复市人大代表议案和建议273件、市政协委员建议案和提案567件。四是服务三峡工程安全运行成效明显，三峡电站年发电量跃居世界首位，三峡船闸连续11年实现安全高效运行。

关于2015年主要计划目标和重点工作的建议

预期目标。地区生产总值增长10%以上，规模以上工业增加值增长11.5%以上，地方公共财政预算收入增长12%以上，固定资产投资增长20%以上，社会消费品零售总额增长13%以上，外贸出口增长10%以上，城乡居民收入增速与经济增长同步，居民消费价格涨幅控制在3.5%以内，城镇登记失业率控制在4.2%以内，全面完成省下达的节能减排任务。

重点工作。更大力度推进改革开放，激发体制机制新活力；更大力度推进转型升级，培育经济竞争新优势；更大力度推进城乡统筹，彰显城市发展新魅力；更大力度推进生态建设，展现美丽宜昌新面貌；更大力度推进民生改善，回应人民群众新期盼。

四、计划报告

2015年1月21日，市五届人大六次会议第一次全体会议印发和审查了市发展和改革委员会提交的《宜昌市2014年国民经济和社会发展计划执行情况与2015年计划草案的报告》:

2014年计划执行情况

经济运行。基本完成各项预期目标。预计全年实现地区生产总值3132.2亿元，增长9.8%；规模工业增加值增长11.2%；全社会固定资产投资2471亿元，增长22.1%；公共财政预算收入271.5亿元，增长31.6%；社会消费品零售总额964.5亿元，增长13.3%；外贸出口总额22.6亿美元，增长12%；直接利用外资3.1亿美元，增长15.4%。

结构调整。全市规模工业企业1405家，净增181家，其中产值过亿元企业787家，净增79家。农林牧渔业实现总产值600亿元，增长8.0%；增加值355亿元，增长4.5%；农产品加工产值突破1600亿元，增长16.9%。服务业增加值占生产总值比重同比提高1.6个百分点。

投资。深入开展“重大项目建设年”活动，扎实推进重大项目建设，固定资产投资保持快速增长，完成2471亿元，增长22.1%。全市施工项目2611个，增加197个。民间、国有投资分别完成1818.2亿元、652.7亿元，增长30.4%、3.6%；第一、第二、第三次产业分别完成投资76.4亿元、1232.6亿元、1162.1亿元，增长62.6%、20.9%、21.4%。

城乡建设。市域规划实现全覆盖。城镇化率55.65%，城区建成面积152.6平方公里。。

改革开放实际使用外资3.1亿美元，增长15.4%。新批境外投资企业6家，投资总额4千万美元。

公共服务。城镇新增就业11万人，失业人员再就业3.7万人。社保扩面17.4万人次，城乡居民基本养老保险适龄人员参续保缴费率达到100%，新农合参保率99.8%。城镇常住居民人均可支配收入22900元，增长9.5%，农村常住居民人均可支配收入10170元，增长11.5%，与经济发展保持同步。

2015年计划安排方案

发展目标。地区生产总值增长10%以上，规模工业增加值增长11.5%以上，全社会固定资产投资增长20%以上，地方公共财政预算收入增长12%以上，社会消费品零售总额增长13%以上，外贸出口增长10%以上，直接利用外资增长10%以上，城乡居民收入增速与经济增长同步，城镇登记失业率控制在4.2%以内，居民消费价格涨幅控制在3.5%以内，全面完成省政府下达的节能减排目标任务。

七项工作。着力推进项目兴市战略，增强经济发展后劲；着力推进经济转型发展，提升经济发展质效；着力推进城区开发建设，提升发展引领能力　着力推进县域提档升级，统筹城乡一体发展；

着力推进改革开放，增强经济发展活力；着力推进生态文明建设，提升人居环境质量；着力提高社会保障水平，促进发展成果共享；着力抓好规划编制工作，精心谋划“十三五”发展。

五、财政预决算报告

2015年1月21日，市五届人大六次会议第一次全体会议印发和审查了市财政局提交的《宜昌市2014年预算执行情况和2015年预算草案的报告》：

2014年财政预算执行情况

市级地方公共财政预算执行情况。市级公共财政收支总量相抵，2014年结余8205万元。结余资金已转入2015年安排支出。详见表3—16—15。

2014年市级地方公共财政预算执行情况汇总表

表3—16—15　　　　单位：万元

财政收入项目			完成收入	占预算%	财政支出项目			完成支出	占预算%
市级公共财政收入总量			132.9	—	市级公共财政支出总量			132.1	—
1	转移性收入		72.5	—	1	转移性支出		54.7	—
	其中	返还性收入	3.6	—		其中	上解上级支出	8.1	—
		转移支付收入	39.0	—			补助下级支出	4.6	—
		上年结余	2.3	—			转移支付支出	27.8	—
		调入预算调节基金	2.0	—			地方政府债券还本	0.4	—
		转贷政府债券收入	5.3	—			转贷政府债券支出	0.8	—
		下级上解收入	20.3	—			预算稳定调节基金	11.0	—
							结转下年支出	2.0	—
2	本级公共财政预算收入		60.4	143.0	2	本级公共财政预算支出		77.4	112.0
	其中	增值税	2.7	100.0		其中	一般公共服务支出	7.9	131.0
		营业税	13.0	82.0			公共安全支出	5.6	140.0
		企业所得税	3.2	132.0			教育支出	7.9	102.0
		个人所得税	1.1	85.0			医疗卫生支出	6.9	192.0
		城市维护建设税	2.7	143.0			科学技术支出	1.7	120.0
		专项收入	2.5	236.0			社会保障和就业支出	3.9	112.0
		行政事业性收费	4.6	128.0			城乡社区事务支出	16.4	163.0
		国资有偿使用收入	6.3	114.0			农林水事务支出	1.9	125.0
		未列举事项	24.3	—			交通运输支出	3.2	131.0
							勘探电力信息等事务	10.9	141.0
							未列举事项	11.1	—

市级国有资本经营预算执行情况。经营预算收入5654万元，完成预算的103.6%，主要项目：利润收入782万元；股利、股息收入4872万元。经营预算支出5360万元，完成预算的100%，主要项目：

资本性支出5210万元；改革费用性支出50万元；其他支出100万元。资本结转下年294万元。

市级政府性基金预算执行情况。基金收入总量70.1亿元：本年收入59.2亿元；省级补助收入2.6亿元；上年结转8.3亿元。基金支出总量63.4亿元：当年基金支出57亿元；补助区级支出3.8亿元；转移性支出2.6亿元。收支总量相抵，结转下年使用6.7亿元。收支项目详见表3—16—16 。

2014年市级政府性基金预算执行情况汇总表

表3—16—16　　　　单位：万元

政府性基金项目	基金收入	基金支出
散装水泥、墙体材料基金	2991	1800
地方水利建设基金	—	500
政府住房基金	5855	—
国有土地有偿使用权出让	563000	583000
残疾人就业保障金	3131	3090
城市基础设施配套费	8787	8787
地方教育附加	5228	5000

市级社会保险基金预算执行情况。基金收入38.7亿元，完成预算的116.8%，基金支出36亿元，完成预算的113.4%，结转下年2.7亿元。收支项目详见表3—16—17。

2014年市级社会保险基金预算执行情况汇总表

表3—16—17　　　　单位：万元

社保基金项目	基金收入	基金支出
企业职工基本养老保险	238000	226000
失业保险基金	21000	15000
城镇职工基本医疗保险	101000	95000

全市地方公共财政收支执行情况。地方公共财政预算收入（电报数，下同）271.5亿元，比上年增加65.2亿元，增长31.6%，其中：税收收入181.5亿元，增长19.2%；非税收入90亿元，增长66.5%。地方公共财政预算支出442.8亿元（含上级财政专项转移支付），比上年增加82亿元，增长22.7%。宜昌高新区地方公共财政预算收入10.6亿元，增长33.2%；地方公共财政预算支出11.9亿元（含上级财政专项转移支付），增长70.6%。各县市区决算办理完毕，经同级人民代表大会审查批准后，市财政局再将汇总的全市2014年决算报市人大常委会备案。

2015年预算（草案）

全市地方公共财政预算收支安排。收入安排304.1亿元，增长12%。全市地方公共财政预算支出安排350.5亿元，增长32%。

市级地方公共财政预算收支安排。收支总量相抵，预算收支平衡。详见表3—16—18。

市级政府性基金预算安排。基金收入38.7亿元，完成预算的116.8%，基金支出36亿元，完成预算的113.4%，结转下年2.7亿元。基金收支项目详见表3—16—19。

市级社会保险基金预算安排。基金收入37.7亿元，基金支出35.3亿元，结转下年2.4亿元。基金收支项目，详见表3—16—20。

2015年市级地方公共财政预算收支安排汇总表

表3—16—18 单位：亿元

财政收入项目			收入安排	比上年增长%	财政支出项目			支出安排	比上年增长%
市级公共财政收入总量			114.55	—	市级公共财政支出总量			114.55	—
1	转移性收入		46.95	—	1	转移性支出		17.05	—
	其中	返还性收入	3.60	—		其中	上解上级支出	9.40	—
		转移支付收入	7.90	—			补助下级支出	6.90	—
		调入预算调节基金	10.00	—			地方政府债券还本	0.75	—
		上年结转	2.00	—	2	市级公共财政预算支出		97.50	—
		上年结余	0.82	—		其中	一般公共服务支出	9.30	55.00
		下级上解收入	22.50	—			公共安全支出	15.90	297.00
		基金结转调入	0.13	—			教育支出	10.20	32.00
2	市级公共财政预算收入		67.60	12.00			科技支出	1.80	29.00
	其中	增值税	3.10	16.00			文化体育与传媒	0.76	20.00
		营业税	14.20	10.00			社会保障和就业	4.10	17.00
		企业所得税	3.60	13.00			医疗卫生支出	5.60	57.00
		个人所得税	1.20	13.00			节能环境保护支出	0.81	205.00
		城市维护建设税	3.10	13.00			城乡社区支出	11.60	15.00
		土地增值税	0.23	8.00			农林水事务支出	3.10	96.00
		房产税	0.81	12.00			交通运输	2.10	164.00
		非税收入	31.80	12.00			勘探电力信息等	9.50	23.00
		未列举事项	9.56	—			商业服务业等支出	1.10	27.00
							预备费	1.00	—
							未列举事项	20.63	—

2015年市级政府性基金预算安排汇总表

表3—16—19 单位：万元

政府性基金项目	基金收入	基金支出
散装水泥、墙体材料基金	2000	2970
政府住房基金	3882	3882
国有土地有偿使用权出让	447000	447000
城市基础设施配套费	8000	8000

2015年市级社会保险基金预算安排

表3—16—20 单位：万元

社保基金项目	基金收入	基金支出
企业职工基本养老保险	248000	238000
失业保险基金	19000	14000
城镇职工基本医疗保险	81000	78000

六、常委会工作报告

2015年1月22日，市五届人大六次会议第二次全体会议听取和审议市人大会常委会常务副主任张建一所作的《宜昌市人大常委会工作报告》：

2014年主要工作

2014年，宜昌市人民代表大会成立60周年。一年来，召开市人民代表大会会议1次，召开市人大常委会会议8次，召开主任会议14次，听取和审议“一府两院”工作报告21个，开展专题询问1次，对7个单位进行了专项工作评议，对2部法律法规贯彻实施情况进行了检查，做出决议、决定7项，组织视察、调研37次，对市人民政府和下级人大常委会报送的8件规范性文件进行了备案审查，依法任免地方国家工作人员96人次。

服务改革发展。一是助推产业转型发展。围绕城区产业发展，多次深入宜昌高新区调研，并听取和审议市人民政府关于宜昌高新区项目建设、关于三峡旅游新区建设情况的报告。二是加快预算体系改革。首次对政府公共预算、政府性基金预算、国有资本经营预算、社会保障基金预算实行同步编制、同步提交和同步审查，首次把市直部门预算的审查和监督列入常委会会议议题，首次实行市直部门预算全公开。审查和批准了市级决算和市级预算调整方案，同意市人民政府将上级债券转贷收入44690万元列入市本级预算，要求将债券资金优先用于保障性安居工程、交通基础设施建设等项目支出。三是打造“创一流、促跨越”主题活动品牌。市、县、乡三级人大机构和五级人大代表继续深入开展“九个一”“七进七访”活动，全市各级人大代表共走访企业1496家，走访客商3930人，走访农民94110人，走访居民94754人，走访机关干部5741人，走访选民128364人，帮扶困难户5754户，帮助企业解决实际困难4258个，办理实事9438件。举办第三次“人大代表宜昌行”活动，来自全国12个省市的人大代表和企业家汇聚宜昌，共签约项目36个，协议投资230.4亿元。对2013年签约项目落地情况进行跟踪督办，截止去年底，签约的64个项目中，已有35个开工建设，开工率达55%。四是促进发展环境优化。先后对动物防疫法、湖北省优化经济发展环境条例贯彻实施情况进行检查。听取和审议市人民政府关于2014年全市推进依法行政以及全市社会治安管理工作情况报告。对市司法局、市国土资源局、市农业局、市文化局、市食品药品监督管理局、中国人民银行宜昌市中心支行、宜昌海关等7个单位开展专项工作评议。对市人民检察院贯彻实施刑事诉讼法情况进行跟踪监督。积极开展“国家宪法日”活动。积极协调服务“较大市”争取工作。

回应社会关切。一是督促建立长效机制。制定《关于加强城区生态建设的决定》，随后又依法做出加强城区山体及水域保护、对城区运河生态公园等第四批公共绿地实施永久性保护、批准置换王家河公园部分公共绿地等多项决定。审议通过《宜昌市环境总体规划（2013–2030 年）》。二是积极推动项目建设。综合运用督办代表议案、专题调研、听取和审议专项工作报告、专题询问、集中视察等多种监督形式，督促市人民政府理顺领导体制、完善工作方案、落实工作责任，制定加速实施城区生态建设重要举措。三是重点督办“三项整治”。听取和审议城区生态建设专项工作报告，并开展专题询问，确定了关停城区安能和美联两座热电厂、改造沿江 12 个排污口、治理宜昌运河等三项整治任务。市人大代表关于加强运河整治的议案，通过三年时间的办理，圆满收官。

推进民生改善。一是关注社区卫生服务，让基层群众“病有所医”。督办《关于加强社区卫生服务体系建设的议案》，连续两年对社区卫生服务体系建设开展调研和视察，要求市人民政府优化布局，规范建设。两年来，全市24家社区卫生服务中心，17家完成标准化建设，达标率为71%，社区卫生机构建设得到发展。二是关注特殊群体教育，让残疾儿童“学有所教”。听取和审议市人民政府关于全市特殊教育工作情况的报告，促使市人民政府出台《宜昌市特殊教育提升计划（2014—2016年）》，全市视力、听力、智力三类适龄残疾少年儿童入学率由上年的78.2%提高到85.1%。三是关注农村饮水安全，让缺水农民“难有所帮”。督促市人民政府认真研究办理常委会审议意见，催生《宜昌市农村集中式饮用水水源地水质调查监测方案》出台。督促落实宜昌城郊饮水安全工程建设补助和县市区以奖代补资金6190万元，完成23万多人的饮水安全工程建设任务，农村饮水安全普及率达到91.6%。四是关注老年生活保障，让城乡老人“老有所养”。听取和审议市人民政府关于全市养老服务体系建设情况的报告，促进建成城市社区养老服务中心201家，农村老年人互助照料活动中心650家。五是关注小区物业管理，让城市居民“住有所乐”。听取和审议市人民政府关于小区物业管理工作的专项工作报告，推进物业管理市场化、物业服务标准化、从业人员专业化和行业发展规范化建设。六是接待处理群众来信来访1368件（人）次，推动了一批群众合理合法诉求的妥善解决。

推进代表工作。一是代表工作制度进一步健全。先后制定市人大常委会组成人员联系市人大代表办法、市人大代表联系原选举单位和人民群众办法、市人大代表述职办法。建立省市两级人大代表履职情况登记通报制度。坚持评选表彰优秀代表建议制度。一年来，常委会组成人员联系市人大代表270多名，市人大代表联系群众2030多名，60多名市人大代表列席常委会会议，200多名市人大代表参加常委会组织的视察和调研。二是议案建议工作进一步加强。督办了市五届人大五次会议代表共提出的议案1件、建议276件，推动代表建议办理工作由“答复型”向“落实型”转变。三是服务保障水平进一步提高。组织市人大代表参加培训，参训率达到95%以上。通过代表之家、代表履职短信平台、专线电话、QQ群、手机报等方式加强与市人大代表的联系和沟通。组织在宜昌的全国、省人大代表对宜昌市农业农村工作开展集中视察。将人大代表履职服务网络平台建设纳入常委会信息化建设总体规划，加强对人大代表履职宣传。

强化自身建设。一是扎实开展党的群众路线教育实践活动。二是努力推进人大工作理论与实践创新。三是大力加强市人大常委会及市人大常委会机关建设。

2015年的主要任务

坚持法治引领，全面推进依法治市；增强监督实效，落实市委重大决策部署；着眼务实规范，讨论决定重大事项和人事任免工作；夯实工作基础，发挥代表主体作用；提升履职能力，加强人大自身建设。

七、法院工作报告

2015年1月22日，市五届人大六次会议第二次全体会议听取和审议市中级人民法院代理院长张忠斌所作的《宜昌市中级人民法院工作报告》：

2014年工作回顾

全市共受理各类案件32011件，审执结29045件，结案率90.73%。一是受理各类刑事案件2715件，审结2607件。审理故意杀人、抢劫、黑社会性质组织犯罪等严重危害社会治安的刑事案件515件730人。审结涉毒案件188件266人。审结贪污、贿赂、渎职等案件74件88人。二是受理各类民商事案件23967件，审结22447件，民商事案件调撤率达62.45%。审理婚姻家庭、赡养继承、相邻关系等案件4277件。审结劳动争议、工伤保险案件1052件。审结金融、借款、买卖、担保案件4887件。审结知识产权案件83件。审结涉及非公有制经济主体案件316件。三是受理各类行政诉讼案件343件，审结305件。审理涉及土地征收、房屋拆迁、社会保障等与民生密切相关的案件155件。妥善审理在转变政府职能、城镇化建设、农村产权流转等进程中出现的新类型案件58件。深化司法与行政良性互动，发布行政审判白皮书19份。四是受理各类执行案件8739件，执结7140件，执结率81.70%，执行到位标的额97.3亿元。开展涉民生、涉金融案件执行专项清理活动，将清理出的106件涉民生案件全部执行到位。多媒体公布失信被执行人名单384人，并通过限制贷款、限制高消费、限制出境等方式进行信用惩戒。集中开展打击拒不履行法院生效判决的专项活动，向公安机关移送犯罪线索62条，提高诚信效益，增大失信成本。妥善审理民间借贷、企业融资等金融类案件443件，标的额达70.2亿元。为符合条件的当事人予以司法救助190多万元。接待处理群众来信来访1000余件（人）次。

2015年工作要点

在服务大局上下功夫，确保市委决策贯穿于全市法院工作始终；在狠抓司法公信力上下功夫，确保案件处理经得起法律和历史检验；在民本民生上下功夫，将司法为民的情怀细化到每一个案件中；在机制创新上下功夫，着力推进司法改革；在严管严抓队伍上下功夫，力争不让一名法院干警掉队。

八、检察院工作报告

2015年1月22日，市五届人大六次会议第二次全体会议听取和审议市人民检察院代理检察长孟鸣所作的《宜昌市人民检察院工作报告》：

2014年工作回顾

努力优化发展环境，起诉破坏市场经济秩序犯罪嫌疑人120人。起诉侵犯知识产权犯罪嫌疑人25人。先后组织5600余名公职人员接受警示教育。查办职务犯罪案件30件34人。查办骗取国家财政补贴专项资金犯罪案件10件12人，追回被骗资金1500余万元。起诉重大环境污染事故、非法捕捞水产品、盗伐林木等犯罪嫌疑人201人。监督行政执法机关移送涉嫌犯罪案件31件。同步介入重大安全事故调查6次，严肃查办事故背后的渎职犯罪案件4件6人，督促发案单位加强整改。

全面履行检察职能。批准逮捕各类刑事犯罪嫌疑人1444人，提起公诉3275人。提出预防犯罪的检察建议185份。对44名未成年犯罪嫌疑人犯罪情节轻微、具有悔罪表现的依法不起诉。受理办结群众来信来访1071件次。立案侦查各类职务犯罪案件171件181人，其中，贪污贿赂案件129件136人，渎职侵权案件42件45人。

全面强化诉讼监督。督促侦查机关立案137件、撤案82件；排除非法证据11件，纠正漏捕98人、漏诉122人；提出刑事抗诉29件，人民法院审结并采纳18件；监督纠正减刑、假释、暂予监外执行不当61人；督促清理久押不决案件14件，建议办案部门对95名犯罪嫌疑人变更强制措施。加强民事和行政诉讼监督，对认为确有错误的民事行政裁判提出抗诉18件、提请抗诉20件，对民事行政审判、执行活动提出监督意见107件；对认为人民法院裁判正确的383起申诉案件，耐心做好服判息诉工作；向行政机关发出检察建议67份。

2015年工作要点

坚持法治引领，忠实践行法治责任；坚持服务大局，全面履行检察职能；坚持依法反腐，坚决办好贪腐专案；坚持改革创新，推进司法体制改革；坚持从严治检，建设过硬检察队伍。

九、会议选举

此次会议审议市五届人大常委会四个备案事宜：接受裴缜辞去市中级人民法院院长职务；接受孙光骏辞去市中级人民法院院长职务；接受秦大常辞去市五届人大常委会委员职务和五届人大民族宗教外事侨务委员会主任委员职务；接受向红云辞去市五届人大常委会委员职务。

2015年1月22日，此次会议第二次全体会议通过《宜昌市五届人大六次会议选举办法》《宜昌市五届人民代表大会民族宗教外事侨务委员会主任委员人选通过办法》。1月23日，此次会议第三次全体会议选举市五届人大常委会副主任：尚葵、吴康年，委员：王云清（满族）、李传文（土家族）；市中级人民法院院长：张忠斌；市人民检察院检察长：孟鸣。表决通过市五届人大民族宗教外事侨务委员会主任委员：李传文（土家族）。

十、议案审查报告

2015年1月22日，此次会议主席团第三次会议审议通过大会秘书处议案组组长屈家喜所作的《宜昌市五届人大六次会议代表议案审查结果的报告》：

此次会议共收到伍家岗区代表团、西陵区代表团和代表10人以上联名提出的议案9件。审查意见：将《关于加快棚户区改造步伐，助推宜昌现代化特大城市建设的议案》和《关于加快推进中心城区棚户区改造的议案》作为议案处理，交由市人大城乡建设环境资源保护委员会在此次大会闭会后进行审议，并将审议的结果向市人大常委会报告，再由市人大常委会决定是否作为议案。将其余7件议案转作建议，连同大会期间收到的代表建议、批评和意见，按照《宜昌市人民代表大会代表建议、批评和意见处理办法》的规定处理。

十一、会议决议

2015年1月23日，市五届人大六次会议第三次全体会议通过6个决议。

《关于宜昌市人民政府工作报告的决议》

决议批准市长马旭明所作的《宜昌市人民政府工作报告》。

决议号召，全市人民要在中共宜昌市委的正确领导下，坚持法治引领、改革创新，实施高质量可持续发展核心战略，主动适应经济发展新常态，以更高标准、更大作为，坚定不移调结构、转方式，狠抓改革攻坚，突出创新驱动，加强民生保障，推动经济提质升级增效，促进社会和谐稳定，为全面完成今年全市经济社会发展的目标和任务、加快建设“既大又强、特优特美”现代化特大城市、坚定迈向中部地区同等城市首位而努力奋斗！

《关于宜昌市2014年国民经济和社会发展计划执行情况与2015年计划的决议》

决议批准《关于宜昌市2014年国民经济和社会发展计划执行情况与2015年计划草案的报告》，批准宜昌市2015年国民经济和社会发展计划。

《关于宜昌市2014年预算执行情况和2015年预算的决议》

决议批准《关于宜昌市2014年预算执行情况和2015年预算草案的报告》，批准2015年市级预算。

《关于宜昌市人民代表大会常务委员会工作报告的决议》

决议批准市人大常委会常务副主张建一所作的《宜昌市人大常委会工作报告》。

决议要求，市人大常委会要牢牢把握正确政治方向，依法履职，积极作为，在全面推进依法治市中提升新境界，在落实市委重大决策部署中彰显新作为，在讨论决定重大事项和人事任免中取得新进展，在发挥代表主体作用中展示新形象，在加强人大自身建设中开创新局面，为加快建设“既大又强、特优特美”现代化特大城市做出新的更大的贡献！

《关于宜昌市中级人民法院工作报告的决议》

决议批准市中级人民法院代理院长张忠斌所作的《宜昌市中级人民法院工作报告》。

《关于宜昌市人民检察院工作报告的决议》

决议批准市人民检察院代理检察长孟鸣所作的《宜昌市人民检察院工作报告》。

十二、闭幕词

2015年1月23日，中共湖北省委常委、宜昌市委书记、市人大常委会主任黄楚平在市五届人大六次会议第三次全体会议（闭幕式）上讲话：

宜昌市五届人大六次会议，在全体代表和与会同志的共同努力下，圆满完成了各项议程。

2014年，是宜昌经济社会发展极不平凡的一年。面对错综复杂的宏观环境、经济下行的巨大压力和宜昌阶段性特殊困难，全市上下坚定信心不动摇、稳神定气不松劲、咬定目标不折腾、逆势竞进不懈怠，主要经济指标增幅好于全省全国平均水平，继续保持中部第二、沿江第四，与标兵的距离越来越近。

2015年是“十二五”规划的收官之年、“十三五”规划的谋划之年，也是全面深化改革的关键之年、全面推进依法治国的开局之年。前不久召开的市委五届五次全会暨全市经济工作会议，提出建设全国重要的综合交通枢纽和现代物流中心、东部沿海产业转移的示范基地、“三峡城市群”中心城市，努力向中部地区非省会首位城市迈进。这次市人代会进一步落实了各项发展任务，把市委的决策部署转化成了全市人民的共同意志。

要紧紧围绕现代化特大城市建设的总体目标，围绕产业结构调整、城乡统筹发展、精神文明建设、生态环境保护、法治宜昌建设、“十三五”规划编制等重点课题，认真开展调研，把握发展趋势，破解发展难题，多出好主意，多想好办法。

要抢抓中央“依法赋予设区的市地方立法权”的重大机遇，为地方立法工作做好准备。要加强对法律法规实施的监督，大力促进依法行政、公正司法，确保宪法和法律法规得到有效实施，行政权、审判权、检察权得到正确行使，公民、法人和其他组织的合法权益得到依法维护。

要充分发挥人大代表密切联系群众的优势，创新代表活动，健全沟通机制，拓展交流平台，把全市的决策部署带下去，把基层群众的呼声诉求带上来，当好社情民意的“传达员”、群众利益的“保护者”。不断巩固和发展全市民主团结、安定和谐的政治局面。

要立足新常态、新任务、新挑战，把作风能力建设作为基础性工程来抓，努力推动人大工作与时俱进、创新发展。

第七节　第七次会议

2016年1月20日—23日，市五届人大七次会议在宜昌剧院举行。此次会议应出席代表407人，实际出席代表382人，列席人员171人。此次会议议程是：听取和审议《宜昌市人民政府工作报告》；审查和批准《宜昌市国民经济和社会发展第十三个五年规划纲要》；审查《宜昌市2015年国民经济和社会发展计划执行与2016年国民经济和社会发展计划安排的报告》；审查《宜昌市2015年预算执行情况和2016年预算草案的报告》；听取和审议《宜昌市人大常委会工作报告》；听取和审议《宜昌市中级人民法院工作报告》；听取和审议《宜昌市人民检察院工作报告》；审议《宜昌市人民代表大会议事规则（修订稿草案）》；审议《宜昌市人民代表大会及其常务委员会立法条例（草案）》；审议《宜昌市五届人大七次会议设立宜昌市人民代表大会法制委员会的决定（草案）》；选举市五届人大常委会部分组成人员；通过市五届人大部分专门委员会组成人员人选；通过此次会议各项决议。

一、预备会议

2016年1月20日，市五届人大七次会议举行预备会议。会议通过会议议程，通过大会主席团成员名单。

二、会议机构及成员名单

市五届人大七次会议主席团和秘书长。主席团成员（按姓名笔画排列）：马旭明、马学军、王万修、王云清、王均成、王应华、王国斌、王金建、毛传强、石显银、卢辉、卢斌、庄光明、刘学甫、刘红洲、刘洪福、刘晓华、刘建新、许志华、李杰、李　智、李亚隆、李国璋、吴静(女)、吴珊珊(女)、吴海涛、吴康年、汪宏(女)、宋文豹、宋涛、张鹏、 张建一、张忠斌、张立新、陈华、陈和春、罗毅、罗志勇、罗联峰、尚葵(女)、周青、周正英(女)、周赟鸿（女，土家族）、郑廷贵、孟鸣、孟春林、赵训刚、赵吉雄（土家族）、俞学锋、姚金忠、袁卫东、黄楚平、蒋红星、蒋远华、蔡宏柱、廖达凤(女)、谭业明；秘书长：吴康年。

市五届人大七次会议大会主席团常务主席（按姓名笔画排序）：马旭明、王金建、李亚隆、吴海涛、吴康年、张建一、陈和春、尚葵（女）、黄楚平。

市五届人大七次会议大会副秘书长（按姓名笔画排序）：王均成、甘良新、杜伟、李强、肖高沛、余跃进、胡智斌、陶三发、梁华。

三、“十三五”规划纲要

2016年1月21日，市五届人大七次会议第一次全体会议印发和审议《宜昌市国民经济和社会发展第十三个五年规划纲要（草案）》。

《纲要》目录：抢抓新机遇谋求新跨越，奋力谱写全面建成小康社会新篇章；推进产业中高端发展，建设国家产业转型升级示范城市；统筹区域协调发展，加快构建城乡一体发展新格局；实施创新驱动战略，建设国家创新创业示范城市；推进绿色低碳发展，建设国家生态文明先行示范区；加快对外开放合作，打造内陆开放发展新高地；推进民生共建共享，建设和谐幸福新宜昌；强化保障措施，合力推进规划实施。

四、政府工作报告

2016年1月21日，市五届人大七次会议第一次全体会议听取和审议市长马旭明所作的《宜昌市人民政府工作报告》：

“十二五”时期和2015年工作回顾

过去五年的综合实力。一是生产总值连跨两个千亿级台阶，2015年达到3384.8亿元，是2010年的2.2倍，占全省的比重提高1.7个百分点。二是地方公共财政预算收入连跨三个百亿级台阶，达到339.1亿元，是2010年的4.8倍。三是全社会固定资产投资连跨三个千亿级台阶，达到3085亿元，是2010年的3.2倍；五年累计完成投资10573亿元，是“十一五”时期的3.6倍。社会消费品零售总额达到1089.5亿元，是2010年的2倍。

过去五年的转型发展。三次产业结构调整为11：59：30。农业六大特色产业占农业总产值比重达到83%，比2010年提高4.5个百分点。精细化工、食品生物医药、先进装备制造、现代物流四大产业产值分别突破1700亿元、1800亿元、1100亿元和1000亿元，新材料和文化旅游业产值分别达到700亿元和800亿元。规模工业企业达到1491家，产值过亿元企业达到837家，分别比2010年增加684家和568家；产值过百亿元企业9家，比2010年增加6家；3家企业进入中国企业500强，4家企业进入中国民营企业500强。年接待游客4700万人次，实现旅游总收入450亿元，分别是2010年的3.05倍和4.33倍。新增国家5A级景区3家，总量居全国同等城市前列。被评为中国“十佳最具人气旅游城市”“十佳宜居宜业宜游旅游城市”。新增金融机构31家，存贷款余额分别达到2822亿元、2133亿元，分别是2010年的1.83倍和2.05倍。

过去五年的城乡面貌。中心城区建成区拓展到175平方公里，常住人口增加到175万人。宜昌新区累计完成投资1003亿元，东山大道BRT、峡州大道、点军大道等一批重点基础设施项目，市规划展览馆等一批大型公建项目相继建成，至喜长江大桥、市博物馆新馆、市奥体中心等一批重点项目加快建设，220平方公里新区骨架基本形成，“三年出形象”目标如期实现。宜昌荣膺“世界可持续交通奖”。建设高标准基本农田166万亩。全市农田灌溉水有效利用系数达到0.52。新增变电容量457万千伏安、35千伏以上线路1031公里。在全省率先实现农村光纤“村村通”。建设美丽乡村示范点8个、宜居村庄100个、特色村庄82个。省级新农村建设示范村、镇达到100个。全市生活垃圾无害化处理率达到96.3%。全市森林覆盖率超过65.7%，荣获“国家森林城市”称号。

过去五年的改革开放。进一步完善现代化特大城市建设的目标体系、基本内涵、发展理念、体制机制和改革部署。加快推进行政审批、简政放权、市场准入、投资制度、社会信用、行业监管等重点领域改革。食品药品、卫生计生、文化广电等跨领域，宜昌高新区、黄柏河等跨区域的综合执法体制逐步形成，成为全国综合执法体制改革试点城市。调整完善城区财政体制，预算管理、政府债务管理等系列财政改革深入推进。改革重组市级国有投融资公司，组建四大控股集团。农村土地制度、产权制度改革顺利推进，文化体制、医药卫生体制、财税体制、政府机构改革、事业单位分类改革等各项改革成效明显。外贸出口达到26.9亿美元，是2010年的2.1倍；利用外资3.55亿美元，是2010年的1.7倍。五年实际到位招商资金4663亿元。三峡库区对口支援工作成效明显，争取对口支援资金477.5亿元。争取三峡后续工作规划国家补助资金42.6亿元。

过去五年的民生福祉。精准扶贫、城乡居民收入倍增、全民创业、社会治理创新、国家食品安全城市创建、城市绿化美化等"六大民生工程"全面实施。城乡居民人均可支配收入分别达到27275元、12990元，分别是2010年的1.75倍、1.89倍。累计减少农村贫困人口28.1万人。五年新增城镇就业56万人，转移农村富余劳动力就业48万人，城镇登记失业率始终控制在3.1%以内。五项保险参保400万人次，基本养老保险、基本医疗保险和新农合参保率分别达到90%、96%和99.8%。实施保障性安居工程23.7万套，其中棚户区改造11.8万套；完成农村危房改造7万余户。新解决115.23万人饮水安全问题。

过去五年的民主法治。自觉接受市人大及其常委会的法律监督和工作监督，主动接受市政协的民主监督，虚心听取各民主党派、工商联、无党派人士和广大市民的意见，按期办复市人大代表议案和建议1390件、市政协委员建议案和提案2385件。"六五"普法全面完成。全市90%以上单位成为法治创建合格单位，"民主法治示范村"创建率超过60%。办理法律援助案件1.1万件、法律援助事项10.2万件。平安宜昌建设成效明显，公众安全感和执法满意度连续三年居全省市州第一，荣获全国社会管理综合治理"长安杯"。安全生产形势总体稳定、持续好转。

2015年工作回顾。深入开展"新常态、新作为、新业绩"主题实践活动，统筹推进"稳、促、调、惠"各项工作，全市经济运行保持"稳中有升、稳中有进、稳中有转"的良好态势，延续"高于全国全省、领先中部沿江"的竞进势头，完成了市五届人大六次会议确定的主要预期目标。生产总值增长8.9%，工业增加值增长11.5%。地方公共财政预算收入增长24.9%，全社会固定资产投资增长20%，社会消费品零售总额增长13%，外贸出口增长19.3%，城乡居民人均可支配收入分别增长9%和9.7%。全年空气质量优良天数增加76天，优良率上升20.8个百分点。2015年目标全面完成，既实现了"十二五"规划圆满收官，又为"十三五"发展奠定了坚实基础。

"十三五"时期发展目标与要求

发展目标。到2020年，力争生产总值、城乡居民人均可支配收入在2015年基础上翻一番；地方公共财政预算收入突破500亿元；固定资产投资突破7000亿元；规模工业总产值突破1万亿元；社会消费品零售总额突破2000亿元。

基本要求。实现上述目标，我们将牢牢把握五点基本要求：一是深入推进创新发展；二是深入推进协调发展；三是深入推进绿色发展；四是深入推进开放发展；五是深入推进共享发展。

2016年工作重点

主要预期目标。生产总值增长10%，规模工业增加值增长10%，地方公共财政预算收入增长12%，固定资产投资增长18%，社会消费品零售总额增长13%，外贸出口增长12%，城乡居民收入增速与经济增长同步，居民消费价格涨幅控制在3%以内，城镇登记失业率控制在4.2%以内，全面完成省政府下达的节能减排和环境保护任务。

七项重点工作。突出改革创新，着力增强发展活力和动力；突出产业转型，着力提升发展质量和效益；突出开放合作，着力扩大发展优势和空间；突出城乡统筹，着力提升城市功能和品质；突出绿色生态，着力加强环境保护和治理；突出共建共享，着力改善人民生活和福祉；突出职能转变，着力提升治理能力和水平。

五、计划报告

2016年1月21日，市五届人大七次会议第一次全体会议印发和审查了市发展和改革委员会提交的《宜昌市2015年国民经济和社会发展计划执行情况与2016年计划草案的报告》:

2015年计划执行情况

综合实力。预计实现生产总值3500亿元，增长10%；完成全社会固定资产投资3085亿元，增长20%；社会消费品零售总额1089.5亿元，增长13%；外贸出口26.9亿美元，增长19.3%；地方公共财政预算收入339.1亿元，增长24.9%；外商直接投资3.55亿美元，增长13.8%。主要经济指标完成年度计划目标。

工业转型。预计工业增加值增长11.5%。规模工业主体不断壮大；支柱产业发展较快；高新技术和战略性新兴产业增势强劲；自主创新能力进一步增强。

农村经济。全年实现农业总产值617亿元，增长5.2%；农业增加值370.3亿元，增长5.1%。

第三产业。预计实现服务业增加值1050亿元，增长11.3%，占生产总值比重达到30%，同比提高0.5个百分点。社会消费品零售总额首次突破1000亿元，居民消费价格保持平稳，全年涨幅1.5%。

投资。全市发改系统共争取各类资金146亿元，其中中央、省预算内等无偿资金33.6亿元，中央财政贴息专项建设基金40.2亿元，政府性外贷资金3.5亿美元，企业债券51亿元。

大城建设。新增高速公路127公里、一级公路113公里、二级公路512公里、农村公路1621公里。全市环境空气质量优良天数达到252天，同比增加76天。饮用水源地水质达标率100%。单位GDP能耗和二氧化碳排放分别下降5%以上，超额完成省政府下达的节能减排目标任务。

民生保障。全年新增就业13.1万人，城镇登记失业率1.81%。五项保险参保人数达到400万人次，基本养老保险、基本医疗保险参保率分别达到90%、96%。预计城镇居民人均可支配收入27528元，增长10%；农村居民人均可支配收入13080元，增长10.5%。新一轮扶贫攻坚全面启动，实现减贫11.8万人。

关于2016年计划安排方案

主要目标。地区生产总值增长10%，规模工业增加值增长10%，高新技术产业和第三产业占经济总量比重分别提高1个百分点，固定资产投资增长18%，社会消费品零售总额增长13%，外贸出口增长12%，地方公共财政预算收入增长12%，城乡居民收入与经济同步增长，居民消费价格涨幅控制在3%以内，城镇登记失业率控制在4.2%以内，完成脱贫10万人，全面完成省政府下达的节能减排目标任务。

重点工作。突出创新驱动，提高经济发展质效；突出城乡统筹，提升人居生活品质；突出绿色生态，建设美丽生活家园；突出改革开放，打造内延外伸优势；突出共建共享，提升人民生活福祉。

六、财政预决算报告

2016年1月21日，市五届人大七次会议第一次全体会议印发和审查了市财政局提交的《宜昌市

2015年财政预算执行情况和2016年财政预算草案的报告》:

2015年财政预算执行情况

全市地方一般公共预算执行情况。一般公共预算收入（电报数，下同）339.1亿元，比上年增加67.6亿元，增长24.9%，其中：税收收入200亿元，增长10.2%；非税收入139.1亿元，增长54.6%。一般公共预算支出540.6亿元（含上级财政专项转移支付），比上年增加97.8亿元，增长22.1%。宜昌高新区一般公共预算收入13.3亿元，增长25.8%；一般公共预算支出11.3亿元（含上级财政专项转移支付），下降4.5%。各县市区决算办理完毕，经同级人民代表大会审查批准后，市财政局再将汇总的全市2015年决算报市人大常委会备案。

市级公共财政预算执行情况。市级一般公共预算收支总量相抵，2015年结余1.9亿元，已转入2016年安排支出。详见表3—16—21。

2015年市级地方一般公共预算执行情况汇总表

表3—16—21　　单位：亿元

财政收入项目		完成收入	占预算%	财政支出项目		完成支出	占预算%
市级公共财政收入总量		239.64	—	市级公共财政支出总量		237.70	—
1	转移性收入	164.14	—	1	转移性支出	111.80	—
其中	返还性收入	3.60	—	其中	上解上级支出	10.00	—
	转移支付收入	43.60	—		补助下级支出	4.80	—
	上年结余	4.60	—		地方政府债券还本	33.50	—
	上年结转收入	2.00	—		债务转贷支出	25.80	—
	调入预算调节基金	10.00	—		补充预算调节基金	5.00	—
	调入资金	0.24	—		结转下年支出	32.70	—
	政府债务转贷	79.60	—	2	本级公共财政预算支出	125.90	96.00
	下级上解收入	20.50	—	其中	一般公共服务支出	8.80	95.00
2	市级公共财政预算收入	75.50	88.00		公共安全支出	11.80	74.00
其中	增值税	2.60	84.00		教育支出	8.90	101.00
	营业税	14.10	99.00		医疗卫生计划生育	10.90	126.00
	企业所得税	2.50	69.00		科学技术支出	7.60	131.00
	个人所得税	1.10	95.00		文化体育与传媒	1.30	179.00
	城市维护建设税	2.80	89.00		社保和就业支出	15.40	174.00
	耕地占用税契税	11.40	75.00		城乡社区事务支出	19.10	89.00
	专项收入	8.90	65.00		农林水事务支出	4.80	156.00
	行政事业性收费	3.80	101.00		交通运输支出	5.50	261.00
	罚没收入	9.40	109.00		勘探电力信息等	6.20	36.00
	国资有偿使用收入	3.60	63.00		商业服务业等	2.10	193.00
	未列举事项	15.30	—		未列举事项	23.50	—

市级国有资本经营预算执行情况。经营预算收入总量4726万元，其中：本级收入4432万元，完

成预算的102%；上年结转收入294万元（经营预算收入主要项目：利润收入969万元；股利、股息收入3463万元）。经营预算支出总量4402万元，其中：本级支出4282万元，完成预算的100%；调入一般公共预算用于民生支出120万元（经营预算支出主要项目：资本性支出4152万元，改革费用性支出30万元，其他支出100万元）。经营预算收支总量相抵，结转下年使用324万元。

市级政府性基金预算执行情况。基金收入总量59.1亿元，其中：本级收入30.9亿元，省级补助收入7.5亿元，上年结转6.2亿元，债券转贷收入14.5亿元。基金预算支出总量59.1亿元，其中：本年支出43.7亿元，省级补助支出7.5亿元，调出资金2269万元，债券还本支出4.5亿元，结转下年使用3.2亿元。收支项目详见表3－16－22。

2015年市级政府性基金预算执行情况汇总表

表3－16－22　　单位：万元

政府性基金收入项目	基金收入金额	政府性基金支出项目	基金支出金额
港口建设费	278	城乡社区支出	433000
散装水泥专项资金	500	交通运输支出	342
墙体材料专项基金	1880	资源勘探信息等	2970
政府住房基金	3990	其他支出	700
城市公用事业附加	171	债务付息支出	276
国有土地有偿使用权出让	294000		
城市基础设施配套费	8000		
价格调节基金	325		

市级社会保险基金预算执行情况。基金收入51.4亿元，完成年初预算的136%，完成调整预算的118%。基金支出41亿元，完成年初预算的116%，完成调整预算的102%。结转下年10.4亿元。收支项目详见表3－16－23。

2015年市级社会保险基金预算执行情况汇总表

表3－16－23　　单位：万元

社保基金项目	基金收入	基金支出
企业职工基本养老保险	300000	266000
失业保险基金	20000	15000
城镇职工基本医疗保险	161000	105000
居民基本医疗保险	14000	10000

2016年财政预算（草案）

全市地方一般公共财政收支安排。一般公共预算收入安排379.7亿元，增长12%。一般公共预算支出安排500.9亿元，增长43%。宜昌高新区一般公共预算收入安排16.1亿元，增长21%；一般公共预算支出安排9.7亿元，增长57%。各县市区预算经同级人民代表大会审查批准后，市财政局再将汇总的全市预算报市人大常委会备案。

市级地方一般公共财政收支安排。市级一般公共预算收支相抵，预算平衡。详见表3—16—24。

2016年市级地方一般公共财政收支安排汇总表

表3—16—24　　　　　　　　　　　　　　　　　　　　　　　　　　单位：亿元

财政收入项目			收入安排	比上年增长%	财政支出项目			支出安排	比上年增长%
市级公共财政收入总量			164.3	—	市级公共财政支出总量			164.3	—
1	转移性收入		79.8	—	1	转移性支出		24.7	—
	其中	上级补助收入	15.9	—		其中	上解上级支出	11.2	—
		调入资金	0.8	—			补助下级支出	7.7	—
		调入预算调节基金	8.0	—			地方政府债券还本	5.8	—
		上年结转	32.7	—	2	市级公共财政预算支出		139.6	—
		上年结余	1.9	—		其中	一般公共服务支出	11.4	23.0
		调整体制区级上解	20.5	—			公共安全支出	16.3	3.0
2	市级公共财政预算收入		84.5	12.0			教育支出	10.9	8.0
	其中	增值税	3.2	24.0			科技支出	6.6	265.0
		营业税	16.0	14.0			文化体育与传媒	1.1	47.0
		企业所得税	2.3	-9.0			社会保障和就业	7.5	84.0
		个人所得税	1.2	5.0			医疗卫生计划生育	7.4	32.0
		城市维护建设税	3.0	10.0			节能环境保护支出	1.2	43.0
		房产税	0.8	-10.0			城乡社区支出	36.1	212.0
		耕地占用税与契税	12.1	6.0			农林水事务支出	4.7	53.0
		非税收入	43.0	12.0			交通运输	4.7	125.0
		未列举事项	3.0	—			勘探电力信息等	12.2	29.0
							商业服务业等支出	2.0	85.0
							债务付息支出	3.3	—
							预备费	1.0	—
							未列举事项	13.2	—

市级国有资本经营预算安排。经营预算收入总计6767万元，其中：本年收入6443万元（含利润收入2205万元，股利、股息收入4238万元）；上年结转收入324万元。经营预算支出总计6610万元，其中：本年支出6510万元（含资本性支出6080万元，改革费用性支出30万元，其他支出400万元）；调入一般公共预算用于民生支出100万元。经营预算收支相抵，结转下年157万元。

市级政府性基金预算安排。基金收入总计32.6亿元，其中：本年收入29亿元；转移性收入3.6亿元（含上年结转收入3.2亿元，彩票公益金上级补助收入4433万元）。基金支出总计29.5亿元。基金收支相抵，结转下年3.1亿元。基金收支项目详见表3—16—25。

市级社会保险基金预算安排。基金收入总计64.7亿元，其中：上年结转10.4亿元；本年收入54.3亿元。基金支出总计53.5亿元。收支相抵，结转下年11.2亿元。基金收支项目详见表3—16—26。

2016年市级政府性基金预算安排汇总表

表 3—16—25　　　　单位：万元

收入项目	收入金额	支出项目	支出金额
港口建设费	222	城乡社区支出	278000
墙体材料专项基金	1650	交通运输支出	232
国有土地有偿使用权出让	270000	资源勘探信息等	1650
城市基础设施配套费	18000	其他支出暨彩票公益金	4922
		债务付息支出	10000

2016年市级社会保险基金预算安排汇总表

表3—16—26　　　　单位：亿元

社保基金项目	基金收入	基金支出
企业职工基本养老保险	28.00	27.80
机关事业单位基本养老保险	11.50	11.50
失业保险基金	1.90	1.80
城镇职工基本医疗保险	9.90	9.90
工伤保险	0.76	0.68
生育保险	0.25	0.37
居民基本医疗保险	1.50	1.00
居民社会养老保险	0.52	0.47

七、常委会工作报告

2016年1月22日，市五届人大七次会议第二次全体会议听取和审议市人大常委会常务副主任张建一所作的《宜昌市人大常委会工作报告》:

2015年的主要工作

一年来，召开市人民代表大会会议1次，召开市人大常委会会议7次，召开市人大常委会主任会议14次，听取和审议“一府两院”工作报告25个，开展专题询问2次，对9个单位进行专项工作评议，对3部法律法规贯彻实施情况进行检查，做出决议、决定24项，组织视察、专题调研9次，依法任免地方国家机关工作人员61 人次，为加强社会主义民主法治建设，加快建设现代化特大城市做出了新贡献。

服务中心大局。一是助推重大战略。组织在宜昌全国人大代表提出《关于将三峡综合运输枢纽打造成为长江经济带重要节点的建议》，引起全国人大常委会的高度重视，被全国人大常委会办公厅列入20件重点建议予以督办，国家发展和改革委员会、交通运输部等9部门组成联合调研组专程调研，听取意见，目前已纳入国家战略省级实施。二是服务大城建设。认真督办市人大常委会组成人员关于宜昌高新区项目建设的审议意见，提出进一步深化城市管理体制机制改革、提高城市管理水平、推进“智慧城管”建设等意见，积极为大城建设献计出力。三是督促转型发展。听取和审议市人民政府关于推进经济稳中求进、转型发展工作情况的报告，强调要全面落实创新、协调、绿色、开放、共享的发展理念，深入研究对接国家“一带一路”“长江经济带”等重大战略，推进创新驱动、产业转型升级发展。四是切实强化审查监督。首次在市人民代表大会会议期间邀请代表参与预算审查，听取和审议市人民政府关于审计查出问题整改情况的报告，并开展专题询问。批准市人民政府预算调整，批准2015年棚户区改造委托代建资金纳入财政年度预算管理。

推进法治建设。一是推进依法治市。做出关于全面推进依法治市的决议，动员全市各级国家机关、社会团体、企事业组织和人民群众积极投身法治宜昌建设的新实践，打造全国同类城市依法治市示范区。二是督促法治建设。听取和审议“两院”上半年工作、全市法院民事审判、全市检察机关涉法涉诉信访改革工作情况报告，组织部分省、市人大代表旁听重要案件庭审。深入开展专项工作评议，有效促进被评议单位改进工作、依法履职。《人民日报》以《宜昌人大专项工作评议整改见实效——六天出台一揽子惠民新政》为题给予全方位报道，这是《人民日报》连续第8年推介宜昌人大工作。三是筹备地方立法。筹建市人大法制委员会，设立了市人大常委会法制工作委员会。成立了市人大常委会立法顾问组，与三峡大学合作共建宜昌市地方立法研究院，开展地方立法理论研究。制定完善立法工作制度，拟定2016年度立法工作计划。对《宜昌市人民代表大会及其常务委员会立法条例（草案）》进行了一审。

回应群众关切。一是推进生态保护。审议通过《宜昌市环境总体规划（2013—2030年）》，依法做出《关于加强城区生态红线保护的决定》。对环境保护法贯彻实施情况开展大规模检查。两年来，围绕生态建设、绿色发展，市人大常委会先后做出6个决议决定。人民网在重要位置，以《以生态建设为主线谋划监督大棋局》为题，大篇幅推介了宜昌市人大监督生态环境保护工作的经验，在全国赢得了广泛好评。二是推进安居工程。认真督办《关于加快城区棚户区改造的议案》，并开展专题询问，促进中心城区当年竣工交付村民安置房151.13万平方米1.24万套，可安置村民3万多人，实现了从“人等房”到“房等人”的转变。三是推进精准扶贫。听取和审议市人民政府关于三峡后续规划一期项目实施情况的报告，对民族地区扶贫工作开展调研。按照市委统一安排，圆满完成重点贫困村帮扶任务。四是深入推进教育发展。听取和审议市人民政府关于职业教育工作情况的专项工作报告，催生出台《宜昌市特殊教育提升计划（2014—2016年）》。

做好代表工作。一是强化代表履职保障。市人大常委会组成人员同252名人大代表保持经常性联系。两次共组织100名市人大代表赴北京、深圳全国人大培训中心学习。举办代表知识讲座，以会代训280人次。邀请市人大代表列席常委会会议、参加执法检查、集中视察、专题调研、工作评议等活动达540人次。组织100名市人大代表回原选举单位述职，接受选举单位监督。二是强化议案建议督办。对2014年度未办结建议跟踪督办，对闭会期间代表建议及时督办。一年来，市人大代表在会议期间提出建议310件，在闭会期间提出建议7件，所提问题已经解决的202件，问题解决率达到63.81%。上年结转建议63件，所提问题已经解决的42件，问题解决率达到66.7%。三是强化“创一流、促跨越”主题实践活动实效。继续抓好“创一流、促跨越”主题实践活动。成功举办第四次“人大代表宜昌行”活动，来自国外和全国7省市的38家企业，与宜昌市13个县市区签订项目合作协议和投资合同39个。三年来，“人大代表宜昌行”活动成果丰硕，累计签约项目106个，已有51个项目开工建设，实际到位资金175.6亿元，有力支持和促进了全市经济社会发展。编辑出版反映“创一流、促跨越”主题实践活动的《筑梦宜昌》一书。四是强化代表履职网络平台建设。市大代表履职网络平台已于这次市人民代表大会会议上线运行。首次全面实现“无纸化”办理议案建议。

提升履职能力。一是人大工作和建设有新突破。去年11月，市委召开人大工作会议，出台《关于进一步加强人大工作和建设的决定》。通过贯彻落实市委人大工作会议精神，全市各级人大常委会组成人员和人大工作者进一步坚定了正确的政治方向，明确了新时期人大工作的思路和重点，增强了做好人大工作的责任感和使命感，全市人大建设取得实质性进展，人大工作焕发出蓬勃生机与活力。二是作风建设有新提升。加强思想政治建设和作风建设，牢固树立政治意识、大局意识、核心意识和看齐意识，严守政治纪律和政治规矩，努力增强“三严三实”的思想自觉和行动自觉，把从严从实要求贯穿到人大工作的各个方面。出台关于进一步提高常委会会议审议质量的若干意见，建立常委会组成人员中心发言人制度，加强对审议发言的考核，常委会会议审议准备更加充分，发言更加踊跃，审议质量明显提高。三是联系交流有新拓展。配合全国、省人大常委会开展专题调研和立法调研15次，对4部法律法规贯彻实施情况进行检查。召开全市各县市区人大常委会主任座谈会3次，支持长阳、五峰两个土家族自治县开展民族立法工作。接待美国美亚基金会美国国会助手团、巴哈马议会议长来宜访问，授予法国欧莱雅集团执行副总裁兼欧莱雅中国CEO贝瀚青先生宜昌市荣誉市民称号，较好地发挥了地方人大在对外交往中的独特作用和优势。四是机关面貌有新气象。认真组织机关干部学习政治理论，学习宪法和相关法律法规，学习各级党委关于加强人大工作和建设的文件精神，先后五次集中组织业务知识考试。扎实开展“三严三实”专题教育和“新常态、新作为、新业绩”主题实践活动，树立“讲纪律守规矩重实干敢担当”的良好风尚。举办“人大讲堂”23期，邀请著名经济学家向松祚、著名军事学家肖天亮等专家学者来宜作辅导报告。成立市人大书画摄影院，人大代表和人大机关干部文化生活日趋活跃。

2016年工作要点

以落实市委《决定》为首要任务，努力开创人大工作新局面；以赋予地方立法权为重大契机，积极开展地方立法；以监督行权为工作重点，全力促进改革发展稳定；以换届选举为重要途径，加强地方国家机关建设；以优化服务为主要抓手，充分发挥代表主体作用；以全面提升履职能力为目标追求，切实加强人大自身建设。

八、法院工作报告

2016年1月22日，市五届人大七次会议第二次全体会议听取和审议市中级人民法院长张忠斌所作的《宜昌市中级人民法院工作报告》:

2015年工作回顾

一年来，全市法院共受理各类案件42571件，审执结34891件，同比分别增长17.79%和6.14%，法定期限内结案率99.8%。

受理各类刑事案件2838件，审结2519件，判处五年以上有期徒刑的260人。审理贪污、贿赂、渎职等职务犯罪案件116件150人。加强人权保障，依法对3名被告人宣告无罪。

受理各类民商事案件26092件，审结 21888件，结案标的额达102.9亿元。受理各类行政诉讼案件689件，审结602件。审理银行借款、融资担保、民间借贷等案件3919件，结案标的额达64.26亿元，切实维护金融安全。审结知识产权一审案件107件，依法保护各种所有制经济权益和创新收益。审结环境资源保护刑事案件120件。

严格规范减刑、假释、暂予监外执行工作，落实备案审查制度，共办理相关案件458件。

受理各类执行案件12272件，执结9206件，同比分别增长40.43%和28.94%。

2016年工作要点

进一步强化大局意识，在推进服务发展方面争创一流；进一步强化为民理念，在推进民生司法方面争创一流；进一步凝聚改革共识，在落实改革任务方面争创一流；进一步强化责任观念，在加强自身建设方面争创一流。

九、检察院工作报告

2016年1月22日，市五届人大七次会议第二次全体会议听取和审议市人民检察院检察长孟鸣所作的《宜昌市人民检察院工作报告》:

2015年工作回顾

依法承办中央重大专案的侦查、审查批捕、审查起诉等任务，为严肃查处周永康、蒋洁敏、李东生、李春城、王永春、郭永祥、冀文林等重大案件提供了有力支撑。成功公诉了四川省文联原主席郭永祥(副省级)涉嫌受贿罪、巨额财产来源不明罪案件。

批准和决定逮捕各类刑事犯罪嫌疑人1456人，提起公诉3047人。批准逮捕涉毒犯罪嫌疑人235人，提起公诉465人。批准逮捕非法集资、骗取贷款、高利转贷、地下钱庄等犯罪嫌疑人46人，提起公诉59人。依法查处安全生产事故背后的玩忽职守、失职渎职犯罪5件7人。坚持宽严相济刑事政策，决定不批捕53人，决定不起诉152人。批准逮捕生产销售伪劣商品、金融诈骗、侵犯知识产权等犯罪嫌疑人67人，提起公诉86人。

立案侦查各类职务犯罪案件118件148人，其中贪污贿赂案件83件97人，渎职侵权案件35件51人。

全面强化诉讼监督。加强刑事诉讼监督，督促侦查机关立案94件、撤案43件；纠正漏捕87件，纠正漏诉110件，向人民法院提出刑事抗诉20件。加强刑事执行检察，监督纠正减刑、假释、暂予监外执行不当62件。依法查处监管场所职务犯罪案件2件2人，对53名拟提请特赦的罪犯出具检察意见书，提出纠正意见4件。加强民事行政诉讼监督，向人民法院提出民事行政抗诉7件、提请抗诉21件、提出再审检察建议36件；监督纠正75件虚假诉讼案件。

2016年工作要点

更加注重服务发展大局；更加注重推进平安建设；更加注重惩防职务犯罪；更加注重维护公平正义；更加注重深化改革创新；更加注重加强自身建设。

十、会议选举

此次会议审议市五届人大常委会提交了的4个备案报告:《接受吴开保、邹正金、雷元海辞职的备案报告》《接受张文学、张军辉辞职的备案报告》《接受并确认李俊昌、谭少华、艾苍松、张业发、李柏红等辞职的备案报告》；宜昌市五届人大财政经济委员会主任委员张军平因病去世。

2016年1月22日，此次会议第二次全体会议通过《宜昌市五届人大七次会议选举办法》《关于设立宜昌市五届人民代表大会法制委员会的决定》《宜昌市五届人民代表大会部分专门委员会组成人员人选通过办法》。1月22日，此次会议第二次全体会议通过市五届人大法制委员会主任委员：刘永生，副主任委员：郑鹏，委员：马明和、刘晓虹（女，土家族）、邹家喜、宋志武、张德才；财政经济委员会主任委员：陈道军；教育科学文化卫生委员会主任委员：李兴慧（女）。1月23日，此次会议第三次全体会议选举市五届人大常委会副主任：廖达凤，秘书长：杜伟，委员：王兴会、刘永生、李兴慧（女）、陈道军、黄传喜、黄逊志、黎开锋。

十一、议案审查报告

2016年1月22日，此次会议主席团第三次会议审议通过大会秘书处组织议案组组长陶三发所作的《宜昌市五届人大七次会议代表议案审查结果的报告》：

本次共收到西陵代表团和代表10人以上联名提出的议案10件。审查意见：将《关于加快推进宜昌沙河流域综合整治开发的议案》作为议案处理，交由市人大城乡建设环境资源保护委员会在此次大会闭会后进行审议，并将审议的结果向市人大常委会报告，再由市人大常委会决定是否作为议案处理。将其余9件议案转作建议，连同大会期间收到的代表建议、批评和意见，按照《宜昌市人民代表大会代表建议、批评和意见处理办法》的规定处理。

十二、会议决议

2016年1月23日，市五届人大七次会议第三次全体会议通过7个决议。

《关于宜昌市人民政府工作报告的决议》

决议批准市长马旭明所作的《宜昌市人民政府工作报告》。

决议号召，全市人民要紧密团结在以习近平同志为总书记的党中央周围，高举中国特色社会主义伟大旗帜，在中共宜昌市委的正确领导下，以更加饱满的热情、更加昂扬的斗志、更加务实的作风，践行新理念、决战“十三五”，为实现“两个率先、两个进位”的宏伟目标、加快建设“既大又强、特优特美”的现代化特大城市而努力奋斗！

《关于宜昌市国民经济和社会发展第十三个五年规划纲要的决议》

决议批准《宜昌市国民经济和社会发展第十三个五年规划纲要》。

决议号召，全市人民要紧密团结在以习近平同志为总书记的党中央周围，在中共宜昌市委的正确领导下，进一步解放思想，以创新添动力，以改革促发展，为圆满完成“十三五”规划，确保实现“在全省率先全面建成小康社会、率先实现精准脱贫，综合实力进入中西部和长江沿线同等城市前列、进入全国城市50强”的宏伟目标，建设“既大又强、特优特美”的现代化特大城市而努力奋斗！

《关于宜昌市2015年国民经济和社会发展计划执行情况与2016年计划的决议》

决议批准《关于宜昌市2015年国民经济和社会发展计划执行情况与2016年计划草案的报告》，批准宜昌市2016年国民经济和社会发展计划。

《关于宜昌市2015年预算执行情况和2016年预算的决议》

决议批准批准《关于宜昌市2015年预算执行情况和2016年预算草案的报告》，批准2016年市级预算。

《关于宜昌市人民代表大会常务委员会工作报告的决议》

决议批准市人大常委会常务副主任张建一所作的《宜昌市人大常委会工作报告》。

决议要求，市人大常委会要牢牢把握正确政治方向，以贯彻市委决定为主要任务，以地方立法为重大契机，以监督行权为基本手段，以换届选举为重要途径，以优化服务为主要抓手，以全面提升履职能力为目标追求，依法履职，积极作为，为加快建设“既大又强、特优特美”现代化特大城市和全面推进法治宜昌建设做出新的更大的贡献!

《关于宜昌市中级人民法院工作报告的决议》

决议批准市中级人民法院院长张忠斌所作的《宜昌市中级人民法院工作报告》。

《关于宜昌市人民检察院工作报告的决议》

决议批准市人民检察院检察长孟鸣所作的《宜昌市人民检察院工作报告》。

《关于设立宜昌市五届人民代表大会法制委员会的决定》:

决定设立市五届人民代表大会法制委员会。法制委员会的任期与本届市人民代表大会的任期相同。法制委员会主任委员、副主任委员和委员人选，由市人民代表大会主席团在市五届人民代表大会代表中提名，大会通过。

十三、闭幕词

2016年1月23日，中共湖北省委常委、宜昌市委书记、市人大常委会主任黄楚平在市五届人大七次会议闭幕时讲话：

市五届人大七次会议审查批准了宜昌市国民经济和社会发展第十三个五年规划纲要，审查批准了市人大常委会、“一府两院”工作报告和其他报告，表决通过《宜昌市人民代表大会及其常务委员会立法条例》和《宜昌市人民代表大会议事规则》，新设立了宜昌市人民代表大会法制委员会，选举部分市人大常委会组成人员。

2015年，是“十二五”规划收官之年。既定目标胜利实现，走出了一条“生态优先、产城融合、城乡一体、人城共进、智慧个性、包容共享”的城市绿色发展之路，创造了“理念带动、创新驱动、实干推动”宜昌发展模式。2016年是“十三五”规划的开局之年。面对新常态带来新机遇，新时期赋予新任务，我们必须负起新的担当，展现新的作为。希望全市各级人大机构和人大代表，进一步增强使命感、责任感和紧迫感，切实把思想行动统一到中央和省委市委决策部署上来，把智慧力量凝聚到宜昌改革发展实践上来。

坚持和完善人民代表大会制度，是全社会的共同责任。去年市委召开人大工作会议，出台了《关于进一步加强人大工作和建设的决定》，对加强人大工作和建设做出系统谋划和总体部署，要不折不扣地贯彻落实到位。要把党的领导、人民当家做主和依法治市有机统一起来，充分发挥党委总揽全局、协调各方的领导核心作用，加快形成各方支持人大工作的良好局面。市委将一如既往地支持市人大及其常委会依法开展工作，切实加强和改进对人大工作的领导，做到思想上重视、工作上信任、决策上尊重。各级党委要高度重视和支持人大工作，努力为人大创造宽松和谐的工作环境。“一府两院”要正确对待、自觉接受、积极配合人大监督，认真执行人大的决议决定，不断提高依法行政和公正司法水平。各级各部门要积极支持人大依法行使职权，主动为代表履职创造有利条件。

第四篇　宜昌市人民代表大会常务委员会

1979年宪法规定："县和县以上的地方各级人民代表大会设立常务委员会，它是本级人民代表大会的常设机关，对本级人民代表大会负责并报告工作。"1986年地方组织法规定："县级以上的地方各级人民代表大会常务委员会每届任期同本级人民代表大会每届任期相同，它行使职权到下届本级人民代表大会选出新的常务委员会为止。"县级以上的地方各级人大常委会的职权，从1979年地方组织法规定的11项发展到2004年地方组织法规的14项职权。据此，市九届人大一次会议于1981年2月首次设立宜昌市人大常委会。

1981年2月至1992年3月，市经历第九届至第十一届人大常委会三个届别的历程，共举行83次市人大常委会会议。详见表4—1。

市第九届至第十一届人大常委会统计表

表4—1　　单位：次、个、人次

市九届至十一届人大常委会	第九届	第十届	第十一届	合　计
召开市人大常委会会议次数	22	26	35	83
审议"一府两院"专项工作报告	31	45	58	134
审议法规实施及执法检查报告	1	11	20	32
审议代表选举和资格审查报告	1	2	6	9
审议建议办理报告	3	7	4	14
制定规范性文件	6	5	5	16
通过决议、决定	23	14	7	44
补选省人大代表	—	—	2	2
任命国家机关工作人员	154	176	142	472
免去国家机关工作人员的职务	63	63	45	171

1992年3月地市合并时，成立了新的宜昌市人大常委会筹备组。筹备组的使命是依法组织新的宜昌市一届人民代表大会代表的选举和筹备市一届人大一次会议召开。8月底，各县市区和解放军选举市级人大代表工作结束。9月中旬，召开市一届人大一次会议，选举产生市一届人大常委会的组成人员。1992年9月至2016年12月之间，宜昌市经历第一届至第五届人大常委会五个届别的历程，共举行167次市人大常委会会议。详见表4—2。

地市合并后第一届至第五届人大常委会统计表

表4—2　　单位：次、个、人次

宜昌市一届至五届人大常委会	第一届	第二届	第三届	第四届	第五届	合　计
召开市人大常委会会议次数	28	37	32	33	37	167
审议"一府两院"专项工作报告	47	52	39	59	114	311
审议法规实施及执法检查报告	27	29	21	18	19	114
审议述职或工作评议报告	—	13	9	9	36	67
审议调查、调研、视察报告	1	14	10	57	125	207
审议组成人员审议意见落实报告	—	—	9	15	77	101
审议议案办理报告	10	10	19	16	21	76
审议代表选举和资格审查报告	6	9	6	10	18	49
通过决议、决定	9	16	18	21	39	103
制定规范性文件	7	21	9	26	15	78
补选省人大代表	1	2	2	3	13	21
罢免或接受省人大代表辞职	—	1	—	2	16	19
任命国家机关工作人员	361	378	270	222	285	1516
免去国家机关工作人员的职务	49	235	122	162	192	760

第一章　宜昌市人民代表大会常务委员会的组成

1986年地方组织法规定："设区的市的人民代表大会常务委员会由本级人民代表大会在代表中选举主任、副主任若干人、秘书长、委员若干人组成。"据此，市和地市合并后的宜昌市历届人民代表大会均选举产生其人大常委会组成人员。详见表4—1—1。

历届市人大常委会组成人员统计表

表4—1—1　　单位：人

历届人民代表大会		首次选举常务委员会组成人员				
		主任	副主任	秘书长	委员	合计
地市合并前	宜昌市第九届人民代表大会	1	6		20	27
	宜昌市第十届人民代表大会	1	6		24	31
	宜昌市第十一届人民代表大会	1	5	1	21	28
地市合并后	宜昌市第一届人民代表大会	1	12	1（兼）	30	43
	宜昌市第二届人民代表大会	1	7	1	24	33
	宜昌市第三届人民代表大会	1	7	1	26	35
	宜昌市第四届人民代表大会	1	7	1	32	41
	宜昌市第五届人民代表大会	1	6	1	33	41

第一节　市九届人大常委会的组成

1981年以前，市历届人民代表大会均没有设立常委会。

1981年3月1日，"宜昌市人民代表大会常务委员会"印章开始起用。同年7月，市人大常委会设立办公室。办公室内设秘书、代表联络、政法、财经等四个科。

一、市九届人大常委会组成人员

1981年2月25日，市九届人大一次会议选举产生人大常委会组成人员共27人：主任1人：朱青；副主任6人：陈义炳、王冰、亢宏才、亓连三、李永发、杨实舜；委员（20人，按姓名笔画排序）：马苍石、卞肇义（女）、文振藻、龙鸣、冯锦卿、苏志爱、杜远金、李民、肖铁生、狄成祥、宋惠、宋景隆、张端英、陈传江、范世英（女）、林秀彬、岳忠权、郑光凯、曹积成、鄢国培。

二、市九届人大常委会组成人员变动情况

市九届人大常委会组成人员没有变动。

第二节 市十届人大常委会的组成

一、市十届人大常委会组成人员

1984年5月7日，市十届人大一次会议选举产生人大常委会组成人员共31人：主任1人：郝逢武；副主任6人：陈义炳、王维顺、汪敬祖、冯锦卿、常立柱、杨浩忠；委员（24人，按姓名笔画排序）：马苍石、王正国、王有前（女）、卞肇意（女）、冯中衡、朱正懿、陈传江、李显明（女）、吴宪征、苏志爱、宋景隆、杜远金、范世英（女）、林天枫、金正红、岳忠权、袁家希、梁继坪、顾国钧、黄洪一、曹积成、彭彦（女）、鄢国培、谭联喜。

二、市十届人大常委会组成人员变动情况

1984年10月10日，市十届人大常委会三次会议决定接受鄢国培辞去市人大常委会委员职务请求（鄢国培于1984年10月调省工作）。

1984年11月30日，市十届人大常委会四次会议决定免去袁家希市人大常委会委员职务（袁家希于1984年11月改任市一轻工业局局长）。

1984年12月，岳忠权因病去世。

1985年3月28日，市十届人大二次会议补选吴培德、李其木、尤竹君等三人为市人大常委会委员。

1986年8月21日，市十届人大常委会十六次会议决定接受尤竹君辞去市人大常委会委员职务（尤竹君于1986年8月改任市商业局营业科科长）。

1986年10月17日，市十届人大常委会十七次会议决定接受王有前辞去市人大常委会委员职务（王有前于1986年10月调武汉市工作）。

1987年10月21日，市十届人大常委会二十四次会议决定接受王正国、苏志爱辞去市人大常委会委员职务。

第三节 市十一届人大常委会的组成

一、市十一届人大常委会组成人员

1988年1月21日，市十一届人大一次会议会选举产生人大常委会组成人员共28人：主任1人：郝逢武；副主任5人：王维顺、汪敬祖、崔传礼、李华春、辛丹凤；秘书长1人：吴宪征；委员（21人，

按姓名笔画排序）：王淑珍（女）、朱正懿、杨天梅（女）、陈太长、李克、李华章、吴培德、张开明、张世栋、张兴本、张锡成、张琼龄、肖昌发、宋景隆、屈耀富、高宏准、秦燧泉、顾国钧、梁继坪、韩文炎、黎廷芳（女）。

二、市十一届人大常委会组成人员变动情况

1989年4月13日，市十一届人大常委会九次会议决定接受张世栋辞去市人大常委会委员职务。

1990年3月5日，市十一届人大常委会十六次会议决定撤销张锡成市人大常委会委员职务。

1990年10月17日，市十一届人大常委会二十一次会议决定接受张兴本辞去市人大常务委员会委员职务。

1991年3月12日—17日，市十一届人大四次会议补选市人大常委会组成人员：副主任：粟凯；委员：金泽兰、汤涛、张连生。

1992年3月5日，市十一届人大常委会三十一次会议决定接受汤涛辞去市人大常委会委员职务。

1992年3月15日，市十一届人大五次会议补选市人大常委会组成人员：副主任：李家余、戴振声；委员：田夫。

第四节　市一届人大常委会的组成

一、市一届人大常委会组成人员

1992年9月14日，市一届人大一次会议选举产生人大常委会组成人员共43人，其中：主任1人：赵复武；副主任12人：徐春浩、谢远照、周云焕、吴承富、粟凯、李国普、戴振声、李家余、龚尚华、王治山、邓启勋、江秀芳；秘书长1人：李国普（兼）；委员（30人，按姓名笔画排序）：邓联合、刘康明、刘德法、杨云峰、李善林、肖昌发、吴建宁、何业枞、汪正江、张万里、张正安、张兴本、张鸣谦、陈祖庆、林奇青、林家瑜、范钟明、易继纯、罗官章、周大斌、周友金、赵先觉、侯广忠、秦燧泉、郭汉惠（女）、郭泗溢、龚福达、傅继涛、廖达凤（女）、廖智轩。

二、市一届人大常委会组成人员变动情况

1994年7月21日，宜昌市一届人大常委会十一次会议决定林奇青市人大常委会委员职务自行终止（因调往深圳市工作）。

1996年3月1日，宜昌市一届人大五次会议，审议《关于接受李国普辞去兼任的市人大常委会秘书长职务、范钟明辞去市人大常委会委员职务请求的决定》，选补市人大常委会组成人员：副主任：柏世友；秘书长：王少愚；委员：朱吉荣、张天文、周登品。

第五节　市二届人大常委会的组成

一、市二届人大常委会组成人员

1997年3月31日，市二届人大一次会议选举产生人大常委会组成人员共33人，其中：主任（1人）：赵复武；副主任（7人）：柏世友、张子仪、符利民、李家余、肖道根、江秀芳、赵君礼；秘书长（1人）：王少愚；委员（24人，按姓名笔画排序）：王光元、王祖谟、王肇华、车国荣、邓立新、甘泽清、田太富、冯淑珍、匡天文、朱吉荣、邬永坤、刘明国、李作志、李泽泉、李善林、杨诗亮、别必雄、张天文、张兴本、陈如意、周登品、梅峰、黄利鸣、龚福达。

二、市二届人大常委会组成人员变动情况

1998年2月19日，市二届人大三次会议选补市人大常委会委员：朱守纪、刘仁新、李忠信、邹旭昌、张鹏。

2000年2月28日，市二届人大五次会议选补市人大常委会组成人员：副主任：甘家宽；委员：杨正谋、陈汝斌、龚尚玉。

2001年2月23日，市二届人大常委会三十次会议通过《接受张子仪、符利民辞去市人大常委会副主任职务、王少愚辞去市人大常委会秘书长职务请求的决定》。

2001年2月26日，市二届人大五次会议选补市人大常委会组成人员：秘书长：李和奎；委员：齐福堂、杨明德、袁春堂。

第六节　市三届人大常委会的组成

一、市三届人大常委会组成人员

2002年4月9日，市三届人大一次会议选举产生人大常委会组成人员共35人，其中：主任（1人）：孙志刚；副主任（7人）：赵复武、肖道根、张治国、李和奎、周围、黄传林、戴丽莉；秘书长（1人）：李业雄；委员（26人，按姓名笔画排序）：丁先雄、王光元、王家全、史久坤、冯淑珍（女）、邬永坤、刘仁新、齐福堂、杨建明、杨尚聘、李善林、肖振斌、吴诗权、邹旭昌、张再春、张建国、张鹏、陈和春、陈振华、尚葵（女）、周学文、周登品、袁春堂、龚尚玉、彭泽清（女）、程林发。

二、市三届人大常委会组成人员变动情况

2002年11月日，市三届人大常委会四次会议：接受孙志刚辞去市三届人大常委会主任、彭泽清辞去市三届人大常委会委员职务请求。

2002年12月20日，市三届人大二次会议选举郑少三为市人大常委会主任。

2004年2月24日，市三届人大四次会议：接受郑少三辞去市人大常委会主任职务的请求；补选李佑才为市人大常委会主任；接受袁春堂、陈振华、李善林、龚尚玉、齐福堂、王光元、丁先雄、程林发等8人辞去市人大代表职务的请求，其原任的市人大常委会委员和市三届人大有关专门委员会主任委员职务相应终止；补选市人大常委会委员（8人）：王道本、冯新华、向克林、刘承元、孙维全、张德林、范晓岚（女）、陶远震。

2005年2月27日，市三届人大五次会议：接受赵复武辞去市人大常委会副主任职务的辞呈。补选周水舟为市人大常委会副主任。

2006年3月4日，市三届人大六次会议补选市人大常委会组成人员：副主任：吴开保；秘书长：谢永和；委员：方正全、杨元堂、洪昌福、蒋光明。

第七节　市四届人大常委会的组成

一、市四届人大常委会组成人员

2007年1月28日，市四届人大一次会议选举产生市人大常委会组成人员共41名：主任（1人）：李佑才；副主任（7人）：张建一、张为民、周厚贵、艾苍松、吴开保、谭春玉、邹正金；秘书长（1人）：谢永和；委员（32人，按姓名笔画排序）：马仕华、王华利、邓玉华、龙兵、田太富(土家族)、吕家安(女)、朱复胜、向红云、刘远立、刘宗林、牟敦莉(女)、李中林(土家族)、李建华、杨尚聘、肖振斌、余跃进、宋涛、张毅、张学才、张德林、陈宏灿、陈和春、尚葵(女)、赵木森、胡仁义、俞学锋、陶远震、梅长青、望蓉(女)、蒋远华、童孔玲、谭少华。

二、市四届人大常委会组成人员变动情况

2008年3月6日，市四届人大常委会八次会议：接受李佑才辞去市人大常委会主任职务的请求。

2008年3月29日，市四届人大三次会议选举郭有明为市人大常委会主任。

2010年2月26日，市四届人大五次会议：接受陶远震、张毅辞去市人大常委会委员职务。补选秦大常、罗志勇为市人大常委会委员。

2011年1月26日，市四届人大六次会议：审议市人大常委会《关于接受张为民辞去宜昌市四届人大常委会副主任职务请求的决定》《关于接受杨尚聘、刘远立、吕家安、张德林、陈宏灿、朱复胜、牟敦莉、马仕华、邓玉华、宋涛、王华利辞去宜昌市四届人大常委会委员职务请求的决定》。选举王向前、张盛新、张德才、陈红、罗春焜、赵儒铭、姚莉、斯平为市人大常委会委员。

2011年5月31日，市四届人大常委会二十九次会议决定接受田太富辞去市人大常委会委员的职务。

第八节　市五届人大常委会的组成

一、市五届人大常委会组成人员

2012年1月9日，市五届人大一次会议选举产生人大常委会组成人员共41人：主任（1人）：郭有明；副主任（6人）：张建一、王宏强、吴开保、谭春玉、邹正金、陈和春；秘书长（1人）：雷元海；委员（33人，按姓名笔画排序）：王向前、艾苍松、龙兵、任蔚（女）、向红云、刘宗林、李杰、李国璋、李柏红、李俊昌、吴珊珊（女）、余跃进、张业发、张德才、陈红（女）、罗志勇、罗春烺、郑龙、屈家喜、赵训刚、赵儒铭、俞学锋、姚金忠、秦大常（土家族）、梅长青、曹诗芬（女）、梁华、斯平、蒋远华、覃益盛、程少人、蔡运华、谭少华。

二、市五届人大常委会组成人员变动情况

2003年7月17日，市三届人大常委会九次会议：接受郭有明辞去市人大常委会主任职务的请求，接受张德才辞去市人大常委会委员职务的请求。

2012年8月，市五届人大二次会议补选黄楚平为市人大常委会主任。

2014年1月，市五届人大五次会议：审议市五届人大常委会十五次会议《接受任蔚辞去宜昌市人民代表大会常务委员会委员职务请求的决定》。补选市人大常委会组成人员：副主任：王金建；委员：邹志坚、张军平、周赟鸿（女，土家族）。

2014年1月6日，市五届人大常委会十五次会议通过《关于个别代表的代表资格报告》中反映：斯平因病去世而终止代表资格。据此，斯平的市人大常委会委员职务相应终止。

2014年5月29日，市五届人大常委会十七次会议通过《关于个别代表的代表资格的报告》中反映：当阳市人大常委会于5月19日接受王宏强辞去宜昌市人大代表职务的请求。据此，王宏强担任的宜昌市人大常委会副主任职务相应终止。

2014年8月，市五届人大常委会二十次会议通过的《关于个别代表的代表资格的报告》中反映：宜都市人大常委会于8月21日接受谭春玉辞去宜昌市人大代表职务的请求。据此，谭春玉担任的市人大常委会副主任职务相应终止。

2014年9月，市五届人大常委会二十一次会议通过《关于接受秦大常辞去宜昌市五届人大常委会委员、宜昌市五届人民代表大会民族宗教外事侨务委员会主任委员职务请求的决定》。

2015年1月，市五届人大常委会二十三次会议通过《宜昌市人民代表大会常务委员会关于接受向红云辞去宜昌市人民代表大会常务委员会委员职务请求的决定》。

2015年1月，市五届人大六次会议选补市人大常委会组成人员：副主任：吴康年、尚葵；委员：王云清（满族）、李传文（土家族）。

2015年7月，市五届人大常委会二十六次会议通过《关于接受吴开保、邹正金辞去宜昌市五届人大常委会副主任职务请求的决定》《关于接受李俊昌辞去宜昌市五届人大常委会委员、宜昌市人大教育科学文化卫生委员会主任委员职务请求的决定》。

2015年9月，市五届人大常委会二十七次会议：通过《关于接受雷元海辞去宜昌市五届人大常委会秘书长职务请求的决定》《关于个别代表的代表资格的报告》中反映：夷陵区选举的宜昌市人大代表谭少华因已退休、远安县选举的宜昌市人大代表张军平因病去世，其代表和市人大常委会委员的职务相应终止。

2016年1月，市人大常委会三十次会议通过《关于部分代表的代表资格的报告》，接受艾苍松、张业发辞去代表职务，其担任的市人大常委会委员职务相应终止。

2016年1月，市五届人大常委会三十一次会议接受李柏红辞去市人大常委会委员职务的请求。

2016年1月，市五届人大七次会议选补市人大常委会部分组成人员：副主任：廖达凤；秘书长：杜伟；委员：王兴会、刘永生、李兴慧（女）、陈道军、黄传喜、黄逊志、黎开锋。

2016年7月，市人大常委会三十四次会议通过的《关于部分代表的代表资格的报告》反映：秭归县选举的市人大代表、市人大常委会委员屈家喜因到龄退休辞去代表职务，其市第五届人大常委会委员的职务相应终止。

2016年11月，市人大常委会三十六次会议通过《关于接受张建一同志辞去宜昌市第五届人民代表大会常务委员会副主任职务请求的决定》。

第二章　宜昌市人大常委会历届历次会议

1979年地方组织法规定："常务委员会会议由主任召集，每两个月至少举行一次。"据此，市第九届至第十一届人大常委会共召开83次会议，地市合并后的市第一届至第五届人大常委会共召开167次会议。

第一节　市九届人大常委会会议

市九届人大常委会共召开22次会议。共听取和审议"一府两院"和市人大常委会工作机构所作的工作报告36个（其中："一府两院"工作报告31个、执法检查报告1个、提案或议案办理报告3个、代表选举报告1个）；做出决议、决定23个（不含召开市人民代表大会会议和人事任免的决定）；制定和修订规范性文件6个；任命国家机关工作人员154人次；免去国家机关工作人员的职务63人次。

第一次会议

1981年2月26日，市九届人大常委会举行第一次会议（资料缺失）。

第二次会议

1981年5月8日—9日，市九届人大常委会举行第二次会议，出席23人，缺席4人。会议主要内容：学习了地方组织法有关章节和全国人大常委会副委员长彭真的讲话，讨论了市人大常委会的职权范围和工作任务。回顾了市九届人大常委会一次会议以来的工作情况，确定了市九届人大常委会正、副主任及委员的分工；听取和审议市经济委员会副主任芦明林所作的《全市一季度工交生产情况和今年工业调整意见的汇报》；听取和审议市人大常委会办公室主任文振藻所作的《关于〈宜昌市人大代表提案工作暂行规定〉的说明》，通过《宜昌市人大代表提案工作暂行规定》；审议通过《宜昌市九届人大常委会关于联系代表和处理代表意见的暂行办法》；听取和审议市人大常委会办公室主任文振藻所作的《关于市九届人大一次会议提案的整理情况和处理意见的报告》。

第三次会议

1981年7月9日—11日，市九届人大常委会举行第三次会议，出席25人，缺席2人。会议主要内容：学习了中共十一届六中全会的文件和五届全国人大常委会十九次会议文件；听取和讨论了市人民政府副市长徐行所作的《宜昌市1981年上半年国民经济计划执行情况的汇报》，通过《批准宜昌市1981年上半年国民经济计划执行情况的汇报的决议》；听取和审议市公安局局长高宏准所作的《整顿社会治安情况的汇报》、市爱卫会办公室副主任边竞所作的《市容卫生情况的汇报》，通过《关于进一步整顿社会治安和交通、卫生的决议》；审议《宜昌市法律顾问处收费暂行办法（草案）》，通过《关于批准〈宜昌市法律顾问处收费暂行办法〉的决议》；审议通过人事任免事项。

第四次会议

1981年9月9日—11日，市九届人大常委会举行第四次会议，出席20人，缺席7人。会议主要内容：听取和审议市人大常委会办公室主任文振藻所作的《关于〈宜昌市人大代表提案工作暂行规定〉的说明》，通过《宜昌市人大代表提案工作暂行规定》；听取和审议市人民政府农办主任刘宗高所作的《关于今年前八个月蔬菜产销工作的情况汇报》，通过《关于加强和改进蔬菜生产和经营管理的决议》；听取和审议市劳动局局长陈文忠所作的《关于发展第三产业，安置行业青年工作的情况汇报》，通过《关于加快发展第三产业集体经济和个体经济，广开就业门路的决议》；听取和审议市计划生育办公室副主任艾诗波所作的《关于计划生育工作情况的汇报》，通过《关于进一步加强计划生育工作的决议》；任命和批准任命了市中级人民法院、市人民检察院的相关工作人员。

第五次会议

1981年11月10日，市九届人大常委会举行第五次会议，出席18人，缺席9人。会议主要内容：讨论、研究召开市九届人大二次会议的相关事宜。通过《关于召开宜昌市九届人大二次会议的决定》；听取和审议市人民政府办公室主任鹿振中所作的《关于市九届人大一次会议议案办理情况的汇报》，会议提出了八条审议意见和建议。

第六次会议

1982年1月7日—8日，市九届人大常委会举行第六次会议，出席23人，缺席4人。会议主要内容：听取五届全国人大代表余明生所作的《关于五届全国人大四次会议精神的传达报告》，通过《关于认真贯彻五届全国人大四次会议精神的决议》；听取了市人民政府副市长倪忠俊所作的《关于省、市计划会议精神传达报告》；听取了市财办李培文、市菜办刘鼎关于春节物资供应安排意见汇报；审议通过《关于补选出缺和留缺的宜昌市九届人民代表大会代表的决定》；研究了市九届人大二次会议的各项准备工作。

第七次会议

1982年1月21日，市九届人大常委会举行第七次会议，出席20人，缺席7人。会议主要内容：决定市人民政府个别副市长和市人民政府有关职能局局长的任免。

第八次会议

1982年2月24日，市九届人大常委会举行第八次会议，出席20人，缺席7人。会议主要内容：审议通过《宜昌市人大常委会关于授予杜远金等39位劳动模范荣誉称号的决定》。39位劳动模范是：杜金远、尤永金、罗军（女）、李佳才、王永祥、杨茂积、方公达、李信芝（女）、李德成、朱银龙、罗万宜、田义清、殷启山、刘广海、杨冬和、王功杰、王福英（女）、张仁瑞、陈启富、李友仁、王家玉（女）、孙永太、牟少富、姜振孝、曹积成、刘大勤、刘阳富、王昌林、朱宏刚、陈世英（女）、张苏桥、范卫明、许宝秀（女）、江心凤（女）、赵远寿、王贞孝（女）、李显明（女）、王学秀（女）、牟志英（女）。

第九次会议

1982年3月5日，市九届人大常委会举行第九次会议，出席22人，缺席5人。会议主要内容：审议通过《关于召开宜昌市九届人大二次会议的决定》；审议《宜昌市人大常委会工作报告（草案）》；听取了市人大常委会办公室主任文振藻所作的《关于补选出缺和留缺的市九届人民代表大会代表的情况汇报》；通过《关于罢免刘发兴、叶少云市九届人大代表的决议》；审议通过人事任免事项。

第十次会议

1982年4月15日—16日，市九届人大常委会举行第十次会议，出席19人，缺席8人。会议主要内容：认真学习中共中央、国务院《关于打击经济领域中严重犯罪活动的决定》；听取市人大常委会副主任李永发所作的《关于湖北省五届人大常委会十四次会议精神的传达报告》；听取和审议市人民政府副市长倪忠俊所作的《关于进一步开展打击经济领域中严重犯罪活动斗争的报告》，审议通过《宜昌市人大常委会关于坚决打击经济领域中严重犯罪活动的决议》；讨论研究了市九届人民代表大会第二次会议提案的交办和组织委员、代表视察开展“五讲四美”活动等事宜；讨论通过人事任命事项。

第十一次会议

1982年5月26日—28日，市九届人大常委会举行第十一次会议，出席20人，缺席7人。会议主要内容：传达贯彻湖北省五届人大常委会十五次会议精神；学习、讨论《中华人民共和国宪法修改草案》；听取了市人大常委会秘书长文振藻所作的《关于打击经济领域严重犯罪活动检查情况的汇报》；审议《关于〈宜昌市人民代表大会常务委员会任免工作暂行办法〉的说明》，审议通过《宜昌市人民代表大会常务委员会任免工作暂行办法》；审议通过人事任命事项。

第十二次会议

1982年8月18日—21日，市九届人大常委会举行第十二次会议，出席23人，缺席4人。会议主要内容：听取市人大常委会副主任王冰所作的《关于湖北省五届人大常委会十六次会议精神的传达》；听取和审议市人民政府副市长倪忠俊所作的《关于宜昌市1982年国民经济和社会发展计划安排及上半年执行情况的报告》，审议通过《关于争取全面完成和超额完成宜昌市1982年国民经济和社会发展计划的决议》；听取和审议市财政局局长李克所作的《关于宜昌市1981年财政决算和1982年财政预算草案的报告》，审议通过《批准宜昌市1981年财政决算、1982年财政预算草案的决议》；听取和审议市中级人民法院院长王振声所作的《关于实施民事诉讼法准备工作情况的报告》，审议通过《宜昌市人大常委会关于实施〈中华人民共和国民事诉讼法（试行）〉的决议》；听取和审议市人民检察院检察长杨守朴所作的《宜昌市人民检察院1982年上半年工作报告》；听取和审议市中级人民法院院长王振声所作的《宜昌市中级人民法院1982年上半年工作情况和下半年工作要点的报告》；听取和审议市公安局局长高宏准所作的《关于整顿社会治安情况的汇报》；听取和审议市人民政府秘书长鹿振中所作的《关于全市上半年开展“五讲四美”活动的情况和今后深入开展“五讲四美”活动的意见》，审议通过《宜昌市人大常委会关于深入持久开展“五讲四美”活动的决议》；听取和审议市环境保护局局长张如颜所作的《关于宜昌市环境质量与防治污染意见的报告》；听取了市人大常委会秘书长文振藻所作的《关于学习、讨论〈中华人民共和国宪法修改草案〉的情况汇报》；审议通过人事任免事项。

第十三次会议

1982年10月18日—20日，市九届人大常委会举行第十三次会议，出席23人，缺席4人。会议主要内容：听取市人大常委会副主任王冰传达湖北省五届人大常委会十八次会议精神；审议市人民政府副市长杨尚贤所作的《关于城市规划、建设及管理情况的汇报》，审议市城建局杨庚禹所作的《关于〈宜昌市城市建设管理实施细则〉的说明》。审议通过《关于批准〈宜昌市城市建设管理实施细则〉的决议》；审议市环境保护局局长董星斋所作的《关于〈宜昌市环境保护实施细则（草案）〉的说明》，审议通过《关于批准〈宜昌市环境保护实施细则〉的决议》；审议市城建局杨庚禹所作的《关于今冬明春绿化工作安排意见的报告》，审议通过《宜昌市人大常委会关于进一步开展植树绿化工作的决议》；听取和审议市人民政府办公室主任史昌远所作的《关于市五届人大二次会议提案办理情况的报告》；通过人事任命事项。

第十四次会议

1982年12月21日—22日，市九届人大常委会举行第十四次会议，出席20人，缺席7人。会议主要内容：审议通过《宜昌市人大常委会关于学习贯彻〈中华人民共和国宪法〉的决议》；听取和审议市公安局局长高宏准所作的《关于今年社会治安情况和今冬明春加强整顿社会治安工作的汇报》；听取和审议市物价局局长谢德芳所作的《关于宜昌市1982年物价情况和今后工作意见的报告》；听取和审议市计划生育办公室主任艾诗波所作的《关于实施〈宜昌市人大常委会关于进一步加强计划生育工作的决议〉情况的报告》；听取和审议市财办副主任张立瑚所作的《关于宜昌市1983年元旦春节物资供应安排意见》；审议通过人事任免事项。

第十五次会议

1983年3月1日，市九届人大常委会举行第十五次会议，出席22人，缺席5人。会议主要内容：市人大常委会主任朱青传达湖北省人大常委会十九次和二十次会议精神；审议通过《关于召开宜昌市九届人大三次会议的决定》；审议通过人事任免事项。

第十六次会议

1983年5月17日，市九届人大常委会举行第十六次会议，出席18人，缺席9人。会议主要议程；讨论研究贯彻湖北省六届人大一次会议精神的事宜；审议通过《关于进一步加强社会主义法制宣传教育工作的决议》；听取和审议市人大常委会副主任杨实舜所作的《关于修改〈宜昌市人民代表大会常务委员会任免工作暂行办法〉有关条文的说明》，审议通过《关于修改〈宜昌市人民代表大会常务委员会任免工作暂行办法〉有关条文的决议》；审议通过人事任免事项。

第十七次会议

1983年6月14日，市九届人大常委会举行第十七次会议，出席20人，缺席7人。会议主要内容：认真学习六届全国人大一次会议文件；听取和审议市人民政府副市长颜钟一所作的《关于〈宜昌市建设拆迁安置管理办法(草案)〉的说明》；听取和审议市人大常委会副主任亓连三所作的《关于〈宜昌市建设拆迁安置管理办法(草案)〉的修改情况及今后实施的一些意见》；听取和审议市人民政府副秘书长向家才所作的《关于〈宜昌市建设拆迁安置管理办法(草案)〉的补充说明》；审议通过《关于批准〈宜昌市建设拆迁安置管理办法〉的决议》；审议通过人事任免事项。

第十八次会议

1983年8月16日—17日，市九届人大常委会举行第十八次会议，出席18人，缺席9人。会议主要内容：学习彭真委员长在六届全国人大常委会一次会议上的讲话要点；听取市人大常委会主任朱青所作的《关于湖北省六届人大常委会三次会议精神传达汇报》；听取和审议市人民政府副市长倪忠俊所作的《今年七月以来市人民政府抓的三项重大工作的情况汇报》。

第十九次会议

1983年10月12日—13日，市九届人大常委会举行第十九次会议，出席21人，缺席6人。会议主要内容：听取市人大常委会副主任亓连三所作的《关于湖北省六届人大常委会四次会议精神的传达汇报》；听取和审议市人民政府副市长倪忠俊所作的《关于宜昌市坚决压缩基建规模，确保国家重点建设，同党中央保持一致》的报告；听取和审议市公安局局长高宏准所作的《关于宜昌市严厉打击刑事犯罪活动情况的汇报》；听取和审议市经济委员会主任杨长森所作的《关于全市加强企业整顿，实现转轨变型，努力提高经济效益的情况汇报》；审议通过人事任免事项。

第二十次会议

1983年12月20日—22日，市九届人大常委会举行第二十次会议，出席20人，缺席7人。会议主要内容：听取市人大常委会副主任亢宏才所作的《关于湖北省六届人大常委会五次会议精神的传达汇报》；听取和审议市财政局局长陈光迪所作的《关于宜昌市1982年财政决算和1983年财政预算执行情况的报告》，审议通过《关于批准宜昌市1982年财政决算和1983年财政预算执行情况的报告的决议》；听取和审议市规划园林管理局局长姚顺保所作的《关于今冬明春全市绿化工作情况的汇报》；审议通过人事任免事项。

第二十一次会议

1984年2月12日，市九届人大常委会举行第二十一次会议，出席18人，缺席9人。会议主要内容：审议通过《关于宜昌市九届人民代表大会和郊区人民公社第三届人民代表大会换届的决定》；听取和审议市人大常委会副主任陈义炳所作的《关于〈宜昌市十届人民代表大会代表选举方案〉的几点说明》，审议通过《宜昌市十届人大代表选举方案》；审议通过《宜昌市选举委员会组成人员名单》；审议通过人事任免事项。

第二十二次会议

1984年4月23日，市九届人大常委会举行第二十二次会议，出席20人，缺席7人。会议主要内容：听取市人大常委会林金明同志所作的《关于选举工作情况的汇报》；听取市人大常委会办公室主任吴宪征所作的《关于宜昌市十届人大一次会议筹备情况的汇报》；审议通过《关于召开宜昌市十届人大一次会议日期的决定》《宜昌市十届人大一次会议议程（草案)》《宜昌市十届人大一次会议主席团和秘书长建议名单》《宜昌市十届人民代表大会代表资格审查委员会建议名单》《宜昌市十届人大议案审查委员会建议名单》《宜昌市十届人大财政预算审查委员会建议名单》《宜昌市人大常委会工作报告(草案)》；听取和审议市人大常委会主任朱青所作的《关于〈宜昌市人大常委会议案工作暂行规定(草案)〉的说明》，审议通过《宜昌市人大常委会关于议案工作暂行规定》；审议通过《宜昌市人大常委会关于市树市花的决定》。

第二节　市十届人大常委会会议

市十届人大常委会共召开26次会议。共听取和审议“一府两院”和市人大常委会工作机构所作的工作报告65个（其中：“一府两院”工作报告45个、法律法规实施报告10个、选举工作报告1个、代表资格审查报告1个、执法检查报告1个、提案办理报告7个）；做出决议、决定14个（不含召开市人民代表大会会议《决定》和人事任免的《决定》）；制定和修订规范性文件5个；任命国家机关工作人员176人次；免去国家机关工作人员的职务63人次。

第一次会议

1984年6月8日—9日，市十届人大常委会举行第一次会议，出席25人，缺席6人。会议主要内容：听取六届全国人大代表、市人大常委会主任郝逢武所作的《关于六届全国人大二次会议精神的传达报告》；听取和审议市人民政府副市长倪忠俊所作的《关于宜昌市人民政府机构改革的报告》；听取和审议市人民政府副市长颜钟一所作的《关于宜昌市总体规划实施情况的汇报》；审议通过《宜昌市十届人大常委会工作要点》；审议通过人事任免事项。

市人大常委会主任郝逢武在总结讲话中强调：要做好人大常委会工作，必须对地方人大常委会的性质、地位和作用有正确的认识；必须对地方人大常委会的职权和工作任务有深刻的理解；必须加强人大常委会的自身建设；必须依靠党的领导、上级人大常委会的指导，吸取外地的先进经验。

第二次会议

1984年8月2日—4日，市十届人大常委会举行第二次会议，出席22人，缺席9人。会议主要内容：听取了市人大常委会副主任陈义炳所作的《关于全省各市州县人大常委会工作经验交流大会精神的传达报告》；听取和审议市人民政府副市长吴雅所作的《宜昌市1984年上半年经济体制改革情况和下半年改革意见的报告》。审议通过《关于〈宜昌市1984年上半年经济体制改革情况和下半年改革意见的报告〉的决议》；听取和审议市人民政府副市长谢远照所作的《关于宜昌市严厉打击刑事犯罪活动的情况和开展“法制宣传、综合治理活动月”意见的报告》，审议通过《关于〈宜昌市严厉打击刑事犯罪活动的情况和开展“法制宣传、综合治理活动月”意见的报告〉的决议》；听取和审议市人民政府副市长崔传礼所作的《关于宜昌市上半年爱国卫生工作情况和深入开展夏季爱国卫生运动意见的报告》，审议通过《关于〈宜昌市上半年爱国卫生工作情况和深入开展夏季爱国卫生运动意见的报告〉的决议》；听取和审议市人民政府副市长崔传礼所作的《关于贯彻湖北省计划生育工作会议精神有关问题的报告》；审议通过《关于加强同人大代表联系，充分发挥人大代表的作用的意见》；审议通过《关于设立宜昌市人民代表大会常务委员会法制、财政经济、城乡建设、教育科学文化卫生四个工作委员会的决定》；审议通过人事任免事项。

第三次会议

1984年10月9日—10日，市十届人大常委会举行第三次会议，出席23人，缺席8人。会议主要内容：听取和审议市人民政府副市长崔传礼所作的《关于全市开展夏秋季爱国卫生运动情况汇报》；听取和审议市公安局局长高宏准所作的《关于宜昌市严厉打击刑事犯罪活动第二战役第一仗情况的汇报》；听取和审议市规划园林管理局副局长姚顺保所作的《关于全市执行市树市花决定的情况汇报》；审议通过《宜昌市人大常委会任命国家机关工作人员暂行办法》；审议通过人事任免事项。

市人大常委会主任郝逢武在总结讲话中，就做好下次会议前的工作讲了三点意见：一是应当紧紧抓住城市经济体制改革这项中心工作；二是要发挥市人大常委会各工作委员会的作用；三是从开过的三次会议情况来看，有两点需要改：提交市人大常委会研究的事项，要考虑远一点，能把一年的议题都事先排出来更好；主任会议研究提出的例会议题，要将材料提前印发给市人大常委会各位委员，以便做好发言准备。

第四次会议

1984年11月29日—30日，市十届人大常委会举行第四次会议，出席19人，缺席12人。会议主要内容：听取和审议市人民政府副市长倪忠俊所作的《关于〈发展城乡个体经济的暂行规定〉的说明》，审议通过《宜昌市人民政府关于发展城乡个体经济的暂行规定》；听取和审议市“五讲四美三热爱”活动委员会副主任兼办公室主任黄大钧所作的《关于宜昌市1984年“五讲四美三热爱”活动情况的汇报》；审议通过《免去袁家希市人大常委会委员职务的决定》；审议通过人事任免事项。

第五次会议

1984年12月26日，市十届人大常委会举行第五次会议，出席19人，缺席11人。会议主要内容：听取和审议市人大常委会秘书长吴宪征所作的《关于召开市十届人大二次会议的决定(草案)的说明》，审议通过《关于召开宜昌市十届人大二次会议的决定》；听取和审议市人民政府秘书长战玉栋所作的《关于宜昌市十届人大一次会议代表建议、意见办理情况的汇报》；听取和审议市人民政府副秘书长史昌远所作的《关于宜昌市沿江大道上中段建设工程的情况汇报》。

第六次会议

1985年3月13日，市十届人大常委会举行第六次会议，出席20人，缺席10人。会议主要内容：听取和讨论了市人大常委会办公室副主任赵近春所作的《关于宜昌市十届人大二次会议筹备情况的汇报》。决定3月26日召开宜昌市二届人大二次会议；审议通过《宜昌市十届人大二次会议主席团和秘书长建议名单》；听取和审议市人大常委会秘书长吴宪征所作的《关于宜昌市十届人大一次会议议案办理情况的汇报》；审议通过人事任免事项。

第七次会议

1985年5月17日，市十届人大常委会举行第七次会议，出席18人，缺席12人。会议主要内容：传达市委书记张忠民在1985年5月17日举行的市委扩大会议上的讲话精神；传达六届全国人大三次会议和湖北省六届人大三次会议精神；听取和审议市人民政府副市长颜钟一所作的《关于提请市人大常委会审议〈宜昌市市民守则(草案)〉的说明》，审议通过《关于宜昌市市民守则的决议》；审议通过人事任免事项。

第八次会议

1985年7月23日—24日，市十届人大常委会举行第八次会议，出席28人，缺席2人。会议主要内容：听取和审议市人民政府副市长颜钟一所作的《关于贯彻实施〈宜昌市市民守则〉的情况汇报》，听取了市人大常委会调查组《关于〈宜昌市市民守则〉贯彻实施情况的调查报告》；听取和审议市卫生局副局长郑在武所作的《关于全市贯彻实施药品管理法情况及今后工作意见的报告》。听取了市人大常委会调查组《关于全市贯彻药品管理法情况的调查报告》。审议通过《关于贯彻实施药品管理法的决议》；听取和审议市人民政府秘书长战玉栋所作的《关于宜昌市十届人大二次会议议案办理情况的报告》；审议通过人事任免事项。

第九次会议

1985年9月24日—25日，市十届人大常委会举行第九次会议，出席21人，缺席9人。会议主要内容：学习座谈胡耀邦同志在中国共产党全国代表会议上的开幕词；听取和审议市体改办副主任周光球所作的《关于全市经济体制改革情况的汇报》；听取和审议市财政局局长陈光迪所作的《关于宜昌市1985年财政预算执行情况和争取实现全年财政收支平衡的汇报》；听取和审议市审计局局长李世珍所作的《关于宜昌市开展审计工作情况的汇报》；听取和审议市财政局副局长赵泽黎所作的《关于宜昌市宣传和贯彻会计法情况的报告》，审议通过《关于认真贯彻实施会计法的决议》；听取和审议市公安局局长高宏准所作的《关于当前社会治安情况及下步工作意见的汇报》；审议通过人事任免事项。

第十次会议

1985年11月19日—21日，市十届人大常委会举行第十次会议，出席22人，缺席8人。会议主要内容：学习中国共产党全国代表会议的文件；听取和审议市人民检察院检察长杨承忠所作的《关于全市检察机关打击严重经济犯罪活动的情况汇报》；听取和审议市工商行政管理局局长李作云所作的《关于全市打击经济违法活动的情况汇报》，审议通过《关于打击经济违法犯罪活动的决议》；听取和审议市政府财贸办公室主任程林发所作的《关于全市副食品供应情况和1986年元旦、春节物资安排的情况汇报》；审议通过人事任免事项。

第十一次会议

1986年1月15日—16日，市十届人大常委会举行第十一次会议，出席23人，缺席7人。会议主要内容：听取市人大常委会副主任汪敬祖所作的《关于湖北省各级人大常委会工作经验交流会情况的汇报》；听取和审议市人民政府秘书长战玉栋所作的《关于宜昌市十届人大二次会议议案和代表建议意见办理情况的汇报》；听取和审议市司法局局长陈祖庆所作的《关于用五年时间在全市公民中基本普及法律常识的报告》；审议通过人事任免事项。

第十二次会议

1986年2月4日，市十届人大常委会举行第十二次会议，出席25人，缺席5人。会议主要内容：听取和审议市人大常委会办公室副主任赵近春所作的《关于市十届人大三次会议准备工作情况的汇报》。审议通过《关于召开宜昌市十届人大三次会议的决定》；通过《宜昌市十届人大三次会议议程(草案)》和《宜昌市十届人大三次会议主席团和秘书长建议名单（草案）》；听取和审议市财政局局长陈光迪所作的《宜昌市1984年财政决算的报告》，审议通过《关于〈宜昌市1984年财政决算的报告〉的决议》。

第十三次会议

1986年3月6日，市十届人大常委会举行第十三次会议，出席21人，缺席9人。会议主要内容：审议通过《宜昌市人大常委会工作报告（草案）》。

第十四次会议

1986年4月24日—25日，市十届人大常委会举行第十四次会议，出席25人，缺席5人。会议主要内容：听取和审议市人民政府副市长符利民所作的《关于向全市公民基本普及法律常识的五年规划（要点）》；审议通过《关于向全市公民基本普及法律常识的决议》；听取和审议市统计局局长罗良寿所作的《关于全市贯彻实施统计法情况和意见的汇报》；听取和审议市人民政府副秘书长王浚山所作的《关于全市实行门前三包加强城市管理情况的汇报》；审议通过《关于罗清泉代理市长的决定》。

第十五次会议

1986年6月24日—25日，市十届人大常委会举行第十五次会议，出席23人，缺席7人。会议主要内容：听取和审议市经济体制改革委员会办公室副主任周光球所作的《关于全市1986年上半年经济体制改革进展情况的汇报》；听取和审议市人民政府副市长符利民所作的《关于全市贯彻实施〈中华人民共和国义务教育法〉有关问题的汇报》；听取和审议市食品卫生领导小组副组长欧阳忠兴所作的

《关于全市贯彻实施食品卫生法情况的报告》；听取和审议市郊工委副主任阎建民所作的《关于在全市贯彻施行〈渔业法〉情况的汇报》；听取和审议市计量管理局肖永岷所作的《关于宣传贯彻计量法情况的汇报》；审议通过《关于撤销袁家希市一轻工业局局长职务的决定》和《关于符利民等人职务任免的决定》。

第十六次会议

1986年8月19日—21日，市十届人大常委会举行第十六次会议，出席24人，缺席6人。会议主要内容：听取市人大常委会副主任王维顺传达湖北省六届人大常委会二十二次会议精神。学习中共中央（1986）18号文件和《彭真委员长在省、直辖市、自治区人大常委会负责人座谈会上的讲话》；播放了《中国政法大学副教授廉希圣关于宪法讲座》录像；听取和审议市计划委员会主任刘康民所作的《宜昌市1986年上半年国民经济和社会发展计划执行情况的报告》；听取和审议市财政局局长陈光迪所作的《宜昌市1986年上半年财政预算执行情况的汇报》；审议通过《关于陈元璋等职务任命的决定》和《关于批准尤竹君辞去市人大常委会委员的职务的决定》。

第十七次会议

1986年10月16日—17日，市十届人大常委会举行第十七次会议，出席18人，缺席11人。会议主要内容：传达学习《彭真委员长1986年9月6日在全国人大工作会议上的讲话》精神；听取和审议市人民政府秘书长战玉栋所作的《关于宜昌市十届人大三次会议代表议案、建议和意见办理情况的汇报》；听取和审议市人民政府副市长颜钟一所作的《关于1986年宜昌市五项工程十件实事进展情况的汇报》；听取和审议市人民政府副市长颜钟一所作的《关于〈宜昌市建设拆迁安置管理办法〉的说明》；听取和审议市财政局局长陈光迪所作的《宜昌市1985年财政决算的报告》。审议通过《关于批准〈宜昌市1985年财政决算的报告〉的决议》；审议通过《关于张永政等人职务任免的决定》和《关于批准王有前辞去市人大常委会委员职务的决定》。

第十八次会议

1986年12月23日—25日，市十届人大常委会举行第十八次会议，出席20人，缺席8人。会议主要内容：学习中共十二届六中全会决议，传达中共宜昌市委扩大会议精神；听取和审议市人民检察院检察长杨承忠所作的《关于全市打击严重经济犯罪工作情况的汇报》；听取和审议市公安局局长雷森策所作的《关于全市今年以来社会治安情况和下一步社会治安工作打算的汇报》；听取和审议市政府财贸办公室主任冯永发所作的《关于全市1986年市场简况及1987年元旦、春节物资安排的情况汇报》；通过《关于修改〈宜昌市建设拆迁安置管理办法〉的决议》；通过《关于王乐云、韩健鸣职务任命的决定》。

第十九次会议

1987年1月17日，市十届人大常委会举行第十九次会议，出席24人，缺席4人。会议主要内容：学习中共中央（1987）6号文件和《全国人大常委会关于加强法制教育维护安定团结的决定》；听取和审议市人大常委会办公室《关于宜昌市十届人大四次会议准备情况的汇报》。听取和审议市人大常委会主任郝逢武所作的《关于召开市十届人大四次会议的说明》；审议通过《关于召开宜昌市十届人大四次会议的决定》；审议并原则通过《宜昌市人大常委会工作报告（草案）》，要求进行修改后由主任会议审议定稿；审议市人大常委会秘书长吴宪征所作的《关于宜昌市十届人大三次会议议案办理情况的报告（草稿）》，要求进一步修改定稿，以书面形式提请宜昌市十届人大四次会议审议；审议通过《宜昌市十届人大四次会议主席团和秘书长建议名单（草案）》《宜昌市十届人大四次会议列席会议人员建议名单（草案）》。

第二十次会议

1987年2月12日—13日，市十届人大常委会举行第二十次会议，出席22人，缺席6人。会议主要内容：通过《关于召开市十届人大四次会议的决定》和《关于成立宜昌市人大常委会代表资格审查委员会的决定》；审议通过《关于郑锦涛等人职务任免的决定》。

第二十一次会议

1987年4月14日—15日，市十届人大常委会举行第二十一次会议，出席20人，缺席8人。会议主要内容：听取六届全国人大代表、宜昌市人大常委会主任郝逢武传达六届全国人大五次会议精神；听取和审议市人民政府副市长谢远照所作的《关于全市开展“双增双节”运动情况的报告》；听取和审议市司法局局长陈祖庆所作的《关于1986年全市普法工作情况和1987年普法工作意见的报告》；审议通过《关于进一步抓好普及法律常识工作的决议》；听取和审议市城环委副主任曾纪全所作的《关于全市绿化工作情况的汇报》；审议通过《关于陈泉君等人职务任免的决定》。

第二十二次会议

1987年6月16日—17日，市十届人大常委会举行第二十二次会议，出席20人，缺席8人。会议主要内容：听取市人大常委会主任郝逢武传达湖北省六届人大五次会议精神；听取和审议市人民政府副秘书长、市体改办主任张立瑚所作的《关于全市深化企业改革的情况汇报》；听取和审议市卫生局副局长杨怀安所作的《全市贯彻实施食品卫生法情况的报告》；审议通过《关于宜昌市人民检察院检察长辞职和代理人选的决定》和《关于范庭元等人职务任免的决定》。

第二十三次会议

1987年8月18日—19日，市十届人大常委会举行第二十三次会议，出席20人，缺席8人。会议主要内容：听取和审议市人大常委会副主任、市区乡两级直接选举工作办公室主任汪敬祖所作的《关于全市区乡两级人大代表直接选举工作的安排和目前工作进展情况的汇报》；听取和审议市人民政府秘书长战玉栋所作的《关于宜昌市十届人大四次会议代表议案建议意见办理情况的汇报》；听取和审议市财政局局长陈光迪所作的《宜昌市1986年财政决算的报告》；审议通过《关于〈宜昌市1986年财政决算的报告〉的决议》；听取和审议市财政局局长陈光迪所作的《宜昌市1987年上半年财政预算执行情况的汇报》；听取和审议市食品卫生领导小组组长王俊峰所作的《关于近两个月来全市贯彻实施食品卫生法情况的汇报》；听取和审议市城环委主任肖道根所作的《关于1987年宜昌市城市建设七项工程十件实事进展情况的汇报》；审议通过《关于杨守植等人职务任免的决定》。

第二十四次会议

1987年10月20日—21日，市十届人大常委会举行第二十四次会议，出席18人，缺席10人。会议主要内容：听取和审议市财办主任冯永发所作的《全市当前物资供应和市场管理的情况汇报》；听取和审议市人大常委会副主任、市选举办公室主任汪敬祖所作的《全市区乡两级人大代表直接选举工作情况的汇报》；听取和审议市科学技术委员会主任杨守植所作的《宜昌市科技工作情况的汇报》；听取和审议市教育委员会副主任李诵国所作的《全市教育工作情况的汇报》；听取和审议市计划生育委员会主任董光廉所作的《宜昌市计划生育工作情况的汇报》；听取和审议市审计局局长秦继满所作的《宜昌市开展审计工作情况的汇报》；审议通过《关于批准王正国、苏志爱辞去宜昌市十届人大常委会委员职务的决定》和《关于刘正清等人职务任免的决定》。

第二十五次会议

1987年12月8日，市十届人大常委会举行第二十五次会议，出席20人，缺席6人。会议主要内容：审议通过《关于召开宜昌市十一届人大一次会议的决定》；审议通过《关于韩端明等人职务任免的决定》和《关于批准袁明炬等任职的决定》。

第二十六次会议

1987年12月30日，市十届人大常委会举行第二十六次会议，出席21人，缺席5人。会议主要内容：审议通过《宜昌市十一届人大一次会议主席团和秘书长建议名单（草案）》《宜昌市十一届人大一次会议列席人员建议名单（草案）》和《宜昌市人大常委会工作报告（草案）》；审议通过《关于宜昌市十一届人民代表大会代表资格的审查报告》；审议通过《宜昌市人民代表大会常务委员会关于议案工作的暂行规定》。

第三节　市十一届人大常委会会议

市十一届人大常委会共召开35次会议。共听取和审议“一府两院”和市人大常委会工作机构所作的工作报告88个（其中：“一府两院”工作报告58个、法律法规实施报告18个、选举工作报告1个、代表资格审查报告5个、执法检查报告2个、提案办理报告4个）；做出决议、决定出7个（不含召开市人民代表大会会议和人事任免的决定）；制定和修订规范性文件5个；补选湖北省人大代表2名；任命国家机关工作人员142人次；免去国家机关工作人员的职务45人次。

第一次会议

1988年3月9日—10日，市十一届人大常委会举行第一次会议，应到会27人，实际到会27人。会议主要内容：学习地方组织法、全国人大常委会议事规则和《彭冲副委员长关于健全人大机关工作和机构的报告》；审议通过《宜昌市人大常委会议事规则》；审议通过《关于宜昌市人大常委会代表资格审查委员会组成人员的决定》；审议通过《关于补充任命张开明为宜昌市人民代表大会城乡建设委员会委员的提议》；审议通过《关于符利民等34人的职务任命的决定》。

第二次会议

1988年4月16日，市十一届人大常委会举行第二次会议，出席18人，缺席9人。会议主要内容：补选饶兴礼为湖北省七届人大代表；审议通过人事任免事项。

第三次会议

1988年6月13日—14日，市十一届人大常委会举行第三次会议，应到会27人，实际到会21人，缺席6人。会议主要内容：听取市人大常委会主任郝逢武传达湖北省七届人大一次会议精神；听取和审议市中级人民法院院长余庆富所作的《关于全市贯彻实施〈中华人民共和国民法通则〉的情况汇报》；听取和审议市经济委员会主任戴振声所作的《关于发展全市集体工业的汇报》；审议通过人事任免事项。

第四次会议

1988年8月19日—20日，市十一届人大常委会举行第四次会议，应到会27人，实际到会21人，缺席6人。会议主要内容：听取和审议市人民政府副市长景学镇所作的《关于宜昌市前段学习宣传企业法的情况及下步贯彻实施企业法的意见》；听取和审议市财政局局长陈光迪所作的《关于宜昌市1988年上半年财政预算执行情况的汇报》；审议通过人事任免事项。

第五次会议

1988年10月25日—26日，市十一届人大常委会举行第五次会议，应到会27人，实际到会17人，缺席10人。会议主要内容：听取和审议市人民政府副秘书长柳定祥所作的《关于宜昌市十一届人大一次会议代表议案建议意见办理情况的汇报》；听取和审议市计划委员会主任刘康民所作的《宜昌市1988年1至9月国民经济和社会发展计划执行情况的汇报》；听取和审议市财政局局长陈光迪所作的《关于宜昌市1987年财政决算的报告》，审议通过《关于批准宜昌市1987年财政决算的报告的决议》；听取和审议市教育委员会主任李诵国所作的《关于宜昌市教育工作情况的报告》；审议通过《关于加强同代表联系和开展代表工作的意见》；听取和审议市人大法制委员会《关于贯彻实施湖北省第七届人大常委会三次会议决定，在全市开展执法检查的议案》，审议通过《关于在全市开展执法检查的决定》。

第六次会议

1988年12月22日—23日，市十一届人大常委会举行第六次会议，应到会27人，实到21人，缺席6人。会议主要内容：听取和审议市人民政府副市长倪忠俊所作的《关于全市前段治理经济环境，整顿经济秩序，全面深化改革的报告》；听取和审议市公安局局长邱忠安所作的《关于全市当前社会治安情况的报告》；听取和审议市计划生育委员会主任董光廉所作的《关于1988年宜昌市计划生育工作情况的汇报》；听取和审议市计划委员会主任刘康民所作的《关于宜昌市1988年国民经济和社会发展计划部分变更的报告》，审议通过《关于批准〈宜昌市1988年国民经济和社会发展计划部分变更的报告〉的决定》；审议通过《关于举行宜昌市十一届人大二次会议的决定》；审议通过《关于肖道根等人职务任免的决定》。

第七次会议

1989年2月14日，市十一届人大常委会举行第七次会议，应到会27人，实到24人，缺席3人。会议主要内容：审议通过《关于举行宜昌市十一届人大二次会议的决定》；审议通过《宜昌市十一届人大二次会议议程(草案)》；审议通过《宜昌市十一届人大二次会议议案审查委员会建议名单（草案）》；审议通过《宜昌市十一届人大二次会议主席团和秘书长建议名单（草案）》；审议《关于宜昌市十一届人大二次会议列席人员名单的说明》；审议《宜昌市十一届人大常委会工作报告（讨论稿）》，决定进一步修改补充后，在下次会议上再议；审议通过《关于王学武等同志的职务任免的决定》。

第八次会议

1989年3月7日，市十一届人大常委会举行第八次会议，应到会27人，实到22人，缺席5人。会议主要内容：审议通过《宜昌市十一届人大常委会工作报告（修改稿）》；审议通过《宜昌市十一届人民代表大会代表资格的审查报告》。

第九次会议

1989年4月4日，市十一届人大常委会举行第九次会议，应到会27人，实到21人，缺席6人。会议主要内容：审议市人大常委会1989年4–2月工作要点(草案)，同意进行修改后，由人大常委会主任会议审定；听取和审议市监察局局长柴广顺所作的《宜昌市监察局工作报告》；审议通过《关于批准张世栋辞去宜昌市十一届人大常委会委员职务的决定》《关于任命李宗柏为宜昌市人民政府副市长的决定》。

第十次会议

1989年4月13日，市十一届人大常委会举行第十次会议（参加会议人员资料缺失）。会议主要内容：听取罗清泉、杨浩忠、戴维新等三名全国人大代表所作的关于七届全国人大二次会议精神的传达报告。

第十一次会议

1989年6月27日—29日，市十一届人大常委会举行第十一次会议，应到会26人，实到23人，缺席3人。会议主要内容：学习《邓小平同志在接见首都戒严部队干部时的重要讲话》和中共十三届四中全会的《公报》；听取湖北省人大代表、宜昌市人民政府副市长倪忠俊传达湖北省七届人大二次会议精神；听取和审议市计划委员会副主任王倩所作的《关于全市压缩固定资产投资清理在建项目情况的汇报》；听取和审议市财办主任刘康明所作的《关于全市流通金融领域治理整顿情况的汇报》；听取和审议市税务局局长汪先钰所作的《关于全市加强税收管理整顿税收秩序情况的汇报》；听取和审议市物价局副局长王远超所作的《关于全市进一步加强物价管理确保今年物价涨幅明显低于去年的报告》；听取和审议市统计局局长罗良寿所作的《关于编制全市物价指数的情况汇报》；听取和审议市粮食局局长陈祚俊所作的《关于全市粮食供应情况的汇报》；审议通过人事任免事项。

第十二次会议

1989年8月15日—16日，市十一届人大常委会举行第十二次会议，应到会26人，实到20人，缺席6人。会议主要内容：听取和审议市财政局局长陈光迪所作的《关于宜昌市1989年上半年财政预算执行情况的报告》；听取和审议市食品卫生领导小组副组长王俊峰所作的《关于食品卫生法贯彻实施情况的汇报》；听取和审议市教育委员会副主任李诵国所作的《关于全市近年中小学德育工作情况的汇报》；听取和审议市科学技术委员会副主任邹以文所作的《关于全市科技发展情况和星火计划执行情况的汇报》；听取和审议市计划生育委员会主任董光廉所作的《宜昌市计划生育工作情况汇报》。

审议通过人事任免事项。

第十三次会议

1989年10月17日—19日，市十一届人大常委会举行第十三次会议，应到会26人，实到22人，缺席4人。会议主要内容：学习《江泽民总书记在庆祝中华人民共和国成立四十周年大会上的讲话》；听取和审议市人民政府副市长兼计划委员会主任李宗柏所作的《关于宜昌市1989年1至9月国民经济和社会发展计划执行情况的汇报》；听取和审议市监察局局长柴广顺所作的《关于清理整顿公司情况的汇报》；听取和审议市文化局副局长陈立起所作的《关于整顿文化市场情况的汇报》；听取和审议市建委主任李家余所作的《关于1988年重点工程接转项目及1989年八件实事进展情况的报告》；听取和审议市人民政府副秘书长柳定祥所作的《关于宜昌市十一届人大二次会议议案建议意见办理情况的汇报》。

第十四次会议

1989年12月19日，市十一届人大常委会举行第十四次会议，应到会26人，实到21人，缺席5人。

会议主要内容：听取和审议市公安局局长邱忠安所作的《关于今年全市公安工作和当前社会治安情况的报告》；听取和审议市人民检察院检察长雷森策所作的《关于全市检察机关今年打击经济犯罪工作情况的报告》；听取和审议市财政局局长陈光迪所作的《关于宜昌市1988年财政决算的报告》，审议通过《关于批准〈宜昌市1988年财政决算的报告〉的决议》；审议通过人事任免事项。

第十五次会议

1990年2月13日，市十一届人大常委会举行第十五次会议，应到会26人，实到23人，缺席3人。会议主要内容：学习《湖北省各级人民代表大会常务委员会监督工作条例（试行）》；审议通过《关于举行宜昌市十一届人大三次会议的决定》；审议通过人事任免事项。

第十六次会议

1990年3月5日，市十一届人大常委会举行第十六次会议，应到会26人，实到23人，缺席3人。会议主要内容：审议通过《宜昌市十一届人大三次会议主席团和秘书长建议名单（草案）》；审议通过《宜昌市十一届人大三次会议议程(草案)》；审议通过《宜昌市十一届人大三次会议列席人员建议名单（草案）》；审议通过《宜昌市人大常务委员会工作报告(草案)》；审议通过宜昌市人大常委会代表资格审查委员会《关于代表资格审查报告》；审议通过《关于撤销张锡成宜昌市十一届人大常委会委员职务的决定》。

第十七次会议

1990年4月10日—11日，市十一届人大常委会举行第十七次会议，应到会25人，实到22人，缺席3人。会议主要内容：听取全国人大代表罗清泉、杨浩忠传达七届全国人大三次会议精神；听取市中级人民法院院长余庆富所作的《关于第十五次全省法院工作会议精神的汇报》；讨论通过《宜昌市十一届人大常务委员会1990年度工作要点》；补选孙化为湖北省七届人大代表；审议通过人事任免事项。

第十八次会议

1990年5月23日，市十一届人大常委会举行第十八次会议，应到会25人，实到18人，缺席7人。会议主要内容：听取湖北省人大代表郝逢武所作的《关于湖北省七届人大三次会议精神的传达报告》；听取和审议市人民政府关于国民经济和社会发展第八个五年规划（草案）的报告；听取和审议市人民政府关于市经济技术开发区规划的说明。

第十九次会议

1990年6月12日—14日，市十一届人大常委会举行第十九次会议，应到会25人，实到16人，缺席9人。会议主要内容：学习城市居民委员会组织法和行政诉讼法；听取和审议市人民政府秘书长战玉栋所作的《关于行政诉讼法实施前各项准备工作情况的汇报》。听取和审议市中级人民法院副院长刘德保所作的《关于行政诉讼法实施前各项准备工作情况的汇报》；听取和审议市土地管理局局长龙扬卫所作的《关于土地法执行情况的汇报》；听取和审议市农业委员会副主任傅显铭所作的《关于全市农村工作情况的汇报》；听取和审议市人民检察院检察长雷森策所作的《关于开展社会治安综合治理情况的汇报》；听取和审议市中级人民法院副院长刘德保所作的《关于开展社会治安综合治理情况的汇报》；听取和审议市公安局局长邱忠安所作的《关于全市社会治安情况的报告》；审议通过《关于符利民等人职务任免的决定》。

第二十次会议

1990年8月16日—17日，市十一届人大常委会举行第二十次会议，应到会25人，实到18人，缺席7人。会议主要内容：听取和审议市经济委员会副主任牟自正所作的《关于1990年上半年全市工业生产情况的报告》；听取和审议市计划委员会副主任王倩所作的《关于1990年上半年全市国民经济和社会发展计划执行情况的汇报》；听取和审议市财政局副局长赵泽黎所作的《关于宜昌市1990年上半年财政预算执行情况的报告》；听取和审议市财办副主任王华强所作的《关于1990年上半年全市金融工作情况的报告》；听取和审议市工商行政管理局局长胡发全所作的《关于全市集贸市场管理工作情况的汇报》；听取和审议市物价局局长王远超所作的《关于1990年上半年全市物价管理情况的报告》；审议通过人事任免事项。

第二十一次会议

1990年10月16日—17日，市十一届人大常委会举行第二十一次会议，应到会25人，实到19人，缺席6人。会议主要内容：听取和审议市教育委员会主任李诵国所作的《关于义务教育法和湖北省义务教育实施办法贯彻实施情况的汇报》；听取和审议市卫生局局长王俊峰所作的《关于传染病防治法贯彻实施一年来情况的汇报》；听取和审议市体育委员会主任杨祖一所作的《关于“七五”期间全市体育工作情况的汇报》；听取和审议市广播电视局局长冷孟祥所作的《关于全市广播电视工作情况的汇报》；听取和审议市文化局副局长陈立起所作的《宜昌市文化市场管理情况的汇报》；批准张兴本辞去宜昌市十一届人大常委会委员职务；审议通过人事任免事项。

第二十二次会议

1990年12月24日—26日，市十一届人大常委会举行第二十二次会议，应到会24人，实到19人，缺席5人。会议主要内容：传达学习中共宜昌市八届党代表大会会议精神；听取和审议市人大常委会秘书长、选举工作办公室主任吴宪征所作的《关于全市区乡人大代表换届选举工作情况的汇报》；听取和审议市公安局局长邱忠安所作的《关于当前全市公安工作和社会治安情况的报告》；听取和审议市监察局局长柴广顺所作的《关于全市廉政建设情况的报告》；听取和审议市人民检察院副检察长田正男所作的《关于1990年全市检察机关反贪污反贿赂斗争的情况汇报》；听取和审议市建委主任李家余所作的《关于1990年宜昌市城市建设重点工程和七件实事实施情况的报告》；听取和审议市人民政府副秘书长柳定祥所作的《关于宜昌市十一届人大三次会议建议意见办理情况的报告》；听取和审议市财政局局长陈光迪所作的《关于宜昌市1989年财政决算的报告》，审议通过《关于批准〈宜昌市1989年财政决算的报告〉的决议》；审议通过《关于杜云生等人职务任免的决定》。

第二十三次会议

1991年2月1日，市十一届人大常委会举行第二十三次会议，应到会24人，实到19人，缺席5人。会议主要内容：审议《市人大常委会工作报告(草案)》；审议通过市人大常委会代表资格审查委员会《关于代表资格的审查报告》；讨论通过《关于议案和建议的规定(草案)》；讨论通过《关于举行宜昌市十一届人大四次会议的决定》；审议通过《关于艾铨勤等人职务任免的决定》。

第二十四次会议

1991年3月4日，市十一届人大常委会举行第二十四次会议，应到会24人，实到15人，缺席9人。会议主要内容：审议通过《宜昌市十一届人大四次会议主席团和秘书长建议名单（草案）》；审议通过《宜昌市十一届人大四次会议议案审查委员会组成人员建议名单（草案）》；审议通过代表资格审查委员会《关于代表资格的审查报告(草案)》；审议通过《宜昌市十一届人大四次会议议程(草案)》；审议通过《宜昌市十一届人大四次会议列席人员建议名单》；审议通过《宜昌市十一届人大四次会议选举办法(草案)》；审议通过《宜昌市人大常委会工作报告（修改稿）》。

第二十五次会议

1991年4月19日，市十一届人大常委会举行第二十五次会议，应到会28人，实到24人，缺席4人。会议主要内容：听取七届全国人大代表罗清泉所作的《关于七届全国人大四次会议精神的传达报告》；审议通过《关于陈光迪等人职务任免的决定》。

第二十六次会议

1991年5月22日—23日，市十一届人大常委会举行第二十六次会议，应到会28人，实到19人，缺席9人。会议主要内容：；听取湖北省人大代表、市人大常委会主任郝逢武所作的《关于湖北省七届人大四次会议精神的传达报告》；听取和审议市司法局局长陈祖庆所作的《关于全市“一五”普法工作情况和“二五”普法工作规划的报告》，审议通过《关于开展第二个五年法制宣传教育的决议》；听取和审议市教育委员会主任李诵国所作的《关于全市贯彻实施义务教育法五周年情况的汇报》；听取和审议市文化局副局长屈定富所作的《关于全市贯彻实施文物保护法和湖北省文物保护管理实施办法情况的报告》；听取和审议市园林局局长黄扩明所作的《关于1991年全市春季园林绿化工作的报告》；审议通过《宜昌市十一届人大常委会1991年度工作要点》。

第二十七次会议

1991年7月16日—17日，市十一届人大常委会举行第二十七次会议，应到会28人，实到20人，缺席8人。会议主要内容：听取和审议市计划委员会主任姜跃塔所作的《关于宜昌市1991年上半年国民经济和社会发展计划执行情况的报告》；听取和审议市财政局局长赵泽黎所作的《关于宜昌市1990年财政决算和1991年上半年财政预算执行情况的报告》。审议通过《关于批准〈宜昌市1990年财政决算报告〉的决议》；听取和审议市劳动局局长项莉芳所作的《关于全市劳动工作有关情况的汇报》；听取和审议市科学技术委员会副主任赵君礼所作的《关于全市贯彻实施技术合同法和专利法情况的报告》；审议通过人事任免事项。

第二十八次会议

1991年9月5日—7日，市十一届人大常委会举行第二十八次会议，应到会28人，实到22人，缺席6人。会议主要内容：听取和审议市计划生育委员会主任董光廉所作的《关于全市贯彻实施湖北省计划生育条例情况的汇报》；听取和审议市卫生局副局长阳怀安所作的《关于全市贯彻实施传染病防治法情况的汇报》；听取和审议市民政局局长官昌贵所作的《关于全市民政工作情况的报告》；听取和审议市经济委员会主任戴振声所作的《关于全市工业生产情况的报告》；听取和审议市教育委员会主任李诵国所作的《宜昌市贯彻实施义务教育法五周年情况汇报》。听取和审议宜昌市人大常委会执法检查组所作的《关于全市检查义务教育法律法规贯彻实施情况的汇报》；审议通过人事任免事项。

第二十九次会议

1991年11月13日—14日，市十一届人大常委会举行第二十九次会议，应到会28人，实到18人，缺席10人。会议主要内容：听取和审议市经济委员会主任苏克祥所作的《关于全市开展“质量品种效益年”活动情况的报告》；听取和审议市财政局局长赵泽黎所作的《关于全市会计法执法大检查情况的报告》；听取和审议市计量管理局局长陈元璋所作的《关于全市贯彻实施计量法情况的汇报》；听取和审议市标准局局长王叔林所作的《关于全市贯彻实施标准化法情况的报告》；听取和审议市对外经济贸易委员会主任艾铨勤所作的《关于全市对外经贸工作情况的报告》；听取和审议市公安局副局长李永孝所作的《关于全市公安“三所”执法工作检查情况的报告》；审议通过人事任免事项。

第三十次会议

1992年1月10日—11日，市十一届人大常委会举行第三十次会议。会议主要内容：听取和审议市人民政府《关于全市廉政建设情况的报告》；听取和审议市人民检察院《关于全市检察机关反贪污、贿赂情况的报告》；听取和审议市人民政府《关于宜昌市十一届人大四次会议代表建议意见办理情况的报告》；审议《宜昌市人大常委会工作报告（草案）》；讨论通过《关于举行宜昌市十一届人大五次会议的决定》；审议通过人事任免事项。

第三十一次会议

1992年3月5日，市十一届人大常委会举行第三十一次会议。会议主要内容：审议通过《宜昌市十一届人大五次会议主席团和秘书长建议名单（草案）》；审议通过《宜昌市十一届人大五次会议议案审查委员会组成人员建议名单（草案）》；审议通过《宜昌市十一届人大五次会议议程(草案)》；审议通过《宜昌市十一届人大五次会议列席人员建议名单》；审议通过《宜昌市十一届人大五次会议代表资格的审查报告》；审议通过《宜昌市十一届人大五次会议议案和建议的规定(草案)》；审议通过《宜昌市十一届人大五次会议选举办法(草案)》；审议通过《宜昌市十一届人大常委会工作报告（修改稿）》；审议通过人事任免事项。

第三十二次会议

1992年3月24日，市十一届人大常委会举行第三十二次会议（资料缺失，内容不详）。

第三十三次会议

1992年4月10日，市十一届人大常委会举行第三十三次会议（参会人员资料缺失）。会议主要内容：传达七届全国人大五次会议精神。

第三十四次会议

1992年5月7日，市十一届人大常委会举行第三十四次会议（资料缺失，内容不详）。

第三十五次会议

1992年8月15日，市十一届人大常委会举行第三十五次会议（资料缺失，内容不详）。

第四节　市一届人大常委会会议

地市合并后宜昌市一届人大常委会共召开28次会议。共听取和审议“一府两院”和市人大常委会工作机构所作的工作报告91个（其中：“一府两院”工作报告47个、法律法规实施及执法检查报告27个、视察报告1个、议案建议办理报告10个、代表选举报告1个、代表资格审查报告5个）；做出决议、决定9个（不含召开市人民代表大会会议和人事任免的决定）；制定和修订规范性文件7个；任命国家机关工作人员361人次；免去国家机关工作人员的职务49人次；补选湖北省人民代表大会代表1人。

第一次会议

1992年11月5日—10日，市一届人大常委会举行第一次会议，出席41人，缺席2人。会议主要内容：传达、学习、讨论中国共产党第十四届全国代表大会文件；传达中共湖北省委人大工作会议精神，学习地方组织法、法院组织法、检察院组织法和全国人大常委会议事规则；审议通过《宜昌市人民代表大会常务委员会任免国家机关工作人员办法》；审议《关于设立宜昌市人民代表大会常务委员会代表资格审查委员会的议案》，通过《关于设立宜昌市人民代表大会常务委员会代表资格审查委员会的决定》；审议《关于设立宜昌市人民代表大会常务委员会代表联络工作委员会的议案》，通过《关于设立宜昌市人民代表大会常务委员会代表联络工作委员会的决定》；审议通过《宜昌市人民代表大会常务委员会议事规则》；审议通过人事任免事项。

市人大常委会主任赵复武在会议结束时讲了两点意见：各级人大及其常委会要把深入学习、认真贯彻落实中共十四大精神作为当前和今后一个时期内的重要任务；各级人大常委会要把贯彻落实省委人大工作会议精神的工作抓紧、抓好、抓实。

第二次会议

1993年1月6日—8日，市一届人大常委会举行第二次会议，出席36人，缺席7人。会议主要内容：审议通过《宜昌市人民代表大会常务委员会1993年工作要点》；审议通过《宜昌市人民代表大会常务委员会同市人大代表的联系办法》；决定召开宜昌市一届人大二次会议的时间和议程；通过宜昌市人民代表大会常务委员会代表资格审查委员会的组成人员名单；审议通过人事任免事项。

市人大常委会主任赵复武在会议结束时讲了三点意见：按照市人大常委会1993年工作要点的要求，努力做好人大工作；认真贯彻实施市人大常委会同市人大代表的联系办法；认真做好宜昌市一届人大二次会议的各项准备工作。

第三次会议

1993年3月5日—6日，市一届人大常委会举行第三次会议，出席37人，缺席6人。会议主要内容：审议通过《宜昌市一届人大二次会议议程（草案）》《宜昌市一届人大二次会议主席团和秘书长名单（草案）》《宜昌市一届人大二次会议议案审查委员会组成人员名单（草案）》，提请宜昌市一届人大二次会议预备会议审议；审议通过《宜昌市一届人大二次会议日程（草案）》《关于宜昌市一届人大二次会议议案和建议的规定（草案）》，提请宜昌市一届人大二次会议主席团会议审议；审议通过《宜昌市人民代表大会常务委员会工作报告（草案）》，提请宜昌市一届人大二次会议审议；审议通过市人大常委会代表资格审查委员会《关于宜昌市一届人民代表大会代表变动情况和代表资格审查的报告》；审议通过《宜昌市一届人大二次会议列席人员建议名单》；听取和审议市人民政府副秘书长秦廷申所作的《关于宜昌人大一次会议代表建议、批评和意见办理情况的报告》，听取和审议市人大常委会办公室主任张成大所作的《关于宜昌一届人大一次会议代表建议、批评和意见办理情况的报告》。

第四次会议

1993年5月18日—21日，市一届人大常委会举行第四次会议，出席36人，缺席7人。会议主要内容：传达八届全国人大一次会议和湖北省八届人大一次会议精神；听取和审议市人民政府《关于全市贯彻实施企业法和全民所有制工业企业转换经营机制条例情况的报告》，做出《关于全面贯彻实施企业法和全民所有制工业企业转换经营机制条例的决议》；听取和审议市人民政府《关于全市减轻农民负担工作的报告》，做出《关于切实减轻农民负担的决议》；听取和审议市农业委员会主任刘光惠所作的《关于全市农村经济工作情况的报告》；听取和审议市计生委主任李定钧所作的《关于全市贯彻实施湖北省计划生育条例情况的报告》；听取和审议市教育委员会主任李诵国所作的《关于全市贯彻实施义务教育法和湖北省义务教育实施办法情况的报告》；审议通过《宜昌市一届人民代表大会代表持证视察办法》；审议通过人事任免事项。

市人大常委会主任赵复武在会议结束时讲话中强调：监督权是法律赋予地方各级人大及其常委会的重要职责之一，地方人大监督制度是人民代表大会制度的重要组成部分；开展监督工作既要大胆，敢于监督，又要按照法律规定的程序办事，不断探索新形势下做好监督工作的途径，做到善于监督；搞好监督工作，调查研究是前提和条件。

第五次会议

1993年7月20日—23日，市一届人大常委会举行第五次会议，出席36人，缺席7人。会议主要内容：听取和审议市计划委员会主任周围所作的《关于宜昌市1993年上半年国民经济和社会发展计划执行情况的报告》；听取和审议市财政局副局长向克林所作的《关于宜昌市1993年上半年财政预算执行情况的报告》；听取和审议市经济委员会主任苏克祥所作的《关于宜昌市1993年上半年全市工业生产情况的报告》；听取和审议市人民政府《宜昌市城市总体规划编制的报告》，做出《关于〈宜昌市城市总体规划编制的报告〉的决议》；听取和审议市公安局副局长郭兴全所作的《关于全市社会治安综合治理情况的报告》；听取和审议市中级人民法院副院长王以定所作的《关于全市法院贯彻实施湖北省人大常委会关于加强人民法院执行工作的决定情况的报告》；审议通过人事任免事项。

市人大常委会主任赵复武在会议结束时讲了五点意见：认清当前形势，保持全市经济发展良好势头，努力完成年初市一届人大二次会议通过的国民经济各项计划；进一步加强社会治安综合治理，为全市改革开放和经济发展创造良好的社会环境；认真贯彻实施城市规划法，确保全市城市规划的顺利实施；加强地方政权建设，努力做好县乡两级人大换届选举工作；地方人大工作要适应改革开放形势的需要，从实际出发，认真履行宪法和法律赋予的职权，积极开拓进取，把人大工作不断推向前进。

第六次会议

1993年9月16日—18日，市一届人大常委会举行第六次会议，出席35人，缺席8人。会议主要内容：听取和审议市土地管理局局长郑以进所作的《关于宜昌市贯彻实施〈中华人民共和国土地管理法〉情况的报告》；听取和审议市林业局局长万信武所作的《关于绿化宜昌和贯彻森林法情况的报告》；听取和审议市科学技术委员会主任杨守植所作的《关于宜昌市科技兴市工作情况的汇报》；听取和审议市民族宗教事务委员会主任曾宪长所作的《关于宜昌市落实民族政策情况的报告》；人事任免。会议通过7人次的人事任命；通过《关于接受刘克毅辞去宜昌市人民政府副市长职务请求的决定》；批准免去余祖光的兴山县人民检察院检察长职务。

市人大常委会主任赵复武在会议结束时指出，市人大常委会组成人员对《关于落实宜昌市民族政策情况的报告》表示不满意，要在深入调查研究、认真总结经验的基础上，进行认真整改，再向下一次市人大常委会会议报告。

第七次会议

1993年11月10日—13日，市一届人大常委会举行第七次会议，出席32人，缺席11人。会议主要内容：听取和审议市人民政府副市长吴雁雁所作的《关于全市各级人民政府法治建设情况的报告》；听取和审议市司法局局长刘书金所作的《关于宜昌市二个五年普法规划实施情况的报告》；听取和审议市中级人民法院院长胡兆满所作的《关于1993年度全市法院执法检查情况的报告》；听取和审议市人民检察院检察长雷森策所作的《关于1993年度全市检察机关执法检查情况的报告》；听取和审议市民族宗教事务委员会主任曾宪长所作的《关于宜昌市民族工作和全市贯彻实施民族区域自治法情况的报告》；听取和审议市环境保护局局长孙维全所作的《关于宜昌市贯彻实施环境保护法情况的报告》；听取和审议市财办主任梅峰所作的《关于宜昌市市场建设情况的报告》；听取和审议市人大常委会代工委主任龚福达所作的《关于全市贯彻实施代表法情况的报告》；听取市人大常委会副主任、市县乡人大换届选举工作领导小组办公室主任李国普所作的《关于宜昌市县乡两级人大换届选举工作情况的报告》。

市人大常委会主任赵复武在会议结束时讲了三点意见：进一步加强政府法制工作，保证和促进社会主义市场经济体制的建立和发展；充分发扬民主，严格依法办事，确保换届选举工作按时圆满完成；认真学习《邓小平文选》第三卷，坚定不移地坚持建设有中国特色社会主义理论和党的基本路线，把人大工作提高到一个新水平。

第八次会议

1994年1月11日—13日，市一届人大常委会举行第八次会议，出席36人，缺席7人。会议主要内容：听取和审议市人民政府副秘书长秦廷申所作的《关于宜昌市一届人大二次会议代表建议办理情况的报告》；听取和审议市人大常委会办公室主任张成大所作的《关于宜昌市一届人大二次会议代表建议办理情况的报告》；审议通过《宜昌市人大常委会1994年工作要点》；审议通过《宜昌市人大常委会组成人员守则》；审议通过《关于举行宜昌市一届人大三次会议的决定》；决定任命高秉琔为宜昌市人民政府副市长。

市人大常委会主任赵复武在会议结束时讲了三点意见：认真回顾总结1993年市人大常委会的工作，为今后的工作提供借鉴；明确1994年人大工作指导思想，抓住重点，努力把人大工作提高到一个新水平；抓紧时间，做好准备，迎接市一届人大三次会议的胜利召开。

第九次会议

1994年2月21日—22日，市一届人大常委会举行第九次会议，出席34人，缺席9人。会议主要内容：审议通过《宜昌市人民代表大会议事规则（草案）》《宜昌市人大常委会工作报告（草案）》，提请宜昌市一届人大三次会议审议；审议通过市人大常委会代表资格审查委员会《关于宜昌市一届人大代表资格审查的报告》；审议通过《宜昌市一届人大三次会议议程（草案）》《宜昌市一届人大三次会议主席团和秘书长名单（草案）》《宜昌市一届人大三次会议议案审查委员会及其组成人员名单（草案）》，提请宜昌市一届人大三次会议预备会议审议；审议通过《宜昌市一届人大三次会议日程（草案）》《宜昌市一届人大三次会议主席团常务主席名单（草案）》《宜昌市一届人大三次会议执行主席分组名单（草案）》《宜昌市一届人大三次会议副秘书长名单（草案）》《关于宜昌市一届人大三次会议议案和建议的规定（草案）》《关于宜昌市一届人大三次会议质询案的规定（草案）》，提请宜昌市一届人大三次会议主席团会议审议；审议通过《宜昌市一届人大三次会议列席人员建议名单》；审议通过人事任免事项。

第十次会议

1994年5月5日—8日，市一届人大常委会举行第十次会议，出席35人，缺席7人。会议主要内容：传达八届全国人大二次会议和湖北省八届人大二次会议精神；听取和审议市监察局局长柴广顺所作的《关于宜昌市廉政建设情况的报告》；听取和审议市劳动局局长孙明华所作的《关于全市企业劳动制度改革情况的报告》；听取和审议市物价局局长涂成义所作的《关于当前市场物价管理工作情况的报告》；听取和审议市农业委员会负责人熊从艮所作的《关于全市“菜篮子”工程情况的报告》；审议通过人事任免事项。

市人大常委会主任赵复武在会议结束时讲话中强调：这次会议听取和审议的有关廉政建设、企业劳动制度改革、物价管理和“菜篮子”工程情况的报告，委员们从国家整体利益和人民的根本利益出发，提出了不少意见和建议，市人民政府及其有关部门要认真研究，采取切实有效的措施狠抓落实。

第十一次会议

1994年7月19日—21日，市一届人大常委会举行第十一次会议，出席31人，缺席11人。会议主要内容：听取和审议市计划委员会主任周围所作的《关于宜昌市1994年上半年国民经济和社会发展计划执行情况的报告》；听取和审议市财政局局长胡庆洋所作的《关于宜昌市1994年上半年财政预算执行情况的报告》；听取和审议市移民局局长李德刚所作的《关于宜昌市三峡工程移民工作情况的报告》；审议通过人事任免事项。

市人大常委会主任赵复武在会议结束时讲话中强调：下半年市人民政府要坚持全面实现全年工作目标不动摇，进一步动员和组织全市人民再鼓干劲、再添措施，进一步把各项工作做得更好，力争全面超额完成今年的各项任务。

第十二次会议

1994年9月12日—14日，市一届人大常委会举行第十二次会议，出席29人，缺席13人。会议主要内容：听取和审议市农业委员会主任熊从艮所作的《关于全市贯彻实施农业法情况的报告》；听取和审议市国有资产管理局局长韩永清所作的《关于全市国有资产管理情况的报告》；听取和审议市人民政府副市长符利民所作的《关于全市文化音像书报刊市场情况的报告》。

市人大常委会主任赵复武在会议结束时讲了三点意见：进一步贯彻实施农业法，自觉维护和提高农业的基础地位；适应社会主义市场经济的要求，加强对国有资产的监督管理，巩固和发展国有经济；进一步加强文化市场管理。

第十三次会议

1994年11月26日—29日，市一届人大常委会举行第十三次会议，出席35人，缺席6人。会议主要内容：书面传达全省人大工作经验交流会精神；听取和审议市水利水电局局长袁春堂所作的《关于全市农田水利基本建设情况的报告》；听取和审议市人民政府侨办主任曹诗青所作的《关于全市贯彻实施〈中华人民共和国归侨侨眷权益保护法〉情况的报告》；听取和审议市文化局局长彭万廷所作的《关于全市实施文物保护法情况的报告》，做出《关于进一步贯彻实施〈中华人民共和国文物保护法〉的决定》；听取和审议市规划设计管理局局长陈家贤所作的《关于宜昌市执行城市规划法情况的报告》；听取和审议市人民政府副市长李宗柏所作的《关于宜昌市市民守则（草案）的说明》，做出《关于批准〈宜昌市市民守则〉的决定》；决定接受罗清泉辞去宜昌市人民政府市长职务的请求，决定任命郭远章为宜昌市人民政府副市长、代理市长。

第十四次会议

1995年1月10日—11日，市一届人大常委会举行第十四次会议，出席34人，缺席7人。会议主要内容：听取和审议市人民政府副秘书长秦廷申所作的《关于宜昌市一届人大三次会议代表建议办理情况的报告》，听取和审议市人大常委会办公室主任张成大所作的《关于宜昌市一届人大三次会议代表建议、批评和意见办理情况的报告》；审议通过市人大常委会代表资格审查委员会副主任委员龚福达所作的《关于宜昌市一届人民代表大会代表变动情况和代表资格审查的报告》；审议通过《关于召开宜昌市一届人大四次会议的决定》；听取和审议市人大常委会副主任谢远照所作的《关于宜昌市一届人大四次会议议案审查委员会组成人员建议名单（草案）的说明》，审议通过《宜昌市一届人大四次会议议案审查委员会组成人员建议名单（草案）》；听取和审议市人大常委会副主任周云焕所作的《关于宜昌市一届人大四次会议主席团和秘书长建议名单（草案）的说明》，审议通过《宜昌市一届人大四次会议主席团和秘书长建议名单（草案）》；听取和审议市人大常委会副主任李国普所作的《关于宜昌市一届人大四次会议主席团常务主席、大会执行主席分组和副秘书长三个名单（草案）的说明》，审议通过《宜昌市一届人大四次会议主席团常务主席名单（草案）》《宜昌市一届人大四次会议大会执行主席分组名单（草案）》和《宜昌市一届人大四次会议副秘书长名单（草案）》；听取和审议市人大常委会副秘书长刘德法所作的《关于宜昌市一届人大四次会议列席人员建议名单（草案）的说明》，审议通过《宜昌市一届人大四次会议列席人员建议名单》；听取和审议市人大常委会副主任周云焕所作的《对〈关于宜昌市一届人大四次会议议案和建议的规定（草案）〉及〈关于宜昌市一届人大四次会议质询案的规定（草案）〉的说明》，审议通过《宜昌市一届人大四次会议议案和建议的规定（草案）》《宜昌市一届人大四次会议质询案的规定（草案）》；审议通过人事任免事项。

第十五次会议

1995年3月21日—23日，市一届人大常委会举行第十五次会议，出席30人，缺席10人。会议主要内容：审议通过《宜昌市人大常委会1995年工作要点》；听取和审议市司法局局长刘书金所作的《关于宜昌市司法行政工作及“二五”普法工作情况的报告》；听取和审议市工商行政管理局局长何天成所作的《关于宜昌市市场管理工作情况的报告》；听取和审议市水利水电局局长袁春堂所作的《关于全市防汛准备情况的报告》；审议通过《关于批准〈宜昌市科学技术发展规划〉和〈宜昌市“科教兴市”实施议案〉的决议》。

市人大常委会主任赵复武在会议结束时讲话中强调：将“二五”普法引向深入，为全市改革和开放创造良好的法制环境；强化市场管理，维护市场秩序，促进全市经济的健康发展；再添措施，扎扎实实做好今年的防汛工作；围绕中心，突出重点，认真做好市人大常委会今年的各项工作。

第十六次会议

1995年5月9日—11日，市一届人大常委会举行第十六次会议，出席31人，缺席9人。会议主要内容：听取和审议市技术监督局局长范海生所作的《关于宜昌市贯彻实施产品质量法情况的报告》；听取和审议市农牧业局局长王光元所作的《关于宜昌市贯彻实施农业技术推广法情况的报告》；听取和审议市公安局局长赵开伦所作的《关于宜昌市社会治安工作情况的报告》；审议通过人事任免事项。

市人大常委会主任赵复武在会议结束时讲话中强调：进一步加强社会治安工作，努力维护全市的社会稳定；切实关心和安排好群众生活；认真贯彻实施产品质量法，努力提高产品质量；加强农技推广工作，促进农业的健康发展；认真学习贯彻新修改的选举法和地方组织法。

第十七次会议

1995年7月11日—13日，市一届人大常委会举行第十七次会议，出席33人，缺席7人。会议主要内容：听取和审议市计划委员会主任周围所作的《关于宜昌市1995年上半年国民经济和社会发展计划执行情况的报告》；听取和审议市财政局局长胡庆洋所作的《关于宜昌市1995年上半年财政预算执行情况的报告》；听取和审议市卫生局局长石慰平所作的《关于宜昌市贯彻实施食品卫生法情况的报告》；审议通过人事任免事项。

市人大常委会主任赵复武在会议结束时讲话中强调：狠抓经济工作中的薄弱环节和群众关注的热点难点问题，促进国民经济持续、快速、健康发展，全面超额完成全市1995年各项经济和社会发展任务；坚决搞好增收节支，确保全年财政预算的顺利执行；认真贯彻实施食品卫生法，推动食品卫生工作进一步走上法制轨道；深入贯彻落实市委人大工作会议精神，努力把人大工作提高到一个新水平。

第十八次会议

1995年9月19日—21日，市一届人大常委会举行第十八次会议，出席33人，缺席7人。会议主要内容：听取和审议市科学技术委员会主任李和奎所作的《关于宜昌市贯彻实施科学技术进步法情况的报告》；听取和审议市经济委员会副主任牟自正所作的《关于宜昌市搞活国有工业企业情况的报告》；听取和审议市农牧业局局长李全新所作的《关于宜昌市农牧业工作情况的报告》；听取和审议市人事局局长吴启华所作的《关于宜昌市人事制度改革情况的报告》；审议通过人事任免事项。

市人大常委会主任赵复武在会议结束时讲话中，就关于国有企业情况的审议、关于农牧业生产和农村工作情况的审议、关于科技进步法贯彻实施情况和人事制度改革情况的审议等问题讲了若干具体意见。

第十九次会议

1995年11月14日—17日，市一届人大常委会举行第十九次会议，出席32人，缺席8人。会议主要内容：听取和审议市统计局局长李春堂所作的《关于宜昌市贯彻实施统计法和加强统计工作情况的报告》；听取和审议市人民政府副市长肖道根所作的《关于宜昌市贯彻实施〈中华人民共和国城市房地产管理法〉情况的报告》；听取和审议市对外经济贸易委员会主任徐顺祥所作的《关于宜昌市对外经济贸易工作情况的报告》；听取和审议市广播电视局局长冷孟祥所作的《关于全市广播电视事业发展情况的报告》；听取和审议市土地管理局局长郑以进所作的《关于提请市人大常委会审议加强耕地保护议案的说明》；听取和审议市人大农村经济委员会主任委员汪正江所作的《关于宜昌市耕地使用情况调查的汇报》；会议审议通过《关于加强耕地保护的决议》；审议通过人事任免事项。

市人大常委会主任赵复武在会议结束时讲话中，就贯彻实施《宜昌市人大常委会关于加强耕地保护的决议》；贯彻实施统计法、加强统计工作；贯彻实施城市房地产管理法等问题，讲了若干具体意见。

第二十次会议

1996年1月23日—25日，市一届人大常委会举行第二十次会议，出席29人，缺席11人。会议主要内容：审议通过《关于召开宜昌市一届人大五次会议的决定》；审议通过《宜昌市人大常委会1996年工作要点》；听取和审议市审计局局长朱颖所作的《关于宜昌市贯彻实施审计法和加强审计工作情况的报告》；听取和审议市人民政府副秘书长秦廷申所作的《关于宜昌市一届人大四次会议代表建议办理情况的报告》；听取和审议市人大农村经济委员会主任委员汪正江所作的《关于宜昌市一届人大四次会议主席团交付市人大农村经济委员会审议的代表联名提出的议案审议结果的报告》；补选杨继录为湖北省八届人大代表；审议通过人事任免事项。

市人大常委会主任赵复武在会议结束时讲话中，就此次会议几个报告的审议、1996年市人大常委会主要工作、认真筹备和开好市一届人大五次会议等问题讲了若干具体意见。

第二十一次会议

1996年2月26日，市一届人大常委会举行第二十一次会议，出席34人，缺席5人。会议主要内容：听取和审议市人大常委会副主任兼秘书长李国普所作的《关于宜昌市一届人大五次会议准备工作情况的报告》；审议通过市人大常委会代表资格审查委员会副主任委员龚福达所作的《关于宜昌市一届人民代表大会代表变动情况和代表资格审查的报告》；听取和审议市人大常委会副主任谢远照所作的《关于宜昌市一届人大五次会议主席团和秘书长建议名单（草案）的说明》。审议通过《宜昌市一届人大五次会议主席团和秘书长建议名单（草案）》；听取和审议市人大常委会副主任周云焕所作的《关于宜昌市一届人大五次会议议案审查委员会及其组成人员建议名单（草案）的说明》。审议通过《宜昌市一届人大五次会议议案审查委员会及其组成人员建议名单（草案）》；听取和审议市人大常委会副主任兼秘书长李国普所作的《关于宜昌市一届人大五次会议主席团常务主席、大会执行主席分组和副秘书长三个建议名单（草案）的说明》。审议通过《宜昌市一届人大五次会议主席团常务主席建议名单（草案）》《宜昌市一届人大五次会议大会执行主席分组建议名单（草案）》《宜昌市一届人大五次会议副秘书长建议名单（草案）》；听取和审议市人大常委会副秘书长刘德法所作的《关于宜昌市一届人大五次会议列席人员建议名单（草案）的说明》。审议通过《宜昌市一届人大五次会议列席人员建议名单》；听取和审议市人大常委会副主任周云焕所作的《对〈关于宜昌市一届人大五次会议议案和建议的规定（草案）〉及〈关于宜昌市一届人大五次会议质询案的规定（草案）〉的说明》，审议通过《宜昌市一届人大五次会议议案和建议的规定（草案）》《宜昌市一届人大五次会议质询案的规定（草案）》；听取和审议市审计局局长朱颖所作的《关于宜昌市1995年本级预算执行情况和其他财政收支的审计工作报告》。

第二十二次会议

1996年3月27日—29日，市一届人大常委会举行第二十二次会议，出席31人，缺席12人。会议主要内容：听取和审议市粮食局局长李开明所作的《关于宜昌市粮食工作情况的报告》；听取和审议市交通委员会主任黄传林所作的《关于宜昌市交通邮电建设及管理情况的报告》；听取和审议市体育运动委员会主任杨祖一所作的《关于宜昌市贯彻实施体育法情况的报告》。

市人大常委会主任赵复武在会议结束时讲话中，就关于对市人民政府三个报告的审议、关于认真贯彻落实八届全国人大四次会议、湖北省八届人大四次会议和市一届人大五次会议精神，推动全市改革开放和现代化建设事业更好更快地发展等问题讲了若干具体意见。

第二十三次会议

1996年5月14日—16日，市一届人大常委会举行第二十三次会议，出席35人，缺席8人。会议主要内容：听取和审议市文化局局长彭万廷所作的《关于全市文化事业建设情况的报告》；听取和审议市人民政府副市长张子仪所作的《关于宜昌市贯彻实施〈中华人民共和国行政诉讼法〉促进全市行政机关依法行政情况的报告》；听取和审议市劳动局局长孙明华所作的《关于宜昌市贯彻实施〈中华人民共和国劳动法〉情况的报告》；审议通过人事任免事项。

市人大常委会主任赵复武在会议结束时讲话中强调：深入贯彻实施行政法律法规，进一步将全市行政机关的工作纳入法制轨道；再接再厉，推动全市文化事业建设登上新台阶；认真贯彻实施劳动法，建设适应社会主义市场经济需要的新型劳动体制。

第二十四次会议

1996年7月8日—10日，市一届人大常委会举行第二十四次会议，出席36人，缺席6人。会议主要内容：听取和审议市计划委员会主任周围所作的《关于1996年上半年国民经济和社会发展计划执行情况的报告》；听取和审议市财政局局长胡庆洋所作的《关于1996年上半年财政预算执行情况的报告》；听取和审议市经济委员会主任王敏所作的《关于1996年上半年工业经济工作情况的报告》；审议通过人事任免事项。

市人大常委会主任赵复武在会议结束时讲话中强调：正确认识当前的经济工作形势，增强完成全年计划的紧迫感；狠抓落实，努力实践，确保既定规划的顺利实施；充分发挥市领导县体制的优势，实现全市的共同发展；加快国有企业改革和发展步伐，促进工业经济快速、高效、健康发展；立足当前，着眼长远，为全面完成今年的国民经济和社会发展计划而努力奋斗。

第二十五次会议

1996年9月17日—20日，市一届人大常委会举行第二十五次会议，出席36人，缺席6人。会议主要内容：听取和审议市农业委员会主任谢永和所作的《关于全市农业和农村工作情况的报告》；听取和审议市扶贫开发办公室主任向秀斌所作的《关于宜昌市扶贫开发工作情况的报告》；听取和审议市经济体制改革委员会主任张再春所作的《关于宜昌市经济体制改革情况的报告》；听取和审议市司法局局长刘书金所作的《关于全市“二五”普法实施情况和“三五”普法工作安排意见的报告》，审议通过《关于继续开展法制宣传教育的决议》；决定接受郭远章辞去宜昌市人民政府市长职务的请求，决定任命孙志刚为宜昌市人民政府副市长、代理市长；审议通过人事任免事项。

第二十六次会议

1996年11月11日—13日，市一届人大常委会举行第二十六次会议，出席32人，缺席10人。会议主要内容：听取和审议市教育委员会主任刘明国所作的《关于全市贯彻实施〈中华人民共和国教师法〉情况的报告》；听取和审议市建委主任刘旭辉所作的《关于宜昌市建设大城市工作情况的报告》；听取和审议市人大农村经济委员会主任委员汪正江所作的《关于视察减轻农民负担工作情况的报告》；补选孙志刚为湖北省第八届人民代表大会代表；审议通过人事任免事项。

第二十七次会议

1997年1月13日—14日，市一届人大常委会举行第二十七次会议，出席34人，缺席8人。会议主要内容：传达中共宜昌市委召开的全市三级干部会议精神；听取和审议市人民政府副秘书长秦廷申所作的《关于市一届人大五次会议代表建议办理情况的报告》；听取和审议市人大法制委员会副主任委员官德锦所作的《关于宜昌市一届人大五次会议主席团交付审议的代表联名提出的议案审议结果的报告》；听取和审议市人大民族宗教外事侨务委员会主任委员秦燧泉所作的《关于宜昌市一届人大五次会议主席团交付审议的代表联名提出的议案审议结果的报告》；审议通过《宜昌市一届人大常委会工作报告（草案）》，提请宜昌市二届人大一次会议审议；审议通过《关于召开宜昌市二届人大一次会议的决定》；审议通过人事任免事项。

第二十八次会议

1997年3月22日，市一届人大常委会举行第二十八次会议，出席34人，缺席8人。会议主要内容：审议通过《宜昌市二届人大一次会议议程（草案）》《宜昌市二届人大一次会议主席团和秘书长建议名单（草案）》《宜昌市二届人大一次会议议案审查委员会和计划预算审查委员会名单（草案）》，提请宜昌市二届人大一次会议预备会议审议；审议通过《宜昌市二届人大一次会议日程（草案）》，提请宜昌市二届人大一次会议主席团会议审议；审议通过《宜昌市二届人大一次会议列席人员名单》；审议通过《关于宜昌市二届人民代表大会代表的代表资格审查报告》。

第五节　市二届人大常委会会议

市二届人大常委会共召开37次会议。共听取和审议“一府两院”和市人大常委会工作机构所作的工作报告127个（其中：“一府两院”工作报告52个、法律法规实施及执法检查报告29个、工作评议报告13个、调查调研报告14个、议案建议办理报告10个、代表资格审查报告9个）；做出决议、决定16个（不含召开市人民代表大会会议和人事任免的决定）；制定和修订规范性文件21个；对13个市人民政府工作部门负责人进行了述职评议；任命国家机关工作人员378人次；免去国家机关工作人员的职务235人次；补选湖北省人大代表2人，罢免湖北省人大代表职务1人。

第一次会议

1997年5月27日—29日，市二届人大常委会举行第一次会议，出席31人，缺席2人。会议主要内容：审议通过《宜昌市人大常委会1997年工作要点》；审议通过《宜昌市人民代表大会常务委员会议事规则》；审议通过《宜昌市人民代表大会常务委员会组成人员守则》；审议通过《宜昌市人民代表大会常务委员会任免国家机关工作人员办法》；审议通过《关于设立宜昌市人民代表大会常务委员会代表资格审查委员会的决定》；审议通过《关于设立宜昌市人民代表大会常务委员会代表联络信访人事任免工作委员会的决定》；审议通过人事任免事项。

市人大常委会主任赵复武在会议结束时讲了五点意见：提高对人大常委会的认识，增强参与管理国家事务和社会事务的光荣感和责任感；把市人大常委会思想建设放在重要位置，在政治上与党中央保持高度一致；加强市人大常委会作风建设，自觉接受市人大代表和人民群众的监督；建立健全各项规章制度，充分发挥市人大常委会各工作机构、办事机构的职能作用；认真开好市人大常委会会议，提高市人大常委会会议的质量和监督效果。

第二次会议

1997年7月21日—23日，市二届人大常委会举行第二次会议，出席30人，缺席1人。会议主要内容：听取和审议市计划委员会主任周围所作的《关于宜昌市1997年上半年国民经济和社会发展计划执行情况的报告》；听取和审议市财政局局长胡庆洋所作的《关于宜昌市1997年上半年财政预算执行情况的报告》；听取和审议市审计局局长朱颖所作的《关于宜昌市市直1996年度财政预算执行情况及其他财政收支的审计工作报告》；听取和审议市人民政府副市长吴雁雁所作的《关于全市禁毒工作情况的报告》，并做出《宜昌市人大常委会关于加强禁毒工作的决定》；审议通过人事任免事项。

第三次会议

1997年9月16日—18日，市二届人大常委会举行第三次会议，出席29人，缺席2人。会议主要内容：听取和审议市科学技术委员会主任李和奎所作的《关于宜昌市贯彻实施技术合同法情况的报告》；听取和审议市卫生局局长石慰平所作的《关于宜昌市贯彻实施食品卫生法情况的报告》；听取和审议市人民检察院检察长李早湘所作的《关于全市检察机关反贪污贿赂工作情况的报告》；审议通过《宜昌市人民代表大会常务委员会评议工作办法》；审议通过《宜昌市人民代表大会代表议案的提出和办理办法》；审议通过《宜昌市人民代表大会代表建议、批评和意见的提出办法》；审议通过《关于在全市城区推行"门前三包"责任制的决议》；审议通过人事任免事项。

市人大常委会主任赵复武在会议结束时讲了四点意见：要认真学习、宣传、贯彻好中共十五大精神；要抓住重点，理论联系实际，领会好中共十五大的报告精神；必须认真联系人大工作的实际，学好中共十五大精神；要抓好市人大常委会组成人员学习中共十五大文件的经验交流工作。

第四次会议

1997年11月11日—13日，市二届人大常委会举行第四次会议，出席29人，缺席2人。会议主要内容：学习中国共产党第十五次全国代表大会文件；听取和审议市农业委员会主任谢永和所作的《关于全市大力推进农业产业化工作情况的报告》；听取和审议市建委主任刘旭辉所作的《关于宜昌市贯彻实施城市市容和环境卫生管理条例和城市绿化条例情况的报告》；听取和审议市财政局局长胡庆洋所作的《关于宜昌市市直1997年财政预算调整方案的报告》，并做出《关于批准宜昌市市直1997年财政预算调整方案的决定》；听取和审议市人大常委会各个执法检查组所作的《关于减轻农民负担执法检查情况的报告》《关于土地管理法执法检查情况的报告》《关于民族区域自治法执法检查情况的报告》和《关于开展环保执法检查情况的报告》；审议通过《宜昌市人民代表大会常务委员会监督司法工作暂行办法》；审议通过《关于召开宜昌市二届人大二次会议的决定》；听取市人大常委会代表资格审查委员会副主任委员龚福达所作的《关于宜昌市二届人民代表大会代表变动情况和代表资格审查的报告》；审议通过人事任免事项。

市人大常委会主任赵复武在会议结束时讲了三点意见：充分认识建设有中国特色社会主义民主政治的重大意义，增强做好新形势下地方人大工作的使命感和责任感；高举邓小平理论伟大旗帜，充分发挥地方国家权力机关的作用；自觉坚持党的领导，确保人大工作的正确方向。

第五次会议

1997年12月12日，市二届人大常委会举行第五次会议，出席29人，缺席2人。会议主要内容：审议通过《宜昌市二届人大二次会议议程（草案）》和《宜昌市二届人大二次会议主席团和秘书长建议名单（草案）》，提请宜昌市二届人大二次会议预备会议审议；审议通过《宜昌市二届人大二次会议日程（草案）》和《宜昌市二届人大二次会议选举办法（草案）》，提请宜昌市二届人大二次会议主席团会议审议；审议通过《关于加强依法治市的决议》。

第六次会议

1998年1月8日—9日，市二届人大常委会举行第六次会议，出席24人，缺席7人。会议主要内容：

审议通过《宜昌市人大常委会1998年工作要点》；审议通过《关于召开宜昌市二届人大三次会议的决定》；听取和审议市人民政府副秘书长秦廷申所作的《关于宜昌市二届人大一次会议代表建议办理情况的报告》；审议通过市人大财政经济委员会主任委员梅峰所作的《关于宜昌市二届人大一次会议主席团交付审议的代表联名提出的议案审议结果的报告》。

市人大常委会主任赵复武在会议结束时讲话中强调：认清形势，提高认识，满怀信心做好新一年的人大工作；高举旗帜，服从全局，坚持在市委领导下开展人大工作；抓住重点，强化措施，确保全面完成今年各项工作任务；加强联系，促进交流，把全市人大工作向前整体推进；提高素质，改进作风，不断加强市人大常委会自身建设。

第七次会议

1998年2月12日，市二届人大常委会举行第七次会议，出席28人，缺席2人。会议主要内容：听取和审议宜昌市人大常委会副主任柏世友所作的《关于宜昌市二届人大三次会议主席团和秘书长建议名单（草案）的说明》。审议通过《宜昌市二届人大三次会议主席团和秘书长建议名单（草案）》；听取和审议宜昌市人大常委会副主任赵君礼所作的《关于宜昌市二届人大三次会议议案审查委员会及其组成人员建议名单（草案）的说明》，审议通过《宜昌市二届人大三次会议议案审查委员会及其组成人员建议名单（草案）》；听取和审议宜昌市人大常委会秘书长王少愚所作的《关于宜昌市二届人大三次会议列席人员名单（草案）的说明》，审议通过《宜昌市二届人大三次会议列席人员名单（草案）》；听取和审议市人大常委会代表资格审查委员会副主任委员龚福达所作的《关于宜昌市二届人民代表大会代表变动情况和代表资格审查的报告》；审议通过人事任免事项。

第八次会议

1998年3月24日—27日，市二届人大常委会举行第八次会议，出席33人，缺席2人。会议主要内容：听取和审议市人民政府副市长张为民所作的《关于三峡工程移民工作情况的报告》；听取和审议市人防办公室主任裴学忠所作的《关于宜昌市贯彻实施〈中华人民共和国人民防空法〉情况的报告》；审议通过人事任免事项。

第九次会议

1998年5月12日—14日，市二届人大常委会举行第九次会议，出席31人，缺席4人。会议主要内容：听取和审议市劳动局局长黄克所作的《关于全市再就业工程工作实施情况的报告》；听取和审议市水利水电局局长袁春堂所作的《关于宜昌市贯彻实施〈中华人民共和国防洪法〉情况的报告》；听取和审议市教育委员会主任王道本所作的《关于宜昌市贯彻实施〈中华人民共和国职业教育法〉情况的报告》；听取和审议市人民政府副市长张建一所作的《关于宜昌市旅游工作情况的报告》。

第十次会议

1998年7月22日—24日，市二届人大常委会举行第十次会议，出席33人，缺席2人。会议主要内容：听取和审议市计划委员会主任周围所作的《关于宜昌市1998年上半年国民经济和社会发展计划执行情况的报告》；听取和审议市财政局局长胡庆洋所作的《关于宜昌市1998年上半年财政预算执行情况的报告》；听取和审议市审计局局长朱颖所作的《关于宜昌市市直1997年度财政预算执行情况及其他财政收支的审计工作报告》；听取和审议市工商行政管理局局长何天成所作的《关于全市发展民营经济工作情况的报告》；审议通过《关于突破性发展民营经济的决议》；听取和审议市乡镇企业管理局局长胡发喜所作的《关于宜昌市贯彻实施乡镇企业法情况的报告》；审议通过人事任免事项。

第十一次会议

1998年9月23日—25日，市二届人大常委会举行第十一次会议，出席31人，缺席4人。会议主要内容：听取和审议市人大常委会副主任张子仪所作的《关于〈宜昌市财政预算监督暂行办法（草案）〉的说明》，并审议通过《宜昌市人大常委会财政预算监督暂行办法》；听取和审议市人民政府副市长朱常渭所作的《关于全市优化资本结构试点工作情况的报告》；听取和审议市建设委员会主任刘旭辉所作的《关于宜昌市贯彻实施〈湖北省建筑市场管理条例〉情况的报告》；听取和审议市人民政府外事办公室主任郑锦涛所作的《关于全市外事工作情况的报告》；听取和审议市人民政府副市长王传豪所作的《关于全市抗洪保平安抗灾保规划工作情况的报告》；审议通过人事任免事项。

市人大常委会主任赵复武在会议结束时讲话中强调：弘扬伟大抗洪精神，夺取抗灾保规划的全面胜利；认真实施此次会议审议通过的财政预算监督暂行办法，把财政预算监督工作提高到一个新水平。

第十二次会议

1998年11月16日—19日，市二届人大常委会举行第十二次会议，出席32人，缺席3人。会议主要内容：听取和审议市交通委员会主任黄传林所作的《关于全市贯彻实施〈中华人民共和国公路法〉情况的报告》；听取和审议市科学技术委员会主任李和奎所作的《关于全市进一步贯彻实施〈中华人民共和国科学技术进步法〉情况的报告》；听取和审议市规划管理局局长陈家贤所作的《关于宜昌市贯彻实施城市规划法情况的报告》；听取和审议市人民政府副秘书长雷元海所作的《关于全市贯彻实施〈中华人民共和国动物防疫法〉情况的报告》；听取和审议市人民政府副市长郑广玉所作的《关于〈宜昌市旅游业发展总体规划〉编制工作情况的说明》，并审议通过《关于〈宜昌市旅游业发展总体规划〉的决定》；听取和审议市人大常委会秘书长王少愚所作的《市人大常委会执法检查组关于1998年执法检查情况的报告》；审议通过《关于表彰县市区人大工作先进集体和先进人大工作者的决定》，表彰了13个人大工作先进单位和21名先进人大工作者；审议通过人事任免事项。

第十三次会议

1999年1月18日—20日，市二届人大常委会举行第十三次会议，出席32人，缺席3人。会议主要内容：听取和审议市财政局局长胡庆洋所作的《关于宜昌市1997年财政决算的报告》，并做出《关于批准宜昌市1997年市本级决算的决议》；审议并通过市人大城乡建设环境资源保护委员会主任委员车国荣所作的《关于市二届人大三次会议主席团交付审议的代表联名提出的议案审议结果及办理工作初审情况的报告》，此议案为《关于加强城区公共厕所规划、建设和管理的议案》；审议并通过市人大民族宗教外事侨务委员会主任委员李善林所作的《关于市二届人大三次会议主席团交付审议的代表联名提出的议案审议结果及办理工作初审情况的报告》，此议案为《关于统一规划，统一步调，促进大宜昌旅游资源整体开发的议案》；听取和审议市人民政府副秘书长秦廷申所作的《关于市二届人大三次会议代表议案和建议办理情况的报告》；审议通过《宜昌市人大常委会1999年工作要点》；审议通过《关于召开宜昌市二届人大四次会议的决定》；审议通过《宜昌市人大常委会1998年工作报告（草案）》，提请宜昌市二届人大四次会议审议；审议通过市人大常委会代表资格审查委员会副主任委员龚福达所作的《关于宜昌市二届人大代表变动情况和代表资格审查的报告》；审议通过《宜昌市二届人大四次会议议程（草案）》《宜昌市二届人大四次会议主席团和秘书长建议名单（草案）》《宜昌市二届人大四次会议议案审查委员会组成人员建议名单（草案）》，提请宜昌市二届人大四次会议预备会议审议；审议通过《宜昌市二届人大四次会议日程（草案）》，提请宜昌市二届人大四次会议主席团会议审议；审议通过《宜昌市二届人大四次会议列席人员名单》；审议通过人事任免事项。

市人大常委会主任赵复武在会议结束时讲了五点意见：必须紧紧围绕改革开放和现代化建设的大局开展工作；必须切实把监督工作引向深入；必须重视做好代表工作，充分发挥人大代表的作用；必须加强对县市区人大工作的联系与指导，推动全市人大工作的开展进步；必须练好内功，增强素质，不断提高人大工作水平。

第十四次会议

1999年3月29日—31日，市二届人大常委会举行第十四次会议，出席31人，缺席4人。会议主要内容：传达九届全国人大二次会议精神；听取和审议市林业局局长刘先新所作的《关于全市林业工作情况的报告》；听取和审议市人民政府副市长张为民所作的《关于宜昌市少数民族工作情况的报告》；审议通过《宜昌市人民代表大会常务委员会审议意见督办反馈试行办法》；审议通过人事任免事项。

第十五次会议

1999年5月18日—20日，市二届人大常委会举行第十五次会议，出席32人，缺席3人。会议主要内容：听取和审议市教育委员会主任王道本所作的《关于宜昌市贯彻实施〈中华人民共和国义务教育法〉情况的报告》；听取和审议市人民政府副秘书长、市扶贫开发办公室主任雷元海所作的《关于宜昌市贯彻实施湖北省扶贫条例以及扶贫攻坚工作情况的报告》；听取和审议市农业委员会主任谢永和所作的《关于宜昌市贯彻实施农民负担费用和劳务管理条例和湖北省农民负担管理条例情况的报告》；审议通过人事任免事项。

第十六次会议

1999年7月27日—29日，市二届人大常委会举行第十六次会议，出席33人，缺席2人。会议主要内容：听取和审议市计划委员会主任周围所作的《关于宜昌市1999年上半年国民经济和社会发展计划执行情况的报告》；听取和审议市财政局局长陈士新所作的《关于宜昌市1999年上半年财政预算执行情况的报告》；审议通过《宜昌市人民代表大会常务委员会行政执法监督暂行办法》；审议通过人事任免事项。

第十七次会议

1999年9月8日—10日，市二届人大常委会举行第十七次会议，出席32人，缺席3人。会议主要内容：听取和审议市司法局局长张军平所作的《关于宜昌市三个五年法制宣传教育工作情况的报告》；听取和审议市审计局局长朱颖所作的《关于1998年宜昌市本级预算执行和其他财政收支的审计工作报告》；审议市人大常委会主任会议《关于提请审议〈宜昌市人大常委会关于表彰全市乡级人大工作先进集体和先进个人的决定〉的议案》，做出《关于表彰全市乡级人大工作先进集体和先进个人的决定》，表彰先进集体13个，先进个人25名；审议市人大常委会主任会议《关于提请审议〈宜昌市人大常委会关于任命的干部作书面述职的决定〉的议案》，做出《宜昌市人大常委会任命的干部作书面述职的决定》；审议通过人事任免事项。

市人大常委会主任赵复武在会议结束时讲了三点意见：动员认真，学习认真，“三讲”（讲学习、讲政治、讲正气）教育活动取得了初步成效；结合人大工作实际，明确“三讲”教育活动的目标和任务；精心组织，积极参与，确保“三讲”教育活动取得成功。

第十八次会议

1999年9月25日，市二届人大常委会举行第十八次会议，出席32人，缺席3人。会议主要内容：听取市人大常委会副主任、党组副书记柏世友所作的《关于宜昌市人大常委会领导班子和领导干部“三讲”教育第二阶段情况的报告》；审议通过《关于接受孙志刚辞去宜昌市人民政府市长职务请求的决定》和《关于王振有任宜昌市人民政府副市长、代理市长的决定》。

第十九次会议

1999年11月22日—24日，市二届人大常委会举行第十九次会议，出席29人，缺席6人。会议主要内容：听取和审议市人民政府副市长刘旭辉所作的《关于宜昌市房改工作情况的报告》；听取和审议市财政局局长陈士新所作的《关于1998年宜昌市本级财政决算和审计整改情况的报告》，审议通过《关于批准宜昌市1998年本级财政决算的决定》；听取和审议市人民政府副秘书长肖兴乐所作的《关于〈设立夷陵长江大桥项目贷款还贷专项资金的议案〉的说明》，做出《关于批准设立夷陵长江大桥项目贷款还贷专项资金的决定》；听取和审议市人大常委会各个执法检查组所作的《关于全市土地管理法执法检查情况的报告》和《关于全市环境保护法执法检查情况的报告》；审议通过《规范性文件备案审查暂行办法》；审议通过人事任免事项。

第二十次会议

2000年1月10日—14日，市二届人大常委会举行第二十次会议，出席31人，缺席4人。会议主要内容：听取和审议市科学技术委员会主任李和奎所作的《关于全市科教兴市工作情况的报告》；听取和审议市人民政府副秘书长秦廷申所作的《关于宜昌市二届人大四次会议代表建议办理情况的报告》，审议市人大常委会代表联络信访人事任免工作委员会提交的《关于市中级人民法院、市人民检察院办理宜昌市二届人大四次会议代表建议情况的报告（书面）》；听取和审议市人大常委会代表资格审查委员会副主任委员龚福达所作的《关于宜昌市二届人民代表大会代表变动情况和代表资格审查的报告》；审议通过《宜昌市人大常委会2000年工作要点》；审议通过《关于召开宜昌市二届人大五次会议的决定》；听取和审议市人大常委会秘书长王少愚所作的《关于宜昌市二届人大五次会议列席人员名单（草案）的说明》，审议通过《宜昌市二届人大五次会议列席人员名单》；审议通过人事任免事项。

会议听取和审议市人民检察院检察长李早湘、市农业局局长郭朝运、市文化局局长冯万林和市环境保护局局长孙维全等4人分别所作的《在宜昌市二届人大常委会二十次会议上的述职报告》。印发市人大常委会4个述职评议调查组分别提交的《关于对市人民检察院检察长李早湘履行职责情况的调查报告》《关于对市农业局局长郭朝运履行职责情况的调查报告》《关于对市文化局局长冯万林履行职责情况的调查报告》和《关于对市环境保护局局长孙维全履行职责情况的调查报告》。

市人大常委会主任赵复武在会议结束时讲话中强调：要正确理解述职评议的性质和作用，进一步统一思想认识；正确对待评议意见，切实在整改落实上下功夫；总结经验，继续探索，把述职评议工作提高到一个新水平。

第二十一次会议

2000年2月16日，市二届人大常委会举行第二十一次会议，出席30人，缺席5人。会议主要内容：传达2000年2月14日市委常委会会议精神；听取和审议市人大常委会秘书长王少愚所作的《关于〈关于变更宜昌市二届人大五次会议日期的决定（草案）〉的说明》，审议通过《关于变更宜昌市二届人大五次会议日期的决定》。

第二十二次会议

2000年2月22日，市二届人大常委会举行第二十二次会议，出席33人，缺席2人。会议主要内容：听取和审议市人大常委会副主任柏世友所作的《关于宜昌市二届人大五次会议主席团和秘书长建议名单（草案）的说明》，审议通过《宜昌市二届人大五次会议主席团和秘书长建议名单（草案）》；听取和审议市人大常委会代表资格审查委员会主任委员龚福达所作的《关于宜昌市二届人大代表变动情况和代表资格审查的报告》；审议通过《关于接受车国荣、刘明国、陈如意、梅峰、龚福达辞去宜昌市二届人大常委会委员和宜昌市二届人民代表大会有关专门（工作）委员会主任委员（主任）、副主任委员职务请求的决定》；审议通过人事任免事项。

第二十三次会议

2000年3月27日—29日，市二届人大常委会举行第二十三次会议，出席31人，缺席3人。会议主要内容：听取和审议市人民政府副秘书长杨元堂所作的《关于宜昌市创建中国优秀旅游城市工作情况的报告》，听取和审议市人大常委会秘书长王少愚所作的《关于〈宜昌市创建中国优秀旅游城市的决议（草案）〉的修改说明》；听取和审议市土地管理局局长郑以进所作的《关于全市土地管理工作情况的报告》；听取和审议市人大常委会秘书长王少愚所作的《关于〈规范性文件备案审查暂行办法（草案）〉的修改说明》，审议修订《规范性文件备案审查暂行办法》；审议通过人事任免事项。

第二十四次会议

2000年5月12日—14日，市二届人大常委会举行第二十四次会议，出席31人，缺席3人。会议主要内容：听取和审议市卫生局局长周国彬所作的《关于宜昌市贯彻实施药品管理法和药品管理法实施办法情况的报告》；听取和审议市人民政府副市长刘旭辉所作的《关于宜昌市贯彻实施湖北省行政执法条例情况的报告》；听取和审议市人大常委会秘书长王少愚所作的《关于宜昌市人大常委会实施〈湖北省各级人民代表大会常务委员会讨论、决定重大事项的规定〉办法（草案）》的说明；听取和审议市人大常委会代表资格审查委员会委员冯淑珍所作的《关于宜昌市二届人民代表大会代表补选情况和代表资格审查的报告》；审议《宜昌市人大常委会主任会议关于1999年度述职评议工作情况的报告（书面）》；审议《宜昌市人大常委会主任会议关于市人大代表胡庆洋受逮捕情况的报告（书面）》；审议通过《关于接受田太富辞去宜昌市二届人大常委会委员职务请求的决定》；审议通过人事任免事项。

第二十五次会议

2000年7月18日—20日，市二届人大常委会举行第二十五次会议，出席28人，缺席5人。会议主要内容：听取和审议市计划委员会主任周围所作的《关于宜昌市2000年上半年国民经济和社会发展计划执行情况的报告》；听取和审议市财政局局长陈士新所作的《关于宜昌市2000年上半年财政预算执行情况的报告》；听取和审议市审计局局长朱颖所作的《关于1999年宜昌市本级预算执行和其他财政收支的审计工作报告》；听取和审议市人民政府副市长刘旭辉所作的《关于2000年全市城市绿化工作情况的报告》；审议通过人事任免事项。

第二十六次会议

2000年9月18日—20日，市二届人大常委会举行第二十六次会议，出席29人，缺席4人。会议主要内容：听取和审议市财政局局长陈士新所作的《关于宜昌市贯彻实施〈湖北省预算外资金管理条例〉情况的报告》；听取和审议市人民政府副市长刘旭辉所作的《关于把建设和保护城区永久性绿地列入全市法治建设议案办理情况的报告》，听取和审议市人大常委会副秘书长陈振华所作的《关于〈保护城区公共绿地的决定（草案）〉的修改说明》，审议通过《保护城区公共绿地的决定》；听取和审议市农业委员会主任谢永和所作的《关于全市农业产业结构调整和农民增收情况的报告》；听取和审议市人大常委会副秘书长邱忠安所作的《关于〈代表工作暂行办法（草案）〉修改情况的说明》，审议通过《宜昌市人民代表大会常务委员会代表工作暂行办法》；听取和审议市人大常委会秘书长王少愚所作的《关于〈 宜昌市人大常委会2000年述职评议工作实施方案（草案）〉修改情况的说明》，审议通过《宜昌市人大常委会2000年述职评议工作实施方案》；审议通过人事任免事项。

第二十七次会议

2000年11月28日—30日，市二届人大常委会举行第二十七次会议，出席26人，缺席3人。会议主要内容：听取和审议市人民政府副秘书长王宏强所作的《关于宜昌市直国有工业企业改革与发展情况的报告》；听取和审议市人民政府副市长刘旭辉所作的《关于全市小城镇建设情况的报告》；听取和审议市人民政府副秘书长秦廷申所作的《关于宜昌市贯彻实施〈中华人民共和国仲裁法〉情况的报告》；听取和审议市人大财政经济委员会主任委员龚尚玉所作的《关于检查预算法、税收征收管理法实施情况的报告》；听取和审议市人大农村委员会主任委员王光元所作的《关于全市减轻农民负担执法检查情况的报告》；审议通过人事任免事项。

第二十八次会议

2000年12月25日—27日，市二届人大常委会举行第二十八次会议，出席28人，缺席5人。会议听取和审议市中级人民法院院长胡兆满、市计划委员会主任周围、市计划生育委员会主任张宗益、市水利水电局局长袁春堂和市人民政府外事（侨务）办公室主任郑锦涛等5人分别所作的《在宜昌市二届人大常委会二十八次会议上的述职报告》。印发市人大常委会5个述职评议调查组分别提交的《关于市中级人民法院院长胡兆满述职评议的调查报告》《关于市计划委员会主任周围述职评议的调查报告》《关于市计划生育委员会主任张宗益述职评议的调查报告》《关于市水利水电局局长袁春堂述职评议的调查报告》和《关于市人民政府外事（侨务）办公室主任郑锦涛述职评议的调查报告》。

市人大常委会主任赵复武在会议结束时讲话中强调了三个问题：这次述职评议工作规范有序，进展顺利；正确对待评议，认真搞好整改；不断总结经验，把述职评议工作提高到一个新水平。

第二十九次会议

2001年1月16日—17日，市二届人大常委会举行第二十九次会议，出席31人，缺席2人。会议主要内容：审议通过《宜昌市人民代表大会常务委员会工作报告（草案）》，提请宜昌市二届人大六次会议审议；听取市人大常委会副秘书长张成大所作的《关于〈宜昌市人民代表大会常务委员会2001年工作要点(讨论稿)〉的说明》，审议通过《宜昌市人民代表大会常务委员会2001年工作要点》；审议通过《关于召开宜昌市二届人大六次会议的决议》；审议通过《宜昌市二届人大六次会议议程（草案）》和《宜昌市二届人大六次会议主席团和秘书长名单（草案）》，提请宜昌市二届人大六次会议预备会议审议；审议通过《宜昌市二届人大六次会议日程（草案）》《关于开好市二届人大六次会议的几点意见（草案）》，提请宜昌市二届人大六次会议主席团会议审议；审议通过《宜昌市二届人大六次会议列席人员名单》；审议通过市人大常委会代表资格审查委员会委员张兴本所作的《关于宜昌市二届人民代表大会代表变动情况和代表资格审查的报告》；听取和审议市人民政府副秘书长吴新祥所作的《关于宜昌市二届人大五次会议代表建议、批评和意见办理情况的报告》；审议市人大常委会代表联络信访人事任免工作委员会提交的《关于市中级人民法院、共青团宜昌市委办理市二届人大五次会议代表建议情况的报告（书面）》；听取市人大常委会副秘书长邱忠安所作的《关于〈宜昌市（城区）旁听市人民代表大会常务委员会会议试行办法（草案）〉的说明》，审议通过《宜昌市（城区）旁听市人民代表大会常务委员会会议试行办法》；补选严煤为湖北省九届人大代表。

第三十次会议

2001年2月23日，市二届人大常委会举行第三十次会议，出席29人，缺席4人。会议主要内容：听取市人大常委会代表资格审查委员会委员黄利鸣所作的《关于宜昌市二届人民代表大会代表补选情况的报告》；审议通过《关于接受张子仪、符利民辞去市人大常委会副主任职务、王少愚辞去市人大常委会秘书长职务请求的决定》；审议通过人事任免事项。

第三十一次会议

2001年3月27日—29日，市二届人大常委会举行第三十一次会议，出席29人，缺席5人。会议主要内容：传达贯彻九届全国人大四次会议和湖北省九届人大四次会议精神；听取和审议市人民政府副市长张为民所作的《关于全市民族工作情况的报告》；听取市人大常委会副秘书长邱忠安所作的《关于〈对审判机关和检察机关拟任法律职务人员试行任前公示的办法（草案）〉的说明》，审议通过《对审判机关和检察机关拟任法律职务人员试行任前公示的办法》；听取市人大常委会副秘书长陈振华所作的《关于〈 2001年述职评议工作方实施方案 (讨论稿)〉的修改说明》，审议通过《2001年述职评议工作方实施方案》；审议通过《关于罢免望开东湖北省第九届人民代表大会代表职务的决定》，补选王振有为湖北省第九届人民代表大会代表；审议通过人事任免事项。

第三十二次会议

2001年5月21日—24日，市二届人大常委会举行第三十二次会议，出席27人，缺席7人。会议听取了市人民政府副市长刘旭辉所作的《关于创建国家园林城市情况的报告》。审议通过《加强国家园林城市创建工作的决定》。

会议听取和审议听取和审议市教育委员会主任王道本、市交通委员会主任黄传林、市劳动局局长黄克和市土地管理局局长郑以进等4人分别所作的《在宜昌市二届人大常委会三十二次会议上的述职报告》。印发市人大常委会4个述职评议调查组分别提交的《关于对市教育委员会主任王道本履行职责情况的调查报告》《关于对市交通委员会主任黄传林履行职责情况的调查报告》《关于对市劳动局局长黄克履行职责情况的调查报告》和《关于对市土地管理局局长郑以进履行职责情况的调查报告》。

第三十三次会议

2001年7月17日—19日，市二届人大常委会举行第三十三次会议，出席31人，缺席3人。会议主要内容：学习《江泽民同志在庆祝中国共产党成立八十周年大会上的讲话》；审议通过《关于深入学习贯彻〈江泽民同志在庆祝中国共产党成立八十周年大会上的讲话〉的决议》；听取和审议市人民政府副市长刘旭辉所作的《关于宜昌市贯彻实施人民警察法和开展严打整治斗争情况的报告》；听取和审议市计划委员会主任周围所作的《关于宜昌市2001年上半年国民经济和社会发展计划执行情况的报告》；听取和审议市财政局局长陈士新所作的《关于宜昌市2001年上半年财政预算执行情况的报告》；听取和审议市审计局局长向克林所作的《关于2000年宜昌市本级预算执行和其他财政收支的审计工作报告》；审议通过人事任免事项。

第三十四次会议

2001年9月18日—20日，市二届人大常委会举行第三十四次会议，出席29人，缺席5人。会议主要内容：听取和审议市农业局局长李全新所作的《关于全市农业系统贯彻实施种子法情况的报告》；听取和审议市对外经济贸易委员会主任罗毅所作的《关于宜昌市外经贸工作情况的报告》；听取和审议市人大常委会执法检查组成员、市人大财经委主任委员龚尚玉所作的《关于检查中外合资经营企业法等“三法一例一细则”实施情况的报告》（“三法一例一细则”，即中外合资经营企业法、中外合作经营企业法、外资企业法、中外合资经营企业法实施条例、外资企业法实施细则）；听取了市司法局局长张军平所作的《关于宜昌市“三五”普法基本情况的报告》。审议通过《关于进一步开展法制宣传教育的决议》；审议通过人事任免事项。

第三十五次会议

2001年11月28日—30日，市二届人大常委会举行第三十五次会议，出席34人，无缺席情况。会议主要内容：听取和审议市人民政府副市长刘旭辉所作的《关于〈宜昌市人大常委会关于保护城区公共绿地决定〉贯彻落实情况的报告》；听取和审议市财政局局长陈士新所作的《关于2000年宜昌市市级财政决算的报告》，听取和审议市人大财政经济委员会主任委员龚尚玉所作的《关于2000年宜昌市市级财政决算的审查报告》，审议通过《关于批准2000年市级财政决算的决定》；听取和审议市人民政府副秘书长肖兴乐所作的《关于市二届人大六次会议代表建议、批评和意见办理情况的报告》；听取和审议市中级人民法院院长胡兆满所作的《关于市二届人大六次会议代表建议办理情况的报告》；听取了市人大常委会副秘书长陈振华所作的《关于〈宜昌市三届人大代表选举时间的决定（草案）〉的说明》，审议通过《关于宜昌市三届人大代表选举时间的决定》；审议通过《关于召开宜昌市三届人大一次会议的决定》；审议通过《宜昌市二届人大常委会工作报告（草案）》；审议通过人事任免事项。

第三十六次会议

2002年1月21日—22日，市二届人大常委会举行第三十六次会议，出席29人，缺席5人。会议主要内容：听取市人大常委会副秘书长张成大所作的《关于〈宜昌市二届人大常委会工作报告（讨论稿）〉修改情况的说明》，审议通过《宜昌市二届人大常委会工作报告（讨论稿）》，提请宜昌市三届人大一次会议审议；审议通过《宜昌市第二批实施永久性保护的城区公共绿地目录》；审议通过《关于接受朱常渭、刘旭辉辞去宜昌市人民政府副市长职务请求的决定》；审议通过人事任免事项。

第三十七次会议

2002年4月1日—2日，市二届人大常委会举行第三十七次会议，出席33人，缺席1人。会议主要内容：传达贯彻九届全国人大五次会议和湖北省九届人大五次会议精神；听取和审议市人大常委会副主任、市人大常委会代表资格审查委员会主任委员赵君礼所作的《关于对宜昌市三届人民代表大会代表资格审查报告的说明》，通过《关于宜昌市三届人民代表大会代表的代表资格审查报告》；审议通过《宜昌市三届人大一次会议议程（草案）》《宜昌市三届人大一次会议主席团和秘书长名单（草案）》《宜昌市三届人大一次会议议案审查委员会和计划预算审查委员会组成人员名单（草案）》，提请宜昌市三届人大一次会议预备会议审议；审议通过《宜昌市三届人大一次会议日程（草案）》，提请宜昌市三届人大一次会议主席团会议审议；审议通过《宜昌市三届人大一次会议列席人员名单（草案）》；决定任命刘仁新为宜昌市人大常委会副秘书长。

第六节　市三届人大常委会会议

市三届人大常委会共召开32次会议，共听取和审议"一府两院"和市人大常委会工作机构所作的工作报告113个（其中："一府两院"工作报告39个、法律法规实施及执法检查报告21个、工作评议及整改报告18个、调查调研报告10个、议案办理报告19个、代表资格审查报告6个）；做出决议、决定18个（不含召开市人民代表大会会议和人事任免的决定）；制定和修订规范性文件9个；对9个市人民政府工作部门负责人工作进行了述职评议；任命国家机关工作人员270人次；免去国家机关工作人员的职务122人次；补选湖北省人民代表大会代表2人。

第一次会议

2002年5月23日—25日，市三届人大常委会举行第一次会议，出席35人，无缺席情况。会议主要内容：听取了市人大常委会研究室主任余跃进所作的《关于宜昌市人大常委会2002年度工作要点（讨论稿）的说明》，审议通过《宜昌市人大常委会2002年工作要点》；听取了市人大常委会副秘书长刘仁新所作的《关于〈宜昌市人大常委会与市人民政府、市中级人民法院、市人民检察院工作联系办法（修订草案）〉修改建议的说明》，审议通过《宜昌市人大常委会与市人民政府、市中级人民法院、市人民检察院工作联系办法》；听取了市人大常委会副秘书长张成大所作的《关于〈加强宜昌市人大常委会自身建设的决议(草案)〉的说明》，审议通过《加强宜昌市人大常委会自身建设的决议》；听取了市人大常委会秘书长李业雄所作的《关于宜昌市三届人大常委会代表资格审查委员会组成人员名单（草案）的说明》，审议通过《宜昌市三届人大常委会代表资格审查委员会组成人员名单》，即主任委员：赵复武（兼），副主任委员：程林发，委员：冯淑珍（女）、张鹏、周学文；审议通过人事任免事项。

第二次会议

2002年7月23日—25日，市三届人大常委会举行第二次会议，出席32人，缺席3人。会议主要内容：听取和审议市人民政府副市长王传豪所作的《关于宜昌市2002年上半年国民经济和社会发展计划执行情况的报告》；听取和审议市财政局局长陈士新所作的《关于宜昌市2002年上半年财政预算执行情况的报告》；听取和审议市人民政府副市长张为民所作的《关于三峡库区二期移民工作情况的报告》；听取和审议市发展计划委员会主任杨美仁所作的《关于全市开展"项目年"活动及重大国债项目实施情况的报告》；听取了市人大常委会副秘书长张宗才所作的《关于〈宜昌市人大常委会任免地方国家机关工作人员办法（修改草案）〉的说明》，审议通过《宜昌市人大常委会任免地方国家机关工作人员办法》；审议通过人事任免事项。

第三次会议

2002年9月22日—25日，市三届人大常委会举行第三次会议，出席31人，缺席4人。会议主要内容：听取和审议市审计局局长邓玉华所作的《关于2001年度宜昌市本级预算执行和其他财政收支的审计工作报告》；听取了市财政局局长陈士新所作的《关于2001年宜昌市市级财政决算的报告》，听取市人大财政经济委员会主任委员龚尚玉所作的《关于2001年宜昌市市级财政决算的审查报告》，通过《关于批准2001年市级财政决算的决议》；听取和审议市人大常委会副主任周围所作的《关于为营造良好经济发展环境开展四项专题调查和专项检查情况的报告》；听取和审议市人民政府副市长廖达凤所作的《关于贯彻实施市人大常委会〈关于宜昌市旅游业发展总体规划的决定〉和〈关于创建中国优秀旅游城市的决议〉情况的报告》；听取和审议市人大常委会副秘书长张宗才所作的《关于〈组织市人大代表对有关垂直管理部门开展工作评议的实施方案（草案）〉的说明》，通过《组织市人大代表对有关垂直管理部门开展工作评议的实施方案》；审议通过人事任免事项。

第四次会议

2002年11月25日—27日，市三届人大常委会举行第四次会议，出席30人，缺席3人。会议主要内容：传达贯彻中共十六大精神；听取和审议市司法局局长张军平所作的《关于宜昌市贯彻实施〈湖北省法制宣传教育条例〉情况的报告》；听取和审议市人民政府副秘书长肖兴乐所作的《关于宜昌市城区第一批公共绿地永久性保护工作及第二批拟纳入永久性保护公共绿地有关情况的报告》，通过《宜昌市人大常委会关于对宜昌市城区白龙岗公园等4块公共绿地实施永久性保护的决定》，将白龙岗公园、欧阳修公园、合益园、滨河公园等4块公共绿地实施永久性保护；听取和审议市人民政府副市长黄利鸣所作的《关于宜昌市贯彻实施食品卫生法情况的报告》；听取和审议市财政局局长陈士新所作的《关于2002年宜昌市本级财政预算调整方案的报告》，听取市人大财政经济委员会主任委员龚尚玉所作的《关于2002年宜昌市本级财政预算调整方案的审查报告》，通过《关于批准2002年宜昌市本级财政预算调整方案的决定》；听取了市人大常委会副秘书长张成大所作的《关于召开市三届人大二次会议的决定（草案）的说明》，审议通过《关于召开宜昌市三届人大二次会议的决定》；审议通过市人大常委会代表资格审查委员会副主任委员程林发所作的《关于宜昌市三届人大代表变动情况和补选代表资格审查的报告》；审议通过《宜昌市三届人大二次会议议程（草案）》《宜昌市三届人大二次会议主席团和秘书长建议名单（草案）》，提请宜昌市三届人大二次会议预备会议审议；审议通过《宜昌市三届人大二次会议日程（草案）》，提请宜昌市三届人大二次会议主席团会议审议；审议通过《关于接受孙志刚辞去宜昌市三届人大常委会主任、彭泽清辞去宜昌市三届人大常委会委员职务请求的决定》；审议通过人事任免事项。

第五次会议

2003年1月11日—12日，市三届人大常委会举行第五次会议，出席31人，缺席2人。会议主要内容：听取和审议市科技局局长王宏强所作的《关于〈科学技术进步法〉贯彻实施情况的报告》；听取和审议市人民政府副市长张为民所作的《关于宜昌市三届人大一次会议代表提出的议案和建议办理情况的报告》；听取和审议市中级人民法院院长胡兴儒所作的《关于宜昌市三届人大一次会议代表建议办理情况的报告》；审议通过《宜昌市人大常委会2002年工作报告（讨论稿）》，提请宜昌市三届人大三次会议审议；听取宜昌市人大常委会副秘书长张成大所作的《关于〈宜昌市人大常委会2003年工作要点(讨论稿)〉的说明》，通过《宜昌市人大常委会2003年工作要点》；审议通过《关于召开宜昌市三届人大三次会议的决定》；审议《宜昌市三届人大三次会议议程（草案）》《宜昌市三届人大三次会议主席团和秘书长建议名单（草案）》，提请市三届人大三次会议预备会议选举；审议《宜昌市三届人大三次会议日程（草案）》，提请市三届人大三次会议主席团会议审议；审议通过《宜昌市三届人大三次会议列席人员名单》。

第六次会议

2003年2月17日，市三届人大常委会举行第六次会议，出席31人，缺席2人。会议主要内容：传达贯彻湖北省十届人大一次会议精神；听取了市人大常委会副秘书长张成大所作的《关于〈推迟召开宜昌市三届人大三次会议的决定（草案）〉的说明》，审议通过《推迟召开宜昌市三届人大三次会议的决定》；审议通过《宜昌市三届人大三次会议议程（草案）》，提请宜昌市三届人大三次会议预备会议审议；审议通过《宜昌市三届人大三次会议日程（草案）》，提请宜昌市三届人大三次会议主席团会议决定；审议通过《接受王振有辞去宜昌市人民政府市长职务请求的决定》。

第七次会议

2003年3月10日，市三届人大常委会举行第七次会议，出席32人，缺席1人。会议主要内容：审议通过市人大常委会代表资格审查委员会副主任委员程林发所作的《关于宜昌市三届人大代表变动情况和新当选代表资格审查的报告》；审议通过《李佑才任宜昌市人民政府副市长、代理市长的决定》；审议通过人事任免事项。

第八次会议

2003年5月16日—17日，市三届人大常委会举行第八次会议，出席31人，缺席2人。会议主要内容：听取和审议市人民政府副市长张建一所作的《关于三峡库区地质灾害防治和环保项目实施情况的报告》；听取和审议市人民政府副市长王传豪所作的《关于全市贯彻实施水土保持法情况的报告》；听取和审议市人民政府副市长黄利鸣所作的《关于宜昌市非典型传染性肺炎防治工作情况的报告》；审议通过市人大城乡建设环境资源保护委员会主任委员齐福堂所作的《关于市三届人大三次会议主席团交付审议的“建设沿江大道下段，突出滨江特色的议案”审议结果的报告》；听取了市人大常委会副秘书长张成大所作的《关于起草〈关于加强预防职务犯罪工作的决定（草案）〉的说明》，审议通过《关于加强预防职务犯罪工作的决定》；审议通过人事任免事项。

第九次会议

2003年7月15日—17日，市三届人大常委会举行第九次会议，出席32人，缺席1人。会议主要内容：听取和审议市发展计划委员会主任杨美仁所作的《关于宜昌市2003年上半年国民经济和社会发展计划执行情况的报告》；听取和审议市财政局局长陈士新所作的《关于宜昌市2003年上半年财政预算执行情况的报告》；听取和审议市人民政府副市长胡家法所作的《关于宜昌市直工业企业改革情况的报告》；审议通过《关于接受李佑才辞去宜昌市人民政府市长职务请求的决定》《关于郭有明任宜昌市人民政府副市长、代理市长的决定》和《关于免去刘克刚宜昌市人民政府副市长职务的决定》。

第十次会议

2003年9月17日—18日，市三届人大常委会举行第十次会议，出席27人，缺席6人。会议主要内容：听取和审议市人民政府副秘书长、市行政服务中心管委会办公室主任吴新祥所作的《关于全市整治经济环境和行政审批制度改革工作情况的报告》；听取和审议市财政局局长陈士新所作的《关于宜昌市农村税费改革试点工作情况的报告》；听取和审议市财政局局长陈士新所作的《关于2002年宜昌市市级财政决算的报告》，听取和审议市人大财政经济委员会主任委员龚尚玉所作的《关于2002年宜昌市市级财政决算的审查报告》，通过《关于批准宜昌市2002年市级财政决算的决定》；听取和审议市审计局局长邓玉华所作的《关于2002年度宜昌市本级预算执行和其他财政收支的审计工作报告》；听取和审议市中级人民法院院长胡兴儒所作的《关于全市法院执行工作情况的报告》；审议通过《关于接受张鹏辞去宜昌市三届人大常委会委员职务请求的决定》；审议通过人事任免事项。

第十一次会议

2003年11月16日—18日，市三届人大常委会举行第十一次会议，出席30人，缺席2人。会议主要内容：听取和审议市人民政府副市长王传豪所作的《关于宜昌市贯彻实施人口与计划生育法情况的报告》；听取和审议市人民政府副市长胡家法所作的《关于贯彻实施〈宜昌市人民代表大会常务委员会关于突破性发展民营经济的决议〉情况的报告》；听取和审议市人大常委会副秘书长张成大所作的《关于〈宜昌市人大常委会讨论、决定重大事项的规定（草案）〉的说明》，审议通过《宜昌市人大常委会讨论、决定重大事项的规定》；听取和审议市人大常委会副秘书长张宗才所作的《关于〈 2003年述职评议工作实施方案（草案）〉的说明》，审议通过《2003年述职评议工作实施方案》；听取和审议市人大常委会秘书长李业雄所作的《关于设立宜昌市人民代表大会常务委员会预算工作委员会的议案的说明》，审议通过《关于设立宜昌市人民代表大会常务委员会预算工作委员会的决定》；审议通过市人大常委会代表资格审查委员会副主任委员程林发所作的《关于宜昌市三届人大代表变动情况和补选宜昌市人大代表的代表资格审查报告》；审议通过人事任免事项。

第十二次会议

2004年1月8日—10日，市三届人大常委会举行第十二次会议，出席28人，缺席4人。会议主要内容：听取和审议市人民政府常务副市长郑广玉所作的《关于市三届人大三次会议代表议案和建议办理情况的报告》；听取和审议市中级人民法院院长胡兴儒所作的《关于市三届人大三次会议代表建议办理情况的报告》；听取和审议市人大常委会代表联络信访人事任免工作委员会主任程林发所作的《关于市三届人大三次会议代表建议办理情况的报告》；审议通过《宜昌市人民代表大会常务委员会工作报告（讨论稿）》，提请宜昌市三届人大四次会议审议；听取和审议市人大常委会副秘书长梁华所作的《关于〈宜昌市人大常委会2004年工作要点（讨论稿）〉的说明》，审议通过《宜昌市人大常委会2004年工作要点》；审议通过《关于召开宜昌市三届人大四次会议的决定》；审议通过《宜昌市三届人大四次会议议程（草案）》《宜昌市三届人大四次会议主席团和秘书长名单（草案）》，提请宜昌市三届人大四次会议预备会议选举；审议通过《宜昌市三届人大四次会议日程（草案）》，提请宜昌市三届人大四次会议主席团会议决定；审议通过《宜昌市三届人大四次会议列席人员名单》；审议通过《关于接受郑少三辞去宜昌市三届人大常委会主任职务请求的决定》；审议通过人事任免事项。

会议听取和审议市民政局局长洪昌福和市卫生局局长周国彬分别所作的《在市三届人大常委会第十二次会议上述职报告》。印发市人大常委会2个述职评议调查组分别提交的《关于对市民政局局长洪昌福任职情况的调查报告》和《关于对市卫生局局长周国彬任职情况的调查报告》。

第十三次会议

2004年3月23日—24日，市三届人大常委会举行第十三次会议，出席30人，缺席2人。会议主要内容：传达学习十届全国人大二次会议精神；听取了宜昌市人大常委会委员、市人大内务司法委员会主任委员刘承元所作的《关于市民政局局长洪昌福述职评议整改情况的报告》，听取市人大常委会委员、市人大教科文卫委员会主任委员刘仁新所作的《关于市卫生局局长周国彬述职评议整改情况的报告》；听取和审议市人民政府副市长廖达凤所作的《关于宜昌贯彻落实中央一号文件精神及当前春耕生产和农资市场供给情况的报告》；听取和审议市人大常委会委员、市人大城乡建设环境资源保护委员会主任委员孙维全所作的《关于市三届人大四次会议主席团交付审议的“关于综合整治城区乱搭乱建，确保公共安全的议案”审议结果的报告》；听取和审议市人大常委会副秘书长张宗才所作的《关于市人大常委会代表联络信访人事任免工作委员会更名的说明》，通过《关于代表联络信访人事任免工作委员会更名的决定》，将市人大常委会代表联络信访人事任免工作委员会更名为市人大常委会代表联络人事任免工作委员会；审议市人民政府《关于王家河公园部分永久性保护绿地置换问题的议案》，通过《宜昌市人大常委会关于对王家河公园部分永久性保护绿地实行置换的决定》；审议通过《关于接受黄利鸣辞去宜昌市人民政府副市长职务请求的决定》；审议通过人事任免事项。

第十四次会议

2004年5月18日到19日，市三届人大常委会举行第十四次会议，出席29人，缺席3人。会议主要内容：听取和审议市人民政府副市长郑广玉所作的《关于宜昌市贯彻实施〈中华人民共和国行政许可法〉准备工作情况的报告》；听取和审议市人民政府副秘书长谢永和所作的《关于宜昌市贯彻实施〈中华人民共和国农业技术推广法〉情况的报告》；通过宜昌市人大常委会主任会议《关于许可逮捕市三届人大代表胡礼富情况的报告》和《关于许可拘留市三届人大代表杨大刊情况的报告》。

第十五次会议

2004年6月24日，市三届人大常委会举行第十五次会议，出席29人，缺席3人。会议主要内容：审议通过《关于许可拘留宜昌市三届人民代表大会代表周其斌的决定》。

第十六次会议

2004年7月28日—30日，市三届人大常委会举行第十六次会议，出席29人，缺席3人。会议主要内容：听取和审议市发展计划委员会主任杨美仁所作的《关于宜昌市2004年上半年国民经济和社会发展计划执行情况的报告》；听取和审议市财政局局长陈士新所作的《关于宜昌市2004年上半年财政预算执行情况的报告》；听取和审议市人民政府副市长张为民所作的《关于贯彻实施宜昌市〈中华人民共和国民族区域自治法〉和〈湖北省实施中华人民共和国民族区域自治法的若干规定〉情况的报告》；听取和审议市人大常委会副秘书长张宗才所作的《关于〈关于增补代表资格审查委员会组成人员的决定（草案）〉的说明》，审议通过《关于增补代表资格审查委员会组成人员的决定》，增补冯新华、范晓岚分别为宜昌市三届人大常委会代表资格审查委员会副主任委员和委员；审议通过人事任免事项。

第十七次会议

2004年9月21日—22日，市三届人大常委会举行第十七次会议，出席25人，缺席7人。会议主要内容：听取和审议市财政局副局长韩庆顺所作的《关于2003年宜昌市市级财政决算的报告》，听取和审议市审计局局长邓玉华所作的《关于2003年度宜昌市本级预算执行和其他财政收支的审计工作报告》，听取和审议市人大常委会预算工作委员会主任向克林所作的《关于2003年市级财政决算的审查报告》，审议通过《关于批准宜昌市2003年市级财政决算的决议》；听取和审议市农业局局长李全新所作的《关于宜昌市贯彻实施〈中华人民共和国农村土地承包法〉情况的报告》；听取和审议市人民政府副市长王传豪所作的《关于全市耕地保护工作暨退耕还林工程建设情况的报告》；审议通过《关于对市人民政府部分组成人员进行述职评议的工作实施方案》；听取和审议市人大常委会副秘书长张宗才所作的《关于〈对市人民政府部分组成人员进行述职评议的工作实施方案（草案）〉及2004年述职评议人选议案的说明》，审议通过《市人民政府组成人员2004年接受市人大常委会述职评议人选》；审议通过《任命焦红为宜昌市人民政府副市长的决定》；审议通过人事任免事项。

第十八次会议

2004年11月23日—26日，市三届人大常委会举行第十八次会议，出席30人，缺席3人。会议主要内容：听取和审议市人民政府副市长焦红所作的《关于宜昌市贯彻实施〈中华人民共和国民办教育促进法〉情况的报告》；听取和审议市人民检察院检察长李早湘所作的《关于全市检察机关民事行政检察工作情况的报告》；审议通过人事任免事项。

会议听取和审议市财政局局长陈士新、市司法局局长张军平和市民族宗教事务局局长田太富分别所作的《在宜昌市三届人大常委会十八次会议上的述职报告》。印发市人大常委会3个述职评议调查组分别提交的《关于市财政局局长陈士新履职情况的调查报告》《关于市司法局局长张军平履职情况的调查报告》和《关于市民族宗教事务局局长田太富履职情况的调查报告》。

第十九次会议

2005年1月18日—19日，市三届人大常委会举行第十九次会议，出席31人，缺席1人。会议主要内容：听取和审议市人民政府秘书长王宏强所作的《关于2004年度市政府系统办理宜昌市三届人大三次会议议案和四次会议议案、建议情况的报告》；听取和审议市中级人民法院院长胡兴儒所作的《关于市三届人大四次会议代表建议办理情况的报告》；听取和审议市人大常委会代工委主任冯新华所作的《关于宜昌市人大常委会机关承办的宜昌市三届人大四次会议代表建议办理情况的报告》；审议通过《关于批准宜昌市人民政府申请国家开发银行贷款有关问题承诺函的请求的决定》；审议通过《宜昌市人大常委会工作报告(讨论稿)》；审议通过《关于召开宜昌市三届人大五次会议的决定》；审议通过《宜昌市三届人大五次会议议程（草案）》《宜昌市三届人大五次会议主席团和秘书长建议名单（草案）》，提请宜昌市三届人大五次会议预备会议选举；听取市人大常委会副秘书长张宗才所作的《关于宜昌市三届人大五次会议列席人员建议名单(草案)的说明》。通过《宜昌市三届人大五次会议列席人员名单》；审议通过市人大常委会代表资格审查委员会副主任委员冯新华所作的《关于宜昌市三届人大代表变动情况和补选代表资格审查的报告》；听取市人大常委会副秘书长张宗才所作的《关于对主任会议提请表彰优秀市人大代表和先进人大代表工作者议案的说明》，审议通过《关于表彰优秀宜昌市人大代表和先进人大代表工作者的决定》，表彰优秀宜昌市人大代表26名，先进人大代表工作者15名；审议通过人事任免事项。

第二十次会议

2005年3月29日—30日，市三届人大常委会举行第二十次会议，出席28人，缺席4人。会议主要内容：传达学习十届全国人大三次会议精神；听取和审议市人民政府副市长王传豪所作的《关于宜昌市贯彻落实中央一号文件精神工作情况的报告》；听取了市人大常委会副秘书长张宗才所作的《关于〈宜昌市人大常委会2005年工作要点（讨论稿）〉的说明》，审议通过《宜昌市人大常委会2005年工作要点》；听取和审议市人大城乡建设环境资源保护委员会主任委员孙维全所作的《关于市三届人大五次会议主席团交付市人大城环委审议的代表联名提出的议案审议结果的报告》；审议市人大常委会各个调查组提交的《关于市财政局局长陈士新述职评议整改情况的报告》《关于市司法局局长张军平述职评议整改情况的调查报告》《关于市民族宗教事务局局长田太富述职评议整改情况的调查报告》；审议通过人事任免事项。

第二十一次会议

2005年5月27日—28日，市三届人大常委会举行第二十一次会议，出席27人，缺席5人。会议主要内容：听取和审议市人民政府副市长胡家法所作的《关于宜昌市贯彻实施〈中华人民共和国安全生产法〉情况的报告》；听取市人大常委会副秘书长张宗才所作的《关于〈宜昌市人大常委会评议工作暂行办法〉修改情况的说明》，审议通过《宜昌市人大常委会评议工作暂行办法》；听取市人大常委会副秘书长张宗才所作的《关于〈宜昌市人大常委会关于执法检查工作的若干规定（草案）〉的说明》，审议通过《宜昌市人大常委会关于执法检查的若干规定》；审议通过《宜昌市人大常委会关于占用绿萝植物园部分绿化设施和置换儿童公园保护绿地的决定》；听取市人大常委会秘书长李业雄所作的《关于补选湖北省第十届人大代表的议案的说明》，补选郭有明为湖北省第十届人大代表；审议通过《关于接受周登品辞去宜昌市三届人大常委会委员职务请求的决定》；审议通过人事任免事项。

第二十二次会议

2005年7月27日—29日，市三届人大常委会举行第二十二次会议，出席29人，缺席2人。会议主要内容：听取和审议市发展和改革委员会主任杨美仁所作的《关于宜昌市2005年上半年国民经济和社会发展计划执行情况的报告》；听取和审议市财政局局长陈士新所作的《关于宜昌市2005年上半年财政预算执行情况的报告》；听取和审议市人民政府副市长王传豪所作的《关于宜昌市贯彻实施〈中华人民共和国行政许可法〉情况的报告》；听取了市人大常委会副秘书长张宗才所作的《关于对提请审议〈 2005年述职评议工作实施方案（草案）〉及〈市人民政府组成人员2005年接受市人大常委会述职评议人选（草案）〉的说明》，审议通过《2005年述职评议工作实施方案》和《市人民政府组成人员2005年接受市人大常委会述职评议人选》；审议通过《关于同意市人民政府调整万寿桥永久性保护绿地部分用地的决定》；审议通过人事任免事项。

第二十三次会议

2005年9月27日—30日，市三届人大常委会举行第二十三次会议，出席27人，缺席4人。会议主要内容：听取和审议市财政局局长陈士新所作的《关于宜昌市2004年市级财政决算的报告》，听取市人大财政经济委员会主任委员王道本所作的《关于2004年市级财政决算的审查报告》，通过《关于批准2004年市级财政决算的决议》；听取和审议市审计局局长邓玉华所作的《关于2004年度宜昌市市级预算执行和其他财政收支的审计工作报告》，审议通过《关于对审计查出的违法违规问题进行整改的决议》；听取和审议市人民政府副市长廖达风所作的《关于宜昌市贯彻实施〈中华人民共和国动物防疫法〉和〈湖北省实施“中华人民共和国动物防疫法”办法〉情况的报告》；审议通过人事任免事项。

会议听取和审议市发展和改革委员会主任杨美仁、市审计局局长邓玉华、市交通局局长段贤斌和市农业局局长李全新分别所作的《在宜昌市三届人大常委会二十三次会议上的述职报告》。印发市人大常委会4个述职评议调查组分别提交的《关于市发展和改革委员会主任杨美仁履行职责情况的调查报告》《关于市审计局局长邓玉华履行职责情况的调查报告》《关于市交通局局长段贤斌履行职责情况的调查报告》和《关于对市农业局局长李全新履行职责情况的调查报告》。

市人大常委会常务副主任周水舟在会议结束时讲话中，着重讲了两方面的意见：认真抓好整改，确保评议取得实效；认真贯彻中央9号文件精神，努力推进人大工作不断向前发展。

第二十四次会议

2005年11月17日—18日，市三届人大常委会举行第二十四次会议，出席30人，缺席1人。会议主要内容：听取和审议市经济委员会主任王金建所作的《关于宜昌市贯彻实施中小企业促进法情况的报告》；听取和审议市文化局局长冯万林所作的《关于宜昌市贯彻实施〈中华人民共和国文物保护法〉情况的报告》；听取和审议市劳动和社会保障局局长吴开保所作的《关于宜昌市贯彻实施〈湖北省劳动和社会保障监察条例〉情况的报告》；审议通过《关于宜昌市城市总体规划（2005—2020年）的决议》。

第二十五次会议

2006年1月11日—12日，市三届人大常委会举行第二十五次会议，出席30人，缺席1人。会议主要内容：听取和审议市人民政府副市长王传豪所作的《关于2005年度市政府系统办理宜昌市三届人大三次会议议案和五次会议议案建议情况的报告》；听取和审议市中级人民法院院长胡兴儒所作的《关于宜昌市三届人大五次会议代表建议办理情况的报告》；听取了市人大常委会副秘书长余跃进所作的《关于〈宜昌市人民代表大会常务委员会工作报告（草案）〉的说明》，审议通过《宜昌市人大常委会工作报告（草案）》，提请宜昌市三届人大六次会议审议；听取了市人大常委会秘书长李业雄所作的《关于召开宜昌市三届人大六次会议的决定及其议程、日程（草案）的说明》，审议通过《关于召开宜昌市三届人大六次会议的决定》；审议通过《宜昌市三届人大六次会议议程（草案）》《宜昌市三届人大六次会议主席团和秘书长建议名单（草案）》，提请宜昌市三届人大六次会议预备会议审议；审议通过《宜昌市三届人大六次会议日程（草案）》，提请宜昌市三届人大六次会议主席团会议审议；听取市人大常委会副秘书长张宗才所作的《关于宜昌市三届人大六次会议列席人员名单（草案）的说明》，审议通过《宜昌市三届人大六次会议列席人员名单》；听取市人大常委会副秘书长张宗才所作的《关于〈调整代表资格审查委员会组成人员的决定（草案）〉的说明》，审议通过《关于调整代表资格审查委员会组成人员的决定》，决定冯新华兼任宜昌市人大常委会代表资格审查委员会主任委员；审议通过人事任免事项。

第二十六次会议

2006年2月27日，市三届人大常委会举行第二十六次会议，出席29人，缺席2人。会议主要内容：听取了市人大常委会副秘书长余跃进所作的《关于〈宜昌市人大常委会2006年工作要点(讨论稿)〉的说明》，审议通过《宜昌市人大常委会2006年工作要点》；审议通过市人大常委会代表资格审查委员会主任委员冯新华所作的《关于宜昌市三届人大代表变动情况及新当选代表资格审查结果的报告》；审议通过《关于接受肖道根等辞职请求的决定》，报市三届人大六次会议备案。

第二十七次会议

2006年3月23日，市三届人大常委会举行第二十七次会议，出席29人，缺席4人。会议主要内容：

听取和审议市发展和改革委员会主任杨美仁所作的《述职评议整改情况的报告》，听取和审议市农业局局长李全新所作的《述职评议整改情况的报告》、听取和审议市审计局局长邓玉华所作的《述职评议整改情况的报告》、听取和审议市交通局局长段贤斌所作的《述职评议整改情况的报告》；审议通过市人大常委会代表资格审查委员会提交的《关于宜昌市三届人大代表变动情况及新补选代表资格审查结果的书面报告》；审议通过人事任免事项。

第二十八次会议

2006年5月18日—19日，市三届人大常委会举行第二十八次会议，出席26人，缺席7人。会议主要内容：听取和审议市人大常委会副主任、执法检查组组长戴丽莉所作的《关于检查〈中华人民共和国职业教育法〉实施情况的报告》；审议通过市人大内务司法委员会副主任委员牛建所作的《关于宜昌市三届人大六次会议〈关于继续实施社区建设“123行动计划”的议案〉审议结果的报告》；听取了市人大常委会副秘书长张宗才所作的《关于〈宜昌市人大常委会组织市人大代表对部分市人民政府直属机构开展工作评议的实施方案（草案）〉的说明》，审议通过《宜昌市人大常委会组织市人大代表对部分市人民政府直属机构开展工作评议的实施方案》；审议通过人事任免事项。

第二十九次会议

2006年7月24日—26日，市三届人大常委会举行第二十九次会议，出席28人，缺席5人。会议主要内容：听取和审议市发展和改革委员会主任杨美仁所作的《关于宜昌市2006年上半年国民经济和社会发展计划执行情况的报告》；听取和审议市财政局局长陈士新所作的《关于宜昌市2006年上半年预算执行情况的报告》；听取和审议市人大常委会副主任、执法检查组组长周围所作的《关于检查〈中华人民共和国节约能源法〉实施情况的报告》；听取和审议市人民政府副市长王宏强所作的《关于全市公安派出所和看守所工作情况的报告》；审议通过人事任免事项。

第三十次会议

2006年9月18日，市三届人大常委会举行第三十次会议，出席28人，缺席5人。会议主要内容：听取和审议市财政局局长陈士新所作的《关于宜昌市2005年市级决算的报告》，听取市人大财政经济委员会主任委员王道本所作的《关于2005年市级决算的审查报告》，审议通过《关于批准2005年市级决算的决议》；听取和审议市审计局局长邓玉华所作的《关于2005年度宜昌市市级预算执行和其他财政收支的审计工作报告》。

第三十一次会议

2006年11月17日—18日，市三届人大常委会举行第三十一次会议，出席33人，无缺席情况。会议主要内容：听取和审议市人大农经委主任委员、市人大常委会执法检查组组长张德林所作的《关于检查〈中华人民共和国农业法〉实施情况的报告》；听取和审议市人民政府副市长王宏强所作的《关于创建国家环保模范城市工作情况的报告》；听取和审议市旅游局局长屈鹏所作的《关于〈宜昌市旅游业发展总体规划（2006—2020年）〉的编制说明》，审议通过《宜昌市人大常委会关于宜昌市旅游业发展总体规划（2006—2020年）的决议》；听取和审议市人民检察院检察长李早湘所作的《关于设置宜昌市葛洲坝人民检察院议案的说明》，审议通过《关于批准设置宜昌市葛洲坝人民检察院的决定》；听取和审议市人大常委会副秘书长张宗才所作的《关于补选湖北省第十届人大代表的议案的说明》，审议通过《湖北省第十届人大代表补选办法》，补选潘立刚为湖北省第十届人大代表；审议通过《关于接受焦红辞去宜昌市人民政府副市长职务请求的决定》《关于接受杨智辞去宜昌市人民政府副市长职务请求的决定》《关于接受李早湘辞去宜昌市人民检察院检察长职务请求的决定》，并报市人民代表大会备案；审议通过《关于任命孙光骏为宜昌市人民检察院副检察长代理检察长的决定》。

第三十二次会议

2007年1月17日—18日，市三届人大常委会举行第三十二次会议，出席30人，缺席3人。会议主要内容：听取市人大常委会秘书长谢永和所作的《关于召开宜昌市四届人大一次会议的决定（草案）及其议程、日程（草案）的说明》，审议通过《关于召开宜昌市四届人大一次会议的决定》；听取了市人大常委会副秘书长张宗才所作的《关于宜昌市四届人大一次会议主席团和秘书长名单（草案）的说明》，审议通过《宜昌市四届人大一次会议主席团和秘书长名单（草案）》；听取市人大常委会副秘书长张宗才所作的《关于设立宜昌市四届人大一次会议议案审查和计划预算审查两个委员会及其组成人员名单（草案）的说明》，审议通过《宜昌市四届人大一次会议议案审查委员会及其组成人员名单（草案）》《宜昌市四届人大一次会议计划预算审查委员会及其组成人员名单（草案）》；听取市人大常委会副秘书长张宗才所作的《关于宜昌市四届人大一次会议列席人员名单（草案）的说明》，审议通过《宜昌市四届人大一次会议列席人员名单》；审议通过市人大常委会代工委主任、代表资格审查委员会主任委员冯新华所作的《关于宜昌市四届人大代表资格的审查报告》；听取和审议市人大常委会代工委主任冯新华所作的《关于宜昌市三届人大六次会议代表建议办理情况的报告》，听取和审议市人民政府副市长王传豪所作的《2006年度市政府系统办理宜昌市三届人大六次会议议案和建议情况的报告》，听取和审议市中级人民法院院长胡兴儒所作的《关于宜昌市三届人大六次会议代表建议办理情况的报告》。

第七节　市四届人大常委会会议

市四届人大常委会共召开33次会议，共听取和审议“一府两院”和市人大常委会工作机构所作的工作报告184个（其中：“一府两院”工作报告59个、法律法规实施及执法检查报告18个、落实审议意见报告15个、工作评议9个、调查调研报告57个、议案建议办理报告16个、代表资格审查报告10个）；做出决议、决定21个（不含召开宜昌市人民代表大会会议和人事任免的决定）；制定和修订规范性文件26个；对9个市人民政府工作部门进行了专项工作评议；任命国家机关工作人员222人次；免去国家机关工作人员的职务162人次；补选湖北省人民代表大会代表3人，接受辞去湖北省人大代表职务2人。

第一次会议

2007年3月22日—23日，市四届人大常委会举行第一次会议，出席38人，缺席3人。会议主要内容：传达十届全国人大五次会议主要精神，印发《湖北省十届人大五次会议精神传达提纲》；听取了市人大常委会秘书长谢永和所作的《关于〈宜昌市人大常委会2007年工作要点(讨论稿)〉的说明》，审议通过《宜昌市人大常委会2007年工作要点》；听取了市人大常委会秘书长谢永和所作的《对〈宜昌市四届人民代表大会常务委员加强自身建设的决定（草案）〉的说明》，审议通过《宜昌市四届人大常委会加强自身建设的决定》；听取市人大常委会委员、副秘书长余跃进所作的《关于〈宜昌市人民代表大会常务委员会议事规则（修订稿草案）〉的说明》，审议通过修订后的《宜昌市人民代表大会常务委员会议事规则》；听取和审议市人民政府副市长王宏强所作的《关于“四五”普法宣传教育基本情况和对〈关于加强法制宣传教育的决议（草案）〉的说明》，审议通过《关于加强法制宣传教育的决议》；审议通过人事任免事项。

中共宜昌市委书记、市人大常委会主任李佑才在会议结束时讲话：要树立宪法意识，认真行使好人民授予的权力；要树立人大意识，增强接受监督的主动性、自觉性；要树立责任意识，努力为人民掌好权，服务；要树立公仆意识，切实转变作风，促进发展。

第二次会议

2007年5月28日—29日，市四届人大常委会举行第二次会议，出席40人，缺席1人。会议主要内容：听取和审议市人民政府《关于全市城区工业经济结构调整情况的报告》，印发市人大常委会调查组《关于城区工业经济结构调整情况的调查报告》；审议通过市人大内务司法委员会主任委员马仕华所作的《关于宜昌市四届人大一次会议主席团交付审议的代表联名提出的〈关于建立宜昌市被征地农民社会保障制度的议案〉审议结果的报告》；听取市人大常委会委员、副秘书长余跃进所作的《关于废止〈宜昌市人民代表大会常务委员会评议工作办法〉和〈宜昌市人大常委会监督司法工作暂行办法〉的决定（草案）的说明》，审议通过《关于废止〈宜昌市人大常委会评议工作办法〉和〈宜昌市人大常委会监督司法工作暂行办法〉的决定》；听取市人大内务司法委员会主任委员马仕华所作的《关于〈行政执法监督办法（修正稿草案)〉的说明》，审议通过修订后的《宜昌市人大常委会行政执法监督办法》；听取市人大内务司法委员会主任委员马仕华所作的《关于〈宜昌市人民代表大会常务委员会规范性文件备案审查办法（修正稿草案)〉的说明》，审议通过修订后的《宜昌市人大常委会规范性文件备案审查办法》；听取市人大常委会研究室主任刘英剑所作的《关于〈宜昌市人大常委会审议意见督办反馈试行办法(修正稿草案)〉的说明》，审议通过修正后的《宜昌市人大常委会审议意见督办反馈试行办法》；听取市人大常委会研究室主任刘英剑所作的《关于〈宜昌市人大常委会执法检查的若干规定(修正稿草案)〉的说明》，审议通过修订后的《宜昌市人大常委会执法检查的若干规定》。

第三次会议

2007年7月26日—27日，市四届人大常委会举行第三次会议，出席38人，缺席3人。会议主要内容：听取和审议市发展和改革委员会主任杨美仁所作的《关于宜昌市2007年上半年国民经济和社会发展计划执行情况的报告》，印发市人大常委会调查组《关于全市2007年上半年国民经济和社会发展计划执行情况的调查报告》；听取和审议市财政局局长王金建所作的《关于宜昌市2007年上半年预算执行情况的报告》；听取和审议市人大常委会副主任、执法检查组组长吴开保所作的《关于检查〈中华人民共和国矿产资源法〉实施情况的报告》；听取市人大常委会秘书长谢永和所作的《关于〈宜昌市四届人大常委会代表资格审查委员会组成人员名单（草案）〉的说明》，审议通过《宜昌市四届人大常委会代表资格审查委员会组成人员名单》，即主任委员：吴开保；副主任委员：田太富；委员：刘宗林、余跃进、张毅；听取市人大常委会委员、副秘书长余跃进所作的《关于〈宜昌市人民代表大会常务委员会与市人民政府、市中级人民法院、市人民检察院工作联系办法（修订草案）〉的说明》，审议通过修订后的《宜昌市人大常委会与市人民政府、市中级人民法院、市人民检察院工作联系办法》；听取市人大常委会代工委主任田太富所作的《关于〈宜昌市人民代表大会常务委员会任免地方国家机关工作人员办法（修订草案）〉的说明》《关于〈宜昌市人民代表大会常务委员会人大代表工作办法（修订草案）〉的说明》，审议通过修订后的《宜昌市人大常委会任免地方国家机关工作人员办法》《宜昌市人大常委会人大代表工作办法》；听取市人大常委会预算工作委员会主任童孔玲所作的《关于〈宜昌市人大常委会预算监督办法（修订草案）〉的说明》，审议通过修订后的《宜昌市人大常委会预算监督办法》；审议通过《关于接受王传豪辞去宜昌市人民政府副市长职务请求的决定》；审议通过人事任免事项。

第四次会议

2007年9月28日—29日，市四届人大常委会举行第四次会议，出席35人，缺席6人。会议主要内容：听取和审议市财政局局长王金建所作的《关于宜昌市2006年市级决算报告》，听取和审议市审计局局长杜伟所作的《关于2006年度市级预算执行和其他财政收支的审计工作报告》，听取市人大财经委主任委员邓玉华所作的《关于2006年市级决算的审查报告》，审议通过《关于批准2006年市级决算的决议》；听取和审议市人大农经委主任委员、市人大常委会执法检查组副组长张德林所作的《关于检查〈中华人民共和国水法〉实施情况报告》；听取和审议市中级人民法院院长胡兴儒所作的《关于全市法院审判监督工作情况的报告》；听取市人大常委会代工委主任田太富所作的《关于〈宜昌市人民代表大会代表议案处理办法（草案）〉和〈宜昌市人民代表大会代表建议、批评和意见处理办法（草案）〉的说明》，审议通过《宜昌市人民代表大会代表议案处理办法》《宜昌市人民代表大会代表建议、批评和意见处理办法》；审议通过《关于接受汪定国辞去湖北省第十届人民代表大会代表职务请求的决定》；审议通过人事任免事项。

第五次会议

2007年11月21日—22日，市四届人大常委会举行第五次会议，出席34人，缺席7人。会议主要内容：听取和审议市人大常委会副主任、执法检查组组长谭春玉所作的《关于检查〈中华人民共和国会计法〉实施情况的报告》，印发宜昌市人民政府《关于全市贯彻实施〈会计法〉情况的报告》；听取和审议市人大常委会副主任、执法检查组组长艾苍松所作的《关于检查国务院法律援助条例及司法救助实施情况的报告》；听取和审议市人大常委会副主任、执法检查组组长邹正金所作的《关于检查〈中华人民共和国义务教育法〉实施情况的报告》；听取和审议市人民政府副市长廖达凤所作的《关于全市新农村建设情况的报告》，印发市人大常委会调查组《关于全市社会主义新农村建设情况的调查报告》；听取和审议市人大常委会秘书长谢永和所作的《关于召开宜昌市四届人大二次会议决定（草案）及议程（草案）的说明》，审议通过《关于召开宜昌市四届人大二次会议的决定》，审议通过《宜昌市四届人大二次会议议程（草案）》，提请宜昌市四届人大二次会议预备会议通过；审议通过市人大常委会代表资格审查委员会副主任委员田太富所作的《关于宜昌市四届人大代表资格的审查报告》；听取市人大常委会委员、副秘书长余跃进所作的《关于宜昌市四届人大二次会议主席团和秘书长名单（草案）的说明》，审议通过《宜昌市四届人大二次会议主席团和秘书长名单（草案）》，提请宜昌市四届人大二次会议预备会议审议。

第六次会议

2007年12月18日，市四届人大常委会举行第六次会议，出席32人，缺席9人。会议主要内容：听取市人大常委会委员、副秘书长余跃进所作的《关于推迟召开宜昌市四届人大二次会议的决定（草案）的说明》，通过《关于推迟召开宜昌市四届人大二次会议的决定》。

第七次会议

2008年1月16日，市四届人大常委会举行第七次会议，出席36人，缺席5人。会议主要内容：听取和审议市人民政府市长助理、秘书长马学军所作的《关于2007年度市政府系统办理市四届人大一次会议议案和建议情况的报告》；听取和审议市人中级人民法院院长胡兴儒所作的《关于宜昌市四届人大一次会议代表建议办理情况的报告》；审议市人民政府《关于2006年市级预算执行和其他财政收支整改情况的报告》；审议市人民政府《关于市四届人大常委会四次会议审议意见办理情况的报告》（市四届人大常委会四次会议审议意见，即《市人大常委会执法检查组关于检查〈中华人民共和国水法〉实施情况的报告》中提出的审议意见）；审议通过人事任免事项。

第八次会议

2008年3月6日，市四届人大常委会举行第八次会议，出席34人，缺席7人。会议主要内容：印发《湖北省十一届人大一次会议精神传达提纲》；听取市人大常委会委员、副秘书长余跃进所作的《关于召开宜昌市四届人大三次会议的决定（草案）及其议程（草案）的说明》，审议通过《关于召开宜昌市四届人大三次会议的决定》，审议通过《宜昌市四届人大三次会议议程（草案）》，提请宜昌市四届人大三次会议预备会议审议；审议通过市人大常委会代表资格审查委员会副主任委员田太富所作的《关于宜昌市四届人民代表大会个别代表的代表资格的审查报告》；审议通过《关于接受李佑才辞去宜昌市人民代表大会常务委员会主任职务请求的决定》《关于接受郭有明辞去宜昌市人民政府市长职务请求的决定》和《关于李乐成任宜昌市人民政府副市长、代理市长的决定》。

第九次会议

2008年3月21日，市四届人大常委会举行第九次会议，出席36人，缺席4人。会议主要内容：听取市人大常委会研究室主任刘英剑《关于〈宜昌市人大常委会2008年工作要点(讨论稿)〉的说明》，审议通过《宜昌市人大常委会2008年工作要点》；听取市人大常委会研究室主任刘英剑《关于〈宜昌市人大常委会工作报告(讨论稿)〉的说明》。审议通过《宜昌市人大常委会工作报告（草案）》，提请宜昌市四届人大三次会议审议；听取市人大常委会委员、副秘书长余跃进所作的《关于宜昌市四届人大三次会议主席团和秘书长名单（草案）的说明》，审议通过《宜昌市四届人大三次会议主席团和秘书长名单（草案）》，提请宜昌市四届人大三次会议预备会议审议；听取市人大常委会委员、副秘书长余跃进所作的《关于宜昌市四届人大三次会议列席人员名单（草案）的说明》，审议通过《宜昌市四届人大三次会议列席人员名单》；审议通过市人大常委会代表资格审查委员会副主任委员田太富所作的《关于宜昌市四届人民代表大会个别代表的代表资格的审查报告》。

第十次会议

2008年5月21日，市四届人大常委会举行第十次会议，出席34人，缺席7人。会议主要内容：审议通过市人大内务司法委员会主任委员马仕华所作的《关于宜昌市四届人大三次会议主席团交付审议的代表联名提出的〈关于加快建立宜昌市城镇居民基本医疗保障制度的议案〉审议结果的报告》；听取和审议市人民政府副市长廖达凤所作的《关于全市推行新型农村合作医疗制度情况的报告》；审议通过人事任免事项。

第十一次会议

2008年7月25日，市四届人大常委会举行第十一次会议，出席38人，缺席3人。会议主要内容：

听取和审议市发展和改革委员会主任杨美仁所作的《关于宜昌市2008年上半年国民经济和社会发展计划执行情况的报告》，印发市人大常委会调查组《关于宜昌市2008年上半年国民经济和社会发展计划执行情况的调查报告》；听取和审议市财政局局长王金建所作的《关于宜昌市2008年上半年预算执行情况的报告》，印发市人大常委会调查组《关于宜昌市2008年上半年预算执行情况的调查报告》；听取和审议市人大常委会副主任、执法检查组组长张为民所作的《关于检查〈湖北省旅游条例〉实施情况的报告》；听取和审议市人大常委会秘书长谢永和所作的《关于〈进一步加强“三城联创”工作的决议（草案）〉的说明》，审议通过《关于进一步加强“三城联创”工作的决议》；听取市人大常委会委员、副秘书长余跃进所作的《关于〈宜昌市人大常委会听取和审议市人民政府、市中级人民法院、市人民检察院专项工作报告的办法（草案）〉的说明》，审议通过《宜昌市人大常委会听取和审议市人民政府、市中级人民法院、市人民检察院专项工作报告的办法》；听取市人大常委会委员、副秘书长余跃进所作的《关于〈宜昌市人民代表大会常务委员会主任会议议事规则（草案）〉的说明》，审议通过《宜昌市人民代表大会常务委员会主任会议议事规则》；审议通过《关于接受胡兴儒辞去宜昌市中级人民法院院长等职务请求的决定》《关于裴缜代理宜昌市中级人民法院院长职务的决定》；审议通过人事任免事项。

第十二次会议

2008年9月25至26日，市四届人大常委会举行第十二次会议，出席35人，缺席6人。会议主要内容：听取和审议市财政局局长王金建所作的《关于宜昌市2007年市级决算的报告》，听取和审议市审计局局长杜伟所作的《关于2007年度市级预算执行和其他财政收支的审计工作报告》，听取市人大财政经济委员会主任委员邓玉华所作的《关于2007年市级决算的审查报告》，审议通过《关于批准2007年市级决算的决议》；听取和审议市人民检察院检察长孙光骏所作的《关于全市检察机关职务犯罪预防和查处工作情况的报告》，印发市人大常委会调研组《关于全市检察机关职务犯罪预防和查处工作情况的调查报告》；听取和审议市人大常委会副主任、执法检查组组长张为民所作的《关于检查〈中华人民共和国森林法〉实施情况的报告》；听取和审议市人大常委会副主任、执法检查组组长邹正金所作的《关于检查〈中华人民共和国科技进步法〉实施情况的报告》；听取市人大常委会委员、副秘书长余跃进所作的《关于〈宜昌市人大常委会视察办法（草案）〉的说明》，审议通过《宜昌市人民代表大会常务委员会视察办法》。

第十三次会议

2008年11月27日—28日，市四届人大常委会举行第十三次会议，出席32人，缺席9人。会议主要内容：听取和审议市人大常委会副主任、执法检查组组长谭春玉所作的《关于检查〈中华人民共和国政府采购法〉实施情况的报告》；听取和审议市人大常委会副主任、执法检查组组长艾苍松所作的《关于检查〈中华人民共和国劳动合同法〉实施情况的报告》；听取和审议市人民政府《关于全市生态家园建设情况的报告》，印发市人大常委会调查组《关于全市生态家园建设情况的调查报告》；听取和审议市规划局局长颜家万所作的《关于宜昌市城区城建规划项目审批及监管情况的报告》，印发市人大常委会调查组《关于宜昌市城区城建规划项目审批及监管工作情况的调查报告》；听取市人大常委会委员、副秘书长余跃进所作的《关于进一步提高市人大常委会会议质量的若干意见（草案）》的说明》，审议通过《关于进一步提高市人大常委会会议质量的若干意见》；审议通过人事任免事项。

第十四次会议

2009年1月9日，市四届人大常委会举行第十四次会议，出席40人，缺席1人。会议主要内容：听取和审议市人民政府副市长张永红所作的《关于2008年度市政府系统办理市四届人大三次会议议案和建议情况的报告》；听取和审议市中级人民法院代理院长裴缜所作的《关于市四届人大三次会议代表建议办理情况的报告》；听取和审议市人民政府副秘书长雷元海所作的《关于利用银行贷款加快建设宜昌火车东站配套工程等五个项目议案的说明》，审议《关于利用银行贷款加快建设宜昌火车东站配套工程等五个项目议案》，审议通过《关于批准市人民政府关于利用银行贷款加快建设宜昌火车东站配套工程等五个项目的决定》；审议通过市人大常委会代表资格审查委员会副主任委员田太富所作的《关于宜昌市四届人民代表大会部分代表的代表资格的审查报告》；审议通过《关于召开宜昌市四届人大四次会议的决定》；听取市人大常委会委员、副秘书长余跃进所作的《关于宜昌市四届人大四次会议主席团和秘书长名单（草案）的说明》，审议通过《宜昌市四届人大四次会议主席团和秘书长名单（草案）》，提请宜昌市四届人大四次会议预备会议审议；听取市人大常委会委员、副秘书长余跃进所作的《关于宜昌市四届人大四次会议列席人员名单（草案）的说明》，审议通过《宜昌市四届人大四次会议列席人员名单》；任命袁琼为宜昌市人大常委会信访室主任。

第十五次会议

2009年2月11日，市四届人大常委会举行第十五次会议，出席32人，缺席9人。会议主要内容：印发《湖北省十一届人大一次会议精神传达提纲》；听取市人大常委会委员、副秘书长余跃进所作的《关于宜昌市人大常委会工作报告(讨论稿)的说明》，审议通过《宜昌市人大常委会工作报告（草案）》；听取市人大常委会委员、副秘书长余跃进所作的《关于宜昌市人大常委会2009年工作要点(讨论稿)的说明》，审议通过《宜昌市人大常委会2009年工作要点》；审议通过《关于推迟召开宜昌市四届人大四次会议的决定》；审议通过《关于接受范晓岚辞去湖北省第十一届人民代表大会代表职务请求的决定》。补选李乐成为湖北省第十一届人大代表；审议通过人事任免事项。

第十六次会议

2009年3月31日，市四届人大常委会举行第十六次会议，出席35人，缺席6人。会议主要内容：传达十一届全国人大二次会议主要精神；听取和审议市人民政府市长李乐成所作的《关于宜昌市应对国际金融危机扩内需调结构保增长工作情况的报告》；审议通过市人大内务司法委员会主任委员马仕华所作的《关于宜昌市四届人大四次会议主席团交付审议的代表联名提出的〈关于大力推动全民创业，以创业促进城乡就业的议案〉初审结果的报告》。

第十七次会议

2009年5月20日，市四届人大常委会举行第十七次会议，出席38人，缺席3人。会议主要内容：听取和审议市人大常委会副主任、执法检查组组长邹正金所作的《关于检查国务院广播电视管理条例实施情况的报告》；听取和审议市财政局局长王金建所作的《关于2009年宜昌市市级预算调整方案（草案）的报告》，听取市人大财政经济委员会主任委员邓玉华所作的《关于2009年宜昌市市级预算调整方案的审查报告》，审议通过《关于批准2009年宜昌市市级预算调整方案的决议》；审议通过《关于接受廖达凤辞去宜昌市人民政府副市长职务请求的决定》《关于接受刘俊刚辞去宜昌市人民政府副市长职务请求的决定》；任命吴静为宜昌市人民政府副市长，审议通过其他人事任免事项。

第十八次会议

2009年7月23日—24日，市四届人大常委会举行第十八次会议，出席34人，缺席7人。会议主要内容：听取和审议市发展和改革委员会主任杨美仁所作的《关于宜昌市2009年上半年国民经济和社会发展计划执行情况的报告》，印发市人大常委会调查组《关于宜昌市2009年上半年国民经济和社会发展计划执行情况的调查报告》；听取和审议市财政局局长王金建所作的《关于宜昌市2009年上半年预算执行情况的报告》，印发市人大常委会调查组《关于宜昌市2009年上半年预算执行情况的调查报告》；听取和审议市人民政府副市长王宏强所作的《关于利用政府信用筹集平湖半岛棚户区改造等项目建设资金议案的说明》，审议通过《宜昌市人大常委会关于批准宜昌市人民政府利用政府信用筹集平湖半岛棚户区改造等项目建设资金的决定》；听取和审议市人民政府副市长王宏强所作的《关于将宜昌市城区滨江公园（上段）等六块公共绿地纳入第三批永久性保护公共绿地议案的情况说明》，审议通过《宜昌市人大常委会关于对宜昌市城区滨江公园（上段）等六块公共绿地实施永久性保护的决定》；听取和审议市人大常委会委员、副秘书长余跃进所作的《关于起草〈宜昌市人大常委会听取和审议本级行政机关依法行政情况报告实施办法（草案）〉的说明》，审议通过《宜昌市人民代表大会常务委员会听取和审议本级行政机关依法行政情况报告实施办法》；听取和审议市人大常委会委员、副秘书长余跃进所作的《关于修改〈宜昌市人大常委会听取和审议市人民政府、市中级人民法院、市人民检察院专项工作报告办法〉和〈宜昌市人大常委会与市人民政府、市中级人民法院、市人民检察院工作联系办法〉的说明》，审议通过修订后的《宜昌市人大常委会听取和审议市人民政府、市中级人民法院、市人民检察院专项工作报告办法》和《宜昌市人大常委会与市人民政府、市中级人民法院、市人民检察院工作联系办法》；审议通过《关于许可拘留市人大代表向光权的决定》；任命邱智坤、邓恢林为宜昌市人民政府副市长，审议通过其他人事任免事项。

第十九次会议

2009年9月28日—30日，市四届人大常委会举行第十九次会议，出席37人，缺席4人。会议主要内容：听取和审议市文化局局长冯万林所作的《关于全市农村公共文化服务体系建设情况的报告》，印发市人大常委会调查组《关于全市农村公共服务体系建设情况的调查报告》；听取和审议市房产管理局局长陈颖宜所作的《关于宜昌市城区住房保障工作情况的报告》，印发市人大常委会调查组《关于全市城区住房保障工作情况的调查报告》；听取和审议市人大常委会副主任、执法检查组组长张为民所作的《关于检查〈中华人民共和国畜牧法〉实施情况的报告》；听取和审议市财政局局长王金建所作的《关于2008年宜昌市市级决算的报告》，听取和审议市审计局局长杜伟所作的《关于2008年度宜昌市市级预算执行和其他财政收支的审计工作报告》，听取市人大财政经济委员会主任委员邓玉华所作的《关于2008年宜昌市市级决算的审查报告》，审议通过《关于批准2008年宜昌市市级决算的决议》；审议通过市人大常委会代表资格审查委员会副主任委员田太富所作的《关于宜昌市四届人民代表大会部分代表的代表资格的审查报告》；审议通过《关于接受陶远震辞去宜昌市四届人大常委会委员、宜昌市四届人大民族宗教外事侨务委员会主任委员职务请求的决定》；审议通过人事任免事项。

第二十次会议

2009年11月26日—27日，市四届人大常委会举行第二十次会议，出席人35人，缺席5人。会议主要内容：听取和审议市人民政府副市长王宏强所作的《关于全市推进依法行政工作情况的报告》；听取和审议市水利水电局局长姚大志所作的《关于全市中小型农田水利基础设施建设情况的报告》，印发市人大常委会调查组《关于全市中小型农田水利基础设施建设情况的调查报告》；听取和审议市中级人民法院院长裴缜所作的《关于全市法院涉诉信访工作情况的报告》，印发市人大常委会调查组《关于宜昌市涉法涉诉信访工作情况的调查报告》；审议通过人事任免事项。

第二十一次会议

2010年1月21日—22日，市四届人大常委会举行第二十一次会议，出席31人，缺席9人。会议主要内容：审议市人民政府《关于利用政府信用增加平湖半岛融资的议案》，通过《宜昌市人大常委会关于批准宜昌市人民政府利用政府信用增加平湖半岛融资的决定》；听取和审议市人民政府副市长邱智坤所作的《关于2009年度市政府系统办理市四届人大四次会议代表提出的议案和建议情况的报告》；听取和审议市中级人民法院院长裴缜所作的《关于市四届人大四次会议代表建议办理情况的报告》；听取和审议市人大常委会研究室主任刘英剑所作的《关于〈宜昌市人大常委会2010年工作要点(讨论稿)〉的说明》，审议通过《宜昌市人大常委会2010年工作要点》；听取和审议市人大常委会研究室主任刘英剑所作的《关于〈宜昌市人民代表大会常务委员会工作报告(讨论稿)〉的说明》，审议通过《宜昌市人民代表大会常务委员会工作报告（草案）》，提请宜昌市四届人大五次会议审议；审议通过市人大常委会代表资格审查委员会副主任委员田太富所作的《关于宜昌市四届人民代表大会部分代表的代表资格的审查报告》；审议通过《宜昌市人民代表大会常务委员会关于召开宜昌市四届人大五次会议的决定》《宜昌市四届人大五次会议列席人员名单》；审议通过《宜昌市四届人大五次会议议程（草案）》《宜昌市四届人大五次会议主席团和秘书长名单（草案）》，提请宜昌市四届人大五次会议预备会议审议；审议通过《宜昌市四届人大五次会议日程（草案）》，提请宜昌市四届人大五次会议主席团会议审议；审议通过《关于接受张毅辞去市四届人大常委会委员职务请求的决定》；审议通过人事任免事项。

第二十二次会议

2010年3月31日，市四届人大常委会举行第二十二次会议，出席31人，缺席10人。会议主要内容：传达十一届全国人大三次会议精神；审议通过市人大财政经济委员会主任委员邓玉华所作的《关于市四届人大五次会议主席团交付审议的代表联名提出的〈关于加强城区农贸市场建设与管理的议案〉审议结果的报告》；审议通过《关于加强城区菜市场建设和管理工作的决定》；审议市人民政府《关于全市农村公共文化服务体系建设工作审议意见办理情况的报告》，印发市人大常委会调查组《关于跟踪检查〈市人大常委会对全市农村公共文化服务体系建设工作审议意见〉办理情况的报告》；审议市人民政府《关于市人大常委会对城区住房保障工作审议意见办理情况的报告》，印发市人大常委会调查组《关于跟踪检查〈市人大常委会对城区住房保障工作的审议意见〉办理情况的报告》；审议通过人事任免事项。

第二十三次会议

2010年5月30日—31日，市四届人大常委会举行第二十三次会议，出席35人，缺席6人。会议主要内容：听取和审议市人大常委会副主任、执法检查组组长邹正金所作的《关于检查〈中华人民共和国食品安全法〉实施情况的报告》；听取和审议市人民政府《全市建设鄂西生态文化旅游圈工作情况的报告》，印发市人大常委会调查组《关于全市鄂西生态文化旅游圈开发建设情况的报告》；审议市中级人民法院《关于全市法院涉诉信访工作审议意见办理情况的报告》，印发市人大内务司法委员会《关于跟踪检查〈市人大常委会对全市法院涉诉信访工作的审议意见〉办理情况的报告》；听取和审议市人民检察院检察长孙光骏所作的《关于全市检察机关开展诉讼活动法律监督工作情况的报告》，印发宜昌市人大常委会专题调研组《关于全市检察机关诉讼监督工作情况的调查报告》，听取和审议市人大内务司法委员会主任委员马仕华所作的《关于起草〈加强检察机关诉讼法律监督工作的试行办法（草案）〉的说明》，审议通过《宜昌市人大常委会关于加强检察机关诉讼法律监督工作的试行办法》；审议市人民政府《关于〈市人大常委会对全市中小型农田水利基础设施建设审议意见〉办理情况的报告》，印发市人大农村经济委员会《关于跟踪检查〈市人大常委会对全市中小型农田水利基础设施建设情况的审议意见〉办理情况的报告》；审议通过《关于接受杨尚聘等三人辞去宜昌市四届人大常委会委员职务请求的决定》；审议通过人事任免事项。

第二十四次会议

2010年7月19日—20日，市四届人大常委会举行第二十四次会议，出席31人，缺席7人。会议主要内容：听取和审议市住建委主任张立新所作的《关于城区建筑市场监管工作的报告》，印发市人大常委会调查组《关于城区建筑市场监督管理工作情况的调查报告》；听取和审议市扶贫开发办主任刘克兢所作的《关于全市扶贫开发工作情况的报告》，印发市人大常委会调查组《关于全市扶贫开发工作情况的调查报告》；听取和审议市发展和改革委员会主任杨美仁所作的《关于宜昌市2010年上半年国民经济和社会发展计划执行情况的报告》；听取和审议市财政局局长王金建所作的《关于宜昌市2010年上半年预算执行情况的报告》，印发市人大常委会调查组《关于宜昌市2010年上半年预算执行情况的调查报告》；听取和审议市财政局局长王金建所作的《关于宜昌市2010年市级预算调整方案（草案）的报告》，听取市人大财政经济委员会副主任委员谢祚剑所作的《关于宜昌市2010年市级预算调整方案的审查报告》，审议通过《关于批准2010年市级预算调整方案的决议》；听取和审议市人大常委会委员、副秘书长余跃进所作的《关于〈宜昌市人大常委会工作评议暂行办法（草案）〉的说明》，审议通过《宜昌市人大常委会工作评议暂行办法》；审议通过《关于接受邱智坤辞去宜昌市人民政府副市长职务请求的决定》；审议通过人事任免事项。

第二十五次会议

2010年9月28日—29日，市四届人大常委会举行第二十五次会议，出席31人，缺席7人。会议主要内容：听取和审议市人大常委会副主任、执法检查组组长吴开保所作的《关于检查〈中华人民共和国水污染防治法〉实施情况的报告》，印发市住房和城乡建设委员会《加快污水处理厂建设着力打造生态文明城市的报告》，印发市水利水电局《关于宜昌市贯彻实施〈中华人民共和国水污染防治法〉情况的报告》，印发市环境保护局《关于宜昌市贯彻实施〈中华人民共和国水污染防治法〉情况的报告》；听取和审议发市人力资源和社会保障局局长张军平所作的《关于全市完善失业保险体系建设情况的报告》，印发市人大常委会专题调研组《关于全市失业保险体系建设情况的调查报告》；听取和审议市财政局局长王金建所作的《关于宜昌市2009年市级决算的报告》，听取和审议市审计局局长杜伟所作的《关于宜昌市2009年度市级预算执行和其他财政收支的审计工作报告》，听取市人大财政经济委员会主任委员邓玉华所作的《关于宜昌市2009年市级决算的审查报告》，审议通过《关于批准宜昌市2009年市级决算的决议》；审议市人民政府《关于市四届人大常委会二十次会议对全市推进依法行政工作审议意见落实情况的报告》；听取和审议市人大常委会委员、副秘书长余跃进所作的《关于〈 2010年度专项工作评议实施方案（草案）〉的说明》，审议通过《2010年度专项工作评议候选单位名单》；听取和审议市人大常委会代工委主任田太富所作的《关于〈宜昌市人民代表大会常务委员会任免地方国家机关工作人员办法（修订草案）〉的说明》，审议通过修订后的《宜昌市人民代表大会常务委员会任免地方国家机关工作人员办法》；审议通过《关于接受陈宏灿等五人辞职请求的决定》《关于接受赵长琴辞去宜昌市人大常委会副秘书长职务请求的决定》；审议通过人事任免事项。

第二十六次会议

2010年11月28日—30日，市四届人大常委会举行第二十六次会议，出席31人，缺席2人。会议主要内容：听取和审议市发展和改革委员会主任杨美仁所作的《关于全市生物医药产业发展情况的报告》，印发市人大常委会调查组《关于宜昌市生物医药产业情况的调查报告》；听取和审议市发展和改革委员会主任杨美仁所作的《关于市级政府投资项目建设情况的报告》，印发市人大常委会调查组《关于市级政府投资项目建设情况的调查报告》；听取和审议市人民政府副市长郑超所作的《关于2010年度市政府系统办理市四届人大五次会议代表提出的议案以及建议、批评和意见情况的报告》，举行市人大常委会议案办理专题询问会；审议市人民政府《关于〈市人大常委会对全市鄂西生态文化旅游圈建设的审议意见〉办理情况的报告》，印发市人大民族宗教外事侨务委员会《关于跟踪检查市人民政府处理〈市人大常委会组成人员对全市鄂西生态文化旅游圈建设情况报告的审议意见〉情况的报告》；审议市人民检察院《关于〈市人大常委会对全市检察机关开展诉讼活动法律监督工作的审议意见〉办理情况的报告》，印发市人大内务司法委员会《关于跟踪检查市人民检察院处理〈宜昌市四届人大常委会组成人员对全市检察机关开展诉讼活动法律监督工作情况的报告的审议意见〉情况的报告》；审议通过市人大常委会代表资格审查委员会副主任委员田太富所作的《关于宜昌市四届人民代表大会部分代表的代表资格的审查报告》；补选侯长安为湖北省第十一届人大代表；审议通过《关于接受张为民辞去宜昌市四届人大常委会副主任职务请求的决定》；审议通过人事任免事项。

会议听取和审议市物价局局长宋秀钿、市民政局局长王庆玉、市工商行政管理局党组书记兰礼义和宜昌供电公司副总经理王乐炎分别所作的《关于接受市人大常委会评议的专项工作报告》。印发市人大常委会4个评议工作组分别提交的《关于对市物价局开展专项工作评议的调查报告》《关于对市民政局开展专项工作评议的调查报告》《关于对市工商行政管理局开展专项工作评议的调查报告》和《关于对市宜昌供电公司开展专项工作评议的调查报告》。

第二十七次会议

2011年1月12日，市四届人大常委会举行第二十七次会议，出席31人，缺席1人。会议主要内容：听取和审议市人民政府副市长吴静所作的《关于〈宜昌市经济和社会发展第十二个五年规划纲要〉编制情况的报告》；听取和审议市人民政府《关于2010年推进依法行政工作情况的报告》；审议市人民政府《关于市四届人大常委会二十三次会议对贯彻实施食品安全法审议意见落实情况的报告》，印发市人大教科文卫委员会《关于对〈中华人民共和国食品安全法〉实施情况审议意见办理情况的报告》；审议市人民政府《关于市四届人大常委会二十四次会议对城区建筑市场监督管理工作审议意见办理情况的报告》，印发市人大城乡建设环境资源保护委员会《关于跟踪检查市人民政府处理〈宜昌市四届人大常委会组成人员对市人民政府关于城区建筑市场监督管理工作情况的报告的审议意见〉

情况的报告》；审议市人民政府《关于市四届人大常委会二十四次会议对全市扶贫开发工作审议意见办理情况的报告》，印发市人大农村经济委员会《关于对市人民政府办理全市扶贫开发专项工作报告审议意见情况的调查报告》；审议市中级人民法院院长裴缜提交的《关于市人大四届五次会议代表建议办理情况的报告》；听取市人大常委会委员、副秘书长余跃进所作的《关于〈宜昌市人大常委会2011年工作要点(讨论稿)〉的说明》，审议通过《宜昌市人大常委会2011年工作要点》；审议通过《宜昌市人民代表大会常务委员会关于召开宜昌市四届人大六次会议的决定》；审议通过市人大常委会代表资格审查委员会副主任委员田太富所作的《关于宜昌市四届人民代表大会部分代表的代表资格的审查报告》；听取市人大常委会委员、副秘书长余跃进所作的《关于〈宜昌市人民代表大会常务委员会工作报告(讨论稿)〉的说明》，审议通过《宜昌市人民代表大会常务委员会工作报告（草案）》，提请宜昌市四届人大六次会议审议；审议通过《宜昌市四届人大六次会议议程（草案）》《宜昌市四届人大六次会议主席团和秘书长名单（草案）》，提请宜昌市四届人大六次会议预备会议审议；审议通过《宜昌市四届人大六次会议日程》，提请宜昌市四届人大六次会议主席团会议审议；听取市人大常委会委员、副秘书长余跃进所作的《关于宜昌市四届人大六次会议列席人员名单（草案）的说明》，审议通过《宜昌市四届人大六次会议列席人员名单》；审议通过《关于接受马仕华等辞去宜昌市人大常委会委员及马仕华、邓玉华分别辞去宜昌市人大内务司法委员会主任委员、宜昌市人大财政经济委员会主任委员职务请求的决定》；审议通过人事任免事项。

第二十八次会议

2011年3月30日，市四届人大常委会举行第二十八次会议，出席31人，缺席6人。会议主要内容：传达十一届全国人大四次会议精神和湖北省十一届人大四次会议精神；听取和审议市人民检察院检察长孙光骏所作的《关于全市检察机关反渎职侵权工作情况的报告》，印发市人大内务司法委员会《关于全市检察机关反渎职侵权工作的调查报告》；听取和审议市人大内务司法委员会主任委员赵儒铭所作的《关于宜昌市四届人大六次会议主席团交付审议的代表联名提出的〈关于推进社区规范化建设与管理的议案〉审议结果的报告》；听取和审议市人大常委会委员、副秘书长余跃进所作的《关于起草〈加强城区社区规范化建设与管理工作的决议（草案）〉的说明》，审议通过《关于加强城区社区规范化建设与管理工作的决议》；听取和审议市人大常委会委员、副秘书长刘宗林所作的《关于〈宜昌市人大常委会信访工作办法（草案）〉的说明》，审议通过《宜昌市人大常委会信访工作办法》；审议市人民政府《关于市四届人大常委会二十五次会议对〈完善失业保险体系建设工作审议意见〉办理情况的报告》，印发市人大内务司法委员会《关于跟踪督办〈宜昌市四届人大常委会组成人员对市人民政府关于全市完善失业保险建设情况报告的审议意见〉的调查报告》；审议通过人事任免事项。

第二十九次会议

2011年5月30日—31日，市四届人大常委会举行第二十九次会议，出席30人，缺席7人。会议主要内容：听取和审议市人民政府副市长张正军所作的《关于全市食品安全工作情况的报告》，印发市人大常委会专题调研组《关于全市食品安全情况的调查报告》，举行市人大常委会食品安全专题询问会；审议市人民政府《关于市人大常委会对〈市级政府投资项目建设审议意见〉落实情况的报告》，印发市人大财政经济委员会《关于跟踪检查市人民政府研究处理〈宜昌市四届人大常委会组成人员对关于市级政府投资项目建设情况的报告的审议意见〉情况的报告》；审议市人民政府《关于市四届人大常委会二十六次会议对全市生物医药产业发展审议意见办理情况的报告》，印发市人大财政经济委员会《关于跟踪检查市人民政府研究处理〈宜昌市四届人大常委会组成人员对关于全市生物医药产业情况的报告的审议意见〉情况的报告》；听取和审议市人大常委会副主任、执法检查组组长艾荅松所作的《关于检查〈中华人民共和国消防法〉实施情况的报告》；听取和审议市人大常委会秘书长谢永和所作的《关于〈市人大常委会讨论决定重大事项的规定（修订草案）〉的说明》，审议通过修订后的《宜昌市人大常委会讨论决定重大事项的规定》；审议市人大常委会代表资格审查委员会主任委员吴开保所作的《关于宜昌市四届人民代表大会个别代表的代表资格的审查报告》；审议通过《关于接受田太富辞去宜昌市四届人大常委会委员职务请求的决定》；审议通过人事任免事项。

第三十次会议

2011年7月26日，市四届人大常委会举行第三十次会议，出席29人，缺席7人。会议主要内容：听取和审议市人大常委会副主任、执法检查组组长邹正金所作的《关于检查〈中华人民共和国农产品质量安全法〉实施情况的报告》；听取和审议市人民政府副市长王宏强所作的《关于全市耕地保护工作情况的报告》，印发市人大常委会调查组《关于全市耕地保护工作情况的调查报告》；听取和审议市发展和改革委员会主任杨美仁所作的《关于宜昌市2011年上半年国民经济和社会发展计划执行情况的报告》，印发市人大常委会调查组《关于宜昌市2011年上半年国民经济和社会发展计划执行情况的调查报告》；听取和审议市财政局局长王金建所作的《关于宜昌市2011年上半年预算执行情况的报告》，印发市人大常委会调查组《关于宜昌市2011年上半年预算执行情况的调查报告》；听取和审议市人大常委会委员、副秘书长余跃进所作的《关于〈 宜昌市人大常委会2011年度专项工作评议实施方案（草案）〉的说明》，审议通过《宜昌市人大常委会2011年度专项工作评议实施方案》；审议通过《关于接受童孔玲辞去宜昌市四届人大常委会委员职务请求的决定》。

第三十一次会议

2011年9月28日—30日，市四届人大常委会举行第三十一次会议，出席30人，缺席5人。会议主要内容：听取和审议市人民政府副市长张正军所作的《关于抢抓汉宜城际铁路开通机遇促进宜昌旅游业加快发展情况的报告》，印发市人大民族宗教外事侨务委员会《关于抢抓汉宜城际铁路开通机遇加快旅游业发展情况的调查报告》；听取和审议市财政局局长王金建所作的《关于宜昌市2010年市级决算的报告》，听取和审议市审计局局长杜伟所作的《关于宜昌市2010年度市级预算执行和其他财政收支的审计工作报告》，听取市人大财政经济委员会主任委员斯平所作的《关于2010年度市级决算审查结果的报告》，审议通过《关于批准宜昌市2010年市级决算的决议》；听取和审议市财政局局长王金建所作的《关于宜昌市2011年市级预算调整方案（草案）的报告》，听取市人大财政经济委员会主任委员斯平所作的《关于宜昌市2011年市级预算调整方案审查结果的报告》，审议通过《关于批准宜昌市2011年市级预算调整方案的决议》；审议市人民检察院《关于落实〈市四届人大常委会组成人员对全市检察机关于反渎职侵权工作情况的报告的审议意见〉情况的报告》，印发市人大内务司法委员会《关于督促市人民检察院落实〈市四届人大常委会组成人员对全市检察机反渎职侵权工作情况的报告的审议意见〉情况的调查报告》；听取和审议市人民政府副市长张正军所作的《关于提请审议宜昌市市树市花议案的说明》，审议通过《宜昌市人大常委会关于命名宜昌市市树、市花的决定》；审议通过人事任免事项。

会议听取和审议市地方税务局局长陈平、市教育局局长苏开美、市水利水电局局长姚大志、市卫生局局长董美阶和市规划局局长夏文翰分别所作的《关于接受市人大常委会评议的专项工作报告》。印发市人大常委会5个评议工作组分别提交的《关于对市地方税务局工作评议的调查报告》《关于对市教育局工作评议的调查报告》《关于对市水利水电局工作评议的调查报告》《关于对市卫生局工作评议的调查报告》和《关于对规划局工作评议的调查报告》。

第三十二次会议

2011年11月28日—29日，市四届人大常委会举行第三十二次会议，出席29人，缺席6人。会议主要内容：听取和审议市人民政府副市长郑超所作的《关于宜昌高新技术开发区建设发展情况的报告》；听取和审议市人民政府副市长郑超所作的《关于2011年市政府系统办理议案和建议、批评、意见情况的报告》；听取和审议市中级人民法院院长裴缜所作的《关于市四届人大六次会议代表建议办理情况的报告》；审议市人民政府《关于市四届人大常委会二十九次会议对消防法执法检查审议意见整改落实情况的报告》；审议市人民政府《关于市四届人大常委会二十九次会议对全市食品工作审议意见落实情况的报告》；听取和审议市人大常委会委员、副秘书长余跃进所作的《关于〈关于召开宜昌市五届人大一次会议的决定（草案）〉的说明》，审议通过《关于召开宜昌市五届人大一次会议的决定》；审议通过人事任免事项。

第三十三次会议

2011年12月20日，市四届人大常委会举行第三十三次会议，出席30人，缺席5人。会议主要内容：审议市人民政府《关于提请审议〈宜昌市城市总体规划（2011—2030年）〉的议案》，审议通过《宜昌市人大常委会关于通过〈宜昌市城市总体规划（2011—2030年）〉的决议》；审议市人民政府《关于对宜昌市城区左坝头广场永久性公共保护绿地进行局部调整的议案》，审议通过《关于批准宜昌市城区左坝头广场永久性公共保护绿地进行局部调整的决定》；听取和审议市人民政府法制办公室主任熊文斌所作的《关于2011年全市推进依法行政工作情况的报告》；印发市人大常委会调查组《关于宜昌高新区发展情况的调查报告》，印发市人大内务司法委员会《关于督办检查市人民政府落实宜昌市人大常委会执法检查组关于检查〈中华人民共和国消防法〉贯彻实施情况的报告及其审议意见情况的调查报告》，印发市人大教科文卫委员会《关于市四届人大常委会二十九次会议对市人民政府〈关于全市食品安全工作情况的报告〉的审议意见办理情况的调查报告》；听取市人大常委会委员、副秘书长余跃进所作的《关于〈宜昌市人民代表大会常务委员会工作报告（讨论稿）〉的说明》，审议通过《宜昌市人民代表大会常务委员会工作报告（草案）》，提请宜昌市五届人大一次会议审议；审议通过《宜昌市五届人大一次会议议程（草案）》《宜昌市五届人大一次会议主席团和秘书长名单（草案）》《宜昌市五届人大一次会议计划、预算审查委员会组成人员名单（草案）》《宜昌市五届人大一次会议议案审查委员会组成人员名单（草案）》，提请宜昌市五届人大一次会议预备会议审议；审议通过《宜昌市五届人大一次会议日程（草案）》，提请宜昌市五届人大一次会议主席团会议审议；审议通过市人大常委会委员、副秘书长、市人大常委会代表资格审查委员会委员余跃进所作的《宜昌市五届人民代表大会的代表资格的审查报告》；听取和审议市人大常委会秘书长谢永和所作的《关于宜昌市五届人大一次会议列席人员名单（草案）的说明》，审议通过《宜昌市五届人大一次会议列席人员名单》；补选顾栋材为湖北省第十一届人大代表；审议通过人事任免事项。

第八节　市五届人大常委会会议

市五届人大常委会共召开37次会议。共听取和审议“一府两院”和市人大常委会工作机构所作的工作报告411个（其中：“一府两院”工作报告114个、法律法规实施及执法检查报告19个、落实审议意见报告51个、专项工作评议及整改报告62个、调查调研报告125个、议案办理报告21个、代表资格审查报告18个、其他报告1个）；做出决议、决定39个（不含召开市人民代表大会会议和人事任免的决定）；制定和修订各种地方性法规和规范性文件等15个；对36个政府部门进行了专项工作评议；任命国家机关工作人员285人次；免去国家机关工作人员的职务192人次；补选湖北省人民代表大会代表13人，接受辞去湖北省人大代表职务16人。

第一次会议

2012年3月29日—30日，市五届人大常委会举行第一次会议，出席41人，无缺席情况。会议主要内容：传达十一届全国人大五次会议精神和湖北省十一届人大五次会议精神；审议通过市人大城乡建设环境资源保护委员会主任委员刘宗林所作的《关于宜昌市五届人大一次会议主席团交付审议的代表联名提出的〈关于综合整治宜昌运河的议案〉审议结果的报告》；听取和审议市人民检察院检察长孙光骏所作的《关于全市检察机关贯彻实施〈宜昌市人民代表大会常务委员会加强检察机关诉讼法律监督工作试行办法〉情况的报告》，印发市中级人民法院《关于贯彻实施〈加强检察机关诉讼法律监督工作试行办法〉情况的报告》、市公安局《关于贯彻实施〈加强检察机关诉讼法律监督工作试行办法〉情况的报告》、市司法局《关于贯彻实施〈加强检察机关诉讼法律监督工作试行办法〉情况的报告》、市人大常委会专题调查组《关于全市贯彻实施〈加强检察机关诉讼法律监督工作试行办法〉情况的调查报告》；审议市人民政府《关于市四届人大常委会三十次会议对农产品质量安全法执法检查审议意见落实情况的报告》，印发市人大农村经济委员会《关于跟踪检查市人民政府研究处理〈关于检查农产品质量安全法贯彻实施情况的报告的审议意见〉情况的报告》；审议市人民政府所作的《关于市四届人大常委会三十次会议对耕地保护工作审议意见落实情况的报告》，印发市人大城乡建设环境资源保护委员会《关于跟踪检查市人民政府研究处理〈市人大常委会组成人员对关于全市耕地保护工作情况的报告的审议意见〉情况的报告》；审议市人民政府《关于市四届人大常委会三十一次会议对宜昌市旅游业发展情况审议意见落实情况的报告》，印发市人大民族宗教外事侨务委员会《关于跟踪检查市人民政府办理〈宜昌市人大常委会组成人员对抢抓汉宜城际铁路开通机遇，加快宜昌市旅游业发展情况的报告的审议意见〉情况的报告》；听取和审议市人民政府副秘书长刘丰雷所作的《关于〈宜昌市人民代表大会常务委员会关于进一步加强法制宣传教育的决议（草案）〉的说明》，审议通过《宜昌市人民代表大会常务委员会关于进一步加强法制宣传教育的决议》；审议通过人事任免事项。

第二次会议

2012年5月28日—29日，市五届人大常委会举行第二次会议，出席41人，无缺席情况。会议主要内容：听取和审议市人民政府副市长赵彦博所作的《关于宜昌市优化金融环境工作情况的报告》，印发市人大常委会调查组《关于全市优化金融发展环境的调查报告》；听取和审议市人民政府《关于宜昌市学前教育工作情况的报告》，印发市人大常委会调查组《关于全市学前教育工作情况的调查报告》；听取和审议市人民政府《关于市四届人大常委会三十二次会议对宜昌市高新技术开发区发展审议意见落实情况的报告》，印发市人大财政经济委员会《关于跟踪检查市人民政府研究处理〈市四届人大常委会组成人员对市人民政府关于宜昌市高新技术开发区发展情况的报告的审议意见〉情况的报告》；听取和审议市中级人民法院院长裴缜所作的《关于全市法院审判监督工作情况的报告》，印发市人大常委会调查组《关于全市法院审判监督工作情况的调查报告》；听取和审议市人大常委会副主任、执法检查组组长王宏强所作的《关于检查〈中华人民共和国建筑法〉实施情况的报告》；听取和审议市人大常委会委员、副秘书长余跃进所作的《关于〈 2012年度专项工作评议实施方案（草案）〉的说明》，审议通过《宜昌市人大常委会2012年度专项工作评议实施方案》；听取和审议市人大常委会秘书长雷元海所作的《关于〈宜昌市五届人大常委会代表资格审查委员会组成人员名单（草案）〉的说明》，审议通过《宜昌市五届人大常委会代表资格审查委员会组成人员名单》，即主任委员为吴开保，副主任委员为屈家喜，委员为李柏红、张业发、罗志勇；审议通过人事任免事项。

第三次会议

2012年7月31日—8月2日，市五届人大常委会举行第三次会议，出席37人，缺席4人。会议主要内容：听取和审议市人民政府副市长王国斌所作的《关于全市扶贫开发工作情况的报告》，印发市人大农村经济委员会《关于全市扶贫开发工作情况的调查报告》；听取和审议市发展和改革委员会主任蒋正雄所作的《关于宜昌市2012年上半年国民经济和社会发展计划执行情况的报告》，印发市人大常委会调查组《关于宜昌市2012年上半年国民经济和社会发展计划执行情况的调查报告》；听取和审议市财政局局长王金建所作的《关于宜昌市2012年上半年预算执行情况报告》，印发市人大常委会调查组《关于宜昌市2012年上半年预算执行情况的调查报告》；听取了市财政局局长王金建所作的《关于宜昌市2012年市级预算调整方案（草案）的报告》，审议《关于提请审议宜昌市2012年市级预算调整方案（草案）的议案》，听取和审议市人大财政经济委员会主任委员斯平所作的《关于宜昌市2012年市级预算调整方案审查结果的报告》，审议通过《关于批准宜昌市2012年市级预算调整方案的决议》；听取了市人大农村经济委员会主任委员王向前所作的《关于〈加强城区饮用水水源地保护工作的决定（草案）的议案〉的说明》，审议通过《关于加强城区饮用水水源地保护工作的决定》；审议通过《关于召开宜昌市五届人大二次会议的决定》；审议通过《宜昌市五届人大二次会议议程（草案）》《宜昌市五届人大二次会议主席团和秘书长名单（草案）》，提请宜昌市五届人大二次会议预备会议审议；审议通过《宜昌市五届人大二次会议日程（草案）》，提请宜昌市五届人大二次会议主席团会议审议；审议通过市人大常委会代表资格审查委员会副主任委员屈家喜所作的《关于宜昌市五届人民代表大会部分代表的代表资格的审查报告》；审议通过《关于接受郭有明辞去宜昌市人大常委会主任职务请求的决定》《关于接受张德才辞去宜昌市人大常委会委员职务请求决定》。

会议听取和审议市经济和信息化委员会主任陈敏仁、市质量技术监督局局长刘爱国、市商务局局长徐炜、市旅游局局长柳兵和市烟草专卖局局长赵传良所作的《关于接受市人大常委会评议的专项工作报告》。印发市人大常委会5个评议工作组分别提交的《关于对市经济和信息化委员会工作情况的调查报告》《关于对市质量技术监督局工作情况的调查报告》《关于对市商务局工作情况的调查报告》《关于对市旅游局工作情况的调查报告》和《关于对市烟草专卖局工作情况的调查报告》。

第四次会议

2012年9月27日—28日，市五届人大常委会举行第四次会议，出席35人，缺席5人。会议主要内容：听取和审议市人民政府副市长王应华所作的《关于全市科技创新工作情况的报告》，印发市人大常委会调查组《关于全市科技创新工作情况的调查报告》。同时，举行市人大常委会科技创新专题询问会；听取和审议市人民政府副市长郑兴华所作的《宜昌三峡旅游度假区建设情况的报告》，印发市人大常委会调查组《关于创建宜昌三峡旅游度假区情况的调查报告》；听取和审议市财政局局长王金建所作的《关于宜昌市2011年市级决算的报告》，听取和审议市审计局局长杜伟所作的《关于宜昌市2011年度市级预算执行和其他财政收支的审计工作报告》，听取市人大财政经济委员会主任委员斯平所作的《关于宜昌市2011年市级决算审查结果的报告》，审议通过《关于批准宜昌市2011年市级决算的决议》；听取和审议市人民政府副市长袁卫东所作的《关于〈宜昌市城市总体规划修改（2011—2030年）〉审议意见落实情况的报告》；审议市人民检察院《关于落实市人大常委会对市人民检察院〈关于贯彻实施加强检察机关诉讼法律监督工作试行办法情况的报告〉的审议意见情况的报告》，印发市人大内务司法委员会《关于市人民检察院落实〈市人大常委会对全市检察机关贯彻实施加强检察机关诉讼法律监督工作试行办法情况的报告的审议意见〉情况的调查报告》；审议通过人事任免事项。

第五次会议

2012年11月27日，市五届人大常委会举行第五次会议，出席34人，缺席6人。会议主要内容：听取和审议市人民政府副市长袁卫东所作的《关于宜昌市城区防违控违工作情况的报告》，印发市人大城乡建设环境资源保护委员会《关于全市城区防违控违工作情况的调查报告》；听取和审议市人民政府副市长宋文豹所作的《关于2012年市政府系统办理宜昌市五届人大一次会议议案建议情况的报告》，听取和审议市中级人民法院院长裴缜所作的《关于市五届人大一次会议代表建议办理情况的报告》，听取和审议市人民检察院检察长孙光骏所作的《关于市五届人大一次会议代表建议办理情况的报告》；审议市中级人民法院关于《宜昌市人大常委会组成人员对市中级人民法院〈关于全市法院审判监督工作情况的报告〉的审议意见》研究处理情况的报告，印发市人大内务司法委员会《关于宜昌市中级人民法院办理市人大常委会组成人员对〈全市法院审判监督工作情况的报告〉的审议意见情况的调查报告》；审议市人民政府《关于市五届人大常委会二次会议〈对优化金融环境工作情况的审议意见〉办理情况的报告》，印发市人大财政经济委员会《关于跟踪检查市人民政府研究处理〈市五届人大常委会组成人员对关于优化金融环境工作情况的报告的审议意见〉情况的报告》；审议市人民政府《关于市五届人大常委会对〈建筑法执法检查审议意见〉整改落实情况的报告》，印发市人大城乡建设环境资源保护委员会《关于跟踪检查市人民政府研究处理〈市五届人大常委会组成人员对建筑法执行情况的审议意见〉情况的报告》；审议市人民政府《关于市五届人大常委会对全市学前教育工作审议意见落实情况的报告》，印发市人大教科文卫委员会《关于跟踪检查市人民政府研究处理〈市五届人大常委会组成人员对市人民政府关于全市学前教育工作情况的报告的审议意见〉情况的报告》；审议市人民政府《关于市五届人大常委会对〈2012年上半年国民经济和社会发展计划执行的审议意见〉办理落实情况的报告》，印发市人大财政经济委员会《关于跟踪检查市人民政府研究处理〈市五届人大常委会组成人员对关于宜昌市2012年上半年国民经济和社会发展计划执行情况的报告的审议意见〉情况的报告》；听取和审议市人民政府《关于市人大常委会对〈2012年上半年预算执行情况审议意见〉办理落实情况的报告》，印发市人大常委会预算工作委员会《关于跟踪检查市人民政府研究处理〈市五届人大常委会组成人员对关于宜昌市2012年上半年预算执行情况的报告的审议意见〉情况的报告》；听取和审议市人大常委会委员、副秘书长余跃进所作的《关于〈加强和改进人大代表议案建议工作的决定（草案）〉的说明》，审议通过《加强和改进人大代表议案建议工作的决定》；审议通过市人大常委会代表资格审查委员会副主任委员屈家喜所作的《关于宜昌市五届人民代表大会部分代表的代表资格的审查报告》；审议通过《接受王松华辞去湖北省第十一届人大代表职务请求的决定》；审议通过人事任免事项。

第六次会议

2012年12月31日，市五届人大常委会举行第六次会议，出席37人，缺席3人。会议主要内容：听取和审议市人大常委会委员、副秘书长余跃进所作的《关于〈宜昌市人大常委会工作报告(讨论稿)〉的说明》，审议通过《宜昌市人大常委会工作报告(讨论稿)》；审议通过市人大常委会代表资格审查委员会副主任委员屈家喜所作的《关于宜昌市五届人民代表大会部分代表的代表资格的审查报告》；审议通过《关于召开宜昌市五届人大三次会议的决定》；审议通过《宜昌市五届人大三次会议议程（草案）》《宜昌市五届人大三次会议主席团和秘书长名单（草案）》，提请宜昌市五届人大三次会议预备会议审议；审议通过《宜昌市五届人大三次会议列席人员名单》；审议市人民政府《关于“窑湾蜜橘”原产地保护的议案》及其说明。审议通过《宜昌市人大常委会关于加强“窑湾蜜橘”原产地保护工作的决定》；审议市人民政府《关于对滨江公园（上段）永久性保护公共绿地进行局部调整的议案》及其说明，审议通过《宜昌市人大常委会关于批准对滨江公园（上段）永久性保护公共绿地进行局部调整的决定》；审议通过人事任免事项。

第七次会议

2013年2月20日，市五届人大常委会举行第七次会议，出席33人，缺席7人。会议主要内容：传达湖北省第十二届人民代表大会第一次会议精神；听取和审议市人大常委会委员、副秘书长余跃进所作的《关于〈宜昌市人大常委会2013年工作要点(讨论稿)的说明》，审议通过《宜昌市人大常委会2013年工作要点》；听取和审议市人民政府副市长宋文豹所作的《关于2012年全市推进依法行政工作情况的报告》；听取和审议市人大内务司法委员会主任委员赵儒铭所作的《关于宜昌市人大常委会规范性文件备案审查工作情况的报告》。

第八次会议

2013年3月29日，市五届人大常委会举行第八次会议，出席34人，缺席6人。会议主要内容：传达十二届全国人大一次会议精神；审议通过市人大城乡建设环境资源保护委员会主任委员刘宗林所作的《关于宜昌市五届人大三次会议主席团交付审议的代表联名提出的〈关于建设宜昌新区推动现代化特大城市跨越式发展的议案〉审议结果的报告》；审议通过市人大教科文卫委员会主任委员李俊昌所作的《关于宜昌市五届人大三次会议主席团交付审议的代表联名提出的〈关于加强社区卫生服务体系建设，解决看病难、看病贵等问题的议案〉审议结果的报告》；审议市人民政府《关于市人大常委会对全市扶贫开发工作审议意见落实情况的报告》，印发市人大农村经济委员会《关于跟踪检查市人民政府研究处理〈市五届人大常委会组成人员对全市扶贫开发工作情况的报告的审议意见〉的情况的报告》；审议市人民政府《关于市人大常委会对全市科技创新工作审议意见办理情况的报告》，印发市人大教科文卫委员会《关于跟踪检查市人民政府研究处理〈市五届人大常委会组成人员对全市科技创新工作情况的报告的审议意见〉的情况的报告》；审议市人民政府《关于市人大常委会对三峡旅游度假区工作审议意见落实情况的报告》，印发市人大民族宗教外事侨务委员会《关于跟踪检查市人民政府研究处理〈市五届人大常委会组成人员对三峡旅游度假区工作情况的报告的审议意见〉的情况的报告》；审议通过《关于马旭明任宜昌市人民政府副市长、代理市长的决定》；审议通过人事任免事项。

第九次会议

2013年4月17日，市五届人大常委会举行第九次会议，出席31人，缺席9人。会议主要内容：审议通过市人大常委会代表资格审查委员会副主任委员屈家喜所作的《关于宜昌市五届人民代表大会个别代表的代表资格的审查报告》；审议通过《关于召开宜昌市五届人大四次会议的决定》；审议通过《宜昌市五届人大四次会议议程（草案）》《宜昌市五届人大四次会议主席团和秘书长名单（草案）》，提请宜昌市五届人大四次会议预备会议审议；审议市人民政府《关于至喜长江大桥建设有关事宜的议案》，审议通过《关于批准至喜长江大桥建设有关事宜的决定》。

第十次会议

2013年5月29日，市五届人大常委会举行第十次会议，出席29人，缺席11人。会议主要内容：听取和审议市人大常委会副主任、执法检查组组长邹正金所作的《关于检查〈湖北省气象灾害防御条例〉实施情况的报告》；审议市人民政府《关于宜昌市武陵山少数民族经济社会发展试验区建设情况的报告》，印发市人大民族宗教外事侨务委员会《关于推进武陵山少数民族经济社会发展试验区建设情况的调查报告》；听取和审议市中级人民法院院长裴缜所作的《关于全市法院量刑规范化改革工作情况的报告》，印发市人大内务司法委员会《关于全市量刑规范化改革工作情况的调查报告》，印发市人民检察院《关于全市检察机关参与量刑规范化改革工作情况的报告》，印发市公安局《关于全市公安机关参与量刑规范化改革工作情况的报告》，印发市司法局《关于全市司法行政机关参与量刑规范化改革工作情况的报告》，印发宜昌监狱《关于参与量刑规范化改革工作情况的报告》；审议市人民政府《关于市人大常委会对城区防违控违工作审议意见落实情况的报告》，印发市人大城乡建设环境资源保护委员会《关于跟踪检查市人民政府研究处理〈市五届人大常委会组成人员对城区防违控违工作情况的报告的审议意见〉情况的报告》；听取和审议市人大常委会委员、副秘书长余跃进所作的《关于〈 宜昌市人大常委会2013年度工作评议实施方案（草案）〉的说明》，审议通过《宜昌市人大常委会2013年度工作评议实施方案》；审议通过市人大常委会代表资格审查委员会副主任委员屈家喜所作的《关于宜昌市五届人民代表大会部分代表的代表资格的审查报告》；听取市人大常委会副秘书长甘良新所作的《关于更名和设立市人大常委会部分工作机构的说明》，审议通过《关于更名和设立市人大常委会部分工作机构的决定》。

第十一次会议

2013年7月30日—31日，市五届人大常委会举行第十一次会议，出席30人，缺席10人。会议主要内容：听取和审议市发展和改革委员会主任蒋正雄所作的《关于宜昌市2013年上半年国民经济和社会发展计划执行情况的报告》，印发市人大常委会调查组《关于宜昌市2013年上半年国民经济和社会发展计划执行情况的调查报告》；听取和审议市财政局局长王金建所作的《关于宜昌市2013年上半年预算执行情况的报告》，印发市人大常委会调查组《关于宜昌市2013年上半年预算执行情况的调查报告》；审议市人民政府《关于提请审议宜昌市2013年市级预算调整方案（草案）的议案》，听取和审议市财政局局长王金建所作的《关于宜昌市2013年市级预算调整方案（草案）的报告》，听取市人大财政经济委员会主任委员斯平所作的《关于宜昌市2013年市级预算调整方案审查结果的报告》，审议通过《关于批准宜昌市2013年市级预算调整方案的决议》；审议通过市人大常委会代表资格审查委员会副主任委员屈家喜所作的《关于宜昌市五届人民代表大会个别代表的代表资格的审查报告》；审议市人民政府《关于提请市人大常委会做出查处违法建设决定的议案》，审议通过《宜昌市人大常委会关于查处违法建设行为的决定》；审议通过人事任免事项。

会议听取和审议市国家税务局局长戴毅敏、市交通运输局局长马宏彦、市城市管理局局长张毅、市房产管理局局长陈颖宜和市环境保护局局长刘彦才分别所作的《关于接受市人大常委会评议的专项工作报告》。印发市人大常委会5个评议工作组分别提交的《关于对市国家税务局工作情况的调查报告》《关于对市交通运输局工作情况的调查报告》《关于对市城市管理局工作情况的调查报告》《关于对市房产管理局工作情况的调查报告》和《关于对市环境保护局工作情况的调查报告》。

第十二次会议

2013年9月29日，市五届人大常委会举行第十二次会议，出席32人，缺席8人。会议主要内容：听取和审议宜昌新区建设推进办公室常务副主任周青所作的《关于宜昌新区建设投入情况的报告》，印发市人大常委会调查组《关于市人民政府加大投入建设宜昌新区工作的调查报告》；听取和审议市人民政府副市长王应华所作的《关于全市公共文化服务体系建设情况的报告》，印发市人大常委会调查组《关于全市公共文化服务体系建设情况的调查报告》；听取和审议市财政局局长王金建所作的《关于宜昌市2012年市级决算的报告》，听取市人大财政经济委员会主任委员斯平所作的《关于宜昌市2012年市级决算审查结果的报告》，听取和审议市审计局局长杜伟所作的《关于宜昌市2012年度市级预算执行和其他财政收支的审计工作报告》，审议通过《关于批准宜昌市2012年市级决算的决议》；审议通过《关于接受赵彦博辞去宜昌市人民政府副市长职务请求的决定》。决定任命毛传强为宜昌市人民政府副市长；审议通过人事任免事项。

第十三次会议

2013年11月27日—28日，市五届人大常委会举行第十三次会议，出席29人，缺席11人。会议主要内容：审议《宜昌市国民经济和社会发展第十二个五年规划纲要中期实施情况评估报告》，印发市人大常委会调研组《关于宜昌市“十二五”规划实施情况中期评估的调查报告》；听取和审议市经济和信息化委员会主任陈敏仁所作的《关于宜昌市城区工业经济发展情况的报告》，印发市人大常委会调查组《关于宜昌市城区工业经济发展情况的调查报告》；听取和审议市水利水电局副局长郑思俊所作的《关于全市农村饮水安全工作情况的报告》，印发市人大常委会调查组《关于全市农村饮水安全工作情况的调查报告》。同时，举行市人大常委会农村饮水安全专题询问会；审议市人民政府《关于市人大常委会对推进武陵山少数民族经济社会发展试验区建设工作审议意见落实情况的报告》，印发市人大民族宗教外事侨务委员会《关于跟踪检查市人民政府研究处理〈市五届人大常委会组成人员对推进武陵山少数民族经济社会发展试验区工作情况的审议意见〉的报告》；听取和审议市人大城乡建设环境资源保护委员会主任委员刘宗林所作的《关于检查〈中华人民共和国矿产资源法〉实施情况的报告》；审议市中级人民法院《关于落实〈宜昌市人大常委会组成人员对市中级人民法院关于全市法院量刑规范化改革工作情况的报告的审议意见〉情况的报告》，印发市人大内务司法委员会《关于宜昌市中级人民法院办理〈市人大常委会组成人员对关于全市法院量刑规范化改革工作情况的报告审议意见〉的报告》；听取和审议市人民检察院检察长孙光骏所作的《关于全市检察机关贯彻实施〈中华人民共和国刑事诉讼法〉情况的报告》，印发市中级人民法院《关于贯彻实施〈中华人民共和国刑事诉讼法〉情况的报告》，印发市公安局《关于贯彻实施〈中华人民共和国刑事诉讼法〉情况的报告》，印发市司法局《关于贯彻实施〈中华人民共和国刑事诉讼法〉情况的报告》，印发宜昌监狱《关于贯彻实施〈中华人民共和国刑事诉讼法〉情况的报告》；听取和审议市人大常委会委员、副秘书长余跃进所作的《关于召开宜昌市五届人大五次会议的决定（草案）的说明》，审议通过《关于召开宜昌市五届人大五次会议的决定》；审议通过人事任免事项。

会议审议市国家税务局、市交通运输局、市城市管理局、市房产管理局和市环境保护局分别提交的《关于研究处理市人大常委会工作评议意见情况的报告》。印发市人大常委会5个评议工作组分别对被评议单位就市人大常委会组成人员对该单位工作评议意见研究处理情况的《调查报告》。

第十四次会议

2013年12月28日，市五届人大常委会举行第十四次会议，出席31人，缺席9人。会议主要内容：审议通过《关于接受郭有明辞去湖北省第十二届人民代表大会代表职务请求的决定》《关于接受李乐成辞去湖北省第十二届人民代表大会代表职务请求的决定》；听取和审议市人大常委会委员、副秘书长余跃进所作的《关于提请补选滕鑫曜为湖北省第十二届人民代表大会代表的议案说明》，补选滕鑫曜为湖北省第十二届人大代表。

第十五次会议

2014年1月6日，市五届人大常委会举行第十五次会议，出席34人，缺席6人。会议主要内容：听取和审议市人民政府副市长宋文豹所作的《关于2013年市政府系统办理议案、建议情况的报告》；审议市中级人民法院院长裴缜提交的《关于市五届人大三次会议代表建议办理情况的报告》；审议市人民检察院检察长孙光骏提交的《关于市五届人大三次会议代表建议办理情况的报告》；审议市人大常委会代工委提交的《关于市五届人大三次会议代表建议办理情况的报告》；听取和审议市人大常委会委员、副秘书长余跃进所作的《关于〈宜昌市人大常委会工作报告(讨论稿)〉的说明》，审议通过《宜昌市人大常委会工作报告（草案）》，提请宜昌市五届人大五次会议审议；审议通过《宜昌市五届人大五次会议议程（草案）》《宜昌市五届人大五次会议主席团和秘书长名单（草案）》，提请宜昌市五届人大五次会议预备会议审议；听取和审议市人大常委会委员、副秘书长余跃进所作的《关于宜昌市五届人大五次会议列席人员名单（草案）的说明》，审议通过《宜昌市五届人大五次会议列席人员名单》；审议通过市人大常委会代表资格审查委员会副主任委员屈家喜所作的《关于部分代表的代表资格的审查报告》；审议通过《关于接受任蔚辞去宜昌市人民代表大会常务委员会委员职务请求的决定》；审议通过人事任免事项。

第十六次会议

2014年3月27日—28日，市五届人大常委会举行第十六次会议，出席34人，缺席9人。会议主要内容：传达十二届全国人大二次会议和湖北省十二届人大二次会议精神；审议通过市人大城乡建设环境资源保护委员会主任委员刘宗林所作的《关于市五届人大五次会议主席团交付审议的〈关于加强宜昌生态建设，打造山绿水清天蓝城美宜人之城的议案〉审议结果的报告》；听取和审议市人民政府副市长宋文豹所作的《关于2013年推进依法行政工作情况的报告》；听取和审议市财政局副局长李仁贵所作的《关于2014年市直部门预算情况的报告》，听取市人大财政经济委员会主任委员张军平所作的《关于2014年市直部门预算（草案）审查结果的报告》；审议市人民政府《关于将李家湾、沙河等山体和水域纳入第一批永久性保护山体及水域的议案》及其情况说明，审议通过《宜昌市人大常委会关于加强城区山体及水域保护的决定》；审议市人民政府《关于将运河公园等纳入第四批永久性保护公共绿地的议案》及其情况说明，审议通过《宜昌市第四批实施永久性保护的城区公共绿地目录》；审议通过市人大常委会代表资格审查委员会副主任委员屈家喜所作的《关于部分代表的代表资格终止的报告》；听取和审议市人大常委会副秘书长余跃进所作的《关于专题询问暂行办法（草案）的说明》，审议通过《专题询问暂行办法》；审议市人民政府《关于市人大常委会对宜昌新区建设投入审议意见落实情况的报告》，印发市人大城乡建设环境资源保护委员会《关于跟踪检查市人民政府研究处理〈市人大常委会组成人员对宜昌新区建设投入情况的报告的审议意见〉情况的报告》；审议市人民政府《关于市人大常委会对全市公共文化服务体系建设审议意见落实情况的报告》，印发市人大教科文卫委员会《关于跟踪检查市人民政府研究处理〈市人大常委会组成人员对全市公共文化服务体系建设情况报告的审议意见〉情况的报告》；审议通过人事任免事项。

第十七次会议

2014年5月29日—30日，市五届人大常委会举行第十七次会议，出席30人，缺席12人。会议主要内容：听取和审议市公安局副局长田军所作的《关于全市治安工作情况的报告》，印发市人大内务司法委员会《关于全市治安管理工作情况的调查报告》；听取和审议市人民政府副市长刘建新所作的《关于城区生态建设情况的报告》，同时，举行市人大常委会城区生态建设专题询问会，听取了市人大常委会委员、副秘书长余跃进所作的《关于〈加强城区生态建设的决定（草案）〉的说明》，印发市人大城乡建设环境资源保护委员会《关于城区生态建设情况的调查报告》，审议通过《宜昌市人大常委会关于加强城区生态建设的决定》；审议市人民政府《关于市人大常委会对城区工业经济发展审议意见落实情况的报告》，印发市人大财政经济委员会《关于跟踪检查市人民政府研究处理〈市五届人大常委会组成人员对市人民政府关于城区工业经济发展情况的报告的审议意见〉情况的报告》；审议市人民政府《关于市五届人大常委会十三次会议对农村饮水安全专项工作审议意见落实情况的报告》，印发市人大农村经济委员会《关于跟踪检查市人民政府研究处理〈市五届人大常委会组成人员对全市农村饮水安全工作情况的报告的审议意见〉情况的报告》；审议市人民检察院《关于研究处理〈市五届人大常委会组成人员对全市检察机关贯彻实施中华人民共和国刑事诉讼法情况的报告的审议意见〉情况的报告》，印发市人大内务司法委员会《关于跟踪检查市人民检察院研究处理〈市五届人大常委会组成人员对全市检察机关贯彻实施中华人民共和国刑事诉讼法情况的报告的审议意见〉情况的报告》；审议通过市人大常委会代表资格审查委员会副主任委员屈家喜所作的《关于个别代表的代表资格的审查报告》：“由当阳市选出的宜昌市五届人大代表王宏强于5月7日提出辞去市人大代表职务的请求，当阳市人大常委会于5月19日接受其辞职请求，其代表资格终止”。据此，王宏强担任的宜昌市人大常委会副主任职务相应终止；审议通过人事任免事项。

第十八次会议

2014年7月4日，市五届人大常委会举行第十八次会议，出席30人，缺席11人。会议主要内容：审议通过《关于接受裴缜辞去宜昌市中级人民法院院长等职务请求的决定》；审议市人大常委会主任会议《关于提名张忠斌任宜昌市中级人民法院副院长等职务的议案》，听取了市人大常委会秘书长雷元海所作的《关于张忠斌任职议案及代理宜昌市中级人民法院院长职务决定（草案）的说明》，审议通过《关于张忠斌代理宜昌市中级人民法院院长职务的决定》。

第十九次会议

2014年7月24日—25日，市五届人大常委会举行第十九次会议，出席33人，缺席8人。会议主要内容：听取和审议市人民政府副市长王应华所作的《关于全市特殊教育工作情况的报告》，印发市人大常委会调查组《关于全市特殊教育工作情况的调查报告》；听取和审议市发展和改革委员会主任蒋正雄所作的《关于宜昌市2014年上半年国民经济和社会发展计划执行情况的报告》，印发市人大常委会调查组《关于宜昌市2014年上半年国民经济和社会发展计划执行情况的调查报告》；听取和审议市财政局局长徐炜所作的《关于宜昌市2014年上半年预算执行情况的报告》，印发市人大常委会调查组《关于宜昌市2014年上半年预算划执行情况的调查报告》；听取和审议市人大常委会委员、副秘书长余跃进所作的《关于〈专项工作评议办法（修订草案）的说明〉》，审议通过修订后的《宜昌市人大常委会专项工作评议办法》；听取和审议市人大常委会委员、副秘书长余跃进所作的《关于〈联系市人民代表大会代表办法（草案）的说明〉》，审议通过修订后的《宜昌市人大常委会联系市人民代表大会代表办法》；审议通过《2014年度专项工作评议实施方案》；审议通过人事任免事项。

第二十次会议

2014年8月26日，市五届人大常委会举行第二十次会议，出席40人（全员出席）。会议主要内容：审议通过市人大常委会代表资格审查委员会副主任委员屈家喜所作的《关于个别代表的代表资格的审查报告》："由宜都市选出的宜昌市五届人大代表谭春玉，于2014年8月2日提出辞去市人大代表职务的请求，宜都市人大常委会于8月21日接受了其辞职请求。据此，谭春玉担任的市人大常委会副主任职务相应终止。"

第二十一次会议

2014年9月28日—30日，市五届人大常委会举行第二十一次会议，出席35人，缺席5人。会议主要内容：听取和审议市人大常委会副主任邹正金所作的《关于检查〈中华人民共和国动物防疫法〉贯彻实施情况的报告》；听取和审议市民政局局长王庆玉所作的《关于全市养老服务体系建设情况的报告》；听取和审议市财政局局长徐炜所作的《关于2013年市级决算的报告》，听取市人大财政经济委员会主任委员张军平所作的《关于2013年市级决算审查结果的报告》，听取和审议市审计局局长杜伟所作的《关于2013年度市级预算执行和其他财政收支的审计工作报告》，通过《关于批准2013年市级决算的决议》；听取和审议市财政局局长徐炜所作的《关于2014年市级预算调整方案（草案）的报告》，听取市人大财政经济委员会主任委员张军平所作的《关于2014年市级预算调整方案审查结果的报告》，审议通过《关于批准2014年市级预算调整方案的决议》；审议通过《关于同意将2014年棚户区改造委托代建资金纳入财政年度预算管理的决议》；听取和审议市人大常委会副秘书长甘良新所作的《关于〈宜昌市人民代表大会代表联系原选举单位和人民群众办法（草案）〉的说明》，审议通过《宜昌市人民代表大会代表联系原选举单位和人民群众办法》；听取和审议市人大常委会委员、副秘书长余跃进所作的《关于接受秦大常辞去宜昌市五届人大常委会委员、宜昌市五届人大民族宗教外事侨务委员会主任委员职务请求的决定（草案）的说明》，审议通过《关于接受秦大常辞去宜昌市五届人大常委会委员、宜昌市五届人大民族宗教外事侨务委员会主任委员职务请求的决定》；审议通过人事任免事项。

会议听取和审议报告：听取和审议市司法局局长张德才、市国土资源局局长王华品、市农业局局长熊长权、市文化局局长王永平、市食品药品监督管理局局长孔磊、中国人民银行宜昌市中心支行行长王安明和宜昌海关关长余洪川分别所作的《关于接受市人大常委会评议的专项工作报告》。印发市人大常委会7个专项工作评议调查组分别提交的《关于对市司法局工作情况的调查报告》《关于对市国土资源局工作情况的调查报告》《关于对市农业局工作情况的调查报告》《关于对市文化局工作情况的调查报告》《关于对市食品药品监督管理局工作情况的调查报告》《关于对中国人民银行宜昌市中心支行工作情况的调查报告》和《关于对宜昌海关工作情况的调查报告》。

第二十二次会议

2014年11月27日—28日，市五届人大常委会举行第二十二次会议，出席30人，缺席10人。会议主要内容：听取和审议市人大常委会副主任王金建所作的《关于检查〈湖北省优化经济发展环境条例〉贯彻实施情况的报告》；听取和审议宜昌高新区管委会主任杨美仁所作的《关于宜昌高新区项目建设情况的报告》；听取和审议市房产管理局局长刘丰雷所作的《关于住宅小区物业管理情况的报告》；听取和审议宜昌三峡旅游新区管理委员会主任柳兵所作的《关于三峡旅游新区发展情况的报告》；审议市人民政府《关于置换王家河公园部分绿地的议案》，审议通过《宜昌市人大常委会关于批准置换王家河公园部分公共绿地的决定》；审议市人民政府《关于市人大常委会对全市治安管理工作审议意见落实情况的报告》；审议市人民政府《关于市人大常委会对城区生态建设审议意见办理情况的报告》；听取和审议市人大常委会副秘书长甘良新所作的《关于〈宜昌市人民代表大会代表述职办法（草案）〉和〈省市两级人大代表履职情况登记通报制度（草案）〉的说明》，审议通过《宜昌市人民代表大会代表述职办法》和《省市两级人大代表履职情况登记通报制度》；审议通过人事任免事项。

第二十三次会议

2015年1月8日—9日，市五届人大常委会举行第二十三次会议，出席30人，缺席10人。会议主要内容：审议通过市人大常委会代表资格审查委员会副主任委员屈家喜所作的《关于部分代表的代表资格的审查报告》；听取和审议市人大常委会委员、副秘书长余跃进所作的《关于召开宜昌市五届人大六次会议有关事项的说明》，审议通过《关于召开宜昌市五届人大六次会议的决定》；审议通过《宜昌市五届人大六次会议议程（草案）》《宜昌市五届人大六次会议主席团和秘书长名单（草案）》，提请宜昌市五届人大六次会议预备会议审议。审议通过《宜昌市五届人大六次会议列席人员名单》；审议市人民政府《关于提请审议宜昌市环境总体规划（2013—2030年）（草案）的议案》，审议通过《宜昌市人大常委会关于通过〈宜昌市环境总体规划（2013—2030年）〉的决议》；审议市人民政府《关于授予贝瀚青先生宜昌市荣誉市民称号的议案》，通过《宜昌市人大常委会关于授予贝瀚青先生宜昌市荣誉市民称号的决定》；听取和审议市人民政府副市长张军辉所作的《关于市政府系统办理议案、建议情况的报告》，审议市中级人民法院提交的《关于市五届人大五次会议代表提出的建议办理情况的报告》，审议市人民检察院提交的《关于市五届人大五次会议代表提出的建议办理情况的报告》；审议市人民政府《关于市五届人大常委会对全市特殊教育工作审议意见落实情况的报告》；听取和审议市人大常委会研究室主任李昌清所作的《关于〈宜昌市人大常委会工作报告（草案）〉及〈宜昌市人大常委会2015年工作要点（草案）〉的说明》，审议通过《宜昌市人大常委会2015年工作要点》；审议通过《关于接受向红云辞去宜昌市人大常委会委员职务请求的决定》《关于接受孙光骏辞去宜昌市人民检察院检察长等职务请求的决定》，审议通过《关于孟鸣代理宜昌市人民检察院检察长职务的决定》；审议通过《关于接受裴缜辞去湖北省第十二届人大代表职务请求的决定》和《关于接受孙光骏辞去湖北省第十二届人大代表职务请求的决定》。审议通过《湖北省第十二届人大代表补选办法》，补选宜昌市中级人民法院代理院长张忠斌、宜昌市人民检察院副检察长孟鸣为湖北省第十二届人大代表；审议通过人事任免事项。

会议分别审议市司法局、市国土资源局、市农业局、市文化局、市食品药品监督管理局、中国人民银行宜昌市中心支行和宜昌海关等七个被评议单位所作的《研究处理市人大常委会组成人员工作评议意见情况的报告》。

第二十四次会议

2015年3月26日—27日，市五届人大常委会举行第二十四次会议，出席35人，缺席5人。会议主要内容：传达十二届全国人大三次会议和湖北省十二届人大三次会议精神；审议通过市人大城乡建设环境资源委员会主任委员刘宗林所作的《关于市五届人大六次会议主席团交付审议的1号、4号议案审议结果的报告》；听取和审议市人民政府副市长宋文豹所作的《关于2014年推进依法行政情况的报告》；听取和审议市人民政府《关于城区生态环境建设“三个专项治理”情况的报告》，印发市人大城环委《关于2014年“三项综合整治工作”完成情况的调查报告》；听取和审议市财政局局长徐炜所作的《关于2015年市直部门预算情况的报告》，听取市人大财经委主任委员张军平所作的《关于2015年市直部门预算（草案）审查结果的报告》，印发市人大常委会预算工作委员会《关于2015年市直部门预算的预审报告》；审议通过市人大常委会代表资格审查委员会副主任委员屈家喜所作的《关于个别代表的代表资格的报告》；听取市人大常委会副秘书长余跃进所作的《关于〈 2015年度专项工作评议实施方案（草案）〉的说明》，通过《2015年度专项工作评议实施方案》；审议市人民政府《关于市五届人大常委会对全市养老服务体系建设审议意见落实情况的报告》，印发市人大内司委《关于督办市人民政府研究处理市人大常委会组成人员对〈关于全市养老服务体系建设情况的报告〉的审议意见的调查报告》；审议人事任免事项。

第二十五次会议

2015年5月20日—22日，市五届人大常委会举行第二十五次会议，出席35人，缺席5人。会议主要内容：听取和审议市人大常委会副主任、执法检查组组长邹正金所作的《关于检查〈中华人民共和国森林法〉实施情况的报告》；听取和审议市规划局局长夏文翰所作的《关于将运河两岸绿地纳入永久性保护议案的情况说明》，审议通过《关于对运河两岸公共绿地实施永久性保护的决定》；听取和审议市环境保护局局长刘彦才所作的《关于城区生态红线保护议案的说明》，审议通过《关于城区生态红线保护的决定》；审议市人民政府关于《市人大常委会组成人员对〈宜昌高新区项目建设情况的报告〉的审议意见》研究处理情况的报告，印发市人大财经委《督办市人民政府研究处理市人大常委会组成人员对〈宜昌高新区项目建设情况的报告〉审议意见的报告》；审议市人民政府《关于市人大常委会组成人员对〈住宅小区物业管理情况的报告的审议意见〉研究处理情况的报告》，印发市人大城环委《督办市人民政府研究处理市人大常委会组成人员对〈城区住宅小区物业管理工作情况的报告〉审议意见的报告》；审议通过市人大常委会代表资格审查委员会副主任委员屈家喜所作的《关于个别代表的代表资格的审查报告》；审议通过《关于接受周崇堂辞去湖北省第十二届人民代表大会代表职务请求的决定》《关于接受黄昌炳辞去湖北省第十二届人民代表大会代表职务请求的决定》，补选省十二届人大代表1名：洪流（现任省财政厅副厅长）；决定任命周正英为市人民政府副市长。

会议听取和审议市住房和城乡建设委员会主任张立新、发展和改革委员会主任蒋正雄、市安全生产监督管理局局长王大真、市科技局局长姚朝云、市移民局局长周京、市国资委主任刁斌、市住房公积金管理中心主任江永、宜昌出入境检验检疫局局长吴平芬和宜昌海事局局长汪吉发分别所作的《关于接受市人大常委会评议的专项工作报告》。印发市人大常委会9个工作评议调查级分别提交的《关于对市住房和城乡建设委员会工作情况的调查报告》《关于对市发展和改革委员会工作情况的调查报告》《关于对市安全生产管理局工作情况的调查报告》《关于对市科学技术局工作情况的调查报告》《关于对市移民局工作情况的调查报告》《关于对市人民政府国有资产监督管理委员会工作情况的调查报告》《关于对宜昌住房公积金管理中心工作情况的调查报告》《关于对宜昌出入境检验检疫局工作情况的调查报告》和《关于对宜昌海事局工作情况的调查报告》。

会议通报宜昌市人大常委会办公室两个文件：《印发关于〈加强市人大常委会会风建设的意见〉的通知》《印发关于〈宜昌市人大常委会委员和市人大专门委员会委员联络员工作办法〉和〈市人大常委会分组会议、联组会议科室轮值的意见〉的通知》。

第二十六次会议

2015年7月23日—24日，市五届人大常委会举行第二十六次会议，出席35人，缺席5人。会议主要内容：听取和审议市人大常委会副秘书长、执法检查组组长陶三发所作的《关于检查〈中华人民共和国档案法〉实施情况的报告》；听取和审议市人民政府副市长毛传强所作的《关于中心城区城中村改造村民安置房建设情况的报告》。同时，举行市人大常委会村民安置房专题询问会；听取和审议市发展和改革委员会主任蒋正雄所作的《关于宜昌市2015年上半年国民经济和社会发展计划执行情况的报告》；听取和审议市财政局局长徐炜所作的《关于宜昌市2015年上半年预算执行情况的报告》；听取和审议市财政局局长徐炜所作的《关于宜昌市2015年市级预算调整方案（草案）的报告》，听取了市人大财经委副主任委员谢祚剑所作的《关于2015年市级预算调整方案审查结果的报告》，审议通过《关于批准2015年市级预算调整方案的决议》；听取和审议市中级人民法院院长张忠斌所作的《宜昌市中级人民法院2015年上半年工作情况报告》，听取和审议市人民检察院检察长孟鸣所作的《宜昌市人民检察院2015年上半年工作情况报告》；听取了市人大内司委主任委员赵儒铭所作的《关于全面推进依法治市的决议（草案）的说明》，审议通过《关于全面推进依法治市的决议》；听取和审议市人民政府副市长毛传强所作的《关于委托代建2015年棚户区改造项目并将代建资金纳入财政年度预算管理议案的情况说明》，审议通过《关于同意将2015年棚户区改造委托代建资金纳入财政年度预算管理的决议》；听取和审议市人民政府副秘书长朱家法所作的《关于城市基础设施建设占用沙河水域和五龙山体的议案说明》，审议通过《关于批准占用部分沙河水域和五龙山体的决定》；审议通过《关于接受吴开保、邹正金辞去宜昌市五届人大常委会副主任职务请求的决定》《关于接受张文学辞去宜昌市人民政府副市长职务请求的决定》《关于接受李俊昌辞去宜昌市五届人大常委会委员、市人民代表大会教育科学文化卫生委员会主任委员职务请求的决定》《关于接受谭少华辞去湖北省第十二届人民代表大会代表职务请求的决定》；审议通过人事任免事项。

第二十七次会议

2015年9月29日—30日，市五届人大常委会举行第二十七次会议，出席36人，缺席4人。会议主要内容：传达中共湖北省委人大工作会议精神；听取和审议市人大常委会副主任、执法检查组组长吴康年所作的《关于检查〈中华人民共和国环境保护法〉实施情况的报告》；听取和审议市人民政府副市长刘建新所作的《关于宜昌市环境保护工作情况的报告》；听取和审议市旅游局局长孔磊所作的《关于创建全国旅游标准化示范城市工作情况的报告》；听取和审议市财政局局长徐炜所作的《关于2014年市级决算情况的报告》，听取市人大财经委副主任委员谢祚剑所作的《关于2014年市级决算的审查报告》，听取和审议市审计局局长杜伟所作的《关于2014年度市级预算执行和其他财政收支的审计工作报告》，审议通过《关于批准2014年市级决算的决议》；听取和审议市中级人民法院院长张忠斌所作的《关于全市法院民事审判工作情况的报告》；审议市人民政府关于《市人大常委会组成人员对〈城区生态环境建设三个专项整治情况的报告的审议意见〉研究处理情况的报告》；审议通过市人大常委会代表资格审查委员会副主任委员屈家喜所作的《关于个别代表的代表资格的审查报告》；审议通过《关于接受雷元海辞去宜昌市人大常委会秘书长职务请求的决定》；审议通过人事任免事项。

会议听取和审议市住房和城乡建设委员会、市发展和改革委员会、市安监局、市科学技术局、市移民局、市国资委、宜昌住房公积金管理中心、宜昌出入境检验检疫局和宜昌海事局分别所作的《关于研究处理市人大常委会专项工作评议意见情况的报告》。审议市人大常委会9个评议工作组分别对被评议单位就市人大常委会组成人员对该单位工作评议意见研究处理情况的《调查报告》。

第二十八次会议

2015年11月30日—12月1日，市五届人大常委会举行第二十八次会议，出席34人，缺席4人。会议主要内容：听取和审议市人民政府副市长宋文豹所作的《关于贯彻实施新预算法暨2014年度市级预算执行和其他财政收支审计整改情况的报告》，举行市人大常委会审计整改专题询问会；听取和审议市发展和改革委员会主任蒋正雄所作的《关于全市适应经济新常态，推进稳中求进、转型发展工作情况的报告》，印发市人大财政经济委员会《关于全市适应经济新常态，推进稳中求进、转型发展工作情况的调查报告》；听取和审议市财政局局长徐炜所作的《关于2015年市级预算调整方案（草案）的报告》，听取市人大财政经济委员会副主任委员谢祚剑所作的《关于2015年市级预算调整方案审查结果的报告》，审议通过《关于批准2015年市级预算调整方案的决议》，决定批准2015年市级预算调整方案；听取和审议市人民政府副秘书长覃照所作的《关于全市职业教育工作情况的报告》，印发市人大教育科学文化卫生委员会《关于全市职业教育工作情况的调查报告》；听取和审议市移民局局长周京所作的《关于三峡后续工作规划一期项目实施情况的报告》，印发市人大农村经济委员会《关于三峡后续工作规划一期项目实施情况的调研报告》；听取和审议市城市管理委员会主任张毅所作的

《关于城市管理工作情况的报告》，印发市人大城乡建设环境资源保护委员会《关于全市城区城市管理工作的调查报告》；听取和审议市人民政府台湾事务办公室主任刘英剑所作的《关于全市对台工作情况的报告》，印发市人大民族宗教外事侨务委员会《关于全市对台工作情况的调查报告》；听取和审议市人民检察院检察长孟鸣所作的《关于全市检察机关涉法涉诉信访改革工作情况的报告》，印发市人大内务司法委员会《关于全市检察机关涉法涉诉信访改革工作情况的调查报告》；审议市人民政府《关于市人大常委会对〈森林法实施情况审议意见〉研究处理情况的报告》，印发市人大农村经济委员会《关于跟踪检查市人民政府研究处理〈宜昌市人大常委会执法检查组关于检查森林法贯彻实施情况的报告的审议意见〉情况的报告》；听取了市规划局局长夏文翰所作的《关于古佛寺修复及周边环境整治项目占用儿童公园部分用地议案的情况说明》，审议市人民政府《关于古佛寺修复及周边环境整治项目占用儿童公园部分用地的议案》，审议通过《关于古佛寺修复及周边环境整治项目占用儿童公园部分用地的决定》；印发市人大民族宗教外事侨务委员会《关于宜昌市民族地区扶贫工作情况的调研报告》，印发市人大农村经济委员会《关于宜昌市农村土地承包经营权流转情况的调研报告》；听取和审议市人大常委会委员、副秘书长余跃进所作的《关于〈增补代表资格审查委员会组成人员的决定〉和〈杜伟任职议案〉的说明》。审议通过《增补市五届人大常委会代表资格审查委员会组成人员的决定》，决定增补宜昌市五届人大常委会代表资格审查委员会组成人员：主任（兼）：张建一；委员：陈红、周赟鸿；听取了市人大常委会委员、副秘书长余跃进所作的关于《提请市人民代表大会审议〈宜昌市人民代表大会及其常务委员会立法条例（草案）〉的议案（草案）》的说明，审议《关于提请市人民代表大会审议〈宜昌市人民代表大会及其常务委员会立法条例（草案）〉的议案（草案）》；听取了市人大常委会委员、副秘书长余跃进所作的《关于〈宜昌市人民代表大会议事规则〉、〈宜昌市人民代表大会常务委员会议事规则〉的修改说明》，审议通过《宜昌市人民代表大会议事规则（修订草案）》《宜昌市人民代表大会常务委员会议事规则》；审议通过人事任免事项。

会议通报了市人大常委会的两个制度文件：市五届人大常委会第57次主任会议通过的《宜昌市国家工作人员宪法宣誓实施方案》；市五届人大常委会第58次主任会议通过的《关于进一步提高市人大常委会会议审议质量的若干意见》。

第二十九次会议

2015年12月11日，市五届人大常委会举行第二十九次会议，出席28人，缺席6人。会议主要内容：听取了市人大常委会委员、副秘书长余跃进所作的《关于召开宜昌市五届人大七次会议的决定（草案）的说明》，审议通过《关于召开宜昌市五届人大七次会议的决定》；听取了市人大常委会副秘书长甘良新所作的《关于〈提请审议设立宜昌市人民代表大会常务委员会法制工作委员会、撤销宜昌市人民代表大会常务委员会法规工作室的议案〉的说明》，审议《主任会议关于提请审议设立宜昌市人民代表大会常务委员会法制工作委员会、撤销宜昌市人民代表大会常务委员会法规工作室的议案》，审议通过《关于撤销宜昌市人民代表大会常务委员会法规工作室的决定》《关于设立宜昌市人民代表大会常务委员会法制工作委员会的决定》；审议通过人事任免事项。

第三十次会议

2016年1月8日，市五届人大常委会举行第三十次会议，出席28人，缺席6人。会议主要内容：听取和审议市人大常委会代表资格审查委员会副主任委员屈家喜所作的《关于部分代表的代表资格的审查报告》；听取了市人大常委会委员、副秘书长余跃进所作的《关于〈宜昌市五届人大七次会议主席团和秘书长名单（草案）〉的说明》，审议通过《宜昌市五届人大七次会议主席团和秘书长名单（草案）》，提请市五届人大七次会议预备会议选举；审议通过《宜昌市五届人大七次会议列席人员名单》；听取和审议市人民政府副市长宋文豹所作的《关于2015年市政府系统办理人大代表议案、建议情况的报告》，审议市中级人民法院提交的《关于市五届人大六次会议代表建议办理情况的报告》，审议市人民检察院提交的《关于市五届人大六次会议代表建议办理情况的报告》，印发市人大常委会代表工作委员会提交的《宜昌市五届人大六次会议以来代表议案建议办理情况统计表》，计有议案2件、建议315件；审议市人民政府《关于〈市人大常委会组成人员对中心城区城中村改造村民安置房建设的审议意见〉办理落实情况的报告》，印发市人大城乡建设环境资源保护委员会《关于跟踪检查市人民政府研究处理〈市人大常委会组成人员对中心城区城中村改造村民安置房建设情况的报告的审议意见〉情况的报告》；审议市人民政府《关于〈市人大常委会对档案法贯彻实施情况的报告的审议意见〉办理落实工作的报告》，印发市人大教科文卫委员会《关于跟踪检查市人民政府研究处理〈市人大常委会执法检查组对档案法贯彻实施情况的报告的审议意见〉情况的报告》；听取了市人大常委会研究室主任李昌清所作的《关于〈宜昌市人大常委会工作报告（讨论稿）〉及〈宜昌市人大常委会2016年工作要点（讨论稿）〉说明》，审议通过《宜昌市人大常委会工作报告（讨论稿）》和《宜昌市人大常委会2016年工作要点》；听取了市人大常委会副秘书长甘良新所作的《关于补选湖北省第十二届人民代表大会代表的议案的说明》，审议市人大常委会主任会议《关于补选湖北省第十二届人民代表大会代表的议案》，补选湖北省第十二届人民代表大会代表3名：王平昌、苏海涛、汪元程。

第三十一次会议

2016年1月18日，市五届人大常委会举行第三十一次会议，出席23人，缺席9人。会议主要内容：听取和审议市人大常委会代表资格审查委员会《关于市五届人大个别代表的代表资格的报告》；审议通过《关于接受张军辉辞去宜昌市人民政府副市长职务的决定》和《关于接受李柏红辞去宜昌市人大常委会委员职务的决定》；审议通过人事任免事项。

第三十二次会议

2016年3月24日—25日，市五届人大常委会举行第三十二会议，出席34人，缺席6人。会议主要内容：传达十二届全国人大四次会议和省十二届人大四次会议精神；听取和审议市人大城乡建设环境资源保护委员会主任委员刘宗林所作的《关于市五届人大七次会议主席团交付审议的议案审议结果的报告》（即关于加快推进宜昌沙河流域综合整治开发的议案）；听取和审议市人民政府常务副市长宋文豹所作的《关于2015年全市推进依法行政工作情况的报告》；听取和审议市人民政府副秘书长朱家法所作的《关于城区生态环境建设“三个专项整治”的情况报告》；听取和审议市中级人民法院院长张忠斌所作的《关于全市法院行政审判工作情况的报告》；听取和审议市财政局局长徐炜所作的《关于2016年市直部门预算情况的报告》、市人大财政经济委员会主任委员陈道军所作的《关于2016年市直部门预算（草案）审查结果的报告》；审议市人大常委会法制工作委员会《关于2015年宜昌市人大常委会规范性文件备案审查工作情况的报告》；审议市中级人民法院关于落实《宜昌市人大常委会组成人员对市中级人民法院〈关于全市法院民事审判工作情况的报告〉的审议意见》情况的报告；审议市人民政府《关于市五届人大常委会对宜昌创建全国旅游标准化示范城市工作审议意见落实情况的报告》；听取和审议市人大常委会秘书长杜伟所作的《关于〈宜昌市人民代表大会常务委员会讨论决定重大事项的规定(修订草案)〉的说明》，修订《宜昌市人民代表大会常务委员会讨论决定重大事项的规定》；听取和审议市人大常委会副秘书长余跃进所作的《关于〈宜昌市人大常委会2016年度专项工作评议实施方案（草案）〉的说明》，审议通过《宜昌市人大常委会2016年度专项工作评议实施方案》；审议通过人事任免议案。

第三十三次会议

2016年5月30日—6月1日，市五届人大常委会举行第三十三次会议，出席34人，缺席6人。会议主要内容：听取和审议市人民代表大会常务委员会副主任、执法检查组组长吴康年所作的《关于检查〈中华人民共和国水污染防治法〉和〈湖北省水污染防治条例〉实施情况的报告》；听取和审议市人民检察院检察长孟鸣所作的《关于全市检察机关司法体制改革试点工作情况的报告》；听取和审议市人民政府副市长王应华所作的《关于全市全民健身工作情况的报告》；审议市人民政府《关于提请审议〈宜昌市城区重点绿地保护条例（草案）〉的议案》《〈宜昌市城区重点绿地保护条例（草案）〉的起草说明》，审议《宜昌市城区重点绿地保护条例》；审议市人民政府《关于将湖北五峰南岭风电场项目部分建设用地调出生态功能红线区的议案》《关于将湖北五峰南岭风电场项目部分建设用地调出生态功能红线区议案的说明》，通过《关于批准湖北五峰南岭风电场项目部分建设用地调出生态功能红线的决定》；审议市人民政府《关于提请审议支持湖北长阳云台荒风电场项目建设的议案》《关于湖北长阳云台荒风电场项目建设议案的说明》，审议通过《关于批准湖北长阳云台荒风电场项目部分建设用地调出生态功能红线的决定》；审议市人民政府《关于常委会组成人员对〈全市适应经济新常态推进稳中求进转型发展工作的审议意见〉研究处理情况的报告》；审议市人民政府《关于常委会组成人员对〈城市管理工作的审议意见〉研究处理情况的报告》；审议市人民政府《关于常委会组成人员对〈职业教育工作的审议意见〉研究处理情况的报告》；审议市人民政府《关于常委会组成人员对〈三峡后续规划一期项目实施情况的审议意见〉研究处理情况的报告》；审议市人民政府《关于常委会组成人员对〈对台工作情况的审议意见〉研究处理情况的报告》；审议市人民检察院《关于常委会组成人员对〈涉法涉诉信访改革工作的审议意见〉研究处理情况的报告》；审议市人大常委会代表资格审查委员会《关于个别代表的代表资格的报告》；审议通过《关于接受文成国辞去湖北省第十二届人大代表职务请求的决定》；听取和审议市人大常委会秘书长杜伟所作的《〈关于增补黎开锋为市五届人大常委会代表资格审查委员会副主任委员决定（草案）〉的说明》，审议通过《关于增补黎开锋为市五届人大常委会代表资格审查委员会副主任委员的决定》；审议通过人事任免议案。

会议听取和审议市财政局局长徐炜、市气象局局长黎明锋、市审计局局长李鹏宇、市粮食局局长杨栋三、市体育局局长皮祖武、宜昌银监分局局长何庭见、市林业局局长陈宏彦、市人力资源和社会保障局局长李柏红、市邮政管理局局长周江洪和市民族宗教事务局局长张白华分别所作的《关于接受市人大常委会工作评议的专项工作报告》。印发市人大常委会10个评议工作组分别提交关于被评议单位《工作情况的调查报告》。

第三十四次会议

2016年7月28日—29日，市五届人大常委会举行第三十四次会议，出席32人，缺席8人。会议主要内容：听取和审议市人民政府副市长周正英所作的《关于宜昌千亿文化旅游产业三年行动计划

（2014～2016年）旅游工作情况的报告》；听取和审议宜昌新区建设推进办公室主任周青所作的《关于宜昌新区建设情况的报告》；听取和审议市发展和改革委员会主任蒋正雄所作的《关于宜昌市康养产业发展情况的报告》；听取和审议市发展和改革委员会主任蒋正雄所作的《关于2016年上半年宜昌市国民经济和社会发展计划执行情况的报告》；听取和审议市财政局局长徐炜所作的《关于宜昌市2016年上半年预算执行情况的报告》；听取和审议市财政局局长徐炜所作的《关于2016年市级预算调整方案（草案）的报告》、市人大财政经济委员会主任委员陈道军所作的《关于2016年市级预算调整方案审查结果的报告》，审议通过《关于批准2016年市级预算调整方案的决议》；听取和审议市中级人民法院院长张忠斌所作的《宜昌市中级人民法院2016年上半年工作情况报告》；听取和审议市人民检察院检察长孟鸣所作的《宜昌市人民检察院关于2016年上半年工作情况的报告》；审议《关于〈宜昌市城区建筑物外立面管理条例（草案）〉的起草说明》《宜昌市城区建筑物外立面管理条例（草案）》；审议《宜昌市城区重点绿地保护条例（草案二审稿）》；听取和审议市人大常委会代工委主任黎开锋所作的《关于市人大常委会关于许可对市人大代表顾华丽采取强制措施的决定（草案）的说明》，审议通过《关于许可对市人大代表顾华丽采取强制措施的决定》；审议市人大常委会代表资格审查委员会副主任委员黎开锋所作的《关于个别代表的代表资格的报告》；审议通过人事任免议案。

第三十五次会议

2016年9月27日—28日，市五届人大常委会举行第三十五次会议，出席30人，缺席9人。会议主要内容：听取和审议市人大常委会副主任、执法检查组组长尚葵所作的《关于检查〈中华人民共和国专利法〉实施情况的报告》，并开展专题询问；听取和审议市人大常委会副主任、执法检查组组长吴康年所作的《关于检查〈中华人民共和国种子法〉实施情况的报告》；听取和审议市民族宗教事务局局长张白华所作的《关于宜昌市城市民族工作情况的报告》；听取和审议市环境保护局局长王仁俊所作的《关于宜昌市环境保护工作情况的报告》；听取和审议市城市园林绿化管理局局长刘新平所作的《关于提请审议〈宜昌市绿地系统规划（2014—2030年）〉议案的说明》，审议通过《关于通过〈宜昌市城市绿地系统规划（2014—2030年）〉的决议》；听取和审议市财政局局长徐炜所作的《关于2015年市级决算的报告》、市审计局局长李鹏宇所作的《关于2015年度市级预算执行和其他财政收支的审计工作报告》、市人大财政经济委员会主任委员陈道军所作的《关于2015年市级决算审查结果的报告》，审议通过《关于批准2015年市级决算的决议》；听取和审议市人大法制委员会主任委员刘永生所作的《关于〈宜昌市城区重点绿地保护条例（草案二审稿）〉修改情况的说明》，表决通过《宜昌市城区重点绿地保护条例》；听取和审议市人大法制委员会主任委员刘永生所作的《关于〈宜昌市城区建筑物外立面管理条例（草案）〉审议结果的报告》，审议通过《宜昌市城区建筑物外立面管理条例（草案二审稿）》；审议市人民政府《关于市人大常委会组成人员对〈城区生态环境建设“三项整治”审议意见〉落实情况的报告》；审议市中级人民法院《关于市人大常委会组成人员对〈全市法院行政审判工作情况的审议意见〉研究处理情况的报告》；审议通过人事任免议案。

会议审议市财政局、市气象局、市审计局、市粮食局、市体育局、中国银行业监督管理委员会宜昌监管分局、市林业局、市人力资源和社会保障局、市邮政管理局和市民族宗教事务局等10个被评议单位所作的《关于研究处理市人大常委会专项工作评议意见情况的报告》。

印发市人大常委会10个评议工作组分别提交对被评议单位就市人大常委会组成人员对该单位工

作的评议意见研究处理情况的《调查报告》。

第三十六次会议

2016年11月30日，市五届人大常委会举行第三十六次会议，出席30人，缺席9人。会议主要内容：听取和审议市发展和改革委员会主任蒋正雄所作的《关于2016年宜昌市推进“三去一降一补”工作情况的报告》，印发市人大常委会“三去一降一补”工作调查组《关于市政府贯彻“去产能、去库存、去杠杆、降成本、补短板”情况的调查报告》；听取和审议市人民政府副秘书长、扶贫办主任吕林所作的《关于全市精准扶贫工作情况的报告》，印发市人大农村经济委员会《关于全市精准扶贫工作情况的调研报告》；听取和审议市审计局局长李鹏宇所作的《关于2015年度市级预算执行和其他财政收支审计查出问题整改情况的报告》，审议市人民政府《关于市人大常委会组成人员对〈2015年市级预算执行和其他财政收支审计工作审议意见〉落实情况的报告》；听取和审议市财政局局长徐炜所作的《关于2016年市级预算调整方案（草案）的报告》、市人大财政经济委员会主任委员陈道军所作的《关于2016年市级预算调整方案审查结果的报告（草案）》，审议通过《关于批准2016年市级预算调整方案的决议》；听取和审议市人大法制委员会主任委员刘永生所作的《关于〈宜昌市城区建筑物外立面管理条例（草案二审稿）〉修改情况的说明》，表决通过《宜昌市城区建筑物外立面管理条例》；审议市人民政府《关于〈市人大常委会组成人员对水污染防治法和水污染防治条例实施情况审议意见〉落实情况的报告》，印发市人大城乡建设环境资源保护委员会《关于跟踪检查市人民政府研究处理〈市人大常委会组成人员对水污染防治法和水污染防治条例实施情况审议意见〉情况的报告》；审议市人民政府《关于〈市人大常委会组成人员对宜昌市康养产业发展审议意见〉落实情况的报告》，印发市人大内务司法委员会《关于市人民政府研究处理〈市人大常委会组成人员对全市康养产业发展情况的审议意见〉情况的调查报告》；审议市人民检察院《关于〈市人大常委会组成人员对全市检察机关司法体制改革试点工作的审议意见〉落实情况的报告》，印发市人大内务司法委员会《关于市人民检察院研究处理〈市人大常委会组成人员对全市检察机关司法体制改革试点工作的审议意见〉情况的调查报告》；审议市人民政府《关于〈市人大常委会组成人员对全市全民健身工作的审议意见〉落实情况的报告》，印发市人大教育科学文化卫生委员会《关于市人民政府研究处理〈市人大常委会组成人员对全市全民健身工作的审议意见〉情况的报告》；听取和审议市人大常委会代工委主任《关于接受吕学锋辞去湖北省第十二届人民代表大会代表职务请求的决定（草案）的说明》，审议通过《关于接受吕学锋辞去湖北省第十二届人民代表大会代表职务请求的决定》；听取和审议市人大常委会秘书长杜伟所作的《关于接受张建一同志辞职请求的决定（草案）和甘良新等同志免职议案的说明》，审议市人大常委会人事任免工作委员会《关于人事任免议案审查情况的报告（书面）》，审议通过《关于接受张建一同志辞去宜昌市第五届人民代表大会常务委员会副主任职务请求的决定》，通过免去甘良新的市第五届人大常委会副秘书长职务、覃益盛的市第五届人大常委会预算工作委员会主任职务的议案。

第三十七次会议

2016年12月23日，市五届人大常委会举行第三十七次会议，出席29人，缺席9人。会议主要内容：审议市人民政府《关于〈市人大常委会组成人员对宜昌新区建设情况审议意见〉落实情况的报告》，印发市人大城乡建设环境资源保护委员会《关于跟踪检查市人民政府研究处理〈市人大常委会组成人员对宜昌新区建设情况审议意见〉情况的报告》；审议市人民政府《关于〈市人大常委会组成人员对宜昌千亿文化旅游产业三年行动计划工作审议意见〉落实情况的报告》，印发市人大民族宗教外事侨务委员会《关于跟踪检查市人民政府研究处理〈市人大常委会组成人员对宜昌千亿文化旅游产业三年行动计划工作审议意见〉情况的报告》；审议市人民政府《关于将当阳市大沟西矿区391亩水源涵养功能重要区调出生态功能红线议案》，审议通过《关于批准将当阳市大沟西矿区391亩水源涵养功能重要区调出生态功能红线的决定》；听取和审议市人民政府副市长宋文豹所作的《关于2016年市政府系统办理人大代表议案、建议情况的报告》、市中级人民法院院长张忠斌所作的《关于市五届人大七次会议代表建议办理情况的报告》、市人民检察院检察长孟鸣所作的《关于市五届人大七次会议代表建议办理情况的报告》；听取和审议市人大常委会代表资格审查委员会副主任委员黎开锋所作的《宜昌市第六届人民代表大会代表的代表资格的报告》；听取和审议市人大常委会研究室主任李昌清所作的《关于宜昌市人民代表大会常务委员会工作报告(讨论稿)的说明》，审议通过《宜昌市人民代表大会常务委员会工作报告》；听取和审议市人大常委会秘书长杜伟所作的《关于召开宜昌市六届人大一次会议的决定（草案）的说明》，审议通过《关于召开宜昌市六届人大一次会议的决定》；听取和审议市人大常委会秘书长杜伟所作的《关于宜昌市六届人大一次会议议程（草案）、日程（草案）的说明》，审议通过《宜昌市六届人大一次会议议程（草案）》，提请市六届人大一次会议预备会议通过，审议通过《宜昌市六届人大一次会议日程（草案）》，提请市六届人大一次会议主席团会议审议；听取和审议市人大常委会人事任免工作委员会主任顾昶所作的《关于宜昌市六届人大一次会议主席团和秘书长名单（草案）及列席人员名单（草案）的说明》，审议通过《宜昌市六届人大一次会议主席团和秘书长名单（草案）》，提请市六届人大一次会议预备会议选举，审议通过《宜昌市六届人大一次会议列席人员名单》；听取和审议市人大常委会人事任免工作委员会主任顾昶所作的《关于设立宜昌市六届人大一次会议计划、预算审查和议案审查等两个委员会及其组成人民名单（草案）的说明》，审议通过这两个委员会的组成人员名单（草案），提请市六届人大一次会议预备会议通过；听取和审议市人大常委会代表资格审查委员会副主任委员黎开锋所作的《关于接受张建一等六名同志辞去湖北省第十二届人大代表职务请求的决定（草案）和补选湖北省第十二届人民代表大会代表的说明》，审议通过《关于接受张建一等六名同志辞去湖北省第十二届人民代表大会代表职务请求的决定》《湖北省第十二届人民代表大会代表补选办法》，选补省人大代表6名：丁庆荣（土家族）、万红（土家族）、毕奎明、刘学甫、汤明（土家族）、曹宏伟；审议通过《关于接受兰银同志辞去宜昌市人民政府副市长职务请求的决定》；审议市人民政府《关于卢军同志任职的方案》、市人大常委会人事任免工作委员会《关于人事任免方案审查情况的报告》，决定任命卢军为市人民政府副市长。

第五篇　湖北省人大常委会宜昌地区联络处

1979 年地方组织法规定“常务委员会根据工作需要，设立办事机构。”据此，湖北省人大常委会于 1984 年 5 月设立“湖北省人民代表大会常务委员会宜昌地区联络处”（简称宜昌地区人大联络处或地区人大联络处），属于省人大常委会的派出机构。

宜昌地区的人大联络工作始于 1979 年 11 月。在宜昌地区联络处尚未正式设立之前，其人大联络工作由中共宜昌地委办公室负责；设立宜昌地区人大联络处后，其人大联络工作归口于该处负责。

第一章 宜昌地区人大联络处组建与发展

1979 年 11 月至 1984 年 5 月，省人大常委会在宜昌地区的人大联络工作由中共宜昌地委办公室负责办理（地委副书记张三杰同志分管）。

1981 年 5 月，根据中共湖北省委鄂发[1981]43 号文件关于“在地委负责同志中安排一人为省人大常委会委员，另由地区配备几个工作人员，在地委领导下负责省人大联络工作”的规定，在宜昌地委办公室内正式设立省人大常委会宜昌地区人大联络机构。

1982 年 2 月 18 日，湖北省五届人大四次会议补选张三杰（时任中共宜昌地委副书记）为省人大常委会委员，负责省人大常委会宜昌地区的人大联络工作。1983 年 4 月，省人大常委会宜昌地区的人大联络工作由中共宜昌地委顾问、省六届人大常委会委员邱文礼负责。

1984 年 5 月 10 日，中共宜昌地委办公室发文，设立“湖北省人民代表大会常务委员会宜昌地区联络处”。

1992 年 5 月 30 日，湖北省七届人大常委会二十七次会议决定：“湖北省人民代表大会常务委员会各地区联络处改称湖北省人民代表大会常务委员会各地区联络组。联络组是省人民代表大会常务委员会的派出机构，设正、副组长。正、副组长的人选由省人民代表大会常务委员会主任会议提名，常务委员会任免。联络组下设办事机构，办事机构为处级单位”。因正值宜昌地市合并期间，故宜昌地区联络处改称联络组的工作尚未进行。

1992 年 9 月 15 日，宜昌地市合并后的新的宜昌市一届人大一次会议召开，宜昌地区联络处结束其历史使命。

第二章　宜昌地区人大联络处职责与工作

宜昌地区人大联络处的职责是：在地委和省人大常委会的领导下，负责上下联络，沟通情况；协助省人大常委会组织全国人大代表和省人大代表开展视察活动，为出席代表大会准备议案和意见、批评及建议；配合省人大常委会开展视察、执法检查和调查，督促宪法、法律、行政法规和上级人大及其常委会决议的遵守和执行；对上级人大及其常委会制定的法律、法规（草案）征求意见和建议；组织指导县乡两级人大换届选举；组织培训县（市）乡两级人大工作干部；负责处理人大系统来信来访和接待等工作。

第一节　联络县乡两级人大

宜昌地区人大联络处与县乡两级人大的联络，主要采取召开会议、检查指导工作、总结交流经验、编发《人大工作通讯》、印发相关资料等形式。

1979年底至1980年2月，根据1979年《中华人民共和国地方各级人民代表大会和地方各级人民政府组织法》关于“省、自治区、直辖市、自治州、县、自治县、市、市辖区、镇设立人民代表大会和人民政府”和“省、自治区、直辖市、自治州、县、自治县、市、市辖区的人民代表大会设立常务委员会”的规定，地委指导全区8个县（远安县进行县人民代表大会代表由选民直接选举试点）召开的八届人大二次会议上，选举产生县级人民代表大会常务委员会和县人民政府领导班子。首次设立县级人民代表大会常务委员会，设立县人民政府、人民法院和人民检察院，结束了“文化大革命”时期的“革命委员会”，实行了党政分开，实行了权力机关和行政机关分设。

1980年3月至5月，地区选举领导小组根据1979年《中华人民共和国全国人民代表大会和地方各级人民代表大会选举法》关于 “不设区的市、市辖区、县、自治县、人民公社、镇的人民代表大会代表由选民直接选举”的规定和省委有关文件精神，在远安县进行了县级人民代表大会代表直接选举试点。

1984年3月19日，中共宜昌地委召开县人大常委会主任会议，传达湖北省六届人大常委会七次会议精神，讨论和研究了出席省六届人大二次会议有关事宜和准备工作。

1985年7月7日—8日，宜昌地区人大联络处召开各县人大常委会主任会议。会议首先由省人大常委会委员、地委顾问邱文礼介绍了省人大常委会主任韩宁夫带领考察团考察川、滇、陕人大工作情况；五峰、长阳两个土家族自治县介绍了考察外地人大工作的经验；总结交流了全区人大工作经验；着重讨论和研究下半年人大工作。邱文礼同志在会议上作了重要讲话。

1986年2月26日，宜昌地区人大联络处召开各县人大常委会办公室主任会议，着重讨论和研究人大办公室的工作。6月19日，地委副书记郭德明和正在宜昌检查工作的省人大常委会办公厅副主任彭岚认真听取地区人大联络处工作情况汇报后，分别对人大工作认识、法律监督和工作监督、人大的机构编制、工作人员配备及工作条件等问题讲了重要意见。

1986年8月2日—5日，中共宜昌地委开了各县人大常委会主任和办公室主任会议。会议主要是学习中央[1986]18号文件和彭真同志在省、市自治区人大负责同志座谈会上的讲话精神。会议就坚决贯彻中央18号文件精神，进一步统一思想，提高认识，坚决维护社会主义法制，提高全党维护法制、依法办事的自觉性；人大及其常委会依法履行宪法和法律赋予的职责；加强党对人大工作的领导；加强调查研究和人大自身建设等进行认真讨论。同时，对全国人大常委会的“四个法律”征求意见稿提出了修改意见。行署办公室、公安处、司法局、地区政法委、地区中级人民法院、宜昌检察分院等负责同志参加了会议。省人大常委会委员、地委顾问邱文礼作重要讲话。

1989年10月27日—28日，中共宜昌地委召开全区人大工作会议。地委书记艾光忠作了重要讲话，地委副书记李文钊、地委副书记兼组织部长鲁德喜讲了意见，行署秘书长李国普就加强政府法治建设、地区人大联络处主任胡乾民就人大工作发了言，地委副书记赵复武作会议总结。

1990年4月7日，地委专题听取七届全国人大三次会议精神汇报。在宜昌地区的全国人大代表李道均、曾祥芬等认真汇报七届全国人大三次会议精神。地委副书记赵复武、地委副书记、行署专员刘克毅等听取汇报后，对大会精神的汇报、贯彻落实以及充分发挥人大代表作用、参政议政、加强同人民群众的联系等方面讲了重要意见。10月8日—10日，宜昌地区联络处在当阳市召开全区县市人大常委会教科文卫工作委员会主任会议。会议传达省人大常委会在荆州召开的鄂中片人大教科文卫工作座谈会精神，总结交流本届县市人大教科文卫工作经验，着重讨论研究如何更好地为人大及其常委会依法开展法律监督和工作监督服务。

1991年4月12日，地委、行署领导专题听取了七届全国人大四次会议精神汇报。在宜昌地区的七届全国人大代表陈水文、张光明、李道均、曾祥芬等4位代表，认真汇报了会议精神。地委副书记鲁德喜、行署副专员刘木添、省人大常委会委员、地委顾问邱文礼、地区人大联络处主任胡乾民及地委、行署有关单位负责同志参加了汇报会。鲁德喜等就会议精神的汇报、贯彻落实等讲了重要意见。8月6日，地区人大联络处召开有关部门和单位情况通报会。参加会议的有行署办公室、计划委员会、科委、财政局、人事局、监察局、民政局、林业局、标准计量管理局、公安处和地区中级人民法院、宜昌检察分院负责同志。会议对省人大常委会将组织视察义务教育法、行政诉讼法、标准化法等有关工作进行了通报，并要求有关部门和单位及时认真做好准备工作；根据有关法律法规规定，对建立省人大常委会宜昌地区联络处与行署、地区中级人民法院、宜昌检察分院联系办法进行了通报；同时对地区人大联络处下半年将组织在宜昌地区的全国和省人大代表听取行署及所属工作部门和中级人民法院、宜昌检察分院执法和工作情况汇报做出具体安排。

1991年9月6日，地区人大联络处为了依法履行湖北省人大常委会派出机构的职责，根据《湖北省各级人民代表大会常务委员会监督工作条例（试行）》的有关规定，起草《湖北省人大常委会宜昌地区联络处与宜昌地区行政公署、地区中级人民法院、宜昌地区检察分院联系办法》。9月21日，地区人大联络处召开地直机关实施行政诉讼法一周年纪念大会。宜昌地区行署副专员刘木添、地区中级人民法院院长向大钦在会上通报了行政诉讼法实施情况。地区人大联络处主任李国普对行政诉讼法的进一步实施讲了重要意见。

1991 年 9 月 16 日—18 日，中共宜昌地委召开全区人大工作会议。地委书记艾光忠、副书记李文钊、鲁德喜、省人大常委会委员、地委顾问邱文礼、马杰、宋玉琪，地委委员、行署副专员刘木添、地区人大联络处主任李国普等参加了会议。会议以中共十三届七中全会精神为指导，总结交流了加强党对人大工作领导和县乡两级人大换届选举工作的经验；认真讨论了以经济建设为中心，加强党对人大工作的领导，支持人大依法履行职责，充分发挥人大及其常委会在维护稳定、加强民主法治建设、经济建设、改革开放和实现第二步战略目标中的重要作用问题。会议通过学习、总结交流经验、讨论研究人大工作，进一步提高了在新形势下坚持和完善人民代表大会制度重大意义的认识，明确了人大工作的指导思想、职责和任务；讨论通过《湖北省人大常委会宜昌地区联络处与宜昌地区行政公署、地区中级人民法院、宜昌检察分院联系办法》（会后，地委以宜地发〔1991〕31 号文件转发各地执行）。艾光忠、邱文礼等在会上作了重要讲话。省人大常委会副主任王汉章同志在宜检查工作专门到会祝贺并作重要讲话

1991 年 12 月 9 日—11 日，地区人大联络处召开各县市人大常委会办公室主任会议。会议着重讨论研究了人大办公室的工作。会议进一步明确了办公室今后的工作任务。一是要积极主动当好参谋助手。二是认真做好办公室日常工作。三是要加强行政管理。四是要切实加强办公室的自身建设。地区人大联络处主任李国普在会上作了重要讲话。

1992 年 1 月 28 日，地区人大联络处组织召开地委统战部、行署民族宗教局负责同志座谈会。地区人大联络处副主任龚福达通报了省政府在省七届人大常委会二十四次会议上《关于 1989 年以来全省宗教工作和省人大常委会视察团视察郧阳地区、襄樊市宗教工作情况报告》，地区民族宗教局局长曾宪长通报了 1991 年全区宗教工作情况和 1992 年工作安排。

第二节　指导县乡人大换届选举

一、1980年宜昌地区各县市首次直接选举县级人大代表

1980 年 4 月 28 日，宜昌地区选举工作领导小组成立（选举办公室设在地区民政局），便于及时指导各县第九届人民代表大会代表直接选举工作。同时，要求各县按照《中华人民共和国全国人民代表大会和地方各级人民代表大会选举法》有关规定成立了选举委员会。鉴于县级人民代表大会代表直接选举是一项新工作，为了取得经验，1980 年 3 月，地区选举工作领导小组在远安进行了第九届县人民代表大会代表直接选举试点。在试点取得经验的基础上，指导其他 8 个县于当年 10 月份到 1981 年 1 月，分别依法直接选举产生第九届人民代表大会代表。全区 9 个县选举新的一届人大代表共 1938 名，其中：宜昌县 275 名、宜都县 210 名、枝江县 232 名、当阳县 225 名、远安县 269 名、兴山县 149 名、秭归县 212 名、长阳县 220 名、五峰县 146 名。

1980 年 5 月 16 日—20 日，地区选举工作领导小组根据宪法、选举法和地方组织法的规定，在试点远安县召开的九届人大一次会议的基础上，组织指导全区其余 8 个县，于 10 月至 1981 年 1 月，

依法召开县级九届人大一次会议。会议选举产生县人大常委会组成人员；县人民政府县长、副县长；县人民法院院长、县人民检察院检察长。全区 9 个县人大常委会主任是：宜昌县许德予、宜都县张昌富、枝江县陶玉华、当阳县周云焕、远安县曾清选、兴山县梅子峰、秭归县廖宗武、长阳县胡松源、五峰县白全胜。

二、1983年宜昌地区各县市选举省人大代表

1983 年 3 月，在全区九个县分别召开的人民代表大会会议上，选举产生湖北省第六届人大代表共 43 名。其中：从省戴帽下达的候选人中选举的 4 名：马良、马维清、杨文祥、宋太芹；从宜昌地区提名的候选人中选举的 39 名（按姓名笔画排序）：马名禹、王大英（女）、王学茂、王祥、乔克贵、朱国平、全世忠、刘宏庚、刘明金、刘德莲（女）、安庆勋、许德予、李明鉴、李家宾、杨发兴、杨吉翠（女）、杨传珍（女）、邱文礼、何劲豪、邹庆禅、宋永高、张天曙、陈文梅（女）、陈余生（女）、陈相炎、罗昌荣、明道雄、周天全、聂武魁、高登华、唐礼节、殷善堂、曹宜雄、覃继兰（女）、覃德贤、彭之华（女）、彭郁华（女）、鲁秉宽、谭贤茂。

三、1984年宜昌地区县乡两级人大代表换届选举

1984 年 8 月 10 日，宜昌地区县乡两级人大换届选举工作领导小组及其办事机构成立（设在地委办公室）。8 月至 12 月，地区选举工作领导小组多次召开全区选举工作会议，研究部署全区县乡两级人大换届选举和建村、建社（以下简称“两建”）工作。通过加强领导，及时指导，检查督促和《选举工作简报》等形式，及时传达上级有关精神，通报工作动态，推广经验，做到了充分发扬民主，严格依法办事，使全区县乡两级人大换届选举和“两建”工作取得圆满成功。

全区共有选举县人民代表大会代表的选民 2060484 人，占 18 周岁以上总人口的 99%，参加选举县人大代表选民 2041085 人，占 99.1%，共划分为 894 选区。应选代表 1924 名，实际选出代表 1923 名（缺额 1 名），占应选代表名额的 99.95%。其中：工人 175 名，占 9.1%；农民 931 名，占 48.4%；干部 444 名，占 23.1%；知识分子 306 名，占 15.9%；军人武警 18 名，占 0.94%；其他 49 名，占 2.55%。代表中，非中共党员 994 名，占 51.69%；妇女代表 427 名，占 22.2%；少数民族代表 261 名，占 13.57%。代表中，上届代表连选连任的 329 名，占 17.11%。参加选举乡镇大民代表选民 1831320 人，占选民 1850337 人的 98.97%，选出代表 21239 名，占应选代表名的 99.89%。

1984 年 8 月 21 日，地区选举工作领导小组召开长阳、五峰两个县委、人大常委会主要负责人会议。会议听取了长阳、五峰两个县关于县乡两级人大代表选举和筹备土家族自治县工作情况汇报。地区选举工作领导小组组长郭德明、副组长邱文礼同志在会上讲了重要意见，要求两个土家族自治县的一届人大一次会议和成立自治县庆祝大会同时举行，并同时建立两套班子。一是抓选举和成立自治县准备工作专班；二是抓经济和改革、人事安排工作专班。同时还研究了自治县申报有关建设项目并争取上级扶助等问题。

截至 1984 年 12 月 28 日，全区 9 个县全部依法召开新的一届人大一次会议，选举产生新的一届县级政权领导班子和法院、检察院负责人；新的乡（镇）一届人大一次会议，选举产生新一届政权

领导班子。全区“两建”基本结束。全区应建村（居）民委员会3241个，除长阳、五峰两个自治县的极少数外，绝大多数已经建立。

四、1987年宜昌地区省县乡三级人大代表换届选举

1987年3月21日，宜昌地区县乡两级人大换届选举工作领导小组及其办事机构成立（选举办公室设在地区人大联络处）。23日—24日，宜昌地区县乡两级人大换届选举工作领导小组在枝江县召开全区选举工作会议。会议对全区县乡两级人大换届选举工作进行了部署。要求县乡两级于12月底以前选举出县乡两级人大代表，1988年1月底以前召开新一届的第一次县乡两级人民代表大会。

截至1987年12月20日，全区9个县依法选举产生新的一届县乡两级人大代表。全区进行换届选举的有9个县(市)、132个乡(镇),有选举县人大代表的选民2221215人,参加投票选举的2168731人，参选率达97.64%，共划分为883个选区。应选县人大代表1757人，实际选举产生代表1748人，占应选代表99.5%，缺额9名。在新当选的县人大代表中：工人145名，占8.3%；农民718名，占41.08%；干部558名，占31.9%；知识分子283名，占16.19%；其他方面的代表44名，占2.52%。在代表中，非中共党代表594名，占33.98%；妇女370名，占21.2%；少数民族248名，占14.19%。全区有选举乡（镇）人大代表的选民2098943人，参加投票选举的有2051732人，参选率达97.75%。应选乡（镇）人大代表10619人，实际选举产生代表10607人，占应选代表99.89%。1987年12月中旬至1988年1月底，全区县（市）、乡（镇）两级召开新一届人大一次会议。依法选举产生新的一届县、乡（镇）两级政权领导班子和法院、检察院负责人。

全区9个县新的一届人大一次会议还依法选举产生湖北省第七届人大代表共42名(按姓名笔画排序)：马秀山、王连东、王作栋、方正美、方立红（女）、田英、田建国、白小玲（女）、冯友文、伍清廉、向京、向珍英（女）、刘德莲（女）、孙宜然、李成望、李作杰、李金梅（女）、吴昌铣、邱文礼、何衍正、余世荣、张丽华（女）、张昌富、张晶轩、陈支栋、陈水文、陈行镐、陈余生（女）、陈晓艳（女）、陈登蓉（女）、陈毅、罗道学、孟宪宝、胡松源、贾庆生、郭德明、陶作美、龚国兰（女）、商克勤、谢大新、谭复然、戴方兴。

五、1990年宜昌地区县乡两级人大代表换届选举

1990年7月17日，地委召开办公会议，专题研究了县乡两级人大换届选举工作。19日，宜昌地区县乡两级人大换届选举工作领导小组及其办事机构立。21日，地委发出《关于做好县乡人民代表大会换届选举工作的通知》，对全区县乡两级人大换届选举工作进行了部署。24日—26日，地区选举工作领导小组召开全区县乡人大换届选举工作会议。会议部署：全区县乡两级人大换届选举，10月底以前做好各项准备工作，12月底以前选出代表，1991年2月底以前召开新的一届县乡两级人民代表大会会议。

截至1990年12月9日，全区县乡两级依法选举产生新的一届人大代表。全区9个县（市）总人口3435306人，其中18周岁以上的2377765人，占总人口的69.22%，有选民2363286人，占18周岁以上人数的99.39%，参加选举的选民2290792人，占选民的96.93%。全区选举划分为1043个

选区。应选和实际选举产生县级人大代表 2093 名。在代表中：工人 206 名，占 9.84%；农民 902 名，占 43.1%；干部 634 名，占 30.29%；归侨 1 名，占 0.05%；其他 350 名，占 16.72%。在代表中：非中共党员 717 名，占 34.26%；妇女 504 名，占 24.08%；少数民族 284 名，占 13.57%。全区 128 个乡（镇）有选民 2090423 人，参加选举的选民 2010678 人，占选民的 96.19%。应选代表 7756 名，实际选举产生代表 7743 名，缺额 13 名。1991 年 1 月上旬至 1992 年 2 月，全区县（市）、乡（镇）先后分别召开新的一届人大一次会议，选举产生新一届县（市）、乡（镇）两级政权领导班子和法院、检察院负责人。

第三节 指导民族自治县的民族立法

1987 年 5 月 13 日，地委召开专题办公会，听取了地区人大联络处主任胡乾民关于全省民族立法工作会议精神汇报。会议专题研究了长阳、五峰两个土家族自治县自治条例起草事宜。地委决定：成立宜昌地区长阳、五峰两个自治条例起草领导小组，加强对立法工作领导；地区人大联络处安排专人负责抓这项工作；地直有关单位要密切配合，共同搞好民族立法工作；长阳、五峰两个自治县要切实抓好民族立法工作。要结合实际，制定方案，付诸实施。按照省人大常委会的要求，今年完成工作程序，明年完成法律程序。地委副书记、行署专员艾光忠、地委副书记陈水文、省人大常委会委员、地委顾问邱文礼分别在会上讲了重要意见。

1987 年 11 月 12 日—13 日，地区长阳、五峰两个自治条例起草领导小组召开长阳、五峰两个土家族自治县自治条例起草工作座谈会。会议按照中共十三大精神对长阳、五峰两个自治条例（草案）提出修改意见，对下一步自治条例（草案）修改提出了具体要求。地区人大联络处主任胡乾民主持会议。地委副书记、行署专员、地区自治条例起草领导小组组长陈水文在会上作了重要讲话。11 月 28 日，自治条例起草领导小组召开第二次自治条例起草工作座谈会。会议认真讨论了两个自治条例（草案），并提出了修改意见和建议。11 月 30 日—12 月 1 日，自治条例起草领导小组召开长阳、五峰两个自治县自治条例起草领导小组（起草委员会）负责人会议。会议确定：长阳、五峰两个土家族自治县对各自的自治条例（草案）修改后，于当月中旬送地区审核，然后再上报省人大常委会批准。地区人大联络处主任胡乾民主持会议。

第四节 协助省人大常委会组织全国人大代表视察

1985 年 3 月 10 日—13 日，根据省人大常委会办公厅关于组织全国人大代表开展视察的通知要求，地区人大联络处组织在宜昌地区的六届全国人大代表王旭景（土家族）、陈忠信（土家族）到五峰土家族自治县进行视察。代表们认真听取了五峰土家族自治县副县长彭天相关于国民经济计划、财政预决算执行、城镇经济体制改革情况及民族区域自治法贯彻实施情况汇报。代表们对五峰土家族自治县人民政府工作及民族区域自治法贯彻实施情况表示满意，针对存在的问题，提出了意见和建议。同时为出席会议收集了意见和建议。省人大常委会委员、地委顾问邱文礼等陪同视察。

1986 年 3 月 3 日—6 日，地区人大联络处组织在宜昌地区的六届全国人大代表进行视察。视察期间，代表们认真听取了宜昌县和宜都县人民政府负责同志关于国民经济计划、财政预算执行和经济、教育、财政体制改革、贯彻改革开放搞活的方针以及普法教育等情况汇报。代表们将经济建设、改革开放和搞活经济、经济体制改革、教育、民政、普法等方面的情况，为出席会议收集了意见和建议。

1987 年 2 月 10 日—16 日，地区人大联络处组织在宜昌地区的全国人大代表开展视察。代表们视察了五峰、长阳两个土家族自治县部分工矿企业和即将开工兴建的清江隔河岩水利枢纽工程；认真听取了五峰、长阳两个土家族自治县人民政府关于 1986 年国民经济和社会发展、财政预算执行和民族区域自治法实施情况的汇报；认真听取了地区人大联络处和长阳、五峰两个土家族自治县关于县乡两级人大换届选举工作安排部署情况汇报；征求了全民所有制工业企业法（草案）的修改意见，为出席会议收集了意见和建议。

1988 年 2 月 25 日—29 日，地区人大联络处组织在宜昌地区的全国人大代表开展视察。代表们视察了长阳土家族自治县、枝江县部分工矿企业和长江堤防工程，并走访了部分群众；听取了两个县人民政府和地直有关部门关于 1987 年国民经济和社会发展、财政预算执行和改革开放、普及法律知识及县乡两级人大换届选举等方面情况汇报。代表们将调整山区贫困县中央借款基数、国家对贫困县扶持和少数民族自治区域财政、民族贸易“三照顾”政策、葛洲坝库区移民补助用电、枝江长江堤防岁修及整治、将下百里洲 40 公里长江堤防提升为“国堤”等方面的情况，整理为出席人民代表大会会议的意见和建议。

1989 年 3 月 10 日，地区人大联络处组织在宜昌地区的全国人大代表陈水文、张光明、曾祥芬等开展视察。代表们视察了长阳土家族自治县水泥厂、清江造纸厂和津洋口镇隔河岩酒厂；听取了县长刘光容等关于 1988 年全县经济工作、清江隔河岩水利枢纽工程库区移民、民族宗教、民族区域自治法和县自治条例实施情况的汇报。代表们将实施民族区域自治法及县自治条例、清江隔河岩库区移民等方面的情况，整理为出席人民代表大会会议的意见和建议。

1991 年 3 月 7 日—14 日，地区人大联络处组织在宜昌地区的全国人大代表开展视察。代表们认真听取了宜昌行署副专员王炳南关于 1990 年全区国民经济计划和财政预算执行、纠正行业不正之风、农业生产等情况的汇报；视察了长阳、五峰土家族自治县春耕生产、乡镇企业及清江隔河岩工程移民等情况，并听取了两个民族自治县人民政府关于国民经济和社会发展、财政预算执行、治理“三乱”、扶贫、廉政建设、行政诉讼法实施情况的汇报。代表们对宜昌行署和长阳、五峰两个土家族自治县 1990 年的工作表示满意，同时为出席人民代表大会会议收集准备了意见和建议。如将长阳、五峰两个土家族自治县和秭归县列入国家重点扶贫县的建议；努力争取国家对宜昌矿肥结合工程大力支持的建议等。

第五节　配合省人大常委会开展视察、执法检查和调查

1984 年 10 月 20 日—25 日，省人大常委会主任、省选举工作检查团团长韩宁夫率团到宜昌地区检查县乡两级人大换届选举工作。检查团在地委副书记郭德明、地区人大联络处副主任龚福达等陪

同下，先后到枝江、当阳、长阳、宜昌等4个县检查选举工作。分别认真听取了地委、行署领导和4个县关于选举和经济工作情况汇报。韩宁夫等对宜昌地区及4个县的选举和经济工作给予了充分肯定，同时，针对存在的问题，讲了重要意见。地委书记马杰、地委副书记、行署专员艾光忠等参加了汇报。

1987年1月12日—16日，省人大常委会民族工作委员会副主任邬谓民一行对五峰、长阳两个土家族自治县民族发展资金使用和民族教育事业发展情况进行了调查。邬谓民等认真听取了五峰土家族自治县人大常委会、县人民政府及有关部门情况汇报，参观了部分民族企业。邬谓民对五峰、长阳两个土家族自治县民族发展资金使用和民族教育事业发展表示满意。同时，对民族发展资金使用和发展民族教育等方面提出了意见和建议。

1987年5月19日—22日，省人大常委会视察组视察宜昌县和当阳县《中华人民共和国文物保护法》和《湖北省实施〈华人民共和国文物保护法〉办法》实施情况。视察组实地视察了宜昌黄陵庙、当阳关陵庙、玉泉寺、育溪镇等文物保护管理工作；认真听取了两个县人民政府有关法律实施情况汇报。视察组对两个县实施这两个法规的工作表示满意，同时，针对存在的问题，提出了重要意见和建议。地区人大联络处负责同志陪同视察。

1987年5月21日—24日，省人大常委会民族工作委员会副主任邬渭民等到长阳、五峰两个土家族自治县调查民族立法工作情况。邬渭民等对长阳、五峰两个土家族自治县民族立法工作表示满意，同时对两个土家族自治县民族立法工作提出了意见和建议。地区人大联络处副主任龚福达等参加调查。

1987年8月20日，省人大常委会秘书长单一介、副秘书长肖庆敏等到宜昌县检查县乡两级人大换届选举工作。单一介秘书长等认真听取了宜昌县关于县乡两级人大换届选举工作情况的汇报，对选举工作表示满意，同时对选举的认识问题、骨干培训、宣传发动、充分发扬民主等方面提出了重要意见和建议。

1987年10月10日—11日，省人大常委会秘书长单一介等到远安县检查人大工作。单一介秘书长等认真听取县人大常委会关于人大工作情况汇报后，对远安县的人大工作给予了充分肯定，同时对普及法律常识、人大及其常委会依法行使决定权、人事任免权、监督权以及人大换届选举、人大及其常委会自身建设及地区人大联络处工作和改革等方面提出了重要意见和建议。地区人大联络处主任胡乾民等陪同检查。

1987年10月14日—16日，省人大常委会副主任田英、委员邱文礼、省委顾问委员会委员赵竹铭等到清江隔河岩水利枢纽工程工区和长阳土家族自治县魔芋粉厂、畜禽实验厂、特种油脂厂、羊毛衫厂等进行视察。先后听取了清江开发公司、铁道部十八局关于清江隔河岩水利枢纽工程建设和长阳土家族自治县关于经济、移民和财政收支及财政自给等情况的汇报。田英副主任等听取汇报后，对清江隔河岩水利枢纽工程建设、长阳土家族自治县经济、移民、财政等方面提出重要意见和建议。地委、行署及地区人大联络处负责同志陪同了视察。

1989年1月9日—12日，以省人大常委会副主任田英为团长、以省人大常委会委员邱文礼、周明、孙步尧、王保珉为成员的省人大常委会视察团宜昌分团视察宜昌地区执法检查工作情况。视察团视察了宜昌县雾渡河镇和宜昌监狱执法检查情况；听取了宜昌县人民政府、县人民法院、县人民检察院和宜昌地区行署、地区中级人民法院、地区人民检察院情况汇报。视察团对宜昌地区和宜昌县的执法检查情况表示满意，同时对进一步实施土地管理法、森林法、婚姻法、义务教育法、治安管理条例、省计划生育条例、省内保条例和省农村五保户供养工作暂行规定提出了意见和建议。地委、行署及地区人大联络处负责同志陪同视察。

1989年2月28日—3月4日，省人大常委会副主任李海忠、委员邱文礼等视察当阳市、远安县全民义务植树的情况，并实地视察了部分乡镇义务植树基地、林场、苗圃及部分森工企业和林业专业户。同时认真听取了两县市1988年全民义务植树和1989年全民义务植树计划实施及林业工作情况汇报。李海忠副主任等对当地义务植树、林业工作等给予了充分肯定，同时提出了重要意见和建议。

1989年5月16日—17日，省人大常委会副主任田英、委员邱文礼等，在人大联络处副主任龚福达等陪同下，到枝城市视察。田英等视察了枝城市熊渡水电工程和市棉纺织厂、毛巾总厂、家具厂及中央驻枝城市国营238厂、288厂；听取了枝城市人大常委会主任张昌富关于人大工作、副市长郭世森关于治理经济环境和整顿经济秩序以及熊渡水电工程建设情况的汇报。田英副主任等对枝城市治理整顿和人大工作给予了充分肯定，同时对继续深化改革，进一步治理经济环境和整顿经济秩序、加强法治建设和依法治市等，提出了重要意见和建议。

1989年7月18日—8月5日，省人大常委会副主任肖全涛、委员刘书智、马书尧等视察枝江、当阳、远安、秭归、兴山等五个县市的经济和人大工作。肖全涛等认真听取了五个县市人民政府关于经济、治理整顿、财政预算执行和人大工作情况汇报，对所取得的成绩给予了充分肯定，同时对经济工作、治理整顿、人大同政府监督与被监督的关系，加强人大监督工作，发挥人大地方国家权力机关作用等方面提出了重要意见和建议。

1989年12月7日—11日，以省人大常委会副主任王汉章为团长的省人大常委会执法视察团视察宜昌地区执法检查情况。视察团在行署副专员张万英、地区人大联络处主任胡乾民等陪同下，分别认真听取了宜昌县政府、法院、检察院和宜昌地区行署、地区中级人民法院、地区检察分院执法检查情况的汇报，与地、县矿山委员会、人民银行、工商行政管理局、财政局、物价局、文化局、司法局、监察局、审计局、妇联、共青团等单位负责人分别进行了座谈。视察团通过视察、听汇报和座谈，对宜昌地区执法检查情况表示满意，对所取得的成绩给予了充分肯定，同时，对围绕治理整顿、深化改革和廉政建设、加大执法和监督检查力度、严格依法办事等，提出了重要意见和建议。地委副书记赵复武、行署秘书长李国普、地区人大联络处主任胡乾民等参加了汇报和座谈。

1990年10月15日—21日，肖全涛副主任带领省人大常委会执法视察团视察宜昌地区以整治“三乱”为重点的行政执法检查情况。视察团视察了当阳市和枝江市执法检查情况，分别听取了两个市人民政府和宜昌地区行署、宜昌中级人民法院、宜昌检察院执法检查情况汇报。视察团对宜昌地区执法检查工作所取得的成绩给予了充分肯定，同时对整治“三乱”、依法行政、严格执法等方面提出了重要意见和建议。联络处主任胡乾民等陪同了视察。

1991年6月8日—18日，省人大常委会副主任田英等视察宜昌、远安、当阳、枝江等县市经济工作。视察期间，田英副主任认真听取了有关县市人民政府和人大工作情况的汇报，到部分工厂和企业进行视察，与所在地的省人大代表进行了座谈。对经济工作特别是要把乡镇企业和“三资”企业纳入经济工作重点；依法行政、自觉接受人大监督；加强法律监督和工作监督等方面讲了重要意见。宜昌地委、行署及联络处负责同志陪同视察。

1991年8月22日—28日，省人大常委会主任黄知真等视察宜昌地区及长阳、远安、当阳三个县（市）的农业、植树造林等情况，同时分别听取宜昌地委、行署及联络处和长阳、远安、当阳三个县（市）委、人大、政府负责同志关于经济、人大等工作情况汇报。黄知真主任等对宜昌地区及三个县（市）的工作给予了充分肯定，同时对经济工作、抗灾救灾、人大工作、加强理论学习等方面讲了重要意见。地委副书记鲁德喜、省人大常委会委员、地委顾问邱文礼、地委顾问马杰、联络处主任李国普等陪同视察。

第六节　组织县乡两级人大干部培训

1986年5月26日—6月9日，地区人大联络处举办第一期县乡人大干部培训班。培训班通过认真学习宪法、地方组织法、经济合同法和治安管理条例等法律法规和人大工作相关理论知识，提高了对人大性质、地位、作用和人大工作重要性的认识。

1988年10月4日—11日，地区人大联络处举办远安、兴山、秭归、长阳、五峰等五个县乡镇人大主席团常务主席培训班。占全区乡镇人大总数的50.7%。乡镇人大主席团常务主席是1987年乡镇人大换届时开始设立的，其主要职责是主持乡镇人民代表大会闭会期间的日常工作，这对他们是一项全新的工作。针对这一实际，培训班采取传达学习中共十三届三中全会精神、讲授宪法、地方组织法等法律和人大理论课与自学、讨论、总结交流经验相结合的方法进行。省人大常委会委员、地委顾问邱文礼、地区人大联络处主任胡乾民，在培训班开始时讲话。培训期间，地委书记艾光忠、副书记赵复武听取了培训班情况汇报；赵复武同志还专门到培训班召开部分县人大负责同志和乡镇人大常务主席座谈会，征求意见，并在培训班总结会上作重要讲话。通过学习培训：一是进一步统一了对改革开放的认识，增强了改革必胜的信心，提高了贯彻执行中共十三届三中全会精神的自觉性。二是进一步提高了对人大性质、地位、作用和人大工作重要性的认识。三是明确了人大工作的指导思想、工作职责和工作方法。

1989年7月17日—26日，地区人大联络处采取以会代训的方式，培训部分县市乡镇人大主席团常务主席。参加学习的有宜昌县、枝城市、枝江县、当阳市等四个县市的乡镇人大主席团常务主席和草埠湖农场负责人大工作的同志。会议采取上辅导课、总结交流经验等形式，认真学习了中共十三届四中全会精神及宪法、地方组织法；总结交流了乡镇人大主席团工作经验；讨论研究了乡镇人大工作。通过学习培训，进一步加深了对人大性质、地位、作用和人大工作的认识，增强了做好乡镇人大工作的信心和责任感。省人大常委会委员、地委顾问邱文礼在培训班开始时讲话。培训班结束时，地委副书记、行署专员陈水文就政府如何积极主动接受人大监督；地委副书记赵复武就依法履行宪法和法律赋予人大的职责、做好乡镇人大工作、加强人大自身建设等方面，作了重要讲话。

1991年11月2日—10日，地区人大联络处举办全区乡镇人大主席团常务主席培训班。参加培训的有乡镇人大换届新当选的乡镇人大主席团常务主席和街道办事处人大联络处负责同志、县市人大代表工作委员会主任等共126人。培训班学习了宪法、地方组织法、《湖北省乡镇人民代表大会主席团若干规定》《湖北省各级人民代表大会常务委员会监督工作条例》等法律法规，增强了做好乡镇人大工作的信心。

第七节　宣传工作

1990 年 12 月，地区人大联络处参加编撰《乡镇工作基础》一书的“乡镇人大工作”部分。该书“乡镇人大工作”部分在总结乡镇人大主席团及其常务主席近几年来工作经验的基础上，结合对我国的人民代表大会性质、地位和作用；人民代表大会制度的产生和发展；乡镇人民代表大会代表、代表大会、主席团及其常务主席的职权和任务；加强和改善党委对乡镇人大工作的领导等作了比较全面阐述。这对于设立不久的乡镇主席团及其常务主席依法履行职责、开展工作起到了一定的指导作用。

1991 年 7 月 15 日，地区人大联络处与地委宣传部联合召开加强和改进人大宣传报道工作会议。会议认真学习了江泽民总书记关于坚持和完善人民代表大会制度的重要讲话；总结回顾了近几年人大宣传报道工作经验；着重讨论研究了加强和改进人大宣传报道工作。地区人大联络处主任李国普、地委宣传部副部长李泽泉等在会上作了重要讲话。

1991 年 9 月至 1992 年 5 月，地区人大联络处与宜昌电视台联合拍摄反映人大代表工作和生活的电视剧《杜鹃》上、下集。该剧以湖北省七届人大代表、长阳土家族自治县大堰乡三洞水村经济联合社主任向珍英（女，37 岁）为原型，通过对村民的土地纠纷案，人大代表运用法律武器，依法维护村民的合法权益，反映了人大代表不畏权势，敢于仗义执言，依法办事，为民代言的事迹。同时，也反映了人大代表克服各种阻力，勇担重任，为村民忘我工作的感人事迹。其主要特点：一是通过人大代表依法履行代表职务，以弘扬社会主义民主、推进社会主义法治建设为主要目的；二是涉及法律较多，如经济合同法、行政诉讼法等；三是涉及社会深层次问题较多，从一个侧面反映了少数干部即“以言代法，以权压法”“官官相护”“人情网”“关系网”等不良社会现象，告诫人民要用法律武器捍卫自己的合法权益。1992 年 5 月 1 日，《杜鹃》与广大观众见面，在中央电视台第二套节目黄金时段首播后、湖北省电视台及外省和地方电视台也及时播出了该剧，得到了各级人大代表和广大干部群众的好评。

1992 年 3 月，宜昌地市合并，在新的市委领导下，宜昌地区联络处工作人员与市十一届人大常委会机关工作人员一起，在宜昌市一届人大常委会筹备组领导下，共同筹备了新的宜昌市一届人民代表大会。9 月 12 日—15 日，宜昌市一届人民代表大会第一次会议召开，选举产生宜昌市一届人民代表大会常务委员会。至此，宜昌地区联络处完成历史使命。

第三章 宜昌地区人大联络处机构设置与负责人

1984年5月10日，中共宜昌地委办公室发文，设立“湖北省人民代表大会常务委员会宜昌地区联络处”。随后，又陆续在其内部设立了相关科室，配备了工作人员，为人大联络的正常工作提供了保障。

第一节 联络处机构设置

1984年5月10日，中共宜昌地委办公室发文，设立“湖北省人民代表大会常务委员会宜昌地区联络处”。1986年11月3日，设立宜昌地区人大联络处秘书科。1987年7月3日，设立民族工作科。1991年2月4日，增设代表工作科。9月14日，改秘书科为办公室；11月18日，增设法制工作科。1992年5月，湖北省七届人大常委会二十七次会议决定：“湖北省人大常委会各地区联络处改称湖北省人大常委会各地区联络组”，因正值宜昌地市合并期间，故宜昌地区人大联络处改称联络组工作尚未能进行。1992年9月，随着地市合并后的宜昌市一届人大一次会议的召开，宜昌地区联络处的历史使命相应终止。

第二节 联络处负责人名录

一、湖北省人民代表大会常务委员会宜昌地区联络处党组负责人

书　记：李国普(1992.2—1992.9)

二、湖北省人大常委会宜昌地区联络处主任、副主任名录

主　任：胡乾民(1987.11—1991.6)
　　　　李国普(1991.6—1992.9)
副主任：龚福达(1985.3—1992.9)
　　　　陈曙光(1988.5—1990.2)
　　　　江秀芳(女，1990.12—1992.9)

第六篇　宜昌市人大及其常委会的主要工作

县级以上的地方各级人民代表大会的职权，从1954年地方组织法规定的12项发展到2004年地方组织法规的15项职权。县级以上的地方各级人大常委会的职权，从1979年地方组织法规定的11项发展到2004年地方组织法规的14项职权。

根据地方组织法的具体规定，宜昌市人及其常委会行使职权，可概括为“四权”：一是对本行政区域内重大事项决定权，二是对“一府两院”工作监督和法律监督权，三是国家机关人事选举任免权，四是制定地方性法规的立法权。

第一章　宜昌市人大及其常委会讨论决定重大事项

根据地方组织法的规定，市人民代表大会行使下列职权：审查和批准本行政区域内的国民经济和社会发展计划、预算以及它们执行情况的报告；讨论、决定本行政区域内的政治、经济、教育、科学、文化、卫生、环境和资源保护、民政、民族等工作的重大事项。市人大常委会行使下列职权：讨论、决定本行政区域内的政治、经济、教育、科学、文化、卫生、环境和资源保护、民政、民族等工作的重大事项；根据本级人民政府的建议，决定对本行政区域内的国民经济和社会发展计划、预算的部分变更。

市人大及其常委会的重大事项决定权，主要体现在三个方面：一是审查和批准全市国民经济和社会发展计划；二是审查和批准本级预算；三是决定其他重大事项。

第一节　审查和批准计划报告

一、市三届人民代表大会审议与批准计划报告

1958年6月30日，市三届人大一次会议听取了中共宜昌市委书记处书记张来升所作的《宜昌市第二个五年计划工业发展规划（修正草案）报告》。7月2日，大会通过《关于宜昌市第二个五年计划工业发展规划的决议》。

二、市九届人大及其常委会审议与批准计划报告

1981年7月9日—11日，市九届人大常委会三次会议首次听取和审议市人民政府副市长徐行所作的《关于1981年上半年国民经济计划执行情况的汇报》，通过《批准1981年上半年国民经济计划执行情况汇报的决议》。

1982年8月18日—21日，市九届人大常委会十二次会议听取和审议市人民政府副市长倪忠俊所作的《宜昌市1982年国民经济和社会发展计划安排及上半年执行情况的报告》，审议通过《争取全面完成和超额完成宜昌市1982年国民经济和社会发展计划的决议》。

三、市十届人大及其常委会审议与批准计划报告

1985年3月26日，市十届人大二次会议听取和审议市计划委员会主任郭泗溢所作的《宜昌市1984

年国民经济和社会发展计划执行情况与1985年计划安排的报告》(未作决议)。

1986年3月13日，市十届人大三次会议听取和审议市人民政府副市长倪忠俊所作的《宜昌市国民经济和社会发展第七个五年计划纲要草案和1985年国民经济计划执行情况与1986年计划安排的报告》。3月17日，大会通过《关于〈宜昌市国民经济和社会发展第七个五年计划纲要草案和1985年国民经济计划执行情况与1986年计划安排的报告〉的决议》，决定批准这个报告和计划纲要。

1986年8月19日—21日，市十届人大常委会十六次会议听取和审议市计划委员会主任刘康民所作的《宜昌市1986年上半年国民经济和社会发展计划执行情况的报告》。

1987年3月12日，市十届人大四次会议听取和审议市计划委员会主任刘康民所作的《宜昌市1986年国民经济和社会发展计划执行情况与1987年计划安排草案的报告》。3月15日，大会通过《关于〈宜昌市1986年国民经济和社会发展计划执行情况与1987年计划安排草案的报告〉的决议》。

四、市十一届人大及其常委会审议与批准计划报告

1988年1月16日，市十一届人大一次会议听取和审议市计划委员会主任刘康民所作的《宜昌市1987年国民经济和社会发展计划执行情况与 1988年计划安排草案的报告》。1月20日，大会通过《关于宜昌市1987年国民经济计划执行情况与1988年计划安排的报告的决议》。

1988年10月25日—26日，市十一届人大常委会五次会议听取和审议市计划委员会主任刘康民所作的《宜昌市1988年1至9月国民经济和社会发展计划执行情况的汇报》。

1988年12月22日—23日，市十一届人大常委会六次会议听取和审议市计划委员会主任刘康民所作的《宜昌市1988年国民经济和社会发展计划部分变更的报告》，大会通过《批准宜昌市1988年国民经济和社会发展计划部分变更的报告的决定》。

1989年3月14日，市十一届人大二次会议听取和审议市计划委员会主任刘康民所作的《宜昌市1988年国民经济和社会发展计划执行情况及1989年计划安排的报告》。3月18日，大会通过《关于宜昌市1988年国民经济和社会发展计划执行情况及1989年计划安排报告的决议》。

1989年10月17日—19日，市十一届人大常委会十三次会议听取和审议市人民政府副市长兼计划委员会主任李宗柏所作的《宜昌市1989年1至9月国民经济和社会发展计划执行情况的汇报》。

1990年3月13日，市十一届人大三次会议听取和审议市人民政府副市长兼市计划委员会主任李宗柏所作的《宜昌市1989年国民经济和社会发展计划执行情况与1990年计划安排草案的报告》。3月17日，大会通过《关于宜昌市1989年国民经济计划执行情况及1990年计划安排草案的报告的决议》。

1990年8月16日—17日，市十一届人大常委会二十次会议听取和审议市计划委员会副主任王倩所作的《宜昌市1990年上半年国民经济和社会发展计划执行情况的汇报》。

1991年3月12日，市十一届人大四次会议听取和审议市人民政府副市长李宗柏所作的《宜昌市国民经济和社会发展十年规划和"八五"计划纲要（草案）的说明》；听取和审议市计划委员会主任姜跃塔所作的《宜昌市1990年计划执行情况和1991年计划安排的报告》。3月16日，大会通过《关于〈宜昌市国民经济和社会发展十年规划和"八五"计划纲要（草案）〉的决议》和《关于宜昌市1990年计划执行情况及1991年计划安排报告的决议》。

1991年7月16日—17日，市十一届人大常委会二十七次会议听取和审议市计划委员会主任姜跃塔

所作的《宜昌市1991年上半年国民经济和社会发展计划执行情况的报告》。

1992年3月11日，市十一届人大五次会议听取和审议市计划委员会主任姜跃塔所作的《宜昌市1991年计划执行情况和1992年计划安排的报告》。3月15日，大会通过《关于宜昌市1991年计划执行情况及1992年计划安排的报告的决议》。

五、市一届人大及其常委会审议与批准计划报告

1993年3月9日，市一届人大二次会议听取和审议市计划委员会主任周围所作的《关于〈宜昌市国民经济和社会发展十年规划和第八个五年计划纲要（草案）〉的说明》。3月13日，大会通过《关于宜昌市国民经济和社会发展十年规划和第八个五年计划纲要的决议》。

1993年7月20日—23日，市一届人大常委会五次会议听取和审议市计划委员会主任周围所作的《宜昌市1993年上半年国民经济和社会发展计划执行情况的报告》。

1994年3月7日，市一届人大三次会议听取和审议市计划委员会主任周围所作的《宜昌市1993年国民经济和社会发展计划执行情况与1994年计划草案的报告》。3月11日，大会通过《关于宜昌市1993年国民经济和社会发展计划执行情况与1994年国民经济和社会发展计划的决议》。

1994年7月19日—21日，市一届人大常委会十一次会议听取和审议市计划委员会主任周围所作的《宜昌市1994年上半年国民经济和社会发展计划执行情况的报告》。

1995年2月11日，市一届人大四次会议听取了市计划委员会主任周围所作的《宜昌市1994年国民经济和社会发展计划执行情况与1995年计划草案的报告》。2月15日，大会通过《关于宜昌市1994年国民经济和社会发展计划执行情况与1995年国民经济和社会发展计划的决议》。

1995年7月11日—13日，市一届人大常委会十七次会议听取和审议市计划委员会主任周围所作的《宜昌市1995年上半年国民经济和社会发展计划执行情况的报告》。

1996年2月27日，市一届人大五次会议听取和审议市人民政府副市长李宗柏所作的《宜昌市国民经济和社会发展“九五”计划及2010年远景目标纲要的报告》；听取和审议市计划委员会主任周围所作的《宜昌市1995年国民经济和社会发展计划执行情况与1996年计划草案的报告》。3月3日，大会通过《关于宜昌市国民经济和社会发展“九五”计划及2010年远景目标纲要的报告的决议》和《关于宜昌市1995年国民经济和社会发展计划执行情况与1996年计划的决议》。

1996年7月8日—10日，市一届人大常委会二十四次会议听取和审议市计划委员会主任周围所作的《宜昌市1996年上半年国民经济和社会发展计划执行情况的报告》。

六、市二届人大及其常委会审议与批准计划报告

1997年3月25日，市二届人大一次会议听取和审议市计划委员会主任周围所作的《宜昌市1996年国民经济和社会发展计划执行情况与1997年计划草案的报告》。3月31日，大会通过《关于宜昌市1996年国民经济计划与社会发展计划执行情况和1997年计划的决议》。

1997年7月21日—23日，市二届人大常委会二次会议听取和审议市计划委员会主任周围所作的《宜昌市1997年上半年国民经济和社会发展计划执行情况的报告》。

1998年2月14日，市二届人大三次会议听取和审议市计划委员会主任周围所作的《宜昌市1997年国民经济和社会发展计划执行情况与1998年计划草案报告》。2月19日，大会通过《关于宜昌市1997年国民经济和社会发展计划执行情况与1998年计划的决议》。

1998年7月22日—24日，市二届人大常委会十次会议听取和审议市计划委员会主任周围所作的《宜昌市1998年上半年国民经济和社会发展计划执行情况的报告》。

1999年2月27日，市二届人大四次会议听取和审议市计划委员会主任周围所作的《宜昌市1998年国民经济和社会发展计划执行情况与1999年计划草案的报告》。3月3日，大会通过《关于宜昌市1998年国民经济和社会发展计划执行情况与1999年计划的决议》。

1999年7月27日—29日，市二届人大常委会十六次会议听取和审议市计划委员会主任周围所作的《宜昌市1999年上半年国民经济和社会发展情况的报告》。

2000年2月24日，市二届人大五次会议听取和审议市计划委员会主任周围所作的《宜昌市1999年国民经济和社会发展计划执行情况与2000年计划草案的报告》。2月28日，大会通过《关于宜昌市1999年国民经济和社会发展计划执行情况与2000年计划的决议》。

2000年7月18日—20日，市二届人大常委会二十五次会议听取和审议市计划委员会主任周围所作的《宜昌市2000年上半年国民经济和社会发展计划执行情况的报告》。

2001年2月24日，市二届人大六次会议听取和审议市人民政府市长王振有所作的《宜昌市国民经济和社会发展第十个五年计划纲要的报告》；听取市发展计划委员会主任周围所作的《宜昌市2000年国民经济和社会发展计划执行情况与2001年计划草案的报告》。2月28日，大会通过《关于宜昌市国民经济和社会发展第十个五年计划纲要报告的决议》和《关于宜昌市2000年国民经济和社会发展计划执行情况与2001年计划的决议》。

2001年7月17日—19日，市二届人大常委会三十三次会议听取和审议市发展计划委员会主任周围所作的《宜昌市2001年上半年国民经济和社会发展计划执行情况的报告》。

七、市三届人大及其常委会审议与批准计划报告

2002年4月4日，市三届人大一次会议听取和审议市发展计划委员会主任郑超所作的《宜昌市2001年国民经济和社会发展计划执行情况与 2002年计划草案的报告》。4月10日，大会通过《关于宜昌市2001年国民经济和社会发展计划与2002年计划的决议》。

2002年7月23日—25日，市三届人大常委会二次会议听取和审议市人民政府副市长王传豪所作的《宜昌市2002年上半年国民经济和社会发展计划执行情况的报告》。

2003年3月16日，市三届人大三次会议印发和审议市发展计划委员会提交的《宜昌市2002年国民经济和社会发展计划执行情况与2003年计划草案的报告》。3月19日，大会通过《关于宜昌市2002年国民经济和社会发展执行情况与2003年计划的决议》。

2003年7月15日—17日，市三届人大常委会九次会议听取和审议市发展计划委员会主任杨美仁所作的《宜昌市2003年上半年国民经济和社会发展计划执行情况的报告》。

2004年2月21日，市三届人大四次会议听取和审议市发展计划委员会主任杨美仁所作的《宜昌市2003年国民经济和社会发展计划执行情况与2004年计划草案的报告》。2月24日，大会通过《关于宜

昌市2003年国民经济和社会发展计划执行情况与2004年计划的决议》。

2004年7月28日—30日，市三届人大常委会十六次会议听取和审议市发展计划委员会主任杨美仁所作的《宜昌市2004年上半年国民经济和社会发展计划执行情况的报告》。

2005年2月27日，市三届人大五次会议印发和审议市发展和改革委员会提交的《宜昌市2004年国民经济和社会发展计划执行情况与2005年计划草案的报告》。3月1 日，大会通过《关于宜昌市2004年国民经济和社会发展计划执行情况与2005年计划的决议》。

2005年7月27日—29日，市三届人大常委会二十二次会议听取和审议市发展和改革委员会主任杨美仁所作的《宜昌市2005年上半年国民经济和社会发展计划执行情况的报告》。

2006年3月2日，市三届人大六次会议审议《宜昌市国民经济和社会发展第十一个五年规划纲要（草案）》，印发和审议市发展和改革委员会提交的《宜昌市2005年国民经济和社会发展计划执行情况与2006年计划草案的报告》。3月4日，大会通过《关于宜昌市国民经济和社会发展第十一个五年规划纲要的决议》和《关于宜昌市2005年国民经济和社会发展计划执行情况与2006年计划的决议》。

2006年7月24日—26日，市三届人大常委会二十九次会议听取和审议市发展和改革委员会主任杨美仁所作的《宜昌市2006年上半年国民经济和社会发展计划执行情况的报告》。

八、市四届人大及其常委会审议与批准计划报告

2007年1月24日，市四届人大一次会议印发和审议市发展和改革委员会提交的《宜昌市2006年国民经济和社会发展计划执行情况与2007年计划草案的报告》。1月28日，大会通过《关于宜昌市2006年国民经济和社会发展计划执行情况与2007年计划的决议》。

2007年7月26日—27日，市四届人大常委会三次会议听取和审议市发展和改革委员会主任杨美仁所作的《宜昌市2007年上半年国民经济和社会发展计划执行情况的报告》。

2008年3月26日，市四届人大三次会议印发和审议市发展和改革委员会提交的《宜昌市2007年国民经济和社会发展计划执行情况与2008年计划草案的报告》。3月29日，大会通过《关于宜昌市2007年国民经济和社会发展计划执行情况与2008年计划的决议》。

2008年7月25日，市四届人大常委会十一次会议听取和审议市发展和改革委员会主任杨美仁所作的《宜昌市2008年上半年国民经济和社会发展计划执行情况的报告》。

2009年2月18日，市四届人大四次会议印发和审议市发展和改革委员会提交的《宜昌市2008年国民经济和社会发展计划执行情况与2009年计划草案的报告》。2月21日，大会通过《关于宜昌市2008年国民经济和社会发展计划执行情况与2009年计划的决议》。

2009年7月23日—24日，市四届人大常委会十八次会议听取和审议市发展和改革委员会主任杨美仁所作的《宜昌市2009年上半年国民经济和社会发展计划执行情况的报告》。

2010年2月23日，市四届人大五次会议印发和审议市发展和改革委员会提交的《宜昌市2009年国民经济和社会发展计划执行情况与2010年计划草案的报告》。2月26日，大会通过《关于宜昌市2009年国民经济和社会发展计划执行情况与2010年计划的决议》。

2010年7月19日—20日，市四届人大常委会二十四次会议听取和审议市发展和改革委员会主任杨美仁所作的《宜昌市2010年上半年国民经济和社会发展计划执行情况的报告》。

2011年1月24日，市四届人大六次会议印发和审议市发展和改革委员会提交的《宜昌市2010年国民经济和社会发展计划执行情况与2011年计划草案的报告》。1月26日，大会通过《关于宜昌市2010年国民经济和社会发展计划执行情况与2011年计划的决议》。

2011年1月12日，市四届人大常委会二十七次会议听取和审议市人民政府副市长吴静所作的《关于〈宜昌市国民经济和社会发展第十二个五年规划纲要〉编制情况的报告》。

2011年7月26日，市四届人大常委会三十次会议听取和审议市发展和改革委员会主任杨美仁所作的《宜昌市2011年上半年国民经济和社会发展计划执行情况的报告》。

九、市五届人大及其常委会审议与批准计划报告

2012年1月6日，市五届人大一次会议印发和审议市发展和改革委员会提交的《宜昌市2011年国民经济和社会发展计划执行情况与2012年计划草案的报告》。1月9日，大会通过《关于宜昌市2011年国民经济和社会发展计划执行情况与2012年计划的决议》。

2012年7月31日—8月2日，市五届人大常委会三次会议听取和审议市发展和改革委员会主任蒋正雄所作的《宜昌市2012年上半年国民经济和社会发展计划执行情况的报告》。

2012年11月27日，市五届人大常委会五次会议听取和审议市人民政府《关于市五届人大常委会对〈2012年上半年国民经济和社会发展计划执行审议意见〉办理落实情况的报告》。

2013年1月6日，市五届人大三次会议印发和审议市发展和改革委员会提交的《宜昌市2012年国民经济和社会发展计划执行情况与2013年计划草案的报告》。1月9日，大会通过《关于宜昌市2012年国民经济和社会发展计划执行情况与2013年计划的决议》。

2013年7月30日—31日，市五届人大常委会十一次会议听取和审议市发展和改革委员会主任蒋正雄所作的《宜昌市2013年上半年国民经济和社会发展计划执行情况的报告》。

2013年11月27日—28日，市五届人大常委会十三次会议审议《宜昌市国民经济和社会发展第十二个五年规划纲要中期实施情况评估报告》。

2014年1月13日，市五届人大五次会议审议市发展和改革委员会提交的《宜昌市2013年国民经济和社会发展计划执行情况与2014年计划草案的报告》。1月15日，大会通过《关于宜昌市2013年国民经济和社会发展计划执行情况与2014年计划的决议》,。

2014年7月24日—25日，市五届人大常委会十九次会议听取和审议市发展和改革委员会主任蒋正雄所作的《宜昌市2014年上半年国民经济和社会发展计划执行情况的报告》。

2015年1月21日，市五届人大六次会议印发和审议市发展和改革委员会提交的《宜昌市2014年国民经济和社会发展计划执行情况与2015年计划草案的报告》。1月23日，大会通过《关于宜昌市2014年国民经济和社会发展计划执行情况与2015年计划的决议》。

2015年7月23日—24日，市五届人大常委会二十六次会议听取和审议市发展和改革委员会主任蒋正雄所作的《宜昌市2015年上半年国民经济和社会发展计划执行情况的报告》。

2016年1月21日，市五届人大七次会议印发和审议市发展和改革委员会提交的《宜昌市2015年国民经济和社会发展计划执行情况与2016年计划草案的报告》。1月23日，大会通过《关于宜昌市2015年国民经济和社会发展计划执行情况与2016年计划的决议》。

2016年7月28日—29日，市五届人大常委会三十四次会议听取和审议市发展和改革委员会主任蒋正雄所作的《关于2016年上半年宜昌市国民经济和社会发展计划执行情况的报告》。

第二节　审查和批准预算报告

一、市一届人民代表大会审查与批准预算报告

1955年4月16日，市一届人大二次会议听取和审议市财政局局长岳传岱所作的《宜昌市1954年决算和1955年预算的发言》。4月20日，大会通过《关于宜昌市1954年度财政决算与1955年度财政预算报告的决议》。

1956年5月14日，市一届人大四次会议听取和审议副市长阎锦华所作的《宜昌市1955年财政决算和1956年财政预算（草案）的报告》。5月18日，大会通过《关于宜昌市1955年度财政决算与1956年度财政预算报告的决议》。

二、市二届人民代表大会审查与批准预算报告

1956年12月18日，市二届人大一次会议听取和审议副市长阎锦华所作的《宜昌市1954年、1955年财政决算和1956年财政预算及执行情况报告》。

1957年7月2日，市二届人大二次会议听取和审议副市长邢郑民所作的《宜昌市1956年财政决算和1957年财政预算报告》。7月5日，大会通过《关于财政预决算报告的决议》。

三、市三届人民代表大会审查与批准预算报告

1958年6月30日，市三届人大一次会议听取和审议市财政局局长张福祥所作的《关于1957年财政决算和1958年财政预算草案的报告》。7月2日，大会通过《关于1957年财政决算和1958年财政预算报告的决议》。

1959年8月28日，市三届人大三次会议听取和审议副市长赵惠林所作的《宜昌市1958年财政决算和1959年预算草案的报告》。

1959年12月29日，市三届人大四次会议听取和审议副市长赵惠林所作的《宜昌市1959年财政预算执行情况的报告》。

1960年8月28日，市三届人大五次会议听取和审议《宜昌市1960年财政预算草案和上半年执行情况的报告》。

四、市四届人民代表大会审查与批准预算报告

1962年12月23日，市四届人大二次会议听取和审议副市长赵惠林所作的《宜昌市1960年、1961年财政决算和1962年财政预算（草案）的报告》。12月26日，大会通过《关于宜昌市1960年、1961年财政决算和1962年财政预算报告的决议》。

五、市五届人民代表大会审查与批准预算报告

1963年7月1日，市五届人大一次会议听取和审议市财政局局长张福祥所作的《宜昌市1962年度财政决算和1963年财政预算执行情况的报告》。

1964年12月17日，市五届人大二次会议听取和审议市财政局副局长李克所作的《宜昌市1963年财政决算和1964年财政预算（草案）的报告》。12月19日，大会通过《关于宜昌市1963年财政决算和1964年财政预算报告的决议》。

六、市六届人民代表大会审查与批准预算报告

1966年1月10日，市六届人大一次会议听取和审议副市长赵惠林所作的《宜昌市1965年财政决算和1966年财政预算（草案）报告》。1月12日，大会通过《关于宜昌市人民委员会工作报告和财政预决算报告的决议》。

七、市九届人大及其常委会审查与批准预算报告

1981年2月21日，市九届人大一次会议听取和审议市财政局局长史昌远所作的《宜昌市1980年财政收支执行情况和1981年财政预算的报告》。2月25日，大会通过《关于1980年财政收支执行情况和1981年财政预算报告的决议》。

1982年3月16日，市九届人大二次会议听取和审议市财政局局长李克所作的《宜昌市1980年财政决算、1981年财政预算执行情况和1982年财政任务的报告》。3月19日，大会通过《关于宜昌市1980年财政决算、1981年财政预算执行情况和1982年财政任务的报告的决议》。

1982年8月18日—21日，市九届人大常委会十二次会议听取和审议市财政局局长李克所作的《宜昌市1981年财政决算和1982年财政预算草案的报告》，通过《关于批准宜昌市1981年财政决算和1982年财政预算草案的决议》。

1983年3月20日，市九届人大三次会议听取和审议市财政局局长李克所作的《宜昌市1982年财政预算执行情况和1983年财政任务的报告》。3月26日，大会通过《关于批准宜昌市1982年财政预算执行情况和1983年财政任务的报告的决议》。

1983年12月20日—22日，市九届人大常委会二十次会议听取和审议市财政局局长陈光迪所作的《宜昌市1982年财政决算和1983年财政预算执行情况的报告》，通过《关于批准宜昌市1982年财政决算和1983年财政预算执行情况的报告的决议》。

八、市十届人大及其常委会审查与批准预算报告

1984年5月3日，市十届人大一次会议听取和审议市财政局局长陈光迪所作的《宜昌市1983年财政决算和1984年财政预算草案的报告》。5月7日，大会通过《关于宜昌市1983年财政预决算和1984年财政预算草案报告的决议》。

1985年3月26日，市十届人大二次会议听取和审议市财政局局长陈光迪所作的《宜昌市1984年财

政预算执行情况和1985年财政预算草案的报告》。3月28日，大会通过《关于宜昌市1984年财政预算执行情况和1985年财政预算草案报告的决议》。

1985年9月24日—25日，市十届人大常委会九次会议听取和审议市财政局局长陈光迪所作的《宜昌市1985年财政预算执行情况和争取实现全年财政收支平衡的汇报》以及市审计局局长李世珍所作的《宜昌市开展审计工作情况的汇报》。

1986年2月4日，市十届人大常委会十二次会议听取和审议市财政局局长陈光迪所作的《宜昌市1984年财政决算的报告》，通过《关于宜昌市1984年财政决算的报告的决议》。

1986年3月13日，市十届人大三次会议听取和审议市财政局局长陈光迪所作的《宜昌市1985年财政预算执行情况和1986年财政预算草案的报告》。3月17日，大会通过《关于宜昌市1985年财政预算执行情况和1986年财政预算草案报告的决议》。

1986年8月19日—21日，市十届人大常委会十六次会议听取和审议市财政局局长陈光迪所作的《宜昌市1986年上半年财政预算执行情况的汇报》。

1986年10月16日—17日，市十届人大常委会十七次会议听取和审议市财政局局长陈光迪所作的《宜昌市1985年财政决算的报告》，通过《关于批准宜昌市1985年财政决算的报告的决议》。

1987年3月12日，市十届人大四次会议听取和审议市财政局局长陈光迪所作的《宜昌市1986年财政预算执行情况和1987年财政预算草案的报告》。3月15日，大会通过《关于宜昌市1986年财政预算执行情况和1987年财政预算草案报告的决议》。

1987年8月18日—19日，市十届人大常委会二十三次会议听取和审议市财政局局长陈光迪所作的两个报告:《宜昌市1986年财政决算的报告》《宜昌市1987年上半年财政预算执行情况的汇报》。会议通过《关于批准宜昌市1986年财政决算的报告的决议》。

九、市十一届人大及其常委会审查与批准预算报告

1988年1月16日，市十一届人大一次会议听取和审议市财政局局长陈光迪所作的《宜昌市1987年财政预算执行情况和1988年财政预算草案的报告》。1月20日，大会通过《关于宜昌市1987年财政预算执行情况和1988年财政预算草案报告的决议》。

1988年8月19日—20日，市十一届人大常委会四次会议听取和审议市财政局局长陈光迪所作的《宜昌市1988年上半年财政预算执行情况的汇报》。

1988年10月25日—26日，市十一届人大常委会五次会议听取和审议市财政局局长陈光迪所作的《宜昌市1987年财政决算的报告》，通过《关于批准宜昌市1987年财政决算的报告决议》。

1989年3月14日，市十一届人大二次会议听取和审议市财政局局长陈光迪所作的《宜昌市1988年财政预算执行情况和1989年财政预算草案的报告》。3月18日，大会通过《关于宜昌市1988年财政预算执行情况和1989年财政预算草案报告的决议》。

1989年8月15日—16日，市十一届人大常委会十二次会议听取和审议市财政局局长陈光迪所作的《宜昌市1989年上半年财政预算执行情况的报告》。

1989年12月19日，市十一届人大常委会十四次会议听取和审议市财政局局长陈光迪所作的《宜昌市1988年财政决算的报告》，通过《关于批准宜昌市1988年财政决算的报告的决议》。

1990年3月13日，市十一届人大三次会议听取和审议市财政局局长陈光迪所作的《关于宜昌市1989年财政预算执行情况和1990年财政预算草案的报告》。3月17日，大会通过《关于〈宜昌市1989年财政预算执行情况和1990年财政预算草案报告〉的决议》。

1990年8月16日—17日，市十一届人大常委会二十次会议听取和审议市财政局副局长赵泽黎所作的《宜昌市1990年上半年财政预算执行情况的报告》。

1990年12月24日—26日，市十一届人大常委会二十二次会议听取和审议市财政局局长陈光迪所作的《宜昌市1989年财政决算的报告》，通过《关于批准宜昌市1989年财政决算的报告的决议》。

1991年3月12日，市十一届人大四次会议听取和审议市财政局局长陈光迪所作的《宜昌市1990年财政预算执行情况和1991年财政预算草案的报告》。3月16日，大会通过《关于宜昌市1990年财政预算执行情况和1991年财政预算草案报告的决议》。

1991年7月16日—17日，市十一届人大常委会二十七次会议听取和审议市财政局局长赵泽黎所作的《宜昌市1990年财政决算和1991年上半年财政预算执行情况的报告》，会议通过《关于批准宜昌市1990年财政决算报告的决议》。

1992年3月10日，市十一届人大五次会议听取和审议市财政局局长赵泽黎所作的《宜昌市1991年财政预算执行情况和1992年财政预算草案的报告》。3月15日，大会通过《关于宜昌市1991年财政预算执行情况和1992年财政预算草案报告的决议》。

十、市一届人大及其常委会审查与批准预算报告

1993年3月9日，市一届人大二次会议听取和审议市财政局局长胡庆洋所作的《宜昌市1992年财政预算执行情况和1993年财政预算草案的报告》。3月13日，大会通过《关于宜昌市1992年财政预算执行情况和1993年财政预算的决议》。

1993年7月20日—23日，市一届人大常委会五次会议听取和审议市财政局副局长向克林所作的《宜昌市1993年上半年财政预算执行情况的报告》。

1994年3月7日，市一届人大三次会议听取和审议市财政局局长胡庆洋所作的《宜昌市1993年财政预算执行情况和1994年财政预算草案的报告》。3月11日，大会通过《关于宜昌市1993年财政预算执行情况和1994年财政预算的决议》。

1994年7月19日—21日，市一届人大常委会十一次会议听取和审议市财政局局长胡庆洋所作的《宜昌市1994年上半年财政预算执行情况的报告》。

1995年2月11日，市一届人大四次会议听取和审议市财政局局长胡庆洋所作的《宜昌市1994年财政预算执行情况和1995年财政预算草案的报告》。2月15日，大会通过《关于宜昌市1994年财政预算执行情况和1995年财政预算的决议》。

1995年7月11日—13日，市一届人大常委会十七次会议听取和审议市财政局局长胡庆洋所作的《宜昌市1995年上半年财政预算执行情况的报告》。

1996年2月27日，市一届人大五次会议听取和审议市财政局局长胡庆洋所作的《宜昌市1995年财政预算执行情况和1996年财政预算草案的报告》。3月3日，大会通过《关于宜昌市1995年财政预算执行情况和1996年财政预算的决议》。

1996年7月8日—10日，市一届人大常委会二十四次会议听取和审议市财政局局长胡庆洋所作的《宜昌市1996年上半年财政预算执行情况的报告》。

十一、市二届人大及其常委会审查与批准预算报告

1997年3月25日，市二届人大一次会议听取和审议市财政局局长胡庆洋所作的《宜昌市1996年财政预算执行情况和1997年财政预算草案的报告》。3月31日，大会通过《关于宜昌市1996年财政预算执行情况和1997年财政预算的决议》。

1997年7月21日—23日，市二届人大常委会二次会议听取和审议市财政局局长胡庆洋所作的《宜昌市1997年上半年财政预算执行情况的报告》、市审计局局长朱颖所作的《宜昌市1996年度市直财政预算执行情况及其他财政收支的审计工作报告》。

1997年11月11日—13日，市二届人大常委会四次会议听取和审议市财政局局长胡庆洋所作的《宜昌市市直1997年财政预算调整方案的报告》，会议通过《关于批准宜昌市市直1997年财政预算调整方案的决议》。

1998年2月14日，市二届人大三次会议听取和审议市财政局长胡庆洋所作的《宜昌市1997年财政预算执行情况和1998年财政预算草案的报告》。2月19日，大会通过《关于宜昌市1997年财政预算执行情况和1998年财政预算的决议》。

1998年7月22日—24日，市二届人大常委会十次会议听取和审议市财政局局长胡庆洋所作的《宜昌市1998年上半年财政预算执行情况的报告》、市审计局局长朱颖所作的《宜昌市1997年度市直财政预算执行情况及其他财政收支的审计工作报告》。

1998年9月25日，市二届人大常委会十一次会议审议通过《宜昌市财政预算监督暂行办法》。

1999年1月18日—20日，市二届人大常委会十三次会议听取和审议市财政局局长胡庆洋所作的《宜昌市1997年财政决算的报告》，会议通过《关于批准宜昌市1997年市本级决算的决议》。

1999年2月27日，市二届人大四次会议听取和审议市财政局局长胡庆洋所作的《宜昌市1998年财政预算执行情况和1999年财政预算草案的报告》。3月3日，大会通过《关于宜昌市1998年财政预算执行情况和1999年财政预算的决议》。

1999年7月27日—29日，市二届人大常委会十六次会议听取和审议市财政局局长陈士新所作的《宜昌市1999年上半年财政预算执行情况的报告》。

1999年9月8日—10日，市二届人大常委会十七次会议听取和审议市审计局局长朱颖所作的《宜昌市1998年本级预算执行和其他财政收支的审计工作报告》。

1999年11月22日—24日，市二届人大常委会十九次会议听取和审议市财政局局长陈士新所作的《宜昌市1998年本级财政决算和审计整改情况的报告》。会议通过《关于批准宜昌市1998年本级财政决算的决定》和《关于批准设立夷陵长江大桥贷款还贷专项资金的决定》。

2000年2月24日，市二届人大五次会议听取和审议市财政局局长陈士新所作的《宜昌市1999年财政预算执行情况和2000年财政预算草案的报告》。2月28日，大会通过《关于宜昌市1999年财政预算执行情况和2000年财政预算的决议》。

2000年7月18日—20日，市二届人大常委会二十五次会议听取和审议市财政局局长陈士新所作的

《宜昌市2000年上半年财政预算执行情况的报告》、市审计局局长朱颖所作的《宜昌市1999年市本级预算执行和其他财政收支的审计工作报告》。

2001年2月24日，市二届人大六次会议听取和审议市财政局局长陈士新所作的《宜昌市2000年财政预算执行情况和2001年财政预算草案的报告》。2月28日，大会通过《关于宜昌市2000年财政预算执行情况和2001年财政预算的决议》。

2001年7月17日—19日，市二届人大常委会三十三次会议听取和审议市财政局局长陈士新所作的《宜昌市2001年上半年财政预算执行情况的报告》、市审计局局长向克林所作的《宜昌市2000年本级预算执行和其他财政收支的审计工作报告》。

2001年11月28日—30日，市二届人大常委会三十五次会议听取和审议市财政局局长陈士新所作的《宜昌市2000年市级财政决算的报告》，会议通过《关于批准宜昌市2000年市级财政决算的决定》。

十二、市三届人大及其常委会审查与批准预算报告

2002年4月4日，市三届人大一次会议听取和审议市财政局局长陈士新所作的《宜昌市2001年财政预算执行情况和2002 年财政预算草案的报告》。4月10日，大会通过《关于宜昌市2001年财政预算执行情况和2002 年财政预算的决议》。

2002年7月23日—25日，市三届人大常委会二次会议听取和审议市财政局局长陈士新所作的《宜昌市2002年上半年财政预算执行情况的报告》。

2002年9月22日—25日，市三届人大常委会三次会议听取和审议市财政局局长陈士新所作的《宜昌市2001年市级财政决算的报告》，听取和审议市审计局局长邓玉华所作的《宜昌市2001年度本级预算执行和其他财政收支的审计工作报告》。会议通过《关于批准宜昌市2001年市级财政决算的决议》。

2002年11月25日—27日，市三届人大常委会四次会议听取和审议市财政局局长陈士新所作的《宜昌市2002年市本级财政预算调整方案的报告》，会议通过《关于批准宜昌市2002年市本级财政预算调整方案的决定》。

2003年3月16日，市三届人大三次会议印发和审议市财政局提交的《宜昌市2002年财政预算执行情况和2003年财政预算草案的报告》。3月19日，大会通过《关于宜昌市2002年财政预算执行情况和2003年财政预算的决议》。

2003年7月15日—17日，市三届人大常委会九次会议听取和审议市财政局局长陈士新所作的《宜昌市2003年上半年财政预算执行情况的报告》。

2003年9月17日—18日，市三届人大常委会十次会议听取和审议市财政局局长陈士新所作的《宜昌市2002年市级财政决算的报告》，听取和审议市审计局局长邓玉华所作的《宜昌市2002年度本级预算执行和其他财政收支的审计工作报告》。会议通过《关于批准宜昌市2002年市级财政决算的决定》。

2004年2月21日，市三届人大四次会议审议市财政局提交的《宜昌市2003年财政预算执行情况和2004年财政预算草案的报告》。2月24 日，大会通过《关于宜昌市2003年财政预算执行情况和2004年财政预算的决议》。

2004年7月28日—30日，市三届人大常委会十六次会议听取和审议市财政局局长陈士新所作的《宜昌市2004年上半年财政预算执行情况的报告》。

2004年9月21日—22日，市三届人大常委会十七次会议听取和审议市财政局副局长韩庆顺所作的《宜昌市2003年市级财政决算的报告》、市审计局局长邓玉华所作的《宜昌市2003年度本级预算执行和其他财政收支的审计工作报告》。会议通过《关于批准宜昌市2003年市级财政决算的决议》。

2005年2月27日，市三届人大五次会议审议市财政局提交的《宜昌市2004年财政预算执行情况和2005年财政预算草案的报告》。3月1日，大会通过《关于宜昌市2004年财政预算执行情况和2005年财政预算的决议》。

2005年7月27日—29日，市三届人大常委会二十二次会议听取和审议市财政局局长陈士新所作的《宜昌市2005年上半年财政预算执行情况的报告》。

2005年9月27日—30日，市三届人大常委会二十三次会议听取和审议市财政局局长陈士新所作的《宜昌市2004年市级财政决算的报告》、市审计局局长邓玉华所作的《宜昌市2004年度市级预算执行和其他财政收支的审计工作报告》。会议通过《关于批准2004年市级财政决算的决议》。

2006年3月2日，市三届人大六次会议审议市财政局提交的《宜昌市2005年财政预算执行情况和2006年财政预算草案的报告》。3月4日，大会通过《关于宜昌市2005年预算执行情况和2006年预算的决议》。

2006年7月24日—26日，市三届人大常委会二十九次会议听取和审议市财政局局长陈士新所作的《宜昌市2006年上半年预算执行情况的报告》。

2006年9月18日，市三届人大常委会三十次会议听取和审议市财政局局长陈士新所作的《宜昌市2005年市级决算的报告》、市审计局局长邓玉华所作的《宜昌市2005年度市级预算执行和其他财政收支的审计工作报告》。会议通过《关于批准2005年市级决算的决议》。

十三、市四届人大及其常委会审查与批准预算报告

2007年1月24日，市四届人大一次会议审议市财政局提交的《宜昌市2006年预算执行情况和2007年预算草案的报告》。1月28日，大会通过《关于宜昌市2006年预算执行情况和2007年预算的决议》。

2007年7月26日—27日，市四届人大常委会三次会议听取和审议市财政局局长王金建所作的《宜昌市2007年上半年预算执行情况的报告》。

2007年9月28日—29日，市四届人大常委会四次会议听取和审议市财政局局长王金建所作的《宜昌市2006年市级决算报告》、市审计局局长杜伟所作的《宜昌市2006年度市级预算执行和其他财政收支的审计工作报告》。会议通过《关于批准宜昌市2006年市级决算的决议》。

2008年3月26日，市四届人大三次会议审议市财政局提交的《宜昌市2007年预算执行情况和2008年预算草案的报告》。3月29日，大会通过《关于宜昌市2007年预算执行情况和2008年预算的决议》。

2008年7月25日，市四届人大常委会十一次会议听取和审议市财政局局长王金建所作的《宜昌市2008年上半年预算执行情况的报告》。

2008年9月25日—26日，市四届人大常委会十二次会议听取和审议市财政局局长王金建所作的《宜昌市2007年市级决算的报告》、市审计局局长杜伟所作的《宜昌市2007年度市级预算执行和其他财政收支的审计工作报告》。会议通过《关于批准宜昌市2007年市级决算的决议》。

2009年2月18日，市四届人大四次会议审议市财政局提交的《宜昌市2008年预算执行情况和2009年预算草案的报告》。2月21日，大会通过《关于宜昌市2008年预算执行情况和2009年预算的决议》。

2009年5月20日，市四届人大常委会十七次会议听取和审议市财政局局长王金建所作的《宜昌市2009年市级预算调整方案（草案）的报告》，通过《关于批准宜昌市2009年市级预算调整方案的决议》。

2009年7月23日—24日，市四届人大常委会十八次会议听取和审议市财政局局长王金建所作的《宜昌市2009年上半年预算执行情况的报告》。

2009年9月28日—30日，市四届人大常委会十九次会议听取和审议市财政局局长王金建所作的《宜昌市2008年市级决算的报告》、市审计局局长杜伟所作的《宜昌市2008年度市级预算执行和其他财政收支的审计工作报告》。会议通过《关于批准宜昌市2008年市级决算的决议》。

2010年2月23日，市四届人大五次会议审议市财政局提交的《宜昌市2009年预算执行情况和2010年预算草案的报告》。2月26日，大会通过《关于宜昌市2009年预算执行情况和2010年预算的决议》。

2010年7月19日—20日，市四届人大常委会二十四次会议听取和审议市财政局局长王金建所作的《宜昌市2010年上半年预算执行情况的报告》《宜昌市2010年市级预算调整方案（草案）的报告》。会议通过《关于批准宜昌市2010年市级预算调整方案的决议》。

2010年9月28日—29日，市四届人大常委会二十五次会议听取和审议市财政局局长王金建所作的《宜昌市2009年市级决算的报告》、市审计局局长杜伟所作的《宜昌市2009年度市级预算执行和其他财政收支的审计工作报告》。会议通过《关于批准宜昌市2009年市级决算的决议》。

2011年1月24日，市四届人大六次会议审议市财政局提交的《宜昌市2010年预算执行情况和2011年预算草案的报告》。1月26日，大会通过《关于宜昌市2010年预算执行情况和2011年预算的决议》。

2011年7月26日，市四届人大常委会三十次会议听取和审议市财政局局长王金建所作的《宜昌市2011年上半年预算执行情况的报告》。

2011年9月28日—30日，市四届人大常委会三十一次会议听取和审议市财政局局长王金建所作的《宜昌市2010年市级决算的报告》《宜昌市2011年市级预算调整方案（草案）的报告》以及市审计局局长杜伟所作的《宜昌市2010年度市级预算执行和其他财政收支的审计工作报告》。会议通过《关于批准2010年市级决算的决议》和《关于批准2011年市级预算调整方案的决议》。

十四、市五届人大及其常委会审查与批准预算报告

2012年1月6日，市五届人大一次会议审议市财政局提交的《宜昌市2011年预算执行情况和2012年预算草案的报告》。1月9日，大会通过《关于宜昌市2011年预算执行情况和2012年预算的决议》。

2012年7月31日—8月2日，市五届人大常委会三次会议听取和审议市财政局局长王金建所作的《宜昌市2012年上半年预算执行情况的报告》《宜昌市2012年市级预算调整方案（草案）的报告》。会议通过《关于批准宜昌市2010年市级预算调整方案的决议》。

2012年9月27日—28日，市五届人大常委会四次会议听取和审议市财政局局长王金建所作的《宜昌市2011年市级决算的报告》、市审计局局长杜伟所作的《宜昌市2011年度市级预算执行和其他财政收支的审计工作报告》。会议通过《关于批准宜昌市2011年市级决算的决议》。

2012年11月27日，市五届人大常委会五次会议听取和审议市人民政府《关于市人大常委会对〈宜昌市2012年上半年预算执行情况审议意见〉办理落实情况的报告》。

2013年1月6日，市五届人大三次会议审议市财政局提交的《关于宜昌市2012年预算执行情况和

2013年预算草案的报告》。1月9日，大会通过《关于宜昌市2012年预算执行情况和2013年预算的决议》。

2013年7月30日—31日，市五届人大常委会十一次会议听取和审议市财政局局长王金建所作的《宜昌市2013年上半年预算执行情况的报告》《宜昌市2013年市级预算调整方案（草案）的报告》。会议通过《关于批准2013年市级预算调整方案的决议》。

2013年9月29日，市五届人大常委会十二次会议听取和审议市财政局局长王金建所作的《宜昌市2012年市级决算的报告》、市审计局局长杜伟所作的《宜昌市2010年度市级预算执行和其他财政收支的审计工作报告》。会议通过《关于批准宜昌市2012年市级决算的决议》。

2014年1月13日，市五届人大五次会议审议市财政局提交的《宜昌市2013年预算执行情况和2014年预算草案的报告》。1月15日，大会通过《关于宜昌市2013年预算执行情况和2014年预算的决议》。

2014年3月27日—28日，市五届人大常委会十六次会议听取和审议市财政局副局长李仁贵所作的《宜昌市2014年市直部门预算情况的报告》。

2014年7月24日—25日，市五届人大常委会十九次会议听取和审议市财政局局长徐炜所作的《宜昌市2014年上半年预算执行情况的报告》。

2014年9月28日—30日，市五届人大常委会二十一次会议听取和审议市财政局局长徐炜所作的《宜昌市2013年市级决算的报告》《宜昌市2014年市级预算调整方案（草案）的报告》以及市审计局局长杜伟所作的《宜昌市2013年度市级预算执行和其他财政收支的审计工作报告》。会议通过《关于批准宜昌市2013年市级决算的决议》《关于批准宜昌市2014年市级预算调整方案的决议》。

2015年1月21日，市五届人大六次会议印发和审议市财政局提交的《宜昌市2014年预算执行情况和2015年预算草案的报告》。1月23日，大会通过《关于宜昌市2014年预算执行情况和2015年预算的决议》。

2015年3月26日—27日，市五届人大常委会二十四次会议听取和审议市财政局局长徐炜所作的《宜昌市2015年市直部门预算情况的报告》。

2015年7月23日—24日，市五届人大常委会二十六次会议听取和审议市财政局局长徐炜所作的《宜昌市2015年上半年预算执行情况的报告》《宜昌市2015年市级预算调整方案（草案）的报告》。会议通过《关于批准宜昌市2015年市级预算调整方案的决议》。

2015年9月29日—30日，市五届人大常委会二十七次会议听取和审议市财政局局长徐炜所作的《宜昌市2014年市级决算情况的报告》、市审计局局长杜伟所作的《宜昌市2014年度市级预算执行和其他财政收支的审计工作报告》。会议通过《关于批准宜昌市2014年市级决算的决议》。

2015年11月30日—12月1日，市五届人大常委会二十八次会议听取和审议市财政局局长徐炜所作的《宜昌市2015年市级预算调整方案（草案）的报告》以及市人民政府副市长宋文豹所作的《贯彻实施新预算法暨2014年度市级预算执行和其他财政收支审计整改情况的报告》，通过《关于批准宜昌市2015年市级预算调整方案的决议》。

2016年1月21日，市五届人大七次会议审议市财政局提交的《宜昌市2015年预算执行情况和2016年预算草案的报告》。1月23日，大会通过《关于宜昌市2015年预算执行情况和2016年预算的决议》。

2016年3月24日—25日，市五届人大常委会三十二次会议听取和审议市财政局局长徐炜所作的《关于2016年市直部门预算情况的报告》。

2016年7月28日—29日，市五届人大常委会三十四次会议听取和审议市财政局局长徐炜所作的《关于宜昌市2016年上半年预算执行情况的报告》《关于2016年市级预算调整方案（草案）的报告》。会议审议通过《关于批准2016年市级预算调整方案的决议》。

2016年9月27日—28日，市五届人大常委会三十五次会议听取和审议市财政局局长徐炜所作的《关于2015年市级决算的报告》以及市审计局局长李鹏宇所作的《关于2015年度市级预算执行和其他财政收支的审计工作报告》。会议审议通过《关于批准2015年市级决算的决议》。

2016年11月30日，市五届人大常委会三十六次会议听取和审议市审计局局长李鹏宇所作的《关于2015年度市级预算执行和其他财政收支审计查出问题整改情况的报告》，审议市人民政府《关于市人大常委会组成人员对〈2015年市级预算执行和其他财政收支审计工作审议意见〉落实情况的报告》，听取和审议市财政局局长徐炜所作的《关于2016年市级预算调整方案（草案）的报告》。会议通过《关于批准2016年市级预算调整方案的决议》。

第三节　决定其他重大事项

一、市一届人民代表大会讨论决定其他重大事项

1955年9月20日，市一届人大三次会议听取和讨论了副市长阎锦华所作的《全市人民团结起来，为严厉镇压反革命活动，肃清一切反革命分子而斗争》的报告。9月22日，大会通过《关于开展肃清一切反革命分子运动的决议》。

二、市二届人民代表大会讨论决定其他重大事项

1957年12月28日，市二届人大三次会议听取了中共宜昌地委书记张三杰所作的《关于农业大跃进》的报告。12月30日，在大会通过的《宜昌市二届人大三次会议决议》中明确今后的中心任务应该是：动员组织一切力量，组织生产高潮，支援农业大跃进。

三、市九届人大常委会讨论决定其他重大事项

1981年7月11日，市九届人大常委会三次会议审议通过《关于批准〈宜昌市法律顾问处收费暂行办法〉的决议》，批准了《宜昌市法律顾问处收费暂行办法》。

1981年9月11日，市九届人大常委会四次会议审议通过《关于加强和改进蔬菜生产和经营管理的决议》《关于加快发展第三产业集体经济和个体经济，广开就业门路的决议》《关于进一步加强计划生育工作的决议》。

1981年11月10日，市九届人大常委会五次会议审议通过《关于召开宜昌市九届人大二次会议的决定》。

1982年1月8日，市九届人大常委会六次会议审议通过《关于补选出缺和留缺的宜昌市九届人民代表大会代表的决定》。

1982年2月24日，市九届人大常委会八次会议审议通过《关于授予杜远金等三十九人劳动模范荣誉称号的决定》。

1982年3月5日，市九届人大常委会九次会议审议通过《关于召开宜昌市九届人大二次会议的决定》。

1982年4月16日，市九届人大常委会十次会议审议通过《关于坚决打击经济领域中严重犯罪活动的决议》。

1982年8月21日，市九届人大常委会十二次会议审议通过《关于实施〈中华人民共和国民事诉讼法（试行）〉的决议》《关于深入持久开展“五讲四美”活动的决议》。

1982年10月20日，市九届人大常委会十三次会议审议通过《关于批准〈宜昌市城市建设管理实施细则〉的决议》《关于批准〈宜昌市环境保护实施细则〉的决议》《关于进一步开展植树绿化工作的决议》。

1982年12月22日，市九届人大常委会十四次会议审议通过《关于学习贯彻〈中华人民共和国宪法〉的决议》。

1983年3月1日，市九届人大常委会十五次会议审议通过《关于召开宜昌市九届人大三次会议的决定》。

1983年6月14日，市九届人大常委会十七次会议审议通过《关于批准〈宜昌市建设拆迁安置管理办法〉的决议》。

1984年2月12日，市九届人大常委会二十一次会议审议通过《关于宜昌市九届人民代表大会和郊区人民公社第三届人民代表大会换届的决定》《宜昌市十届人民代表大会代表选举方案》《宜昌市选举委员会组成人员名单》。

1984年4月23日，市九届人大常委会二十二次会议审议通过《关于市树市花的决定》。

四、市十届人大常委会讨论决定其他重大事项

1984年8月4日，市十届人大常委会二次会议审议通过《关于〈宜昌市1984年上半年经济体制改革情况和下半年改革意见的报告〉的决议》《关于〈宜昌市严厉打击刑事犯罪活动的情况和开展法制宣传、综合治理活动月意见的报告〉的决议》《关于〈宜昌市上半年爱国卫生工作情况和深入开展夏季爱国卫生运动意见的报告〉的决议》。

1984年12月26日，市十届人大常委会五次会议审议通过《关于召开宜昌市十届人大二次会议的决定》。

1985年5月17日，市十届人大常委会七次会议审议通过《关于〈宜昌市市民守则〉的决议》。

1985年7月24日，市十届人大常委会八次会议审议通过《关于贯彻实施〈中华人民共和国药品管理法〉的决议》。

1985年9月25日，市十届人大常委会九次会议审议通过《关于认真贯彻实施〈中华人民共和国会计法〉的决议》。

1985年11月21日，市十届人大常委会十次会议审议通过《关于打击经济违法犯罪活动的决议》。

1986年2月4日，市十届人大常委会十二次会议审议通过《关于召开宜昌市十届人大三次会议的决定》。

1986年4月25日，市十届人大常委会十四次会议审议通过《宜昌市人民代表大会常务委员会关于向全市公民基本普及法律常识的决议》。

1986年10月17日，市十届人大常委会十七次会议审议通过《关于批准王有前辞去宜昌市人大常委会委员职务的决定》。

1986年12月25日，市十届人大常委会十八次会议审议通过《关于修改〈宜昌市建设拆迁安置管理办法〉的决议》。

1987年1月17日，市十届人大常委会十九次会议审议通过《关于召开宜昌市十届人大四次会议的决定》。

1987年2月13日，市十届人大常委会二十次会议审议通过《关于召开市十届人大四次会议的决定》。

1987年4月15日，市十届人大常委会二十一次会议审议通过《关于进一步抓好普及法律常识工作的决议》。

1987年12月8日，市十届人大常委会二十五次会议审议通过《关于召开宜昌市十一届人大一次会议的决定》。

五、市十一届人大常委会讨论决定其他重大事项

1988年12月23日，市十一届人大常委会六次会议审议通过《关于举行宜昌市十一届人大二次会议的决定》。

1990年2月13日，市十一届人大常委会十五次会议审议通过《关于举行市十一届人大三次会议的决定》。

1991年2月1日，市十一届人大常委会二十三次会议，审议通过《关于举行宜昌市十一届人大四次会议的决定》。

1991年5月23日，市十一届人大常委会二十六次会议审议通过《关于开展第二个五年法制宣传教育的决议》。

1992年1月11日，市十一届人大常委会三十次会议审议通过《关于举行市十一届人大五次会议的决定》。

六、市一届人大常委会讨论决定其他重大事项

1993年5月21日，市一届人大常委会四次会议审议通过《关于深入贯彻实施〈中华人民共和国企业法〉和〈全民所有制工业企业转换经营机制条例〉的决议》《关于切实减轻农民负担的决议》。

1993年7月23日，市一届人大常委会五次会议审议通过《关于〈宜昌市城市总体规划编制的报告〉的决议》。

1994年11月29日，市一届人大常委会十三次会议审议通过《宜昌市市民守则》。

1995年3月23日，市一届人大常委会十五次会议审议通过《关于批准〈宜昌市科学技术发展规划〉和〈宜昌市“科教兴市”实施方案〉的决议》，把“科教兴市”作为宜昌市的市策。

1995年11月17日，市一届人大常委会十九次会议审议通过《关于加强耕地保护的决议》。

七、市二届人大常委会讨论决定其他重大事项

1997年7月23日，市二届人大常委会二次会议审议通过《关于加强禁毒工作的决定》。

1997年9月18日，市二届人大常委会三次会议审议通过《关于在全市城区推行“门前三包”责任制的决议》。

1997年12月12日，市二届人大常委会五次会议审议通过《关于加强依法治市的决议》。

1998年7月24日，市二届人大常委会十次会议审议通过《关于突破性发展民营经济的决议》。

1998年11月19日，市二届人大常委会十二次会议审议通过《关于〈宜昌市旅游业发展总体规划〉的决定》。同时决定，对县市区的13个县级人大常委会办事机构（先进集体）和21名县市区人大工作先进工作者进行表彰。

1999年9月10日，市二届人大常委会十七次会议决定对13个乡镇人大主席团（先进集体）和25名乡镇人大先进工作者进行表彰。

1999年11月24日，市二届人大常委会十九次会议审议通过《关于批准设立夷陵长江大桥贷款还贷专项资金的决定》。

2000年3月29日，市二届人大常委会二十三次会议审议通过《关于规范性文件备案审查暂行办法》《关于创建中国优秀旅游城市的决议》。

2000年5月14日，市二届人大常委会二十四次会议同意市人大常委会主任会议《关于市人大代表胡庆洋受逮捕情况的报告》。

2000年9月20日，市二届人大常委会二十六次会议审议通过《关于保护城区公共绿地的决定》。

八、市三届人大常委会讨论决定其他重大事项

2002年11月27日，市三届人大常委会四次会议审议通过《关于召开宜昌市三届人大三次会议的决定》《关于对宜昌市城区白龙岗公园等4块公共绿地实施永久性保护的决定》。

2003年2月17日，市三届人大常委会六次会议审议通过《关于推迟召开市三届人大三次会议的决定》。

2003年5月17日，市三届人大常委会八次会议审议通过《关于加强预防职务犯罪工作的决定》。

2004年3月24日，市三届人大常委会十三次会议审议通过《关于对王家河公园部分永久性保护绿地实行置换的决定》。

2004年6月24日，市三届人大常委会十五次会议审议通过《关于许可拘留宜昌市三届人民代表大会代表周其斌的决定》。

2005年1月19日，市三届人大常委会十九次会议审议通过《关于批准宜昌市人民政府申请国家开发银行贷款有关问题承诺函的请求的决定》《关于表彰优秀宜昌市人大代表和先进人大代表工作者的决定》。

2005年5月28日，市三届人大常委会二十一次会议审议通过《关于占用绿萝植物园部分绿化设施和置换儿童公园保护绿地的决定》。

2005年7月29日，市三届人大常委会二十二次会议审议通过《关于同意市人民政府调整万寿桥永久性保护绿地部分用地的决定》。

2006年1月12日，市三届人大常委会二十五次会议审议通过《关于召开市三届人大六次会议的决定》。

2006年11月18日，市三届人大常委会三十一次会议审议通过《关于批准设置宜昌市葛洲坝人民检察院的决定》《关于宜昌市旅游业发展总体规划（2006—2020年）的决议》。

九、市四届人大常委会讨论决定其他重大事项

2007年3月23日，市四届人大常委会一次会议审议通过《关于加强法制宣传教育的决议》。

2007年11月22日，市四届人大常委会五次会议审议通过《关于召开宜昌市四届人大二次会议的决定》。

2007年12月18日，市四届人大常委会六次会议审议通过《关于推迟召开市四届人大二次会议的决定》。

2008年3月6日，市四届人大常委会八次会议审议通过《关于召开市四届人大三次会议的决定》。

2008年7月25日，市四届人大常委会十一次会议审议通过《关于进一步加强“三城联创”工作的决议》。

2009年1月9日，市四届人大常委会十四次会议审议通过《关于召开市四届人大四次会议的决定》《关于批准市人民政府关于利用银行贷款加快建设宜昌火车东站配套工程等五个项目的决定》。

2009年2月11日，市四届人大常委会十五次会议审议通过《关于推迟召开市四届人大四次会议的决定》。

2009年7月24日，市四届人大常委会十八次会议审议通过《关于批准宜昌市人民政府利用政府信用筹集平湖半岛棚户区改造等项目建设资金的决定》《关于对宜昌市城区滨江公园（上段）等六块公共绿地实施永久性保护的决定》。

2010年1月22日，市四届人大常委会二十一次会议审议通过《关于批准宜昌市人民政府利用政府信用增加平湖半岛融资的决定》《关于召开宜昌市四届人大五次会议的决定》。

2010年3月31日，市四届人大常委会二十二次会议审议通过《关于加强城区菜市场建设和管理工作的决定》。

2011年1月12日，市四届人大常委会二十七次会议审议通过《关于召开市四届人大六次会议的决定》。

2011年9月30日，市四届人大常委会三十一次会议审议通过《关于命名宜昌市市树、市花的决定》。

2011年11月29日，市四届人大常委会三十二次会议审议通过《关于召开市五届人大一次会议的决定》。

2011年12月20日，市四届人大常委会三十三次会议审议通过《关于批准左坝头广场永久性公共保护绿地进行局部调整的决定》《关于通过〈宜昌市城市总体规划（2011—2030年）〉的决议》。

十、市五届人大常委会讨论决定其他重大事项

2012年8月2日，市五届人大常委会三次会议审议通过《关于加强城区饮用水水源地保护工作的决定》《关于召开宜昌市五届人大二次会议的决定》。

2012年12月31日，市五届人大常委会六次会议审议通过《关于召开宜昌市五届人大三次会议的

决定》《关于加强“窑湾蜜橘”原产地保护工作的决定》《关于批准对滨江公园（上段）永久性保护公共绿地进行局部调整的决定》。

2013年4月17日，市五届人大常委会九次会议审议通过《关于召开宜昌市五届人大四次会议的决定》《关于批准庙嘴长江大桥建设有关事宜的决定》。

2013年7月31日，市五届人大常委会十一次会议审议通过《关于查处违法建设行为的决定》。

2013年11月28日，市五届人大常委会十三次会议审议通过《关于召开宜昌市五届人大五次会议的决定》。

2014年3月28日，市五届人大常委会十六次会议审议通过《宜昌市四批实施永久性保护的城区公共绿地目录》《关于加强城区山体及水域保护的决定》。

2014年5月30日，市五届人大常委会十七次会议审议通过《关于加强城区生态建设的决定》。

2014年9月30日，市五届人大常委会二十一次会议审议通过《关于同意将2014年棚户区改造委托代建资金纳入财政年度预算管理的决议》。

2014年11月28日，市五届人大常委会二十二次会议审议通过《关于批准置换王家河公园部分公共绿地的决定》。

2015年1月9日，市五届人大常委会二十三次会议审议通过《关于通过〈宜昌市环境总体规划（2013—2030年）〉的决议》《关于授予贝瀚青先生宜昌市荣誉市民称号的决定》。

2015年5月22日，市五届人大常委会二十五次会议审议通过《关于对运河两岸公共绿地实施永久性保护的决定》《关于城区生态红线保护的决定》。

2015年7月24日，市五届人大常委会二十六次会议审议通过《关于全面推进依法治市的决议》《关于同意将2015年棚户区改造委托代建资金纳入财政年度预算管理的决议》《关于批准占用部分沙河水域和五龙山体的决定》。

2015年12月1日，市五届人大常委会二十八次会议审议市人民政府《关于古佛寺修复及周边环境整治项目占用儿童公园部分用地的议案》，审议通过《关于古佛寺修复及周边环境整治项目占用儿童公园部分用地的决定》。

2016年5月30日—6月1日，市五届人大常委会三十三次会议审议市人民政府《关于将湖北五峰南岭风电项目部分建设用地调出生态功能红线区的议案》，审议通过《关于批准湖北五峰南岭风电场项目部分建设用地调出生态功能红线的决定》；审议市人民政府《关于提请审议支持湖北长阳云台荒风电场项目建设的议案》，审议通过《关于批准湖北长阳云台荒风电场项目部分建设用地调出生态功能红线的决定》。

2016年9月27日—28日，市五届人大常委会三十五次会议听取和审议市城市园林绿化管理局局长刘新平所作的《关于提请审议〈宜昌市绿地系统规划（2014—2030年）〉议案的说明》，审议通过《关于通过〈宜昌市城市绿地系统规划（2014—2030年）〉的决议》。

2016年12月23日，市五届人大常委会三十七次会议审议市人民政府《关于将当阳市大沟西矿区391亩水源涵养功能重要区调出生态功能红线议案》，审议通过《关于批准将当阳市大沟西矿区391亩水源涵养功能重要区调出生态功能红线的决定》。

第二章　宜昌市人大及其常委会人事选举任免工作

根据地方组织法和选举法的规定，市人大及其常委会的人事选举任免工作主要体现在两个方面：一是在市人民代表大会会议上选举相关人选；二是在市人大常委会会议上任免相关人员的职务。

第一节　市一届至六届人民代表大会选举工作

1954年地方组织法规定：县级以上的地方各级人民代表大会“选举本级人民委员会的组成人员”；“选举中级人民法院院长”；“选举上一级人民代表大会代表”。据此，市一届至六届人民代表大会会议依法履行了选举职权。选举情况详见表6—2—1。

宜昌市一届至六届人民代表大会选举结果统计表

表6—2—1　　单位：人次

市一届至六届人民代表大会	选举产生的人选					
	第一届	第二届	第三届	第四届	第五届	第六届
市人民委员会市长	1	1	2	1	1	1
市人民委员会副市长	3	4	3	7	6	4
市人民委员会委员	13	14	15	20	12	16
市人民法院院长	1	—	1	1	1	1
湖北省人大代表	9	—	9	—	14	—

1954年7月6日，市一届人大一次会议选举产生9名湖北省第一届人民代表大会代表（按姓名笔画排序）：马苍石、朱青、吴熔陶、张来升、陈光勋、陈福生、周杰、阎文弟、喻子凤。

1955年4月20日，市一届人大二次会议选举产生市人民委员会组成人员。市长：朱青，副市长：邢郑民、陈光勋、阎锦华，委员：王子才、王西峰、王良甫、张寿人、陈光辉、岳传岱、法正明、赵萍、赵喜珍、高尚志、韩启浩、喻子凤、童子浩；市人民法院院长：王维顺。

1956年12月22日，市二届人大一次会议选举产生市人民委员会组成人员：市长：朱青，副市长：邢郑民、陈光勋、赵惠林、阎锦华，委员：于从义、王子才、王西峰、王良甫、王玲、卢敏斋、张寿人、法正明、赵萍、赵喜珍、喻子凤、童子浩、廖华珍、潘忠国。

1958年7月2日，市三届人大一次会议选举产生市人民委员会组成人员：市长：赵茂林，副市长：

邢郑民、陈光勋、赵惠林，委员：于从义、王子才、王良甫、王玲、卢敏斋、冯锦卿、何一樵、张寿人、周绍华、法正明、赵喜珍、郭玉才、童子浩、廖华珍、潘忠国；市人民法院院长：谭受伦；湖北省第二届人民代表大会代表（9名，按姓名笔画排序）：于从义、马苍石、王玲、冯锦卿、陈光勋、陈扶生、周杰、赵茂林、童子浩。

1959年8月30日，市三届人大三次会议同意照顾市长赵茂林因体弱多病而担任副市长，选举王子才为市人民委员会市长。

1961年12月28日，市四届人大一次会议选举产生市人民委员会组成人员：市长：邱文礼，副市长：亢宏才、邢郑民、陈光勋、赵茂林、赵惠林，委员：卜凡良、于从义、马惠君、王永祥、丛树英、冯锦卿、刘显光、许宝秀、孙浩、李克、杨实舜、何一樵、张玉、张寿人、陈光辉、陈启富、赵萍、郭敬信、童子浩；市人民法院院长：魏文杰。

1962年12月26日，市四届人大二次会议增选孙浩和亓连三为市人民委员会副市长，增选胡芝田为市人民委员会委员。

1963年7月4日，市五届人大一次会议选举产生市人民委员会组成人员：市长：邱文礼，副市长：亓连三、亢宏才、邢郑民、孙浩、陈光勋、赵惠林，委员：于从义、马惠君（女）、丛树英（女）、冯锦卿、刘显光、许宝秀（女）、杨实舜、何一樵、张寿人、陈光辉、胡芝田、童子浩；市人民法院院长：魏文杰；湖北省第三届人大代表（12人，按姓名笔画排序）：于从义、马苍石、王玲（女）、丛树英（女）、冯锦卿、杨实舜、邱文礼、陈光勋、陈扶生、陈素秋（女）、周杰、童子浩。

1965年6月25日，市五届人大三次会议补选湖北省第三届人大代表2名：李万胜、李兰芝（女）

1966年1月12日，市六届人大一次会议选举产生市人民委员会组成人员：市长：阎振江，副市长：亓连三、亢宏才、邢郑民、赵惠林，委员：于从义、马惠君、田生、冯锦卿、刘显光、许宝秀、孙浩、李兰芝、杨实舜、何一樵、张寿人、陈光辉、彭彦、童子浩、曾质彬、谭受伦；人民法院院长：陈义炳。

第二节　市七届至八届人民代表大会选举工作

1975年宪法规定："地方各级革命委员会是地方各级人民代表大会的常设机关，同时又是地方各级人民政府。地方各级革命委员会由主任，副主任若干人，委员若干人组成，由本级人民代表大会选举或者罢免，并报上级国家机关审查批准。"

市七届人民代表大会处于"文化大革命"时期，因未召开过人民代表大会会议，故未举行大会选举。

1978年11月28日，市八届人大一次会议选举产生革命委员会组成人员：主任：张健，副主任：卜凡良、王冰、王维顺、李永发、汪敬祖、陈义炳、倪忠俊，委员：万培信、王淑珍、王蔚斐、文振藻、方财兴、邓长城、史昌远、冯锦卿、向家才、刘克诚、刘宗高、刘宜华、孙昌秀、芦明林、李有仁、李培文、李景钊、杨实舜、杨竞先、肖铁生、余明生、谷元基、闵恕芝、张永昌、陈文忠、陈启富、范世英、范庭元、金正红、周福昌、屈定远、高丕壮、高宏准、郭以琨、黄显宁、鹿振中、韩秀兰、傅承保、曾绍松、靳万春、路治国；市人民法院院长：王振声；市人民检察院检察长：王铸九。

第三节 市九届人大及其常委会选举任免工作

1979年地方组织法规定：县级以上的地方各级人民代表大会"选举本级人民代表大会常务委员会的组成人员"；"决定省长、副省长，自治区主席、副主席，市长、副市长，州长、副州长，县长、副县长，区长、副区长的人选"；"选举本级人民法院院长"；"选举本级人民检察院检察长"；"选举上一级人民代表大会代表"。县级以上的地方各级人大常委会"决定副省长、自治区副主席、副市长、副州长、副县长、副区长的个别任免；在省长、自治区主席、市长、州长、县长、区长因故不能担任职务的时候，决定代理的人选"；"决定本级人民政府秘书长、厅长、局长、主任、科长的任免"；"任免人民法院副院长、庭长、副庭长、审判委员会委员、审判员，任免或者批准任免人民检察院副检察长、检察委员会委员、检察员"；"补选上一级人民代表大会出缺的代表和撤换个别代表"。据此，市和地市合并后的宜昌市历届人大及其常委会依法履行了人事选举任免职权。

一、市人大选举

1981年2月24日，市九届人大一次会议选举产生市人大常委会组成人员（分别按姓名笔划为序）：主任：朱青，副主任：王冰、亓连三、亢宏才、李永发、杨实舜、陈义炳，委员：马苍石、文振藻、卞肇意（女）、龙鸣、冯锦卿、宋惠（女）、宋景隆、李民、陈传江、狄成祥、杜远金、苏志爰、肖铁生、张端英（女）、范世英（女）、郑光凯、林秀彬、岳仲权、曹积成、鄢国培；市人民政府市长：郝逢武，副市长（按姓名笔画排序）：王重农、王维顺、卞周钰、汪敬祖、倪忠俊、徐行；市中级人民法院院长：王振声；市人民检察院检察长：杨守朴。

1983年3月26日，市九届人大三次会议选举产生市中级人民法院院长：张浚；湖北省六届人大代表（25名，以姓氏笔画为序）：马玉成、马苍石、冯锦卿、田英、汤正义、严文格、杨明尧、李永模、吴雅（女）、肖银玉（女）、何三荣（女）、张怀玉、张裕林、陈义炳、陈广洲、陈祖珍（女）、陈继烈、陈笑林（女）、罗 军（女）、郝逢武、侯文理、姜振孝、曹金祥、崔传礼、葛立民。

二、市人大常委会选举和任免

市九届人大常委会任命国家机关工作人员154人次，免去国家机关工作人员职务63人次。详见表6—2—2。

宜昌市九届人大常委会履行任免职权统计表

表6—2—2 单位：人次

任免地方国家工作人员	任免人数		
	任命	接受辞职	免去职务
市人民政府代理市长、副市长、秘书长	5	7	—
市人民政府部门负责人	66	—	42
市人民法院、市人民检察院负责人及各类职务	73	7	—
市人大常委会组成人员及工作机构负责人	10	7	—
合计	154	21	42

第三次会议任免名单

任命：文振藻为市人大常委会办公室主任，岳忠权为市人大常委会办公室副主任；林金明为市人大常委会办公室政法科科长，唐纪林为市人大常委会办公室秘书科副科长；余庆富为市中级人民法院副院长，袁明昌为刑事审判庭庭长，蒋彩华为经济审判庭庭长，金忠为民事审判庭副庭长，孙鸣皋为经济审判庭副庭长，韩裕新为刑事审判庭副庭长，谭年成为刑事审判庭副庭长，李正明、王尧华、张声燕、芦国璋为审判员；赵开源为市人民检察院副检察长，杨守朴、赵开源、田正华、覃震、李光荣、黎先香、雷森余为检察委员会委员。

决定任命：鹿振中为市人民政府办公室主任，卞周钰为市进出口管理委员会主任，李文和为市公用事业局局长，张如颜为市环境保护局局长，杨连熙为市统计局局长。

决定免去：龙鸣所兼的市计量管理局局长、郑光凯的市环境保护局局长、李文和的市城建局局长、杨连熙的市交通局局长、鹿振中的市计划委员会主任、徐行所兼的市进出口管理委员会主任职务。

第四次会议任免名单

任命：田正华为市人民检察院副检察长，李光荣、黎先香、雷森策、李德崇、汤福生、龙杨孝、胡文德、陈太善、姚天运、陈祖庚、杜元三（女）、朱兴胜、张力（女）、王志亮为检察员；黄孝明、王明寿为市中级人民法院审判员。

第七次会议任免名单

决定任命：杨尚贤为市人民政府副市长；余明生为市供电局局长，戴隆桂为市纺织工业局局长，杜云福为市冶金工业局局长，胡恒其为市二轻工业局局长，李仁福为市计量管理局局长，陈文忠为市知识青年上山下乡办公室主任，李万胜为市广播事业局局长，傅显铭为市农林局局长，徐昌仁为市交通局局长，谢德芳为市物价局局长，管志为市标准局局长，艾诗波为市计划生育办公室主任，李作云为市对外贸易局局长。

决定免去：余明生的市机械工业局局长，刘宗高的市农业办公室主任，胡恒其的市冶金工业局局长，李仁福的市二轻工业局局长，李万胜的市知识青年上山下乡办公室主任，芦明林的市供电局局长，郑永都的市标准局局长，周泰钰的市物价局局长，罗良寿的市统计局局长，薛守廉的市对外贸易局局长，刘克诚的市纺织工业局局长，汤大元的市农林局局长，张昌延的市工商行政管理局局长职务。

第九次会议任免名单

任命：文振藻为市人大常委会秘书长，岳忠权为市人大常委会副秘书长兼办公室主任，李绪平为市人大常委会办公室经济科副科长。

决定任命：鹿振中为市人民政府秘书长，史昌远为市人民政府办公室主任，李克为市财税局局长。

免去：文振藻的市人大常委会办公室主任职务，岳忠权的市人大常委会办公室副主任职务，鹿振中的市人民政府办公室主任职务，史昌远的市财税局局长职务。

决定罢免：刘发兴、叶少云的市九届人大代表职务。

第十次会议任免名单

任命：杨培荣为市中级人民法院副院长，黄道安为民事审判庭庭长，王振声、余庆富、杨培荣、方明达、袁明昌、蒋彩华、黄道安为审判委员会委员，刘海森、刘隆俊、王振声为刑事审判庭审判员，廖宗敏为经济审判庭审判员。

第十一次会议任免名单

任命：高群为市中级人民法院葛洲坝工区人民法庭副庭长；乐佑林、陈顺平、龚晓卿、王晓桃为葛洲坝工区人民法庭审判员。

第十二次会议任免名单

决定免去：王重农的市人民政府副市长职务。

决定任命：杨长森为市经济委员会主任，方财兴为市科学技术委员会主任，冯永发为市政府财贸办公室主任，郑幸哉为市政府外事办公室主任，谭俊文为市档案局局长，高宏准为市公安局局长，范庭元为市民政局局长，陈文忠为市劳动局局长，张永昌为市物资局局长，王兴全为市机械工业局局长，屈定远为市一轻工业局局长，王学武为市化学工业局局长，李家庆为市电子工业局局长，杨春明为市建筑工程局局长，陶明章为市建材工业局局长，王泽为市房产管理局局长，闵恕芝为市水利农机局局长，李景钊为市商业局局长，罗明贵为市粮食局局长，周汉生为市供销合作社主任，杭孝先为市教育局局长，王永团为市文化局局长，韦友竹为西陵街道办事处主任，丁克炳为万寿桥街道办事处主任，谷元基为云集街道办事处主任。

任命：杨承忠为市人民检察院副检察长，覃震、袁明炬、杨万清、王书文、曾正发、李绪成、马光和为检察员。

第十三次会议任免名单

决定任命：张浚为市中级人民法院代理院长。

决定免去：王振声的市中级人民法院院长职务。

第十四次会议任免名单

决定免去：徐行、汪敬祖的市人民政府副市长职务；向家才的市基本建设委员会主任、李恒祥的伍家岗街道办事处主任职务。

决定任命：吴怀亮为伍家岗街道办事处主任。

第十五次会议任免名单

任命：谭年成为市中级人民法院刑事审判第二庭副庭长，金忠为刑事审判第二庭副庭长，张声燕为民事审判庭副庭长，邹明富为刑事审判庭审判员，霍桂林为民事审判庭审判员，李仁萱为经济审判庭审判员。

免去：谭年成的市中级人民法院刑事审判庭副庭长，金忠的民事审判庭副庭长职务。

第十六次会议任免名单

决定任命：颜钟一为市人民政府副市长。

免去：文振藻的市人大常委会秘书长职务，岳忠权的市人大常委会办公室主任职务，唐纪林的市人大常委会办公室秘书科副科长职务。

任命：吴宪征为市人大常委会办公室主任，林金明、唐纪林为市人大常委会办公室副主任。

第十七次会议任免名单

决定撤销：卞周钰的市人民政府副市长职务。

第十九次会议任免名单

决定任命：王重农为市人民政府代理市长，吴雅为市人民政府副市长。

决定免去：郝逢武的市人民政府市长职务；王维顺、杨尚贤的市人民政府副市长职务。

第二十次会议任免名单

决定任命：倪忠俊兼任市计划委员会主任，李家余为市城乡建设环境保护委员会主任，李万胜为市郊区工作委员会主任，汪宏林为市机械工业局局长，王学武为市化工医药管理局局长，邱孝光为市二轻工业局局长，李文和为市公用事业管理局局长，罗良寿为市统计局局长，刘康明为市商业局局长，陈光迪为市财政局局长，李克为市税务局局长，周国楷为市教育局局长，冷孟祥为市广播电视局局长。

决定免去：王兴全的市机械工业局局长，胡恒其的市二轻工业局局长，李家庆的市电子工业局局长，陶明章的市建材工业局局长，杨连熙的市统计局局长，李景钊的市商业局局长，杭孝先的市教育局局长，李万胜的市广播事业管理局局长，王学武的市化学工业局局长，李文和的市公用事业局局长，李克的市财政局局长职务。

第二十一次会议任免名单

决定免去：张浚的市中级人民法院院长、杨守朴的市人民检察院检察长职务；杜荣福的市冶金局局长，艾诗波的市计划生育办公室主任，李其彬的市建筑工程局局长，夏宝庆的市设计院院长，陈文忠的市劳动局局长，王永团的市文化局局长，张如颜的市环境保护局局长、李作云的市对外贸易局局长职务。

决定任命：余庆富为市中级人民法院代理院长，杨承忠为市人民检察院代理检察长；王俊峰为市卫生局局长，董光廉为市计划生育委员会主任，谢瑞喜为市房产管理局局长，张连生为市劳动人事局局长，陈祖庆为市司法局局长，薛守廉为市对外贸易局局长，李作云为市工商行政管理局局长，曹诗青为市文化局局长。

任命：刘德保为市中级人民法院副院长、审判委员会委员。

免去：杨培荣的市中级人民法院副院长和审判委员会委员职务。

第四节　市十届人大及其常委会选举任免工作

一、市人大选举

1984年5月6日，市十届人大一次会议选举产生市人大常委会组成人员。主任：郝逢武；副主任：王维顺、冯锦卿、杨浩忠、汪敬祖、陈义炳、常立柱；委员（24名，按姓名笔画排序）：马苍石、王正国、王有前（女）、卞肇意（女）、冯中衡、朱正懿、陈传江、李显明（女）、吴宪征、苏志艾、宋景隆、杜远金、范世英（女）、林天枫、金正洪、岳仲权、袁家希、梁继平、顾国钧、黄洪一、曹积成、彭　彦（女）、鄢国培、谭联喜。选举产生市人民政府市长：王重农；副市长（按姓名笔画排序）：吴雅（女）、倪忠俊、崔传礼、谢远照、颜钟一。选举产生市中级人民法院院长：余庆富。选举产生市人民检察院检察长：杨承忠。

1985年3月28日，市十届人大二次会议选补市人大常委会委员（按姓名笔画排序）：尤竹君、李启木、吴培德。

二、市人大常委会选举和任免

市十届人大常委会任命国家机关工作人员176人次，免去国家机关工作人员63人次。详见表6—2—3。

宜昌市十届人大常委会履行任免职权统计表

表6—2—3　　单位：人次

任免地方国家工作人员	任免人数		
	任　命	接受辞职	免去职务
市人民政府代理市长、副市长、秘书长	4	2	—
市人民政府部门负责人	56	—	27
市人民法院、市人民检察院负责人及各类职务	80	—	23
市人大常委会组成人员及工作机构负责人	36	11	—
合　计	176	13	50

第一次会议任免名单

决定任命：倪忠俊兼任市计划委员会主任，杨长森为市经济委员会主任，方才兴为市科学技术委员会主任，李家余为市城乡建设环境保护委员会主任，李万胜为市郊区工作委员会主任，冯永发为市政府财贸办公室主任，高宏准为市公安局局长，范庭元为市民政局局长，陈祖庆为市司法局局长，罗良寿为市统计局局长，张永昌为市物资局局长，陈光迪为市财政局局长，李克为市税务局局长，李作云为市工商行政管理局局长，刘康民为市商业局局长，罗明贵为市粮食局局长，薛守廉为市对外贸易局局长，李文和为市公用事业局局长，谢瑞喜为市房产管理局局长，汪宏林为市机械工业局局长，屈定远为市一轻工业局局长，邱孝光为市二轻工业局局长，王学武为市化学医药工业局局长，徐昌仁为市交通局局长，张连生为市劳动人事局局长，曹诗青为市文化局局长，冷孟祥为市广播电视局局长，周国楷为市教育局局长，王俊峰为市卫生局局长，董光廉为市计划生育委员会主任。

决定免去：谢德芳的市物价局局长职务，王泽的市房产管理局局长职务，傅显明的市农林局局长职务，闵恕芝的市水机局局长职务。

第二次会议任免名单

任命：王维顺为市人大常委会法制工作委员会主任，陈传江、金正红为副主任，曹积成、林天枫、袁家希、顾国钧为委员；陈义炳为市人大常委会财政经济工作委员会主任，彭彦、宋景隆为副主任，杜远金、黄洪一、卞肇意为委员；汪敬祖为市人大常委会城乡建设工作委员会主任，范世英、王正国为副主任，马苍石、朱正懿、苏志爱为委员；常立柱为市人大常委会教育科学文化卫生工作委员会主任，梁继坪为副主任，冯中衡、李显明、谭联喜、王有前为委员；吴宪征为市人大常委会秘书长，岳忠权为副秘书长，林金明、赵近春为市人大常委会办公室副主任，卢维珍为市人大常委会办公室代表工作科科长，岳庆坡为市人大常委会办公室法制科科长；谭年成为市中级人民法院审判委员会委员、刑事审判第二庭庭长，秦大常为刑事审判第一庭副庭长，王振声为民事审判庭副庭长，黄道安为经济审判庭庭长，霍桂林为经济审判庭副庭长，韩裕新、张声燕、高群为审判委员会委员，魏光恕、王乐富、胡志安、王声元、陈家茂、万想林、余存英为审判员；田正华、赵开源为市人民检察院副检察长、检察委员会委员，王书文、袁明炬、李光荣、陈太善为检察委员会委员，章家祯、张家干、邹宗堂、宋怀俊为检察员。

免去：吴宪征的市人大常委会办公室主任职务；黄道安的市中级人民法院民事审判庭庭长职务，蒋彩华的经济审判庭庭长职务，袁明昌的刑事审判第一庭副庭长职务，孙鸣皋的经济审判庭副庭长职务，金钟的刑事审判第二庭副庭长职务，方明达的审判委员会委员职务。

决定任命：王浚山为市人民政府办公室主任，罗勤新为市一轻工业局局长。

决定免去：史昌远的市人民政府办公室主任，屈定远的市一轻工业局局长职务。

第三次会议任免名单

决定任命：郭泗溢为市计划委员会主任、薛守廉为对市对外经济贸易委员会主任，郑幸哉为市政府外事办公室主任。

决定免去：倪忠俊的市计划委员会主任职务。

决定接受：鄢国培辞去市人大常委会委员职务的请求。

第四次会议任免名单

决定免去：袁家希的市人大常委会委员职务；鹿振中的市人民政府秘书长，杨长森的市经济委员会主任，罗勤新的市一轻工业局长职务。

决定任命：战玉栋为市人民政府秘书长，景学镇为市经济委员会主任，袁家希为市一轻工业局局长。

任命：袁明昌、孙鸣皋、方明达、金忠为市中级人民法院审判员，孙士礼为市中级人民法院长江葛洲坝工区人民法庭审判员；吴宗华、夏国惠、付承旭、夏武森为市人民检察院检察员。

第六次会议任免名单

决定任命：柳定祥为市人民政府办公室主任、张立瑚为市经济体制改革办公室主任。

决定免去：吴雅的市人民政府副市长、王浚山的市人民政府办公室主任职务。

第七次会议任免名单

决定任命：李诵国为市教育局局长。

决定免去：周国楷的市教育局局长职务。

任命：张声燕为市中级人民法院民事审判庭庭长，韩裕新为刑事审判第一庭庭长；王政平为市人民检察院检察员职务。

免去：张声燕的市中级人民法院民事审判庭副庭长，韩裕新的刑事审判第一庭副庭长职务，韩裕新的刑事审判第一庭副庭长职务。

第八次会议任免名单

任命：秦燧泉为市人大常委会办公室主任，林家瑜为市人大常委会办公室副主任；雷森策为市人民检察院副检察长、检察委员会委员。

第九次会议任免名单

决定任命：景学镇为市人民政府副市长，戴振声为市经济委员会主任，刘康民为市计划委员会主任，肖道根为市城乡建设环境保护委员会主任，王兴全为市二轻工业局局长。

决定免去：景学镇的市经济委员会主任，郭泗溢的市计划委员会主任，李家余的市城乡建设环境保护委员会主任，邱孝光的市二轻工业局局长职务。

任命：秦大常为市中级人民法院刑事审判庭庭长，王声元为刑事审判庭副庭长，李铁生为审判员，张秀琴为葛洲坝工区人民法庭审判员。

第十次会议任免名单

任命：林家瑜为市人大常委会城乡建设工作委员会副主任，林金明为市人大常委会法制工作委员会副主任，卢维珍为市人大常委会教育科学文化卫生工作委员会副主任。

免去：林家瑜、林金明的市人大常委会办公室副主任职务。

第十一次会议任免名单

决定任命：符利民为市人民政府副市长，雷森策为市公安局局长。

决定免去：高宏准的市公安局局长职务。

任命：高宏准为市人大常委会法制工作委员会主任。

免去：王维顺兼任的市人大常委会法制工作委员会主任职务；雷森策的市人民检察院副检察长、检察委员会委员职务。

第十四次会议任免名单

决定任命：罗清泉为市人民政府代理市长。

第十五次会议任免名单

决定任命：符利民为市教育委员会主任（兼），杨庚禹为市房产管理局局长，车国荣为市公用事业局局长。

决定免去：李诵国的市教育局局长，谢瑞喜的市房产管理局局长，李文和的市公用事业局局长，李万胜的市郊区工作委员会主任职务。

决定撤销：袁家希的市一轻工业局局长职务。

任命：黄道安为市中级人民法院审判员，蒋彩华为经济审判庭庭长、审判员，秦大常为审判员，韩裕新为审判员。

免去：黄道安的市中级人民法院经济审判庭庭长，韩裕新的刑事审判第一庭庭长的职务。

第十六次会议任免名单

决定任命：陈元璋为市一轻工业局局长。

任命：市中级人民法院的王以定为审判员、审判委员会委员，秦大常为审判委员会委员，高群为葛洲坝工区人民法庭审判员。

决定批准：尤竹君辞去市十届人大常委会委员职务的请求。

第十七次会议任免名单

决定免去：张永昌的市物资局局长职务。

决定任命：喻可商为市物资局局长。

免去：龙扬孝的市人民检察院检察员职务。

任命：覃震、汤福生为市人民检察院检察委员会委员，刘士臣、张青、杨光荣为检察员。

决定接受：王有前辞去市人大常委会委员职务的请求。

第十八次会议任免名单

任命：王乐云为市中级人民法院行政审判庭副庭长，韩健鸣为审判员。

第二十次会议任免名单

决定任命：郑锦涛为市人民政府外事办公室主任，秦继满为市审计局局长。

决定免去：郑幸哉的市政府外事办公室主任职务。

第二十一次会议任免名单

决定任命：陈泉君为市机械工业局局长。

决定免去：汪宏林的市机械工业局局长职务。

第二十二次会议任免名单

决定免去：李作云的市工商行政管理局局长，范庭元的市民政局局长职务。

决定任命：胡发全为市工商行政管理局局长；赵开源为市人民检察院代理检察长，并报请省人民检察院转报省人大常委会批准。

任命：辛楚汉为市中级人民法院经济审判庭副庭长、审判员，何庆尧、李本成、杜荣宝、望熙盛、商仕和为审判员；任国顺、殷汉生、陈顺平、龚晓卿为市人民检察院检察员。

决定接受：杨承忠辞去市人民检察院检察长职务的请求。

第二十三次会议任免名单

决定任命：杨守植为市科学技术委员会主任。

任命：王以定为市中级人民法院副院长。

第二十四次会议任免名单

决定任命：刘正清为市交通局局长，汪先钰为市税务局局长。

决定免去：徐昌仁的市交通局局长，李克的市税务局局长职务。

免去：林全明的市人大常委会法制工作委员会副主任职务。

决定接受：王正国、苏志爱辞去市十届人大常委会委员职务的请求。

第二十五次会议任免名单

免去：廖宗敏的市中级人民法院审判员职务，陈顺平、龚晓卿、乐佑林的葛洲坝工区人民法庭审判员职务；袁明炬、覃震、王书文的市人民检察院检察委员会委员、检察员职务。

任命：韩端明、张建平为市中级人民法院长江葛洲坝工区人民法庭审判员。

批准任命：袁明炬为西陵区人民检察院检察长，覃震为伍家岗区人民检察院检察长，王书文为点军区人民检察院检察长。

第五节　市十一届人大及其常委会选举任免工作

一、市人大选举和通过

1988年1月20日，市十一届人大一次会议举行选举产生市十一届人大常委会组成人员：主任：郝逢武，副主任：王维顺、李华春、辛丹凤、汪敬祖、崔传礼，秘书长：吴宪征，委员：王淑珍（女）、朱正懿、李华章、李克、杨天梅（女）、肖昌发、吴培德、宋景隆、张开明、张世栋、张兴本、张琼龄、张锡成、陈长太、屈耀富、秦燧泉、顾国钧、高宏准、梁继平、韩文炎、黎廷芳（女）；市人民政府市长：罗清泉，副市长（按姓名笔画排序）：肖道根、倪忠俊、符利民、景学镇、谢远照；市中级人民法院院长：余庆富；市人民检察院检察长：雷森策；湖北省第七届人民代表大会代表23名（按姓名笔画排序）：王广礼、王启华（女）、王幼贤（女）、王琼敏（女）、王肇棠、叶炳辉、刘莲香（女）、刘康民、汪家发、苏孔光、李桦、谢允坚、罗永秀（女）、罗兴邦、宛四安、祝立生、侯文理、倪忠俊、郝逢武、姜凯、姜振孝、崔延平、崔传礼。通过市人大各专门委员会组成人员名单：法制委员会主任委员：李华春（兼），副主任委员：高宏准、官德锦，委员：邱忠安、陈祖庆、官昌贵；财政经济委员会主任委员：王维顺（兼），副主任委员：李克、岳庆坡，委员：刘康民、陈光迪、宋景隆、吴培德、杨天梅（女）、郑永都、胡发全、秦继满、戴振声；城乡建设委员会主任委员：汪敬祖（兼），副主任委员：林家瑜，委员：马苍石、刘家修、杜祥云、朱正懿、张世栋、周仁法、徐忠芳（女）、郭海晏、顾国钧、黄壁君、戴斌；教育科学文化卫生委员会主任委员：崔传礼（兼），副主任委员：肖昌发、卢维珍（女），委员：李华章、李诵国、陈长太、张连生、张琼龄、张锡成、杨守植、韩文炎、黎廷芳（女）、谭昌炽。

1991年3月17日，市十一届人大四次会议选补市十一届人大常委会副主任：粟凯，委员（按姓名笔画排序）：汤涛、张连生、金泽兰（女）；通过粟凯兼任市十一届人大教育科学文化卫生委员会主任委员。

1992年3月15日，市十一届人大五次会议选补市人大常委会副主任：戴振声、李家余，委员：田夫；通过《宜昌市十一届人民代表大会各专门委员会组成人员调整名单》：免去王维顺、汪敬祖、李华春、粟凯所兼任的专门委员会主任职务；任命：李克为市人大财政经济委员会主任委员，肖昌发为教育科学文化卫生委员会主任委员，官德锦为市人大法制委员会主任委员，林家瑜为市人大城乡建设委员会主任委员，邹心荣为市人大城乡建设委员会副主任委员。

二、的市人大常委会选举和任免

市十一届人大常委会补选湖北省人大代表2人。任命国家机关工作人员142人次，免去国家机关工作人员45人次。详见表6—2—4。

宜昌市十一届人大常委会履行任免职权统计表

表6—2—4　　单位：人次

任免地方国家工作人员	任免人数		
	任命	接受辞职	免去职务
市人民政府代理市长、副市长、秘书长	2	—	—
市人民政府部门负责人	57	—	18
市人民法院、市人民检察院负责人及各类职务	74	—	21
市人大常委会组成人员及工作机构负责人	9	6	—
合计	142	6	39

第一次会议任免名单

任命：市人大常委会代表资格审查委员会成员：幸丹凤为主任委员，屈耀富为副主任委员，王淑珍（女）、张兴本、梁继坪为委员；秦燧泉为市人大常委会办公室主任、赵近春为市人大常委会办公室副主任；肖柏松为市人民检察院副检察长，杜友山为市人民检察院检察员。

决定任命：张开明为市人大城乡建设委员会委员；战玉栋为市人民政府秘书长；符利民兼任市教育委员会主任，肖道根兼任市城乡建设环境保护委员会主任，刘康民为市计划委员会主任，戴振声为市经济委员会主任，杨守植为市科学技术委员会主任，张立瑚为市经济体制改革办公室主任，刘康明为市政府财贸办公室主任，邱忠安为市公安局局长，陈祖庆为市司法局局长，罗良寿为市统计局局长，喻可商为市物资局局长，陈光迪为市财政局局长，汪先钰为市税务局局长，胡发全为市工商行政管理局局长，李子华为市商业局局长，薛守廉为市对外贸易委员会主任，李超为市机械工业局局长，陈元璋为市一轻工业局局长，王兴全为市二轻工业局局长，王学武为市化工医药管理局局长，刘正清为市交通局局长，张连生为市劳动人事局局长，曹诗青为市文化局局长，冷孟祥为市广播电视局局长，王俊峰为市卫生局局长，董光廉为市计划生育委员会主任，郑锦涛为市政府外事办公室主任，秦继满为市审计局局长，龙杨卫为市土地管理局局长。

第二次会议任免名单

任命：刘德保、王以定为市中级人民法院副院长；赵开源、田正华为市人民检察院副检察长，雷森策、赵开源、肖松柏、田正华、李光荣、陈太善、汤福生、黎先香、张青为检察委员会委员。

补选：饶兴礼为湖北省七届人大代表。

第三会议任免名单

决定任命：陈祚俊为市粮食局局长。

第四次会议任免名单

决定任命：杨祖一为市体育运动委员会主任，杜兴发为市二轻工业局局长。

决定免去：王兴全的市二轻工业局局长，曹诗青的市文化局局长的职务。

任命：黄道安为市中级人民法院刑事审判第二庭庭长，高群为葛洲坝工区人民法庭庭长，刘海森为市中级人民法院告诉申诉审判庭副庭长，望熙盛为市中级人民法院刑事审判第一庭副庭长，罗柏清、徐绍桥、唐显焜为葛洲坝工区人民法庭审判员。

免去：谭年成的市中级人民法院审判委员会委员、刑事审判第二庭庭长、审判员职务，秦大常的审判委员会委员、刑事审判第一庭庭长、审判员职务，王声元的刑事审判第一庭副庭长、审判员职务，孙士礼的葛洲坝工区人民法庭审判员职务。

第六次会议任免名单

决定任命：李家余为市城乡建设环境保护委员会主任，官昌贵为市民政局局长，柴广顺为市监察局局长。

决定免去：肖道根兼任的市城乡建设环境保护委员会主任职务。

任命：龙扬孝、潘鲁为市人民检察院检察员。

第七次会议任免名单

决定任命：杨明德为市化学工业局局长，王学武为市医药管理局局长。

决定免去：王学武的市化工医药管理局局长职务。

任命：商仕和为市中级人民法院民事审判庭庭长、审判委员会委员，李铁生为市中级人民法院申诉审判庭庭长、审判委员会委员。

第九次会议任免名单

决定接受：张世栋辞去市十一届人大常委会委员职务的请求。

决定任命：李宗柏为市人民政府副市长。

第十一次会议任免名单

决定任命：王远超为市物价局局长。

任命：张万顺、刘成模为市人民检察院检察员。

第十二次会议任免名单

决定免去：刘康民的市计划委员会主任职务。

决定任命：李宗柏为市计划委员会主任（兼）。

第十四次会议任免名单

任命：龙杨孝、刘士臣为市人民检察院检察委员会委员。

第十五次会议任免名单

免去：赵开源的市人民检察院副检察长、检察委员会委员职务。

第十六次会议任免名单

决定撤销：张锡成的市人大常委会委员职务。

第十七次会议任免名单

决定免去：卢维珍的市人大教育科学文化卫生委员会副主任委员职务。

任命：望熙盛为市中级人民法院审判委员会委员，胡懿、叶德武为审判员。

补选：孙化为湖北省七届人大代表。

第十九次会议任免名单

决定免去：符利民兼任的市教育委员会主任职务。

决定任命：李诵国为市教育委员会主任。

任命：佟秀萍、郑洋为市人民检察院检察员。

第二十次会议任免名单

决定免去：张连生的市劳动人事局局长职务。

决定任命：项莉芳为市劳动局局长，张松水为市人事局局长。

任命：魏光恕为市中级人民法院行政审判庭副庭长，陈宜安、张晓霞、屈红、彭洪、向银祚、何怀友为市中级人民法院审判员。

第二十一次会议任免名单

决定免去：李宗柏兼任的市计划委员会主任，陈元璋的市一轻工业局局长职务。

决定任命：姜耀塔为市计划委员会主任，袁家希为市一轻工业局局长。

任命：李映霞、范江笛、郭成坤、李金元为市人民检察院葛洲坝工区检察组检察员。

决定接受：张兴本辞去市人大常委会委员职务的请求。

第二十二次会议任免名单

决定任命：杜云生为市人民政府副市长，周光球为市经济体制改革委员会办公室主任，李宝山为市医药管理局局长。

决定免去：张立瑚的市经济体制改革办公室主任，王学武的市医药管理局局长职务。

任命：秦大常为市中级人民法院副院长，柴友秀为审判员，乐佑林、向高德、丁海平为葛洲坝工区人民法庭审判员；袁明炬为市人民检察院副检察长、检察委员会委员。

免去：张青的市人民检察院检察员、检察委员会委员职务。

第二十三次会议任免名单

决定免去：薛守廉的市对外经济贸易委员会主任职务。

决定任命：艾铨勤为市对外经济贸易委员会主任。

任命：秦大常为市中级人民法院审判委员会委员，黄孝明为告诉申诉庭副庭长，王明玉为审判员、审判委员会委员。

批准任命：王书文为点军区人民检察院检察长，马光和为西陵区人民检察院检察长，张青为伍家岗区人民检察院检察长。

免去：赵近春的市人大常委会办公室副主任职务。

第二十五次会议任免名单

决定免去：陈光迪的市财政局局长职务。

决定任命：赵泽黎为市财政局局长。

免去：黎先秀的市人民检察院检察委员会委员职务。

第二十七次会议任免名单

决定免去：胡发全的市工商行政管理局局长职务。

决定任命：何天诚为市工商行政管理局局长。

任命：吕源富为市中级人民法院葛洲坝工区人民法庭审判员、副庭长。

第二十八次会议任免名单

决定任命：张再春为市文化局局长。

任命：王乐云为市中级人民法院行政审判庭庭长、审判委员会委员，辛楚汉为执行庭庭长、审判委员会委员，郑启芳、张殿池为葛洲坝工区人民法庭审判员。

第二十九次会议任免名单

任命：金正红为市人民检察院副检察长、检察委员会委员，杨光荣、王志亮、李绪成为检察委员会委员，王宗火为市人民检察院驻葛洲坝工区检察组检察员。

免去：李光荣的市人民检察院检察委员会委员职务。

第三十次会议任免名单

决定任命：傅显铭为市农业委员会主任。

任命：周琳为市人大常委会办公室副主任。

第三十一次会议任免名单

决定免去：戴振声的市经济委员会主任，李家余的市城乡建设环境保护委员会主任，杨明德的市化学工业局局长，王远超的市物价局局长职务。

决定任命：苏克祥为市经济委员会主任，刘旭辉为市城乡建设环境保护委员会主任，丁立新为市化学工业局局长。

免去：田正华的市人民检察院副检察长、检察委员会委员职务。

决定接受：汤涛辞去市十一届人大常委会委员职务的请求。

第六节 市一届人大及其常委会选举任免工作

1986年地方组织法规定：县级以上的地方各级人民代表大会“选举省长、副省长，自治区主席、副主席，市长、副市长，州长、副州长，县长、副县长，区长、副区长”；“选举本级人民法院院长和人民检察院检察长”；“选举上一级人民代表大会代表”。县级以上的地方各级人大常委会“决定副省长、自治区副主席、副市长、副州长、副县长、副区长的个别任免；在省长、自治区主席、市长、州长、县长、区长和人民法院院长、人民检察院检察长因故不能担任职务的时候，从本级人民政府、人民法院、人民检察院副职领导人员中决定代理的人选”；“决定本级人民政府秘书长、厅长、局长、主任、科长的任免”；“任免人民法院副院长、庭长、副庭长、审判委员会委员、审判员，任免人民检察院副检察长、检察委员会委员、检察员，批准任免下一级人民检察院检察长”；“决定人民检察院分院检察长的任免”；“决定撤销个别副省长、自治区副主席、副市长、副州长、副县长、副区长的职务；决定撤销由它任命的本级人民政府其他组成人员和人民法院副院长、庭长、副庭长、审判委员会委员、审判员，人民检察院副检察长、检察委员会委员、检察员，中级人民法院院长，人民检察院分院检察长的职务”；“补选上一级人民代表大会出缺的代表和撤换个别代表”。

一、市人大选举和通过

1992年9月14日，市一届人大一次会议选举产生市人大常委会组成人员。主任：赵复武，副主任：王治山、邓启勋、江秀芳（女）、李国普、李家余、吴承富、周云焕、徐春浩、龚尚华、粟凯、谢远照、戴振声，秘书长：李国普（兼），委员：邓联合、刘康明、刘德法、李善林、杨云峰、肖昌发、吴建查、何业枞、汪正江、张万里、张正安、张兴本、张鸣谦、陈祖庆、范钟明、林奇青、林家瑜、易继纯、罗官章、周大斌、周友金、赵先觉、侯广忠、秦燧泉、郭汉惠（女）、郭泗溢、龚福达、傅继涛、廖达风（女）、廖智轩；市人民政府市长：罗清泉，副市长（按姓名笔画排序）：朱常渭、刘克毅、杜云生、李宗柏、肖道根、吴雁雁（女）、张子仪、符利民；市中级人民法院院长：余庆富；市人民检察院检察长：雷森策。通过产生市人大各专门委员会组成人员：农村经济委员会主任委员：汪正江，副主任委员：傅显铭，委员：邓联合、任康铭；财政经济委员会主任委员：刘康明，副主任委员：郭泗溢，委员：朱颖（女）、张兴本、周大斌、周光球、周宗龙；教育科学文化卫生委员会主任委员：徐春浩（兼）；副主任委员：肖昌发；委员：杨云峰、周友金、赵先觉、郭汉惠（女）；城镇建设委员会主任委员李家余（兼），副主任委员林家瑜，委员：陈义章、张毓成、钱金奎；法制委员会主任委员：吴承富（兼），副主任委员：陈祖庆，委员：冯淑珍（女）、陈华胜；民族外事侨务委员会主任委员：秦燧泉，副主任委员：李善林，委员：田延龙、林奇青、罗官章。

1993年3月13日，市一届人大二次会议选举产生湖北省八届人大代表（61名）：马振祥、马骏、王少愚、王守宏、王连东、王作栋、王金玉（女）、王金建、王学惠（女）、王炳南、方立红（女）、邓中银（女）、艾汉金、艾光忠、宁邦彦、朱楚生、向珍英（女）、刘红星（女）、刘明新、杨宗焱、杨浩忠、吴淑光（女）、何劲豪、佘培兰（女）、邹学勤、应代明、张业玉、张治国、陈可元、陈代英（女）、陈华远、陈行镐、陈宏炳、陈范洪、陈晓艳（女）、陈登蓉（女）、陈毅、林春水、易行运、罗兴邦、罗清泉、周大仁、周坚卫、赵复武、胡光德、胡泽玉、钟书樵、侯君莲（女）、郭玉吉（女）、郭汉惠（女）、陶作美、黄家春、曹诗芬（女）、龚尚玉、龚超、傅纯诚、鄢国培、雷元海、薛传喜、戴维新（女）、瞿蓓莉（女）。

1995年2月15日，市一届人大四次会议选举郭远章为市人民政府市长。

1996年3月1日，市一届人大五次会议选补市一届人大常委会组成人员：副主任：柏世友，秘书长：王少愚，委员：朱吉荣、张天文、周登品。

二、市人大常委会选举和任免

市一届人大常委会补选湖北省人大代表1人。任命国家机关工作人员361人次，免去国家机关工作人员49人次。详见表6—2—5。

宜昌市一届人大常委会履行任免职权统计表

表6—2—5　　　　单位：人次

任免地方国家工作人员	任免人数		
	任　命	接受辞职	免去职务
市人民政府代理市长、副市长、秘书长	7	4	—
市人民政府部门负责人	51	—	9
市人民法院、市人民检察院负责人及各类职务	285	—	33
市人大常委会组成人员及工作机构负责人	18	3	—
合　　计	361	7	42

第一次会议任免名单

任命：刘德法为市人大常委会副秘书长，张成大为市人大常委会办公室主任。

决定任命：苏克祥为市经济委员会主任，李超为市机械工业局局长，黄家震为市化学工业局局长，袁家希为市一轻工业局局长，杜兴发为市二轻工业局局长，郭文为市交通局局长。

第二次会议任免名单

任命：梅云年为市人大常委会副秘书长，周琳、廖全谷、岳庆坡、邹贵初为市人大常委会办公室副主任，龚福达为市人大常委会代表联络工作委员会主任，屈耀富为市人大常委会代表联络工作委员会副主任；胡兆满、秦大常、赵在春、黄家钰、王以定为市中级人民法院副院长；杨木修、何应新、袁明炬、邹隆琼、刘士臣为市人民检察院副检察长，雷森策、杨木修、何应新、袁明炬、邹隆琼、刘士臣为检察委员会委员。

决定任命：官德锦为市一届人大法制委员会副主任委员，王淑珍为市一届人大财政经济委员会副主任委员；柳定祥为市人民政府秘书长，郑祖桥为市人民政府办公室主任，周围为市计划委员会主任，杨守植为市科学技术委员会主任，刘旭辉为市城乡建设委员会主任，梅峰为市政府财贸办公室主任，刘光惠为市农业委员会主任，李诵国为市教育委员会主任，徐顺祥为市对外经济贸易委员会主任，郑锦涛为市政府外事办公室主任，杨祖一为市体育运动委员会主任，李定钧为市计划生育委员会主任，赵开伦为市公安局局长，刘书金为市司法局局长，陈华胜为市民政局局长，吴启华为市人事局局长，孙明华为市劳动局局长，柴广顺为市监察局局长，朱颖为市审计局局长，郑以进为市土地管理局局长，李春堂为市统计局局长，涂成义为市物价局局长，邵友祥为市物资局局长，胡庆洋为市财政局局长，何天成为市工商行政管理局局长，李开明为市粮食局局长，王光元为市农牧局局长，万信武为市林业局局长，袁春堂为市水利水电局局长，彭万廷为市文化局局长，石慰平为市卫生局局长，冷孟祥为市广播电视局局长，孙维全为市环境保护局局长。

第四次会议任免名单

任命：余庆富、胡兆满、秦大常、赵在春、黄家钰、王以定、王明玉为市中级人民法院审判委员会委员，马尚恒为审判委员会委员、刑事审判庭第一庭庭长，黄道安为审判委员会委员、刑事审判庭第二庭庭长，邱木成为审判委员会委员、民事审判庭庭长，蒋彩华为审判委员会委员、经济审判第一庭庭长，焦光文为审判委员会委员、经济审判第二庭庭长，姚世铸为审判委员会委员、行政审判庭庭长，李铁生为审判委员会委员、告诉申诉庭庭长，辛楚汉为审判委员会委员、执行庭庭长，高群为审判委员会委员、葛洲坝工区人民法庭庭长，望熙盛为刑事审判第一庭副庭长，余发连为刑事审判第一庭副庭长，薛昌维为刑事审判第二庭副庭长，李和卫为刑事审判第二庭副庭长，商仕和为民事审判庭副庭长，薛会金为民事审判庭副庭长，杨云先为民事审判庭副庭长，叶德武为经济审判第一庭副庭长，郑琼为经济审判第二庭副庭长，王乐云为行政审判庭副庭长，魏光恕为行政审判庭副庭长，陈三红为告诉申诉庭副庭长，刘海森为告诉申诉庭副庭长，席先志为执行庭副庭长，吕源富为葛洲坝工区人民法庭副庭长，万承全、王明寿、王歆、王锡海、叶建忠、刘隆俊、朱世全、向银祚、何云、何怀友、李济烟、张天佑、张立政、张声燕、张晓霞、杨君珍、杨筱晶、汪家乾、余焕春、屈红、易永发、金亚民、陈宜安、武桂春、柴友秀、胡懿、常明、黄孝明、康梓材、彭洪、傅先炳、揭家锐、韩裕新、赫承烨为审判员，唐显琨、乐佑林、张殿池、万想林、韩端明、郑启芳、张建平、余存英、向高德、徐绍桥、王晓桃、丁海平、罗柏清、张秀琴为葛洲坝工区人民法庭审判员；曹诗清、周传柏、龙扬孝、杨万清、潘绪梅、屈家瑞、张力、李春林、文远泽、冯万森、黄传家、刘志平、曾正发、朱新泉、李以新、王政平、张远平、吴宗华、杨德太、姚天运、黄会财、王盛佑、娄海庭、杜友山、陈祖庚、佟秀萍、夏国惠、刘成模、屈家新、刘桂林、邹宗堂、董志荣、李远华、陈卫华、彭远新、夏武森、朱发登、朱守伦、李晓生、王和平、沈明新、蒋财和、刘萍、杨建军为市人民检察院检察员，王宗火、章家祯、范江笛、李金元、李映霞、潘鲁、陈顺平、郭城坤、王震武为市人民检察院驻葛洲坝工区检察处检察员。

第五次会议任免名单

决定任命：袁家希为市轻工业局局长。

第六次会议任免名单

任命：姚圣桂为市人大常委会代表联络工作委员会副主任；赵玉琼、李绪成、田道光、杨光荣、王志亮为市人民检察院检察员、检察委员会委员；胡海峰为市人民检察院驻市税务局检察室检察员；王宗炎为市人民检察院检察委员会委员。

批准免去：余祖光的兴山县人民检察院检察长职务。

决定接受：刘克毅辞去市人民政府副市长职务的请求。

第八次会议任免名单

决定任命：高秉琔为市人民政府副市长。

第九次会议任免名单

免去：岳庆坡的市人大常委会办公室副主任职务。

批准免去：王书文的点军区人民检察院检察长职务。

任命：岳庆坡为市人大常委会代表联络工作委员会副主任；李兰芳为市中级人民法院审判委员会委员，余焕春为经济审判第二庭副庭长，王振声、张伟林、叶绪刚、张士勇、向培容、陈治发、夏先鹏、毕勇、赵登发、郑文堂、袁定家、汪本雄、荣　幸、宋秀荣、苏卫华、朱伟春、高强、王乐富为审判员；王书文为市人民检察院检察员。

批准任命：马光和为西陵区人民检察院检察长，张青为伍家岗区人民检察院检察长，邵登文为点军区人民检察院检察长，田奠科为宜昌县人民检察院检察长，李昌宽为枝城市人民检察院检察长，祁必清为枝江县人民检察院检察长，张永成为当阳市人民检察院检察长，胡仁义为远安县人民检察院检察长，郭子槐为兴山县人民检察院检察长，崔永瑜为秭归县人民检察院检察长，周厚金为长阳土家族自治县人民检察院检察长，张承福为五峰土家族自治县人民检察院检察长。

第十次会议任免名单

决定免去：刘光惠的市农业委员会主任，杨守植的市科学技术委员会主任，陈华胜的市民政局局长职务。

决定任命：熊从艮为市农业委员会主任，李和奎为市科学技术委员会主任，洪昌福为市民政局局长。

任命：谭文建、刘祖才、牟秀英、郑重、赵宝贵、孙永万、韩元红为市人民检察院检察员。

第十一次会议任免名单

任命：赖平哲、周月梅、全金锁、欧阳玉章、袁立国、何珍先为市中级人民法院葛洲坝工区人民法庭审判员。

第十三次会议任免名单

决定接受：罗清泉辞去市人民政府市长职务的请求。

决定任命：郭远章为市人民政府副市长、代理市长。

第十四次会议任免名单

任命：何伟亚为市中级人民法院审判员，张建平为葛洲坝工区人民法庭副庭长，周天琼为葛洲坝工区人民法庭审判员；雷慧斌为市人民检察院驻葛洲坝工区检察员。

第十六次会议任免名单

免去：马尚恒的市人民法院刑事审判第一庭庭长，邱木成的民事审判庭庭长，蒋彩华的经济审判第一庭庭长，李铁生的告诉申诉庭庭长，辛楚汉的执行庭庭长，望熙春的刑事审判第一庭副庭长，薛昌维的刑事审判第二庭副庭长，商仕和的民事审判庭副庭长，王乐云的行政审判庭副庭长，叶德武的经济审判第一庭副庭长，余焕春的经济审判第二庭副庭长的职务。

任命：薛昌维为市中级人民法院刑事审判第一庭庭长，胡懿为民事审判第一庭庭长，商仕和为刑事审判第二庭庭长，王乐云为经济审判第一庭庭长，揭家锐为执行庭庭长，陈三红为告诉申诉庭庭长，赫承烨为刑事审判第一庭副庭长，李济烟为刑事审判第二庭副庭长，薛会金为民事审判第一庭副庭长，杨云先为民事审判第二庭副庭长，余焕春为经济审判第一庭副庭长，柴友秀为告诉申诉庭副庭长；望熙盛为市三峡坝区人民法院院长。

第十七次会议任免名单

决定任命：杨木生为市林业局局长，李全新为市农牧业局局长。

任命：周传柏为宜昌市三峡坝区人民检察院检察长；陈晓明为市中级人民法院审判员，吴爱玲为葛洲坝工区人民法庭审判员。

决定免去：万信武的市林业局局长，王光元的市农牧业局局长职务。

第十八次会议任免名单

决定任命：熊从艮为市人民政府秘书长，王敏为市经济委员会主任，谢永和为市农业委员会主任，黄传林为市交通委员会主任。

决定免去：柳定祥的市人民政府秘书长，苏克祥的市经济委员会主任，熊从艮的市农业委员会主任职务。

任命：王立国为市人大常委会办公室副主任。

免去：廖全谷的市人大常委会办公室副主任职务。

第十九次会议任免名单

任命：王明玉为市中级人民法院副院长；望熙盛、朱天银为市三峡坝区人民法院审判委员会委员，叶建忠为审判委员会委员、刑事审判庭庭长，张伟林为经济审判庭副庭长，朱少华为审判员、民事审判庭副庭长；吴银桥、黄昌新、田明效、刘克勤、杨世新、郑青为市人民检察院检察员。

批准任命：朱新泉为猇亭区人民检察院检察长。

免去：王以定的市中级人民法院副院长职务，叶建忠、张伟林的市中级人民法院的审判员职务。

第二十次会议任免名单

任命：朱天银为市三峡坝区人民法院副院长；杨建军为市三峡坝区人民检察院副检察长。

批准任命：张青为伍家岗区人民检察院检察长。

免去：杨建军的市人民检察院检察员职务。

第二十三次会议任免名单

任命：冯万森为市人民检察院检察委员会委员；余发连为市中级人民法院告诉申诉庭副庭长，何伟亚为告诉申诉庭副庭长，郑琼为民事审判第一庭副庭长，柴友秀为经济审判第二庭副庭长，周林波为审判员、民事审判第二庭副庭长。

批准任命：陈开元为伍家岗区人民检察院检察长。

免去：赵玉琼的市人民检察院检察委员会委员职务；余发连的市中级人民法院民事审判第一庭副庭长，郑琼的民事审判第一庭副庭长，柴友秀的告诉申诉庭副庭长职务。

第二十四次会议任免名单

决定任命：王传豪为市人民政府副市长，刘克兢为市粮食局局长。

决定免去：赵开伦的市公安局局长，李开明的市粮食局局长职务。

任命：邱忠安为市人大常委会副秘书长。

第二十五次会议任免名单

决定任命：孙志刚为市人民政府副市长、代理市长，胡兆满为市中级人民法院代理院长。

任命：揭家锐为市中级人民法院审判委员会委员、赔偿委员会办公室主任，张士勇为执行庭庭长，陈宜安为刑事审判第一庭副庭长，薛昌维、胡懿、商仕和、王乐云、陈三红、江家乾、叶德武为市中级人民法院审判委员会委员。

免去：揭家锐的市中级人民法院执行庭庭长职务。

批准免去：郭子槐的兴山县人民检察院检察长职务。

决定接受：郭远章辞去市人民政府市长职务，余庆富辞去市中级人民法院院长职务的请求。

第二十六次会议任免名单

任命：丁先雄为市人大常委会研究室主任；刘雪青、曾智丽、李明芳、李淑一、陈军为市中级人民法院审判员，唐显焜为葛洲坝工区人民法庭副庭长。

决定任命：王敏为市经济委员会主任。

第二十七次会议任免名单

任命：张成大为市人大常委会副秘书长，邹贵初为市人大常委会办公室主任；周传柏、杨建军、刘祖才为市三峡坝区人民检察院检察委员会委员，刘祖才、张华、陈晶洁、李建平、杨勇为检察员。

免去：张成大的市人大常委会办公室主任职务；周传柏、刘祖才、曹诗法、刘桂林、杨万清、朱新泉、李远华、吴宗华、屈家瑞的市人民检察院检察员职务。

第七节　市二届人大及其常委会选举任免工作

一、市人大选举和通过

1997年3月31日，市二届人大一次会议选举产生市二届人大常委会组成人员。主任：赵复武，副主任：江秀芳、李家余、肖道根、张子仪、赵君礼、柏世友、符利民，秘书长：王少愚，委员：王光元、王祖谟、王肇华、车国荣、邓立新、甘泽清、田太富、冯淑珍、匡天文、朱吉荣、邬永坤、刘明国、李作志、李泽泉、李善林、杨诗亮、别必雄、张天文、张兴本、陈如意、周登品、梅峰、黄利鸣、龚福达；市人民政府市长：孙志刚，副市长（按姓名笔画排序）：王传豪、朱常渭、吴雁雁、张为民、张建一、郑广玉、贾庆生；市中级人民法院院长：胡兆满；市人民检察院检察长：李早湘。通过市人大专门委员会组成人员名单。法制委员会主任委员：匡天文，副主任委员：张兴本，委员：冯淑珍（女）、刘书金、张进国、洪昌福、聂心菊（女）；财政经济委员会主任委员：梅峰，副主任委员：陈如意，委员：王敏、朱颖 (女) 、周宗龙、徐顺祥、韩靖忠、褚发清；教育科学文化卫生委员会主任委员：刘明国，副主任委员：黄利鸣，委员：王学龙、王春彩(女)、宁邦彦、李和奎、胡旭

（女）；农村委员会主任委员：王光元，副主任委员：杨诗亮，委员：吴启雄、郑以进、胡发喜、谢永和；城乡建设环境资源保护委员会主任委员：车国荣，副主任委员：甘泽清，委员：王远璋、向松林、刘旭辉、刘宪明(女)、黄传林；民族宗教外事侨务委员会主任委员：李善林(土家族)，副主任委员:邓立新(土家族)，委员：马国芹(女，回族)、何劲豪(归侨)、郑锦涛、雷元海(土家族)。

1997年12月15日，市二届人大二次会议选举产生湖北省九届人大代表54人：马宏彦、王正、王万修、王先斌（土家族）、王学惠（女）、王恒意、文志英、艾苍松、叶兆清、田震亚、宁本新（女，土家族）、刘利人、刘长建、刘志红、孙志刚、杨保平、苏达奇、李玉修、李亚隆、李华雄、李盈奕（土家族）、肖振斌、别必雄、应代明、汪定国、沈虹光（女）、张正军、陈行镐、陈秉林、罗清泉、金梅（女）、周水舟、周坚卫、周其斌、周登品、郑超、孟美蓉（女）、赵复武、姜萍（女）、秦宏灿、袁振华、高传江、黄传喜（土家族）、望蓉（女）、望开东（女）、蒋祝平、蒋再英（女）、韩永、韩靖忠、曾宪荣、蔡宏柱、廖达凤（女）、谭徽在（土家族）、戴维新（女，回族）。

1998年2月17日，宜昌市二届人大三次会议选补市人大常委会委员5名（按姓名笔画排序）：朱守纪、刘仁新、李忠信、邹旭昌、张鹏。

2000年2月28日，宜昌市二届人大五次会议选举王振有为市人民政府市长；补选市人大常委会副主任：甘家宽，委员3名（按姓名笔画排序）：杨正谋、陈汝斌、龚尚玉；通过市人大专门委员会成员：龚尚玉为财政经济委员会主任委员，杨正谋为教育科技文化卫生委员会主任委员，陈汝斌为城乡环境资源保护委员会主任委员。

2001年2月28日，市二届人大六次会议补选市人大常委会组成人员。秘书长：李和奎，委员3名（按姓名笔画排序）：齐福堂、杨明德、袁春堂。

二、市人大常委会选举和任免

市二届人大常委会补选湖北省九届人大代表2人，罢免湖北省九届人大代表职务1人。任命国家机关工作人员378人次，免去国家机关工作人员235人次，表6—2—6。

宜昌市二届人大常委会履行任免职权统计表

表6—2—6 单位：人次

任免地方国家工作人员	任免人数		
	任命	接受辞职	免去职务
市人民政府代理市长、副市长、秘书长	5	3	—
市人民政府部门负责人	77	—	34
市人民法院、市人民检察院负责人及各类职务	269	—	180
市人大常委会组成人员及工作机构负责人	27	18	—
合计	378	21	214

第一次会议任免名单

任命：邱忠安、张成大为市人大常委会副秘书长，龚福达为市人大常委会代表联络信访人事任免工作委员会主任、姚圣桂为副主任，邹贵初为市人大常委会办公室主任、周琳、王立国、谢祚剑为副主任，丁先雄为市人大常委会研究室主任、余跃进为副主任；叶德武为市中级人民法院刑事审判第一庭庭长，李和卫为刑事审判第二庭庭长，薛昌维为民事审判第一庭庭长，焦光文为刑事审判第二庭庭长，何云为经济审判第二庭庭长，胡懿为行政审判庭庭长，陈三红为立案庭庭长，姚世铸为东山人民法庭庭长，杨筱晶为审判监督庭副庭长，向培容为行政审判庭副庭长，王春晖为东山人民法庭审判员。

决定任命：熊从艮为市人民政府秘书长兼市人民政府办公室主任，周围为市计划委员会主任，王敏为市经济委员会主任，谢永和为市农业委员会主任，李和奎为市科学技术委员会主任，刘旭辉为市建设委员会主任，王道本为市教育委员会主任，张再春为市经济体制改革委员会主任，徐顺祥为市对外经济贸易委员会主任，黄传林为市交通委员会主任，王风满为市商业委员会主任，刘家兴为市国家安全局局长，洪昌福为市民政局局长，柴广顺为市监察局局长，胡庆洋为市财政局局长，朱颖为市审计局局长，黄克为市劳动局局长，郭朝运为市农业局局长，袁春堂为市水利水电局局长，杨木生为市林业局局长，彭万廷为市文化局局长，张宗才为市广播电视局局长，石慰平为市卫生局局长，张宗益为市计划生育委员会主任，杨祖一为市体育运动委员会主任，郑锦涛为市政府外事办公室主任，裴学忠为市防空办公室主任，郭昌荣为市民族宗教事务局局长，李春堂为市统计局局长，涂成义为市物价局局长，何天成为市工商行政管理局局长，范海生为市技术监督局局长，郑以进为市土地管理局局长，孙维全为市环境保护局局长，陈常绣为市医药管理局局长，陈家贤为市规划管理局局长，刘克兢为市粮食局局长，胡发喜为市乡镇企业管理局局长，李德刚为市移民局局长。

免去：薛昌维的市中级人民法院刑事审判第一庭庭长，黄道安的刑事审判第二庭庭长，焦光文的经济审判第二庭庭长，胡懿的民事审判第一庭庭长，商仕和的民事审判第二庭庭长，姚世铸的行政审判庭庭长，陈三红的告诉申诉庭庭长，余发连的告诉申诉庭副庭长，刘海森的告诉申诉庭副庭长，何伟亚的告诉申诉庭副庭长，魏光恕的行政审判庭副庭长，周林波的民事审判第二庭副庭长，赫承烨的刑事审判第一庭副庭长，李和卫的刑事审判第二庭副庭长，李济烟的刑事审判第二庭副庭长职务。

批准任命：范启敬为枝城市人民检察院检察长。

批准免去：李昌宽的枝城市人民检察院检察长职务。

第二次会议任免名单

决定任命：段新华为市人事局局长，黄洪为市公安局局长，张军平为市司法局局长。

任命：汪家乾、李兰芳为市中级人民法院副院长，朱伟春为市中级人民法院刑事审判第一庭副庭长，张晓霞为刑事审判第二庭副庭长，汪本雄为行政审判庭副庭长，王锡海为执行庭副庭长，高强为执行庭副庭长，张耀秋为审判员；胡仁义为市人民检察院副检察长。

免去：赵在春的市中级人民法院副院长职务；杨木修、袁明炬的市人民检察院副检察长职务。

第三次会议任免名单

任命：杨世民、王新华为市人民检察院检察员，刘祖才为市三峡坝区人民检察院副检察长。

批准任命：聂心菊为兴山县人民检察院检察长。

第四次会议任免名单

任命：张伟林为市三峡坝区人民法院告诉申诉审判庭庭长，朱少华为经济审判庭副庭长，许建江为审判员、执行庭副庭长，薛峰、廖声学、陈红秀、易礼平为审判员。

免去：张伟林的市三峡坝区人民法院经济审判庭副庭长，朱少华的民事审判庭副庭长职务。

批准免去：胡仁义的远安县人民检察院检察长职务。

第七次会议任免名单

任命：刘承元为市人民检察院副检察长。

批准任命：李朝平为远安县人民检察院检察长。

批准免去：祁必清的枝江市人民检察院检察长，马光和的西陵区人民检察院检察长，陈开元的伍家岗区人民检察院检察长，邵登文的点军区人民检察院检察长，朱新泉的猇亭区人民检察院检察长，田奠科的宜昌县人民检察院检察长，张永成的当阳市人民检察院检察长，张承福的五峰土家族自治县人民检察院检察长职务。

第八次会议任免名单

决定任命：吴新祥为市人民政府办公室主任，王新祝为市人民政府研究室主任，周国彬为市卫生局局长。

任命：赵长琴、梁华为市人大常委会办公室副主任，王立国为市人大常委会代表联络信访人事任免工作委员会副主任；李和卫、何云、张士勇、余发连为中级法院审判委员会委员，陈文宽为市中级人民法院草埠湖人民法庭审判员、庭长，冯明柏为市中级人民法院草埠湖人民法庭审判员；张力、刘克勤、郑青为市人民检察院检察委员会委员，邵登文、贺红、许智祥、孙兆云、欧阳进、赵青、陈杨林、张红、郑祖林为市人民检察院检察员，廖育龙为市三峡坝区人民检察院副检察长、检察委员会委员，张华为检察委员会委员，赵清宜、戴兵、傅德雁为检察员。

批准任命：朱新泉为西陵区人民检察院检察长，马光和为伍家岗区人民检察院检察长，陈开元为点军区人民检察院检察长，张永成为猇亭区人民检察院检察长，姚维树为宜昌县人民检察院检察长，陈勇为枝江市人民检察院检察长，王志亮为当阳市人民检察院检察长，程晓蔚为五峰土家族自治县人民检察院检察长。

决定免去：熊从艮兼任的市人民政府办公室主任，石慰平的市卫生局局长职务。

免去：王立国的市人大常委会办公室副主任职务；王志亮的市人民检察院检察委员会委员、检察员职务，王宗火的检察委员会委员、检察员职务，田道元、杨光荣的检察委员会委员职务，夏国惠、王盛佑的检察员职务。

第十次会议任免名单

决定任命：刘先新为市林业局局长，张学才为市物价局局长。

任命：胡懿为市中级人民法院执行庭庭长，陈晓明为刑事审判第二庭副庭长，刘雪青为刑事审判第二庭副庭长，王赞雄为刑事审判第二庭副庭长，杨君珍为告诉立案庭副庭长，王歆为经济审判第一庭副庭长，罗世万、刘旭堂、裴京萍、黄德文、黄金波为审判员，李俊锋、周健文、谌克强、李祖旺为葛洲坝工区人民法庭审判员。

决定免去：杨木生的市林业局局长，涂成义的市物价局局长职务。

免去：何云的市中级人民法院经济审判第二庭庭长职务，胡懿的经济行政审判庭庭长职务，张士勇的执行庭庭长职务，张晓霞的刑事审判第二庭副庭长职务，薛会金的民事审判第一庭副庭长职务，高群的葛洲坝工区人民法庭庭长职务，吕源富的葛洲坝工区人民法庭副庭长、审判员职务，乐佑林的葛洲坝工区人民法庭审判员职务。

第十一次会议任免名单

任命：赫承烨为市中级人民法院审判委员会委员，余焕春为经济审判第二庭庭长，周林波为行政审判庭庭长；

免去：余焕春的市中级人民法院经济审判庭副庭长职务。

第十二次会议任免名单

任命：陈振华为市人大常委会副秘书长。

决定任命：冯万林为市文化局局长。

决定免去：彭万廷的市文化局局长职务。

第十三次会议任免名单

任命：韩庆解为市中级人民法院副院长、审判委员会委员，望熙盛为市中级人民法院审判委员会委员、刑事审判第一庭庭长，夏先鹏为审判委员会委员，张大海为市三峡坝区人民法院院长；覃卫为市人民检察院副检察长、检察委员会委员，田凡、吴丰明、陈侃为市人民检察院检察员。

免去：黄家钰的市中级人民法院副院长职务，张士勇的审判委员会委员、审判员职务，叶德武的刑事审判第一庭庭长职务，望熙盛的市三峡坝区人民法院院长职务；邹隆琼的市人民检察院副检察长、检察委员会委员职务，龙扬孝的检察员职务。

第十四次会议任免名单

免去：王赞雄的市中级人民法院民事审判第二副庭长职务；潘绪梅的市人民检察院检察员职务。

任命：王赞雄为市中级人民法院经济审判第一庭副庭长；冯毅、熊元波为市人民检察院检察员，谭明琼为市三峡坝区人民检察院检察员。

批准任命：姚维树为宜昌县人民检察院检察长，范启敬为宜都市人民检察院检察长，陈勇为枝江市人民检察院检察长，王志亮为当阳市人民检察院检察长，李朝平为远安县人民检察院检察长，聂心菊为兴山县人民检察院检察长，崔永瑜为秭归县人民检察院检察长，周厚全为长阳土家族自治县人民检察院检察长，程晓蔚为五峰土家族自治县人民检察院检察长，朱新泉为西陵区人民检察院检察长，马光和为伍家岗区人民检察院检察长，陈开元为点军区人民检察院检察长。

第十五次会议任免名单

决定任命：陈士新为市财政局局长。

决定免去：胡庆洋的市财政局局长，张再春的市经济体制改革委员会主任职务。

第十六次会议任免名单

任命：黄孝平、吴汉强、李华乐、邓丽华、胡振元、周玉萍、高秉兰、戴翔、曹斌为市中级人民法院审判员，刘表春为市三峡坝区人民法院审判员，高云环、易礼平为市三峡坝区人民法院民事审判庭副庭长，薛峰为刑事审判庭副庭长，兰昌国为审判员、经济审判庭副庭长，李昌文为审判员、执行庭副庭长。

决定免去：王新祝的市人民政府研究室主任职务。

第十七次会议任免名单

决定任命：刘旭辉为市人民政府副市长，杨智为市建设委员会主任。

任命：唐显焜为市中级人民法院审判委员会委员、市中级人民法院葛洲坝人民法庭庭长，赖平哲为葛洲坝人民法庭副庭长，朱少华为市三峡坝区人民法院副院长、审判委员会委员、经济审判庭庭长，张伟林为审判委员会委员。

决定免去：刘旭辉的市建设委员会主任职务。

免去：唐显焜的市中级人民法院葛洲坝人民法庭副庭长职务，朱少华的市三峡坝区人民法院经济审判庭副庭长职务，叶建忠的市三峡坝区人民法院审判委员会委员、刑事审判庭庭长、审判员职务。

第十八次会议任免名单

决定接受：孙志刚辞去市人民政府市长职务的请求。

决定任命：王振有为市人民政府副市长、代理市长。

第十九次会议任免名单

任命：张晶莹、黄税为市人民检察院检察员，肖海峰、熊双梅、夏祥军为市三峡坝区人民检察院检察员，欧阳青春、杨晓谷、陈洪斌、李澜、洪振武、魏勇、陈　智、李景华为市人民检察院葛洲坝工区检察处检察员。

免去：李金元的市人民检察院葛洲坝工区检察处检察员职务。

第二十次会议任免名单

决定任命：马宏彦为市经济贸易委员会主任。

决定免去：王敏的市经济贸易委员会主任职务。

第二十二次会议任免名单

决定任命：曹凝蓉为市人大常委会财政经济委员会副主任委员。

批准任命：李长红为长阳土家族自治县人民检察院检察长。

批准免去：周厚全的长阳土家族自治县人民检察院检察长职务。

决定接受：车国荣辞去市人大城乡建设环境资源保护委员会主任委员，刘明国辞去市人大教育科学文化卫生委员会主任委员，梅峰辞去市人大财政经济委员会主任委员，陈如意辞去市人大财政经济委员会副主任委员职务的请求，同时接受他们辞去市人大常委会委员职务的请求。

第二十三次会议任免名单

决定任命：颜家万为市规划管理局局长，李全新为市农业局局长。

任命：焦光文为市中级人民法院执行庭庭长，周林波为市中级人民法院民事审判第二庭庭长，蔡云、吴佑乾、叶建忠为市中级人民法院审判员。

决定免去：陈家贤的市规划管理局局长，郭朝运的市农业局局长职务。

免去：胡懿的市中级人民法院执行庭庭长职务，焦光文的市中级人民法院民事审判第二庭庭长职务，周林波的市中级人民法院行政审判庭庭长职务；彭远新的市人民检察院检察员职务。

第二十四次会议任免名单

任命：梁华为市人大常委会办公室主任。

免去：邹贵初的市人大常委会办公室主任职务；望熙盛、李和卫、叶德武、商仕和、揭家锐、何云、辛楚汉、赫承烨、唐显焜的市中级人民法院审判委员会委员职务，王赞雄的经济审判第一庭副庭长职务。

决定任命：刘维柱为市人大农村委员会副主任委员，王家元为市人大教育科学文化卫生委员会副主任委员；郑廷贵为市人民政府研究室主任，田太富为市民族宗教事务局局长，倪华为市商业委员会主任。

决定免去：郭昌荣的市民族宗教事务局长，王风满的市商业委员会主任，徐顺祥的市对外经济贸易委员会主任，杨祖一的市体育运动委员会主任职务。

第二十五次会议任免名单

决定任命：王厚军为市公安局局长，周正英为市体育运动委员会主任，罗毅为市对外经济贸易委员会主任。

决定免去：黄洪的公安局长职务。

第二十六次会议任免名单

任命：程林发为市人大常委会代表联络信访人事任免工作委员会主任，王明珍、刘英剑为市人大常委会办公室副主任。

决定任命：邹旭昌、李忠信兼任市人大城乡建设环境资源保护委员会副主任委员；童孔玲为市统计局局长。

免去：龚福达的市人大常委会代表联络信访人事任免工作委员会主任，周琳的市人大常委会办公室副主任职务。

决定免去：李春堂的市统计局局长职务。

第二十七次会议任免名单

决定任命：陈鸿清为市经济体制改革委员会主任，向克林为市审计局局长。

任命：王会甫、郑斌、高邱春为市人民检察院检察员，雷涛为市三峡坝区人民检察院检察员。

决定免去：朱颖的市审计局局长职务。

免去：刘克勤的市人民检察院检察委员会委员、检察员职务。

批准免去：陈勇的枝江市人民检察院检察长职务。

第二十九次会议任免名单

补选：严煤为湖北省九届人大代表。

第三十次会议任免名单

决定任命：陈华为市乡镇企业局局长。

决定免去：胡发喜的市乡镇企业局局长，李和奎的市科学技术委员会主任，袁春堂的市水利水电局局长职务。

决定接受：张子仪、符利民辞去市二届人大常委会副主任职务，王少愚辞去市二届人大常委会秘书长职务的请求。

第三十一次会议任免名单

免去：姚世铸的市中级人民法院审判监督庭庭长，汪本雄的行政审判庭副庭长，王赞雄的告诉立案庭副庭长，陈宜安的刑事审判第一庭副庭长，杨君珍的告诉立案庭副庭长，蔡云的审判员，周天琼的市中级人民法院葛洲坝人民法庭审判员职务。

批准免去：程晓蔚的五峰土家族自治县人民检察院检察长职务。

任命：汪本雄为行政审判庭庭长，王赞雄为审判监督庭庭长，陈宜安为告诉立案庭副庭长，黄德文为告诉立案庭副庭长，杨君珍为民事审判第二庭副庭长，廖朝平为民事审判第二庭副庭长、审判员，李萍为刑事审判第一庭副庭长、审判员，王春晖为市中级人民法院东山人民法庭副庭长，刘卓彬、李峡、黄家波、姚继坤、李攀、吴志敏、王礼仁为市中级人民法院审判员，杨晓谷为市中级人民法院葛洲坝人民法庭审判员；程晓蔚为市三峡坝区人民检察院副检察长、检察委员会委员。

批准任命：张永成为猇亭区人民检察院检察长，刘国庆为五峰土家族自治县人民检察院检察长，赵亚平为枝江市人民检察院检察长。

决定罢免：望开东的湖北省第九届人民代表大会代表职务。

补选：王振有为湖北省第九届人民代表大会代表。

第三十三次会议任免名单

决定任命：刘克刚为市人民政府副市长，王宏强为市科学技术委员会主任，秦诗华为市水利水电局局长。

任命：丁先雄为市人大常委会副秘书长，余跃进为研究室主任。

免去：邱忠安的市人大常委会副秘书长，丁先雄的市人大常委会研究室主任职务。

第三十四次会议任免名单

任命：马晓黎、施久兵、高秉兰为市人民检察院检察员。

免去：高秉兰的市中级人民法院审判员职务；夏武森的市人民检察院检察员职务，杨晓谷的市葛洲坝工区检察处检察员职务。

第三十五次会议任免名单

决定任命：胡家法为市人民政府副市长，杨智为市人民政府秘书长、市人民政府办公室主任，郑超为市发展计划委员会主任，马宏彦为市经济贸易委员会主任，罗毅为市对外经济贸易合作局局长，段贤斌为市交通局局长，黄克为市劳动和社会保障局局长，李全新为市农业局局长，王宏强为市科学技术局局长，王道本为市教育局局长，张宗益为市人口和计划生育委员会主任，谭春玉为市国土资源局局长。

任命：张宗才为市人大常委会副秘书长。

决定免去：熊从艮的市人民政府秘书长，吴新祥的市人民政府办公室主任，杨智的市原建设委员会主任，周围的市原计划委员会主任，马宏彦的市经济贸易委员会主任，罗毅的市原对外经济贸易委员会主任，黄传林的市原交通委员会主任，黄克的市原劳动局局长，李全新的市农业局局长，王宏强的市原科学技术委员会主任，王道本的市原教育委员会主任，张宗益的市原计划生育委员会主任职务。

免去：刘士臣的市人民检察院副检察长、检察委员会委员职务，邹隆琼的市人民检察院检察员职务。

第三十六次会议任免名单

任命：望熙盛、李和卫为市中级人民法院审判委员会委员；余焕春为市中级人民法院审判委员会委员、民事审判第二庭庭长，陈三红为立案庭庭长，陈宜安为刑事审判第一庭庭长，朱伟春为刑事审判第二庭庭长，周林波为民事审判第一庭庭长，王春晖为民事审判第三庭庭长，叶德武为执行庭庭长，刘旭堂为立案庭副庭长，李峡为立案庭副庭长，徐晓东为立案庭副庭长、审判员，阮思军为刑事审判第一庭副庭长、审判员，裴京萍为刑事审判第二庭副庭长，廖朝平为民事审判第一庭副庭长，苏卫华为民事审判第一庭副庭长，杨君珍为民事审判第一庭副庭长，刘卓彬为民事审判第一庭副庭长，黄德文为民事审判第二庭副庭长，王歆为民事审判第二庭副庭长，邓丽华为民事审判第二庭副庭长，颜虹为民事审判第三庭副庭长、审判员，何伟亚为行政审判庭副庭长，曾智丽为审判监督庭副庭长，金亚民为审判监督庭副庭长，李淑一为执行庭副庭长，李华乐为执行庭副庭长，潘爱国为执行庭副庭长、审判员，李文锋为审判员，董春阳为审判员；唐显焜为葛洲坝人民法院院长、审判委员会委员、审判员，张建平为副院长、审判委员会委员、审判员，赖平哲为副院长、审判委员会委员、审判员，向高德为审判委员会委员、审判监督庭庭长、审判员，张殿池为审判委员会委员、审判员，徐绍桥为审判委员会委员、立案庭庭长、审判员，李祖旺为审判委员会委员、执行庭庭长、审判员，周健文为刑事审判庭庭长、审判员，袁立国为民事审判庭庭长、审判员，李俊峰为民事审判庭副庭长、审判员，何珍先为民事审判庭副庭长、审判员，杨晓谷为行政审判庭副庭长、审判员，王晓桃、吴爱荣、韩端明、张秀琴、全金锁、欧阳玉章、郑启芳、周月梅、谌克强、贾立荣为审判员；孟鸣、郑青为市人民检察院副检察长，吴银桥、冯毅、孙兆云、熊元波为检察委员会委员，赵佑勤、陈俊、俞鸥、林素珍、郭斌为检察员。

免去：马尚恒、黄家钰、余发连、姚世铸的市中级人民法院审判委员会委员、审判员职务，薛昌维的审判委员会委员、民事审判第一庭庭长、审判员职务，王乐云的审判委员会委员、原经济审判第一庭庭长、审判员职务，陈三红的市中级人民法院告诉立案庭庭长职务，望熙盛的刑事审判第一庭庭长职务，李和卫的刑事审判第二庭庭长职务，陈晓明的刑事审判第二庭副庭长职务，周林波的原民事审判第二庭庭长职务，余焕春的原经济审判第二庭庭长职务，焦光文的执行庭庭长职务，赫承烨的市中级人民法院东山人民法庭庭长职务，黄德文的市中级人民法院原告诉立案庭副庭长职务，陈宜安的原告诉立案庭副庭长职务，朱伟春的刑事审判第一庭副庭长职务，郑琼的原民事审判第一庭副庭长、审判员职务，廖朝平的原民事审判第二庭副庭长职务，杨君珍的原民事审判第二庭副庭长职务，王歆的原经济审判第一庭副庭长职务，柴友秀的原经济审判第二庭副庭长、审判员职务，向培荣的行政审判庭副庭长职务，王锡海的执行庭副庭长职务，席先志的执行庭副庭长、审判员职务，杨筱晶的审判监督庭副庭长职务，王春晖的市中级人民法院东山人民法庭副庭长职务，揭家锐、辛楚汉、商仕和、张立政、何怀友、屈红、向银祚、陈治发、张耀秋的市中级人民法院审判员职务，唐显焜、张建平、赖平哲的葛洲坝人民法庭庭长、审判员职务，陈文宽的市中级人民法院草埠湖人民法庭庭长、审判员职务，冯明柏的市草埠湖人民法庭审判员职务，张殿池、王晓桃、向高德、吴爱荣、何珍先、李祖旺、韩端明、张秀琴、徐绍桥、袁立国、李俊峰、全金锁、欧阳玉章、郑启芳、周健文、周月梅、谌克强、杨晓谷、罗柏清、丁海平、万想林的原葛洲坝人民法庭审判员职务；何应新的市人民检察院副检察长、检察委员会委员职务，冯万森的检察委员会委员职务。

决定接受：朱常渭、刘旭辉辞去市人民政府副市长职务的请求。

第三十七次会议任免名单

任命：刘仁新为市人大常委会副秘书长。

第八节　市三届人大及其常委会选举任免工作

一、市人大选举和通过

2002年4月9日，市三届人大一次会议举行选举产生市三届人大常委会组成人员。主任：孙志刚，副主任：李和奎、肖道根、张治国、周围、赵复武、黄传林、戴丽莉（女），秘书长：李业雄，委员：丁先雄、王光元、王家全、史久坤、冯淑珍（女）、邬永坤、刘仁新、齐福堂、杨建明、杨尚聘、李善林、肖振斌、吴诗权、邹旭昌、张再春、张建国、张鹏、陈和春、陈振华、尚葵（女）、周学文、周登品、袁春堂、龚尚玉、彭泽清（女）、程林发；市人民政府市长：王振有，副市长（按姓名笔画排序）：王传豪、刘克刚、张为民、张建一、郑广玉、胡家法、黄利鸣、廖达凤；市中级人民法院院长：胡兴儒；市人民检察院检察长：李早湘。通过市三届人大专门委员会组成人员名单。法制委员会主任委员：丁先雄，副主任委员：李忠信，委员：王声元、宋志武、裴彦龙；内务司法委员会主任委员：陈振华，副主任委员：邹旭昌，委员：杨道健、李大权、李鹏、陈德祥；财政经济委员会主任委员：龚尚玉，委员：庄辉俊、韩靖忠、廖恒、谭小舟；农村经济委员会主任委员：袁春堂，副主任委员：刘维柱，委员： 田兵、杨洪、李旭春；城乡建设环境资源保护委员会主任委员：齐福堂，副主任委员：周安楠，委员：邓斌、向常友、陈燕（女）、胡玉波；教育科学文化卫生委员会主任委员：刘仁新，副主任委员：王家元，委员：王春彩（女）、宋兴福、陶三发；民族宗教外事侨务委员会主任委员：李善林，副主任委员：李世金，委员：马云晓、郭少华、姬绪华。

2002年12月20日，市三届人大二次会议选举湖北省十届人大代表54人（按姓名笔画排序）：马海扬、王功桂（女）、王怀炳（土家族）、王建民 、王振有、王德奎（女，土家族）、尹德斌（土家族）、田明来、田震亚、叶兆清、朱正义、朱耀仲、毕亚雄、孙志刚、刘宗发、刘学甫、刘彦才（土家族）、刘德富、李杰、李佑才、李宗柏、李国璋、李忠信、佘西龙、杜伟、汪宏（女）、 汪定国、杨万贵、宋文豹、肖振斌、 沈虹光 （女）、张野、张仁江、张为民、陈水文、陈生俊（女，土家族）、陈芝慧 （女，土家族）、 罗平焮、郑少三、侯丽（女）、赵举海、赵复武、赵晓俊（女，土家族）、饶玉梅（女）、袁卫东、秦宏灿、郭俊萍（女）、梁开全、韩永、韩靖忠、蒋红星、蒋远华、蔡建国、熊承家。

2003年3月19日，市三届人大三次会议选举李佑才为市人民政府市长。

2004年2月24日，市三届人大四次会议选补市三届人大常委会主任：李佑才，委员8名（按姓名笔画排序）：王道本、冯新华、向克林、刘承元、孙维全、张德林、范晓岚（女）、陶远震；补选市人民政府市长：郭有明。

2005年3月1日，市三届人大五次会议通过关于接受赵复武辞去市三届人大常委会副主任的决定，补选周水舟为市三届人大常委会副主任。

2006年3月4日，市三届人大六次会议补选市人大常委会副主任：吴开保，秘书长：谢永和，委员4人（按姓名笔画排序）：方正全、杨元堂、洪昌福、蒋光明。

二、市人大常委会选举和任免

市三届人大常委会补选湖北省十届人大代表2人。任命国家机关工作人员270人次，免去国家机关工作人员122人次。详见表6—2—7。

宜昌市三届人大常委会履行任免职权统计表

表6—2—7　　　　单位：人次

任免地方国家工作人员	任免人数		
	任　　命	接受辞职	免去职务
市人民政府代理市长、副市长、秘书长	10	10	—
市人民政府部门负责人	40	—	14
市人民法院、市人民检察院负责人及各类职务	192	—	82
市人大常委会组成人员及工作机构负责人	28	16	—
合　　计	270	26	96

第一次会议任免名单

决定任命：杨智为市人民政府秘书长、市政府办公室主任，杨美仁为市发展计划委员会主任，马宏彦为市经济贸易委员会主任，王道本为市教育局局长，王宏强为市科学技术局局长，田太富为市民族宗教事务局局长，王厚军为市公安局局长，柴广顺为市监察局局长，洪昌福为市民政局局长，张军平为市司法局局长，陈士新为市财政局局长，段新华为市人事局局长，黄克为市劳动和社会保障局局长，谭春玉为市国土资源局局长，雷元海为市建设局局长，段贤斌为市交通局局长，李全新为市农业局局长，秦诗华为市水利水电局局长，罗毅为市对外贸易经济合作局局长，冯万林为市文化局局长，周国彬为市卫生局局长，张宗益为市人口和计划生育委员会主任，邓玉华为市审计局局长。

任命：赵复武为市人大常委会代表资格审查委员会主任委员（兼），程林发为副主任委员，冯淑珍、张鹏、周学文为委员；陈夫洲为市人大常委会研究室副主任；李朝平为市三峡坝区人民检察院检察长。

免去：周传柏的市三峡坝区人民检察院检察长职务，王书文、赵玉琼、李以新、张远平、刘成模、朱发登的检察员职务。

批准免去：李朝平的远安县人民检察院检察长职务。

第四次会议任免名单

任命：杨琳、史玉平、张金桥为市人民检察院检察员。

决定接受：孙志刚辞去市三届人大常委会主任的请求，彭泽清辞去市三届人大常委会委员职务的请求。

第六次会议任免名单

决定接受：王振有辞去市人民政府市长职务的请求。

第七次会议任免名单

免去：丁先雄、陈振华、刘仁新的市人大常委会副秘书长职务。

第八次会议任免名单

任命：赫承烨为宜昌市中级人民法院立案庭庭长，廖朝平为民事审判第一庭庭长，何云为民事审判第二庭庭长，陈三红为民事审判第三庭庭长，王春晖为执行庭庭长，李淑一为刑事审判第一庭副庭长，何伟亚为刑事审判第二庭副庭长，潘爱国为民事审判第二庭副庭长，刘雪青为行政审判庭副庭长，黄德文为执行庭副庭长，李萍为执行庭副庭长，徐晓东为执行庭副庭长，吴如玉为审判员；张永成为市人民检察院检察员。

免去：陈三红的市中级人民法院立案庭庭长，王春晖的民事审判第三庭庭长，徐晓东的立案庭副庭长，李萍的刑事审判第一庭副庭长，刘雪青的刑事审判第二庭副庭长，黄德文的民事审判第二庭副庭长，何伟亚的行政审判庭副庭长职务，高强、李淑一、潘爱国的执行庭副庭长职务；陈顺平、郭城坤的市人民检察院葛洲坝工区检察处检察员职务。

批准任命：范启敬为西陵区人民检察院检察长，赵亚平为宜都市人民检察院检察长，李长红为枝江市人民检察院检察长，汪文明为远安县人民检察院检察长，吴银桥为兴山县人民检察院检察长，聂心菊为秭归县人民检察院检察长，祝阳华为长阳土家族自治县人民检察院检察长。

批准免去：张永成的猇亭区人民检察院检察长职务。

第九次会议任免名单

决定任命：郭有明为市人民政府副市长、代理市长。

决定免去：刘克刚的市人民政府副市长职务。

第十次会议任免名单

免去：蒋财和的市人民检察院检察员职务。

任命：张永成为市人民检察院检察委员会委员。

第十一次会议任免名单

任命：李业雄为市人大常委会办公室主任，梁华、刘宗林、赵长琴为市人大常委会副秘书长，丁建祥为市人大常委会代表联络信访人事任免工作委员会副主任，顾昶为市人大常委会预算工作委员会副主任。

决定任命：王明珍为市人大法制委员会副主任委员，牛建为市人大内务司法委员会副主任委员，谢祚剑为市人大财政经济委员会副主任委员，姚永国为市人大城乡建设环境保护委员会副主任委员，徐萍为市人大民族宗教外事侨务委员会副主任委员；王宏强为市人民政府秘书长、市政府办公室主任。

免去：张成大的市人大常委会副秘书长职务，梁华的市人大常委会办公室主任职务，谢祚剑、赵长琴、王明珍、刘英剑的市人大常委会办公室副主任职务，姚圣桂的市人大常委会代表联络信访人事任免工作委员会副主任职务。

决定免去：杨智的市人民政府秘书长、市政府办公室主任的职务。

第十二次会议任免名单

免去：程林发的市人大常委会代表联络信访人事任免工作委员会主任职务；焦光文的市中级人民法院审判委员会委员、审判员职务，李华乐的执行庭副庭长、审判员职务，周玉萍的审判员职务，张大海的市三峡坝区人民法院院长职务。

决定免去：黄克的市劳动和社会保障局局长职务，罗毅的市对外贸易经济合作局局长职务，王宏强的市科学技术局局长职务。

决定任命：吴开保为市劳动和社会保障局局长，周其斌为市科学技术局局长。

任命：郑之权为市三峡坝区人民法院院长，张玲、曾瑞忠、黄正文为市中级人民法院审判员。

第十三次会议任免名单

决定接受：黄利鸣辞去市人民政府副市长职务的请求。

决定免去：王道本的市教育局局长职务。

免去：刘承元的市人民检察院副检察长职务。

任命：冯新华为市人大常委会代表联络人事任免工作委员会主任，向克林为市人大常委会预算工作委员会主任；伍学文、王志亮为市人民检察院检察员。

决定任命：韩德锋为市教育局局长，林顺才为市人大内务司法委员会副主任委员。

批准任命：赵亚平为宜都市人民检察院检察长，李长红为枝江市人民检察院检察长，胡继坤为当阳市人民检察院检察长，汪文明为远安县人民检察院检察长，吴银桥为兴山县人民检察院检察长，聂心菊为秭归县人民检察院检察长，祝阳华为长阳土家族自治县人民检察院检察长，刘国庆为五峰土家族自治县人民检察院检察长，田安友为夷陵区人民检察院检察长，范启敬为西陵区人民检察院检察长，秦长友为伍家岗区人民检察院检察长，陈开元为点军区人民检察院检察长，郑祥萍为猇亭区人民检察院检察长。

第十六次会议任免名单

免去：潘鲁、欧阳青春的市人民检察院驻葛洲坝工区检察处检察员职务。

任命：晏征为市中级人民法院民事审判第一庭副庭长，方正权为执行庭副庭长；张晓华、徐甫清为市人民检察院检察员；胡炜为市三峡坝区人民检察院检察员。

第十七次会议任免名单

决定免去:周其斌的市科学技术局局长职务。

免去：向高德的葛洲坝人民法院审判监督庭庭长，徐绍桥的立案庭庭长，袁立国的民事审判庭庭长，李俊峰的民事审判庭副庭长，杨晓谷的行政审判庭副庭长，郑启芳的审判员职务。

决定任命：焦红为市人民政府副市长。

任命：张玲、廖朝平、王春晖、黄家波为市中级人民法院审判委员会委员，罗世万为立案庭副庭长，高见成为民一庭副庭长、审判员，朱红洲为民二庭副庭长、审判员，廖声学为审判监督庭副庭长、审判员，曾瑞忠为执行庭副庭长，李俊峰为葛洲坝人民法院的民事审判庭庭长，杨晓谷为行政审判庭庭长，徐绍桥为审判监督庭庭长，袁立国为立案庭庭长，谌克强为民事审判庭副庭长，陈发伦、雷文、赵春红、曹萍、张文惠、尹为民、周琼、朱志敏、陈敦杰、朱晓玲、胡建华、朱晖、杨楠为市中级人民法院审判员。

第十八次会议任免名单

免去：梁华的市人大常委会副秘书长职务；何应新、田道元的市人民检察院检察员，雷涛的市三峡坝区人民检察院检察员职务。

决定免去：段新华的市人事局局长，秦诗华的市水利水电局局长职务。

决定任命：杨美仁为市发展和改革委员会主任，王金建为市经济委员会主任，徐炜为市商务局局长，秦诗华为市建设委员会主任，甘泽清为市人事局局长，谭卫国为市科学技术局局长，姚大志为市水利水电局局长。

任命：冯晓多、杨正强、韩用交、胡远亮、邓爱民、秦小兵、闵珍斌、王俊杰、郑学明、刘强、马丽娟、冀放为市中级人民法院审判员，许建江、薛峰、高云环、李昌文为市三峡坝区人民法院审判委员会委员；陈芳为市人民检察院检察员。

第十九次会议任免名单

决定免去：郑广玉的市人民政府副市长职务，柴广顺的市监察局局长职务。

免去：唐显焜的葛洲坝人民法院院长，张伟林的市三峡坝区人民法院审判委员会委员职务。

决定任命：沈东升为市监察局局长。

任命：赖平哲为葛洲坝人民法院院长，许建江为市三峡坝区人民法院审判监督庭庭长，薛峰为市三峡坝区人民法院刑事审判庭庭长，兰昌国为市三峡坝区人民法院行政审判庭庭长。

第二十次会议任免名单

决定免去：张建一的市人民政府副市长职务。

免去：赫承烨的市中级人民法院立案庭庭长，朱伟春的刑事审判第二庭庭长，何　云的民事审判第二庭庭长，陈三红的民事审判第三庭庭长，王春晖的执行庭庭长，王赞雄的审判监督庭庭长，阮思军的刑事审判第一庭副庭长，裴京萍的刑事审判第二庭副庭长，李淑一的刑事审判第一庭副庭长，邓丽华的民事审判第二庭副庭长，曾智丽的审判监督庭副庭长职务。

任命：黄家波为市中级人民法院立案庭庭长，王春晖为民事审判第二庭庭长，王赞雄为民事审判第三庭庭长，朱伟春为审判监督庭庭长，裴京萍为刑事审判第一庭副庭长，阮思军为刑事审判第二庭副庭长，李攀为刑事审判第二庭副庭长，李淑一为民事审判第二庭副庭长，邓丽华为审判监督庭副庭长。

第二十一次会议任免名单

免去：余跃进的市人大常委会研究室主任职务；佟秀萍、陈祖庚、黄传家的市人民检察院检察员职务。

任命：余跃进为市人大常委会副秘书长，刘英剑为市人大常委会研究室主任；任明华、高莹、陈洪、张明、郑纯海、刘海波为市三峡坝区人民法院人民陪审员，张扬璀璨、施晓武、张洪波、潘建洪、徐歆皓、毛飞、杜昕、罗杰、方双萍、陈俊为葛洲坝人民法院人民陪审员；易鹏程、李勇、李平安、余跃、李颖、於爱华、邹龙兴、李晖、赵海英、余进、张琴、陈莉为市人民检察院检察员。

补选：郭有明为湖北省第十届人民代表大会代表。

第二十二次会议任免名单

免去：郑重的市人民检察院检察员职务。

决定任命：王宏强、杨智为市人民政府副市长。

任命：彭胜坤为市人民检察院副检察长、检察委员会委员。

第二十三次会议任免名单

决定免去：刘维柱的市人大农村经济委员会副主任委员职务；周国彬的市卫生局局长职务。

决定任命：董美阶为市卫生局局长。

任命：杨青山为市人大常委会研究室副主任。

免去：陈夫洲的市人大常委会研究室副主任职务。

第二十五次会议任免名单

决定免去：王宏强兼任的市人民政府秘书长、市政府办公室主任职务。

决定任命：马学军为市人民政府秘书长、市政府办公室主任。

任命：冯新华兼任市人大常委会代表资格审查委员会主任委员。

第二十七次会议任免名单

决定免去：段贤斌的市交通局局长，吴开保的市劳动和社会保障局局长，洪昌福的市民政局局长职务。

免去：韩庆解的市中级人民法院副院长、审判委员会委员职务，王春晖的审判委员会委员、民事审判第二庭庭长、审判员职务，阮思军的刑事审判第二庭副庭长职务，刘卓彬的民事审判第一庭副庭长职务，黄德文的执行庭副庭长职务，李萍的执行庭副庭长职务，秦小兵的审判员职务，徐绍桥的葛洲坝人民法院审判监督庭庭长职务。

任命：谢永和为市人大常委会办公室主任；阮思军为市中级人民法院刑事审判第二庭庭长，刘卓彬为民事审判第二庭庭长，黄德文为执行庭庭长，张殿池为葛洲坝人民法院审判监督庭庭长，严冰为葛洲坝人民法院审判员，余建华为市三峡坝区人民法院审判员；向勇为市人民检察院检察员，章雪松、鲁志强、肖爱民、袁飞、宋三云为市三峡坝区人民检察院检察员。

决定任命：韩庆解为市人大法制委员会副主任委员；李盈奕为市交通局局长，苏开美为市劳动和社会保障局局长，王庆玉为市民政局局长。

第二十八次会议任免名单

批准免去：聂兴菊的秭归县人民检察院检察长职务。

批准任命：杨玉超为秭归县人民检察院检察长。

任命：聂兴菊为市人民检察院检察员。

第二十九次会议任免名单

任命：夏光清为市人民检察院检察员，彭俊为市三峡坝区人民检察院检察员。

第三十一次会议任免名单

决定接受：焦红、杨智辞去市人民政府副市长职务，李早湘辞去市人民检察院检察长职务。

决定任命：蒋国平、张永红为市人民政府副市长。

任命：孙光骏为市人民检察院副检察长、代理检察长。

补选：潘立刚为湖北省十届人大代表。

第三十二次会议任免名单

免去：王明玉的市中级人民法院副院长职务，黄家波的审判委员会委员、立案庭庭长、审判员职务，朱伟春的审判监督庭庭长、审判员职务；张力的市人民检察院检察委员会委员职务，李绪成、冯毅的检察委员会委员、检察员职务，马晓黎、陈杨林、陈侃、杨德太的检察员职务。

任命：叶德武为市中级人民法院副院长、审判委员会委员、审判员，张士勇为审判委员会委员、立案庭庭长、审判员，余焕春为审判委员会委员、审判监督庭庭长、审判员，陈发伦为民事审判第一庭副庭长，陈德祥、曹锦程、吴遵玉为审判员；伍学文为市人民检察院副检察长、检察委员会委员，吴银桥、刘国庆、赵亚平为检察委员会委员、检察员，祝阳华、陈开元为检察员。

批准任命：马晓黎为宜都市人民检察院检察长，李长红为枝江市人民检察院检察长，胡继坤为当阳市人民检察院检察长，陈杨林为远安县人民检察院检察长，陈侃为兴山县人民检察院检察长，杨玉超为秭归县人民检察院检察长，李永华为长阳土家族自治县人民检察院检察长，冯毅为五峰土家族自治县人民检察院检察长，田安友为夷陵区人民检察院检察长，范启敬为西陵区人民检察院检察长，秦长友为伍家岗区人民检察院检察长，汪文明为点军区人民检察院检察长，郑祥萍为猇亭区人民检察院检察长。

第九节 市四届人大及其常委会选举任免工作

一、市人大选举和通过

2007年1月28日，市四届人大一次会选举产生市四届人大常委会组成人员。主任：李佑才，副主任：艾苍松、吴开保、邹正金、张为民、张建一、周厚贵、谭春玉(女)，秘书长：谢永和，委员（按姓名笔画排序）：马仕华、王华利、邓玉华、龙兵、田太富(土家族)、吕家安(女)、朱复胜、向红云、刘远立、刘宗林、牟敦莉(女)、李中林(土家族)、李建华、杨尚聘、肖振斌、余跃进、宋涛、张毅、张学才、张德林、陈宏灿、陈和春、尚葵(女)、赵木森、胡仁义、俞学锋、陶远震、梅长青、望蓉(女)、蒋远华、童孔玲、谭少华；市人民政府市长：郭有明，副市长（按姓名笔画排序）：王传豪、王宏强、王国斌、张永红、胡家法、蒋国平、廖达凤(女)；市中级人民法院院长：胡兴儒；市人民检察院检察长：孙光骏。通过市人大各专门委员会组成人员名单。内务司法委员会主任委员：马仕华，副主任委员：韩庆解、牛建，委员：张洪、张宏梅(女)、范启敬；财政经济委员会主任委员：邓玉华，副主任委员：谢祚剑，委员：李杰、袁世明、高发族；教育科学文化卫生委员会主任委员：陈宏灿，副主任委员：丁建祥，委员：刘先哲、李启端、陶三发；农村经济委员会主任委员：张德林，副主任委员：林顺才，委员：孔福生、祁必清、汪宏斌；城乡建设环境资源保护委员会主任委员：张学才，副主任委员：姚永国，委员：王德强、李克佑、程鹏；民族宗教外事侨务委员会主任委员：陶远震，副主任委员：徐萍(女)，委员：李传文(土家族)、杨明寿(土家族)、赵冬菊(女，苗族)。

2008年1月4日，市四届人大二次会议选举湖北省十一届人大代表53人（按姓名笔画排序）：马尚云（土家族）、王功桂（女）、王均成、王松华、王厚军、王洪山、尹汉宁、朱红菊（女）、朱琼英（女，土家族）、朱耀仲、乔余堂、庄光明、刘龙菊（女，土家族）、刘建新、刘洪福、刘晓华、许志华、孙光骏、李万清、李志英（女，土家族）、李佑才、李建林、肖振斌、佘克先（女，土家族）、张鹏、张国强、张建一、张继年、张曙光、陈华、林放、范晓岚（女）、罗辉、罗清泉、周钰（土家族）、周正英（女）、郑廷贵、赵吉雄（土家族）、胡兴儒（土家族）、俞学锋、徐麟、郭玉吉（女）、郭冬芝（女）、郭有明、栾丽娜（女）、龚书玉（女）、龚玉亮（土家族）、望蓉（女）、梁福林（回族）、蒋大国（女）、蒋远华、樊启山、潘立刚。

2008年3月29日，市四届人大三次会议选举郭有明为市四届人大常委会主任，李乐成为市人民政府市长。

2009年2月21日，市四届人大四次会议选举裴缜为市中级人民法院院长，孙建华、徐明华为湖北省十一届人大代表：。

2010年2月26日，市四届人大五次会选举罗志勇、秦大常为市四届人大常委会委员；通过秦大常为市人大民族宗教外事侨务委员会主任委员。

2011年1月26日，市四届人大六次会议补选市四届人大常委会委员8名（按姓名笔画排序）：王向前、张盛新、张德才、陈红（女）、罗春烺、赵儒铭、姚莉（女）、斯平；通过市人大专门委员会成员名单：赵儒铭为内务司法委员会主任委员，斯平为财政经济委员会主任委员，姚莉为教育科学文化卫生委员会主任委员，王向前为农村经济委员会主任委员。

二、市人大常委会选举和任免

市四届人大常委会补选湖北省十一届人大代表3人，接受辞去湖北省十一届人大代表职务2人。任命国家机关工作人员222人次，免去国家机关工作人员162人次。详见表6—2—8。

宜昌市四届人大常委会履行任免职权统计表

表6—2—8　　单位：人次

任免地方国家工作人员	任免人数		
	任　命	接受辞职	免去职务
市人民政府代理市长、副市长、秘书长	13	11	—
市人民政府部门负责人	42	—	13
市人民法院、市人民检察院负责人及各类职务	152	—	121
市人大常委会组成人员及工作机构负责人	15	17	—
合　　计	222	28	134

第一次 会议任免名单

免去：张宗才的市人大常委会副秘书长职务，冯新华的市人大常委会代表联络人事任免工作委员会主任职务，向克林的市人大常委会预算工作委员会主任职务，丁建祥的市人大常委会代表联络人事任免工作委员会副主任职务；胡仁义的市人民检察院副检察长、检察委员会委员、检察员职务，王志亮、牟秀英的市人民检察院检察员职务。

任命：王明珍、望蓉为市人大常委会副秘书长，田太富为市人大常委会代表选举联络人事任免工作委员会主任，童孔玲为市人大常委会预算工作委员会主任；刘承元为市人民检察院检察员。

决定任命：马学军为市人民政府秘书长、市人民政府办公室主任，杨美仁为市发展和改革委员会主任，陈敏仁为市经济委员会主任，秦诗华为市建设委员会主任，韩德锋为市教育局局长，谭卫国为市科学技术局局长，王仁俊为市民族宗教事务局局长，王厚军为市公安局局长，沈东升为市监察局局长，王庆玉为市民政局局长，张军平为市司法局局长，王金建为市财政局局长，甘泽清为市人事局局长，苏开美为市劳动和社会保障局局长，马宏彦为市交通局局长，李全新为市农业局局长，姚大志为市水利水电局局长，徐炜为市商务局局长，冯万林为市文化局局长，董美阶为市卫生局局长，熊长权为市人口和计划生育委员会主任，杜伟为市审计局局长。

第三次会议任免名单

决定免去：王传豪的市人民政府副市长职务。

免去：陈俊、娄海庭、黄会财、张力的市人民检察院检察员职务。

任命：雷慧斌为葛洲坝人民检察院检察长，陈俊为副检察长、检察委员会委员、检察员，范江笛为院副检察长、检察委员会委员、检察员，陈洪斌为检察委员会委员、检察员，李澜为检察委员会委员、检察员，李映霞、魏勇、洪振武、陈智、李景华为检察员。

第四次会议任免名单

免去：何伟亚的市中级人民法院刑事审判第二庭副庭长，朱天银的市三峡坝区人民法院副院长、薛峰的市三峡坝区人民法院刑事审判庭庭长职务。

任命：马丽娟为市中级人民法院刑事审判第一庭副庭长，吴如玉为刑事审判第二庭副庭长，黄正文为执行庭副庭长，冀放为执行庭副庭长，谭国虎、李翔、张萍为审判员，王庆为市三峡坝区人民法院副院长、审判委员会委员、审判员。

决定任命：郑超为市人民政府副市长。

决定接受：汪定国辞去湖北省第十届人民代表大会代表职务的请求。

第七次会议任免名单

决定免去：蒋国平的市人民政府副市长职务，王厚军的市公安局局长职务。

决定任命：蒋国平为市公安局局长。

第八次会议任免名单

决定任命：李乐成为市人民政府副市长、代理市长。

第十次会议任免名单

免去：汪本雄的市中级人民法院行政审判庭庭长职务，黄德文的市中级人民法院执行庭庭长职务。

免去：刘祖才的市三峡坝区人民检察院副检察长、检察委员会委员职务，郑斌、张金桥、杨世民、屈家新、沈明新、王和平、刘承元、董志荣、朱守伦的市人民检察院检察员职务。

任命：黄德文为市中级人民法院行政审判庭庭长，苏林为、宋涛、屈定华、黄石涛、袁红文、常盛、王争、刘乾华、苗劲松、王晓方、刘俊、唐兆勇、张原鹏、张元强、张远威、李长春为审判员。

第十一次会议任免名单

决定免去：胡兴儒的市中级人民法院院长等职务。

决定任命：裴缜为市中级人民法院副院长、代理院长、审判委员会委员、审判员。

任命：文春宜、彭颂东、王少刚为市人民检察院检察员，彭仲华、夏冠军为葛洲坝人民检察院检察员。

第十三次会议任免名单

免去：潘爱国的市中级人民法院民事审判第二庭副庭长、审判员职务；聂心菊的市人民检察院检察员职务。

任命：罗江鄂为市中级人民法院审判员；刘志平、祝阳华、王新华、王会甫为市人民检察院检察委员会委员。

第十四次会议任免名单

任命：袁琼为市人大常委会信访室主任。

第十五次会议任免名单

决定免去：韩德锋的市教育局局长，苏开美的市劳动和社会保障局局长，熊长权的市人口和计划生育委员会主任，张军平的市司法局局长职务。

决定任命：苏开美为市教育局局长，张军平为市劳动和社会保障局局长，邹志坚为市司法局局长，黄惠宁为市人口和计划生育委员会主任。

决定接受：范晓岚辞去湖北省第十一届人民代表大会代表职务的请求。

补选：李乐成为湖北省第十一届人民代表大会代表。

第十七次会议任免名单

决定免去：刘俊刚、廖达风的市人民政府副市长职务，沈东升的市监察局局长职务。

决定任命：吴静为市人民政府副市长，刘全保为市监察局局长。

任命：陈月生、王四昌、杨文智、杨昊为市中级人民法院审判员，向高德为葛洲坝人民法院副院长。

免去：张建平的葛洲坝人民法院副院长职务。

第十八次会议任免名单

决定免去：林顺才的市四届人大农村经济委员会副主任委员职务；

免去：杨晓谷的葛洲坝人民法院刑事审判庭庭长、审判员职务。

决定任命：邱智坤、邓恢林为市人民政府副市长。

任命：李昌清为市人大常委会研究室副主任；陈月生、陈宜安、阮思军、王赞雄、刘卓彬、黄德文为市中级人民法院审判委员会委员。

第十九次会议任免名单

决定接受：陶远震辞去市四届人大常委会委员、市四届人大民族宗教外事侨务委员会主任委员职务的请求。

决定免去：马学军的市人民政府秘书长、市人民政府办公室主任职务。

免去：秦大常的市中级人民法院副院长、审判委员会委员、审判员职务，李兰芳的市中级人民法院副院长、审判委员会委员职务；黄锐、蒋世福的市人民检察院检察员职务。

决定任命：秦大常为市四届人大民族宗教外事侨务委员会副主任委员；刘建新为市人民政府秘书长、市人民政府办公室主任，刘祯华为市人民政府外事侨务办公室主任。

任命：张玲为市中级人民法院副院长；王谦、吴欲晓、易爱江、黄祖坤、毛志华、王超、朱慧莹为市人民检察院检察员。

第二十次会议任免名单

决定免去：李全新的市农业局局长职务。

决定任命：谭业明为市农业局局长。

第二十一次会议任免名单

决定任命：张军平为市人力资源和社会保障局局长，陈敏仁为市经济和信息化委员会主任，秦诗华为市住房和城乡建设委员会主任，马宏彦为市交通运输局局长。

第二十二次会议任免名单

免去：张士勇的市中级人民法院立案庭庭长职务，刘卓彬的审判委员会委员、民事审判第二庭庭长、审判员职务，郑之权的市三峡坝区人民法院院长、审判委员会委员职务。

任命：王春晖为市中级人民法院副院长、审判委员会委员、审判员，胡锦华为市三峡坝区人民法院院长、审判委员会委员、审判员；匡茂华为市人民检察院副检察长、检察委员会委员，吴俊峰、杨立凡为检察员，夏祥军、陈晶洁为市三峡坝区人民检察院检察委员会委员，李映霞、洪振武为葛洲坝人民检察院检察委员会委员。

第二十三次会议任免名单

决定免去：秦诗华的市住房和城乡建设委员会主任职务。

免去：赵宝贵的市人民检察院检察员职务；王明玉的市中级人民法院审判委员会委员、审判员职务，杨筱晶、武桂春、杨君珍、何云、屈定华、叶绪刚、陈敦杰、朱晖、李文锋的审判员职务，张建平的葛洲坝人民法院审判委员会委员职务，李俊峰的行政审判庭庭长、审判员职务，谌克强的民事审判庭副庭长职务。

决定任命：张立新为市住房和城乡建设委员会主任。

任命：田凡为市人民检察院检察委员会委员；林波为葛洲坝人民法院副院长、审判委员会委员、审判员，谌克强为审判委员会委员、行政审判庭庭长，袁立国、周健文为审判委员会委员。

第二十四次会议任免名单

决定免去：邱智坤的市人民政府副市长，刘全保的市监察局局长，冯万林的市文化局局长职务。

免去：刘英剑的市人大常委会研究室主任职务；覃卫的市人民检察院副检察长、检察委员会委员职务，廖育龙的市三峡坝区人民检察院副检察长、检察委员会委员职务。

决定任命：王根华为市监察局局长，王永平为市文化局局长。

任命：吴银桥为市人民检察院副检察长，蒋春艳为市三峡坝区人民检察院检察员，朱玉琼为葛洲坝人民检察院检察员。

第二十五次会议任免名单

免去：赵长琴的市人大常委会副秘书长职务；张元强的市中级人民法院审判员职务，向高德的葛洲坝人民法院副院长、审判委员会委员、审判员职务，何珍先的葛洲坝人民法院刑事审判庭副庭长职务。

决定免去：陈宏灿的市四届人大教育科学文化卫生委员会主任委员，张德林的市四届人大农村经济委员会主任委员，徐萍的市四届人大民族宗教外事侨务委员会副主任委员职务。

任命：林晓云为市中级人民法院审判员，贾立荣为葛洲坝人民法院刑事审判庭副庭长，蒋伟为葛洲坝人民法院执行庭副庭长、审判员，张晶为葛洲坝人民法院审判员。

第二十六次会议任免名单

决定接受：张为民辞去市四届人大常委会副主任职务的请求。

决定免去：邓恢林的市人民政府副市长，蒋国平的市公安局局长职务。

免去：陈俊的葛洲坝人民检察院副检察长、检察委员会委员职务，陈开元的市人民检察院检察员职务，张华的市三峡坝区人民检察院检察委员会委员、检察员职务，章雪松、鲁志强的市三峡坝区人民检察院检察员职务。

决定任命：张正军为市人民政府副市长，邓恢林为市公安局局长；姚莉为市四届人大教育科学文化卫生委员会副主任委员。

补选：侯长安为湖北省第十一届人民代表大会代表。

第二十七次会议任免名单

任命：袁汝海为市四届人大农村经济委员会副主任委员。

决定接受：邓玉华辞去市四届人大常委会委员、市四届人大财政经济委员会主任委员，马仕华辞去市四届人大常委会委员、市四届人大内务司法委员会主任委员职务的请求。

第二十八次会议任免名单

任命：廖声学为市中级人民法院执行庭庭长。

免去：汪家乾的市中级人民法院副院长、审判委员会委员、审判员职务；廖声学的审判监督庭副庭长职务。

第二十九次会议任免名单

免去：田太富的市人大常委会代表选举联络人事任免工作委员会主任、代表资格审查委员会副主任职务；刘旭堂的市中级人民法院立案庭副庭长职务，裴京萍的刑事审判第一庭副庭长职务，陈发伦的民事审判第一庭副庭长职务，李和卫、罗世万、吴志敏的审判员职务，张建平的葛洲坝人民法院审判委员会委员、审判员职务，张殿池的葛洲坝人民法院审判委员会委员、审判监督庭庭长、审判员职务；匡茂华的市人民检察院副检察长、检察委员会委员职务。

任命：黄家波为市中级人民法院审判委员会委员、审判员，刘旭堂为立案第二庭庭长，朱红洲为民事审判第二庭庭长，尹为民为民事审判第一庭庭长，郭建军为执行庭副庭长、审判员，郑雄心为民事审判庭副庭长、审判员，李建敏为审判员。

第三十次会议任免名单

任命：杨正强为市中级人民法院立案第二庭庭长，杨昊为民事审判第一庭副庭长、审判员，车志平为民事审判第一庭副庭长、审判员，鄢睿为民事审判第二庭副庭长、审判员，韩用交为民事审判第三庭副庭长，苗劲松为审判监督庭副庭长，史志高为执行庭副庭长、审判员。

第三十一次会议任免名单

免去：王谦、易爱江、冯万森、杜友山、张晶莹、王政平、孙永万的市人民检察院检察员职务；苏卫华的市中级人民法院民事审判第一庭副庭长职务，李兰芳的市中级人民法院审判员职务，张伟林的市三峡坝区人民法院审判员职务。

决定任命：滕刚、赵彦博为市人民政府副市长。

任命：屈家喜为市人大常委会代表选举联络人事任免工作委员会主任；王谦为葛洲坝人民检察院副检察长、检察委员会委员、检察员，易爱江为市三峡坝区人民检察院副检察长、检察委员会委员、检察员，罗渊渊、唐荣为葛洲坝人民检察院检察员，王祖顺为市三峡坝区人民检察院检察员。

第三十二次会议任免名单

决定免去：刘建新的市人民政府秘书长、市人民政府办公室主任职务，邹志坚的市司法局局长职务，谭业明的市农业局局长职务。

免去：王赞雄的市中级人民法院审判委员会委员、民事审判第三庭庭长、审判员职务，黄德文的审判委员会委员、行政审判庭庭长、审判员职务，朱少华的市三峡坝区人民法院副院长、审判委员会委员、审判员职务；雷慧斌的葛洲坝人民检察院检察长职务，李朝平的市三峡坝区人民检察院检察长职务，王会甫的市人民检察院检察委员会委员、检察员职务，刘祖才的市三峡坝区人民检察院检察员职务，彭颂东、陈莉的市人民检察院检察员职务。

决定任命：王均成为市人民政府秘书长、市人民政府办公室主任，邹志坚为市农业局局长，傅义为市司法局局长。

任命：张士勇为市中级人民法院副院长，周林波为审判委员会委员、审判员，朱伟春、黄正钢、蔡云为审判员；刘国庆为市人民检察院副检察长，胡继坤、郑祥萍为检察委员会委员、检察员，李修军、郭讷、李军、章雪松、刘元梓、陈磷、鲁志强为检察员，马晓黎为葛洲坝人民检察院检察长，李长红为市三峡坝区人民检察院检察长。

第三十三次会议任免名单

决定免去：郑超、吴静、张永红的市人民政府副市长职务。

决定任命：宋文豹为市人民政府副市长。

补选：顾栋材为湖北省第十一届人民代表大会代表。

第十节　市五届人大及其常委会选举任免工作

一、市人大选举和通过

2012年1月9日，市五届人大一次会议选举产生市五届人大常委会组成人员。主任：郭有明，副主任：王宏强、吴开保、邹正金、张建一、陈和春、谭春玉（女），秘书长：雷元海(土家族)，委员（按姓名笔画排序）：王向前、艾苍松、龙兵、任蔚（女）、向红云、刘宗林、李杰、李国璋、李柏红、李俊昌、吴珊珊（女）、余跃进、张业发、张德才、陈红（女）、罗志勇、罗春烺、郑龙、屈家喜、赵训刚、赵儒铭、俞学锋、姚金忠、秦大常（土家族）、梅长青、曹诗芬（女）、梁华、斯平、蒋远华、覃益盛、程少人、蔡运华、谭少华；市人民政府市长：李乐成，副市长（按姓名笔画排序）：王应华、王国斌、宋文豹、张正军、郑兴华（女）、袁卫东、滕刚；市中级人民法院院长：裴缜；市人民检察院检察长：孙光骏。会议通过市人大各专门委员会组成人员名单：内务司法委员会主任委员：赵儒铭，副主任委员：牛建、罗世平，委员：邓宜平、陈喻伟、曾新建、廖忠民（女）；财政经济委员会主任委员：斯平，副主任委员：谢祚剑，委员：杜伟、李启端、周东茂、袁世明、韩靖忠；教育科学文化卫生委员会主任委员：李俊昌，副主任委员：丁建祥，委员：向洪星（土家族）、吴平（女）、何克春、周云久、曹诗芬（女）；农村经济委员会主任委员王向前，副主任委员：袁汝海，委员：王华、王怀炳、陈世贵、彭正平、覃波；城乡建设环境资源保护委员会主任委员：刘宗林，副主任委员：姚永国，委员：江斌、李克佑、杨泽洪、张碧钧、徐刚；民族宗教外事侨务委员会主任委员：秦大常（土家族），副主任委员：韩松，委员：王功平（土家族）、李小国（土家族）、李延恕、郭莎（女）、崔丽涛（女，满族）。

2012年8月29日，市五届人大二次会议选举黄楚平为市五届人大常委会主任。

2013年1月9日，市五届人大三次会议选举湖北省十二届人大代表53人（按姓名笔画排序）：文成国、尹汉宁、朱耀仲、李佑才、杨万贵、余幼明（女）、罗清泉、周崇堂、栾丽娜（女）、郭玉吉（女）、郭有明、黄利鸣、黄楚平；王劲松、王玺玮、文媛（女）、石显银、卢辉、卢斌、吕学锋、朱琼英（女，土家族）、刘龙菊（女）、刘兴红（女）、孙光骏、李杰、李万清、李乐成、李志英（女）、肖勇、吴刚、何伟军、宋丹（女）、宋涛、张世敏、张建一、张曙光、罗联峰、和建生、赵吉雄（土家族）、胡志莉（女）、胡鸿琴（女）、段桂林、段绪卿、俞学锋、郭冬芝（女）、黄圣翠（女）、黄昌炳、彭会银、蒋远华、韩靖忠、裴缜、谭少华、谭业明。

2013年4月25日，市五届人大四次会议选举马旭明为市人民政府市长。

2014年1月15日，市五届人大五次会议补选市五届人大常委会组成人员。副主任：王金建，委员（按姓名笔画排序）：邹志坚、张军平、周赟鸿（女，土家族）。

2015年1月23日，市五届人大六次会议选补市五届人大常委会组成人员。副主任：尚葵、吴康年，委员：王云清（满族）、李传文（土家族）；市中级人民法院院长：张忠斌；市人民检察院检察长：孟鸣。

2016年1月23日，市五届人大七次会议选补市五届人大常委会组成人员。副主任：廖达凤，秘书长：杜伟，委员7名（按姓名笔画排序）：王兴会、刘永生、李兴慧（女）、陈道军、黄传喜、黄逊志、黎开锋。会议通过刘永生为市五届人大法制委员会主任委员，郑鹏为副主任委员，马明和、刘晓虹（女，土家族）、邹家喜、宋志武、张德才为委员；陈道军为市五届人大财政经济委员会主任委员；李兴慧（女）为市五届人大教育科学文化卫生委员会主任委员。

二、市人大常委会选举和任免

市五届人大常委会补选湖北省十二届人大代表4人，接受辞去湖北省十一届、十二届人大代表职务的8人。任命国家机关工作人员285人次，免去国家机关工作人员192人次。详见表6—2—9。

宜昌市五届人大常委会履行任免职权统计表

表6—2—9　　　　单位：人次

任免地方国家工作人员	任免人数		
	任　　命	接受辞职	免去职务
市人民政府代理市长、副市长、秘书长	12	8	—
市人民政府部门负责人	42	—	21
市人民法院、市人民检察院负责人及各类职务	200	—	130
市人大常委会组成人员及工作机构负责人	31	33	—
合　　计	285	41	151

第一次会议任免名单

免去：谢永和的市人大常委会办公室主任职务，刘宗林、望蓉的市人大常委会副秘书长职务；

阮思军的市中级人民法院刑事审判第二庭庭长，廖朝平的民事审判第一庭庭长，李攀的刑事审判第二庭副庭长，刘雪青的行政庭副庭长，苗劲松的审判监督庭副庭长职务，王锡海、郑文堂、荣幸、朱世全、杨云先、吴佑乾、李长春的审判员职务；杨世新、田明效的市人民检察院检察员职务。

决定免去：杨美仁的市发展和改革委员会主任，谭卫国的市科学技术局局长，傅义的市司法局局长，黄惠宁的市人口和计划生育委员会主任职务。

任命：雷元海为市人大常委会办公室主任，覃益盛为市人大常委会预算工作委员会主任；朱红洲、雷文为市中级人民法院审判委员会委员，陈发伦为民事审判第一庭庭长，廖朝平为民事审判第三庭庭长，阮思军为行政庭庭长，李攀为刑事审判第一庭副庭长，吴遵玉为刑事审判第二庭副庭长，苗劲松为民事审判第三庭副庭长，刘雪青为审判监督庭副庭长。

决定任命：王均成为市人民政府秘书长、市政府办公室主任，蒋正雄为市发展和改革委员会主任，陈敏仁为市经济和信息化委员会主任，苏开美为市教育局局长，姚朝云为市科学技术局局长，王仁俊为市民族宗教事务局局长，邓恢林为市公安局局长，王根华为市监察局局长，王庆玉为市民政局局长，张德才为市司法局局长，王金建为市财政局局长，张军平为市人力资源和社会保障局局长，张立新为市住房和城乡建设委员会主任，刘彦才为市环境保护局局长，马宏彦为市交通运输局局长，邹志坚为市农业局局长，姚大志为市水利水电局局长，徐炜为市商务局局长，王永平为市文化局局长，董美阶为市卫生局局长，孔福生为市人口和计划生育委员会主任，杜伟为市审计局局长，刘祯华为市政府外事侨务办公室主任。

批准任命：郑斌为宜都市人民检察院检察长，杨玉超为枝江市人民检察院检察长，陈杨林为当阳市人民检察院检察长，陈莉为远安县人民检察院检察长，李云为兴山县人民检察院检察长，梁昌全为秭归县人民检察院检察长，彭颂东为长阳土家族自治县人民检察院检察长，王会甫为五峰土家族自治县人民检察院检察长，冯毅为夷陵区人民检察院检察长，李永华为西陵区人民检察院检察长，秦长友为伍家岗区人民检察院检察长，汪文明为点军区人民检察院检察长，陈侃为猇亭区人民检察院检察长。

第二次会议任免名单

任命：吴开保为市五届人大常委会代表资格审查委员会主任委员（兼），屈家喜为副主任委员，李柏红、张业发、罗志勇为委员；谷晓峰为市中级人民法院立案第二庭副庭长、审判员，张晓燕为民事审判第一庭副庭长、审判员，闵珍斌为行政审判庭副庭长。

第三次会议任免名单

决定接受：郭有明辞去市人大常委会主任职务的请求。

第四次会议任免名单

免去：陈月生的市中级人民法院审判委员会委员、审判员职务，高见成的民事审判第一庭副庭长职务，黄冬仙的市三峡坝区人民法院民事审判庭副庭长、李广盛的立案庭副庭长、李昌文的执行庭庭长、兰昌国的行政审判庭庭长、刘青春的立案庭庭长职务；张永成的市人民检察院检察委员会委员、检察员职务，李映霞的葛洲坝人民检察院检察委员会委员、检察员职务。

任命：甘良新为市人大常委会副秘书长；高见成为市中级人民法院立案第一庭庭长，张劲松为民事审判第二庭副庭长、审判员，李俊峰为市三峡坝区人民法院副院长、审判委员会委员、审判员，黄冬仙为立案庭庭长、审判委员会委员，李广盛为刑事审判庭庭长、审判委员会委员，李昌文为行政审判庭庭长，兰昌国为执行庭庭长、审判委员会委员，刘青春为审判委员会委员；严冰为葛洲坝人民检察院检察员。

第五次会议任免名单

决定免去：滕刚的市人民政府副市长职务。

免去：袁定家的市中级人民法院审判员职务，陈三红的审判委员会委员、审判员职务，张晓霞的审判员职务。

决定接受：王松华辞去湖北省第十一届人民代表大会代表职务的请求。

第六次会议任免名单

决定免去：张正军的市人民政府副市长，邹志坚的市农业局局长职务。

决定任命：张文学、刘建新为市人民政府副市长，熊长权为市农业局局长。

任命：李强为市人大常委会副秘书长。

第八次会议任免名单

决定接受：李乐成辞去市人民政府市长职务的请求。

免去：王立国的市人大常委会代表选举联络人事任免工作委员会副主任职务；刘萍、李小生的市人民检察院检察员、王祖顺的市三峡坝区人民检察院检察员职务。

决定免去：姚大志的市水利水电局局长职务。

决定任命：马旭明为市人民政府副市长、代理市长，靳鹏为市水利水电局局长。

任命：陶三发为市人大常委会副秘书长，李昌清为市人大常委会研究室主任。

第十一次会议任免名单

免去：马丽娟的市中级人民法院刑事审判第一庭副庭长职务，徐晓东的执行庭副庭长职务，张劲松的民事审判第二庭副庭长、审判员职务，望熙盛的审判委员会委员、审判员职务，郑之权的市三峡坝区人民法院审判委员会委员、审判员职务；李军、欧阳进的市人民检察院检察员职务。

任命：龙文为市中级人民法院审判委员会委员、审判员，陈发伦为审判委员会委员，马丽娟为刑事审判第二庭庭长，徐晓东为执行庭庭长，罗江鄂为立案第一庭副庭长，梅艳、娄晓春为市三峡坝区人民法院审判员；王远征、刘云、刘祖芹、胡晨、高华丽、谭伟为市人民检察院检察员。

第十二次会议任免名单

免去：高见成的市中级人民法院立案第一庭庭长、李明芳的审判员职务，李昌文的市三峡坝区人民法院审判委员会委员、行政审判庭庭长、审判员职务。

决定任命：毛传强为市人民政府副市长。

任命：甘杨为市中级人民法院立案第一庭副庭长、审判员，闫玲玲为民事审判第二庭副庭长、审判员，李平、钟波、孙兴、张灿、蒋正为审判员；乔长松、杨俊杰、王祖顺、李锦桂、高丰林为市人民检察院检察员，张光军为市三峡坝区人民检察院副检察长。

第十三次会议任免名单

免去：徐绍桥的葛洲坝人民法院审判委员会委员、审判员职务，吴爱荣的审判员职务。

任命：陈君为葛洲坝人民法院副院长、审判委员会委员、审判员。

第十四次会议任免名单

决定接受：郭有明、李乐成辞去湖北省第十二届人民代表大会代表职务的请求。

补选：滕鑫曜为湖北省第十二届人民代表大会代表。

第十五次会议任免名单

免去：顾昶的市人大常委会预算工作委员会副主任职务；

决定免去：罗世平的市五届人大内务司法委员会副主任委员职务，韩松的市五届人大民族宗教外事侨务委员会副主任委员职务。

决定任命：张军辉为市人民政府副市长，孔福生为市卫生和计划生育委员会主任。

任命：屈家喜为市人大常委会代表工作委员会主任，罗世平为市人大常委会代表工作委员会副主任；顾昶为市人大常委会人事任免工作委员会主任，韩松为市人大常委会人事任免工作委员会副主任。

第十六次会议任免名单

决定免去：郑兴华的市人民政府副市长，王金建的市财政局局长，徐炜的市商务局局长，张军平的市人力资源和社会保障局局长职务；牛建的市五届人大内务司法委员会副主任委员职务。

免去：韩元江、王远征的市人民检察院检察员，傅德雁的市三峡坝区人民检察院检察员职务。

决定任命：徐炜为市财政局局长。

任命：张金桥为市人民检察院检察员。

第十七次会议任免名单

决定接受：王宏强辞去市五届人大代表职务的请求，其担任的市五届人大常委会副主任职务相应终止。

第十八次会议任免名单

决定接受：裴缜辞去市中级人民法院院长、审判委员会委员、审判员职务的请求。

任命：张忠斌为市中级人民法院副院长、审判委员会委员、审判员。

决定任命：张忠斌为市中级人民法院代理院长。

第十九次会议任免名单

免去：刘云的市人民检察院检察员职务。

任命：李浩为市人民检察院检察员。

第二十次会议任免名单

决定接受：谭春玉辞去市五届人大代表职务的请求，其担任的市五届人大常委会副主任职务相应终止。

第二十一次会议任免名单

决定接受：秦大常辞去市五届市人大常委会委员、市五届人大民族宗教外事侨务委员会主任委员职务的请求。

免去：朱玉琼的葛洲坝人民检察院检察员职务。

决定任命：米麦为市商务局局长。

任命：张晓华、张红、赵佑勤、张琴、史玉平为市人民检察院检察委员会委员。

第二十二次会议任免名单

免去：张文惠、彭洪、高强、易永发、常明的市中级人民法院审判员职务，余焕春的审判监督庭庭长职务，罗江鄂的立案第一庭副庭长职务，鄢睿的民事审判第二庭副庭长职务，谌克强的葛洲坝人民法院行政审判庭庭长职务，贾立荣的刑事审判庭副庭长职务，郑雄心的民事审判庭副庭长职务，蒋伟的执行庭副庭长职务，袁立国的立案庭庭长职务，周健文的执行庭庭长职务，李广盛的市三峡坝区人民法院刑事审判庭庭长职务。

任命：彭静、李明、韩璐、陈继雄、邓宜华、魏志刚、黄君梅为市中级人民法院审判员，罗江鄂为立案第一庭庭长，鄢睿为未成年人综合审判庭庭长，张浴阳为葛洲坝人民法院立案庭庭长、审判委员会委员、审判员，贾立荣为刑事审判庭庭长、审判委员会委员，郑雄心为行政审判庭庭长、审判委员会委员，蒋伟为执行庭庭长、审判委员会委员，周健文为审判监督庭庭长，蒋新为行政审判庭副庭长、审判员，刘青春为市三峡坝区人民法院行政审判庭庭长，余建华为白洋法庭副庭长，谷鹏为立案庭副庭长、审判员，许静为刑事审判庭副庭长，张青山为行政审判庭副庭长。

第二十三次会议任免名单

决定接受：向红云辞去市人大常委会委员职务的请求，孙光骏辞去市人民检察院检察长、检察委员会委员、检察员职务的请求，裴缜、孙光骏辞去湖北省第十二届人民代表大会代表职务的请求。

免去：袁琼的市人大常委会信访室主任职务。

决定任命：孟鸣为市人民检察院代理检察长；马明和为市五届人大内务司法委员会副主任委员，周柏翠为市五届人大民族宗教外事侨务委员会副主任委员。

任命：黄书祥为市人大常委会研究室副主任。

补选：张忠斌、孟鸣为湖北省十二届人大代表。

第二十四次会议任免名单

任命：毕奎明为市人民检察院副检察长、检察委员会委员、检察员。

免去：谭国虎、汪本雄、陈德祥的市中级人民法院审判员职务，陈君的葛洲坝人民法院副院长、审判委员会委员、审判员职务，李景华的葛洲坝人民检察院检察员职务。

决定接受：袁汝海辞去市五届人大代表职务的请求，其担任的市五届人大农村经济委员会副主任委员职务相应终止。

第二十五次会议任免名单

决定接受：周崇堂、黄昌炳辞去湖北省第十二届人民代表大会代表职务的请求。

决定任命：周正英为市人民政府副市长。

补选：洪流为湖北省第十二届人民代表大会代表。

第二十六次会议任免名单

决定接受：谭少华辞去湖北省第十二届人民代表大会代表职务的请求，吴开保、邹正金辞去市五届人大常委会副主任职务，张文学辞去市人民政府副市长职务，李俊昌辞去市五届人大常委会委员、市五届人大教育科学文化卫生委员会主任委员职务，谭少华辞去湖北省十二届人大代表职务的请求。

决定任命：刘红洲为市公安局局长，王大真为市经济和信息化委员会主任。

决定免去：邓恢林的市公安局局长，陈敏仁的市经济和信息化委员会主任职务。

任命：熊建萍为市人大常委会信访室主任；魏新刚为市中级人民法院审判员；杜杨武、周桂英、李芬芳、王琼海、杨敏、胡萍、刘先奎为市三峡坝区人民法院人民陪审员，杜昕、邱承俊、雷　亮、孙朱力、张扬璀璨、刘良清、姚仕林、洪晓梅、莫杏花、吕爱武为葛洲坝人民法院人民陪审员。

免去：阮思军的市中级人民法院审判委员会委员、行政审判庭庭长、审判员职务，宋秀荣的审判员职务。

第二十七次会议任免名单

决定任命：李柏红为市人力资源和社会保障局局长，吴刚为市住房和城乡建设委员会主任。

决定免去：苏开美的市教育局局长，张立新的市住房和城乡建设委员会主任职务。

决定接受：雷元海辞去市人大常委会秘书长职务的请求。

免去：雷元海的市人大常委会办公室主任，王明珍的市人大常委会副秘书长职务；周健文的葛洲坝人民法院审判委员会委员、审判监督庭庭长、审判员职务。

任命：周健文为市中级人民法院刑事审判第一庭副庭长、审判员。

第二十八次会议任免名单

任命：张建一为市五届人大常委会代表资格审查委员会任主任委员，陈红、周赟鸿为委员；杜伟为市人大常委会办公室主任。

决定任命：王仁俊为市环境保护局局长，李鹏宇为市审计局局长。

决定免去：王仁俊的市民族宗教事务局局长职务，刘彦才的市环境保护局局长职务，杜伟的市审计局局长职务。

第二十九次会议任免名单

任命：黄逊志为市五届人大常委会法制工作委员会主任，马明和为市五届人大常委会法制工作委员会副主任。

决定任命：覃照为市教育局局长，张白华为市民族宗教事务局局长，李进新为市文化新闻出版广电局局长。

免去：马明和的市五届人大内务司法委员会副主任委员职务。

第三十次会议任免名单

2016年1月，市人大常委会代表资格审查委员会在市五届人大常委会三十次会议上审议通过的《关于部分代表的代表资格的报告》：艾苍松、张业发已辞去市五届人大代表，其担任的市五届人大常委会委员职务相应终止；根据地方组织法的相关规定，张业发担任的市五届人大常委会代表资格审查委员会委员职务相应终止。

第三十一次会议任免名单

决定接受：张军辉辞去市人民政府副市长职务，李柏红辞去市五届人大常委会委员职务的请求。

决定任命：文媛为市民政局局长；罗学忠为市五届人大农村经济委员会副主任委员、刘俊武为市五届人大内务司法委员会副主任委员。

决定免去：王庆玉的市民政局局长职务。

任命：黎开锋为市人大常委会代表工作委员会主任，张利华为市人大常委会预算工作委员会副主任；张红为葛洲坝人民检察院检察长、检察委员会委员、检察员。

免去：屈家喜的市人大常委会代表工作委员会主任的职务；张红、刘志平的市人民检察院检察委员会委员、检察员的职务。

第三十二次会议任免名单

决定任命：黄黎明为市人民政府副市长。

决定免去：毛传强的市人民政府副市长职务。

任命：徐晓东为市中级人民法院立案第二庭庭长，朱红洲为市中级人民法院民事审判第一庭庭长，高见成为市中级人民法院民事审判第二庭庭长，闵珍斌为市中级人民法院行政审判庭庭长，吴遵玉为市中级人民法院审判监督庭庭长，杨昊为市中级人民法院环境资源审判庭庭长，史志高为市中级人民法院执行局执行二庭庭长，邓丽华为市中级人民法院立案第二庭副庭长，冀放为市中级人民法院环境资源审判庭副庭长，甘杨为市中级人民法院行政审判庭副庭长，杨正强为市中级人民法院审判监督庭副庭长，戴翔为市中级人民法院刑事审判第二庭副庭长，陈继雄为市中级人民法院民事审判第一庭副庭长，刘乾华为市中级人民法院民事审判第三庭副庭长，邓宜华为市中级人民法院未成年人综合审判庭副庭长，唐兆勇为市中级人民法院环境资源审判庭副庭长，钟波为市中级人民法院行政审判庭副庭长，张灿为市中级人民法院民事审判第一庭副庭长，张晓燕为市中级人民法院民事审判第二庭副庭长，黄石涛为市中级人民法院执行局执行一庭副庭长，郭建军为市中级人民法院执行局执行二庭副庭长，王明兵、王瑞菊、关俊峰、孙维娟、严光俊、沈辰、肖小月、易正鑫、罗娟、聂丽华为市中级人民法院审判员，牟立萍、汪晓梅、胡丹为、唐雁莉、谢鸣为葛洲坝人民法院审判员。

免去：丁建祥的市五届人大教育科学文化卫生委员会副主任委员职务；徐晓东的市中级人民法院执行庭庭长职务，朱红洲的市中级人民法院民事审判第二庭庭长职务，刘旭堂的市中级人民法院立案第二庭庭长职务，陈发伦的市中级人民法院民事审判第一庭庭长职务，闵珍斌的市中级人民法院行政审判庭副庭长职务，吴遵玉的市中级人民法院刑事审判第二庭副庭长职务，杨昊的市中级人民法院民事审判第一庭副庭长职务，史志高的市中级人民法院执行庭副庭长职务，邓丽华的市中级人民法院审判监督庭副庭长职务，冀放的市中级人民法院执行庭副庭长职务，甘杨的市中级人民法院立案第一庭副庭长职务，杨正强的市中级人民法院立案第二庭副庭长职务，张晓燕的市中级人民法院民事审判第一庭副庭长职务，郭建军的市中级人民法院执行庭副庭长职务，车志平的市中级人民法院民事审判第一庭副庭长职务，刘雪青的市中级人民法院审判监督庭副庭长职务，王礼仁、朱志敏、宋涛的市中级人民法院审判员职务，易礼平的市三峡坝区人民法院审判员职务。

第三十三次会议任免名单

决定任命：兰银为市人民政府副市长。

任命：黎开锋为市五届人大常委会代表资格审查委员会副主任委员；陈发伦为葛洲坝人民法院副院长、审判委员会委员、审判员，杨玉超为市人民检察院检察委员会委员、检察员。

免去：陈发伦的市中级人民法院审判委员会委员、审判员职务，吴丰明的市人民检察院检察员职务，洪振武的葛洲坝人民检察院检察委员会委员、检察员职务。

第三十四次会议任免名单

决定任命：唐超为市人民政府副市长。

任命：丁鹏为市人大常委会副秘书长；李鸣为市中级人民法院审判委员会委员、审判员，蒋新为葛洲坝人民法院审判委员会委员、审判监督庭庭长，唐雁莉为葛洲坝人民法院审判监督庭副庭长，汪晓梅为葛洲坝人民法院立案庭副庭长，胡丹为葛洲坝人民法院刑事审判庭副庭长，牟立萍为葛洲坝人民法院民事审判庭副庭长，谢鸣为葛洲坝人民法院执行庭副庭长，邹卫东、徐振安、李明喜、郑纯海、邹道金、王加明、张玉山、张文军、陈武、罗琼、王睿为市三峡坝区人民法院人民陪审员。

免去：蒋新的葛洲坝人民法院行政审判庭副庭长职务，蔡云的市中级人民法院审判员职务，何珍先的葛洲坝人民法院审判员职务，周月梅的葛洲坝人民法院审判员职务，李广盛的市三峡坝区人民法院审判委员会委员、审判员职务。

第三十五次会议任免名单

免去：张晓华的市人民检察院检察委员会委员、检察员职务，许智祥的市人民检察院检察员职务。

第三十六次会议任免名单

决定接受：张建一辞去市五届人大常委会副主任职务的请求。

决定任命：张毅为市住房和城乡建设委员会主任，丁绪欢为市人民政府外事侨务办公室主任，刘祯华为市商务局局长，方扬帆为市科学技术局局长。

决定免去：吴刚的市住房和城乡建设委员会主任职务，刘祯华的市人民政府外事侨务办公室主任职务，米麦的市商务局局长职务，姚朝云的市科学技术局局长职务。

免去：甘良新的市人大常委会副秘书长，覃益盛的市五届人大常委会预算工作委员会主任，雷文的市中级人民法院审判委员会委员、审判员职务。

第三十七次会议任免名单

决定免去：兰银的市人民政府副市长职务。

决定任命：卢军为市人民政府副市长。

第三章　宜昌市人大及其常委会监督工作

监督法规定："各级人民代表大会常务委员会按照民主集中制的原则，集体行使监督职权"。据此，市人大及其常委会依法开展各项监督工作。

第一节　规范性文件备案审查

加强对规范性文件备案审查，是维护国家法制统一和尊严，实施依法治国基本方略的重要方面。监督法第五章就此做出相关规定。

市二届人大常委会二十二次会议通过《宜昌市人民代表大会常务委员会关于规范性文件备案审查暂行办法》，市四届人大常委会二次会议修订该办法。

一、市一届人大常委会

1994年，市人大常委会印发《关于对市人民政府、市中级人民法院法院、市人民检察院制定的规范性文件和各县市区人大常委会的决议、决定进行审查的通知》。市人大常委会主任会议和市人大相关专门委员会，对市人民政府制定的《宜昌市城区市容和环境卫生管理实施细则》《宜昌市反价格欺诈、价格垄断、牟取暴利的暂行规定》《宜昌市信访处理暂行办法》等规范性文件进行认真审查，对审查出的问题及时向市人民政府提出了处理意见。

1995年，市人大常委会先后对提请审议或者报送备案的《宜昌市鼓励外商港澳台同胞投资实施办法》等规范性文件进行了审查。市一届人大常委会十五次会议审议通过《关于批准宜昌市科学技术发展规划的决定》和《关于批准宜昌市"科教兴市"实施方案的决定》。

1996年，全市县级以上行政机关提请备案，共清理规范性文件2400多件，废止99件，修改146件。

1992年至1996年的五年间，市人大常委会先后对提请审议或者报送备案的《宜昌市城区市容和环境卫生管理实施细则》等规范性文件进行了审查，及时提出了处理意见。还完成了上级人大常委会交办征求意见的53部法律法规草案修改工作。

二、市二届人大常委会

2000年3月，市人大常委会通过《关于规范性文件备案审查暂行办法》。《办法》要求：市人民政府发布的决定、命令和其他具有普遍约束力的规范性文件，市中级人民法院、市人民检察院制定的指导审判、检察工作的规范性文件，有解释权的机关对自治条例、单行条例、变通规则和补充规定所作的解释，在发布后的30日内，报送市人大常委会备案；下一级人大常委会在通过的决议、决定公布30日之内报送市人大常委会备案。市人大专门委员会、市人大常委会工作机构认为备案的规范性文件与宪法、法律、法规以及上级和本级人大及其常委会的决议、决定相抵触或者不适当的，市人大常委会可以撤销该规范性文件，或者责成该规范性文件的制定机关自行纠正并报告结果。市人大常委会根据全国人大常委会和省人大常委会的通知，先后完成了民族区域自治法、环境保护法、归侨侨眷权益保护法、统计法、节能法、村民委员会组织法实施办法等10部法律法规草案的修改和立法案的调研任务。

三、市三届人大常委会

2004年，市人大常委会督促“一府两院”补报了部分漏报的规范性文件，对“一府两院”已出台的45个规范性文件进行了审查。

2005年，市人大常委会对“一府两院”和下级人大常委会规范性文件报送备案情况进行了检查和规范，纠正了漏报、迟报行为。对市人民政府报送的《关于全面推进依法行政的实施意见》等43个规范性文件、市中级人民法院报送的《宜昌市中级人民法院关于加强办案期限管理的规定》、市人民检察院报送的《关于认真开展以纠正刑讯逼供为重点的专项侦查监督活动的通知》等31个规范性文件进行了认真审查。配合上级人大常委会对水污染防治法、水资源管理条例，以及湖北省爱国卫生条例、道路运输管理条例贯彻实施情况进行了检查。对未成年人保护法（草案）、妇女权益保障法（草案）、公证法（草案）、公务员法（草案），以及湖北省实验动物管理条例（草案）、磷矿资源管理条例（草案）、侨属企业资格确认问题的决定（征求意见稿）、散居少数民族工作条例（修改稿）、旅游条例（修订稿）等法律法规草案进行了立法调研。

2002年至2006年间，市人大常委会共对市人民政府报送的《宜昌市城区住房货币化分配实施办法》、市中级人民法院报送的《关于规范全市法院破产案件立案审查和请示工作的通知》、市人民检察院报送的《关于印发〈宜昌市人民检察院关于开展不起诉案件复查活动的实施方案〉的通知》等98件规范性文件进行了认真审查，对其中部分条款提出了修改建议。同时对“一府两院”和下级人大常委会报送市人大常委会备案的规范性文件的情况进行了检查和规范。

四、市四届人大常委会

2007年，市人大常委会对市人民政府报送的《宜昌城区被征地农民基本养老保险办法》《宜昌市通用语言文字应用管理办法》《宜昌市城区居民最低生活保障对象医疗保险暂行办法》等5件规范性文件进行了审查。5月，市四届人大常委会二次会议通过修订后的《宜昌市人大常委会规范性文件备案审查办法》。

2008年，市人大常委会对市人民政府报送的《宜昌市城镇居民基本医疗保险实施办法》《宜昌市机动车排气污染防治管理办法》《宜昌市城镇污水处理厂运行管理试行办法》《宜昌市无障碍设施建设和管理办法》《宜昌市城区燃放烟花爆竹管理办法》《宜昌市人民政府工作规则》等规范性文件进行了审查。

2009年，市人大常委会审查了市人民政府报送的6件规范性文件。

2010年，市人大常委会对市人民政府报送的《宜昌市城镇居民基本医疗保险实施办法》《宜昌市机动车排气污染防治管理办法》《宜昌市城镇污水处理厂运行管理试行办法》《宜昌市无障碍设施建设和管理办法》《宜昌市城区燃放烟花爆竹管理办法》《宜昌市人民政府工作规则》等11件规范性文件进行了审查。

2007年至2011年间，市人大常委会共对市人民政府和下级人大常委会报送的39件规范性文件进行备案审查。

五、市五届人大常委会

2012年，市人大常委会对市人民政府和下级人大常委会报送的14件规范性文件进行备案审查。

2013年，市人大常委会对市人民政府报送的6件规范性文件进行了审查。2月，市五届人大常委会七次会议听取和审议市人大内务司法委员会《关于宜昌市人大常委会规范性文件备案审查工作情况的报告》。

2014年，市人大常委会积极配合全国人大常委会和湖北省人大常委会开展立法调研、执法检查和专题视察。

2015年，市人大常委会建立健全规范性文件备案审查工作规程和工作机制，向湖北省人大常委会报送备案规范性文件4件，对下级人大常委会报送的规范性文件进行备案审查。

2016年，市人大常委会共对伍家岗区人大常委会报送的《宜昌市伍家岗区人民代表大会常务委员会关于全面推进依法治区的决议》和市人民政府报送备案的《宜昌市职工基本医疗保险实施办法》等26件规范性文件进行了审查。经审查，上述27件规范性文件全部符合宪法、法律、行政法规、湖北省地方性法规和上级文件精神。

第二节　监督法律法规贯彻实施

1979年地方组织法规定：县级以上的地方各级人民代表大会，在本行政区域内“保证宪法、法律、政策、法令、政令和上级人民代表大会决议的遵守和执行。”监督法规定：“各级人民代表大会常务委员会，每年选择若干关系改革发展稳定大局和群众切身利益、社会普遍关注的重大问题，有计划地对有关法律、法规实施情况组织执法检查。”据此，市十一届人大常委会五次会议通过《关于在全市开展执法检查的决定》，市三届人大常委会二十一次会议通过《关于执法检查的若干规定》。

一、市九届人大常委会

1982年，市人大常委会于6月中旬，召集市经济委员会、市中级人民法院、市人民检察院、市工商行政管理局等部门负责人，专题研究和部署了经济合同法的实施工作。8月，市九届人大常委会十二次会议听取和审议市中级人民法院院长王振声所作的《关于实施民事诉讼法准备工作情况的报告》，审议通过《关于实施〈中华人民共和国民事诉讼法（试行）〉的决议》；听取市人大常委会秘书长文振藻所作的《关于学习、讨论〈中华人民共和国宪法修改草案〉的情况汇报》。12月，市九届人大常委会十四次会议听取和审议市计划生育办公室主任艾诗波所作的《关于实施〈宜昌市人大常委会关于进一步加强计划生育工作的决议〉情况的报告》。是年，市人大常委会还对森林法等法律的实施情况进行了检查，对市人大常委会成立以来做出的9个决议、决定的实施情况进行了检查。

1983年，市人大常委会在经济合同法实施之前，召集市中级人民法院、市人民检察院、市经济委员会、市工商行政管理局等有关部门的负责人，专门研究了实施方案，以保证经济合同法的正确实施。还对刑法、刑事诉讼法、食品卫生法、环境保护法的实施情况进行了检查。

二、市十届人大常委会

1984年，市人大常委会听取和审议市人民政府及有关部门关于法律法规贯彻实施、经济体制改革、两个文明建设等方面的14个工作报告。

1985年7月，市十届人大常委会八次会议听取和审议市卫生局副局长郑在武所作的《关于贯彻实施药品管理法情况及今后工作意见的报告》；听取了市人大常委会调查组《关于全市贯彻实施药品管理法情况的调查报告》；审议通过《关于贯彻实施药品管理法的决议》。9月，市十届人大常委会九次会议听取和审议市财政局副局长赵泽黎所作的《关于贯彻实施会计法情况的报告》；审议通过《认真贯彻实施会计法的决议》。

1986年4月，市十届人大常委会十四次会议听取和审议市统计局局长罗良寿所作的《关于贯彻实施统计法情况和意见的汇报》。6月，市十届人大常委会十五次会议听取和审议市人民政府副市长符利民所作的《关于贯彻实施〈中华人民共和国义务教育法〉有关问题的汇报》；听取和审议市食品卫生领导小组副组长欧阳忠兴所作的《关于贯彻实施食品卫生法情况的报告》；听取和审议市郊区工作委员会副主任阎建民所作的《关于在全市贯彻施行渔业法问题的汇报》；听取和审议市计量管理局局长肖永岷所作的《关于宣传贯彻计量法的情况汇报》。

1987年6月，市十届人大常委会二十二次会议听取和审议市卫生局副局长阳怀安所作的《关于贯彻实施食品卫生法情况的报告》。8月，市十届人大常委会二十三次会议听取和审议市食品卫生领导小组组长王俊峰所作的《关于近两个月贯彻实施食品卫生法情况的汇报》。

1985年至1987年间，市十届人大常委会会同市普法领导小组一起开展普及法律常识工作，并在市十届人大常委会十四次会议上做出《关于贯彻普法教育常识五年规划的决议》；在市十届人大常委会二十一次会议上做出《关于进一步抓好普法常识工作的决议》。全市近14万人学完了规定的“九法一条例”，占应普及对象的80%。1987年10月，又部署了农村普法工作。

三、市十一届人大常委会

1988年6月，市十一届人大常委会三次会议听取和审议市中级人民法院院长余庆富所作的《关于全市法院贯彻实施〈中华人民共和国民法通则〉情况的汇报》。8月，市十一届人大常委会四次会议听取和审议市人民政府副市长景学镇所作的《关于前段学习宣传企业法的情况及下步贯彻实施企业法的意见》。10月，市十一届人大常委会五次会议听取和审议市人大法制委员会《关于贯彻实施湖北省第七届人大常委会三次会议决定在全市开展执法检查的议案》。

1989年8月，市十一届人大常委会十二次会议听取和审议市食品卫生领导小组副组长王俊峰所作的《关于贯彻实施食品卫生法情况的汇报》。9月，市人大常委会决定在全市开展第二次执法检查工作。

1990年6月，市十一届人大常委会十九次会议听取和审议市人民政府秘书长战玉栋所作的《关于行政诉讼法实施前全市各项准备工作情况的汇报》；听取和审议市中级人民法院副院长刘德保所作的《关于行政诉讼法实施前全市法院各项准备工作情况的汇报》；听取和审议市土地管理局局长龙扬卫所作的《关于宜昌市贯彻实施土地法情况的汇报》。10月，市十一届人大常委会二十一次会议听取和审议市教育委员会主任李诵国所作的《关于全市贯彻实施义务教育法和湖北省义务教育实施办法情况的汇报》；听取和审议市卫生局局长王俊峰所作的《关于全市贯彻实施传染病防治法一年情况的汇报》。是年，市人大常委会对治安管理处罚条例、刑事诉讼法、民事诉讼法、惩罚贪污罪贿赂罪的补充规定、国家行政机关工作人员贪污贿赂行政处罚暂行规定开展执法检查。

1991年5月，市十一届人大常委会二十六次会议听取和审议市教育委员会主任李诵国所作的《关于宜昌市贯彻实施义务教育法五周年情况的汇报》；听取和审议市文化局副局长屈定富所作的《关于宜昌市贯彻实施文物保护法和湖北省文物保护管理实施办法情况的报告》。7月，市十一届人大常委会二十七次会议听取和审议市科学技术委员会副主任赵君礼所作的《关于全市贯彻实施技术合同法和专利法情况的报告》。9月，市十一届人大常委会二十八次会议听取和审议市计划生育委员会主任董光廉所作的《关于全市贯彻实施〈湖北省计划生育条例〉情况的汇报》；听取和审议市卫生局副局长阳怀安所作的《关于全市贯彻实施传染病防治法情况的汇报》；听取和审议市人大常委会执法检查组所作的《关于检查义务教育法贯彻实施情况的汇报》。11月，市十一届人大常委会二十九次会议听取和审议市财政局局长赵泽黎所作的《关于全市会计法执法大检查情况的报告》；听取和审议市计量管理局局长陈元璋所作的《关于全市贯彻实施计量法情况的汇报》；听取和审议市标准局局长王叔林所作的《关于全市贯彻实施标准化法情况的报告》。是年，市人大常委会先后组织执法检查组分赴西陵区、伍家岗区和点军区进行执法检查，实地察看了3所初中和9所小学实施义务教育法的情况。

四、市一届人大常委会

1992年，地市合并后新的宜昌市人大常委会一方面听取和审议市人民政府《关于第二个五年普法规划执行情况的报告》以及“两院”《关于执法检查情况的报告》，另一方面组织部分市人大常委会组成人员和市人大代表对有关法律法规的贯彻实施情况进行了检查，共涉及法律13部。

1993年5月，市一届人大常委会四次会议听取和审议市计划生育委员会主任李定钧所作的《关于宜昌市贯彻实施〈湖北省计划生育条例〉情况的报告》；听取和审议市教育委员会主任李诵国所作的《关于宜昌市贯彻实施义务教育法和湖北省义务教育实施办法情况的汇报》；听取和审议市人民政府《关于宜昌市贯彻实施企业法和全民所有制工业企业转换经营机制条例情况的报告》；审议通过《关于全面贯彻实施企业法和全民所有制工业企业转换经营机制条例的决议》。9月，市一届人大常委会六次会议听取和审议市土地管理局局长郑以进所作的《关于宜昌市贯彻实施〈中华人民共和国土地管理法〉情况的报告》；听取和审议市林业局局长万信武所作的《关于绿化宜昌和贯彻实施森林法情况的报告》。11月，市一届人大常委会七次会议听取和审议市民族宗教事务委员会主任曾宪长所作的《关于宜昌市民族工作和贯彻实施民族区域自治法情况的报告》；听取和审议市环境保护局局长孙维全所作的《关于宜昌市贯彻实施环境保护法情况的报告》；听取和审议市人大常委会代表联络信访人事任免工作委员会主任龚福达所作的《关于宜昌市贯彻实施代表法情况的报告》；听取和审议市中级人民法院院长胡兆满所作的《关于1993年度执法检查情况的报告》。是年，市人大常委会对长阳、五峰两个土家族自治县及市县有关部门贯彻实施民族区域自治法和湖北省实施民族区域自治法的若干规定的情况，进行了为时一个月的执法检查。

1994年11月，市一届人大常委会十三次会议听取和审议市人民政府侨务办公室主任曹诗青所作的《关于宜昌市贯彻实施〈中华人民共和国归侨侨眷权益保护法〉情况的报告》、市文化局局长彭万廷所作的《关于全市贯彻实施文物保护法情况的报告》、市规划管理局局长陈家贤所作的《关于宜昌市贯彻实施城市规划法情况的报告》。是年，市人大常委会对农业法、土地管理法、全国人大常委会关于加强社会治安综合治理的决定开展执法检查。还配合上级人大常委会及上级人大专门委员会对民族区域自治法、矿产资源法、统计法、测绘法、归侨侨眷权益保护法、教师法、消费者权益保护法、未成年人保护法、村民委员会组织法和律师暂行条例开展执法检查。

1995年5月，市一届人大常委会十六次会议听取和审议市技术监督局局长范海生所作的《关于宜昌市贯彻实施产品质量法情况的报告》、市农牧业局局长王光元所作的《关于宜昌市贯彻实施农业技术推广法情况的报告》。9月，市一届人大常委会十八次会议听取和审议市科学技术委员会主任李和奎所作的《关于宜昌市贯彻实施科学技术进步法情况的报告》。11月，市一届人大常委会十九次会议听取和审议市统计局局长李春堂所作的《关于宜昌市贯彻实施统计法和加强统计工作情况的报告》、市人民政府副市长肖道根所作的《关于宜昌市贯彻实施〈中华人民共和国城市房地产管理法〉情况的报告》。是年，市人大常委会还先后对妇女权益保障法、归侨侨眷权益保护法及湖北省实施归侨侨眷权益保护法办法开展执法检查。市人大各专门委员会分别对环境保护法、渔业法、教师法、会计法、统计法、湖北省国防教育条例开展执法检查。

1996年 1月，市一届人大常委会二十次会议听取和审议市审计局局长朱颖所作的《关于宜昌市贯彻实施审计法和加强审计工作情况的报告》。3月，市一届人大常委会二十二次会议听取和审议市体育委员会主任杨祖一所作的《关于宜昌市贯彻实施体育法情况的报告》。5月，市一届人大常委会二十三次会议听取和审议市人民政府副市长张子仪所作的《关于宜昌市贯彻实施〈中华人民共和国行政诉讼法〉，促进全市行政机关依法行政情况的报告》；听取和审议市劳动局局长孙明华所作的《关于宜昌市贯彻实施〈中华人民共和国劳动法〉情况的报告》。11月，市一届人大常委会二十六次会议听取和审议市教育委员会主任刘明国所作的《关于全市贯彻实施〈中华人民共和国教师法〉情况的报告》。是年，市人大常委会还协助湖北省人大常委会对文化市场管理条例进行了执法检查。

1992年至1996年的五年间，市一届人大常委会先后听取了“一府两院”关于企业法、产品质量法、土地管理法、森林法、农业法、科技进步法等23部法律法规实施情况的报告。市人大常委会组织开展6次执法检查、9次视察；市人大各专门委员会配合上级人大专门委员会对企业法、农业法、环境保护法、进出口商品检验检疫法、归侨侨眷权益保护法、会计法等53部法律法规开展执法检查。

五、市二届人大常委会

1997年9月，市二届人大常委会三次会议听取和审议市科学技术委员会主任李和奎所作的《关于宜昌市贯彻实施技术合同法情况的报告》、市卫生局局长石慰平所作的《关于宜昌市贯彻实施食品卫生法情况的报告》。11月，市二届人大常委会四次会议听取和审议市人大常委会执法检查组《关于减轻农民负担执法检查情况的报告》《关于全市土地管理法执法检查情况的报告》《关于全市民族区域自治法执法检查情况的报告》和《关于全市环保法执法检查情况的报告》。是年，市人大有关专门委员会对妇女权益保障法、档案法、湖北省个体户和私营企业条例、烟草专卖法进行了执法检查。市人大常委会配合全国人大常委会和湖北省人大常委会对食品卫生法、科技进步法、湖北省科学技术协会条例、公司法、城市规划法、环境保护法进行了执法检查。

1998年3月，市二届人大常委会八次会议听取和审议市人民防空办公室主任裴学忠所作的《关于宜昌市贯彻实施〈中华人民共和国人民防空法〉情况的报告》。5月，市二届人大常委会九次会议听取和审议市水利水电局局长袁春堂所作的《关于宜昌市贯彻实施〈中华人民共和国防洪法〉情况的报告》、市教育委员会主任王道本所作的《关于全市贯彻实施〈中华人民共和国职业教育法〉情况的报告》。7月，市二届人大常委会十次会议听取和审议市乡镇企业管理局局长胡发喜所作的《关于宜昌市贯彻实施乡镇企业法情况的报告》。9月，市二届人大常委会十一次会议听取和审议市建设委员会主任刘旭辉所作的《关于宜昌市贯彻实施〈湖北省建筑市场管理条例〉情况的报告》。11月，市二届人大常委会十二次会议听取和审议市交通委员会主任黄传林所作的《关于全市贯彻实施〈中华人民共和国公路法〉情况的报告》、市科学技术委员会主任李和奎所作的《关于全市进一步贯彻实施〈中华人民共和国科学技术进步法〉情况的报告》、市规划管理局局长陈家贤所作的《关于全市贯彻实施城市规划法情况的报告》、市人民政府副秘书长雷元海所作的《关于宜昌市贯彻实施〈中华人民共和国动物防疫法〉情况的报告》。是年，市人大有关专门委员会先后对人民防空法、药品管理法、动植物防疫法、湖北省计划生育条例进行执法检查。市人大常委会还配合湖北省人大常委会对统计法、母婴保护法、档案法、科技成果转化法、农业法、环境保护法、湖北省公路规费征收管理条例进行执法检查。

1999年5月，市二届人大常委会十五次会议听取和审议市教育委员会主任王道本所作的《关于宜昌市贯彻实施〈中华人民共和国义务教育法〉的报告》，市人民政府副秘书长、市政府扶贫开发办公室主任雷元海所作的《关于宜昌市贯彻实施〈湖北省扶贫条例〉以及扶贫攻坚工作情况的报告》，市农业委员会主任谢永和所作的《关于宜昌市贯彻实施〈农民负担费用和劳务管理条例〉和〈湖北省农民负担管理条例〉情况的报告》。11月，市二届人大常委会十九次会议听取和审议市人大常委会执法检查组《关于全市土地管理法执法检查情况的报告》和《关于全市环境保护法执法检查情况的报告》。是年，市人大各专门委员会对刑事诉讼法、义务教育法、防洪法、产品质量法、台胞投资保护法、文化市场管理条例等20多部法律法规开展执法检查。市人大常委会配合湖北省人大常委会对产品质量法、计划生育管理条例、环境保护法进行了执法检查。

2000年5月，市二届人大常委会二十四次会议听取和审议市卫生局局长周国彬所作的《关于宜昌市贯彻实施药品管理法、药品管理法实施办法情况的报告》、市人民政府副市长刘旭辉所作的《关于宜昌市贯彻实施〈湖北省行政执法条例〉情况的报告》。9月，市二届人大常委会二十六次会议听取和审议市财政局局长陈士新所作的《关于宜昌市贯彻实施〈湖北省预算外资金管理条例〉情况的报告》。11月，市二届人大常委会二十七次会议听取和审议市人民政府副秘书长秦廷申所作的《关于宜昌市贯彻实施〈中华人民共和国仲裁法〉情况的报告》、市人大常委会执法检查组《关于全市检查预算法、税收征收管理法实施情况的报告》和《关于全市减轻农民负担执法检查情况的报告》。

2001年7月，市二届人大常委会三十三次会议听取和审议市人民政府副市长刘旭辉所作的《关于宜昌市贯彻实施人民警察法和开展严打整治斗争情况的报告》。9月，市二届人大常委会三十四次会议听取和审议市农业局局长李全新所作的《关于宜昌市农业系统贯彻实施种子法情况的报告》、市人大常委会执法检查组《关于全市检查中外合资经营企业法、中外合作经营企业法、外资企业法、中外合资经营企业法实施条例、外资企业法实施细则实施情况的报告》。

1997年至2001年的五年间，市二届人大常委会及市人大各专门委员会共对80多部法律法规的实施情况开展执法检查，还配合全国人大常委会和湖北省人大常委会对10多部法律法规的实施情况开展执法检查。

六、市三届人大常委会

2002年 11月，市三届人大常委会四次会议听取和审议市司法局局长张军平所作的《关于宜昌市贯彻实施〈湖北省法制宣传教育条例〉情况的报告》、市人民政府副市长黄利鸣所作的《关于宜昌市贯彻实施食品卫生法情况的报告》。是年，市人大常委会及市人大各专门委员会先后对种子法、湖北省实施种子法办法、湖北省建设工程招标投标管理条例、档案法、气象法等10多部法律法规开展执法检查。还配合全国人大常委会、省人大常委会对种子法、职业教育法、档案法进行执法检查。

2003年1月，市三届人大常委会五次会议听取和审议市科技局局长王宏强所作的《关于宜昌市贯彻实施科学技术进步法情况的报告》。5月，市三届人大常委会八次会议听取和审议市人民政府副市长王传豪所作的《关于宜昌市贯彻实施水土保持法情况的报告》。11月，市三届人大常委会十一次会议听取和审议市人民政府副市长王传豪所作的《关于宜昌市贯彻实施人口与计划生育法情况的报告》。是年，市人大常委会还配合上级人大常委会对产品质量法、土地承包法、老年人权益保障法、湖北省劳动力市场管理条例进行了执法检查。市人大各专门委员会对“一府两院”各对口单位推行执法责任制和错案责任追究制的情况开展检查，并向市人大常委会提交了检查报告。

2004年5月，市三届人大常委会十四次会议听取和审议市人民政府副市长郑广玉所作的《关于宜昌市贯彻实施〈中华人民共和国行政许可法〉准备工作情况的报告》、市人民政府副秘书长谢永和所作的《关于宜昌市贯彻实施〈中华人民共和国农业技术推广法〉情况的报告》。7月，市三届人大常委会十六次会议听取和审议市人民政府副市长张为民所作的《关于宜昌市贯彻实施〈中华人民共和国民族区域自治法〉和〈湖北省实施中华人民共和国民族区域自治法的若干规定〉情况的报告》。9月，市三届人大常委会十七次会议听取和审议市农业局局长李全新所作的《关于宜昌市贯彻实施〈中华人民共和国农村土地承包法〉情况的报告》。11月，市三届人大常委会十八次会议听取和审议市人民政府副市长焦红所作的《关于宜昌市贯彻实施〈中华人民共和国民办教育促进法〉情况的报告》。是年，市人大常委会对台湾同胞投资保护法、价格法进行了执法检查；对贯彻实施宗教法律法规的情况开展检查；先后到长阳土家族自治县、五峰土家族自治县和宜都市潘家湾土家族乡，对民族法律法规贯彻实施情况进行了检查；还配合全国人大常委会和省人大常委会对专利法、统计法、烟草专卖法、气象法、城市规划法、湖北省集体合同条例、湖北省地质环境管理条例开展执法检查。市人大各专门委员会对归侨侨眷权益保护法、湖北省旅游管理条例的贯彻实施情况开展检查。

2005年5月，市三届人大常委会二十一次会议听取和审议市人民政府副市长胡家法所作的《关于宜昌市贯彻实施〈中华人民共和国安全生产法〉情况的报告》。7月，市三届人大常委会二十二次会议听取和审议市人民政府副市长王传豪所作的《关于宜昌市贯彻实施〈中华人民共和国行政许可法〉情况的报告》。9月，市三届人大常委会二十三次会议听取和审议市人民政府副市长廖达凤所作的《关于宜昌市贯彻实施〈中华人民共和国动物防疫法〉和〈湖北省实施中华人民共和国动物防疫法办法〉情况的报告》。11月，市三届人大常委会二十四次会议听取和审议市经济委员会主任王金建所作的《关于宜昌市贯彻实施中小企业促进法情况的报告》、市文化局局长冯万林所作的《关于宜昌市贯彻实施〈中华人民共和国文物保护法〉情况的报告》、市劳动和社会保障局局长吴开保所作的《关于宜昌市贯彻实施〈湖北省劳动和社会保障监察条例〉情况的报告》。是年，市人大常委会还对动物防疫法、残疾人保障法、消费者权益保护法、市人大常委会关于保护城区公共绿地的决定开展执法检查；配合上级人大常委会对水污染防治法、水资源管理条例、湖北省爱国卫生条例、湖北省道路运输管理条例进行了执法检查。市人大各专门委员会对税收征管法、渔业法、环境保护法、房地产管理法、民族区域自治法、归侨侨眷权益保护法、体育法、宗教事务条例、湖北省旅游条例开展执法检查。

2006年5月，市三届人大常委会二十八次会议听取和审议市人大常委会执法检查组《关于检查〈中华人民共和国职业教育法〉实施情况的报告》。7月，市三届人大常委会二十九次会议听取和审议市人大常委会执法检查组《关于检查〈中华人民共和国节约能源法〉实施情况的报告》。11月，市三届人大常委会三十一次会议听取和审议市人大常委会执法检查组《关于检查〈中华人民共和国农业法〉实施情况的报告》。

2002年至2006年间，市三届人大常委会对农业法、动物防疫法、残疾人保障法、消费者权益保护法、价格法、节约能源法、商业银行法、安全生产法、工会法、归侨侨眷权益保护法、台湾同胞投资保护法、职业教育法、突发公共卫生事件应急条例等法律法规贯彻实施情况开展检查。还协助全国人大常委会和湖北省人大常委会开展民族区域自治法等70多部法律法规的执法检查和立法调研工作。

七、市四届人大常委会

2007年7月，市四届人大常委会三次会议听取和审议市人大常委会执法检查组《关于检查〈中华人民共和国矿产资源法〉实施情况的报告》。9月，市四届人大常委会四次会议听取和审议市人大常委会执法检查组《关于检查〈中华人民共和国水法〉实施情况的报告》。11月，市四届人大常委会五次会议听取和审议市人大常委会执法检查组《关于检查〈中华人民共和国会计法〉实施情况的报告》《关于检查国务院〈法律援助条例〉及司法救助实施情况的报告》《关于检查〈中华人民共和国义务教育法〉实施情况的报告》。

2008年7月，市四届人大常委会十一次会议听取和审议市人大常委会执法检查组《关于检查湖北省旅游条例实施情况的报告》。9月，市四届人大常委会十二次会议听取和审议市人大常委会执法检查组《关于检查〈中华人民共和国森林法〉实施情况的报告》《关于检查〈中华人民共和国科学技术进步法〉实施情况的报告》。11月，市四届人大常委会十三次会议听取和审议市人大常委会执法检查组《关于检查〈中华人民共和国政府采购法〉实施情况的报告》《关于检查〈中华人民共和国劳动合同法〉实施情况的报告》。

2009年5月，市四届人大常委会十七次会议听取和审议市人大常委会执法检查组《关于检查国务院〈广播电视管理条例〉实施情况的报告》。9月，市四届人大常委会十九次会议听取和审议市人大常委会执法检查组《关于检查〈中华人民共和国畜牧法〉实施情况的报告》。是年，市人大常委会还配合上级人大常委会对食品安全法、招标投标法、湖北省旅游条例开展执法检查。

2010年5月，市四届人大常委会二十三次会议听取和审议市人大常委会执法检查组《关于检查〈中华人民共和国食品安全法〉实施情况的报告》。9月，市四届人大常委会二十五次会议听取和审议市人大常委会执法检查组《关于检查〈中华人民共和国水污染防治法〉实施情况的报告》。是年，市人大常委会审议市水利水电局《关于宜昌市贯彻实施〈中华人民共和国水污染防治法〉情况的报告》；审议市环境保护局《关于宜昌市贯彻实施〈中华人民共和国水污染防治法〉情况的报告》。

2011年5月，市四届人大常委会二十九次会议听取和审议市人大常委会执法检查组《关于检查〈中华人民共和国消防法〉实施情况的报告》。7月，市四届人大常委会三十次会议听取和审议市人大常委会执法检查组《关于检查〈中华人民共和国农产品质量安全法〉实施情况的报告》。

八、市五届人大常委会

2012年5月，市五届人大常委会二次会议听取和审议市人大常委会执法检查组《关于检查〈中华人民共和国建筑法〉实施情况的报告》。11月，市五届人大常委会五次会议听取和审议市人民政府《关于市五届人大常委会对〈建筑法执法检查审议意见〉的整改落实情况的报告》。

2013年5月，市五届人大常委会十次会议听取和审议市人大常委会执法检查组《关于检查〈湖北省气象灾害防御条例〉实施情况的报告》。11月，市五届人大常委会十三次会议听取和审议市人大常委会检查组《关于检查〈中华人民共和国矿产资源法〉实施情况的报告》。

2014年9月，市五届人大常委会二十一次会议听取和审议市人大常委会执法检查组《关于检查〈中华人民共和国动物防疫法〉实施情况的报告》。11月，市五届人大常委会二十二次会议听取和审议市人大常委会执法检查组《关于检查〈湖北省优化经济发展环境条例〉实施情况的报告》。

2015年5月，市五届人大常委会二十五次会议听取和审议市人大常委会执法检查组《关于检查〈中华人民共和国森林法〉实施情况的报告》。7月，市五届人大常委会二十六次会议听取和审议市人大常委会执法检查组《关于检查〈中华人民共和国档案法〉实施情况的报告》。9月，市五届人大常委会二十七次会议听取和审议市人大常委会执法检查组《关于检查〈中华人民共和国环境保护法〉实施情况的报告》。

2015年11月，市五届人大常委会二十八次会议审议市人民政府《关于市人大常委会对〈森林法实施情况审议意见〉研究处理情况的报告》。

2016年1月，市五届人大常委会三十次会议审议市人民政府《关于〈市人大常委会对档案法贯彻实施情况报告审议意见〉办理落实工作的报告》。

2016年5月30日—6月1日，市五届人大常委会三十三次会议听取和审议市人大常委会副主任、执法检查组组长吴康年所作的《关于检查〈中华人民共和国水污染防治法〉和〈湖北省水污染防治条例〉实施情况的报告》。

2016年9月27日—28日，市五届人大常委会三十五次会议听取和审议市人大常委会副主任、执法检查组组长尚葵所作的《关于检查〈中华人民共和国专利法〉实施情况的报告》，市人大常委会副主任、执法检查组组长吴康年所作的《关于检查〈中华人民共和国种子法〉实施情况的报告》。

第三节　监督司法工作

1954年地方组织法规定：县级以上的地方各级人民代表大会“听取和审议本级人民委员会和人民法院的工作报告”。1979年地方组织法规定：县级以上的地方各级人民代表大会听取和审议本级“人民法院、人民检察院的工作报告”；县级以上的地方各级人大常委会“监督本级人民政府、人民法院和人民检察院的工作”。监督法规定：“常务委员会听取和审议本级人民政府、人民法院、人民检察院的专项工作报告”。据此，市人大及其常委会对司法工作的监督主要体现在两个方面：一是在市人民代表大会会议上听取和审议“两院”的工作报告，并做出相应的决议。二是在市人大常委会会议上听取和审议司法专项工作报告，并提出审议意见。

一、市一届至八届人民代表大会

1956年5月14日，市一届人大四次会议听取和审议市人民法院院长王维顺所作的《关于一年多来法院工作的报告》。5月18日，大会通过《关于宜昌市人民法院工作报告的决议》。

1956年12月18日，市二届人大一次会议听取和审议市人民法院院长王维顺所作的《宜昌市人民法院工作报告》。

1957年12月28日，市二届人大三次会议听取和审议市人民法院院长王维顺所作的《宜昌市人民法院一年来工作主要情况及今后工作意见》的报告。

1958年6月30日，市三届人大一次会议听取和审议市人民法院院长谭受伦所作的《宜昌市人民法院工作报告》。

1958年12月27日，市三届人大二次会议听取和审议市人民法院院长谭受伦所作的《宜昌市人民法院工作报告》。

1959年8月28日，市三届人大三次会议听取和审议市人民法院院长谭受伦所作的《宜昌市人民法院工作报告》。

1959年12月29日，市三届人大四次会议听取和审议市人民法院院长谭受伦所作的《宜昌市人民法院工作报告》。

1960年8月28日，市三届人大五次会议听取和审议市人民法院院长谭受伦所作的《宜昌市人民法院工作报告》。

1961年12月25日，市四届人大一次会议听取和审议市人民法院院长魏文杰所作的《宜昌市人民法院工作报告》。12月28日，大会通过《关于宜昌市人民法院工作报告的决议》。

1962年12月23日，市四届人大二次会议听取和审议市人民法院院长魏文杰所作的《宜昌市人民法院工作报告》。

1963年7月1日，市五届人大一次会议听取和审议市人民法院院长魏文杰所作的《宜昌市人民法院工作报告》。

1964年12月17日，市五届人大二次会议听取和审议市人民法院院长魏文杰所作的《宜昌市人民法院工作报告》。

1966年1月10日，市六届人大一次会议听取和审议市人民法院院长魏文杰所作的《宜昌市人民法院工作报告》。1月12日，大会通过《关于宜昌市人民法院工作报告的决议》。

二、市九届人大及其常委会

市九届人大历次会议听取和审议"两院"报告

1981年2月21日，市九届人大一次会议听取和审议市中级人民法院院长王振声所作的《宜昌市中级人民法院工作报告》、市人民检察院检察长杨守朴所作的《宜昌市人民检察院工作报告》。2月25日，大会审议通过《关于宜昌市中级人民法院和宜昌市人民检察院工作报告的决议》。

1982年3月18日，市九届人大二次会议听取和审议市中级人民法院院长王振声所作的《宜昌市中级人民法院工作报告》、市人民检察院检察长杨守朴所作的《宜昌市人民检察院工作报告》。3月19日，大会审议通过《关于宜昌市中级人民法院和宜昌市人民检察院工作报告的决议》。

1983年3月23日，市九届人大三次会议听取和审议市中级人民法院院长张浚所作的《宜昌市中级人民法院工作报告》、市人民检察院检察长杨守朴所作的《宜昌市人民检察院工作报告》。3月26日，大会审议通过《关于宜昌市中级人民法院工作报告和宜昌市人民检察院工作报告的决议》。

市九届人大常委会历次会议听取和审议司法专项工作报告

1981年7月，市九届人大常委会三次会议听取和审议市公安局局长高宏准和市爱国卫生运动委员会办公室副主任边竞所作的关于整顿社会治安、整顿市容卫生情况的汇报。大会审议通过《关于进一步整顿社会治安和交通卫生的决议》。

1982年4月，市九届人大常委会十次会议听取和审议市人民政府副市长倪忠俊所作的《关于进一步开展打击经济领域中严重犯罪活动的斗争的报告》。会议审议通过《关于坚决打击经济领域中严重犯罪活动的决议》。

1982年5月，市九届人大常委会十一次会议听取和审议市人大常委会秘书长文振藻所作的《关于打击经济领域严重犯罪活动检查情况的汇报》。

1982年8月，市九届人大常委会十二次会议听取和审议市人民检察院检察长杨守朴所作的《宜昌市人民检察院上半年工作报告》、市中级人民法院院长王振声所作的《宜昌市中级人民法院1982年上半年工作情况和下半年工作要点的报告》、市公安局局长高宏准所作的《关于整顿宜昌市社会治安情况的汇报》。

1982年12月，市九届人大常委会十四次会议听取和审议市公安局局长高宏准所作的《关于宜昌市今年社会治安情况和今冬明春加强整顿社会治安工作的汇报》。

1983年10月，市九届人大常委会十九次会议听取和审议市公安局局长高宏准所作的《关于宜昌市严厉打击刑事犯罪活动情况的汇报》。

三、市十届人大及其常委会

市十届人大历次会议听取和审议“两院”报告

1984年5月5日，市十届人大一次会议听取和审议市中级人民法院代理院长余庆富所作的《宜昌市中级人民法院工作报告》、市人民检察院代理检察长杨承忠所作的《宜昌市人民检察院工作报告》。5月7日，大会审议通过《关于宜昌市中级人民法院工作报告和宜昌市人民检察院工作报告的决议》。

1985年3月27日，市十届人大二次会议审议市中级人民法院院长余庆富所作的《宜昌市中级人民法院工作报告》；听取和审议市人民检察院检察长杨承忠所作的《宜昌市人民检察院工作报告》。3月28日，大会审议通过《关于宜昌市中级人民法院工作报告和宜昌市人民检察院工作报告的决议》。

1986年3月15日，市十届人大三次会议听取和审议市中级人民法院院长余庆富所作的《宜昌市中级人民法院工作报告》、市人民检察院检察长杨承忠所作的《宜昌市人民检察院工作报告》。3月17日，会议审议通过《关于宜昌市中级人民法院工作报告和宜昌市人民检察院工作报告的决议》。

1987年3月14日，市十届人大四次会议听取和审议市中级人民法院院长余庆富所作的《宜昌市中级人民法院工作报告》、市人民检察院检察长杨承忠所作的《宜昌市人民检察院工作报告》。3月15日，大会审议通过《关于宜昌市中级人民法院工作报告和宜昌市人民检察院工作报告的决议》。

市十届人大常委会历次会议听取和审议司法专项工作报告

1984年8月，市十届人大常委会二次会议听取和审议市人民政府副市长谢远照所作的《关于宜昌市严厉打击刑事犯罪活动的情况和开展法制宣传、综合治理活动月意见的报告》。会议审议通过《宜昌市人大常委会关于〈宜昌市严厉打击刑事犯罪活动的情况和开展法制宣传、综合治理活动月意见的报告〉的决议》。

1984年10月，市十届人大常委会三次会议听取和审议市公安局局长高宏准所作的《关于宜昌市严厉打击刑事犯罪活动第二战役第一仗情况的汇报》。

1985年9月，市十届人大常委会九次会议听取和审议市公安局局长高宏准所作的《关于当前社会治安情况及下步工作意见的汇报》。

1985年11月，市十届人大常委会十次会议听取和审议市人民检察院检察长杨承忠所作的《关于宜昌市打击严重经济犯罪活动情况的汇报》、市工商行政管理局局长李作云所作的《关于打击经济违法活动情况的汇报》。会议审议通过《关于打击经济违法犯罪活动的决议》。

1986年12月，市十届人大常委会十八次会议听取和审议市人民检察院检察长杨承忠所作的《关于打击严重经济犯罪工作情况的汇报》、市公安局局长雷森策所作的《关于全市今年以来社会治安情况和下一步社会治安工作打算的汇报》。

四、市十一届人大及其常委会

市十一届人大历次会议听取和审议“两院”报告

1988年1月18日，市十一届人大一次会议听取和审议市中级人民法院院长余庆富所作的《宜昌市中级人民法院工作报告》、市人民检察院代理检察长赵开源所作的《宜昌市人民检察院工作报告》。1月20日，大会审议通过《关于宜昌市中级人民法院工作报告的决议》和《关于宜昌市人民检察院工作报告的决议》。

1989年3月16日，市十一届人大二次会议听取和审议市中级人民法院院长余庆富所作的《关于宜昌市中级人民法院工作报告》、市人民检察院检察长雷森策所作的《宜昌市人民检察院工作报告》。3月18日，大会审议通过《关于宜昌市中级人民法院工作报告的决议》和《关于宜昌市人民检察院工作报告的决议》。

1990年3月15日，市十一届人大三次会议听取和审议市中级人民法院院长余庆富所作的《宜昌市中级人民法院工作报告》、市人民检察院检察长雷森策所作的《宜昌市人民检察院工作报告》。3月17日，大会审议通过《关于宜昌市中级人民法院工作报告的决议》和《关于宜昌市人民检察院工作报告的决议》。

1991年3月15日，市十一届人大四次会议听取和审议市中级人民法院院长余庆富所作的《宜昌市中级人民法院工作报告》、市人民检察院检察长雷森策所作的《宜昌市人民检察院工作报告》。3月16日，大会审议通过《关于宜昌市中级人民法院工作报告的决议》和《关于宜昌市人民检察院工作报告的决议》。

1992年3月13日，市十一届人大五次会议听取和审议市中级人民法院院长余庆富所作的《宜昌市中级人民法院工作报告》、市人民检察院检察长雷森策所作的《宜昌市人民检察院工作报告》。3月15日，大会审议通过《关于宜昌市中级人民法院工作报告的决议》和《关于宜昌市人民检察院工作报告的决议》。

市十一届人大常委会历次会议听取和审议司法专项工作报告

1988年12月，市十一届人大常委会六次会议听取和审议市公安局局长邱忠安所作的《关于宜昌市当前社会治安情况的报告》。

1989年12月，市十一届人大常委会十四次会议听取和审议市公安局局长邱忠安所作的《关于宜昌市今年公安工作和当前社会治安情况的报告》、市人民检察院检察长雷森策所作的《关于全市检察机关今年打击经济犯罪工作情况的报告》。

1990年6月，市十一届人大常委会十九次会议听取和审议市人民检察院检察长雷森策所作的《宜昌市人民检察院开展社会治安综合治理工作情况的汇报》、市中级人民法院副院长刘德保所作的《关于开展社会治安综合治理工作情况的汇报》、市公安局局长邱忠安所作的《关于宜昌市今年社会治安情况的报告》。

1990年12月，市十一届人大常委会二十二次会议听取和审议市公安局局长邱忠安所作的《关于宜昌市当前公安工作和社会治安情况的报告》、市人民检察院副检察长田正男所作的《关于1990年宜昌市反贪污、反贿赂斗争的情况汇报》。

1991年5月，市十一届人大常委会二十六次会议听取和审议市司法局局长陈祖庆所作的《关于全市“一五”普法工作情况和“二五”普法工作规划的报告》，审议通过《关于开展第二个五年法制宣传教育的决议》。

1991年11月，市十一届人大常委会二十九次会议听取和审议市公安局副局长李永孝所作的《关于全市公安“三所”执法工作检查情况的报告》。

1992年1月，市十一届人大常委会三十次会议听取和审议市人民检察院《关于全市检察机关反贪污、反贿赂情况的报告》。

五、市一届人大及其常委会

市一届人大历次会议听取和审议“两院”报告

1993年3月11日，市一届人大二次会议听取和审议市中级人民法院院长余庆富所作的《宜昌市中级人民法院工作报告》、市人民检察院检察长雷森策所作的《宜昌市人民检察院工作报告》。3月13日，大会审议通过《关于宜昌市中级人民法院工作报告的决议》和《关于宜昌市人民检察院工作报告的决议》。

1994年3月9日，市一届人大三次会议听取和审议市中级人民法院院长余庆富所作的《宜昌市中级人民法院工作报告》、市人民检察院检察长雷森策所作的《宜昌市人民检察院工作报告》。3月11日，大会审议通过《关于宜昌市中级人民法院工作报告的决议》和《关于宜昌市人民检察院工作报告的决议》。

1995年2月13日，市一届人大四次会议听取和审议市中级人民法院院长余庆富所作的《宜昌市中级人民法院工作报告》、市人民检察院检察长雷森策所作的《宜昌市人民检察院工作报告》。2月15日，大会审议通过《关于宜昌市中级人民法院工作报告的决议》和《关于宜昌市人民检察院工作报告的决议》。

1996年3月1日，市一届人大五次会议听取和审议市中级人民法院院长余庆富所作的《宜昌市中级人民法院工作报告》、市人民检察院检察长雷森策所作的《宜昌市人民检察院工作报告》。3月3日，大会审议通过《关于宜昌市中级人民法院工作报告的决议》和《关于宜昌市人民检察院工作报告的决议》。

市一届人大常委会历次会议听取和审议司法专项工作报告

1993年7月，市一届人大常委会五次会议听取和审议市中级人民法院副院长王以定所作的《关于贯彻实施湖北省人大常委会关于加强人民法院执行工作的决定情况的报告》、市公安局副局长郭兴全所作的《关于宜昌市社会治安综合治理情况的报告》。

1993年11月，市一届人大常委会七次会议听取和审议市中级人民法院副院长胡兆满所作的《关于1993年全市法院执法检查情况的报告》、市人民检察院检察长雷森策所作的《关于1993年全市检察机关执法检查情况的报告》、市司法局局长刘书金所作的《关于宜昌市第二个五年普法规划实施情况的报告》。

1995年3月，市一届人大常委会十五次会议听取和审议市司法局局长刘书金所作的《关于宜昌市司法行政工作和“二五”普法工作情况的报告》。

1995年5月，市一届人大常委会十六次会议听取和审议市公安局局长赵开伦所作的《关于宜昌市社会治安工作情况的报告》。

1996年9月，市一届人大常委会二十五次会议听取和审议市司法局局长刘书金所作的《关于全市

"二五"普法实施情况和"三五"普法工作安排意见的报告》。

六、市二届人大及其常委会

市二届人大历次会议听取和审议"两院"报告

1997年3月27日，市二届人大一次会议听取和审议市中级人民法院院长胡兆满所作的《宜昌市中级人民法院工作报告》、市人民检察院检察长李早湘所作的《宜昌市人民检察院工作报告》。3月31日，大会审议通过《关于宜昌市中级人民法院工作报告的决议》和《关于宜昌市人民检察院工作报告的决议》。

1998年2月17日，市二届人大三次会议听取和审议市中级人民法院院长胡兆满所作的《宜昌市中级人民法院工作报告》、市人民检察院检察长李早湘所作的《宜昌市人民检察院工作报告》。2月19日，大会审议通过《关于宜昌市中级人民法院工作报告的决议》和《关于宜昌市人民检察院工作报告的决议》。

1999年3月1日，市二届人大四次会议听取和审议市中级人民法院院长胡兆满所作的《宜昌市中级人民法院工作报告》、市人民检察院检察长李早湘所作的《宜昌市人民检察院工作报告》。3月3日，大会审议通过《关于宜昌市中级人民法院工作报告的决议》和《关于宜昌市人民检察院工作报告的决议》。

2000年2月26日，市二届人大五次会议听取和审议市中级人民法院院长胡兆满所作的《宜昌市中级人民法院工作报告》、市人民检察院检察长李早湘所作的《宜昌市人民检察院工作报告》。2月28日，大会审议通过《关于宜昌市中级人民法院工作报告的决议》和《关于宜昌市人民检察院工作报告的决议》。

2001年2月26日，市二届人大六次会议听取和审议市中级人民法院院长胡兆满所作的《宜昌市中级人民法院工作报告》、市人民检察院检察长李早湘所作的《宜昌市人民检察院工作报告》。2月28日，大会审议通过《关于宜昌市中级人民法院工作报告的决议》和《关于宜昌市人民检察院工作报告的决议》。

市二届人大常委会历次会议听取和审议司法专项工作报告

1997年7月，市二届人大常委会二次会议听取和审议市人民政府副市长吴雁雁所作的《关于全市禁毒工作情况的报告》，会议审议通过《关于加强禁毒工作的决定》。

1997年9月，市二届人大常委会三次会议听取和审议市人民检察院检察长李早湘所作的《关于全市检察机关反贪污贿赂工作情况的报告》。

1997年11月，市二届人大常委会四次会议审议通过《宜昌市人大常委会监督司法工作暂行办法》。

1999年9月，市二届人大常委会十七次会议听取和审议市司法局局长张军平所作的《关于宜昌市第三个五年法制宣传教育工作情况的报告》。

2000年1月，市二届人大常委会二十次会议审议市人大常委会代表联络信访人事任免工作委员会提交的《关于市中级人民法院办理市二届人大四次会议代表建议情况的报告》和《关于市人民检察院办理市二届人大四次会议代表建议情况的报告》；听取和审议市人民检察院检察长李早湘所作的《在宜昌市二届人大常委会第二十次会议上的述职报告》。

2000年7月，市人大常委会主任会议听取和审议市中级人民法院《2000年上半年工作情况的汇报》、市人民检察院《2000年上半年工作情况的汇报》。

2000年12月，市二届人大常委会二十八次会议听取和审议市中级人民法院院长胡兆满所作的《在宜昌市二届人大常委会第二十八次会议上的述职报告》；听取和审议市人大常委会述职评议调查组《关于宜昌市中级人民法院院长胡兆满述职评议的调查报告》。

2001年7月，市二届人大常委会三十三次会议听取和审议市人民政府副市长刘旭辉所作的《关于宜昌市贯彻实施人民警察法和开展严打整治斗争情况的报告》。

2001年9月，市二届人大常委会三十四次会议听取和审议市司法局局长张军平所作的《关于宜昌市"三五"普法基本情况的报告和关于提请市人大常委会就进一步开展法制宣传教育做出决议的说明》；会议审议通过《关于进一步开展法制宣传教育的决议》。

2001年11月，市二届人大常委会三十五次会议听取和审议市中级人民法院院长胡兆满所作的《关于宜昌市二届人大六次会议代表建议办理情况的报告》。

七、市三届人大及其常委会

市三届人大历次会议听取和审议"两院"报告

2002年4月7日，市三届人大一次会议听取和审议市中级人民法院院长胡兴儒所作的《宜昌市中级人民法院工作报告》、市人民检察院检察长李早湘所作的《宜昌市人民检察院工作报告》。4月10日，大会审议通过《关于宜昌市中级人民法院工作报告的决议》和《关于宜昌市人民检察院工作报告的决议》。

2003年3月17日，市三届人大三次会议听取和审议市中级人民法院院长胡兴儒所作的《宜昌市中级人民法院工作报告》、市人民检察院检察长李早湘所作的《宜昌市人民检察院工作报告》。3月19日，大会审议通过《关于宜昌市中级人民法院工作报告的决议》和《关于宜昌市人民检察院工作报告的决议》。

2004年2月22日，市三届人大四次会议听取和审议市中级人民法院院长胡兴儒所作的《宜昌市中级人民法院工作报告》、市人民检察院检察长李早湘所作的《宜昌市人民检察院工作报告》。2 月24日，大会审议通过《关于宜昌市中级人民法院工作报告的决议》和《关于宜昌市人民检察院工作报告的决议》。

2005年2月27日，市三届人大五次会议听取和审议市中级人民法院院长胡兴儒所作的《宜昌市中级人民法院工作报告》、市人民检察院检察长李早湘所作的《宜昌市人民检察院工作报告》。3月1日，大会审议通过《关于宜昌市中级人民法院工作报告的决议》和《关于宜昌市人民检察院工作报告的决议》。

2006年3月3日，市三届人大六次会议听取和审议市中级人民法院院长胡兴儒所作的《宜昌市中级人民法院工作报告》、市人民检察院检察长李早湘所作的《宜昌市人民检察院工作报告》。3月4日，大会审议通过《关于宜昌市中级人民法院工作报告的决议》和《关于宜昌市人民检察院工作报告的决议》。

市三届人大常委会历次会议听取和审议司法专项工作报告

2002年11月，市三届人大常委会四次会议听取和审议市司法局局长张军平所作的《关于宜昌市贯彻实施湖北省法制宣传教育条例情况的报告》。

2003年1月，市三届人大常委会五次会议听取和审议市中级人民法院院长胡兴儒所作的《关于宜昌市三届人大一次会议代表建议办理情况的报告》。

2003年9月，市三届人大常委会十次会议听取和审议市中级人民法院院长胡兴儒所作的《关于全市法院执行工作情况的报告》。

2004年1月，市三届人大常委会十二次会议听取和审议市中级人民法院院长胡兴儒所作的《关于宜昌市三届人大三次会议代表建议办理情况的报告》。

2004年11月，市三届人大常委会十八次会议听取和审议市人民检察院检察长李早湘所作的《关于全市检察机关民事行政检察工作情况的报告》、市司法局局长张军平所作的《在宜昌市三届人大常委会十八次会议上的述职报告》、市人大常委会述职评议调查组所作的《关于市司法局局长张军平履职情况的调查报告》。

2005年1月，市三届人大常委会十九次会议听取和审议市中级人民法院院长胡兴儒所作的《关于宜昌市三届人大四次会议代表建议办理情况的报告》。7月，市人大常委会主任会议听取和审议《宜昌市中级人民法院2005年上半年工作情况的报告》《宜昌市人民检察院2005年上半年工作情况的报告》。

2006年1月，市三届人大常委会二十五次会议听取和审议市中级人民法院院长胡兴儒所作的《关于宜昌市三届人大五次会议代表建议办理情况的报告》。

2006年11月，市三届人大常委会三十一次会议听取和审议市人民检察院检察长所作的《关于设置宜昌市葛洲坝人民检察院议案的说明》，会议审议通过《宜昌市人大常委会关于批准设置宜昌市葛洲坝人民检察院的决定》。

八、市四届人大及其常委会

市四届人大历次会议听取和审议“两院”报告

2007年1月25日，市四届人大一次会议听取和审议市中级人民法院院长胡兴儒所作的《宜昌市中级人民法院工作报告》、市人民检察院代理检察长孙光骏所作的《宜昌市人民检察院工作报告》。1月28日，大会审议通过《关于宜昌市中级人民法院工作报告的决议》和《关于宜昌市人民检察院工作报告的决议》。

2008年3月27日，市四届人大三次会议听取和审议市中级人民法院院长胡兴儒所作的《宜昌市中级人民法院工作报告》、市人民检察院检察长孙光骏所作的《宜昌市人民检察院工作报告》。3月29日，大会审议通过《关于宜昌市中级人民法院工作报告的决议》和《关于宜昌市人民检察院工作报告的决议》。

2009年2月19日，市四届人大四次会议听取和审议市中级人民法院代理院长裴缜所作的《宜昌市中级人民法院工作报告》、市人民检察院检察长孙光骏所作的《宜昌市人民检察院工作报告》。2月21日，大会审议通过《关于宜昌市中级人民法院工作报告的决议》和《关于宜昌市人民检察院工作报告的决议》。

2010年2月24日，市四届人大五次会议听取和审议市中级人民法院院长裴缜所作的《宜昌市中级人民法院工作报告》、市人民检察院检察长孙光骏所作的《宜昌市人民检察院工作报告》。2月26日，大会审议通过《关于宜昌市中级人民法院工作报告的决议》和《关于宜昌市人民检察院工作报告的决议》。

2011年1月25日，市四届人大六次会议听取和审议市中级人民法院院长裴缜所作的《宜昌市中级人民法院工作报告》、市人民检察院检察长孙光骏所作的《宜昌市人民检察院工作报告》。1月26日，大会审议通过《关于宜昌市中级人民法院工作报告的决议》和《关于宜昌市人民检察院工作报告的决议》。

市四届人大常委会历次会议听取和审议司法专项工作报告

2007年3月，市四届人大常委会一次会议听取和审议市人民政府副市长王宏强所作的《关于宜昌市“四五”普法宣传教育基本情况和对〈宜昌市人大常委会关于加强法制宣传教育的决议（草案）〉的说明》，会议审议通过《宜昌市人大常委会关于加强法制宣传教育的决议》。

2007年7月，市四届人大常委会三次会议审议通过修订后的《宜昌市人民代表大会常务委员会与市人民政府、市中级人民法院、市人民检察院工作联系办法》。

2007年9月，市四届人大常委会四次会议听取和审议市中级人民法院院长胡兴儒所作的《关于全市法院审判监督工作情况的报告》。

2007年11月，市四届人大常委会五次会议听取和审议市人大常委会执法检查组《关于检查国务院〈法律援助条例〉及司法救助实施情况的报告》。

2008年1月，市四届人大常委会七次会议听取和审议市中级人民法院院长胡兴儒所作的《关于宜昌市四届人大一次会议代表建议办理情况的报告》。

2008年7月，市四届人大常委会十一次会议审议通过《宜昌市人大常委会听取和审议市人民政府、市中级人民法院、市人民检察院专项工作报告的办法》。

2008年9月，市四届人大常委会十二次会议听取和审议市人民检察院检察长孙光骏所作的《关于全市职务犯罪预防和查处工作情况的报告》。

2009年1月，市四届人大常委会十四次会议听取和审议市中级人民法院代理院长裴缜所作的《关于宜昌市四届人大三次会议代表建议办理情况的报告》。

2009年7月，市四届人大常委会四十三次主任会议听取和审议《宜昌市中级人民法院2009年上半年工作情况的报告》《宜昌市人民检察院2009年上半年工作情况的报告》。

2009年11月，市四届人大常委会二十次会议听取和审议市中级人民法院院长裴缜所作的《关于全市法院涉诉信访工作情况的报告》。

2010年1月，市四届人大常委会二十一次会议听取和审议市中级人民法院院长裴缜所作的《关于宜昌市四届人大四次会议代表建议办理情况的报告》。

2010年5月，市四届人大常委会二十三次会议审议通过《宜昌市人大常委会加强检察机关诉讼法律监督工作试行办法》。审议市中级人民法院《关于全市法院涉诉信访工作审议意见办理情况的报告》，听取和审议市人民检察院检察长孙光骏所作的《关于全市检察机关开展诉讼活动法律监督工作情况的报告》。

2010年11月，市四届人大常委会二十六次会议审议市人民检察院《关于宜昌市人民检察院研究处理〈宜昌市四届人大常委会组成人员对关于全市检察机关开展诉讼活动法律监督工作情况的报告的审议意见〉情况的报告》。

2011年1月，市四届人大常委会二十七次会议审议市中级人民法院提交的《关于宜昌市四届人大五次会议代表建议办理情况的报告》。

2011年3月，市四届人大常委会二十八次会议听取和审议市人民检察院检察长孙光骏所作的《关于全市检察机关反渎职侵权工作情况的报告》。

2011年9月，市四届人大常委会三十一次会议审议市人民检察院《关于落实〈市四届人大常委会组成人员对全市检察机关于反渎职侵权工作情况的报告的审议意见〉情况的报告》。

2011年11月，市四届人大常委会三十二次会议听取和审议市中级人民法院院长裴缜所作的《关于宜昌市四届人大六次会议代表建议办理情况的报告》。

九、市五届人大及其常委会

市五届人大历次会议听取和审议“两院”报告

2012年1月7日，市五届人大一次会议听取和审议市中级人民法院院长裴缜所作的《宜昌市中级人民法院工作报告》、市人民检察院检察长孙光骏所作的《宜昌市人民检察院工作报告》。1月9日，大会审议通过《关于宜昌市中级人民法院工作报告的决议》和《关于宜昌市人民检察院工作报告的决议》。

2013年1月7日，市五届人大三次会议听取和审议市中级人民法院院长裴缜所作的《宜昌市中级人民法院工作报告》、市人民检察院检察长孙光骏所作的《宜昌市人民检察院工作报告》。1月9日，大会审议通过《关于宜昌市中级人民法院工作报告的决议》和《关于宜昌市人民检察院工作报告的决议》。

2014年1月14日，市五届人大五次会议听取和审议市中级人民法院院长裴缜所作的《宜昌市中级人民法院工作报告》、市人民检察院检察长孙光骏所作的《宜昌市人民检察院工作报告》。1月15日，大会审议通过《关于宜昌市中级人民法院工作报告的决议》和《关于宜昌市人民检察院工作报告的决议》。

2015年1月22日，市五届人大六次会议听取和审议市中级人民法院代理院长张忠斌所作的《宜昌市中级人民法院工作报告》、市人民检察院代理检察长孟鸣所作的《宜昌市人民检察院工作报告》。1月23日，大会审议通过《关于宜昌市中级人民法院工作报告的决议》和《关于宜昌市人民检察院工作报告的决议》。

2016年1月22日，市五届人大七次会议听取和审议市中级人民法院院长张忠斌所作的《宜昌市中级人民法院工作报告》、市人民检察院检察长孟鸣所作的《宜昌市人民检察院工作报告》。1月23日，大会审议通过《关于宜昌市中级人民法院工作报告的决议》和《关于宜昌市人民检察院工作报告的决议》。

市五届人大常委会历次会议听取和审议司法专项工作报告

2012年3月，市五届人大常委会一次会议听取和审议市人民检察院检察长孙光骏所作的《关于全市检察机关贯彻实施〈宜昌市人民代表大会常务委员会加强检察机关诉讼法律监督工作试行办法〉情况的报告》。

2012年5月，市五届人大常委会二次会议听取和审议市中级人民法院院长裴缜所作的《宜昌市中级人民法院关于全市法院审判监督工作情况的报告》。

2012年9月，市五届人大常委会四次会议审议市人民检察院《关于落实市人大常委会对市人民检察院〈关于贯彻实施宜昌市人民代表大会常务委员会加强检察机关诉讼法律监督工作试行办法情况的报告〉的审议意见情况的报告》。

2012年11月，市五届人大常委会五次会议审议市中级人民法院《关于〈宜昌市人大常委会组成人员对全市法院审判监督工作情况的报告的审议意见〉研究处理情况的报告》。

2013年5月，市五届人大常委会十次会议听取和审议市中级人民法院院长裴缜所作的《关于全市法院量刑规范化改革工作情况的报告》。

2013年11月，市五届人大常委会十三次会议审议市中级人民法院《关于落实〈宜昌市人大常委会组成人员对关于全市法院量刑规范化改革工作情况的报告的审议意见〉情况的报告》，听取和审议市人民检察院检察长孙光骏所作的《关于全市检察机关贯彻实施〈中华人民共和国刑事诉讼法〉情况的报告》。

2014年1月，市五届人大常委会十五次会议审议市中级人民法院提交的《关于宜昌市五届人大三次会议代表建议办理情况的报告》、市人民检察院提交的《关于宜昌市五届人大三次会议代表建议办理情况的报告》。

2014年5月，市五届人大常委会十七次会议审议市人民检察院《关于研究处理〈宜昌市五届人大常委会组成人员对全市检察机关贯彻实施中华人民共和国刑事诉讼法情况的报告的审议意见〉情况的报告》，听取和审议市公安局副局长田军所作的《关于全市治安工作情况的报告》。

2014年9月，市五届人大常委会二十一次会议听取和审议市司法局局长张德才所作的《关于宜昌市司法局接受市人大常委会评议的专项工作报告》。

2015年1月，市五届人大常委会二十三次会议审议市司法局《关于研究处理市人大常委会组成人员对市司法局工作评议意见情况的报告》。

2015年7月，市五届人大常委会二十六次会议听取和审议市中级人民法院院长张忠斌所作的《宜昌市中级人民法院2015年上半年工作情况的报告》、市人民检察院检察长孟鸣所作的《宜昌市人民检察院2015年上半年工作情况的报告》。

2015年9月，市五届人大常委会二十七次会议听取和审议市中级人民法院院长张忠斌所作的《关于全市法院民事审判工作情况的报告》。

2015年11月，市五届人大常委会二十八次会议听取和审议市人民检察院检察长孟鸣所作的《关于全市检察机关涉法涉诉信访改革工作情况的报告》。

2016年3月24日—25日，市五届人大常委会三十二次会议听取和审议市中级人民法院院长张忠斌所作的《关于全市法院行政审判工作情况的报告》和《关于〈市人大常委会组成人员对全市法院民事审判工作的审议意见〉落实情况的报告》。

2016年5月30日—6月1日，市五届人大常委会三十三次会议听取和审议市人民检察院检察长孟鸣所作的《关于全市检察机关司法体制改革试点工作情况的报告》和《关于〈市人大常委会组成人员对全市检察机关涉法涉诉信访改革工作的审议意见〉研究处理情况的报告》。

2016年7月28日—29日，市五届人大常委会三十四次会议听取和审议市人民检察院检察长孟鸣所作的《2016年上半年检察工作情况的报告》、市中级人民法院院长张忠斌所作的《宜昌市中级人民法院2016年上半年工作情况报告》。

2016年9月27日—28日，市五届人大常委会三十五次会议审议市中级人民法院《关于〈市人大常委会组成人员对全市法院行政审判工作情况的审议意见〉研究处理情况的报告》。

2016年11月30日—日，市五届人大常委会三十六次会议审议市人民检察院《关于〈市人大常委会组成人员对全市检察机关司法体制改革试点工作的审议意见〉落实情况的报告》。

第四节　审议政府工作报告和专项工作报告

1954年地方组织法规定：县级以上的地方各级人民代表大会“听取和审议本级人民委员会和人民法院的工作报告”。1975年宪法规定：“地方各级革命委员会对本级人民代表大会和上一级国家机关负责并报告工作。”1979年地方组织法规定：县级以上的地方各级人民代表大会“听取和审议本级人民政府和人民法院、人民检察院的工作报告”。监督法规定：“常务委员会听取和审议本级人民政府、人民法院和人民检察院的专项工作报告”。据此，市人大及其常委会对政府工作的监督主要体现在两个方面：一是在市人民代表大会会议上听取和审议市人民政府的工作报告，并做出相应的决议。二是在市人大常委会会议上听取和审议市人民政府专项工作报告，并提出审议意见。

一、市一届至六届人大

1954年7月2日，市一届人大一次会议听取和审议副市长朱青所作的《宜昌市人民政府一年来的工作报告》。7月6日，大会通过《关于宜昌市人民政府一年来工作报告的决议》。

1955年4月15日，市一届人大二次会议听取和审议市长朱青所作的《宜昌市人民政府工作报告》。4月20日，大会通过《关于宜昌市人民政府工作报告的决议》。

1955年9月20日，市一届人大三次会议听取和审议市长朱青所作的《市政工作报告》，9月22日，大会通过《关于市政工作报告的决议》。

1956年5月14日，市一届人大四次会议听取和审议市长朱青所作的《市政工作报告》。5月18日，大会通过《关于市政工作报告的决议》。

1956年12月17日，市二届人大一次会议听取和审议市长朱青所作的《向市二届人大一次会议的工作报告》。12月22日，大会通过《宜昌市二届人大一次会议决议》。

1957年7月2日，市二届人大二次会议听取和审议市长朱青所作的《市政工作报告》。7月5日，大会通过《关于市政工作报告的决议》。

1957年12月28日，市二届人大三次会议听取和审议市长朱青所作的《宜昌市市政工作报告》。12月30日，大会通过《宜昌市二届人大三次会议决议》。

1958年6月30日，市三届人大一次会议听取和审议副市长刑郑民所作的《宜昌市人民委员会工作报告》。7月2日，大会通过《关于市政工作报告的决议》。

1958年12月27日，市三届人大二次会议听取和审议市长赵茂林所作的《市人民委员会工作报告》。

1959年8月28日，市三届人大三次会议听取和审议副市长邢郑民所作的《宜昌市人民委员会工作报告》。

1959年12月29日，市三届人大四次会议听取和审议副市长赵茂林所作的《宜昌市人民委员会工作报告》。12月31日，大会通过《宜昌市三届人大四次会议决议》。

1960年8月28日，市三届人大五次会议听取和审议副市长赵茂林所作的《鼓足革命干劲，为迅速掀起以保粮保钢为中心的增产节约运动而斗争》的工作报告。8月30日，大会通过《宜昌市三届人大五次会议决议》。

1961年12月25日，市四届人大一次会议听取和审议副市长赵茂林所作的《市人民委员会工作报告》。12月28日，通过《关于市人民委员会工作报告的决议》。

1962年12月21日，市四届人大二次会议听取和审议市长邱文礼所作的《宜昌市人民委员会工作报告》。12月26日，大会通过《关于宜昌市人民委员会工作报告的决议》。

1963年7月1日，市五届人大一次会议听取和审议副市长孙浩所作的《宜昌市人民委员会工作报告》。7月4日，大会通过《宜昌市五届人大一次会议关于宜昌市人民委员会工作报告的决议》。

1964年12月17日，市五届人大二次会议听取和审议市长邱文礼所作的《宜昌市人民委员会工作报告》。12月19日，大会通过《关于宜昌市人民委员会工作报告的决议》。

1965年6月23日，市五届人大三次会议听取和审议代理市长孙浩所作的《宜昌市人民委员会工作报告》。

1966年1月10日，市六届人大一次会议听取和审议副市长邢郑民所作的《宜昌市人民委员会工作报告》。

二、市八届人大

1978年11月26日，市八届人大一次会议听取和审议市革命委员会主任张键所作的《解放思想，加快步伐，向社会主义现代化奋勇进军》的工作报告。11月28日，大会通过《关于宜昌市革命委员会工作报告的决议》。

三、市九届人大及其常委会

市九届人大历次会议审议市政府工作报告

1981年2月20日，市九届人大一次会议听取和审议市人民政府市长郝逢武所作的《宜昌市人民政府工作报告》。2月25日，大会审议通过《关于宜昌市人民政府工作报告的决议》。

1982年3月16日，市九届人大二次会议听取和审议市人民政府市长郝逢武所作的《宜昌市人民政府工作报告》。3月19日，大会审议通过《关于宜昌市人民政府工作报告的决议》。

1983年3月22日，市九届人大三次会议听取和审议市人民政府市长郝逢武所作的《宜昌市人民政府工作报告》。3月26日，大会审议通过《关于宜昌市人民政府工作报告的决议》。

市九届人大常委会历次会议审议市政府及其部门专项工作报告

1981年5月，市九届人大常委会二次会议听取和议论了市经济委员会副主任芦明林所作的《关于宜昌市1981年一季度工交生产情况和今年工业调整意见的报告》。

1981年9月，市九届人大常委会四次会议听取和审议市劳动局局长陈文忠所作的《宜昌市发展第三产业，安置行业青年工作情况的报告》，审议通过《宜昌市加快发展第三产业集体经济和个体经济，广开就业门路的决议》；听取和审议市计划生育办公室副主任艾诗波所作的《宜昌市计划生育工作情况的报告》，审议通过《宜昌市进一步加强计划生育工作的决议》。

1982年1月，市九届人大常委会六次会议听取和审议市政府财贸办公室主任李培文和市政府蔬菜办公室主任刘鼎所作的《宜昌市1982年春节物资供应安排意见的报告》。

1982年8月，市九届人大常委会十二次会议听取和审议市人民政府秘书长鹿振中所作的《宜昌市1982年上半年开展“五讲四美”活动的情况和今后深入开展“五讲四美”活动的意见》，审议通过《宜昌市深入持久开展“五讲四美”活动的决议》。听取和审议市环境保护局局长张如颜所作的《宜昌市环境质量与防治污染意见的报告》。

1982年10月，市九届人大常委会十三次会议听取和审议市人民政府副市长杨尚贤所作的《宜昌市城市规划、建设及管理情况的报告》、市城建局局长杨庚禹所作的《关于〈宜昌市城市建设管理实施细则〉的说明》，审议通过《批准〈宜昌市城市建设管理实施细则〉的决议》；市环境保护局局长董星斋所作的《关于〈宜昌市环境保护实施细则〉的说明》，审议通过《批准〈宜昌市环境保护实施细则〉的决议》；市城建局局长杨庚禹所作的《宜昌市今冬明春绿化工作安排意见的报告》，审议通过《宜昌市进一步开展植树绿化工作的决议》。

1982年12月，市九届人大常委会十四次会议听取和审议市物价局局长谢德芳所作的《宜昌市1982年物价情况和今后工作意见的报告》、市政府财贸办公室副主任张立瑚所作的《宜昌市1983年元旦春节物资供应安排意见的报告》。

1983年8月，市九届人大常委会十八次会议，听取和审议市人民政府副市长倪忠俊所作的《今年7月以来宜昌市人民政府抓的三项重大工作情况的报告》。

1983年10月，市九届人大常委会十九次会议听取和审议市人民政府副市长倪忠俊所作的《宜昌市坚决压缩基建规模，确保国家重点建设，同党中央保持一致的报告》；市经济委员会主任杨长森所作的《宜昌市加强企业整顿，实现转轨变型，努力提高经济效益情况的报告》。

1983年12月，市九届人大常委会二十次会议听取和审议市规划园林管理局局长姚顺保所作的《宜昌市今冬明春绿化工作情况的报告》。

四、市十届人大及其常委会

市十届人大历次会议审议市人民政府工作报告

1984年5月3日，市十届人大一次会议听取和审议市人民政府代理市长王重农所作的《宜昌市人民政府工作报告》。5月7日，大会审议通过《关于宜昌市人民政府工作报告的决议》。

1985年3月26日，市十届人大二次会议听取和审议市人民政府市长王重农所作的《宜昌市人民政府工作报告》。3月28日，大会审议通过《关于宜昌市人民政府工作报告的决议》。

1986年3月13日，市十届人大三次会议听取和审议市人民政府市长王重农所作的《宜昌市人民政府工作报告》。3月17日，大会审议通过《关于宜昌市人民政府工作报告的决议》。

1987年3月12日，市十届人大四次会议听取和审议市人民政府代理市长罗清泉所作的《宜昌市人民政府工作报告》。3月15日，大会审议通过《关于宜昌市人民政府工作报告的决议》。

市十届人大常委会历次会议审议市政府及其部门专项工作报告

1984年6月，市十届人大常委会一次会议听取和审议市人民政府副市长倪忠俊所作的《宜昌市人民政府机构改革的报告》、市人民政府副市长颜钟一所作的《宜昌市总体规划实施情况的报告》。

1984年8月，市十届人大常委会二次会议听取和审议市人民政府副市长吴雅所作的《宜昌市1984年上半年经济体制改革情况和下半年改革意见的报告》，审议通过《关于宜昌市1984年上半年经济体制改革情况和下半年改革意见的报告的决议》；听取和审议市人民政府副市长崔传礼所作的《宜昌市1984年上半年爱国卫生工作情况和深入开展夏季爱国卫生运动的意见的报告》，审议通过《关于宜昌市1984年上半年爱国卫生工作情况和深入开展夏季爱国卫生运动的意见的报告的决议》。

1984年10月，市十届人大常委会三次会议听取和审议市人民政府副市长崔传礼所作的《宜昌市开展夏秋季爱国卫生运动情况的报告》、市规划园林管理局副局长姚顺保所作的《宜昌市执行市树市花决定情况的报告》。

1984年11月，市十届人大常委会四次会议听取和审议市人民政府副市长倪忠俊所作的《关于〈宜昌市发展城乡个体经济的暂行规定〉的说明》，审议批准了《宜昌市人民政府关于宜昌市发展城乡个体经济的暂行规定》；听取和审议市“五讲四美三热爱”活动委员会副主任兼办公室主任黄大钧所作的《宜昌市1984年“五讲四美三热爱”活动情况的报告》。

1984年12月，市十届人大常委会五次会议听取和审议市人民政府副秘书长史昌远所作的《宜昌市沿江大道上中段建设工程情况的报告》。

1985年9月，市十届人大常委会九次会议听取和审议市经济体制改革委员会办公室副主任周光球所作的《宜昌市经济体制改革情况的报告》。

1985年11月，市十届人大常委会十次会议听取和审议市政府财贸办公室主任程林发所作的《宜昌市副食品供应情况和1986年元旦、春节物资安排情况的报告》。

1986年1月，市十届人大常委会十一次会议听取和审议市司法局局长陈祖庆所作的《用五年时间在宜昌市公民中基本普及法律常识的报告》。

1986年4月，市十届人大常委会十四次会议听取和审议市人民政府副市长符利民所作的《向宜昌市公民基本普及法律常识的五年规划（要点）》，审议通过《宜昌市人大常委会关于向宜昌市公民基本普及法律常识的决议》；听取和审议市人民政府副秘书长王浚山所作的《宜昌市实行门前三包，加强城市管理情况的报告》。

1986年6月，市十届人大常委会十五次会议听取和审议市经济体制改革委员会办公室副主任周光球所作的《宜昌市1986年上半年经济体制改革进展情况的报告》。

1986年10月，市十届人大常委会十七次会议听取和审议市人民政府副市长颜钟一所作的《1986年宜昌市五项工程、十件实事进展情况的报告》。

1986年12月，市十届人大常委会十八次会议听取和审议市政府财贸办公室主任冯永发所作的《宜昌市1986年市场简况及1987年元旦、春节物资安排情况的报告》。

1987年4月，市十届人大常委会二十一次会议听取和审议市人民政府副市长谢远照所作的《宜昌市开展“双增双节”运动情况的报告》；听取和审议市司法局局长陈祖庆所作的《宜昌市1986年普法工作情况和1987年普法工作意见的报告》，审议通过《宜昌市人大常委会关于进一步抓好普及法律常识工作的决议》；听取和审议市城环委副主任曾纪全所作的《宜昌市绿化工作情况的报告》。

1987年6月，市十届人大常委会二十二次会议听取和审议市人民政府副秘书长、市体改办主任张立瑚所作的《宜昌市深化企业改革情况的报告》、市城乡建设环境保护委员会主任肖道根所作的《宜昌市1987年城市建设七项工程、十件实事进展情况的报告》。

1987年10月，市十届人大常委会二十四次会议听取和审议市科学技术委员会主任杨守植所作的《宜昌市科技工作情况的报告》、市教育委员会副主任李诵国所作的《宜昌市教育工作情况的报告》、市计划生育委员会主任董光廉所作的《宜昌市计划生育工作情况的报告》、市审计局局长秦继满所作的《宜昌市开展审计工作情况的报告》。

五、市十一届人大及其常委会

市十一届人大历次会议审议市政府工作报告

1988年1月16日，原十一届人大一次会议听取和审议市人民政府代理市长罗清泉所作的《宜昌市人民政府工作报告》。1月20日，大会审议通过《关于宜昌市人民政府工作报告的决议》。

1989年3月14日，原十一届人大二次会议听取和审议市人民政府市长罗清泉所作的《宜昌市人民政府工作报告》。3月18日，大会审议通过《关于宜昌市人民政府工作报告的决议》。

1990年3月13日，原十一届人大三次会议听取和审议市人民政府市长罗清泉所作的《宜昌市人民政府工作报告》。3月17日，大会审议通过《关于宜昌市人民政府工作报告的决议》。

1991年3月12日，原十一届人大四次会议听取和审议市人民政府市长罗清泉所作的《宜昌市人民政府工作报告》。3月16日，大会审议通过《关于宜昌市人民政府工作报告的决议》。

1992年3月11日，原十一届人大五次会议听取和审议市人民政府市长罗清泉所作的《宜昌市人民政府工作报告》。3月15日，大会审议通过《关于宜昌市人民政府工作报告的决议》。

市十一届人大常委会历次会议审议市政府及其部门专项工作报告

1988年6月，市十一届人大常委会三次会议听取和审议市经济委员会主任戴振声所作的《发展宜昌市集体工业的报告》、市教育委员会主任李诵国所作的《宜昌市教育工作情况的报告》。

1988年10月，市十一届人大常委会五次会议听取和审议市教育委员会主任李诵国所作的《宜昌市教育工作情况的报告》。

1988年12月，市十一届人大常委会六次会议听取和审议市人民政府副市长倪忠俊所作的《全市前段治理经济环境，整顿经济秩序，全面深化改革的报告》、市计划生育委员会主任董光廉所作的《1988年宜昌市计划生育工作情况的报告》。

1989年4月，市十一届人大常委会九次会议听取和审议市监察局局长柴广顺所作的《宜昌市监察局工作报告》。

1989年6月，市十一届人大常委会十一次会议听取和审议市计划委员会副主任王倩所作的《宜昌市压缩固定资产投资，清理在建项目情况的报告》、市政府财贸办公室主任刘康明所作的《宜昌市流通金融领域治理整顿情况的报告》、市税务局局长汪先钰所作的《宜昌市加强税收管理，整顿税收秩序情况的报告》、市物价局副局长王远超所作的《进一步加强物价管理，确保宜昌市今年物价涨幅明显低于去年的报告》、市统计局局长罗良寿所作的《编制全市物价指数情况的报告》、市粮食局局长陈祚俊所作的《宜昌市粮食供应情况的报告》。

1989年8月，市十一届人大常委会十二次会议听取和审议市教育委员会副主任李诵国所作的《全市近年中小学德育工作情况的报告》、市科学技术委员会副主任邹以文所作的《全市科技发展情况和星火计划执行情况的报告》、市计划生育委员会主任董光廉所作的《宜昌市计划生育工作情况的报告》。

1989年10月，市十一届人大常委会十三次会议听取和审议市监察局局长柴广顺所作的《宜昌市清理整顿公司情况的报告》、市文化局副局长陈立起所作的《宜昌市整顿文化市场情况的报告》、市城乡建设环境保护委员会主任李家余所作的《宜昌市1988年重点工程接转项目及1989年八件实事进展情况的报告》。

1990年5月，市十一届人大常委会十八次会议听取和审议市人民政府所作的：《宜昌市“八五”计划草案的报告》《宜昌市经济技术开发区规划的说明》。

1990年6月，市十一届人大常委会十九次会议听取和审议市农业委员会副主任傅显铭所作的《宜昌市农村工作情况的报告》。

1990年8月，市十一届人大常委会二十次会议听取和审议市经济委员会副主任牟自正所作的《宜昌市上半年工业生产情况的报告》、市政府财贸办公室副主任王华强所作的《宜昌市1990年上半年金融工作情况的报告》、市工商行政管理局局长胡发全所作的《宜昌市集贸市场管理工作情况的报告》、市物价局局长王远超所作的《宜昌市1990年上半年物价管理情况的报告》。

1990年10月，市十一届人大常委会二十一次会议听取和审议市体育运动委员会主任杨祖一所作的《宜昌市“七五”期间体育工作情况的报告》、市广播电视局局长冷孟祥所作的《宜昌市广播电视工作情况的报告》、市文化局副局长陈立起所作的《宜昌市文化市场管理情况的报告》。

1990年12月，市十一届人大常委会二十二次会议听取和审议市监察局局长柴广顺所作的《全市廉政建设情况的报告》、市城乡建设环境保护委员会主任李家余所作的《宜昌市1990年城市建设重点工程、七件实事实施情况的报告》。

1991年5月，市十一届人大常委会二十六次会议听取和审议市司法局局长陈祖庆所作的《宜昌市“一五普法”工作情况和“二五普法”工作规划的报告》，审议通过《宜昌市人大常委会关于开展宜昌市第二个五年法制宣传教育的决议》；听取和审议市园林局局长黄扩明所作的《宜昌市1991年春季园林绿化工作的报告》。

1991年7月，市十一届人大常委会二十七次会议听取和审议市劳动局局长项莉芳所作的《全市劳动工作有关情况的报告》。

1991年9月，市十一届人大常委会二十八次会议听取和审议市民政局局长官昌贵所作的《宜昌市民政工作情况的报告》、市经济委员会主任戴振声所作的《全市工业生产情况的报告》。

1991年11月，市十一届人大常委会二十九次会议听取和审议市经济委员会主任苏克祥所作的《宜昌市开展“质量品种效益年”活动情况的报告》、市对外经济贸易委员会主任艾铨勤所作的《宜昌市对外经贸工作情况的报告》。

1992年1月，市十一届人大常委会三十次会议听取和审议市人民政府《宜昌市廉政建设情况的报告》。

六、市一届人大及其常委会

市一届人大历次会议审议市政府工作报告

1992年9月15日，市一届人大一次会议听取和审议市人民政府副市长李宗柏所作的《动员全市人民齐心协力支援三峡工程建设的报告》。9月15日，大会审议通过《宜昌市人大常委会关于动员全市人民齐心协力支援三峡工程建设的决议》。

1993年3月9日，市一届人大二次会议听取和审议市人民政府市长罗清泉所作的《宜昌市人民政府工作报告》。3月13日，大会审议通过《关于宜昌市人民政府工作报告的决议》。

1994年3月7日，市一届人大三次会议听取和审议市人民政府市长罗清泉所作的《宜昌市人民政府工作报告》。3月11日，大会审议通过《关于宜昌市人民政府工作报告的决议》。

1995年2月11日，市一届人大四次会议听取和审议市人民政府代理市长郭远章所作的《宜昌市人民政府工作报告》。2月15日，大会审议通过《关于宜昌市人民政府工作报告的决议》。

1996年2月27日，市一届人大五次会议听取和审议市人民政府市长郭远章所作的《宜昌市人民政府工作报告》。3月3日，大会审议通过《关于宜昌市人民政府工作报告的决议》。

市一届人大常委会历次会议审议市政府及其部门专项工作报告

1993年5月，市一届人大常委会四次会议审议市人民政府《宜昌市减轻农民负担工作的报告》，审议通过《宜昌市人大常委会关于切实减轻农民负担的决议》；听取和审议市农业委员会主任刘光惠所作的《宜昌市农村经济工作情况的报告》。

1993年7月，市一届人大常委会五次会议审议市人民政府《宜昌市城市总体规划编制的报告》，审议通过《宜昌市人大常委会关于〈宜昌市城市总体规划编制报告〉的决议》；听取和审议市公安局副局长郭兴全所作的《宜昌市社会治安综合治理情况的报告》。

1993年9月，市一届人大常委会六次会议听取和审议市科学技术委员会主任杨守植所作的《宜昌市科技兴市工作情况的报告》、市民族宗教事务委员会主任曾宪长所作的《宜昌市落实民族政策情况的报告》。

1993年11月，市一届人大常委会七次会议听取和审议市人民政府副市长吴雁雁所作的《全市人民政府法治建设情况的报告》、市司法局局长刘书金所作的《宜昌市二个五年普法规划实施情况的报告》、市政府财贸办公室主任梅峰所作的《宜昌市市场建设情况的报告》。

1994年5月，市一届人大常委会十次会议听取和审议市监察局局长柴广顺所作的《宜昌市廉政建设情况的报告》、市劳动局局长孙明华所作的《宜昌市企业劳动制度改革情况的报告》、市物价局局长涂成义所作的《宜昌市当前市场物价管理工作情况的报告》、市农业委员会负责人熊从艮所作的《全市“菜篮子工程”情况的报告》。

1994年7月，市一届人大常委会十一次会议听取和审议市计划委员会主任周围所作的《宜昌市1994年上半年国民经济和社会发展计划执行情况的报告》、市财政局局长胡庆洋所作的《宜昌市1994

年上半年财政预算执行情况的报告》、市移民局局长李德刚所作的《宜昌市三峡工程移民工作情况的报告》。

1994年9月，市一届人大常委会十二次会议听取和审议市国有资产管理局局长韩永清所作的《宜昌市国有资产管理情况的报告》、市人民政府副市长符利民所作的《全市文化音像书报刊市场情况的报告》。

1994年11月，市一届人大常委会十三次会议听取和审议市水利水电局局长袁春堂所作的《全市农田水利基本建设情况的报告》。

1995年3月，市一届人大常委会十五次会议听取和审议市司法局局长刘书金所作的《宜昌市司法行政工作“二五”普法工作情况的报告》、市工商行政管理局局长何天成所作的《宜昌市市场管理工作情况的报告》、市水利水电局局长袁春堂所作的《全市防汛准备情况的报告》。

1995年5月，市一届人大常委会十六次会议听取和审议市公安局局长赵开伦所作的《宜昌市社会治安工作情况的报告》。

1995年7月，市一届人大常委会十七次会议听取和审议市计划委员会主任周围所作的《宜昌市1995年上半年国民经济和社会发展计划执行情况的报告》、市财政局局长胡庆洋所作的《宜昌市1995年上半年财政预算执行情况的报告》。

1995年9月，市一届人大常委会十八次会议听取和审议市经济委员会副主任牟自正所作的《宜昌市搞活国有工业企业情况的报告》、市农牧业局局长李全新所作的《宜昌市农牧业工作情况的报告》、市人事局局长吴启华所作的《宜昌市人事制度改革情况的报告》。

1995年11月，市一届人大常委会十九次会议听取和审议市对外经济贸易委员会主任徐顺祥所作的《宜昌市对外经济贸易工作情况的报告》、市广播电视局局长冷孟祥所作的《全市广播电视事业发展情况的报告》。

1996年2月，市一届人大常委会二十一次会议听取和审议市审计局局长朱颖所作的《宜昌市1995年本级预算执行情况和其他财政收支的审计工作报告》。

1996年3月，市一届人大常委会二十二次会议听取和审议市粮食局局长李开明所作的《宜昌市粮食工作情况的报告》、市交通委员会主任黄传林所作的《宜昌市交通邮电建设及管理情况的报告》。

1996年5月，市一届人大常委会二十三次会议听取和审议市文化局局长彭万廷所作的《关于全市文化事业建设情况的报告》。

1996年7月，市一届人大常委会二十四次会议听取和审议市计划委员会主任周围所作的《宜昌市1996年上半年国民经济和社会发展计划执行情况的报告》、市财政局局长胡庆洋所作的《宜昌市1996年上半年财政预算执行情况的报告》、市经济委员会主任王敏所作的《宜昌市1996年上半年工业经济工作情况的报告》。

1996年9月，市一届人大常委会二十五次会议听取和审议市农业委员会主任谢永和所作的《全市农业和农村工作情况的报告》、市政府扶贫开发办公室主任向秀斌所作的《宜昌市扶贫开发工作情况的报告》、市经济体制改革委员会主任张再春所作的《宜昌市经济体制改革情况的报告》、市司法局局长刘书金所作的《全市“二五”普法实施情况和“三五”普法工作安排意见的报告》。

1996年11月，市一届人大常委会二十六次会议听取和审议市城乡建设环境保护委员会主任刘旭辉所作的《宜昌市建设大城市工作情况的报告》。

七、市二届人大及其常委会

市二届人大历次会议审议市政府工作报告

1997年3月25日，市二届人大一次会议听取和审议市人民政府代理市长孙志刚所作的《宜昌市人民政府工作报告》。3月31日，大会审议通过《关于宜昌市人民政府工作报告的决议》。

1998年2月14日，市二届人大三次会议听取和审议市人民政府市长孙志刚所作的《宜昌市人民政府工作报》。2月19日，大会审议通过《关于宜昌市人民政府工作报告的决议》。

1999年2月27日，市二届人大四次会议听取和审议市人民政府市长孙志刚所作的《宜昌市人民政府工作报告》。3月3日，大会审议通过《宜关于宜昌市人民政府工作报告的决议》。

2000年2月24日，市二届人大五次会议听取和审议市人民政府代理市长王振有所作的《宜昌市人民政府工作报告》。2月28日，大会审议通过《关于宜昌市人民政府工作报告的决议》。

2001年2月24日，市二届人大六次会议听取和审议市人民政府市长王振有所作的《宜昌市国民经济和社会发展第十个五年计划纲要的报告》。2月28日，大会审议通过《关于宜昌市国民经济和社会发展第十个五年计划纲要报告的决议》。

市二届人大常委会历次会议审议市政府及其部门专项工作报告

1997年7月，市二届人大常委会二次会议听取和审议市计划委员会主任周围所作的《宜昌市1997年上半年国民经济和社会发展计划执行情况的报告》、市财政局局长胡庆洋所作的《宜昌市1997年上半年财政预算执行情况的报告》、市审计局局长朱颖所作的《宜昌市市直1996年度财政预算执行情况及其他财政收支的审计工作报告》、市人民政府副市长吴雁雁所作的《全市禁毒工作情况的报告》。会议审议通过《宜昌市人大常委会关于加强禁毒工作的决定》。

1997年11月，市二届人大常委会四次会议听取和审议市农业委员会主任谢永和所作的《全市大力推进农业产业化工作情况的报告》。

1998年3月，市二届人大常委会八次会议听取和审议市人民政府副市长张为民所作的《宜昌市三峡工程移民工作情况的报告》。

1998年5月，市二届人大常委会九次会议听取和审议市劳动局局长黄克所作的《全市再就业工程工作实施情况的报告》、市人民政府副市长张建一所作的《宜昌市旅游工作情况的报告》。

1998年7月，市二届人大常委会十次会议听取和审议市工商行政管理局局长何天成所作的《宜昌市发展民营经济工作情况的报告》。

1998年9月，市二届人大常委会十一次会议听取和审议市人民政府副市长朱常渭所作的《全市优化资本结构试点工作情况报告》、市政府外事办公室主任郑锦涛所作的《全市外事工作情况的报告》、市人民政府副市长王传豪所作的《全市抗洪保平安抗灾保规划工作情况的报告》。

1999年1月，市二届人大常委会十三次会议听取和审议市财政局局长胡庆洋所作的《宜昌市1997年财政决算的报告》，审议通过《关于批准宜昌市1997年市本级决算的决议》。

1999年3月，市二届人大常委会十四次会议听取和审议市林业局局长刘先新所作的《全市林业工作情况的报告》、市人民政府副市长张为民所作的《宜昌市少数民族工作情况的报告》。

1999年7月，市二届人大常委会十六次会议听取和审议市计划委员会主任周围所作的《宜昌市1999年上半年国民经济和社会发展情况的报告》、市财政局局长陈士新所作的《宜昌市1999年上半年财政预算执行情况的报告》。

1999年9月，市二届人大常委会十七次会议听取和审议市司法局局长张军平所作的《宜昌市第三个五年法制宣传教育工作情况的报告》、市审计局局长朱颖所作的《1998年宜昌市本级预算执行和其他财政收支的审计工作报告》。

1999年11月，市二届人大常委会十九次会议听取和审议市人民政府副市长刘旭辉所作的《宜昌市住房制度改革工作情况的报告》；听取和审议市财政局局长陈士新所作的《1998年宜昌市本级财政决算和审计整改情况的报告》，审议通过《关于批准宜昌市1998年本级财政决算的决定》；听取和审议市人民政府副秘书长肖兴乐所作的《设立夷陵长江大桥项目贷款还贷专项资金的议案的说明》，审议通过《宜昌市人大常委会关于批准设立夷陵长江大桥项目贷款还贷专项资金的决定》。

2000年1月，市二届人大常委会二十次会议听取和审议市科学技术委员会主任李和奎所作的《全市科教兴市工作情况的报告》。

2000年3月，市二届人大常委会二十三次会议听取和审议市人民政府副秘书长杨元堂所作的《宜昌市创建中国优秀旅游城市工作情况的报告》、市土地管理局局长郑以进所作的《全市土地管理工作情况的报告》。

2000年7月，市二届人大常委会二十五次会议听取和审议市计划委员会主任周围所作的《宜昌市2000年上半年国民经济和社会发展计划执行情况的报告》、市财政局局长陈士新所作的《宜昌市2000年上半年财政预算执行情况的报告》、市审计局局长朱颖所作的《1999年宜昌市本级预算执行和其他财政收支的审计工作报告》、市人民政府副市长刘旭辉所作的《2000年全市城市绿化工作情况的报告》。

2000年9月，市二届人大常委会二十六次会议听取和审议市农业委员会主任谢永和所作的《全市农业产业结构调整和农民增收情况的报告》。

2000年11月，市二届人大常委会二十七次会议听取和审议市人民政府副秘书长王宏强所作的《宜昌市直国有工业企业改革与发展情况的报告》、市人民政府副市长刘旭辉所作的《全市小城镇建设情况的报告》。

2001年3月，市二届人大常委会三十一次会议听取和审议市人民政府副市长张为民所作的《全市民族工作情况的报告》。

2001年7月，市二届人大常委会三十三次会议听取和审议市计划委员会主任周围所作的《宜昌市2001年上半年国民经济和社会发展计划执行情况的报告》、市财政局局长陈士新所作的《宜昌市2001年上半年财政预算执行情况的报告》、市审计局局长向克林所作的《宜昌市2000年市本级预算执行和其他财政收支审计工作情况的报告》。

2001年9月，市二届人大常委会三十四次会议听取和审议市对外经济贸易委员会主任罗毅所作的《宜昌市外经济贸易工作情况的报告》。

2001年11月，市二届人大常委会三十五次会议听取和审议市人民政府副市长刘旭辉所作的《宜昌市人大常委会保护城区公共绿地决定贯彻落实情况的报告》；听取和审议市财政局局长陈士新所作的《宜昌市2000年市级财政决算的报告》，审议通过《关于批准宜昌市2000年市级财政决算的决议》。

八、市三届人大及其常委会

市三届人大历次会议审议市政府工作报告

2002年4月4日，市三届人大一次会议听取和审议市人民政府市长王振有所作的《宜昌市人民政府工作报告》。4月10日，大会审议通过《关于宜昌市人民政府工作报告的决议》。

2003年3月16日，市三届人大三次会议听取和审议市人民政府代理市长李佑才所作的《宜昌市人民政府工作报告》。3月19日，大会审议通过《关于宜昌市人民政府工作报告的决议》。

2004年2月21日，市三届人大四次会议听取和审议市人民政府代理市长郭有明所作的《宜昌市人民政府工作报告》。2月24日，大会审议通过《关于宜昌市人民政府工作报告的决议》。

2005年2月26日，市三届人大五次会议听取和审议市人民政府市长郭有明所作的《宜昌市人民政府工作报告》。3月1日，大会审议通过《关于宜昌市人民政府工作报告的决议》。

2006年3月1日，市三届人大六次会议听取和审议市人民政府市长郭有明所作的《宜昌市人民政府工作报告》。3月4日，大会审议通过《关于宜昌市人民政府工作报告的决议》。

市三届人大常委会历次会议审议市政府及其部门专项工作报告

2002年7月，市三届人大常委会二次会议听取和审议市人民政府副市长张为民所作的《宜昌市三峡库区二期移民工作情况的报告》。

2002年9月，市三届人大常委会三次会议听取和审议市人民政府副市长廖达凤所作的《贯彻实施宜昌市人大常委会关于宜昌市旅游业发展总体规划的决定和创建中国优秀旅游城市的决议的情况的报告》。

2003年5月，市三届人大常委会八次会议听取和审议市人民政府副市长张建一所作的《宜昌市三峡库区地质灾害防治和环保项目实施情况的报告》、市人民政府副市长黄利鸣所作的《宜昌市非典型传染性肺炎防治工作情况的报告》。

2003年7月，市三届人大常委会九次会议听取和审议市人民政府副市长胡家法所作的《宜昌市直工业企业改革情况的报告》。

2003年9月，市三届人大常委会十次会议听取和审议市人民政府副秘书长、市行政服务中心管理委员会办公室主任吴新祥所作的《全市整治经济环境和行政审批制度改革工作情况的报告》。

2003年11月，市三届人大常委会十一次会议听取和审议市人民政府副市长胡家法所作的《贯彻实施宜昌市人大常委会关于突破性发展民营经济的决议情况的报告》。

2004年3月，市三届人大常委会十三次会议听取和审议市人民政府副市长廖达凤所作的《宜昌市贯彻落实中央一号文件精神及当前春耕生产和农资市场供给情况的报告》。

2004年9月，市三届人大常委会十七次会议听取和审议市人民政府副市长王传豪所作的《宜昌市耕地保护工作暨退耕还林工程建设情况的报告》。

2005年3月，市三届人大常委会二十次会议听取和审议市人民政府副市长王传豪所作的《宜昌市贯彻落实中央一号文件精神工作情况的报告》。

2006年11月，市三届人大常委会三十一次会议听取和审议市人民政府副市长王宏强所作的《宜昌市创建国家环保模范城市工作情况的报告》。

九、市四届人大及其常委会

市四届人大历次会议审议市政府工作报告

2007年1月23日，市四届人大一次会议听取和审议市人民政府市长郭有明所作的《宜昌市人民政府工作报告》。1月28日，大会审议通过《关于宜昌市人民政府工作报告的决议》。

2008年3月26日，市四届人大三次会议听取和审议市人民政府代理市长李乐成所作的《宜昌市人民政府工作报告》。3月29日，大会审议通过《关于宜昌市人民政府工作报告的决议》。

2009年2月18日，市四届人大四次会议听取和审议市人民政府市长李乐成所作的《宜昌市人民政府工作报告》。2月21日，大会审议通过《关于宜昌市人民政府工作报告的决议》。

2010年2月23日，市四届人大五次会议听取和审议市人民政府市长李乐成所作的《宜昌市人民政府工作报告》。2月26日，大会审议通过《关于宜昌市人民政府工作报告的决议》。

2011年1月24日，市四届人大六次会议听取和审议市人民政府市长李乐成所作的《宜昌市人民政府工作报告》。1月26日，大会审议通过《关于宜昌市人民政府工作报告的决议》。

市四届人大常委会历次会议审议市政府及其部门专项工作报告

2007年3月，市四届人大常委会一次会议听取和审议市人民政府副市长王宏强所作的《宜昌市“四五”普法宣传教育基本情况和对〈宜昌市人民代表大会常务委员会关于加强法制宣传教育的决议（草案）〉的说明》，审议通过《宜昌市人大常委会关于加强法制宣传教育的决议》。

2007年5月，市四届人大常委会二次会议审议市人民政府《宜昌市城区工业经济结构调整情况的报告》。

2007年11月，市四届人大常委会五次会议听取和审议市人民政府副市长廖达凤所作的《全市新农村建设情况的报告》。

2008年1月，市四届人大常委会七次会议审议市人民政府《宜昌市2006年市级预算执行和其他财政收支整改情况的报告》、市人民政府《宜昌市四届人大常委会四次会议审议意见办理情况的报告》。

2008年5月，市四届人大常委会十次会议听取和审议市人民政府副市长廖达凤所作的《全市推行新型农村合作医疗制度情况的报告》。

2008年11月，市四届人大常委会十三次会议审议市人民政府《全市生态家园建设情况的报告》，听取和审议市规划局局长颜家万所作的《宜昌市城区城建规划项目审批及监管情况的报告》。

2009年1月，市四届人大常委会十四次会议听取和审议市人民政府副秘书长雷元海所作的《宜昌市利用银行贷款加快建设宜昌火车东站配套工程等五个项目议案的说明》，审议通过《关于批准市人民政府〈利用银行贷款加快建设宜昌火车东站配套工程等五个项目方案〉的决定》。

2009年3月，市四届人大常委会十六次会议听取和审议市人民政府市长李乐成所作的《宜昌市应对国际金融危机，扩内需、调结构、保增长工作情况的报告》。

2009年7月，市四届人大常委会十八次会议听取和审议市人民政府副市长王宏强所作的《宜昌市利用政府信用筹集平湖半岛棚户区改造等项目建设资金议案的说明》，审议通过《关于批准宜昌市人民政府利用政府信用筹集平湖半岛棚户区改造等项目建设资金的决定》；听取和审议市人民政府副市长王宏强所作的《将滨江公园（上段）等六块公共绿地纳入第三批永久性保护公共绿地议案的情况说明》，审议通过《关于对宜昌市城区滨江公园（上段）等六块公共绿地实施永久性保护的决定》。

2009年9月，市四届人大常委会十九次会议听取和审议市文化局局长冯万林所作的《全市农村公共文化服务体系建设工作情况的报告》、市房产管理局局长陈颖宜所作的《宜昌市城区住房保障工作情况的报告》。

2009年11月，市四届人大常委会二十次会议听取和审议市人民政府副市长王宏强所作的《全市推进依法行政工作情况的报告》、市水利水电局局长姚大志所作的《全市中小型农田水利基础设施建设情况的报告》。

2010年3月，市四届人大常委会二十二次会议审议通过《关于加强城区菜市场建设和管理工作的决定》；审议市人民政府《关于市人大常委会组成人员对全市农村公共文化服务体系建设工作审议意见办理情况的报告》《关于市人大常委会组成人员对城区住房保障工作审议意见办理情况的报告》。

2010年5月，市四届人大常委会二十三次会议审议市人民政府《全市建设鄂西生态文化旅游圈工作情况的报告》，审议市人民政府《关于市人大常委会对全市中小型农田水利基础设施建设情况报告审议意见的办理情况的报告》。

2010年7月，市四届人大常委会二十四次会议听取和审议市住房和城乡建设委员会主任张立新所作的《宜昌市城区建筑市场监管工作情况的报告》、市政府扶贫开发办公室主任刘克兢所作的《宜昌市扶贫开发工作情况的报告》。

2010年9月，市四届人大常委会二十五次会议听取和审议市人力资源和社会保障局局长张军平所作的《全市完善失业保险体系建设情况的报告》，审议市人民政府《关于市人大常委会组成人员对全市推进依法行政工作情况报告的审议意见的落实情况的报告》。

2010年11月，市四届人大常委会二十六次会议听取和审议市发展和改革委员会主任杨美仁所作的《宜昌市生物医药产业发展情况的报告》《宜昌市市级政府投资项目建设情况的报告》，审议市人民政府《关于市人大常委会组成人员对全市鄂西生态文化旅游圈建设情况报告的审议意见办理情况的报告》。

2011年1月，市四届人大常委会二十七次会议听取和审议市人民政府副市长吴静所作的《关于〈宜昌市国民经济和社会发展第十二个五年规划纲要〉编制情况的报告》；审议市人民政府《宜昌市2010年推进依法行政工作情况的报告》；审议市人民政府《关于市人大常委会组成人员对贯彻实施食品安全法情况报告的审议意见落实情况的报告》《关于市人大常委会组成人员对城区建筑市场监督管理工作情况报告审议意见办理情况的报告》《关于市人大常委会组成人员对全市扶贫开发工作报告审议意见办理情况的报告》。

2011年3月，市四届人大常委会二十八次会议审议市人民政府《关于市人大常委会组成人员对完善失业保险体系建设情况的报告的审议意见办理情况的报告》。

2011年5月，市四届人大常委会二十九次会议听取和审议市人民政府副市长张正军所作的《全市食品安全工作情况的报告》，审议市人民政府《关于市人大常委会组成人员对市级政府投资项目建设情况的报告的审议意见落实情况的报告》《关于市人大常委会组成人员对全市生物医药产业发展情况的报告的审议意见办理情况的报告》。

2011年7月，市四届人大常委会三十次会议听取和审议市人民政府副市长王宏强所作的《关于全市耕地保护工作情况的报告》。

2011年9月，市四届人大常委会三十一次会议听取和审议市人民政府副市长张正军所作的《宜昌市抢抓汉宜高铁开通机遇促进宜昌旅游业加快发展情况的报告》《提请审议宜昌市市树市花议案的说明》，审议通过《宜昌市人大常委会关于命名宜昌市市树、市花的决定》。

2011年11月，市四届人大常委会三十二次会议听取和审议市人民政府副市长郑超所作的《宜昌高新区建设发展情况的报告》，审议市人民政府《关于市人大常委会组成人员对消防法执法检查的报告的审议意见落实情况的报告》《关于市人大常委会组成人员对全市食品工作情况的报告的审议意见落实情况的报告》。

2011年12月，市四届人大常委会三十三次会议审议市人民政府《提请审议〈宜昌市城市总体规划（2011—2030年）〉的议案》，审议通过《宜昌市人大常委会关于通过〈宜昌市城市总体规划（2011—2030年）〉的决议》；审议市人民政府《对左坝头广场永久性公共保护绿地进行局部调整的议案》，审议通过《关于批准左坝头广场永久性公共保护绿地进行局部调整的决定》；听取和审议市人民政府法制办公室主任熊文斌所作的《宜昌市2011年推进依法行政工作情况的报告》，审议市人民政府《关于市人大常委会检查消防法贯彻实施情况的报告及其审议意见落实情况的报告》《关于市人大常委会组成人员对全市食品安全工作情况的报告的审议意见落实情况的报告》。

十、市五届人大及其常委会

市五届人大历次会议审议市政府工作报告

2012年1月6日，市五届人大一次会议听取和审议市人民政府市长李乐成所作的《宜昌市人民政府工作报告》。1月9日，大会审议通过《关于宜昌市人民政府工作报告的决议》。

2013年1月6日，市五届人大三次会议听取和审议市人民政府市长李乐成所作的《宜昌市人民政府工作报告》。1月9日，大会审议通过《关于宜昌市人民政府工作报告的决议》。

2014年1月13日，市五届人大五次会议听取和审议市人民政府市长马旭明所作的《宜昌市人民政府工作报告》。1月15日，大会审议通过《关于宜昌市人民政府工作报告的决议》。

2015年1月21日，市五届人大六次会议听取和审议市人民政府市长马旭明所作的《宜昌市人民政府工作报告》。1月23日，大会审议通过《关于宜昌市人民政府工作报告的决议》。

2016年1月21日，市五届人大七次会议听取和审议市人民政府市长马旭明所作的《宜昌市人民政府工作报告》。1月23日，大会审议通过《关于宜昌市人民政府工作报告的决议》。

市五届人大常委会历次会议审议市政府及其部门专项工作报告

2012年3月，市五届人大常委会一次会议审议市人民政府《关于市人大常委会组成人员对农产品质量安全法执法检查的审议意见落实情况的报告》《关于市人大常委会组成人员对全市耕地保护工作情况的报告的审议意见落实情况的报告》《关于市人大常委会组成人员对宜昌旅游发展情况的报告的审议意见落实情况的报告》。

2012年5月，市五届人大常委会二次会议听取和审议市人民政府副市长赵彦博所作的《宜昌市优化金融环境工作情况的报告》《宜昌市学前教育工作情况的报告》，审议市人民政府《关于市人大常委会组成人员对宜昌高新区发展情况的报告的审议意见落实情况的报告》。

2012年7月，市五届人大常委会三次会议听取和审议市人民政府副市长王国斌所作的《全市扶贫开发工作情况的报告》。

2012年9月，市五届人大常委会四次会议听取和审议市人民政府副市长王应华所作的《全市科技创新工作情况的报告》，听取和审议市人民政府副市长郑兴华所作的《宜昌三峡旅游度假区建设情况的报告》，听取和审议市人民政府副市长袁卫东所作的《关于〈宜昌市城市总体规划修改（2011—2030年）〉审议意见落实情况的报告》。

2012年11月，市五届人大常委会五次会议听取和审议市人民政府副市长袁卫东所作的《宜昌市城区防违控违工作情况的报告》，审议市人民政府《关于市人大常委会组成人员对宜昌市优化金融环境工作情况的报告的审议意见办理情况报告》《关于市人大常委会组成人员对全市学前教育工作情况的报告的审议意见落实情况的报告》。

2013年2月，市五届人大常委会七次会议听取和审议市人民政府副市长宋文豹所作的《宜昌市2012年推进依法行政工作情况的报告》。

2013年3月，市五届人大常委会八次会议审议市人民政府《关于市人大常委会组成人员对全市扶贫开发工作情况的报告的审议意见落实情况的报告》《关于市人大常委会组成人员对全市科技创新工作情况的报告的审议意见落实情况的报告》《关于市人大常委会组成人员对三峡旅游度假区工作情况的报告的审议意见落实情况的报告》。

2013年5月，市五届人大常委会十次会议审议市人民政府《关于宜昌市武陵山少数民族经济社会发展试验区建设情况的报告》《关于市人大常委会组成人员对宜昌市城区防违控违工作情况的报告的审议意见落实情况的报告》。

2013年9月，市五届人大常委会十二次会议听取和审议宜昌新区建设推进办公室常务副主任周青所作的《宜昌新区建设投入情况的报告》，听取和审议市人民政府副市长王应华所作的《全市公共文化服务体系建设情况的报告》。

2013年11月，市五届人大常委会十三次会议听取和审议市经济和信息化委员会主任陈敏仁所作的《宜昌市城区工业经济发展情况的报告》，听取和审议市水利水电局副局长郑思俊所作的《全市农村饮水安全工作情况的报告》，审议市人民政府《关于市人大常委会组成人员对宜昌市推进武陵山少数民族经济社会发展试验区建设工作的报告的审议意见落实情况的报告》。

2014年3月，市五届人大常委会十六次会议听取和审议市人民政府副市长宋文豹所作的《宜昌市2013年推进依法行政工作情况的报告》，审议市人民政府《关于市人大常委会组成人员对宜昌新区建设投入情况的报告的审议意见落实情况的报告》《关于市人大常委会组成人员对全市公共文化服务体系建设情况的报告的审议意见落实情况的报告》。

2014年5月，市五届人大常委会十七次会议听取和审议市人民政府副市长刘建新所作的《宜昌市城区生态建设情况的报告》，听取和审议市人大常委会委员、副秘书长余跃进所作的《关于〈宜昌市加强城区生态建设的决定（草案）〉的说明》，审议通过《关于加强城区生态建设的决定》；审议市人民政府《关于市人大常委会组成人员对宜昌市城区工业经济发展情况的报告的审议意见落实情况的报告》《关于市人大常委会组成人员对全市农村饮水安全工作情况的报告的审议意见落实情况的报告》。

2014年7月，市五届人大常委会十八次会议听取和审议市人民政府副市长王应华所作的《全市特殊教育工作情况的报告》。

2014年9月，市五届人大常委会二十一次会议听取和审议市民政局局长王庆玉所作的《全市养老服务体系建设情况的报告》。

2014年11月，市五届人大常委会二十二次会议听取和审议宜昌市高新区管理委员会主任杨美仁所作的《宜昌高新区项目建设情况的报告》、市房产管理局局长刘丰雷所作的《宜昌市住宅小区物业管理情况的报告》、市三峡旅游新区管理委员会主任柳兵所作的《宜昌市三峡旅游新区发展情况的报告》，审议市人民政府《关于市人大常委会组成人员对全市治安管理工作报告的审议意见落实情况的报告》《关于市人大常委会组成人员对宜昌市城区生态建设情况的报告的审议意见落实情况的报告》。

2015年1月，市五届人大常委会二十三次会议审议市人民政府《关于市人大常委会组成人员对全市特殊教育工作报告的审议意见落实情况的报告》。

2015年3月，市五届人大常委会二十四次会议听取和审议市人民政府副市长宋文豹所作的《宜昌市2014年推进依法行政情况的报告》，审议市人民政府《宜昌市城区生态环境建设“三个专项治理”情况的报告》《关于市人大常委会组成人员对全市养老服务体系建设报告的审议意见落实情况的报告》。

2015年5月，市五届人大常委会二十五次会议审议市人民政府《关于市人大常委会组成人员对宜昌高新区项目建设情况的报告的审议意见落实情况的报告》《关于市人大常委会组成人员对宜昌市住宅小区物业管理情况的报告的审议意见落实情况的报告》。

2015年7月，市五届人大常委会二十六次会议听取和审议市人民政府副市长毛传强所作的《宜昌市中心城区城中村改造村民安置房建设情况的报告》。

2015年9月，市五届人大常委会二十七次会议听取和审议市人民政府副市长刘建新所作的《宜昌市环境保护工作情况的报告》、市旅游局局长孔磊所作的《宜昌市创建全国旅游标准化示范城市工作情况的报告》，审议市人民政府《关于市人大常委会组成人员对宜昌市城区生态环境建设三个专项整治情况的报告的审议意见落实情况的报告》。

2015年11月，市五届人大常委会二十八次会议听取和审议市发展和改革委员会主任蒋正雄所作的《全市适应经济新常态，推进稳中求进、转型发展工作情况的报告》、市人民政府副秘书长覃照所作的《全市职业教育工作情况的报告》、市移民局局长周京所作的《宜昌市三峡后续工作规划一期项目实施情况的报告》、市城市管理委员会主任张毅所作的《宜昌市城市管理工作情况的报告》、市人民政府台湾事务办公室主任刘英剑所作的《全市对台工作情况的报告》。

2016年1月，市五届人大常委会三十次会议审议市人民政府《关于市人大常委会组成人员对宜昌市中心城区城中村改造村民安置房建设情况的报告的审议意见落实情况的报告》。

2016年3月，市五届人大常委会三十二次会议听取和审议市人民政府副市长宋文豹所作的《关于2015年全市推进依法行政工作情况的报告》、市人民政府副秘书长朱家法所作的《关于城区生态环境建设“三个专项整治”的情况报告》，审议市人民政府《关于市五届人大常委会对宜昌创建全国旅游标准化示范城市工作专项评议意见落实情况的报告》。

2016年5月日，市五届人大常委会三十三次会议听取和审议市人民政府副市长王应华所作的《关于全市全民健身工作情况的报告》；审议市人民政府《关于〈市人大常委会组成人员对城市管理工作的审议意见〉研究处理情况的报告》《关于〈市人大常委会组成人员对职业教育工作的审议意见〉研究处理情况的报告》《关于〈市人大常委会组成人员对三峡后续规划一期项目实施情况的审议意见〉研究处理情况的报告》《关于〈市人大常委会组成人员对全市适应经济新常态推进稳中求进转型发展工作的审议意见〉研究处理情况的报告》《关于〈市人大常委会组成人员对对台工作情况的审议意见〉研究处理情况的报告》。

2016年7月28日—29日，市五届人大常委会三十四次会议听取和审议市人民政府副市长周正英所作的《关于宜昌千亿文化旅游产业三年行动计划（2014—2016年）旅游工作情况的报告》、宜昌新区建设推进办公室主任周青所作的《关于宜昌新区建设情况的报告》、市发展和改革委员会主任蒋正雄所作的《关于宜昌市康养产业发展情况的报告》。

2016年9月27日—28日，市五届人大常委会三十五次会议听取和审议市民族宗教事务局局长张白华所作的《关于宜昌市城市民族工作情况的报告》、市环境保护局局长王仁俊所作的《关于宜昌市环境保护工作情况的报告》，审议市人民政府《关于〈市人大常委会组成人员对城区生态环境建设“三项整治”审议意见〉落实情况的报告》。

2016年11月30日，市五届人大常委会三十六次会议听取和审议市发展和改革委员会主任蒋正雄所作的《关于2016年宜昌市推进“三去一降一补”工作情况的报告》，市人民政府副秘书长、市政府扶贫开发办公室主任吕林所作的《关于全市精准扶贫工作情况的报告》；审议市人民政府《关于〈市人大常委会组成人员对水污染防治法和水污染防治条例实施情况的审议意见〉落实情况的报告》《关于〈市人大常委会组成人员对宜昌市康养产业发展的审议意见〉落实情况的报告》《关于〈市人大常委会组成人员对全市全民健身工作的审议意见〉落实情况的报告》。

2016年12月23日，市五届人大常委会三十七次会议审议市人民政府《关于〈市人大常委会组成人员对宜昌新区建设情况的审议意见〉落实情况的报告》《关于〈市人大常委会组成人员对宜昌千亿文化旅游产业三年行动计划工作的审议意见〉落实情况的报告》。

第五节　组织人大代表视察

代表法规定：“县以上的各级人民代表大会代表根据本级人民代表大会常务委员会的安排，对本级或者下级国家机关和有关单位的工作进行视察。”监督法规定：“常务委员会听取和审议专项工作报告前，委员长会议或者主任会议可以组织本级人民代表大会常务委员会组成人员和本级人民代表大会代表，对有关工作进行视察或者专题调查研究。”据此，市人大常委会和地市合并后的市人大常委会，每年都组织了数次视察活动。

一、市九届人大常委会组织人大代表视察

1981年，市人大常委会组织部分委员和市人大代表视察2次：视察全市整顿社会治安情况、整顿市容卫生的情况；视察了政府各部门办理提案的工作情况。

1982年，市人大常委会组织部分市人大代表视察3次：视察了“五讲四美”活动情况；视察了城市集贸市场、公厕、垃圾管理情况；视察了食品卫生、质量管理情况。

1983年，市人大常委会组织市人大代表视察2次：视察了蔬菜生产与供应、市场管理与物价、社会治安与市容卫生、城市建设与植树绿化等情况；视察了历次市人大常委会的决定、决议的执行情况。

二、市十届人大常委会组织人大代表视察

1984年，市人大常委会组织部分在宜昌全国人大代表、省人大代表、市人大代表，针对群众关心和反映强烈的问题进行了5次视察，督促市政府解决了一些群众迫切要求解决的热点难点问题。

1985年，市人大常委会围绕例会的议题，开展视察与调研，写出调查报告6份，即：关于宣传贯彻《宜昌市市民守则》情况的调查报告、关于宣传贯彻实施药品管理法情况的调查报告、关于宣传贯彻会计法情况的调查报告、关于打击经济犯罪活动斗争情况的调查报告、关于市十届人大二次会议议案和代表建议意见办理情况的调查报告、关于全市开展普法教育情况的调查报告。

1986年，市人大常委会采取召开座谈会、组织视察等形式，检查了有关法律的贯彻实施情况，并写出专题材料转有关部门依法办理。

1987年以前，视察活动与代表活动结合在一起，规模较小，组织工作比较随意。从1987年开始，视察活动由市人大常委会统一安排、组织。视察后，对被视察单位以书面或口头形式指出视察中发现的问题。

三、市十一届人大常委会组织人大代表视察

1988年，市人大常委会共组织3次视察活动：组织部分市人大代表视察了全市苗圃建设情况；组织部分市人大代表，结合夏季爱国卫生运动视察了食品卫生法贯彻实施情况；组织在宜昌的全国人大代表和省人大代表视察了义务教育法贯彻实施情况、普法工作情况和经济体制改革、蔬菜基地建设情况。

1989年，市人大常委会共组织3次视察活动：3月，组织市人大城乡建设委员会组成人员和部分在宜昌的全国人大代表、省人大代表以及各区人大常委会主任，视察了全民植树运动的开展情况；4月，组织在宜昌的省人大代表视察了全市工农业生产情况、财政收入情况、执行税法情况和教育工作情况；11月，组织市人大常委会组成人员和在宜昌的部分全国人大代表、省人大代表，视察了全市开展第二次执法检查工作的情况。

1990年，市人大常委会共组织3次视察活动：2月15日—16日，受全国人大常委会和省人大常委会的委托，组织在宜昌的全国人大代表和省人大代表，视察了全市1989年国民经济和社会发展计划及财政预算执行情况、区乡政权建设情况和清理整顿公司、惩治腐败、廉政建设情况；6月5日—6日，组织了3个视察小组对全市农业生产（主要是蔬菜生产）情况进行视察；10月22日—23日，组织视察组视察了全市1990年开展执法检查的情况。

1991年，市人大常委会共组织3次视察活动：3月5日—6日，受全国人大常委会和省人大常委会的委托，组织在宜昌的全国人大代表和省人大代表对贯彻实施行政诉讼法、治理三乱、廉政建设和东山开发区建设等方面的情况进行视察；8月中旬，组织视察组视察了食品卫生法的实施情况；12月中旬，组织两个视察组，对城市建设重点工程和八件实事的进展情况进行视察。

四、市一届人大常委会组织人大代表视察

1992年，市人大常委会先后在全市进行了5次执法检查和视察，共涉及法律13部。

1993年，市人大常委会共组织常委会部分组成人员和市人大代表进行了5次视察活动：4月6日—10日，对五峰土家族自治县、点军区的4个乡、3个镇、7个村和3个林场贯彻实施森林法的情况进行视察；4月22日—24日，对贯彻实施企业法和全民所有制工业企业转换经营机制条例的情况进行视察；6月28日—29日，对东山、猇亭两个经济技术开发区进行视察；10月11日—16日，对长阳土家族自治县、枝城市、枝江市、当阳市、兴山县、秭归县的农业和农村工作进行视察；12月13日—14日，对1993年城市建设重点工程进行视察。

1994年度，市人大常委会共组织5次视察活动：1月6日和7日，组织部分在宜昌全国人大代表和省人大代表进行视察；6月上旬，组织部分市人大常委会组成人员和市人大代表，分别到全市12个县市区31个乡镇63家乡镇企业，视察了乡村集体所有制企业条例的实施情况；9月21日—23日，组织视察组对西陵区贯彻实施《全国人大常委会关于加强社会治安综合治理的决定》情况进行视察；10月上旬，组织视察组分别对当阳市、长阳土家族自治县土地管理法、基本农田保护法的贯彻实施情况进行视察，并就如何依法妥善解决长阳隔河岩电站、工区移民安置存在的问题，向省人大常委会写出了专题报告；12月，组织视察组对宜昌市5项重点工程和5件实事的进展、东山经济开发区、部分国有大中型企业和乡镇企业进行视察和调查。

1995年，市人大常委会组织视察和调查活动：4月，组织部分市人大常委会委员及市人大代表，并邀请3名省人大代表参加，对长阳土家族自治县、秭归县、点军区、西陵区、伍家岗区等地巩固灭荒造林成果、调整林业结构、发展高效林业、全面落实绿化达标责任制以及林业执法等情况进行视察；以县市区为单位，组织全体市人大代表分别于年初和年底，围绕国民经济和社会发展计划以及财政预算执行，农业法律法规及政策落实，“菜篮子”与“米袋子”工程实施和社会治安综合治理等重点、热点、难点问题，集中开展视察活动；多次组织在宜昌的全国人大代表和省人大代表开展视察活动。

1996年，市人大常委会共组织5次视察活动：1月，组织在宜昌的全国人大代表视察农业法、教育法、税收征管法实施情况和“米袋子”“菜篮子”建设情况；1月，组织部分市人大代表到远安县视察；6月，组织部分市人大常委会组成人员视察三峡工程建设情况；9月，组织部分市人大常委会组成人员和市人大代表组成视察三峡建设工地、西陵长江大桥、秭归新县城；12月，组织在宜昌的全国人大代表和市直的省人大代表视察三峡工程建设工地，秭归新县城和宜化集团。

五、市二届人大常委会组织人大代表视察

1997年，市人大常委会共组织3次视察活动：6月，市人大常委会领导视察城市重点工程建设情况；9月，组织市人大常委会组成人员和各专门委员会成员，对城区西陵一路、云集路、胜利四路、沿江大道、夜明珠路、铁路坝广场和葛洲坝左坝头广场等重点区域的建设管理情况进行视察；12月，安排各县市区分别组织市人大代表对全市国民经济和社会发展情况、个体私营等非公有制经济发展情况、农民负担情况进行了为期5天的视察。

1998年，市人大常委会共组织5次视察活动：6月18日，组织视察组对邮电局防汛通信设施进行

视察；9月13日，市人大常委会副主任赵君礼带队视察环资保护法实施情况；9月26日，组织部分市人大常委会组成人员视察秭归新县城建设情况；11月4日，市人大常委会领导视察石牌园区工作情况；12月，组织在宜昌的全国人大代表、省人大代表，视察抗洪救灾、恢复生产、长江三峡工程及全市重点工程建设工作。

1999年，市人大常委会共组织3次视察活动：4月下旬至5月上旬，组织3个视察组分赴9个县市区对扶贫攻坚工作、重点江河堤防水利工程建设、创建文明城市进展情况进行视察；7月，组织部分市人大常委会组成人员对城区五一广场扩建工程进行视察；9月，组织部分市人大常委会组成人员对市公安局进行视察。

2000年，市人大常委会共组织7次视察活动：1月，组织在宜昌的省人大代表和部分市人大代表对各县市区的工作进行为期三天的视察；3月，组织视察组视察了城建工作情况，重点视察创建国家园林城市和省城市规划建设管理"楚天杯"争创活动开展的情况；4月，组织视察组视察了市人民检察院的工作；5月，组织在宜昌的全国人大代表、省人大代表对计划、财政、工业、农业等方面的工作进行视察；6月29日，市人大常委会领导同志视察云集隧道建设情况；11月，组织视察组视察了全市"项目年"活动开展情况；12月，组织在宜昌的全国人大代表、省人大代表视察重点工程建设（云集隧道等）情况。

2001年，市人大常委会共组织8次视察活动：2月6日，组织部分市人大代表视察五一广场建设情况；2月28日，组织参加二届六次人民代表大会的代表视察东山隧道、夷陵长江大桥等建设工程；3月23日，组织视察组视察了创建国家园林城市及创建湖北省城市规划建设管理"楚天杯"的情况；4月20日，市人大常委会主任赵复武一行视察城区教育工作；5月7日，组织视察组视察了市直工业生产经营情况；7月30日，组织市人大常委会组成人员一行21人视察了夷陵长江大桥和长江公路大桥施工现场；8月1日，再次组织视察组视察了创建国家园林城市及创建湖北省城市规划建设管理"楚天杯"的情况；8月7日，组织视察组视察全市公安工作情况。

六、市三届人大常委会组织人大代表视察

2002年，市人大常委会共组织6次视察活动，先后视察了"东宜输水"工程建设、公安工作、人民防空工作、伍家岗区经济社会发展等情况。

2003年，市人大常委会组织视察组进行了6次视察：视察了重大传染病"非典型肺炎"防治情况；视察了国有企业改革情况；视察了农业产业化建设；视察了农村税费改革情况；视察了科技进步法贯彻实施情况；视察了基层派出所、禁毒等工作。

2004年，市人大常委会共组织4次代表视察活动：围绕城区经济发展、农业产业化经营和发展旅游支柱产业等三项工作开展视察；围绕社会事业发展，对邮政工作、人事人才工作、宜昌日报社工作开展视察；围绕市三届人大三次会议议案办理开展视察；年底，组织在宜昌的全国人大代表、省人大代表和市人大代表集中开展视察活动。

2005年，市人大常委会先后组织部分代表视察城区社区建设、沿江大道延伸段建设、质量技术监督工作、旅游项目建设、劳动教养管理所和社区矫正工作、商业银行、宜昌开发区工作等情况。

2006年12月，市人大常委会分两次组织在宜昌的全国人大代表和省人大代表，集中开展为期7天的视察活动。

七、市四届人大常委会组织人大代表视察

2007年，市人大常委会共组织9次代表视察活动：4月18日，组织市人大常委会主任会议组成人员和部分市人大代表，视察经济适用房和廉租房建设情况；6月15日，组织视察组视察市社会福利院；6月，组织市人大常委会组成人员及部分市人大代表视察西陵区经济建设及社会发展情况；7月，组织市人大常委会组成人员及部分市人大代表视察伍家岗区经济建设及社会发展情况；9月18日，组织在宜昌的省人大代表到枝江市视察调研；11月8日，组织视察组视察电信工作；12月20日，组织视察组到市财政局视察“财政政务公开示范点”建设情况；12月21日，组织视察组到市交通局视察全市交通建设情况；12月28日，组织视察组视察长江宜昌段护岸工程建设情况。

2008年，市人大常委会共12次组织代表视察活动：1月15日—16日，组织在宜昌的全国人大代表、省人大代表开展视察活动；2月20日，组织部分市人大常委会组成人员视察市社会治安状况和公安机关建设情况；4月15日，组织视察组视察人民防空工作；4月17—18日，组织部分市人大常委会组成人员及市人大代表对三峡库区兴山县高阳镇四期移民迁建情况开展视察；5月28日，组织视察组视察市质量技术监督局工作情况；6月25日—26日，组织视察组对全市“打造百亿企业”工作进行视察；7月3日，组织部分市人大常委会组成人员对城区几大农贸市场进行视察；7月8日，组织部分市人大常委会组成人员视察全市物价工作；7月18日，组织视察组视察合力化解社会矛盾机制构建情况；7月29日—30日，组织部分人大代表视察土地节约集约利用工作；9月17日—19日，组织在宜昌省人大代表深入兴山县、夷陵区开展新农村建设专题调研，还到安能公司和美联公司，视察污染物总量减排工作情况；10月16日，组织视察组视察全市交通工作。

2009年，市人大常委会共组织6次代表视察活动：5月22日，组织部分市人大常委会组成人员和市人大代表，对全市促进就业等工作进行视察；7月14日—15日，组织在宜都市出席宜昌市各级人大常委会“增强监督实效促进科学发展”经验交流会议的代表视察东阳光冬虫及热电厂项目；7月，组织视察组视察三峡全通涂镀板、宜化集团保险粉、兴发集团宜昌精细化工园、欧塞电池、太升高档包装材料等5个重点建设项目；9月10日，组织市人大常委会组成人员视察秭归县凤凰山旅游景区建设；10月下旬，组织视察组视察三峡库区经济社会发展情况；12月下旬，组织部分市人大常委会组成人员视察全市公安工作。

2010年，市人大常委会共组织12次代表视察活动：2月6日，组织视察组视察当阳市项目建设情况；4月28日，组织视察组开展“五五”普法专题视察；5月7日，组织部分市人大代表视察城区菜市场建设情况；8月19日，组织视察组视察“行政审批服务流程再造”工作；10月18日，组织视察组视察职业教育工作情况；10月27日，组织视察组视察三峡日报社工作；10月28日，组织视察组视察“菜市场议案”办理情况；11月9日，组织视察组视察宜昌供电公司；11月22日，组织市人大常委会主任会议组成人员视察市国家税务局工作；11月23日，组织视察组视察全市征兵工作；11月24日，组织视察组视察全市残疾人工作；12月21日，组织视察组视察全市财政工作。

2011年，市人大常委会共组织10次代表视察活动：1月20日，组织视察组视察点军区经济建设及社会发展情况；5月17日，组织视察组视察政府投资项目建设情况；5月24日，组织视察组视察国家森林城市创建工作；6月8日，组织视察组视察全市耕地保护工作；8月15日，组织视察组视察宜昌高

新区建设情况；8月29日，组织视察组视察全市质量监督工作；9月14日，组织视察组视察至喜长江大桥规划拟选址情况；9月16日，组织视察组视察市地方税务局工作；9月26日，组织视察组视察市树市花推选情况；12月9日，组织视察组视察三峡通航管理工作。

八、市五届人大常委会组织人大代表视察

2012年，市人大常委会共组织8次代表视察活动：视察市中级人民法院文化建设、公安工作；视察宜昌运河改造、至喜长江大桥、合益路、城乡路二期、花溪路、三峡职教园等重点项目建设；视察了城区物业管理；视察了城区饮用水水源地保护；视察了三峡库区后续规划实施；视察全市残疾人就业工作；视察全市烟草专卖、经济信息化、旅游工作；组织部分在宜昌全国人大代表、省人大代表视察城区社区规范化建设工作。

2013年，市人大常委会共组织8次代表视察活动：8月27日，组织市人大常委会主任会议组成人员视察城区物业管理工作；8月29日，组织视察组视察全市城乡社会养老保险工作；9月10日，组织视察组视察"三节"市容保障工作；12月24日，组织视察组视察全市老龄工作；12月26日，组织视察组视察城区道路交通秩序情况；12月31日，组织视察组视察《关于综合整治宜昌运河议案》办理情况；组织部分在宜昌的全国人大代表、省人大代表和市人大常委会组成人员先后两次对宜昌新区建设情况开展视察。

2014年，市人大常委会共组织3次代表视察活动：7月31日，组织视察组视察城区山体水域和永久性绿地保护工作；8月19日，组织视察组视察城区生态建设；组织在宜昌的全国、省人大代表对宜昌市农业农村工作开展集中视察。

2015年，市人大常委会共组织代表视察、专题调研9次：对国有资产监督管理、全市水库禁肥养殖等开展专题调研；对城区公共绿地、山体、水域保护标识和人民防空工作等进行视察，对《湖北省集体合同条例》贯彻实施情况、城区"礼让斑马线"等工作开展视察，先后组织市人大常委会组成人员和全国、省、市三级人大代表对至喜长江大桥、BRT快速公交、奥体中心等城市重点项目建设情况开展视察。

2016年，市人大常委会共组织代表视察、专题调研3次：1月，组织出席市五届人大七次会议的全体代表集中视察了中央商务区"中建宜昌之星"、宜昌规划展览馆、求索众创中心、北辰明珠安置小区、至喜长江大桥、磨基山公园东部山谷。3月，组织部分全国人大代表、省人大代表集中视察精准扶贫、现代化特大城建设等情况，调研指导市县精准扶贫和经济社会发展。10月，组织部分省、市人大代表到远安县就"建设三峡生态经济合作区生态治理宜昌实验区"专题进行调研。

第六节　述职评议和工作评议

自市二届人大及其常委会以来，历届市人大常委会进行了两个探索：一是对本级人大及其常委会选举、任命的国家行政机关、审判机关、检察机关的工作人员开展述职评议；二是对国家行政机关、审判机关、检察机关开展工作评议。

一、述职评议

1997年9月，市二届人大常委会三次会议通过《宜昌市人民代表大会常务委员会评议工作办法》。

1999年9月，市二届人大常委会十七次会议通过《关于宜昌市人民代表大会常务委员会任命的干部作书面述职的决定》，要求从1999年开始，市人大常委会任命的市人民政府组成人员、市中级人民法院副院长、市人民检察院副检察长，每年年底向市人大常委会报送年度书面述职报告。

市二届至三届人大常委会先后对22名国家机关工作人员进行述职评议。

2000年1月，市二届人大常委会二十次会议对4个单位负责人进行述职评议

听取和审议市人民检察院检察长李早湘所作的《在市二届人大常委会二十次会议上的述职报告》，审议市人大常委会述职评议调查组《关于对市人民检察院检察长李早湘履行职责情况的调查报告》。

听取和审议市农业局局长郭朝运所作的《在市二届人大常委会二十次会议上的述职报告》，审议市人大常委会述职评议调查组《关于对市农业局局长郭朝运履行职责情况的调查报告》。

听取和审议市文化局局长冯万林所作的《在市二届人大常委会二十次会议上的述职报告》，审议市人大常委会述职评议调查组《关于对市文化局局长冯万林履行职责情况的调查报告》。

听取和审议市环境保护局局长孙维全所作的《在市二届人大常委会二十次会议上的述职报告》，审议市人大常委会述职评议调查组《关于对市环境保护局局长孙维全履行职责情况的调查报告》。

2000年12月，市二届人大常委会二十八次会议对5个单位负责人进行述职评议

听取和审议市中级人民法院院长胡兆满所作的《在市二届人大常委会二十八次会议上的述职报告》，审议市人大常委会述职评议调查组《关于市中级人民法院院长胡兆满述职评议的调查报告》。

听取和审议市计划委员会主任周围所作的《在市二届人大常委会二十八次会议上的述职报告》，审议市人大常委会述职评议调查组《关于市计划委员会主任周围述职评议的调查报告》。

听取和审议市计划生育委员会主任张宗益所作的《在市二届人大常委会二十八次会议上的述职报告》，审议市人大常委会述职评议调查组《关于市计划生育委员会主任张宗益述职评议的调查报告》。

听取和审议市水利水电局局长袁春堂所作的《在市二届人大常委会二十八次会议上的述职报告》，审议市人大常委会述职评议调查组《关于市水利水电局局长袁春堂述职评议的调查报告》。

听取和审议市人民政府外事侨务办公室主任郑锦涛所作的《在市二届人大常委会二十八次会议上的述职报告》，审议市人大常委会述职评议调查组《关于市政府外事侨务办公室主任郑锦涛述职评议的调查报告》。

2001年5月，市二届人大常委会三十二次会议对4个单位负责人进行述职评议

听取和审议市教育委员会主任王道本所作的《在市二届人大常委会三十二次会议上的述职报告》，审议市人大常委会述职评议调查组《关于对市教育委员会主任王道本任职情况的调查报告》。

听取和审议市交通委员会主任黄传林所作的《在市二届人大常委会三十二次会议上的述职报告》，审议市人大常委会述职评议调查组《关于对市交通委员会主任黄传林任职情况的调查报告》。

听取和审议市劳动局局长黄克所作的《在市二届人大常委会三十二次会议上的述职报告》，审议市人大常委会述职评议调查组《关于对市劳动局局长黄克任职情况的调查报告》。

听取和审议市土地管理局局长郑以进所作的《在市二届人大常委会三十二次会议上的述职报告》；审议市人大常委会述职评议调查组《关于对市土地管理局局长郑以进任职情况的调查报告》。

2004年1月，市三届人大常委会十二次会议对2个单位负责人进行述职评议

听取和审议市民政局局长洪昌福所作的《在市三届人大常委会十二次会议上的述职报告》，印发市人大常委会述职评议第二调查组《关于对市民政局局长洪昌福任职情况的调查报告》。

听取和审议市卫生局局长周国彬所作的《在市三届人大常委会十二次会议上的述职报告》，印发市人大常委会述职评议第一调查组《关于对市卫生局局长周国彬任职情况的调查报告》。

2004年11月，市三届人大常委会十八次会议对3个单位负责人进行述职评议

听取和审议市财政局局长陈士新所作的《在市三届人大常委会十八次会议上的述职报告》，审议市人大常委会述职评议调查组《关于市财政局局长陈士新履职情况的调查报告》。

听取和审议市司法局局长张军平所作的《在市三届人大常委会十八次会议上的述职报告》，审议市人大常委会述职评议调查组《关于市司法局局长张军平履职情况的调查报告》。

听取和审议市民族宗教事务局局长田太富所作的《在市三届人大常委会十八次会议上的述职报告》，审议市人大常委会述职评议调查组《关于市民族宗教事务局局长田太富履职情况的调查报告》。

2005年9月，市三届人大常委会二十三次会议对4个单位负责人进行评议

听取和审议市发展和改革委员会主任杨美仁所作的《在市三届人大常委会二十三次会议上的述职报告》，审议市人大常委会述职评议第一调查组《关于市发展和改革委员会主任杨美仁履行职责情况的调查报告》。

听取和审议市审计局局长邓玉华所作的《在市三届人大常委会二十三次会议上的述职报告》，审议市人大常委会述职评议第三调查组《关于市审计局局长邓玉华履行职责情况的调查报告》。

听取和审议市交通局局长段贤斌所作的《在市三届人大常委会二十三次会议上的述职报告》，审议市人大常委会述职评议第二调查组《关于市交通局局长段贤斌履行职责情况的调查报告》。

听取和审议市农业局局长李全新所作的《在市三届人大常委会二十三次会议上的述职报告》，审议市人大常委会述职评议第四调查组《关于对市农业局局长李全新履行职责情况的调查报告》。

2006年3月，市三届人大常委会二十七次会议审议4个单位述职评议整改报告

听取和审议市发展和改革委员会主任杨美仁所作的《述职评议整改情况的报告》。

听取和审议市审计局局长邓玉华所作的《述职评议整改情况的报告》。

听取和审议市交通局局长段贤斌所作的《述职评议整改情况的报告》。

听取和审议市农业局局长李全新所作的《述职评议整改情况的报告》。

2007年5月，市四届人大常委会二次会议

听取和审议市人大常委会委员、副秘书长余跃进所作的《关于废止〈宜昌市人民代表大会常务委员会评议工作办法〉的说明》，通过《宜昌市人民代表大会常务委员会关于废止〈宜昌市人民代表大会常务委员会评议工作办法〉的决定》。

二、工作评议

市四届至五届人大常委会先后对45个单位进行工作评议。

2010年11月，市四届人大常委会二十六次会议对4个单位进行工作评议

听取和审议市物价局局长宋秀钿所作的《关于接受市人大常委会评议的专项工作报告》，审议市人大常委会第一评议工作组《关于对市物价局开展工作评议的调查报告》。

听取和审议市民政局局长王庆玉所作的《关于接受市人大常委会评议的专项工作报告》，审议市人大常委会第二评议工作组《关于对市民政局开展工作评议的调查报告》。

听取和审议宜昌供电公司副总经理王乐炎所作的《关于接受市人大常委会评议的专项工作报告》，审议市人大常委会第三评议工作组《关于对市宜昌供电公司开展工作评议的调查报告》。

听取和审议市工商行政管理局党组书记兰礼义所作的《关于接受市人大常委会评议的专项工作报告》，审议市人大常委会第四评议工作组《关于对市工商行政管理局开展工作评议的调查报告》《关于宜昌市工商行政管理局工作评议问卷调查情况分析报告》。

2011年9月，市四届人大常委会三十一次会议对5个单位进行工作评议

听取和审议市地方税务局局长陈平所作的《关于接受市人大常委会评议的专项工作报告》，审议市人大常委会第一评议工作组《关于对市地方税务局工作评议的调查报告》。

听取和审议市教育局局长苏开美所作的《关于接受市人大常委会评议的专项工作报告》，审议市人大常委会第二评议工作组《关于对市教育局工作评议的调查报告》。

听取和审议市水利水电局局长姚大志所作的《关于接受市人大常委会评议的专项工作报告》，审议市人大常委会第三评议工作组《关于对市水利水电局工作评议的调查报告》。

听取和审议市卫生局局长董美阶所作的《关于接受市人大常委会评议的专项工作报告》，审议市人大常委会第四评议工作组《关于对市卫生局工作评议的调查报告》。

听取和审议市规划局局长夏文翰所作的《关于接受市人大常委会评议的专项工作报告》，审议市人大常委会第五评议工作组《关于对市规划局工作评议的调查报告》。

2012年7月，市五届人大常委会三次会议对5个单位进行工作评议

听取和审议市经济和信息化委员会主任陈敏仁所作的《关于接受市人大常委会评议的专项工作报告》，审议市人大常委会第一评议工作组《关于对市经济和信息化委员会工作情况的调查报告》。

听取和审议市质量技术监督局局长刘爱国所作的《关于接受市人大常委会评议的专项工作报告》，审议市人大常委会第二评议工作组《关于对市质量技术监督局工作情况的调查报告》。

听取和审议市商务局局长徐炜所作的《关于接受市人大常委会评议的专项工作报告》，审议市人大常委会第三评议工作组《关于对市商务局工作情况的调查报告》。

听取和审议市旅游局局长柳兵所作的《关于接受市人大常委会评议的专项工作报告》，审议市人大常委会第四评议工作组《关于对市旅游局工作情况的调查报告》。

听取和审议市烟草专卖局局长赵传良所作的《关于接受市人大常委会评议的专项工作报告》，审议市人大常委会第五评议工作组《关于对市烟草专卖局工作情况的调查报告》。

2013年7月，市五届人大常委会十一次会议对5个单位进行工作评议

听取和审议市国家税务局局长戴毅敏所作的《关于接受市人大常委会评议的专项工作报告》，审议市人大常委会第一评议工作组《关于对市国家税务局工作情况的调查报告》。

听取和审议市交通运输局局长马宏彦所作的《关于接受市人大常委会评议的专项工作报告》，审议市人大常委会第二评议工作组《关于对市交通运输局工作情况的调查报告》。

听取和审议市城市管理局局长张毅所作的《关于接受市人大常委会评议的专项工作报告》，审议市人大常委会第三评议工作组《关于对市城市管理局工作情况的调查报告》。

听取和审议市房产管理局局长陈颖宜所作的《关于接受市人大常委会评议的专项工作报告》，审议市人大常委会第四评议工作组《关于对市房产管理局工作情况的调查报告》。

听取和审议市环境保护局局长刘彦才所作的《关于接受市人大常委会评议的专项工作报告》，审议市人大常委会第五评议工作组《关于对市环境保护局工作情况的调查报告》。

2013年11月，市五届人大常委会十三次会议审议5个单位整改情况报告

审议市国家税务局《关于市人大常委会工作评议意见研究处理情况的报告》，印发市人大常委会第一评议工作组《关于〈审议宜昌市人大常委会组成人员对市国家税务局工作评议意见〉研究处理情况的调查报告》。

审议市交通运输局《关于市人大常委会工作评议意见研究处理情况的报告》，印发市人大常委会第二评议工作组《关于〈宜昌市人大常委会组成人员对市交通运输局工作评议意见〉研究处理情况的调查报告》。

审议市城市管理局《关于市人大常委会工作评议意见研究处理情况的报告》，印发市人大常委会第三评议工作组《关于〈宜昌市人大常委会组成人员对市城市管理局工作评议意见〉研究处理情况的调查报告》。

审议市房产管理局《关于市人大常委会工作评议意见研究处理情况的报告》，印发市人大常委会第四评议工作组《关于〈宜昌市人大常委会组成人员对市房产管理局工作评议意见〉研究处理情况的调查报告》。

审议市环境保护局《关于市人大常委会工作评议意见研究处理情况的报告》，印发市人大常委会第五评议工作组《关于〈宜昌市人大常委会组成人员对市环境保护局工作评议意见〉研究处理情况的调查报告》。

2014年9月，市五届人大常委会二十一次会议对7个单位进行工作评议

听取和审议市司法局局长张德才所作的《关于接受市人大常委会评议的专项工作报告》，审议市人大农村经济委员会主任委员王向前提交的《关于对市司法局工作情况的调查报告》。

听取和审议市国土资源局局长王华品所作的《关于接受市人大常委会评议的专项工作报告》，审议市人大常委会副秘书长余跃进提交的《关于对市国土资源局工作情况的调查报告》。

听取和审议市农业局局长熊长权所作的《关于接受市人大常委会评议的专项工作报告》，审议市人大教育科学文化卫生委员会主任委员李俊昌提交的《关于对市农业局工作情况的调查报告》。

听取和审议市文化局局长王永平所作的《关于接受市人大常委会评议的专项工作报告》，审议市人大常委会人事任免工作委员会主任顾昶提交的《关于对市文化局工作情况的调查报告》。

听取和审议市食品药品监督管理局局长孔磊所作的《关于接受市人大常委会评议的专项工作报告》，审议市人大内务司法委员会主任委员赵儒铭提交的《关于对市食品药品监督管理局工作情况的调查报告》。

听取和审议中国人民银行宜昌市中心支行行长王安明所作的《关于接受市人大常委会评议的专项工作报告》，审议市人大常委会预算工作委员会主任覃益盛提交的《关于对中国人民银行宜昌市中心支行工作情况的调查报告》。

听取和审议宜昌海关关长余洪川所作的《关于接受市人大常委会评议的专项工作报告》，审议市人大城乡建设环境资源保护委员会主任委员刘宗林提交的《关于对宜昌海关工作情况的调查报告》。

2015年1月，市五届人大常委会二十三次会议审议7个单位整改情况报告

审议市司法局《关于市人大常委会组成人员工作评议意见研究处理情况的报告》。

审议市国土资源局《关于市人大常委会组成人员工作评议意见研究处理情况的报告》。

审议市农业局《关于市人大常委会组成人员工作评议意见研究处理情况的报告》。

审议市文化局《关于市人大常委会组成人员工作评议意见研究处理情况的报告》。

审议市食品药品监督管理局《关于市人大常委会组成人员工作评议意见研究处理情况的报告》。

审议中国人民银行宜昌市中心支行《关于市人大常委会组成人员工作评议意见研究处理情况的报告》。

审议宜昌海关《关于市人大常委会组成人员工作评议意见研究处理情况的报告》。

2015年5月，市五届人大常委会二十五次会议对9个单位进行工作评议

听取和审议市住房和城乡建设委员会主任张立新所作的《关于接受市人大常委会评议的专项工作报告》，审议市人大内务司法委员会主任委员赵儒铭提交的《关于对市住房和城乡建设委员会工作情况的调查报告》。

听取和审议市发展和改革委员会主任蒋正雄所作的《关于接受市人大常委会评议的专项工作报告》，审议市人大常委会预算工作委员会主任覃益盛提交的《关于对市发展和改革委员会工作情况的调查报告》。

听取和审议市安全生产监督管理局局长王大真所作的《关于接受市人大常委会评议的专项工作报告》，审议市人大教育科学文化卫生委员会主任委员李俊昌提交的《关于对市安全生产管理局工作情况的调查报告》。

听取和审议市科技局局长姚朝云所作的《关于接受市人大常委会评议的专项工作报告》，审议市人大农村经济委员会主任委员王向前提交的《关于对市科学技术局工作情况的调查报告》。

听取和审议市移民局局长周京所作的《关于接受市人大常委会评议的专项工作报告》，审议市人大城乡建设环境保护委员会主任委员刘宗林提交的《关于对市移民局工作情况的调查报告》。

听取和审议市政府国有资产管理委员会主任习斌所作的《关于接受市人大常委会评议的专项工作报告》，审议市人大民族宗教外事侨务委员会主任委员李传文提交的《关于对市政府国有资产监督管理委员会工作情况的调查报告》。

听取和审议市住房公积金管理中心主任江永所作的《关于接受市人大常委会评议的专项工作报告》，审议市人大常委会代表工作委员会主任屈家喜提交的《关于对市住房公积金管理中心工作情况的调查报告》。

听取和审议宜昌出入境检验检疫局局长吴平芬所作的《关于接受市人大常委会评议的专项工作报告》，审议市人大财政经济委员会副主任委员谢祚剑提交的《关于对宜昌出入境检验检疫局工作情况的调查报告》。

听取和审议宜昌海事局局长汪吉发所作的《关于接受市人大常委会评议的专项工作报告》，审议市人大常委会人事任免工作委员会主任顾昶提交的《关于对宜昌海事局工作情况的调查报告》。

2015年9月，市五届人大常委会二十七次会议审议9个单位整改情况报告

审议市住房和城乡建设委员会《关于市人大常委会专项工作评议意见研究处理情况的报告》，印发市人大常委会第一评议工作组《关于〈宜昌市人大常委会组成人员对市住房和城乡建设委员会工作的评议意见〉研究处理情况的调查报告》。

审议市发展和改革委员会《关于市人大常委会专项工作评议意见研究处理情况的报告》，印发市人大常委会第二评议工作组《关于〈宜昌市人大常委会组成人员对市发展和改革委员会工作的评议意见〉研究处理情况的调查报告》。

审议市安全生产监督管理局《关于市人大常委会专项工作评议意见研究处理情况的报告》，印发市人大常委会第三评议工作组《关于〈宜昌市人大常委会组成人员对市安全生产监督管理局工作的评议意见〉研究处理情况的调查报告》。

审议市科学技术局《关于市人大常委会专项工作评议意见研究处理情况的报告》，印发市人大常委会第四评议工作组《关于〈宜昌市人大常委会组成人员对市科学技术局工作的评议意见〉研究处理情况的调查报告》。

审议市移民局《关于市人大常委会专项工作评议意见研究处理情况的报告》，印发市人大常委会第五评议工作组《关于〈宜昌市人大常委会组成人员对市移民局工作的评议意见〉研究处理情况的调查报告》。

审议市政府国有资产监督管理委员会《关于市人大常委会专项工作评议意见研究处理情况的报告》，印发市人大常委会第六评议工作组《关于〈宜昌市人大常委会组成人员对市国资委工作的评议意见〉研究处理情况的调查报告》。

审议宜昌住房公积金管理中心《关于市人大常委会专项工作评议意见研究处理情况的报告》，印发市人大常委会第七评议工作组《关于〈宜昌市人大常委会组成人员对宜昌住房公积金管理中心工作的评议意见〉研究处理情况的调查报告》。

审议宜昌出入境检验检疫局《关于市人大常委会专项工作评议意见研究处理情况的报告》，印发市人大常委会第八评议工作组《关于〈宜昌市人大常委会组成人员对宜昌出入境检验检疫局工作的评议意见〉研究处理情况的调查报告》。

审议宜昌海事局《关于市人大常委会专项工作评议意见研究处理情况的报告》，印发市人大常委会第九评议工作组《关于〈宜昌市人大常委会组成人员对宜昌海事局工作的评议意见〉研究处理情况的调查报告》。

2016年5月30日—6月1日，市五届人大常委会三十三次会议对10个单位进行工作评议

听取和审议市财政局局长徐炜所作的《关于接受市人大常委会工作评议的专项工作报告》，审议市人大常委会第一评议工作组《关于对市财政局工作情况的调查报告》。

听取和审议市气象局局长黎明锋所作的《关于接受市人大常委会工作评议的专项工作报告》；审议市人大常委会第二评议工作组《关于对市气象局工作情况的调查报告》。

听取和审议市审计局局长李鹏宇所作的《关于接受市人大常委会工作评议的专项工作报告》，审议市人大常委会第三评议工作组《关于对市审计局工作情况的调查报告》。

听取和审议市粮食局局长杨栋三所作的《关于接受市人大常委会工作评议的专项工作报告》，审议市人大常委会第四评议工作组《关于对市粮食局工作情况的调查报告》。

听取和审议市体育局局长皮祖武所作的《关于接受市人大常委会工作评议的专项工作报告》，审议市人大常委会第五评议工作组《关于对市体育局工作情况的调查报告》。

听取和审议中国银行监督管理委员会宜昌银监分局局长何庭见所作的《关于接受市人大常委会工作评议的专项工作报告》，审议市人大常委会第六评议工作组《关于对宜昌银监分局工作情况的调查报告》。

听取和审议市林业局局长陈宏彦所作的《关于接受市人大常委会工作评议的专项工作报告》，审议市人大常委会第七评议工作组《关于对市林业局工作情况的调查报告》。

听取和审议市人力资源和社会保障局局长李柏红所作的《关于接受市人大常委会工作评议的专项工作报告》，审议市人大常委会第八评议工作组《关于对市人力资源和社会保障局工作情况的调查报告》。

听取和审议市邮政管理局局长周江洪所作的《关于接受市人大常委会工作评议的专项工作报告》，审议市人大常委会第九评议工作组《关于对市邮政管理局工作情况的调查报告》。

听取和审议市民族宗教事务局局长张白华所作的《关于接受市人大常委会工作评议的专项工作报告》，审议市人大常委会第十评议工作组《关于对市民族宗教事务局工作情况的调查报告》。

2016年9月27日—28日，市五届人大常委会三十五次会议审议10个单位整改情况报告

审议市财政局《关于研究处理市人大常委会专项工作评议意见情况的报告》，印发市人大常委会第一评议工作组《关于市人大常委会组成人员对市财政局工作的评议意见研究处理情况的调查报告》。

审议市气象局《关于研究处理市人大常委会专项工作评议意见情况的报告》，印发市人大常委会第二评议工作组《关于市人大常委会组成人员对市气象局工作的评议意见研究处理情况的调查报告》。

审议市审计局《关于研究处理市人大常委会专项工作评议意见情况的报告》，印发市人大常委会第三评议工作组《关于市人大常委会组成人员对市审计局工作的评议意见研究处理情况的调查报告》。

审议市粮食局《关于研究处理市人大常委会专项工作评议意见情况的报告》，印发市人大常委会第四评议工作组《关于市人大常委会组成人员对市粮食局工作的评议意见研究处理情况的调查报告》。

审议市体育局《关于研究处理市人大常委会专项工作评议意见情况的报告》，印发市人大常委会第五评议工作组《关于市人大常委会组成人员对市体育局工作的评议意见研究处理情况的调查报告》。

审议中国银行业监督管理委员会宜昌监管分局《关于研究处理市人大常委会专项工作评议意见情况的报告》，印发市人大常委会第六评议工作组《关于市人大常委会组成人员对中国银行业监督管理委员会宜昌监管分局工作的评议意见研究处理情况的调查报告》。

审议市林业局《关于研究处理市人大常委会专项工作评议意见情况的报告》，印发市人大常委会第七评议工作组《关于市人大常委会组成人员对市林业局工作的评议意见研究处理情况的调查报告》。

审议市人力资源和社会保障局《关于研究处理市人大常委会专项工作评议意见情况的报告》，印发市人大常委会第八评议工作组《关于市人大常委会组成人员对市人力资源和社会保障局工作的评议意见研究处理情况的调查报告》。

审议市邮政管理局《关于研究处理市人大常委会专项工作评议意见情况的报告》，印发市人大常委会第九评议工作组《关于市人大常委会组成人员对市邮政管理局工作的评议意见研究处理情况的调查报告》。

审议市民族宗教事务局《关于研究处理市人大常委会专项工作评议意见情况的报告》，印发市人大常委会第十评议工作组《关于市人大常委会组成人员对市民族宗教事务局工作的评议意见研究处理情况的调查报告》。

第七节　开展专题询问

地方组织法规定：“在地方各级人民代表大会审议议案的时候，代表可以向有关地方国家机关提出询问，由有关机关派人说明。”监督法规定：“各级人民代表大会常务委员会会议审议议案和有关报告时，本级人民政府或有关部门、人民法院或者人民检察院应当派有关人员到会，听取意见，回答询问。”据此，市人大常委会自2010年11月29日举行首场专题询问至2016年底，共开展8次专题询问。

一、“议案建议办理”专题询问

2010年11月29日，市四届人大常委会二十六次会议在审议市人民政府《关于市四届人大五次会议代表提出的议案、建议、批评和意见办理情况的报告》时，开展“议案建议办理”专题询问。委员们询问了13个问题，例如：市政府将如何改进承办单位与提出建议的代表的见面与沟通问题？全市人大代表建议办理中，对当年无法答复或解决、正在解决或列入规划逐步解决的代表建议，其办理落实率一直不高，导致同一问题在市人代会上反复提出，请问市政府在未来的建议办理中，将采取何种措施来加强和改进此类建议的办理工作？三峡旅游职业技术学院是我省唯一的旅游专业职教学院，目前其建设与发展遇到一些困难。2009年代表曾在市人代会上提交了一份建议，市政府和主管部门有什么具体措施？解决停车难一直是代表们广泛关注的问题，关于增加车位和规范车辆停放，还有哪些好的措施？2010年市人代会上确定了一件重要的民生议案——关于加强城区菜市场建设与管理的议案。市政府以前所未有的力度加强了议案的办理，请问下一步在菜市场建设与管理上还有什么思路和措施？如何加强和改进代表建议的督办工作，如何采取措施提高代表建议办理工作实效？养老问题是现今社会的一大热点，今后市政府将怎样支持养老社会化工作？宜昌的未来将朝现代化特大城市方向发展，加快中心城区楼宇经济和总部经济发展，要从哪些方面着手构建？

询问会议开了两个半小时，“一府两院”、市教育、公安、规划、财政、民政、旅游、城管等相关单位负责人到会听取意见，现场回答所有询问。

二、“食品安全”专题询问

2011年5月30日，市四届人大常委会二十九次会议在审议市政府《关于全市食品安全工作情况的报告》时，开展“食品安全”专题询问。在询问中，委员们侧重从“地沟油”和菜市场农药残留等层面上询问了12个问题，例如：目前，宜昌市在整治餐饮企业非法使用‘地沟油’方面，现状如何，有哪些困难？市卫生部门将如何依法进一步开展‘地沟油’和餐厨废弃物专项整治工作？当老百姓问到“我们该吃什么”的时候，请问工商行政管理部门应如何进一步配合农业部门监督超市和菜市场严格执行蔬菜自检制度，保障人民群众吃得安全？市财政如何落实市政府提出的加大食品安全经费投入，将食品安全经费列入财政预算予以重点保障的任务？部分中小型餐饮企业食品生产卫生状况存在脏、乱、差的问题，如何解决？

在询问会上，市人民政府副市长张正军，市卫生局、市农业局、市质量监督局、市工商行政管理局、市食品药品监督管理局、市商务局、市粮食局、宜昌出入境检验检疫局、市经济和信息化委员会、市财政局等部门的负责人，逐一回答了市人大常委会组成人员和列席会议的部分市人大代表的询问。

三、“科技创新”专题询问

2012年9月27日，市五届人大常委会四次会议在审议市政府《关于全市科技创新工作情况的报告》时，开展“科技创新”专题询问。

市人大常委会组成人员和市人大代表与市政府分管领导以及相关部门的主要负责人进行面对面的问答。全国人大代表、兴发集团董事长李国璋，市人大教育科学文化卫生委员会委员曹诗芬、吴平等分别就创建国家创新型城市、人才资源开发、科技投入、专利申请、化工企业与环保科研、高新技术成果转化、整合创新资源搭建平台等多个层面发言提问。先后14人次共提出19个问题。市人民政府副市长王应华、市科技局局长姚朝云等七个部门负责人，当场一一作答，认真回答大家的询问。

会场上坦诚交流和讨论，气氛热烈。新闻媒体作了大量深度宣传报道，社会各界反响很好。

四、“农村饮水安全”专题询问

2013年11月27日，市五届人大常委会十三次会议在审议市水利水电局《关于全市农村饮水安全工作情况的报告》时，开展“农村饮水安全”专题询问。委员们询问了13个问题：农村饮水安全的标准是什么？全市农村饮水不安全的人数有多少？市人大常委会专题调研组在枝江市廖家林村调研时，发现许多农户从小河、池塘取水，从肉眼看，水质很差，请问有什么解决措施？解决农村饮水安全问题，是各级人民政府的基本职责，也是一项长期的工作任务。全市下一步如何开展农村饮水安全工作，提高农村饮水安全普及率？农村饮水安全工程应当如何落实建后管护责任，确保工程长期受益？请问市发展和改革委员会如何向上争取投资计划，确保完成农村饮水安全工程任务？请问市财政局如何加强农村饮水安全工程建设资金的监管？请问市财政局市级财政是如何保障和加强对农村饮水安全工程投入的？请问市农业局采取什么措施，加大种植业和养殖业面源污染治理，保证农民吃水安全？猇亭区高湖村群众希望通过城市自来水公司管网延伸解决城市郊区群众饮水问题。请问市住房和城乡建设委员会对城市供水管网向城郊延伸有什么规划和措施？市环境保护局结合自身职能，如何加强农村饮用水水源地保护和污染治理，确保水源地水质安全？市卫生局作为主管部门，如何建立农村饮水安全水质检测体系？采取什么措施加强水质检测工作？农民反映农村饮水安全工程电价过高，在电价等方面有没有优惠政策？如何落实？农村饮水安全水价如何确定？农民群众能否负担得起？

市人民政府副秘书长吕林、市水利水电局副局长郑思俊、市发展和改革委员会主任蒋正雄、市财政局局长王金建、市农业局局长熊长权、市住房和城乡建设委员会副主任杨涛、市环境保护局局长刘彦才、市卫生局局长董美阶、市物价局局长宋秀铀等，当场回答了委员们询问的所有问题。

五、“城区生态建设”专题询问

2014年5月30日，市五届人大常委会十七次会议在审议市政府《关于城区生态建设情况的报告》时，开展“城区生态建设”专题询问。13个县市区人大常委会负责人、10名市人大代表和10名旁听公民列席专题询问会。委员们询问了18个问题，例如：2014年以来，城区雾霾天气持续不断，请问雾霾是如何形成的？现状如何？如何治理？黄柏河上游采矿企业多，请问市水利水电局采取哪些切实可行的措施，加强城区饮用水源地污染治理？宜昌市城区每天有多少吨餐厨垃圾？是如何处理的？下一步有什么管理措施？城区两座热电厂粉尘污染严重，深受市民关注，市人民政府多次承诺关闭，为何迟迟关闭不了？什么时间能够真正关停？生态建设“十大工程”已分解到市直相关责任部门，目前进展到什么程度？2014年有哪些项目可以落实？新环境保护法即将实施，宜昌做了哪些准备工作？城区重点污染源治理措施有哪些？宜昌市水源保护区生态补偿机制什么时候启动？城区生态建设人人有责，市林业局如何发挥林业外围绿色生态屏障作用？国家明确提出了要划定生态红线范围，目的是保护区域性生态安全，防止对生态的破坏，城区何时能够划定？国土资源部门如何对城区山体水域进行有效保护？宜昌市是重点化工区域，产业转型任务很重，将采取哪些措施促进产业转型？

市人民政府及市环境保护局、市城市管理局、市住房和城乡建设委员会、市发展和改革委员会、市经济和信息化委员会、市规划局、市国土资源局、市林业局、市水利水电局负责人，现场回答了委员们询问的所有问题。

六、“村民安置房”专题询问

2015年7月24日，市五届人大常委会二十六次会议在审议市人民政府《关于中心城区城中村改造村民安置房建设情况的报告》时，开展“村民安置房”专题询问。委员们询问了21个问题，例如：市中心城区改造安置房建设进度比较滞后，村民在外搭住一般在三年以上，有的甚至长达七八年，如何综合施策，缩短建设周期，尽早让老百姓早日住上新房？安置房的选址上是否真正做到了“五个舍得”？安居工程会不会成为面子工程？在先期入住的小区，有的房屋已出现屋面渗水、瓷砖脱落、墙体裂纹等问题，采取了哪些补救措施？宜昌新区建设推进办公室应该如何统筹协调，提速、提效？安置房建设在报装水、电、气过程中，手续繁杂，批复时间长，而且费用高，是什么原因？对村民安置房的报装有没有相关优惠政策，将采取哪些措施缩短审批时间，减少报装费用？自来水报装为什么不能明码实价？安置房小区物业管理费收缴困难，公共设施维修和管理经费紧张，物业管理费该如何收取？公共设施维修基金如何筹措？

在近两个小时的专题询问中，22位市人大常委会委员和市人大代表的提问涵盖了村民安置房从前期手续到建设过程，乃至后期管理等方方面面。问题聚焦“安置房建设前期手续办理难、建设资金筹措难、配套服务难、后期管理难”四方面的难题。市人民政府以及宜昌新区建设推进办公室、市住房和城乡建设委员会、市规划局、市国土资源局、市财政局、市地方税务局、市房产管理局等部门负责人，宜昌高新区管委会及5个区人民政府负责人，“面对面”地回答了委员和代表们提出的询问。

七、“审计整改”专题询问

2015年12月1日，市五届人大常委会二十八次会议在审议市人民政府《关于贯彻实施新预算法暨2014年度市级预算执行和其他财政收支审计整改情况的报告》时，开展“审计整改”专题询问。委员们询问了若干问题，包括：市审计局针对查出的问题，是如何开展督办落实的？取得了哪些成效？从审计报告中了解到市环境保护局项目资金闲置，未发挥效益828.3万元，请问市环境保护局，这些资金长期闲置的原因是什么？市环境保护局是如何整改的？审计报告反映，市民政局及所属二级单位2014年保障账户利息收入、房屋出租收入、资产处置收入等非税收入277.9万元滞留单位保留账户，未上缴财政专户和纳入预算管理。请问市民政局是如何督促整改的，采取了哪些措施加强对二级单位的财务管理？审计报告反映，到2014年末，有18个单位逾期欠缴易地建设费4283.43万元，请问市人民防空办公室是如何进行整改的？

市人民政府副市长宋文豹和17个市直部门的主要负责人到场应询。会议围绕“钱袋子”问题，有问有答地持续了3个多小时。

八、“实施专利法”专题询问会

2016年9月28日，市五届人大常委会三十五次会议在听取和审议市人大常委会执法检查组关于检查《中华人民共和国专利法》实施情况的报告时，开展关于全市贯彻实施专利法情况开展专题询问。询问会上，梅长青等10名市人大常委会委员和市人大代表围绕专利法实施情况，分别就提高专利质量、加强专利申请保护、引导和挖掘农林业文化创意业等领域创新成果、促进专利转化和产业化升级、促进中介机构和服务平台建设、加大专利司法保护力度、形成部门联动保护工作机制、开展中小学知识产权教育工作等方面的23个具体问题，与市人民政府副市长兰银以及市政府11个重点部门的主要负责人开展面对面的询问。市人民政府领导和部门负责人针对各位委员和代表的提问，直面问题、坦承不足，郑重承诺今后的努力方向和工作措施。持续一个半小时的专题询问会场气氛热烈、交流坦诚、讨论积极。新闻媒体进行了宣传报道，与会人员和社会各界反响很好。

第四章　宜昌市人大及其常委会立法工作

市人大常委会在立法方面主要开展三个方面的工作，一是围绕上级人大及其常委会立法做好相关工作；二是指导长阳和五峰两个土家族自治县制定修订自治条例和单行条例；三是做好宜昌市人大及其常委会制定地方性法规的工作。

第一节　围绕上级人大及其常委会立法做好相关工作

一、市九届至十一届人大常委会

1981年，市人大常委会先后在地方组织法、选举法、民法、国营工厂法、职工代表大会法、湖北省各级人民法院审理经济纠纷案件收取诉讼费试行办法、湖北省环境保护暂行条例、湖北省关于排放污物实行超标收费试行规定等法律法规草案的修改过程中，分别向有关部门、单位发出征求意见的通知，并召开座谈会，进行了认真讨论。随后将收集的意见和建议及时整理上报给湖北省人大常委会。

1982年，五届全国人大常委会第二十三次会议决议公布了《中华人民共和国宪法（修改草案）》。市人大常委会从5月上旬开始，主持和领导了全市人民学习讨论宪法草案的活动。全市有2445名干部向群众宣讲宪法草案。经统计，全市应参加学习讨论的人数为19.26万人，实际参加讨论的有16.82万人，占87.34%，共提出修改意见239条。市人大常委会将全市人民学习、讨论宪法修改草案的情况及时报告了湖北省人大常委会。市人大常委会还就贯彻实施环境保护法、国家建设征用土地条例、湖北省环境保护暂行条例等问题，进行多次研究，征求了各有关部门的意见，并在市人大常委会十三次会议上原则批准了《宜昌市城市建设管理实施细则》和《宜昌市环境保护实施细则》。

1981年至1983年间，市人大常委会结合当地的实际情况，审议通过有关部门制订和完善的关于贯彻实施各项法律、规定的七个管理办法和实施细则。对全国人大常委会和湖北省人大常委会部署征求意见的10多部法律法规草案，组织有关部门和有关人士进行了座谈讨论，并及时整理上报了修改意见。

1984年，市人大常委会听取和审议市人民政府及有关部门关于行政法规实施、经济体制改革、两个文明建设方面的14项重大事项的工作汇报和工作报告；审议人大工作方面的20份报告、意见和规定；协助市人民政府制定《关于发展城乡个体经济的暂行规定》。一年间，对上级部署征求意见的国营工业企业法（讨论稿）、涉外经济合同法（草案），以及湖北省交通管理条例、保护妇女儿童合法权益规定、文物保护管理办法、有线广播保护办法等，先后认真组织有关部门进行了讨论，并将收集的意见及时整理上报。

1985年，市人大常委会做出《关于贯彻〈宜昌市市民守则〉的决议》。还对全国和湖北省新制定的7部法律（草案）和地方性法规（征求意见稿），多方征求修改意见，并及时整理上报。

1986年，市人大常委会协助湖北省人大常委会在宜昌市进行了普法教育视察活动，先后完成了15部法律和地方性法规（草案）的征求意见工作。

1989年，市人大常委会对行政诉讼法、城市规划法、集会游行示威法、传染病防治法、代表法等法律草案，以及湖北省各级人大常委会监督工作条例、文化市场管理暂行条例、乡镇人民代表大会主席团工作若干规定等法规草案，组织有关部门和有关人员进行讨论，并整理上报了修改、补充的意见。

1990年，市人大常委会按照全国人大常委会和省人大常委会的要求，召开各种类型座谈会，广泛征求意见，按期完成外商投资企业和外国企业所得税法（草案）等三部法律法规的征求修改意见的工作。

1991年，市人大常委会按照全国人大常委会和省人大常委会的要求，召开各种类型座谈会，按期完成了教师法、妇女权益保障法、代表法，以及湖北省计划生育条例、技术市场管理条例、林业管理办法、实施水法办法、严惩卖淫嫖娼的决定、严惩拐卖妇女儿童的决定等法律法规草案的征求修改意见的工作。

二、市一届至五届人大常委会

1993年，市人大常委会听取和审议市人民政府关于第二个五年普法规划执行情况的报告以及“两院”关于执法检查情况的报告。对上级人大常委会部署征求意见的《中华人民共和国国家安全法》等14部法律法规草案，都分别认真组织了座谈讨论，及时整理上报了修改意见。

1994年，在市人大常委会尚无地方立法权的条件下，面临三峡工程上马的新形势，提请省人大常委会批准后，起草《三峡工程宜昌市库坝区建设管理若干规定（代拟稿）》。市人大常委会先后参与了全国人大常委会和湖北省人大常委会开展的10多部法律法规草案的讨论研究，并将其修改意见及时整理上报。

1995年，市人大常委会先后组织有关人员对全国人大常委会和湖北省人大常委会交办的固体废物污染环境防治法、湖北省村级经济管理办法等12部法律法规草案进行了讨论研究，及时将意见整理上报。

1997年，市人大常委会对上级人大常委会的17部法律法规草案，提出了修改意见。

2002年，市人大常委会完成了全国人大常委会关于行政强制法（征求意见稿）等5部法律草案，以及湖北省人大常委会关于湖北省实施会计法办法等5部地方性法规草案的征求修改意见工作。

2003年，市人大常委会完成了全国人大常委会和湖北省人大常委会部署的农业机械化促进法（草案）、湖北省电信管理条例（草案）、湖北省盐业管理条例（草案）、湖北省安全生产管理条例（草案）的征求意见工作。

2015年，配合全国人大常委会、湖北省人大常委会开展专题调研和立法调研15次，对4部法律法规贯彻实施情况进行了检查。

第二节 指导民族自治县立法工作

1982年宪法规定："民族自治地方的人民代表大会有权依照当地民族的政治、经济和文化的特点，制定自治条例和单行条例"，"自治州、自治县的自治条例和单行条例，报省或者自治区的人民代表大会常务委员会批准后生效，并报全国人民代表大会常务委员会备案。"

宜昌市人大及其常委会曾在指导长阳和五峰两个土家族自治县制定和修订自治条例和单行条例方面，做了大量工作。

1993年，市人大常委会指导协助民族自治县制定《长阳土家族自治县农村合作经济承包合同管理条例》和《五峰土家族自治县乡村公路条例》。

1994年，市人大常委会指导协助民族自治县制定《长阳土家族自治县个体经营户和私营企业条例》《五峰土家族自治县乡村公路条例》《五峰土家族自治县计划生育条例》。

1995年，市人大常委会指导协助民族自治县制定《五峰土家族自治县水电条例》。

1996年，市人大常委会指导协助民族自治县制定《长阳土家族自治县清江库区管理条例》和《五峰土家族自治县农业特产税征收管理条例》。

1997年，市人大常委会指导参与民族自治县制定《五峰土家族自治县农业特产税管理条例》《五峰土家族自治县城乡规划建设管理条例》的起草工作。

1998年，市人大常委会指导参与《五峰土家族自治县城乡规划建设管理条例》《五峰土家族自治县农业特产税征收管理条例》的送审和报批工作。

1999年，市人大常委会指导参与《五峰土家族自治县农村经济管理条例》《五峰土家族自治县计划生育管理条例》《长阳土家族自治县预算外资金管理条例》的起草工作。

2000年，市人大常委会指导协助民族自治县制定《长阳土家族自治县计划生育条例》《长阳土家族自治县预算外资金管理条例》《五峰土家族自治县计划生育条例》。

2001年，市人大常委会指导协助民族自治县修订《五峰土家族自治县自治条例》，制定《长阳土家族自治县实施〈中华人民共和国水土保持法〉的补充规定》。

2002年，市人大常委会指导协助民族自治县修订《长阳土家族自治县自治条例》《五峰土家族自治县农业特产税管理条例》。

2003年，市人大常委会指导参与民族自治县的《长阳土家族自治县乡村公路条例》《五峰土家族自治县计划生育条例》《五峰土家族自治县乡村公路条例》的起草和修订工作。

2004年，市人大常委会指导协助民族自治县将《长阳土家族自治县乡村公路条例》《五峰土家族自治县计划生育条例》《五峰土家族自治县乡村公路条例》报经省人大常委会批准施行。

2005年，市人大常委会指导协助《长阳土家族自治县人口与计划生育条例》《长阳土家族自治县民族民间传统文化保护条例》《五峰土家族自治县水电条例》立法调研、起草和修订等工作。

2006年，市人大常委会指导协助民族自治县制定《长阳土家族自治县城镇管理条例》《五峰土家族自治县无公害农产品条例》。

2007年，市人大常委会指导协助民族自治县报经省人大常委会批准施行《长阳土家族自治县生态环境保护条例》《长阳土家族自治县城镇建设管理条例（修订）》《五峰土家族自治县无公害农产品条例》。同时还废止了《长阳土家族自治县农业特产税征收管理条例》。

2008年，市人大常委会指导协助民族自治县制定《长阳土家族自治县新型农村合作医疗条例》，起草《五峰土家族自治县旅游条例》。

2009年，市人大常委会指导协助民族自治县制定《长阳土家族自治县新型农村合作医疗条例》《五峰土家族自治县旅游条例》。

2010年，市人大常委会指导协助民族自治县制定《长阳土家族自治县旅游条例》《长阳土家族自治县人口与计划生育条例》《五峰土家族自治县城乡规划建设管理条例》《五峰土家族自治县人口与计划生育条例》。

2011年，市人大常委会指导协助民族自治县修订《长阳土家族自治县自治条例》。

2012年，市人大常委会指导协助民族自治县制定《长阳土家族自治县清江库区管理条例》《长阳土家族自治县城镇建设管理条例》《长阳土家族自治县老年人权益保障条例》。

2013年，市人大常委会指导协助民族自治县制定《长阳土家族自治县学校安全条例》。

2014年，市人大常委会指导协助民族自治县修订《长阳土家族自治县乡村公路条例》《五峰土家族自治县自治条例》。

2015年，市人大常委会指导协助民族自治县制定《长阳土家族自治县河流保护条例》《五峰土家族自治县森林资源保护条例》。

2016年，市人大常委会指导协助民族自治县修订《长阳土家族自治县城镇管理条例》，起草《长阳土家族自治县崩尖子国家级自然保护区条例》，制定《五峰土家族自治县农产品质量安全条例》（待省人大常委会审查批准后公布实施），起草《五峰土家族自治县人口与计划生育条例》。

第三节　做好地方立法工作

2015年3月15日，十二届全国人大三次会议修正的《中华人民共和国立法法》规定："设区的市的人民代表大会及其常务委员会根据本市的具体情况和需要，在不同宪法、法律、行政法规和本省、自治区的地方性法规相抵触的前提下，可以对城乡建设与管理、环境保护、历史文化保护等方面的事项制定地方性法规"，"设区的市的地方性法规须报省、自治区人民代表大会常务委员会批准后实施。"据此，市人大常委会开展如下工作：

2013年5月29日，市五届人大常委会十次会议决定设置市人大常委会法规工作室。

2015年5月28日，市人大常委会与三峡大学共建了宜昌市地方立法研究院。新成立的宜昌市地方立法研究院承办了湖北省法学会宪法学研究会暨地方立法研究会2015年年会，交流探讨地方立法的理论与实践。

2015年6月4日，市人大常委会举行市人大常委会立法顾问聘任仪式（首批聘请了11名立法顾问）。

市人大常委会还在全市范围内精心遴选立法专业人才，采取举办地方立法知识讲座、派员参加全国人大常委会、湖北省人大常委会立法工作培训、挂职锻炼、跟班学习等方式，加强立法队伍建设。还召开立法需求调研座谈会，向社会公开征集立法计划建议项目，拟定市人大常委会2016年度立法工作计划。

2015年12月1日，市五届人大常委会二十八次会议审议《关于提请市人民代表大会审议〈宜昌市人民代表大会及其常务委员会立法条例（草案）〉的议案（草案）》。

2015年12月11日，市五届人大常委会二十九次会议审议通过《关于撤销宜昌市人民代表大会常务委员会法规工作室的决定》《关于设立宜昌市人民代表大会常务委员会法制工作委员会的决定》。同时任命：黄逊志为市人大常委会法制工作委员会主任；马明和为市人大常委会法制工作委员会副主任。

2016年1月21日—23日，市五届人大七次会议通过《关于设立宜昌市五届人民代表大会法制委员会的决定》，通过市人大法制委员会组成人员人选名单；通过《宜昌市人民代表大会及其常务委员会立法条例》。3月30日，湖北省十二届人大常委会二十一次会议批准《宜昌市人民代表大会及其常务委员会立法条例》，自4月8日起施行。

2016年5月30日—6月1日，市五届人大常委会三十三次会议审议通过《宜昌市城区重点绿地保护条例（草案）》。

2016年7月28日—30日，市五届人大常委会三十四次会议审议《宜昌市城区重点绿地保护条例（草案二审稿）》《宜昌市城区建筑物外立面管理条例（草案）》。

2016年9月27日—28日，市五届人大常委会三十五次会议听取和审议市人大法制委员会主任委员刘永生所作的《关于〈宜昌市城区重点绿地保护条例（草案二审稿）〉修改情况的说明》《关于〈宜昌市城区建筑物外立面管理条例（草案）〉审议结果的报告》，审议通过《宜昌市城区重点绿地保护条例》，审议《宜昌市城区建筑物外立面管理条例（草案二审稿）》。12月1日，湖北省十二届人大常委会二十五次会议批准《宜昌市城区重点绿地保护条例》，自2017年1月1日起施行。

2016年11月30日，市五届人大常委会三十六次会议听取和审议市人大法制委员会主任委员刘永生所作的《关于〈宜昌市城区建筑物外立面管理条例（草案二审稿）〉修改情况的说明》，表决通过《宜昌市城区建筑物外立面管理条例》，会后将该条例及时报请湖北省人大常委会审查批准。

第五章 宜昌市人大常委会日常工作

1982年地方组织法规定："常务委员会主任、副主任组成主任会议，处理常务委员会的重要日常工作。"据此，市历届人大常委会主任会议不断加强日常工作，其工作经验曾多次被《人民日报》《中国人大》杂志等国家级媒体推介。

第一节 代表工作

代表法规定："代表依照本法的规定在本级人民代表大会会议期间的工作和在本级人民代表大会闭会期间的活动，都是执行代表职务。国家和社会为代表执行代表职务提供保障。"据此，市历届人大常委会十分重视代表工作，不仅做了大量工作，而且取得了许多宝贵的经验。

一、市九届人大常委会

1981年，市人大常委会采取多种方式，加强与市人大代表的联系。制定《关于联系代表和处理代表意见的暂行办法》。将参加市九届人大一次会议的250名人大代表划编为37个代表小组，并选举组长，制定活动计划。吸收市人大代表列席市人大常委会会议，听取他们的意见和要求。开展2次代表视察活动，组织部分市人大常委会委员和有关的人大代表，就整顿社会治安情况、整顿市容卫生的情况进行视察；组织市人大常委会委员和部分代表，对市人民政府各部门办理提案的工作进行视察。市人大常委会建立"接待代表来访日"制度，由市人大常委会主任、副主任轮流值班，共接待代表和群众150人次，处理代表和群众来信40余件。查处个别市人大代表的经济违法乱纪行为，并按法定程序罢免其市人大代表的职务。

1982年，市人大常委会根据人大代表的意见，进一步加强代表工作。一是组织代表开展视察活动；二是认真处理代表和群众的来信来访。许多要求合理、符合政策的意见，有的得到了解决，有的正在解决，人大代表以及广大群众是满意的。

1983年，市人大常委会为加强代表工作：一是建立"每周接待代表来访日"制度。二是认真处理代表来信，做到：逐件登记，分类处理，重大问题，领导阅批，按照批示，重点办理，一般问题，弄清意愿，及时转递，归口办理，件件落实，一件不遗，办后有复，代表满意。三是根据工作需要，邀请有关代表列席市人大常委会会议，参与有关问题的讨论研究。四是围绕党在各个时期的中心工作，组织代表视察，监督和支持"一府两院"和市人民政府各有关部门的工作。

二、市十届人大常委会

1984年，市十届人大常委会在代表工作方面：在换届之后，及时召开代表联席会议，划分代表小组，民主选出正、副组长；召开代表小组组长联席会议，讨论市人大常委会与代表加强联系和开展代表小组活动的内容、方法和制度；市十届人大常委会二次会议通过《关于加强同人大代表的联系，充分发挥人大代表的作用的意见》；是年，各代表小组开展活动5到7次。有的还开展小型视察活动。印发会议《宜昌市人大常委会公报》5期、《学习资料》5期、《人大工作通讯》11期，为代表提供了工作信息和学习资料。制发了《宜昌市十届人民代表大会代表证》，为代表开展工作提供了有效证件。通过接待代表来访、处理代表来信，加强了同代表的联系。共处理代表来信40多件，向市人民政府转达代表意见20多条。督促办理市十届人大一次会议的6件议案、241件代表建议。组织有关的在宜昌全国人大代表、省人大代表、市人大代表进行了5次视察。年底，市人大常委会召开代表小组活动经验交流会。

1985年，市人大常委会进一步加强了同人大代表的联系，印发《宜昌市人大常委会公报》7期、《人大工作通讯》8期、《学习资料》6期；处理了人大代表来信来访27件（人）次；并组织有关代表开展一些视察活动，协助各代表小组开展代表小组活动，较好地发挥了代表的作用。

1986年，市人大常委会在代表工作方面：一是听取代表和人民群众的意见和要求转有关部门办理；督办了市十届人大三次会议的10件议案和146件代表建议、意见。二是加强了同人大代表的联系，共印发《宜昌市人大常委会公报》7期、《人大工作通讯》6期、《学习资料》12期。三是组织代表座谈、视察10余次，还同代表进行信访联系150多人次。四是组织各代表小组采取学习文件、联系选民、召开座谈会、组织视察等形式，积极开展活动。五是市十届人大常委会二十次会议决定成立代表资格审查委员会。

1985年至1987年间，将市十届人民代表大会代表254名，分布在34个代表小组。每月由组长召集开展一次代表小组活动。每年组织有关代表座谈、视察10余次。市人大常委会为了帮助代表提高参政、议政能力，加强同代表的联系，共印发《学习资料》24期、《宜昌市人大常委会公报》25期、《人大工作通讯》30期；接待和处理代表来信来访374件（人）次。

三、市十一届人大常委会

1988年，市十一届人大常委会五次会议审议通过《关于加强同代表联系和开展代表工作的意见》。坚持执行接待代表日制度，自1988年4月起，每月20日由市人大常委会主任、副主任、秘书长和驻会委员轮流接待代表来访，每次接待三个代表小组的各2至3名代表。截至12月10日，共接待各代表小组代表计8批64人次。代表们对全市各方面工作所提出的103条建议意见，均由市人大常委会办公室转给市人民政府和有关部门办理。

1989年，市人大常委会在代表工作方面：改进接待代表制度，在每月20日接待代表来访时，根据事先约定的来访内容，请市人民政府工作人员和有关部门负责人一起参加接待。一年来共接待代表6批34人次。代表提出建议、意见50条，经过座谈，当场解决45条，其余5条，有关部门在事后也都认真进行了办理，并由市人大常委会办公室统一作书面答复。另外，市人大常委会平时接待代表来访达20余人次，处理代表来信19件。当年编印《情况简报》6期，用以向代表通报相关工作情况。3月，组织列席市十一届人民代表大会第二次会议的在宜昌全国人大代表和省人大代表，成立了联合代表小组，推选了正、副组长，确定了联络员，进一步加强了市人大常委会同在宜昌的全国人大代表和省人大代表的联系。

1990年，市人大常委会在代表工作方面：坚持举行接待代表日活动，并不断改进了接待形式。一年来，共接待代表6批40人次。代表共提出建议45条，经过座谈，当场就解决了31条，其余14条，有关部门在事后都进行了认真办理。编印《公报》《人大工作通讯》《情况反映》，为代表们提供了有关情况和信息。市人大常委会组织视察、调查和执法检查时，邀请有关全国、省、市三级人大代表参加。认真督促议案、建议和意见的办理。对市十一届人大三次会议收到的104件代表建议进行分类登记，及时转办交办，并对办理情况进行检查督促。认真办理人民代表和人民群众的来信来访。10月，召开代表工作经验交流会议。

1991年，市人大常委会在加强人大代表工作方面着重抓了如下几项工作：认真办理人大代表提出的意见和建议。1990年3月份召开的市十一届人大四次会议上，代表们提出的95件建议，截至1990年9月底，有关部门已经全部办理完毕，并分别答复有关人大代表。坚持接待代表日活动，并逐步系列化和规范化。当年共接待代表8批39人次，代表们共提出建议、意见44条，有关部门认真进行了研究和办理，现在已经办理完毕，市人大常委会办公室统一作了书面答复。给代表寄送《公报》《工作通讯》《情况反映》和其他资料，为各级人大代表参政议政提供服务。召开全市代表工作表彰会，对70名先进人大代表、8个先进代表小组以及14名先进联络秘书和联络员进行了表彰。

四、市一届人大常委会

1992年，代表法颁布施行之际，正值宜昌地市合并。新成立的市人大常委会在代表工作方面：市一届人大常委会一次会议决定成立宜昌市人大常委会代表联络工作委员会，制定《代表联络工作办法》和《代表持证视察实施办法》。及时将495名市人大代表编为64个小组，形成代表联系网络。认真办理市人大代表提出的意见和建议。将市一届人大一次会议上代表提出的18件建议转交市人民政府办公室。截止当年12月底，有关部门已全部办理完毕，并分别答复了有关市人大代表。加强对县市区人大工作的联系与指导，实行市人大常委会正、副主任分片联系人大工作的制度，规定每位正、副主任定点联系1至2名代表和1个企业。认真办理人民群众和人大代表来信来访。当年9月，共受理人民群众来信100余件，接待群众来访30多人次。同时，还办理了省人大常委会交办的群众来信。对其中重要的信访，由市人大常委会领导亲自接待、批阅。

1993年，市人大常委会认真做好代表工作：进一步加强同代表的联系，落实了联系代表分工责任制，做到联系点、联系人、联系数量“三落实”。积极主动为代表依法执行职务搞好服务。8月，在当阳市召开全市人大代表工作经验交流会。认真办理代表建议意见和来信来访。市一届人大二次会议期间，代表们共提出建议302件，到9月底全部按期办理完毕，从反馈的146件情况看，办理质量较上年有所提高，绝大部分代表感到满意和比较满意。

1994年，市人大常委会把广泛宣传代表法、加强代表工作、密切同人大代表及人民群众的联系，作为一项经常性的工作来抓：年初，召开代表联络工作会议，部署全市的代表工作。依照代表法规定，支持代表执行代表职务。组织代表开展活动，发挥代表在闭会期间的参政和监督作用。抓好代表议案、建议、批评和意见的督办工作，不断提高办理质量。受理人民群众来信332件，接待来访130人次，接待处理代表来信来访20件（人）次，解决了一些涉及群众切身利益的问题。

1995年，市人大常委会为充分发挥代表作用，密切与代表的联系，继续坚持市人大常委会主任、副主任和专职委员分工联系代表，深入到代表中开展调查研究，参加代表小组视察活动。坚持为本级人大代表和在宜昌的上级人大代表订阅、寄发相关工作资料和学习资料。组织代表开展形式多样的视察和调查活动。认真办理代表提出的议案、建议、批评和意见，保障代表依法行使职权。8月，市人大常委会在枝城市召开全市人大代表工作经验交流会，推广优秀人大代表的先进经验。

1992年至1996年的五年间的代表工作：健全组织制度，加强同代表的联系。认真贯彻代表法，为代表依法履行职责搞好服务。组织代表开展活动，发挥代表在闭会期间的监督作用。认真办理代表提出的议案、建议、批评和意见，保障代表依法行使职权。积极总结探索，不断拓宽代表工作的新路。共召开3次全市人大代表工作经验交流会。

五、市二届人大常委会

1997年，市人大常委会在代表工作方面：市二届人大常委会一次会议依法设立市人大常委会代表资格审查委员会和市人大常委会代表联络信访人事任免工作委员会。密切同市人大代表的联系，做到结合工作实际开展经常性的联系；结合例会议题对口联系；结合领导分工加强联系。制定《代表议案的提出和办理办法》《代表建议、批评和意见的提出及办理办法》，认真督办代表提出的议案和建议。补选部分市人大代表和选举湖北省九届人大代表。

1998年，市人大常委会在代表工作方面：加强与代表的联系、听取代表的意见。组织代表参加活动。一是邀请各级人大代表列席市人大常委会会议。二是有计划、有重点地安排代表参加执法检查、调查活动。三是积极为代表行使职权创造条件，开展服务。把代表议案、建议、批评和意见的办理工作作为重要工作来抓。加强对人大代表先进事迹的宣传，完成了省人大常委会编辑的《人大代表风采录》一书在宜昌市的征稿及评选工作，并在《宜昌人大工作》杂志上陆续刊载。

1999年，市人大常委会在代表工作方面：市二届人大四次会议后，及时召开市人大代表建议交办会议，将市人大代表提出的意见和建议印发给各办理单位，对办理工作提出明确要求。坚持邀请各级人大代表列席市人大常委会会议的制度，全年有10多名省、市人大代表列席了市人大常委会会议。组织在宜昌的全国人大代表、省人大代表和市人大代表，对国民经济和社会发展计划执行情况、国有企业改革、农业和农村工作等内容，集中开展视察活动。

2000年，市人大常委会在代表工作方面：制定《宜昌市人大常委会代表工作暂行办法》，规范代表工作，提高了代表工作水平。8月上旬，组织部分省、市两级人大代表与市人民政府主要负责人座谈。来自基层的10多名省、市人大代表就减轻农民负担、国有企业改革、改善投资环境等问题，面对面地向市人民政府提出了意见和建议。加强代表议案和建议的督办工作，对涉及全市改革和发展全局的议案和50件重点建议，进行了督办。针对市中级人民法院葛洲坝工区人民法庭侵犯一名基层人大代表的合法权益一事，市人大常委会及时责成有关单位进行调查处理，纠正了违法行为，追究了违法人员的责任。依法维护了代表的合法权益。因一名市人大代表涉嫌犯罪，市人大常委会批准了司法机关《关于逮捕涉嫌犯罪的市人大代表的请示》；因一名省人大代表涉嫌犯罪，报经省人大常委会批准，司法机关及时拘留了涉嫌犯罪的省人大代表。

1997年至2001年的五年间，市人大常委会把代表工作作为一项重要的基础性工作来抓：起草《关于开好人民代表大会的几点意见》，经大会主席团通过执行。会议期间实行考勤制度，提高了代表参会率。制定和完善了《代表工作暂行办法》《联系代表办法》《代表列席市人大常委会会议制度》《代表持证视察办法》等一系列规章制度，为代表工作的有效开展奠定了重要基础。本届市人大代表共提出议案和建议826件，都及时得到办理。2001年下半年，市人大常委会组织专班，对本届以来代表反复多次提出的建议积案进行全面清理，共确定7件建议积案，进行了重点督办。五年来，组织代表开展视察、调查、执法检查2000多人次。召开两次全市性的代表工作会议。组织了两次代表先进事迹征文活动。依法严肃查处严重侵犯代表合法权益的行为，维护了代表的合法权益。

六、市三届人大常委会

2002年，市人大常委会在代表工作方面：制定市人大常委会接待代表日制度，轮流安排市人大常委会主任会议组成人员接待人大代表来访。利用开展调查、视察、执法检查等各种机会，走访和联系人大代表。认真接待群众来信来访。组织市人大代表广泛深入持久地开展“争先创优”活动。把办理代表议案和建议作为推进人民当家做主、管理国家事务的一个重要途径。对代表提出的4件议案和381件建议进行了督办，从代表反馈的情况看，代表满意率为98.3%。

2003年，市人大常委会在代表工作方面：6月，召开全市人大代表工作经验交流会，12名人大代表和各县市区人大常委会在会上交流了代表工作经验。12月上旬，组织驻会的市人大常委会组成人员和市人大常委会机关的全体市人大代表向原选举单位述职，接受评议，听取意见，并根据这些意见积极改进市人大常委会的工作。主动加强与人大代表的联系，认真组织代表开展活动，为代表行使职权提供服务。邀请县乡两级人大负责人和人大代表列席市人大常委会会议。

2004年，市人大常委会在代表工作方面：继续采取多种形式，加强与人大代表的联系。一是组织市人大常委会机关的市人大代表回原选举单位述职。二是市人大常委会领导和代表工作机构先后走访代表80多名，以征求其意见和建议。三是邀请基层人大代表列席市人大常委会会议，认真督办市三届人大四次会议市人大代表联名提出的“综合整治城区乱搭乱建，确保居民公共安全”的议案和267件建议。4月下旬，召开各县市区人大常委会代工委主任座谈会，推动了全市人大代表工作深入开展。为人大代表征订了人大刊物，印发相关学习资料，积极为代表执行职务提供各种服务。

2005年，市人大常委会在代表工作方面：认真办理市三届人大五次会议上代表提出的1件议案“加快经济适用房和廉租房建设，促进棚户区改造的议案”以及265件建议。积极组织市人大代表开展“争先创优”活动。市三届人大常委会十九次会议做出决定，对26名优秀市人大代表和15名先进人大代表工作者给予表彰。认真组织全国人大代表、省人大代表开展视察、调查活动。全年重点走访和接待了市人大代表50多人次，征求代表的意见和建议，并编发《人大代表建言》3期。邀请全国、省、市三级人大代表列席市人大常委会会议，参加“一府两院”的有关活动和会议，为代表提供知情知政的条件。召开全市人大代表活动现场会，总结交流各县市区代表小组活动的经验和做法。

2002年至2006年间的代表工作：通过走访代表、参加代表活动、邀请代表列席市人大常委会会议、设立网上代表建言信箱、书信、通讯等形式，广泛联系代表。收集代表的意见和建议，并整理编辑《人大代表建言》，送“一府两院”等国家机关研究处理。积极组织代表开展活动。一是认真抓好代表培训；二是积极组织视察和调研活动；三是广泛开展代表争先创优活动。四是及时总结推广代表活动经验。认真办理代表议案和建议。五年来，市人大代表在会议和闭会期间共提出议案和建议1589件，比上届增加近一倍，其中被列为议案办理的8件。实现了议案建议办理由答复型向落实型的转变。创造和改善代表履职条件，按照就近、方便的原则，在全市共组建各级人大代表小组372个，在全省率先组建了全国人大代表宜昌小组。

七、市四届人大常委会

2007年，市人大常委会在代表工作方面：开展培训，提高代表履职能力。加强服务，为代表履职提供保障。委托各县（市、区）人大常委会、宜昌军分区政治部组建了98个市人大代表小组，制定代表工作考核试行办法，年终对全市人大代表工作情况进行了考核。从市四届人大常委会二次会议开始，增加了市人大代表列席市人大常委会会议的人数。在开展执法检查、专项工作调查、视察等重大活动时邀请人大代表参加。在办理市四届人大一次会议提出的1件议案和328件建议的过程中，确定了18件重点建议由市级领导亲自抓办理，增强了办理实效。制定关于加强和改进人大代表工作的意见、代表工作办法、市人大代表议案处理办法、市人大代表建议批评和意见处理办法等规范性文件，建立代表工作的长效机制。

2008年，市人大常委会在代表工作方面：加强代表培训工作。一是对各县市区人大常委会分管代表工作的负责人和代工委负责人开展业务培训。二是委托各选举单位对市人大代表开展培训，市人大常委会有关人员分别到各县市区人大代表和人大干部培训班讲授代表工作业务辅导课10多场次，培训人大代表和人大干部1500多人次。三是在市四届人大二次会议上，邀请有关专家对代表开展专题辅导讲座，参学率达到97%。密切与人大代表的联系，建立了市人大常委会组成人员联系代表、联系选民（选区）的“双联”工作制度。组织在宜昌的全国人大代表、省人大代表和市人大代表参加执法检查、视察和调研等活动达230多人次，邀请30多名全国、省、市三级人大代表列席市人大常委会会议。建立和完善代表工作考核机制。

2009年，市人大常委会在代表工作方面：改进代表联系工作。一是走下去，广泛联系人大代表；二是请上来，全年组织在宜昌的全国、省、市三级人大代表参加市人大常委会组织的执法检查、视察和调研等活动达200多人次，邀请30多位全国、省、市人大代表列席市人大常委会会议；三是走出去，组织在基层工作的30多名市人大代表赴洪湖市专题考察仙洪试验区新农村建设工作。加强代表建议工作。一是建立优秀代表议案和建议评比表彰制度；二是积极探索改进代表建议督办方式；三是建立代表建议办理实效考评机制。拓展代表活动形式，以代表小组活动为基本形式，不断总结完善代表小组工作经验。4月中旬，在伍家岗区召开全市人大代表小组工作座谈会。试行市人大代表在原选举单位的人民代表大会会议上进行述职，积极探索市人大代表接受原选举单位监督的方式。

2010年，市人大常委会在代表工作方面：把闭会期间的代表活动作为要务来抓。一是大幅度扩大代表对市人大常委会工作的参与度；二是大规模组织在宜昌各级人大代表联合开展活动；三是集中开展“代表周”活动。把服务保障代表履职作为实事来抓。通过举办专家讲座、组织代表赴全国人大培训中心学习、市人大常委会机关干部到各县市区轮流辅导等多种形式，不断提高代表履职水平。把代表议案建议工作作为大事来抓。市人大代表提出建议263件，当年已全部办结，代表建议办理的见面率和办结率达到了100%，满意率达到98%。

2007年至2011年间的代表工作：市人大常委会主任会议组成人员坚持常年联系人大代表制度，先后走访市人大代表300多人次，看望慰问家庭困难、生病住院的代表100多人次。先后邀请全国人大常委会、省委党校专家及有关方面的人士进行专题讲座，组织部分市人大代表赴全国人大北戴河培训中心学习培训。全市组建全国、省、市人大代表活动小组101个，建立各级人大代表活动室、接访室和代表之家231个，部分县市区建立“人大代表联络点”“代表公示栏”“代表信箱”和“代表联系中心户”等。共组织代表300多人次列席市人大常委会会议，1000多人次参加市人大常委会组织的执法检查、视察和调研活动。市人大代表提出的1470件议案建议，当年已经解决和基本解决的661件，占45.12%；当年正在解决和列入计划解决的583件，占39.8%；条件暂时不具备，难以解决并向代表做出解释的163件，占11.13%；留作今后工作参考的58件，占3.95%。市人大常委会先后组织增选和选补5名省十一届人大代表、42名市四届人大代表。顺利了完成了2011年的市、县、乡三级人大同步换届选举的工作任务，选出了各级新一届人大代表。

八、市五届人大常委会

2012年，将市、县、乡三级人大代表组建为519个代表小组；建立代表活动室和人大代表之家617个。督办了市五届人大一次会议代表提出的议案、建议321件，办理落实率达到61.68%，高出上年度4.65个百分点。组织列席市人大常委会会议和参加市人大常委会活动的各级人大代表分别达60人次和560人次。组织各县市区新当选的人大常委会主任、副主任、代工委主任及乡镇人大专职干部进行了为期一周的培训学习。委托各县市区人大常委会开展代表培训120期次，参加培训的各级人大代表和人大机关工作人员达6650多人次。走访慰问代表1440多人次，以进一步加强与代表的联系。

2013年，邀请人大代表列席市人大常委会会议、参与市人大常委会组织的执法检查、视察和调研等活动200多人次。还组织在宜昌的全国人大代表、省人大代表开展视察活动。督办了市五届人大三次会议代表提出的议案2件、建议253件，落实率达到63.64%，比上年度提高两个百分点。坚持优秀代表议案建议评选表彰制度，激励代表多提建议，提好建议。对新当选的200多名市人大代表进行了培训，定期给代表寄送有关资料，为代表知情知政提供服务。依法保障各级代表的活动经费。

2014年，制定市人大常委会组成人员联系市人大代表办法、市人大代表联系原选举单位和人民群众办法，对“双联”的主要内容、联系形式、联系对象等进行规范；建立省市两级人大代表履职情况登记通报制度，明确登记通报的内容；制定市人大代表述职办法，规范市人大代表向原选举单位述职的内容、形式等；继续坚持评选表彰优秀代表建议制度，鼓励代表多提建议，提好建议，激发代表的履职热情。市人大常委会组成人员联系市人大代表270多名，市人大代表联系群众2030多名，60多名市人大代表列席市人大常委会会议，200多名市人大代表参加市人大常委会组织的视察和调研。督办了市五届人大五次会议代表提出的议案1件、建议276件。开展多种形式的培训，参训率达到95%以上。通过代表之家、代表履职短信平台、专线电话、QQ群、手机报等方式加强与市人大代表的联系和沟通，畅通了代表知情知政渠道。加强对人大代表履职宣传，为代表履职营造良好舆论氛围。

2015年，进一步健全代表工作机制，坚持完善“双联”制度，坚持领导干部到基层调研走访人大代表制度，依法开展代表就人民群众反映的突出问题约见相关国家机关负责人活动，积极探索建立人大代表退出机制；加强代表议案建议“三个督办”工作，实施代表议案建议办理质量第三方评价制度，进一步提高问题解决率和代表满意率；积极为代表执行职务创造条件，继续做好代表规模培训工作，活跃代表闭会期间活动，完善代表履职服务网络平台，建立人大选举信息管理平台；深化巩固“创一流、促跨越”主题实践活动成果，创新活动方式，丰富活动内容，提升活动实效。

2016年，一是组织在宜昌的各级人大代表开展4次视察活动。二是继续组织人大代表参与“创一流、促跨越”主题实践活动。三是组织基层市人大代表和人大机关干部分赴深圳、北京全国人大培训中心和省人大常委会举办的履职培训班学习。四是开展代表议案建议办理的满意度测评，不断提高其办理落实率。五是通过代表履职服务平台，在网上组织312名市人大代表对被评的10个单位进行了满意度测评。六是依法依规，做好各级人大代表的换届选举工作。六是做出许可对市人大代表顾华丽采取强制措施的决定。

第二节　督办议案和建议

代表法规定：“代表有权依照法律规定的程序向本级人民代表大会提出属于本级人民代表大会职权范围内的议案”；“代表有权向本级人民代表大会提出对各方面工作的建议、批评和意见”。“有关单位、组织应当认真研究办理代表建议、批评和意见，并自交办之日起三个月内答复。涉及面广、处理难度大的建议、批评和意见，应当自交办之日起六个月内答复。”据此，市历届人大常委会十分重视代表提出的方案和建议的督办工作，形成了不断完善的督办制度。

一、议案和建议办理制度的建立与发展

在市人民代表大会会议上，代表依照法定职权对全市各方面工作向大会提出建议、批评和意见，代表10人以上联名或者各国家机关、政党、人民团体以及人大各专门委员会则可向大会提出议案。

市一届至五届的历次人民代表大会会议所提出的提案，经议案审查委员会审查签注具体意见的提交大会审议通过后，由大会交给市人民委员会办理，并在下次市人民代表大会会议上报告办理情况。市六届至八届人民代表大会均未收集人大代表的提案。

市九届人大期间，大会设议案审查委员会，大会秘书处下设提案组，负责收集整理提案，草拟《提案审查报告（草案）》经大会议案审查委员会审定后提请大会主席团通过，再提交大会通过。会后则由市人大常委会办公室分类函转市人民政府有关部门办理。

市十届人民代表大会以前，将议案、建议、批评和意见统称为“提案”。市十届人大将“提案”改为“议案”，并与建议、批评和意见分开，分别处理。

市十一届人民代表大会设立各专门委员会，议案审查工作由各专门委员会分别进行。

从市十一届人大二次会议起，不再设议案审查委员会，但大会秘书处仍设议案组，负责具体工作。

从地市合并后的市一届人大二次会议起，设立议案审查委员会，负责审查代表联名提出的议案（草案），提出是否立案的建议。

市二届人大常委会制定《市人民代表大会议案的提出和办理办法》《市人民代表大会建议、批评和意见的提出和办理办法》；对议案的提出、审查、立案、办理及报告明确了规范性的要求；对建议、批评和意见的办理也从建议的提出、交办、办理时间、回复代表等方面进行规范。

市一届人大二次、三次、四次、五次会议主席团通过《对议案和建议的规定》，指导大会期间议案和建议的提出；市一届人大五次会议还通过《关于宜昌市一届人大五次会议表决议案办法》。

二、市历届历次人民代表大会议案和建议办理情况

市一届人民代表大会提案办理

第一次会议提案办理。1954年7月，市一届人大一次会议共收到提案519件，经整理综合成191件（其中：发展生产64件，政法、市建、交通72件，文教、卫生40件，其他15件）。191件中有53件因目前条件不具备，短期内尚难办理。因此，分别交给各主管部门执行的共有138件。半年来，各单位处理和执行了130件，占交办件数138件的94.28%。绝大部分已经抄复各选区转答提案人或答复原提案人。另有8件是需要陆续办理的。

第二次会议提案办理。1955年4月，市一届人大二次会议收到的提案，经议案审查委员会整理并案为264件（其中：解放台湾1件；工业、手工业13件；商业、合作、粮食46件；交通、水利、林业20件；文化、教育、卫生、市政建设95件；政法、财经19件；人事监察 1 4件；其他56件）。对全部提案按照议案审查委员会签注的具体《意见》和大会决议的原则，分交各主管部门执行。已处理和执行并书面答复了提案人和代表的234件，占提案数的95.12%。尚待研究执行的12件，占提案数的4.88%。其余几件均在继续办理，待执行后一一答复。

第三次会议提案办理。1955年9月，市一届人大三次会议收到的提案，经会议议案审查委员会整理并案为76件（其中：肃反类2件；手工业类1件；商业类6件；合作类1件；粮食类4件；林业类3件；水利类3件；交通类6件；文化类1件；教育类4件；卫生类9件；财政类1件；民政类5件；公安类5件；司法类1件；市政建设类11件；劳动类3件；人事监察类4件；其他6件）。在处理上，一般都得到适当的处理，并向提案人作了交代。在76件提案中，已办理和正在办理的73件，未办理的3件。

第四次会议提案办理。1956年5月，市一届人大四次会议共收到提案402件，经会议议案审查委员会整理合并为157案。另有33件属一般性建议和个人问题，交市人民委员会办公室作为人民来信处理。在157案中：已经办理执行的有139件，占总案数86%；根据目前情况还不可能办到的有10件，占总案数6%，已分别向群众作了解释；另有8案是处理得不够彻底的。

市二届人民代表大会提案办理

第一次会议提案办理。1956年12月，市二届人大一次会议共收到提案1148件，经会议议案审查委员会整理综合为186件（其中：增产节约的7件；商业13件；手工业3件；市政建设11件；文教25件；医生卫生26件；交通运输23件；劳动就业4件；政法5件；粮食3件；民政8件；职工福利2件；财政7件；工农业17件；其他32件）。已基本处理结束：已经处理并用书面答复1014件，占总数88%；用口头解释答复114件，占总数9%；现尚未处理的20件，主要是一时不能办理，占总数3%。

第二次会议提案办理。1957年7月，市二届人大二次会议收到提案225案。大会闭幕后，市人民委员会于根据议案审查委员会的审查意见进行了处理。其中：符合国家政策，为广大群众迫切要求、

目前条件具备的，经过采取各种措施，一般都作了妥善解决。这一类共有95案，占全部已受理提案的42%；已经部分地作了处理，但因限于条件，不能完全按所提意见进行办理，或者尚须创造条件逐步进行处理的共71案，占全部已受理提案的32%；应加以解释的共37案，占全部已受理提案的16%；目前无法办理的共22案，占已受理提案的10%。

第三次会议提案办理。1957年12月，市二届人大三次会议收到代表提案16件。因《提案办理报告》缺失，故办理情况不详。

市三届人民代表大会提案办理

第一次会议提案办理。1958年6月，市三届人大一次会议共收到565件提案（其中包括迟到的49件），市人民委员会经归纳整理为143案（其中：工业11案；手工业2案；交通16案；商业20案；建筑2案；农业10案；财政8案；粮食7案；劳动4案；城市建设8案；文教17案；卫生7案；公安司法6案；民政17案；其他8案）。在143案中：已经处理或继续办理的116案，占提案总数的81.23%；因限于条件目前尚不能办理的有27案，占提案总数的18.77%。

第二次会议提案办理。1958年12月，市三届人大二次会议共收到的提案为72案396件。已处理完毕68案388件；其余4案8件，经议案审查委员会研究确定，由大会在有关报告中做出答复。

第三次会议提案办理。1959年8月，市三届人大三次会议收到提案556件，市人民委员会合并整理为109案（其中：工业10案；交通5案；农业9案；商业28案；粮食6案；财政2案；劳动7案；文教8案；卫生6案；城建6案；政法5案；民政10案；其他7案）。在109案中：属于需要办而又可能办的，及时作了处理的有68案，占全部提案的62%；已经作了部分处理，因限于条件不能完全按照所提意见办理，需逐步解决或已纳入计划准备解决的有32案，占全部提案的30%；不宜办理，需要加以解释和说明的有9案，占全部提案的8%。

第四次会议提案办理。1959年12月，市三届人大四次会议共收到代表提案272件，市人民委员会合并整理为73案（其中：工业9案；交通6案；建设7案；农业3案；商业19案；粮食5案；财政金融3案；文教5案；卫生3案；政法民政7案；劳动3案；其他3案）。在73案中：属于需要办而又可能办的有51案，已经办理或者基本办理结束，占全部提案的69.83%；因限于条件不能完全按照所提意见办理，但正在积极创造条件解决的有17案，占全部提案的23.28%；还有5案属于解释性的提案，占全部提案的6.89%。

第五次会议提案办理。1960年8月，市三届人大五次会议共收到代表提案294件，经过整理综合为60案。在294件提案中：需要办理而又可能办理的，已经办理或者继续办理的提案有186件，占全部提案的63.2%；已经作了部分处理，但其中因限于条件，不能完全按照所提意见办理，或者已列入计划准备逐步解决的提案有83件，占全部提案的29.4%；目前不宜办理，或者因情况变化所提意见已经不存在的有23件，占全部提案的7.4%。

市四届人民代表大会提案办理

第一次会议提案办理。1961年12月，市四届人大一次会议交给市人民委员会办理的提案共1131件，经过分类归纳为21类240案（其中：工业8案；电业10案；手工业6案；交通邮电17案；市政建设15案；劳动13案；物资9案；退赔6案；农业13案；副业生产13案；商业28案；工商8案；粮食25案；财政3案；房管13案；文教11案；卫生18案；民政8案；公安11案；街道3案；其他2案）。在受理提案的过程中，遵照当前国民经济以调整为中心的“调整、巩固、充实、提高”的方针，多数单位按照大会议案审查委员会的审查意见和市人民委员会提出的要求，进行调查研究，根据需要与可能，解决了其中可以解决的问题，对无法解决或者暂时不能解决的问题，也作了解释和交代。

第二次会议提案办理。1962年12月，市四届人大二次会议共收到代表提案210件。因《提案办理报告》缺失，故办理情况不详。

市五届人民代表大会提案办理

第一次会议提案办理。1963年7月，市五届人大一次会议共收到代表提案1346件，经过分类归纳为17类129案（其中：工业类10案；电业类6案；交通类15案；农业类7案；手工类5案；城建类5案；劳动类3案；商业类11案；供销类4案；粮食类10案；工商类5案；房管类5案、文教类12案、卫生类7案、民政类8案、公安类8案；其他8案）。在受理提案的过程中，各单位按照市人民委员会提出的要求和大会审查意见，进行了调查研究，根据需要与可能，解决了其中可以解决的问题，对无法解决或者暂时不能解决的问题也作了解释和交代。

第二次会议提案办理。1964年12月，市五届人大二次会议共收到代表提案508件。因《提案办理报告》缺失，故办理情况不详。

第三次会议提案办理。1965年6月，市五届人大三次会议收到代表提案42件。因《提案办理报告》缺失，故办理情况不详。

无提案报告的人民代表大会

市六届人民代表大会、七届人民代表大会、八届人民代表大会均未作《提案审查报告》和《提案办理报告》。

市九届人民代表大会提案办理

第一次会议提案办理。1981年2月，市九届人大一次会议共收到代表提案359件。已全部办理完毕：已解决、正在解决、部分解决或者初见成效的提案为178件，占提案总数的49.58%；列入计划逐步解决的提案为80件，占提案总数的22.29%；按照政策和实际情况作解释的提案为87件，占提案总数的24.23%；提供部门调查研究的提案13件，占提案总数的3.62%；对提案答复不符合要求的1件，占提案总数的0.28%。

第二次会议提案办理。1982年3月，市九届人大二次会议共收到代表提案328件。市人民政府办公室分别交给了42个办、委、局（社）进行办理。经过六个月的工作全部提案已经办理完毕：已经解决、部分解决或者正在解决的提案为202件，占提案总数的61.6%；列入计划逐步解决的提案为75件，占提案总数的22.9%；按照政策和实际情况作解释的提案为51件，占提案总数的15.5%。

第三次会议提案办理。1983年3月，市九届人大三次会议共收到代表提案45件，已全部办理完毕。其中：已经解决、部分解决或者正在解决的38件，占提案总数的84.4%；按照有关政策和实际情况作解释的6件，占提案总数的13.3%；列入计划逐步解决的1件，占提案总数的2.3%。

市十届人民代表大会议案与建议的办理

第一次会议议案和建议办理。1984年5月，市十届人大一次会议交给市人民政府办理5件议案以及239件建议。12月13日全部办理完毕。当年对市人大代表议案和建议办理工作具有如下特点：加强领导，专人负责，将每一议案和建议落到实处；适应形势需要，重视改革建议；注重解决群众反映强烈的生活方面的问题。

第二次会议议案和建议办理。1985年3月，市十届人大二次会议交给市人民政府办理14件议案以及113件建议。关于14件议案办理情况：经认真办理，解决了与议案相关的问题，同时推动市人民政府的各项工作。关于113件建议办理情况：有74件已经得到解决，有29件正在解决之中。

第三次会议议案和建议办理。1986年3月，市十届人大三次会议交给市人民政府办理10件议案以及146件建议。关于10件议案的办理情况：《关于继续深入宣传市民守则案》《关于加强食品卫生管理案》《关于市区公共厕所的新建、维修和管理案》《关于进一步提高教育质量案》《关于工业污染治理案》《关于统一房租价格案》《关于加强居委会建设案》《关于解决市区低洼地段内渍案》《关于技工学校和培训教育中心的规划、发展案》《关于爱国卫生运动委员会办公室机构体制案》，至1987年2月已全部办理完毕，并书面答复了有关代表。关于146件建议的办理情况：到1987年2月，已全部处理完毕。其中，所提问题已经解决的106件，占总数的72.6%；所提问题已列入有关部门工作计划逐步解决的有22件，占总数的15.1%；所提问题因目前条件限制，或者按党和国家现行政策，目前暂不能解决，而向代表作解释或者说明的有18件，占总数的12.3%。上述146件代表建议的处理情况，各承办单位均已答复了各有关代表。

第四次会议议案和建议办理。1987年3月，市十届人大四次会议交给市人民政府办理3件议案以及131件建议。关于3件议案的办理情况：《关于加强宜昌市社会治安防范工作案》《关于成立宜昌市工读学校案》《关于成立宜昌市第二社会福利院案》，至12月10日止，已全部办理完毕，并书面答复了有关代表。关于131件建议和意见的办理情况：市人民政府所属部门已全部办理完毕，已经解决和正在解决的有88件，占总数的67%；纳入1988年计划解决的11件，占8.4%；解释说明的26件，占20%；由于各种原因，一时还难以解决的有6件，占4.6%。131件建议办理后均已答复代表本人，代表们对办理结果表示满意的有41件，占31%；比较满意的79件，占61%；不满意的11件，占8%。

市十一届人民代表大会议案与建议的办理

第一次会议议案和建议办理。1988年1月，市十一届人大一次会议共交办理3件议案以及155件建议。关于3件议案的办理情况：《关于解决宜昌市长江南北邮政、电讯难的议案》《关于加强伍家岗区城市配套建设，以适应宜昌市工业区发展需要的议案》《关于兴建全市副食品基地，改善市民生活的议案》，由市人民政府办理。截至10月底，已全部办理完毕，提出议案的代表感到比较满意。关于155件建议意见的办理情况：市人民政府及有关部门承办的代表建议154件，问题得到解决的126件，占81%；向代表解释说明的21件，占14%；因情况复杂、困难较大，短期内无法解决的8件，占5%。代表们对办理结果表示满意的有41件，占26.62%；比较满意的98件，占63.64%；不满意的15件，占9.74%。市人大常委会办公室承办的代表建议1件，11月1日，将办理结果反馈给提出建议的刘民柱代表后，刘对办理情况感到比较满意。

第二次会议议案和建议办理。1989年3月，市十一届人大二次会议共交办2件议案和123件代表建议。市人民政府承办了2件议案：《关于解决工农联办企业遗留问题的议案》《关于社会治安综合治理应纳入法制轨道的议案》，经多方工作，认真办理，提出议案的代表比较满意。市人民政府及有关部门办理的120件代表建议，已答复完毕，其中：问题得到解决或者基本解决的104件，占承办总数的87%；进行解释说明的12件，占承办总数的10%；由于情况复杂，困难较大，一时无法解决的4件，占承办总数的3%。代表们对办理结果，表示满意的39件，占承办总数的32.5%；比较满意的75件，占承办总数的62.5%；不满意的6件，占承办总数的5%。市人大常委会办公室以及市人大城乡建设委员会承办代表建议3件，经认真办理，有效地促进了市人大常委会的工作。

第三次会议议案和建议办理。1990年3月，市十一届人大三次会议代表共提出107件建议。市人民政府及有关部门承办99件代表建议，截至9月底，承办单位将全部建议的办理结果向代表们进行答复，其中：问题基本解决的81件，占全部建议的81.8%；目前解决有困难，向代表进行解释说明的14件，占14.1%；属于政府职责范围，给代表提出参考意见的4件，占4.1%。代表对办理结果表示满意的有27件，占承办总数27.3%；比较满意的69件，占承办总数的69.7%；不满意的3件，占承办总数的3%。其他相关承办单位办理代表建议共8件（市人民检察院办理1件、市委宣传部2件、市军分区1件、市人大专门委员会4件）：所提建议中的问题正在或者逐步解决的6件；所提建议中不能解决，已做出解释或说明的2件。

第四次会议议案和建议办理。1991年3月，市十一届人大四次会议共收到代表建议95件。到9月底止，已全部按时答复了代表：所提问题已经解决的39件，占全部建议的41%；正在解决或者列入规划逐步解决的44件，占46%；因条件限制和其他原因目前不能解决而向代表进行解释说明的11件，占12%；不属于市人民政府职能范围，给代表提出参考性意见的1件，占1%。市人大代表对承办结果感到比较满意的达到98%，感到不满意的有2件，占2%。

第五次会议议案和建议办理。1992年3月，市十一届人大五次会议连同拟作为建议处理的6件议案，共有93件建议。因办理资料缺失，具体情况不详。

三、市历届历次会议议案和建议办理情况

市一届人民代表大会议案与建议的办理

第一次会议议案和建议办理。1992年9月，市一届人大一次会议没有收集代表议案和建议，会后收到代表建议18件。截止12月底，全部办理完毕并分别答复代表：所提问题已经解决或者基本解决的有3件，占16.7%；正在解决或者需要逐步解决的有7件，占38.9%；因条件限制或者其他原因目前不能解决而向代表进行解释说明的有5件，占27.7%；不属于市人民政府职权范围，给代表提供参考性意见的有3件，占16.7%。

第二次会议议案和建议办理。1993年3月，市一届人大二次会议共收到议案30件，建议272件。大会确定将代表所提30件议案均改作建议处理。在302件建议中，市人大常委会办理7件，市人民政府办理294件，市中级人民法院办理1件。截止9月底，所提问题已经解决和正在解决之中的222件，占73.5%；限于条件无法解决而向代表说明原因的37件，占12.3%；作为有关部门工作参考的43件，占14.2%。

第三次会议议案和建议办理。1994年3月，市一届人大三次会议共收到代表10人以上联名提出的议案36件，建议、批评和意见171件。大会议案审查委员会决定将《关于在全市设立见义勇为奖励基金和不记名人身保险的议案》，交由市人大法制委员会审议。其余35件议案改作建议处理。关于1件议案的办理情况：市人大法制委员会审议后提出分作两部分处理的意见：一是在全市设立“见义勇为奖励基金”；二是设立“不记名人身保险”暂不列入。报请市人大常委会主任会议同意立案，交市

人民政府办理。市人民政府拟定《宜昌市社会治安见义勇为奖励基金会章程（草案）》，并筹集（募集）资金25万元。关于206件建议、批评和意见的办理情况：由市人民政府组织45个部门（单位）办理，在规定时间内全部办理完毕。其中：所提问题解决或者基本解决的125件，占60.7%；正在解决或者列入解决计划的38件，占18.4%；因政策原因和客观条件所限未解决的26件，占12.6%；留作参考的17件，占8.3%。代表在闭会期间所提建议16件也全部办理完毕。

第四次会议议案和建议办理。1995年2月，市一届人大四次会议共收到代表10人以上联名提出的议案43件，建议、批评和意见97件。大会议案审查委员会将《关于拆除人工河草埠湖、枝江段行洪障碍的议案》，交由市人大农村经济委员会审议；其余42件议案改作建议处理。关于1件议案的办理情况：市人大农村经济委员会审议并报请市人大常委会主任会议同意立案，交市人民政府办理。市人民政府、市水利水电局等单位筹资70万元，将行洪障碍物于1996年汛期前全部予以拆除。关于139件建议、批评和意见的办理情况：全部在规定时间内办理完毕。其中，所提问题已解决或者基本解决的68件，占49%；正在解决或者列入解决计划的43件，占31%；因政策原因和客观条件所限不能解决的17件，占12%；留作参考的10件，占7%。代表在闭会期间所提建议30件也全部办理完毕。

第五次会议议案和建议办理。1996年2月，市一届人大五次会议共收到代表10人以上联名提出的议案29件，建议、批评和意见72件。大会议案审查委员会建议将《关于要求市人民政府制定适当扶持少数民族地区经济和社会发展政策的议案》《关于尽快统一编制街、巷名称和门牌号码的议案》分别交由市人大民族外事侨务委员会和市人大法制委员会审议。其余27件议案改作建议处理。关于2件议案的办理情况：经市人大有关专门委员会审议并报请市人大常委会主任会议同意立案，交市人民政府办理。截止年底，2件议案均已办结，提议案代表表示满意。关于99件建议、批评和意见的办理情况：全部在规定时间内办理完毕。其中，所提问题已解决的51件，占52.6%；正在解决或者列入解决计划的38件，占39%；不能解决的4件，占4%；留作参考的4件，占4%。代表在闭会期间所提建议32件也全部办理完毕。

1996年下半年，市人大常委会对本届议案和建议的办理情况进行了一次全面检查。《搬迁果园路集贸市场》《偿还伍家岗区伍家乡4个村建设征地费》《赔偿宜昌县等地带病的“文旦柚”树苗损失费》等议案、建议反映的问题均得到了解决。

市二届人民代表大会议案与建议的办理

第一次会议议案和建议办理。1997年3月，市二届人大一次会议共收到代表10人以上联名提出的议案40件，建议、批评和意见178件。大会议案审查委员会建议将《关于要求加快乡村公路建设的议案》交由市人大财政经济委员会审议；其余39件议案改作建议处理。关于1件议案办理情况：市人大经财政经济委员会审议并报请市人大常委会主任会议同意立案，交市人民政府办理。市人民政府制定《宜昌市乡村公路管理暂行办法》，市交通委员会拟定全市乡村公路建设总体规划和资金筹措计划，使乡村公路建设步伐加快。关于217件建议、批评和意见办理情况：除教育方面的1件逾期办结外，其余全部在规定时间内办理完毕。其中：所提问题到已解决的94件，占43.3%；正在解决或者列入解决计划的93件，占43%；因受政策和客观限制不能解决的27件，占12.4%；留作参考的3件，占1.4%。市人大常委会代表联络信访人事任免工作委员会就建议办理情况向代表发出《征求意见单》，共收回254份，对建议办理表示满意的247份，不满意的6份，未表明意见的1份。在闭会期间代表所提建议

10件也于年底前全部办理完毕。

第二次会议议案和建议办理。1997年12月，市二届人大二次会议只有选举任务，没有收集代表的议案和建议。

第三次会议议案和建议办理。1998年2月，市二届人大三次会议共收到代表10人以上联名提出的议案35件，建议、批评和意见99件。大会议定将《关于加强城市公厕规划、建设和管理的议案》《关于统一规划、统一步调促进大宜昌旅游资源整体开发的议案》分别交由市人大城乡建设环境资源保护委员会和市人大民族宗教外事侨务委员会审议；其余33件议案改作建议处理。关于2件议案办理情况：《加强城市公厕规划、建设和管理的议案》，经市人大城乡建设环境资源保护委员会审议并报请市人大常委会主任会议同意立案，交市人民政府办理，市人民政府对环卫规划进行了修编，新建和改造了一批公厕，在街道上安装了46块公厕导向标志，对101座重点地段的公厕加强了管理；《统一规划、统一步调促进大宜昌旅游资源整体开发的议案》，经市人大民族宗教外事侨务委员会审议并报请市人大常委会主任会议同意立案，交市人民政府办理，5月，市旅游局代表市人民政府进行办理答复。代表对2件议案的办理是满意的。关于132件建议、批评和意见的办理情况：截止9月底，全部办理完毕并答复代表。其中：所提问题解决70件，占53%；正在解决或者列入解决计划的46件，占34.8%；受政策和客观限制不能解决的10件，占7.6%；留作参考的6件，占4.6%。有5件建议办理因代表不满意，市人民政府组织有关单位重新办理，重新办理后对这些代表进行再次答复和走访。

第四次会议议案和建议办理。1999年2月，市二届人大四次会议共收到代表10人以上联名提出的议案24件，建议、批评和意见133件。大会议定将24件议案全部作为建议处理。关于157件建议、批评和意见的办理情况：市人民政府办理155件，52个部门和单位参加办理，到9月底，全部办理完毕并回复代表，其中：所提问题已解决69件，占44.5%；正在解决或者列入解决计划的64件，占41.3%；不能解决的16件，占10%；留作参考的6件，占3.9%。代表对呼机收费、某些乱收费、西陵口腔医院更名、城区婚前医学检查等4件建议的办理不满意。市中级人民法院和市人民检察院办理的2件建议，代表要求对2件已经审结的经济案件进行重审，市中级人民法院和市人民检察院认真研究了代表的要求，认真调卷复查，并与相关下级人民法院、人民检察院进行认真分析，认为2个案件的原判认定事实清楚，定性准确，适用法律正确，原判予以维持。法院、检察院将此情况答复代表，代表表示比较满意。

第五次会议议案和建议办理。2000年2月，市二届人大五次会议共收到代表10人以上联名提出的议案30件，建议、批评和意见145件。大会议定将《关于把建设和保护城区永久性绿地列入全市法治建设的议案》交由市人民政府办理，其余29件议案改作建议处理。市人民政府办理议案1件：3月，召开市人民政府常务会议，专题研究此议案的办理工作，责成市园林局提出具体办理意见；9月，市人民政府副市长刘旭辉向市人大常委会报告议案办理情况，市二届人大常委会二十六次会议审议通过《关于保护城区公共绿地的决定》，并将城区夷陵广场等16块绿地列为第一批实施永久性保护的目录。市人民政府办理建议170件：55个部门和单位参加办理，到9月底，全部办理完毕并回复代表。其中：所提问题已解决的68件，占40%；正在解决或者列入解决计划的80件，占47%；不能解决的15件，占9%；留作参考的7件，占4%。市中级人民法院办理建议3件（其中涉及2个案件的重审），办理结果为1个案件重审，1个案件当事人撤回再审申请，代表对建议的办理表示满意。共青团宜昌市委办理建议1件（其内容为“继续实施希望工程，巩固普九成果”），共青团宜昌市委拟定进一步加强宣传、适时开展相关救助活动、加大希望工程管理力度等三个方面工作。答复后代表表示满意。

第六次会议议案和建议办理。2001年2月，市二届人大六次会议共收到代表10人以上联名提出的议案31件，建议、批评和意见145件。大会议案审查委员会审议后，拟将31件议案全部作为建议处理。市人民政府办理建议173件：58个部门和单位参加了建议办理，到9月底全部办理完毕，其中：所提问题已解决的70件，占40.5%；正在解决或者列入解决计划的78件，占45.1%；不能解决的19件，占11%；留作参考的6件，占3.4%。有3件建议代表不满意进行了再次办理，但代表仍不满意。市中级人民法院办理的建议3件：代表满意的2件，不满意的1件。

市三届人民代表大会议案与建议的办理

第一次会议议案和建议办理。2002年4月，市三届人大一次会议共交办代表议案4件、建议382件。会后交办代表建议8件。关于4件议案办理情况：关于《尽快出台宜昌市加强城市社区建设实施意见的议案》，在调查研究的基础上，市委、市人民政府印发《中共宜昌市委、宜昌市人民政府关于加强城市社区建设的意见》（以下简称《意见》），市人民政府要求各地、各部门充分认识加强城市社区建设的重大意义，认真贯彻《意见》精神，加强城市社区建设，进一步提高城市文明程度和居民的生活水平。关于《在点军区设立一所普通高中的议案》，8月13日，市人民政府召开办理议案的专题办公会，形成了市人民政府〔2002〕79号专题会议纪要，目前各相关部门正在密切配合，抓紧按照会议要求整体推进该项工作。关于《加强江南基础设施建设，加快点军城市化进程的议案》，5月27日，市人民政府在点军区现场办公，决定在点军紫阳建立宜昌市载电工业试验区，市人民政府正在积极争取利用国债资金或者争取国家开发银行贷款进行建设，有关部门正在抓紧做项目申报的前期准备工作，部分基础设施已开始动工建设，有的项目已显成效。关于《尽快开辟农副产品“绿色通道”的议案》，市人民政府把办理此项议案，建设“绿色通道”作为助农增收的一件重要实事来抓，主要做了四个方面的工作：一是制定规范性文件，依法确保“绿色通道”长久畅通；二是对运输农副产品的车辆过路费，实行减免的政策；三是对农副产品的检疫程序从简；四是对运输农副产品适量超载的车辆应予放行；四是市人民政府办公室、市纠正部门和行业不正之风办公室、市公安局等单位派出了三个检查组对枝江市、宜都市、长阳土家族自治县、点军区等地农产品运销情况进行了明察暗访。检查结果表明，没有发现违规现象。市人民政府办理建议382件（其中闭会期间8件）：截至12月25日，全部按要求办结，其中：代表所提问题已经解决的151件，占建议总数的40.37%；已列入计划解决的171件，占建议总数的45.72%；受政策和客观条件限制，暂时不能解决的41件，占建议总数的10.96%；留作参考的11件，占建议总数的2.94%。从代表反馈的意见看，绝大多数代表对承办单位的办理工作表示满意和基本满意，满意率达到98%。

第二次会议议案和建议办理。2002年12月，市三届人大二次会议只有选举任务，没有收集代表的议案和建议。

第三次会议议案和建议办理。2003年3月，市三届人大三次会议共交办议案1件、建议308件。关于《拓宽城市骨架，整合沿江大道，突出滨江特色的议案》办理情况：市人大常委会要求此议案在三年内办完。是年，市人民政府及时召开常务会议，专题研究议案办理工作。整个项目建设分为土地开发、道路建设和滨江公园建设三个部分。资金来源：一是通过土地使用权招标，可筹集资金约

1.5亿元；二是通过日本政府贷款项目可置换资金5000万元；三是通过城市建设投资公司贷款解决部分资金；四是政府财政综合预算安排部分资金。争取2004年1月下旬召开拆迁动员大会，开展拆迁招标工作，尽快组织实施拆迁。关于319件建议（其中闭会期间11件）办理情况：截至12月11日全部办结。其中：代表所提问题已解决的100件，占建议总数的32.5%；列入计划解决的155件，占建议总数的50.3%；受政策和客观条件限制，暂时不能解决的47件，占建议总数的15.3%；留作参考的6件，占建议总数的1.95%。从代表反馈的意见看，见面率、满意率都达到了市人民政府提出的100%和98%的要求。

第四次会议议案和建议办理。2004年2月，市三届人大四次会议共交办议案1件、建议267件。另有会前续办议案1件，会后交办建议13件。市人民政府承办2件议案：关于《拓宽城市骨架，整合沿江大道，突出滨江特色的议案》的续办情况：这个议案是市三届人大三次会议共交办的要求在三年内办完的议案，目前处于第二年。自2004年4月1日拆迁实施以来，663户居民已完成搬迁662户，阻碍拆迁的最后一户已依法进入司法程序。28家单位和企业已完成搬迁24家，占企业拆迁总户数的85.71%。目前，已完成工程勘察、施工图设计、工程监理招标、土建招标等工作。关于《综合整治城区乱搭滥建，确保居民公共安全的议案》办理情况：市人民政府多次召集城管、建设、规划、国土资源等部门和西陵区、伍家岗区政府研究具体实施方案和措施，先后下发了市人民政府办公室《关于在中心城区开展“便民行动”改善人居环境活动的通知》《关于印发整治城区乱搭滥建优化社区环境实施方案的通知》，并在当年城建资金预算中安排专项经费用于拆违工作，确保了议案办理工作的顺利实施。市人民政府承办的建议273件（其中闭会期间13件）：截至10月20日全部按要求办结，代表所提问题已经解决的119件，占建议总数的43.6%；已列入计划解决的110件，占建议总数的40.3%；受政策和客观条件限制，暂时不能解决的33件，占建议总数的12%；留作参考的11件。从代表反馈的意见看，见面率、满意率分别达到了市人民政府提出的100%和98%的要求。市人大常委会承办建议3件：市人大常委会代表联络人事任免工作委员会办理2件，市人大常委会研究室办理1件，截止9月10日已全部办结。办理结束后，市人大常委会研究室领导前往宜都市征求代表对该建议的办理意见，艾玉代表对办理结果表示满意。市中级人民法院承办代表建议4件：均已按照有关规定办理完毕，并与代表见面和书面答复，代表对办理结果均表示满意。

第五次会议议案和建议办理。2005年2月，市三届人大五次会议共交办议案1件、建议265件。另有会前续办议案1件、会后交办建议8件、省人大代表建议2件。市人民政府承办2件议案的情况：《关于拓宽城市骨架，整合沿江大道，突出滨江特色的议案》的续办情况。此议案是市三届人大三次会议要求三年办理完成的议案，目前处于第三年。截止年底，按期完成办理工作：沿江大道延伸段工程于12月31日举行隆重的通车典礼，沿江大道延伸段工程全长6.7公里，宽40米，双向6车道，进口沥青路面，新建桥梁一座。关于《建设廉租房，促进棚户区改造的议案》办理情况：市人大常委会提出了办理该议案是一项长期性的工作，2005年市人民政府要出台相关政策和开工建设600套、竣工300套经济适用房和廉租房。7月8日，市人民政府出台了《宜昌市城区最低收入家庭廉租住房管理实施办法》。市房产管理局会同市发展和改革委员会、市建设委员会、市财政局、市规划局、市国土资源局、市物价局等部门拟定《宜昌市城区经济适用住房建设“十一五”发展规划》和《宜昌市城区经济适用住房管理实施细则》。市政府系统办理建议272件（含闭会期间8件和省人大代表建议2件）：

截至11月11日全部按要求办结，办结率达100%。其中：代表所提问题已经解决的103件，占建议总数的38%；已列入计划解决的117件，占建议总数的43%；受政策和客观条件限制，暂时不能解决的39件，占建议总数的14%；留作参考的11件。见面率、满意率达100%和98%。市中级人民法院承办代表建议案3件：在规定期限内将3件建议案全部办理完毕并答复代表，代表对办理结果均表示满意。

第六次会议议案和建议办理。2006年2月，市三届人大六次会议共交办议案1件、建议304件。关于市人民政府办理《继续实施社区建设“123行动计划”的议案》情况：已将社区工作用房，纳入了宜昌市“十一五”国民经济和社会发展规划，拟用2年左右时间，使全市123个社区工作用房得到改善；已责成市规划局按照每个社区不低于300平方米的标准规划社区工作用房；在2006年初，已将300万元补助资金拨付到了30个社会型社区，用于工作用房建设；市人民政府决定从2006年起，再用两年时间，对余下的57个工作用房达不到300平方米的社区，由市、区两级财政每个社区给予20万元建房补助，并要求相关部门减免社区建房相关费用。市人民政府承办建议301件：截至10月12日已全部办结。其中：代表所提建议已经解决的114件，占建议总数的37.9%；已列入计划解决的130件，占建议总数的43.2%；受政策和客观条件限制，暂时不能解决的43件，占建议总数的14.3%；留作参考的14件。从代表书面反馈的意见看，见面率、满意率达到了100%和98%。市中级人民法院承办建议1件：代表就法院工作提出了《对进入司法程序处置国有资产实行进产权交易中心公开处置的建议》。法院收到建议后，立即交由执行庭、办公室等部门办理，并向建议人李大权代表正式书面答复，李对办理结果表示满意。市人大常委会承办建议2件：《提高人大代表议政能力和议政方式改进的建议》，由市人大常委会代表联络人事任免工作委员会办理；《请求宜昌市人大常委会对宜昌市中级人民法院2005宜民再终字第00035号民事判决实施个案监督的建议》，由市人大内务司法委员会办理。截止8月20日已全部办结：市人大常委会拟定通过完善人民代表大会议事规则等措施，不断提高市人民代表议政的水平和质量，经过与建议人张治燕代表沟通，张代表表示非常满意。市中级人民法院依法对上述民事判决进行复审，认为该案判决符合案件事实及法律规定，维持其再审意见，市中级人民法院将复查结果答复了建议人李奎阳代表。

市四届人民代表大会议案与建议的办理

第一次会议议案和建议办理。2007年1月，市四届人大一次会议共交办议案1件、建议327件。市人民政府承办《建立被征地农民社会保障制度议案》的情况：市人民政府组织有关部门讨论研究被征地农民基本生活保障问题，出台了《宜昌市城区被征地农民基本生活保障暂行办法》和《宜昌市城区被征地农民基本养老保险办法》。当年工作：一是成立专班；二是登记造册；三是强化责任。市政府系统承办324件建议的办理情况：截至9月30日，代表建议均已办结。其中：所提问题已经解决的126件，占建议总数的38.8%；已列入计划解决的144件，占建议总数的44.3%；受政策和客观条件限制，暂时不能解决的46件，占建议总数的14.1%；留作参考的有8件。从代表书面反馈的意见看，见面率、满意率均达到了市人民政府提出的100%和98%的要求。市中级人民法院承办3件建议：按照市人大常委会办公室的交办要求，在规定期限内将3件建议全部办理完毕，并答复代表。代表对办理结果均表示满意。

第二次会议议案和建议办理。2008年1月，市四届人大二次会议只有选举任务，没有收集代表的议案和建议。

第三次会议议案和建议办理。2008年3月，市四届人大三次会议共交办议案1件、建议309件。市人民政府承办《加快建立宜昌市城镇居民基本医疗保障制度的议案》的情况：市人民政府出台了《宜昌市城镇居民基本医疗保险实施办法》。截至2008年底，全市共有73万人符合参保条件，已有37万人参保，参保率达到51%。城区应参保24万人，实际参保14万人，参保率达到58%，完成了2008年覆盖率50%的目标。市政府系统承办建议307件：经全市各承办单位的共同努力，办结率达100%。其中：代表所提问题已经解决的151件，占建议总数的49.2%；已列入计划解决的92件，占建议总数的29.9%；受政策和客观条件限制，暂时不能解决的38件，占建议总数的12.4%；留作参考的26件。从代表书面反馈的意见统计：见面率、满意率都达到了100%和98%。市中级人民法院承办2件建议：办理后，将复查意见和采取措施答复了建议人，宋志武代表和杨燕军代表均表示满意。

第四次会议议案和建议办理。2009年2月，市四届人大四次会议共交办议案1件、建议315件，另有会后交办建议6件。市人民政府承办《大力推动全民创业，以创业促进城乡就业的议案》的情况：经制定工作方案，强化工作措施，各部门密切配合齐抓共管，办理工作取得了明显成效。下一步，还将加强以下四个方面工作：认真落实各项工作措施；进一步强化创业服务；推进公共就业服务机构能力建设；建立推动创业促进就业，办理议案的长效机制。市政府系统承办建议315件（其中闭会期间6件）：经各承办单位的共同努力，已全部办理完毕。其中：代表所提建议已解决或者基本解决的118件，占37.46%；已在解决之中或者列入计划解决的147件，占46.67%；因目前条件尚不具备，或其他原因待研究解决的31件，占9.84%；所提建议留作参考的19件，占6.03%。从各承办单位办理的答复意见看，达到了市人民政府提出的见面率100%、办结率100%、满意率98%的工作要求。市人民政府办公室对代表不满意的7件建议进行跟踪办理，直到代表表示满意或者理解为止。市中级人民法院承办建议案6件： 6月中旬，6件建议均提前办理完毕。各承办单位办结率、与代表见面率、代表满意率均达到100%。

第五次会议议案和建议办理。2010年2月，市四届人大五次会议共交办议案1件、建议263件，另外，会后交办建议1件。市人民政府承办《关于加强城区农贸市场建设与管理的议案》的情况：市人民政府确定2010年新建和改造菜市场24家。截至2010年年底，已有8家建成，15家开工，还有1家正在报批改造手续。已开工菜市场进展顺利。市政府系统承办263件建议（其中闭会期间1件）：经各承办单位共同努力，于9月底前全部办理完毕。其中：代表所提建议已得到解决或者基本解决的108件，占41.06%；已在解决之中或者列入计划解决的124件，占47.15%；因目前条件尚不具备，或其他原因待研究解决的28件，占10.65%；所提建议留作参考的3件，占1.14%。从代表书面反馈意见统计，除代表对1件建议的办理结果不满意外，基本达到了见面率100%、办结率100%、满意率100%的工作目标。市中级人民法院承办建议1件《关于依法加强国有资产监管防止国有资产流失的建议》：已在规定期限内办结，经答复建议人，代表表示满意。

第六次会议议案和建议办理。2011年1月，市四届人大六次会议共交办议案1件、建议243件。市人民政府承办《推进城区社区规范化建设与管理的议案》的情况：市人民政府拟出台《关于加强城区社区规范化建设与管理工作的意见》和《城区社区专职工作者管理办法》，并将社区规范化建设与管理的目标任务和工作实绩纳入各区各部门年度目标考核评价体系。市政府系统承办240件建议：经各承办单位共同努力，于9月底前全部办理完毕。其中：代表所提建议已得到解决或者基本解决的135

件，占56.25%；已在解决之中或者列入计划解决的81件，33.75%；因目前条件尚不具备或者其他原因待研究解决的20件，占8.33%；所提建议留作参考的4件，占1.67%。达到见面率100%、办结率100%、代表满意率100%的工作目标。市中级人民法院承办建议3件：已在规定期限内全部办结，并将办理情况分别与提建议人进行了沟通与交流，三名代表均表示满意。

市五届人民代表大会议案和建议的办理

第一次会议议案和建议办理。2012年1月，市五届人大一次会议共交办议案1件、建议321件。市人民政府承办《关于综合整治宜昌运河的议案》的情况：市人民政府拟将宜昌运河打造成城市河流生态廊道、城市景观休闲廊道和城市文化展示廊道。已组建专班，集合资源，加快推进，整治工作取得了初步进展。下一步，将督促各责任单位和部门根据职责分工，进一步强化措施，加快推进运河整治工作，确保各项整治任务按计划完成。市政府系统承办319件建议：全部建议均在规定的期限办复。其中：代表所提建议已得到解决或者基本解决的196件，占61.44%；已在解决之中或者列入计划解决的83件，占26.02%；因目前条件尚不具备，或其他原因待研究解决的35件，占10.97%；所提建议留作参考的5件，占1.57%。实现见面率100%、办结率100%、代表满意率100%的工作目标。市中级人民法院承办建议1件（关于设立未成年人法庭的建议）的情况：该院于年初专门部署在全市法院成立未成年人综合审判庭，拟先成立少年审判庭，逐步完善未成年人案件审判机构建设。该院将办理情况与三名提建议人进行沟通与交流，均表示满意。市人民检察院承办建议1件《关于在白龙岗市人民检察院办公地点设立控告、申诉点的建议》的情况：该院已在规定期限内办结，答复提建议人陈喻伟等代表后，表示满意。

第二次会议议案和建议办理。市五届人大二次会议只有选举任务，没有收集代表的议案和建议。

第三次会议议案和建议办理。2013年1月，市五届人大三次会议共交办议案2件、建议248件，另外会后交办建议5件。市人民政府办理议案2件的情况：关于《加强社区服务体系建设，解决看病难、看病贵等问题的议案》：出台了《关于进一步加强城区社区卫生服务体系建设的实施意见》；编制了《宜昌市中心城区社区卫生服务设施专项规划（2013—2030年）》；申报了2014—2016年社区卫生服务中心建设规划备选项目14个，总投资7621万元。关于《建设宜昌新区推动现代化特大城市跨越发展的议案》：3月21日，宜昌新区建设推进办公室正式挂牌，负责全面统筹推进宜昌新区建设。7月18日，省人民政府正式批复宜昌新区建设总体方案。2013年宜昌新区续建及新建项目113个，总投资805亿元，计划投资251亿元，已完成投资203亿元。市政府系统承办245件建议（含闭会期间5件）的办理情况：各承办单位于10月初全部完成。其中：已经解决或者基本解决的158件，占64.5%；正在解决之中或者列入计划解决的55件，占22.4%；因目前条件尚不具备，或其他原因待研究解决的27件，占11.0%；所提建议留作参考的5件，占2.07%。达到了办结率100%、见面率100%、代表满意率99%的工作目标。市中级人民法院承办建议3件的情况：3件建议均在规定期限内全部办结，并将办理情况与提建议人陈喻伟、李启端代表进行了沟通与交流后，代表表示满意。市人民检察院承办建议3件的情况：已在规定期限内办结。建议人陈喻伟、程燕云、李方富代表对办理结果均表示满意。市人大常委会承办《关于加强刑事诉讼中律师会见权利保障的建议》《关于将对环境、民生及政府重大投资等有重大影响的大型建设项目纳入市人民代表大会讨论和决定范围的建议》，市人大常委会分别交由市人大内务司法委员会、市人大财政经济委员会办理并答复代表。两个专门委员会均已在规定时间内办理完毕并答复代表，建议人2名市人大代表对办理过程及结果均表示满意。

第四次会议议案和建议办理。2013年4月，市五届人大四次会议只有选举任务，没有收集代表的议案和建议。

第五次会议议案和建议办理。2014年1月，市五届人大五次会议共交办议案1件、建议277件。市人民政府承办《加强宜昌生态建设打造山绿水清天蓝城美宜人之城的议案》的情况：成立了议案办理工作领导小组，制定实施方案，分解下达了2014年宜昌市城区生态建设工作任务。完成了《宜昌市环境总体规划（2013–2030年）》编制任务，启动《宜昌生态市建设规划》编制前期工作。市政府系统承办272件建议：各承办单位于10月初全部完成办理工作。其中：已经解决或者基本解决的178件，占65.2%；正在解决或列入计划解决的63件，占23.1%；因客观条件限制目前暂不能解决的26件，占9.5%；留作参考的6件，占2.2%。达到了办结率100%、见面率100%、代表满意率99%的工作目标。市中级人民法院承办3件建议的情况：已在规定期限内全部办结，办结率、满意率均为100%。市人民检察院承办建议2件的情况：已在规定期限内办结，提建议代表表示满意。

第六次会议议案和建议办理。2015年度，市五届人大六次会议共交办议案1件、建议313件。市人民政府办理《加快城区棚户区改造的议案》的情况：2015年，重点实施了“三线五片”24个项目（三线：即中南路、西陵一路、西陵二路沿线，五片：即五一广场、九码头、夷陵广场、平湖和红光港机片区），已启动城市棚户区改造项目26个和城中村改造项目63个，累计签订征收协议16276户；筹措棚改资金209.94亿元。2015年，全市城区新开工棚户区改造安置房28816套，完成年度目标任务的105.68%；基本建成13891套，完成年度目标任务的126.09%；分配入住9820套，完成年度目标任务的243.25%。市政府系统承办308件建议（含闭会期间建议7件）：已经解决或者基本解决的197件，占63.55%；正在解决或列入计划解决的55件，占17.74%；因客观条件限制目前暂不能解决的44件，占14.19%；留作参考的14件，占4.52%。达到了办结率100%、见面率100%、满意率98%的要求。市中级人民法院承办建议4件的情况：3月，收到市人大常委会办公室交办函后，召开专题会议研究办理工作，落实承办单位和责任人。8月，已全部办理完毕，办结率、满意率均为100%。市人民检察院承办建议1件《关于开展行政执法检察监督工作的建议》的情况：已按照市人大常委会的交办要求，进行认真办理。

第七次会议议案和建议办理。2016年度，市五届人大七次会议代表共提出议案1件、建议366件。市人民政府办理《加快推进宜昌沙河流域综合整治开发的议案》的情况：针对该流域存在的河道淤积严重、水体黑臭恶化、社会环境复杂等问题，经过采取“大员上阵、深入调查、锁定目标、制定方案、招商引资、合力推进”等措施，已经完成了年度工作目标：排污口整治、水体清漂清淤、污水处理厂建设前期工程等三大目标。下步工作：一是要努力完成2017年整治任务；二是开展征地拆迁工作。市政府系统承办358件建议（含闭会期间建议20件）：已经解决或者基本解决的244件，占68.16%；正在解决或列入计划解决的81件，占22.62%；因客观条件限制目前暂不能解决的29件，占8.10%；留作参考的4件，占1.12%。达到了办结率100%、见面率100%、满意率98%的要求。市中级人民法院承办建议6件的情况：3月，收到市人大常委会办公室交办函后，召开专题会议研究办理工作，落实承办单位和责任人。9月，6件代表建议办理完毕，办结率、满意率均为100%。市人民检察院承办建议2件：经采取“强化组织领导、强化督办落实、强化办理质量”等措施行，已经办理完毕，见面率、办结率、满意率均达到100%。

第三节　理论研究与宣传工作

根据地方组织法“常务委员会根据工作需要，设立办事机构和其他工作机构”的规定，市人大常委会依法设立研究室，开展卓有成效的工作。

一、市九届至十一届人大常委会理论研究与宣传工作

在此期间，除在历届历次市人大会议和市人大常委会会议召开之际，通过媒体进行宣传报道、公告选举结果和任免情况外，还编辑印发相关刊物：

市九届人大常委会，自1981年3月起开始编印《宜昌市人大常委会公报》。

市十届人大常委会，自1984年8月起开始编印《人大工作通讯》，作为市人大常委会机关的宣传刊物。为进一步加强同人大代表的联系，1985年印发《宜昌市人大常委会会议公报》7期、《人大工作通讯》8期、《学习资料》6期。从此，这一工作逐渐趋向制度化。

市十一届人大常委会，自1989年开始编印《情况反映》，当年共印发6期。1990年，通过印发市人大常委会办公室编印的《宜昌市人大常委会公报》《宜昌人大工作通讯》《情况反映》和《学习资料》为各级人大代表提供了有关情况和信息。1991年，坚持给代表寄送《宜昌市人大常委会公报》《工作通讯》《情况反映》《学习资料》和其他资料，为各级人大代表参政议政提供服务。

二、市一届人大常委会理论研究与宣传工作

1992年地市合并后，市人大常委会创办《宜昌人大工作》刊物，于1993年3月28日出版第一期。为加强对人大工作和有关法律法规的宣传，除了办好《宜昌市人大常委会公报》《宜昌人大工作》等刊物外，还从组织制度方面进行了一些工作：一是建立人大通信网络，建立通讯队伍。在市、县、乡三级人大机关确定了90余名通讯员，形成了人大宣传网络。二是在各新闻单位固定专人负责人大的宣传报道工作，并开辟专门栏目，加大对人民代表大会制度和民主法治建设的宣传力度。据不完全统计，市一届人大一次会议以来，全市人大系统共在市级以上报刊、电台和电视台用稿600多篇，取得了良好的社会效果。在纪念现行宪法颁布10周年之际，市人大常委会开展多种形式的纪念活动。

1993年。通过广泛深入宣传贯彻代表法、搞好新闻报道、编辑出版反映全市各级人大代表依法履行职责典型事迹的报告文学集等多种渠道和形式，大力宣传人大代表的地位、权利、义务和作用，宣传代表先进事迹，提高代表威望，营造了代表工作良好的社会舆论环境。开展首届全市宣传人民代表大会制度好新闻评比活动。

1994年。市人大常委会机关在报刊、电台和电视台刊播人大工作新闻稿600多件，其中省级以上报刊登载46篇。采取多种形式，纪念宜昌市人民代表大会成立40周年。开展第二届全市宣传人民代表大会制度好新闻评比活动，获奖作品达40件，其中：一等奖6件、二等奖8件、三等奖10件，优秀奖16件。积极改进《宜昌人大工作》刊物的编辑工作。

1995年。为加强法制宣传，采取举行座谈会、举办培训班、发表广播电视讲话等多种途径，广泛宣传并督促有关部门认真做好法律实施前的各项准备工作。紧紧抓住“二五”普法规划的实施，推动以宪法为核心、专业法为重点内容的法律宣传教育工作。市人大常委会机关在报刊、电台和电视台刊播人大工作的新闻稿400多件，其中省级以上报刊登载150件。开展第三届全市宣传人民代表大会制度好新闻评比活动。3月下旬，宜昌市地方人大工作研究会正式成立，并在11月中旬召开1995年度暨首届理论研讨会，并要求今后每年召开研讨会一次。改进了《宜昌人大工作》刊物的编辑工作，增加了栏目，扩大了寄发范围，为人大理论研究和宣传工作提供了阵地。

1996年。1月份举办了全市人大新闻通讯员培训班，推动了全市人大新闻宣传工作的广泛开展。经宜昌市地方人大工作研究会向市新闻出版局申报，市新闻出版局以“宜内许可证37号”批准《宜昌人大工作》为正式期刊（双月刊）。同时还以“主任会议纪要”“情况反映”“动态与信息”“代表建言”等形式传达信息，交流工作，反映问题，宣传人民代表大会制度。协商市级新闻单位比照省级人大新闻宣传的规格，认真做好市人大会议、市人大常委会会议、主任会议的宣传工作，引导人们正确认识人民代表大会制度，正确认识人大及其常委会的性质、地位和作用。五年间共在各级报刊、电台和电视台刊播人大新闻2400多件。开展第四届全市宣传人民代表大会制度好新闻评比活动。四年间共有126件人大好新闻获奖。召开市地方人大工作研究会第二次年会暨理论研讨会，两次年会共入选论文69篇。

三、市二届人大常委会理论研究与宣传工作

1997年。充分发挥研究机构的职能作用：围绕执法检查等市人大常委会重大政务活动开展研究；开展群众性的人大工作理论研究活动，共有5篇论文入选省人大工作理论研讨会；坚持办好市人大常委会机关刊物《宜昌人大工作》，巩固发展全市人大工作理论研究和宣传阵地。召开全市人大宣传工作会议，推动宣传报道工作。开展第五届全市宣传人民代表大会制度好新闻评比活动。

1998年。6月下旬，召开全市人大工作理论研讨会。围绕党的十五大关于民主与法治建设、关于依法治国、关于坚持和完善人民代表大会制度等重大课题进行研讨。加大人大宣传工作，有400多件新闻作品被各级新闻媒体采用。开展第六届全市宣传人民代表大会制度好新闻评比活动。积极向省人大常委会申报人大工作理论研究优秀成果，有10件成果获奖。加强市人大常委会机关刊物建设。

1999年。3月，召开全市人大宣传工作座谈会，由市委宣传部与市人大常委会办公室联合印发《关于进一步加强和改进人大宣传工作的意见》和《宜昌市人大常委会宣传工作规则》。6月，举办了全市人大通讯员培训班，全市三级人大新闻通讯员近百人参加了培训。开展第七届全市宣传人民代表大会制度好新闻评比活动。10月，在全省人大工作经验交流会上，介绍了宜昌市人大宣传工作的经验。12月，召开全市人大执法检查专题理论研讨会，推出了一批研究成果。由市地方人大工作研究会组织编写的《人大机关公文写作概论》一书顺利完成审定出版工作。

2000年。开展第八届全市宣传人民代表大会制度好新闻评比活动，并在全省人大好新闻评选活动中取得了好成绩。有一批理论研究论文入选为2000年湖北省地方人大工作理论研讨会。

1997年至2001年的五年间，把宣传人民代表大会制度作为一项重要工作。一是坚持每年召开一次人大宣传工作会议和举办人大好新闻评选活动，共举办了九届全市宣传人民代表大会制度好新闻评比

活动，获奖作品近300篇。二是举办了全市人大通讯员培训班。三是制定《宜昌市人大常委会宣传工作规则》等制度。五年来，全市有大量新闻作品在全省人大好新闻评选活动中获奖，宜昌市连续五年被评为全省人大宣传工作先进单位。在1998年召开的全省人大工作经验交流会上，宜昌市就人大宣传工作作了典型发言。重视地方人大工作理论研究。一是设立了市人大常委会研究室，专门负责人大理论研究和新闻宣传工作；二是每年召开一次全市地方人大工作理论研讨会，推出了一批研究成果。五年来，全市有20多篇论文被评为全省地方人大工作理论研究优秀成果，在全省居于前列。

四、市三届人大常委会理论研究与宣传工作

2002年。围绕现行宪法实施20周年和代表法实施10周年，开展系列纪念活动。围绕宪法的贯彻实施、地方人大工作和民主法治建设中的实际问题开展理论研究，举办了地方人大工作理论研讨会。开展第十届全市宣传人民代表大会制度好新闻评比活动。

2003年。继续加强地方人大理论研究和宣传工作，组织开展地方人大工作优秀论文评选活动，开展第十一届全市宣传人民代表大会制度好新闻评比活动。

2004年。召开全市各县市区人大常委会主任座谈会，总结了宜昌市人民代表大会成立以来取得的成就和经验，研究了改进和加强人大工作的思路与措施。在全市范围内开展纪念宜昌市人民代表大会成立50周年征文活动，宜昌市获奖的优秀文章占全省获奖论文总数的四分之一以上。组织参加全省“纪念人民代表大会成立50周年人大和法律知识大赛”活动，参赛和获奖人员均名列全省第一，27名参赛人员获奖，市人大常委会获组织奖。进一步加强了与各新闻单位的联系，改进了《宜昌人大》刊物的编辑工作，扩大了《动态与信息》的信息量。开展第十二届全市宣传人民代表大会制度好新闻评比活动，获奖作品达30件，其中：一等奖4件、二等奖6件、三等奖8件、优秀奖12件。

2005年。召开宣传部门和各新闻单位负责人参加的座谈会，就加强和改进人大宣传工作进行了研讨。在《宜昌日报》开辟了民主与法制专栏，开通了“宜昌人大”公众网站，增强了宣传效果。进一步改进了《宜昌人大》刊物的编辑工作，加大了《动态与信息》的信息量。开展第十三届全市宣传人民代表大会制度好新闻评比活动，获奖作品达30件，其中：一等奖4件、二等奖6件、三等奖8件、优秀奖12件。举办了全市人大通讯员培训班。召开全市人大理论宣传工作会议，对全市人大理论宣传先进单位和优秀通讯员进行了表彰。

2006年。运用网络信息技术，创新开展“人大网议”和市人大会议、市人大常委会会议新闻同步直播等活动。开展第十四届全市宣传人民代表大会制度好新闻评比活动，获奖作品达31件，其中：一等奖4件、二等奖6件、三等奖9件、优秀奖12件。积极向外国议会考察团介绍宜昌市坚持和完善人民代表大会制度的情况，广泛与外地人大常委会机关相互交流工作经验。

五、市四届人大常委会理论研究与宣传工作

2007年。组织专班，完成了省人大常委会研究课题《县乡人大代表选举制度研究》。有8篇理论研究文章在全省人大理论研讨会上获奖。进一步加强了与市直各新闻单位的联系，加强和改进人大新闻报道工作，增强了宣传效果。开展第十五届全市宣传人民代表大会制度好新闻评比活动，获奖

作品达32件，其中：一等奖4件、二等奖6件、三等奖9件、优秀奖13件。

2008年。对全市人大工作理论研究成果进行评选表彰。编印了《崇高的使命》论文专辑。承办了全国十八城市第二十二次人大工作研讨会。完成了省人大常委会研究室下达的《乡镇人大工作研究》课题。完成了市地方人大工作研究会换届工作。进一步加强与市直各新闻单位的联系，改进了报道工作。组织召开全市人大理论宣传工作会议。开展第十六届全市宣传人民代表大会制度好新闻评比活动，获奖作品达32件，其中：一等奖4件、二等奖6件、三等奖8件、优秀奖14件。在全省率先建立了人大宣传工作考评体系，推动了全市人大宣传工作的开展。全年在市级以上报刊、网站发表稿件，比上年同期增长8.6%。其中，在国家级、省级媒体发表稿件比上年增长94%。

2009年。全年在市级以上各类媒体发表宣传稿件437件。4月15日，《人民日报》推介宜昌市人大工作经验文章：《宜昌市人大：连续三年三件议案促成惠民政策出台》。《中国人大》杂志以长篇通讯报道宜昌市开展代表接访解民忧、惠民生活动的经验。湖北经视《代表心声》栏目4次播放宜昌市代表工作专题节目。开展第十七届全市宣传人民代表大会制度好新闻评比活动，获奖作品达32件，其中：一等奖4件、二等奖6件、三等奖9件、优秀奖13件。

2010年。全市各级人大在国家、省级以上媒体发表的稿件创历史新高。荣获全省人大理论研究工作先进单位、全省人大新闻宣传工作先进单位。开展第十八届全市宣传人民代表大会制度好新闻评比活动，获奖作品达34件，其中：一等奖4件、二等奖8件、三等奖10件、优秀奖12件。《人民日报》于5月19日和11月10日，分别推介宜昌市人大工作经验文章：《重大事项决定权的宜昌样本—从“虚”到“实”，从程序性到实质性》《宜昌人大：菜市场里追踪议案办理》。

2011年。开展第十九届全市宣传人民代表大会制度好新闻评比活动，获奖作品达31件，其中：一等奖5件、二等奖6件、三等奖8件、优秀奖12件。全市各级人大在国家级、省级以上媒体发表了大量稿件。5月11日，《人民日报》推介宜昌市人大工作经验文章：《资源整合是社会管理创新的关键》；7月13日，《人民日报》推介宜昌市人大工作经验文章：《让老百姓找回食品安全感——湖北宜昌市人大常委会强化食品安全监督》。

六、市五届人大常委会理论研究与宣传工作

2012年。开展第二十届全市宣传人民代表大会制度好新闻评比活动，获奖作品达31件，其中：一等奖4件、二等奖6件、三等奖8件、优秀奖13件。积极参与省人大常委会开展的“湖北环保世纪行”等宣传活动。全年协助配合上级人大常委会开展立法调研、专题调研和法律法规草案征求意见工作16次。全市各级人大继续在国家级、省级以上媒体发表大量稿件，荣获湖北省第二十一届人大好新闻一等奖。10月11日，《人民日报》推介宜昌市人大工作经验文章：《宜昌“两测评两公开”，人大监督更刚性》。

2013年。按照市委统一要求，圆满完成“全面加强城区生态建设，打造宜人之城”课题调研任务，调研成果已转化为市委决策。围绕加强和改进监督工作、代表联系群众等8个议题加强调查研究。全年在省级以上报刊发表理论文章同比增长50%。开展第二十一届全市宣传人民代表大会制度好新闻评比活动，获奖作品达30件，其中：一等奖4件、二等奖6件、三等奖8件、优秀奖12件。9月25日，《人民日报》推介宜昌市人大工作经验文章：《人大监督重在跟踪督办》。

2014年。9月，召开纪念宜昌市人民代表大会成立60周年大会，全面回顾总结宜昌市人民代表大

会60年发展历程和人大工作宝贵经验。全市各级人大继续在国家、省、市级以上媒体发表大量理论文章和新闻稿件。《重大事项决定权研究》《人大监督重在跟踪督办》分别荣获湖北省人大常委会理论研究成果一等奖、湖北省第二十三届宣传人民代表大会制度好新闻一等奖。开展第二十二届全市宣传人民代表大会制度好新闻评比活动，获奖作品达30件，其中：一等奖4件、二等奖6件、三等奖8件、优秀奖12件。11月19日，《人民日报》推介宜昌市人大工作经验文章：《宜昌人大：追踪督办，不止于“问”》。

2015年。市人大常委会加强人大理论研究和宣传工作，加强统筹协调，推动中省媒体与市内媒体、传统媒体与新兴媒体良性互动，构建人大宣传工作新格局。人民网在重要位置，以《以生态建设为主线谋划监督大棋局》为题，大篇幅推介了宜昌市人大监督生态环境保护工作的经验。《人民日报》推介宜昌市人大工作经验文章:《宜昌人大专项工作评议整改见实效，六天出台一揽子惠民新政》。与三峡大学联合承办湖北省法学会宪法学研究会暨地方立法研究会2015年年会，交流探讨地方立法的理论与实践。还协助开展“湖北环保世纪行”“农产品质量安全荆楚行”“民族团结进步荆楚行”等宣传活动。开展第二十三届全市宣传人民代表大会制度好新闻评比活动，获奖作品达30件，其中：一等奖4件、二等奖6件、三等奖8件、优秀奖12件。

2016年，市人大常委会组织市直新闻单位加强对“三会”（市人大会议、市人大常委会会议、市人大常委会主任会议）及常委会执法检查、视察等重要活动的宣传报道工作。编辑发行《宜昌人大》刊物6期，编发《三峡日报》“民主政治”专版10期，编发《动态与信息》24期。《人民日报》以“地方立法周年，各地如何兑现”为题，重点介绍宜昌市立法工作元年工作情况；《中国人大》杂志以“绿地保护，宜昌迈出地方立法第一步”为题，全面介绍宜昌市人大常委会16年来开展绿地、山体、水域等保护，以及出台《宜昌市城区重点绿地保护条例》的工作经验。《湖北日报》《楚天主人》等省级主要媒体均大篇幅地推介宜昌市人大常委会绿地保护、专项工作评议、专题询问、精准扶贫等工作的开展情况。开展全市第二十四届宣传人民代表大会制度好新闻评选活动，共评出获奖作品20件，其中：一等奖4件、二等奖6件、三等奖10件。积极参加湖北省第二十五届宣传人民代表大会制度好新闻评选，有2篇作品获得一等奖、2篇作品获得三等奖。协助开展“中华环保世纪行”“湖北省环保荆楚行”“农产品质量安全荆楚行”“民族团结进步荆楚行”等系列新闻采访活动。编辑完成人大画册《使命与担当》。

第四节　指导县乡人大工作

《中华人民共和国全国人民代表大会和地方各级人民代表大会选举法》规定：“设区的市、自治州的人民代表大会常务委员会指导本行政区域内县级以下人民代表大会代表的选举工作。”据此，市和地市合并后的宜昌市历届人大常委会十分重视加强与县、乡两级人大的联系和指导。

一、市九届至十一届人大常委会

经湖北省人民政府批准，宜昌市郊区建立了伍家、窑湾、点军3个乡。1984年3月14日，成立伍家、窑湾、点军3个乡选举委员会，与市第十届人民代表大会代表选举工作领导小组共同领导乡级人大代表和市十届人大代表直接选举工作。

1986年12月13日，国务院批准宜昌市设立西陵、伍家岗、点军3个市辖区。

1987年7月中旬，市各区、乡两级人大代表直接选举工作全面铺开，市人大常委会组织全体机关干部，分赴各区进行具体指导。10月中旬，顺利完成了区、乡两级人大代表直接选举工作，共选出区人大代表370名、乡人大代表166名。11月，各区、乡先后召开人民代表大会会议，共选出了区人大常委会主任3名、副主任6名、委员28名、区人民政府区长3名、副区长10名、区人民法院院长3名、区人民检察院检察长3名、乡人民政府乡长4名、副乡长13名。在各区首届人民代表大会一次会议上，选举宜昌市十一届人大代表222名。

1988年，市辖区的建政工作完成。从此，市人大常委会举行会议时，邀请各区人大常委会主任列席会议；区人大常委会有些会议也邀请市人大常委会的领导和有关负责同志参加。将人大工作资料进行了相互交流。

1990年8月，市委批转了市人大常委会《关于全市区、乡两级人民代表大会换届选举工作的意见》。在全市49.22万人口中，符合资格的选民为32.60万人。区、乡两级共设381个选区，参选率均达到90%以上。11月，共选出区人大代表490人、乡人大代表203人。在此基础上，各区、乡依法举行区、乡新一届人民代表大会第一次会议，选举产生两级政权领导班子，圆满地完成了区、乡换届选举工作任务。

二、市一届人大常委会

1992年地市合并后，为加强对各县市区人大工作的联系与指导，市人大常委会主任会议做出决定，实行市人大常委会正副主任分片联系各县市区及乡（镇）人大工作制度，要求每位正副主任联系1至2名市人大代表和1个企业。

1993年7月，市委转发市人大常委会党组《关于宜昌市1993年县乡两级人民代表大会换届选举工作的意见》，成立换届领导小组。8月中旬，在当阳市召开全市人大代表工作经验交流会。9月上旬，召开全市县乡换届选举工作会议。11月，市一届人大常委会七次会议，听取市县乡人大换届选举工作领导小组成员兼办公室主任李国普所作的《关于县乡两级人大换届选举工作情况的报告》。全市选民登记率、参选率分别达98.7%和96.8%，有85.5%的选民参加了酝酿提名代表候选人。选民直接到会投票率达85.9%，选举产生新一届乡（镇）人大代表。是年，市人大常委会落实了联系代表分工责任制，做到联系点、联系人、联系量“三落实”。

1994年，抓统一思想，召开各县市区人大常委会负责人座谈会。抓业务培训，5月举办了由新一届县乡人大负责同志参加的全市人大干部培训班。抓经验总结， 6月份，组织专班分赴各县市区开展调查研究，帮助基层人大总结经验，共形成了25份典型材料，其中有3份在全省人大工作经验交流会上交流推广。抓信息交流，坚持邀请各县市区人大常委会负责人列席市人大常委会会议，加强上下联系，交流工作信息。

1995年，深入贯彻落实市委召开的全市人大工作会议精神。4月下旬，举办了由各县市区人大常委会办公室、工作委员会负责人和部分乡（镇）人大主席参加的第二期人大干部培训班。及时指导猇亭区依法选举产生该区第一届人民代表大会代表，并指导有关选举单位依法补选、增选人大代表和罢免了个别市人大代表。继续坚持邀请各县市区人大常委会负责人轮流列席市人大常委会会议。召开全市人大法制工作座谈会、全市人大教科文卫工作研讨会和全市人大办公室主任会议。

1996年，市人大常委会召开全市乡镇人大工作经验交流会，帮助乡镇人大工作者明确职责和任务，增强工作的信心和决心。年底，乡镇人大进行换届选举。市人大常委会及其工作机构加强指导，搞好服务，确保了换届选举工作顺利进行。

1992年至1996年间，把1992年省委召开的全省人大工作会议和1995年市委召开的全市人大工作会议，作为促进全市人大工作深入开展的新契机，狠抓这两次会议精神的深入贯彻落实。加强对县乡人大的干部培训和工作指导。先后于1994年5月和1995年4月，举办两次全市人大干部培训班，分期分批对县乡两级人大干部进行轮训。密切与县乡人大的工作联系，坚持实行市人大常委会领导分片联系基层人大工作的制度，坚持邀请各县市区人大常委会负责人和轮流邀请乡镇人大负责人列席市人大常委会会议。召开各县市区人大常委会负责人座谈会和各种研讨会，以沟通情况，交流经验，指导县乡人大工作。

三、市二届人大常委会指导县乡人大工作

1997年，市人大常委会建立健全了干部下基层的工作制度。

1998年，认真收集县乡两级人大工作中的新经验，新动态，通过编发《动态与信息》等形式，及时向各县市区人大常委会通报情况，以指导下级人大工作。12月中旬，依法指导县级人大换届选举工作，确保了这项工作的顺利。举办了全市乡镇人大主席和街道人大联络处主任培训班，推动了全市乡镇人大工作。召开全市各县市区人大工作经验交流暨表彰会，表彰了13个先进集体和21名先进个人。指导和参与了五峰土家族自治县城镇建设管理条例和农业特产税管理条例的送审和报批工作。

1999年，召开各县市区人大常委会负责人参加的乡镇人大换届选举工作座谈会，对乡镇人大换届选举工作进行了统一部署。对各县市区人大换届选举工作进行具体指导，确保了全市乡镇人大换届选举工作的顺利进行。针对换届后新到职的干部多的实际情况，及时举办了人大机关干部培训班。对两个民族自治县的立法工作，进行了指导和协调。

2000年，市人大常委会积极参与民族自治县人大的立法工作，参与和协助长阳、五峰两个土家族自治县人民代表大会制定3个单行条例，经省人大常委会批准后，进行贯彻实施。

1997年至2001年间，1998年和1999年，指导县乡人大完成了换届选举工作。换届选举后，及时举办了县市区人大干部培训班和乡镇人大干部培训班。坚持邀请各县市区人大常委会一名副主任，两名乡镇人大主席列席市人大常委会会议。参与两个少数民族自治县的9部单行条例的起草工作。

四、市三届人大常委会

2002年，根据省人大常委会关于换届选举的决定和工作部署，市人大常委会加强了对乡镇人大换届选举的指导，确保了这一工作的顺利进行。

2003年，通过开展调查研究和邀请县乡人大负责人和人大代表列席市人大常委会会议等形式，加强了与基层人大和代表的联系。6月份，召开全市人大代表工作经验交流会。在当阳市召开各县市

区人大常委会主任座谈会，总结交流了各县市区人大工作经验。

2004年，市人大常委会根据基层人大工作的需要和县级人大刚刚换届的实际情况，4月中旬，在市委党校举办了为期一周的全市人大干部培训班，有效地提高了全市人大干部的政治、法律和业务素质。

2005年，市人大常委会指导、协助长阳和五峰两个土家族自治县做好《人口与计划生育条例》《民族民间文化保护条例》《水电条例》等单行条例的立法调研、起草和修订工作。

2006年，市人大常委会结合重点审议议题，举办专题法制讲座。对市人大常委会组成人员熟悉相关法律法规，更好地指导基层人大工作起到了积极的作用。

五、市四届人大常委会

2007年，组织对新进县市区人大常委会的干部进行了集中培训，受训人员达60多人。先后两次召开各县市区人大常委会主任座谈会，就新一届人大常委会工作如何开创新局面进行交流和探讨，并组织赴外地考察人大工作经验。指导长阳、五峰两个土家族自治县做好民族立法工作，报经省人大常委会批准后,《长阳土家族自治县生态环境保护条例》《长阳土家族自治县城镇建设管理条例（修订）》《五峰土家族自治县无公害农产品条例》已正式施行。同时还废止了《长阳土家族自治县农业特产税征收管理条例》。

2008年，市人大常委会通过建立主任会议组成人员分工联系县市区人大工作制度，组织各县市区人大常委会负责人赴外地学习考察人大工作，召开各县市区人大常委会主任座谈会、上下联动开展执法检查、视察和调研等形式，加强对各县市区人大常委会的联系和指导。

2009年，在宜都市召开宜昌市人大“增强监督实效、促进科学发展”经验交流会。在市委党校举办了为期一周的全市乡镇（街道）人大干部培训班。协助长阳、五峰两个土家族自治县做好民族立法工作。

2010年，市人大常委会进一步加强对各县市区人大常委会工作的指导，有效推动了全市各级人大工作的开展。

2011年，市、县、乡三级人大同步换届选举。这是选举法修改后，首次实行城乡按相同人口比例选举人大代表的换届选举。市人大常委会高度重视，加强指导，抓好各个阶段、各个环节的工作。全市顺利选举产生乡级人大代表 5382名，县级人大代表2457名，市级人大代表411名。新一届人大代表结构得到进一步优化，整体素质有新的提高。

2011年，市人大常委会为加强对县市区人大工作的指导，坚持邀请各县市区人大常委会负责人列席市人大常委会会议、参加调研视察，促进了全市人大工作水平的提高。

六、市五届人大常委会

2012年，市人大常委会注重对县市区人大工作的指导和联系，增强了全市人大工作合力。

2013年，市人大常委会在全市各级人大机构和人大代表中开展“创一流、促跨越”主题实践活动。市、县、乡三级分别成立“创一流、促跨越”主题实践活动领导小组和工作专班，为活动的有效开展提供了强有力地组织保障。市人大常委会主任会议组成人员，先后2次深入基层调研，分类指导，检查督办；先后3次召开各县市区人大常委会主任和企业家人大代表专题座谈会，征求意见，交流经验，促进这一活动的深入开展。

2014年，先后召开各县市区人大常委会主任座谈会、代表工作座谈会、理论宣传工作会、“创一流、促跨越”主题实践活动分片汇报会、专题调研座谈会，以加强对县乡人大的联系和指导。

2015年，先后召开各县市区人大常委会主任座谈会3次，以加强对县乡人大的联系和指导。

2016年，在全省县乡两级人大换届选举工作学习班之后，市人大常委会拟定县乡人大换届选举的工作方案，召开县乡人大换届选举工作座谈会暨市县乡人大换届选举工作联席会议，加强对人大换届选举工作的检查指导，确保了全市县乡人大换届选举工作依法而有序展开，实现了换届风气的“零投诉”“零举报”。

第五节　人大信访工作

根据地方组织法“常务委员会根据工作需要，设立办事机构和其他工作机构”的规定，市人大常委会依法设立信访室，并将这一工作逐步推向日常化、制度化。

一、市九届人大常委会信访工作

1981年，市人大常委会建立了由市人大常委会主任、副主任轮流值班的“每周接待代表来访日”制度。当年共接待代表和群众150人次，处理代表和群众来信40余件。市人大常委会办公室对于代表来信和代表视察中反映的问题，均及时转交有关部门办理。有关部门处理后将办理情况答复了代表。有的问题，经过研究后，还向上级人大常委会反映，上级人大常委会也已转有关部门处理。

1982年，市人大常委会认真处理代表来信63件、群众来信79件。接待人大代表和群众来访243人次。市人大常委会对人民生活中急迫需要解决的问题，转有关部门进行了办理。要求合理、符合政策的意见得到了解决。

1983年，市人大常委会对处理代表来信提出了新要求：逐件登记，分类处理；重大问题，领导阅批，按照批示，重点办理；一般问题，弄清意愿，及时转递，归口办理；件件落实，一件不遗，办后有复，代表满意。

二、市十届人大常委会信访工作

1984年，市人大常委会接待代表来访、处理代表来信，加强了同代表的联系。共处理代表来信40件，向市人民政府转达代表意见20条。

1985年，市人大常委会处理人大代表来信来访27件。

1986年，市人大常委会认真听取人大代表和人民群众的意见和要求，并转有关部门办理。

三、市十一届人大常委会信访工作

1988年，市人大常委会共接待代表小组8批64人次。代表们提出的103条建议、意见，均由市人大常委会办公室转交市人民政府和有关部门办理。

1989年，市人大常委会以座谈会的形式共接待代表小组6批34人次，代表们提出的50多条建议、意见，在座谈中当场解决45条，其余5条，由有关部门事后进行研究办理，并由市人大常委会办公室统一作书面答复。另外，平时接待代表来访20人次，处理代表来信19件。

1990年，市人大常委会以座谈会的形式共接待代表6批40人次，代表们共提出建议45条，当场解决了31条，其余14条，由有关部门在事后进行研究办理。

1991年，市人大常委会共接待代表8批39人次，代表们共提出建议意见44条，交有关部门办理完毕后，由市人大常委会办公室统一进行了书面答复。

四、市一届人大常委会信访工作

1992年，市人大常委会按照“分组负责，归口处理”的原则，对来信来访进行了认真办理，当年共受理群众来信100件，接待群众来访30人次。还办理了省人大常委会交办的群众来信。

1993年，市人大常委会共收到群众来信287件，接待来访115人次，对其反映的问题，均按照信访处理规定进行了处理。

1994年，市人大常委会共受理群众来信332件，接待群众来访130人次，接待处理代表来信来访20件次。通过信访渠道，解决了一些涉及群众切身利益的问题。

1995年，市人大常委会共接待群众来访136人次，收到群众来信268件，接待处理代表来信67件次。对其反映的问题，认真转办、交办和督办，对重大问题还派人调查和催办，狠抓落实。

1992年至1996年间，市人大常委会共接待人大代表和人民群众来访653人次、受理来信1632件次。对其反映的问题进行了交办、督办，解决了一些群众关心的热点难点问题，相关部门还纠正了11起审判不当的案件。

五、市二届人大常委会信访工作

1997年，市人大常委会代表联络信访人事任免工作委员会制定《信访接待处理办法》。全年受理代表和群众来信来访827件（人次），对其中反映强烈的典型个案进行依法监督，促使相关部门依法纠正了5起审判不当的案件。市人大常委会重点督办的3起典型个案中，一件已经由市中级人民法院对有关责任人进行了党纪、政纪处分，另两件进行再审。10月下旬，召开全市人大司法监督工作座谈会，制定《宜昌市人大常委会监督司法工作暂行办法》。

1998年，市人大常委会对司法机关办理案件的情况进行监督，市人大法制委员会先后向市、县两级司法机关转办、交办的投诉案40件，督促其依法办理。市级司法机关已向市人大常委会报送办理结果的20多件，县级司法机关依法纠正处理不当案件13件。

1999年，市人大常委会召开全市人大信访工作座谈会，交流了人大信访工作经验。当年接待人民群众来访900多件次，其中涉及司法方面的达600多件次。全年编发《人大信访动态》5期。

2000年，市人大常委会认真接待人民群众来信来访，加强个案监督。全年共受理人民群众来访328人次、来信781件次，其中市人大常委会主要领导阅批人民群众来信270件次，使人民群众反映强烈的问题得到及时处理。

1997年至2001年间，市人大常委会为进一步加强人大信访工作，设立专门的信访工作机构，每年接待处理来信来访近1000件（人）次，市人大常委会主要领导每年亲自审签和接待来信来访达数百件（人次）。通过办理信访案件，对具体案件开展监督，纠正了一些群众反映强烈的违法案件。

六、市三届人大常委会信访工作

2002年，市人大常委会共接待处理群众来信来访884件（人）次，处理率达100%。如红光港机厂一名工人的孩子在学校受伤，上访多年，经市人大常委会领导亲自督办，得到妥善解决，家长通过电话和书信表示真诚地感谢。

2003年，市人大常委会针对近年来人民群众对司法机关办理案件提出申诉越来越多的情况，进一步加强了信访工作。当年共处理来信1211件，通过跟踪督办，使部分信访案件得到办理落实，保障了当事人的合法权益，化解了一些社会矛盾。

2004年，市人大常委会共接待处理群众来信来访2012件（人次），所有信访件已督促有关单位办结和答复，一次性结处率达80%以上。

2005年，市人大常委会共受理群众来信来访2245件（人次），接待处理率达到98%。

2002年至2006年间，市人大常委会接待处理群众来信来访近8000多件（人）次，接待处理率近100%。对一般来信来访，及时转办；对重要来信来访，由主任会议组成人员亲自接待处理；对社会影响较大，人大代表和人民群众反响强烈的涉法信访案件，进行了重点督办；对信访人的合理要求及时交有关机关办理，保障了当事人的合法权益；对少数多年无理缠访人员，进行耐心说服解释，促使他们正确对待并认真履行司法机关的生效判决裁定和处理决定，化解了一些社会矛盾。

七、市四届人大常委会信访工作

2007年，市人大常委会积极贯彻落实全省人大信访工作座谈会精神，全年受理群众来信来访2155件（人次）；配合市委市人民政府信访办公室接待到市集处中心上访人员81批次、203人次；办理全国人大常委会办公厅、省人大常委会办公厅、市人大常委会主任会议组成人员交办的信访件128件次。对这些信访件均已按要求报告了办理结果或者处理情况。

2008年，市人大常委会共接待处理群众来信来访1910多件（人）次，督促解决了一批人民群众关心的热点、难点问题。

2009年，市人大常委会共接待处理群众来信来访1804件（人）次，督促解决了一批人民群众关心的热点、难点问题，有效化解了社会矛盾。

2010年，市人大常委会共接待处理群众来信来访1796件（人）次，督促有关部门化解了一批信访积案，解决了一批人民群众反映强烈的问题。

2007年至2011年间，共受理人民群众来信5483件次，接待来访6137人次，及时协调督促有关部门依法妥善处理，促进了社会和谐稳定。

八、市五届人大常委会信访工作

2012年，市人大常委会共接待处理群众来信来访1795件（人）次，推动了群众合理诉求的解决。

2013年，市人大常委会共受理群众来信822件次，接待群众来访889人次，认真督办群众来信来访中反映的突出问题。

2014年，市人大常委会共接待处理群众来信来访1368件（人）次，推动了一批群众合理诉求的妥善解决。

2015年，市人大常委会共接待处理群众来信来访来电834件（人）次，推动了一批群众合理诉求的妥善解决。

2016年，市人大常委会共受理群众来信来访来电986件（人）次。其中处理来信748件次，占信访总量的76%；接待来访、接听来电238批次、253人次，占信访总量的24%。

第六节 开展“创一流、促跨越”主题实践活动

为了更好地动员、组织全市各级人大代表深入学习贯彻党的十八大精神，解放思想，激情跨越，为加快建设现代化特大城市做贡献，2013年至2016年，市人大常委会党组组织在宜昌的全国、省，市、县、乡五级人大代表，市、县、乡三级人大机构广泛开展“创一流、促跨越”主题实践活动（以下简称“创促”活动）。

一、“创促”活动的指导思想和目标任务

坚持以党的十八大精神为指导，以“凝民心、汇民智、聚民力、促跨越”为主线，以加快建设现代化特大城市为第一要务，以招商引资、项目建设、改善民生为主攻方向。发挥各级人大代表的带领、带动作用以及全市各级人大与外地各级人大联系密切的优势，在招商引资、项目建设中勇挑重担，激情跨越，在改善民生中敢于担当，砥砺前行，形成各级人大、各级人大代表共谋发展、齐促跨越的强大气场，凝聚建设现代化特大城市的民主力量，不断开拓宜昌科学发展新局面，开创宜昌跨越式发展新辉煌。

二、“创促”活动的内容和形式

在宜昌的全国、省、市、县、乡五级人大代表以“提出一条助推宜昌跨越发展的好建议、提出一个建设现代化特大城市的好点子、提供一条招商引资的好信息、引进一个好项目、推广一项新技术、联系一个企业、帮助企业解决一个制约发展的实际困难、帮扶一户困难户、办理一件改善民生的实事”等“九个一”活动为主要内容。

市、县（市、区）人大常委会以开展“人大代表宜昌行活动”（邀请外地人大代表中的企业家、港澳台商以及在外地的宜昌籍企业家、高技术人才到宜昌考察、投资）为主要内容。

市县乡三级人大联动，采用“七进七访”的形式，分级组织五级人大代表开展“九个一”活动。

市人大常委会负责组织在城区的全国、省、市人大代表，县（市、区）人大常委会、乡镇人大主席团（街道人大联络处）负责组织本辖区的五级人大代表，开展“七进七访”：一是进园区、访企业，了解园区优化环境、基础设施、招商引资、结构调整、企业生产经营、精神文明建设等情况。二是进工地、访项目，了解交通、城建、文化旅游等重大项目的规划制定、招标监管、质量监控、施工环境、工程进展等情况。三是进市场、访客商，了解要素市场培育、发展，生产要素供给、配置以及产品市场份额、供需关系等情况。有条件的代表可根据需要，赴外地学习考察加快经济发展的先进经验，积极开展“以商招商”“引资引智”。四是进农村、访农民，了解农田水利基础设施建设、惠农政策落实、农业发展方式转变等情况。五是进社区、访居民，了解社会管理创新、文明创建、民生保障、社区建设等情况。六是进机关、访干部，了解依法行政、公正司法，服务基层、服务群众、服务企业等情况。七是进选区、访选民，了解推进民主法治、坚持和完善人民代表大会制度、促进代表依法履职等方面的建议。

三、“人大代表宜昌行”活动开展情况

“人大代表宜昌行活动”按照统分结合的方式进行。2013年至2015年，市人大常委会统一组织13个县市区人大常委会集中开展“人大代表宜昌行”活动，集中签订投资协议。2016年各县市区分别组织“人大代表当地行”活动。

市人大常委会统一组织的“人大代表宜昌行”活动

2013年6月21日到23日，市人大常委会积极争取广东省深圳市人大常委会支持，组织了第一次“人大代表宜昌行”活动。深圳市人大代表及企业家37人莅临宜昌，考察投资。签约项目9个，协议投资金额81.8亿元。

2013年11月4日，市人大常委会积极争取湖北省人大常委会支持，举办了“湖北省企业界人大代表楚天行·宜昌”活动。共有7名全国人大代表、36名省人大代表和7名人大代表委托人以及50多名相关企业家莅临宜昌，考察投资。签约项目55个，协议投资金额528.9亿元。

2014年11月25日，市人大常委会组织了第三次“人大代表宜昌行”活动。共有86名企业界人大代表及关联企业家（其中，上海市浦东区人大代表、企业家2人，省内的全国、省、市企业界人大代表6人，香港、北京、上海、广东等地的企业家70多人）莅临宜昌，考察投资。签订项目36个，协议投资金额230.4亿元。

2015年10月28日，市人大常委会争取上海市静安区人大常委会支持，组织了第四次“人大代表宜昌行”活动。来自澳大利亚和北京、上海、广东、浙江、海南、江西等省市的100多名人大代表、企业家莅临宜昌，考察投资。签约项目39个，协议投资金额271.9亿元。活动中，市人大常委会与上海市静安区人大常委会签订了《建立两地人大互动交流，推动人大工作创新和经济发展的长效机制协议书》。

为了确保签约项目早日落地，市人大常委会还多次召开项目推进会，深入企业、工地调研，协调解决制约项目落地的困难和问题，确保签约项目“包栽包活”。

各县市区分别组织的“人大代表当地行”活动

2016年，各县市区人大常委会放大“人大代表宜昌行”这个品牌效应，分别组织“人大代表当

地行”活动，助力招商引资和项目建设。宜都市签约项目5个，协议投资金额8.48亿元；枝江市签约项目4个，协议投资金额43亿元；秭归县签约项目3个，协议投资金额17亿元；五峰土家族自治县签约项目28个，协议投资金额20亿元；点军区签约项目3个，协议总投资43亿元；猇亭区签约项目9个，协议投资金额191.4亿元；当阳市签约项目4个；长阳土家族自治县签约项目5个；西陵区签约项目1个，协议投资额1.5亿元；兴山县签约项目24个；远安县人大常委会利用参加全国人大深圳培训班契机，鼓励远安籍在深圳、珠海创业人士“回乡创业”；夷陵区人大常委会积极参与“武汉名企夷陵行”活动，并专班参加珠三角招商、北京招商等一系列大型招商活动。

四、各级人大代表开展“七进七访”“九个一”活动情况

各县市区人大常委会、乡镇人大主席团（街道人大联络处）组织辖区内的各级人大代表“七进七访”，积极落实“九个一”。仅2013年，各级人大代表进园区访企业2422家，进企业访项目2441个，进市场访客商3523人，进农村访农民300769人，进社区访居民70010人，进机关访干部13199人，进选区访选民402985人，筹集资金8500万元，帮扶困难户7118户，办理改善民生的实事5704件。（2014年至2016年统计数据缺失）

五、“创促”活动的成效

展示了宜昌美好形象。受邀来宜的人大代表和企业客商考察了宜昌的投资环境、宜昌城市发展的蓝图后，对宜昌的地理人文、资源禀赋、投资环境、发展规划有了深刻全面的了解，对宜昌面临的黄金发展机遇、宜昌建设现代化特大城市的战略眼光和投资环境赞叹不已，对在宜昌投资信心满怀。宜昌的美好形象深入人心。

推动了宜昌大城建设。2013年至2015年，在“人大代表宜昌行”活动中，共签约投资项目106个，已有51个项目开工建设，实际到位资金175.6亿元，为宜昌建设现代化特大城市增添了动力、培植了后劲。

拓展了人大工作思路。“创促”活动创新了围绕中心、服务大局的“新模式”，拓宽了联系群众、服务基层的“连心桥”，构筑了履职行权、发挥作用的“大舞台”，开辟了招商引资、促进发展的“直通道”，创造了人大工作新载体、新经验、新品牌。

六、“创促”活动的社会影响

“创促”活动得到了省、市领导的高度评价，在社会上引起了广泛关注。时任湖北省委常委、宜昌市委书记、市人大常委会主任黄楚平先后4次做出重要批示，称赞“创促”活动特色鲜明、亮点纷呈、成效明显；创新了人大代表和人大机关围绕中心，服务大局，助力现代化特大城市建设的新模式。湖北省人大常委会党组书记、常务副主任李春明批示：“‘湖北省企业界人大代表宜昌行’活动取得了丰硕成果，宜昌市人大常委会并建一同志功不可没”。

时任中共宜昌市委副书记、市长马旭明两次做出批示，指出企业家人大代表宜昌行成果丰硕，不仅大力宣传了宜昌，而且签约引进的一批项目品质好，将十分有利于宜昌产业提档升级和规模扩

张。感谢市人大常委会对政府工作的大力支持。

2014年，“人大代表宜昌行”被评为市直机关“十佳服务品牌”，在全市范围内进行推介。

国家级、省级新闻媒体大量报道“创促”活动。《工人日报》（2013年6月26日）以《宜昌市人大代表结“穷亲”》为题、《人民代表报》（2013年7月23日）以《营造发展“大气场”——宜昌市各级人大代表“七进七访”活动侧记》为题、《新华网》（2013年11月5日）以《七千多名人大代表“双岗”建功——宜昌市人大常委会召开“创促”新闻发布会》为题、《人民网》（2013年11月6日）以《湖北：企业界人大代表助力宜昌发展》为题、《湖北日报》（2013年11月6日）以《“企业界人大代表楚天行”活动走进宜昌》为题、《新华社通讯》（2014年11月25日）以《“人大代表宜昌行”座谈会暨项目签约仪式昨日举行——签约项目36个，协议投资230亿》为题进行了宣传报道。

《三峡日报》先后9次在重要版面大篇幅报道“创促”活动。

2016年1月，市人大常委会对2013年、2014年、2015年的“创促”活动进行了回顾总结，编辑成《筑梦宜昌》一书，为今后人大工作创新提供借鉴参考。

七、“创促”活动先进单位和个人

“创促”活动的成功，得益于各级人大机关、人大代表以及人大工作者卓有成效的工作。市人大常委会先后于2014年、2015年、2016年对在上一年“创促”活动中做出突出成绩的单位和个人进行了表彰。

2014年，授予宜都市人大常委会等40个县市区人大常委会、乡镇人大、街道人大联络处、代表小组先进单位称号，授予当阳市人大常委会等6个县市区人大常委会活动优秀组织奖，授予周钰等210名人大代表、人大机关干部先进个人称号。

2015年，授予宜都市人大常委会等28个单位“创促”活动先进单位称号（其中：“七进七访”先进单位9个；“九个一”先进单位10个；“人大代表宜昌行”先进单位9个），授予张杰等100名同志“创促”活动先进个人称号，授予陈世贵等15名同志“创促”活动突出贡献奖。

2016年，授予宜都市人大常委会等50个单位“创促”活动先进单位称号（其中：“七进七访”先进单位14个；“九个一”先进单位16个；“人大代表宜昌行”先进单位20个），授予李六益等100名同志“创促”活动先进个人称号。

第七篇　宜昌市人大及其常委会机构设置

截至2016年12月，宜昌市五届人民代表大会及其常委会分别设有7个市人大专门委员会、8个工作机构和办事机构（详见下图）。

宜昌市五届人大及其常委会机构设置示意图

（制图时间：2016年1月21日）

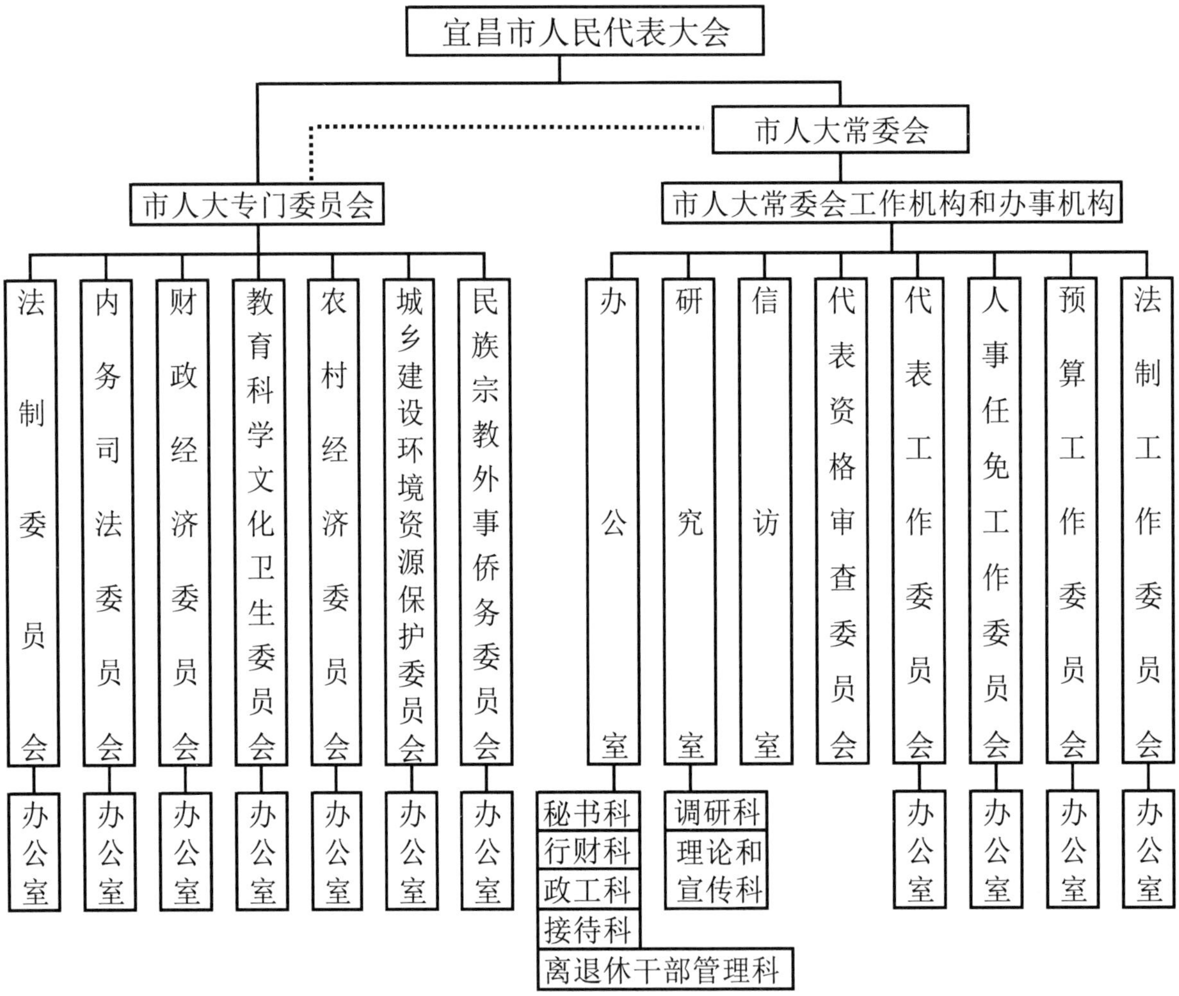

第一章　宜昌市人大及其常委会机构设置

1954年宪法规定："地方各级人民代表大会都是地方国家权力机关"，"地方各级人民委员会，即地方各级人民政府，是地方各级人民代表大会的执行机关，是地方各级国家行政机关。"1975年宪法规定："地方各级革命委员会是地方各级人民代表大会的常设机关，同时又是地方各级人民政府。"1979年修正后宪法规定："县和县以上的地方各级人民代表大会设立常务委员会，它是本级人民代表大会的常设机关，对本级人民代表大会负责并报告工作。"1979年地方组织法规定："常务委员会根据工作需要，设立办事机构。"1986年地方组织法规定："设区的市的人民代表大会根据需要，可以设法制（政法）委员会、财政经济委员会、教育科学文化卫生委员会等专门委员会。各专门委员会受本级人民代表大会领导；在大会闭会期间，受本级人民代表大会常务委员会领导。"据此，市人民代表大会经历三个阶段，各阶段常设机构名称不同。

1954年7月至1967年12月，市人民代表大会经历市一届至六届人民代表大会，市人民代表大会的执行机关为市人民委员会。

1968年1月至1981年1月，市人民代表大会会议经历市七届和八届人民代表大会，市人民代表大会的常设机构为市革命委员会。

1981年2月至1992年8月，市人民代表大会经历市九届至十一届人民代表大会。1981年2月，市九届人大一次会议首次设立市人民代表大会常务委员会。1984年8月，市十届人大常委会首次设立四个工作委员会。1988年1月，市十一届人大一次会议首次设立了四个市人民代表大会专门委员会。

第一节　市一届人民代表大会机构设置

一、机构设置

1954年7月2日—7日，召开市一届人大一次会议，形成了地方国家权力机关——市一届人民代表大会。

1955年4月20日，市一届人大二次会议，选举市人民委员会组成人员，形成了地方国家行政机关——市一届人民委员会。

二、负责人名录

市一届人大二次会议选举的市人民委员会组成人员：

市　长：朱青；

副市长：阎锦华、邢郑民、陈光勋；

委　员：王子才、高尚志、岳传岱、赵萍、赵喜珍、陈光辉、王西峰、童子浩、喻子凤、王良甫、张寿人、法正明、韩启浩。

第二节　市二届人民代表大会机构设置

一、机构设置

1956年12月17日—22日，召开市二届人大一次会议，形成了地方国家权力机关——市二届人民代表大会。会议选举市人民委员会组成人员，形成了地方国家行政机关——市二届人民委员会。

二、负责人名录

市二届人大一次会议选举的市人民委员会组成人员：

市　长：朱青；

副市长：阎锦华、邢郑民、陈光勋、赵惠林；

委　员：于从义、王子才、王西峰、王良甫、王玲、卢敏斋、法正明、赵萍、赵喜珍、张寿人、童子浩、喻子凤、廖华珍、潘忠国。

第三节　市三届人民代表大会机构设置

一、机构设置

1958年6月30日—7月2日，召开市三届人大一次会议，形成了地方国家权力机关——市三届人民代表大会。会议选举市人民委员会组成人员，形成了地方国家行政机关——市三届人民委员会。

二、负责人名录

市三届人大一次会议选举的市人民委员会组成人员：

市　长：赵茂林；

副市长：邢郑民、陈光勋、赵惠林；

委　员：于从义、王子才、王良甫、王玲、卢敏斋、何一樵、法正明、周绍华、赵喜珍、郭玉才、张寿人、冯锦卿、童子浩、廖华珍、潘忠国。

1959年8月30日，市三届人大三次会议，鉴于市长赵茂林体弱多病的实际情况，同意其改任副市长，并补选王子才为市长。

第四节　市四届人民代表大会机构设置

一、机构设置

1961年12月25日—28日，召开市四届人大一次会议，形成了地方国家权力机关——市四届人民代表大会。会议选举市人民委员会组成人员，形成了地方国家行政机关——市四届人民委员会。

二、负责人名录

市四届人大一次会议选举的市人民委员会组成人员：

市　长：邱文礼；

副市长：赵茂林、亢宏才、邢郑民、陈光勋、赵惠林；

委　员：陈启富、刘显光、张寿人、马惠君、童子浩、冯锦卿、许宝秀、张玉、卜凡良、王永祥、李克、杨实舜、孙浩、于从义、赵萍、丛树英、陈光辉、郭敬信、何一樵。

1962年12月26日，市四届人大二次会议，增选孙浩和亓连三为宜昌市副市长；增选胡芝田为委员。

第五节　市五届人民代表大会机构设置

一、机构设置

1963年7月1日—4日，召开市五届人大一次会议，形成了地方国家权力机关——市五届人民代表大会。会议选举市人民委员会组成人员，形成了地方国家行政机关——市五届人民委员会。

二、负责人名录

市五届人大一次会议选举的市人民委员会组成人员：

市　长：邱文礼；

副市长：孙浩、邢郑民、亢宏才、亓连三、陈光勋、赵惠林；

委　员：于从义、刘显光、丛树英（女）、何一樵、陈光辉、胡芝田、马惠君（女）、许宝秀（女）、张寿人、童子浩、冯锦卿、杨实舜。

第六节　市六届人民代表大会机构设置

一、机构设置

1966年1月10日—12日，召开市六届人大一次会议，形成了地方国家权力机关——市六届人民代表大会。会议选举市人民委员会组成人员，形成了地方国家行政机关——市六届人民委员会。

二、负责人名录

市六届人大一次会议选举的市人民委员会组成人员：

市　长：阎振江；

副市长：邢郑民、亢宏才、亓连三、赵惠林；

委　员：于从义、马惠君、田生、冯锦卿、刘显光、孙浩、许宝秀、何一樵、李兰芝、陈光辉、杨实舜、张寿人、彭彦、童子浩、曾质彬、谭受伦。

第七节　市七届人民代表大会机构设置

一、机构设置

1968年1月15日，经武汉军区党委批准，宜昌地区革命委员会成立。1月16日，经湖北省军区临时党委批准，宜昌市革命委员会成立。1月16日，地、市革命委员会联合在铁路坝广场举行有5万人参加的成立大会，宣告宜昌地、市革命委员会正式成立。同年1至9月，宜昌地区九个县相继全部成立了革命委员会。

根据1975年宪法关于“地方各级革命委员会是地方各级人民代表大会的常设机关，又是地方各级人民政府”的规定，将市革命委员会排序为市七届人民代表大会的常设机关。

二、负责人名录

1968年1月15日，宜昌地区成立革命委员会时由75名委员组成，戴风歧为主任；张波、张景禄、邱文礼和1名群众组织代表为副主任。

1968年1月16日，市成立革命委员会时由52名委员组成，高尚志为主任。

第八节　市八届人民代表大会机构设置

一、机构设置

1978年11月25日—28日，召开市八届人大一次会议。会议选举产生市革命委员会。

二、负责人名录

市八届人大一次会议选举的市革命委员会组成人员：

主　任：张健；

副主任：卜凡良、陈义炳、王冰、汪敬祖、王维顺、李永发、倪忠俊；

委　员：文振藻、鹿振中、芦明林、刘宗高、李培文、方财兴、向家才、周福昌、高宏准、万培信、史昌远、陈文忠、余明生、傅承保、刘克诚、屈定远、范庭元、张永昌、李景钊、曾绍松、杨竞先、黄显宁、王淑珍、金正红、范世英、谷元基、闵恕芝、郭以琨、杨实舜、冯锦卿、陈启富、李有仁、邓长城、肖铁生、王蔚斐、靳万春、路治国、刘宜华、孙昌秀、高丕壮、韩秀兰。

第九节 市九届人大及其常委会机构设置

一、机构设置

1981年2月以前，市历届人民代表大会均没有设立常务委员会。

1981年2月25日，市九届人大一次会议首次选举产生市九届人大常委会。市九届人大常委会组成人员共27人，其中，正、副主任7人，委员20人，正、副秘书长（委员兼）2人。同年7月，市人大常委会设立办公室（内设秘书科、代表联络科、政法科和财经科等四个科，共配备工作人员14人）。

二、负责人名录

中共宜昌市九届人大常委会党组成员名录

表7—1—1

职务	姓名	任职时间	职务	姓名	任职时间
书记	朱青	1981.2—1984.5	成员	亢宏才	1981.2—1984.5
副书记	陈义炳	1981.2—1984.5		亓连三	1981.2—1984.5
	王冰	1981.2—1984.5		李永发	1981.2—1984.5
				文振藻	1981.2—1984.5

市九届人大常委会主任、副主任、秘书长名录

表7—1—2

职务	姓名	任职时间	职务	姓名	任职时间
主任	朱青	1981.2—1984.5	副主任	李永发	1981.2—1984.5
副主任	陈义炳	1981.2—1984.5		杨实舜	1981.2—1984.5
	王冰	1981.2—1984.5			
	亢宏才	1981.2—1984.5	秘书长	文振藻	1982.3—1984.5
	亓连三	1981.2—1984.5	副秘书长	岳忠权	1982.3—1984.5

市九届人大常委会办事机构负责人名录

表7—1—3

机构名称	主任		副主任	
	姓名	任职时间	姓名	任职时间
办公室	文振藻	1981.7—1982.2	岳忠权	1981.7—1982.2
	岳忠权	1982.3—1983.5	林金明	1983.5—1984.7
	吴宪征	1983.5—1984.7	唐纪林	1983.5—1983.9

第十节　市十届人大及其常委会机构设置

一、机构设置

1984年5月，召开市十届人大一次会议。选举产生市十届人大常委会组成人员共31人，其中，正、副主任7人，委员24人，正、副秘书长（委员兼）2人。市人大常委会办公室内设秘书科、代表科、法制科、财政经济科、城乡建设科和教科文卫科等六个科。

1984年8月4日，市十届人大常委会二次会议审议通过《关于设立宜昌市人民代表大会常务委员会法制、财政经济、城乡建设、教育科学文化卫生四个工作委员会的决定》。决定设立市人大常委会法制工作委员会、财政经济工作委员会、城乡建设工作委员会、教育科学文化卫生工作委员会。这四个工作委员会是市人大常委会的办事机构，受市人大常委会的领导，对市人大常委会报告工作。市人大常委会办公室的法制科、财政经济科、城乡建设科和教科文卫科，分别为各对口工作委员会的日常办事机构。

1987年3月，市人大常委会的工作机构和办事机构，设四委一办三科，即法制工作委员会、财经工作委员会、城乡建设工作委员会、教科文卫工作委员会、办公室和秘书科、行政科、代表工作科。

二、负责人名录

中共宜昌市十届人大常委会党组成员名录

表7—1—4

职　务	姓　名	任　职　时　间	职　务	姓　名	任　职　时　间
书　记	郝逢武	1984.7—1988.1	成　员	王维顺	1984.7—1988.1
副书记	陈义炳	1984.7—1988.1		常立柱	1984.7—1988.1
	汪敬祖	1984.7—1988.1		吴宪征	1984.7—1988.1

市十届人大常委会主任、副主任、秘书长名录

表7—1—5

职　务	姓　名	任　职　时　间	职　务	姓　名	任　职　时　间
主　任	郝逢武	1984.5—1988.1	副 主 任	常立柱	1984.5—1988.1
副主任	陈义炳	1984.5—1988.1		杨浩忠	1984.5—1988.1
	王维顺	1984.5—1988.1			
	汪敬祖	1984.5—1988.1	秘 书 长	吴宪征	1984.8—1988.1
	冯锦卿	1984.5—1988.1	副秘书长	岳忠权	1984.8—1984.12

市十届人大常委会工作机构和办事机构负责人名录

表7—1—6

机构名称	主任		副主任	
	姓名	任职时间	姓名	任职时间
法制工作委员会	王维顺	1984.8—1986.1	高宏准	1984.8—1986.1
	高宏准	1986.1—1988.1	陈传江	1984.8—1988.1
			金正红	1984.8—1988.1
			林金明	1985.11—1988.1
财政经济工作委员会	陈义炳	1984.8—1988.1	彭彦	1984.8—1988.1
			宋景隆	1984.8—1988.1
教育科学文化卫生工作委员会	常立柱	1984.8—1988.1	梁继平	1984.8—1988.1
			卢维珍	1985.11—1988.1
城乡建设工作委员会	汪敬祖	1984.8—1988.1	范世英	1984.8—1988.1
			王正国	1984.8—1988.1
			林家瑜	1985.11—1988.1
办公室	吴宪征	1984.5—1984.8	林金明	1984.5—1985.11
	秦燧泉	1985.7—1988.1	赵近春	1984.8—1988.11
			林家瑜	1985.7—1985.11

市十届人大常委会机关工会负责人名录

表7—1—7

主席		副主席	
姓名	任职时间	姓名	任职时间
秦燧泉	1987.9—1988.1	官德锦	1987.9—1988.1

第十一节 市十一届人大及其常委会机构设置

一、机构设置

1988年1月21日，市十一届人大一次会议选举产生市十一届人大常委会组成人员主任1人，副主任5人，秘书长1人（从市十一届人大常委会起，在市人大常委会组成人员中增选秘书长1人），委员21人。设立市人民代表大会法制委员会、财政经济委员会、城乡建设委员会和教育科学文化卫生委员会等四个专门委员会。2月，在市人大常委会办公室内增设人事任免科、行政科。

1991年9月，市人大常委会办公室增设立了信访科和老干部科。

二、负责人名录

中共宜昌市十一届人大常委会党组成员名录

表7—1—8

职务	姓名	任职时间	职务	姓名	任职时间
书记	郝逢武	1988.1—1992.9	成员	李春华	1988.1—1992.9
副书记	王维顺	1988.1—1992.9		辛丹凤	1988.1—1992.9
	汪敬祖	1988.1—1992.9		吴宪征	1988.1—1992.9

市十一届人大常委会主任、副主任、秘书长名录

表7—1—9

职　务	姓　名	任　职　时　间	职　务	姓　名	任　职　时　间
主　任	郝逢武	1988.1—1992.9	副主任	辛丹凤	1988.1—1992.9
副主任	王维顺	1988.1—1992.9		粟　凯	1991.3—1992.9
	汪敬祖	1988.1—1992.9		戴振声	1992.3—1992.9
	崔传礼	1988.1—1988.3		李家余	1992.3—1992.9
	李华春	1988.1—1992.9	秘书长	吴宪征	1988.1—1992.9

市十一届人大专门委员会负责人名录

表7—1—10

专门委员会名称	主任委员		副主任委员	
	姓　名	任　职　时　间	姓　名	任　职　时　间
法制委员会	李华春	1988.1—1992.3	高宏准	1988.1—1992.9
	官德锦	1992.3—1992.9	官德锦	1988.1—1992.3
财政经济委员会	王维顺	1988.1—1992.3	李　克	1988.1—1992.3
	李　克	1992.3—1992.9	岳庆坡	1988.1—1992.9
教育科学文化卫生委员会	崔传礼	1988.1—1988.3	肖昌发	1988.1—1992.3
	粟　凯	1991.3—1992.3	卢维珍	1988.1—1991.3
	肖昌发	1992.3—1992.9		
城乡建设委员会	汪敬祖	1988.1—1992.3	林家瑜	1988.1—1992.3
	林家瑜	1992.3—1992.9	邹心荣	1992.3—1992.9

市十一届人大常委会办事机构负责人名录

表7—1—11

机　构　名　称	主　任		副主任	
	姓　名	任　职　时　间	姓　名	任　职　时　间
办　公　室	秦燧泉	1988.3—1992.9	赵近春	1988.11—1991.2
			周　琳	1992.1—1992.9
			廖全谷	1992.3—1992.9

市十一届人大常委会机关党支部和工会负责人名录

表7—1—12

机　关　党　支　部			工　会　委　员　会		
职　务	姓　名	任　职　时　间	职　务	姓　名	任　职　时　间
书　记	吴宪征	1988.6—1992.9	主　席	秦燧泉	1988.1—1992.9
副书记			副主席	官德锦	1988.1—1992.9

第二章　地市合并后宜昌市人大及其常委会机构设置

1979年宪法规定："地方各级人民代表大会都是地方国家权力机关"。1979年地方组织法规定："县和县以上的地方各级人民代表大会设立常务委员会。"1986年地方组织法规定："设区的市的人民代表大会根据需要，可以设法制（政法）委员会、财政经济委员会、教育科学文化卫生委员会等专门委员会。各专门委员会受本级人民代表大会领导；在大会闭会期间，受本级人民代表大会常务委员会领导"，"常务委员会根据工作需要，设立办事机构"，"县级以上的地方各级人民代表大会常务委员会设立代表资格审查委员会。"据此，1992年9月至2016年12月间宜昌市经历第一届至第五届人民代表大会。市人民代表大会设立了若干专门委员会，市人大常务委员会下设了若干工作机构和办事机构。

第一节　市一届人大及其常委会机构设置

一、机构设置

市人民代表大会各专门委员会

1992年9月，地市合并后的宜昌市一届人大一次会议召开。会议决定设立市一届人民代表大会农村经济委员会、财政经济委员会、教育科学文化卫生委员会、城镇建设委员会、法制委员会和民族宗教外事侨务委员会等六个专门委员会。会议表决通过各专门委员会组成人员名单。各专门委员会内设秘书科。

市人大常委会工作机构和办事机构

市一届人大常委会先后设立了办公室、研究室、代表资格审查委员会、代表联络工作委员会等四个工作机构和办事机构：

1992年11月，设立市人民代表大会常务委员会办公室。办公室内设秘书科、调研科、干部人事科、信访科、新闻宣传科、接待科、行财科等七个科。

1992年11月10日，市一届人大常委会一次会议审议通过《关于设立宜昌市人民代表大会常务委员会代表资格审查委员会的决定》和《关于设立宜昌市人民代表大会常务委员会代表联络工作委员会的决定》。代表联络工作委员会内设秘书科。

1993年1月8日，市一届人大常委会二次会议审议通过市人民代表大会常务委员会代表资格审查委员会组成人员名单。

1994年12月，市人大常委会办公室根据工作需要，增设离退休干部管理科。市人大办常委会公室车队虽未定为机关正式机构，但其车队负责人由市委组织部确定为副科级。

1996年11月13日，市一届人大常委会第二十六次会议决定增设办事机构：市人大常委会研究室。

二、负责人名录

市一届人大常委会筹备组及其办公室负责人名录

表7—2—1

市一届人大常委会筹备组			筹备组办公室		
职　务	姓　名	任　职　时　间	职　务	姓　名	任　职　时　间
组　长	艾光忠	1992.3—1992.9	主　任	李国普	1992.7—1992.9
成　员	郝逢武	1992.3—1992.9	副主任	戴振声	1992.7—1992.9
	赵复武	1992.3—1992.9		李家余	1992.7—1992.9
	李国普	1992.3—1992.9		江秀芳	1992.7—1992.9

中共宜昌市一届人大常委会党组负责人名录

表7—2—2

职　务	姓　名	任　职　时　间	职　务	姓　名	任　职　时　间
书　记	赵复武	1992.9—1997.3	副书记	徐春浩	1992.9—1997.3

市一届人大常委会主任、副主任、秘书长、副秘书长名录

表7—2—3

职　务	姓　名	任　职　时　间	职　务	姓　名	任　职　时　间
主　任	赵复武	1992.9—1997.3	副 主 任	王治山	1992.9—1997.3
副主任	徐春浩	1992.9—1997.3		邓启勋	1992.9—1995.3
	谢远照	1992.9—1997.3		江秀芳	1992.9—1997.3
	周云焕	1992.9—1997.3		柏世友	1996.3—1997.3
	吴承富	1992.9—1997.3	秘 书 长	李国普	1992.9—1996.3
	粟　凯	1992.9—1997.3		王少愚	1996.3—1997.3
	李国普	1992.9—1997.3	副秘书长	刘德法	1992.11—1997.3
	戴振声	1992.9—1997.3		梅云年	1993.1—1997.3
	李家余	1992.9—1997.3		邱忠安	1996.7—1997.5
	龚尚华	1992.9—1997.3		张成大	1997.1—1997.5

市一届人民代表大会各专门委员会负责人名录

表7—2—4

专门委员会名称	主　任　委　员		副　主　任　委　员	
	姓　名	任　职　时　间	姓　名	任　职　时　间
法制委员会	吴承富	1992.9—1997.3	陈祖庆	1992.9—1994.1
			官德锦	1993.1—1997.3
财政经济委员会	刘康明	1992.9—1997.3	郭泗溢	1992.9—1997.3
			王淑珍	1993.1—1997.3
农村经济委员会	汪正江	1992.9—1997.3	傅显铭	1992.9—1995.10
教育科学文化卫生委员会	徐春浩	1992.9—1997.3	肖昌发	1992.9—1997.3
城镇建设委员会	李家余	1992.9—1997.3	林家瑜	1992.9—1997.3
民族宗教外事侨务委员会	秦燧泉	1992.9—1997.3	李善林	1992.9—1997.3

市一届人大常委会工作机构和办事机构主任、副主任名录

表7—2—5

机构名称	主任		副主任	
	姓名	任职时间	姓名	任职时间
代表资格审查委员会	周云焕	1993.1—1997.3	龚福达	1993.1—1997.3
代表联络工作委员会	龚福达	1993.1—1997.3	屈耀富	1993.1—1995.7
			姚圣桂	1993.9—1997.3
			岳庆坡	1994.3—1997.7
办公室	张成大	1992.11—1997.1	周　琳	1993.1—1997.3
	邹贵初	1997.1—1997.5	廖全谷	1993.1—1995.9
			岳庆坡	1993.1—1994.2
			邹贵初	1993.1—1997.1
			王立国	1995.9—1997.3
研究室	丁先雄	1996.11—1997.3		

市一届人大常委会机关党委和工会委员会负责人名录

表7—2—6

机关党委			工会委员会		
职务	姓名	任职时间	职务	姓名	任职时间
书　记	张成大	1993.2—1997.9	主　席	邹心荣	1993.5—1997.9
副书记	龚福达	1993.2—1997.9	副主席	李善林	1993.5—1997.9

第二节　市二届人大及其常委会机构设置

一、机构调整

市人民代表大会各专门委员会

1997年3月31日，市二届人大一次会议决议设立市二届人民代表大会法制委员会、财政经济委员会、教育科学文化卫生委员会、农村委员会、城乡建设环境资源保护委员会和民族宗教外事侨务委员会等六个专门委员会。会议表决通过各专门委员会的组成人员名单。各专门委员会内设办公室。

2000年2月28日，市二届人大五次会议通过龚尚玉为市人大财政经济委员会主任委员，杨正谋为市人大教育科技文化卫生委员会主任委员，陈汝斌为市人大城乡环境资源保护委员会主任委员。

市人大常委会工作机构和办事机构

市二届人大常委会设有办公室、研究室、代表资格审查委员会、代表联络信访人事任免工作委员会等四个工作机构和办事机构：

1997年4月，市人民代表大会常务委员会设立办公室和研究室。办公室内设综合科、政工科、文秘科、接待科和离退休干部管理科等五个科。研究室内设综合科、调研科、宣传科等三个科。

1997年5月27日—29日，市二届人大常委会一次会议审议通过《关于设立宜昌市人民代表大会常

务委员会代表资格审查委员会的决定》和《关于设立宜昌市人民代表大会常务委员会代表联络信访人事任免工作委员会的决定》。

二、负责人名录

中共宜昌市二届人大常委会党组负责人名录

表7—2—7

职　务	姓　名	任　职　时　间	职　务	姓　名	任　职　时　间
书　记	赵复武	1997.3—2002.4	副书记	柏世友	1997.3—2002.4
				张子仪	1997.3—2001.2

市二届人大常委会主任、副主任、秘书长、副秘书长名录

表7—2—8

职　务	姓　名	任　职　时　间	职　务	姓　名	任　职　时　间
主　任	赵复武	1997.3—2002.4	秘书长	王少愚	1996.3—2001.2
副主任	柏世友	1997.3—2002.4		李和奎	2001.2—2002.4
	张子仪	1997.3—2001.2	副秘书长	邱忠安	1997.5—2001.7
	甘家宽	2000.2—2002.4		张成大	1997.5—2002.4
	符利民	1997.3—2001.2		陈振华	1998.11—2002.4
	肖道根	1997.3—2002.4		丁先雄	2001.7—2002.4
	李家余	1997.3—2002.4		张宗才	2001.11—2002.4
	江秀芳	1997.3—2002.4		刘仁新	2002.4—2002.4
	赵君礼	1997.3—2002.4			

市二届人民代表大会各专门委员会负责人名录

表7—2—9

专门委员会名称	主任委员		副主任委员	
	姓　名	任　职　时　间	姓　名	任　职　时　间
法制委员会	匡天文	1997.3—2002.4	张兴本	1997.3—2002.4
财政经济委员会	梅　峰	1997.3—2000.2	陈如意	1997.3—2002.2
	龚尚玉	2000.2—2002.4		
农村委员会	王光元	1997.3—2002.4	杨诗亮	1997.3—2002.4
			刘维柱	2000.5—2002.4
教育科学文化卫生委员会	刘明国	1997.3—2000.2	黄利鸣	1997.3—2002.4
	杨正谋	2000.2—2002.4		
城乡建设环境资源保护委员会	车国荣	1997.3—2002.2	甘泽清	1997.3—2002.4
	陈汝斌	2000.2—2002.4	邹旭昌	2000.9—2002.4
			李忠信	2000.9—2002.4
民族宗教外事侨务委员会	李善林	1997.3—2002.4	邓立新	1997.3—2002.4

市二届人大常委会工作机构和办事机构主任、副主任名录

表7—2—10

机构名称	主任		副主任	
	姓名	任职时间	姓名	任职时间
代表资格审查委员会	赵君礼	1997.5—2002.4	龚福达	1997.5—2002.4
代表联络信访人事任免工作委员会	龚福达	1997.5—2000.9	姚圣桂	1997.5—2003.11
	程林发	2000.9—2003.11	岳庆坡	1997.3—1997.7
			王立国	1998.3—2002.4
办公室	邹贵初	1997.5—2000.5	周　琳	1997.5—2000.9
	梁　华	2000.5—2004.4	王立国	1997.3—1998.3
			谢祚剑	1997.5—2002.4
			赵长琴	1998.3—2002.4
			梁　华	1998.3—2000.5
			王明珍	2000.9—2002.4
			刘英剑	2000.9—2002.4
研究室	丁先雄	1997.5—2001.7	余跃进	1997.5—2001.7
	余跃进	2001.7—2002.4		

市二届人大常委会机关党委和工会委员会负责人名录

表7—2—11

机关党委			工会委员会		
职务	姓名	任职时间	职务	姓名	任职时间
书　记	张成大	1997.9—2002.9	主　席	邹心荣	1997.9—2001.8
副书记	邹心荣	1997.9—2001.8			

第三节　市三届人大及其常委会机构设置

一、机构调整

市人民代表大会专门委员会

2002年4月10日，市三届人大一次会议决定设立市三届人民代表大会法制委员会、内务司法委员会、财政经济委员会、教育科学文化卫生委员会、农村经济委员会、城乡建设环境资源保护委员会和民族宗教外事侨务委员会等七个专门委员会。会议表决通过各专门委员会组成人员名单。各专门委员会内设办公室（2003年10月更名为工作科）。

市人大常委会工作机构和办事机构

市三届人大常委会设有办公室、研究室、代表资格审查委员会、代表联络人事任免工作委员会、预算工作委员会等五个工作机构和办事机构。办公室内设综合科、政工科、文书科、接待科和离退休干部管理科等五个科，研究室内设综合科、宣传科、调研科等三个科。

2002年5月25日，市三届人大常委会一次会议审议通过《市三届人大常委会代表资格审查委员会

主任委员、副主任委员、委员名单》。

2003年11月18日，市三届人大常委会十一次会议审议通过《关于设立宜昌市人民代表大会常务委员会预算工作委员会的决定》。

2004年3月24日，市三届人大常委会十三次会议通过《宜昌市人民代表大会常务委员会关于代表联络信访人事任免工作委员会更名的决定》，将市人大常委会代表联络信访人事任免工作委员会更名市人大常委会为代表联络人事任免工作委员会。

2004年7月30日，市三届人大常委会十六次会议审议通过《宜昌市人民代表大会常务委员会关于增补代表资格审查委员会组成人的决定》，增补冯新华、范晓岚分别为代表资格审查委员会副主任委员和委员。

2006年1月12日，市三届人大常委会二十五次会议审议通过《宜昌市人民代表大会常务委员会关于调整代表资格审查委员会组成人员的决定》，决定冯新华兼任代表资格审查委员会主任委员。

二、负责人名录

中共宜昌市三届人大常委会党组成员名录

表7—2—12

职　务	姓　名	任　职　时　间	职　务	姓　名	任　职　时　间
书　记	孙志刚	2002.4—2002.11	成　员	张治国	2004.12—2007.1
	郑少山	2002.12—2004.2		李和奎	2004.12—2007.1
	李佑才	2004.2—2007.1		周　围	2004.12—2007.1
副书记	赵复武	2002.4—2005.2		黄传林	2004.12—2007.1
	周水舟	2004.12—2007.1		李业雄	2004.12—2006.2
	肖道根	2002.4—2006.2		吴开保	2006.3—2007.1
				谢永和	2006.3—2007.1

市三届人大常委会主任、副主任、秘书长、副秘书长名录

表7—2—13

职　务	姓　名	任　职　时　间	职　务	姓　名	任　职　时　间
主　任	孙志刚	2002.4—2002.11	秘书长	李业雄	2002.4—2007.1
	郑少三	2002.12—2004.2	副秘书长	张成大	2002.4—2003.11
	李佑才	2004.2—2007.1		陈振华	2002.4—2003.3
副主任	赵复武	2002.4—2005.2		丁先雄	2002.4—2003.3
	周水舟	2005.2—2007.1		张宗才	2002.4—2007.1
	肖道根	2002.4—2007.1		刘仁新	2002.4—2003.3
	张治国	2002.4—2007.1		刘宗林	2003.11—2007.1
	李和奎	2002.4—2007.1		梁　华	2003.11—2004.11
	周　围	2002.4—2007.1		赵长琴	2003.11—2007.1
	黄传林	2002.4—2007.1		余跃进	2005.5—2007.1
	戴丽莉	2002.4—2007.1			

市三届人民代表大会各专门委员会负责人名录

表7—2—14

专门委员会名称	主任委员		副主任委员	
	姓名	任职时间	姓名	任职时间
法制委员会	丁先雄	2002.4—2004.2	李忠信	2002.4—2007.1
	张再春	2004.2—2007.1	王明珍	2003.11—2007.1
内务司法委员会	陈振华	2002.4—2004.2	邹旭昌	2002.4—2007.1
	刘承元	2004.2—2007.1	林顺才	2004.3—2007.1
			牛　建	2003.11—2007.1
财政经济委员会	龚尚玉	2002.4—2004.2	谢祚剑	2003.11—2007.1
	王道本	2004.2—2007.1		
农村经济委员会	袁春堂	2002.4—2004.2	刘维柱	2002.4—2005.9
	张德林	2004.2—2007.1		
教育科学文化卫生委员会	刘仁新	2002.4—2007.1	王家元	2002.4—2007.1
城乡建设环境资源保护委员会	齐福堂	2002.4—2004.2	周安楠	2002.4—2007.1
	孙维全	2004.2—2007.1	姚永国	2003.11—2007.1
民族宗教外事侨务委员会	李善林	2002.4—2004.2	李世金	2002.4—2003.11
	陶远震	2004.2—2007.1	徐　萍	2003.11—2007.1

市三届人大常委会工作机构和办事机构主任、副主任名录

表7—2—15

机构名称	主任		副主任	
	姓名	任职时间	姓名	任职时间
代表资格审查委员会	赵复武	2002.5—2006.1	程林发	2002.5—2004.2
	冯新华	2006.1—2007.1	冯新华	2004.7—2006.1
代表联络人事任免工作委员会	程林发	2002.4—2004.1	王立国	2002.4—2007.1
	冯新华	2004.3—2007.1	丁建祥	2003.11—2007.1
预算工作委员会	向克林	2004.3—2007.1	顾　昶	2003.11—2007.1
办公室	梁　华	2002.4—2003.11	谢祚剑	2002.4—2003.11
	李业雄	2003.11—2006.2	赵长琴	2002.4—2003.11
	谢永和	2006.2—2007.1	王明珍	2002.4—2003.11
			刘英剑	2002.4—2003.11
研究室	余跃进	2002.4—2005.5	陈夫洲	2002.5—2005.9
	刘英剑	2005.5—2007.1	杨青山	2005.9—2006.11

市三届人大常委会机关党委和纪律检查委员会负责人名录

表7—2—16

机关党委			机关纪律检查委员会		
职务	姓名	任职时间	职务	姓名	任职时间
书记	李业雄	2002.9—2006.3	书记	刘英剑	2004.3—2005.9
	谢永和	2006.3—2007.9		陈夫洲	2006.1—2007.1
副书记	张宗才	2004.3—2007.9	纪检员	刘英剑	2003.9—2005.4
	刘英剑	2004.3—2007.9		陈夫洲	2005.9—2007.1

市人大常委会机关工会委员会负责人名录

表7—2—17

主席		副主席	
姓名	任职时间	姓名	任职时间
刘英剑	2004.3—2007.1	赵长琴	2004.3—2007.1
		王明珍	2004.3—2007.1

第四节　市四届人大及其常委会机构设置

一、机构调整

市人民代表大会各专门委员会

2007年1月28日，市四届人大一次会议决定设立市四届人民代表大会内务司法委员会、财政经济委员会、教育科学文化卫生委员会、农村经济委员会、城乡建设环境资源保护委员会和民族宗教外事侨务委员会等六个专门委员会。会议表决通过各专门委员会组成人员名单。各专门委员会内设工作科（2010年1月更名为办公室）。

市人大常委会工作机构和办事机构

市四届人大常委会设有办公室、研究室、代表资格审查委员会、代表联络人事任免工作委员会、预算工作委员会和信访室等六个工作机构和办事机构。办公室内设综合科、政工科、文书科、接待科和离退休干部管理科等五个科。研究室内设理论和宣传科、调研科等两个科。

2007年7月27日，市四届人大常委会三次会议审议通过《宜昌市四届人大常委会代表资格审查委员会组成人员名单》。

二、负责人名录

中共宜昌市四届人大常委会党组成员名录

表7—2—18

职　务	姓　名	任　职　时　间	职　务	姓　名	任　职时　间
书　记	李佑才	2007.2—2008.3	成　员	吴开保	2007.2—2012.1
	郭有明	2008.3—2012.1		谭春玉	2007.2—2012.1
副书记	张建一	2007.2—2011.1		邹正金	2007.2—2012.1
成　员	张为民	2007.2—2012.1		谢永和	2007.2—2012.1
	艾苍松	2007.2—2012.1			

市四届人大常委会主任、副主任、秘书长、副秘书长名录

表7—2—19

职　务	姓　名	任　职　时　间	职　务	姓　名	任　职　时　间
主　任	李佑才	2007.1—2008.3	秘 书 长	谢永和	2007.1—2012.1
	郭有明	2008.3—2012.1	副秘书长	张宗才	2007.1—2007.3
副主任	张建一	2007.1—2012.1		余跃进	2007.1—2012.1
	张为民	2007.1—2011.1		赵长琴	2007.1—2010.9
	周厚贵	2007.1—22012.1		王明珍	2007.3—2012.1
	艾苍松	2007.1—2012.1		望　蓉	2007.3—2012.1
	吴开保	2007.1—2012.1			
	谭春玉	2007.1—2012.1			
	邹正金	2007.1—2012.12			

市四届人民代表大会各专门委员会负责人名录

表7—2—20

专门委员会名称	主任委员		副主任委员	
	姓名	任职时间	姓名	任职时间
内务司法委员会	马仕华	2007.1—2012.1	韩庆解	2007.1—2008.9
			牛　建	2007.1—2012.1
财政经济委员会	邓玉华	2007.1—2011.1	谢祚剑	2007.1—2012.1
农村经济委员会	张德林	2007.1—2010.9	林顺才	2007.1—2009.7
			袁汝海	2011.1—2012.1
教育科学文化卫生委员会	陈宏灿	2007.1—2010.9	姚　莉	2010.11—2012.1
			丁建祥	2007.3—2012.1
城乡建设环境资源保护委员会	张学才	2007.1—2012.1	姚永国	2007.1—2012.1
民族宗教外事侨务委员会	陶远震	2007.1—2009.9	徐　萍	2007.1—2010.9
	秦大常	2010.2—2012.1	秦大常	2009.9—2010.2

市四届人大常委会工作机构和办事机构主任、副主任名录

表7—2—21

机构名称	主任		副主任	
	姓名	任职时间	姓名	任职时间
代表资格审查委员会	吴开保	2007.7—2012.1	田太富	2007.7—2011.5
代表联络人事任免工作委员会	冯新华	2007.1—2007.3	王立国	2007.1—2012.1
	田太富	2007.3—2011.5	丁建祥	2007.1—2007.3
	屈家喜	2011.9—2012.1		
预算工作委员会	向克林	2007.1—2007.3	顾　昶	2007.1—2012.1
	童孔玲	2007.3 —2012.1		
办公室	谢永和	2007.1—2012.1		
研究室	刘英剑	2007.1—2010.7	李昌清	2009.7—2012.1
信访室	袁　琼	2009.1—2012.1	刘　军	2009.5—2012.1

市四届人大常委会机关党委和纪律检查委员会负责人名录

表7—2—22

机关党委			机关纪律检查委员会		
职务	姓名	任职时间	职务	姓名	任职时间
书　记	谢永和	2007.9—2012.1	书　记	陈夫洲	2007.1—2012.1
副书记	余跃进	2007.9—2012.1	纪检员	屈　琴	2007.1—2012.1
	刘宗林	2007.9—2012.1			
	陈宏灿	2007.9—2012.1			

市人大常委会机关工会委员会负责人名录

表7—2—23

主席		副主席	
姓名	任职时间	姓名	任职时间
刘宗林	2007.1—2012.1	谢祚剑	2007.1—2012.1
		熊建萍	2007.1—2012.1

第五节　市五届人大及其常委会机构设置

一、机构调整

市人民代表大会各专门委员会

2012年1月9日，市五届人大一次会议决定设立市五届人民代表大会内务司法委员会、财政经济委员会、教育科学文化卫生委员会、农村经济委员会、城乡建设环境资源保护委员会和民族宗教外事侨务委员会等六个专门委员会。会议表决通过市人大各专门委员会的组成人员名单。各专门委员会内设办公室。

2016年1月22日，市五届人大七次会议通过《关于设立宜昌市五届人民代表大会法制委员会的决定》，增设“法制委员会”。

市人大常委会工作机构和办事机构

市五届人大常委会设有办公室、研究室、代表资格审查委员会、人事任免工作委员会、代表工作委员会、预算工作委员会、法制工作委员会（2013年4月至2015年12月为法规工作室）、信访室等七个工作机构和办事机构：

2012年1月，市五届人大常委会设有办公室、研究室、代表资格审查委员会、代表联络人事任免工作委员会、预算工作委员会和信访室。市人大常委会办公室内设行财科、政工科、秘书科、接待科、信息科和离退休干部管理科等六个科。市人大常委会研究室内设理论和宣传科、调研科等两个科。

2012年5月29日，市五届人大常委会二次会议审议通过《宜昌市五届人大常委会代表资格审查委员会组成人员名单》。

2013年4月17日，市五届人大常委会十次会议审议通过《宜昌市人大常委会关于工作委员会更名和设立市人大常委会部分工作机构的决定》。将原代表选举联络人事任免工作委员会更名为人事任免工作委员会，另设立代表工作委员会、法规工作室。

2015年12月11日，市五届人大常委会二十九次会议审议通过《关于撤销宜昌市人民代表大会常务委员会法规工作室的决定》《关于设立宜昌市人民代表大会常务委员会法制工作委员会的决定》。

二、负责人名录

中共宜昌市五届人大常委会党组成员名录

表7—2—24

职　务	姓　名	任　职　时　间	职　务	姓　名	任　职　时　间
书　记	郭有明	2012.2—2012.8	成　员	王金建	2014.4—2016.12
	张建一	2012.9—2016.11		尚　葵	2015.2—2016.12
副书记	张建一	2012.2—2012.9		吴康年	2015.2—2016.12
成　员	王宏强	2012.2—2014.5		艾苍松	2012.2—2015.12
	吴开保	2012.2—2015.7		雷元海	2012.2—2015.9
	谭春玉	2012.2—2014.8		杜　伟	2016.3—2016.12
	邹正金	2012.2—2015.7			

《宜昌市人民代表大会志》编纂委员会

（2014年—2015年）

主　　　任：黄楚平

常务副主任：张建一

副　主　任：吴开保　邹正金　陈和春　王金建　艾苍松　雷元海

委　　　员：余跃进　甘良新　陶三发　王明珍　李　强　赵儒铭　张军平　王向前

李俊昌　刘宗林　秦大常　屈家喜　覃益盛　顾　昶　李昌清　袁　琼

赵复武　周水舟　徐春浩　柏世友　江秀芳　周云焕　吴承富

顾　　　问：李家余　李国普　戴振声　龚尚华　张子仪　符利民　甘家宽　赵君礼

肖道根　张治国　李和奎　周　围　黄传林　戴丽莉　张为民　王少愚

李业雄　龚福达　谢永和　张成大　陈振华　丁先雄　张宗才　赵长琴

《宜昌市人民代表大会志》编辑部

（2014年—2015年）

主　　　编：雷元海

副　主　编：余跃进　陶三发　李昌清

总　　　纂：余跃进

责 任 编 辑：向克林　肖昌发

编　　　辑：刘俊武　黄书祥　梁　丽　王秀娟　秦华容

《宜昌市人民代表大会志》编纂委员会

（2016年）

主　　　任：黄楚平

常务副主任：张建一

副　主　任：廖达凤　陈和春　王金建　尚　葵　吴康年　杜　伟

委　　　员：余跃进　甘良新　陶三发　李　强　丁　鹏　刘永生　赵儒铭　陈道军
王向前　李兴慧　刘宗林　李传文　黄逊志　黎开锋　覃益盛　顾　昶
李昌清　熊建萍

顾　　　问：赵复武　周水舟　柏世友　江秀芳　周云焕　吴承富　李家余　李国普
戴振声　龚尚华　张子仪　符利民　甘家宽　赵君礼　肖道根　张治国
李和奎　周　围　黄传林　戴丽莉　张为民　吴开保　邹正金　王少愚
李业雄　谢永和　雷元海　张成大　陈振华　丁先雄　张宗才　赵长琴
王明珍

《宜昌市人民代表大会志》编辑部

（2016年）

主　　　编：杜　伟

副　主　编：余跃进　陶三发　李昌清

总　　　纂：余跃进

责 任 编 辑：向克林　肖昌发

编　　　辑：刘俊武　孙晓玲　黄书祥　马明和　黄小银　陈玉微　郭　响　陈　芳
梁　丽　王秀娟　秦华容

《宜昌市人民代表大会志》编纂委员会

（2017年）

主　　任：周　霁

常务副主任：刘学甫

副 主 任：尚　葵　吴康年　周　青　陈　华　孔福生　杜　伟

委　　员：余跃进　甘良新　陶三发　李　强　丁　鹏　刘永生　赵儒铭　陈道军
李兴慧　王向前　王功平　刘宗林　张建新　李传文　黎开锋　顾　昶
黄逊志　李昌清

顾　　问：赵复武　周水舟　柏世友　江秀芳　周云焕　吴承富　李家余　李国普
戴振声　龚尚华　张子仪　符利民　甘家宽　赵君礼　肖道根　张治国
李和奎　周　围　黄传林　戴丽莉　张为民　吴开保　邹正金　王少愚
李业雄　谢永和　雷元海　张成大　陈振华　丁先雄　张宗才　赵长琴
王明珍

《宜昌市人民代表大会志》编辑部

（2017年）

主　　编：杜　伟

副 主 编：余跃进　陶三发　李昌清

总　　纂：余跃进

责任编辑：向克林

编　　辑：刘俊武　孙晓玲　黄书祥　马明和　黄小银　陈玉微　郭　响　陈　芳
王秀娟　秦华容

十堰市
神农架林区
重庆市
恩施土家族苗族自治州
湖南省
巫山县
巴东县
兴山县
秭归县
五峰土家族自治县
长阳土家
长江
大九湖镇
木鱼镇
神农顶
3106.2
小神农架
3005
下谷坪土家族乡
当阳乡
庙堂乡
平河乡
骡坪镇
沿渡河镇
月池乡
两坪乡
官渡口镇
信陵镇
东瀼口镇
溪丘湾乡
石碑乡
茶店子镇
新营乡
邓家土家族乡
龙坪乡
绿葱坡镇
茅田乡
长岭岗林场
高坪镇
大支坪镇
野三关镇
三里乡
红岩寺镇
崔家坝镇
清太坪镇
水布垭镇
花坪镇
景阳镇
金果坪乡
红土乡
官店镇
鄢阳乡
下坪乡
中营乡
燕子乡
古夫镇
南阳镇
昭君镇
黄粮镇
峡口镇
高桥乡
水田坝乡
泄滩乡
归州镇
沙镇溪镇
郭家坝镇
屈原镇
两河口镇
梅家河乡
九畹溪镇
磨坪乡
杨林桥镇
茅坪镇
榛子乡
水月寺镇
邓村乡
乐天溪镇
太平溪镇
三斗坪镇
三峡水利枢纽工程
高家堰镇
贺家坪镇
榔坪镇
火烧坪乡
渔峡口镇
资丘镇
鸭子口乡
都镇湾镇
大堰乡
傅家堰乡
牛庄乡
采花乡
五峰镇
长乐坪镇
渔洋关镇
湾潭镇
壶瓶山镇
太平镇
G209
G318
沪渝高速
仙女山
2427
天宝山
2005
黄岩头
1445
小峰垭
1257
仙人岩
2040
花椒山
1635
壶瓶山
2098
任家台
1785
尖峰山
1887
梓椰坪
1841
马鬃岭
1260

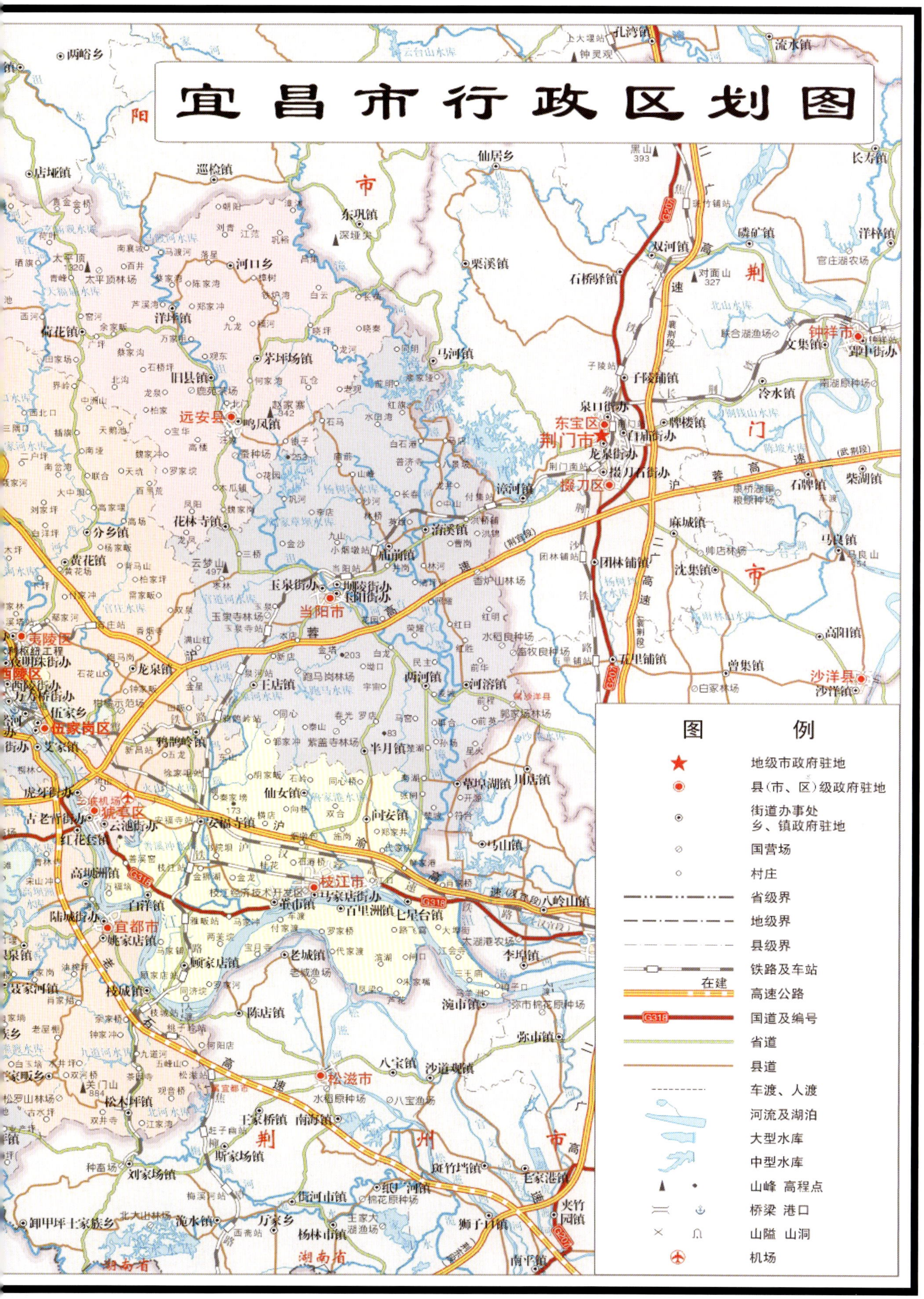

湖北省地方志办公室 湖北省地图院 合编 2013年3月

1999年7月14日，湖北省人大常委会主任关广富（前右二）视察五峰土家族自治县农业生产

1993年9月11日，湖北省人大常委会副主任郑云飞（前右二）在五峰土家族自治县长乐坪镇视察灾情

1993年10月22日，湖北省人大常委会副主任徐晓春（前右四）视察宜昌旭光棉纺厂

1995年5月，湖北省人大常委会副主任梁淑芬（前左二）一行在远安县检查《中华人民共和国妇女权益保障法》贯彻实施情况

1996年5月，湖北省人大常委会副主任王汉章（右一）到宜昌市归侨家庭访问座谈

2000年6月22日，湖北省人大常委会副主任朱纯宣（右一）一行在宜昌检查旅游条例实施情况，听取宜昌市人民政府汇报

2008年4月8日，湖北省人大常委会副主任刘友凡（左一）到宜昌市视察灾后重建和国土整治工作

2008年12月4日，湖北省人大常委会副主任周坚卫（左二）到宜昌市调研

2013年8月20日，湖北省人大常委会副主任王玲（前左二）到宜昌市调研湖北省“十二五”规划实施情况

2014年6月4日，湖北省人大常委会副主任田承忠（前左一）到宜昌市调研服务业发展情况

1997年11月18日，美国参议院能源自然资源委员会代表团到宜昌市参观访问

2014年5月7日，巴西参议院外事委会代表团一行到宜昌市访问

1994年9月14日，宜昌市纪念人民代表大会成立40周年大会在峡州宾馆召开

中共宜昌市委书记艾光忠（右）、宜昌市人大常委会主任赵复武（左）在宜昌市纪念人民代表大会成立40周年大会上讲话

2014年9月23日，宜昌市纪念人民代表大会成立60周年大会在桃花岭饭店召开

中共湖北省委常委、宜昌市委书记、市人大常委会主任黄楚平（右），宜昌市人民代表大会常务委员会常务副主任张建一（左）在宜昌市纪念人民代表大会成立60周年大会上讲话

2010年7月16日，中共宜昌市委人大工作会议在桃花岭饭店召开

2015年11月23日，中共宜昌市委人大工作会议在桃花岭饭店召开，中共湖北省委常委、宜昌市委书记、市人大常委会主任黄楚平（右），中共宜昌市委副书记、市人民政府市长马旭明（左）出席会议并讲话

1997年3月25日，宜昌市二届人大一次会议在西陵剧场开幕，中共宜昌市委书记田震亚（上）出席会议，宜昌市人民政府市长孙志刚（下）作政府工作报告

1998年5月12日—14日，宜昌市第二届人大常委会举行第九次会议

2007年1月22日，宜昌市四届人大一次会议在西陵剧场开幕，中共宜昌市委书记、市四届人大一次会议主席团主席李佑才（右）主持会议，宜昌市第三届人大常委会常务副主任周水舟（左）作人大常委会工作报告

2014年3月27日—28日，宜昌市五届人大常委会第十六次会议在城区召开

2015年1月20日，宜昌市五届人大六次会议举行预备会议

2015年1月20日，宜昌市五届人大六次会议举行主席团第一次会议

2016年1月21日—23日，宜昌市五届人大七次会议在西陵剧场举行

市五届人大常委会主任、副主任、秘书长、副秘书长名录

表7—2—25

职 务	姓 名	任 职 时 间	职 务	姓 名	任 职 时 间
主 任	郭有明	2012.1—2012.8	秘 书 长	雷元海	2012.1—2015.9
	黄楚平	2012.8—2016.12		杜 伟	2016.1—2016.12
副主任	张建一	2012.1—2016.11	副秘书长	余跃进	2012.1—2016.12
	廖达凤	2016.1—2016.12		王明珍	2012.1—2015.9
	王宏强	2012.1—2014.5		望 蓉	2012.1—2012.3
	吴开保	2012.1—2015.7		甘良新	2012.9—2016.11
	谭春玉	2012.1—2014.8		李 强	2012.12—2016.12
	邹正金	2012.1—2015.7		陶三发	2013.3—2016.12
	陈和春	2012.1—2016.12		丁 鹏	2016.7—2016.12
	王金建	2014.4—2016.12			
	尚 葵	2015.1—2016.12			
	吴康年	2015.1—2016.12			

市五届人民代表大会各专门委员会负责人名录

表7—2—26

专门委员会名称	主 任 委 员		副 主 任 委 员	
	姓 名	任 职 时 间	姓 名	任 职 时 间
法制委员会	刘永生	2016.1—2016.12	郑 鹏	2016.1—2016.12
内务司法委员会	赵儒铭	2012.1—2016.12	牛 建	2012.1—2014.3
			罗世平	2012.1—2014.1
			马明和	2015.1—2015.12
			刘俊武	2016.1—2016.12
财政经济委员会	斯 平	2012.1—2013.11	谢祚剑	2012.1—2016.12
	张军平	2014.1—2015.9		
	陈道军	2016.1—2016.12		
农村经济委员会	王向前	2012.1—2016.12	袁汝海	2012.1—2015.3
			罗学忠	2016.1—2016.12
教育科学文化卫生委员会	李俊昌	2012.1—2015.7	丁建祥	2012.1—2016.3
	李兴慧	2016.1—2016.12		
城乡建设环境资源保护委员会	刘宗林	2012.1—2016.12	姚永国	2012.1—2016.12
民族宗教外事侨务委员会	秦大常	2012.1—2014.9	韩 松	2012.1—2014.1
	李传文	2015.1—2016.12	周柏翠	2015.1—2016.12

市五届人大常委会工作机构和办事机构主任、副主任名录

表7—2—27

机构名称	主任		副主任	
	姓名	任职时间	姓名	任职时间
代表资格审查委员会	吴开保	2012.5—2015.7	屈家喜	2012.5—2016.1
	张建一	2015.12—2016.11		
代表工作委员会	屈家喜	2012.1—2016.1	王立国	2012.1—2013.3
	黎开锋	2016.1—2016.12	罗世平	2014.1—2016.12
人事任免工作委员会	顾　昶	2014.1—2016.12	韩　松	2014.1—2016.12
预算工作委员会	覃益盛	2012.3—2016.11	顾　昶	2012.1—2014.1
			张利华	2016.1—2016.12
法制工作委员会	黄逊志	2015.12—2016.12	马明和	2015.12—2016.12
办公室	谢永和	2012.1—2012.3		
	雷元海	2012.3—2015.9		
	杜　伟	2015.12—2016.12		
研究室	李昌清	2013.3—2016.12	李昌清	2012.1—2013.3
			黄书祥	2015.1—2016.12
信访室	袁　琼	2012.1—2015.1	刘　军	2012.1—2013.10
	熊建萍	2015.7—2016.12	屈　琴	2013.10—2015.7
法规工作室			郭　响	2015.3—2015.10
			刘俊武	2015.10—2016.1

市五届人大常委会机关党组和机关党委负责人名录

表7—2—28

机关党组			机关党委		
职务	姓名	任职时间	职务	姓名	任职时间
书记	杜　伟	2016.7—2016.12	书记	雷元海	2012.1—2016.5
成员	姚　群	2016.7—2016.12		杜　伟	2016.5—2016.12
	余跃进	2016.7—2016.12	副书记	余跃进	2012.1—2016.5
	陶三发	2016.7—2016.12		赵儒铭	2012.1—2016.5
	李　强	2016.7—2016.12		王向前	2012.1—2016.5
				甘良新	2014.11—2016.12
				孙晓玲	2014.10—2016.12
				李兴慧	2016.5—2016.12
				韩　松	2016.5—2016.12

市人大常委会机关纪律检查委员会和工会委员会负责人名录

表7—2—29

机关纪律检查委员会			机关工会委员会		
职务	姓名	任职时间	职务	姓名	任职时间
书记	陈夫洲	2012.1—2013.7	主席	李　强	2012.1—2016.12
	孙翠玲	2016.5—216.12	副主席	顾　昶	2012.1—216.12
副书记	顾　昶	2012.4—2016.5		韩　松	2012.1—2016.12
纪检员	孙翠玲	2015.12—2016.5		尤祖云	2012.1—2016.12

第三章 宜昌市人大专门委员会及常委会工作和办事机构设置

按照地方组织法的规定，市历届人民代表大会根据不同时期工作需要，相应设立了人民代表大会专门委员会和市人大常委会工作机构和办事机构，并履行着各自的职责。

第一节 市人民代表大会专门委员会

一、市人大专门委员会的设置

1988年1月，市十一届人大一次会议决定，设立法制、财政经济、城乡建设、教育科学文化卫生等四个专门委员会。

1992年9月，地市合并后的宜昌市一届人大一次会议决定，设立农村经济、财政经济、教育科学文化卫生、城镇建设、法制、民族宗教外事侨务等六个专门委员会。

1997年3月，市二届人大一次会议决定，将城镇建设委员会更名为城乡建设环境资源保护委员会。

2002年4月，市三届人大一次会议决定，增设内务司法委员会。各专门委员会内设办公室。

2007年1月28日，市四届人大一次会议通过《关于设立宜昌市四届人民代表大会专门委员会的决定》中，没有设“法制委员会”。

2016年1月22日，市五届人大七次会议通过《关于设立宜昌市五届人民代表大会法制委员会的决定》，增设“法制委员会”。

各专门委员会受市人民代表大会领导，大会闭会期间，受市人民代表大会常务委员会领导。

二、市人大专门委员会的职责

按照法律和有关规定，各个专门委员会的职责是：拟订并向市人民代表大会主席团及其常务委员会提出属于市人民代表大会及其常务委员会职权范围内的有关议案；研究和审议市人民代表大会及其常务委员会交付的有关议案和质询案，提出审议报告；调查了解“一府两院”有关宪法、法律、行政法规以及上级和本级人大及其常委会的决议、决定的实施情况，提出调查报告；审查市人大及其常委会交付的被认为不适当的市人民政府和下一级人大及其常委会决议、决定和命令，提出审查报告；组织与本委员会有关的视察和执法检查，提出视察和执法检查报告；对属于市人民代表大会或者其常务委员会职权范围内同本委员会有关的问题，进行调查研究，提出意见；督办市人大代表议案和建议、批评和意见；负责上级和本级人大及其常委会交办的有关法律法规草案和法律法规修改调查征求意见；办理上级和本级人大及其常委会交办的其他事项。

第二节　市人大常委会工作机构和办事机构

一、市人大常委会工作机构和办事机构的设置

市人大常委会工作机构的设置

1984年8月，市十届人大常委会设立法制、财政经济、城乡建设、教育科学文化卫生等四个工作委员会。

1992年11月，宜昌地市合并后宜昌市一届人大常委会设立代表联络工作委员会、代表资格审查委员会。

1997年5月，市人大常委会代表联络工作委员会更名为市人大常委会代表联络信访人事任免工作委员会。

2003年11月，市人大常委会机关机构改革，增设预算工作委员会。

2004年3月，将市人大常委会代表联络信访人事任免工作委员会更名为市人大常委会代表联络人事任免工作委员会。

2013年4月，将市人大常委会代表联络人事任免工作委员会分设为市人大常委会代表工作委员会和市人大常委会人事任免工作委员会。

2015年12月，增设市人大常委会法制工作委员会，撤销市人大常委会法规工作室。

市人大常委会各办事机构的设置

1981年7月，市人大常委会设立办公室。

1992年11月，市人大常委会设立办公室。

1996年11月，市人大常委会设立研究室

2007年6月，设立市人大常委会信访室（副县级）。

2013年4月，设立市人大常委会法规工作室（副县级）。

二、市人大常委会工作机构和办事机构的职责

市人大常委会法制工作委员会的职责

市人大常委会法制工作委员会的职责是：承担市人大及其常委会制定地方性法规工作；对规范性文件进行备案审查；负责市人大常委会机关法律程序、法律文书以及规范性文件的审核；负责省人大常委会交付的法律、法规修改征求意见；配合市人大及其常委会有关委室做好上级人大及其常委会立法调研、立法评估；协助市人大有关专门委员会做好长阳、五峰两个土家族自治县民族立法服务工作；承办市人大常委会和主任会议交付的其他事项。

市人大常委会代表工作委员会

市人大常委会代表工作委员会的职责是：协助市人大常委会保障代表法的实施；负责市人大代表和在宜昌市的省人大代表换届选举、补选、辞职、罢免的有关工作；负责市本级人大代表和宜昌市选出的省人大代表及在宜昌市的全国人大代表联络、培训、专题调研、集中视察、执法检查、出席（列席）会议有关服务工作；指导代表和代表小组在闭会期间开展活动，帮助解决代表在工作中遇到的困难和问题，总结、推广代表开展活动和发挥作用的经验；督促有关单位办理市人大代表提出的议案和建议、批评、意见；受理、接待和处理全国、省、市本级三级人大代表的来信来访；接待、受理全市人民群众涉及市人大代表的来信来访，提出办理意见；指导县、乡两级人大换届选举工作；负责上级人大及其常委会交办的有关法律法规草案和法律法规修改调查征求意见工作；承办常委会和主任会议交付的其他事项。

市人大常委会代表资格审查委员会

市人大常委会代表资格审查委员会的主要职责是：负责依法审查市本级新当选的人民代表大会代表以及补选代表的代表资格是否合法有效，并向市人大常委会提出审查结果的报告。

市人大常委会预算工作委员会

市人大常委会预算工作委员会的职责是：协助市人大财政经济委员会承担市人大及其常委会审查预决算、审查预算调整方案和监督预算执行等方面的工作。

市人大常委会人事任免工作委员会

市人大常委会人事任免工作委员会的职责是：负责代拟市人大常委会或者主任会议有关人事任免议案及其决议、决定草案；负责市人大及其常委会有关人员、市人民政府及其组成人员、市中级人民法院及其审判人员、市人民检察院及其检察人员任免前后有关工作；调查了解人事任免有关法律法规实施情况，提出意见和建议；承办市人大常委会和主任会议交付的其他事项。

市人大常委会办公室

市人大常委会办公室是市人大常委会的综合性办事机构，由各位副秘书长按照分工，领导管理有关科室。其主要职责是：负责市人民代表大会会议、市人大常委会会议、主任会议和市人大常委会党组会议以及市人大常委会办公室召开的有关会议的筹备和会务；负责市人大常委会组成人员视察和常委会执法检查的组织协调工作；受主任会议委托，拟订有关议案草案；负责市人大常委会机关的人事管理以及离退休干部的统一管理和服务工作；负责市人大常委会机关的行政事务、后勤保障和安全保卫工作；负责市人大及其常委会的文电、档案、保密、文印工作；负责与上级人大常委会和各县市区人大常委会保持工作联系；负责组织全市人大系统干部培训及市人大常委会机关接待工作。市人大常委会办公室内设：秘书科、行财科、政工科、信访科、接待科和离退休干部管理科。其中：信访科于2007年6月撤销，工作职能划归新设立的市人大常委会信访室。

市人大常委会研究室

市人大常委会研究室的主要职责是：为市人大及其常委会行使职权提供研究和咨询服务；围绕市人大及其常委会会议审议的重大议题开展调查研究，提供研究报告及有关资料，为市人大常委会依法行使职权服务；负责市人大常委会工作报告、有关文件和主要领导讲话稿的起草工作；开展民主与法治建设和地方人大工作理论研究并承担市地方人大工作研究会的日常工作；编辑《宜昌人大》

杂志、《动态与信息》，组织、协调市人大及其常委会重要会议和活动的新闻宣传报道工作；负责全市人大工作信息的收集整理，并及时向市委和其他有关单位报送信息。市人大常委会研究室内设：调研科、理论和宣传科。

市人大常委会信访室

市人大常委会信访室的主要职责是：负责受理人民群众来信来访来电的登记、分类、处理、报送或者转交工作；负责全国人大常委会办公厅、省人大常委会办公厅交办重要信访事项的督办、报结、反馈；负责承办市人大常委会领导交办的重要信访事项及督办工作，及时向市人大常委会领导报送办结情况，并做好重要信访事项办理结果或者处理情况登记备案；做好市人大常委会机关信访情况综合分析和调查研究工作，编发《人大信访动态》；市人大常委会交办的其他工作。

附　录

一、宜昌市人大及其常委会决议、决定目录

（一）市人民代表大会决议和决定目录

1954年7月7日，市一届人大一次会议通过《关于宜昌市人民政府一年来工作报告的决议》《关于宜昌市1954年下半年工作建议报告的决议》和《关于拥护宪法草案的决议》。

1955年4月20日，市一届人大二次会议通过《关于宜昌市人民政府工作报告的决议》和《关于拥护周外长声明，反对美蒋战争条约，支援解放台湾的决议》。

1955年9月22日，市一届人大三次会议通过《关于市政工作报告的决议》《关于开展肃清一切反革命分子运动的决议》和《关于宜昌市人民委员会提案执行情况报告的决议》。

1956年5月18日，市一届人大四次会议通过《关于市政工作报告的决议》《关于宜昌市人民法院工作报告的决议》和《关于宜昌市1955年度财政决算与1956年度财政预算报告的决议》。

1956年12月22日，市二届人大一次会议通过《宜昌市二届人大一次会议决议》。

1957年7月5日，市二届人大二次会议通过《关于市政工作报告的决议》《关于财政预决算报告的决议》和《关于谴责右派分子反党反社会主义言论和行为的决议》。

1957年12月30日，市二届人大三次会议通过《宜昌市二届人大三次会议决议》。

1958年7月2日，市三届人大一次会议通过《关于宜昌市第二个五年计划工业发展规划的决议》《关于1957年财政决算和1958年财政预算报告的决议》和《关于政府工作报告的决议》。

1958年12月30日，市三届人大二次会议通过《关于撤销反党分子高尚志、文振藻的宜昌市三届人民代表大会代表资格的决议》。

1959年8月30日，市三届人大三次会议审议通过《关于贯彻中共八届八中全会〈公报〉和〈关于开展增产节约运动的决议〉的决议》。

1959年12月31日，市三届人大四次会议审议通过《宜昌市三届人大四次会议决议》。

1960年8月30日，市三届人大五次会议审议通过《宜昌市三届人大五次会议决议》。

1961年12月28日，市四届人大一次会议通过《关于政府工作报告的决议》和《关于法院工作报告的决议》。

1962年12月26日，市四届人大二次会议审议通过《关于宜昌市人民委员会工作报告的决议》《关于宜昌市1960年、1961年财政决算和1962年财政预算报告的决议》。

1963年7月4日，市五届人大一次会议通过《关于宜昌市人民委员会工作报告的决议》。

1964年12月19日，市五届人大二次会议通过《关于宜昌市人民委员会工作报告的决议》和《关于宜昌市1963年财政决算和1964年财政预算报告的决议》。

1966年1月12日，市六届人大一次会议通过《关于宜昌市人民委员会工作报告和财政预决算报告的决议》和《关于宜昌市人民法院工作报告的决议》。

1978年11月29日，市八届人大一次会议通过《关于市革命委员会工作报告的决议》。

1981年2月25日，市九届人大一次会议审议通过《关于宜昌市人民政府报告的决议》《关于1980年财政收支执行情况和1981年财政预算报告的决议》和《关于中级人民法院工作报告和市人民检察院工作报告的决议》。

1982年3月19日，市九届人大二次会议审议通过《关于宜昌市人民政府工作报告的决议》《关于宜昌市1980年财政决算、1981年财政预算执行情况和1982年财政任务的报告的决议》《关于宜昌市九届人大常委会工作报告的决议》和《关于宜昌市中级人民法院工作报告和宜昌市人民检察院工作报告的决议》。

1983年3月26日，市九届人大三次会议审议通过《关于宜昌市人民政府工作报告的决议》《关于批准宜昌市人民政府1982年财政预算执行情况和1983年财政预算草案报告的决议》《关于宜昌市九届人大常委会工作报告的决议》和《关于宜昌市中级人民法院工作报告和宜昌市人民检察院工作报告的决议》。

1984年5月7日，市十届人大一次会议审议通过《关于宜昌市人民政府工作报告的决议》《关于〈宜昌市1983年财政预决算和1984年财政预算草案报告〉的决议》《关于〈宜昌市人民代表大会常务委员会工作报告〉的决议》和《关于〈宜昌市中级人民法院工作报告〉、〈宜昌市人民检察院工作报告〉的决议》。

1985年3月27日，市十届人大二次会议审议通过《关于宜昌市人民政府工作报告的决议》《关于〈宜昌市1984年财政预算执行情况和1985年财政预算草案报告〉的决议》《关于宜昌市人民代表大会常务委员会工作报告的决议》和《关于宜昌市中级人民法院工作报告和宜昌市人民检察院工作报告的决议》。

1986年3月17日，市十届人大三次会议通过《关于宜昌市人民政府工作报告的决议》《关于宜昌市国民经济和社会发展第七个五年计划纲要草案和1985年国民经济计划执行情况与1986年计划安排的报告的决议》《关于宜昌市1985年财政预算执行情况和1986年财政预算草案报告的决议》《关于宜昌市人大常委会工作报告的决议》和《关于宜昌市中级人民法院工作报告》和《宜昌市人民检察院工作报告的决议》。

1987年3月15日，市十届人大四次会议通过《关于宜昌市人民政府工作报告的决议》《关于宜昌市1986年国民经济和社会发展计划执行情况与1987年计划安排报告的决议》《关于宜昌市1986年财政预算执行情况和1987年财政预算草案报告的决议》《关于宜昌市人大常委会工作报告的决议》和《关于宜昌市中级人民法院工作报告和宜昌市人民检察院工作报告的决议》。

1988年1月20日，市十一届人大一次会议通过《关于宜昌市人民政府工作报告的决议》《关于宜昌市1987年国民经济计划执行情况与1988年计划安排的报告的决议》《关于〈宜昌市1987年财政预算执行情况和1988年财政预算草案报告〉的决议》《关于〈宜昌市十届人大常委会工作报告〉的决议》《关于宜昌市中级人民法院工作报告的决议》和《关于宜昌市人民检察院工作报告的决议》。

1989年3月18日，市十一届人大二次会议通过《关于〈宜昌市人民政府工作报告〉的决议》《关于〈宜昌市1988年国民经济和社会发展计划执行情况及1989年计划安排报告〉的决议》《关于〈宜昌市1988年财政预算执行情况和1989年财政预算草案报告〉的决议》《关于〈宜昌市十一届人大常委会工作报告〉的决议》《关于〈宜昌市中级人民法院工作报告〉的决议》和《关于〈宜昌市人民检察院工作报告〉的决议》。

1990年3月17日，市十一届人大三次会议通过《关于宜昌市人民政府工作报告的决议》《关于宜昌市1989年国民经济计划执行情况及1990年计划安排报告的决议》《关于〈宜昌市1989年财政预算执行情况和1990年财政预算草案报告〉的决议》《关于〈宜昌市十一届人大常委会工作报告〉的决议》《关于〈宜昌市中级人民法院工作报告〉的决议》和《关于〈宜昌市人民检察院工作报告〉的决议》。

1991年3月16日，市十一届人大四次会议通过《关于〈宜昌市国民经济和社会发展十年规划和“八五”计划纲要（草案）〉的决议》《关于〈宜昌市人民政府工作报告〉的决议》《关于〈宜昌市1990年国民经济计划执行情况与1991年计划安排的报告〉的决议》《关于〈宜昌市1990年财政预算执行情况和1991年财政预算草案报告〉的决议》《关于〈宜昌市十一届人大常委会工作报告〉的决议》《关于〈宜昌市中级人民法院工作报告〉的决议》和《关于〈宜昌市人民检察院工作报告〉的决议》。

1992年3月15日，市十一届人大五次会议通过《关于〈宜昌市人民政府工作报告〉的决议》《关于〈宜昌市1991年计划执行情况及1992年计划安排报告〉的决议》《关于〈宜昌市1991年财政预算执行情况和1992年财政预算草案报告〉的决议》《关于〈宜昌市十一届人大常委会工作报告〉的决议》《关于〈宜昌市中级人民法院工作报告〉的决议》和《关于〈宜昌市人民检察院工作报告〉的决议》。

1992年9月15日，市一届人大一次会议通过《关于动员全市人民齐心协力支援三峡工程建设的决议》和《关于设立宜昌市一届人民代表大会各专门委员会的决议》。

1993年3月13日，市一届人大二次会议通过《关于宜昌市国民经济和社会发展十年规划和第八个五年计划纲要的决议》《关于宜昌市人民政府工作报告的决议》《关于宜昌市1992年财政预算执行情况和1993年财政预算草案的决议》《关于宜昌市人大常委会工作报告的决议》《关于宜昌市中级人民法院工作报告的决议》和《关于宜昌市人民检察院工作报告的决议》

1994年3月11日，市一届人大三次会议审议通过《关于政府工作报告的决议》《关于宜昌市1993年国民经济和社会发展计划执行情况与1994年国民经济和社会发展计划的决议》《关于宜昌市1993年财政预算执行情况和1994年财政预算的决议》《关于宜昌市人民代表大会常务委员会工作报告的决议》《关于宜昌市中级人民法院工作报告的决议》《关于宜昌市人民检察院工作报告的决议》。

1995年2月15日，市一届人大四次会议审议通过《关于政府工作报告的决议》《关于宜昌市1994年国民经济和社会发展计划执行情况与1995年国民经济和社会发展计划的决议》《关于宜昌市1994年财政预算执行情况和1995年财政预算的决定》《关于宜昌市人民代表大会常务委员会工作报告的决议》《关于宜昌市中级人民法院工作报告的决议》和《关于宜昌市人民检察院工作报告的决议》。

1996年3月3日，市一届人大五次会议审议通过《关于宜昌市人民政府工作报告的决议》《关于宜昌市国民经济和社会发展“九五”计划及2010年远景目标纲要和关于〈纲要〉报告的、《关于宜昌市

1995年国民经济和社会发展计划执行情况与1996年计划的决议》《关于宜昌市1995年财政预算执行情况和1996年财政预算的决定》《关于宜昌市人民代表大会常务委员会工作报告的决议》《关于宜昌市中级人民法院工作报告的决议》和《关于宜昌市人民检察院工作报告的决议》。

1997年3月31日，市二届人大一次会议通过《关于宜昌市人民政府工作报告的决议》《关于宜昌市1996年国民经济和社会发展计划执行情况与1997年计划的决议》《关于宜昌市1996年财政预算执行情况和1997年财政预算的决议》《关于宜昌市一届人大常委会工作报告的决议》《关于宜昌市中级人民法院工作报告的决议》《关于宜昌市人民检察院工作报告的决议》和《关于设立宜昌市二届人民代表大会专门委员会的决议》。

1998年2月19日，宜昌市二届人大三次会议审议通过《关于宜昌市人民政府工作报告的决议》《关于宜昌市1997年国民经济和社会发展计划执行情况与1998年计划的决议》《关于宜昌市1997年财政预算执行情况和1998年财政预算的决议》《关于宜昌市人民代表大会常务委员会工作报告的决议》《关于宜昌市中级人民法院工作报告的决议》和《关于宜昌市人民检察院工作报告的决议》。

1999年3月3日，市二届人大四次会议审议通过《关于宜昌市人民政府工作报告的决议》《关于宜昌市1998年国民经济和社会发展计划执行情况与1999年计划的决议》《关于宜昌市1998年财政预算执行情况和1999年财政预算的决议》《关于宜昌市人民代表大会常务委员会工作报告的决议》《关于宜昌市中级人民法院工作报告的决议》和《关于宜昌市人民检察院工作报告的决议》。

2000年2月28日，宜昌市二届人大五次会议审议通过《关于宜昌市人民政府工作报告的决议》《关于宜昌市1999年国民经济和社会发展计划执行情况与2000年计划的决议》《关于宜昌市1999年财政预算执行情况和2000年财政预算的决议》《关于宜昌市人民代表大会常务委员会工作报告的决议》《关于宜昌市中级人民法院工作报告的决议》和《关于宜昌市人民检察院工作报告的决议》。

2001年2月28日，市二届人大六次会议通过《关于宜昌市国民经济和社会发展第十个五年计划纲要及〈纲要〉报告的决议》《关于宜昌市2000年国民经济和社会发展计划执行情况与2001年计划的决议》《关于宜昌市2000年财政预算执行情况和2001年财政预算的决议》《关于宜昌市人民代表大会常务委员会工作报告的决议》《关于宜昌市中级人民法院工作报告的决议》和《关于宜昌市人民检察院工作报告的决议》

2002年4月10日，市三届人大一次会议审议通过《关于宜昌市人民政府工作报告的决议》《关于宜昌市2001年国民经济和袝发展计划执行情况与2002年计划的决议》《关于宜昌市2001年财政预算执行情况和2002年财政预算的决议》《关于宜昌市人民代表大会常务委员会工作报告的决议》《关于宜昌市中级人民法院工作报告的决议》《关于宜昌市人民检察院工作报告的决议》《关于设立宜昌市三届人民代表大会各专门委员会的决议》和《设立宜昌市三届人民代表大会各专门委员会的决议》。

2003年3月19日，市三届人大三次会议审议通过《关于宜昌市人民政府工作报告的决议》《关于宜昌市2002年国民经济和社会发展执行情况与2003年计划的决议》《关于宜昌市2002年财政预算执行情况和2003年财政预算的决议》《关于宜昌市人民代表大会常务委员会工作报告的决议》《关于宜昌市中级人民法院工作报告的决议》《关于宜昌市人民检察院工作报告的决议》。

2004年2月24日，市三届人大四次会议审议通过《关于宜昌市人民政府工作报告的决议》《关于宜昌市2003年国民经济和社会发展计划执行情况与2004年计划的决议》《关于宜昌市2003年财政预算执行情况和2004年财政预算的决议》《关于宜昌市人民代表大会常务委员会工作报告的决议》《关于宜昌市中级人民法院工作报告的决议》和《关于宜昌市人民检察院工作报告的决议》。

2005年3月1日，市三届人大五次会议审议《关于宜昌市人民政府工作报告的决议》《关于宜昌市2004年国民经济和社会发展计划执行情况与2005年计划的决议》《关于宜昌市2004年财政预算执行情况和2005年财政预算的决议》《关于宜昌市人民代表大会常务委员会工作报告的决议》《关于宜昌市中级人民法院工作报告的决议》和《关于宜昌市人民检察院工作报告的决议》。

2006年3月4日，市三届人大六次会议审议通过《关于宜昌市人民政府工作报告的决议》《关于宜昌市国民经济和社会发展第十一个五年规划纲要的决议》《关于宜昌市2005年国民经济和社会发展计划执行情况与2006年计划的决议》《关于宜昌市2005年预算执行情况和2006年预算的决议》《关于宜昌市人民代表大会常务委员会工作报告的决议》《关于宜昌市中级人民法院工作报告的决议》和《关于宜昌市人民检察院工作报告的决议》。

2007年1月28日，市四届人大一次会议审议通过《关于宜昌市人民政府工作报告的决议》《关于宜昌市2006年国民经济和社会发展计划执行情况与2007年计划的决议》《关于宜昌市2006年预算执行情况和2007年预算的决议》《关于宜昌市人民代表大会常务委员会工作报告的决议》《关于宜昌市中级人民法院工作报告的决议》《关于设立宜昌市四届人民代表大会专门委员会的决定》和《设立宜昌市四届人民代表大会专门委员会的决定》。

2008年3月29日，市四届人大三次会议审议通过《关于宜昌市人民政府工作报告的决议》《关于宜昌市2007年国民经济和社会发展计划执行情况与2008年计划的决议》《关于宜昌市2007年预算执行情况和2008年预算的决议》《关于宜昌市人大常委会工作报告的决议》《关于宜昌市中级人民法院工作报告的决议》和《关于宜昌市人民检察院工作报告的决议》。

2009年2月21日，宜昌市四届人大四次会议审议通过《关于宜昌市人民政府工作报的决议》《关于宜昌市2008年国民经济和社会发展计划执行情况与2009年计划的决议》《关于宜昌市2008年预算执行情况和2009年预算草案的决议》《关于宜昌市人民代表大会常务委员会工作报告的决议》《关于宜昌市中级人民法院工作报告的决议》和《关于宜昌市人民检察院工作报告的决议》。

2010年2月26日，市四届人大五次会议审议通过《关于宜昌市人民政府工作报告的决议》《关于宜昌市2009年国民经济和社会发展计划执行情况与2010年计划的决议》《关于宜昌市2009年预算执行情况和2010年预算的决议》《关于宜昌市人民代表大会常务委员会工作报告的决议》《关于宜昌市中级人民法院工作报告的决议》和《关于宜昌市人民检察院工作报告的决议》。

2011年1月26日，市四届人大六次会议审议通过《关于宜昌市人民政府工作报告的决议》《关于宜昌市国民经济和社会发展第十二个五年规划纲要的决议》《关于宜昌市2010年国民经济和社会发展计划执行情况与2011年计划的决议》《关于宜昌市2010年预算执行情况和2011年预算的决议》《关于宜昌市人民代表大会常务委员会工作报告的决议》《关于宜昌市中级人民法院工作报告的决议》和《关于宜昌市人民检察院工作报告的决议》。

2012年1月9日，市五届人大一次会议审议通过《关于宜昌市人民政府工作报告的决议》《关于宜昌市2011年国民经济和社会发展计划执行情况与2012年计划的决议》《关于宜昌市2011年预算执行情况和2012年预算的决议》《关于市人大会常务委员会工作报告的决议》《关于宜昌市中级人民法院工作报告的决议》《关于宜昌市人民检察院工作报告的决议》和《关于设立宜昌市五届人民代表大会专门委员会的决定》。

2013年1月9日，市五届人大三次会议通过《关于宜昌市人民政府工作报告的决议》《关于宜昌市2012年国民经济和社会发展计划执行情况与2013年计划的决议》《关于宜昌市2012年预算执行情况和2013年预算的决议》《关于市人大常委会工作报告的决议》《关于宜昌市中级人民法院工作报告的决议》和《关于宜昌市人民检察院工作报告的决议》。

2014年1月15日，市五届人大五次会议通过《关于宜昌市人民政府工作报告的决议》《关于宜昌市2013年国民经济和社会发展计划执行情况与2014年计划的决议》《关于宜昌市2013年预算执行情况和2014年预算的决议》《关于宜昌市人民代表大会常务委员会工作报告的决议》《关于宜昌市中级人民法院工作报告的决议》和《关于宜昌市人民检察院工作报告的决议》。

2015年1月23日，市五届人大六次会议通过《关于宜昌市人民政府工作报告的决议》《关于宜昌市2014年国民经济和社会发展计划执行情况与2015年计划的决议》《关于宜昌市2014年预算执行情况和2015年预算的决议》《关于宜昌市人民代表大会常务委员会工作报告的决议》《关于宜昌市中级人民法院工作报告的决议》和《关于宜昌市人民检察院工作报告的决议》。

2016年1月23日，市五届人大七次会议通过《关于宜昌市国民经济和社会发展第十三个五年规划纲要的决议》《关于宜昌市2015年国民经济和社会发展计划执行情况与2016年计划的决议》《关于宜昌市2015年预算执行情况和2016年预算的决议》《关于宜昌市人民代表大会常务委员会工作报告的决议》《关于宜昌市中级人民法院工作报告的决议》和《关于宜昌市人民检察院工作报告的决议》。

（二）市人大常委会决议和决定目录

1981年7月11日，市九届人大常委会三次会议通过《关于批准1981年上半年国民经济计划执行情况的汇报的决议》《关于进一步整顿社会治安和交通、卫生的决议》《关于批准〈宜昌市法律顾问处收费暂行办法〉的决议》。

1981年9月11日，市九届人大常委会四次会议通过《关于加强和改进蔬菜生产和经营管理的决议》《关于加快发展第三产业集体经济和个体经济，广开就业门路的决议》《关于进一步加强计划生育工作的决议》。

1981年11月10日，市九届人大常委会五次会议审议通过《关于召开宜昌市九届人大二次会议的决定》。

1982年1月8日，市九届人大常委会六次会议通过《关于认真贯彻五届全国人大四次会议精神的决议》《关于补选出缺和留缺的宜昌市九届人民代表大会代表的决定》。

1982年2月24日，市九届人大常委会八次会议审议通过《关于授予杜远金等三十九人劳动模范荣誉称号的决定》。

1982年3月5日，市九届人大常委会九次会议审议通过《关于罢免刘发兴、叶少云市九届人大代表的决议》。

1982年4月16日，市九届人大常委会十次会议审议通过《关于坚决打击经济领域中严重犯罪活动的决议》。

1982年8月21日，市九届人大常委会十二次会议审议通过《关于争取全面完成和超额完成宜昌市1982年国民经济和社会发展计划的决议》《关于批准宜昌市1981年财政决算、1982年财政预算草案的决议》《关于实施〈中华人民共和国民事诉讼法（试行）〉的决议》《关于深入持久开展“五讲四美”活动的决议》。

1982年10月20日，市九届人大常委会十三次会议审议通过《关于批准〈宜昌市城市建设管理实施细则〉的决议》《关于批准〈宜昌市环境保护实施细则〉的决议》《关于进一步开展植树绿化工作的决议》。

1982年12月22日，市九届人大常委会十四次会议审议通过《关于学习贯彻〈中华人民共和国宪法〉的决议》。

1983年3月1日，市九届人大常委会十五次会议审议通过《关于召开宜昌市九届人大三次会议的决定》。

1983年5月17日，市九届人大常委会十六次会议审议通过《关于进一步加强社会主义法制宣传教育工作的决议》《关于修改〈宜昌市人民代表大会常务委员会任免工作暂行办法〉有关条文的决议》。

1983年6月14日，市九届人大常委会十七次会议审议通过《关于批准〈宜昌市建设拆迁安置管理办法〉的决议》。

1983年12月22日，市九届人大常委会二十次会议审议通过《关于批准〈关于宜昌市1982年财政决算和1983年财政预算执行情况的报告〉的决议》。

1984年2月12日，市九届人大常委会二十一次会议审议通过《关于宜昌市九届人民代表大会和郊区人民公社第三届人民代表大会换届的决定》。

1984年4月23日，市九届人大常委会二十二次会议审议通过《关于市树市花的决定》。

1984年8月4日，市十届人大常委会二次会议审议通过《关于设立宜昌市人民代表大会常务委员会法制、财政经济、城乡建设、教育科学文化卫生四个工作委员会的决定》《关于〈宜昌市1984年上半年经济体制改革情况和下半年改革意见的报告〉的决议》《关于〈宜昌市严厉打击刑事犯罪活动的情况和开展法制宣传、综合治理活动月意见的报告〉的决议》《关于〈宜昌市上半年爱国卫生工作情况和深入开展夏季爱国卫生运动的意见的报告〉的决议》。

1984年11月30日，市十届人大常委会四次会议审议通过《关于免去袁家希市人大常委会委员职务的决定》。

1984年12月26日，市十届人大常委会五次会议审议通过《关于召开宜昌市十届人大二次会议的决定》。

1985年5月17日，市十届人大常委会七次会议审议通过《关于〈宜昌市市民守则〉的决议》。

1985年7月24日，市十届人大常委会八次会议审议通过《关于贯彻实施〈药品管理法〉的决议》。

1985年9月25日，市十届人大常委会九次会议审议通过《关于认真贯彻实施〈会计法〉的决议》。

1985年11月21日，市十届人大常委会十次会议审议通过《关于打击经济违法犯罪活动的决议》。

1986年2月4日，市十届人大常委会十二次会议审议通过《关于宜昌市1984年财政决算的报告的决议》。

1986年4月25日，市十届人大常委会十四次会议审议通过《关于向全市公民基本普及法律常识的决议》《关于罗清泉代理市长的决定》。

1986年6月25日，市十届人大常委会十五次会议审议通过《关于撤销袁家希一轻工业局局长职务的决定》《关于符利民等人职务任免的决定》。

1986年8月21日，市十届人大常委会十六次会议审议通过《关于批准尤竹君辞去宜昌市十届人大常委会委员职务的决定》。

1986年10月17日，市十届人大常委会十七次会议审议通过《关于批准〈宜昌市1985年财政决算的报告〉的决议》《关于批准王有前辞去宜昌市十届人大常委会委员职务的决定》。

1986年12月25日，市十届人大常委会十八次会议审议通过《关于修改〈宜昌市建设拆迁安置管理办法〉的决议》。

1987年1月17日，市十届人大常委会十九次会议审议通过《关于召开宜昌市十届人大四次会议的决定》。

1987年2月13日，市十届人大常委会二十次会议审议通过《关于成立宜昌市人大常委会代表资格审查委员会的决定》《关于召开市十届人大四次会议的决定》《关于成立宜昌市人大常委会代表资格审查委员会的决定》。

1987年4月15日，市十届人大常委会二十一次会议审议通过《关于进一步抓好普及法律常识工作的决议》。

1987年8月19日，市十届人大常委会二十三次会议审议通过《关于〈关于宜昌市1986年财政决算的报告〉的决议》。

1987年10月21日，市十届人大常委会二十四次会议审议通过《关于批准王正国、苏志爱辞去宜昌市十届人大常委会委员职务的决定》。

1987年12月8日，市十届人大常委会二十五次会议审议通过《关于召开宜昌市十一届人大一次会议的决定》。

1988年3月10日，市十一届人大常委会一次会议审议通过《关于宜昌市人大常委会代表资格审查委员会组成人员的决定》。

1988年10月26日，市十一届人大常委会五次会议审议通过《关于在全市开展执法检查的决定》《关于批准〈关于宜昌市1987年财政决算的报告〉决议》。

1988年12月23日，市十一届人大常委会六次会议审议通过《关于批准〈关于宜昌市1988年国民经济和社会发展计划部分变更的报告〉的决定》《关于举行宜昌市十一届人大二次会议的决定》。

1989年4月4日，市十一届人大常委会九次会议审议通过《关于任命李宗柏为副市长的决定》。

1989年12月19日，市十一届人大常委会十四次会议审议通过《关于批准〈关于宜昌市1988年财政决算的报告〉的决议》。

1990年2月13日，市十一届人大常委会十五次会议审议通过《关于举行市十一届人大三次会议的决定》。

1990年3月5日，市十一届人大常委会十六次会议审议通过《关于撤销张锡成宜昌市十一届人大常委会委员职务的决定》。

1990年10月17日，市十一届人大常委会二十一次会议审议通过《关于批准张兴本辞去市十一届人大常务委员会委员职务的决定》。

1990年12月26日，市十一届人大常委会二十二次会议审议通过《关于批准〈宜昌市1989年财政决算的报告〉的决议》。

1991年2月1日，市十一届人大常委会二十三次会议讨论通过《关于举行宜昌市十一届人大四次会议的决定》。

1991年5月23日，市十一届人大常委会二十六次会议审议通过《关于开展第二个五年法制宣传教育的决议》。

1991年7月17日，市十一届人大常委会二十七次会议审议通过《关于批准〈宜昌市1990财政决算报告〉的决议》。

1992年1月11日，市十一届人大常委会三十次会议审议通过《关于举行宜昌市十一届人大五次会议的决定》。

1992年11月10日，市一届人大常委会一次会议审议通过《关于设立宜昌市人民代表大会常务委员会代表资格审查委员会的决定》。

1993年5月21日，市一届人大常委会四次会议审议通过《关于全面贯彻实施〈企业法〉和〈全民所有制工业企业转换经营机制条例〉的决议》。

1993年5月21日，市一届人大常委会四次会议审议通过《关于切实减轻农民负担的决议》。

1993年7月23日，市一届人大常委会五次会议审议通过《关于〈宜昌市城市总体规划编制报告〉的决议》。

1993年9月18日，市一届人大常委会六次会议审议通过《关于接受刘克毅辞去副市长职务请求的决定》。

1994年1月13日，市一届人大常委会八次会议审议通过《关于召开市一届人大三次会议的决定》。

1994年11月29日，市一届人大常委会十三次会议审议通过《关于〈宜昌市市民守则〉的决定》。

1995年1月11日，市一届人大常委会十四次会议审议通过《召开宜昌市一届人大四次会议的决定》。

1995年3月23日，市一届人大常委会十五次会议审议通过《关于批准〈宜昌市科学技术发展规划〉和〈宜昌市“科教兴市”实施议案〉决议》。

1995年11月17日，市一届人大常委会十九次会议审议通过《关于加强耕地保护的决议》。

1996年1月25日，市一届人大常委会二十次会议审议通过《召开宜昌市一届人大五次会议的决定》。

1996年9月20日，市一届人大常委会二十五次会议审议通过《关于继续开展法制宣传教育的决议》。

1997年1月14日，市一届人大常委会二十七次会议审议通过《关于召开宜昌市二届人大一次会议的决定》。

1997年5月29日，市二届人大常委会一次会议审议通过《关于设立宜昌市人民代表大会常务委员会代表资格审查委员会的决定》《关于设立宜昌市人民代表大会常务委员会代表联络信访人事任免委员会的决定》。

1997年7月23日，市二届人大常委会二次会议审议通过《关于加强禁毒工作的决定》。

1997年9月18日，市二届人大常委会三次会议审议通过《宜昌市人民代表大会常务委员会关于在全市城区推行“门前三包”责任制的决议》。

1997年11月13日，市二届人大常委会四次会议审议通过《关于召开宜昌市二届人大二次会议的决定》《关于批准宜昌市市直1997年财政预算调整方案的决定》。

1997年12月12日，市二届人大常委会五次会议审议通过《关于加强依法治市的决议》。

1998年1月9日，市二届人大常委会六次会议审议通过《关于召开宜昌市二届人大三次会议的决定》。

1998年7月24日，市二届人大常委会十次会议审议通过《关于突破性发展民营经济的决议》。

1998年11月19日，市二届人大常委会十二次会议审议通过《关于〈宜昌市旅游业发展总体规划〉的决定》《关于表彰县市区人大工作先进集体和先进人大工作者的决定》。

1999年1月20日，市二届人大常委会十三次会议审议通过《召开市二届人大四次会议的决定》。

1999年9月10日，市二届人大常委会十七次会议审议通过《关于宜昌市人民代表大会常务委员会任命的干部作书面述职的决定》《关于表彰全市乡级人大工作先进集体和先进个人的决定》。

1999年9月25日，市二届人大常委会十八次会议审议通过《关于接受孙志刚辞去宜昌市人民政府市长职务请求的决定》《关于王振有任宜昌市人民政府副市长、代理市长的决定》。

1999年11月24日，市二届人大常委会十九次会议审议通过《关于批准宜昌市1998年本级财政决算的决定》《关于批准设立夷陵长江大桥项目贷款还贷专项资金的决定》。

2000年1月14日，市二届人大常委会二十次会议审议通过《关于召开宜昌市二届人大五次会议的决定》。

2000年2月16日，市二届人大常委会二十一次会议审议通过《关于变更宜昌市二届人大五次会议日期的决定》。

2000年2月22日，市二届人大常委会二十二次会议审议通过《关于接受车国荣、刘明国、陈如意、梅峰、龚福达辞去宜昌市二届人大常委会委员和宜昌市二届人民代表大会有关专门委员会主任委员、副主任委员职务请求的决定》。

2000年3月29日，市二届人大常委会二十三次会议审议通过《关于接受刘旭辉辞去宜昌市二届人民代表大会城乡建设环境资源保护委员会委员职务请求的决定》。

2000年5月14日，市二届人大常委会二十四次会议审议通过《关于接受田太富辞去宜昌市二届人大常委会委员职务请求的决定》。

2000年9月20日，市二届人大常委会二十六次会议审议通过《宜昌市人民代表大会常务委员会关于保护城区公共绿地的决定》。

2001年1月17日，市二届人大常委会二十九次会议审议通过《关于召开第二届人民代表大会第六次会议的决议》。

2001年2月23日，市二届人大常委会三十次会议审议通过《关于接受张子仪、符利民辞去市人大常委会副主任职务、王少愚辞去市人大常委会秘书长职务请求的决定》。

2001年3月29日，市二届人大常委会三十一次会议审议通过《关于罢免望开东湖北省第九届人民代表大会代表职务的决定》。

2001年5月24日，市二届人大常委会三十二次会议审议通过《关于加强国家园林城市创建工作的决定》。

2001年7月19日，市二届人大常委会三十三次会议审议通过《关于深入学习贯彻〈江泽民同志在庆祝中国共产党成立八十周年大会上的讲话〉的决议》。

2001年9月20日，市二届人大常委会三十四次会议审议通过《关于进一步开展法制宣传教育的决议》。

2001年11月30日，市二届人大常委会三十五次会议审议通过《关于批准2000年市级财政决算的决定》《关于宜昌市三届人民代表大会代表选举时间的决定》《关于召开宜昌市三届人大一次会议的决定》。

2002年5月25日，市三届人大常委会一次会议审议通过《关于加强宜昌市人大常委会自身建设的决议》。

2002年11月27日，市三届人大常委会四次会议审议通过《关于接受孙志刚辞去市三届人大常委会主任、彭泽清辞去市三届人大常委会委员职务请求的决定》《关于对宜昌市城区白龙岗公园等4块公共绿地实施永久性保的决定》《关于召开宜昌市三届人大三次会议的决定》。

2003年2月17日，市三届人大常委会六次会议审议通过《关于推迟召开宜昌市三届人大三次会议的决定》《关于接受王振有辞去市人民政府市长职务请求的决定》。

2003年5月17日，市三届人大常委会八次会议审议通过《关于加强预防职务犯罪工作的决定》。

2003年7月17日，市三届人大常委会九次会议审议通过《关于郭有明任宜昌市人民政府副市长、代理市长的决定》。

2004年3月24日，市三届人大常委会十三次会议审议通过《关于代表联络信访人事任免工作委员会更名的决定》《关于对王家河公园部分永久性保护绿地实行置换的决定》《关于接受黄利鸣辞去宜昌市人民政府副市长职务请求的决定》。

2004年6月24日，市三届人大常委会十五次会议审议通过《关于许可拘留宜昌市三届人民代表大会代表周其斌的决定》。

2004年7月至30日，市三届人大常委会十六次会议审议通过《关于增补代表资格审查委员会组成人员的决定》。

2004年9月22日，市三届人大常委会十七次会议审议通过《关于批准宜昌市2003年市级财政决算的决议》《关于焦红任宜昌市人民政府副市长的决定》。

2005年1月19日，市三届人大常委会十九次会议审议通过《关于批准宜昌市人民政府申请国家开发银行贷款有关问题承诺函的请求的决定》《关于表彰优秀宜昌市人大代表和先进人大代表工作者的决定》。

2005年5月28日，市三届人大常委会二十一次会议审议通过《关于占用绿萝植物园部分绿化设施和置换儿童公园保护绿地的决定》和《关于接受周登品辞去宜昌市三届人大常委会委员职务请求的决定》。

2005年7月29日，市三届人大常委会二十二次会议审议通过《关于同意市人民政府调整万寿桥永久性保护绿地部分用地的决定》。

2006年1月12日，市三届人大常委会二十五次会议审议通过《关于召开宜昌市三届人大六次会议的决定》《关于调整代表资格审查委员会组成人员的决定》。

2006年9月19日，市三届人大常委会三十次会议通过《关于批准2005年市级决算的决议》。

2006年11月18日，市三届人大常委会三十一次会议通过《关于宜昌市旅游业发展总体规划（2006—2020年）的决议》《关于批准设置宜昌市葛洲坝人民检察院的决定》《关于接受焦红辞去宜昌市人民政府副市长职务请求的决定》《关于接受杨智辞去宜昌市人民政府副市长职务请求的决定》《关于接受李早湘辞去宜昌市人民检察院检察长职务请求的决定》《关于任命代理检察长的决定》。

2007年3月23日，市四届人大常委会一次会议通过《关于加强法制宣传教育的决议》和《关于加强自身建设的决定》。

2007年7月27日，市四届人大常委会三次会议通过《关于接受王传豪辞去宜昌市人民政府副市长职务请求的决定》。

2007年9月29日，市四届人大常委会四次会议通过《关于批准2006年市级决算的决议》。

2007年11月22日，市四届人大常委会五次会议通过《关于召开市四届人大二次会议的决定》。

2007年12月18日，市四届人大常委会六次会议通过《关于推迟召开市四届人大二次会议的决定》。

2008年3月6日，市四届人大常委会八次会议通过《关于接受李佑才辞去宜昌市人民代表大会常务委员会主任职务请求的决定》《关于接受郭有明辞去宜昌市人民政府市长职务请求的决定》《关于召开宜昌市四届人大三次会议的决定》《李乐成任宜昌市人民政府副市长、代理市长的决定》。

2008年7月25日，市四届人大常委会十一次会议通过《关于进一步加强“三城联创”工作的决议》《关于接受胡兴儒辞去宜昌市中级人民法院院长等职务请求的决定》《关于裴缜代理宜昌市中级人民法院院长职务的决定》。

2009年1月9日，市四届人大常委会十四次会议审议通过《关于批准宜昌市人民政府利用银行贷款加快建设宜昌火车东站配套工程等五个项目的决定》。

2009年2月11日，市四届人大常委会十五次会议通过《关于接受范晓岚辞去湖北省第十一届人民代表大会代表职务请求的决定》《关于推迟召开市四届人大四次会议的决定》。

2009年5月20日，市四届人大常委会十七次会议通过《关于批准2009年市级预算调整方案的决议》《关于接受刘俊刚辞去宜昌市人民政府副市长职务请求的决定》《关于接受廖达凤辞去宜昌市人民政府副市长职务请求的决定》。

2009年7月24日，市四届人大常委会十八次会议通过《关于对宜昌市城区滨江公园（上段）等六块公共绿地实施永久性保护的决定》《关于批准宜昌市人民政府利用政府信用筹集平湖半岛棚户区改造等项目建设资金的决定》《关于许可拘留市人大代表向光权的决定》。

2010年3月31日，市四届人大常委会二十二次会议通过《宜昌市人民代表大会常务委员会关于加强城区菜市场建设和管理工作的决定》。

2011年3月30日，市四届人大常委会二十八次会议通过《宜昌市人民代表大会常务委员会关于加强城区社区规范化建设与管理工作的决议》。

2011年5月31日，市四届人大常委会二十九次会议通过《关于接受田太富辞去市四届人大常委会委员职务请求的决定》。

2011年9月30日，市四届人大常委会三十一次会议通过《关于命名宜昌市市树、市花的决定》。

2011年12月20日，市四届人大常委会三十三次会议通过《关于通过〈宜昌市城市总体规划（2011—2030年）〉的决议》《关于批准左坝头广场永久性保护公共绿地进行局部调整的决定》。

2007年3月23日，市五届人大常委会一次会议通过《关于进一步加强法制宣传教育的决议》。

2012年8月2日，市五届人大常委会三次会议通过《关于加强城区饮用水水源地保护工作的决定》《宜昌市人民代表大会常务委员会关于批准2012年市级预算调整方案的决议》。

2012年9月28日，市五届人大常委会四次会议审议通过《关于批准2011年市级决算的决议》。

2012年11月27日，市五届人大常委会五次会议审议通过《关于接受王松华辞去湖北省第十一届人民代表大会代表职务请求的决定》《关于加强和改进人大代表议案建议工作的决定》。

2013年5月29日，市五届人大常委会九次会议审议通过《关于批准至喜长江大桥建设有关事宜的决定》。

2013年7月31日，市五届人大常委会十一次会议审议通过《关于查处违法建设行为的决定》《关于批准2013年市级预算调整方案的决议》。

2013年9月29日，市五届人大常委会十二次会议审议通过《关于批准2012年市级决算的决议》。

2013年11月28日，市五届人大常委会十三次会议审议通过《关于召开宜昌市五届人大五次会议的决定》。

2014年9月30日，市五届人大常委会二十一次会议通过《关于批准2013年市级决算的决议》《关于同意将2014年棚户区改造委托代建资金纳入财政年度预算管理的决议》《关于批准2014年市级预算调整方案的决议》。

2014年11月28日，市五届人大常委会二十二次会议通过《关于批准置换王家河公园部分公共绿地的决定》。

2015年1月9日，市五届人大常委会二十三次会议审议通过《关于召开市五届人大六次会议的决定》《关于通过〈宜昌市环境总体规划（2013—2030年）〉的决议》《关于授予贝瀚青先生宜昌市荣誉市民称号的决定》。

2015年5月22日，市五届人大常委会二十五次会议通过《关对运河两岸公共绿地实施永久性保护的决定》《关于城区生态红线保护的决定》。

2015年7月24日，市五届人大常委会二十六次会议通过《关于全面推进依法治市的决议》《关于同意将2015年棚户区改造委托代建资金纳入财政年度预算管理的决议》《关于批准占用部分沙河水域和五龙山体的决定》。

2015年12月11日，市五届人大常委会二十九次会议通过《关于召开宜昌市五届人大七次会议的决定》。

2016年1月18日，市五届人大常委会三十一次会议审议通过《关于接受张军辉辞去宜昌市人民政府副市长职务的决定》《关于接受李柏红辞去宜昌市人大常委会委员职务的决定》。

2016年6月1日，市五届人大常委会三十三次会议通过《关于批准湖北五峰南岭风电场项目部分建设用地调出生态功能红线的决定》《关于批准湖北长阳云台荒风电场项目部分建设用地调出生态功能红线的决定》《关于接受文成国辞去湖北省第十二届人大代表职务请求的决定》《关于增补黎开锋为市五届人大常委会代表资格审查委员会副主任委员的决定》。

2016年7月29日，市五届人大常委会三十四次会议审议通过《关于批准2016年市级预算调整方案的决议》《关于许可对市人大代表顾华丽采取强制措施的决定》。

2016年9月28日，市五届人大常委会三十五次会议审议通过《关于通过〈宜昌市城市绿地系统规划（2014—2030年）〉的决议》《关于批准2015年市级决算的决议》。

2016年11月28日，市五届人大常委会三十六次会议审议通过《关于批准2016年市级预算调整方案的决议》《关于接受吕学锋辞去湖北省第十二届人民代表大会代表职务请求的决定》《关于接受张建一同志辞去宜昌市第五届人民代表大会常务委员会副主任职务请求的决定》。

2016年12月23日，市五届人大常委会三十七次会议审议通过《关于批准将当阳市大沟西矿区391亩水源涵养功能重要区调出生态功能红线的决定》《关于召开宜昌市六届人大一次会议的决定》《关于接受张建一等六名同志辞去湖北省第十二届人民代表大会代表职务请求的决定》《关于接受兰银同志辞去宜昌市人民政府副市长职务请求的决定》。

二、重要文件选登

（一）地方性法规

宜昌市人民代表大会常务委员会公告

（第二十七号）

《宜昌市人民代表大会及其常务委员会立法条例》已由宜昌市第五届人民代表大会第七次会议于2016年1月23日通过，并经湖北省第十二届人民代表大会常务委员会第二十一次会议于2016年3月30日批准，现予公布，自公布之日起施行。

宜昌市人民代表大会常务委员会

2016年4月8日

宜昌市人民代表大会及其常务委员会立法条例

（2016年1月23日宜昌市五届人大七次会议通过，2016年3月30日湖北省第十二届人民代表大会常务委员会第二十一次会议批准）

第一章　总 则

第一条　为了规范市人民代表大会及其常务委员会立法活动，完善立法程序，提高立法质量，发挥立法的引领和推动作用，全面推进依法治市，根据地方组织法、立法法和我省立法条例的有关规定，结合本市实际，制定本条例。

第二条　市人民代表大会及其常务委员会制定、修改、废止和解释地方性法规以及相关立法活动，适用本条例。

第三条　市人民代表大会及其常务委员会根据本市的具体情况和实际需要，在不同宪法、法律、行政法规和我省地方性法规相抵触的前提下，对城乡建设与管理、环境保护、历史文化保护等方面的事项制定地方性法规。法律对设区的市制定地方性法规的事项另有规定的，从其规定。

制定地方性法规，应当遵循立法法规定的基本原则，坚持不抵触、有特色、可操作，突出务实管用。对上位法已经明确规定的内容，一般不作重复性规定。

第四条 规定本市特别重大事项的地方性法规，应当由市人民代表大会制定，其他地方性法规由市人民代表大会常务委员会（以下简称常务委员会）制定。

在市人民代表大会闭会期间，常务委员会可以对市人民代表大会制定的地方性法规进行部分补充和修改，但不得同该法规的基本原则相抵触。补充和修改情况应当向市人民代表大会报告。

第五条 市人民代表大会及其常务委员会应当恪守以民为本、立法为民理念，推进科学立法、民主立法，加强立法工作组织协调，发挥在立法工作中的主导作用，注重提高立法质量。

第二章 立法准备

第一节 立法规划和立法计划

第六条 常务委员会应当编制年度立法计划，根据需要编制本届任期内的立法规划。

编制立法规划和立法计划，应当征求省人民代表大会常务委员会的意见，并报省人民代表大会常务委员会备案。

第七条 常务委员会编制立法规划和立法计划，应当分别征求市人民政府及其有关部门、市中级人民法院、市人民检察院以及有关人民团体、社会组织的立法建议，并向社会公开征集立法建议。

国家机关、政党、团体、组织以及公民可以向常务委员会提出制定地方性法规的建议和意见。

立法建议应当采用书面形式，并附有立法依据和主要内容等。

第八条 常务委员会工作机构根据市人民代表大会专门委员会（以下简称专门委员会）、市人民政府法制工作机构以及有关方面的立法建议，统一研究、协调论证，提出立法规划草案和立法计划草案，提请常务委员会主任会议审议通过。

第九条 专门委员会、市人民政府及其有关部门、有关人民团体、社会组织应当认真组织实施立法规划和立法计划。法规案未能按时提请审议的，提案人应当向主任会议报告并说明情况。

立法规划和立法计划在执行过程中需要作适当调整的，由常务委员会工作机构根据专门委员会和有关方面的建议，提出方案，报主任会议审定。

第二节 法规草案的起草

第十条 向市人民代表大会或者常务委员会提出法规案，由提案人组织起草法规草案。

有关专门委员会、常务委员会工作机构以及有关方面应当提前参与法规草案起草工作，了解情况，提出意见。综合性、全局性、基础性的重要法规草案，可以由有关专门委员会或者常务委员会工作机构组织起草；专业性较强的法规草案，可以吸收相关领域的专家参与起草工作，或者委托有关专家、教学科研单位、社会组织起草。

第十一条 起草法规草案，应当深入调查研究，广泛征求相关方面意见。法规案提出时，提案人应当向常务委员会报告征求意见情况。

法规草案的起草单位应当向有关专门委员会和常务委员会工作机构报告起草工作进展情况。

第三章 立法程序

第一节 市人民代表大会立法程序

第十二条 市人民代表大会主席团可以向市人民代表大会提出法规案，由市人民代表大会会议审议。

常务委员会、市人民政府、专门委员会可以向市人民代表大会提出法规案，由主席团决定列入会议议程，或者先交有关专门委员会审议、提出报告，再由主席团决定列入会议议程。

市人民代表大会代表十人以上联名，可以向市人民代表大会提出法规案，由主席团决定是否列入会议议程，或者先交有关专门委员会审议，提出是否列入会议议程的意见，再决定是否列入会议议程。

专门委员会审议法规案时，可以邀请提案人列席会议，发表意见。

第十三条 拟提请市人民代表大会审议的法规案，在市人民代表大会闭会期间，可以先向常务委员会提出，经常务委员会会议依照本条例第三章第二节规定的有关程序审议后，决定提请市人民代表大会审议，由常务委员会或者提案人向大会全体会议作说明。

第十四条 常务委员会决定提请市人民代表大会会议审议的法规案，应当在会议举行的十五日前将法规草案发给代表。

第十五条 列入市人民代表大会会议议程的法规案，大会全体会议听取常务委员会或者提案人的说明后，由各代表团进行审议。

各代表团审议法规案时，提案人应当派人听取意见，回答询问。

各代表团审议法规案时，根据代表团的要求，有关机关、团体或者组织应当派人介绍情况。

第十六条 列入市人民代表大会会议议程的法规案，由有关专门委员会进行审议，向主席团提出审议意见，并印发会议。

第十七条 列入市人民代表大会会议议程的法规案，由法制委员会根据各代表团和有关专门委员会的审议意见，对法规案进行统一审议，向主席团提出审议结果的报告和法规草案修改稿，对重要的不同意见应当在审议结果报告中予以说明，经主席团审议通过后，印发会议。

第十八条 列入市人民代表大会会议议程的法规案，必要时，主席团常务主席可以召开各代表团团长或者代表团推选的代表的会议，就法规案中的重大问题听取意见，进行讨论，并将讨论的情况和意见向主席团报告。

第十九条 列入市人民代表大会会议议程的法规案，在交付表决前，提案人要求撤回的，应当提出书面报告，说明理由，经主席团同意，并向大会报告，对该法规案的审议即行终止。

第二十条 法规案在审议中有重大问题需要进一步研究的，经主席团提出，由大会全体会议决定，可以授权常务委员会根据代表的意见进一步审议，做出决定，并将决定情况向市人民代表大会下次会议报告；也可以授权常务委员会根据代表的意见进一步审议，提出修改方案，提请市人民代表大会下次会议审议决定。

第二十一条 法规草案修改稿经各代表团审议，由法制委员会根据各代表团的审议意见进行修改，提出法规草案表决稿，由主席团提请大会全体会议表决，由全体代表的过半数通过。

第二十二条 市人民代表大会通过的地方性法规，应当自通过之日起十五日内，由常务委员会报请省人民代表大会常务委员会批准；经批准后，由常务委员会发布公告予以公布。

第二节　市人民代表大会常务委员会立法程序

第二十三条 主任会议可以向常务委员会提出法规案，由常务委员会会议审议。

市人民政府、专门委员会可以向常务委员会提出法规案，由主任会议决定列入常务委员会会议议程，或者先交有关专门委员会审议、提出报告，再决定列入常务委员会会议议程。如果主任会议认为法规案有重大问题需要进一步研究，可以建议提案人修改完善后再向常务委员会提出。

市人民政府或者专门委员会提请常务委员会审议的法规案，应当分别经市人民政府常务会议或者专门委员会全体会议通过后，以书面形式提出。

第二十四条 常务委员会组成人员五人以上联名，可以向常务委员会提出法规案，由主任会议决定是否列入常务委员会会议议程，或者先交有关专门委员会审议、提出是否列入会议议程的意见，再决定是否列入常务委员会会议议程。不列入常务委员会会议议程的，应当向常务委员会会议报告，并向提案人说明。

第二十五条 拟提请常务委员会会议审议的法规草案，应当在常务委员会会议举行的十五日前报送常务委员会，常务委员会工作机构应当及时送交有关专门委员会。未能提前十五日报送的，一般不列入本次常务委员会会议议程。

列入常务委员会会议议程的法规案，应当在会议举行的七日前将法规草案以及说明等相关材料发给常务委员会组成人员。

第二十六条 列入常务委员会会议议程的法规案，一般应当经两次常务委员会会议审议后再交付下次常务委员会会议表决。

常务委员会会议第一次审议法规案，在全体会议上听取提案人的说明，由分组会议进行审议。

常务委员会会议第二次审议法规案，在全体会议上听取法制委员会关于法规草案审议结果的报告，由分组会议再次审议。

调整事项较为单一或者部分修改的法规案，各方面意见比较一致的，经主任会议决定，可以经一次或者两次常务委员会会议审议即交付表决。

第二十七条 常务委员会审议法规案时，提案人应当派人听取意见，回答询问。根据分组会议的要求，有关机关、团体或者组织应当派人介绍情况。

第二十八条 常务委员会审议法规案时，主任会议根据需要，可以决定对法规草案中的主要问题召开联组会议或者全体会议进行审议。

联组会议或者全体会议由各组推选的代表发表意见；常务委员会其他组成人员可以发表意见；列席会议的人员，经主持人同意，也可以发表意见。

第二十九条 列入常务委员会会议议程的法规案，由有关专门委员会进行审议，提出审议意见，报告主任会议，并印发常务委员会会议。

有关专门委员会审议法规案时，可以邀请其他专门委员会的成员列席会议，发表意见。

专门委员会审议法规案时，应当召开全体会议审议，根据需要，可以要求有关机关、团体或者组织派负责人说明情况。

第三十条 列入常务委员会会议议程的法规案，由法制委员会根据常务委员会组成人员、有关专门委员会的审议意见和各方面提出的意见，对法规案进行统一审议，提出审议结果的报告和法规草案修改稿，对重要的不同意见应当在报告中予以说明。对有关专门委员会的重要审议意见没有采纳的，应当向有关专门委员会反馈。

法制委员会审议法规案时，应当邀请有关专门委员会的成员列席会议，发表意见。

第三十一条 专门委员会之间对法规草案的重要问题意见不一致时，应当向主任会议报告。

第三十二条 列入常务委员会会议议程的法规案，法制委员会、有关专门委员会和常务委员会工作机构应当深入开展调查研究，广泛听取各方面的意见。听取意见可以采取座谈会、论证会、听证会等多种形式。

法规案中有关问题专业性较强，需要进行可行性评价的，应当召开论证会，听取有关专家、部门和市人民代表大会代表等方面的意见。论证情况应当向常务委员会报告。

法规案有关问题存在重大意见分歧或者涉及利益关系重大调整，需要进行听证的，应当召开听证会，听取有关基层和群体代表、部门、人民团体、专家、市人民代表大会代表和社会有关方面的意见。听证情况应当向常务委员会报告。

第三十三条 列入常务委员会会议议程的法规案，常务委员会工作机构应当在常务委员会会议后将法规草案及其说明等在《三峡日报》、宜昌人大网上向社会公布，征求意见。向社会公布征求意见的时间一般不少于三十日。

常务委员会工作机构应当将法规草案发送下级人民代表大会常务委员会、相关领域的市人民代表大会代表以及有关部门、团体、组织和专家征求意见。

常务委员会工作机构应当收集整理分组审议的意见和各方面提出的意见以及其他有关资料，分送法制委员会和有关专门委员会，并根据需要，印发常务委员会会议。

第三十四条 常务委员会会议审议法规案，应当邀请有关的市人民代表大会代表列席会议，听取意见；可以组织公民旁听和新闻媒体报道。

专门委员会和常务委员会工作机构进行立法调研，应当邀请有关的市人民代表大会代表参加。

第三十五条 列入常务委员会会议议程的法规案，在交付表决前，提案人要求撤回的，应当提出书面报告，说明理由，经主任会议同意，并向常务委员会报告，对该法规案的审议即行终止。

第三十六条 法规案经常务委员会会议第二次审议后，仍有重大问题需要进一步研究的，经主任会议同意，可以暂不付表决，交法制委员会和有关专门委员会进一步审议，并根据审议情况，决定是否提请常务委员会会议第三次审议。

第三十七条 列入常务委员会会议议程的法规案，因各方面对制定该法规的必要性、可行性等重大问题存在较大意见分歧，搁置审议满两年的，或者因暂不付表决经过两年没有再次列入常务委员会会议议程的，由主任会议向常务委员会报告，该法规案终止审议。

第三十八条 拟提请常务委员会会议表决的法规案，常务委员会工作机构可以组织对法规草案中主要制度规范的可行性、法规出台时机、法规实施的社会效果和可能出现的问题等进行评估。评估情况由法制委员会在修改情况的说明中予以说明。

第三十九条 拟提请常务委员会会议表决的法规案，常务委员会工作机构应当将法规草案提前报送省人民代表大会常务委员会有关工作机构征求意见。

第四十条 法规草案修改稿经常务委员会会议审议，拟提请常务委员会会议表决的，由法制委员会根据常务委员会组成人员的审议意见进行修改，提出法规草案表决稿，由主任会议提请常务委员会全体会议表决，由常务委员会全体组成人员的过半数通过。

表决前，由法制委员会向常务委员会全体会议作关于法规草案修改情况的说明。

第四十一条 法规草案表决稿交付常务委员会会议表决前，主任会议根据常务委员会会议审议的情况，可以决定将意见分歧较大的重要条款提请常务委员会会议单独表决；根据单独表决的情况，可以将法规草案表决稿交付表决，或者暂不付表决，交法制委员会和有关专门委员会进一步审议。

第四十二条 常务委员会通过的地方性法规，应当自通过之日起十五日内，由常务委员会报请省人民代表大会常务委员会批准；经批准后，由常务委员会发布公告予以公布。

第四章 法规解释

第四十三条 市人民代表大会及其常务委员会通过的地方性法规由常务委员会解释。

常务委员会的法规解释同法规具有同等效力。

第四十四条 市人民政府、市中级人民法院、市人民检察院、专门委员会以及下级人民代表大会常务委员会可以向常务委员会提出法规解释要求。

第四十五条 常务委员会工作机构研究拟订法规解释草案，由主任会议决定列入常务委员会会议议程。

法规解释草案经常务委员会会议审议，由法制委员会根据常务委员会组成人员的审议意见，提出法规解释草案表决稿。

第四十六条 法规解释草案表决稿由常务委员会全体组成人员的过半数通过。常务委员会的法规解释做出后，应当自公布之日起三十日内报省人民代表大会常务委员会备案。法规解释的公布适用本条例第五章有关规定。

第五章 其他规定

第四十七条 提出法规案，应当同时提出法规草案文本及其说明，并提供必要的印发资料。修改法规的，还应当提交修改前后的对照文本。法规草案的说明应当包括制定该法规的必要性、可行性、起草过程和主要内容以及对重大分歧问题的协调处理情况。

第四十八条 向市人民代表大会及其常务委员会提出的法规案，在列入会议议程前，提案人有权撤回，但应当以书面形式提出。

第四十九条 交付市人民代表大会及其常务委员会全体会议表决未获得通过的法规案，提案人可以按照规定程序就同一事项重新提出议案，由主席团、主任会议决定是否列入会议议程。其中，未获得市人民代表大会通过的法规案，应当提请市人民代表大会审议决定。

第五十条 常务委员会报请省人民代表大会常务委员会批准地方性法规，应当提供法规文本、法规说明和必要的印发资料。

地方性法规经批准后，常务委员会发布地方性法规的公告应当载明该地方性法规的制定机关、批准机关和通过、批准、施行的日期。

对涉及公民、法人和其他组织权利义务以及其他重要事项的法规，从公布到施行的日期，一般不得少于六十日。

地方性法规经批准后，常务委员会工作机构应当及时将常务委员会公告和法规文本在常务委员会公报、《三峡日报》和宜昌人大网上刊登。

第五十一条 法规的修改和废止程序，适用本条例第三章的有关规定。

法规部分条文被修改的，应当公布新的法规文本。

第五十二条 法规明确要求有关机关对专门事项做出配套规定的，有关机关应当自法规施行之日起一年内做出规定。法规另有规定的，从其规定。

有关机关未能在期限内做出配套规定的，应当向常务委员会报告。

第五十三条 有关专门委员会、常务委员会工作机构应当组织对有关法规或者法规中有关规定进行立法后评估。评估情况应当向常务委员会报告。

第五十四条 制定和修改后的法规实施满一定期限的，法规实施机关应当向常务委员会报告法规实施情况。

第五十五条 市人民代表大会及其常务委员会制定的地方性法规应当自公布之日起十日内由常务委员会报省人民代表大会常务委员会，由省人民代表大会常务委员会报全国人民代表大会常务委员会和国务院备案。

第五十六条 常务委员会工作机构可以对市人民代表大会及其常务委员会制定的地方性法规具体应用的询问予以答复，并报常务委员会备案。

第六章 附 则

第五十七条 本条例自2016年4月8日起施行。

宜昌市人民代表大会常务委员会公告

（第三十号）

《宜昌市城区重点绿地保护条例》已由宜昌市第五届人民代表大会常务委员会第三十五次会议于2016年9月28日通过，并经湖北省第十二届人民代表大会常务委员会第二十五次会议于2016年12月1日批准，现予公布，自2017年1月1日起施行。

宜昌市人民代表大会常务委员会

2016年12月8日

宜昌市城区重点绿地保护条例

（2016年9月28日宜昌市第五届人民代表大会常务委员会第三十五次会议通过，2016年12月1日湖北省第十二届人民代表大会常务委员会第二十五次会议批准）

第一条 为了保护城区重点绿地，改善城市生态环境，根据有关法律、法规，结合本市城区实际，制定本条例。

第二条　本市城区范围内重点绿地保护，适用本条例。

第三条　本条例所称城区重点绿地，是指以自然植被和人工植被为主要存在形态，生态、游憩、景观以及防灾等功能突出、需要长期保留的城市用地。

第四条　本市城区重点绿地保护，坚持生态优先、保护至上、科学利用原则，促进城市建设与绿地保护协调发展。

第五条　市、区人民政府应当将城区重点绿地保护列入国民经济和社会发展规划，将必要经费纳入本级财政预算。

市、区人民政府城市园林绿化主管部门负责城区重点绿地保护工作。

市、区人民政府住房和城乡建设、规划、城市管理、国土资源、环境保护、旅游、交通运输、民政、公安等部门，依照法定职责协同实施城区重点绿地保护。城区重点绿地范围内关于山体和水域的保护，有关法律法规规定由林业、水利水电等部门管理的事项，同时依照有关法律法规执行。

第六条　市人民政府城市园林绿化主管部门应当每年组织拟定城区重点绿地名录，具体确定本条例适用对象，报市人民政府批准。报送批准前，应当向社会公告，听取社会公众和专家的意见。

公园绿地、防护绿地、广场用地以及生态保育绿地等城区重点绿地，应当实施永久性保护，由市人民政府适时提请市人民代表大会常务委员会审议决定，并向社会公布。

其他城区重点绿地，由市人民政府报市人民代表大会常务委员会备案，并向社会公布。

本条例施行前已经市人民代表大会常务委员会决定实施永久性保护的绿地、山体、水域，直接列入城区重点绿地名录。

第七条　市人民政府城市园林绿化主管部门应当根据城区重点绿地名录及有关基础资料，确定保护范围，设立保护标志。

第八条　市人民政府城市园林绿化主管部门应当制定城区重点绿地管养标准。

市、区人民政府城市园林绿化主管部门应当确定管理责任单位或者委托有专业资质的市场主体管理养护城区重点绿地。管养单位应当依照职责或者合同履行城区重点绿地管养职责，发现违法占用、毁坏重点绿地等行为的，应当及时制止，并向市人民政府城市园林绿化主管部门报告。

市、区人民政府城市园林绿化主管部门应当对各城区重点绿地管养单位的管养行为实施监督和管理。

第九条　市人民政府城市园林绿化主管部门应当依照有关规定向社会公开城区重点绿地信息。

市人民政府每年向市人民代表大会常务委员会报告城区重点绿地保护工作。

第十条　任何单位和个人应当自觉爱护城区重点绿地，不得擅自占用城区重点绿地或者改变其规划用途，不得破坏城区重点绿地的植被、山体、水域以及相关设施。

任何单位和个人发现有损害城区重点绿地行为的，都有权劝阻和举报。

第十一条　确因公共利益需要占用城区重点绿地或者改变其规划用途的，市人民政府城市园林绿化主管部门应当组织有关部门进行论证或者听证，听取社会公众和专家的意见，并在市级媒体上公告三十日后，报市人民政府批准。

市人民政府拟批准占用实施永久性保护重点绿地或者改变其规划用途的，提请市人民代表大会常务委员会审议决定，并向社会公布。

市人民政府批准占用其他重点绿地或者改变其规划用途的，报市人民代表大会常务委员会备案，并向社会公布。

经批准占用城区重点绿地或者改变其规划用途的，建设单位应当依照市人民政府城市园林绿化主管部门指定，重建同等以上面积的绿地；也可以由市人民政府城市园林绿化主管部门组织重建，建设单位全额支付重建费用。

第十二条 确因公共利益需要临时占用城区重点绿地的，市人民政府有关主管部门应当征求城市园林绿化主管部门的意见，并报市人民政府批准。批准临时占用的，报市人民代表大会常务委员会备案，并向社会公布。

临时占用城区重点绿地不得超过二年。

市、区人民政府城市园林绿化主管部门应当对临时占用行为进行监督。临时占用城区重点绿地，造成绿地损毁的，占用者应当进行恢复；也可以由城区重点绿地管养单位组织进行恢复，占用者全额支付恢复费用。

第十三条 任何单位和个人不得擅自更换城区重点绿地范围内园林景观路上的行道树种。

确因公共利益需要更换园林景观路上行道树种的，市人民政府城市园林绿化主管部门应当组织有关部门进行论证，听取社会公众和专家的意见，报市人民政府批准。批准更换的，报市人民代表大会常务委员会备案，并向社会公布。

第十四条 城区重点绿地保护范围内文化性、景观性和功能性园林工程及附属设施建设的设计方案，市人民政府城市园林绿化主管部门应当报市人民政府批准。

任何单位和个人不得违反设计方案移植、更换城区重点绿地范围内的植被。确因公共利益需要移植、更换零星植被的，报市人民政府城市园林绿化主管部门批准。

第十五条 城区重点绿地范围内禁止下列行为：

（一）损坏树木；

（二）损坏花卉、草坪等植被；

（三）采石、挖砂、取土；

（四）倾倒、堆放、焚烧废弃物，排放污水，填埋、侵占水域；

（五）损毁护栏、雕塑、座椅、标志牌等设施；

（六）违反规定驾驶或者停放车辆、用火、宿营；

（七）擅自修建建筑物、构筑物或者违反规定进行临时建设；

（八）其他损坏重点绿地及其设施的行为。

第十六条 违反本条例第十三条第一款、第十四条第二款、第十五条第一项规定，损坏城区重点绿地范围内树木的，责令停止侵害，并可以处二百元以上五百元以下罚款；造成树木死亡的，应当补种毁坏株数一倍以上三倍以下同品质的树木，并可以处毁坏树木价值三倍以上五倍以下罚款；造成其他损失的，应当承担赔偿责任，并可以处损失额三倍以上五倍以下罚款。

第十七条 违反本条例第十条第一款、第十五条第二项至第六项规定，违法毁坏城区重点绿地的，责令停止违法行为、限期恢复原状，并可以处所毁坏绿地面积每平方米一千元的罚款；造成损失的，应当承担赔偿责任。

第十八条 违反本条例第十五条第七项规定，违法占用城区重点绿地进行建设的，责令停止建设、限期拆除、修复绿地，并可以处已建建筑物、构筑物工程造价百分之十或者临时建设工程造价一倍的罚款；逾期不拆除的，依法采取强制拆除等措施；造成绿地损失的，应当承担赔偿责任。

第十九条 本条例规定的行政处罚，属于城市管理综合执法范围的，由市、区城市管理综合执法部门依法实施；不属于城市管理综合执法范围的，由市、区人民政府其他法定主管部门依法实施。

第二十条 有关行政管理机关违反本条例规定的，由监察机关依法责令改正、通报批评；国家工作人员在城区重点绿地保护工作中玩忽职守、滥用职权、徇私舞弊的，依法给予行政处分；构成犯罪的，依法追究刑事责任。

第二十一条 本条例自2017年1月1日起施行。

（二）规范性文件

宜昌市人民代表大会
议事规则

（2007年1月28日宜昌市四届人大一次会议通过，2016年1月23日宜昌市五届人大七次会议修订）

第一章 总则

第一条 为了保障市人民代表大会依法行使职权，提高议事质量和效率，根据宪法、地方各级人民代表大会和地方各级人民政府组织法、全国人民代表大会和地方各级人民代表大会选举法、全国人民代表大会和地方各级人民代表大会代表法、中华人民共和国立法法等法律的有关规定，结合本市实际，制定本规则。

第二条 市人民代表大会按照民主集中制的原则，充分发扬民主，严格依法办事，集体行使宪法、法律赋予的职权。

第二章 会议的举行

第三条 市人民代表大会会议由市人民代表大会常务委员会（以下简称常务委员会）召集。每届市人民代表大会第一次会议，在本届市人民代表大会代表选举完成后的两个月内，由上届常务委员会召集。

第四条 市人民代表大会会议每年至少举行一次，一般于每年第一季度举行。常务委员会认为必要，或者有五分之一以上的代表向常务委员会提议，可以临时举行市人民代表大会会议。

第五条 市人民代表大会会议应当有三分之二以上的代表出席才能举行。

出席市人民代表大会会议是代表的法定职责。代表因病或者其他特殊原因不能出席本次市人民代表大会会议的，会前应当书面向常务委员会请假。未经批准两次不出席市人民代表大会会议的，依法终止其代表资格。

代表在会议期间临时请假的，应当经代表团团长同意。大会秘书处负责向主席团报告代表出席会议的情况和缺席的原因。

第六条 常务委员会在市人民代表大会会议举行前，进行下列准备工作：

（一）决定开会日期；

（二）提出会议议程草案；

（三）提出主席团和秘书长名单草案；

（四）决定列席人员名单；

（五）根据需要，提出设立议案审查委员会、计划和预算审查委员会的成员名单草案；

（六）审议通过代表资格审查报告；

（七）审议通过拟提交市人民代表大会会议的常务委员会工作报告；

（八）会议的其他准备事项。

第七条 常务委员会应当在市人民代表大会举行会议的一个月前，将开会日期和建议会议审议的主要事项通知代表。常务委员会、市人民政府、市中级人民法院、市人民检察院应当在市人民代表大会举行会议前，将拟提请审议的工作报告和地方性法规草案及说明印发代表，征求意见。

临时举行的市人民代表大会会议不适用前款规定。

第八条 市人民代表大会会议举行前，代表以县（市）区和驻宜昌部队为单位组成代表团。代表人数较少的选举单位可以联合组成代表团。代表团全体会议分别推举代表团团长、副团长。代表团团长召集并主持本团全体会议，组织本团审议会议议案和有关报告，反映本团对议案和有关报告的审议意见，主持在本团会议上的询问、质询，传达、贯彻主席团会议的决定和有关事项，处理本团的其他工作事项。代表团副团长协助团长工作。

按照便于审议的原则，代表团可以分设若干代表小组，小组召集人由代表小组会议推选。

第九条 市人民代表大会会议举行前，召开预备会议，选举会议主席团和秘书长，通过会议议程和会议其他事项的决定。

预备会议由常务委员会主持。每届市人民代表大会第一次会议的预备会议，由上届常务委员会主持。

第十条 市人民代表大会预备会议举行前，各代表团会议审议常务委员会提出的主席团和秘书长名单草案、会议议程草案以及会议的其他事项，提出意见。

常务委员会主任会议根据各代表团提出的意见，可以对主席团和秘书长名单草案、会议议程草案以及其他事项的决定草案提出调整意见，提请预备会议审议通过。

市人民代表大会会议期间需要设立的议案审查委员会、计划和预算审查委员会等委员会的组成人员人选，由常务委员会在代表中提名，提请预备会议通过。

第十一条 市人民代表大会每次会议主席团在代表中产生，由常务委员会部分组成人员、各代表团团长、有关国家机关的负责人和有关方面的代表组成。

除每届市人民代表大会第一次会议外，市人民政府组成人员、市中级人民法院和市人民检察院的负责人一般不担任主席团成员职务。

第十二条　主席团的主要职责是：

（一）主持市人民代表大会会议；

（二）领导市人民代表大会各委员会的工作；

（三）向会议提出议案和决议草案；

（四）组织审议列入会议议程的议案和有关报告；

（五）依法提出市级国家机关领导人员和组成人员的人选；

（六）主持会议选举，提出选举办法草案；

（七）决定议案、罢免案、质询案的审议程序和处理意见；

（八）发布公告；

（九）决定需要由主席团决定的其他事项。

主席团会议应当有三分之二以上的主席团成员出席才能举行。主席团的决定，由主席团全体成员的过半数通过。

第十三条　主席团第一次会议由常务委员会主任或者副主任召集。每届市人民代表大会第一次会议主席团的第一次会议由主席团成员中的上届常务委员会主任或者副主任,或者此次会议秘书长召集。

主席团第一次会议在主席团成员中推选常务主席若干人、大会各次全体会议的执行主席若干人，并决定下列事项：

（一）会议日程；

（二）副秘书长的人选；

（三）表决议案的办法；

（四）代表提出议案的截止时间；

（五）其他需要决定的事项。

第十四条　主席团常务主席的职责是：

（一）召集并主持主席团会议；

（二）对主席团职权范围内的事项向主席团提出建议；

（三）根据会议进展情况，对会议日程安排做出调整；

（四）必要时，召开代表团团长会议，就议案和有关报告的重大问题听取代表团的审议意见，进行讨论，并将讨论的情况和意见向主席团报告；就重大的专门性问题，召集代表团推选的代表进行讨论，并将讨论的情况和建议向主席团报告；

（五）根据需要向主席团提出建议，召开全体会议就议案和有关报告进行大会发言；

（六）根据主席团的授权，处理主席团职责范围内的其他事项。主席团会议讨论重大的专门性问题时，主席团常务主席可以召集市人民政府及其工作部门、市中级人民法院、市人民检察院的负责人参加会议，汇报情况，回答问题。

第十五条　市人民代表大会会议设立秘书处。秘书处由秘书长和副秘书长组成。

秘书处在秘书长领导下，办理主席团交付的事项和处理会议的日常事务工作。副秘书长协助秘书长工作。秘书处可以设立若干工作机构。

第十六条　下列人员依法列席市人民代表大会会议：

（一）不是市人大代表的市人民政府组成人员，市中级人民法院和市人民检察院主要负责人；

（二）本市的全国人民代表大会代表和本市选出的省人民代表大会代表；

（三）常务委员会工作机构负责人；

（四）县（市）区人民代表大会常务委员会负责人；

（五）常务委员会决定邀请列席会议的其他有关机关、团体的负责人。

列席会议的人员有发言权，没有表决权。列席人员因病或者其他特殊原因不能列席本次市人民代表大会会议的，会前应当书面向常务委员会请假；在会议期间不能列席会议的，应当向代表团请假。

市人民政府、市中级人民法院、市人民检察院的列席人员，应当按照会议的安排和要求，列席会议，听取意见。出席市人民政治协商会议的政协委员应邀列席市人民代表大会的有关全体会议。

第十七条 市人民代表大会会议公开举行。必要时，由主席团征求各代表团意见后，可以决定举行秘密会议。

市人民代表大会会议根据需要举行新闻发布会和记者招待会。

第十八条 市人民代表大会全体会议可以设旁听席。旁听办法由常务委员会规定。

第三章 议案的提出和审议

第十九条 主席团、常务委员会、市人民代表大会各专门委员会、市人民政府可以向市人民代表大会提出属于市人民代表大会职权范围内的议案，由主席团决定列入会议议程。

代表十人以上联名，可以向市人民代表大会提出属于市人民代表大会职权范围内的议案，由大会秘书处向主席团提出议案处理意见的报告，由主席团决定是否列入会议议程，或者先交有关专门委员会审议或者议案审查委员会审查，提出是否列入会议议程的意见，再由主席团决定是否列入会议议程。

议案在交付大会表决前，提案人要求撤回的，经主席团同意，会议对该议案的审议即行终止。

第二十条 向市人民代表大会提出的议案，应当写明案由、案据和方案。

代表联名提出的议案应当有领衔人，并在此次会议代表议案截止时间之前提出。

第二十一条 专门委员会审议或者议案审查委员会审查代表提出的议案时，可以根据具体情况邀请议案的领衔人、提案人、有关方面的代表和专家列席会议，发表意见。

提案人应当对列入会议议程的议案，向会议提出关于议案的说明和相关资料。

大会秘书处应当将主席团通过的有关议案的审查意见报告印发代表。

第二十二条 列入会议议程的议案，由主席团提交各代表团审议，可以并交有关专门委员会审议、提出报告，由主席团决定提请大会全体会议表决。

列入会议议程的议案，在审议中有重大问题需要进一步研究的，经主席团提出，由大会全体会议决定，可以授权常务委员会在此次会议闭会后审议决定，并报下次市人民代表大会会议备案，或者提请下次市人民代表大会会议再次审议。

第二十三条 地方性法规案的提出、审议、表决、公布和备案，按照《宜昌市人民代表大会及其常务委员会立法条例》的有关规定执行。

第二十四条 主席团决定不列入此次会议议程的议案，交常务委员会或者有关专门委员会在此次会议闭会后审议。有关专门委员会应当在闭会后六个月内提出审议结果的报告，提请常务委员会审议处理。常务委员会和有关专门委员会应当将审议结果向下次市人民代表大会会议报告。

第二十五条 主席团决定不列入议案处理的，转作建议、批评和意见处理。

代表向市人民代表大会提出的对各方面工作的建议、批评和意见，按照《湖北省各级人民代表大会代表建议、批评和意见办理工作的规定》办理，并将办理结果向下次市人民代表大会会议报告。

第四章 审议工作报告、审查计划和预算

第二十六条 市人民代表大会听取和审议常务委员会、市人民政府、市中级人民法院、市人民检察院的工作报告，以及其他重大事项的报告，审查和批准市人民政府关于市国民经济和社会发展计划及计划执行情况的报告、关于市财政预算及预算执行情况的报告。根据需要，报告机关应当向会议提供相关资料。

第二十七条 各项报告由代表团全体会议和小组会议审议。对报告中重要和专门性的问题，主席团可以组织有关代表进行专题审议。审议工作报告时，报告机关应当派有关负责人到会听取意见，回答问题。

常务委员会、市人民政府、市中级人民法院、市人民检察院应当根据各代表团的审议意见，对工作报告进行修改后印发会议。

第二十八条 工作报告在市人民代表大会会议上未获得批准的，提出该报告的机关应当进行整改，并将整改情况专题报告下次市人民代表大会会议，或者由市人民代表大会授权常务委员会，在规定的时间内听取整改情况的报告。常务委员会听取整改情况报告后，将有关情况向下次市人民代表大会会议报告。

第二十九条 市人民代表大会每年举行会议的一个月前，市人民政府有关部门应当将本市上一年度国民经济和社会发展计划、预算执行情况以及本年度国民经济和社会发展计划、预算草案的主要内容，提交市人民代表大会财政经济委员会进行初步审查。

财政经济委员会对国民经济和社会发展计划、预算草案进行初步审查时，可以邀请有关的专门委员会、常务委员会工作机构和代表、专家列席会议，发表意见，并由财政经济委员会提出初步审查意见，交市人民政府及其有关部门研究处理。

第三十条 市人民政府向市人民代表大会提出关于市国民经济和社会发展计划及计划执行情况的报告、关于市财政预算及预算执行情况的报告时，应当将国民经济和社会发展计划主要指标草案、预算收支草案和预算执行情况草案及其说明一并印发会议，由各代表团、计划和预算审查委员会或者财政经济委员会进行审查。

计划和预算审查委员会或者财政经济委员会根据各代表团的审查意见，对关于市国民经济和社会发展计划及计划执行情况的报告、关于市财政预算及预算执行情况的报告进行审查，向主席团提出审查结果报告，经主席团会议审议通过后印发会议。

第三十一条 受主席团委托，大会秘书处根据各代表团的审议意见和有关专门委员会的审查报告，起草相关工作报告的决议草案，经主席团会议通过后提交各代表团审议，并提请市人民代表大会全体会议表决。

第三十二条 全市国民经济和社会发展计划，财政预算经市人民代表大会批准后，在执行过程中需要作部分调整的，市人民政府应当及时将调整方案提请常务委员会审查和批准。

第五章 选举、罢免和辞职

第三十三条 市人民代表大会会议依法选举、罢免常务委员会组成人员、市长、副市长、市中级人民法院院长、市人民检察院检察长和出席湖北省人民代表大会的代表，并接受上述人员的辞职。

市人民代表大会会议可以依法罢免市人民政府其他组成人员。

各专门委员会的主任委员、副主任委员和委员的人选，由主席团在代表中提名，大会全体会议通过。

第三十四条 市人民代表大会进行选举应当制定选举办法，由主席团提交各代表团审议，并由大会全体会议表决通过。

第三十五条 常务委员会组成人员的人选，市长、副市长的人选，市中级人民法院院长的人选，市人民检察院检察长的人选，由主席团提名，或者由代表二十人以上书面联合提名。不同代表团的代表可以联合提名。

主席团提名的候选人人数，每一代表与其他代表联合提名的候选人人数，均不得超过应选名额。

省人民代表大会代表候选人由各政党、各人民团体联合或者单独推荐，代表十人以上联名也可以推荐。

第三十六条 市级国家机关领导人员候选人的提名人，应当以书面或者其他形式向代表介绍候选人的基本情况和提名理由，并对代表提出的问题作口头或者书面说明。

湖北省人民代表大会代表候选人的推荐人，应当以书面或者其他形式向代表介绍候选人的基本情况和推荐理由，并对代表提出的问题作口头或者书面说明。主席团应当将候选人的基本情况和提名或者推荐理由印发代表。

第三十七条 选举湖北省人民代表大会代表和市级国家机关领导人员，依法进行差额选举。如果提名的候选人人数符合选举办法规定的差额数，由主席团提交代表酝酿、讨论后进行选举。如果提名的候选人人数超过选举办法规定的差额数，由主席团将全部候选人名单提交代表酝酿、讨论后进行预选，并公布结果。根据预选时得票多少的顺序，按照选举办法规定的差额数，确定正式候选人名单，进行投票选举。如果提名的常务委员会主任、秘书长，市长，市中级人民法院院长，市人民检察院检察长的候选人只有一人，也可以等额选举。

第三十八条 市人民代表大会选举湖北省人民代表大会代表和换届选举市级国家机关领导人员时，提名、酝酿候选人的时间不得少于两天。

第三十九条 在投票选举常务委员会主任、副主任，市长、副市长，市中级人民法院院长和市人民检察院检察长前，主席团可以组织正式候选人与代表见面等活动，为代表了解候选人提供条件。

第四十条 市人民代表大会选举湖北省人民代表大会代表和市级国家机关领导人员，获得全体代表过半数选票的候选人人数超过应选名额时，以得票多的当选。如遇票数相等不能确定当选人时，应当就票数相等的人再次投票，以得票多的当选。

第四十一条 获得全体代表过半数选票的当选人数少于应选名额时，不足的名额另行选举。另行选举时，可以根据在第一次投票时得票多少的顺序确定候选人，也可以依照本规则规定的程序另行提名、确定候选人。经大会全体会议决定，不足名额的另行选举可以在本次人民代表大会会议上进行，也可以在下次人民代表大会会议上进行。

另行选举湖北省人民代表大会代表和市人民代表大会常务委员会副主任、委员，副市长时，依照法定差额数进行差额选举。

第四十二条 补选湖北省人民代表大会代表，市人民代表大会常务委员会组成人员，市长、副市长，市中级人民法院院长和市人民检察院检察长时，候选人人数可以多于应选人数，也可以与应选人数相等。

第四十三条 市人民代表大会会议选举，采取无记名投票方式。大会全体会议选举时可以设秘密写票处。选举结果，由会议主持人当场宣布。

第四十四条 主席团、常务委员会或者十分之一以上代表联名，可以提出对常务委员会组成人员、市人民政府组成人员、市中级人民法院院长、市人民检察院检察长的罢免案。

主席团或者十分之一以上的代表联名，可以提出对由本市选举的省人民代表大会代表的罢免案。

罢免案应当写明罢免理由，并提供有关材料。罢免案由主席团交各代表团审议后，提请大会全体会议表决;或者由主席团提议，经大会全体会议决定，组织调查委员会，由下次市人民代表大会会议根据调查委员会的报告审议决定。

对个别副市长和由常务委员会任命的市人民政府其他组成人员的罢免案，可以经大会全体会议决定，授权常务委员会在市人民代表大会闭会后六个月内，听取调查委员会的调查报告，并做出相应的决定，报下次市人民代表大会会议备案，或者提请下次市人民代表大会会议审议。

罢免案提交大会全体会议表决前，被要求罢免的人员有权在主席团会议或者大会全体会议上提出申辩意见，或者书面提出申辩意见。在主席团会议上提出的申辩意见或者书面提出的申辩意见，由主席团印发会议。

第四十五条 市人民代表大会会议期间，常务委员会组成人员，市长、副市长，市中级人民法院院长和市人民检察院检察长提出辞职的，由主席团将其辞职请求交各代表团审议后，提请大会全体会议决定；大会闭会期间提出辞职的，由常务委员会主任会议将其辞职请求提请常务委员会会议决定。常务委员会决定接受辞职，应当报市人民代表大会备案。

选举、罢免市人民检察院检察长或者接受其辞职，经大会全体会议通过后，应当报经省人民检察院检察长提请省人民代表大会常务委员会批准。

罢免由本市选举的省人民代表大会代表，应当报省人民代表大会常务委员会备案。

第六章　询问和质询

第四十六条 代表审议议案和有关报告的时候，可以向有关地方国家机关提出询问。有关部门应当派负责人到会，听取意见，回答代表提出的询问。

主席团和专门委员会对议案和有关报告进行审议时，市人民政府或者有关部门负责人应当到会，听取意见，回答询问，并可以对议案和有关报告作补充说明。

第四十七条 代表十人以上联名，可以书面提出对市人民政府及其所属各工作部门、市中级人民法院、市人民检察院的质询案。

质询案应当写明质询对象、质询的问题和内容。

第四十八条 质询案由主席团决定交由受质询机关在主席团会议、大会全体会议、有关的代表团会议或者有关的专门委员会会议上口头答复，或者由受质询机关书面答复。答复分别由主席团常务主席、代表团团长或者专门委员会主任委员主持。在主席团会议或者专门委员会会议上答复的，提出质询案的代表有权列席会议，发表意见。在代表团会议或者专门委员会会议上答复的，有关代表团或者专门委员会应当将答复质询案的情况向主席团报告。主席团认为必要时，可以将答复质询案情况的报告印发会议。

质询案以口头答复的，应当由受质询机关的负责人到会答复；以书面答复的，应当由受质询机关的负责人签署，由主席团决定印发会议或者印发提出质询案的代表。

提出质询案的代表对受质询机关的答复发表意见时，提出的问题应当与原质询的问题有关。

第四十九条 提出质询案的代表半数以上对受质询机关的答复不满意的，可以提出重新答复的要求，由主席团交受质询机关再作答复。质询案涉及的问题比较复杂，在会议期间答复有困难的，经主席团决定，可以在市人民代表大会闭会后两个月内，由受质询机关在常务委员会会议或者有关的专门委员会会议上做出答复。必要时，常务委员会可以根据答复的情况和代表意见做出决定。

第五十条 质询案在主席团决定前，提案人要求撤回的，质询即行终止。

经主席团决定的质询案在受质询机关负责人答复前，提案人要求撤回的，经主席团同意，质询即行终止。

第七章　调查委员会

第五十一条 主席团或者十分之一以上的代表书面联名，可以向市人民代表大会提议组织关于特定问题的调查委员会，由主席团提请大会全体会议决定。

调查委员会由主任委员、副主任委员和委员组成，由主席团在代表中提名，提请大会全体会议通过。

调查委员会可以聘请有关专门人员参加调查工作。

第五十二条 调查委员会进行调查时，有关国家机关、社会团体、企业事业单位和公民都有义务如实提供情况。提供情况的组织和公民要求调查委员会对情况来源保密的，调查委员会应当保密。

调查委员会在调查过程中，可以不公布调查的情况和材料。

第五十三条 调查委员会应当向市人民代表大会提出调查报告。市人民代表大会根据调查委员会的报告，可以做出相应的决议。

市人民代表大会可以授权常务委员会在市人民代表大会闭会期间，听取调查委员会的调查报告，并可以做出相应的决议，报市人民代表大会下次会议备案。

第八章　发言和表决

第五十四条 代表在市人民代表大会各种会议上的发言和表决，不受法律追究。

第五十五条 市人民代表大会会议期间，代表在大会全体会议、代表团会议和代表小组会议上的发言，由大会秘书处整理简报印发会议。根据代表要求，并经过大会秘书处同意，可以将代表本人整理的发言材料或者摘要印发会议。

第五十六条 主席团认为必要时，可以召开大会全体会议由代表作大会发言。大会发言应当在会前向大会秘书处报名，并将发言的主要内容提交大会执行主席，由大会执行主席安排发言顺序。临时要求发言的，须经大会执行主席许可。在大会全体会议上每位代表的发言时间，由主席团决定。

大会全体会议进行表决和选举时，代表不作大会发言。

第五十七条 主席团成员或者列席主席团会议的代表在主席团会议上发言的，每人就同一议题的发言一般不超过十分钟;需要延长发言时间的，应当经会议主持人同意。

第五十八条 大会全体会议表决，由主席团决定采用投票、电子表决或者举手的方式，以全体代表的过半数通过。表决结果由会议主持人当场宣布。

第五十九条 大会通过的地方性法规和决议、决定以及选举结果，由大会主席团公布，并及时在《宜昌市人民代表大会常务委员会公报》《三峡日报》和常务委员会授权的网站上刊登、发布。

第九章 附则

第六十条 本规则由市人民代表大会常务委员会负责解释。

第六十一条 本规则自公布之日起施行。

宜昌市人民代表大会常务委员会
议事规则

（1992年11月10日宜昌市一届人大常委会一次会议通过试行，2007年3月23日宜昌市四届人大常委会一次会议修正，2015年12月1日宜昌市五届人大常委会二十八次会议第二次修正）

第一章 总则

第一条 为了保证市人民代表大会常务委员会（以下简称常委会）依法行使职权，规范议事行为，提高议事效率，根据《中华人民共和国宪法》《中华人民共和国地方各级人民代表大会和地方各级人民政府组织法》《中华人民共和国各级人民代表大会常务委员会监督法》《中华人民共和国立法法》的有关规定，结合工作实际，制定本规则。

第二条 常委会是市人民代表大会的常设机关，对市人民代表大会负责并报告工作。

第三条 本规则所称常委会组成人员，是指常委会主任、副主任、秘书长和委员。

第四条 常委会审议议案、决定问题时，坚持实事求是，充分发扬民主，严格依法办事，集体行使职权。

第二章 会议的召开

第五条 常委会会议每两个月至少举行一次。常委会会议由主任召集并主持，主任因故不能出席会议时，可以委托副主任召集并主持会议。若有特殊需要，可以临时召集会议。

第六条 常委会会议必须有全体组成人员的过半数出席，才能召开。

第七条 常委会主任、副主任和秘书长组成主任会议，主任会议处理常委会的重要日常工作。

常委会秘书长根据常委会年度工作计划和实际情况，召集市人民政府、市中级人民法院、市人民检察院、市人大各专门委员会（以下简称专门委员会）和常委会工作机构的有关负责人，研究提出常委会会议的建议议题，经常委会主任或者主持工作的副主任确定后，提请主任会议审议。

常委会听取和审议专项工作报告的年度计划，经主任会议通过，印发常委会组成人员并向社会公布。

第八条 常委会会议议程草案由主任会议拟定，提请常委会全体会议通过。通过后的议程如需改变，由常委会全体会议决定。

第九条 常委会办公室一般应当在常委会举行会议的十日前，将会议日期、建议会议讨论的主要事项通知常委会组成人员和列席会议的人员。

第十条 常委会组成人员或者列席会议的人员，必须按时出席或者列席常委会会议。因病或者其他特殊原因不能出席或者列席会议的，须经常委会办公室向常委会主任或者主持会议的副主任请假。

第十一条 常委会举行会议时，下列人员列席会议：

（一）市人民政府、市中级人民法院、市人民检察院的负责人；

（二）不是常委会组成人员的专门（工作）委员会组成人员；

（三）常委会副秘书长、常委会办公室、研究室以及市人民政府有关部门的负责人；

（四）县（市）区人大常委会主任或副主任，部分全国、省和市人大代表；

（五）主任会议决定的其他人员。

列席人员有发言权，无表决权。

第十二条 常委会会议听取和审议执法检查组的执法检查报告。

可以听取和审议主任会议、专门委员会的工作报告和常委会工作机构受主任会议委托所作的工作报告，听取和审议专门委员会的调查报告。

第十三条 常委会会议除举行全体会议外，可以召开分组会议。分组会议由各组的委员轮流担任召集人。

第十四条 向常委会提出议案或者报告工作的单位，其主要负责人应当到会作议案的说明或者报告工作。分组审议时，有关负责人应当到会听取意见，回答询问。

第十五条 常委会会议期间召开的主任会议，可请各组召集人列席。

第十六条 常委会举行会议时，新闻单位可以采访、报道会议情况。辖区公民经过申请批准可以旁听。会议通过的办法、规则、任免名单和所作的决议、决定，在《宜昌市人民代表大会常务委员会公报》和市主要新闻媒体上公布。

第三章 议案的提出和审议

第十七条 本行政区域的下列事项应当提请常委会审议，必要时做出相应的决定：

（一）宪法、法律、法规贯彻实施情况；

（二）上级人大及其常委会、市人大及其常委会的决议、决定的贯彻实施情况；

（三）制定地方性法规的议案；

（四）国民经济和社会发展计划部分变更；

（五）本级财政预算的调整及决算；

（六）政治、经济工作中的重大事项；

（七）教育、科学、文化、卫生、体育事业及人口问题的重大事项；

（八）资源与环境保护的重大事项；

（九）民族、宗教、民政、外事侨务工作的重大事项；

（十）人民群众普遍关心的重大事项；

（十一）人事任免和依法撤销职务的事项；

（十二）市人民代表大会换届选举工作中的重大事项；

（十三）补选省人民代表大会出缺的代表和罢免个别代表；

（十四）是否许可逮捕或者刑事审判涉嫌犯罪的市人大代表，是否许可对涉嫌犯罪的市人大代表采取法律规定的其他限制人身自由的强制措施；如果因为是现行犯依法必须逮捕而又不能及时召开常委会会议，可以先由主任会议许可，再由主任会议提请常委会下次会议确认；

（十五）撤销市人民政府不适当的决定和命令；撤销下一级人大及其常委会不适当的决议、决定；

（十六）与外国地区缔结友好关系；

（十七）授予荣誉公民、荣誉市民等地方荣誉称号；

（十八）市人民代表大会授权审议、决定的事项；

（十九）常委会认为需要审议、决定的其他重大事项；

（二十）市人民政府、市中级人民法院、市人民检察院需要提请常委会讨论、决定的事项

（二十一）法律、法规规定的其他事项。

第十八条　主任会议可以向常委会提出属于常委会职权范围内的议案，由常委会会议审议。

市人民政府、市中级人民法院、市人民检察院、市人民代表大会各专门委员会，可以向常委会提出属于常委会职权范围内的议案，由主任会议决定提请常委会会议审议，或者先交有关的专门委员会审议、提出报告，再决定提请常委会会议审议。

常委会组成人员五人以上联名，可以向常委会提出属于常委会职权范围内的议案，由主任会议决定是否提请常委会会议审议；或者先交有关专门委员会审议、提出报告，再决定是否提请常委会会议审议。不提请常委会会议审议的，应当向常委会会议报告或向提案人作说明。

市中级人民法院、市人民检察院的提案权不适用提出制定地方性法规的议案。

第十九条　提请审议的地方性法规草案，提出议案的单位或者人员一般应当在会议举行十五日前报送常委会办公室，常委会办公室应当在会议举行七日前将法规草案以及说明等相关资料发给常委会组成人员。

第二十条　市人民政府、市中级人民法院、市人民检察院、市人大各专门委员会提请常委会审议的议案，应分别由其主要负责人签署。提案者一般应当于常委会会议召开的十五日前，将拟提请该次会议审议的议案及其有关资料报送常委会办公室。

第二十一条 市人民代表大会会议主席团交付常委会审议的议案，由主任会议决定提请常委会会议审议；提请审议前，应先由专门委员会审议并提出报告。

第二十二条 主任会议向常委会提出的议案，可由常委会工作机构或各专门委员会代为草拟，并向常委会会议做出说明。

第二十三条 向常委会提出的任免案，提请任免的机关应当在常委会举行会议十五日以前将任免报告、拟任免人员的基本情况、主要表现及任免理由等材料报送常委会办公室，由主任会议决定提请常委会会议审议。在常委会会议审议任免案时，提请任免机关的负责人或者由其委托的有关负责人应当到会介绍情况，听取意见，回答询问。相关事项按《宜昌市人民代表大会常务委员会任免地方国家机关工作人员办法》的规定办理。

第二十四条 向常委会提出补选出缺的湖北省人民代表大会个别代表的议案，有关机关应当提供候选人的情况。

向常委会提出罢免湖北省人民代表大会个别代表的议案，由主任会议决定提请常委会会议审议，或者先交常委会有关办事机构进行调查，提出报告，再决定提请常委会会议审议。被提出罢免的代表，可以在常委会审议该议案的会议上提出申辩意见，或者书面提出申辩意见，由主任会议将其印发会议。

第二十五条 常委会审议议案时，先由全体会议听取提案人关于议案的说明，再由分组会议进行审议，有关的专门委员会也可以进行审议。

第二十六条 对列入常委会会议议程的议案，专门委员会或者常委会组成人员五人以上联名，可以提出议案修正案，由主任会议决定是否交付常委会会议表决。不交付表决的，应当说明理由。

修正案应当以书面形式提出，并说明理由和依据。

第二十七条 列入会议议程的地方性法规草案，其审议程序按照《宜昌市人民代表大会及其常务委员会制定地方性法规程序规定》办理。

第二十八条 列入会议议程的议案，在交付表决前，提案者要求撤回的，经主任会议同意，对该议案的审议即行终止。

第二十九条 列入会议议程的议案，在审议中如有较大分歧意见或有重大问题需要进一步调查研究的，经主任会议集中各方面意见研究后，可以决定暂不付表决，交有关的专门委员会进一步审议，或者交常委会有关工作机构进行研究修改，提出审议结果的报告或者修改意见，提请本次或者以后的常委会会议审议。

第三十条 主任会议或者五分之一以上的常委会组成人员书面联名，可以向常委会提议组织关于特定问题的调查委员会，并由主任会议依照法律规定决定提请常委会审议。

特定问题调查委员会成立后，按有关法律规定进行调查。常委会根据调查委员会的报告，可以做出相应的决议。

第四章 听取和审议工作报告

第三十一条 常委会全体会议听取和审议市人民政府、市中级人民法院、市人民检察院的有关工作报告。市人民政府、市中级人民法院、市人民检察院应当在常委会举行会议的二十日前，由其办事机构将工作报告送交市人大有关专门委员会或者常委会有关工作机构征求意见；市人民政府、市中级人民法院、市人民检察院对报告修改后，在常委会举行会议的十日前送交常委会。常委会办公室应当在常委会举行会议的七日前，将工作报告发给常委会组成人员。

第三十二条　市人民政府及其所属工作部门向常委会提出的工作报告，应当经市长或者副市长签署。属于综合性的工作报告，由市长、副市长到会作报告；属于专题性的工作报告，可以由市人民政府委托有关部门的主要负责人到会作报告。

市中级人民法院、市人民检察院向常委会提出的工作报告，应当分别经院长、检察长签署，由院长、检察长或其委托的副院长、副检察长到会作报告。

第三十三条　常委会全体会议听取专项工作报告后，由分组会议进行审议。

常委会组成人员对专项工作报告的审议意见，由有关专门委员会整理。审议意见在常委会会议闭会后经主任会议讨论通过，由常委会办公室将审议意见以常委会文件的形式，交报告机关或执法机关研究处理。有关机关应当在限定的时间内将处理审议意见和进行整改情况的报告常委会。

常委会听取的专项工作报告及审议意见，市人民政府、市中级人民法院和市人民检察院对审议意见研究处理情况或者执行决议的报告，向市人大代表通报并向社会公布。

第三十四条　提请常委会审议的工作报告应当做到客观、公正，实事求是。

常委会审议后，半数以上的组成人员对报告不满意的，有关机关应当做出说明，改进工作，并在以后的常委会会议上重新报告。

第三十五条　常委会可以授权主任会议就某些特定问题听取市人民政府、市中级人民法院、市人民检察院的有关情况报告。

第五章　决议和决定

第三十六条　常委会会议审查和批准上一年度市本级决算草案、国民经济和社会发展计划部分变更方案、预算调整方案，必须做出决议或决定；审议议案、有关专项工作报告和审计工作报告，必要时可以做出决议或决定。

第三十七条　常委会会议做出的决议、决定，通过的议案，执行机关应及时向常委会报告执行结果。

常委会对决议、决定执行情况实行监督，主任会议处理对决议、决定执行情况实施监督的重要日常事务。有关专门委员会协助常委会对决议、决定执行情况进行督促检查，常委会有关工作机构根据常委会或者主任会议的决定，承办与督促检查决议、决定执行的工作有关的事项。

第六章　质询和罢免

第三十八条　常委会组成人员五人以上联名，可以向常委会书面提出对市人民政府及其所属工作部门、市中级人民法院、市人民检察院的质询案。

第三十九条　质询案必须写明质询对象、质询的问题和内容。

第四十条　质询案由主任会议决定交受质询的机关，由受质询机关的主要负责人根据主任会议决定的形式和时限在常委会会议上或者有关的专门委员会会议上对质询案进行答复。在专门委员会会议上答复的，专门委员会应当向常委会或者主任会议提出报告。

质询案以书面答复的，应当由受质询机关的主要负责人签署，由主任会议印发常委会会议或者印发提质询案的常委会组成人员。

在专门委员会会议上答复质询案的，提质询案的常委会组成人员可以列席会议，发表意见。

第四十一条 质询案在未做出答复前，提案人要求撤回的，经主任会议同意，对该质询案的审议即行终止。

第四十二条 常委会组成人员半数以上对受质询机关的答复不满意的，可以继续质询。必要时，由常委会做出相应的决定，交受质询机关执行。

第四十三条 主任会议或者常委会五分之一以上组成人员联名，可以向常委会书面提出对本市的省人大代表的罢免案和对常委会任命的国家机关工作人员的撤职案。

第四十四条 罢免案和撤职案应当写明罢免或者撤职的理由。被提出罢免的代表或者撤职的人员有权在常委会会议上提出申辩意见，或者书面提出申辩意见。申辩意见由主任会议决定印发常委会会议。

第四十五条 罢免案和撤职案经常委会审议后，由主任会议提请常委会全体会议表决。

第七章 发言和表决

第四十六条 常委会组成人员和列席会议的人员在全体会议上的发言，第一次不超过15分钟，第二次对同一议题的发言不超过10分钟。事先提出要求，经会议主持人同意的，可以延长发言时间。

常委会组成人员在全体会议上受本组委托作代表性发言的，可适当延长发言时间。

发言内容与议题无关或事先未经主持人同意延长发言时间的，主持人有权制止。

列席人员在全体会议和分组会议上的发言参照本条第一款的规定执行。

第四十七条 在常委会会议上，主持人宣布议案交付表决后，常委会组成人员不得再对该议案发表意见，但与表决有关的程序问题不在此限。

第四十八条 任免案应逐人表决，按先免后任的次序进行。

第四十九条 交付表决的议案，有修正案的，先表决修正案。

第五十条 表决的议案由常委会全体组成人员的过半数通过。

表决结果由会议主持人当场宣布。

第五十一条 常委会会议表决议案，采用电子表决器方式，电子表决器发生故障时，可以采用其他方式。

第五十二条 常委会组成人员在常委会会议上的发言、表决，不受法律追究。

列席常委会会议的市人大代表和上级人大代表在常委会会议上的发言，不受法律追究。

第八章 附则

第五十三条 本规则自公布之日起施行。

宜昌市人民代表大会常务委员会
主任会议议事规则

（2008年7月25日宜昌市四届人大常委会十一次会议通过，2015年11月26日宜昌市五届人大常委会五十八次主任会议修正）

第一条 根据《中华人民共和国地方各级人民代表大会和地方各级人民政府组织法》《中华人民共和国全国人民代表大会和地方各级人民代表大会选举法》《中华人民共和国各级人民代表大会代表法》《中华人民共和国各级人民代表大会常务委员会监督法》《中华人民共和国立法法》《湖北省实施〈中华人民共和国各级人民代表大会常务委员会监督法〉办法》和《宜昌市人民代表大会常务委员会议事规则》的有关规定，结合我市实际，制定本规则。

第二条 市人民代表大会常务委员会主任会议（以下简称主任会议）由常务委员会主任、副主任、秘书长组成。

根据工作需要，常务委员会副秘书长、市人民代表大会专门委员会（以下简称专门委员会）和常务委员会工作机构负责人列席主任会议；必要时，可邀请市人民政府、市中级人民法院和市人民检察院及有关部门的主要负责人列席会议。

第三条 主任会议每月至少举行一次。根据需要可以临时召开。

第四条 主任会议必须有主任会议组成人员的过半数出席，方能举行。

主任会议由主任召集并主持，也可以委托一位副主任召集并主持。

第五条 主任会议讨论决定问题，实行民主集中制，严格依法办事。主任会议的决定，必须经全体组成人员的过半数同意。

第六条 主任会议处理常务委员会的下列重要日常工作：

（一）决定常务委员会会议举行的日期，拟定常务委员会会议议程草案和日程草案，决定常务委员会会议列席人员；

（二）提出常务委员会向市人民代表大会的工作报告草案和举行市人民代表大会有关的准备事项，决定提请常务委员会会议审议；

（三）拟定常务委员会年度工作要点草案，决定提请常务委员会会议审议，并组织实施。讨论通过常务委员会听取和审议专项工作报告、组织执法检查的年度计划。根据常委会工作安排，组织部署执法检查、专项调查、代表视察等活动；

（四）拟定市人民代表大会及其常务委员会立法计划草案和立法规划草案，决定提请常务委员会审议，并组织实施；审定立法计划和立法规划的调整事宜。

（五）审定法规解释草案，决定提请常务委员会审议。

（六）讨论有关决议、决定草案，决定提请常务委员会会议审议；

（七）讨论常务委员会的审议意见，交有关机关研究处理；

（八）提出代表资格审查委员会主任委员、副主任委员和委员的人选，提请常务委员会会议通过；

（九）向常务委员会提出属于常务委员会职权范围内的议案；

（十）听取专门委员会提出的关于代表议案的审议结果报告，决定提请常务委员会会议审议；

（十一）对市人民政府、市中级人民法院、市人民检察院、专门委员会向常务委员会依法提出的议案，决定提请常务委员会会议审议，或者先交有关的专门委员会审议、提出报告，再提请常务委员会会议审议；

（十二）对常务委员会组成人员五人以上联名提出的议案，决定是否提请常务委员会会议审议，或者先交有关的专门委员会审议、提出报告，再决定是否提请常务委员会会议审议；

（十三）对列入常务委员会会议议程的法规草案，在提交表决前存在较大分歧意见或者提案人要求撤回的，向常务委员会报告，可以暂不交付表决，或者终止审议。

（十四）对常务委员会组成人员五人以上联名提出的对市人民政府、市中级人民法院、市人民检察院的质询案，决定交受质询机关答复；

（十五）向常务委员会提议组织关于特定问题的调查委员会，提请常务委员会审议。对于常务委员会组成人员五分之一以上书面联名提议组织的特定问题的调查委员会，决定提请常务委员会会议审议；

（十六）讨论应由常务委员会任命、免职、撤职、接受辞职、决定任命、批准任命和免职的人选，决定提请常务委员会会议审议；

（十七）讨论制定市人民代表大会代表换届选举工作实施方案，并组织实施。讨论出缺的市人民代表大会代表补选工作；

（十八）根据省人民代表大会常务委员会关于省人民代表大会代表换届选举的统一部署，讨论相关事项，依照有关程序，提请市人民代表大会选举。讨论出缺的省人民代表大会代表补选工作；

（十九）听取专门委员会、常务委员会工作机构提出的关于下一级人民代表大会及其常务委员会不适当的决议、市人民政府不适当的决定和命令的初步审查意见，决定提请常务委员会会议审议；

（二十）讨论市人民检察院检察长提出的重大案件和其他重大问题，决定提请常务委员会会议审议；

（二十一）讨论司法机关对市人民代表大会代表提出的逮捕或者刑事审判，以及采取法律规定的其他限制人身自由的措施的报告，提出处理意见，提请常务委员会审议；

（二十二）讨论人民群众对市人民政府、市中级人民法院、市人民检察院和国家工作人员的重要申诉和意见，提出处理意见；

（二十三）听取市人民政府及其所属部门、市中级人民法院、市人民检察院的专题工作汇报，提出处理意见；

（二十四）在市人民代表大会、常务委员会闭会期间，指导和协调专门委员会工作；

（二十五）听取常务委员会工作机构的工作汇报，提出处理意见；

（二十六）讨论县（市、区）人民代表大会常务委员会提出的有关事项，提出处理意见；

（二十七）讨论省人民代表大会常务委员会交办的有关事项，提出办理意见；

（二十八）处理常务委员会授权的事项和法律、法规规定的其他重要日常工作。

第七条 主任会议的议题，由常务委员会秘书长征求主任、副主任和专门委员会、常务委员会工作机构的意见后提出，报常务委员会主任或者受其委托的副主任确定。

第八条 主任会议听取市人民政府及其有关部门、市中级人民法院、市人民检察院的专题汇报，常务委员会办公室应于开会的十五日前通知汇报单位。汇报单位应于会议召开的三日前送交书面材料，并由主要负责人到会汇报。

临时召集的主任会议，不适用前款规定。

第九条 主任会议听取专题汇报，必要时可以提出书面意见。有关部门应在三十日内将处理情况报告主任会议。

第十条 主任会议决定的事项需要行文时，由常务委员会办公室草拟，常务委员会主任或者常务副主任签发。

第十一条 常务委员会办公室负责主任会议的记录，编印会议纪要，根据工作需要，印发常务委员会组成人员、专门委员会和常务委员会工作机构。

第十二条 主任会议研究决定的事项，由有关的专门委员会、常务委员会工作机构办理；重要事项由分管的常务委员会副主任或者秘书长组织实施。重要事项组织实施情况应当向主任会议汇报。

第十三条 主任会议讨论的重要问题和决定的事项，经主任会议同意，可以发布新闻。

第十四条 本规则自通过之日起施行。

宜昌市人民代表大会代表议案处理办法

(2007年9月29日宜昌市第四届人大常委会第四次会议通过)

第一章　总则

第一条 为了保障市人民代表大会代表(以下简称代表)依法行使提出议案的权利，规范代表议案工作，发挥代表作用，根据《中华人民共和国地方各级人民代表大会和地方各级人民政府组织法》《中华人民共和国全国人民代表大会和地方各级人民代表大会代表法》等有关法律、法规的规定，结合本市实际，制定本办法。

第二条 本办法所称的代表议案，是指市人民代表大会一个代表团或者十名以上的代表联名，向市人民代表大会提出的属于市人民代表大会职权范围内的议事原案。

第三条 代表提出议案是执行代表职务，参加行使国家权力的一项重要工作。

经市人大及其常委会审议通过的代表议案，具有法律约束力。认真处理代表议案，是有关机关或者机构的法定职责。

市人大常委会和县(市、区)人大常委会应当为代表议案工作提供必要的条件；市人大常委会和县(市、区)人大常委会的工作机构和办事机构应当为代表议案工作提供服务。

第二章　代表议案的基本要求

第四条 代表议案应当符合下列条件：

（一）由市人民代表大会一个代表团或者十名以上的代表联名向市人民代表大会提出；

（二）内容属于市人大及其常委会职权范围内的事项；

（三）要求列入市人大及其常委会会议议程进行审议的事项。

第五条 下列事项、事务可以作为代表议案提出：

（一）有关保证宪法、法律、法规以及上级和本级人大及其常委会决议、决定实施的事项；

（二）需要由市人大及其常委会决定或者批准的本行政区域内的重大事项；

（三）宪法和法律规定的属于市人大及其常委会职权范围内的其他事项。

第六条 下列事项不应当作为代表议案提出：

（一）上级人大及其常委会和上级人民政府、人民法院、人民检察院职权范围内的事项；

（二）市人民政府行政管理职权范围内的事项；

（三）应当由下级人大及其常委会处理的事项和应当由下级人民政府处理的地方性事务；

（四）人民法院审判权、人民检察院检察权范围内的事项；

（五）政党、社会团体和企业、事业组织及个人的事务；

（六）不属于市人大及其常委会职权范围内的其他事项。

第七条 代表议案应当有案由、案据和方案。案由应当明确清楚，案据应当充分合理，方案应当具体可行。

第八条 代表议案应当一事一案，使用统一印制的代表议案专用纸，并尽可能同时提供电子文本。

第三章 代表议案的提出

第九条 代表应当通过视察、调研等多种形式，深入实际，调查研究，了解社情民意，广泛听取意见，在充分酝酿和认真准备的基础上提出议案。

第十条 代表议案一般在市人民代表大会会议期间(以下简称大会期间)提出。符合议案基本条件、准备成熟的，也可以在大会闭会期间提出。

第十一条 代表团提出议案，应当经过代表团全体会议充分讨论，由代表团全体代表的过半数通过，并由该代表团团长签署。

代表联名提出议案，领衔代表应当向参加联名附议的代表提供议案文本，经附议代表认真审阅同意后，再签名附议；有条件集体讨论的，经集体讨论同意后，由代表签名提出。

第十二条 代表在大会期间提出议案，应当在主席团决定的议案截止时间之前送交大会秘书处。

代表在大会闭会期间提出议案，可以直接送交市人大常委会代表工作机构，也可以通过县(市、区)人大常委会代表工作机构转交市人大常委会代表工作机构。

第四章 代表议案的处理

第十三条 大会秘书处和市人大常委会代表工作机构应当分别对代表在大会期间和闭会期间提出的议案进行整理、分类和分析。

对不符合议案基本要求的代表议案，可以建议提议案的代表进行修改、完善，或者将议案改作建议、批评和意见提出。

对在闭会期间提出的符合议案基本要求的代表议案，在市人民代表大会举行会议时转交大会秘书处，与大会期间提出的代表议案一并处理。

第十四条 大会秘书处应当根据代表提出议案的内容分送相关专门委员会研究提出初步意见，并召开有专门委员会负责人参加的代表议案处理意见的协调工作会议，研究议案处理的具体建议，向大会主席团提出议案处理意见的报告。

第十五条 大会主席团根据大会秘书处的报告，决定代表议案是否列入大会议程，或者先交有关的专门委员会审议、提出意见，再由主席团决定是否列入大会议程。

大会主席团通过的大会秘书处关于代表提出的议案处理意见的报告，应当印发此次大会全体代表。

第十六条 因代表议案被列入大会议程而需要增加会议日程的，由大会秘书处安排并报主席团同意。

第十七条 大会主席团决定列入此次大会议程的代表议案，应提交大会进行审议，或者并交有关专门委员会进行审议、提出报告，再由主席团审议决定是否提请大会全体会议表决。主席团认为必要时，可以在表决代表议案的同时，通过相应的决议或者决定。

第十八条 列入大会议程的代表议案，在审议中认为需要进一步研究的，经主席团提出，大会全体会议决定，可以授权市人大常委会在此次会议闭会后审议决定，并报下次市人民代表大会会议备案，或者提请下次市人民代表大会会议再次审议。

第十九条 大会决定授权市人大常委会在此次会议闭会后审议决定的代表议案，由主任会议先交有关专门委员会审议，有关的专门委员会应当在大会闭会之日起六个月内提出审议结果的报告。

代表议案审议结果的报告应当包括议案的主要内容、听取和采纳有关机关和组织以及提议案代表意见的情况、建议列入会议议程或者不列入会议议程的意见及理由等内容。必要时，可以附详细说明。

第二十条 有关专门委员会在审议代表议案时，涉及需要先征求有关机关、组织意见的，应当及时将代表议案交由有关机关、组织研究。有关机关、组织应当在收到代表议案之日起三个月内提出处理意见。

有关专门委员会在审议代表议案时，应当密切与提议案代表的联系和沟通，邀请提议案的代表或领衔代表参加相关会议或活动，听取他们对议案处理的意见。

第二十一条 专门委员会对于切实可行的代表议案，应当建议列入市人大会议议程或者其常委会会议议程；对于暂时不能列入会议议程的代表议案，可以建议列入市人大常委会的相关工作计划。

第二十二条 代表议案审议结果的报告经主任会议研究后，提请常委会会议审议。必要时，常委会可以通过相应的决议或者决定。

市人大常委会会议在审议代表议案审议结果的报告时，应当邀请提出相关议案的代表或领衔代表列席会议，发表意见。

第二十三条 列入常委会会议议程的代表议案，在审议中认为需要进一步研究的，经主任会议提出，全体会议同意，可以暂不付表决，交由有关的专门委员会进一步研究、提出意见，再由主任会议决定提请下次或者以后的常委会会议审议表决。

第二十四条 经市人大常委会会议审议通过的代表议案审议结果的报告，应当印发下一次市人民代表大会会议和未参与审议的有关代表；审议结果，应当向社会公布。

第二十五条 列入市人民代表大会会议议程或常委会会议议程的代表议案，在交付全体会议表决前，提议案的代表要求撤回的，经大会主席团或者主任会议同意，会议对该项代表议案的审议即行终止。

第二十六条 凡经市人民代表大会会议或常委会会议审议通过的代表议案和做出的相应决议、决定，由市人大常委会办事机构交付有关机关办理。承办机关应当在下一次市人民代表大会举行会议前向常委会会议报告办理情况。

常委会会议经审议对办理情况的报告不同意的，由原承办机关再作办理，并在两个月内提出再次办理情况的报告。

常委会会议审议承办机关办理情况的报告和再次办理情况的报告时，应当邀请提议案的代表或者领衔代表列席会议。

承办机关办理情况的报告和再次办理情况的报告，应当印发下次市人民代表大会会议。

第二十七条 如果代表议案当年未办结的，承办机关应当如实向市人大常委会说明情况，明确办理时限，转下年度继续办理，直至办理落实为止。

第二十八条 市人大常委会及有关专门委员会应当对代表议案的办理情况进行检查督促。代表和常委会组成人员对代表议案办理情况，可以进行视察，也可以依照法律规定提出询问或者质询。

第五章 附则

第二十九条 本办法自通过之日起施行。1997年9月18日宜昌市第二届人大常委会第三次会议通过的《宜昌市人民代表大会代表议案的提出及办理办法》同时废止。

宜昌市人民代表大会代表建议、批评和意见处理办法

(2007年9月29日宜昌市第四届人大常委会第四次会议通过)

第一章 总则

第一条 为了保障市人民代表大会代表(以下简称代表)依法行使提出建议、批评和意见的权利，做好代表建议、批评和意见的办理工作，发挥代表作用，根据《中华人民共和国地方各级人民代表大会和地方各级人民政府组织法》《中华人民共和国全国人民代表大会和地方各级人民代表大会代表法》和《湖北省各级人民代表大会代表建议、批评和意见办理工作的规定》的有关规定，结合本市实际，制定本办法。

第二条 本办法所称代表建议、批评和意见，是指代表在市人民代表大会会议期间(以下简称大会期间)和闭会期间，按照规定的程序和形式向市人大及其常委会提出的对本行政区域内各方面工作的建议、批评和意见。

第三条 代表提出建议、批评和意见，是法律赋予的权利，是执行代表职务，代表人民参加管理国家事务、管理经济和文化事业、管理社会事务和监督国家机关工作的重要形式。

第四条 认真研究处理代表建议、批评和意见并负责答复，是有关机关、组织的法定职责，是尊重代表的权利，自觉接受人民群众监督的具体体现。

第五条 全市各级机关、组织和企业、事业单位应当为代表建议、批评和意见工作提供必要的

条件和服务；市人大常委会办事机构和县(市、区)人大常委会办事机构应当加强对代表建议、批评和意见工作的组织指导和协调服务。

第六条 市人大常委会是代表建议、批评和意见的交办机关和督办机关，负责本办法的实施。

市人民政府、市中级人民法院、市人民检察院及其他有关机关、组织是代表建议、批评和意见的主办机关，主办机关所属部门和单位是代表建议、批评和意见的承办单位。

第二章 代表建议、批评和意见的提出

第七条 代表应当通过视察、专题调研、座谈、走访等形式，深入实际，了解社情民意，有针对性地提出建议、批评和意见。

第八条 代表建议、批评和意见，应当围绕关系全市改革发展稳定大局和人民群众切身利益、社会普遍关注的重大问题提出。

第九条 下列情况不应当作为代表建议、批评和意见提出：

(一)涉及解决代表本人及其亲属个人问题的；

(二)代转人民群众来信或者案件申诉材料的；

(三)属于法律、法规和政策咨询及学术探讨的；

(四)属于广告宣传和产品推介的；

(五)涉及正在审理的案件的；

(六)没有实际内容的；

(七)其他不应当作为代表建议、批评和意见提出的。

第十条 代表建议、批评和意见可以由代表一人提出，也可以由代表联名提出。一人提出或者联名提出具有同等效力。

联名提出的，领衔代表应当使联名代表了解建议、批评和意见的内容。联名代表应当确认建议、批评和意见的内容能够真实表达自己的意愿。

第十一条 代表建议、批评和意见应当一事一议，做到实事求是，事由清楚，意见具体，简明扼要。

代表提出建议、批评和意见，使用统一印制的代表建议、批评和意见专用纸，亲笔签名，并尽可能同时提供电子文本。

第十二条 代表建议、批评和意见，在大会期间提出的，由大会秘书处受理；在闭会期间提出的，由市人大常委会代表工作机构受理。

代表提出的建议、批评和意见，有属于本办法第九条所列情形之一的，不作为代表建议、批评和意见处理，大会秘书处或市人大常委会代表工作机构应告知代表不予受理的理由。

第三章 代表建议、批评和意见的交办

第十三条 代表在大会期间提出的建议、批评和意见， 市人大常委会代表工作机构应当进行登记、整理和研究，提出交办计划，在大会闭会后一个月内转交有关机关和组织研究处理。

代表在闭会期间提出的建议、批评和意见，市人大常委会代表工作机构应当进行登记，提出交

办意见，在受理后十个工作日内转交有关机关和组织研究处理。

第十四条 主办机关和组织收到代表建议、批评和意见后，应当在十五个工作日内交承办单位研究处理。

第十五条 承办单位应当根据代表建议、批评和意见的内容以及相关单位的职能确定。

代表建议、批评和意见属于市人大常委会办理的，由市人大常委会办公室确定承办单位；属于政府系统办理的，由市人民政府办公室确定承办单位；属于法院、检察院系统办理的，由市中级人民法院、市人民检察院确定承办单位；属于下级有关机关、组织办理的，由市相关机关、组织转交下级有关机关、组织确定承办单位；属于其他机关和组织办理的，该机关和组织应当确定相关的工作机构负责承办。

第十六条 承办单位对不属于本单位职责范围内的代表建议、批评和意见，应当在收到之日起十个工作日内向主办机关或交办机关说明情况，经同意后及时退回主办机关或交办机关，不得滞留或自行转办。主办机关或交办机关应当自收到退回件之日起十个工作日内重新确定承办单位并交办。

第四章 代表建议、批评和意见的办理

第十七条 承办单位应当建立健全代表建议、批评和意见办理工作制度，分级负责，严格程序，确保办理质量。

对重点代表建议、批评和意见，承办单位的主要负责人应主持研究处理。

第十八条 承办单位在研究处理代表建议、批评和意见的过程中，应当加强与代表的联系、沟通，通过走访、调研、座谈等形式，充分听取意见。对代表要求当面反映情况的，应当及时安排接谈。

第十九条 代表建议、批评和意见需由两个以上单位共同研究处理的，主办机关应当明确主办单位和协办单位。主办单位应当主动与协办单位协商，协办单位应当积极配合。协办单位应当在收到代表建议、批评和意见之日起两个月内将处理意见书面告知主办单位，由主办单位统一答复代表。主办单位答复时，应当向代表说明相关协办单位的处理意见。

需要两个以上承办单位分别研究处理的代表建议、批评和意见，各有关承办单位应当依照各自的职责处理，并分别答复代表。

有关承办单位因意见不一致，需要有关机关进行综合协调的，有关机关应当及时进行协调。

第二十条 承办单位应当区别不同情况，将研究处理代表建议、批评和意见的结果答复代表：

（一）能够解决的问题，应当尽快解决；

（二）应当解决但因客观条件限制暂时难以解决的问题，应当列入工作计划或者规划，创造条件，逐步解决；

（三）确实不能解决的问题，应当向代表说明理由。

承办单位对于代表建议、批评和意见所提问题正在解决或者已列入计划、规划解决的，应当根据代表的要求和落实的情况及时续复代表；因情况发生变化，致使原答复不能落实的，应当及时向代表说明原因。

第二十一条 对代表在大会期间提出的建议、批评和意见，承办单位应当在收到交办件后五个月内办理完毕并书面答复代表。

对代表在闭会期间提出的建议、批评和意见，承办单位应当在交办之日起三个月内，至迟不超过五个月，予以答复。

在正式答复之前，承办单位可以通过走访、座谈或者其他方式征求代表的意见。

正式答复应当抄报交办机关和主办机关，必要时也可以抄送选举该代表的县(市、区)人大常委会代表工作机构。

承办单位未能按时办结的，应当向交办机关、主办机关和代表说明情况，并经交办机关同意后延期办理。延期办理的时间最长不得超过三个月。

提出建议、批评和意见的代表可以通过市人大常委会代表工作机构，向承办单位了解有关建议、批评和意见的办理情况。

第二十二条 承办单位对于内容相同的代表建议、批评和意见可以合并办理，但必须分别答复每位代表。

承办单位对于代表联名提出的建议、批评和意见，应当分别答复每位代表，或者商领衔代表同意后请领衔代表转复其他代表。

第二十三条 承办单位对代表建议、批评和意见的答复，应当按照规定的格式正式行文，由单位主要负责人审核签发，加盖单位公章，并注明负责人、承办人姓名及其联系方式。

承办单位答复代表时，应当附寄市人大常委会代表工作机构制定的《代表建议、批评和意见办理情况反馈意见表》，征询代表对办理工作的意见。代表应当实事求是填写反馈意见表，并在收到书面答复后十个工作日内寄送市人大常委会代表工作机构。承办单位不得要求代表违背意愿签署意见。

第二十四条 代表对办理结果不满意的，由市人大常委会代表工作机构通知有关机关、组织重新研究处理，并在两个月内再次答复代表。

第二十五条 承办单位在办理代表建议、批评和意见的过程中，对涉及国家秘密的，或者对涉及不宜公开的问题的，应当按照要求做好保密工作。

第二十六条 在代表建议、批评和意见办结之前，代表要求撤回的，应当以书面形式向市人大常委会代表工作机构提出撤回意见，由该机构通知承办单位终止办理。

第二十七条 主办机关和组织应当定期或不定期通报代表建议、批评和意见的办理情况。

第五章 代表建议、批评和意见办理工作的监督检查

第二十八条 市人大常委会对代表建议、批评和意见的办理工作进行监督检查。市人大常委会代表工作机构应当加强与有关机关、组织和相关代表的联系，督促办理工作的落实；市人大专门委员会应当加强同各自分工联系的承办单位的沟通，了解办理工作进展情况，进行督促、检查。

对重点代表建议、批评和意见，按照分工，由市人大常委会主任会议组成人员和市人大有关专门委员会跟踪督办。

第二十九条 代表可以依法持代表证向承办单位了解所提建议、批评和意见的办理情况，或者依法约见承办单位负责人，提出意见；也可以在大会期间就办理工作，依法对有关机关、组织提出询问和质询。

市人大常委会组成人员可以在市人大常委会会议期间就代表建议、批评和意见办理工作，依法

对有关机关、组织提出询问和质询。

第三十条 主办机关应当加强对本系统、本单位代表建议、批评和意见办理工作的督促、检查，将办理工作纳入承办单位年度目标考核的内容。

主办机关和承办单位可以通过门户网站或其他媒介公开代表建议、批评和意见的内容、办理的情况和结果等，接受代表和社会的监督。

第三十一条 市人民政府、市中级人民法院、市人民检察院应当在下一次市人民代表大会会议召开前，将代表建议、批评和意见办理情况向市人大常委会会议报告。该报告经市人大常委会审议后，印发下一次市人民代表大会会议。

第三十二条 市人大常委会定期组织评选优秀代表建议、批评和意见，并进行表彰；每年会同市人民政府召开一次代表建议、批评和意见办理工作会议，总结办理工作；会同市人民政府、市中级人民法院、市人民检察院、其他有关机关和组织评选办理工作先进单位和先进个人，并进行表彰。

第三十三条 有下列情形之一的，市人大常委会主任会议可以责成承办单位限期改正并报告处理结果；情节严重的，责成有关机关依法追究承办单位负责人及有关责任人的行政责任；构成犯罪的，依法追究刑事责任：

（一）拒绝承办，或者推诿办理责任的；

（二）对办理工作敷衍塞责、不认真的；

（三）无正当理由拖延办理，致使超出办理时限的；

（四）答复与事实不符，或者答复不落实又不说明原因的；

（五）贻误工作并造成重大损失的；

（六）对提出建议、批评和意见的代表进行刁难，无理指责或者打击报复的；

（七）违反本办法第二十五条规定的。

第六章 附则

第三十四条 本办法自通过之日起施行。1997年9月18日宜昌市第二届人民代表大会常务委员会第三次会议通过的《宜昌市人民代表大会代表建议、批评和意见的提出及办理办法》即行废止。

宜昌市人民代表大会常务委员会
与市人民政府、市中级人民法院、市人民检察院工作联系办法

（2002年5月24日宜昌市第三届人大常委会第一次会议通过，2007年7月27日宜昌市第四届人大常委会第三次会议修订）

第一条 为了加强宜昌市人民代表大会常务委员会（以下简称常务委员会）与市人民政府、市中级人民法院、市人民检察院（以下简称人民政府、人民法院、人民检察院）的联系与协调，提高工作效率，更好地发挥地方国家机关的作用，根据《中华人民共和国宪法》《中华人民共和国地方各级人民代表大会和地方各级人民政府组织法》和《中华人民共和国各级人民代表大会常务委员会

监督法》的有关规定，结合本市实际，制定本办法。

第二条 市人民代表大会闭会期间，市人民政府、人民法院、人民检察院向常务委员会负责并报告工作，接受常务委员的监督。

常务委员会应依法开展监督工作，处理好监督与支持的关系，支持人民政府、人民法院、人民检察院依法行使职权。

第三条 常务委员会是市人大的常设机关，每两个月至少召开一次会议。

常务委员会会议一般分两次通知。第一次为预报通知，在上一次常务委员会会议闭会后十日内向常务委员会组成人员、人民政府、人民法院、人民检察院预告常务委员会会议建议议题、举行会议的大体时间以及有关机关报送常务委员会审议的报告、议案等文字材料的时间、要求等事宜。第二次为正式通知，在常务委员会举行会议七日前通知常务委员会组成人员、人民政府、人民法院、人民检察院关于常务委员会会议的建议议题、具体时间、地点以及列席人员安排等事宜。

常务委员会举行会议前，人民政府、人民法院或者人民检察院应当按照通知要求向常务委员会报送有关报告、议案等文字材料。

（一）常务委员会听取和审议专项工作报告，人民政府、人民法院或者人民检察院应当在常务委员会举行会议的二十日前，由其办事机构将专项工作报告送交市人大有关专委或者常务委员会有关工作机构征求意见；人民政府、人民法院或者人民检察院对报告修改后，在常务委员会举行会议的十日前送交常务委员会。

（二）常务委员会任免地方国家机关工作人员，人民政府、人民法院或者人民检察院应当在常务委员会举行会议的十日前向常务委员会提出书面人事任免议案，并附报有关书面材料。

（三）常务委员会审查上一年度市级决算，人民政府财政部门应当在常务委员会举行会议的三十日前，将市级决算草案送交市人大财政经济委员会进行初审，并送交常务委员会预算工作委员会征求意见；人民政府审计部门应当在常务委员会举行会议的二十日前将上一年度市级预算执行情况和其他财政收支的审计工作报告送交市人大财政经济委员会和常务委员会预算工作委员征求意见。人民政府对市级决算草案、审计工作报告修改后，在常务委员会举行会议的七日前送交常务委员会。

（四）常务委员会听取和审议本年度上半年国民经济和社会发展计划、预算执行情况，人民政府有关主管部门应当在常务委员会举行会议的二十日前将报告送交市人大财政经济委员会和常务委员会预算工作委员会征求意见；人民政府对报告修改后，在常务委员会举行会议的十日前送交常务委员会。

（五）人民政府在执行国民经济和社会发展计划、预算过程中需要作部分调整，人民政府有关主管部门应当在常务委员会举行会议审查和批准预算调整方案的一个月前，将预算调整初步方案送交市人大财政经济委员会进行初步审查，并送交常务委员会预算工作委员会征求意见；人民政府对预算调整方案修改后，在常务委员会举行会议的十日前送交常务委员会。

常务委员会举行会议时，人民政府、人民法院、人民检察院负责人应按照通知要求列席会议。常务委员会会议审议议案和有关报告时，人民政府或者有关部门、人民法院或者人民检察院应当按通知要求派有关负责人到会，听取意见，回答询问。若报告机关的负责人缺席，常务委员会可以停止审议有关报告和议案。

第四条 常务委员会对人民政府、人民法院或者人民检察院工作报告、常务委员会执法检查组执法检查报告的审议意见，于常务委员会会议闭会后十日内送交人民政府、人民法院或者人民检察院研究处理。人民政府、人民法院或者人民检察院应当在常务委员会发出关于工作报告的审议意见之日起两个月内，向常务委员会报告研究处理情况；人民政府、人民法院或者人民检察院应当在常务委员会发出关于执法检查报告的审议意见的6个月内向常务委员会提出整改情况的书面报告。

第五条 常务委员会依法讨论、决定本行政区域内各方面工作的重大事项。常务委员会通过的各项决议、决定和有关制度应当及时印发人民政府、人民法院、人民检察院及有关部门。

第六条 人民政府发布的决定、命令和其他具有普遍约束力的规范性文件，应当自公布之日起三十日内报常务委员会备案。

第七条 常务委员会应当加强与人民政府、人民法院、人民检察院的工作联系，每年年初，向人民政府、人民法院、人民检察院书面征求当年度常务委员会会议听取和审议专项工作报告、执法检查、决定重大事项等工作安排的意见。人民政府、人民法院、人民检察院应当在收到书面征求意见通知的十五日内，向常务委员会书面反馈意见。

常务委员会、人民政府、人民法院、人民检察院应当加强工作联系，重要文件互相抄送。

人民政府、人民法院、人民检察院的重要工作和重大事项应及时向常务委员会报告。

第八条 人民政府召开全市性的重要会议，应当邀请常务委员会主任、副主任参加，主任、副主任也可委派秘书长、副秘书长参加。人民政府常务会议或全体会议，应当邀请常务委员会主任、副主任或秘书长、副秘书长列席会议。人民政府组成部门召开的会议，视需要可邀请市人大有关专门委员会、常委会工作机构负责人列席会议。人民法院、人民检察院召开的重要会议，视需要可邀请常务委员会主任或副主任、秘书长、副秘书长、市人大有关专门委员会和常委会工作机构负责人列席会议。

第九条 建立由市人民代表大会选举产生的市级国家机关领导人联席会议制度。联席会议由常务委员会主任会议组成人员，人民政府市长、副市长，人民法院院长，人民检察院检察长参加，每年至少召开一次，就全市性的重大事项和各自的主要工作通报情况，交换意见。联席会议由常务委员会主任主持。常务委员会、人民政府、人民法院、人民检察院其他有关人员视需要可列席会议。

第十条 常务委员会组织常务委员会组成人员、人大代表开展执法检查、调查、视察等活动，相关机关和部门应当认真对待，积极配合，提供必要条件，保证执法检查、调查、视察等活动顺利进行。对常务委员会的视察、调查意见，人民政府、人民法院、人民检察院应当认真研究处理，并在六个月内将处理情况书面报告常务委员会。

第十一条 人大代表在人民代表大会会议期间或大会闭会期间提出的各种建议、批评和意见，由常务委员会工作机构交有关机关办理。有关机关应当在五个月内将办理结果和情况答复代表，并同时报告常务委员会。因特殊情况不能办结的，应及时做出说明。

第十二条 常务委员会受理的公民、法人和其他组织对本行政区域内有关国家机关及其工作人员的申诉、控告和检举，由市人大有关专门委员会和常务委员会工作机构转人民政府、人民法院、人民检察院有关机关依法处理，人民政府、人民法院、人民检察院有关机关应当在三个月内将处理情况报告常务委员会；重大的申诉、控告和检举，由市人大有关专门委员会、常务委员会有关工作机构提出监督建议，提请主任会议审议，有关机关应按要求认真处理，并报告处理结果。

第十三条 本办法自通过之日起施行。2002年5月24日宜昌市第三届人民代表大会常务委员会第一次会通过的《宜昌市人民代表大会常务委员会与市人民政府、市中级人民法院、市人民检察院工作联系办法》同时废止。

宜昌市人民代表大会常务委员会
讨论决定重大事项的规定

（2003年11月18日宜昌市第三届人大常委会第十一次会议通过，2011年5月31日宜昌市第四届人大常委会第二十九次会议第一次修订，2016年3月25日宜昌市第五届人大常委会第三十二次会议第二次修订）

第一条 为保障和规范市人民代表大会常务委员会（以下简称市人大常委会）依法行使讨论、决定本行政区域内重大事项的职权，推进决策的科学化、民主化，根据《中华人民共和国宪法》《中华人民共和国地方各级人民代表大会和地方各级人民政府组织法》《中华人民共和国各级人民代表大会常务委员会监督法》等法律、法规的规定，结合本市实际，制定本规定。

第二条 本规定所称重大事项，是指本行政区域内经济、政治、文化、社会和生态文明建设中带有全局性、长远性、根本性，依法须经市人大常委会讨论、决定及应当向市人大常委会报告、备案的事项。

第三条 市人大常委会讨论、决定重大事项，应当坚持中国共产党的领导，坚持中国特色社会主义道路，坚持科学发展观，坚持实事求是，贯彻创新、协调、绿色、开放、共享的发展理念，充分发扬民主，严格遵守法定程序。

市人大常委会行使讨论、决定重大事项职权的情况，应当向市人民代表大会报告。

第四条 下列重大事项应当提请市人大常委会讨论、决定或审查、批准：

（一）贯彻执行宪法、法律、法规、上级和本级人民代表大会及其常务委员会决议、决定的重大措施；

（二）中共宜昌市委建议由市人大常委会讨论、决定的重大事项；

（三）推进依法治市、加强社会主义民主法治建设的重大措施；

（四）对市本级国民经济和社会发展计划的重大变更；

（五）市本级预算调整方案；

（六）国民经济和社会发展五年规划的调整方案；

（七）市本级决算；

（八）在市人民代表大会批准的国民经济和社会发展计划、预算外，市人民政府投资5亿元以上的社会发展项目、10亿元以上的产业和基础设施项目；

（九）确定或变更本市永久性节庆日，确定市树、市花、市标、市歌；

（十）授予或撤销“荣誉市民”等荣誉称号；

（十一）在市人民代表大会闭会期间，决定是否许可对本级人民代表大会代表采取逮捕、刑事审判法律规定的其他限制人身自由的措施；

（十二）市人民检察院检察长因不同意检察委员会多数人的意见而报请市人大常委会决定的重

大案件和其他重大问题；

（十三）撤销市人民政府不适当的决定、命令，撤销下一级人民代表大会及其常务委员会做出的不适当的决议、决定；

（十四）市人民政府、市中级人民法院、市人民检察院提请或建议做出决议、决定的重大事项；

（十五）市人民代表大会授权市人大常委会决定的重大事项；

（十六）法律、法规规定应当由市人大常委会讨论、决定的其他重大事项。

第五条 下列重大事项，市人大常委会听取报告或讨论提出审议意见，必要时可以做出决议、决定：

（一）贯彻实施宪法、法律、法规以及执行上级和本级人民代表大会及其常务委员会决议、决定的情况；

（二）市人民政府重大改革举措、重大建设项目、重大民生工程决策；

（三）市本级中期财政规划情况；

（四）本年度上半年国民经济和社会发展计划执行情况；

（五）本年度上半年预算执行情况；

（六）市人民政府关于上年度预算执行和其他财政收支的审计情况及审计查出问题的整改情况；

（七）国民经济和社会发展五年规划的中期评估情况；

（八）市人民政府投资项目计划及其执行情况；

（九）城市总体规划的编制、修改及其重大变更；

（十）年度环境状况和环境保护目标完成情况；

（十一）重大环境事件；

（十二）市级以上重要风景名胜区、历史文物古迹和自然保护区的保护情况；

（十三）批准缔结或撤销友好城市关系；

（十四）重大自然灾害、重大事故及其处理情况；

（十五）市人民政府推进依法行政的情况；

（十六）市人民政府、市中级人民法院、市人民检察院认为需要报告的其他重大事项；

（十七）法律、法规规定应当向本级人大常委会报告或属于其职权范围内的其他重大事项。

第六条 下列重大事项应当向市人大常委会报告或征求意见，分别按照审批权限报请批准后，报市人大常委会备案：

（一）行政区划的调整、行政区域名称的变更，政府驻地的迁移；

（二）市人民政府机构的设立、变更；

（三）市人民政府关于下一级政府报送备案的预算、决算汇总情况；

（四）市人民政府年度综合财务报告；

（五）城市控制性详细规划的编制、修改及其重大变更；

（六）法律法规规定应当报市人大常委会备案的其他重大事项。

第七条 下列国家机关(机构)和人员可以向市人大常委会提出有关重大事项的议案、报告：

（一）市人大常委会主任会议可以依法向市人大常委会提出有关重大事项的议案；

（二）市人民政府、市人民代表大会专门委员会可以依法向市人大常委会提出有关重大事项的议案或者报告；

（三）市中级人民法院、市人民检察院可以依法向市人大常委会提出有关重大事项的报告；

（四）市人大常委会组成人员五人以上联名，可以依法向市人大常委会提出有关重大事项的议案。

第八条 本规定第四条、第五条、第六条规定的重大事项，需提请市人大常委会讨论、决定或者向市人大常委会报告的，应当于每年初向市人大常委会提出议题建议。市人大常委会办事机构综合整理成市人大常委会讨论、决定重大事项年度工作计划草案，经市人大常委会主任会议讨论后，提请市人大常委会制定讨论、决定重大事项年度工作计划。

在执行市人大常委会讨论、决定重大事项年度工作计划中，有关方面因工作需要，可以向市人大常委会提出增加讨论、决定或者报告的重大事项建议，由市人大常委会主任会议决定是否列入市人大常委会会议议程。

第九条 列入年度计划或者临时增加的重大事项，应当以议案、报告的形式提出。

提请市人大常委会讨论、决定重大事项的议案、报告应当包括以下主要内容：

（一）重大事项的基本情况；

（二）有关的法律、法规、规章、政策依据；

（三）各方面对该重大事项的意见；

（四）相关统计数据、调查分析等资料。

第十条 有关重大事项的议案、报告按下列程序提出：

（一）市人大常委会主任会议向市人大常委会提出的议案，由市人大常委会会议审议；

（二）市人民代表大会专门委员会、市人民政府提出的议案、报告，市中级人民法院、市人民检察院提出的报告，由市人大常委会主任会议决定提请市人大常委会会议审议；

（三）市人大常委会组成人员五人以上联名，向市人大常委会提出的议案，由市人大常委会主任会议决定是否提请市人大常委会会议审议，或者先交市人民代表大会专门委员会审议，提出报告，再由主任会议决定是否提请市人大常委会会议审议。

第十一条 提请市人大常委会讨论、决定的重大事项议案须由市人大常委会主任会议、市人民政府常务会议、市人民代表大会专门委员会会议通过，并由其主要负责人签署。由市人大常委会组成人员联名提出的重大事项议案，由联名人共同签署。

第十二条 重大事项的议案、报告应当在市人大常委会会议召开的三十日前送交市人大常委会办公室。经主任会议决定，可以先交市人民代表大会专门委员会或者市人大常委会工作机构进行调查、论证，并根据调查、论证的情况，适时提请市人大常委会审议。

第十三条 对已列入市人大常委会会议议程的重大事项的议案、报告，在交付表决前，提出议案的单位或议案提出人要求撤回的，应当说明理由，由市人大常委会主任会议决定终止对该议案、报告的审议。对已交付表决的议案、报告，不能撤回。

第十四条 市人大常委会审议重大事项的议案、报告时，提出议案、报告的国家机关（机构）负责人或者联名提出议案的市人大常委会组成人员应到会做出说明。

第十五条 市人大常委会就重大事项做出的决议、决定，有关机关应当认真执行，并在规定的时限内向市人大常委会报告执行情况。

第十六条 市人大常委会审议的重大事项议案、报告，做出的决议、决定及提出的审议意见，市人民政府、市中级人民法院、市人民检察院执行决议、决定情况或者对审议意见研究处理情况的报告，向市人民代表大会代表通报并向社会公布。

第十七条 市人大常委会对重大事项决议、决定的贯彻执行情况，加强监督检查。

第十八条 对应当提请市人大常委会讨论、决定的重大事项不报告，以及对市人大常委会做出的决议、决定不执行，对提出的审议意见不研究处理的，市人大常委会可以依法提出询问、质询，组织特定问题调查；对越权做出决定的，依法予以撤销。

第十九条 本规定由市人大常委会负责解释。

第二十条 本规定自通过之日起施行。

宜昌市人民代表大会常务委员会
任免地方国家机关工作人员办法

（1997年5月29日宜昌市二届人大常委会一次会议通过，2002年7月25日市三届人大常委会二次会议第一次修订，2007年7月27日市四届人大常委会三次会议第二次修订）

第一章 总 则

第一条 根据《中华人民共和国地方各级人民代表大会和地方各级人民政府组织法》《中华人民共和国各级人民代表大会常务委员会监督法》《中华人民共和国人民法院组织法》《中华人民共和国人民检察院组织法》《中华人民共和国公务员法》《中华人民共和国法官法》《中华人民共和国检察官法》以及有关规定，结合实际，制定本办法。

第二条 本办法适用于任免市人大常委会、市人民政府、市中级人民法院、市人民检察院等有关地方国家机关工作人员。

第三条 市人大常委会任免地方国家机关工作人员，必须贯彻中国共产党的干部路线和方针，坚持党管干部原则，充分发扬民主，严格依法办事。

第四条 市人大常委会任命的地方国家机关工作人员，应当接受市人大及其常委会和人民群众的监督，严格遵守宪法和法律、法规，执行市人大及其常委会做出的决议、决定，全心全意为人民服务。

第五条 凡须由市人大常委会任免的地方国家机关工作人员，应当严格按照法律及本办法规定的程序提请任免；在常委会通过之前，不得对外公布。

第二章 任免范围

第一节 市人大常委会及其机关有关人员的任免

第六条 市人大常委会主任，因为健康情况不能工作或者缺位的时候，由市人大常委会在副主任中推选一人代理主任的职务，直到主任恢复健康或者市人民代表大会选举产生新的主任为止。

第七条 根据市人大常委会主任会议（以下简称主任会议）的提名，任免市人大常委会副秘书长，常委会办事机构、工作机构负责人。

第八条 根据主任会议的提名，通过市人大常委会代表资格审查委员会和市人大常委会特定问题调查委员会的主任委员、副主任委员、委员。

第九条 在市人民代表大会闭会期间，根据主任会议的提名，任免市人大专门委员会的个别副主任委员、部分委员。

第十条 在市人民代表大会闭会期间，受理市人大常委会组成人员和市人大专门委员会组成人员提出的辞职请求，并决定是否接受辞职。接受辞职后，报市人民代表大会备案。

第十一条 市人大常委会组成人员不得担任国家行政机关、审判机关和检察机关的职务；如果担任上述职务，必须向市人大常委会辞去常委会的职务。

第二节 市人民政府组成人员的任免

第十二条 在市人民代表大会闭会期间，市长因故不能担任职务的时候，根据主任会议的提名，从副市长中决定代理市长。如果代理人选不是副市长，应当决定任命其为副市长，并决定其为代理市长。

第十三条 在市人民代表大会闭会期间，根据市长的提名，决定副市长的个别任免。

第十四条 根据市长的提名，决定市人民政府秘书长和市人民政府组成部门局长、主任的任免，并由市人民政府报省人民政府备案。

第十五条 在市人民代表大会闭会期间，受理市长、副市长提出的辞职请求，并决定是否接受辞职。接受辞职后，报市人民代表大会备案。

第十六条 在市人民代表大会闭会期间，根据市人民政府或主任会议或市人大常委会五分之一以上的组成人员书面联名提出的撤职案，决定撤销个别副市长和由常委会任命的市人民政府其他组成人员的职务。

第三节 人民法院法官的任免

第十七条 在市人民代表大会闭会期间，市中级人民法院院长因故不能担任职务时，根据主任会议的提名，从副院长中决定代理院长。如果代理人选不是副院长，应当任命其为副院长，并决定其为代理院长。

第十八条 根据市中级人民法院院长的提名，任免市中级人民法院副院长、庭长、副庭长、审判委员会委员、审判员；任免葛洲坝人民法院、三峡坝区人民法院的院长、副院长、庭长、副庭长、审判委员会委员、审判员。

第十九条 在市人民代表大会闭会期间，受理市中级人民法院院长提出的辞职请求，并决定是否接受辞职。接受辞职后，报市人民代表大会备案。

第二十条 在市人民代表大会闭会期间，根据主任会议的提请，决定撤换市中级人民法院院长的职务，再由市中级人民法院报请省高级人民法院报经省人大常委会批准。

第二十一条 根据市中级人民法院或主任会议或市人大常务委员会五分之一以上的组成人员书面联名提出的撤职案，决定撤销市中级人民法院副院长、庭长、副庭长、审判委员会委员、审判员的职务；决定撤销葛洲坝人民法院、三峡坝区人民法院的院长、副院长、庭长、副庭长、审判委员会委员、审判员的职务。

第四节 人民检察院检察官的任免

第二十二条 在市人民代表大会闭会期间，市人民检察院检察长因故不能担任职务的时候，根据主任会议的提名，从副检察长中决定代理检察长。如果代理人选不是副检察长，应当任命其为副检察长，并决定其为代理检察长。决定代理检察长后，由市人民检察院报省人民检察院备案并转报省人大常委会备案。

第二十三条 根据市人民检察院检察长的提名，任免市人民检察院副检察长、检察委员会委员、检察员；任免三峡坝区人民检察院、葛洲坝人民检察院的检察长、副检察长、检察委员会委员、检察员。

第二十四条 根据市人民检察院检察长的提请，批准任免县市区人民检察院检察长的职务。

第二十五条 在市人民代表大会闭会期间，受理市人民检察院检察长提出的辞职请求，并决定是否接受辞职。接受辞职后，由市人民检察院报经省人民检察院检察长提请省人大常委会批准，并报市人民代表大会备案。

第二十六条 根据市人民检察院或主任会议或市人大常务委员会五分之一以上的组成人员书面联名提出的撤职案，决定撤销市人民检察院副检察长、检察委员会委员、检察员的职务；决定撤销三峡坝区人民检察院、葛洲坝人民检察院的检察长、副检察长、检察委员会委员、检察员的职务。

第三章 任免程序

第二十七条 市人大常委会任免地方国家机关工作人员，提请单位或者提请人应在市人大常委会举行会议的十日以前向市人大常委会提出书面人事任免议案，并附报有关书面材料。

提请任命的，同时附报拟任命人员的基本情况、主要表现、提名理由和其他需要说明的书面材料；

提请免职的，同时附报免职理由等材料；提请撤职的，应当写明撤职的理由，并提供有关的材料；

提请任命市人民政府新设机构领导人员职务的，须附报上一级人民政府批准设立该机构的文件。

第二十八条 首次提请市人大常委会任命的人员，应接受市人大常委会组织的有关法律知识考试。考试及格后方可进入市人大常委会的任命程序；不及格的补考一次，补考仍不及格的，不进入市人大常委会的任命程序。

考试成绩应当向主任会议和市人大常委会会议报告。

第二十九条 市人大常委会人事任免工作机构听取并审查市中级人民法院、市人民检察院关于拟任免法律职务人员基本情况、任免理由、公示情况的汇报。

第三十条 向市人大常委会提出的人事任免议案，由主任会议决定是否提请常委会会议审议。

主任会议讨论市人民政府组成人员人事任免事项时，有关机关或部门介绍人选的有关情况；讨论其他人事任免事项时，提名人或其委托的有关负责人到会汇报提请拟任免人员的情况。

市人大常委会人事任免工作机构就人事任免议案的有关情况向主任会议报告。

第三十一条 市人大常委会会议开始举行时，应将人事任免议案和附报材料印发出席会议的常委会组成人员。

第三十二条 市人大常委会会议审议人事任免议案，提请人或其委托的有关负责人可以在常委会全体会议或分组会议上说明有关情况，听取和审议意见，回答询问。

第三十三条 提请市人大常委会任命的市人大常委会副秘书长，常委会办事机构、工作机构负责人，市人民政府组成人员，市中级人民法院副院长和葛洲坝人民法院、三峡坝区人民法院的院长，市人民检察院副检察长和三峡坝区人民检察院、葛洲坝人民检察院的检察长，应当在市人大常委会全体会议上作供职表态。

第三十四条 审议人事任免议案中，常委会组成人员认为拟任命人员有可能影响其任命的重要问题，经主任会议决定，由提请机关调查落实。会议期间难以查清的，可以暂不交付表决;问题查清后，提请机关应当提出书面报告，再由主任会议决定是否提请市人大常委会会议审议。

第三十五条 列入市人大常委会会议议程的人事任免议案，在提请表决前，提请人要求撤回的，对该人事任免议案的审议即行终止。

第三十六条 市人大常委会五分之一以上的组成人员书面联名提出撤职案，由主任会议决定提请常委会会议审议;或者由主任会议提议，经全体会议决定，组织调查委员会，由以后的常委会会议根据调查委员会的报告审议决定。

撤职案在提请表决前，被提出撤职的人员有权在常委会会议上提出申辩意见，或者书面提出申辩意见，由主任会议决定印发常委会会议。

第三十七条 通过人事任免议案采取无记名表决方式，以市人大常委会全体组成人员的过半数通过。

人事任免议案，采取逐人表决方式。市人大常委会代表资格审查委员会、特定问题调查委员会的组成人员，可以采取多人一次合并表决方式。

国家机关同一工作人员同时被提请任职和免职时，先行免职表决，再行任职表决。

表决结果由会议主持人或者委托会议工作人员当场宣布。

第三十八条 市人大常委会任命的地方国家机关工作人员，由市人大常委会颁发由市人大常委会主任签署的任命书。被决定任命人员在颁发任命书之前向国徽宣誓。

第三十九条 市人大常委会任免的地方国家机关工作人员，由市人大常委会行文通知有关机关，并在《市人大常委会公报》和市新闻媒体上公布。

第四章 其他事项

第四十条 市人大常委会受理人民群众对市人大常委会任命的地方国家机关工作人员的检举、揭发和控告，并认真处理。

第四十一条 由市人大常委会任命的地方国家机关工作人员，因机构撤销、合并，或任期内亡故的，其职务分别由原提请的机关注销，报市人大常委会备案。

第四十二条 市人民代表大会换届后，市人大常委会代表资格审查委员会的组成人员，市人民政府的秘书长和市人民政府组成部门的局长、主任，应在两个月以内提请市人大常委会任命。对不再担任原职务的人员不办理免职手续。

除前款规定外，由市人大常委会任命的地方国家机关工作人员，职务无变动的，不再重新任命。

第四十三条 提请市人大常委会任命的地方国家机关工作人员人选，在市人大常委会会议上未获通过，根据工作需要和本人条件，可以再提请市人大常委会另一次会议任命，仍未获通过，不得再提请为同一职务的人选。

第四十四条 经批准新设立的或者改变名称的市人大常委会办事机构、工作机构的负责人，市人民政府组成部门的局长和主任，市中级人民法院派出机构的法官和市人民检察院派出机构的检察官，由市人大常委会按本办法的有关规定任命。

第四十五条 市人民政府秘书长，市人民政府组成部门的局长、主任出缺时，市长一般应当在两个月内向市人大常委会提出决定任命的议案。

第五章 附 则

第四十六条 本办法由市人大常委会解释。

第四十七条 本办法自2007年9月1日起施行。

宜昌市人民代表大会常务委员会
听取和审议市人民政府、市中级人民法院、市人民检察院
专项工作报告办法

（2008年7月25日宜昌市四届人大常委会十一次会议通过，2009年7月24日宜昌市四届人大常委会十八次会议修订）

第一条 根据《中华人民共和国各级人民代表大会常务委员会监督法》《湖北省实施〈中华人民共和国各级人民代表大会常务委员会监督法〉办法》和《宜昌市人民代表大会常务委员会议事规则》，结合本市实际，制定本办法。

第二条 市人民代表大会常务委员会(以下简称常务委员会)每年选择若干关系本行政区域改革发展稳定大局和群众切身利益、社会普遍关注的重大问题，有计划地安排听取和审议“一府两院”的专项工作报告。根据需要，可做出相应的决议。

第三条 常务委员会听取和审议专项工作报告的议题建议，由市人民代表大会专门委员会(以下简称专门委员会)或者常务委员会工作机构，根据职责分工汇总整理，按照工作程序规定的时间提出:

(一)常务委员会在执法检查中发现的突出问题，由有关专门委员会或者常务委员会工作机构整理提出。

(二)市人民代表大会代表(以下简称市人大代表)对“一府两院”工作提出的建议、批评和意见集中反映的问题，由常务委员会代表选举联络人事任免工作委员会整理提出。

(三)常务委员会组成人员提出的比较集中的问题，由常务委员会办公室整理提出，常务委员会有关工作机构配合。

(四)专门委员会或者常务委员会工作机构在调查研究中发现的突出问题，由开展该项调查研究工作的专门委员会或者常务委员会工作机构整理提出。

(五)人民来信来访集中反映的问题，由常务委员会信访室整理提出。

(六)社会普遍关注的其他问题，由常务委员会办公室整理提出，常务委员会有关工作机构配

合。

(七)“一府两院”要求报告专项工作的建议，由常务委员会办公室整理提出。

有关专门委员会或者常务委员会工作机构在向常务委员会提出听取和审议专项工作报告的议题建议前，应当与“一府两院”及其有关部门沟通、协商。

第四条　常务委员会研究室负责汇总各专门委员会、常务委员会工作机构以及其他有关方面提出的听取和审议“一府两院”专项工作报告议题建议，提出常务委员会听取和审议专项工作报告的年度计划建议。

第五条　常务委员会听取和审议专项工作报告的年度计划，于每年第一季度由常务委员会主任会议(以下简称主任会议)通过，由常务委员会办公室印发常务委员会组成人员。

第六条　主任会议根据实际需要或者“一府两院”的要求，可以适当调整听取和审议“一府两院”专项工作报告的年度计划，并由常务委员会办公室及时通知“一府两院”。

第七条　常务委员会听取和审议专项工作报告前开展视察或者专题调查研究时，可以邀请当地人民代表大会代表以及相关专家参加。受邀人员可以列席或者旁听常务委员会会议，并对专项工作报告提出意见。常务委员会开展视察或者专题调查研究，应当通过适当方式，听取公民、法人和其他组织的意见。

第八条　在常务委员会听取和审议专项工作报告四十日前，有关专门委员会或者常务委员会工作机构、办事机构将有关国家机关、组织以及人民群众等各方面对该项工作的意见进行汇总，以书面形式交由报告机关研究，报告机关应当在报告中对上述意见做出回应。

有关专门委员会或者常务委员会工作机构对“一府两院”送交征求意见的专项工作报告，应当在五日内提出修改意见，经常务委员会有关负责人审定后，以书面形式反馈给报告机关。报告机关应当根据修改意见对专项工作报告予以修改；确系不宜修改的，应当说明理由。

第九条　常务委员会举行会议二十日前，“一府两院”办事机构应当将专项工作报告送交有关专门委员会或者常务委员会工作机构征求意见。常务委员会举行会议十日前，“一府两院”应当将修改后的专项工作报告送交常务委员会。

常务委员会举行会议七日前，常务委员会办公室应当将专项工作报告送发常务委员会组成人员。

临时召集的会议不适用前两款的期限规定。

第十条　专项工作报告不能按照本办法的有关规定如期送交的，报告机关应当说明原因，由主任会议决定不列入当次常务委员会会议议程草案，并根据情况建议列入以后的常务委员会会议议程。

第十一条　常务委员会召开全体会议听取“一府两院”的专项工作报告。

专项工作报告的主要内容涉及重大、综合事项的，由市人民政府负责人向常务委员会会议作报告；涉及其他事项的，可以由市人民政府委托有关部门负责人向常务委员会会议作报告。

市中级人民法院、市人民检察院的专项工作报告，由院长、检察长向常务委员会会议作报告；院长、检察长因故不能作报告的，可以委托副院长、副检察长向常务委员会会议作报告。

提请常务委员会听取和审议的专项工作报告，必要时，应当附有相关的印发资料或者典型材料。

第十二条　常务委员会召开全体会议或者分组会议审议专项工作报告，“一府两院”负责人或者有关部门负责人应当到会听取意见，回答询问。

第十三条 常务委员会听取和审议专项工作报告时，可以安排参加视察或者专题调查研究的人大代表列席常务委员会会议，听取专项工作报告，提出意见。

第十四条 常务委员会会议听取和审议专项工作报告，可以组织常务委员会组成人员、市人大代表对报告机关的专项工作进行工作评议。按照满意、基本满意、不满意三个档次，采用无记名投票或电子计票表决方式，对专项工作报告进行满意度测评。如果该报告获得应到常务委员会组成人员超过三分之二满意票、基本满意票，且满意票超过应到人员半数的，视为满意；如果该报告获得应到常务委员会组成人员过半数但未达到三分之二满意票、基本满意票，且不满意票未超过三分之一的，视为基本满意。如果该报告未获得应到常务委员会组成人员过半数以上满意票、基本满意票的，或者虽过半数，但不满意票超过三分之一的，视为不满意。

专项工作报告经满意度测评为不满意的，报告机关必须在下次常务委员会会议上重新报告；专项工作报告第二次满意度测评仍为不满意的，报告机关主要负责人应当向常务委员会做出说明，常务委员会可以依法启动质询、特定问题调查等其他监督程序。

第十五条 常务委员会组成人员对专项工作报告的审议意见，由有关专门委员会或者常务委员会工作机构汇总整理，经主任会议决定，由常务委员会办公室送交报告机关研究处理。

审议意见的内容应当包括对“一府两院”专项工作报告的总体评价、存在的主要问题、改进工作的建议和办理期限等。

第十六条 报告机关一般应当在三个月内，最迟不超过六个月向常务委员会提出审议意见处理情况的报告，由有关专门委员会或者常务委员会工作机构进行跟踪督办，并对该报告提出意见。

审议意见处理情况的报告以及有关专门委员会或者常务委员会工作机构对该报告提出的意见，一并由主任会议决定提交常务委员会会议审议。

第十七条 常务委员会会议对审议意见处理情况的报告进行满意度测评。如果该报告获得应到常务委员会组成人员超过三分之二满意票、基本满意票，且满意票超过应到人员半数的，视为满意；如果该报告获得应到常务委员会组成人员过半数但未达到三分之二满意票、基本满意票，且不满意票未超过三分之一的，视为基本满意。如果该报告未获得应到常务委员会组成人员过半数以上满意票、基本满意票，或者虽过半数，但不满意票超过三分之一的，视为不满意。

审议意见处理情况的报告经满意度测评，虽然被评为满意或基本满意，但常务委员会组成人员对报告中有关事项的处理，意见较为集中，则将意见交由报告机关进一步研究后，就有关事项提出处理的补充报告；

审议意见处理情况的报告经满意度测评为不满意的，退由报告机关重新向常务委员会提出处理情况的报告。如果审议意见处理情况的报告第二次满意度测评，仍为不满意的，报告机关主要负责人应当向常务委员会做出说明，常务委员会可以依法启动质询、特定问题调查等其他监督程序。

补充报告、重新报告，应当在六十日内提出。

第十八条 常务委员会听取和审议“一府两院”专项工作报告的年度计划、常务委员会会议审议相关情况及审议意见处理情况等，由常务委员会工作机构在法定的时间内通报市人大代表，并通过宜昌人大网和其他新闻媒体向社会公布。

第十九条 本办法自通过之日起施行。

宜昌市人大会常委会听取和审议本级行政机关依法行政情况报告实施办法

（2009年7月24日宜昌市第四届人大常委会第十八次会议通过）

第一条 为健全宜昌市人民代表大会常务委员会（以下简称市人大常委会）听取和审议本级行政机关依法行政情况报告制度，提高市人大常委会监督工作质量和效率，促进本级行政机关全面推进依法行政，根据《中华人民共和国各级人民代表大会常务委员会监督法》、国务院《全面推进依法行政实施纲要》《关于加强市县政府依法行政的决定》以及国务院其他有关规定，制定本办法。

第二条 市人大常委会听取和审议本级行政机关依法行政情况报告，包括听取和审议本级人民政府关于依法行政的综合性报告、本级人民政府委托所属工作部门提出的依法行政情况报告、省人大常委会要求其他有关部门向市人大常委会提出的依法行政情况报告。

第三条 市人大常委会听取和审议本级行政机关依法行政情况报告，遵循下列原则：

（一）保障国家依法行政制度全面正确实施；

（二）围绕党和国家的中心工作进行；

（三）促进解决关系改革发展稳定和人民群众切身利益、社会普遍关注的重大问题。

第四条 市人大常委会听取和审议本级行政机关依法行政情况报告每年至少安排一次，主要从下列但不限于从下列事项中选定：

（一）行政机关工作人员依法行政的意识和能力；

（二）依法决策、科学决策、民主决策制度的健全和运行；

（三）行政管理制度建设的创新和质量；

（四）行政许可、行政征收、行政处罚、行政强制、行政确认等具体行政行为的规范和运行；

（五）行政层级监督制度、机制的建立和完善；

（六）增强社会自治功能的情况；

（七）落实行政执法责任制的情况。

第五条 市人大常委会听取和审议本级行政机关依法行政情况报告，根据下列途径反映的问题确定议题：

（一）市人大常委会在执法检查中发现的问题；

（二）市人大代表反映强烈的问题；

（三）市人大专门委员会和市人大常委会工作机构在调查研究中发现的问题；

（四）人民群众来信来访反映强烈的问题；

（五）上级人大常委会统一部署或者指定报告的事项。

第六条 市人大常委会听取和审议本级行政机关依法行政情况报告，按照下列程序进行：

（一）每年年初草拟年度计划或者由市人大常委会主任会议根据本办法第五条所列途径反映的问题提出调整议题，经市人大常委会会议审议通过后，印发市人大常委会组成人员并向社会公布：

（二）根据年度计划和经市人大常委会审议通过调整的议题，组织市人大常委会组成人员和市人大代表开展视察或者直接到行政管理相对人中开展调查研究；

（三）市人大专门委员会和市人大常委会工作机构汇总视察和调查研究中的意见，交有关行政机关研究并在报告中做出回应；

（四）提出报告的行政机关在市人大常委会举行会议的二十日前，将报告送交市人大有关专门委员会或者市人大常委会有关工作机构征求意见后，在市人大常委会举行会议的十日前，将修改后的报告送交市人大常委会；

（五）提出报告的行政机关的主要负责人向市人大常委会会议报告并听取和审议意见；

（六）市人大常委会根据会议审议和票决情况确定是否形成书面审议意见或者做出决议。

第七条 市人大常委会对行政机关依法行政情况报告的审议意见和票决结果，按下列规定处理：

（一）经票决未通过的由提出报告的行政机关重新报告；

（二）审议的书面意见交报告机关研究处理并在六个月内书面报告市人大常委会；

（三）市人大常委会会议做出的决议交报告机关执行并在六个月内书面报告执行情况；

（四）书面审议意见、决议及决议的执行结果向社会公布。

市人大常委会组成人员，对行政机关不认真履行前款（一）、（二）、（三）项义务的，可以依法提出质询案。

第八条 市人大常委会主任会议确定本级行政机关就依法行政情况做出报告，但未列为市人大常委会会议议题或者行政机关自行决定提出依法行政情况报告的，由市人大常委会主任会议确定处置方式。

第九条 本办法自2009年9月1日起施行。

宜昌市人民代表大会常务委员会
专项工作评议办法

(2010年7月20日宜昌市第四届人大常委会第二十四次会议通过，2014年7月25日宜昌市第五届人大常委会第十九次会议修订)

第一条 为了保障市人大常委会依法行使监督职权，促进依法行政、公正司法，根据《中华人民共和国地方各级人民代表大会和地方各级人民政府组织法》《中华人民共和国各级人民代表大会常务委员会监督法》《湖北省实施〈中华人民共和国各级人民代表大会常务委员会监督法〉办法》等有关法律法规的规定，结合本市实际，制定本办法。

第二条 本办法所称专项工作评议，是指市人大常委会对市人民政府及其工作部门、市中级人民法院、市人民检察院和本行政区域内不属于本级人民政府直接管理的国家行政机关以及具有社会管理职能的其他组织和企事业单位依法进行的评议。

第三条 专项工作评议坚持党的领导、依法办事、公开公正、注重实效的原则。

第四条 专项工作评议列入市人大常委会年度监督工作计划。评议对象在代表大会期间经与会代表推荐、主任会议遴选后由市人大常委会会议票决确定。

第五条 专项工作评议的主要内容：（一）贯彻实施有关法律法规情况；（二）依法履行职责情况；（三）贯彻执行人民代表大会及其常委会决议、决定情况，研究处理审议意见情况，办理市人大通过的议案和代表提出的建议、批评、意见情况；（四）人民群众普遍关注的热点、难点问题的解决情况；（五）需要评议的其他工作情况。

第六条 专项工作评议由市人大常委会组织实施。按评议对象，分别成立市人大常委会评议工作组（以下简称评议工作组）。评议工作组由市人大常委会组成人员、部分市人大代表组成，根据需要，可邀请在宜昌的全国、省人大代表和有关专业技术人员参加。

第七条 专项工作评议按下列程序进行：

（一）评议准备

1、根据市人大常委会评议工作年度计划，各评议工作组分别制定工作方案，提交市人大常委会主任会议审定。

2、通过新闻媒体公布被评议单位和评议内容，开通专线电话，公布电子信箱，广泛征求社会各界的意见和建议；

3、根据需要，对评议工作组成员进行培训，召开评议动员会；

4、被评议单位开展自查；

5、评议工作组采取听取汇报、约见询问、走访座谈、查阅资料、问卷调查、民主测评以及视察、检查等方式，广泛听取意见；在充分调查研究基础上，起草评议调查报告，经主任会议讨论后向常委会会议报告。

（二）评议举行

1、专项工作评议在市人大常委会会议上进行，参加调查的代表及相关专业技术人员列席常委会会议；

2、被评议单位主要负责人向会议报告工作;

3、评议工作组组长报告调查情况;

4、分组或大会评议发言、询问，被评议单位负责人听取意见、回答询问，做出说明；

5、市人大常委会组成人员对被评议单位工作按“满意、基本满意、不满意”三个档次进行“满意度”测评。获得应到常委会组成人员超过三分之二满意票、基本满意票，且满意票超过应到人员半数的，测评结果为“满意”；获得过半数但是未超过三分之二满意票、基本满意票，且不满意票未超过三分之一的，测评结果为“基本满意”；未能获得过半数满意票、基本满意票的，或者获得过半数满意票、基本满意票，但是不满意票超过三分之一的，测评结果为“不满意”。测评结果现场公布。

（三）评议处理

1、常委会组成人员的评议意见由评议工作组负责整理，经主任会议讨论后交由被评议单位研究处理，并按照中共宜昌市委的有关规定书面报告市委，作为考核领导班子、使用干部和推动“一府两院”改进工作的依据。属垂直管理部门的，同时将评议意见送交其上级主管机关。

2、评议工作组负责对被评议单位整改落实情况进行跟踪监督，及时了解情况，督促落实。

3、测评结果为满意或基本满意的单位，评议意见由被评议单位在三个月内研究处理并向市人大常委会专题报告。

4、对测评结果为“不满意”的单位，责成其进行整改，并列为再次评议对象。对再次评议后仍为“不满意”的单位，可以依法对其进行询问、提出质询案或罢免案。

第八条 常委会会议对评议意见处理情况的报告，按“满意、基本满意、不满意”三个档次进行“满意度”测评。测评标准同前。

对评议意见处理情况的报告测评结果为“不满意”的被评议单位，责成其进行整改，并列为再次评议对象。

第九条 市人大常委会对被评议单位的测评结果以及被评议单位对评议意见研究处理的情况应当向市人大代表通报，并以多种形式向社会公开。必要时，由市直有关新闻媒体转播评议实况。

第十条 本办法自通过之日起施行。

宜昌市预算监督办法

（2007年7月27日宜昌市第四届人大常委会第三次会议通过）

第一章　总则

第一条 为了加强预算的审查监督，规范预算行为，更好地发挥预算在促进国民经济和社会发展中的作用，根据《中华人民共和国地方各级人民代表大会和地方各级人民政府组织法》《中华人民共和国预算法》《中华人民共和国各级人民代表大会常务委员会监督法》《中华人民共和国预算法实施条例》等有关法律、法规的规定，结合本市实际，制定本办法。

第二条 本办法适用于市级预算、市级决算和市级预算调整的审查和批准，全市总预算和市级预算执行情况的监督。

第三条 市人民代表大会审查全市总预算草案及其执行情况的报告；批准市级预算及其执行情况的报告；改变或者撤销市人民代表大会常务委员会（以下简称市人大常委会）关于预算、决算的不适当的决议；撤销市人民政府（以下简称市政府）关于预算、决算的不适当的决定和命令。

第四条 市人大常委会监督全市总预算的执行；审查和批准市级预算的调整方案；审查和批准市级决算；撤销市政府和下一级人民代表大会及其常委会关于预算、决算的不适当的决定、命令和决议。

第五条 市政府负责编制市级预算、决算草案和预算调整方案；向市人民代表大会作关于全市总预算草案的报告并组织市级预算的执行；向市人民代表大会、市人大常委会报告市级总预算的执行情况。

第六条 市人民代表大会财政经济委员会（以下简称财政经济委员会）在市人民代表大会及其常委会的领导下，初步审查市级预算草案、预算调整方案、决算草案，向市人民代表大会主席团和常委会提交审查报告。

市人大常委会预算工作委员会（以下简称预算工作委员会）是市人大常委会的工作机构，协助财政经济委员会承担市人民代表大会及其常委会审查市级预决算、审查预算调整方案和监督预算执行方面的具体工作。

第七条 市政府及其财政部门要坚持先有预算，后有支出，严格按预算支出的原则，细化预算和提前编制预算。

第八条 经市人民代表大会批准的预算，非经法定程序，不得改变。

第二章 预算的审批

第九条 市政府财政部门应综合编制市级预算草案，汇编宜昌市总预算草案，经市政府审定后，在市人民代表大会会议举行的一个月前，将市级预算草案以及预先审查需要的相关材料提交财政经济委员会和预算工作委员会。其主要内容及相关材料包括：

（一）预算编制的依据及说明；

（二）科目列到类、重要的列到款的预算收支总表和政府性基金预算收支总表；

（三）农业、教育、科技、社会保障支出表；

（四）建设性支出、基金支出和若干重大项目表；

（五）其他相关材料。

第十条 市级预算由本级各部门(含直属单位)的预算组成。部门预算是指与财政部门直接发生缴拨款关系的预算，它由本部门所属各单位的预算组成。单位预算是指列入部门预算的国家机关、社会团体和其他单位的收支预算。

市级各部门、各单位应当在市政府规定的时间内完成本部门的预算草案编制工作。部门预算应综合预算内外资金进行编制。

第十一条 预算工作委员会应提前介入市级预算编制草案和部门预算编制草案，调研经济运行和预算执行情况，对报送的市级预算草案和部门预算草案进行预先审查（以下简称预审）。

第十二条 预算工作委员会应向财政经济委员会全体会议报告市级预算草案和部门预算草案的预审情况，并向市财政部门通报市级预算草案和部门预算草案预审意见。市财政部门对预审的意见进行研究，并及时向财政经济委员会和预算工作委员会报告修改意见和反馈情况。

第十三条 财政经济委员会召开全体会议，对预算草案或者部门预算草案进行初步审查（以下简称初审），提出初审意见，并向市财政部门通报。

第十四条 市政府财政部门在收到财政经济委员会初审意见后的七日内，向财政经济委员会提交书面报告。

第十五条 财政经济委员会关于市级部门预算的审查意见和市政府财政部门编制的市级部门预算草案应一并提交市人大常委会或者市人大常委会主任会议进行审查。

第十六条 预算草案的预审和初审的主要内容：

（一）预算编制情况是否真实、合法，资金使用是否得当；

（二）预算安排，包括部门预算草案、专项资金草案和基金预算草案等，是否符合《预算法》和有关法律、法规及国家有关的财政政策，是否坚持量入为出、收支平衡的原则；

（三）预算收入是否与国民经济增长相适应；

（四）预算支出是否保证了政府公共支出的合理需要，农业、教育、科技是否达到了法定增长的比例，社会保障支出是否按政策落实；

（五）预备费是否按规定的比例设置；

（六）为实施预算采取的措施是否可行；

（七）其他重要事项。

第十七条 市政府应在市人民代表大会举行会议的十日前，向市人大常委会提交市级预算草案及上年度预算执行情况的报告。

第十八条 在市人民代表大会会议期间，财政经济委员会或者大会预算审查委员会根据各代表团和有关专门委员会的审议意见，对市政府向大会提交的预算草案及上年度预算执行情况的报告进行审查，向大会主席团提交审查结果报告和相应的决议草案。经大会主席团通过后，提请全体代表审议。

第十九条 市人民代表大会批准预算的决议和大会主席团通过的预算审查报告，应一并向社会公布。

第二十条 市人民代表大会批准预算后，市人民政府财政部门应当自批准之日起一个月内，批复市级各部门预算、专项资金预算，并将批复汇总表报送市人大常委会。

市政府应当将下一级人民政府报送备案的预算汇总后于五月底以前报市人大常委会备案。

第三章 预算执行的监督

第二十一条 市人大常委会对预算执行情况进行监督时，市政府及有关部门、单位要如实报告情况和提供必要的材料。

财政经济委员会、预算工作委员会可以对预算执行中有关问题进行专题调查或者专项检查，市政府及有关预算部门、单位要协助、配合。

第二十二条 市人大常委会对市级预算执行情况监督的主要内容：

（一）执行市人民代表大会关于预算决议的情况；

（二）为实现预算采取的各项措施落实情况；

（三）预算收支平衡情况；

（四）预算超收收入的安排和使用情况；

（五）上级财政专项资金的使用情况；

（六）向下级财政转移支付情况；

（七）重点支出的安排和资金到位情况；

（八）预备费和上年结转资金使用情况；

（九）部门预算制度的建立和执行情况；

（十）预算执行中发生的其他重大事项。

第二十三条 市政府应当在每年6月至9月期间向市人大常委会报告本年度上一阶段预算的执行情况。

第四章 预算调整的审批

第二十四条 在市级预算执行过程中，需要动用超收收入追加支出时，市政府应当编制超收收入使用方案，市政府财政部门应及时向财政经济委员会和预算工作委员会通报情况。市政府应就预算超收收入的使用情况报市人大常委会备案。

第二十五条 严格控制不同预算科目之间的资金调剂，市级各部门、各单位的预算支出应当按照预算科目执行。市级预算安排的农业、教育、科技、文化、卫生和社会保障等资金需要调减的，须经市人大常委会审查批准。

第二十六条 市政府在执行预算中，因特殊情况需要增加支出或者减少收入，使原批准的收支平衡的预算的总支出超过总收入，必须依法编制预算调整方案，提请市人大常委会审查和批准。未经批准，不得调整预算。

第二十七条 市政府财政部门应当在9月至11月之间市人大常委会举行会议审批预算调整方案的一个月前，将预算调整初步方案及有关详细资料提交财政经济委员会进行初步审查，并送交预算工作委员会征求意见。

预算调整方案要列明调整的原因、项目、数额、措施及说明。

第二十八条 财政经济委员会应对预算调整方案进行初审，并向市人大常委会提交审查报告。

第五章 决算的审批

第二十九条 预算年度终结后，市人民政府应当及时编制决算草案，依法提请市人大常委会审查和批准。

第三十条 市级决算草案应当按照市人民代表大会批准的预算所列科目编制，按预算数、调整或变更数以及实际执行数分别列出，并做出说明。

第三十一条 市人大常委会审查市级决算草案的主要内容是：

（一）是否符合有关法律、法规的规定；

（二）市级预算执行的基本情况；

（三）预算收支平衡情况；

（四）重点支出的完成情况；

（五）财政转移支付情况；

（六）预算超收收入的使用情况；

（七）预备费使用情况；

（八）预算结余、结转和其他重要情况；

（九）非税收入的管理和使用情况；

（十）对审计工作报告提出问题的整改情况。

第三十二条 市政府财政部门应当在市人大常委会举行会议的一个月前，将市级决算草案送交财政经济委员会进行初审，并送交预算工作委员会征求意见。

财政经济委员会应当召开全体会议，听取决算草案报告、审计工作报告，对决算草案进行初步审查，并向市人大常委会提交审查结果的报告。

第三十三条 市人大常委会每年审查和批准市级决算的同时，听取和审议市人民政府提出的审计机关关于上一年度预算执行和其他财政收支的审计工作报告；必要时，也可以对审计工作报告做出决议。

第三十四条 市政府审计部门要在市人大常委会举行会议的二十日前，向财政经济委员会和预算工作委员会报告对市级预算执行和其他财政收支情况的审计结果。审计工作报告包括下列内容：

（一）对市级预算执行情况和其他财政收支情况做出的审计评价；

（二）市级预算部门及其所属单位执行部门预算的有关情况；

（三）市级预算执行中存在的问题以及审计部门提出的处理意见和建议；

（四）市政府对市级预算执行中存在的问题采取的措施。

第三十五条 市政府审计部门对市级预算执行情况和其他财政收支审计出来的问题要及时纠正、依法处理。

市政府应在当年年底将审计出的问题的处理结果书面报送市人大常委会。

第六章 违规责任

第三十六条 违反本办法，法律、法规已有处罚规定的，从其规定。

第三十七条 违反本办法，造成本市国民经济和社会发展重大损失的，市人大常委会可以依法对负有直接责任的国家机关工作人员做出以下处理：

（一）属于市人大常委会任命的，市人大常委会可以撤销其职务；

（二）属于市人民代表大会选举产生的，市人大常委会可以依法向市人民代表大会提出罢免案。构成犯罪的，由司法机关依法追究其刑事责任。

第七章 附则

第三十八条 本办法由宜昌市人大常委会负责解释。

第三十九条 本办法自2007年8月1日起施行。1998年9月25日市人大常委会通过的《宜昌市财政预算监督暂行办法》同时废止。

宜昌市人民代表大会常务委员会
关于执法检查工作的若干规定

（2005年5月28日宜昌市第三届人大常委会第二十一次会议通过，2007年5月29日宜昌市第四届人大常委会第二次会议修正）

第一条 为了加强法律监督，使执法检查工作规范化、制度化，保证宪法、法律和法规在本行政区域内的遵守和执行，根据《中华人民共和国宪法》《中华人民共和国地方各级人民代表大会和地方各级人民政府组织法》《中华人民共和国各级人民代表大会常务委员会监督法》的规定，并结合本市实际情况，制定本规定。

第二条 市人民代表大会常务委员会（以下简称常务委员会）可以组织本行政区域内的执法检查。

第三条 对本行政区域内法律法规实施情况组织检查，是常务委员会依法行使监督职权的重要方式，其目的是为了保障宪法和法律的正确实施，保证行政权、审判权、检察权的依法正确行使，保护公民和法人的合法权益。

本行政区域内，有关法律、法规规定的主管机构，以及有关法律、法规虽然没有直接规定但法律法规的实施涉及的相关机构或组织，包括相关的实行垂直领导体制的直属机构，都可以纳入执法检查监督对象的范围。

第四条 执法检查应当坚持依法办事、实事求是和讲究实效的原则。

第五条 执法检查项目可以通过下列途径反映的问题确定：

（一）常务委员会在执法检查中发现的突出问题；

（二）市人民代表大会代表提出的建议、批评和意见集中反映的问题；

（三）常务委员会组成人员提出的比较集中的问题；

（四）市人民代表大会各专门委员会（以下简称专门委员会）、常务委员会工作机构在调查研究中发现的突出问题；

（五）人民来信来访集中反映的问题；

（六）社会普遍关注的其他问题。

执法检查的内容应当根据本市的实际情况确定。应选择若干关系改革发展稳定大局和群众切身利益、社会普遍关注的重大问题，有计划地对有关法律和法规实施情况组织执法检查。

第六条 执法检查坚持按年度计划进行。执法检查计划包括检查的内容、检查的组织、检查的时间和地点、检查的方式和要求等。

执法检查计划，由常务委员会研究室在每年第一季度内拟订，提请常务委员会秘书长办公会议审定。执法检查年度计划稿应当提前与市人民政府办公室、市人民中级人民法院和市人民检察院沟通，听取意见。执法检查年度计划稿经秘书长办公会议通过后，由秘书长提请常务委员会主任会议（以下简称主任会议）审议通过，印发常务委员会组成人员并向社会公布。执法检查计划由常务委员会办公室通知市人民政府及其有关部门、市中级人民法院、市人民检察院及有关县、市、区人民代表大会常务委员会，并印发各专门委员会、常务委员会工作委员会、研究室和办公室有关科室。

常务委员会执法检查年度计划因特殊情况需要变更的，由主任会议决定。

第七条 常务委员会执法检查工作由有关专门委员会或者常务委员会有关工作机构具体组织实施。相关专门委员会或者工作机构应当根据执法检查计划拟订实施方案。为使执法检查方案更加切合实际，相关专门委员会可以进行前期调研，常务委员会办事机构应当与各专门委员会加强沟通，对各专门委员会报送的执法检查方案进行统筹协调。

执法检查方案审批后，常务委员会办公室书面通知法律实施主管机关及有关的县、市、区人民代表大会常务委员会，并由相关专门委员会通知检查组全体人员。

第八条 常务委员会根据年度执法检查计划以及湖北省人民代表大会常务委员会委托的执法检查计划，按照精干、效能的原则组织执法检查组。执法检查组的组成人员，由主任会议从常务委员会组成人员以及有关专门委员会组成人员中确定，并可以邀请市人民代表大会代表参加。

组长一般由常务委员会副主任担任，副组长由相关专门委员会的主任委员或者副主任委员担任。

执法检查组赴地方进行执法检查时，根据工作需要可以分成若干执法检查小组。执法检查小组组长一般由相关专门委员会负责同志或者其他组成人员担任。

第九条 执法检查组成员和工作人员要熟悉有关法律、法规和政策，收集有关法律法规实施情况的材料，为执法检查做好准备。

第十条 执法检查组要深入基层、深入实际、深入群众，采用听取汇报、询问、召开座谈会、个别走访、抽样调查、实地考察、调阅案卷、查看文件等多种形式，了解和掌握法律法规实施的真实情况，研究法律法规实施中存在的问题。要求被检查的法律法规实施主管机关提供必要的协助，并且不得对向执法检查组反映情况的当事人进行任何形式的打击报复。

第十一条 法律、法规实施主管机关或单位应当根据常务委员会的执法检查方案的要求，认真准备有关法律法规实施情况的汇报，由主要负责人出席第一次执法检查组全体会议并汇报有关法律法规实施情况。并做好执法检查的有关配合工作。

第十二条 执法检查组的执法检查活动结束时，视工作需要，可以向接受执法检查的当地人民代表大会常务委员会和法律法规实施的相关部门反馈所了解的当地法律法规实施的情况，但不提出结论性的意见。

第十三条 执法检查工作结束后，执法检查组应当再次召开检查组全体会议，听取各执法检查小组的汇报，对所检查法律法规的实施情况作全面评价，对法律法规实施中存在的问题及原因进行分析，提出改进执法工作的建议，研究向常务委员会汇报的执法检查报告稿，并就执法检查中发现的问题与法律法规实施主管机关交换意见。

第十四条 执法检查组应当在执法检查方案规定的期限内提出执法检查报告。

执法检查报告应当包括：

对所检查法律、法规实施情况的总体评价；对法律、法规实施中存在的主要问题和主要原因的分析；改进执法工作的主要建议；对法律、法规本身需要修改、补充、解释的建议等。

第十五条 执法检查报告稿由执法检查组组长主持研究、修改和审定。由相关专门委员会主要负责人向主任会议汇报，由主任会议决定列入常务委员会会议议程。

如有必要，执法检查报告稿应当在审议前征求市人民政府和市中级人民法院、市人民检察院的意见。

第十六条 常务委员会全体会议听取执法检查报告时，由执法检查组组长向全体会议报告。常务委员会分组审议执法检查报告时，有关法律、法规实施主管机关和相关专门委员会应当派人到会听取意见，回答询问。执法检查组可以向常务委员会会议提供文字、视听等形式的参阅资料，常务委员会办公室统一印发会议。

第十七条 常务委员会会议结束后的规定时间内，相关专门委员会应当将常务委员会会议对执法检查报告的审议意见，汇总成《常务委员会审议意见》，由常务委员会办公室将执法检查报告和审议意见，函送市人民政府办事机构、市中级人民法院或者市人民检察院，同时抄送相关专门委员会。

第十八条 市人民政府、市中级人民法院或者市人民检察院应当将对执法检查报告和审议意见的研究处理情况，由其办事机构送交有关专门委员会或者常务委员会有关工作机构征求意见，并在收到执法检查报告和审议意见后一般在2个月内向常务委员会提出整改情况的书面报告。相关专门委员会或者常务委员会有关工作机构一般应当在执法检查报告送交市人民政府办事机构、市中级人民法院或者市人民检察院的3个月内，就整改情况听取相关部门汇报，并督促法律法规实施主管机关在规定期间内向常务委员会提出整改情况的书面报告。必要时，由主任会议决定提请常务委员会审议，或者由常务委员会组织跟踪检查；常务委员会也可以委托有关专门委员会或者常务委员会有关工作机构组织跟踪检查。

第十九条 对执法检查中发现的重大违法案件，主任会议可以根据情况，决定交由有关机关处理，或者交由常务委员会有关工作机构进行调查。交由有关机关处理的，有关机关应当及时将处理情况报告主任会议；交由常务委员会有关工作机构进行调查的，有关工作机构应当将调查结果报告主任会议。主任会议可以书面形式要求有关机构限期处理。对特别重大的违法案件，常务委员会可以依法组织特定问题调查委员会进行调查。

第二十条 法律、法规实施主管机关或组织有下列行为之一的，常务委员会可以责令限期改正、通报批评；情节严重的，对该机关或单位的负责人，可以建议有关机关给予处分：

（一）拒不接受检查的；

（二）不提供真实情况的；

（三）常务委员会关于执法检查的决议、决定和审议意见拒不执行和办理，或者有意拖延的。

第二十一条 常务委员会的执法检查报告及审议意见，市人民政府、市中级人民法院、市人民检察院对其研究处理情况的报告，向市人大代表通报并向社会公布。

新闻单位应当对常务委员会的执法检查活动及时进行宣传报道。

第二十二条 本规定自公布之日起施行。

宜昌市人民代表大会常务委员会
关于规范性文件备案审查办法

（2000年3月29日宜昌市第二届人大常委会第二十三次会议通过，2007年5月29日宜昌市第四届人大常委会第二次会议修正）

第一条 为了保障市人民代表大会常务委员会（以下简称常务委员会）依法行使监督职权，切实做好法定监督范围内的规范性文件的备案审查工作，根据《中华人民共和国宪法》《中华人民共和国地方各级人民代表大会和地方各级人民政府组织法》和《中华人民共和国各级人民代表大会常务委员会监督法》的规定，制定本办法。

第二条 市人民政府和各县市区人民代表大会及其常务委员会制定规范性文件的备案审查，适用本办法。

第三条 市人民政府发布的决定、命令和其他具有普遍约束力的规范性文件，应当自公布之日起三十日内报送常务委员会备案。

第四条 各县市区人民代表大会及其常务委员会做出的决议、决定，应当自公布之日起三十日内报送常务委员会备案。

第五条 对本办法第三条、第四条所列规范性文件，报送备案的机关应当报送规范性文件一式五份，并填写备案审查文件报告单。

第六条 报送常务委员会备案的规范性文件，由常务委员会交专门委员会或者常务委员会工作机构进行审查。专门委员会或者常务委员会工作机构对报送的规范性文件进行审查，应当要求制定机关提供通过该规范性文件时的事实依据和上位法律、法规、规章及政策依据。

第七条 专门委员会、常务委员会工作机构认为备案的规范性文件超越法定权限，限制或者剥夺公民、法人和其他组织的合法权利，或者增加公民、法人和其他组织的义务，同法律、法规规定相抵触，以及有其他不适当的情形应当予以撤销的，应当向常务委员会主任会议提出书面报告，由主任会议确定提请常务委员会审议。

对具有前款所列违法或者不适当情形的规范性文件，常务委员会审议后，可以决定撤销该规范性文件或者责成规范性文件的制定机关自行纠正并报告结果。

第八条 专门委员会、主任会议审议认为备案的规范性文件在制定程序及技术上存在问题的，可以提出处理意见转告报送机关处理。

第九条 常务委员会主任会议每年年终应当对全年的规范性文件备案审查工作向常务委员会做出报告。

第十条 常务委员会对于不按规定报送规范性文件备案的机关，责成应当报送规范性文件备案的机关限期改正。

第十一条 本办法由常务委员会负责解释。

第十二条 本办法自公布之日起施行。

宜昌市人民代表大会常务委员会
行政执法监督办法

（1999年7月29日宜昌市第二届人大常委会第十六次会议通过，2007年5月29日宜昌市第四届人大常委会第二次会议修正）

第一章 总则

第一条 为了强化和规范行政执法监督工作，促进行政执法机关严格执法，全面推进依法行政，根据《中华人民共和国宪法》《中华人民共和国地方各级人民代表大会和地方各级人民政府组织法》《中华人民共和国各级人民代表大会常务委员会监督法》《湖北省行政执法条例》以及国家有关法律、法规的规定，制定本办法。

第二条 本办法所称行政执法，是指行政执法机关执行法律、法规、规章，对行政相对人实施行政管理的公务行为。

本办法所称行政执法机关，是指依法行使行政执法职权的行政机关和法律、法规授予行政执法职权的具有管理公共事务职能的组织。

本办法所称行政执法监督，是指市人民代表大会常务委员会（以下简称常务委员会）依照法定职权对本级行政执法机关实施的监督。

第三条 常务委员会开展行政执法监督，依照法律、法规规定的权限和程序进行；坚持以事实为依据，以法律为准绳；贯彻民主集中制的原则，集体行使监督职权；接受市人民代表大会的监督，依法向社会公开。

第四条 常务委员会依法决定行政执法监督的重大事项。市人大常委会主任会议（以下简称主任会议）处理行政执法监督的重要日常工作。市人民代表大会专门委员会（以下简称专门委员会）和常务委员会有关工作机构组织承办行政执法监督事务。

第二章 监督的对象和内容

第五条 常务委员会实施行政执法监督的对象为本级行政执法机关及其行政执法人员。

第六条 常务委员会对下列主要事项实施行政执法监督：

（一）宪法、法律、法规的贯彻执行情况；

（二）行政机关制定的规范性文件的合法性；

（三）行政执法主体的合法性；

（四）行政相对人申诉、控告、检举的受理和处理情况；

（五）行政执法责任制等重要制度的建立和执行情况；

（六）法律、法规规定的其他监督事项。

第三章 监督的方式和程序

第七条 常务委员会实施行政执法监督采取下列主要方式：

（一）听取和审议行政执法机关的专项工作报告；

（二）组织开展法律、法规实施情况的检查；

（三）对行政机关制定的规范性文件进行备案审查；

（四）在审议议案和有关报告时进行询问；

（五）依法提出质询案；

（六）组织特定问题调查；

（七）审议和决定撤职案；

（八）法律、法规规定的其他方式。

第八条 常务委员会听取和审议行政执法机关的专项工作报告，由行政执法机关主要负责人报告并列席会议，听取和审议意见。

常务委员会认为必要时，可以对专项工作报告做出决议。对市人大常委会形成的审议意见或者做出的决议，有关机关应当认真办理，并向市人大常委会报告处理情况或者执行情况。

常务委员会主任会议和各专门委员会根据工作需要，可以听取行政执法机关有关情况的汇报。

第九条 常务委员会可以组织常务委员会组成人员、有关专门委员会组成人员和市人民代表大会代表，对行政执法机关进行执法检查、视察或者专题调查。

常务委员会在组织执法检查、视察或者专题调查中提出的建议、批评和意见，有关行政执法机关应当认真研究处理，并将处理情况报告常务委员会。

第十条 市人民政府制定的对行政相对人具有普遍约束力的规范性文件，应当自发布之日起三十日内报送常务委员会备案，并抄送有关专门委员会和常务委员会工作机构。

专门委员会、常务委员会工作机构认为备案的规范性文件超越法定权限，限制或者剥夺公民、法人和其他组织的合法权利，或者增加公民、法人和其他组织的义务，同法律、法规规定相抵触，或者有其他不适当的情形应当予以撤销的，应当向常务委员会主任会议提出书面报告，由主任会议提请市人大常委会审议。

常务委员会会议对主任会议提请审议的规范性文件，审议后可以决定撤销该规范性文件或者责成市人民政府自行纠正并报告结果。

第十一条 常务委员会听取和审议行政执法机关的专项工作报告及组织视察、调查、执法检查时，常务委员会组成人员、有关专门委员会组成人员、市人民代表大会代表可以向有关行政执法机关提出询问，受询问的行政执法机关的主要负责人应当认真回答或者做出说明。

第十二条 常务委员会会议期间，常务委员会组成人员五人以上联名对行政执法机关提出质询案，由主任会议决定受质询机关在常务委员会会议上或者有关专门委员会会议上作口头答复或者书面答复。作口头答复的，由受质询机关主要负责人到会答复；作书面答复的，由受质询机关主要负责人签署。

提质询案的常务委员会组成人员的过半数对受质询机关的答复不满意的，由主任会议决定受质询机关再作答复。

在有关专门委员会会议上答复的，提质询案的常务委员会组成人员有权列席会议，发表意见。有关专门委员会应当将答复情况向主任会议提出书面报告。主任会议认为必要时，可以将答复质询案的情况报告印发常务委员会组成人员。

第十三条 主任会议或者五分之一以上的常务委员会组成人员书面联名，可以向常务委员会提议针对行政执法机关组织特定问题调查委员会，提请常务委员会审议。

常务委员会根据特定问题调查委员会的报告，可以做出相应的决议、决定。

常务委员会决定组成的特定问题调查委员会实施调查时，有关单位和人员应当如实介绍情况和提供材料。

第十四条 市常务委员会或者专门委员会，对下级行政执法机关的违法行为，可以建议下一级人大常委会依法监督，或者责成本级行政机关依职权处理。

各县、自治县、市、市辖区人民代表大会常务委员会发现上一级行政执法机关的违法行为，应当及时报告常务委员会。

第四章　违规行为和处置

第十五条 常务委员会实施行政执法监督，对有下列行为之一的，依法追究责任：

（一）违反宪法、法律、法规和上级、本级人民代表大会及其常务委员会决议、决定的；

（二）应当报送备案的规范性文件逾期不报的；

（三）拒绝或者拖延提出行政执法专项工作报告或者作虚假报告的；

（四）拒绝向执法检查组、视察组、特定问题调查委员会提供材料或者提供虚假材料的；

（五）拒不答复质询或者作虚假答复的；

（六）法律、法规规定应当追究责任的其他行为。

第十六条 常务委员会对具有前条所列行为之一的，依法分别做出如下处理：

（一）交由专门委员会或者常务委员会工作机构调查；

（二）责成或者提请法定主管机关调查处理；

（三）依法对行为人提出撤职案。

第十七条 行政执法机关的具体行政行为违反法律、法规规定的，由法定机关依照法定职权追究其责任。

第十八条 被监督的行政执法机关及其行政执法人员认为监督处理不当的，可以向常务委员会提出申辩意见，也可以向上级人民代表大会常务委员会申诉。

第五章　附则

第十九条 本办法由常务委员会负责解释。

第二十条 本办法自公布之日起施行。

宜昌市人民代表大会常务委员会
加强检察机关诉讼法律监督工作试行办法

（2010年5月31日宜昌市第四届人大常委会第二十三次会议通过）

第一章　总则

第一条 为了监督、支持全市检察机关依照法定职权和程序充分履行诉讼法律监督职责，促进司法公正和社会公平正义，根据《中华人民共和国各级人民代表大会常务委员会监督法》《湖北省实施〈中华人民共和国各级人民代表大会常务委员会监督法〉办法》《湖北省人民代表大会常务委员会关于加强检察机关法律监督工作的决定》等法律法规及其他有关规定，结合我市实际，制定本办法。

第二条 本办法所称诉讼法律监督，是指检察机关对刑事立案、侦查活动、刑事审判、刑罚执行及监管活动、民事和行政诉讼活动实行的监督。

第三条 全市检察机关实施诉讼法律监督工作，应当遵循依法监督、规范监督，客观公正、保证质量，注重效果、提高效率的原则。自觉接受同级人民代表大会及其常务委员会的监督，接受审判机关和侦查机关的工作制约。

第四条 全市各级人民代表大会常务委员会，应当有计划地听取和审议检察机关诉讼法律监督专项工作报告，通过执法检查、询问和质询、特定问题调查等方式，监督和支持检察机关依法、充分履行诉讼法律监督职责。

全市审判机关、侦查机关、行政执法机关，应当自觉接受检察机关的法律监督，健全监督制约、协调配合机制，促进检察机关全面、规范、高效实施法律监督工作。

第五条 全市检察机关应当不断完善和创新监督机制，畅通监督渠道，改进监督方式，依法处理机关、团体、企事业单位和公民个人对诉讼活动违法行为的控告、申诉和举报。

第六条 检察机关应当与审判机关、侦查机关、行政执法机关建立重要工作计划、工作部署、专项行动、重要文件、统计数据等信息的例行交换制度，并逐步实行信息互通、联网查询。

第二章 刑事立案监督

第七条 检察机关对侦查机关立案活动是否合法实施监督，注重监督纠正违法立案、有案不立、有罪不究、以罚代刑、漏罪漏犯、立而不侦、违法撤案等问题。

第八条 检察机关认为侦查机关应当立案而不立案侦查的，应当要求侦查机关书面说明不立案的理由；认为侦查机关不立案的理由不能成立的，应当书面通知立案；对于在规定期限内不向检察机关书面说明不立案理由的，或者在规定期限不立案，或者立案后不当撤案的，应当发出《纠正违法通知书》，通知侦查机关予以纠正。

检察机关对于侦查机关不应当立案而立案侦查的，应当发出《纠正违法通知书》，通知撤销案件。

对检察机关立案监督的案件，侦查机关已经以事立案但遗漏犯罪嫌疑人的，应当将犯罪嫌疑人情况填入相关立案报告，与原《立案决定书》一并送达检察机关。

检察机关在审查批捕中发现案件遗漏犯罪嫌疑人，已立案侦查并符合逮捕条件的，应当作纠正漏捕处理；未立案侦查的，应当监督立案。

第九条 检察机关发现行政执法机关有下列违法行为，应当发出《纠正违法通知书》：

（一）对涉嫌犯罪应当移送侦查而不移送的；

（二）违反法律规定拒绝移交涉案款物或者故意隐匿、销毁证据材料和处置涉案物品的；

（三）以行政处罚代替刑事追究而不移送案件的；

（四）有其他不移送刑事案件情形的。

第十条 侦查机关和行政执法机关对检察机关提出的立案监督事项、纠正违法通知和检察建议，应当严格依法办理并及时回复办理情况。

第十一条 侦查机关应当每月10日前向同级检察机关通报上月办理刑事案件的发案、立（撤）案、破案、羁押、适用（变更）强制措施的有关数据和信息。

行政执法机关应当每季度末向同级检察机关通报本季度查处违法案件有关数据、信息和向公安机关、检察机关移送刑事案件的有关数据、信息。

对于重大、紧急案件的办案情况，侦查机关、行政执法机关应当及时向同级检察机关通报。

检察机关应当每月10日前向同级侦查机关通报上月立案监督案件的批捕、起诉、判决情况，每季度末向行政执法机关通报本季度对移送刑事案件线索的审查处理情况。

第十二条 检察机关履行立案监督职责进行调查取证时，被监督机关应当配合。检察人员经检察长批准查询有关办案情况，侦查机关和行政执法机关应当安排。

第三章 侦查活动监督

第十三条 检察机关对侦查活动是否合法实行监督，应当不断完善监督工作机制，改进监督方法，提高监督效率。依法建立健全对适用强制措施和强制性侦查措施的监督机制、侦查违法行为监督调查机制、排除非法证据的工作制度。

第十四条 检察机关对侦查活动中的违法行为，可以启动法律监督调查机制进行调查核实。对侦查活动中的下列违法行为，应当向侦查机关发出《纠正违法通知书》：

（一）以暴力、威胁、引诱、欺骗等非法方法收集证据的；

（二）为犯罪嫌疑人出具虚假自首、立功证明材料的；

（三）伪造、隐匿、销毁、变造证据的；

（四）徇私舞弊，包庇犯罪嫌疑人的；

（五）侵吞、挪用、损毁被扣押、冻结款物及其孳息的；

（六）违反法律规定决定、执行、变更、解除强制措施的；

（七）违反法律羁押期限的规定的；

（八）释放已被逮捕的犯罪嫌疑人或者改变强制措施，不及时通知检察机关的；

（九）违法限制或者剥夺辩护人、诉讼代理人依法行使诉讼权利的；

（十）侵害未成年犯罪嫌疑人合法权益的；

（十一）其他违反刑事诉讼法律规定情形的。

第十五条 检察机关通过介入侦查活动，对案件侦查工作提出意见和建议，纠正侦查活动中的违法行为，保证诉讼活动依法进行。

侦查机关认为需要检察机关介入案件侦查的，应当于发案后、侦查终结前商检察机关介入。检察机关认为有必要介入的，应当及时派员介入；认为没有必要介入的，应当书面说明理由。

侦查机关侦查下列案件应当通知检察机关介入：

（一）在本地区有重大影响的案件；

（二）上级机关指示检察机关介入侦查的案件；

（三）可能判处无期徒刑以上刑罚的案件；

（四）涉警案件；

（五）非正常死亡案件。

对于侦查机关侦查的案件，检察机关认为有必要介入侦查的，应当向侦查机关提出书面建议。侦查机关不同意介入的，应当书面说明理由。

第十六条 检察机关介入侦查活动，可以采取以下方式：

（一）参加案件讨论，对证据的收集、固定、保全及其后续取证工作提出建议；

（二）参加侦查机关的勘验、检查、复验、复查等侦查活动；

（三）旁听侦查机关对犯罪嫌疑人的讯问和对被害人、证人的询问；

（四）发出《补充侦查提纲》；

（五）发出《提供法庭审判所需证据材料意见书》；

（六）发现犯罪事实并非犯罪嫌疑人所为的，建议重新侦查；

（七）要求侦查机关对犯罪嫌疑人、被害人进行司法鉴定和提供相关证据获取、制作的有关情况；

（八）其他引导取证方式等。

检察人员介入侦查不得代行侦查权，不得代替侦查机关决定案件可否提请批准或者移送逮捕。

侦查机关对检察机关介入侦查应当积极配合，主动向检察人员介绍案件情况，提供检察人员需要查阅的全部证据材料。对经检察机关介入侦查、最终未提请批准逮捕或者未移送审查起诉而做出其他处理决定的案件，应当及时将情况反馈给检察机关。

第四章　刑事审判监督

第十七条　检察机关依法对刑事审判活动是否合法实行监督。有下列违法行为的，应当依法监督纠正：

（一）受理刑事案件违反管辖规定的；

（二）违反法定审理和送达期限的；

（三）法庭组成人员不符合法律规定的；

（四）法庭审理案件违反法定程序的；

（五）侵犯当事人及其他诉讼参与人的诉讼权利和其他合法权利的；

（六）法庭审理案件对有关程序问题所作的决定违反法律规定的；

（七）审判人员在审理案件过程中有贪污受贿、徇私舞弊、枉法裁判行为的；

（八）刑事判决或者裁定文书在认定事实、采信证据、适用法律方面确有错误的；

（九）其他违反法律规定的审理程序行为的。

第十八条　检察机关对具有下列情形之一的，应当依法提出抗诉：

（一）刑事判决或者裁定认定事实确有错误，导致定性或者量刑明显不当的；

（二）刑事判决或者裁定采信证据确有错误，导致定性或者量刑明显不当的；

（三）刑事判决或者裁定在适用法律方面确有错误的；

（四）审判过程中严重违反法定诉讼程序，影响公正判决或者裁定的；

（五）审判人员在案件审理期间有贪污受贿、徇私舞弊、枉法裁判行为，影响公正判决或者裁定，造成上述（一）至（四）项所列情形的。

第十九条　检察机关对审判机关及其工作人员在审判活动中违反法律规定，具有下列情形之一的，可以启动违法行为监督调查机制，审判机关应当配合协助：

（一）无正当理由或者未经批准故意拖延办案期限，造成严重后果或者不良影响的；

（二）法庭组成人员不符合法律规定或者法庭审理案件严重违反法定程序，影响案件公正审理的；

（三）侵犯当事人与其他诉讼参与人的诉讼权利和其他合法权利的；

（四）违法决定重新进行精神病鉴定或者其他鉴定的；

（五）伪造、隐匿、销毁、调换或者私自涂改证据的；

（六）对明知与案件无关的财产予以查封、冻结、扣押或者追缴的；

（七）伪造诉讼文书，或者制作诉讼文书时故意更改合议庭评议结果、审判委员会决定的；

（八）审判人员有贪污受贿、徇私舞弊、枉法裁判行为，或者有滥用职权、玩忽职守行为的；

（九）有其他违反刑事诉讼法的行为的。

第二十条　检察机关对刑事审判活动中的违法行为，可以向审判机关提出书面纠正意见。发出《纠正违法通知书》《检察建议》的，应当载明违法事实、适用法律依据及纠正意见或者建议。审判机关应当及时做出处理并书面回复处理结果；不处理的，应当书面说明理由。

第二十一条　检察机关对提起公诉的案件，可以提出量刑建议。

量刑建议应当按照依法建议、客观公正、宽严相济和注重效果的原则，对犯罪嫌疑人所犯罪行、承担的刑事责任和各种量刑情节进行综合评估。

对检察机关提出明确量刑建议的，审判机关应当就量刑进行庭审调查和辩论，并在判决书或者裁定书中载明定罪量刑理由。

第二十二条　审判机关、检察机关应当健全工作协调制度。

（一）联席会议每年不少于两次。相互通报工作情况，协调解决涉及双方工作的重要事项。

（二）提起公诉的一审、二审和再审刑事案件，做出刑事判决、裁定并当庭宣判的，应当在五日内将判决书或者裁定书送达同级检察机关；定期宣判的，应当在宣判后及时送达同级检察机关。

（三）审判机关在审理案件中发现国家工作人员涉嫌职务犯罪案件线索的，应当将案件线索和相关材料及时移送检察机关。检察机关指定异地审查起诉前，应当在提起公诉前与审判机关就审判管辖进行协调。检察机关应当向审判机关提供审判人员职务犯罪情况，包括涉案人员、涉嫌罪名及采取强制措施情况。

（四）审判机关认为二审案件应当开庭审理的，检察机关应当派员出庭。

第二十三条　检察长依法可以列席同级审判机关审判委员会会议。审判委员会讨论的下列案件和事项，应当通知检察长列席：

（一）可能判处被告人无罪的公诉案件；

（二）可能判处被告人死刑的公诉案件；

（三）人民检察院提出抗诉的案件。

对于审判委员会讨论的重大问题，检察机关认为有必要的，可以向审判机关提出列席审判委员会会议；审判机关认为有必要的，可以邀请检察长列席审判委员会会议。

审判机关应当在审判委员会会议召开前三日，将会议的时间、地点、讨论的重大事项告知同级检察机关，必要时提供相关材料。检察机关应当在会议召开前一日，将检察长是否列席审判委员会会议以及列席人员告知审判机关。检察长因故不能列席审判委员会会议，可以委托一名副检察长列席审判委员会会议。列席会议的检察长或者副检察长，可以在审判机关承办人汇报完毕后，代表检察机关就案件的事实、证据及适用法律发表意见，但不参与案件的讨论和决定。检察长不列席会议的，应当及时告知审判机关。

第五章　刑罚执行和监管活动监督

第二十四条　检察机关对刑罚执行和监管活动是否合法实行监督。

检察机关对可能判处三年以下有期徒刑的犯罪嫌疑人、被告人，经评估认为无继续羁押必要的，可以向办案机关提出变更强制措施的意见，办案机关应当及时变更强制措施。办案机关对检察意见有异议的，应当在收到检察意见后七日内向检察机关书面提出并说明理由。

监管机关批准剩余刑期在一年以上三年以下的罪犯留所服刑的，应当征得检察机关的同意；监管机关决定罪犯暂予监外执行的，应当征求检察机关的意见，并将相关的法律文书抄送检察机关。

检察机关派驻检察人员可以随时约谈在押人员，在押人员也有权随时要求与派驻检察人员约谈，监管机关不得拖延、干扰。

第二十五条 检察机关发现监管机关在执法中有违法行为的，可以进行调查，提出具体监督意见，监管机关及其工作人员应当配合调查，提供相关材料，接受调查询问和监督。

监管机关对检察机关提出的检察建议或者纠正违法的意见，应当在十五日内查明事实并回复检察机关。对检察机关的意见或者建议有异议的，应当在十五日内提出，检察机关应当重新进行审查。检察机关坚持原意见或者建议的，监管机关可以向上一级检察机关提出复核。检察机关、监管机关应当执行上一级检察机关的复核意见。

第二十六条 检察机关应当加强监管场所的安全防范检察。监管场所发生事故或者涉嫌犯罪线索时，应当立即通知检察机关派驻检察人员，并积极配合检察机关的调查。

第二十七条 监管机关应当定期将罪犯考核情况报送派驻检察人员审查备案。在监管机关怠于报送时，派驻检察人员通知报送并纠正相关违法行为。

第二十八条 监管机关在向审判机关提请罪犯减刑、假释时，应当将移送审判机关的提请减刑、假释材料报送检察机关审查并签署意见。检察机关认为提请减刑、假释不当的，应当提出纠正意见。

审判机关审理减余刑、假释案件，应当依法组成合议庭，并采用公开听证的方式进行。检察机关认为其他减刑案件需要进行公开听证的，可以建议审判机关采取公开听证的方式进行。听证由审判机关主持，检察机关应当派员参加。

第二十九条 监管机关应当为检察机关派驻检察室正常履职及规范化建设提供必要条件，支持检察机关派驻检察室与监管场所信息和监控联网，加强对监管活动的动态监督。

第六章 民事和行政诉讼监督

第三十条 检察机关依法对民事审判活动、民事执行活动和行政诉讼活动实行法律监督。

民事案件的当事人、第三人或者行政诉讼的当事人提请检察机关实施监督的，检察机关应当予以受理并依法处理。

检察机关审查民事、行政案件，应当就原审案卷进行审查。检察机关向审判机关调（借）案卷，审判机关应当准许。案卷尚未归档且已超过三个月的归档期限的，审判机关应当催告相关人员在一个月内将案卷归档，并在归档后五日内通知检察机关调（借）卷。

第三十一条 检察机关对民事审判、民事执行和行政诉讼活动进行监督，可以采取提出抗诉、发出《纠正违法通知书》《（再审）检察建议书》等方式进行。

审判机关对检察机关提出抗诉的案件，应当依照法定程序及时审理，依法纠正确有错误的判决、裁定。对抗诉后审判机关做出的裁判检察机关认为仍然存在错误的，可以通过再次抗诉或者提请同级人民代表大会常务委员会实施监督。

对检察机关发出的《纠正违法通知书》《（再审）检察建议书》，审判机关应当自收到之日起三十日内做出回复。

对检察机关提出的再审检察建议，审判机关应当及时审查决定是否启动再审，符合再审条件的，应当再审。对审判机关不接受再审检察建议或者接受后没有再审的，检察机关应当及时提请上级检察机关抗诉。

第三十二条 检察机关对民事执行活动进行监督，可以采取询问、查询、调取相关证据材料、调阅执行卷宗、勘验、鉴定等方式进行调查，审判机关应当配合、协助。

审判委员会讨论检察机关提起抗诉的民事、行政案件，应当通知同级检察机关检察长列席审判委员会会议。

审判机关向当事人送达民事和行政判决、裁定文书，应当分类附送同级检察机关，或者通过建立网载系统供检察机关查阅。

第七章 责任追究

第三十三条 检察机关对审判机关、侦查机关、监管机关及其工作人员的违法行为，可以启动监督调查机制予以调查核实。具有以下情形的应当依法做出相应处理：

（一）有违法行为而不适宜继续办理原案的，应当向其所在机关提出更换办案人员的检察建议；

（二）违反党纪、政纪需要给予相应处分的，应当向相关主管部门提出追究责任人员责任的检察建议；

（三）涉嫌职务犯罪的，应当予以初查和立案侦查，依法追究其刑事责任。

第三十四条 检察机关提出纠正违法行为的意见不被接受的，应当向上一级检察机关报告并抄送被监督对象的主管机关。对同一问题连续两次提出书面监督意见，被监督机关无正当理由不予纠正也不回复说明理由的；被监督机关认为检察机关的监督措施、监督意见错误而检察机关拒不接受的，同级人民代表大会常务委员会均可实施询问和质询。

第三十五条 全市各级人民代表大会常务委员会对同级检察机关不依法履行诉讼法律监督职责的，审判机关、侦查机关、监管机关、行政执法机关拒绝接受检察机关依法实施的法律监督的，可以依法提出质询案或者组织特定问题调查。对造成严重后果、影响恶劣的，可以撤销由其任命的国家机关工作人员的职务，或者向同级人民代表大会提出罢免由其选举的相关责任人员的议案。

第八章 附则

第三十六条 本办法由宜昌市人民代表大会常务委员会负责解释。

第三十七条 本办法自2010年7月1日起试行。

宜昌市人民代表大会常务委员会
审议意见督办反馈办法

（1999年3月31日宜昌市第二届人大常委会第十四次会议通过，2007年5月29日宜昌市第四届人大常委会第二次会议修正）

第一条 为了加强和改进对市人民政府、市中级人民法院、市人民检察院的法律监督和工作监督，切实做好市人民代表大会常务委员会（以下简称常务委员会）审议意见的办理工作，根据《中华人民共和国宪法》《中华人民共和国地方各级人民代表大会和地方各级人民政府组织法》《中华人民共和国各级人民代表大会常务委员会监督法》和《宜昌市人民代表大会常务委员会议事规则》的规定，结合我市实际情况，制定本办法。

第二条 审议意见是常务委员会在听取和审议市人民政府、市中级人民法院、市人民检察院的专项工作报告和常务委员会执法检查组的执法检查报告时，大多数组成人员对本行政区域内的一些重大问题提出的比较重要的意见和建议。

第三条 审议意见坚持实事求是的原则，要按法律法规的要求，提出意见和建议，指出问题，突出重点，简明扼要，具有操作性。

常务委员会组成人员对专项工作报告、执法检查报告的审议意见，由市人民代表大会有关专门委员会（以下简称专门委员会）整理。审议意见在常务委员会会议闭会后经主任会议讨论通过，于常务委员会会议闭会后10日内，由常务委员会办公室将审议意见以常务委员会文件的形式，送交市人民政府、市中级人民法院或者市人民检察院研究处理。

第四条 市人民政府、市中级人民法院或者市人民检察院收到审议意见后，其负责人应当及时组织研究，认真处理，一般在两个月内报告有关处理情况。关于执法检查方面审议意见的处理程序，按《宜昌市人民代表大会常务委员会执法检查的若干规定》执行。

第五条 市人民政府、市中级人民法院或者市人民检察院应当将研究处理情况由其办事机构送交有关专门委员会或者常务委员会有关工作机构征求意见后，向常务委员会提出书面报告。

第六条 对处理期限和报告形式有特别要求的，按审议意见提出的特别要求办理。

第七条 市人民政府、市中级人民法院或者市人民检察院在研究处理审议意见的过程中，确因特殊原因不能如期处理的，应在下次常务委员会会议之前说明情况。

第八条 有关专门委员会或者常务委员会办事机构应加强督办，了解和掌握审议意见处理的情况，并及时向主任会议报告。

第九条 常务委员会对审议意见处理情况不满意的，市人民政府、市中级人民法院或者市人民检察院重新研究处理后再次报告。

第十条 常务委员会对市人民政府、市中级人民法院或者市人民检察院及政府所属部门不认真研究处理审议意见，造成不良影响和后果的，依法对其负责人予以追究。

第十一条 常务委员会听取的专项工作报告及审议意见，市人民政府、市中级人民法院或者市人民检察院对审议意见研究处理情况，向市人民代表大会代表通报并向社会公布。

市人民政府、市中级人民法院、市人民检察院每年年终须对全年的审议意见的办理落实情况进行一次全面的检查和总结。

第十二条 各专门委员会审议有关工作部门的专题报告提出的意见和建议，可参照本办法执行。

第十三条 本办法由常务委员会解释。

第十四条 本办法通过之日起施行。

宜昌市人民代表大会常务委员会
视察办法

(2008年9月25日宜昌市第四届人大常委会第十二次会议通过)

第一条 为健全市人民代表大会常务委员会（以下简称市人大常委会）视察工作制度，依法、有效地组织开展视察活动，根据我国有关法律法规的规定，结合本市实际，制定本办法。

第二条 本办法所称视察，是指市人大常委会为依法行使职权，组织市人民代表大会代表（以下简称市人大代表）或受上级人大常委会委托组织上级人民代表大会代表（以下简称上级人大代表）开展的视察；组织市人大常委会组成人员和部分市人大代表开展的视察；委托市人大代表选举单位组织市人大代表开展的视察；根据统一安排和代表职责要求，市人大代表小组开展的视察和市人大代表持代表证就地开展的视察。

第三条 视察应当遵循下列原则:

(一)严格依法办事。遵守宪法和法律法规的规定，按照法定的内容、范围、职权和程序进行。

(二)坚持实事求是。客观、全面地了解情况，实事求是地反映问题。

(三)不直接处理问题。视察人员有权向被视察单位提出建议、批评和意见，有权向有关部门反映情况，有权对视察中发现的重大问题依法提请市人大或其常委会审议决定，但不直接处理问题。

第四条 视察主要采用下列方式:

(一)集中视察。市人大常委会在本级或上级人民代表大会会议召开前，直接组织市人大代表，或受上级人大常委会的委托组织上级人大代表，或委托市人大代表选举单位组织市人大代表，围绕本级或上级人民代表大会会议议题等进行的视察活动。

(二)专题视察。在市人大常委会闭会期间，市人大常委会主任会议根据市人大常委会工作安排或市人大常委会会议议题，组织市人大常委会组成人员、部分市人大代表，或统一安排市人大代表小组就某些专门事项进行的视察活动。

(三)持证视察。市人大代表一人或若干人持代表证在其工作单位所在地或居住地进行的视察活动。

第五条 视察实行下列组织形式:

(一)市人大常委会组织市人大代表开展集中视察的，组成视察团，团长由市人大常委会主任或由其委托的副主任担任，市人大代表为成员；受上级人大常委会委托组织上级人大代表开展集中视察的，组成视察团，团长由上级人大常委会或市人大常委会委托在上级人大代表中指定，其他上级人大代表为成员。

(二)市人大常委会委托市人大代表选举单位组织市人大代表开展集中视察的，组成视察团，团长由市人大常委会或受委托的市人大代表选举单位在市人大代表中指定，其他市人大代表为成员。

(三)市人大常委会主任会议根据市人大常委会工作安排或市人大常委会会议议题组织开展专题视察的，组成视察组，组长由市人大常委会主任或副主任担任，安排参加视察的市人大常委会组成人员和市人大代表为成员。

(四)市人大常委会安排市人大代表小组开展专题视察的，该代表小组组长为视察组组长；市人大代表小组联合开展专题视察的，由联合开展专题视察的市人大代表小组协商确定视察组组长。

(五)市人大代表二人以上持代表证就地开展视察的，由参加视察的市人大代表自行确定视察活动的负责人。

前款(一)、(二)项开展集中视察组成的视察团，可以分为若干个视察组，组长由团长指定，可以邀请在当地的上级人大代表参加视察活动。

第六条 视察包括下列内容：

(一)宪法和法律法规以及上级和本级人大及其常委会做出的决议、决定在本行政区域内的贯彻执行情况；

(二)本市国民经济和社会发展计划、财政预算的执行情况；

(三)本行政区域内国家机关和有关单位的工作情况；

(四)市人大议案及代表建议、批评和意见的办理情况；

(五)群众普遍关心和社会普遍关注的重大问题；

(六)上级人大常委会委托视察的事项；

(七)市人民政府、市中级人民法院、市人民检察院提请市人大常委会视察的事项；

(八)市人大代表认为需要进行视察，自行确定的事项；

(九)国家法律法规不禁止，市人大常委会认为需要进行视察的其他事项。

第七条 市人大常委会组织的集中视察和市人大常委会主任会议组织的专题视察纳入市人大常委会年度工作要点，并制定年度视察工作计划。如需变更的，须经市人大常委会主任会议同意。

市人大常委会年度视察工作计划草案由市人大常委会研究室根据各专门（工作）委员会提出的建议拟定。

第八条 本办法第四条第(一)、(二)项所列视察，应当制定视察方案。方案的内容应当包括视察的指导思想、视察的内容及重点、视察的地域和对象、视察的时间安排、视察的方法及基本要求、视察团（组）成员、工作人员配备及有关保障等。

集中视察方案由市人大常委会代表工作机构拟定，专题视察方案由专门（工作）委员会拟定，均提交市人大常委会主任会议审定后实施。

第九条 视察一般采用下列方法：

(一)围绕视察内容听取被视察单位工作情况的汇报。

(二)根据需要到有关地区和单位实地考察。

(三)召开有关人员参加的座谈会，听取意见。

(四)个别走访有关人员，详细了解有关情况。

(五)约见有关国家机关负责人。

(六)查阅相关文件资料。

(七)国家法律法规不禁止的其他方法。

第十条 视察结果一般通过下列方式反映和处理：

(一)市人大常委会组织开展集中视察一般不提出视察报告。但视察团认为确有必要时，也可提出视察报告及视察报告的处理意见。

(二)市人大常委会、市人大代表选举单位受上级人大常委会委托组织开展的集中视察，应当向委托的上级人大常委会提交视察活动情况的报告。

(三)专题视察一般应提出视察报告，经市人大常委会主任会议审定后印发市人大常委会会议，或者转交被视察的机关处理。市人大代表小组认为有必要形成专题视察报告的，以代表小组名义送市人大常委会代表工作机构或有关机关。

(四)市人大代表认为有必要形成持证视察报告的，以参加视察的代表的名义提交市人大常委会代表工作机构。

(五)转交给有关机关的专题视察报告、持证视察报告中的建议、批评和意见，以及市人大代表在视察时提出的建议、批评和意见，按照《宜昌市人民代表大会代表建议、批评和意见处理办法》的规定处理。

第十一条 集中视察情况的报告和集中视察报告由视察团（组）长指定部门或人员负责起草；市人大常委会主任会议组织开展的专题视察的报告，由有关专门（工作）委员会负责起草；市人大代表小组的专题视察报告由组长指定人员起草。

视察报告应当包括所视察的情况和对被视察对象工作情况的总体评价，并指出存在的问题和提出建议。

第十二条 承担视察组织、服务工作的机构，应当在视察前向视察人员提供相关法律法规及参阅资料，根据需要组织相关学习培训；应当根据代表的要求，做好本级或上级的代表持代表证就地进行视察的联系安排工作；应当组织好视察活动的宣传报道工作。

被视察单位应当向视察人员如实介绍情况，提供有关材料和资料，听取视察意见。视察成员提出约见有关国家机关负责人的，被约见的有关国家机关负责人不得拒绝。

按照视察方案安排参加视察活动的市人大代表应当参加视察活动，确因特殊情况不能参加视察活动的，应当经视察团（组）长批准。

第十三条 市人大代表参加视察活动，代表所在单位必须给予时间保障，并按正常出勤对待，享受所在单位的工资和其他待遇。无固定工资收入的市人大代表参加视察的，依法给予适当补贴。

第十四条 对违反本办法第十二条、第十三条规定的，由主管机关或单位对责任人进行批评教育，直至给予行政处分；阻碍市人大代表视察、情节严重的，依照《中华人民共和国治安管理处罚法》的规定予以处罚；以暴力、威胁方法阻碍市人大代表视察的，依法追究责任人的刑事责任。

第十五条 本办法自2009年1月1日起施行。

宜昌市人民代表大会常务委员会
专题询问暂行办法

（2014年3月28日宜昌市第五届人大常委会第十六次会议通过）

第一条 为了保障和规范市人民代表大会常务委员会（以下简称市人大常委会）组成人员依法

开展询问，切实增强监督工作实效，依据《中华人民共和国各级人民代表大会常务委员会监督法》等法律法规的有关规定，结合我市实际，制定本办法。

第二条 本办法所称专题询问，是指市人大常委会会议审议议案和报告时，常委会组成人员有组织地就有关问题开展的询问。

第三条 专题询问应坚持依法办事、客观公正、民主公开、讲求实效的原则。

第四条 专题询问的议题为事关全市改革发展稳定大局、群众切身利益和社会普遍关注的重大问题。

第五条 市人民代表大会专门委员会（以下简称市人大专委会）、市人大常委会工作机构（以下简称常委会工作机构）应当在每年十二月上旬提出下一年度拟进行专题询问的议题建议，由市人大常委会主任会议（以下简称主任会议）研究决定列入市人大常委会年度工作要点。

第六条 专题询问由主任会议负责组织，市人大相关专委会或常委会相关工作机构承担制订工作方案、围绕专题询问议题进行视察和专题调研等具体工作。

第七条 专题询问的工作方案包括：询问的目的、要求回答的具体问题、询问人建议名单、被询问人、主持人、时间、地点、出席（列席）会议人员、新闻报道等内容。

第八条 专题询问事项确定后，市人大常委会办公室应在市人大常委会会议举行一个月前，告知市人民政府及有关部门、市中级人民法院、市人民检察院。

第九条 受询问的机关应当在开展专题询问十日前，将专项工作报告送交市人大常委会，由市人大常委会办公室发给市人大常委会组成人员。

第十条 专题询问一般在市人大常委会全体会议上进行，专题询问前，可以事先就相关议题进行分组会议或全体会议审议。

第十一条 专题询问由市人大常委会主任或副主任主持，受询问机关或部门主要负责人应到会回答询问。主要负责人无法到会的，经主任会议同意后，可委托其他负责人到会回答询问。

第十二条 专题询问采取一问一答的方式进行。受询问机关或部门负责人应当场回答询问，不能当场回答的，应当说明原因，经主持人征得询问人同意后，会后三日内将书面答复报市人大常委会。

第十三条 询问人要求提供相关材料的，有关机关应当按时如实提供。询问的问题，要求提供的资料，如涉及国家秘密的，被询问人不便回答或不便提供，应当做出说明。

第十四条 专题询问后，由市人大相关专委会或常委会相关工作机构，对审议情况和专题询问情况进行综合整理，形成审议意见，交由有关机关研究处理。有关机关应当在会后三个月的时间内将研究处理情况书面报告市人大常委会。

第十五条 专题询问及答复情况，应当以多种形式向社会公开。必要时，市直有关新闻媒体转播询问实况。

第十六条 本办法由主任会议负责解释。

第十七条 本办法自公布之日起施行。

宜昌市人民代表大会常务委员会
联系市人民代表大会代表办法

(2014年7月25日宜昌市第五届人大常委会第十九次会议通过)

第一条 为了加强市人大常委会同市人大代表的联系，充分发挥代表作用，提高市人大及其常委会行使职权的水平，根据《中华人民共和国地方各级人民代表大会和地方各级人民政府组织法》《中华人民共和国全国人民代表大会和地方各级人民代表大会代表法》的规定，结合本市实际，制定本办法。

第二条 本办法所称市人大常委会联系市人大代表，是指市人大常委会、市人大常委会组成人员、市人大专门委员会和常委会工作机构联系市人大代表。

第三条 市人大常委会建立向市人大代表通报情况制度。

市人大常委会通过的决议和决定，市人大常委会的重要工作、重要活动情况，及时通过《宜昌市人大常委会公报》《宜昌人大》、宜昌人大网等形式，向市人大代表通报。

对市人大代表普遍关注的重大问题，市人大常委会召开情况通报会或者要求市人民政府、市中级人民法院、市人民检察院通过召开情况通报会、寄送公报或简报、门户网等形式，向市人大代表通报。

第四条 市人大常委会建立市人大代表列席市人大常委会会议制度。

市人大常委会每次举行会议时，根据审议议题，邀请10名市人大代表列席会议。市人大常委会办公室提前一周将审议的议题通知列席会议的代表。

第五条 市人大常委会建立邀请市人大代表参加市人大常委会有关活动制度。

市人大常委会开展调研、视察、执法检查等活动时，根据活动内容，邀请2名以上市人大代表参加。

市人大常委会在审议市人大代表提出的议案时，邀请提出议案的市人大代表列席会议，发表意见。

市人大常委会在督办市人大代表议案及建议、批评和意见时，邀请提出议案及建议、批评和意见的市人大代表参加，听取他们的意见。

第六条 市人大常委会主任会议组成人员每届每人联系10名市人大代表，市人大常委会委员每人联系6名市人大代表。

第七条 市人大常委会组成人员每年至少应当回原选举单位参加代表活动一次。

第八条 市人大常委会组成人员联系市人大代表的主要内容：

（一）听取市人大代表对宪法和法律、法规以及全国、省、市人大及其常委会决议、决定贯彻执行的意见和建议；

（二）听取市人大代表对市人大及其常委会工作情况的意见和建议，向市人大代表通报市人大常委会工作情况；

（三）听取市人大代表对市人民政府、市中级人民法院、市人民检察院工作的意见和建议，了解人民群众普遍关注的社会热点、难点问题；

（四）听取市人大代表对代表议案及建议、批评和意见办理工作的意见和建议；

（五）听取市人大代表对市人大及其常委会选举或者任命的国家机关工作人员履职的意见和建议；

（六）听取市人大代表对履职服务保障以及开展闭会期间活动的意见和建议，了解市人大代表依法行使代表权利、履行代表义务方面的情况及在工作、生活中的困难和问题。

第九条 市人大常委会组成人员联系市人大代表可以采取走访、座谈、接待来访、参加代表活动等直接见面的方式，也可以采取电话、网络、寄送文件资料、信函等方式。

第十条 市人大常委会组成人员联系的市人大代表名单，由市人大常委会代表工作机构根据市人大常委会组成人员所在的原选举单位和其在市人大及其常委会所承担的工作统筹确定。

第十一条 市人大专门委员会在审议市人大代表议案时，应当邀请提出议案的市人大代表列席会议，发表意见。

第十二条 市人大专门委员会和市人大常委会工作机构协助市人大常委会联系市人大代表，并通过召开座谈会、邀请参加视察、专题调研、执法检查、列席会议、寄送资料、征求意见和上门走访等方式直接联系市人大代表。

第十三条 市人大常委会办公室负责市人大常委会主任、常务副主任联系市人大代表的具体服务联络工作，市人大及其常委会工作机构负责市人大常委会分管副主任联系市人大代表的具体服务联络工作。

在市人大及其常委会工作机构任职的市人大常委会组成人员，由所在的工作机构负责联系市人大代表的具体服务联络工作。

市人大常委会秘书长和未在市人大及其常委会工作机构任职的市人大常委会组成人员，由市人大常委会办公室负责联系市人大代表的具体服务联络工作。

第十四条 市人大代表的原选举单位协助市人大常委会联系在当地居住和工作的市人大代表，并做好联系市人大代表活动的服务保障工作。

（一）各县、市、区召开人民代表大会会议时，应当邀请由其选举的市人大代表列席会议；各县、市、区召开人大常委会会议时，可以邀请由其选举的市人大代表列席会议；

（二）各选举单位根据市人大常委会的要求，协助组织所选举的市人大代表开展视察和专题调研活动，协助安排、指导市人大代表小组开展活动；

（三）各选举单位在闭会期间组织本级人大代表开展代表活动时，可以邀请在当地的市人大代表参加；

（四）各选举单位对市人大代表提出的建议、批评和意见，应当及时交有关机关、组织研究处理；属于市有关机关、组织研究处理的问题，交由市人大常委会代表工作机构处理。

第十五条 市人大常委会组成人员所联系代表提出的需要办理答复的意见和建议，可以交由市人大常委会代表工作机构转有关机关、组织研究处理。

市人大常委会组成人员所联系代表的信访事项，可以交由市人大常委会信访工作机构转有关机关、组织研究处理。

第十六条 市人大常委会组成人员联系市人大代表所需差旅费，按有关规定报销。非驻会的市人大常委会组成人员联系市人大代表，其所在单位必须给予时间保障，并按正常出勤对待，享受所在单位的工资和其他待遇。

第十七条 市人大常委会组成人员应当于每年12月15日前填写《市人大常委会组成人员联系市人大代表情况登记表》，交负责其联系市人大代表的服务联络机构，由其转交由市人大常委会办公室。市人大常委会办公室汇总后以书面形式向市人大常委会报告，并在下一次人民代表大会会议上通报。

第十八条 本办法自通过之日起施行。

宜昌市人民代表大会常务委员会
人大代表工作办法

（2000年9月20日宜昌市第二届人大常委会第二十六次会议通过，2007年7月27日宜昌市第四届人大常委会第三次会议修订）

第一条 为进一步加强市人大常委会的人大代表工作，充分发挥代表作用，根据宪法和有关法律、法规的规定，结合本市实际，制定本办法。

第二条 市人大常委会人大代表工作的主要对象是市人大代表，以及在本行政区域内的全国人大代表和本级人大选举产生的省人大代表。

第三条 市人大常委会为市人大代表执行代表职务提供必要的条件；受上级人大常委会的委托，为全国、省人大代表执行代表职务提供必要的条件。

市人大常委会的办事机构，应积极为全国、省、市人大代表执行代表职务提供服务。

市人大常委会委托各选举单位依法为其选举的市人大代表执行代表职务提供必要的条件和服务。

第四条 认真组织市人大代表参政议政，依法行使代表职权，履行代表义务，在物质文明、政治文明、精神文明建设和社会主义和谐社会建设中充分发挥应有的作用。

第五条 采取措施，促进市人大代表加强与选举单位和人民群众的联系，听取和反映他们的意见和要求，接受他们的监督，努力为人民服务。

第六条 加强市人大代表培训工作，不断提高代表的法律素质、政策水平和执行代表职务的能力。

市人大代表培训经费由财政专项列支。

第七条 采取措施，不断拓宽和畅通市人大代表的信息渠道，保障代表的知情权。

第八条 依法监督全市各级国家机关、社会团体、企业事业单位和其他组织及个人，依法尊重代表的权利，支持和保障代表执行代表职务。

第九条 在市人大闭会期间，全年安排和组织代表脱产进行代表活动的时间一般不少于十天。

第十条 市人大常委会委托各县市区人大常委会按照便于组织和开展活动的原则，组织市人大代表，按行业、工作单位、居住状况或选举单位，分级或混合组成代表小组，开展代表活动。

每年安排和组织开展代表小组活动，应不少于两次。

市人大代表在闭会期间的活动以集体活动为主，以代表小组活动为基本形式，一般在原选举单位的行政区域内进行。根据市人大代表履行职责的需要，在市人大常委会办事机构的统一安排下，也可以跨原选举单位的行政区域进行考察。

第十一条 督促市人大代表所在的单位依法保障代表执行代表职务的时间、工资和其他待遇。

无固定工资收入的市人大代表执行代表职务，由本级财政给予适当的误工补贴。

第十二条 扩大代表对市人大及其常委会会议和活动的参与。

市人大召开会议时，邀请全国、省人大代表列席会议。

市人大常委会、市人大各专门委员会在召开会议或组织开展有关活动时，可根据会议议题或活动内容，邀请全国、省、市人大代表列席会议或参加活动。

第十三条 市人大代表个人持代表证就地进行视察或者以代表小组为单位组织视察时，由市人大常委会代表工作机构或代表所在的选举单位根据代表要求，与有关单位联系，协助做好安排。

第十四条 在市人大常委会统一安排的视察中，市人大代表要求约见本级或者下级有关国家机关负责人，由本级或委托下级人大常委会负责联系。被约见的有关国家机关负责人或者由他委托的负责人应当认真听取代表的建议、批评和意见，并积极研究处理。

第十五条 有计划地组织市人大代表对本行政区域内贯彻执行宪法、法律、法规和上级、本级人大及其常委会的决议、决定的情况，以及有关国家机关和单位的工作进行检查、视察。

第十六条 市人大常委会、市人大各专门委员会在审议有关议案前，可书面征求或直接听取市人大代表的意见。

第十七条 市人大常委会决定成立关于特定问题的调查委员会，应邀请部分市人大代表参加。

第十八条 在市人大代表依照法律规定的程序提议临时召集市人大会议时，市人大常委会应及时做出决定。

第十九条 认真做好代表来信来访的接待处理工作。

市人大常委会组成人员分工或分片联系市人大代表，经常听取和征求代表对各方面工作的意见和建议。

第二十条 市人大常委会代表工作机构承办代表工作的具体事宜；市人大各专门委员会应按照对口的原则，经常保持与代表的联系；市人大常委会的其他办事机构也应积极做好联系代表的工作。

第二十一条 每届召开一次全市代表工作经验交流会或代表工作座谈会，总结代表工作经验，研究代表工作，表彰认真执行代表职务的优秀市人大代表以及积极支持代表执行代表职务、为代表执行代表职务提供必要条件和服务的先进单位及个人。

第二十二条 市人大代表在市人大会议期间和闭会期间提出的建议、批评和意见，按«宜昌市人民代表大会代表建议、批评和意见的提出及办理办法»的有关规定处理。市人大常委会加强督办，并广泛征询代表对办理工作的意见，不断促进办理质量的提高。市人大常委会每年会同市人民政府评选表彰一次优秀人大代表建议和代表建议办理工作先进单位及个人。

第二十三条 市人大代表的代表资格按照有关法律规定应终止的，由原选举单位向市人大常委会代表资格审查委员会报告，同时向市人大常委会提出补选报告。

第二十四条 在每届市人大的任期内，因市人大代表名额调增，需要增选代表的，或因换届时未选足名额，届中需要安排有关单位另行选举的，由市人大常委会主任会议做出安排。

第二十五条 依法应终止代表资格的代表和新当选的代表，经市人大常委会代表资格审查委员会审查并报经市人大常委会确认后予以公告。

第二十六条 市人大代表因涉嫌犯罪，需依法处理时，按«湖北省实施〈代表法〉办法»的有关规定处理。

第二十七条 切实依法做好保障代表执行代表职务的工作。对有义务协助代表执行代表职务而拒绝履行义务的，或阻碍代表依法执行代表职务的，或对代表依法执行代表职务进行打击报复的，应责成有关部门查明情况， 依法严肃处理，并报告处理结果。

第二十八条 本办法由市人大常委会代表工作机构负责解释。

第二十九条 本办法自通过之日起施行。

宜昌市人民代表大会常务委员会
信访工作办法

（2011年3月30日宜昌市第四届人大常委会第二十八次会议通过）

第一条 为了加强同人民群众的联系，维护人民群众的合法权益，更好地为市人大常委会依法履行职责服务，根据《中华人民共和国宪法》《中华人民共和国地方各级人民代表大会和地方各级人民政府组织法》《中华人民共和国地方各级人民代表大会常务委员会监督法》、国务院《信访条例》和《湖北省信访条例》等法律法规的规定，结合本市实际，制定本办法。

第二条 市人大常委会信访工作坚持在市人大常委会的领导下，按照全市信访工作的统一部署和要求处理信访问题，依法做好职责范围内的信访工作。

第三条 市人大及其常委会受理的信访事项：

（一）对市人大及其常委会工作的建议、批评和意见；

（二）对市人大代表、市人大及其常委会选举、任命的人员及市人大常委会机关工作人员的违法失职行为的控告和检举；

（三）对本市行政机关、审判机关、检察机关遵守执行宪法、法律、法规情况的意见、建议、申诉；

（四）对市人民政府的决定、命令及其规范性文件和市中级人民法院、市人民检察院的规范性文件的意见和建议；

（五）依法应当由市人大及其常委会受理的其他信访事项。

第四条 处理信访事项的原则：

（一）依照政策和法律、法规处理信访问题，实事求是、注重实效；

（二）坚持“属地管理、分级负责”与“谁主管、谁负责”相结合，及时就地解决问题；

（三）解决实际问题与思想疏导、政策宣传、法制教育相结合。

第五条 信访工作实行“统一登记、统一转交、分别办理、分工督办、定期反馈、集中备案”的工作模式。

第六条 市人大常委会信访室工作职责：

（一）负责受理人民群众来信来访来电的登记、分类、处理、报送或转交工作；

（二）负责全国人大常委会办公厅、省人大常委会办公厅交办重要信访事项的督办、报结、反馈；

（三）负责承办市人大常委会领导交办的重要信访事项，做好重要信访事项的督办工作，并及时向市人大常委会领导报送办结情况；

（四）做好重要信访事项办理结果或处理情况登记备案；

（五）做好市人大常委会机关信访情况综合分析和调查研究工作，编发《人大信访动态》；

（六）市人大常委会交办的其他工作。

第七条 市人大及其常委会各委室信访工作职责：

（一）负责本委室来信来访来电的登记，并提出办理建议交市人大常委会信访室统一转办；

（二）负责本委室承办重要信访事项的督办和报结，转市人大常委会信访室集中备案；

（三）负责本委室信访情况的汇总，转市人大常委会信访室进行综合分析。

第八条 信访事项处理规程：

（一）信访人以书信、电子邮件形式向市人大常委会机关诉求或反映问题，收到后应及时拆阅、下载、登记。各委室工作人员根据信访内容提出拟办意见报委室主要负责人阅批后交信访室转有关单位或部门办理。

（二）信访人以走访形式来市人大常委会机关诉求或反映问题，实行首问负责制。市人大常委会信访室负责日常来访接待处理工作，信访人与各委室约访的，由相关委室负责接待处理。接访情况应做好登记，信访人提供的材料需要转办的，依照来信办理规程进行。

（三）信访人以电话形式向市人大常委会机关诉求或反映问题，工作人员应热情、耐心地接听来电，并认真做好记录。电话投诉需要转办的，依照来信办理规程进行。

市人大常委会机关接访部门是否受理信访事项，能当场答复的应当场答复，不能当场答复的，应在15日内告知信访人。

第九条 异常信访情况的处置：

对于出现不按正常信访秩序反映问题，在市人大常委会机关滞留、滋事，非法聚集、围堵、冲击市人大常委会机关，威胁、侮辱、殴打市人大常委会机关工作人员，将生活不能自理的人员弃留在市人大常委会机关等异常信访情况，相关委室应及时向市人大常委会分管信访工作领导和机关治安、消防领导小组报告，并协助做好疏导说服和处置工作。

第十条 下列内容属于重要信访事项：

（一）全国人大常委会办公厅、省人大常委会办公厅交办并要求报告办理结果的信访事项；

（二）市人大常委会领导批示并要求报告办理结果的信访事项；

（三）控告和检举市人大代表、市人大及其常委会选举、任命的国家机关工作人员以及市人大常委会机关工作人员的违法失职行为，情节严重的；

（四）对“一府两院”改进工作方面的重要建议、意见。

第十一条 重要信访事项处理方式：

（一）市人大常委会信访室受理的重要信访事项，由信访室提出处理意见，送常委会分管领导阅批后交办。特别重要的信访事项，送市人大常委会常务副主任阅批后交办。

（二）市人大及其常委会各委室受理的重要信访事项，由委室提出处理意见，送分管该委室的常委会领导阅批后转市人大常委会信访室交办。

第十二条 重要信访事项的督办：

（一）重要信访事项交办后，市人大及其常委会相关委室应做好督办工作，及时掌握办理进展情况。对办理期限已到尚未报结的，应去电、去函或派人催办，对无正当理由经多次催办仍未报结的，予以通报批评。

（二）承办单位在重要信访事项办理过程中，遇到非本地区本部门解决的问题使办理工作不能继续时，应主动与市人大及其常委会相关委室沟通情况，相关委室应将情况向交办的常委会领导报告并做好协调工作。

（三）承办单位应自收到交办函之日起90日内办理完毕，并以书面形式向市人大常委会报告办理结果或处理情况。法律、法规另有规定的，从其规定。

（四）承办单位办理重要信访事项要做到事实清楚，运用政策、法律准确，处理意见明确，办结报告要一信（访）一报。

（五）市人大及其常委会相关委室收到承办单位报结的重要信访事项办理报告后，应将报告呈送交办的市人大常委会领导阅批，同意报结，由信访室集中备案；不同意报结，应及时退回原承办单位重新办理，原承办单位应在30日内办理完毕并报告办理结果或处理情况。

第十三条 市人大常委会机关建立信访工作联席会议制度。会议由常委会分管信访工作的领导负责召集，市中级人民法院、市人民检察院及市人民政府相关部门参加，以加强工作联系，交流情况、督促重要信访事项的办理。

第十四条 市人大常委会信访室对来信来访来电反映的信访情况和问题，应当及时进行综合分析，将重要信访情况分送市人大常委会领导。

第十五条 市人大及其常委会各委室应重视信访资源的利用。对通过信访渠道反映出来具有普遍性、倾向性和群体性的问题，筛选并报主任会议同意，与市人大常委会监督工作结合起来。

第十六条 市人大常委会机关信访工作人员不得擅自泄露有关信访事项及办理情况，与信访人或者信访事项有直接利害关系，应当自觉回避。

第十七条 本办法自通过之日起施行。市三届人大常委会八十六次主任会议通过的《宜昌市人大常委会机关信访接待处理办法》同时废止。

宜昌市人民代表大会常务委员会组成人员守则

（1997年5月29日市二届人大常委会一次会议通过）

第一条 为了加强市人大常委会组织制度建设，使常委会组成人员更好地履行职责，依据有关法律和市人大常委会议事规则的规定，制定本规则。

第二条 常委会组成人员必须维护人民的根本利益和共同意志，坚持人民代表大会制度，致力于社会主义民主和法治建设，模范地遵守宪法法律和法规，全心全意为人民服务，自觉地接受市人大代表和人民群众的监督。

第三条 常委会组成人员要努力学习建设有中国特色社会主义的理论，熟悉宪法和法律，掌握行使职权所必备的知识，不断提高工作水平和工作效率。

第四条 常委会组成人员必须切实履行好职责，努力搞好人大工作，其他社会活动要服从常委会工作需要。

在各专委、工委工作的常委会组成人员，应积极从事各专委、工委的工作，遵守专委、工委的工作规则和制度。

第五条 常委会组成人员必须出席常委会会议。因病或其他特殊原因，不能出席常委会全体会议的，应向常委会主任或主持日常工作的副主任请假，不能出席常委会会议的，应向分组会议召集人请假。

常委会组成人员每次出席会议的情况由常委会办公室印发常委会会议，年终汇总向常委会组成人员通报参加会议的次数。

第六条 常委会会议举行前，常委会组成人员应根据会议议题，认真进行深入细致的调查研究，做好审议准备。

第七条 常委会组成人员在常委会各种会议上的发言和表决不受法律追究。

常委会组成人员在常委会的各种会议上，应遵守议事规则和其他有关程序性的规定。

常委会组成人员在常委会分组会议上的发言，应围绕会议议题进行。

第八条 常委会组成人员必须参加对议案的表决，并服从依法表决的结果。

会议主持人宣布议案交付表决后，常委会组成人员不得再对该议案发表意见，但与表决有关的程序问题，不在此限。

第九条 常委会组成人员要积极参加常委会组织的视察、执法检查和其他活动。视察和检查时，不直接处理问题，但是，对发现的问题要及时指出，并通过常委会督促“一府两院”认真处理。

第十条 常委会组成人员要密切联系群众，经常深入基层进行调查研究，听取群众意见和要求，向常委会反映情况和问题。

第十一条 常委会组成人员要保持清正廉洁，严守国家机密；在外事活动中，应模范遵守外事纪律，维护国家尊严和利益。

第十二条 常委会组成人员严重违反本守则的，应向主任会议做出检查。

第十三条 本守则自通过之日起施行。

宜昌市公民旁听市人民代表大会常务委员会会议试行办法

（2001年1月17日宜昌市第二届人大常委会第29次会议通过）

第一条 为了进一步健全社会主义民主制度，加强市人民代表大会常务委员会与人民群众的联系，便于公民了解和监督市人民代表大会常务委员会的工作，制定本办法。

第二条 市人民代表大会常务委员会会议举行10日前，在新闻媒体上公告旁听名额及有关事项。

第三条 凡年满18周岁，持有宜昌市居民身份证的公民，可以申请旁听市人民代表大会常务委员会全体会议。

第四条 市人民代表大会常务委员会委托各县市区人大常委会受理旁听人员申请登记工作。各县市区人大常委会按公告的旁听名额、会议的内容，确定旁听公民并发给旁听证。

第五条 旁听会议的公民在领取会议旁听证和接到旁听会议的通知后，应按时到会。

第六条 旁听会议的公民如对会议审议的事项有意见和建议，可以书面向市人民代表大会常务委员会办公室反映。

第七条 旁听会议的公民应遵守有关法律法规、会场纪律和旁听规则。

第八条 持有效身份证件并在宜昌市投资的港、澳、台同胞和持有暂住证在宜昌市工作或居住者申请旁听会议，参照本办法办理。

第九条 本办法由市人民代表大会常务委员会办公室负责解释。

第十条 本办法自通过之日起先在城区施行。

宜昌市人民代表大会常务委员会关于加强市人大常委会会风建设的意见

（2015年4月8日宜昌市第五届人大常委会第48次主任会议通过）

为切实加强市人大常委会会风建设，更好地发挥市人大及其常委会职能作用，根据有关法律法规的规定，借鉴省人大常委会做法，特就加强市人大常委会会风建设提出如下意见。

一、必须依法参加市人大常委会会议。人民代表大会制度是中国特色社会主义制度的重要组成部分，是支撑国家治理体系和治理能力的根本政治制度，是坚持党的领导、人民当家做主、依法治国有机统一的根本制度安排。党的十八大提出，要支持和保证人民通过人民代表大会行使国家权力，支持人大及其常委会充分发挥国家权力机关作用。依法适时召开市人大常委会会议，是市人大及其常委会依法行使国家权力的重要方式，是发挥根本政治制度作用的重要途径。地方组织法第四十五条规定，地方各级人大常委会会议“每两个月至少举行一次”；《宜昌市人民代表大会常务委员会议事规则》第十条规定：“市人大常委会组成人员或者列席会议的人员，必须按时出席或者列席常委会会议。因病或者其他特殊原因不能出席或者列席会议的，须经市人大常委会办公室向主任或者主持会议的副主任请假。”市人大常委会会议出席人员和列席人员，要进一步深化对人民代表大会制度的认识，增强依法履行职责的政治责任感和使命感，按时出席或列席市人大常委会会议。

二、坚持履行人大职务优先原则。代表法第五条规定：“代表不脱离各自的生产和工作。代表出席本级人民代表大会会议，参加闭会期间统一组织的履职活动，应当安排好本人的生产和工作，优先执行代表职务。”常委会组成人员是经市人民代表大会从它的代表中选举产生的，是常务代表，按时参加市人大常委会会议，既是一种权利，也是一种义务，更是一种责任。市人大常委会组成人员必须坚持优先执行人大代表职务，优先履行人大常委会组成人员法定职责。常委会会议全体与会人员，应当提前安排好自己的工作，围绕常委会会议议题做好调查研究，做好出席会议的相关准备。

三、严格遵守会议纪律。常委会会议期间，全体与会人员应当自觉做到守纪律、讲规矩，未经批准不得参加与会议无关的会议或活动。要集中精力参加常委会全体会议、联组会议和分组会议，会场需保持手机静音，不得有影响会场秩序的行为。常委会组成人员要认真审议会议各项议题，积极发表审议意见。“一府两院”列席人员应当认真听取常委会组成人员的审议意见，回答常委会组成人员就相关问题提出的询问。

四、规范请（准）假制度。市人大常委会委组成人员除因病住院、因公出国（境）、参加中央、省、市委召开会议等三种原因外，一律不得请假。对因以上原因不能参加会议的，须在会议召开的前三天向市人大常委会请假，并附医院病假单、公务出访函件、会议通知等，交由市人大常委会办公室按程序报请市人大常委会主任或者主持日常工作的副主任审批，经同意后通知本人。

市人大常委会会议期间，临时不能参加常委会全体会议、联组会议的与会人员，须按程序填写市人大常委会会议请假单，报请市人大常委会主任或者主持日常工作的副主任审批；临时不能参加分组会议的与会人员，应填写市人大常委会会议请假单，经小组召集人同意并签字后，报市人大常委会秘书长审批；市人大常委会召开全体会议、联组会议、分组会议时，与会人员不得无故迟到、早退。因特殊原因确需提前离会的，应当按程序书面向会议主持人或者召集人请假，获得批准后方可离会。未请假或未获批准离会的，视为缺席。

五、完善考勤和通报制度。市人大常委会组成人员无故缺席或者未经批准而不参加市人大常委会全体会议、联组会议和分组会议的，每半天记缺席1次；对一年内累计请假、缺席总次数超过全年会期总次数二分之一以上的，须向市人大常委主任会议做出书面说明；对一年内累计请假、缺席总次数排名前三位的，经市人大常委会主任会议研究同意，提出通报批评。请假、缺席统计排名第一的，且累计请假、缺席总次数超过全年会期总次数二分之一以上的，经市人大常委会主任会议研究并报市委同意，作为履职困难者，依法劝其辞去市人大常委会组成人员职务。

列席市人大常委会会议的全国人大代表、省人大代表、市人大代表，市人大专门委员会委员、市人大机关副县级以上干部、各县（市、区）人大常委会负责人、市“一府两院”及其相关部门负责人必须全程参加会议，严肃认真地参加各项活动。其具体的请假、考勤工作，严格参照上述要求执行。

市人大常委会会议考勤工作由市人大常委会办公室负责。每次市人大常委会会议召开时，市人大常委会办公室对市人大常委会组成人员、列席人员参加上一次市人大常委会会议的考勤情况进行书面通报。在每年7月和次年1月召开的市人大常委会会议上，对市人大常委会组成人员、列席人员上半年和上年度参加市人大常委会会议情况进行通报，并书面报市委，抄送市委组织部和本人所在单位。其中，党外市人大常委会组成人员考勤情况抄送市委统战部。

六、进一步提升会务服务水平。市人大及其常委会各工作机构和办事机构应当进一步改进工作作风，优化服务流程，切实提高市人大常委会会议筹备、会议期间服务、会后相关工作的服务保障水平。在市人大常委会“一要点两计划”（常委会工作要点、执法检查计划、监督工作计划）通过后，市人大常委会研究室要及时完成市人大常委会会议议题分月计划、执法检查计划和市人大常委会工作要点实施方案的拟定报审工作，经主任会议讨论通过后，由市人大常委会办公室印发市人大常委会组成人员、市直相关单位和各县（市、区）人大常委会，以便参会单位和人员统筹安排全年工作。在每次市人大常委会会议召开前，市人大常委会办公室应提前一个月下发会议预报通知，提前7天下发会议正式通知，便于参会人员及时掌握常委会工作重点和进展情况，合理调整安排自己的工作时间，集中精力开好会、履好职、尽好责。进一步明确市人大常委会机关各部门及人员分工，细化工作责任和服务流程，努力提升市人大常委会机关的整体服务意识和会务服务水平。

本意见自通过之日起施行。

宜昌市人民代表大会常务委员会
关于进一步提高市人大常委会会议审议质量
的若干意见

（2008年11月28日，宜昌市第四届人大常委会第十三次会议通过
2015年11月26日，宜昌市第五届人大常委会第58次主任会议修订）

为进一步提高市人民代表大会常务委员会（以下简称常委会）会议审议质量，根据有关法律法规和《宜昌市人民代表大会常务委员会议事规则》的有关规定，制定本意见。

第一条 实行中心发言人制度。原则上每位常委会委员都应该轮流担任中心发言人。在常委会举行会议前，由承办相关议题的专门委员会或工作委员会，拟定1—2名中心发言人，并通知到具体人，以便提前了解有关情况，准备好书面发言材料。

常委会办公室根据相关专门委员会或者工作委员会提出的人员名单进行汇总，分送各小组召集人。积极鼓励常委会组成人员或者列席人员踊跃发言。

第二条 紧扣审议议题发言。出席、列席人员应集中精力参加会议，切实把审议发言作为一项法定义务和政治责任，围绕会议议题，充分发表意见。审议要抓住问题的关键和实质，做到观点鲜明、有理有据、言简意赅，多提建设性意见，不作空泛议论和汇报各自工作。发言不必面面俱到，但应真实准确，要着力于有效推进工作、解决问题。

第三条 加强对审议发言的考核。常委会办公室协助轮值人员做好常委会分组审议、联组审议发言记录，并对常委会组成人员审议发言情况进行通报。

第四条 本《意见》自公布之日起施行。

三、《人民日报》推介宜昌人大工作经验文章

宜昌市人大：连续三年三件议案 促成惠民政策出台

余跃进 梅云雄 陈玉薇

3月31日，湖北省宜昌市四届人大常务委员会第十六次会议，听取和审议市人大内司委关于主席团交付的议案审议结果报告，决定将《关于大力推动全民创业，以创业促进城乡就业的议案》作为四届人大四次会议的议案，并转交市政府办理。

该议案建议，市政府要围绕高校毕业生、城镇困难人群、返乡农民工、复员退伍军人等重点人群的创业就业，解决好市场准入、融资渠道、税费减免、贷款担保、经营场所等方面的突出问题。

2007年以来，连续三年，宜昌市四届人大共确定了三个议案，都以解决百姓最直接、最迫切、最现实的突出问题为出发点和落脚点。三件议案，都变成和正在变成实实在在的惠民政策。

议案一：建被征地农民社保制、被征地农民有了保险养老

家住宜昌市伍家岗区共联村70岁的蓝学成婆婆，逢人便说："没想到，我也和城里人一样按月拿票子啦!"随着《宜昌市城区被征地农民基本养老保险办法》的出台，像蓝婆婆这样的受益者在宜昌城区将达到10000余人。

事情要从2007年1月，宜昌市四届人大一次会议召开说起。伍家岗区的梅卫民等12位人大代表提交了《关于建立被征地农民社会保障制度的议案》。该议案提出，被征地农民面临许多难题：征地补偿费用低，被征地农民创业难；就业培训跟不上，被征地农民就业难；社会保障缺位，被征地农民后顾之忧严重等。被征地农民一旦补偿金和积蓄用完，生活就没有了来源，将成为城市中新的贫困群体，必然成为城市巨大的不稳定因素。

实际的情况是，宜昌城区征收农村集体土地和征用国有农用地的面积不断扩大，被征地农民数量逐年增多，就业和社会保障问题日趋突出。

这一议案得到大会主席团重视，决定将该议案交付市人大内司委审议。会议结束后，市人大常委会副主任艾苍松带领调研组，对被征地农民社会保障制度开展调查研究。经市人大常委会表决，该议案被正式确定为宜昌市四届人大一次会议议案。

时任宜昌市市长的郭有明亲自督办，要求把落实被征地农民基本生活保障作为"民心工程"抓紧抓好。市政府组织有关部门讨论研究被征地农民基本生活保障问题的会议达40多次，郭有明多次听取专题汇报。

宜昌市政府在调查研究和广泛征求意见后，形成《宜昌市城区被征地农民基本生活保障暂行办法》，经市政府常务会议原则通过，并要求在伍家岗区开展方案模拟测算试点工作。2007年6月21日，宜昌市政府常务会议讨论通过有关被征地农民的基本养老保险办法，该办法确定了保障范围和对象，突出了保障重点，划分了年龄段，调整了缴费比例，明确了待遇标准，于同年9月1日起实施。

议案二：建城镇居民基本医保，70多万城镇居民将受益

2008年3月底，宜昌市四届人大三次会议期间，西陵区代表团张德才等18名人大代表联名提出《关于加快建立宜昌市城镇居民基本医疗保障制度的议案》。

代表们呼吁，市政府要加快建立健全多层次医疗保障体系的步伐，实现基本医疗保险的无缝覆盖，确保城镇居民“小病能得到及时治疗，大病能得到及时救助。”

对此，市人大常委会副主任张建一多次过问。市人大内司委组织议案调研组，赴5个县区调研，听取了12个社区居委会的情况介绍，重点调查分析了建立城镇居民基本医疗保障制度的条件、运作机制及其与新农合、城镇职工基本医疗、社会医疗救助制度的衔接、协调等重大问题。

议案被确定为市四届人大三次会议议案后，新任市长李乐成亲自领办。市政府成立了议案办理领导小组，在市社会和劳动保障局设立办公室。李乐成多次召开专题会议，研究办理方案，制定办理措施，督办议案办理情况。2008年5月16日，宜昌市政府常务会议审议通过《宜昌市城镇居民基本医疗保险实施办法》，于同年6月1日正式实施。

家住宜昌的罗芬由于失业并抚养早年丧父的儿子，生活困难。就在市政府着手办理这份议案的时候，她在医院检查自己是否患上了乳腺癌。让她没想到的是，在社区第一个报名的她，竟然成为了全市一个享受居民医保的市民。“当时医疗费一共是2.3万元钱，报了8900多元钱，我下一个疗程的费用不愁了。就像我们的护身符，医保真是让我们重新看到了希望。”居民医保实施后，像罗芬这样的失业居民，每年只要出200来块钱，就能享受最多3万元的报销额度。

这份议案，为宜昌城镇居民的健康带来了福音。到2008年底，宜昌市已有37万人参保，参保率达51%。城区应参保24万人，实际参保14万人，参保率达58%。这份议案，将最终惠及70多万城镇居民。

议案三：大力推动全民创业，促就业政策具有长效性

2月中旬召开宜昌市四届人大四次会议期间，10名人大代表联名提出《关于大力推动全民创业，以创业促进城乡就业的议案》。

议案中，代表们呼吁加强组织领导，及时协调解决促进就业工作中的重大问题；充分发挥就业政策的推动作用，依法节制企业裁员减薪；全面实施创业带动就业计划，加大就业培训力度；加强公共就业服务平台建设等。

大会主席团迅速将此议案交由市人大内司委审议。市人大常委会组成调研组，于3月初到城区及民政、劳动保障部门和社区、人力资源市场、人才市场进行调查研究，听取了相关部门的情况介绍，进一步征求了部分市人大代表的意见和建议。

调研表明，2009年宜昌城镇约有11万人需要就业，约有4.6万名农村劳动力尚未外出。随着国际金融危机的影响和全国经济增长速度减缓，城乡新增就业随之减缓，就业工作压力明显加大。

调研组建议市政府尽快采取有效措施，尽快形成指导全民创业带动就业的指导性文件，编制“适用指南”，注重把重大建设项目带动就业、突破性发展服务业扩大就业、支持中小企业稳定职工从业这些具有稳定性、长效性的政策措施落实到位。

随着这份议案被正式确定交由政府办理，宜昌市人大又迈出了实实在在惠民的一大步。

（原载《人民日报》2009年4月15日第14版）

《人民日报》评论员文章——见证

重大事项决定权，是我国宪法和地方组织法赋予地方人大常委会的四项重要职权之一。一个地区的哪些事情属重大事项？如何提出有关重大事项决定权的报告、议案？地方人大常委会做出重大事项决定后，该如何监督落实？

近年来，湖北宜昌市人大常委会在重大事项决定权的行使过程中，从“虚”到“实”，从程序性向实质性迈进，把党的主张和人民的愿望经过法定程序变成国家意志，真正体现了人大及其常委会科学履职、民主履职、依法履职。

从“虚”到“实”从程序性到实质性

——重大事项决定权的宜昌样本

本报记者　王比学

引子

老百姓说：“人大的决定过去是看得见，摸不着；现在是摸得着，享得到。”

5月7日上午9时多，记者跟随湖北省宜昌市人大常委会组织的检查组来到位于西陵区的夹湾路菜市场，检查今年3月市人大常委会做出的《关于加强城区菜市场建设和管理工作的决定》的执行情况。

只见开阔明亮的菜市场内，整齐划一的摊位依次排开，卖菜的人吆喝着自己摊上的蔬菜新鲜便宜，买菜的人边挑边看。也许是过了早市的高峰期，这里并不像我们想象的那样热闹。

“现在条件好多了，且政府不收我们的摊位费，我现在一个月的收入足够一家4口的生活了。”“这里整洁、干净。价格跟外面差不多，只是品种少了点。”“这里好是好，但如果‘马路菜市场’不取缔的话，我们这就没有人气。”……卖菜的和买菜的见到人大检查组人员，便七嘴八舌地说开了。

宜昌市商务局副局长曹文金对随行的市人大常委会委员说：“下一步我们要采取过硬的管理措施，淘汰取缔‘马路菜市场’。当然这些过硬的措施，还得依据人大的决定，由市政府出台规范性文件。”

5月7日，宜昌人大常委会检查组正在检查有关加强菜市场管理的决定落实情况（记者 王比学摄）

这样的检查，目前已成为宜昌市人大常委会行使重大事项决定权后的“固定动作”。

宜昌市人大常委会依法行使重大事项决定权，从程序性向实质性迈进，“决定”的内容也在不断从“虚”到“实”发生变化。如今，很多让百姓称道的好事实事：菜市场的建设和管理、公共绿地永久性保护、火车东站配套工程的兴建等，都源自市人大常委会的决定。用百姓的话说是：人大的决定过去是看得见，摸不着；现在是摸得着，享得到。

“人大及其常委会讨论决定本行政区域内的重大事项，把党的主张和人民的愿望经过法定程序变成国家意志，推进经济社会发展，更好地平衡、调整社会利益。”宜昌市委书记、市人大常委会主任郭有明如此评价。

5月8日，宜昌市人大常委会检查组正在检查火车东站配套工程建设的决定落实情况（黄书祥摄）

1. 哪些可作为重大事项

本行政区域内有重大影响的政治、经济、社会发展的事项以及人民群众普遍关心的事项

为规范人大常委会行使重大事项决定权，2003年11月，《宜昌市人民代表大会常务委员会关于讨论决定重大事项的规定》出台，界定了什么是重大事项，即：本行政区域内有重大影响的政治、经济、社会发展，以及人民群众普遍关心的，依法须经市人大常委会决定、审议和市人大常委会认为需要报告的事项。对重大事项有很详细的分类，操作性很强。

据市人大常委会常务副主任张建一介绍，过去市人大常委会在行使重大事项决定权时，从内容上看，一般侧重于人代会的召开、接受国家机关工作人员辞职等程序性决定，涉及具体的经济社会生活较少。近年来，市人大常委会在做出程序性决定的同时，更加注重针对经济发展、社会建设中与百姓生活相关的重大事项，依法做出决定。也就是说更加注重实体性决定。

张建一说，市委几个旨在推动经济社会发展的重大项目，都是通过市人大常委会行使重大事项决定权来实施的。说起这几年市人大常委会做出的几项重大事项决定，他如数家珍—

2008年7月，市人大常委会通过的《关于进一步加强“三城联创”工作的决议》，就是由市委先提出工作目标，即力争把宜昌创建成为国家卫生城市、国家环保模范城市、全国文明城市，然后由市人大常委会做出决定，最后由政府组织实施。

作为市委、市政府的重大建设项目，宜昌市火车东站配套工程，从2007年开始启动。2009年1月，市人大常委会通过决定，批准宜昌市人民政府向银行申请政府信用贷款，加快了火车东站配套工程的建设速度，解决了建设中的资金问题。

同样，涉及1660亩土地征地拆迁及道路、管网等基础设施建设，项目总投资约14亿元的平湖半岛棚户区改造等项目建设资金，也是由市人大常委会做出决定，批准市政府向银行申请贷款。

从2000年开始，宜昌市人大常委会前后三次通过重大事项决定的方式，明确对城区26块公共绿地实施永久性保护，任何单位和个人，不能擅自占用和改作其他用途，若在受保护的公共绿地里建设除绿化设施以外的建筑物，需经市政府审查后，提请市人大常委会审议通过。

宜昌市人大常委会常务副主任张建一（右二）近日就重大事项决定作调研（黄书祥摄）

2. 决定重大事项须经哪些程序

从报告、议案到人大专门委员会调研，再由人大常委会审议决定是否作为重大事项

宜昌市人大常委会秘书长谢永和说，今年2月市四届人大五次会议期间，有关加强城区菜市场建设的决定就是由赵晓俊等21名市人大代表提出议案后，市人大财经委经过调研，再向市人大常委会报告。

当时市人大常委会在审议这份报告时，联名提议案的代表和人大财经委委员分别就该事项的基本情况、法律依据和调研情况作了说明。

在会上，市人大代表、伍家岗区航运社区党总支书记赵晓俊快人快语："伍家岗区近几年开发了许多商品房，但没建起配套的菜市场，市民生活不方便，他们向我反映过多次，我发起了一个议案，得到20名人大代表的附议。"

会上也有人认为菜市场问题太小了，够不上市人大常委会重大事项的"格"，可张建一却说："菜市场关系到农民的钱袋子、市民的菜篮子，小小菜篮子反映了重大的民生问题。"

3月31日，宜昌市人大常委会第二十二次会议决定将这个议案作为重大事项，通过《关于加强城区菜市场建设和管理工作的决定》。

3. 决定出台后如何检查督办

人大常委会将监督权延伸到决定的执行过程中

宜昌市人大常委会每每出台一项重大事项决定，并非出台就完事，而是将人大的监督权延伸到决定的执行过程中。

《宜昌市人民代表大会常务委员会关于讨论决定重大事项的规定》明确，人大常委会就重大事项做出的决定，有关机关应当认真执行，同时应在规定时限内向市人大常委会报告办理情况。人大常委会对重大事项的决定执行情况，应当加强监督检查。

当有关菜市场的决定出台后，市政府马上行动。市商务局先组织调研，提请市政府出台了菜市场建设管理办法。

5月7日，在一个刚建好的菜市场门前，市商务局副局长曹文金递给记者一份宜昌市城区菜市场近期（2010—2012）建设改造规划说："这上面各个区保留、改造、新建菜市场的目标及面积都一目了然，今年市政府已安排1200万元专项资金用于20个菜市场建设改造。"

宜昌是个依山傍水的城市，沿江一带是一些房产商眼中的升值"宝地"，但由于宜昌市人大绿地永久性保护的规定而不得不放弃。记者了解到，自人大做出决定后的十年，除王家河公园、万寿小游园等部分绿地在报请市人大常委会审议通过后与其他土地进行置换外，其他绿地均未出现被占用或改作他用的现象。随着城市的发展，新建成的公共绿地将由市人大决定不断加入到永久性保护范围。记者在南湖林园看到了刻有"永久性保护公共绿地"字样的醒目标牌，正在林园休息的市民对记者说："要不是对城区的这些绿地实施永久性保护，这些公园很有可能早被开发商占用了。"

5月8日，宜昌市人大常委会组织市人大常委会委员和人大代表对绿地永久性保护决定再次进行检查。市人大城建环资委副主任委员姚永国指着铁路旁一大片绿地对记者说："这就是当年置换的绿地。2006年，因修建宜万铁路要占用两个公园部分绿地，政府提出议案报人大常委会通过，置换了5万多平方米的绿地。铁路建好后，建设方在铁路旁建起了相等面积的绿地。"

在宜昌，若对市人大常委会做出的决定不执行或不办理的，人大常委会有权依法通过询问、质询等方式实施监督。目前，宜昌市没有发生一起对人大常委会的决定不执行或不办理的案例。

人大常委会行使重大事项决定权由"虚"变"实"，带来了良好的社会效果。仅以前后三次有关公共绿地永久性保护的决定为例，目前，全国城市人均拥有公园绿地面积9.71平方米，而宜昌达10.6平方米。

"不仅如此，没有绿地保护，我们的'三城联创'就搞不成，这些都是相辅相成的。"姚永国坦率地说。

在"三城联创"活动中，宜昌市实现了两项目标，已被评为全国卫生城市和全国环保模范城市。说起"三城联创"给城市带来的变化，老百姓的话显得很朴实：灯亮了，亮民心；路平了，平民怨；城美了，惠民生。

《人民日报》评论员文章——观点

合拍　合心　合力

英竹

只有找准人大工作与经济社会发展的结合点和切入点，只有抓住人民群众普遍关心的热点、难点问题，适时做出决定，才能使人大工作与党委中心工作合拍、与人民群众合心、与政府工作合力，更好地发挥地方国家权力机关的职能作用

湖北宜昌市人大行使重大事项决定权，由“虚”变“实”了。

“实”就实在把执政党的主张通过法定程序变为国家意志，紧紧围绕党委中心工作，牢牢抓住改革发展稳定中的突出问题，做出相关的决定，并采取听取和审议专项工作报告、执法检查、视察、调研等方式加强督办，从而推动了党委决策部署的贯彻落实。

“实”就实在把人民的意愿通过法定程序变为国家意志，认真督促和大力支持政府实施一批顺民意、解民忧、惠民利的实事好事，促使涉及人民切身利益的一些问题得到进一步重视和解决，保证和实现了本行政区域内的发展成果由全体人民共享。

宜昌经验证明，只有找准人大工作与经济社会发展的结合点和切入点，只有抓住人民群众普遍关心的热点、难点问题，适时做出决定，才能使人大工作与党委中心工作合拍、与人民群众合心、与政府工作合力，更好地发挥地方国家权力机关的职能作用。

地方人大常委会要行使好重大事项决定权，坚持党的领导是根本，依法办事是关键。

实践中，如何正确处理人大决定权和党委决策权的关系？就人大而言，应增强党的观念，始终坚持党对人大工作的领导，服从和服务于党的中心工作，紧紧围绕党委的重大决策部署，抓住促进发展、改善民生的重大问题，适时做出决议、决定，努力把党的主张和决策部署经过法定程序转化为国家意志和广大人民的自觉行动，保障党的路线、方针和政策的贯彻落实；就党委而言，应发挥总揽全局、协调各方的领导核心作用，支持人大及其常委会依法履行职能，善于使党的主张通过法定程序成为国家意志，通过人大及其常委会依法做出决议、决定去组织实施，实现科学执政、民主执政、依法执政。

人民代表大会制度是中国人民当家做主的重要途径和最高实现形式，是中国社会主义政治文明的重要载体。各级党委应充分发挥人大及其常委会的作用，坚持依法执政，实施党对国家和社会的领导，更好地把坚持党的领导、人民当家做主和依法治国统一于社会主义民主政治建设的实践，推动人民代表大会制度的与时俱进，使社会主义民主更加完善，社会主义法制更加完备。

坚持和完善人民代表大会制度，是全党全社会的共同责任。地方人大常委会设立30多年来，重大事项决定权的行使是人大工作中的一个薄弱环节，如何按照宪法及地方组织法行使重大事项决定权，正确处理好党的领导和人大决定之间的关系，宜昌样本值得借鉴。

法规链接

第一百零四条　县级以上的地方各级人民代表大会常务委员会讨论、决定本行政区域内各方面

工作的重大事项；

——摘自《中华人民共和国宪法》

第四十四条　县级以上的地方各级人民代表大会常务委员会行使下列职权：

（四）讨论、决定本行政区域内的政治、经济、教育、科学、文化、卫生、环境和资源保护、民政、民族等工作的重大事项；

——摘自《中华人民共和国地方各级人民代表大会和地方各级人民政府组织法》

第三条　下列重大事项应当提请市人大常委会讨论、决定：

（一）贯彻实施法律、法规、上级和本级人民代表大会及其常务委员会决议、决定的重大措施；

（二）推进依法治市、加强社会主义民主法治建设的决定、决议；

（三）市人民政府对本级国民经济和社会发展计划、预算的部分变更和市级决算；

（四）城市总体规划的编制、修编及其重大变更；

（五）确定市树、市花、市标；

（六）授予荣誉市民等地方荣誉称号；

（七）在市人民代表大会闭会期间，决定是否许可逮捕或者审判涉嫌刑事犯罪的本级人大代表，是否许可对本级人大代表采取法律规定的其他限制人身自由的强制措施；

（八）市人民检察院检察长因不同意检察委员会多数人的意见而报请市人大常委会决定的重大案件和其他重大问题；

（九）撤销市人民政府不适当的决定、命令，撤销下一级人民代表大会及其常务委员会做出的不适当的决议、决定；

（十）市人民政府、市中级人民法院、市人民检察院提请或建议做出决议、决定的重大事项；

（十一）市人民代表大会授权市人大常委会决定的重大事项；

（十二）法律、法规规定的其他重大事项。

——摘自《宜昌市人民代表大会常务委员会关于讨论决定重大事项的规定》

（原载《人民日报》2010年05月19日第17版）

宜昌人大　菜市场里追踪议案办理

黄书祥

□议案提得好　人大盯得紧

□政府行动快　办理效果好

专题议案出台　旨在破解居民买菜难

10月29日上午9点，60多名湖北省宜昌市人大代表兵分四路，专题视察宜昌城区20多家新建和改造标准化菜市场，这是该市人大议案办理追踪的重要工作之一。

代表们来到刚改建好的汇腾苑菜市场，在市场负责人带领下，逐一参观生鲜、熟食、果蔬等各个分区。“加强城区菜市场建设与管理议案”的提出人之一——市人大代表赵晓俊在获悉与菜市场配套的检验检测室已经同步配置时，赞不绝口。在夷顺菜市场，看到高标准设计、分区合理整洁的新型标准化菜市场，人大代表们连声说“好”。代表们普遍感到，改造后的菜市场面貌焕然一新，市场周边脏乱差问题得到根本解决，马路市场也被清理干净，有效解决了农民“卖菜难”、居民“买菜难”的问题。

原来，宜昌城区菜市场面积严重不足，市场基础设施简陋，占道经营普遍，脏乱差等问题很突出，是“市民揪心、政府头痛”的热点、难点问题。为此，该市人大代表在今年2月召开的人代会上向市政府提出一件重要的民生议案—“关于加强城区菜市场建设与管理的议案”。宜昌市政府对议案办理非常重视，连续出台了《宜昌市城区菜市场管理办法》《宜昌市城区菜市场建设规范》《宜昌市城区菜市场建设发展专项资金管理办法》等三个文件，为城区菜市场建设和管理提供了制度保证。

人大盯紧议案办理 8家标准化菜市场终落成

之后，宜昌市人大常委会又做出关于加强城区菜市场建设与管理工作的决定。一年光阴过去了一大半，这件议案办得如何？市人大常委会决定贯彻落实得如何？8月23日，该市人大常委会在“议案建议督办月”活动中对议案办理进行了专题督办。29日，宜昌市人大常委会组织的这次高规格、大阵容的人大代表视察团，就是专门对菜市场建设改造的“追踪视察”。

10月29日下午，在议案跟踪办理座谈会上，宜昌市副市长吴静汇报了办理人大代表城区菜市场建设管理议案的情况，西陵、伍家岗、点军三个区政府区长也分别作了汇报，市规划局、城管局、商务局负责人作了发言。宜昌市人大议案要求今年建设改造20家菜市场，目前进展顺利，已建成标准化菜市场8家。

市规划局相关负责人说：“人大确定新建和改建标准化菜市场的议案是关注民生的重要体现，市政府办好议案是执政为民的重要体现，菜市场建设提升了宜昌的城市形象。今后，还要把菜市场建设纳入房地产规划或社区建设的设计当中，按照人大议案严格落实剩余12家标准化菜市场的建设。”

张为民代表说：“我支持人大常委会实施的议案跟踪办理，只有议案提得好，人大盯得紧，政府行动快，议案办理的效果才能有保障。”

在议案跟踪办理座谈会上，针对菜市场今后的建设中可能出现的问题，代表们又提出不少改进意见。农民代表王邦景对已经建成的标准化菜市场的蔬菜质量提出担忧。他说：“现在老百姓都担心吃菜有毒、吃肉有激素，我建议新建的菜市场一定要加强对农药残留的检测。”祁必清代表说：“按照人大议案，政府很快出台了三个文件，希望议案跟踪办理能够常态化。”

为了进一步完善宜昌城区菜市场专项规划，吴静副市长代表市政府在议案办理追踪会上做出郑重承诺：市政府近期将专门开展调研，对新建菜市场进行科学选址，合理布局，通过三年时间，改造升级一批、规划新建一批，逐步建立起以菜市场为主体，生鲜连锁超市为补充，多种形式并存的“菜篮子”商品流通体系。

（原载《人民日报》2010年11月10日第18版）

让老百姓找回食品安全感

——湖北宜昌市人大常委会强化食品安全监督

整治行动组正在超市检查食品安全（熊建萍摄）

图为宜昌市人大常委会专题询问现场（田羊摄）

自从一些地方屡屡曝出食品安全事件之后，食品安全成为全民关注的共同话题。近年来一直着力于加强人大监督工作的湖北省宜昌市人大常委会，将监督的视野更多地从发展转向了民生。针对老百姓普遍担心的食品安全问题，继2010年之后，宜昌市人大常委会今年又将食品安全作为人大常委会头号监督议题列入监督工作计划，并运用听取专项工作报告、专项整治行动、专题询问等方法，开展一系列监督活动。

宜昌市委书记、市人大常委会主任郭有明经常说："通过组织开展一系列的食品安全监督活动，目的是采取有力措施确保食品安全，让老百姓找回食品安全感。"

听取报告：据审议意见开出整改清单

今年年初，宜昌市人大常委会再次将食品安全列入监督工作计划，并决定听取和审议专项工作报告。在经过深入细致的专题调查之后，5月，市人大常委会会议重点听取和审议市政府《关于食品安全工作情况的专项工作报告》。

审议中，常委会组成人员重点指出了食品安全工作存在的违法添加非食用物质、滥用食品添加剂、农产品源头污染、制售假冒伪劣食品及脏乱差食品生产状况等问题。

市人大常委会委员李建华十分揪心地说："过去各类食品比较环保，我们还常常说不干不净、吃了没病，现在呢，却反过来了，弄得干干净净，吃了还得病。如何管住动植物食品安全的源头，值得我们深思。"

来自农村的市人大代表王邦景则表示了对蔬菜肉类质量的担忧："现在老百姓都担心吃菜有毒、吃肉有激素，我们一定要加强对农药残留和滥用食品添加剂的检测和监管。"

常委会组成人员在转交政府研究落实的审议意见中开出了整改清单：重点严查"地沟油"去向，严防其回流餐桌，严查蔬菜从基地到超市和菜市场的自检及农业监管部门抽检等法定制度的执行情况，严查违法添加非食用物质、滥用食品添加剂，依法坚决打击、查处相关违法行为。

宜昌市副市长张正军在会上代表市政府表示，“政府将认真办理落实此次常委会审议意见，进一步研究落实食品安全监管措施，给常委会组成人员一个满意的答复，让人大代表放心、人民群众放心。”

专题询问：问得直接 答得实在

专题询问是宜昌市人大常委会加强食品安全监督“组合拳”中的又一动作。

5月30日下午，宜昌市长城宾馆五楼会议室里座无虚席，市人大常委会就“食品安全问题”组织开展的专题询问会正在举行。

宜昌市副市长张正军，市卫生局、农业局、质监局、工商行政管理局、药监局、商务局、粮食局、出入境检验检疫局、经信委、财政局等部门主要领导，作为被询问对象在会上逐一回答了人大常委会组成人员和列席会议的部分市人大代表的询问。

在询问中，市人大常委会组成人员和列席会议的人大代表共提问12次，关注的问题集中在“地沟油”、菜场与超市农药残留、大米和面粉安全、小餐饮生产卫生状况脏乱差及滥用食品添加剂等。

市人大代表陶三发十分关注“地沟油”问题，主持人话音刚落，他马上提问：“目前宜昌市在整治餐饮企业非法使用地沟油方面，现状如何？有哪些困难？市卫生部门将如何依法进一步开展‘地沟油’和餐厨废弃物专项整治工作？”

“近年来我们共接到17起有关‘地沟油’的举报，经查证，没有发现‘地沟油’，只发现了部分火锅油和废弃油，均被查处。我们重点加强对食品原材料的采购索证和购销台账制度建设，要求餐馆购油要有票据，证明其来源，票据要保存两年以上；对大型餐馆、学校、宾馆的潲水去向建立登记台账。我们不能因为宜昌没有发现‘地沟油’而掉以轻心，今后将强化餐饮单位第一责任主体的责任，继续加强对供货渠道和销售渠道的监管。”市卫生局局长董美阶马上做出回应。

“当老百姓问到‘我们该吃什么’的时候，请问工商部门应如何进一步配合农业部门监督超市和菜市场，严格执行蔬菜自检制度，保障人民群众吃得安全、吃得放心？”市人大常委会委员望蓉直截了当地发问。

市工商行政管理局局长袁红回答说：“工商行政管理部门根据农业部门抽检蔬菜的结果，可以对蔬菜经营企业和批发市场的业主进行处罚，对不建立蔬菜自检制度，出现农产品食品安全问题的案件从重处罚。但仅仅依靠行政处罚是不够的，还需要经营者提高自律意识。”

“对非法添加和滥用食品添加剂行为，将开展重点监控和抽样检测，严格执行国家标准，违法添加就要严惩！”市质监局局长刘爱国在回答市人大常委会委员赵儒铭关于滥用食品添加剂的问题时，掷地有声。

……

短短的半天很快过去了，12个问题饱含着市民的期盼，一个个严谨的回答，诠释了人大常委会行使监督职权的意义。

市人大常委会委员陈红在专题询问结束时表露了自己满意的心情，“此次常委会通过组织开展对食品安全的专题询问，问得直接、答得实在；问出了疑惑，答出了明白；问出了关切，答出了承诺；问在了点子上，答在了要害上。”

“专题询问不能止于问，更要重落实、重兑现。会后，市人大有关专门委员会已将这些询问问题及审议讨论情况综合整理，形成市人大常委会的审议意见，转交市政府研究处理。”市人大常委会常务副主任张建一最后表示，食品安全责任重于泰山，食品安全问题关系到每个人的日常生活，守卫食品安全这道红线，地方人大责无旁贷。

整治行动：联合执法让安全监管常态化

专项工作报告会和专题询问后，宜昌市有关职能部门迅速做出反应，密集行动，集中开展针对散装白酒、农药肥料、农产品批发市场与生鲜超市、“地沟油”、食品添加剂、一次性塑料餐盒、问题乳粉及乳制品等食品安全的综合整治行动。

6月10日，工商、卫生部门组成的整治行动组来到位于伍家岗区的几处小餐馆，发现卫生状况均存在脏、乱、差的情况。有的已经切碎分样准备炒的蔬菜，被随意摆放在餐馆门前的露天场所，没有使用防尘罩，蔬菜上面不时有蚊蝇飞来飞去。有的炒菜的作业间非常狭窄，既热又脏，厨师都光着膀子，汗流浃背。一家小餐饮店插在筷筒里的一次性筷子，上面沾有许多灰尘，个别的甚至有了霉斑。

整治行动组来到新设立不久的猇亭区检查猪肉市场的安全状况。由于历史原因，猇亭区没有建立生猪定点屠宰企业，存在私屠滥宰的现象。整治行动组在暗访时，发现了一处很隐蔽的狭窄弄堂内的一间破旧民房内，几名工人正在宰杀四头生猪。

经检查，这是一处私屠滥宰窝点，生猪没有经过检疫，生产加工作业环境很差，没有卫生的存储场所，更谈不上冷藏措施。整治行动组当场没收了全部屠宰工具和生猪产品，捣毁了作业场所，并对违法人员进行了处罚。

市食品药品监督管理局局长汪小平列举了这样一组数据：在市政府统一组织部署的综合整治行动中，全市共取缔无证无照经营户8家，立案查处违法使用食品添加剂案件5起，关闭违法生产企业1家，召回问题乳品3973件，销毁全部问题乳品10333件，取缔“地沟油”生产窝点1家，取缔私屠滥宰窝点24个，收缴并销毁不合格生猪产品14653公斤。

汪小平表示：“今后，我们将一如既往地与其他职能部门加强联合执法，力求使食品安全监管常态化。”

《人民日报》评论员文章

“人大问责”的独特作用

段哲哲

发挥人大监督作用，有利于加强食品监管机构的责任，改善食品监管机构的工作，甚至在一定程度上可以破解“九龙治水”的难题。

湖北省宜昌市人大常委会通过听取报告、专题询问等方式，促使政府联合执法，强化食品安全监督，取得了很好的社会效果。

近期食品安全事件频频出现，引起社会广泛关注。与食品安全相关的监管机构不可谓不多，但仍发生这样那样的问题，原因何在？笔者认为，一个重要原因在于，有关部门相互推诿、执行不力导致的“九龙治水”困局。宜昌市人大的做法，发挥了人大的监督作用，有利于加强食品监管机构的责任，改善食品监管机构的工作，甚至在一定意义上可以破解“九龙治水”的难题。

发挥人大监督作用，可以及时发现政府工作中存在的问题。古语云：“欲知朝中大事情，须向山中问野人。”人大作为我国的权力机关，其代表来自人民，来自社会的各个方面各个阶层，可以最大限度地了解民意；还可以通过专题调研，了解为政得失。在此基础上，人大通过听取政府工作报告，可以及时发现并改进政府在食品监管工作中的问题，优化监管体制机制。

发挥人大监督作用，有利于明确政府各个部门的责任。我国食品安全的分段监管体制存在着某些缺陷，有关部门往往“见利勇为，见利忘责”，法律法规执行不力。通过人大专题问责，代表们可以就具体问题责问相关部门，各部门的工作责任一目了然，难以推卸责任，使得有关部门“在其位，谋其政”，避免食品监管过程中出现漏洞。

发挥人大监督作用，有利于食品监管机构形成合力。一些重大食品安全问题之所以无法有效解决，是由于食品问题涉及各种利益关系和行为主体，任何单一地突击哪一方都不能有效解决。人大发挥监督作用，促进职能部门开展联合行动并将其常态化，可以形成合力，形成长效机制。正是从这一角度说，“人大问责”是解决“九龙治水”难题的途径之一。

法规链接

第二十九条 在地方各级人民代表大会审议议案的时候，代表可以向有关地方国家机关提出询问，由有关机关派人说明。

——摘自《中华人民共和国地方各级人民代表大会和地方各级人民政府组织法》

第八条　各级人民代表大会常务委员会每年选择若干关系改革发展稳定大局和群众切身利益、社会普遍关注的重大问题，有计划地安排听取和审议本级人民政府、人民法院和人民检察院的专项工作报告。

常务委员会听取和审议专项工作报告的年度计划，经委员长会议或者主任会议通过，印发常务委员会组成人员并向社会公布。

第九条　常务委员会听取和审议本级人民政府、人民法院和人民检察院的专项工作报告的议题，根据下列途径反映的问题确定：

（一）本级人民代表大会常务委员会在执法检查中发现的突出问题；

（二）本级人民代表大会代表对人民政府、人民法院和人民检察院工作提出的建议、批评和意见集中反映的问题；

（三）本级人民代表大会常务委员会组成人员提出的比较集中的问题；

（四）本级人民代表大会专门委员会、常务委员会工作机构在调查研究中发现的突出问题；

（五）人民来信来访集中反映的问题；

（六）社会普遍关注的其他问题。

人民政府、人民法院和人民检察院可以向本级人民代表大会常务委员会要求报告专项工作。

第十三条　专项工作报告由人民政府、人民法院或者人民检察院的负责人向本级人民代表大会常务委员会报告，人民政府也可以委托有关部门负责人向本级人民代表大会常务委员会报告。

第三十四条　各级人民代表大会常务委员会会议审议议案和有关报告时，本级人民政府或者有关部门、人民法院或者人民检察院应当派有关负责人员到会，听取意见，回答询问。

——摘自《中华人民共和国各级人民代表大会常务委员会监督法》

（原载《人民日报》2011年07年13日第19版）

宜昌："两测评两公开"人大监督更刚性

黄书祥

5月29日，湖北省宜昌市人大常委会会议室，五届人大常委会三次会议正如期举行。会议对市人民政府关于推行新型农村合作医疗制度的专项工作报告进行满意度测评。

主持人宣布得票情况："满意票34票，基本满意票5票，定为满意等次，测评结果将向社会公开。"这标志着宜昌市人大常委会对全市推行新型农村合作医疗制度专项工作实行"两测评两公开"的监督工作告一段落。

据宜昌市人大常委会常务副主任张建一介绍，监督是地方人大及其常委会的一项重要职能，"两测评两公开"是指人大常委会听取和审议"一府两院"专项工作报告之后，分满意、基本满意、不满意三个档次进行测评，若测评未获通过，"一府两院"在监督法规定的期限内办理落实，并将落实情况再报人大常委会再次测评，两次测评结果均现场公布，并向社会公开，接受社会监督。

从2009年首次启动"两测评两公开"以来，宜昌市人大常委会选择关系改革发展稳定大局和群众切身利益、社会普遍关注的重大问题作为监督项目，先后听取和审议市人民政府、市中级人民法院、市人民检察院专项工作报告，进行了52次测评。对推行新型农村合作医疗制度专项工作的测评只是其中一次。

2011年11月25日，宜昌市人大常委会会议首次听取和审议市政府关于推行新型农村合作医疗制度的专项工作报告。

由于新型农村合作医疗制度在实施之初，宣传引导不够，农民参保积极性不高，导致在人大常委会测评时，满意票不多。报告虽获得了通过，但给政府及其工作部门带来了压力。

会后，市政府及人力资源和社会保障局认真进行整改，修改完善了实施方案，采取宣传引导、降低住院起付线等措施，提高了农民的参保积极性，全市农民自愿参保率达到99.06%。

今年5月，在数月后召开的人大常委会会议上，新型农村合作医疗制度专项工作报告再次进入测评程序。于是出现了本文开头的一幕，与前次不同，这一次满意票大幅上升，满意率为98.4%，圆满获得通过。伍家岗区火光村村民刘先生说："现在我们全家都参加了新型农村合作医疗，自己出一点点钱，国家拿大头，看病不用愁了。"

宜昌市人大常委会一方面坚持邀请人大代表列席常委会会议，敞开代表参与人大监督之门，扩大人大监督议事的公开程度；另一方面认真落实监督公开原则，丰富和完善公开的内容。无论听取和审议专项工作报告、审议意见落实情况满意度测评结果是优是劣，一律现场计票，当场公布，并在媒体公布“两测评两公开”的内容。市民王兵说：“近几年，我们从报纸和电视上都能看到人大常委会开展测评的报道，人大监督政府比过去实多了。”

宜昌市人大常委会副秘书长余跃进表示，对“一府两院”专项工作报告及其审议意见处理情况的报告进行测评，是进一步加强和改进人大监督工作，督促人大审议监督意见落实的一种好方式，更是人大监督手段刚性化的一种体现。

（原载《人民日报》2012年10月11日第7版

人大监督重在跟踪督办

湖北省宜昌市人大常委会党组书记、常务副主任　张建一

增强人大监督实效，关键在于各级人大要强化督办意识，完善督办机制，形成督办合力。

对于地方人大而言，监督是宪法和法律赋予人大的一项重要职能，人大的权威性和公信力，主要落在“监督”二字上。监督工作的强弱，监督实效的大小，决定着人大作为国家权力机关在百姓心中的分量。

当前，人大监督意见落实难、研究处理不到位、人大监督效果不明显的现象，在一些地方仍然存在。因此，增强人大监督实效绝不仅仅是在口头上“喊号子”，更应有落实在行动上的“实锤子”，关键在于各级人大要强化督办意识，完善督办机制，形成督办合力，由过去的重交办、轻整改，重过程、轻效果，重答复、轻落实向连续监督、跟踪监督，促进整改、务求实效转变。

加强跟踪督办应不断强化督办意识。“掘九井而无一水，非无水也，力不及也。”督办跟掘井一样，贵在坚持。人大监督的效果，要反映在问题的解决上，而问题的解决不可能一蹴而就，需要一个过程，这就要求人大监督必须认真进行跟踪督办。人大监督的意见与建议，包括人大代表在人代会上的议案、建议、人大常委会的审议意见、人大代表调研视察和执法检查中提出的意见建议等，往往是事关社会发展大局以及群众关注的热点难点问题和民生问题。跟踪督办是人大监督“一府两院”的具体方式之一，人大依法对各种监督意见与建议开展跟踪督办工作，有利于增强“一府两院”履行职责、主动接受监督的意识和提高依法行政、公正司法的水平。

加强跟踪督办应致力于完善督办机制。机制既是提高监督实效的保障，也是行之有效的工作措施。人大依法进行的监督活动，一般都以审议意见的形式交“一府两院”及相关部门研究处理。审议意见处理过程中，人大常委会相关工作机构应全程跟踪监督，及时了解办理进度，必要时可组织专门视察，实地检查整改落实和问题的解决情况，防止审议意见处理流于形式。同时，还可建立相应的评价机制，对“一府两院”落实人大审议意见的研究处理报告采取票决制进行满意度测评，向社会公开。对于办理质量不高、敷衍塞责的，常委会适时启动二次审议，进一步督办，限期重新办理；对于有意拖延、推诿或顶着不办的，适时运用询问、质询、特定问题调查等刚性监督手段，直至问题解决。

加强跟踪督办应形成督办合力。坚持依靠代表、依靠群众，把人大监督与新闻监督、群众监督、

社会监督结合起来，让人大监督置于阳光运作之中。进一步密切与人大代表的联系，广泛听取代表对跟踪督办工作的意见建议，可有针对性地组织代表参与跟踪督办的视察检查、专题调研、列席常委会会议等活动，扩大代表对督办工作的参与。同时，还要发挥新闻舆论的监督作用，把“改进工作和解决问题”作为舆论监督的着眼点，建立与新闻单位的联系互动制度，及时把跟踪督办情况向社会公开。

（原载《人民日报》2013年9月25日第19版）

宜昌人大：追踪督办，不止于“问”

本报记者　王比学

【阅读提示】习近平总书记在庆祝全国人民代表大会成立60周年大会上指出，“各级人大及其常委会要担负起宪法法律赋予的监督职责，加强和改进监督工作。”专题询问是近年来地方人大广泛运用的一种监督手段，湖北省宜昌市人大常委会不仅注重专题询问，更注重询问后的回应。这种回应，不光口头上的回应，更有行动上的回应；这种回应，不光回应人大代表，更是回应百姓关切。

10月31日，随着两个80年代老热电厂的关闭，宜昌市民将再也不受烟囱粉尘的侵扰了。

今天，一个“山绿、水清、天蓝、城美”的宜昌正在呈现，这得益于人大代表的监督，得益于人大的跟踪督办不止于“问”。这种新的监督方式，正在成为促进人大与政府良性互动，解决民生热点难点问题的有力推手。

开督办会　人大代表直面政府

10月11日上午9时，宜昌市政府办公楼，一场特殊的会议正在进行，与会者包括市人大常委会组成人员、人大代表和市政府相关部门负责人。

“5月30日，我们就城区生态建设进行了专题询问，现在已过去4个多月了，有的工作年底要‘结账’，为确保到期能‘结账’，今天特召开一次督办会，了解一下当时提出的15个问题的限期整改进展情况。大家不许念稿件，都直接回答问题。”市人大常委会党组书记、常务副主任张建一开门见山，直奔主题。

市政府副秘书长王平昌第一个发言，“专题询问会后，一系列加速推动城区生态建设的举措密集出台：制定扬尘污染管理和饮食业油烟污染防治等规范性文件；加大查处大气污染企业力度，处罚两家热电厂；督查城区污水处理厂……”

除了介绍政府的整改行动外，王平昌还坚定地表态：“下一步，我们还要加大大气污染防治力度，督促重点企业实施污染治理设施升级改造。我们已列出了督办表，倒排时间，确保每个责任部门到年底‘结硬账’。”

“上次我提到城区沿江排污很严重，住建委也给出了解决的时间表。今天我再问一个问题，如何杜绝无组织排放和建立长效机制，防止污染的反复。”市人大常委会委员赵儒铭抛出第一个问题。

市住建委副主任杨涛回答很肯定，“通过出台整治违法排污企业的方案，明确对应建而未建污染物处理设施、擅自投入生产的建设项目，一律责令停止生产；对私设暗管偷排的，一律责令停产整顿，加大处罚力度。”

督办会上，大家争先恐后地就专题询问上提到的问题，继续“追问”市政府及相关部门负责人。

“我当了7年的市人大代表，从来没参加过这样的督办会。这种形式好，人大代表不光是提问，还要看落实情况如何。”市人大代表、伍家岗区伍家乡共联村村委会主任彭正平愈发感到身上的责任重了。

15个问题都有了回应，但这只是口头上的回应，现实情况究竟如何？

“眼见为实，耳听为虚。我们干脆下午就去现场，看看问题到底有没有解决？”在人大代表赵晓俊的倡议下，大家决定当天下午就到现场实地察看和督促。

现场督办　民生问题件件落实

说走就走，人大代表的风格雷厉风行。

10月11日下午2时，记者跟随大家一起来到宜昌市沿江大道排污口改造工程之一的万寿桥水泵站。

据市住房和城乡建设委员会副主任陆锋介绍，因污水夹带的杂物过多致使排污效率降低，建水泵站是为了提高污水处理效率。

“上次我在专题询问会上提到了排污口的问题，关键是要坚决遏止向长江排污，你们如何管住偷排？”赵儒铭在现场直问陆锋。

“宜昌市民晚上爱到江边活动，这些人都是我们的监督员啊！”陆锋马上回答，“同时，我们也和环保部门联动，加强在线监测。”

正在江边活动的市民，得知有记者采访，纷纷围上来，你一言，我一语。“以前，我们在江边散步都捂着鼻子绕着走，现在我们都爱在江边活动。”

接着，大家又来到了正在建设中的新热电厂—安能（宜昌）生物质热电公司。

整洁而现代的厂区，一排排发电机组正在进行生产调试，一摞摞清洁燃料秸秆整齐地码放在一起……望着新热电厂，张建一向记者讲述了一个故事。

早在20世纪80年代，宜昌市有两个老热电厂由于靠烧煤发电，污染很严重。四年前，有一市领导参加一个开工仪式，讲稿放在桌上只有半小时，拿起来一看黑尘一片，一打听才知是500米外老热电厂飘过来的黑尘。

伍家岗区万寿桥街道港务社区主任赵晓俊，已连续当了三届市人大代表，她听到最多的反映是城区有两座热电厂粉尘污染严重。在专题询问会上，赵晓俊毫不留情地“责问”政府多次承诺关闭为何迟迟关闭不了。“我记得当时副市长刘建新代表市政府向市民承诺，力争在今年10月31日前关闭这两座热电厂。”

10月11日，赵晓俊也来到了现场。“新厂能否替代老厂？老厂何时能关闭？老厂关后，职工的就业如何解决？”她连连向在场的环境保护局长和新厂负责人发问。

“新厂完全可以替代老厂原来的供热功能。”市环境保护局副局长杨晓东接过问题作答。

生物质热电公司总工程师刘明在一旁补充，“新厂建起后，老厂才能关。10月15日，新厂锅炉点火开始运行供气，老厂10月31日停工。新厂采用的是清洁燃料，能消减烟尘排放，改善生态环境。老厂的职工，我们全部接收。”

新厂能有今天，刘明感慨万千，“安能2012年开始投资建设，但水、电等配套设施一直跟不上，供气管网一直没有建成，建设速度很缓慢，今年5月30日人大专题询问后，政府加大了配套设施的支持力度，每天都派人来督促，遇到困难，马上能得到解决。”

制度发力　打好人大“决定牌”

其实，不只是专题询问和督办会，宜昌人大一直很注重监督的制度建设。

宜昌，既是三峡工程所在地，也是长江中游重要的生态屏障，其生态环境保护尤为重要。

针对人大代表提出的议案，宜昌人大将城区生态建设作为今年专题询问的议题。今年上半年，人大做出三项重要决定：《关于加强城区生态建设的决定》《关于加强城区山体及水域保护的决定》和《关于对城区运河生态公园等第四批公共绿地实施永久性保护的决定》。

这些决定，从充分发挥规划的引领和规范作用、改革创新生态建设的体制机制、强化生态建设的法治保障等方面，对生态建设做出刚性约束和硬性要求。

对宜昌人大来说，人大做出决定，推动生态建设，并不是第一回。

在打造山水特色鲜明、生态环境优美、宜居宜旅宜业的现代化宜人之城中，市人大常委会及时将生态建设纳入人大监督视野，保护绿色，心系生态，一以贯之，采取了一系列动作，从最初的关注点滴到顺应全局大力推动，从法制层面对绿色发展进行了总体谋划和制度设计。

记者手中有一张由市人大常委会主任会议制定的表格，上面清晰地记载着每月对城区生态建设进行监督的工作安排：10月，重点督办城区两个热电厂关停，根除粉尘污染源；11月，重点督办城区长江排污口依法封堵和关闭；12月，重点督办城区运河综合整治。

张建一解释，“我们将按这个时间表、路线图，组成检查小组，一项一项实地查看这些整治任务是否完成了，力争年底向人大代表和市民交上一份满意的答卷。”

人大的这份“执着”也促动了政府工作，用王平昌的话说，“通过人大专题询问、督办，人大代表的监督，可以更好地促进政府工作的落实。认真做好人大交办的这篇作业，既是信用政府的体现，也是责任政府的担当。”

（原载《人民日报》2014年11月19日第19版）

宜昌人大专项工作评议整改见实效

六天出台一揽子惠民新政

陈芳

对“一府两院“进行专项工作评议，是地方人大依法行使监督权的一种形式。涉及40多万职工切身利益的住房公积金中心，今年高票当选为湖北宜昌人大专项工作评议的对象。

9月30日，宜昌市五届人大常委会二十七次会议通过宜昌住房公积金管理中心对评议意见处理情况的“二次测评”，公积金中心主任江永终于舒了口气。

“少数住房公积金办事处个贷率较低，信息化建设滞后”“对住房公积金政策法规宣传力度不够”“行政执法力量薄弱，应对措施不多，行政执法能力有待提高。”6月6日，宜昌市人大常委会找准“短板”，给公积金中心下达3条评议意见。

“没有解决的问题绝不放过，群众不满意的问题绝不放过。”江永现场承诺。

可接下来的整改落实，才是真正的“硬战”。

公积金中心召开座谈会，对照人大的各项评议意见和群众反映的问题，列出了18项整改清单，认真加以整改。

6月12日，评议意见下达后仅6天，住房公积金中心针对个贷率较低的问题，代拟了《宜昌市人民政府办公室关于进一步加强住房公积金管理工作的通知》，并先后推出12项提取新政和13项贷款新政，扩大了公积金的使用范围，放宽了提取的条件。

新政规定，公积金可以用于支付房屋租金、用于房屋装饰装修和缴纳物业管理费，放宽了公积金的使用对象，父母和子女可相互用彼此的公积金等。

新政消息出台半个多月，市民张华喜出望外地跑去办理公积金贷款装修房屋，却被告知细则还没有出来，系统还在调试之中，需要再等些时间。

人大评议组通过明察暗访了解到，公积金中心每项新政落地都需要改造程序，系统升级跟不上群众需求步伐。信息化建设滞后，确实给群众带来了不便。

于是，市人大常委会加强跟踪督办，主任会议听取整改情况的报告，面对面反馈群众意见，力戒整改开“空头支票”。事先还“约法三章”，对评议意见整改后群众仍不满意的，可依法对其进行询问，提出质询和罢免案。

公积金中心立行立改，抽调8名业务骨干成立新政操作细则制定专班、信息程序开发专班、程序测试专班，加班加点推进。截至8月10日，新政的各项措施已全部落地。自主研发的网上贷款服务系统、智能手机终端登录系统也正式上线，群众可24小时自助办理个贷。

10月中旬，公积金中心又推出一连串便民政策，本地单身未婚职工办理住房公积金相关业务时，无须到户籍所在地民政部门开具单身证明，面签一份单身声明即可；外地人在宜昌购房可申请公积金贷款，全面推行公积金异地互认互贷。

公积金中心的整改是宜昌人大评议的一个侧影。今年接受人大评议的市住建委、安监局、海事局等9个部门，都是由市人大常委会以无记名投票方式产生，并向社会公布。

在整改过程中，被评议单位都是“一把手”亲自抓，针对人大代表和群众提出的意见，切实改进工作中的问题，用真心换取民心。

（原载《人民日报》2015年11月04日第18版）

地方立法周年 各地如何兑现

本报记者　张璁

在立法法修改之前，除了省级之外，地方立法权仅为省会城市、经国务院批准的较大的市等少数城市所有。出于根据地方实际因地制宜的渴望，地方立法权曾经让不少地区十数年梦寐以求。如今，地方立法权已经下放一周年，这项由中共十八届三中、四中全会提出的重大改革，其改革红利在各地如何兑现？面对从未拥有过的新权力，各地又是否有能力接得住？

各地以稳健为主

日前，湖北宜昌市人大正式表决通过《宜昌市人民代表大会及其常务委员会立法条例》，这是宜昌市人大常委会第一个年度立法计划，确定《宜昌市城区公共绿地保护条例》《宜昌市城区临街建筑物外立面管理条例》为首批地方立法项目。按照立法法和湖北省人大常委会的决定，宜昌等12个设区的市和自治州人大及其常委会自2016年1月1日起，开始制定地方性法规。

“有所立，有所不立。” 宜昌市人大常委会常务副主任张建一说，“要通盘考虑成熟度、可行性、立法时机、社会影响、社会效果以及立法能力等各方面因素。”

除了宜昌，去年8月广东佛山市人大向社会公布的立法计划中，也是历史文化街区和历史建筑等城市建筑管理领域最早分享到了立法体制改革的红利。

……。

（原载《人民日报》2016年3月3日 第17版）

后 记

宜昌市委办公室和宜昌市人民政府办公室曾以宜办文〔2000〕55号文发出《关于编纂宜昌市二届市、县两级地方志书的通知》。根据《通知》要求，市人大常委会机关应承担编纂《宜昌市人民代表大会志》和为《宜昌市志》提供“一章数节”的编辑任务。截至2013年9月，前者任务尚未启动；后者任务已经完成，即由刘维柱和陈夫洲两位编辑，已被《宜昌市志》收录至“第十一篇/第二章宜昌市人民代表大会”之中，计5.7万余字。

2013年9月，市人大常委会主任会议研究决定迅速启动《宜昌市人民代表大会志》的编纂工作，安排余跃进、陶三发两位副秘书长分管这项工作。随后组建了《宜昌市人民代表大会志编纂委员会》和《宜昌市人民代表大会志编辑部》，拟定了《宜昌市人民代表大会志编纂总目录（方案）》和《编纂工作方案》，为编纂工作的正式启动创造了有利条件。

2014年4月3日，常务副主任张建一亲自从离退休干部中物色两位老同志参与《宜昌市人民代表大会志》的编纂工作，并亲自给受聘老同志谈话，对启动工作提出了具体的要求。随后，向克林、肖昌发两位退休干部相继到位开展修志的具体工作，使编纂工作得以正式启动。

2015年3月4日、10月30日，市人大常委会主任办公会议两次听取修志工作情况的汇报；常委会主任例会曾多次过问撰稿工作进度； 尤其是2016年7月15日，常委会党组会议听取和审议“概述”的具体内容，为编纂工作起到了纲举目张的指导作用。

编纂人员在撰稿工作中，为保证修志质量，达到重要资料有据可考、不漏、可信可靠，体例规范，文字流畅通顺的要求，本着对历史负责的精神，广征博采，认真阅读，严谨考证，多次调整篇章布局，不断修正编纂提纲。

编纂人员经过22个月的查据和撰稿，初稿写就，反复调整，方定雏形，于2016年2月底提交152万字的送审稿。随后，经过22个月的评审和修改，先后进行三次评审，六易其稿，最终修订稿将全文精简到100万字，于2017年12月上旬完成本志的撰稿任务。

本志编纂工作的顺利进行，一是得益于市人大常委会领导的重视。二是得益于历届人大常委会老领导、老同志、市人大机关各委、办、室同志们的关心和支持。三是得益于评审委员会的认真评审。2016年11月25日，本志编辑部邀请市人大机关部分退休老领导、老同志及省人大常委会、市方志办领导和专家召开评审会议，对本志进行综合评审。四是利益于宜昌市地方志办公室的严格审查和认真指导修改。五是得益于方志出版社的三审把关，最终完成定稿。

我们感谢赵复武、周水舟、张子仪、李国普、柏世友、邵俊、丁先雄、刘维柱等评委辛勤工作。感谢提供许多宝贵资料的单位和同志：一是市档案局保管利用科的丁爱华、熊玲、张晓强、张冬梅等同志不辞劳苦地帮助查阅馆藏资料。二是原任宜昌市人大常委会副秘书长梁华和研究室调研科科长黄小银提供其收藏的《公报》文本资料。三是市人大常委会办公室文印室提供其保存的《公报》的电子资料。四是善于保存工作资料的预工委、教科文卫委提供的《会议资料》。五是市人大常委会代工委所提供的依法履职法律依据和《代表选举报表》等相关资料。六是办公室秘书科、财经委办公室为提供相关史料给予的大力支持。

修志是一项十分重要、浩繁、复杂的工作。由于编纂人员缺乏修志经验，加之时间紧、任务重，难免出现编纂差错。又因早期史料难得寻觅，尽管不遗余力，多方收集考证，仍难免粗疏遗漏。因此，敬请大家批评指正。

编　者

2017年12月